Martin Kohlrausch
Der Monarch im Skandal

Warschau, 18. 8. 2005

Mit Dank für Anleitung,
Anregung und Aufmunterung

Martin

Elitenwandel in der Moderne

Herausgegeben von Heinz Reif
Band 7

Band 1
Heinz Reif (Hg.)
Adel und Bürgertum in Deutschland I.
Entwicklungslinien und Wendepunkte im 19. Jahrhundert

Band 2
Heinz Reif (Hg.)
Adel und Bürgertum in Deutschland II.
Entwicklungslinien und Wendepunkte im 20. Jahrhundert

Band 3
René Schiller
Vom Rittergut zum Großgrundbesitz.
Ökonomische und soziale Transformationsprozesse
der ländlichen Eliten in Brandenburg im 19. Jahrhundert

Band 4
Stephan Malinowski
Vom König zum Führer.
Sozialer Niedergang und politische Radikalisierung
im deutschen Adel zwischen Kaiserreich und NS-Staat

Band 5
Wolfram G. Theilemann
Adel im grünen Rock.
Adliges Jägertum, Großprivatwaldbesitz
und die preußische Forstbeamtenschaft 1866 – 1914

Martin Kohlrausch

DER MONARCH IM SKANDAL

Die Logik der Massenmedien und die Transformation der wilhelminischen Monarchie

Akademie Verlag

Gedruckt mit Unterstützung des Förderungs- und Beihilfefonds
Wissenschaft der VG Wort
sowie
des European University Institute

Abbildungen auf dem Einband:

Wilhelm II., Sigurd von Ilsemann und Major van Houten
fällen Bäume im Park von Haus Doorn, 1925
Wilhelm II. am Tage seiner zweiten Heirat, 5. November 1922

Photos: Elfriede Reichel und T. T. Hoekstra, Photosammlung Haus Doorn

ISBN 3-05-004020-3

Das eingesetzte Papier ist alterungsbeständig nach DIN/ISO 9706.

Einbandgestaltung: Jochen Baltzer
Druck: Druckhaus „Thomas Müntzer“, Bad Langensalza
Bindung: Buchbinderei Norbert Klotz, Jettingen-Scheppach
Gedruckt in Deutschland

Inhaltsverzeichnis

Vorwort

Die vorliegende, für den Druck überarbeitete Studie wurde im März 2003 von der Abteilung für Geschichte und Kulturgeschichte des Europäischen Hochschulinstituts in Florenz als Dissertation angenommen und dort im Mai 2003 verteidigt.

Die Studie resultiert aus einer Verwunderung: Mit dem Schuß Naivität, dessen es wohl bedarf, um sich einem kaum als untererforscht zu bezeichnenden Abschnitt der deutschen Geschichte wissenschaftlich zu nähern, behandelte meine Magisterarbeit die Frage, warum die Flucht Wilhelms II. nach Holland in der Weimarer Republik Furore machen konnte. Einige Vorgänger Wilhelms II. waren bekanntlich wesentlich kritikloser defektiert. Die intensive Beschäftigung mit dem Ereignis Kaiserflucht führte zum Blick zurück, zur Frage, was in den 30 Jahren zuvor mit der Monarchie geschah. Die Massenmedien erwiesen sich dabei als ‚missing link'. Was im Rückblick als selbstverständlich erscheint, war ein langer, von nicht wenigen Seitenpfaden und Sackgassen geprägter Weg. Daß dieser dennoch ein Ziel fand, lag weniger an Selbstdisziplin und Siegesgewißheit als an vielen guten Hinweisen, von denen sich insbesondere die zur Reduktion – hier sei insbesondere PD Dr. Valentin Groebner gedankt – als hilfreich erwiesen. Am meisten verdankt diese Arbeit – in chronologischer Reihenfolge – Prof. Dr. John Röhl, der mein Bewußtsein für die politischen Probleme der wilhelminischen Epoche schärfte, Prof. Dr. Heinz Reif, der früh sein Vertrauen in das Projekt signalisierte, es dadurch auf den Weg brachte und fortan beharrlich unterstützte, und Prof. Dr. Regina Schulte, die viele Perspektiven der Arbeit anregte und gleichzeitig dafür sorgte, daß die Anregungen nicht zuungunsten einer fristgemäßen Fertigstellung ausschlugen. Zusammen mit den letzteren beiden formten Prof. Dr. Peter Becker und Dr. Christopher Clark die Jury und gaben wichtige und gern befolgte Verbesserungshinweise für die Buchfassung.

Doch nicht nur ihnen ist zu danken. In der Konzeptionsphase der Arbeit bot das DFG-Projekt ‚Elitenwandel in der Moderne' einen so anregenden wie disziplinierenden Rahmen. Die hieraus hervorgegangenen Freundschaften mit Marcus Funck, Stephan Malinowski und René Schiller waren und sind nicht nur wissenschaftlich ertragreich.

Die Recherche- und Schreibphase erfolgten am Europäischen Hochschulinstitut (EHI) in Florenz. Den beispiellos vielfältigen Anregungen dieses einmaligen Miniatureuropas verdankt die Arbeit ihre eigentliche Stoßrichtung. Es gehört zum Zauber dieses Ortes, daß sich Ideen und Hinweise kaum mehr an einzelne Personen rückbinden lassen. Stellvertretend für viele andere genannt werden müssen Sergio Amadei, Pernille Arenfeldt, der Mitstreiter im Sala Niobe Alexander Geppert, Carlo Gualini, Sandra Maß und Philipp Müller.

Für die Bodenhaftung sorgten in Gesprächen und Colloquien in Bad Homburg, Bremen, Göttingen und Berlin Prof. Dr. Rüdiger vom Bruch, Walter Erwes, Prof. Dr. Karl Holl, Andreas Krause, Prof. Dr. James Retallack, Dr.

Nicolaus Sombart, Prof. Dr. Bernd Sösemann, Dr. Bernd Ulrich und Prof. Dr. Bernd Weisbrod.

Rüdiger Graf, Lars Hubrich, Andreas Krause, Stephan Malinowski und Matthias Pohlig haben Teile des Manuskripts, Cornelia Reichert das ganze Manuskript gelesen und gewichtige Verbesserungsvorschläge gemacht. René Schiller und Sebastian Drefahl haben Hilfestellung bei der Formatierung der Arbeit geleistet.

In technischer Hinsicht sei – neben den Mitarbeitern der benutzten Archive und Bibliotheken – vor allem dem Fernleihservice des EHI gedankt, der oft genug Unmögliches möglich machte und Broschüren und Pamphlete, die in Deutschland nicht mehr auffindbar waren, in Florenz ans Tageslicht brachte. In finanzieller Hinsicht ist der Studienstiftung des Deutschen Volkes für ein langjährig gewährtes, nicht nur materielles, Studienstipendium sowie dem DAAD für die Finanzierung der Auslandsaufenthalte in England und Italien zu danken. Die VG Wort und das EHI haben in großzügiger Weise Druckkostenzuschüsse gewährt. Prof. Dr. Heinz Reif danke ich für die Aufnahme der Arbeit in die Reihe ‚Elitenwandel in der Moderne'.

Gewidmet ist dieses Buch Ania, Artur und Edgar. Die letzteren haben seinen Abschluß nicht unwesentlich verzögert, die langen Schreib- und Korrekturphasen aber überhaupt erst erträglich gemacht.

Potsdam, im März 2005 *Martin Kohlrausch*

I. Einleitung

Die wilhelminische Monarchie und die Massenmedien sind zwei Welten, die auf den ersten Blick wenig Berührungspunkte aufweisen. Wilhelm II. evoziert kräftige Bilder: Ein martialischer, traditionsbewußter, größenwahnsinniger Monarch, der in weißer Gardeuniform, glänzendem Brustpanzer und überdimensioniertem Adlerhelm eher ins 16. denn ins 20. Jahrhundert zu gehören scheint. Massenmedien um 1900 wecken andere Assoziationen: Immer schneller kreisende Rotationspressen und das Berliner Zeitungsviertel, in dem die schnellste Zeitung der Welt entsteht, Verleger wie Mosse, Ullstein und Scherl, die den Fortschritt personifizieren oder Journalisten wie August Stein, Theodor Wolff und Alfred Kerr, die so modern schreiben wie sie politisch denken. Die Interpretation dieser Bilder liegt auf der Hand: Einerseits die bekannte deutsche politische Malaise aus Reaktion, Autoritätshörigkeit und Militarismus, andererseits die ebenso bekannten wirtschaftlichen und organisatorischen Spitzenleistungen und ein Modernismus, der in der politischen Nische und in der Industrie seinen Platz hatte.

Die Formel von der Gleichzeitigkeit des Ungleichzeitigen beschreibt zwar dieses Phänomen, in ihrer Erklärungskraft bleibt sie jedoch vage. Die Frage stellt sich, was mit Monarchie und Monarchen geschah, als sie mit den Massenmedien konfrontiert wurden, aber ebenso, welche Funktion die traditionelle Institution für den politischen Diskurs der Massenpresse ausfüllte. In Frage steht also die gegenseitige Beeinflussung zweier Phänomene, nicht das bloße Konstatieren eines Nebeneinanders. Das Beispiel der wilhelminischen Monarchie eignet sich für diese Fragestellung besonders gut. Im Gegensatz zu den meisten seiner Kollegen war Wilhelm II. ein politisch ‚starker' Monarch, zumindest wurde er dafür gehalten. Darüber hinaus verfügte Deutschland seit den 1880er Jahren über eine Massenpresse, die in ihrer Dynamik sogar die reiferen Pressemärkte Frankreich und England ausstach.

A. Fragestellung und Aufbau der Arbeit

Der spätere Reichskanzler Bernhard v. Bülow erkannte im Jahr 1893, gegen Ende des 19. Jahrhunderts habe eine „Zeit schrankenloser Publizität" eingesetzt, die sowohl für wie auch gegen den Bestand der Monarchie arbeiten könne.[1] Unter den Bedingungen der kommunikativen Revolution und zunehmenden Dominanz großstädtischer Lebensstile, beschleunigter soziokultureller Differenzierung und politischer Mobilisierung der Massen konnte die Monarchie am Ende des ‚langen 19. Jahrhunderts' nicht mehr der an dessen Anfang ähneln.[2] Die Neudefinition des Verhältnisses Monarch – Öffentlichkeit, die spätestens unter dem Eindruck der Französischen Revolution begonnen hatte, erreichte nun eine neue Qualität. Eine auf vielen Ebenen vermittelte und durch verschiedenste Kanäle geleitete kommunikative Interaktion zwischen Öffentlichkeit und Monarch konstituierte radikal erneuerte Voraussetzungen monarchischer Herrschaft. Der Monarch wurde Angelpunkt einer prinzipiell grenzenlosen diskursiven Verhandlung öffentlicher Anliegen.

Es ist festgestellt worden, daß zu Lebzeiten Wilhelms II. mehr als 3.000 Aufsätze und Bücher, die den Monarchen zum Thema hatten, erschienen.[3] So sehr diese Tatsache eine – selten reflektierte – Zentralität des Monarchiediskurses belegt, so klar zeigt sie auch Probleme für dessen Analyse auf. Durch die Konzentration auf fünf Skandale versucht diese Studie die Materialfülle produktiv zu begrenzen. Die Untersuchung von Skandalen verfolgt mehrere Zielrichtungen. Erst die Fokussierung auf Höhe- und Wendepunkte des Monarchiediskurses, welche gleichzeitig ‚Cluster' einschlägiger Quellen bezeichnen, ermöglicht es, in die Breite des Materials zu gehen und bisher stark vernachlässigte Gattungen zu berücksichtigen. Skandale bieten sich hierfür an, weil sie eine ungeheure Verdichtung des Monarchiediskurses bewirkten. Auf diese Weise können für einen überschaubaren Zeitraum sehr heterogene und aussagekräftige Quellen untersucht werden. Als noch wichtiger erscheinen aber die qualitativen Merkmale der Skandale. Skandale funktionieren, weil sie – wenn auch stark verzerrend – komplizierte Vorgänge in einfachere Schema-

1 Zit. nach John C.G. RÖHL, Hof und Hofgesellschaft unter Kaiser Wilhelm II., in: Ders. (Hg.), Kaiser, Hof und Staat. Wilhelm II. und die deutsche Politik, München [4]1995, S. 78-116, hier S. 113.

2 Zum Problem: Eric HOBSBAWN, Mass-Producing Traditions: Europe 1870-1914, in: Eric Hobsbawn/Terence Ranger (ed.), The Invention of Tradition, Cambridge 1996, S. 263-308.

3 Die eher konservative Schätzung bei: David BLACKBOURN, The Kaiser and his Entourage, in: Ders., Populists and Patricians. Essays in Modern German History, London 1987, S. 45-54, hier S. 46. Blackbourn verweist auf die erstaunlich geringe Anzahl von Arbeiten zum selben Thema nach 1918.

ta übersetzen.[4] Es ist bezeichnend, daß sie immer an Personen gebunden sind, ein Faktor, der für die Rolle von Skandalen im wilhelminischen Deutschland von besonderer Bedeutung war. In der persönlichen Struktur der Macht im Kaiserreich, so Isabel Hull, waren Skandale „eine angemessene und verständliche Reaktion auf das tatsächlich bestehende politische System".[5] Skandale waren aber keineswegs Oberflächenphänomene, wie Hull suggeriert, sondern bewirkten massive Veränderungen in der Deutung des Monarchen. Einerseits gefährdeten sie die Reputation des Monarchen, andererseits eröffneten sie der Monarchie Regenerationspotentiale.

Wenn skandalöse Ereignisse wie die Daily-Telegraph-Affäre Beachtung fanden, dann fast nie unter einem skandaltheoretischen Gesichtspunkt, sondern als vorrangig politisches Ereignis. Dabei eröffnet der Zugriff über den Skandal – selbstredend bei Ausblendung bestimmter Aspekte – erst die strukturelle Erklärung der fraglichen Ereignisse. Nur durch die einheitliche Analyse verschiedener skandalöser Ereignisse in ihrem skandalösen Gehalt tritt das Gemeinsame hervor. Nur so kann aufgezeigt werden, wie sehr vorrangegangene Ereignisse für spätere als Referenzpunkt dienten, in welchem Ausmaß sich von einer Entwicklung sprechen läßt und wie diese beschaffen war.

Um eine Fixierung auf Ausnahmesituationen zu vermeiden, wird jeder Skandal in seinen diskursiven Kontext eingebettet. Der Kontext soll nicht einfach nur beschrieben werden, vielmehr ist zu fragen, ob zum jeweiligen Zeitpunkt neue Themen aufkamen, wer die Stichwortgeber waren, aber auch, welche Bewertungen des Monarchen nebeneinander existieren konnten. Im Hintergrund steht die Überlegung, daß ein gewisses diskursives Umfeld vonnöten ist, um einen Skandal zu erzeugen, welches dieser wiederum reflektiert. Dies ist naheliegend, wenn man davon ausgeht, daß Skandale nicht notwendigerweise aufgrund einer bestimmten Handlung entstehen. Wenn das Erkenntnisinteresse die im Skandal indizierte Veränderung des Monarchiediskurses ist, gewinnen Ereignisse Bedeutung, die als solche bisher kaum Beachtung gefunden haben.

Die Konzentration auf Skandale, in welche der Monarch mit unterschiedlicher Intensität verwickelt war, bestimmt die Gliederung dieser Studie. Sie folgt chronologisch dem Ablauf der behandelten Skandale. Kapitel II diskutiert die Voraussetzungen für diese Skandale, nämlich die Medienrevolution um 1900 unter Fokussierung auf die Wechselbeziehung Medien und Monarchie. Die daran anschließenden drei Kapitel behandeln fünf exemplarische Skandale in ihrem Kontext: die Caligula-Affäre und den retrospektiven Skandal der Entlassung Bismarcks 1888-1894 (III); den Eulenburg-Skandal und die Daily-Telegraph-Affäre 1906-1909 (IV) und schließlich die Flucht Wilhelms II. nach Holland und deren Diskussion in der Weimarer Republik (V).

---

4 Zur komplexitätsreduzierenden Funktion von Skandalen: Klaus LAERMANN, Die gräßliche Bescherung. Zur Anatomie des politischen Skandals, in: Kursbuch 77 (1984), S. 159-172, hier S. 171.

5 Isabel V. HULL, „Persönliches Regiment", in: John C.G. Röhl (Hg.), Der Ort Kaiser Wilhelms II. in der deutschen Geschichte, München 1991, S. 3-23, hier: S. 23.

Kapitel VI resümiert inhaltliche Veränderungen des Monarchiediskurses und untersucht auf mehreren Ebenen die Verbindung zwischen transformierter Monarchie und Führerkonzepten.

Es handelt sich hierbei nicht nur um Fallstudien im Sinne von Sonden oder Probebohrungen in einem komplexen, aber statischen Diskussionszusammenhang. Vielmehr stehen die Beispiele in einer gemeinsamen Perspektive. Jeder Skandal reflektiert immer auch die Erfahrungen des jeweils vorherigen Skandals. Darüber hinaus werden in den Fallstudien lediglich Teilaspekte eines vielschichtigen und sich entwickelnden Monarchiediskurses sichtbar. Dies gilt insbesondere für die ersten beiden Beispiele, die in der Perspektive auf das Scheitern der Monarchie, konkretisiert im Ereignis der ‚Kaiserflucht', analysiert werden. In dieser Hinsicht sind die untersuchten Skandale nicht gleichberechtigt. Im ersten Teil der Studie, den Kapiteln III und IV, stehen Veränderungen des Monarchiediskurses im Vordergrund, im zweiten Teil, den Kapiteln V und VI, deren materielles Ergebnis.

Die Untersuchung der Wechselbeziehung von Massenmedien erfolgt nicht als Selbstzweck. Zwar ist die Annahme von der Transformation der Monarchie prinzipiell ergebnisoffen. Es muß aber Erkenntnisziel bleiben, zu fragen, in welche Richtung sich die öffentlich diskutierte Monarchie veränderte. Hypothetisch wird ein enger Zusammenhang zwischen der medial transformierten Monarchie und aufkommenden Führerkonzepten angenommen. Dieser Zusammenhang soll als strukturell bedingt begriffen werden. Auf zwei Phänomene wird in diesem Zusammenhang besonders zu achten sein: eine medial bedingte Personalisierung der Monarchie – nicht zu verwechseln mit Individualisierung – und die Formulierung partizipativer Ansprüche gegenüber dem Monarchen.

„Das Kaiserreich ist in vielem eine Zeit dramatischer Beschleunigung des historischen Wandels – Quantität, kann man sagen, schlägt hier um in eine neue Qualität"[6] hat Thomas Nipperdey als Abschluß seiner Epochendarstellung festgehalten. Diese Feststellung trifft in besonderem Maß für die Massenmedien und damit auch für die Diskussion des Monarchen zu. Eine systematisch-umfassende Untersuchung der Wechselwirkung zwischen Medien und wilhelminischer Monarchie hat bisher nicht stattgefunden und ist bei der Fülle des Materials auch kaum zu leisten. Allerdings scheint es durchaus möglich, die Ebene relativ willkürlich ausgewählter Zitate – als stellvertretend für die Öffentlichkeit betrachtet – zu verlassen. Es muß der Ehrgeiz eines solchen Ansatzes sein, nicht nach vermeintlichen Einstellungen gegenüber dem Monarchen bzw. dem Grad des Monarchismus zu fragen, sondern die Bedingen zu reflektieren, die für den Monarchiediskurs konstitutiv waren. Zwei Hauptfragen, die vielfach miteinander verwoben sind, leiten die Studie. Es soll gefragt werden, inwieweit die Monarchie der Logik der Massenmedien unterworfen wurde und welche Konsequenzen dies für die Diskussion der Monarchie hatte.

---

6 Thomas NIPPERDEY, Deutsche Geschichte 1866-1918, Bd. II: Machtstaat vor der Demokratie, München 1993, S. 881.

Da es sich hier um eine Wechselbeziehung handelt, wird auch nach der Bedeutung der Monarchie für die Medien zu fragen sein. Zweitens geht es um die inhaltlichen Ergebnisse dieser Wechselbeziehung, das heißt vor allem um das Verhältnis einer sich wandelnden Monarchiediskussion und sich entwikkelnder Führerkonzepte.

Will man diese Fragestellung in die historiographische Diskussion des Kaiserreichs einordnen, dann gehörte der erste Aspekt in die Großdiskussion um die Fundamentalpolitisierung und ihre Folgen.[7] Der zweite Aspekt fügt sich ein in die Diskussion um die Entwicklungsfähigkeit des monarchischen Konstitutionalismus bzw. die Frage nach plebiszitären und demokratischen Elementen, die der Monarchie um 1900 zuwuchsen. Neben der Untersuchung dieser beiden Fragen sollen die hier behandelten Skandale als öffentliche Ereignisse – zumindest in ihren für Monarchie und Monarch relevanten Aspekten – rekonstruiert werden.

Wenn nach Veränderungen der Monarchie durch ihre mediale Diskussion gefragt wird, muß die Untersuchung langfristig angelegt sein. Es ist notwendig, die Epochengrenze 1918 zu überschreiten, denn nur so kann sinnvoll nach Kontinuitäten und Diskontinuitäten zwischen einer diskursiv transformierten Monarchie und immer differenzierteren Führerkonzepten gefragt werden. Die Studie setzt chronologisch mit Kommentaren zur Thronbesteigung Wilhelms II. ein und endet mit Belegen für die Instrumentalisierung der Kaiserflucht im Dritten Reich.

B. Methode, Begriffe und Quellen

Noch mehr als für jede diskursgeschichtliche Studie gilt für eine Geschichte des Monarchiediskurses, daß sie eine Geschichte des Sagbaren ist.[8] Als entstehende Mediengesellschaft fand auch im Kaiserreich die Auslotung politischer Fragen zu wesentlichen Teilen in den Massenmedien statt. Insofern ist

---

7 Zum Begriff: Thomas KÜHNE, Dreiklassenwahlrecht und Wahlkultur in Preußen 1867-1914. Landtagswahlen zwischen korporativer Tradition und politischem Massenmarkt, Düsseldorf 1994, S. 18. Zur Mobilisierungsdiskussion: James N. RETALLACK, Demagogentum, Populismus, Volkstümlichkeit. Überlegungen zur 'Popularitätshascherei' auf dem politischen Massenmarkt des Kaiserreichs, in: Zeitschrift für Geschichtswissenschaft 48 (2000), S. 309-325. Zu einzelnen Fallstudien zu diesem Thema vgl. den Forschungsüberblick von Thomas KÜHNE, Das deutsche Kaiserreich 1871-1918 und seine politische Kultur: Demokratisierung, Segmentierung, Militarisierung, in: Neue Politische Literatur 43 (1998), S. 206-263, hier insb. S. 212 f. und DERS., Die Jahrhundertwende, die ‚lange' Bismarckzeit und die Demokratisierung der politischen Kultur, in: Lothar Gall (Hg.), Otto von Bismarck und Wilhelm II. Repräsentanten eines Epochenwechselns? (Otto-von-Bismarck-Stiftung. Wissenschaftliche Reihe, 1), Paderborn 2000, S. 85-118. Allerdings bleibt hier die Rolle der wilhelminischen Monarchie merkwürdig unterbelichtet.

8 Vgl. Willibald STEINMETZ, Das Sagbare und das Machbare. Zum Wandel politischer Handlungsspielräume. England 1789-1867 (Sprache und Geschichte, 21), Stuttgart 1993, S. 18 ff.

es entscheidend, was in Bezug auf die Monarchie sagbar war und wie es formuliert wurde. Eine bestimmte politische Sprache ist, wie Thomas Mergel anmahnt, mithin „nicht einfach als Ideologie zu fassen, sondern sie ist auch eine Möglichkeit, die Komplexität der sozialen Wirklichkeit so zu reduzieren, daß die Handlungsfähigkeit erhalten bleibt".[9] Zwei Prämissen folgen hieraus. Erstens ist die Medialität der Medien, ihre „Historizität" und „semantische Logik" ernst zu nehmen.[10] Zweitens ist in der Analyse der Quellen argumentationsgeschichtlich zu verfahren.[11]

Insofern liefert diese Studie keine Wirkungsgeschichte, und auch die Wahrnehmung der Monarchie läßt sich mit den vorhandenen Quellen nicht schildern.[12] Für derart weitreichende Aussagen sind die Prozesse zwischen dem, was in den Medien dargeboten wird, und dem, was schließlich an politischen Meinungen oder gar Aktionen zu finden ist, zu komplex. Als gut abgesichert können aber immerhin Erkenntnisse über Agenda-Setting-Prozesse durch die Massenmedien gelten. Das Themenspektrum bei Medien und Publikum wies erhebliche Parallelen auf. In einem Pressemarkt, der marktwirtschaftlichen Regeln folgte, konnte es sich andererseits keine Zeitung leisten, die Informationsinteressen ihrer Leser zu negieren. Andreas Platthaus ist grundsätzlich zuzustimmen, wenn er für die wilhelminische Gesellschaft überspitzt behauptet: „Die Zeitung bildete die öffentliche Meinung."[13] Folgt man dem zeitgenössischen Sprachgebrauch, war öffentliche Meinung das, was in den Zeitungen stand.[14] Wenn davon die Rede war, das Volk solle gehört werden bzw. das Verhältnis zwischen Monarch und Volk sei verbesserungsbedürftig, war die öffentliche Meinung gemeint. Volk und öffentliche Meinung sind daher im hier untersuchten Diskurs oftmals austauschbare Begriffe.[15]

---

9 Vgl. hierzu Thomas MERGEL, Überlegungen zu einer Kulturgeschichte der Politik, in: Geschichte und Gesellschaft 28 (2002), S. 574-606, hier S. 588, 594.

10 Bernd WEISBROD, Medien als symbolische Form der Massengesellschaft. Die medialen Bedingungen von Öffentlichkeit im 20. Jahrhundert, in: Historische Anthropologie 9 (2001), S. 270-283, hier S. 271.

11 Vgl. Monika WIENFORT, Monarchie in der bürgerlichen Gesellschaft. Deutschland und England von 1640 bis 1848, Göttingen 1993, S. 15.

12 Wie Jens Ivo Engels zurecht angemahnt hat, ist es unmöglich, die „Wahrnehmung" des Königs zu untersuchen. Statt des „Eindrucks" im Bewußtsein könne lediglich der „Ausdruck" in Darstellungen aufgezeigt werden: „Diese Darstellungen haben einen doppelten Wert; sie sind das Ergebnis individueller Wahrnehmungen und zugleich bilden sie das Material, aus dem sich die Königsbilder speisen konnten." Jens Ivo ENGELS, Königsbilder. Sprechen, Singen und Schreiben über den König in der ersten Hälfte des 18. Jahrhunderts (Pariser historische Studien, 52), Bonn 2000, S. 4.

13 Andreas PLATTHAUS, Die Novemberrevolution von 1908. Der Presse Volkszorn auf des Kaisers neue Kleider, in: Patrick Bahners/Gerd Roellecke (Hg.), Preußische Stile. Ein Staat als Kunststück, Stuttgart 2001, S. 135-162, hier S. 159.

14 Jeffrey VERHEY, The Spirit of 1914. Militarism, Myth and Mobilization in Germany, Cambridge 2000, S. 16.

15 Der Begriff Volk ist insofern für diese Studie tatsächlich ein „unvermeidlicher" Begriff, weil er aus den Quellen nicht wegzudenken ist. Vgl. hierzu: Lutz HOFFMANN, Das 'Volk'. Zur ideologischen Struktur eines unvermeidlichen Begriffs, Zeitschrift für Soziologie 20 (1991), S. 191-208.

Wenn im Mittelpunkt die Frage steht, was über den Monarchen sagbar war, wann und wie es gesagt wurde sowie welche Rolle hierbei die Logik der Medien spielte, ist die politische Einordnung des Sprechenden nicht obsolet, aber zweitrangig. Bisherige pressegeschichtliche Studien haben fast immer durch die ‚Parteibrille' geblickt, das heißt ein parteipolitisch vermeintlich repräsentatives Sample untersucht.[16] Dies ist insofern naheliegend, als die politische Orientierung tatsächlich ein wichtiges Unterscheidungsmerkmal für viele Zeitungen, zumal die sogenannten ‚Parteiblätter', war und ihre Berichterstattung und Kommentierung prägte. Zudem bestimmte die politische Affiliation die Positionierung einer Zeitung in der Interaktion mit anderen Medien. Diese Herangehensweise hat jedoch drei wesentliche Nachteile: 1.) Wie zu zeigen sein wird, waren die Parteisegmentierungen keineswegs so klar, wie oft behauptet. Einige der neuen, auflagenstärksten Zeitungen lassen sich überhaupt nicht sinnvoll in ein Parteischema einordnen. 2.) Der Blick durch die Parteibrille kommt zu vorhersehbar einseitigen Ergebnissen. Kommentare, die nicht in die parteipolitische Verortung eines Blattes passen, geraten aus dem Sichtfeld oder können, um im Bild zu bleiben, mit diese Brille nur unscharf oder gar nicht erkannt werden. Der dialogische Charakter medialer Interaktion bleibt verschwommen. 3.) Eine systematische Untersuchung parteipolitisch gebundener Zeitungen muß sich allein aus arbeitsökonomischen Gründen auf eine Auswahl von allerhöchstens ein Dutzend Beispielen beschränken – in der Regel weit weniger. Angesichts der Bandbreite der wilhelminischen Presse, in der sogenannte Parteizeitungen nur einen Typus unter vielen repräsentieren, ist dies ein erhebliches Manko.

Selbstredend kann auch mit dem hier gewählten Verfahren die Presselandschaft nicht eins zu eins abgebildet werden. Notwendigerweise bleibt ein starker Bias zugunsten der ‚politischen', der meinungsbildenden Blätter bestehen. Aber indem insgesamt über 100 Zeitungen in die Untersuchung einbezogen wurden, konnten wesentliche Schwachpunkte umgangen werden. Auf diese Weise gelingt es, das Gemeinsame, das Dialogische und die Angleichung in der Kommentierung des Monarchen, die Homogenisierung des Diskurses, nachzuzeichnen. Dieser Ansatz impliziert aber auch, daß eine Beschränkung auf Pressequellen nicht möglich ist. Pamphlete und Zeitschriften müssen in die Betrachtung einbezogen werden. Der Monarchiediskurs läßt sich nicht auf ein Medium beschränken, wiewohl er durch die Zeitungen geprägt wurde und diese als Schrittmacher dienten. Vielmehr muß gerade für diesen Fall, wie zu zeigen sein wird, der Medienverbund, also die Interaktion verschiedener me-

---

16 So bei: Burkhard ASMUSS, Republik ohne Chance? Akzeptanz und Legitimation der Weimarer Republik in der deutschen Tagespresse zwischen 1918 und 1923 (Beiträge zur Kommunikationsgeschichte, 3), Berlin/New York 1994; Karin HERRMANN, Der Zusammenbruch 1918 in der deutschen Tagespresse. Politische Ziele, Reaktionen und Ereignisse und die Versuchung der Meinungsführung [...], 23. September bis 11. November 1918 (Phil. Diss.), Münster 1958.

dialer Formen in den Blick genommen werden bzw. ist zu überprüfen, inwieweit ein solcher Medienverbund tatsächlich existierte.[17]

Als Monarchiediskurs werden die veröffentlichten Erwartungen an den Monarchen und deren formulierte Enttäuschung, Deutungen des vielschichtigen Monarchen und des Herrscheramtes, die Konstruktion affirmativer und ablehnender Herrscherbilder verstanden.[18] Untersucht wird der im engeren Sinne politische Diskurs. Rein affirmative, nicht kommentierende Berichte über den Monarchen werden nicht in die Untersuchung einbezogen. Die Grenze zwischen politischen und unpolitischen Aussagen ist fließend. Aber generell folgten Meldungen über Hoffeste, Jagden oder die Geburt neuer Mitglieder der kaiserlichen Familie grundsätzlich anderen Regeln als die hier interessierenden Quellen.[19] Die Existenz eines „popular monarchism" muß dennoch immer mitgedacht werden. Ohne die hierdurch gewährleistete Sichtbarkeit des Monarchen wäre auch der politische Diskurs ein anderer gewesen.

Die Beschränkung auf den politischen Monarchiediskurs erlaubt eine detaillierte Untersuchung der Logik des medial geprägten Monarchiediskurses: Welche Begriffe standen für die Deutung des Monarchen zur Verfügung? Wann veränderten sich diese Begriffe? Wie verhielt sich die Diskussion und Bewertung des Monarchen zur Diskussion und Bewertung der Institution Monarchie, welche Verschiebungen fanden statt? Welche Tabus existierten, welche brachen auf? In welchen Kategorien wurde der Monarch bewertet? Wie verhielten sich die strukturellen, medial bedingten Voraussetzungen des Monarchiediskurses zu dessen Inhalt? Zu fragen ist auch nach der Funktion des Monarchiediskurses selbst und nach seinen Regeln: Welche sprachlichen Strategien und Regeln entwickelten sich, um die erlebte Transformation zu beschreiben? Welche Topoi dienten der Umdeutung und Verschleierung? Welche Deutungsangebote existierten, welche entwickelten eine Eigendynamik, welche wirkten prägend? Auf diese Weise soll eine Abstraktion des Monarchiediskurses jenseits einer Personalisierung, aber auch jenseits anonymer Machteliten, erreicht werden.

Für diese Fragen ist es zweitrangig, wer etwas sagte und welches die Intentionen des Autors waren. Entscheidend ist, was gesagt wird, allenfalls noch wo und wann. Hierfür muß hinter die Sprache der zeitgenössischen Kommen-

---

17 Zum Begriff Medienverbund vgl.: Bernd SÖSEMANN, Einführende Bemerkungen zur Erforschung der Geschichte der Medien und der öffentlichen Kommunikation in Preußen, in: Ders. (Hg.), Kommunikation und Medien in Preußen vom 16. bis zum 19. Jahrhundert, Stuttgart 2002, S. 9-21, hier S. 10.

18 Wenn von der Diskussion des Monarchen bzw. der Debatte über den Monarchen gesprochen wird, sind spezielle Themen innerhalb des übergeordneten Monarchiediskurses gemeint – beispielsweise eine Rede Wilhelms II.

19 Daß diese Quellen mit Gewinn untersucht werden können beweisen: Eva Giloi BREMNER, 'Ich kaufe mir den Kaiser': Royal Relics and the Culture of Display in 19th Century Prussia (Phil. Diss.), Princeton 2000 und Alexa GEISTHÖVEL, Den Monarchen im Blick. Wilhelm I. in der illustrierten Familienpresse, in: Habbo Knoch/Daniel Morat (Hg.), Kommunikation als Beobachtung. Medienanalysen und Gesellschaftsbilder, Paderborn 2003, S.59-80.

tatoren geblickt werden: Was war gemeint, wenn z.B. der omnipräsente Byzantinismus beklagt wurde?[20] In dieser Hinsicht gibt es keine klügeren oder dümmeren Beobachtungen über den Monarchen. Daher wird auch nicht vorrangig ‚Höhenkammliteratur', sondern vielmehr Massenpublizistik untersucht. Mit Zeitungs- und Zeitschriftenartikeln, Pamphleten, aber auch, zu geringeren Teilen, Romanen, Vorträgen und Karikaturen werden sehr unterschiedliche literarische Gattungen mit je verschiedenen sprachlichen und inhaltlichen Konventionen, rhetorischen Regeln, Autoren und Adressaten als Quellen herangezogen. Diesem Ansatz entsprechend interessiert nicht die Meinung von Einzelpersonen als Zeugnis für die öffentliche Meinung oder über das, was ‚wirklich' über den Monarchen gedacht wurde.

Vergleichsweise einfach ist die Frage nach den Sprechenden zu beantworten, wesentlich schwieriger die nach dem Publikum. Jens Ivo Engels hebt es als ein Charakteristikum der Monarchie vor 1789 hervor, daß den Untertanen ein Bewußtsein als Publikum fehlte. Erst dann ließe sich aber von öffentlicher Meinung sprechen. Für die frühneuzeitliche Monarchie führe es in die Irre, den König und das ‚Publikum' als gegenüberstehende Einheiten zu bezeichnen.[21] Für die Medienmonarchie des ausgehenden 19. Jahrhunderts war genau dies typisch. Gegenüber der Monarchie formiert sich ein sich selbst als solches begreifendes Publikum.

Da hier argumentiert wird, daß im fraglichen Zeitraum bereits eine moderne Medienlandschaft existierte, soll auch der moderne Begriff Medien verwendet werden – im Sinne von Kommunikationsmitteln mit einem Adressaten jenseits bloßer Privatpersonen. In Abgrenzung hierzu wird Öffentlichkeit als der Raum verstanden, in dem mediale Kommunikation stattfindet. Unter den Begriff Medien fallen Zeitungen und Zeitschriften genauso wie Pamphlete. Wenn von der Massenpresse bzw. den Massenmedien gesprochen wird, indiziert dies zweierlei. In direkter Abgrenzung zu Formaten mit geringerer Auflage sind hiermit jene Zeitungen und Pamphlete gemeint, die Auflagen jenseits der 10.000 erreichten und sich an ein Massenpublikum, d.h. ein nicht lokal oder durch politische Präferenzen strikt eingegrenztes Publikum richteten. Die Rede vom Zeitalter der Massenmedien verweist aber auf eine zweite Bedeutung. Es lag in der Natur der neuen Massenpresse, daß ihre Charakteristika auch auf Formate abfärbten, die selbst nicht als Massenerzeugnisse bezeichnet werden könnten. Diese Verwendung des Begriffs stellt vor allem auf dessen qualitative Dimension ab, auf ein neues Publikum, das keines der Ho-

---

20 Wenig erhellend ist es, diese fragwürdige Kategorie selbst zu verwenden wie etwa: Dirk v. PEZOLD, Cäsaromanie und Byzantinismus bei Wilhelm II. (Phil. Diss.), Köln 1971. Das zeitgenössische Verständnis beschreibt Meyers Konversationslexikon, 6. Auflage, 1907 (mit den Worten: „Durch maßlosen Luxus und Strebertum hervorgerufene Sittenverderbnis, insbesondere auch kompliziertes Zeremonienwesen an Höfen und unwürdige Kriecherei und Schmeichelei fürstlichen oder sonst hochgestellten Personen gegenüber."

21 ENGELS, Königsbilder, S. 257 f. Zur Verschiebung nach der Französischen Revolution, die dazu führt, daß sich gerade gegenüber der Monarchie das Volk als Einheit versteht: Wienfort, Monarchie, S. 90.

noratioren mehr war. Insofern kann man von *den* Massenmedien als der Gesamtheit der Medien sprechen. Mit Axel Schildt ließe sich dann festhalten: „Massenmedien sind massenhaft verbreite Medien für die [...] Verbreitung von Wissen und Unterhaltung an ein anonymes, heterogenes Publikum, das für deren Rezeption materielle, soziale und geistig-kulturelle Voraussetzungen aufweisen muß."[22] Allerdings wird hier vor allem eine Teilgruppe der Massenmedien, nämlich die Printmedien, untersucht. Bildmedien wie Filme, Photographien, Postkarten spielen aufgrund der in einem engeren Sinne politischen Fragestellung der Studie eine untergeordnete Rolle.

Eine wesentliche Kategorie der inhaltlichen Bewertung des Monarchen war die Frage nach dessen Leistungen. Unter ‚Leistungsparadigma' soll im folgenden die Tatsache verstanden werden, daß der Monarch einer vorgängigen, nicht begründeten Leistungserwartung unterworfen war, daß er seine Stellung aktiv rechtfertigen mußte. Dabei ist nicht entscheidend, was genau vom Monarchen erwartet oder wie dessen Leistung gemessen wurde. Das Leistungsparadigma manifestierte sich später im politischen Konzept des Führers, das für den zweiten Teil der Studie zentral ist. Die Rede vom Führer ist so schillernd wie schwammig. Gerade weil Führerideen immer extrem vage blieben, waren sie attraktiv. Führerkonzepte lassen sich nach einer Definition Klaus Schreiners als die Sehnsucht „nach einem starken Mann, der, ausgestattet mit der Autorität und dem Sendungsbewußtsein eines messianischen Führers, in Politik, Wirtschaft und Gesellschaft eine Wende zum Besseren herbeiführt", fassen.[23] Als „Diktator demokratischer Provenienz" (Dieter Groh) steht der Führer per definitionem in Konkurrenz zum Monarchen. Der Führer legitimierte sich nicht erbdynastisch, sondern plebiszitär. Es wird aber zu zeigen sein, daß sich Aspekte der Führerkonzepte durchaus mit einer – allerdings neuinterpretierten – Monarchie versöhnen ließen.[24]

Weniger eindeutig, als er zunächst scheint, ist der Begriff Monarchismus. Vom Monarchismus kann logisch erst gesprochen werden, wenn die Institution Monarchie offensichtlich fragwürdig geworden ist, also seit der Französischen Revolution.[25] Im wilhelminischen Deutschland herrschte in dieser Hinsicht eine paradoxe Situation. Die Konzeption des Reiches beruhte auf der

---

22 Axel SCHILDT, Das Jahrhundert der Massenmedien. Ansichten zu einer künftigen Geschichte der Öffentlichkeit, in: Geschichte und Gesellschaft 27 (2001), S. 177-206, S. 189. Zum neuen Publikum der Presse: Jörg REQUATE, Öffentlichkeit und Medien als Gegenstände historischer Analyse, in: Geschichte und Gesellschaft 25 (1999), S. 5-33, hier S. 16 f.

23 Klaus SCHREINER, „Wann kommt der Retter Deutschlands?" Formen und Funktionen des politischen Messianismus in der Weimarer Republik, in: Saeculum. Jahrbuch für Universalgeschichte 49 (1998), S. 107-160, hier S. 108.

24 Vgl. Dieter GROH, Cäsarismus, Bonapartismus, Führer, Chef, Imperialismus, in: Geschichtliche Grundbegriffe. Historisches Lexikon zur politisch-sozialen Sprache in Deutschland, hrsg. von Otto Brunner/Werner Conze/Reinhart Koselleck, Bd. 1, Stuttgart 1972, S. 726-771, S. 730. Die Verbindung zwischen Monarchie und Führerkonzepten hat bisher wenig Aufmerksamkeit gefunden. Vgl. die äußerst vagen Vermutungen bei: Engels, Königsbilder, S. 276 ff.

25 Vgl. Hans BOLDT, Monarchie, in: Geschichtliche Grundbegriffe IV, S. 133-214, hier insbesondere: S. 186 ff.

Selbstverständlichkeit der Monarchie und diese Selbstverständlichkeit wurde ganz überwiegend geteilt.[26] Dennoch existierte das Schlagwort vom Monarchismus, hauptsächlich als Kampfbegriff gegen die vermeintlichen Verteidiger der Monarchie.[27] Mit Arne Hofmann könnte davon ausgegangen werden, daß Monarchismus nicht nur generell die Präferenz für eine traditionsbasierte, durch Erbfolge geregelte ‚Einherrschaft' meint, sondern im engeren Sinne diejenige Haltung, die diese Überzeugung „zur primären politischen Maxime erhebt".[28] In der Regel wird hier von ‚Loyalisten' oder ‚Apologeten' gesprochen als denjenigen, die in einer bestimmten Situation den Monarchen verteidigten.

Mit den Verteidigern des Monarchen ist das Quellenproblem berührt. Apologetische Wortmeldungen sind bisher oft als hagiographisch und damit ohne Aussagekraft abgetan worden. Dabei ist es immerhin erinnernswert, daß das ‚Herrscherlob' im Wilhelminismus noch einmal eine Blüte erlebte. Reine Hagiographie, etwa Gedichte und Lieder auf den Herrscher, verlor jedoch an Bedeutung.[29] In einer medial mobilisierten Gesellschaft zeigten sich kraß die Grenzen dieser Textgattung. Festreden und Huldigungsbroschüren entlarvten sich selbst als Hagiographie und konnten über den engen Kreis der Adressaten hinaus kaum überzeugen. Juliane Vogel stellt treffend fest: „Als Textzeugnisse eines obrigkeitsstaatlichen Systems sind sie den herkömmlichen Huldigungsformeln und Konventionen verpflichtet, die im Zeitalter des Neoabsolutismus gleichsam ins Leere laufen." Die „Tradition des Herrscherlobs" sei „heruntergekommen" wie das Gottesgnadentum der Herrscher.[30] Die staatliche Initiative zur Feier des Monarchen existierte zwar weiterhin, erreichte

---

26 Eine schlagkräftige republikanische Bewegung existierte nicht. Selbst in der Sozialdemokratie spielte die Frage der Staatsform eine untergeordnete Rolle. Vgl. Peter DOMANN, Sozialdemokratie und Kaisertum unter Wilhelm II. Die Auseinandersetzung der Partei mit dem monarchischen System, seinen gesellschafts- und verfassungspolitischen Voraussetzungen (Frankfurter Historische Abhandlungen, 3), Wiesbaden 1974.

27 So etwa bei Ernst Graf zu REVENTLOW, Der Kaiser und die Monarchisten, Berlin 1913. Zum Begriff Monarchismus: Martin Kirsch, Monarch und Parlament im 19. Jahrhundert. Der monarchische Konstitutionalismus als europäischer Verfassungstyp – Frankreich im Vergleich (Veröffentlichungen des Max-Planck-Instituts für Geschichte, 150), Göttingen 1999, S. 71.

28 Arne HOFMANN, „Wir sind das alte Deutschland, Das Deutschland wie es war ..." Der „Bund der Aufrechten" und der Monarchismus in der Weimarer Republik (Moderne Geschichte und Politik, 11), Frankfurt a.M. u.a. 1998, S. 14 f. Hofmann wiederum baut auf die Definition von Robert S. GARNETT, Lion, Eagle, and Swastika. Bavarian Monarchism in Weimar Germany. 1918-1933, New York/London 1991, S. XI auf.

29 Hier wird unter Hagiographie verstanden, was sich unter eine Beschreibung von Jens Ivo Engels fassen läßt: „Das Wesen der offiziellen Darstellung bestand darin, den König nicht nur als legitim zu bezeichnen. Alle seine Handlungen sollten als die bestmöglichen erscheinen. Die Wirklichkeit des Königs stimmte stets mit dem Idealbild vom Herrscher überein; seine Charaktereigenschaften entsprachen den Herrschertugenden. [...] Gezeichnet wird ein idealer, abziehbildartiger König; etwas anderes lassen die Gemeinplätze auch nicht zu." ENGELS, Königsbilder, S. 13 f., 45.

30 Juliane VOGEL, Elisabeth von Österreich. Momente aus dem Leben einer Kunstfigur, Frankfurt a.M. 1998, S. 20.

aber keine Deutungsmacht mehr und mußte sich zudem der ‚Grammatik' der Kritik anpassen.[31] Dessen ungeachtet erschienen unzählige hagiographische Schriften anläßlich der größeren und kleinern Jubiläen und Kaisers Geburtstag.[32] Selbst in den tiefsten Krisen der Monarchie rissen Texte nicht ab, die den Kaiser durch Ignorieren jeglicher Evidenz als Idealmonarchen schilderten und sogar gröbste Entgleisungen positiv umdeuteten.[33]

Damit ist allerdings wenig über die Qualität hagiographischer Literatur als Quelle gesagt. Auch die Hagiographie bietet viele Beispiele für den reflektiert geführten Diskurs. Es kann fast als ein Indiz für hagiographische Darstellungen gesehen werden, wenn diese sich eingangs besonders deutlich vom Byzantinismus distanzierten. Das Phänomen Hagiographie wurde konstatiert, analysiert, beklagt und gleichzeitig fortgeführt. Zu beachten ist ferner, daß auch plumpe Stilmittel selbstverständlich berechnend eingesetzt wurden. Hagiographie war immer zielgruppenorientiert. Bei den Lesern dieser Darstellungen war die Bereitschaft zwangsläufig hoch, zu glauben, was präsentiert wurde.[34] Hagiographie orientiert sich an dem, was sein soll, nicht an dem was ist. Dies war eine akzeptierte und gewußte Regel. Hier von Unwahrheit zu sprechen, hieße, das Genre mißzuverstehen. Aus einem weiteren Grund sollte hagiographische Literatur beachtet werden: Hagiographie kann als aussagekräftiger Indikator für Probleme der Monarchie gelten. Berücksichtig man, daß auch Hagiographie nur im Wechselverhältnis mit andersgelagerten Äußerungen zum Monarchen existieren konnte, spricht einiges dafür, daß diese Literatur gerade das besonders betonte, was fragwürdig geworden war.

Hagiographie findet sich in allen medialen Formaten. Die wichtigste Quelle für diese Studie sind – nicht nur für diese inhaltliche Ausprägung des Monarchiediskurses – Presseartikel. Zeitungen fristen als Quelle in der Historiogra-

---

31 Eine aktive Förderung hagiographischer Schriften durch regierungsamtliche Stellen läßt sich zumindest in Ansätzen nachweisen. Vgl. als Beispiel die Verbreitung der Schrift von Albert Liepe, Die Hohenzollern und die Freiheit. Zum 18. März 1898, Berlin 1898 durch den Minister der geistlichen, Unterrichts- und Medicinal-Angelegenheiten. Der Absatz sollte durch eine stark degressive Preisgestaltung bei höherer Abnahme (bei 1000 Stück 20 Pf.) sichergestellt werden: BLHA, Rep 30 (Politische Polizei), Nr. 11529, Blatt 5. Vgl. auch den Schriftwechsel zwischen Berlin und dem Regierungsbezirk Oppeln über eine von Wilhelm II. initiierte Denkschrift zum 200. Jubiläum Preußens. Die Schrift wird zum günstigen – insbesondere bei hoher Abnahmezahl – Preis angeboten, eine Verteilung an Beamte wird angeregt: Archiwum Państwowe w Opolu. Landratsamt Oppeln, Bd. 164 (Das 200. Jubiläum des Königreichs Preußen), Blatt 1 ff.

32 Eine knappe Aufzählung typischer hagiographischer Schriften findet sich bei Friedrich Zipfel, Kritik der deutschen Öffentlichkeit an der Person und an der Monarchie Wilhelms II. bis zum Ausbruch des Weltkrieges (Phil. Diss.), Berlin 1952, S. 120.

33 Drei besonders typische Beispiele, die nicht zu den unzähligen noch zu besprechenden hagiographischen Reaktionen auf ebendiese Krisen gehören, sind die Broschüre ‚Regis voluntas', Braunschweig 1894, Der Artikel ‚Die Regierungsarbeit des Kaisers im Jahre 1906', Der Reichsbote, 17. November 1907, (Nr. 277) sowie: Gerhard Heine, Der Kaiser und wir, Leipzig 1916.

34 Vgl. hierzu die Hinweise zum Quellenwert monarchistischen Materials bei: Hofmann, Deutschland, S. 18.

phie des Kaiserreichs ein Schattendasein. Dies mag auf den geringeren Prestigewert veröffentlichter Quellen zurückzuführen sein und auch auf die Tatsache, daß die Quellengattung schwieriger zu handhaben ist, als sich zunächst vermuten ließe. Um die ungeheure Masse an Material – alle großen Zeitungen erschienen mehrmals täglich – sinnvoll bearbeiten zu können, wurde in einem Dreischritt vorgegangen. Die großen, meinungsbildenden, überregionalen Zeitungen (*Berliner Tageblatt*, *Kölnische Zeitung*, *Kölnische Volkszeitung*, *Vossische Zeitung*) und einige wichtige regionale bzw. Parteizeitungen (*Vorwärts*, *Kreuzzeitung*, *Münchner Neueste Nachrichten*) wurden systematisch für die Dauer der Skandale untersucht. Diesen Zugang ergänzt die systematische und umfassende Analyse von Ausschnittsammlungen. Als besonders ertragreich erwies sich das Pressearchiv des Reichslandbundes (BA Lichterfelde). Die nach Stichpunkten geordnete Zusammenstellung von Zeitungsausschnitten ermöglicht eine deutlich größere Bandbreite als die alleinige systematische Untersuchung einzelner Zeitungen und umfaßt auch kleine und regionale Blätter.[35] Zudem ist die Sammlung im Vergleich zu behördlichen Zusammenstellungen (Pressebüro, Auswärtiges Amt) weit weniger offensichtlich durch das Erkenntnisinteresse des Auftraggebers geprägt.

Insgesamt wurden über 1000 als einschlägig identifizierte Zeitungsartikel analysiert. Hinzu kommen circa 200 Pamphlete und ebenso viele Zeitschriftenartikel. Neben diesen Hauptquellen wurden für Teilfragen zeitgenössische Monographien, Briefwechsel, Tagebücher, Erinnerungen und Autobiographien, Romane, Dramen und Lyrik herangezogen sowie durchgehend die Spiegelung der behandelten Skandale in Karikaturen untersucht.

Polizei- und Gesandtenberichte leisten weniger, als zunächst vermutet werden könnte. Die Berichte der politischen Polizei befaßten sich bis 1914 fast ausschließlich mit der Sozialdemokratie und mit Anarchisten.[36] Antimonarchische Agitation hingegen beobachtete die Polizei nicht systematisch. In Gesandtenberichten spielte die Kritik am Monarchen zwar eine wichtige Rolle. In der Regel faßten diese Berichte aber lediglich das zusammen, was in der Presse stand, und gaben dies als öffentliche Meinung aus.[37]

---

35 Die Pressemappen verzeichnen täglich durchschnittlich zwei bis drei Artikel zu Wilhelm II., für die Daily-Telegraph-Affäre existieren drei gesonderte Bände (ca. 1500 Artikel).

36 Im Ersten Weltkrieg ändert sich die Situation allerdings: Vgl. Dokumente aus geheimen Archiven. Bd. 4: 1914-1918. Berichte des Berliner Polizeipräsidenten zur Stimmung und Lage der Bevölkerung in Berlin 1914-1918, bearbeitet von Ingo MATERNA und Hans-Joachim SCHRECKENBACH, Weimar 1987. Als eine punktuelle Ausnahme von der Regel vgl. Richard J. Evans (Hg.), Kneipengespräche im Kaiserreich. Die Stimmungsberichte der Hamburger politischen Polizei. 1892-1914, Hamburg 1989.

37 Diese Erfahrung bestätigt: VERHEY, Spirit, S. 14.

C. Forschungsstand

1. Spezifika des wilhelminischen Kaisertums

Als blinden Fleck der Forschung wird man das wilhelminische Kaisertum nicht beschreiben können. Die Erforschung der Person und der Herrschaft Wilhelms II. hat in den letzten Jahren enorme Fortschritte gemacht. Nachdem Biographien zum letzten Kaiser lange Zeit eine Domäne eher populär als wissenschaftlich schreibender Autoren waren und die Struktur des wilhelminischen Kaisertums nur am Rande interessierte, kann heute auf eine große Zahl seriöser Beiträge, die sich ausschließlich, vorrangig oder in Teilen mit der wilhelminischen Monarchie befassen, zurückgegriffen werden.[38] Hierzu gehören eine kaum mehr zu überschauende Zahl von Biographien Wilhelms II.,[39] umfangreiche Studien zu Spezialaspekten der wilhelminischen Herrschaft[40] und Abhandlungen, die übergreifende Themen, für die auch die wilhelminische Monarchie eine Rolle spielt, behandeln.[41] Man muß Wilhelm II.

---

38 Eine im eigentlichen Sinne wissenschaftliche Aufarbeitung der Biographie Wilhelms II. setzte erst sehr spät, und auch dann erst über den Umweg Großbritanniens und der USA ein. Vgl. hierzu die Übersichten bei Richard EVANS, From Hitler to Bismarck: Third Reich and Kaiserreich in Recent Historiography, in: Ders., Rethinking German History. Nineteenth-Century Germany and the Origins of the Third Reich, London 1987, S. 55-92; BLACKBOURN, Kaiser, S. 45-54.

39 In den vergangenen zehn Jahren erschienen: John C.G. RÖHL, Wilhelm II. Der Aufbau der Persönlichen Monarchie. 1888-1900, München 2001; DERS., Wilhelm II. Die Jugend des Kaisers 1859-1888, München 1993; Christopher CLARK, Wilhelm II, London 2000; Lamar Cecil, Wilhelm II, 2 Bde., Chapel Hill 1996 sowie die knappen bzw. problematischen Darstellungen Giles MACDONOUGH, The last Kaiser: William the impetuous, London 2001; John VAN DER KISTE, Kaiser Wilhelm II. Germany's last emperor, Sutton 2001; Christian Graf v. KROCKOW, Kaiser Wilhelm II. und seine Zeit. Biographie einer Epoche, Berlin 1999; Nicolaus SOMBART, Wilhelm II. Sündenbock und Herr der Mitte, Berlin 1996; Hans Rall, Wilhelm II. Eine Biographie, Graz 1995 und Franz HERRE, Wilhelm II. – Monarch zwischen den Zeiten, Köln 1993.

40 Thomas Hartmut BENNER, Die Strahlen der Krone. Die religiöse Dimension des Kaisertums unter Wilhelm II. vor dem Hintergrund der Orientreise 1898, Marburg 2001; Margarete JARCHOW, Hofgeschenke. Wilhelm II. zwischen Diplomatie und Dynastie. 1888-1914, Hamburg 1998; Stefan SAMERSKI (Hg.), Wilhelm II. und die Religion. Facetten einer Persönlichkeit und ihres Umfelds (Forschungen zur brandenburgischen und preußischen Geschichte, Beiheft 5), Berlin 2001; Birgit MARSCHALL, Reisen und Regieren. Die Nordlandreisen Kaiser Wilhelms II., Hamburg 1991; Lothar REINERMANN, Der Kaiser in England. Wilhelm II. und sein Bild in der britischen Öffentlichkeit (Veröffentlichungen des Deutschen Historischen Instituts London, 48), Paderborn 2001; Jost REBENTISCH, Die vielen Gesichter des Kaisers. Wilhelm II. in der deutschen und britischen Karikatur (Quellen und Forschungen zur brandenburgisch-preußischen Geschichte, 20) Berlin 2000; Gisela BRUDE-FIRNAU, Die literarische Deutung Kaiser Wilhelms II. zwischen 1889 und 1989 (Beiträge zur Neueren Literaturgeschichte, 148), Heidelberg 1997.

41 KIRSCH, Monarch; Johannes Paulmann, Pomp und Politik: Monarchenbegegnungen in Europa zwischen Ancien Régime und Erstem Weltkrieg, Paderborn 2000; Gunda STÖBER, Pressepolitik als Notwendigkeit. Zum Verhältnis von Staat und Öffentlichkeit im wilhelmi-

nicht als Postmodernen avant la lettre sehen, um diese Entwicklung auf veränderte Interessen in der Geschichtswissenschaft zurückzuführen. Je mehr sich der Blick auf das Kaiserreich ausdifferenziert, desto mehr rückt der sich überall einmischende Dilettant auf dem Thron unter unzähligen Aspekten ins Blickfeld.[42] Diese Arbeiten ermöglichen überhaupt erst den hier unternommenen Querschnitt. Eine Synthese, zumindest in Teilbereichen, der bisher oftmals unverbundenen Einzelforschungen zu ziehen, gehört daher zu den Voraussetzungen dieser Studie. Einige grundlegende Ergebnisse und Thesen sollen vorab skizziert werden.

Das wichtigste Werk zur wilhelminischen Monarchie ist ohne Zweifel der zweite Band von John Röhls monumentaler Kaiserbiographie unter dem Titel ‚Der Aufbau der Persönlichen Monarchie'. Über der Kritik an einer vermeintlich mangelnden Syntheseleistung ist übersehen worden, daß Röhl, indem er den fragwürdigen zeitgenössischen Begriff ‚Persönliches Regiment' vermeidet und anstelle dessen von „Persönlicher Monarchie" spricht, durchaus eine neue Interpretation vorlegt. Dieser Terminus umfaßt das von Röhl schon früher für die wilhelminische Epoche fruchtbar gemachte Konzept des „Königsmechanismus" von Norbert Elias, geht aber darüber hinaus, indem er das Programmatische in der Herrschaft Wilhelms II. betont.[43] Gleichzeitig kann dieser Ansatz als Versuch gesehen werden, einem Dilemma zu entkommen. Wenn Wilhelm II., wie Röhl argumentiert, in das politische System des Kaiserreiches persönlich entscheidend eingriff, dann entzieht sich dies weitgehend der immer wieder geforderten Abstrahierung. Vielmehr muß konsequenterweise der konkrete persönliche Einfluß des Kaisers nachgezeichnet werden. Es gehört zu den Stärken Röhls, daß er es sowohl schafft, den kaiserlichen Zick-Zack-Kurs zu bebildern, als auch die Grundlinien der Weltanschauung Wilhelms II. zu rekonstruieren.[44] Christopher Clark betont in seiner stärker interpretierend vorgehenden Studie ebenfalls das Vorhandensein eines politischen Programms Wilhelms II., das im Kern auf dessen Machtwillen beruhte, sich aber darüber hinausgehend in Eckpunkten nachzeichnen läßt: Enthusias-

---

nischen Deutschland 1890-1914 (Historische Mitteilungen, Beiheift 38), Stuttgart 2000. Rudolf BRAUN/David GUGERLI, Macht des Tanzes – Tanz der Mächtigen. Hoffeste und Herrschaftszeremoniell 1550-1914, Zürich 1993; Volker Ullrich, Die nervöse Großmacht. Aufstieg und Untergang des deutschen Kaiserreichs. 1871-1918, Frankfurt a.M. 1997; Joachim RADKAU, Das Zeitalter der Nervosität, Deutschland zwischen Bismarck und Hitler, München/Wien 1998; Hartwin SPENKUCH, Das preußische Herrenhaus. Adel und Bürgertum in der Ersten Kammer des Landtages 1854-1918 (Beiträge zur Geschichte des Parlamentarismus und der politischen Parteien, 64), Düsseldorf 1998, bauen alle ihre Interpretation der Herrschaft Wilhelms II. auf den Ergebnissen und Thesen Röhls auf.

42 Vgl, die Beiträge in: Kaspar MAASE/Wolfgang KASCHUBA, Schund und Schönheit. Populäre Kultur um 1900, Köln u.a 2001.

43 Zum Königsmechanismus vgl. John C. G. RÖHL., Der „Königsmechanismus" im Kaiserreich, in: Ders. (Hg.), Kaiser, S. 116-141; zum Begriff ‚Persönliches Regiment': Hull, Regiment, S. 3-23. Hierzu: Geoff ELEY, The View from the Throne: The Personal Rule of Kaiser Wilhelm II, in: Historical Journal 28 (1985), S. 469-485.

44 RÖHL, Aufbau, S. 420.

mus für nationale Anliegen, Mißtrauen gegenüber dem Partikularismus, Offenheit gegenüber technischer Modernisierung und ausgeprägter Antisozialismus. Dieses vage, deswegen aber nicht irrelevante Programm sollte auf drei Wegen umgesetzt werden: Durch die Entschärfung von Interessenkonflikten, die Mobilisierung von moderaten und konservativen Kräften gegenüber den ‚Reichsfeinden' sowie die Adoption symbolischer Projekte mit nationaler Reichweite.[45]

Ein zentraler Analyseansatz ist das von Röhl und Nicolaus Sombart im Rückgriff auf Norbert Elias entwickelte Konzept des Königsmechanismus, das mit der Rede von der persönlichen Monarchie nicht hinfällig wird.[46] Dieses Konstrukt soll es ermöglichen, die Sackgasse der Analysefigur ‚Persönliches Regiment' zu verlassen. Das ‚Persönliche Regiment', von Zeitgenossen beklagt und 1948 von Erich Eyck wissenschaftlich behauptet, wurde von Historikern nahezu ausschließlich in seiner Existenz verneint, bis Röhl 1967 eine entschiedene Neuinterpretation unternahm.[47] Diese litt aber nicht nur unter dem historiographischen Umfeld, in dem kaum Platz für eine bewußt personalisierende Analyse war, sondern mußte auch mit der Verortung des kaiserlichen Einflusses vor allem auf der personalpolitischen Ebene, anstatt in konkreten Entscheidungen, notwendigerweise schwer überprüfbar bleiben.[48] Unter Einbeziehung reicher Überlieferung der zentralen Figur im wilhelminischen Herrschaftsgefüge, Philipp Eulenburg, machte Röhl aus dieser Not eine Tugend und demonstrierte an diesem Beispiel die Funktion des Königsmechanismus. Dieser Mechanismus sei nicht durch direktes kaiserliches Eingreifen gekennzeichnet gewesen, sondern durch die Umsetzung des kaiserlichen Willens in praktische Politik – bzw. Verhinderung praktischer Politik durch vermutete kaiserliche Ungunst. Mit Elias behauptet Röhl, daß letztlich „jeder Staatsmann und Beamte, jeder Armee- und Marineoffizier, jede politische Gruppe innerhalb der führenden Elite, jedes Mitglied der Hofgesellschaft" dazu verdammt gewesen sei, seine Handlungen auf die Gunst der allerhöchsten Person hin auszurichten, ein Effekt, der durch den stetig wachsenden Hofapparat noch verstärkt wurde.[49]

Trotz der neuen analytischen Möglichkeiten, die der Deutungsansatz bereitstellte, blieb er zunächst unbeachtet bzw. stieß auf Ablehnung.[50] Mehr Auf-

---

45 CLARK, Wilhelm II, S. 59.

46 Vgl. RÖHL, Königsmechanismus, S. 116-141.

47 Erich EYCK, Das persönliche Regiment. Politische Geschichte des Deutschen Kaiserreiches von 1890 bis 1914, Zürich 1948. Eyck wurde von Fritz HARTUNG, Das persönliche Regiment Kaiser Wilhelms II., Sitzungsberichte der deutschen Akademie der Wissenschaften zu Berlin 3 (1952), S. 3-20 attackiert und konnte sich mit seiner These der Existenz eines quasi neoabsolutistischen Persönlichen Regiments nicht durchsetzen.

48 John C.G. RÖHL, Deutschland ohne Bismarck. Die Regierungskrise im 2. Kaiserreich 1890-1900, Tübingen 1969.

49 Vgl. Norbert ELIAS, Die höfische Gesellschaft. Untersuchungen zur Soziologie des Königtums und der höfischen Aristokratie, Frankfurt 1983, S. 41 ff. ; RÖHL, Hof, S. 78-115.

50 Vgl. Hans-Ulrich WEHLER, Deutsche Gesellschaftsgeschichte. Bd. III: Von der „Deutschen Doppelrevolution" bis zum Beginn des Ersten Weltkrieges. 1849-1914, München 1995, S. 1016 ff. Abgeschwächt, aber immer noch sehr kritisch: Wilfried LOTH, Das Kaiserreich. Ob-

merksamkeit fand ein weiterer Befund Röhls: Wilhelm II. versuchte „die Hohenzollernmonarchie zu charismatisieren".[51] Der ubiquitäre „Reisekaiser" war als Monarch allgegenwärtig;[52] sei es bei den elaborierten Feiern von ‚Kaisers Geburtstag', dynastischen Jubiläen,[53] in ikonographischer Vergegenwärtigung[54] oder durch seine berüchtigten Reden.[55] Wie derartige Mechanismen in ihrer Vielschichtigkeit funktionierten, zeigt Birgit Marschall in ihrer Arbeit über die ‚Nordlandfahrten Kaiser Wilhelms II.' und deren

---

rigkeitsstaat und politische Mobilisierung, München 1996, S. 212 f. Skeptisch, aber positiver bei: Hans-Peter ULLMANN, Das Deutsche Kaiserreich. 1871-1918, München 1996, S. 143 f. Vgl. auch die vermittelnde, aber auch eher gegenüber Röhl kritische Position bei: Wolfgang J. MOMMSEN, Kaiser Wilhelm II and German Politics, in: Journal of Contemporary History 25 (1990), S. 289-316.

51 RÖHL, Aufbau, S. 31.

52 Zur kaiserlichen Omnipräsenz: Thomas A. KOHUT, Wilhelm II and the Germans. A Study in Leadership, New York/Oxford 1991, S. 127 ff. Vgl. auch: Tobias v. ELSNER, Kaisertage: Die Hamburger und das wilhelminische Deutschland im Spiegel öffentlicher Festkultur (Phil. Diss.), Frankfurt a.M. 1990; Hartwig GEBHARDT, Der Kaiser kommt, in: Annette Graczyk (Hg.), Das Volk: Abbild, Konstruktion, Phantasma, Berlin 1996, S. 63-82.

53 Zur Bedeutung dynastischer Rituale: Isabel V. HULL, Prussian Dynastic Ritual and the End of Monarchy, in: Carole Fink/Isabel V. Hull/MacGregor Knox (Hg.), German Nationalism and the European Response. 1890-1945, Norman/London 1985, S. 13-42; Werner K. BLESSING, Der monarchische Kult, politische Loyalität und die Arbeiterbewegung im deutschen Kaiserreich, in: Gerhard A. Ritter (Hg.), Arbeiterkultur, Meisenheim/Königstein 1979, S. 185-208. Zu Kaisers Geburtstag: Fritz SCHELLACK, Sedan- und Kaisergeburtstagsfeste, in: Dieter Düding/Peter Friedemann/Paul Münch (Hg.), Öffentliche Festkultur. Politische Feste in Deutschland von der Aufklärung bis zum Ersten Weltkrieg, Reinbek 1988, S. 278-297 und Monika WIENFORT, Bürgerliche Kultur im monarchischen Staat: Kaisergeburtstagsfeste in Minden-Ravensberg. 1889-1913, in: Jochen Meynert (Hg.), Unter Pickelhaube und Zylinder. Das östliche Westfalen im Zeitalter des Wilhelminismus 1888-1914 (Studien zur Regionalgeschichte, 1), Bielefeld 1991, S. 421-439. Vgl. auch: Jakob VOGEL, Nationen im Gleichschritt: der Kult der Nation in Waffen, Göttingen 1997 und Thomas ROHKRÄMER, Der Militarismus der ‚kleinen Leute'. Die Kriegervereine im Deutschen Kaiserreich 1871-1914 (Beiträge zur Militärgeschichte, 29), München 1990.

54 Zur Darstellung des Herrschers auf Postkarten: Christian Graf von KROCKOW, „Unser Kaiser". Glanz und Sturz der Monarchie, München 1996 und jetzt vor allem: Otto May, Deutsch sein heißt treu sein. Ansichtskarten als Spiegel von Mentalität und Untertanenerziehung in der wilhelminischen Ära. 1888-1918 (Untersuchungen zur Kultur und Bildung, 1), Hildesheim 1998, Zum Kaiser in der Karikatur: REBENTISCH, Gesichter. Zum Kaiser im Film: Martin LOIPERDINGER, Kaiser Wilhelm II.: Der erste deutsche Filmstar, in: Thomas Koebner (Hg.), Idole des deutschen Films, München 1997, S. 41-53; Klaus-Dieter POHL, Der Kaiser im Zeitalter seiner technischen Reproduzierbarkeit, in: Klaus-Dieter Pohl/Hans Wilderotter (Hg.), Der letzte Kaiser. Wilhelm II. im Exil, Gütersloh/München 1991, S. 9-18. Zu Wilhelm II. in der Literatur vgl. Gisela BRUDE-FIRNAU, Die literarische Deutung Kaiser Wilhelms II. zwischen 1889 und 1989 (Beiträge zur Neueren Literaturgeschichte, 148), Heidelberg 1997.

55 Sonja REINHARDT, „Wie ihr's euch träumt, wird Deutschland nicht erwachen". Formen der Herrschaftslegitimation in ausgewählten Reden von Kaiser Wilhelm II. und Adolf Hitler, Hannover (Phil. Diss.), Hannover 1994; Gisela BRUDE-FIRNAU, 'Preußische Predigt: Die Reden Wilhelms II.', in: Gerald Chapple/Hans H. Schulte (Hg.), The Turn of the Century: Geman Literature and Art. 1890-1915, Bonn 1981, S. 149-170. Helmut ARNTZEN, ‚Nachwort', in: Reden Kaiser Wilhelms II., hrsg. von Axel Matthes, München 1976.

Wirkung.[56] Die charismatische Dimensionen des wilhelminischen Kaisertums wurde schon in Elisabeth Fehrenbachs wegweisender Pionierstudie über die ,Wandlungen des Kaisergedankens' herausgestellt. Fehrenbach betont den Nutzen des persönlichen Regierungsstils für den erstrebten Ausgleich zwischen konservativem Partikularismus einerseits und moderner bürgerlicher Gesellschaft andererseits. Die Macht der kaiserlichen Symbolik sei jedoch an dieser widersprüchlichen Aufgabe gescheitert und die „cäsaristischen Tendenzen des persönlichen Regiments" seien daher wirkungslos geblieben.[57] Allerdings nimmt Fehrenbach die zeitgenössische Überzeugung, daß es ein persönliches Regiment gegeben habe, ernst. Der Glaube an das persönliche Regiment verlieh dem Mythos kaiserlicher Souveränität Signifikanz. Daher, argumentiert Fehrenbach, wirkte sich nach 1908 die nun zunehmend passive Rolle des Kaisers keineswegs günstig aus. Die Kritik der Zeitgenossen sowie der Grad ihrer Enttäuschung bewiesen, daß auch sie letzten Endes die Fiktion des Selbstherrschertums aufrechterhielten und dessen Gelingen wünschten. Die ,staatstragenden Schichten' des Reiches hätten sich die so offensichtlich notwendigen integrativen Leistungen für den horizontalen und vertikalen Zusammenhalt des fragilen Reichsgebildes gerade von einem Herrscher, der den Ehrgeiz hatte, das Potential seines Amtes und Titels zu nutzen, erhofft. Anknüpfend an den offiziösen Versuch, den Monarchen als Angelpunkt einer sozial-integrativen, positiven Reichsgesinnung zu präsentieren, diente „unser Kaiser" als Fluchtpunkt nationaler Identitätsbedürfnisse.

Diese Ergebnisse griff Isabel Hull auf, als sie am Beispiel des ,Persönlichen Regiments' forderte, die Systematik der „irrationalen Aspekte des Kaiserreichs" zu analysieren. Hull will ,Persönliches Regiment' als „eine moderne Form der Monarchie" betrachtet wissen, „als einen Versuch, Monarchie auf das bürgerliche oder eben Massenzeitalter zuzuschneiden". Relikte aus der vormodernen Vergangenheit – wie die Monarchie – hätten durch den neuen Kontext eine andere Bedeutung gewonnen. Ein Monarch, der selbst Macht ausübte, verkörperte sämtliche bürgerlichen Ideale wie Individualismus, Entscheidungsfreudigkeit – nach dem Modell erfolgreicher Fabrikbesitzer -, die Heiligkeit der Familie und die Macht ihres Oberhauptes, Erbschaft und Besitz.[58] Hull setzte damit zwei zunächst nebeneinander stehende Phänomene in Beziehung zueinander und formulierte damit eine Herausforderung für eine künftige, notwendigerweise im Blickwinkel erweiterte wissenschaftliche Auseinandersetzung mit dem wilhelminischen Kaisertum.

Festhalten läßt sich, daß die Forschung zum wilhelminischen Kaisertum von der Konzentration auf die Person Wilhelm II. abrückt und statt dessen Interdependenzen, Abhängigkeiten und Prägewirkungen des Monarchen und des

---

56 MARSCHALL, Reisen. Vgl. insbesondere das Kapitel über „Die publizistische Vermittlung der Nordlandfahrten", S. 191 ff. Analytisch weit weniger tief, JARCHOW, Hofgeschenke.

57 Elisabeth FEHRENBACH, Wandlungen des deutschen Kaisergedankens (1871-1918), (Studien zur Geschichte des neunzehnten Jahrhunderts, 1), München/Wien 1969, S. 97 ff.

58 HULL, Regiment, S. 19 ff.

monarchischen Amtes in den Blick nimmt. Durch diese Entwicklung wurde die Betrachtung Wilhelms II. nicht nur nüchterner – die ‚Schuldfrage' spielt heute eine untergeordnete Rolle. Es konnten nun auch moderne Aspekte der wilhelminischen Monarchie in den Mittelpunkt der Aufmerksamkeit gelangen. Verwunderlich bleibt, daß trotz des Wandels in der Erforschung der wilhelminischen Monarchie und trotz eines durch eine Vielzahl von Spezialstudien erheblich erweiterten Kenntnistandes, eine systematische Untersuchung des Diskurses über Wilhelm II. weder in formeller noch materieller Hinsicht stattgefunden hat.[59]

Selbstverständlich ist an dieser Stelle auf die Studie von Elisabeth Fehrenbach zu verweisen. Fehrenbachs ideengeschichtliche Fragestellung läßt aber die medialen Bedingungen des wilhelminischen Monarchiediskurses außer acht. Wie neuartig die formellen Voraussetzungen dieses Diskurses waren, bleibt in der Fokussierung auf den materiellen Gehalt des „Kaisergedankens" weitgehend im Dunkeln.[60] Dieser Problematik kann sich auch die – trotz ihrer psychologisierenden Tendenz – überzeugende Arbeit von Thomas Kohut über ‚Wilhelm II and the Germans' nicht entziehen. Kohuts Studie zerfällt in zwei Teile, einen zur Person des Kaisers und einen zu dessen symbolischer Bedeutung. Das Erkenntnisinteresse liegt primär in den Verbindungen zwischen der Psyche Wilhelms II. und der der wilhelminischen Deutschen. Gerade weil mit diesem Ansatz viele originelle Ergebnisse zum ‚Symbol Wilhelms II.' präsentiert werden konnten bleibt es bedauerlich, daß Kohut seine Untersuchung – wie auch Fehrenbach – 1914 bzw. 1918 enden läßt.

Die Persistenz der Zäsur 1918,[61] die mangelnde Systematisierung der Kommentierung des Monarchen sowie die starke Vernachlässigung der strukturellen Einflüsse der entstehenden Massenmedien auf das monarchische System erscheinen als die drei wesentlichen Lücken und Begrenzungen bisheriger Forschung zum wilhelminischen Kaisertum. Für das 17., 18. und 19. Jahrhundert konnten Jens Ivo Engels und Monika Wienfort zeigen, wie fruchtbar ein Ansatz ist, der auf die Struktur der Diskussion des Monarchen abhebt. Diese ‚Vorgeschichte' unterstreicht die kontinuierliche ‚Verbürgerlichung' der Monarchie. Der explizit als Bürger definierte Monarch, so Wienfort, „der sich als Mensch nicht mehr von seinen Untertanen unterschied, bildete den Schlußstein für ein Integrationskonzept der politischen

59 Wie eine solche Untersuchung Aussehen könnte, zeigen Richard WILLIAMS, The Contentious Crown. Public Discussion of the British Monarchy in the Reign of Queen Victoria, Aldershot 1997 und für einen größeren Zeitraum und ein engeres Thema Antony TAYLOR, ‘Down with the Crown’. British Anti-monarchism and Debates about Royalty since 1790, London 1999. Für das Bild Wilhelms II. in England: REINERMANN, Kaiser.

60 Vielmehr geht es Fehrenbach um unterschiedliche Kaiserideen – die „imperiale", die „unitaristisch-nationalistische" – die vor allem aus der Analyse des ‚intellektuellen' Monarchiediskurses gewonnen werden. Vgl. hierzu das zusammenfassende Kapitel in: FEHRENBACH, Wandlungen, S. 221 ff.

61 Vgl. das überzeugende Plädoyer für die Überwindung dieser Zäsur bei: Stuart T. ROBSON, 1918 and All That. Reassessing the Periodization of Recent German History, in: Larry E. Jones/James Retallack (Hg.), Elections, Masspolitics, and Social Change in Modern Germany. New Perspectives, Cambridge 1992, S. 331-345.

Öffentlichkeit, das, auf innerstaatlichen Ausgleich bedacht, dem Monarchen neue Funktionen im politisch-sozialen Bereich übertrug.[62] Das Verhältnis zwischen Monarch und Untertan war am Ende des 18. Jahrhunderts noch kein so zentrales Thema wie im 19. Jahrhundert. Verdienste des Monarchen wurden aber schon jetzt nur noch am Wohl der Nation gemessen. Dieses neue Leistungsparadigma äußerte sich in der Tendenz, statt Tugenden eher Qualifikationen, Einstellungen und Haltungen des Monarchen zu betonen.[63] Anhand der aktiven Umdeutung Marie Antoinettes und Luises hat Regina Schulte auf die Bedeutung der bürgerlichen Aneignung der Monarchie für die Durchsetzung der konstitutionellen Monarchie im 19. Jahrhundert hingewiesen.[64]

Was sich in seiner äußeren Form als Demokratisierung des Monarchen beschreiben läßt, folgte notwendigerweise einem Prozeß, der den Herrscher mit einer stärkeren Leistungserwartung konfrontierte. Der König wurde zunehmend danach beurteilt, mit welchem Erfolg er seine Rolle in Staat und Nation ausfüllte. Die Verschiebung der Legitimität hin zu einer funktionalen Auffassung des Königtums war ein langfristiger Prozeß.[65] Im Prozeß der Säkularisierung entwickelte sich der „aufgrund von Heiligkeit und Abstammung berufenen König" allmählich zu einem „schlichten, aber mächtigen Staatsorgan."[66] Dieser grundlegende Prozeß scheint sich aus zwei Gründen in Deutschland mit besonderer Intensität abgespielt zu haben, wie Werner Frauendienst herausgestellt hat: Spezifisch für das Kaisertum von 1871 waren angesichts des andauernd problematischen Nationsbildungsprozesses eine übersteigerte Integrationserwartung, sowie die ständige Einforderung einer Vermittlerrolle des Monarchen im rapiden gesellschaftlichen Wandel des neuen Reiches.[67]

Paradoxerweise waren gerade Verfassungshistoriker sensibel für die Einstellungen der Wilhelminer gegenüber ihrem politischen System. Dies gilt für die Anhänger der Parlamentarisierungstheorie Ernst-Wolfgang Böckenförde und Manfred Rauh wie für Ernst-Rudolf Huber und – mit anderer Akzentuierung – Hans Boldt, welche die ‚Selbstständigkeit' und Überlebensfähigkeit des deutschen Konstitutionalismus hervorhoben.[68]

Drei jüngere verfassungsgeschichtliche Studien zur Monarchie stützen mit neuen Argumenten die Position Hubers und Boldts.[69] Während Martin Kirsch

---

62 WIENFORT, Monarchie, S. 12 f. Vgl. auch: Heinz DOLLINGER, Das Leitbild des Bürgerkönigtums in der europäischen Monarchie des 19. Jahrhunderts, in: Karl-Ferdinand Werner (Hg.), Hof, Kultur und Politik im 19. Jahrhundert, Bonn 1985, S. 325-348.

63 Vgl. WIENFORT, Monarchie, S. 207; KIRSCH, Monarch, S. 152 f.

64 SCHULTE, Regina, Der Aufstieg der konstitutionellen Monarchie und das Gedächtnis der Königin, in: Historische Anthropologie 6 (1999), S. 76-103.

65 KIRSCH, Monarch, S. 47.

66 KIRSCH, Monarch, S. 408 f.

67 Werner FRAUENDIENST, Demokratisierung des deutschen Konstitutionalismus in der Zeit Wilhelms II., in: Zeitschrift für die gesamte Staatswissenschaft 113 (1957), S. 721-746, hier S. 725.

68 Vgl. zur Debatte: KIRSCH, Monarch, S. 45, 77.

69 KIRSCH, Monarchie; Christoph SCHÖNBERGER, Das Parlament im Anstaltsstaat, Zur Theorie parlamentarischer Repräsentation in der Staatsrechtslehre des Kaiserreichs (1871-1918)

zu dem Schluß kommt, daß die konstitutionelle Monarchie im europäischen Rahmen nicht eine deutsche Ausnahme, sondern vielmehr typische Staatsform war,[70] betonen Christoph Schönberger und Mark Hewitson die Besonderheiten der deutschen Entwicklung. Hewitson argumentiert, daß die Debatte über den deutschen Sonderweg in der Verfassungskrise zwischen 1905 und 1911 durchaus zu einer Systemstabilisierung führte, indem sie die Einzigartigkeit Deutschlands gegenüber den anderen europäischen Systemen herausstellen.[71] Vor diesem Hintergrund stellt Hewitson die einschlägige Deutung der revisionistischen Schule um David Blackbourn in Frage, da diese die Bedeutung nationaler Politik als Folge der Presseexpansion, moderner Parteiorganisation, erhöhter nationaler Identifikation und mächtiger werdender Reichsorgane außer acht gelassen habe.[72] Andererseits grenzt Hewitson sich von der Deutung Hans-Ulrich Wehlers und Wolfgang Mommsens ab, die ein „cross-party approval of what was believed, faute de mieux, to be the comparatively successful dualism of the Kaiserreich" nicht in Rechnung stelle.[73] Konsequenterweise sahen viele der von Hewitson untersuchten Parteipolitiker das System nicht als falschen Kompromiß oder versuchten zumindest, diesen Kompromiß zum Funktionieren zu bringen.

Damit ist über plebiszitäre und demokratische Elemente, die dem Kaisertum im massenmedialen Zeitalter nahezu zwangsläufig zuwuchsen, noch nichts gesagt. Boldt hat den wilhelminischen Herrscher einen „'Cäsar' als preußischer Erbmonarch" genannt, der zwar „traditionell legitimiert" sei, aber „zusätzliche Legitimation als Volkskaiser in Reden, im direkten Kontakt mit der Öffentlichkeit" suche.[74] Als Schrittmacher diente in diesem Prozeß das allgemeine Wahlrecht. Margaret Anderson argumentiert, daß die Wahlpraxis im Kaiserreich ein langsames, aber erfolgreiches Einüben der Demokratie ermög-

---

(Studien zur Europäischen Rechtsgeschichte, 102), Frankfurt a.M. 1997; Mark HEWITSON, The Kaiserreich in Question: Constitutional Crisis in Germany before the First World War, The Journal of Modern History 73 (2001), S. 725-780 und – aus anderer Perspektive –.den Überblick bei: Christoph GUSY, Demokratisches Denken in der Weimarer Republik – Entstehungsbedingungen und Vorfragen, in: Ders. (Hg.), Demokratisches Denken in der Weimarer Republik, Baden-Baden 2000, S. 11-36.

70 KIRSCH, Monarchie, S. 397.

71 Nur sehr wenige Entscheidungsträger in den politischen Parteien sprachen sich für die direkte Übernahme des französischen oder britischen Parlamentarismus aus. HEWITSON, Kaiserreich, S. 726. Die erheblichen Machtbefugnisse des Reichstags betont hingegen: Marcus KREUZER, Parliamentarization and the Question of German Exceptionalism: 1867-1918, in: Central European History 36 (2003), S. 327-357.

72 HEWITSONS Credo lautet: „Any attempt to define the character and explain the legitimacy of the German Empire, I will argue, has to be made in large part within this sphere of national politics and political discourse." HEWITSON, Kaiserreich, S. 726.

73 Hewitson prägt hierfür den Begriff „Domestic stabilisation". HEWITSON, Kaiserreich, S. 727. Damit stimmt Hewitson generell mit Dieter GROSSER, Vom monarchischen Konstitutionalismus zur parlamentarischen Demokratie, Den Haag 1970 überein.

74 Hans BOLDT, Deutscher Konstitutionalismus und Bismarckreich, in: Michael Stürmer (Hg.), Das kaiserliche Deutschland. Politik und Gesellschaft 1870-1918, Berlin 1970, S. 119-142, hier: S. 130 ff.

lichte.[75] Dieser Prozeß konnte die Monarchie nicht unberührt lassen. Demokratische Elemente im wilhelminischen Kaisertum hatten schon Zeitgenossen – am bekanntesten sind die Überlegungen Friedrich Naumanns – fasziniert. Fehrenbach präsentiert in ihrer einschlägigen Studie mannigfaltige Beispiele für die Attraktivität des „Volkskaiser"-Konzepts. In der Zustimmung aller „Klassen und Stände" zum kaiserlichen Willen, so Adolf Grabowski oder Karl Hofmann, in der Identität von „Volkswillen und kaiserlicher Gewalt" werde ein demokratisches Bewußtsein erreicht, welches den Parlamentarismus ersetzen könne.[76]

Jedoch werden derartige Stimmen bei Fehrenbach lediglich als Antwort auf eine weit verbreitete bürgerliche „Sozialistenfurcht" interpretiert.[77] Überzeugender sind die Ergebnisse, die Schönberger aus der Untersuchung von Theorien parlamentarischer Repräsentation in der Staatsrechtslehre des Kaiserreichs gewonnen hat.[78] Schönberger argumentiert, daß das Ausbleiben einer durchgreifenden Parlamentarisierung im Kaiserreich gerade nicht auf einer verspäteten, sondern auf einer ‚verfrühten', der Parlamentarisierung vorgelagerten Demokratisierung beruhe. Resultierend aus dieser im Vergleich mit England und Frankreich umgekehrten historischen Abfolge, löste sich in Deutschland der Übergang zu einem parlamentarischen Regierungssystem weitgehend von demokratisierenden Prozessen.[79] Statt der heute geläufigen Begriffsprägung ‚parlamentarische Demokratie' findet sich in der Staatsrechtslehre des Kaiserreichs häufig die Entgegensetzung von Parlamentarismus und Demokratie. Sie verband sich mit der geschichtsphilosophischen Entwicklungsthese, daß „der Parlamentarismus eine historisch überwundene Form" sei, dazu verurteilt, hinter unterschiedlichste demokratische Organisationsformen vom Plebiszit bis zur sozialen Demokratie zurückzutreten.[80] Diese Denkrichtung läßt sich als Remonarchisierung kennzeichnen – allerdings unter neuen Vorzeichen.[81] In der Sichtweise führender Staatsrechtslehrer war gerade in der Figur des Monarchen das demokratische Element verortet.[82]

---

75 Margaret Lavinia ANDERSON, Practicing Democracy. Elections and Political Culture in Imperial Germany, Princeton 2000. Vgl. hierzu jetzt auch: Robert ARSENSCHEK, Der Kampf um die Wahlfreiheit im Kaiserreich. Zur parlamentarischen Wahlprüfung und politischen Realität der Reichstagswahlen 1871-1914 (Beiträge zur Geschichte des Parlamentarismus und der politischen Parteien; Bd. 136), Düsseldorf 2003.

76 Der freikonservative Grabowski war Herausgeber der Zeitschrift *Das neue Deutschland*, Karl Hoffmann gab *Die Tat* heraus. Vgl. FEHRENBACH, Wandlungen, S. 179 ff.

77 FEHRENBACH, Wandlungen, S. 182 f.

78 Vgl. Christoph SCHÖNBERGER, Die überholte Parlamentarisierung, in: Historische Zeitschrift 272 (2001), S. 623-666.

79 Demokratisierung wird dabei, in rein deskriptiver Absicht, als ein geschichtlicher Entwicklungsprozeß verstanden, durch den die Egalisierung und Partizipation breiter Bevölkerungskreise zunimmt. Vgl. hierzu SCHÖNBERGER, Parlamentarisierung, S. 623.

80 Diese Vorstellung, die besonders virulent nach 1900 wurde, koinzidierte mit einer äußerst kritischen Rezeption des englischen Regierungssystems in der Praxis sowie einem zunehmend negativen Englandbild im allgemeinen. Vgl. SCHÖNBERGER, Parlament, S. 282 f. und 291 ff.

81 „Bei vielen Autoren ist insbesondere nach der Jahrhundertwende das Bedürfnis spürbar, den ‚besonderen', monarchistisch-konstitutionellen deutschen Weg neu zu rechtfertigen – sei es

Damit verweisen diese Studien auf die jüngst wieder eingeforderte Notwendigkeit, den lang etablierten Gegensatz von „modernizing economy“ und „backward political culture“ zu überwinden und die zwischen diesen Polen liegenden unterforschten Räume zu durchdringen.[83] Jenseits der letztlich wenig aussagekräftigen Feststellung einer Janusköpfigkeit der wilhelminischen Epoche muß vielmehr eine „eigentümliche Modernität“ in den Blick genommen werden, die sich nicht selten gerade aus an sich rückwärtsgewandten politischen Konstellationen entwickelte.[84] In diesem Phänomen vor allem liegen denn auch die „Legacies“ des Wilhelminismus. Mit der Verbindung von Monarchie und entstehenden Führerkonzepten vor dem Hintergrund der Medienrevolution wird diese Fragstellung hier aufgenommen.[85] Im politischen Skandal, dies wird zu zeigen sein, läßt sich die entscheidende massenmediale Transformation der Monarchie, deren „eigentümliche Modernität“, exemplarisch vorführen.

2. Medien- und Monarchieskandale: Untersuchungsansatz und Untersuchungsfälle

„Wenn künftig einmal ein Forscher, um Beiträge zu einer geistigen Physiognomik unserer Gegenwart zu sammeln, die Jahrgänge unserer heutigen Zeitungen durchblättert, so wird er sicherlich versucht sein, unsere Zeit das Zeitalter der cause célèbre zu nennen. Denn in der Tat. Welche Nummer irgendwelcher Zeitung wir auch in die Hand nehmen, immer und überall das-

---

durch Betonung des eigentümlich deutschen ‚monarchischen Bundesstaats‘, sei es durch Herausstellung des deutschen Kaisertums.“ SCHÖNBERGER, Parlament, S. 185. Vgl. zu dieser Tendenz auch BOLDT, Konstitutionalismus, S. 127.

82 Robert Redslob sprach sogar von einem „demokratischen Königtum“. Vgl. Theodor ESCHENBURG, Die improvisierte Demokratie. Ein Beitrag zur Geschichte der Weimarer Republik, in: Ders., Die improvisierte Demokratie. Gesammelte Aufsätze zur Weimarer Republik, München 1964, S. 15. Der österreichische Jurist und Politiker Josef Redlich behauptete, für das reichsdeutsche sozialdemokratische Milieu sei der Parlamentarismus „kaum mehr als eines der Mittel, durch die sich die öffentliche Meinung der Massen den unerschütterlich sie beherrschenden Faktoren, nämlich dem Kaiser und der Bureaukratie gegenüber, wenigstens zum Ausdruck bringen kann.“ SCHÖNBERGER, Parlamentarisierung, S. 27.

83 Geoff ELEY/James RETALLACK, Introduction, in: Dies. (Hg.), Wilhelminism and Its Legacies. German Modernities, Imperialism and the Meanings of Reform, New York/Oxford 2003, S. 1-15, hier S. 8.

84 Klaus TENFELDE, 1890-1914: Durchbruch der Moderne? Über Gesellschaft im späten Kaiserreich, in: Lothar Gall (Hg.), Otto von Bismarck und Wilhelm II. Repräsentanten eines Epochenwechselns? (Otto-von-Bismarck-Stiftung. Wissenschaftliche Reihe, 1), Paderborn 2000, S. 119-141, hier S. 140. Zur mentalen Disposition hinter dieser Konstellation vgl. die innovative Abhandlung: Martin DOERRY, Übergangsmenschen. Die Mentalität der Wilhelminer und die Krise des Kaiserreichs, Weinheim/München 1986.

85 Die Verbindung von wilhelminischer Monarchie und Führerkonzepten ist in der Forschung äußerst selten thematisiert worden. Erstaunlich ist die vollständige Abwesenheit Wilhelms II. in der einschlägigen Darstellung: Stefan BREUER, Ordnungen der Ungleichheit. Die deutsche Rechte im Widerstreit ihrer Ideen 1871-1945, Darmstadt 2001, insb. S. 131 ff.

selbe Bild: spaltenlange Berichte über Sensationsprozesse aus aller Herren Länder, Mord, Totschlag, Meineid, Erpressung, Verleumdung und nicht zuletzt der so rasch Mode gewordene, so rasch zu einer ständigen Rubrik unserer Tageszeitungen empor gediehene § 175. Es leuchtet ein, daß eine so stark ausgeprägte, so weit verbreitete, so lang andauernde Erscheinung unseres sozialen Lebens die ernsteste Aufmerksamkeit herausfordert, daß sie an die Wissenschaft die gebieterische Forderung stellt, sie in ihrer Tatsächlichkeit zu erfassen, sie aus ihren Ursachen zu begreifen, ihre Stellung unter den übrigen sozialpsychologischen Phänomenen zu bestimmen, sie sozialethisch zu werten."[86] Mit dieser Feststellung resümierte der Jurist Erich Sello, der als Anwalt Kuno Moltkes im zweiten Prozeß Moltke-Harden eine entscheidende Rolle spielen sollte, 1910 seine intensiven Erfahrungen mit diesem Phänomen in den drei vorangegangenen Jahren.

Die Wissenschaft, die historische zumal, ist Sellos Aufforderung kaum nachgekommen. Skandale können zweifellos als ein Stiefkind der Geschichtswissenschaft bezeichnet werden. Bestenfalls galten sie als belanglose Medienphänomene, schlechtestenfalls, in der Tradition von Jürgen Habermas' These vom Niedergang der Öffentlichkeit im 19. Jahrhundert, als Merkmale einer medial bedingten Trivialisierung, die eine rationale politische Diskussion verhinderte oder zumindest erschwerte.[87] Die wissenschaftliche Beschäftigung mit Skandalen hat überhaupt erst in den vergangenen Jahren, hauptsächlich in der Soziologie, verstärkt eingesetzt. Dies gilt auch für Bemühungen um eine wissenschaftlich handhabbare Definition des Phänomens. Skandale, argumentiert Sighard Neckel, „sind kontextgebundene Ereignisse, die jeweils spezifisch sind für die gesellschaftliche Sphäre, in der sie auftreten".[88]

In dieser Studie interessiert der politische Skandal, das heißt in der Regel ein skandalöser Konflikt, in den politische Akteure verstrickt sind.[89] Wird der

---

86 Erich SELLO, Zur Psychologie der Cause célèbre. Ein Vortrag, Berlin 1910, S. 9.

87 Jürgen HABERMAS, Strukturwandel der Öffentlichkeit. Untersuchungen zu einer Kategorie der bürgerlichen Gesellschaft, Frankfurt a.M. [4]1995. Für den deutschen Kontext vgl. vor allem LAERMANN, Bescherung; Rolf EBBINGHAUS/Sighard NECKEL (Hg.), Anatomie des politischen Skandals, Frankfurt a.M. 1989; Sighard NECKEL, Das Stellhölzchen der Macht. Zur Soziologie des politischen Skandals, in: Leviathan 14 (1986), S. 581-605, den frühen Beitrag von Schütze: Christian SCHÜTZE, Die Kunst des Skandals, Über die Gesetzmäßigkeit übler und nützlicher Ärgernisse, München/Bern/Wien 1967 sowie Manfred SCHMITZ, Theorie und Praxis des politischen Skandals, Frankfurt a.M. 1981; Dirk KÄSLER u.a., Der politische Skandal: Zur symbolischen und dramaturgischen Qualität von Politik, Opladen 1991 und jetzt die sehr positivistische Deutung von Hans Matthias KEPPLINGER, Die Kunst der Skandalierung und die Illusion der Wahrheit, München 2001. Obwohl der Zugang über Skandale bei der Annäherung an monarchische Systeme, die sich mit einer sich neu formierenden öffentlichen Meinung auseinandersetzen müssen, durchaus naheliegend erscheint, existieren bisher kaum entsprechend verfahrende Studien. Eine Ausnahme bildet die Arbeit von Sarah Maza, der diese Studie einige Anregungen verdankt. Sarah MAZA, Private Lives and Public Affairs. Causes Célèbres of Prerevolutionary France, Berkeley u.a. 1993.

88 NECKEL, Soziologie, S. 582.

89 Neckel unternimmt eine Unterscheidung zwischen „Intra- und Intergruppenkonflikten". Innerhalb einer politischen Gruppe handele es sich regelmäßig um ein bewußt inszeniertes und gesteuertes Ereignis, welches besser als Intrige bezeichnet werde. Als typisches Beispiel

Skandal als Form des Politischen gesehen, so rückt vor allem die Art und Weise öffentlicher Rezeption in den Mittelpunkt. Diese gehorcht einer gewissen Regelhaftigkeit, die sich als Skandal-Triade fassen läßt, das heißt ein Dreiecksverhältnis von Skandaliertem – derjenige, der einer Verfehlung von öffentlichem Interesse öffentlich bezichtigt wird -, Skandalierer – derjenige, der diese Verfehlung öffentlich macht – sowie „Dritten" – diejenigen, die auf diesen Vorgang reagieren, das Publikum.[90]

Die logische Voraussetzung des Skandals ist immer ein Geheimnis, welches im Laufe der Affäre enthüllt wird. Georg Simmel wies im Skandaljahr 1908 darauf hin, daß Heimlichkeit in der bürgerlichen Gesellschaft der Rechtfertigung bedürfe. Heimlichkeit besaß den Beigeschmack von Konspiration und Hofkabalen.[91] Die bürgerliche Gesellschaft, mit ihrem Ideal der Trennung der privaten und der öffentlichen Sphäre, stellte das politische Geheimnis unter Generalverdacht. In der bürgerlichen Gesellschaft droht daher zu jeder Zeit der Ausbruch eines Skandals. Staatliche Instanzen riskieren ihre Legitimität, wenn sie moralische Obligationen nicht erfüllen, weil sie das Prinzip der Obligation selbst vertreten. Was als Skandal gelten muß, ist letztlich eine Definitions-, mithin eine Machtfrage. Keineswegs hat aber der Skandal notwendig eine destabilisierende Wirkung. Vielmehr erfüllt er auch Funktionen der sozialen Integration von Gesellschaften.[92] Für diese Studie ist die These besonders relevant, daß, insofern der Skandal auf einer Enttäuschung beruht und diese Empfindung thematisiert wird, auch immer die Fortgeltung der zuvor existenten Erwartungen bestätigt wird. Damit, so Neckel, könne der Skandal als ein „Mechanismus der Enttäuschungsabwicklung" dienen.[93] Der Charakter des Skandals wäre dann eher der eines Revolutionsersatzes, eines Ventils sozialen Überdrucks, denn der eines wirklich revolutionären Aktes.

Diese begrenzte ‚realgeschichtliche' Wirkung mag dazu beigetragen haben, daß Skandale bisher in der Historiographie eine untergeordnete Rolle spielen. Unterschätzt wurde damit aber die indikatorische Aussagekraft von Skandalen, welche die Entstehung und das Ende politisierbarer Themen und offenbarer Machtkonstellationen, die am Verlauf von Skandalen zu beobachten sind, verdeutlichen. Unterschätzt wurde aber auch die entscheidende Rolle der Massenmedien für die Entstehung von Medienskandalen. Mit einer luziden Studie über das Großthema ‚Political Scandal. Power and Visibility in the Media Age' hat John B. Thompson nicht nur das Phänomen des „mediated scandal" erstmals in seiner historischen Dimension beschrieben, sondern auch

---

hierfür könnten die Kotze-Affäre und auch die Kladderadatsch-Affäre gelten; NECKEL, Soziologie, S. 583. Die Eulenburg-Affäre, die Neckel als Beispiel nennt, kann jedoch allenfalls in ihrem Ursprung als Intrige angesehen werden.

90 NECKEL, Soziologie, S. 593 f., der hier mit der Terminologie Luhmanns arbeitet.

91 Georg SIMMEL, Soziologie. Untersuchungen über die Formen der Vergesellschaftung, Berlin ²1968 (1908), S. 277.

92 „Clearly they [Klatsch und Skandal, M.K.] maintain the unity, morals and values of social groups", argumentiert Max Gluckmann. Max Gluckman, zitiert nach: NECKEL, Soziologie, S. 599.

93 NECKEL, Soziologie, S. 603; LAERMANN, Bescherung, S. 170.

eine detaillierte soziologisch-historische Theorie des Skandals aufgestellt, die in ihrer Flexibilität dem Phänomen weit besser gerecht wird als vorherige Versuche. Wesentliche Kategorien, Annahmen und Thesen Thompsons sollen hier übernommen werden.

Thompson verwirft die These, daß Skandale nur in liberalen, parlamentarischen Demokratien aufkommen können, räumt aber ein, daß es eine hohe Affinität zwischen liberalen Demokratien und Skandalen gebe.[94] Ausschlaggebend seien letztendlich das Vorhandensein konkurrierender Kräfte, die Wichtigkeit der Reputation eines Politikers für dessen Legitimation, die relative Autonomie der Presse und schließlich das Vorhandensein eines Rechtsstaats, das heißt niedriger persönlicher Risiken bei Kritik an den Machthabern.[95] Keine dieser Voraussetzungen gilt nicht zumindest teilweise auch für das Kaiserreich.

Entgegen verbreiteter Skepsis an Skandalen als Untersuchungsgegenstand fordert Thompson, diese als „a social phenomenon in its own right" zu analysieren. Diese Herangehensweise verspricht wichtige Aufschlüsse über die Rolle der Medien „in shaping public debate". Thompson untersucht Skandale als ein „mediated event", einen bestimmten Typus von Skandalen, der erst um die Wende vom 18. zum 19. Jahrhundert aufkam.[96] Demnach bezieht sich der Begriff Skandal auf „actions or events involving certain kinds of transgressions which become known to others and are sufficiently serious to elicit a public response". Folgende Bedingungen müssen hierfür erfüllt sein:

1.) Die Verfehlungen müssen ernst genug sein, um Ablehnung hervorzurufen. Werte und Normen haben dabei verschiedene Grade von ‚scandal sensitivity', abhängig vom sozial-historischen Kontext und dem Ausmaß, in dem diese Werte und Normen Verbindlichkeit für bestimmte Individuen und Gruppen besitzen. Oft sind es erst von Thompson als „second-order-transgressions" bezeichnete Vergehen, die den Skandal eskalieren lassen. Derartige Überschreitungen dienen regelmäßig dazu, ein Vergehen zu verdekken, können dabei aber wichtiger werden als die ursprüngliche Verfehlung. Genauso wie einige Themen besonders 'anfällig' für Skandal seien, gelte dies für Individuen. Der Grad ihrer Sichtbarkeit – auch diese ein für diesen Kontext höchst relevantes Kriterium – ist entscheidend.

2.) Die fragliche Handlung oder das fragliche Ereignis muß ein „element of secrecy or concealment" enthalten, gleichzeitig aber auch bei nicht involvierten Personen die Überzeugung bestehen, daß diese Handlung oder dieses Er-

---

94 John B. Thompson, Political Scandal. Power and Visibility in the Media Age, Cambridge 2000. Thompson lehnt mit guten Argumenten die Thesen von Markovits und Silverstein, eine Logik des ‚due process' sei tiefgreifend nur in Demokratien verankert und daher könnten nur hier Skandale aufkommen und nur Machtmißbrauch im eigentlichen Sinne konstituiere politischen Skandal, ab. THOMPSON, Scandal, S. 92 f. eine Überbewertung der Staatsform auch bei: NECKEL, Soziologie, S. 600.

95 THOMPSON, Scandal, S. 95 f.

96 Thompson bezieht sich hierin auf Frankreich und England. Für Deutschland wäre, im Einklang mit der generellen Entwicklung der Medien, diese Entwicklung erst für die zweite Hälfte des 19. Jahrhunderts festzustellen.

eignis existieren.[97]. Drei Unterbedingungen müssen gegeben sein: a) ein gewisser Grad öffentlichen Wissens über die fraglichen Handlungen und Ereignisse; b) eine Öffentlichkeit von nicht Involvierten, die dieses Wissen teilt, und c) ein Prozeß, in dem die Handlungen bzw. Ereignisse öffentlich gemacht werden. Hieraus resultiert die entscheidende Rolle der Medien.

3.) Eine weitere Bedingung ist, daß eine kritische Menge der nicht Involvierten die öffentlich werdenden Handlungen bzw. Ereignisse ablehnt.

4.) Diese Ablehnung muß wiederum zum Ausdruck gebracht werden. Ein moralisierender Diskurs, in dem Ablehnung ausgedrückt wird, ist integraler Bestandteil des Skandals.

5.) Schließlich muß die Bedingung erfüllt sein, daß die Enthüllung und Verdammung der Handlungen und Ereignisse die Reputation der hierfür verantwortlichen Individuen beschädigen kann.[98]

Für diese Arbeit ist jedoch eine weiterreichende Beobachtung Thompsons ausschlaggebend. Thompson erkennt im „mediated scandal“,[99] den er vom „local scandal“, unterscheidet, den wesentlichen Typus des Skandals im 19. und 20. Jahrhunderts. Die Verbindungen zwischen Medien und Skandal sind offensichtlich. Die zunehmende Marktorientierung der Medien machte Skandale zu einem reizvollen Thema. Darüber hinaus brachte es die Professionalisierung des Journalismus im 19. Jahrhundert mit sich, daß das Aufdecken der Geheimnisse der Macht und damit vermeintlicher Skandale dem Selbstverständnis vieler Journalisten als Wächter des öffentlichen Wohls entgegenkam.

Was ist spezifisch für den „mediated scandal“, den Medienskandal? Medienskandale waren genuine Medienereignisse, da sie durch medialisierte Formen der Kommunikation erst entstanden. Die Enthüllung dieser Skandale und ihre Kommentierung durch die Medien sind keine zweitrangigen oder beliebigen Merkmale, sondern für diese Art des Skandals konstitutiv. Entscheidend ist, daß das Publikum, das dem Skandal folgt, potentiell unbegrenzt ist. Noch schärfer als Neckel faßt Thompson Skandale als Auseinandersetzungen um symbolische Macht, welche die Verbindungen zwischen Skandal, Reputation und Vertrauen ans Licht bringen. Die ursprüngliche Trennung zwischen „front region” und „back region” verschwimmt durch die Macht der Medien im Laufe des Skandals.

Der ständige und hohe Konkurrenzdruck fördert den Blick auf die anderen Zeitungen, die ebenfalls die neuesten Nachrichten bringen und nichts verpassen wollen. Thompson spricht hier von „circular circulation of information“.[100] Dieser Prozeß hatte drei bedeutsame Effekte: Erstens wurde so ein

---

97 THOMPSON, Scandal, S. 18.

98 THOMPSON, Scandal, S. 13 f. Es existieren durchaus Fälle, in denen sich der Ruf des Skandalierten durch einen Skandal steigerte. THOMPSON, Scandal, S. 22.

99 Der Begriff läßt sich nicht eins zu eins ins Deutsche übertragen. Die Rede vom ‚mediatisierten Skandal' wäre mißverständlich und die vom ‚medialisierten Skandal' kaum verständlich. Daher soll hier, trotz der etwas anderen Bedeutung, vom Medienskandal gesprochen werden.

100 THOMPSON, Scandal, S. 83.

gewisser Grad von Homogenität der berichtenswerten Themen erreicht. Zweitens entstand ein Verstärkereffekt, indem die Signifikanz des Skandalons durch dessen Darstellung auch durch andere Medien verstärkt wurde. Drittens förderte dieser Prozeß die Selbstreferentialität der Medien.[101]

Auch die „sequential structure of scandals", die Phasenhaftigkeit des Skandals, folgt der Logik der Medien. Die Suche nach immer neuen Leserschichten förderte das Bedürfnis nach unterhaltenden, spannenden Nachrichten. Skandale, Geschichten also, die sich erst langsam entfalteten und so den Leser zwangen, ein Heft nach dem anderen zu kaufen, erfüllten diese Bedingung. Skandale dauern nicht unendlich – normalerweise mehrere Wochen und Monate – können sich aber auch über Jahre hinziehen. Der Ablauf von Skandalen folgt dabei einem erstaunlich einheitlichem Muster: In die „pre-scandal phase" gehört der eigentliche Bruch der Norm. Der Medienskandal beginnt nicht mit dem Akt der Transgression, sondern mit dessen Enthüllung.[102] Auf diese Phase folgt die „phase of the scandal proper". In dieser Phase wird der Skandal in den Medien ausgebreitet und durchgespielt. Die Medien fungieren als „framing device", während den Individuen im Zentrum des Skandals lediglich bleibt, zu reagieren. Typisch sind für diese Phase Versuche zur Schadenbegrenzung und eine daraufhin verschärfte Skandalisierung. Der Androhung neuer Enthüllungen wird mit Drohungen über Beleidigungsklagen begegnet. Als dritte Phase folgt die Kulmination des Skandals, z.B. als Gerichtsprozeß, möglicherweise aber auch ohne dramatischen Höhepunkt. In der vierten Phase, dem Nachspiel, erreicht die Selbstreferentialität der Medien ihren Höhepunkt. Kommentare kommentieren die Kommentare zum Skandal.

Thompson unterscheidet drei Arten politischer Skandale. Die für diesen Zusammenhang irrelevanten „financial scandals", „sexual-political-scandals" und schließlich „power scandals". Machtskandale drehen sich um die Aufdekkung von Aktivitäten, welche die Regeln der Ausübung politischer Macht betreffen. Sie sind die reinste Form von politischen Skandalen. Es geht ausschließlich um politische Macht. Im Machtskandal gerät das von Simmel angesprochene Geheimnis der Macht plötzlich ins Rampenlicht. Die öffentliche Entrüstung resultiert nicht zuletzt aus der Tatsache, daß das Publikum sich nicht ernst genommen fühlt. Für den Machthaber stellt sich in diesem Kontext immer die entscheidende Frage, die Senator Howard Baker im Zuge der Untersuchungen des Watergate-Skandals wie folgt formulierte: „What did the President know and when did he know it?"[103] Diese Frage verweist auf den Kern von Thompsons Skandaltheorie. Demnach seien Skandale „struggles over symbolic power in which reputation and trust are at stake". Nicht zwangsläufig zerstören Skandale Reputation und unterminieren Vertrauen, aber sie besitzen die Kapazität hierzu: „Scandals are potential reputation depleters."[104] In einem Kontext tiefen Mißtrauens, wenn einer der Faktoren für

---

101 THOMPSON, Scandal, S. 84. Vgl. zu diesem Prozeß auch Kepplinger, Kunst, S. 18 ff.
102 THOMPSON, Scandal, S. 72, 74.
103 THOMPSON, Scandal, S. 203. Vgl. auch ebd. S. 121, 197,
104 THOMPSON, Scandal, S. 248.

dieses Mißtrauen gegenüber der politischen Führung bestimmte Charaktereigenschaften eines politischen Führers sind, rücken diese in den Mittelpunkt, und Forderungen nach einer mit besseren Charaktereigenschaften ausgestatten Alternative werden laut.

Die wilhelminische Ära weist unzählige Skandale auf, aber nur die Schnittmenge zweier Spezialformen interessiert hier.[105] Es geht um Monarchieskandale, also Skandale, die implizit oder explizit den Monarchen zum Anlaß hatten, und es geht um Medienskandale, also Skandale, die ihre Ursache in einem von den Medien aufgeworfenen und skandalisierten Problem hatten.[106]

Unter den Skandalen in dieser Schnittmenge gehört die Caligula-Affäre zu den heute weniger prominenten.[107] Hier ging es weder um eine konkrete Fehlleistung des Monarchen – wie bei dem regelmäßigen Aufruhr nach kaiserlichen Reden, Telegrammen oder Interviews – noch um aufsehenerregende

---

105 Generalisierend läßt sich festhalten, daß die politischen Skandale des Kaiserreichs als solche kaum untersucht sind. Dies gilt sowohl für die meisten Einzelfälle wie auch für eine Gesamtschau unter einer skandaltheoretischen Fragestellung. Vgl. lediglich den allzu knappen Aufsatz von Helmuth ROGGE, Affairen im Kaiserreich. Symptome der Staatskrise unter Wilhelm II., in: Die politische Meinung 8 (1963), S. 58-72 und die sehr instruktive, wenig beachtete Studie von Alex HALL, Scandal, Sensation and Social Democracy. The SPD Press and Wilhelmine Germany 1890-1914, Cambridge 1977.

106 Aufgrund dieser Kriterien sind die Kotze-, Kladderadatsch- und Leckert-Lützow-Tausch-Affäre in dieser Studie nicht berücksichtigt worden. Dies entspricht der Wertung von Tobias Bringmann, der die bisher ausführlichste Studie zur Kotze-Affäre vorgelegt hat: „Die mit der Kladderadatsch-Affäre erhaltene Wunde sollte nun ohne jegliches Zutun der Presse der Hof selbst mit der unmittelbar darauffolgenden Kotze-Affäre zur schmerzlichen Vereiterung bringen." Tobias C. BRINGMANN, Reichstag und Zweikampf. Die Duellfrage als innenpolitischer Konflikt des Kaiserreichs. 1871-1918, Freiburg 1997., S. 218. Dort auch die ausführlichste Abhandlung der Kotze-Affäre. Zur Leckert-Lützow-Tausch-Affäre: Dieter FRICKE, Die Affäre Leckert-Lützow-Tausch und die Regierungskrise von 1897 in Deutschland, in: Zeitschrift für Geschichtswissenschaft 7 (1960), S. 1579 ff. Zur Kladderadatsch-Affäre: Helmuth ROGGE, Die Kladderadatschaffäre, in: Historische Zeitschrift 195 (1962), S. 90-130 und, allerdings nicht sehr tiefgehend: Ders., Affären.

107 Bisherige Darstellungen der Affäre schildern selbige vornehmlich aus der Perspektive Quiddes. Vgl. die Einleitung von Hans-Ulrich WEHLER in: Ders. (Hg.), Ludwig Quidde, Caligula. Schriften über Militarismus und Pazifismus, Frankfurt a.M. 1977, S. 7-18, sowie: ROGGE, Affären, S. 58-72; BRUDE-FIRNAU, Deutung, S. 32 ff.; John C.G. RÖHL, Wilhelm II. Eine Studie in Cäsarenwahnsinn (Schriften des Historischen Kollegs: Vorträge, 19), München 1989, S. 9 ff. sowie die Schilderungen zum ‚Tathergang' in Utz-Friedbert TAUBE, Ludwig Quidde. Ein Beitrag zur Geschichte des demokratischen Gedankens in Deutschland (Münchner Historische Studien, Abt. Neuere Geschichte, 5), München 1963, S. 3 ff. In ihrer jüngst erschienenen Studie zur Pressepolitik im Kaiserreich konstatiert Gunda Stöber ebenfalls, die „politische Wirkungsgeschichte" des Caligula sei bisher in der Literatur lediglich „gestreift" worden, trotz ihrer hohen Bedeutung für die „Verfassungswirklichkeit im wilhelminischen Deutschland". Allerdings widmet auch Stöber dem Thema nur wenige Absätze. Vgl. STÖBER, Pressepolitik. S. 155 ff. Wesentlich mehr Informationen über Hintergrund und Rezeption des *Caligula* bieten jetzt: Karl HOLL/Hans KLOFT/Gerd FESSER (Hg.), Caligula – Wilhelm II. und der Caesarenwahnsinn. Antikenrezeption und wilhelminische Politik am Beispiel des ‚Caligula' von Ludwig Quidde, Bremen 2001. Vgl. auch die Bemerkungen zur Affäre bei: RÖHL, Aufbau, S. 624 f.

,Entartungen' in der Hofgesellschaft oder Regierung – wie in den Affären und Skandalen um Kotze, Tausch oder Eulenburg. Die Diskussionen um ein von dem republikanischen Historiker Ludwig Quidde veröffentlichtes Pamphlet mit dem Titel *Caligula. Eine Studie über römischen Cäsarenwahnsinn*, ein verschlüsseltes Portrait Wilhelms II., konzentrierte sich vielmehr auf das Verhältnis Öffentlichkeit–Monarch.[108] Ein enormes Medienecho hatte die Rezeption der Broschüre zum Thema. Auf der Metaebene wurden das wilhelminische Kaisertum und dessen Wahrnehmung gedeutet, denn nur der direkte Bezug der Quiddeschen Schrift zum Inhaber des Thrones begründete deren Reiz. Der Erfolg des *Caligula* läßt damit Erkenntnisse über die Breitenwirkung des Monarchiediskurses zu. Die vielen Rezensionen und Pamphlete bieten eine hervorragende Materialbasis und erlauben Rückschlüsse auf die Verunsicherungen monarchischer Loyalitäten und Verschiebungen im Monarchiediskurs.[109] Durch die Diskussion von Quiddes *Caligula*, so die These, wurde sechs Jahre nach der Thronbesteigung Wilhelms II. zum ersten Mal öffentlich die Erfahrung eines gänzlich neuen Regierungsstils diskutiert.

Weit prominenter als die Caligula-Affäre ist der Eulenburg-Skandal, das heißt die Skandalisierung prominenter Mitglieder der Umgebung Wilhelms II. durch den Journalisten Maximilian Harden. Dennoch läßt sich nicht sagen, daß dieser Skandal gut erforscht sei.[110] Nachdem das Ereignis an sich lange Zeit fast keine Beachtung gefunden hat und allenfalls unter anderen Fragestel-

---

108 Die Abhandlung Quiddes erschien gleichzeitig in: Die Gesellschaft. Monatsschrift für Literatur, Kunst und Sozialpolitik 10 (1894), S. 413-430 und als Separatdruck im Wilhelm Friedrich-Verlag, Leipzig 1894. Im Zuge der Veröffentlichung von Quiddes Erinnerungen wurde auch der *Caligula* 1926 erneut publiziert und ist in dieser Form in der Zusammenstellung von Wehler, Ludwig Quidde leicht zugänglich. Im folgenden werden der *Caligula* nach der Originalauflage, die Erinnerungen Quiddes nach der Ausgabe Wehlers zitiert. Die Wertung des Ereignisses als Skandal bzw. Affäre findet sich kurz nach Einsetzen des Medienechos und scheint allgemein akzeptiert gewesen zu sein. Quidde selbst freilich distanzierte sich deutlich von derartigen Konnotationen. Ihm sei es um politische Aufklärung gegangen. QUIDDE, Erinnerungen, S. 50.

109 Radkau beispielsweise stellt die Aufregung über den *Caligula* in den Kontext des Nervendiskurses. Vgl. RADKAU, Nervosität, S. 275 f.

110 Steakley spricht mit Blick auf den Skandal von einem „scholarly blackout". James D. STEAKLEY, Iconography of a Scandal. Political Cartoons and the Eulenburg Affair, in: Wayne R. Dynes/Stephen Donaldson (Hg.), History of Homosexuality in Europe and America, New York/London 1992, S. 323-385. Bezeichnend ist die eklatante Fehlbewertung des Eulenburg-Skandals als bloße Intrige bei: NECKEL, Soziologie, S. 583 und SCHÜTZE, Kunst, S. 153 f. In den großen Überblicksdarstellungen von Wehler und Nipperdey findet sich der Skandal lediglich in einem Nebensatz erwähnt – wohl Aufgrund der Bewertung als Intrige. Wolfgang J. Mommsen unterstreicht zwar die Bedeutung des Ereignisses, geht aber über die persönliche Motivation der Beteiligten nicht hinaus. Der ,Intrigenaspekt' ist wichtig für den Skandal. Wenn die wesentliche Rolle der Medien nicht in Rechnung gestellt wird, kann dessen Bedeutung jedoch nicht angemessen erfaßt werden. Wolfgang J. MOMMSEN, Homosexualität, aristokratische Kultur und Weltpolitik. Die Herausforderung des wilhelminischen Establishments durch Maximilian Harden 1906-1908, in: Uwe Schulz (Hg.), Große Prozesse. Recht und Gerechtigkeit in der Geschichte, München 1996, S. 279-288.

lungen berührt worden ist,[111] hat sich die Situation nun durch eine Studie von Karsten Hecht grundlegend geändert.[112] Hecht analysierte erstmals das verfügbare Material zu den Gerichtsprozessen um die Kaiserfreunde Philipp Eulenburg und Kuno Moltke sowie den Journalisten Harden. Erst durch diese präzise Studie sind überhaupt detaillierte Aussagen zu den Prozessen möglich. Bis dato unbekanntes Material präsentiert auch eine ebenfalls neue Biographie Eulenburgs, die allerdings in der Tradition Reinhold Konrad Muschlers und Johannes Hallers vor allem an der Rehabilitierung ihres Protagonisten interessiert ist.[113] Beide Studien sind vor allem an juristischen und im engeren politikgeschichtlichen Fragen interessiert. War Eulenburg tatsächlich ‚schuldig' bzw. welche Rolle spielte Bülow, sind die hier ausgebreiteten Fragen. Die öffentliche Dimension der Prozesse spielt eine untergeordnete Rolle. Dies gilt auch für die interpretatorisch stärkste Darstellung des Skandals von Isabel Hull. Hull stellt deutlich die Verbindung zwischen dem Eulenburg-Skandal und der Daily-Telegraph-Affäre heraus. Ihre These, die Konstruktion eines Popanz namens Kamarilla habe den Blick von dem Verfassungsproblem Monarch und der notwendigen Parlamentarisierung abgelenkt, wird zu hinterfragen sein.[114]

Für die Prozesse um Harden, Eulenburg und andere Mitglieder der Entourage Wilhelms II. hat sich kein fester Begriff etabliert, obwohl diese durchaus als Einheit zu sehen sind. Mitunter wird von den „Harden-Prozessen" gesprochen. Harden war jedoch weder an allen einschlägigen Prozessen beteiligt, noch war er das eigentliche Anliegen der Prozesse – allenfalls deren Initiator. Auch Moltke und Eulenburg, die beiden anderen Protagonisten, waren nicht an jedem Prozeß beteiligt. Hingegen scheint es gerechtfertigt, das Kamarillathema als Klammer aller hier interessierenden Prozesse zu sehen. Daher soll der Terminus ‚Kamarillaprozesse' verwendet werden. Gut eingeführt ist die Rede vom ‚Eulenburg-Skandal'. Hiermit ist nicht nur die eigentlich skandalö-

---

111 Vgl. Isabel V. HULL, The Entourage of Kaiser Wilhelm II 1888-1918, Cambridge 1982, S. 109 ff. Quellenmaterial zum Thema findet sich vor allem bei ROGGE, Holstein und Harden sowie John C.G. RÖHL (Hg.), Philipp Eulenburgs politische Korrespondenz (Deutsche Geschichtsquellen des 19. und 20. Jahrhunderts 52), 3 Bde., Boppard a. Rh. 1976-1983. Noch 1999 bezeichnete Bernd-Ulrich Hergemöller „den Gesamtkomplex der Prozesse um Maximilian Harden, Kuno Moltke und Philipp Eulenburg" als in seinen gesamtgeschichtlichen Bezügen nicht untersucht. Bernd-Ulrich HERGEMÖLLER, Einführung in die Historiographie der Homosexualitäten, Tübingen 1999, S. 92.

112 Karsten HECHT, Die Harden-Prozesse – Strafverfahren, Öffentlichkeit und Politik im Kaiserreich (Jur. Diss.), München 1997. Die flott geschriebene Darstellung von Peter JUNGBLUT, Famose Kerle. Eulenburg – Eine wilhelminische Affäre, Hamburg 2003, kann keine neuen Informationen besteuern.

113 Angela LEUCHTMANN, Der Fall Philipp Eulenburg. Anfang und Ende einer Karriere im wilhelminischen Deutschland (Phil. Diss.), München 1998. Johannes HALLER (Hg.), Philipp zu Eulenburg-Hertefeld, Aus 50 Jahren. Erinnerungen, Tagebücher und Briefe, Berlin 1923; Reinhold Konrad MUSCHLER, Philipp zu Eulenburg. Sein Leben und seine Zeit, Leipzig 1930.

114 HULL, Entourage, S. 145.

se Komponente der Prozesse gemeint, sondern gleichsam der Überbau derselben. Trotz Unschärfen soll daher dieser Begriffe beibehalten werden. Schließlich war es Eulenburg, dessen vermeintlich fehlgeleitetes Gebahren den eigentlichen Skandal konstituierte und der die Verbindung zum Monarchen herstellte.

Im Gegensatz zum Eulenburg-Skandal ist die Daily-Telegraph-Affäre in den großen Darstellungen des Kaiserreichs präsent. Die Veröffentlichung des Daily-Telegraph Interviews ist sehr gut erforscht.[115] Dies gilt sowohl für das Zustandekommen seines Inhalts als auch für den technischen Vorgang der Genehmigung, der Korrektur und der Weitergabe des Textes. In diesem Zusammenhang interessiert lediglich, was am Inhalt des Interviews und am Zustandekommen seiner Veröffentlichung als skandalös empfunden wurde. Vor allem aber geht es darum, wie sich die Diskussion schnell von spezifischer Kritik an der Veröffentlichung des Interviews in eine grundsätzliche Verhandlung der wilhelminischen Monarchie steigerte.[116] Dieser Aspekt ist in der Forschung stark unterbelichtet. Solange aber die mediale Dimension dieser Skandale nicht in Rechnung gestellt wird, können sie in ihrem politischen Gehalt nicht angemessen bewertet werden.

Dies gilt auch für die Flucht Wilhelms II. Das Ereignis, wie das Ende der Monarchie generell, hat bisher kaum eine dem Gegenstand entsprechende Aufmerksamkeit gefunden.[117] Das in der Revolution neu Entstehende zog in der Revolutionsforschung ungleich größeres Interesse auf sich als das, was 1918 zu Ende ging.[118] Hagen Schulze hat das „sang- und klanglose Verschwinden Wilhelms II. in den trüben Novembernebeln des Jahres 1918“ eines der „seltsamsten Geschehnisse der deutschen Geschichte“ genannt.[119] Tatsächlich ist immer wieder hervorgehoben worden, wie überraschend

---

115 Vgl. die Studien zum Thema von Terence F. COLE, The Daily-Telegraph affair, in: John, C.G. Röhl/Nicolaus Sombart (Hg.), Kaiser Wilhelm II. New Interpretations, Cambridge 1982, S. 249-268; Anton DREWES, Die Daily-Telegraph-Affäre vom Herbst 1908 und ihre Wirkung (Phil.Diss.), Münster 1933; Helmut TESCHNER, Die Daily-Telegraph-Affäre vom November 1908 in der Beurteilung der öffentlichen Meinung (Phil. Diss.), Breslau 1931; Margarete SCHLEGELMILCH, Die Stellung der Parteien und des Deutschen Reichstags zur sogenannten Daily-Telegraph-Affäre und ihre innerpolitischen Nachwirkungen (Phil. Diss.), Halle 1936; Wilhelm SCHÜSSLER, Die Daily-Telegraph-Affaire. Fürst Bülow, Kaiser Wilhelm und die Krise des zweiten Reiches 1908 (Göttinger Bausteine zur Geschichtswissenschaft, 9), Göttingen 1952; Friedrich Freiherr HILLER VON GAERTRINGEN, Fürst Bülows Denkwürdigkeiten, Tübingen 1956, S. 127 ff. und zuletzt: Peter WINZEN, Das Kaiserreich am Abgrund. Die Daily-Telegraph-Affäre und das Hale-Interview von 1908 (Historische Mitteilungen, 43), Stuttgart 2002.

116 Hierfür sind vor allem Zeitungsartikel relevant, eine Quelle, die sonderbarerweise für die Daily-Telegraph-Affäre nur in sehr begrenztem Maße herangezogen wurde. Dieser Befund bei Platthaus, Novemberrevolution, S. 161.

117 Jetzt allerdings: Stephan MALINOWSKI, Vom König zum Führer. Sozialer Niedergang und politische Radikalisierung im deutschen Adel zwischen Kaiserreich und NS-Staat, Berlin 2003, S. 228 ff.

118 Helmut NEUHAUS, Das Ende der Monarchien in Deutschland 1918, in: Historisches Jahrbuch 111 (1991), S. 102-136, hier S. 109

119 Hagen SCHULZE, Weimar, Deutschland 1917-1933. Berlin 1982, S. 153.

schnell die wilhelminische Monarchie zusammenbrach. Eine Studie, die sich speziell mit dem Ereignis Kaiserflucht auseinandersetzt, existiert nicht[120] – mit der einzigen Ausnahme einer Arbeit Kuno Graf Westarps, die dessen Vorgehensweise bei einem von ihm organisierten, stark loyal gefärbten Abgleich von Berichten über die Ereignisse des 9. November penibel dokumentiert.[121] Vielmehr hat die Geschichtsschreibung der letzten 30 Jahre das merkwürdige Ereignis weitgehend ignoriert.[122]

Zumindest in zweifacher Hinsicht schließt die Kaiserflucht den Bogen der hier untersuchten Skandale. Erstens spiegeln sich in den Reaktionen auf das Ereignis, nun gänzlich von der Zensur befreit, Kritikpunkte an der wilhelminischen Herrschaft in extremis wider. Zweitens katalysierte diese Kritik in ihrer hier aufzuzeigenden Logik die bereits lange zuvor feststellbare Transformation gescheiterter Kaiserkonzepte in alternative Führer- und Herrscherkonzepte nach 1918.

---

120 Vgl. allerdings die kurzen Bemerkungen von Jan BANK, Der Weg des Kaisers ins Exil, in: Hans Wilderotter/Klaus-Dieter Pohl (Hg.), Der letzte Kaiser. Wilhelm II. im Exil. Gütersloh/München 1991, S. 105-112 und bei Sally MARKS, „My Name is Ozymandias": The Kaiser in Exile, in: Central European History 16 (1983), S. 122-170 und das entsprechende Kapitel in Ernst-Rudolf HUBER, Deutsche Verfassungsgeschichte seit 1789. Bd. V.: Weltkrieg, Revolution und Reichserneuerung 1914-1919, Stuttgart 1978, S.695 ff. sowie Charles BENOIST, Guillaume II en Hollande, in: Revue des Deux Mondes 19 (1924), S. 386-403. Die Fluchtrezeption wird in allen Arbeiten nur am Rande berührt.

121 Kuno Graf WESTARP, Das Ende der Monarchie am 9. Nov. 1918, Berlin 1952. Westarps parteiische aber bemerkenswert reflexive Arbeit enthält die Berichte der Augenzeugen des 9. November in Spa, die Westarp für die Ausarbeitung eines 'gemeinsamen Protokolls', das im Juli 1919 in der *Kreuzzeitung* publiziert wurde, benutzte. Westarps Buch hingegen, geschrieben in den 30er Jahren und geplant als eine Fortsetzung seiner Schrift *Konservative Politik*, wurde erst nach dem Tod des Autors, 1952, veröffentlicht. Zur Arbeitsweise Westarps vgl. die Einleitung Conzes.

122 Vgl. die lapidaren Bemerkungen in den meisten Überblicksdarstellungen, für die stellvertretend Thomas Nipperdeys Wertung steht: „Das [Wilhelms Übertritt nach Holland] war nicht eben heroisch und schon gar nicht sehr preußisch, aber es vermied den Bürgerkrieg." NIPPERDEY, Geschichte II, S. 874. In einem Sammelband zum 9. November in der deutschen Geschichte geht der entsprechende Beitrag von Heinrich August Winkler nur ganz am Rande auf die Flucht ein. Vgl. Johannes WILLMS (Hg.), Der 9. November. Fünf Essays zur deutschen Geschichte, München 1994.

II. Monarchie und Massenmedien

Als Martin Spahn 1908 auf dem Internationalen Kongreß für historische Wissenschaften in Berlin über die „Presse als Quelle der neuesten Geschichte und ihre gegenwärtigen Benutzungsmöglichkeiten“ referierte, erklärte der politisch aktive Historiker, es sei kaum zu bezweifeln, daß die Presse „allen Geschichtsschreibern der jüngsten Geschichte die wertvollste Quelle von allen werden wird. Sie hat Vorzüge, in denen keine Quellengattung mit ihr wetteifern kann.“[1] Spahn wußte, wovon er sprach. Seit Mai 1907 berichtete die Presse nahezu ununterbrochen über eine Kamarilla um Wilhelm II. Diese Berichterstattung zeitigte unmittelbare politische Folgen und führte, wie selten zuvor, den Nexus zwischen medialen Vorgaben und politischer Reaktion vor Augen. Martin Spahns Vater Peter, einer der herausragenden Zentrumspolitiker und späterer Fraktionsführer, brachte im November 1907, unter Hinweis auf die anschwellende Zeitungsberichterstattung, das Thema im Reichstag auf und demonstrierte sinnfällig, daß das Parlament der politischen Agenda der Medien zu folgen hatte. Der Vater setzte in der Praxis um, was der Sohn wenige Monate später theoretisch zu analysieren anmahnte.

Diese illustrative Marginalie veranschaulicht, wie sehr sich die Medienlandschaft in Deutschland um 1900 qualitativ veränderte und damit auch das Verhältnis von Medien und Politik neu definierte. Die Herausbildung von Massenmedien, vor allem die Frage einer Medienrevolution in der zweiten Hälfte des 19. Jahrhunderts, beschäftigt die Geschichtswissenschaft in jüngster Zeit intensiv.[2] Die Faszination durch die alten neuen Medien spiegelt die generelle Erfahrung eines beschleunigten Wandels der Medien, bzw. Befürchtungen ei-

---

1 Zit. nach: ASMUSS, Republik, S. 20 f.

2 Vgl. REQUATE, Öffentlichkeit; SCHILDT, Jahrhundert; Andreas SCHULZ, Der Aufstieg der „vierten Gewalt“. Medien, Politik und Öffentlichkeit im Zeitalter der Massenkommunikation, in: Historische Zeitschrift 270 (2000), S. 65-97; WEISBROD, Medien. Zu den Medien des 20. Jahrhunderts vgl. Karl Christian FÜHRER, Neue Literatur zur Geschichte der modernen Massenmedien Film, Hörfunk und Fernsehen, in: Neue Politische Literatur 46 (2001), S. 216-243. Zur Entwicklung der Massenmedien in Großbritannien: Aled JONES, Powers of the Press. Power and the Public in Nineteenth-century England, London 1996. Zur Entwicklung im 19. Jahrhundert: Bernd SÖSEMAN (Hg.), Kommunikation und Medien in Preußen vom 16. bis zum 19. Jahrhundert (Beiträge zur Kommunikationsgeschichte, 12). Stuttgart 2002; Hans Ulrich GUMBRECHT/K. Ludwig PFEIFFER (Hg.), Materialität der Kommunikation, Frankfurt a.M. [2]1995.

ner Manipulation der Medien durch die ‚spin-doctors' der Politik und eines Bedeutungsverlustes politischer gegenüber medialen Foren.[3] Konsequenterweise interessieren sich neuere Publikationen weniger für die bloße Beschreibung einer entstehenden Massenpresse um 1900 als vielmehr für die Deutung dieses Prozesses.[4] Dieser Trend, beeinflußt durch die kulturalistische Wende, hat in letzter Zeit verschiedene Arbeiten zum Dreiecksverhältnis Politik – Medien – Öffentlichkeit für den Zeitraum des Kaiserreichs angeregt.[5] Bedeutete Pressegeschichte zuvor oftmals die Geschichte technischer Innovationen und ökonomischer Kennziffern, so finden sich jetzt Neuerungen in zweierlei Hinsicht.[6] Zunächst läßt sich eine perspektivische Erweiterung hin zu einer Kommunikationsgeschichte, welche Bedingungen und Mechanismen von Kommunikation hinterfragt, beobachten. Darüber hinaus entwickelt sich eine neue politische Mediengeschichte, welche die systematischen Schwächen der älteren überwindet. Diese Veränderung in der Forschung reflektiert auch eine andauernde Neubewertung des Begriffs Öffentlichkeit und dessen historischer Bedeutung. Die klassische Studie von Jürgen Habermas über den Strukturwandel der Öffentlichkeit mit ihrer stark normativen Betonung einer aufklärerischen Funktion der Medien und einer hieraus resultierenden negativen Sicht auf die Massenmedien des 19. Jahrhunderts wird seit längerem, auch von Habermas selbst, modifiziert.[7] Die neueren Arbeiten zur Entwicklung der Öffentlichkeit um 1900 beschreiben das Aufkommen der Massenmedien folgerichtig als „zweiten Strukturwandel der Öffentlichkeit", „massenmediale Sattelzeit", „zweite Leserevolution", „erste Stufe des massenmedialen Ensembles", „Aufstieg der vierten Gewalt" und „Medienrevolution".[8]

---

3 Zum Begriff ‚spin-doctor': Jenny SIMON, Und ewig lockt der Spin Doctor ... Zur Genealogie eines neuen Berufszweigs, in: vorgänge 41 (2002), S. 48-54.

4 Vgl. Kaspar MAASE, Des Kanzlers Scorpions sind des Kaisers weiße Rößl, in: Merkur 55 (2001), S. 1138-1143. Einen guten Überblick über die aktuelle Diskussion der Wechselwirkung zwischen Politik und Medien vermitteln das Heft der vorgänge. Zeitschrift für Bürgerrechte und Gesellschaftspolitik 158 (2002) zum Thema *Politische Kommunikation in der Mediengesellschaft* und der sowi 3 (2002) zum Thema *Mediendemokratie – Mediokratie*.

5 REQUATE, Journalismus; Ders., Öffentlichkeit und insbesondere Schulz, Aufstieg.

6 Otto GROTH, Die unerkannte Kulturmacht. Grundlegung der Zeitungswissenschaft, 7 Bde. Berlin 1960-1972. Eine Ausnahme bildet: Winfried B. LERG, Pressegeschichte oder Kommunikationsgeschichte? in: Presse und Geschichte. Beiträge zur historischen Kommunikationsforschung, München 1977, S. 9-25.

7 Vgl. Harold MAH, Phantasies of the Public Sphere: Rethinking the Habermas of Historians, in: The Journal of Modern History, 72 (2000) S. 153-182.

8 WEISBROD, Medien, S. 271; Habbo KNOCH/Daniel MORAT (Hg.), Medienwandel und Gesellschaftsbilder 1880-1960. zur historischen Kommunikologie der massenmedialen Sattelzeit, in: Dies. (Hg.), Kommunikation als Beobachtung. Medienbilder und Gesellschaftsbilder 1880-1960, München 2003, S. 9-33, hier S. 19 ff.; Friedrich HELLGE, Der Verleger Wilhelm Friedrich und das „Magazin für die Literatur des In- und Auslandes". Ein Beitrag zur Literatur- und Verlagsgeschichte des frühen Naturalismus in Deutschland, in: Archiv für Geschichte des Buchwesens 16, S. 791-1216, hier S. 802; SCHILDT, Jahrhundert, S. 195; Schulz, Aufstieg, S. 69. Vgl. auch die zeitlich deckungsgleiche Periodisierung der Durchsetzung der Populärkultur bei Kaspar MAASE, Schund und Schönheit. Ordnungen des Vergnügens um 1900, in: Ders./Kaschuba (Hg.), Schund, S. 28.

Hier wird der zugespitzte Begriff Medienrevolution verwendet, da aus der der Perspektive der Politik die einschneidenden Veränderungen des Prozesses besonders markant erscheinen. Gerade weil jene Entwicklung massive Folgen für die Präsentation von Politik hatte, sollte Mediengeschichte als integraler Teil einer umfassenden Politikgeschichte betrachtet werden. Die sich wandelnden Formen der Inszenierung und Medialisierung von Herrschaft müssen in die Analyse einbezogen und Wirklichkeitskonstruktionen durch die Medien als eigenständiger Faktor für das Handeln politischer Akteure begriffen werden. Von entscheidender Bedeutung ist hierbei die Rolle, die den Medien in der Schaffung eines generellen Konsenses zukam. Die Presse des Kaiserreiches informierte und unterhielt nicht nur, sie definierte und prägte auch Werte, Einstellungen und Handlungsmuster. Die ‚Massenpolitik' des ausgehenden 19. Jahrhunderts läßt sich daher mit den Begriffen Zwang und Manipulation nur sehr ungenügend beschreiben. Mit der steigenden Notwendigkeit zur Legitimierung von Politik nahm zwangsläufig auch die Durchlässigkeit des politischen Systems zu. Der politische Massenmarkt des Wilhelminismus sollte eher als Summe einer Vielzahl von Interaktionen und Reaktionen beschrieben werden denn als das Ergebnis aus Manipulation von oben und Selbstmobilisierung von unten.[9]

Eigenartigerweise beschränkt der einschlägige Diskussionsbeitrag von Andreas Schulz, der sich am intensivsten mit den politischen Implikationen dieses fundamentalen Prozesses befaßt, seine Analyse nur auf den parlamentarischen politischen Faktor.[10] Wenn das Verhältnis von Politik und Medien um 1900 in den Blick genommen wird, sollte der Monarchie aber besondere Aufmerksamkeit gewidmet werden. Walther Rathenaus auf den wilhelminischen Regierungsstil gemünztes Diktum vom „elektro-journalistischen Cäsaropapismus" verweist bildhaft auf eine Monarchie, die sich unter dem Druck einer Fundamentalpolitisierung und neuer massenmedialer Herausforderungen umzuformen begann.[11] Sowohl als Projektionsfläche existierender wie als ‚Anreger' entstehender Diskurse konnte der Monarch eine eminent wichtige Rolle spielen. Insofern wurden auch die Massenmedien durch die Existenz monarchischer Herrschaft beeinflußt. Mit der Medienexpansion ist das Thema der Personalisierung des Monarchiediskurses eng verknüpft. Als „Signalperson" konnte der Monarch zur willkommenen Antwort auf die vielkritisierte Massengesellschaft stilisiert werden.[12] Wilhelm II. veröffentlichte in einem bisher ungekannten Ausmaß seine Person. Er wurde – ein neues Phänomen – in der Karikatur personifiziert, tauchte als erste lebende Person in Deutschland auf einer Bildpostkarte auf, sein Geschmack, sein Aussehen, seine Meinung

---

9 Jutta BIRMELE, The mass-circulation press and the crisis of legitimation in Wilhelmine Germany. 1908-1918 (Phil. Diss.), Claremont Graduate School 1991, S. 13. Zur Mobilisierungsdiskussion: James N. RETALLACK, Demagogentum, Populismus, Volkstümlichkeit. Überlegungen zur 'Popularitätshascherei' auf dem politischen Massenmarkt des Kaiserreichs, in: Zeitschrift für Geschichtswissenschaft 48 (2000), S. 309-325.

10 Vgl. SCHULZ, Aufstieg.

11 Walther RATHENAU, Der Kaiser. Eine Betrachtung, Berlin 1919, S. 30.

12 Friedrich NAUMANN, Das Königtum III, Die Hilfe 4 (1909), S. 48-50.

wurden zum Thema, seine Interpretation des Kaisertums ebenso wie sein einprägsames Äußeres gewissermaßen zum Markenprodukt.

In diesem Kapitel werden Bedingungen und Charakteristika der Medienrevolution des späten 19. Jahrhunderts beschrieben. Anschließend wird, zunächst abstrakt, gefragt, welche Konsequenzen diese Medienrevolution für die Institution Monarchie hatte.

A. Die Revolution der Medienlandschaft vor 1900

Die Rede von der Medienrevolution erhellt ein Phänomen, verdeckt aber auch vieles. Zeitlichen Festlegungen in einem langdauernden Prozeß haftet zudem immer etwas Willkürliches an. Der starke Terminus erscheint nur gerechtfertigt, wenn vier Perspektiven in den Blick genommen werden: 1.) der quantitative Aspekt und technische Veränderungen, d.h. die schiere Zahl der Zeitungen und deren Auflagenhöhe; 2.) der qualitative Aspekt, d.h. feststellbare Verschiebungen in Berichterstattung und Kommentierung; 3.) die Transformation des Kommunikationsraums und 4.) die Wahrnehmung dieses Prozesses durch zeitgenössische Kommentatoren.

1.) Die Medienrevolution läßt sich in schlichte Daten und Zahlen fassen. Das 19. Jahrhundert brachte einen immer rasanteren Fortschritt drucktechnischer Verfahren: die Erfindung der Schnellpresse 1818, die verbesserte Verarbeitung von Holz als Rohstoff mit der Folge stark sinkender Papierpreise, die Komplettgießmaschine 1862, die Setzmaschine 1872, die Rotationspresse 1873, die Fadenheftmaschine 1885 und die Falzmaschine 1890. Die allgemeine Schulpflicht bewirkte die nahezu vollständigen Alphabetisierung der Bevölkerung, Professionalisierungswellen im Buchgewerbe führten zum festen Ladenpreis und festen Honoraren, und der Wegfall der Stempelsteuer senkte die Preise drucktechnischer Erzeugnisse zusätzlich.[13] Der Journalismus wurde zu einer eigenständigen Profession.[14] Druckgewerbe, Literatur und Presse boomten im letzten Drittel des 19. Jahrhunderts, wurden aber gleichzeitig immer stärker den ökonomischen Zwängen von Angebot und Nachfrage unterworfen.[15]

---

13 Relativ zum Einkommen von Industriearbeitern verbilligten sich Zeitungen in der zweiten Hälfte des 19. Jahrhunderts enorm. Ein Abonnement betrug 1843 2,32% vom Jahresverdienst und 1900 0,54%. Rudolf STÖBER, Deutsche Pressegeschichte. Einführung, Systematik, Glossar (Uni-Papers, 8), Konstanz 2000, S. 209. Zum Zusammenhang zwischen Alphabetisierung und der Herausbildung der Massenpresse: Rolf ENGELSING, Massenpublikum und Journalistentum im 19. Jahrhundert in Nordwestdeutschland, Berlin 1966.

14 Vgl. REQUATE, Journalismus.

15 HELLGE, Verleger, S. 801 f.; SCHILDT, Jahrhundert, S. 191; WEHLER, Gesellschaftsgeschichte III, S. 1239.

In der Zahl der Zeitungen und ihrer Auflagenhöhe spiegeln sich diese revolutionären Entwicklungen. Die Angaben schwanken, lassen aber hinreichend genaue Bestimmungen zu. Allgemein wird davon ausgegangen, daß die Zahl der Tageszeitungen in Deutschland um 1906 bei über 4.000 lag. 40 Jahre zuvor hatte sie nur ein Drittel betragen. Das Jahr 1906 stellte einen Höhepunkt dar, der nie mehr erreicht wurde. Nicht nur die Zahl der Zeitungen stieg bis dahin, sondern auch deren durchschnittliche Auflage. Der Trend ging zu größeren Zeitungen mit wachsenden Auflagen. Die Gesamtauflage aller Tageszeitungen wird für 1906 auf 25,5 Millionen geschätzt.[16]

Eine wachsende Bevölkerung, der günstige Preis deutscher Zeitungen, der größere Wirtschaftsraum und die hohe Alphabetisierungsrate ermöglichten den Aufstieg Deutschlands zum größten Zeitungsmarkt Europas. Zwar gab es in Deutschland wesentlich mehr verschiedene Zeitungen, allerdings keine, die in der Auflage an die großen englischen Blätter heranreichte. Noch 1906 hatte nur gut ein Drittel der Zeitungen eine Auflage von über 5.000, die größten Zeitungen lagen knapp über 200.000.[17] Auch wenn Zentralisierungstendenzen immer sichtbarer wurden und überregionale Zeitungen an Bedeutung gewannen, prägten die föderalen Traditionen weiterhin die deutsche Presselandschaft. Marktmechanismen, dies ist entscheidend, bestimmten jedoch spätestens seit der Jahrhundertwende die Existenz aller Presseerzeugnisse.

2.) Diese fundamentalen Veränderungen konnten nicht ohne Einfluß auf den Inhalt der Zeitungen bleiben. Zwei Haupttrends lassen sich ausmachen, die in dieser Studie am Beispiel des Monarchen belegt werden sollen: die Verschärfung und Ausweitung kritischer Kommentierung und die Ausdifferenzierung des Meinungsspektrums bei parallelem Bedeutungsverlust parteipolitischer Festlegungen von Zeitungen.

Die Analyse einer großen Zahl von Leitartikeln und Kommentaren unterschiedlichster Blätter vermittelt ein gänzlich anderes Bild als das in der Historiographie oft gezeichnete einer manipulierten oder doch zumindest stark beeinflußten Presse.[18] Es scheint, als seien die repressiven und hemmenden Tendenzen der Zensur oft zu stark betont worden, weil die Pressekritik der Zeitgenossen sehr ernst genommen wurde.[19] Hierdurch gerieten die erheblichen Freiräume aus dem Blick, welche eine Presse sich schaffen konnte, die weit weniger als oft behauptet dem Status quo verpflichtet war. Zurecht attestiert Wehler den Journalisten des Kaiserreichs eine „offenere, pointiertere, gegebenenfalls aggressivere Sprache, [...] als sie in aller Regel derzeit zu fin-

---

16 STÖBER, Pressegeschichte, S. 209.

17 BIRMELE, Press, S. 12, nennt als Gesamtzahl deutscher Tageszeitungen nach der Jahrhundertwende 4221, was etwa dem Vierfachen der französischen Zeitungen entspräche. Asmuss geht von ca. 4000 Tages- und Wochenzeitungen während der Weimarer Republik aus. ASMUSS, Republik, S. 29. Vgl. auch: WEHLER, Gesellschaftsgeschichte III, S. 1235 ff.

18 Beispiele hierfür bei BIRMELE, Press, S. 1 ff. In abgeschwächter Form gilt dies auch für die im Hinblick auf das kritische Potential der Presse des Kaiserreichs unbegründet skeptische Wertung bei REQUATE, Öffentlichkeit, S. 25.

19 Selbstverständlich darf die Zensur auch für das Kaiserreich nicht unterschätzt werden, hauptsächlich betroffen war allerdings die SPD-Presse. Vgl. HALL, Scandal, S. 41 ff.

den ist".[20] Hier spielte das Selbstverständnis einer immer selbstbewußteren Profession, der Journalisten, ebenso eine Rolle wie die Marktmechanismen, die Zeitungen dazu zwangen, nicht hinter der Kritik anderer Blätter zurückzubleiben.

Diese Fundamentalveränderung in der Berichterstattung hing auch mit einer auf den ersten Blick widersprüchlichen Entwicklung zusammen. Die Zeitungslandschaft wurde gleichzeitig immer differenzierter – mit immer neuen Formaten – und uniformer.[21] Die Marktorientierung der Zeitungen führte dazu, daß die traditionell vorhandene Affinität zu einer Partei an Bedeutung verlor. Die Zeitungen waren auf Parteimittel nicht mehr im früheren Maße angewiesen, konnten es sich aber auch nicht leisten, manifeste Stimmungen in ihren Kommentaren zu negieren, nur weil es die Parteilinie forderte.[22] Noch Mitte des 19. Jahrhunderts können nahezu alle Zeitungen politisch eindeutig zugeordnet werden. Vor allem durch das Aufkommen der Generalanzeigerpresse änderte sich dieses Bild.[23] Deren wirtschaftlicher Erfolg, beispielhaft verkörpert vom *Berliner Lokal-Anzeiger*,[24] erhöhte den Druck auch auf die etablierten Zeitungen. Ausgesprochene Parteizeitungen wie die *National-Zeitung* oder die *Freisinnige Zeitung* waren um 1900 bereits hochdefizitäre Unternehmungen, die *Germania* hatte in einem Wachstumsmarkt die Hälfte ihrer Auflage eingebüßt. Auch die meisten sozialdemokratischen Blätter wurden bezuschußt.[25] Die erfolgreichen Neugründungen reflektieren diesen Trend. *Der Tag* des Scherl-Verlages firmierte unter der Parole „Keiner Partei dienstbar – freies Wort jeder Partei!", die 1881 begründete *Tägliche Rundschau* nannte sich ostentativ *Zeitung für unpolitische Politik* und die *Berliner Morgenpost* des Ullstein-Verlages trug das Motto „Parteinehmer – nicht Parteigänger".[26] Die Praxis des *Tag*, Persönlichkeiten verschiedenster Parteirich-

---

20 WEHLER, Gesellschaftsgeschichte III, S. 1249.

21 REQUATE, Öffentlichkeit, S. 6.

22 THOMPSON, Scandal, S. 80. Die Beobachtung, daß Zeitungen oft entgegen der Erwartung kommentierten, auch bei: VERHEY, Spirit, S. 19.

23 Vgl. Hans-Wolfgang WOLTER, Generalanzeiger – das pragmatische Prinzip. Zur Entwicklungsgeschichte und Typologie des Pressewesens im späten 19. Jahrhundert mit einer Studie über die Zeitungsunternehmungen Wilhelm Gorardets (1838-1918), Bochum 1981.

24 Der *Berliner Lokal-Anzeiger* des Scherl-Verlages erzielte bereits in den achtziger Jahren des 19. Jahrhunderts eine Auflage von über 150.000 – und damit die höchste aller Zeitungen. 1918 waren es 250.000 Exemplare (10-15 % der Berliner Haushalte). Seit 1884 wurde das Blatt für 5 Pfennig verkauft. Mit moderner Produktion und Vertriebsweise war die Zeitung der Prototyp des unpolitischen Generalanzeigers, verfügte aber über die größte Redaktion aller Zeitungen. Die generell unpolitische Haltung schloß eine Affinität zum Kaiserhaus nicht aus. Auch die Kaiserin las den *Lokal-Anzeiger*. ASMUSS, Republik, S. 47 ff.; BIRMELE, Press, S. 47 f., 139; Rudolf STÖBER, Der Prototyp der deutschen Massenpresse. Der ‚Berliner Lokal-Anzeiger' und sein Blattmacher Hugo von Kupfer, in: Publizistik 39 (1994), S. 315-331.

25 Vgl. STÖBER, Pressegeschichte, S. 209 und 223.

26 *Der Tag* brachte seine Unabhängigkeit vor allem durch namentlich gezeichnete Artikel liberaler und konservativer Politiker zum Ausdruck, die nicht der Redaktion angehörten. Vgl. Klaus WERNECKE, Der Wille zur Weltgeltung. Außenpolitik und Öffentlichkeit im Kaiserreich am Vorabend des Ersten Weltkrieges, Düsseldorf 1970, S. 16. Mit einer Auflage von

tungen das Tagesgeschehen kommentieren zu lassen, unterstreicht, daß diese Selbstbezeichnungen nicht nur Attitüde waren.

Von den hier skizzierten Trends waren alle Zeitungen betroffen. Ursächlich hierfür war deren hohe Interaktivität. Brachte eine Zeitung einen besonders originellen Artikel, fanden sich sofort andere, die diesen reproduzierten. In den großen Pressedebatten anläßlich der Monarchieskandale veröffentlichten alle großen Zeitungen Stimmen – zum Teil mehrere Seiten – Stimmen der jeweils anderen Blätter. Auf diese Weise gelangten auch ausländische Pressestimmen in die nationale Diskussion. Im Gegensatz zu den heutigen ‚Stimmen der Anderen' wurden diese Wiedergaben als Nachrichten im eigenen Recht präsentiert. Die Tatsache, daß ein bestimmter Artikel zum Kaiser in einem bestimmten Blatt erschien, war die Neuigkeit – nicht primär die Kaiserrede, auf die dieser sich bezog. Gleichzeitig verfolgten Kommentare wachsam die politischen Urteile der Konkurrenz.[27] Dieses Verfahren erhöhte einerseits die Intensität politischer Debatten und sicherte andererseits vielen Zeitungen, insbesondere denen, die als repräsentativ galten – wie z.B. die *Kreuzzeitung* -, eine Bedeutung, die weit über ihren Leserkreis hinausging. Das verbreitete passagenweise Zitieren nationaler Blätter durch regionale und lokale Zeitungen beförderte zudem eine gewisse Uniformität und Zielgerichtetheit der politischen Diskussion.

3.) Die qualitativen Veränderungen in der Kommentierung der Presse standen in einem engen Wechselverhältnis zur Etablierung einer nationalen Kommunikationsgemeinschaft in Deutschland. Der Kreis des lese- und diskussionsfähigen Publikums wurde im Wilhelminismus praktisch identisch mit der Nation. Die „Wissens- und Kommunikationsrevolution", so Gangolf Hübinger, verwandelte die liberale Elitenöffentlichkeit mit ihrem „Ideal der vernunftgeleiteten öffentlichen Meinung zum Besten der Nation" in die „demokratische Massenöffentlichkeit".[28]

Neben der schleichenden Auflösung starrer Parteibindungen ist ein weiterer fundamentaler Prozeß von Bedeutung. In seiner einschlägigen Studie plädiert Kaspar Maase dafür, die „endgültige Etablierung der eigentlich modernen Massenkultur im Jahrzehnt vor dem Ersten Weltkrieg anzusetzen."[29] Massenkultur wurde demnach bereits 1914 keineswegs nur von der Unterschicht ge-

---

236.000 war die *Morgenpost* 1901 die auflagenstärkste Zeitung überhaupt. Vgl. STÖBER, Pressepolitik, S. 27.

27 Vgl. z.B. den Kommentar der *Münchner Post*: „Das 20jährige Regierungsjubiläum Wilhelm II. wird von einem Teil der bürgerlichen Presse in Artikeln besprochen, die im allgemeinen von Überschwang frei sind und sich auf dem Niveau der üblichen Kaiser- Königsgeburtstagsartikel halten wie man sie in der offiziösen Presse aller monarchisch regierten Länder zur gegebenen Zeit zu finden gewohnt ist." ‚Das 20jährige Regierungsjubiläum Wilhelm II.', Münchner Post, 16.-17. Juni 1908, (Nr. 136).

28 Gangolf HÜBINGER, Die politischen Rollen europäischer Intellektueller im 20. Jahrhundert. in: Ders./Thomas Hertefelder (Hg.), Kritik und Mandat. Intellektuelle in der deutschen Politik., München 2000, S. 30-44, hier S. 37.

29 Kaspar MAASE, Grenzenloses Vergnügen. Der Aufstieg der Massenkultur 1850-1970, Frankfurt a.M. 1997, S. 20, 22 f.

nutzt. Es scheint, als hätten sich klassenübergreifende Züge in Deutschland besonders früh herausgebildet. Lange vor dem Ersten Weltkrieg zählten hier zum lesenden Publikum Dienstboten, Arbeiter und Arbeiterinnen, Angestellte und Handwerker, Teile der bürgerlichen Mittelschichten ebenso wie Gruppen des Besitzbürgertums und der künstlerischen und intellektuellen Elite. Voraussetzung hierfür war die „Hochurbanisierung", die das Lesen zur alltäglichen Praxis breiter Schichten der Bevölkerung machte. Die Presse befriedigte zudem ein spezifisch großstädtisches Bedürfnis nach Orientierung und Verbindung der lokalen Lebenswelt mit universalen Entwicklungen.[30]

Presseinnovationen wie die erwähnten Boulevardzeitungen und Generalanzeiger kamen diesem Trend ebenso entgegen wie die Erfindung der Illustrierten.[31] Die Vermarktung von Buch, Zeitung, Zeitschrift als Ware, „als nicht mehr schichtenspezifische, sondern jedem zugängliche Informations- und Unterhaltungsmedien", bedeuteten eine „geradezu revolutionäre, bis dahin unvorstellbare Verbreitung und Demokratisierung der Teilhabe an Kultur und Bildung".[32] In den neuen billigen Massenblättern, so Schulz, „war eine politische Macht entstanden, die keine geographischen und sozialen Grenzen, keine festen parteipolitischen und kulturellen Bindungen mehr kannte".[33] Hinzu kam, daß durch die Präsenz von Zeitungen im öffentlichen Raum und deren massenhafte Verbreitung diese auch weit stärker als zuvor Gesprächsthemen bestimmten. Nachrichten wurden zu einem Gemeinschaftserlebnis.[34]

4.) Angesichts der beschriebenen massiven Veränderungen der Medienlandschaft und der Rezeption der Medien kann es nicht verwundern, daß bereits zeitgenössische Kommentatoren sich als Zeugen einer Revolution fühlten. Selbstreflexivität erscheint geradezu als Signum der Medienrevolution. Der durchgehend hohe Reflexionsgrad der Zeitgenossen gegenüber medialen Phänomenen umfaßte die frühe Erkenntnis und Analyse von Veränderungen und das Durchschauen medialer Funktionsmechanismen. Dieser Befund gilt auch und gerade für das Verhältnis Monarch und Medien.[35]

Der alldeutsche Journalist und Publizist Graf Ernst zu Reventlow konstatierte 1906 eine größere Kritikfreudigkeit der Presse und leitete daraus die

---

30 SCHILDT, Jahrhundert, S. 189; REQUATE, Öffentlichkeit, S. 16.

31 STÖBER, Pressepolitik, S. 28.

32 HELLGE, Verleger, S. 801 f.

33 SCHULZ, Aufstieg, S. 75.

34 Vgl. hierzu: Peter FRITZSCHE, Reading Berlin 1900, Cambridge Mass. 1996, S. 51 ff.; ASMUSS, Republik, S. 33; Frank BÖSCH, Zeitungsgespräche im Alltagsgespräch. Mediennutzung, Medienwirkung und Kommunikation im Kaiserreich, in: Publizistik 49 (2004), S. 319-336; Thomas LINDENBERGER, Straßenpolitik. Zur Sozialgeschichte der öffentlichen Ordnung in Berlin 1900 bis 1914, Bonn 1995, S. 364.

35 So widersprach Herbert Bismarck seinem Vater in der Bewertung der sogenannten ‚Affäre Love', in die der junge Kaiser verwickelt war: „Heutzutage machen solche Sachen nur mehr Lärm als früher, weil die Presse viel verbreiteter u(nd) gemeiner ist als früher, u(nd) weil der deutsche Kaiser mehr en vue ist, als irgendein Mensch und Monarch." Zitiert nach: RÖHL, Aufbau, S. 235. Auch Eulenburg hatte eine sehr abgewogene und realistische Einschätzung der enormen Bedeutung der Presse für die Popularität des Monarchen. BURMEISTER, Eulenburg, S. 28 ff.

Prognose ab: „Man kann sicher hoffen, daß die politische Presse als Faktor unseres politischen Lebens steigen und mit der Zeit den Platz einnehmen, den Einfluß ausüben wird, der ihr grundsätzlich gebührt." Reventlow wünschte sich ein größeres Selbstbewußtsein der Presse als Gegenstück zur der vorherrschenden „Lokalanzeigerpresse". Deren Byzantinismus und Hofberichterstattung lasse „das ‚Volk' empfinden, wie weit es sich unter dieser hohen Sphäre befindet, wie unfähig und unberufen es zu einer Kritik, ja zum Verständnis überhaupt ist".[36]

Derartige Beispiele ließen sich beliebig vermehren. In der grundsätzlichen Akzeptanz und positiven Einschätzung der neuen Bedeutung der Presse war Reventlow ebenso typisch wie in der Beobachtung und Kritik bestimmter Entwicklungen in der veröffentlichten Meinung und der implizit übernommenen Annahme, daß in jeglicher politischen Reform der Presse eine Schlüsselrolle zukomme.

B. Mediale Orte des Monarchiediskurses

Trotz der beschriebenen Trends der schleichenden Auflösung parteipolitischer Bindungen der Zeitungen und einer Uniformierung der politischen Diskussion in den Medien sind deren verschiedene Ausprägungen nicht bedeutungslos. Die folgende Skizze konzentriert sich auf die vier für den Monarchiediskurs wichtigsten Typen in der Reihenfolge ihrer Bedeutung: Zeitungen, Pamphlete und Broschüren, Zeitschriften sowie Bildmedien und Vorträge.

1.) Zeitungen waren das mit Abstand wichtigste Medium des Kaiserreichs.[37] Auch aus heutiger, medial abgeklärter Sicht erstaunen die hohe Zahl der Zeitungen und deren Auflagen. Dies gilt noch mehr für das mehrmalige Erscheinen der großen Blätter in den Zentren des Reiches. Zeitungen erreichten damit eine Aktualität, die von heutigen Standards neuester Medien keineswegs Welten entfernt war. Die *B.Z. am Mittag*, die „schnellste Zeitung der Welt" und erstes Boulevardblatt Deutschlands, warb mit der Tatsache, daß im besten Fall zwischen dem Eintreffen einer Nachricht und dem Straßenverkauf der Zeitung lediglich eine Stunde verging.[38] Bei den großen Blättern erhöhte sich die Erscheinungsfrequenz bis 1914 stetig. Wichtige Abonnementzeitungen wie die

---

36 Ernst Graf zu REVENTLOW, Kaiser Wilhelm II. und die Byzantiner, München ^{2}1906, S. 138, 127 ff.

37 Zeitungsartikel erschienen in der Regel anonym, oft, insbesondere vor 1900, auch ohne Überschrift. Die Zitierweise hier ist immer so ausführlich wie möglich, das heißt, wenn vorhanden unter Nennung des Autors, des Titels und der Nummer der Zeitung. Bei den mehrmals erscheinenden großen Blättern ermöglicht die Nummer die Identifikation der jeweiligen Ausgabe.

38 Die Zeitung wurde vom Ullstein-Verlag ausschließlich im Straßenhandel vertrieben. Die Auflage schwankte in den zwanziger Jahren um 200.000. Vgl. ASMUSS, Republik, S. 49 ff.

Frankfurter Zeitung oder das *Berliner Tageblatt* erschienen drei, kurz vor dem Weltkrieg sogar vier Mal täglich, wobei die erste Ausgabe immer früher auf den Markt kam.

Die politische Einordnung der Zeitungen ist aus den erwähnten Gründen ebenso schwierig wie die genaue Bestimmung der Auflagenzahlen.[39] Die folgende Kurzcharakteristik der in dieser Studie am häufigsten zitierten Zeitungen kann daher lediglich als Anhaltspunkt dienen.

Zu den sozialdemokratischen Zeitungen zählen deren Flaggschiff *Vorwärts*[40] und die *Leipziger Volkszeitung,* in welcher der linke Flügel der SPD den Ton angab.[41] Im linken Spektrum finden sich auch die die anspruchsvolle *Welt am Montag*[42] und das Boulevardblatt *Zeit am Montag.*[43] Die wichtigsten linksliberalen und generell in ihrer Prägewirkung bedeutensten Zeitungen waren die *Frankfurter Zeitung*[44], das *Berliner Tageblatt*[45] und die *Vossische Zeitung*[46]. Der nationalliberalen Richtung werden die *Kölnische Zeitung*, der *Hannoversche Courier*, die *Hamburger Nachrichten* und die *Magdeburgische Zeitung*, dem Zentrum die *Kölnische Volkszeitung* und die *Germania*[47], dem protestantisch-nationalen Spektrum der *Reichsbote* zugerechnet. Die Blätter der konservativen Presse erreichten nur geringe Auflagen und zerfielen in verschiedene Richtungen. Traditionell konservative Positionen vertraten die berühmte *Neue Preußische Zeitung*, aufgrund des Eisernen Kreuzes im Titel

---

39 Vgl. die Übersicht bei Herrmann, Zusammenbruch, S. 21 ff. und die detaillierte Darstellung bei WERNECKE, Wille, S. 11 ff. Die Auflagenzahlen schwankten stark und ein einheitliches Erfassungssystem existierte nicht. Die ausführlichste Übersicht zu den Auflagezahlen immer noch bei: Horst HEENEMANN, Die Auflagenhöhen der deutschen Zeitungen. Ihre Entwicklung und ihre Probleme (Phil. Diss.), Berlin 1929. Zur inhaltlichen Ausrichtung der Zeitungen: Heinz-Dietrich FISCHER, Deutsche Zeitungen des 17. bis 20. Jahrhunderts, Pullach 1972; Karl SCHOTTENLOHER, Flugblatt und Zeitung. Ein Wegweiser durch das gedruckte Tagesschrifttum. Band II. Von 1848 bis zur Gegenwart, München 1985 und Isolde RIEGER, Die wilhelminische Presse im Überblick, München 1957.

40 Die Auflage des *Vorwärts* erreichte Mitte November 1918 mit über 300.000 einen Höhepunkt. ASMUSS, Republik, S. 60 ff.; 1901 hatte die Auflage bei 56.000 gelegen. Der *Vorwärts* war damit die auflagenstärkste Parteizeitung. Vgl. STÖBER, Pressepolitik, S. 27 f.

41 Vgl. WEHLER, Gesellschaftsgeschichte III, S. 1245.

42 Chefredakteur der 1895 gegründeten Zeitung war Helmuth von Gerlach. Zu den Beiträgern der *Welt am Montag* gehörte Erich Mühsam.

43 Chefredakteur war Karl Schneidt. Die Zeitung erschien von 1903 bis 1914.

44 Die *Frankfurter Zeitung*, mit dem Berliner Korrespondenten August Stein, erreichte 1917 mit fast 170.000 Exemplaren ihre höchste Verbreitung. ASMUSS, Republik, S. 54 ff.

45 Von 1906-1933 war Theodor Wolff Chefredakteur. Das *Tageblatt* war die erfolgreichste Qualitätszeitung mit einer Auflage von 70.000 (1890), über 150.000 (1900) bis schließlich 245.000 (1916). REBENTISCH, Gesichter, S. 47.

46 Vgl. K. BENDER, Die Vossische Zeitung, in: Heinz-Dietrich Fischer (Hg.), Deutsche Zeitungen, Pullach 1972, S. 25-39.

47 Die *Germania* erreichte mit ca. 8.000 und nach 1900 nur noch 4.000 Exemplaren nie die Verbreitung der *Kölnischen Volkszeitung*, deren Auflage bei dreimaligem Erscheinen pro Tag vor dem Krieg um 30.000, anschließend um 40.000 pendelte. ASMUSS, Republik, S. 52. WEHLER, Gesellschaftsgeschichte III, S. 1247.

Kreuzzeitung genannt[48] und mit Abstrichen die *Post* und die *Berliner Neuesten Nachrichten*.[49] Den Interessen des *Bundes der Landwirte* diente die *Deutsche Tageszeitung*,[50] die der Alldeutschen artikulierte die *Tägliche Rundschau*, die *Deutsche Zeitung* und, wiederum mit Abstrichen, die *Rheinisch-Westfälische-Zeitung*. Die *Norddeutsche Allgemeine Zeitung* wurde von der Regierung für offizielle Verlautbarungen und Richtigstellungen genutzt.[51] Vor allem von regionaler Bedeutung, aber reichsweit wahrgenommen, waren die *Münchner Neuesten Nachrichten*, deren politische Ausrichtung sich als bürgerlich charakterisieren läßt.[52]

Die *Münchner Neuesten Nachrichten* waren damit typisch für die außerhalb Berlins erscheinenden Blätter wie der *Hamburger Courier*, die *Leipziger Neusten Nachrichten* und die *Dresdner Nachrichten*, die alle reichsweit Beachtung fanden. Auch Blätter von vorwiegend regionaler Bedeutung wie die *Kieler Neusten Nachrichten* oder die *Weser-Zeitung* zeichneten sich, wie zu zeigen sein wird, durch eine hohe Eigenständigkeit in der politischen Kommentierung aus. Selbstredend waren die kleineren Zeitungen, zumal die zahlreichen Kreiszeitungen, aber auf fremde Informationen angewiesen. Diese stammten entweder, wie beschrieben, direkt aus den großen überregionalen Blättern oder aus den wichtigen politischen Korrespondenzen.[53] Der Druck auf kleine Zeitungen, aktuelle Informationen zu bringen, erhöhte sich durch den verbesserten Vertrieb, der es mit sich brachte, daß prinzipiell jede lokale Parteizeitung durch eine überregionale ersetzbar war.[54]

Im Hinblick auf den Inhalt der Presseberichterstattung ist ein weiterer Aspekt regionaler Verschiebungen in der Zeitungslandschaft von Bedeutung. In

---

48 Die *Kreuzzeitung* hieß so wegen des Eisernen Kreuzes im Titel, umschlungen von der Parole „Mit Gott für König und Vaterland". Der konservative ‚Klassiker' erzielte bestenfalls eine Auflage von 9.000. Vgl. STÖBER, Pressepolitik, S. 28.

49 Vgl. hierzu und zum Scheitern einer organisatorischen Zusammenfassung der rechtsgerichteten Presse im „Verein zur Verbreitung konservativer Zeitungen": WEHLER, Gesellschaftsgeschichte III, S. 1244.

50 Das Verbandsorgan des *Bundes der Landwirte*, 1894 gegründet, kam schon nach kurzer Zeit auf über 40.000 Abonnenten. Vgl. STÖBER, Pressepolitik, S. 205.

51 Vgl. STÖBER, Pressegeschichte, S. 55 ff.

52 1900 hatte die Zeitung eine Auflage von nahezu 100.000 und ließ damit sowohl *Frankfurter* als auch *Kölnische Zeitung* hinter sich, die allerdings reichsweit eine größere Beachtung fanden. Zu Beginn des Ersten Weltkriegs hatte die Zeitung eine Auflage von 127.000. Sie wurde hauptsächlich in München vertrieben, war aber reichsweit erhältlich. ASMUSS, Republik, S. 43 ff.

53 Bei den politischen Diensten hatte die *Correspondenz des Bundes der Landwirte* mit 1850 Exemplaren die höchste Auflage, gefolgt von Hans Delbrücks *Politischer Korrespondenz*, STÖBER, Pressepolitik, S. 27. Von überragender Bedeutung waren die Nachrichtenagenturen, unter denen das Wolffsche Telegraphenbüro nahezu eine Monopolstellung innehatte. Vgl. Dieter BASSE, Wolff's Telegraphisches Bureau 1849 bis 1933. Agenturpublizistik zwischen Politik und Wirtschaft (Kommunikation und Politik, 21), München u.a. 1991.

54 Von den liberalen Blättern waren dies die *Frankfurter Zeitung*, die *Kölnische Zeitung*, und das *Berliner Tageblatt*, für die Zentrumspresse *Germania* und *Kölnische Volkszeitung*, unter den konservativen Blättern *Post*, *Kreuzzeitung* und *Norddeutsche Allgemeine Zeitung* und für die SPD lediglich der *Vorwärts*. Vgl., STÖBER, Pressegeschichte, S. 154.

zweifacher Weise profitierten die Berliner Zeitungen von der neuen Pressedynamik. Erstens nahm die Zahl und Auflage Berliner Blätter gegenüber der Konkurrenz in der Provinz überproportional zu. Zweitens etablierten sich Berliner Neuschöpfungen – trotz der anhaltenden Bedeutung lokaler Zeitungen – als national tonangebend. *Der Tag*, die *Tägliche Rundschau*, das *Berliner Tageblatt*, die *Berliner Morgenpost*, die *B.Z. am Mittag* und der *Berliner Lokal-Anzeiger* waren alle Erzeugnisse, die erst in der wilhelminischen Ära gegründet wurden bzw. erst jetzt den Zenit ihrer Bedeutung erreichten. Ein immer stärker nationaler Pressemarkt wurde damit ein auch immer ausgeprägter von Berlin dominierter Pressemarkt.

2.) Das typischste Medium für den wilhelminischen Monarchiediskurs waren politische Pamphlete. Pamphlet ist ein schillernder und undeutlicher Begriff, der gleichzeitig der Klassifizierung wie der Brandmarkung diente. Hiervon zeugen auch oft gebrauchte Synonyme wie Pasquille, Streitschrift, Flugschrift, Flugblatt, Libell, Broschüre und Tendenz- oder Gelegenheitsschrift. Sowohl zeitgenössische als auch heutige Definitionen vermitteln nur einen unbefriedigenden Begriff von dem, was gemeint ist.[55] Pamphlet im hier gebrauchten Sinn wird als Schnittmenge von Schriften verstanden, die zwei Kriterien erfüllten: Eine einfache Broschuraufmachung mit einer Seitenzahl von acht bis ca. 80 sowie eine eindeutig politische Ausrichtung mit starker Meinungslastigkeit und zumindest ansatzweise polemischer Argumentation.[56]

Die Pamphlete der Zeit nach 1848 sind in der Forschung ein Randphänomen.[57] Für den Monarchiediskurs waren sie jedoch zentral. Von den Auflagenzahlen her konnten die meisten Pamphlete mit den großen Tageszeitungen mithalten. Publikationen im fünfstelligen Bereich waren eher die Regel als die Ausnahme.[58] Pamphlete waren kein neues Medium. Es scheint aber, als hätten Pamphlete um 1890 eine Renaissance erlebt, die dem Medium eine ganz neue Bedeutung verschaffte. In Abgrenzung zu frühneuzeitlichen Formen ließe sich von ‚Massenpamphleten' sprechen. Technische Innovationen wie die Falzmaschine (1885) und die Fadenheftmaschine (1890) waren die Voraussetzung für wesentlich höhere Auflagen und ein äußerst günstiges Angebot der Schriften. Die neuen Drucktechniken ermöglichten gleichzeitig beachtliche Gewinne für den Autor und eine Preisgestaltung, die sogar mit Zeitungen

---

[55] Meyers Konversations-Lexikon, 6. Auflage, definiert den Begriff wie folgt: „Flugschrift, besonders auch (politische Streit- und Schmähschrift), Libell."

[56] Politisch neutralere Schriften hingegen sollen als Broschüren bezeichnet werden.

[57] Das Medium kommt in der Pressegeschichte zum Kaiserreich nicht vor. Vgl. lediglich die Untersuchung des in mancher Hinsicht verwandten Mediums Kolportageroman: Mirjam STORIM, „Einer, der besser ist, als sein Ruf". Kolportageroman und Kolportagebuchhandel um 1900 und die Haltung der Buchbranche, in: Maase/Kaschuba (Hg.), Schund, S. 252-282.

[58] Dies gilt z.B. für die Mehrheit der in der Caligula-Affäre auftretenden ‚Gegenpamphlete'. Aber auch die Zahl unterschiedlicher Titel war sehr hoch. Für diesen Kontext wurden über 100 Pamphlete verwendet, die sich im engeren Sinn mit der Monarchie und der Person Wilhelms II. auseinandersetzten, sowie gut 100 Pamphlete mit einem weiteren Zuschnitt. Die tatsächliche Zahl von Pamphleten zum Monarchiethema dürfte wesentlich höher liegen.

konkurrieren konnte.[59] Problematisch war allenfalls, daß gerade erfolgreichen Pamphletautoren – wie z.B. Ludwig Quidde – unterstellt wurde, sie hätten lediglich aus Gewinnsucht gehandelt.

Auch die Zahl der Titel konnte erhöht und wesentlich schneller auf den Markt geworfen werden. Während der Caligula-Affäre reagierten Pamphletisten innerhalb von wenigen Tagen aufeinander. In der Daily-Telegraph-Affäre schaffte es der Autor Baron a. v. Falkenegg noch vor der Verhandlung des Interviews im Reichstag, also innerhalb einer Woche, ein dreißigseitiges Pamphlet zum Thema in die Buchhandlungen zu bekommen.[60]

Verlage, die Pamphlete publizierten, waren so zahlreich, daß sich hierfür keine Regeln aufstellen lassen. Verweise auf andere Publikationen innerhalb eines Verlages zeigen aber, daß fast immer ein großes Spektrum von Pamphleten angeboten wurde. Die Zugangsbarrieren, zumal wenn über Kommissionsverlage veröffentlicht wurde, scheinen extrem niedrig gewesen zu sein. Wenn sie bereit waren, ein sehr überschaubares finanzielles Risiko einzugehen, konnten daher auch Autoren der dritten Reihe ihre Thesen auf dem politischen Massenmarkt plazieren.[61]

Die Argumentation der politischen Pamphlete ist für heutige Begriffe oft krude. Das sollte aber kein Grund sein, diese Schriften nicht ernst zu nehmen. Zum einen wurde das Medium auch von namhaften Autoren benutzt, zum anderen waren Stil und Aufmachung extrem erfolgreich.[62] Hiervon zeugen hohe Auflagen und die Vermutung, daß auch Autoren, die eigenes Geld einsetzten, dies in der Erwartung taten, Gewinn zu machen, und nicht aus bloßem Geltungsbedürfnis. Zudem ist in Rechnung zu stellen, daß Pamphlete keine Bücher waren, die zum Geburtstag verschenkt oder aus repräsentativen Gründen ins Regal gestellt wurden. Diese Schriften wurden gelesen, sehr wahrschein-

---

59 Der Caligula kostete 50 Pfennig. Dies kann als eher hoch für ein circa zwanzigseitiges Pamphlet gelten, lag aber immer noch deutlich unter dem Stundenlohn eines gelernten Arbeiters. Zwanzigseitige Pamphlete wurden für Preise ab 20 Pfennig vertrieben.

60 A. Baron v. FALKENEGG, Was nun?, Berlin 1908 (Kommissionsverlag R. Boll). Falkenegg muß als Meister seines Faches gelten, der am Ende seiner Schrift 34 weitere Abhandlungen unter eigenem Namen bewerben konnte. Schon eine geringere Publikationsaktivität sicherte ein Auskommen als Pamphletschreiber. Vandalin Graf Muiszech, ein weiterer Großpublizist, klagte angesichts der Caligula-Affäre über seine pamphletistischen Pflichten, die ihn zeitlich überforderten: „Wir hätten schon lange mit dem edlen Ritter Q..... eine Lanze gebrochen und ihn wahrscheinlich, zum Gelächter aller gutgesinnten und kaisertreuen Deutschen, von seinem Berüchtigkeitsrosse in den Staub der Nullität geschleudert, wenn wir nicht so viel mit den sich mehrenden Auflagen unseres 'Halt' und anderen literarischen Arbeiten überhäuft gewesen wären." Graf Vandalin MUISZECH, Quiddes Caligula. Ein Stiefelmärchen aus altaegyptischer Zeit, Frankfurt a.M. 1894, Vorwort.

61 Es liegt in der Natur der Sache, daß die Identität dieser Autoren nur schwer und ungenügend zu eruieren ist, zumal wenn anonym publiziert wurde, was gerade bei den politisch interessanteren Pamphleten regelmäßig der Fall war. Eine kursorische Übersicht legt nahe, Pamphletisten vor allem unter Lehrern und protestantischen Pfarrern zu verorten.

62 Vgl. hierzu die Beispiele bei: Uffa JENSEN, In die Falle der Partikularität. Bürgerliche Beobachter des öffentlichen Raums in den Flugschriften zur „Judenfrage", 1870-1890, in: Knoch/Morat (Hg.), Kommunikation, S. 2003, S. 81-98.

lich nicht nur von denen, die sie gekauft hatten, und diskutiert. Da Pamphlete ein schnelles und flüchtiges Medium waren, ließen sie sich schlecht kontrollieren, zumal politische Pamphlete regelmäßig im Kontext politischer Ausnahmesituationen entstanden. Um Zensur und Majestätsbeleidigungsklagen zu umgehen, blieb außerdem der Weg ins Ausland, vorzugsweise nach Zürich.[63]

Der naheliegende Einwand, Pamphlete seien unseriös, läuft auch insofern ins Leere, als diese gerade damit kokettierten, nicht trockene akademische Betrachtungen zu liefern. Pamphletisten stilisierten sich regelmäßig als einfache Männer des Volkes, die ungeschminkt, in direkter Sprache ihre Gedanken wiedergaben, die sonst unterdrückt würden.[64] Wenn sich für den Monarchiediskurs überhaupt von Gegenöffentlichkeiten sprechen ließe, dann im Fall der Pamphlete.[65] Das Medium ging aber, zumindest für den Monarchiediskurs, in dieser ohnehin fragwürdigen Rubrik nicht auf.

In einem Zeitalter, das Dilettantismus nicht nur als Schimpfwort verwendete, sollte man die Überzeugungskraft der Selbststilisierung der Pamphletisten nicht unterschätzen. Gustav Adolf Erdmann, einer der Konjunkturritter des Genres, brachte die vermeintlichen Vorteile des Mediums der ‚Outsider' gegenüber den traditionellen Zeitungen zu seinen Gunsten ins Spiel, indem er „Gehör im Namen der Gerechtigkeit und der Vernunft zum Wohle des deutschen Volkes!" forderte und eine Abrechnung mit „anonymen Artikelschreibern" in den Zeitungen begann. Niemand wisse um die persönlichen Qualitä-

---

63 Der dortige Verleger Cäsar Schmidt scheint auf delikate Pamphlete zur deutschen Politik spezialisiert gewesen zu sein. Als Beispiele: Friedrich FRIEDMANN, Der deutsche Kaiser und die Hofkamarilla. Wilhelm II. und die Revolution von Oben. 1896; Anonym, Kaiser Wilhelms Flucht nach England im Jahre 1848, Zürich 1905. Vgl. auch: Von einem Patrioten, Ein offenes Wort an Deutschlands Kaiser, Zürich 1896 (Verlag J. Schabelitz). QUIDAM, Kaiser Wilhelm Künstler oder Dilettant?, Eine ernste Mahnung an die Zeitgenossen, Amsterdam 1895; Anonym, Die Caligula-Affaire und die Staatsanwaltschaft. Von einem Eingeweihten, Groningen 1894.

64 So lobte Eduard Goldbeck ein Pamphlet des Harden-Anhängers Frank Wedderkopp als eine Sensation. Das Pamphlet würde breit gelesen und zustimmend weitergereicht. Nur die Berliner Presse schweige die dort gemachten Argumente und das Pamphlet überhaupt tot. Jeder solle die Broschüre lesen, um die Wahrheit zu erfahren, die in der Presse nicht mehr stehe. Eduard GOLDBECK, Harden im Recht?, in: Die Zukunft 62 (1908), S. 477-479.

65 Zur ungerechtfertigten Idealisierung alternativer Publikationsformen wie Pamphleten als Gegenöffentlichkeit vgl. REQUATE, Öffentlichkeit, S. 12. Wehler faßt unter dem Konstrukt Gegenöffentlichkeit alles, was nicht der eindeutig konservativen bzw. liberalen Presse zugehörte bzw. per se unpolitisch war. Der Rest, immerhin ein breites Spektrum von der linken Sozialdemokratie bis zum rechten Zentrum, erscheint hier als eine Nische, in der wilhelminische Randgruppen mehr oder weniger ohne Konsequenzen abweichende Anschauungen vorbringen konnten. Die Wirklichkeit der Öffentlichkeit im Kaiserreich ist in diesem Konstrukt kaum angemessen beschrieben. Es bleibt unklar, was die liberale und konservative Öffentlichkeit zur eigentlichen Öffentlichkeit machte und die sozialdemokratische und katholische Öffentlichkeit zur Gegenöffentlichkeit – abseits ihrer zeitweiligen Unterdrückung. Auch inhaltlich, zumindest mit Blick auf den Monarchiediskurs, geht der Begriff an der Realität vorbei. Gerade katholische Zeitungen zeigten sich im Hinblick auf die Monarchie besonders staatstragend und selbst der *Vorwärts* war keineswegs Vorreiter kritischer Debatten über den Monarchen. Wirklich heikle Kritik am Monarchen kam hingegen regelmäßig aus dem rechten politischen Spektrum. Vgl. WEHLER, Gesellschaftsgeschichte III, S. 1245 ff.

ten des Schreibenden, vor allem aber nicht um eventuelle Abhängigkeiten: „Ich behaupte darum, daß in der Anonymität der Zeitungen ein großer Teil ihrer sonst unbegreiflichen Macht liegt und ferner, daß diese Macht der Presse sich oft genug als ein Krebsschaden der Zeit erwiesen hat.“[66] Auf den gleichen Effekt der Solidarisierung mit den Stammtischen zielte auch Max Schneidewin. Er bedauerte, seine Gedanken nicht rechtzeitig, d.h. auf dem Höhepunkt der Daily-Telegraph-Affäre in der Presse ausgebreitet zu haben: „Allein ein still, nicht gerade in den flüchtigen Angelegenheiten des Tages lebender und arbeitender Provinzler ist nicht auf solche publizistische Routine geeicht, und hat es auch mit den Verbindungen des Druck- und Verlegergewerbes schwerer als der Großstädter.“[67]

In Stil, Preisgestaltung und Erscheinungsgeschwindigkeit waren Pamphlete Zwitter aus Zeitung und Buch. Ihr Stil wies aber auch einige spezifische Merkmale auf. Typisch war die direkte Ansprache des Lesers oder anderer Adressaten wie z.B. des Monarchen.[68] Wechselwirkungen von Verfasser und Leser schlugen sich in den „sprechenden Texten“ der Pamphlete nieder.[69] Die Titel der Pamphlete glichen oft eher programmatischen Aussagen als Inhaltswiedergaben. Häufige Beispiele waren „Mahnwort“[70], „Weckruf“[71] oder die Aufforderung: „Kaiser höre die Wahrheit!“ bzw. der Untertitel „offener Brief“.[72] Diese Tendenz setzte sich in den obligatorischen Motti fort, die, oft in Klassikerzitaten, den Anspruch der Pamphlete auf eine bodenständige Wahrheit variierten: „Wahlspruch: Blüte edelsten Gemütes ist die Rücksicht, doch zuzeiten sind erfrischend wie Gewitter gold'ne Rücksichtslosigkeiten.“[73]; „Wahrheit sagen in Liebe muß nicht so erfüllt werden, daß man die

---

66 Gustav Adolf ERDMANN, Der deutsche Kaiser und sein Volk. Leipzig 1901, S. 3 f. Erdmann machte sich mit unzähligen pamphletistischen Beiträgen zur Flottenfrage einen Namen.

67 „Die ersten Tage hatte ich auch vor lauter Erstarrung über das Erlebte gar nicht ans Schreiben gedacht. Dann ist wieder einige Zeit verloren im Schwanken, ob die Veröffentlichung noch opportun sein würde. [...] Für inopportun im Sinne der Abgestandenheit und des Mangels an Interesse kann ich die Broschüre nicht halten.“ Max SCHNEIDEWIN, Die innerpolitische Sturmflut. Niederschriften gegen den Strom aus den Novembertagen 1908, Berlin 1909, Vorwort.

68 Bereits im Titel: Anonym, Was für einen Kurs haben wir? Eine politische Zeitbetrachtung. Von einem Borussen, Gotha 1891.

69 Hans-Joachim KÖHLER, Die Flugschriften. Versuch der Präzisierung eines geläufigen Begriffs, in: H. Rabe (Hg.), Festgabe für Ernst Walter Zeeden zum 60. Geburtstag, Münster 1976, S. 36-61.

70 QUIDAM, Kaiser; Fritz GROßMANN, Was sind wir unserm Kaiser schuldig? Ein Mahnwort in ernster Stunde, Hannover 1918.

71 Reichsverband gegen die Sozialdemokratie, Die Sozialdemokratische Partei eine demokratische Partei. Ein Weckruf an das monarchische Deutschland, Berlin 1910.

72 Bruno WAGENER, Kaiser höre die Wahrheit! Noch einmal: Ein offener Brief an Se. Majestät Kaiser Wilhelm II., Leipzig 1897; GHIBELLINUS, Kaiser, werde hart! Offener Brief an den mächtigsten Mann im Reiche, Weimar 1891; Johann Diedrich RUMP, Paul Reichsgraf von HOENSBROECH als 'Gefolgsmann der Hohenzollern'. Offener Brief. Antwort auf seine Schrift: 'Wilhelms II Abdankung und Flucht'. Eine Abrechnung, Leipzig 1919.

73 ARISTIDES, Der Kaiser und die Nation, Leipzig 1909.

halbe Wahrheit der Liebe und die halbe Liebe der Wahrheit opfere"[74]; „Wer die Wahrheit kennet und saget sie nicht, der ist fürwahr ein erbärmlicher Wicht"[75]; „Es muß Wandel geschaffen werden"[76]; „Alles zu retten, muß Alles gewagt werden. Ein verzweifeltes Übel will eine verwegene Arznei"[77]; „Männerstolz vor Königsthronen!"[78] waren Auswüchse dieser Tendenz. Die Autorenbezeichnungen der anonym schreibenden Verfasser lesen sich entsprechend: Pamphlete verfaßten ein „Deutscher",[79] „Patriot',[80] „Schwarzseher",[81] „Eingeweihter"[82] oder ein „Süddeutscher".[83] Die Autorenbezeichnung war Programm, ebenso wie die Pseudonyme ‚Aristides', ‚Ghibellinus' oder ‚Sincerus'.[84]

Typischerweise schrieben Autoren der dritten Reihe eingestandenermaßen cum ira et studio. Anschaulich beschreibt beispielsweise ein Verfasser sein „Gefühl des größten Ekels" beim Eingehen auf den Gegenstand seiner Intervention.[85] Die Kontrahenten Quiddes in der Caligula-Affäre behaupteten immer, sie seien lediglich durch höhere Erwägungen zum Eingreifen auf diesem Niveau gezwungen worden. Pamphletisten waren sehr oft inhaltliche und finanzielle Trittbrettfahrer. Sie sprangen auf eine laufende Debatte auf, sicherten sich so Beachtung für ihre Argumente und selbstredend auch finanziellen Gewinn.[86] Auffällig ist der hohe Grad von Intertextualität, ein oft direkter oder indirekter Bezug auf andere Pamphlete und ein selbstreferentielles System von Kommentar und Gegenkommentar. Nicht nur in diesem Hinsicht

---

74 Anonym, Kurs.

75 Von einem Deutschen, J'accuse!, Lausanne 1915.

76 ERDMANN, Kaiser.

77 GHIBELLINUS, Kaiser.

78 Anonym, Wilhelm II. Romantiker oder Sozialist?, Zürich 1892.

79 Anonym (d.i. Heinrich Pudor), Wilhelm II. als Erzieher. Von einem Deutschen, Berlin 1895; Anonym, J'accuse! Von einem Deutschen, Lausanne 1915. Bereits die stilbildende Schrift von Julius LANGBEHN, Rembrandt als Erzieher, Leipzig [72-76]1922 war 1890 anonym mit dem Hinweis „Von einem Deutschen" erschienen.

80 Anonym, Ein offenes Wort an Deutschlands Kaiser. Von einem Patrioten, Zürich 1896.

81 Anonym, Unser Kaiser und sein Volk. Deutsche Sorgen. Von einem Schwarzseher, Freiburg i.B./Leipzig [4]1906.

82 Anonym, Die Caligula-Affaire und die Staatsanwaltschaft. Von einem Eingeweihten, Berlin 1894.

83 Anonym, Betrachtungen über Vergangenheit, Gegenwart und Zukunft des deutschen Reiches. Von einem Süddeutschen, Straßburg 1896.

84 ARISTIDES, Kaiser; GHIBELLINUS, Kaiser; SINCERUS, Kaiser Wilhelm II., Charlottenburg 1909.

85 E. W. ERNST, Noch einmal: Paul Graf von HOENSBROECH, Wilhelms II. Abdankung (Deutschnationale Flugschrift, 37), Berlin 1920, S. 2

86 Besonders ausgeprägt war dieses Phänomen in der Caligula-Affäre. Beispiele sind: BENEDIKTUS, Was Sueton über Caligula erzählt. Ein Sittenbild aus der Römischen Kaiserzeit, Berlin 1894; Oscar MERTENS, Ein Caligula unseres Jahrhunderts, Berlin 1896; Anonym, Ist Caligula mit unserer Zeit vergleichbar? Eine Ergänzung und Beleuchtung zu Quidde's Caligula, Leipzig 1894; James GRAP, Caligula's Leben und Grausamkeiten. Ein Bild römischen Cäsarenwahnsinns. Nachgeschichtlichen Quellen. Als Ergänzung zu Quidde's Caligula (Aus alter und neuer Zeit, 2), Leipzig 1894; Victor DURUY, Caligula und Claudius, Messalina und Agrippina in Wort und Bild, Leipzig 1894.

kam den Pamphleten eine äußerst wichtige Verteiler- und Multiplikatorenfunktion für Argumente und Meinungen, gerade auch die von Außenseitern, zu.

Pamphlete waren Gelegenheitsschriften im wahrsten Sinne des Wortes wie Erich Mühsam aus eigener Erfahrung bestätigte: „Tagessensation und Tagesdiskussion werfen in der Regel keinen so breiten Schatten in die Bahn des Geschichtsganges, als daß sie eine Behandlung in der anspruchsvollen Form einer eigenen Druckschrift rechtfertigten."[87] Hierin lag ihre Bedeutung für den Monarchiediskurs. Als schnelles und radikales – da auf Aufmerksamkeit bedachtes – Medium, boten Pamphlete den Resonanzboden, der die Monarchieskandale anschwellen ließ, waren aber gleichzeitig beständiger als die Tageszeitungen. In der Interaktion mit der Presse identifizierten wiederum die Pamphletisten jene Themen, die eine ausführliche, wenn auch nicht tiefgehende Behandlung lohnend machten.[88]

3.) Von geringerer Bedeutung für den entfesselten Monarchiediskurs waren Zeitschriften. Die Charakteristika der Pamphlete – Schnelligkeit, hohe Auflagen, Massenwirksamkeit – fehlten hier. Nimmt man Thompsons Skandalphasen als Maßstab, waren die Zeitschriften das Medium der vierten Phase, des Nachspiels.

Die große Ausnahme bildete die *Zukunft*, die, um im Bild zu bleiben, regelmäßig die erste und zweite Phase des Skandals mitbestimmte bzw. erst auslöste. Die *Zukunft. Unabhängige Rednerbühne für jedermann,* war die meistbeachtete und einflußreichste politische Zeitschrift des späten Kaiserreichs. Nicht zufällig spielten das Organ und dessen Herausgeber Maximilian Harden in allen zu behandelnden Skandalen eine entscheidende Rolle. Hardens innovative Schöpfung erschien erstmals am 1. Oktober 1892. Im Gegensatz zu den meisten anderen Zeitschriften der Zeit hatte Politik hier eindeutig Vorrang. Die Zeitschrift besaß den „Charakter eines Kampfblattes", zunächst im Zeichen der Bismarckbewegung.[89] Mit der *Zukunft* gewann diese ein attraktives, modernes publizistisches Organ, das dem Kult um den greisen Kanzler einen Anschein von Jugendlichkeit verlieh.[90] Hierzu trug nicht unwe-

87 „Das Tagesereignis wird, mag es sich selbst zu einem durch Jahre lärmenden Skandal auswachsen, von neuem Geschehen rascher aus dem Interesse der Zeitgenossen gedrängt, als der eitle Schriftsteller das von seiner Abhandlung wünscht", klagte: Erich MÜHSAM, Die Jagd auf Harden, Berlin 1908, S. 3.

88 Zur Rolle von Pamphleten in der politischen Agitation von Interessenverbänden vgl.: Mario HEIDLER, West-Marokko deutsch! Oder: Wie werden Meinungen gemacht?, in: Sigrid STÖCKEL (Hg.), Die ‚rechte Nation' und ihr Verleger: Politik und Popularisierung im J.F. Lehmanns Verlag. 1890-1979, Köln 2002, S. 103-107.

89 WELLER, Harden, S. 47. Zur Gründung der *Zukunft* ebd. S. 45. Harden bezeichnete sich in der ersten Ausgabe als Parteigänger Bismarcks, wies aber gleichzeitig Vorwürfe zurück, die *Zukunft* sei ein von Bismarck bezahltes Projekt. APOSTATA, Von Bel zu Babel, in: Die Zukunft 1 (1892), S. 39 f.

90 RADKAU, Nervosität, S. 305.

sentlich Hardens neuer, ungewohnter Stil bei, in dem Gattungsgrenzen zwischen Literatur und politischer Essayistik vollständig verschwammen.[91]

Die *Zukunft* lag mit 6.000 Heften zu Beginn, mit über 10.000 um die Jahrhundertwende und mit 21.000 bis 23.000 Exemplaren nach dem Eulenburg-Skandal und 70.000 Exemplaren während des Skandals im Verhältnis zu anderen politischen Wochenschriften zwar über dem Durchschnitt, sie erreichte jedoch nicht die Auflagen der Massenpresse und erst recht nicht der illustrierten Zeitschriften.[92] Der Verbreitungseffekt bestand vielmehr in der Struktur des Leserkreises, der sich vorrangig aus Akademikern, insbesondere Lehrern, Journalisten und Literaten, aber auch vielen Politikern, Juristen und Beamten, etlichen oppositionellen Adligen sowie Unternehmern und Bankiers zusammensetzte.[93] Die Zeitschrift faszinierte offenbar insbesondere die akademische, städtische Jugend. Dies bestätigt der zeitweise Mitarbeiter Hardens Karl Scheffler. Im tonangebenden Berliner Westen habe am Ende der Woche „jeder fünfte Mann eines der schmalen braunen Hefte in der Hand" mit sich getragen. Vor allem aber der „beste Teil der Jugend war passioniert, weil sie klug und dreist gesagt fand, was sie politisch, sozial und künstlerisch bewegte".[94]

Hardens Wochenschrift vermittelte aufstiegswilligen Intellektuellen das Gefühl, mit einer betont sozialkonservativen Einstellung die eigentliche Opposition im wilhelminischen Deutschland darzustellen. Unterstützt wurde der radikale Anstrich der *Zukunft* durch gelegentliches Kokettieren mit antibürgerlichen Parolen bzw. durch punktuelle Einbeziehung der Opposition von links, ohne daß dies den konservativen Grundtenor beeinträchtigt hätte.[95] Hinzu kommt die schlichte Tatsache, daß die *Zukunft* als Wochenschrift eine Aktualität erreichen konnte, die den behäbigeren Formaten bildungsbürgerlichen Zuschnitts fremd war. Allerdings bildet auch die Zukunft keine Aus-

---

91 BRUDE-FIRNAU, Deutung, S. 48 f. Vgl. auch: WELLER, Harden, S. 361 ff.

92 WELLER, Harden, S. 205. Der Bestseller der illustrierten Wochenpresse, Ullsteins *Berliner Illustrierte Zeitung*, erreichte 1908 eine Auflage von 800.000. Vgl. STÖBER, Pressegeschichte, S. 150 f.

93 Zur Charakterisierung der Zeitschrift *Zukunft,* deren Leserschaft, die wichtige Rolle der Polemiken gegen Wilhelm II. und die Freude des konservativen Adels und Bürgertums hieran. Vgl. HECHT, Prozesse, S. 14 f. Zumindest in deren Anfangsjahren gehörte auch Wilhelm II. zu den Lesern der *Zukunft*. Vgl. WELLER, Harden, S. 110.

94 Karl SCHEFFLER, Die fetten und die mageren Jahre. Ein Arbeits- und Lebensbericht, Leipzig/München 1946, S. 150.

95 Harden rezipierte früh kulturelle Elitetheorien von Nietzsche, Langbehn und Lagarde und wurde zum „Trendführer der neokonservativen Literatur- und Kulturkritik". Der Lagarde-Epigone Otto Mittelstädt fand in der *Zukunft* ebenso ein Forum wie Reventlow und Hermann Graf Keyserling. Harden schaffte es, so Hellige, den neokonservativen Protest von Schichten innerhalb des deutschen Bürgertums zu artikulieren, die den politischen Niedergang des Reiches fürchteten und mit einer mehr oder weniger bonapartistischen Lösung der drohenden Demokratisierung begegnen wollten. HELLIGE, Rathenau und Harden, S. 99, 104 ff., 114.

nahme von der Regel, daß der investigative Journalismus in Deutschland äußerst schwach ausgeprägt blieb.[96]

Im Vergleich mit konkurrierenden politischen Zeitschriften wird die ungeheure Modernität der *Zukunft* deutlich. Für die nachlaufende Diskussion erlangten diese – oft stark durch ihren Herausgeber geprägten Medien – ihre Bedeutung. Sie konnten aber zu keinem Zeitpunkt in dem Maße, wie es der *Zukunft* gelang, Debatten anstoßen und prägen. Beispiele für diese Gruppe sind die von Hans Delbrück herausgegebenen, konservativen *Preußischen Jahrbücher,*[97] Friedrich Naumanns *Die Hilfe*, und Theodor Barths *Die Nation.*[98] Die künstlerisch ambitionierte, kurzlebige Münchner *Gesellschaft* spielte eine wichtige Rolle als Publikationsort für Quiddes *Caligula.* Der durch Ludwig Thoma inspirierte *März* und die nietzscheanisch inspirierte *Tat* Ernst Horneffers waren avantgardistische Neugründungen um 1908, die sich nichtsdestoweniger oft und intensiv mit der traditionellen Institution Monarchie befaßten, die *Süddeutschen Monatshefte* ein wichtiges Organ des konservativen Spektrums.[99] Ein spezifisches Format waren die bildungsbürgerlich orientierten Rundschauzeitschriften. Orientiert am Vorbild der *Deutschen Rundschau* rechnen hierzu *Die Gegenwart*[100], *Die Grenzboten* und die *Deutsche Revue.*[101]

Eine wichtige Untergruppe, mit deutlich höheren Auflagen als die politischen Periodika, bilden Satirezeitschriften wie der *Kladderadatsch.*[102] *Jugend* und *Simplicissimus*, beides Neugründungen der wilhelminischen Ära, wurden

---

96 Vgl. hierzu die sozialwissenschaftliche, aber auch historisch vorgehende Studie: Ulrike DULINSKI, Sensationsjournalismus in Deutschland, Konstanz 2003.

97 Erich KUNDEL, Die Ideologie der Weltpolitik im politischen und sozialen Umfeld der Zeitschriften Grenzboten und Preußische Jahrbücher zwischen 1890 und 1900 (Phil. Diss.), Berlin 1990. Vgl. allgemein die entsprechenden Beiträge, auch zu den folgenden Zeitschriften, bei: Heinz-Dietrich FISCHER, Deutsche Zeitschriften des 17. bis 20. Jahrhunderts, Pullach 1973; Rüdiger vom BRUCH, Wissenschaft, Politik und öffentliche Meinung. Gelehrtenpolitik im Wilhelminischen Deutschland (1890-1914), Husum 1980, S. 35 ff. und Wilmont HAAKKE, Die politische Zeitschrift. 1665-1965, Stuttgart 1968. Gründungsdaten finden sich bei: Harry PROSS, Literatur und Politik. Geschichte und Programme der politisch-literarischen Zeitschriften im deutschen Staatsgebiet seit 1870., Freiburg i. Br. 1963.

98 Vgl. WEHLER, Gesellschaftsgeschichte III, S. 1237.

99 In den *Süddeutschen Monatsheften* lieferten sich Intellektuelle noch vor der 1. Novemberkrise einen regelrechten Schlagabtausch, der *März* veröffentlichte Umfragen zur aktuellen Monarchiediskussion und zum Platz Hardens und die *Tat* begann ihr zweites Heft mit einer auf dem Titel plazierten Serie zum Thema ‚Der Kaiser und die Nation'. Der Kunstwart behandelte 1908 Wilhelm II. als kulturelles Phänomen. Im Jubiläumsjahr 1913 füllte eine Kaiserumfrage ein ganzes Heft. Naumanns ‚Hilfe' widmete sich regelmäßig dem Thema, Hardens Zukunft lebte davon. Selbst die von Hans Ostwald initiierte Zeitschrift *Das Kulturparlament* widmete ihr erstes Heft (März 1909) unter der Überschrift ‚Die deutsche Verfassungskrise' ausschließlich der Monarchie als politisches Problem. Die Beispiele ließen sich fortsetzen.

100 Die *Gegenwart* erschien wöchentlich als Mischform aus Zeitschrift und Zeitung. STÖBER, Pressegeschichte, S. 252 f.

101 WEHLER, Gesellschaftsgeschichte III, S. 1237. Zu den Auflagen der politisch orientierten Zeitschriften: STÖBER, Pressegeschichte, S. 150 f.

102 Vgl. Ingrid HEINRICH-JOST, Der Kladderadatsch 1848-1933, Köln 1982.

nach 1900 die wichtigsten dieser Zeitschriften mit, im Fall des *Simplicissimus*, eindrucksvollen Auflagenzahlen.[103] In seiner einschlägigen Studie widerlegt Jost Rebentisch die bisher gängige Ansicht, Wilhelm II. sei in Deutschland aufgrund der herrschenden Majestätsbeleidigungsbestimmungen kaum karikiert worden, und zählt allein 850 direkte Karikaturen des Kaisers aus sechs Zeitschriften. Rebentisch spricht von einer Kettenreaktion, als sich nach 1904 zeigte, daß auch immer radikalere Karikaturen nicht geahndet wurden. In diesem Jahr kamen die ersten direkten, eindeutig identifizierbaren Darstellungen Wilhelms II. auf, die ab 1906 zunehmend radikaler wurden. Im Jahr 1906 war Wilhelm II. in Deutschland die meistkarikierte Persönlichkeit des öffentlichen Lebens. Mit seinen unverwechselbaren Attributen – Stiefel, Helm oder Bart reichten als pars pro toto vielen Karikaturisten aus – und auffälligem Regierungsstil bot der Kaiser ein ideales Objekt auch für weniger begabte Zeichner.[104] Während also das Bildmedium Satirezeitschrift unmittelbar an die politische Diskussion des Monarchen anschloß, präsentierten die enorm erfolgreichen Illustrierten den Monarchen nach den Spielregeln des popular monarchism und spielen daher hier eine geringe Rolle.

4.) Hiermit sind bereits die Bedeutung des Kaisers für die neuen Bildmedien und die Bedeutung dieser Bildmedien für die Diskussion des Kaisers angesprochen.[105] Die Darstellung des Monarchen im Film,[106] auf Postkarten,[107] Photos[108] und Sammelbildern[109] war eine direkte Folge der Massenmedialisierung, die sich wiederum in den reüssierenden Illustrierten widerspiegelte.

---

103 Der Ausdruck Simplicissimus-Stimmung als Synonym für eine „radikal oppositionelle Auffassung von Menschen und Dingen im öffentlichen Leben" indiziert den großen Einfluß der Zeitschrift. Deren Auflage entwickelte sich von 15.000 (1897), über 80.000 (1902) zu 100.00 (1908). REBENTISCH, Gesichter, S. 41, 49.

104 REBENTISCH, Gesichter, S. 60 ff.

105 Generell jetzt: BREMNER, Kaiser.

106 Klaus-Dieter POHL, Der Kaiser im Zeitalter seiner technischen Reproduzierbarkeit, in: Ders./Hans Wilderotter, (Hg.), Der letzte Kaiser. Wilhelm II. im Exil, Gütersloh/München 1991, S. 9-18.; LOIPERDINGER, Filmstar, S. 41 ff.

107 MAY, Ansichtskarten, S. 119 ff. Karin WALTER, Die Ansichtskarte als visuelles Massenmedium, in: Maase/Kaschuba (Hg.), Schund, S. 46-61, hier S. 54 ff.

108 Ein Berliner Photogeschäft warb beispielsweise mit 267 heroischen Posen des Kaisers, und „Alle verschieden". Robert G.L. WAITE, Leadership Pathologies: The Kaiser and the Führer and the Decisions of War in 1914 and 1939, in: Betty Glad (Hg.), Psychological Dimensions of war, London 1990, S. 143-168, hier S. 145. Zur intentionalen photographischen Verbreitung Wilhelms II. vgl.: Saskia ASSER/Liesbeth RUITENBERG, Der Kaiser im Bild – Wilhelm II. und die Fotografie als PR-Instrument, in: Huis Marseille (Hg.), Der Kaiser im Bild. Wilhelm II. und die Fotografie als PR-Instrument. Der fotografische Nachlaß des letzten deutschen Kaisers, Zaltbommel 2002, S. 16-77, sowie generell die Beiträge dieses Bandes.

109 Ebenso wie Photos des Kaisers ist dieses Medium der Monarchiedarstellung von der Forschung bisher fast vollständig ignoriert worden. Einen Einblick in die Funktionsweise dieser Darstellungsform bieten die Aktivitäten der Firma zum Kaiserjubiläum 1913. Stollwerck ließ eigens Porträts des Monarchen anfertigen. Der Kaiser war mit Originalen und Reproduktionen „besonders von dem großen Format" so zufrieden, daß er 3000 dieser großen Reproduktionen für seine Geschenk-Zwecke bestellte. Hans-Josef JOEST, Stollwerck. Das Abenteuer einer Weltmarke, Köln 1989, S. 58.

Zwar machte der Monarch sich diese neuen Bildmedien aktiv zunutze, dies änderte aber nichts daran, daß die Kontrolle der Verbreitung des Bildes des Monarchen immer schwieriger wurde. Angesichts eines Berichts von Berthold Viertel über den deutschen und österreichischen Kaiser, die der Vorführung eines Films beiwohnen, dessen Hauptdarsteller sie selbst waren, kommt Kaspar Maase zu dem überzeugenden Schluß: „Die Gewalt der Bilder der wirklich Mächtigen ließ nach – zugleich wuchs die Macht der Bilder, zu definieren, was wirklich wichtig sei.“[110] Kontrollieren ließen sich allenfalls traditionelle Bildproduzenten wie das Theater. Eine entsprechende Verfügung untersagte, offenbar wirkungsvoll, die direkte Darstellung Wilhelms II. auf der Bühne.[111] Auch für die bildliche Darstellung des Monarchen gilt, daß sie ihre Relevanz erst in der Interaktion mit anderen Medien, im Medienverbund, erhielt.

Ein Sonderfall – und nicht im eigentlichen Sinne ein Massenmedium -, nämlich das Beispiel politischer Vorträge, unterstreicht dieses Phänomen noch einmal. Deren Bedeutung für den Monarchiediskurs resultierte aus der Tatsache, daß in Vorträgen in der Presse aufgeworfene Themen schnell und ausführlich aufgenommen werden konnten. Vorträge bezogen das Publikum direkt ins politische Geschehen ein. Aber erst durch die Vorarbeit der Presse waren hohe Zuhörerzahlen und deren inhaltliche Vorbereitung garantiert. Dies galt insbesondere bei bekannten Namen wie Harden oder Naumann[112]. In der Daily-Telegraph-Affäre waren Vorträge der Ort, wo die wirklich radikalen Forderungen formuliert wurden, die allerdings wiederum erst durch Presseberichte hierüber publik wurden. Vorträge fügen sich damit in das Bild transformierter traditioneller und gänzlich neuer Medien, die alle gemein hatten, daß sie eine wesentlich schnellere, intensivere und zugespitztere Diskussion politischer Sachverhalte förderten. Das Beispiel des Erfolgs politischer Vorträge zeigt anschaulich, wie sich die verschiedenen Medien in der Diskussion des herausragenden Politthemas Monarchie ergänzten. Im Zusammenspiel

---

110 MAASE, Vergnügen, S. 113 f.

111 BRUDE-FIRNAU, Deutung, S. 8. Allerdings kam es erstmals zu einer Darstellung des Monarchen, d.h. Wilhelms II., bei Festveranstaltungen in sogenannten ‚lebenden Bildern'. Vgl. Matthias SEELINGER, Mit Gott für Fürst und Vaterland! Kriegervereine im Kaiserreich, Holzminden 1993, S. 39.

112 Die Wirkung Naumanns als Redner schildert Ludwig Curtius: „Damals war sein Ruf schon so groß, daß das ganze intellektuelle München versammelt war. [...] Und nun brachte Naumann in seinem damaligen Glauben, daß deutsches Volk und sozialer Kaiser sich gegenseitig verstehen und für die Neugestaltung des Reichs zusammenfinden müßten, fertig, diesen von uns allen gehaßten Mann [...] psychologisch verständlich zugänglich, ja beinahe liebenswert zu machen. Ich entsinne mich noch, wie wir uns nach verrauschtem Beifall gegenseitig verwundert ansahen, ob wir nicht von einem indischen Fakir verzaubert, eine Distel als Dattelpalme angesehen und Früchte von ihr gepflückt hätten.“ Ludwig CURTIUS, Deutsche und antike Welt. Lebenserinnerungen, Stuttgart 1950, S. 84. Zur Wichtigkeit des Vortrags für den Naumann-Kreis: Ursula KREY, Demokratie durch Opposition: Der Naumann-Kreis und die Intellektuellen. in: Gangolf Hübinger/Thomas Hertefelder (Hg.), Kritik und Mandat. Intellektuelle in der deutschen Politik, München 2000, S. 71-92, hier S. 79 f.

schufen diese neuen und erneuerten Medien einen öffentlichen Raum, in dem sich Berichte, Nachrichten und Kommentare in enormer Geschwindigkeit verbreiteten. Diese Entwicklung machte die Nichtanwesenden landesweit fast ‚live' zu Zeugen solch eminent politischer Ereignisse wie der hier behandelten Skandale. Die Fülle fast problemlos zugänglicher Informationen und Deutungsangebote ermöglichte potentiell jedem Reichsbürger, am Monarchiediskurs teilzuhaben.

C. Grenzen staatlich-monarchischer Pressebeeinflussung

Monarch, Hof und Regierung konnten diese Entwicklung unmöglich ignorieren.[113] Parallel zur beschriebenen Medienrevolution vollzog sich daher an der Wende vom 19. zum 20. Jahrhundert ein tiefgreifender Wandel im Verhältnis staatlicher Institutionen zur Öffentlichkeit.[114] Obwohl eine lange Tradition staatlicher Einflußnahme auf die Medien existierte, mußte Regierungshandeln erst jetzt öffentlich legitimiert werden, um es in vielen Fällen überhaupt realisierbar zu machen. Die breite Zustimmung der Bevölkerung zu fast allen Maßnahmen staatlichen Handelns wurde unumgänglich. Es bedurfte, wie Hartwig Gebhardt argumentiert, neuer „Akzeptanzstrategien" des Staates, einer neuen Organisation der Kommunikation zwischen Öffentlichkeit und Politik.[115]

Das allgemeine Männerwahlrecht verdeutlichte die Notwendigkeit moderner Wahlpropaganda. Indem um die Zustimmung einer demokratischen Öffentlichkeit geworben werden mußte, gewann die öffentliche Darstellung und Inszenierung von Politik immer größere Relevanz. Aber nur die Massenmedien boten Möglichkeiten zur effektiven Verbreitung politischer Programmatik. Diese Entwicklung hatte auf lange Sicht zur Folge, daß öffentliche Selbstdarstellung kein deklamatorischer und selbstbestätigender Akt der Repräsentation mehr war, sondern eine nur sehr bedingt beeinflußbare Prozedur, der sich auch der Monarch zu unterwerfen hatte. Politik konnte nicht mehr durch

---

113 Otto Hammann berichtet, daß Bülow sich einmal weigerte, im Reichstag zu sprechen, als er feststellte, daß die Presseplätze wegen eines Streiks der Parlamentsreporter unbesetzt waren. Otto HAMMANN, Zur Vorgeschichte des Weltkrieges, Berlin 1919, S. 72.

114 Hierzu jetzt STÖBER, Pressepolitik und Ute DANIEL, Die Politik der Propaganda. Zur Praxis gouvernementaler Selbstrepräsentation vom Kaiserreich bis zur Bundesrepublik, in: Ute Daniel/Wolfram Siemann (Hg.), Propaganda. Meinungskampf, Verführung und politische Sinnstiftung 1789-1989, Frankfurt a.M. 1994, S. 44-82 und SCHULZ, Aufstieg, S. 77 ff.

115 Hartwig GEBHARDT, Organisierte Kommunikation als Herrschaftstechnik. Zur Entwicklungsgeschichte staatlicher Öffentlichkeitsarbeit, in: Publizistik 39 (1994), S. 175-189, hier: S. 175. Vgl. auch: Peter SCHADE, Nachrichtenpolitik und Meinungssteuerung im Kaiserreich dargestellt an der deutschen Kriegsideologie und Propaganda für die Massen im Ersten Weltkrieg. 1914-1918 (Phil. Diss.), Hannover 1998.

Rücksichtnahme auf verschiedene Eliten ausgehandelt werden und „mußte sich an eine anonyme Massenöffentlichkeit" wenden und auf „demokratische Partizipationsformen" einstellen.[116]

Dieser Prozeß, so Andreas Schulz, brachte es notwendigerweise mit sich, daß die Beziehungen zwischen Politik und Öffentlichkeit stärker „vermittelt und medialisiert" wurden, wobei die Presse als „selbstständige Zwischengewalt" fungierte, die sich langfristig nicht instrumentalisieren ließ. Ob dies freilich, wie Schulz glaubt, auch eine Entpersonalisierung der Beziehungen zwischen Politik und Öffentlichkeit bedeutete, bleibt zu prüfen. Es kann aber festgehalten werden, daß sich mit dem Überhandnehmen wirtschaftlicher Erwägungen Form und Inhalt der Berichterstattung qualitativ veränderten.[117]

Gerade die innovativen, qualitativ neuen Massenerzeugnisse, insbesondere die Publikumsblätter des Scherl-Verlags, waren keineswegs per se regierungs- bzw. kaiserkritisch. Scherl z.B. forderte, „das Volk im Glauben an den Kaiser" zu stärken.[118] Aber genauso wie die extreme Verbreitung der Scherl-Erzeugnisse Chancen für die Kaiserpropagierung bot, beinhaltete eine gegenüber politischer Macht nahezu autonome Presseballung evidente Risiken für die Monarchie.

Politische Institutionen, die sich einer emanzipierten und wirtschaftlich weitgehend unabhängigen Presse gegenübersahen, mußten auch die Regeln ihres Handelns gegenüber dieser Presse ändern. Nicht zufällig hatten in den sechziger Jahren des 19. Jahrhunderts Versuche begonnen, den Bereich staatlicher Öffentlichkeitsarbeit institutionell zu ordnen.[119] Die neuen Organisationen, inoffizielle und offizielle Pressebüros mit einer kleinen und heterogenen Mitarbeiterschaft, waren von stark tentativem Charakter, fortwährend bemüht, feste Strukturen in einen dynamisches, kaum verstandenes und schon gar nicht kontrollierbares Phänomen zu bringen. Hier ging es weniger um Öffentlichkeitsarbeit im heutigen Sinn als um Regierungspropaganda. Die verbreitete zeitgenössische Einschätzung bestimmter Zeitungen als „offiziös" ist hierfür ein sprechendes Beispiel und zeigt die Durchschaubarkeit staatlicher Bemühungen.[120] Allerdings hatte die staatliche Pressepolitik auch Lernerfolge auf-

---

116 SCHULZ, Aufstieg, S. 76.

117 Bisherige Grenzen medialer Darstellung gerieten zwangsläufig unter Druck mit der Folge, daß sich Politik nunmehr direkt „vor den Augen der Nation" abspielte. SCHULZ, Aufstieg, S. 77, 66.

118 Zit. nach: SCHULZ, Aufstieg, S. 81.

119 Dies war ein europäisches Phänomen, in Preußen war Bismarck Initiator. Vgl. Rudolf STÖBER, Bismarcks geheime Presseorganisation von 1882, in: Historische Zeitschrift 262 (1996), S. 423-453; Irene FISCHER-FRAUENDIENST, Bismarcks Pressepolitik, Münster 1963; Eberhard NAUJOKS, Bismarck und die Organisation der Regierungspresse, in: Historische Zeitschrift 205 (1967), S. 46-80; Wolfgang PIERETH, Propaganda im 19. Jahrhundert. Die Anfänge aktiver staatlicher Pressepolitik in Deutschland (1800-1871), in: Daniel/Siemann (Hg.), Propaganda, S. 21-43.

120 Das Etikett offiziös war so weitverbreitet wie unpräzise. Als offiziös galten Zeitungen, die in engem Regierungskontakt standen und dadurch einerseits regierungsfreundlich kommentierten, andererseits notorisch gut informiert waren. Was diese Zeitungen brachten, konnte als

zuweisen und schuf sich ein wachsendes Instrumentarium von Eingriffsmöglichkeiten. Nicht nur in der Phantasie der Zeitgenossen, sondern offenbar auch in der historischen Realität zentrierten sich diese um die Person Otto Hammanns. Hammann, spin-doctor der Reichspolitik avant-la-lettre, wurde Ende 1893 mit der Leitung und dem Ausbau des Pressereferats des Auswärtigen Amtes betraut.[121] In dieser Abteilung waren auch schon unter Bismarck die äußerst spärlichen personellen Möglichkeiten zur Pressesteuerung konzentriert gewesen, während in der Reichskanzlei hauptsächlich maßnahmenbezogene Pressearbeit stattfand.[122]

Was die Pressepolitik Hammanns auszeichnete, war ein gänzlich neuer Stil. Indem Hammann zum „Vertrauensmann des Reichskanzlers" aufsteigen konnte, ließ sich eine erhöhte Einheitlichkeit in der Präsentation sowohl der Außen- wie auch der Innenpolitik erreichen.[123] Die partiell erfolgreiche neue Technik Hammanns beruhte dabei auf konsequenter Ex- bzw. Inklusion. Wohlwollende Berichterstattung belohnte das Pressebüro durch Hintergrundinformationen. Kritik ahndete es mit Informationsausschluß.[124] Erhöhte Möglichkeiten zur Beeinflussung der Presse resultierten aus dem zunehmenden Konkurrenzdruck unter den Zeitungen, der auch den Kampf um Informationen erheblich verschärfte. Artikel, die Hammann für unerwünscht hielt, versuchte das Pressebüro, so möglich, zu unterdrücken.[125] Wenn dies nicht gelang, wurden über die *Norddeutsche Allgemeine Zeitung* oder über Wolffs Telegraphisches Bureau Gegendarstellungen publiziert.[126]

---

von offiziellen Stellen abgesegnet gelten. Im engeren Sinne war eine Zeitung wie die *Norddeutsche Allgemeine Zeitung* offiziös, die direkt von der Regierung als Sprachrohr verwandt wurde. Vgl. STÖBER, Pressepolitik, S. 49 f., 204.

121 BAL, N 2106 (Hammann), Nr. 44, Blatt 5-14. Der englische Journalist Lucien Wolf behauptete über Hammann: „Successive Foreign Secretaries and Permanent Under-Secretaries have been as wax in his hands." The Graphic, 7. Mai 1910; Hutten-Czapski nennt Hammann „auf seinem Spezialgebiet fast einen Künstler." Bogdan Graf v. HUTTEN-CZAPSKI, Sechzig Jahre Politik und Gesellschaft, Berlin 1936, II., S. 5. Vgl. Kurt KOSZYK, Deutsche Presse im 19. Jahrhundert: Geschichte der deutschen Presse, 4 Bde., Berlin 1966, Bd. 2, S. 241 f.; KOHUT, Germans, S. 140. Generell: Peter JUNGBLUT, Unter vier Reichskanzlern. Otto Hammmann und die Pressepolitik der deutschen Reichsleitung 1890 bis 1916, in: Daniel/Siemann (Hg.), Propaganda, S. 101-116. Eine zurückhaltende Beurteilung der Wirksamkeit des Systems Hammann jetzt bei: STÖBER, Pressepolitik, S. 246 f.

122 Hierzu Vogel, Organisation, S. 9 ff.; STÖBER, Pressepolitik, S. 32 ff.

123 Zitat bei VOGEL, Organisation, S. 17. Hammann arbeitete mit wenigen, allerdings sehr qualifizierten, Mitarbeitern. Täglich fand ein Meinungsaustausch mit Journalisten der *Frankfurter* und *Kölnischen Zeitung* sowie dem Direktor des Wolffschen Telegraphenbüros statt. Vgl. ebd.

124 Zu den wachsenden Problemen der Presse, ohne Regierungsinformationen auszukommen: Birmele, Press, S. 55. Zu Bülows Pressearbeit: Gerd FESSER, Reichskanzler Fürst von Bülow, Eine Biographie, Berlin 1991, S. 67 f.

125 Beispiele für die Methoden der Pressezensur durch das Pressebüro bei PEZOLD, Cäsaromanie, S. 170.

126 KOHUT, Germans, S. 137. Div. Beispiele ebd. S. 172. Als Fallbeispiel besonders instruktiv: Bernd SÖSEMANN, Die Hunnenrede Wilhelms II., in: Historische Zeitschrift 222 (1976), S. 342-358 Vgl. auch: BASSE, Bureau, S. 100 ff.

Der staatlichen Pressearbeit standen noch weitere Mittel zur Verfügung. Hierzu zählten amtlich beeinflußte Korrespondenzen, politische Arbeit über semioffizielle Vereinigungen[127] und die Einflußnahme über die flächendeckend verbreiteten Kreiszeitungen.[128] Ein schlagkräftiges System entstand aus diesem Konglomerat allerdings nicht. Dem standen die Eigeninteressen der lokalen Organe, der Föderalismus, unzulängliche Koordinierung auf der Reichsebene, aber auch Mangel an professionellen Mitarbeitern – fähige, seriöse Journalisten waren nicht bereit, in den Ruf der Abhängigkeit zu geraten – und fehlende Geldmittel entgegen. Mit dem Prinzip individualisierter Pressebeziehungen konnte Hammann auch nur ein sehr begrenztes Spektrum von Zeitungen beeinflussen.[129] Wichtiger noch war die Entwicklung der Presse zu einem Millionengeschäft, in dem mit den äußerst überschaubaren staatlichen Mitteln – und ohne den mittlerweile rückerstatteten Welfenfonds – zunehmend weniger zu erreichen war.

Dieser Befund gilt generell auch für rechtliche Mittel der Pressebeeinflussung. Zwar existierte ein ganzer Strauß von Gesetzen wie das Sozialistengesetz (bis 1890) und die Bestimmungen des StGB betreffend die Majestätsbeleidigung (§ 95).[130] Die tatsächliche Wirkung dieser Gesetze, vor allem der Majestätsbeleidigungsparagraphen, war allerdings nie so durchschlagend, wie oft behauptet.[131] Im Februar 1908 wurde zudem der Straftatbestand der Maje-

---

127 Der Reichsverband publizierte z.B. ein Flugblatt mit dem Titel *Die Wahrheit über die preußische Krondotation* und reagierte damit auf die Agitation der SPD angesichts der geplanten Erhöhung der Zivilliste und ein entsprechendes Flugblatt, das an „Herausforderung, an republikanischer Sprache seinesgleichen sucht". Mehr als 400 000 Exemplare der halbamtlichen Schrift, die kostenlos ausgegeben wurde, seien angefordert worden. Korrespondenz des Justizministeriums mit Reichsverband gegen die Sozialdemokratie, in: GStAPK, HA Rep. 84 a (Justizministerium), Nr. 10773., Blatt 65 f.

128 STÖBER, Pressepolitik, S. 47 ff.

129 STÖBER, Pressepolitik, S. 60.

130 Zur zeitgenössischen Diskussion: Ernst MEENTS, Die Idee der Majestätsbeleidigung, Berlin 1895; Paul TUTEUR, Die Majestätsbeleidigung des deutschen Reichsstrafgesetzbuches (Phil. Diss.), Kaiserslautern 1905. Eine eigene Monographie zur Majestätsbeleidigung im Kaiserreich existiert nicht. Vgl. lediglich: Ulrich PAKLEPA, Majestätsbeleidigung, Michelstadt 1984; Helga ABRET, Die Majestätsbeleidigungsaffäre des Simplicissimus-Verlegers Albert Langen, Frankfurt a.M. 1985; Dirk BLASIUS, Geschichte der politischen Kriminalität in Deutschland 1800-1980, Frankfurt a.M. 1983.

131 Die begrenzte Wirksamkeit des Instruments Majestätsbeleidigung hat Rebentisch überzeugend herausgearbeitet. Vgl. REBENTISCH, Gesichter, S. 56 ff. Wehler verzeichnet zwar den ansteigenden Trend, erwähnt aber nicht die sehr bedeutsame Trendwende. Vgl. WEHLER, Gesellschaftsgeschichte III, S. 1241. In den letzten Jahren Wilhelms I. und den ersten Wilhelms II. hatte die Zahl einschlägiger Anklagen mit einer Ausnahme immer unter 800 und die der Verurteilungen um 600 gelegen. 1893 schnellten diese Zahlen nach oben (922/670), um 1894 einen Höhepunkt zu erreichen (952/720). Die Zahlen sanken zwar in den folgenden Jahren, vor allem nach 1900 und dann noch einmal nach 1907. Dies war aber vor allem darauf zurückzuführen, daß 1897 die statistischen Erfassungsmethoden geändert wurden und die Staatsanwaltschaft sich zunehmend der Stumpfheit dieser Waffe bewußt wurde. Letzteres führte 1907 zu einem Allerhöchsten Erlaß, in dem der Kaiser verkündete, daß „Majestätsbeleidigungen, die aus Unverstand, Unbesonnenheit oder sonst ohne bösen Willen" begangen worden seien, künftig straflos bleiben sollten. Vgl. Röhl, AUFBAU, S. 625 ff. und

stätsbeleidigung wesentlich liberalisiert. Voraussetzung für eine Anklage war nun eine nachweisbare Vorsätzlichkeit. Bereits ab 1907 nahmen die, schon seit 1894 sinkenden, Anklagen massiv ab.[132] Hauptgrund für diese Entwicklung war zweifelsohne die Einsicht der Autoritäten, daß man ein stumpfes Schwert in der Hand hielt, das im Zweifel mehr Schaden als Nutzen stiftete.

Die Entwicklung anderer Rechtsmittel zur Kontrolle der Presse vermittelt ein ähnliches Bild.[133] Das Sozialistengesetz verschwand 1890 wegen offensichtlicher Wirkungslosigkeit, und die pressepolizeiliche Überwachung beschränkte sich fortan in der Regel auf die Beobachtung mißliebiger Zeitungen.[134] Einschlägige Akten zeigen, wie die Polizei angesichts mangelnder Zugriffsmöglichkeiten auf die Redaktionen resignierte.[135] Folgerichtig müssen die Motive hinter der Umsturzvorlage auch als Versuch interpretiert werden, der schwer zu kontrollierenden politischen Zeitungskommentaren und der grassierenden Pamphlete Herr zu werden.[136] Bekanntlich errang die Vorlage aber nie Gesetzeskraft.

Entsprechend zahlreich waren Forderungen nach einer effizienteren und zentralisierten Pressearbeit, zumal nachdem Tirpitz für die Marine die Möglichkeiten moderner Propaganda aufgezeigt hatte. Mit den traumatischen Erfahrungen von 1908 im Hinterkopf forcierte Bethmann Hollweg derartige Bestrebungen, scheiterte aber letztlich am institutionellen Egoismus der einzelnen Behörden.[137] Das Jahr 1908 hatte mit dem Höhepunkt des Eulenburg-Skandals und der Daily-Telegraph-Affäre die Informationsarbeit des Pressebüros desavouiert und massive Fragen nach der Kompetenz amtlicher Pressepolitik aufgeworfen.[138]

Alex HALL, The Kaiser, the Wilhelmine State and Lèse-Majesté, in: German Life and Letters 27 (1973/74), S. 101-115.

132 BIRMELE, Press, S. 84. Zum Presseecho auf die Novellierung des Gesetzes zur Majestätsbeleidigung: BAL, R 8034 II (RLB-Archiv), Bd. 4009, 124 ff. Vgl. auch: Friedrich NAUMANN, Majestätsbeleidigung, Die Hilfe, 14 (1908), S. 1; Franz GEYER, Die Majestätsbeleidigung. Unter Berücksichtigung des Gesetzes vom 17.2.1908 (Jur. Diss.) Heidelberg 1909; Adolf KNESE, Die Majestätsbeleidigung des Reichsstrafgesetzbuches unter besonderer Berücksichtigung der Novelle vom 17. Februar 1908 (Jur. Diss.), Göttingen 1909.

133 REBENTISCH, Gesichter, S. 37.

134 Vgl. das umfangreiche „Verzeichnis der in Berlin erscheinenden politischen Zeitungen und Zeitschriften. Bd. 7, 1899-1903" und die sehr wenigen Verfolgungen wegen „Pressvergehen" in: BLHA, Rep. 30 (Politische Polizei), Nr. 14416. Zur Pressearbeit des Berliner Polizeipräsidiums: STÖBER, Pressepolitik, S. 42.

135 Ein Briefwechsel zum Vorgehen gegen das *Berliner Tageblatt* wegen dessen Berichterstattung zu Straßenunruhen offenbart die Resignation der politischen Polizei: in: BLHA, Rep. 30 (Politische Polizei), Nr. 9311, insb. Blatt 8 ff. Die Politische Polizei führte eine eigene Karikaturensammlung: BLHA, Rep. 30 (Politische Polizei), Nr. 9345, Blatt 13. Konsequenzen aus den gesammelten Beweisen wurden allerdings nur äußerst selten gezogen.

136 Vgl. entsprechende Formulierungen im Gesetzentwurf in: Huber, Dokumente, S. 340. Vgl. auch: STÖBER, Pressepolitik, S. 31.

137 Vgl. BIRMELE, Press, S. 11. Bethmann Hollweg, so Hutten-Czapski, besprach mit Hammann jede Angelegenheit „vom Standpunkt der öffentlichen Meinung". HUTTEN-CZAPSKI, Sechzig Jahre II, S. 5. Zur schleppenden Zentralisierung: VOGEL, Organisation, S. 19 ff.

138 BAL, N 2106 (Hammann), Nr. 44, Blatt 1-9. Hinzu kam, daß bereits vor der Affäre Hammann in einen privaten Skandal verwickelt wurde und so kaum mehr handlungsfähig war.

Auffällig, und bisher in der Forschung nicht thematisiert, ist, daß die Sorge um das Image des Monarchen in der amtlichen Pressepolitik nur an nachgeordneter Stelle eine Rolle spielte. Hammann berichtete dem Reichskanzler, nicht dem Kaiser. Auch die ausgeklügelte Propaganda des Reichsmarineamtes sowie die oft amateurhaften Bemühungen der einzelnen Ministerien folgten ihrer eigenen Logik. Währenddessen betrieb weder das Zivilkabinett noch das Hofmarschallsamt eine eigenständige und auch nur ansatzweise systematische Pressepolitik.

Die engen Grenzen amtlicher Pressepolitik im Hinblick auf den Monarchen, die sich verstärkt um 1908 zeigten, illustriert das Schicksal eines vermeintlich innovativen Vorstoßes. Im Oktober des Jahres geriet die von Adolf Stein herausgegebene Zeitschrift *Der Deutsche* in den Mittelpunkt öffentlichen Interesses. Noch wenige Monate zuvor hatte deren apologetischer Artikel mit dem Thema ‚Der Kaiser als Problem' heftige Reaktionen hervorgerufen.[139] Nun, kurz vor dem Ausbruch der Daily-Telegraph-Affäre, erschienen Berichte, die nahelegten, daß die Zeitschrift durch erhebliche, auch finanzielle, Vergünstigungen staatlicherseits gefördert worden war, bzw. potentielle Teilhaber mit ‚Gnadenakten' geködert werden sollten.[140] Eine ohnehin existente Glaubwürdigkeitskrise staatlicher Pressearbeit wurde durch diese Enthüllungen noch einmal verschärft. Das Projekt einer Zeitschrift, die sich des angeschlagenen Rufes des Monarchen annahm, war kurz nach dessen Beginn gescheitert.

Dilettantische Versuche, ein kaiserfreundliches Bild in der Presse herzustellen, wirkten ebenso kontraproduktiv wie die scharfe Verfolgung oppositioneller Äußerungen. Besonders explosiv war die Kritik des Monarchen von der politischen Rechten. Im Raster der Politischen Polizei, die sich auf Anarchisten und Sozialdemokraten konzentrierte, verfingen diese Fälle nicht.[141] Die Praxis, auffällig gewordene alldeutsche Journalisten wie Liman und Reventlow durch Ordensverleihungen wieder in den monarchischen Konsens einzubinden, wirkt so naiv wie hilflos.[142] Am deutlichsten werden die Grenzen kaiserlicher Pressebeeinflussung am Beispiel Hardens. Man kann davon

---

Hellige vermutet sogar, daß Harden die Hammann-Affäre instrumentalisierte, um selbst einen gewissen Einfluß auf die staatliche Pressepolitik zu erlangen. Vgl. HELLIGE, Rathenau und Harden, S. 568 ff. Harden forderte zunächst Holstein auf, wegen der Hammann-Nachfolge bei Bülow zu intervenieren. Holstein lehnte dies jedoch am 20. Oktober ab. Vgl. ROGGE, Holstein und Harden, S. 353.

139 Adolf Stein, Der Kaiser als Problem, in: Der Deutsche 8 (1908) S. 353-357. Diverse Zeitungsartikel, die sich kritisch mit Stein auseinandersetzen, in: BAL, R 8034 II (RLB-Archiv), Bd. 4010, Blatt 125 f.

140 Die Verbindungen wurden aufgedeckt durch die Börsenzeitung *Hermes* vom 7. Oktober 1908. Diverse Artikel zur Verbindung von Stein und Hammann in: BAL, N 2106 (Hammann), Nr. 69, Blatt 1-5. STÖBER, Pressepolitik, erwähnt die Angelegenheit nicht.

141 Vgl. James N. RETALLACK, Conservatives contra Chancellor: Official Responses to the Spectre of Conservative Demagoguery from Bismarck to Bülow, in: Canadien Journal of History 20 (1985), S. 203-236.

142 Vgl. hierzu die Dokumentation zu Ordensverleihungen an diese Journalisten in: BLHA, Rep 30 (Politische Polizei), Nr. 11631; Nr. 12778.

ausgehen, daß Hof und Regierung sehr weit gegangen wären, um Harden ruhig zu stellen, allerdings waren die Mittel, die zur Verfügung standen, unzureichend. Den Journalisten schützte nicht zuletzt seine Prominenz. Gerade in aufsehenerregenden Fällen wie Harden oder Quidde senkte die Herstellung öffentlicher Aufmerksamkeit das Risiko für den Angreifenden.[143]

Diese kurze Skizze staatlicher Pressearbeit vor dem Ersten Weltkrieg präsentiert keine Erfolgsgeschichte.[144] Sie zeigt die enorme Bedeutung, die die Entscheidungsträger der öffentlichen Meinung beimaßen, und zugleich das Unvermögen staatlicher Stellen, den Monarchiediskurs auch nur in groben Linien zu kontrollieren.[145] Darüber hinaus darf nicht übersehen werden, daß keine der staatlichen Stellen zur Presselenkung primär auf das Interesse der Monarchie gerichtet war. Reichskanzleramt, Auswärtiges Amt und vor allem die Initiativen von Alfred v. Tirpitz folgten ihren eigenen Agenden. In der Wechselbeziehung zwischen Monarch und Medien machte sich das Fehlen einer koordinierenden und steuernden Instanz überdeutlich bemerkbar. Diesen Befund, der in den Darstellungen der Pressepolitik kaum gewürdigt wurde, gilt es in den Skandalbeispielen zu überprüfen.

---

143 Immerhin büßte Harden Übertretungen des Komment zweimal mit Festungshaft. Seine enorme Prominenz schützte Harden aber 1908 vor einer dritten, für ihn wesentlich schwerwiegenderen Verurteilung. Weller, Harden, S. 113 f. Zu Quidde: Ludwig QUIDDE, Caligula. Schriften über Militarismus und Pazifismus. Hrsg. von Hans-Ulrich Wehler, Frankfurt a.M. 1977, S. 40. Vgl. auch den Bericht Foersters über seine Festungshaft wegen mißbilligender Äußerungen über eine Rede des Kaisers, in der sich dieser dahingehend geäußert hatte, daß die Sozialdemokraten es nicht Wert seien, den Namen Deutsche zu tragen. Die Mithäftlinge auf der Festung Weichselmünde waren, laut Foerster, wenige und fast ausnahmslos wegen Majestätsbeleidigung dort. Friedrich Wilhelm FOERSTER, Erlebte Weltgeschichte. 1869-1953. Nürnberg 1953, S. 116.

144 Diese ist allenfalls mit der massiven Ausweitung der Pressearbeit im Weltkrieg anzusetzen. Vgl. Gebhardt, Kommunikation, S. 175-189. Zu den Details institutioneller Neuordnungen: VOGEL, Organisation, S. 24 ff.

145 Vgl. z.B. die Interpretation der berühmten ‚Kriegsratsitzung' von 1912 als eine Beratung über eine möglichst effiziente Öffentlichkeitsarbeit bei KOHUT, Germans, S. 138. Zum Scheitern direkt von der Regierung initiierter Pressekampagnen mit dem Ziel, Reich und Dynastie als eine Einheit erscheinen zu lassen – etwa der Versuch, einen Kult um ‚Wilhelm den Großen' zu etablieren – vgl. ebd.

D. Monarch und Medien. Skizze einer Wechselbeziehung

Im August 1902 wurde auf ausdrücklichen Befehl Wilhelms II. ein Telegramm veröffentlicht, in dem der Kaiser seiner Entrüstung darüber Ausdruck verlieh, daß die Zweite Bayerische Kammer es abgelehnt hatte, für eine von ihm geschätzte Kunstsammlung finanzielle Mittel bereitzustellen. Das sogenannte *Swinemünder Telegramm* rief ein selbst für wilhelminische Maßstäbe erhebliches Presseecho hervor. Besorgt um die kaiserliche Autorität, befürchteten die *Hamburger Nachrichten*, daß es zu einer „Demokratisierung des Monarchen" führen müsse, „wenn er das Volk daran gewöhnt, mit ihm die politischen Tagesfragen zu diskutieren wie mit jedem anderen auch".[146]

Was hier als kritische Lagebeschreibung auftritt, war zuvor über Jahre als Ideal einer möglichst direkten Kommunikation des Volkes mit und durch den Monarchen eingefordert und stilisiert worden. Friedrich Naumanns hoffende Feststellung, die Entstehung der öffentlichen Meinung, welche einen unmittelbaren Kontakt zwischen Herrscher und Masse über Presse, Ansprachen und Rundreisen ein „modernes Personalverhältnis zur kaiserlichen Zentralperson" ermögliche, war kein Einzelfall.[147] Naumann deutet hier einen Zusammenhang an, der von zentraler Bedeutung ist. Eine solche Forderung war nicht Ausdruck eines naiven Personenkults, sondern vielmehr Resultat des Zusammenhangs von gesellschaftlicher Mobilisierung und ihren kommunikativen Ausdrucksformen und der Existenz eines komplexitätsreduzierenden Referenzpunktes in Form des Monarchen – Naumann sprach von „Signalperson" -, auf den dieser dynamische Prozeß sich beziehen konnte.[148]

Wilhelm II. entwickelte, angesichts der geschilderten Herausforderungen notgedrungen, den Kommunikationsstil eines modernen, auf Massen und Stimmungen reagierenden Politikers. Eine der Vorbedingungen und gleichzeitig ein Bestandteil der immer wieder beschworenen direkten Kommunikation waren die vielen Reisen Wilhelms II.[149] Der Reisekaiser legte seine angebli-

---

146 Zitiert nach: ZIPFEL, Kritik, S. 98.

147 Friedrich Naumann, Demokratie und Kaisertum. Ein Handbuch für die innere Politik, Berlin 1900, S. 173.

148 Vgl. FEHRENBACH, Wandlungen, S. 210 f., die allerdings die mediale Dimension dieses Prozesses ausklammert. Vgl. lediglich die Hinweise bei CLARK, Wilhelm II, S. 160 ff.

149 Ein Itinerar der Kaiserreisen und eine Aufstellung der öffentlichen Auftritte, Empfänge, Einzüge etc. findet sich bei Kohut, Wilhelm II, S. 235 ff. Vgl. auch: ZIPFEL, Kritik, S. 208 f. Zur Funktionsweise der Wahrnehmung des reisenden Kaisers vgl. den Bericht über ständig ausgebuchte Kreuzfahrten mit Gelegenheit, den Kaiser zu sehen bei: Marschall, Reisen, S. 185 und den Hinweis auf 60.000 in Venedig anläßlich eines Zwischenstopps Wilhelms II. aufgegebene Ansichtspostkarten bei: Karin WALTER, Die Ansichtskarte als visuelles Massenmedium, in: Maase/Kaschuba (Hg.), Schund, S. 46-61, hier S. 55.

che Intention bereits im März 1890 dar: „Bei meinen Reisen [...] habe ich nicht allein den Zweck verfolgt, fremde Länder und Staatseinrichtungen kennenzulernen und mit den Herrschern benachbarter Reiche freundschaftliche Beziehungen zu pflegen; sondern diese Reisen, die ja vielfach Mißdeutungen ausgesetzt waren, haben für Mich den hohen Wert gehabt, daß Ich, entrückt dem Parteigetriebe des Tages, die heimischen Verhältnisse aus der Ferne beobachten und in Ruhe einer Prüfung unterziehen konnte. [...] Da kann man geheilt werden von Selbstüberschätzungen, und das thut uns allen not."[150] Fast alle Kommentatoren zeigten sich grundsätzlich von der Nützlichkeit der Kaiserreisen überzeugt. Selbst wenn Liman erklärte, jetzt, wo die Nation geeint sei, seien die Reisen nicht mehr nötig, akzeptierte er doch implizit, daß dies vorher der Fall war.[151] Die Reisen waren in dieser Deutung ein weiteres Medium einer wünschenswerten, direkten Kommunikation mit dem Monarchen.

Noch weit mehr galt dies für die berühmten Kaiserreden.[152] Im Jahr 1900 gab Reichstagspräsident Franz Xaver Graf v. Ballestrem nicht nur grundsätzlich die Besprechung der Kaiserreden im Parlament frei, sondern lieferte auch noch, aus Anlaß der Feier des 41. Geburtstags Wilhelms II., eine bemerkenswerte Begründung für diesen Schritt: „Er [der Kaiser] richtet [in allen Fragen des öffentlichen Lebens, M.K.] eine geistige Standarte auf, die man von weitem sieht. Meine Herren, nach meiner Ansicht richtet er sie nicht zu dem Zwecke auf, daß man sich still und stumm daran vorbeidrücke, sondern er richtet sie auf, damit sie beachtet, erwogen, besprochen wird von allen denen, die es angeht, vor allem von den Vertretern des deutschen Volkes." Ballestrem betont weiter, daß man in einer „Zeit der Öffentlichkeit und Mündigkeit" lebe. Dies habe der Kaiser erkannt und wolle daher bewußt kein konstitutioneller Monarch sein. Deshalb habe Wilhelm II. die „große Staatsrechtliche Stellung" die ihm verfassungsgemäß, aber insbesondere durch „seine große Individualität" zukomme, immer wahrgenommen. Man müsse die Intentionen des Kaisers erkennen und ihnen entgegenkommen, was zur Voraussetzung habe, daß man seine Meinung kenne.[153]

Der redende Monarch war kein neues Phänomen.[154] Einen Herrscher, der zu politischen Tagesfragen Stellung nahm, kannte aber weder die preußisch-

---

150 Anläßlich eines Festmahls des Brandenburgischen Provinziallandtages. JOHANN, Reden, S. 48 f. Ganz ähnlich argumentierte Wilhelm II. im ‚Ganghofer-Gespräch'. Vgl. hierzu Abschnitt IV.A.1.

151 Paul LIMAN, Der Kaiser. Ein Charakterbild Wilhelms II., Berlin 1904, S. 63 ff. „Sie selbst, Herr Kaiser, scheinen eine Ahnung davon zu haben, daß es für Sie in allererster Linie darauf ankäme, ohne alle Mittelspersonen sich die sachlichen Aufschlüsse zu beschaffen, deren Sie bedürfen, um an Ihrem Orte nützlich und mit Erfolg zu wirken. Auf Ihren Reisen scheinen Sie dies ganz besonders zu fühlen", unterstellte Karl SCHNEIDT. Ders., Briefe an den Kaiser, Berlin 1909, S. 41. Der ‚Schwarzseher' behauptete dagegen, das Reisekaisertum sei schuld an vielen Problemen. Anonym, Kaiser, S. 33 ff. Zur Karikatur des Reisekaisers – fast den einzigen, die den Kaiser nicht in Uniform zeigen -, REBENTISCH, Gesichter, S. 120 ff.

152 Am informativsten zum Publikationsmodus und Auseinandersetzungen zwischen Hof- und Kanzleramt: STÖBER, Pressepolitik, S. 192 ff. Vgl. auch: SÖSEMANN, Hunnenrede, S. 32 ff.

153 Zitiert nach: ZIPFEL, Kritik, S. 94. Vgl. auch KOHUT, Germans, S. 163.

154 Vielmehr hatte Friedrich Wilhelm IV. stilbildend gewirkt. Vgl. CLARK, Wilhelm II, S. 162.

deutsche Tradition, noch existierte dieses Modell in den anderen europäischen Monarchien. Dennoch, oder gerade aus diesem Grund, gelang es Wilhelm II., mit seinem „denkwürdigen wie unerquicklichen Corpus von Rhetorik" eine enorme Wirkung zu erzielen.[155] Der neue Begriff der Kaiserrede weckte ein ganzes Bündel von Assoziationen.[156] Die Kaiserreden waren gewissermaßen die Quintessenz des Wilhelminismus: Die Romanhelden Klaus Heinrich (Königliche Hoheit), Diederich Heßling (Der Untertan) und Henry Hauart (Prinz Kuckuck) reden exakt wie der Kaiser.[157]

Die Kaiserreden wurden durchweg, ebenso wie die vielbesprochenen und häufigen Telegramme Wilhelms II., als genuin politische Akte betrachtet.[158] Wenn das *Berliner Tageblatt* im November 1906 feststelle, daß „nach allgemeiner Überzeugung das Bedürfnis an rednerischen und telegraphischen Kundgebungen [des Monarchen, M.K.] bereits hinreichend gedeckt ist", paßt dies in die gängige Wertung der Reden als größter Malus der wilhelminischen Monarchie.[159] Inhaltlich oft kritisiert galten die Kaiserreden und in noch stärkerem Maße die Telegramme aber auch als Kennzeichen moderner Monarchie. Hierzu paßt der Hinweis auf den avantgardistischen Regierungsstil des Kaisers, an dessen Ausdrucksformen sich unbeweglichere Zeitgenossen erst

---

155 Zitat bei Rudolf Borchardt, Der Kaiser, in: Süddeutsche Monatshefte 5 (1908), S. 237-252, hier S. 243. Generell: KOHUT, Germans, S. 142. Allein in den ersten zwölf Regierungsjahren kam Wilhelm II. auf über vierhundert öffentliche Ansprachen, BRUDE-FIRNAU, Deutung, S. 16. Die Reichweite der Reden belegt das Bemühen der *Deutsche Grammophon Gesellschaft*, 1898 gegründet, bereits 1900 über das Polizeipräsidium beim Civilkabinett „eine Aufnahme der Stimme Sr. Majestät durch unsere Techniker machen zu lassen". Rückblickender Brief der *DGAG* an das Polizei Präsidium vom 9. Januar 1904, in: BLHA, Rep. 30 (Politische Polizei), Nr. 10353, Blatt 1, 6.

156 Alfred Kerr schildert die von Sensationslust durchtränkte Erwartungshaltung, die Aufmerksamkeit der gesamten nationalen und internationalen Presse vor den alljährlich wiederkehrenden, notorischen Reden Wilhelms II. vor dem Brandenburgischen Provinziallandtag. Alfred KERR, Wo liegt Berlin? Briefe aus der Reichshauptstadt. 1895-1900, hrsg. von Günther Rühle, Berlin 1997, S. 567.

157 MANN, Hoheit. Berlin, S. 224; BIERBAUM, Kuckuck, S. 742 f., MANN, Untertan, passim. Vgl. auch: Ludwig THOMA, Die Reden Kaiser Wilhelms II., in: Ders., Die Reden Kaiser Wilhelms II. und andere zeitkritische Stücke, München 1963, S. 9 ff. (ursprünglich 1906). Vgl. zum Motiv bei Heinrich Mann und Thoma: Peter SPRENGEL, Die frühe Moderne in Opposition zum Wilhelminismus. Kaiser-Satiren um 1900, in: Jahrbuch der Berliner Wissenschaftlichen Gesellschaft 1993 (1994), S. 139-158, hier S. 152 ff. Reventlow monierte, die kaiserliche Redegabe sei schädlich, weil sie prägend gewirkt habe und nachgeahmt werde. Sie habe zur Ablösung eines einfachen, schlichten Stils beigetragen. REVENTLOW, Byzantiner, S. 167.

158 Kaiserliche Telegramme als solche, aber auch die intensive – und beizeiten durchaus selbstreflexive - Besprechung derselben durch die Presse wurden als etwas Neues erkannt. Vgl. die eigene Kategorie „Kaiserreden und Telegramme", in: BAL, R 8034 II (RLB-Archiv), Bd. 4005.

159 Bezeichnend ist die Rüge des Kaisersohnes Eitel Friedrichs, der an Caruso telegrafiert hatte, durch das *Berliner Tageblatt*. Zwar sei Eitel Friedrich ein hoffnungsvoller Mann, aber: „Er wird bei einigem Aufhorchen schnell bemerken, daß im Volke gegen fürstliche Depeschen ein leises Mißtrauen besteht." ‚Prinz und Sänger', Berliner Tageblatt, 26. November 1906, (Nr. 601).

gewöhnen müßten.[160] In der Beschreibung Karl Lamprechts werden Erstaunen und Faszination deutlich. Lamprecht schildert den Kaiser als Redner des „repräsentativen Stils", welcher nicht durch seinen Gedankenreichtum oder stilistischen Ausdruck, sondern allein durch die atmosphärische Wirksamkeit und den mitreißenden Schwung des Vortrags beeindrucke: „Eine volle, sonore Stimme ergoß sich breit und breiter durch den gewaltigen Raum, und nicht lange, so setzte ein immer lebhafter werdendes Mienenspiel, eine zu vollster Tätigkeit aufsteigende Gestikulation ein. Der Kaiser wurde Redner vom Scheitel bis zur Zehe [...] Was besagte da der Inhalt?"[161]

Gerade der Inhalt war es aber, der den Kaiserreden ihre ungeheure Beachtung sicherte. In zumindest vordergründigem Enthusiasmus quittierte Rudolf Borchardt dies in seiner Bewertung des Gegenstandes: „Wenn alle diese Reden, die der Kaiser, in beständigem Aufbruche, bald hier bald dort erscheinend und sich bekannt machend, gehalten hat, ihre Absicht nicht verfehlen; wenn es ihnen gelungen ist, die alten politischen Orientierungen mindestens zu beunruhigen und ins Schwanken zu bringen, wenn sie schließlich ein wie immer vages Bild seiner Person in der öffentlichen Phantasie befestigen, so muß eine außerordentliche persönliche Überzeugungskraft, das dämonische Fluidum, das die Mächte der Geschichte über die Helden ausgießen, sich der logischen Kraft substituiert haben, und der überlieferte Wortlaut ist nicht viel mehr als das caput mortuum des Zaubers und das Dokument eines problematischen Zustandes."[162]

Borchardt ließ sich, eingestandenermaßen, von seiner grenzenlosen Bewunderung für den Monarchen forttragen, beobachtete aber besser als viele andere Kommentatoren die politische Relevanz der Kaiserreden. Die Kommentare über des Kaisers „gleißende Phrase"[163] waren bei weitem nicht alle so positiv, sie stimmten aber darin überein, daß der Kaiser als Redner etwas Neues unternahm. Der Kaiser äußert in freier Rede seine Weltanschauung ungehemmt, stellte Alfred Kerr erstaunt fest.[164] Hier setzte die Kritik an, die lauter wurde, aber keineswegs ausschließliche Meinung. Die zunehmend dominierende Linie einer negativen Bewertung der Reden machte sich an den berühmten rhe-

---

160 Als Redner sei der Kaiser einzigartig. Erst allmählich habe „das Interesse an kaiserlichen Reden insofern etwas nachgelassen, als [...] die ursprüngliche gewaltige Begeisterung in manchen ‚gut' nationalen Kreisen eben so sehr zurückgegangen ist, als die Mißstimmung und Erregung, die in größeren Schichten der Nation bei früheren kaiserlichen Kundgebungen sich bemerkbar zu machen pflegten", hieß es in: ‚Wenn der Kaiser spricht', Pfälzische Volkszeitung, 4. September 1907.

161 Karl LAMPRECHT, Der Kaiser, Berlin 1913, S. 75, 34. Ähnlich positiv urteilte Borchardt: „Er hat seitdem glänzende Reden gehalten, am schönsten immer die einfachsten und kürzesten, vor Soldaten, denen er den Fahneneid abnimmt, an der Tafel mit praktischen und vornehmen Kaufleuten, wo seine vieles verknüpfende Gedankenkühnheit sich verstanden und seine herrliche Geradheit sich sicher fühlt [...]." Rudolf Borchardt, Der Kaiser, in: Süddeutsche Monatshefte 5 (1908), S. 237-252, hier S. 243.

162 Rudolf Borchardt, Der Kaiser, in: Süddeutsche Monatshefte 5 (1908), S. 237-252, hier S. 243.

163 Otto Hammann, zitiert nach KOSZYK, Presse, S. 259.

164 Vgl. KERR, Berlin, S. 497.

torischen Entgleisungen Wilhelms II. fest. Schon für die frühen neunziger Jahre berichtete Kerr, wie bereits vor den besonders notorischen Reden Wilhelms II. vor dem Brandenburgischen Provinziallandtag die Aufmerksamkeit der sensationslustigen nationalen und internationalen Presse anstieg.[165] Eine grundsätzlichere Kritik hingegen nahm ein Strukturproblem der wilhelminischen Innovation ‚Kaiserrede' in den Blick. Es sei „kein normaler Zustand, wenn die Allerhöchste Person des Kaisers auf diese Art in die Parteikämpfe, in das politische Leben überhaupt hineingezogen werden kann",[166] monierte die *Kölnische Volkszeitung* zehn Jahre nach der Thronbesteigung Wilhelms II.[167] Im Jahr 1910, nach den Erfahrungen der Daily-Telegraph-Affäre und einem weiteren Lapsus des Kaisers, hieß es im *Simplicissimus* nur mehr: „Der Kaiser ist los!".[168] Das originellste Beispiel radikaler Kritik an den Reden, die direkt die Person des Monarchen traf, war der unkommentierte Abdruck jener Kaiserrede, in der Wilhelm II. „Nörglern" empfahl, schleunigst das Land zu verlassen im *Berliner Tageblatt*, ergänzt lediglich um Artikel 27 der Preußischen Verfassung – das Recht jedes Preußen zur freien Meinungsäußerung.[169] Politisch delikater war die Kritik an Häufigkeit und Inhalt der Kaiserreden, welche die Fraktionsführer der Nationalliberalen, des Zentrums und der beiden konservativen Parteien Reichkanzler Bülow im Januar 1903 schriftlich übermittelten.[170]

Die Essenz derartiger Urteile ist die bekannte Deutung der Kaiserreden als Ursache eines anschwellenden Ärgernisses und als wesentlichste Fehlleistung des Monarchen. Mindestens ebenso überzeugend läßt sich die stetige Ernüchterung über die imperialen Formulierungsversuche der Reichsbefindlichkeit als Enttäuschung einer hohen Erwartung lesen. Ein deutliches Symptom dieser Überschätzung der Möglichkeiten des Monarchen ist, daß Kritiker wie Apologeten den Inhalt der Kaiserreden nahezu immer verabsolutierten, d.h. als Programm begriffen.[171] Unbestritten waren die Reden das schillernde Markenzeichen Wilhelms II. Hierfür aber nur persönliche Vorlieben Wilhelms II als Grund zu veranschlagen hieße ein strukturelles Bedürfnis zu verkennen.

---

165 KERR, Berlin, S. 567. Zu den berüchtigten Reden Wilhelms II. vor dem Brandenburgischen Provinziallandtag vgl. den von Felix ESCHER bearbeiteten Abschnitt in: Kurt Adamy/Kristina Hübener (Hg.), Geschichte der brandenburgischen Landtage von den Anfängen 1823 bis in die Gegenwart, Potsdam 1998, S. 131 ff.

166 ‚Kaiser und Landbund', Kölnische Volkszeitung, 10. September 1898.

167 Zur Kritik an der ‚Parteifunktion' des Monarchen: Abschnitt III.A.3. Zur Kritik an Inhalt und Häufigkeit der Kaiserreden diverse Beispiele in: BAL, R 8034 II (RLB-Archiv), Bd. 4009, Blatt 98 ff.

168 Anläßlich der sogenannten Königsberger-Rede. Vgl. Zipfel, Kritik, S. 157 ff.

169 Angeblich erwiderte Wilhelm II. darauf lachend: „Sie hätten nur noch hinzufügen sollen, daß auch der *König* das Recht hat, seine Meinung frei zu äußern!" RÖHL, Aufbau, S. 436.

170 Abgedruckt in: HUBER, Dokumente II, S. 25.

171 Beispielhaft für Verabsolutierung der Kaiserreden: Anonym, Romantiker, S. 16 f. Zur Verbindlichkeit der Kaiserreden für die protestantische Kirche: Bastiaan SCHOT, Wilhelm II., die Evangelische Kirche und die Polenpolitik, in: Stefan Samerski (Hg.), Wilhelm II. und die Religion. Facetten einer Persönlichkeit und ihres Umfelds (Forschungen zur brandenburgischen und preußischen Geschichte, Beiheft 5), Berlin 2001, S. 133-170, hier S. 166.

In nachgerade idealer Weise entsprachen die kaiserlichen Meinungsäußerungen den Bedürfnissen moderner Massenmedien nach komprimiert-bündiger, klischeehafter und schlagwortartiger Formulierung politischer Probleme. Sie füllten eine Leerstelle im politischen Kommunikationsprozeß des Kaiserreichs. Die Reichstagsreden der einzelnen Parteipolitiker wurden zwar in der Presse oft abgedruckt, waren aber als Angelpunkte für öffentliche Diskussionen zu komplex und nicht ausreichend gegenüber konkurrierenden Verlautbarungen hervorgehoben. Die Kaiserreden hingegen, fast immer ohne Manuskript gehalten und daher durch den Reichskanzler kaum kontrollierbar, entsprachen zunächst den besonderen Bedingungen von Versammlungen, die eine „fiery language" forderten. Gerade dieses Charakteristikum verlieh ihnen, neben der Prominenz des Sprechers, mediale Relevanz.[172] Eine intime, farbige Sprache traf nicht nur die Bedürfnisse der jeweiligen Versammlung, sondern gerade der Massenpresse, die mit ausführlich redigierten Thronreden weit weniger anzufangen wußte als mit kräftigen Politbildern – wie schief diese auch immer sein mochten. Für die Deutung der Kaiserreden als eines nicht notwendigen, strukturell aber naheliegenden Phänomens spricht zudem, daß ähnliche Erscheinungen international auftraten. William Gladstone war der erste Politiker, der in den 1880er Jahren, also kurz vor der Thronbesteigung Wilhelms II., erfolgreich die neuen medialen Möglichkeiten zur Multiplizierung politischer Willensäußerungen nutzte.[173] Gladstone verband universale und spezifische Aussagen in seinen Reden dergestalt, daß er ein lokales Auditorium erreichte und die jeweilige Rede als Ereignis wiederum den Aufhänger bot, um eine Aussage medial zu verbreiten. Der zeitgleich mit Wilhelm II. amtierende amerikanische Präsident Theodore Roosevelt machte sich dieses Phänomen dann ebenso zunutze wie der deutsche Kaiser.

Daß nach den Kaiserreden regelmäßig mehrere Versionen des Gesagten kursierten, erhöhte die Debattierfähigkeit und damit das Medieninteresse zwangsläufig. Die häufige Kritik resultierte nicht zuletzt aus der Tatsache, daß die feurigen Redewendungen in der Regel an ein Auditorium von Gleichgesinnten gerichtet waren, dann aber landesweit – und in schriftlicher Form – rezipiert wurden. Seine eigenwilligen Vorstellungen über sein Gottesgnadentum konnte Wilhelm II. einer Versammlung brandenburgischer Adliger weit besser vermitteln als den Lesern des *Berliner Tageblatts*.[174] Genauso verhielt es sich

---

172 THOMPSON, Scandal, S. 40.

173 Joseph S. MEISEL, Public speech and the culture of public life in the age of Gladstone, New York 2001.

174 Daß die Reden die Übereinstimmung von Sprecher und Publikum ausdrückten und wiederum bestärkten, beobachtete Maximilian Harden und betonte, daß die Monarch und Untertan verbindende Sprache gemeinsame Bestrebungen und Werthaltungen ausdrücke. Vgl. BRUDE-FIRNAU, Deutung, S. 16. Ganz ähnlich auch ein Artikel der *Deutschen Zeitung*: ‚Kaiser Wilhelm II. als Redner', Deutsche Zeitung, 1. Juni 1907, (Nr. 124).

mit übertrieben martialischen Verlautbarungen, dem zweithäufigsten Kritikpunkt an den Kaiserreden.[175]

Es ist allerdings nicht gänzlich abwegig, in der Kritik an den Reden intellektuelle Vorbehalte gegen einen populistischen Herrscher zu sehen.[176] Auch kritische, d.h. dem linksliberalen Spektrum zuzuordnende Zeitungen, griffen den Inhalt der Kaiserreden in aller Breite auf und knüpften hieran allgemeine politische Betrachtungen. Auch diese Zeitungen waren bereit, sofern mit ihren Vorstellungen kompatibel, den Inhalt der Reden zustimmend ins Feld zu führen. Selbst für die Kommentatoren des *Vorwärts* waren die Kaiserreden ein ganz wesentlicher – und nicht notwendigerweise negativer – Bezugspunkt.

Rückblickend betrachtet, blieben die Kaiserreden ungelenke und inhaltlich diffuse Versuche des politischen ‚Agenda-Setting'. Dessen ungeachtet waren sie ebenso konkurrenzlose Anknüpfungspunkte für die allgemeine politische Diskussion wie beständig wiederkehrende Aufhänger für Kritik am Monarchen.[177] Sie dienten als Katalysatoren und Kristallisationspunkte für öffentliche Auseinandersetzungen. Daher muß es nicht verwundern, wenn einige Zeitungen dafür plädierten, den Kaiserreden sogar noch mehr Beachtung zu schenken. Die Zurückhaltung der Presse müsse aufgegeben werden, „wenn es sich in den Ansprachen des Monarchen um [...] bedeutsame Fragen der Politik" handele, forderte die *Berliner Zeitung* und lieferte damit ein Beispiel für die verbreitete Selbsteinschätzung der Presse als Bindeglied zwischen Volk und Monarch. Die Zeitung kritisierte, daß die Reden zwar in der Bevölkerung breit diskutiert würden, in der Presse aber noch nicht ausreichend als politische Ereignisse Beachtung fänden: „Wenn die Könige bauen, haben die Kärrner zu thun. Und wenn der Deutsche Kaiser reist und dabei reichlich Reden

---

175 Bülow plädierte aus nachvollziehbaren Gründen dafür, daß Reden, die Wilhelm II. vor dem „versammelten Kriegsvolke" hielt, überhaupt nicht mehr publiziert werden dürften. Zit. nach: STÖBER, Pressepolitik, S. 196.

176 Diese Vorstellung konnte an die Vorstellung direkter Kommunikation zwischen Kaiser und Volk, die auch sprachlich die Intellektuellen ‚überbrückte', anknüpfen. Vgl. Sonja REINHARDT, „Wie ihr's euch träumt, wird Deutschland nicht erwachen". Formen der Herrschaftslegitimation in ausgewählten Reden von Kaiser Wilhelm II. und Adolf Hitler (Phil. Diss.), Hannover 1994, S. 25. Zur zwangsläufigen Attraktivitätssteigerung populistischer politischer Konzepte durch den Druck der Massenmedien: RETALLACK, Demagogentum, S. 309-325.

177 Dieses Bild bestätigt eine Durchsicht der im Pressearchiv des Reichslandbundes zusammengestellten über 150 Zeitungsartikel, welche auf die Königsberger-Rede Wilhelms II. von 1894 reagierten. Bezeichnend ist, daß die verschiedenen politischen Richtungen versuchten, die Rede für sich zu instrumentalisieren, bzw. nach einem Abstand von einigen Tagen die Beschäftigung mit dem journalistischen Gegenüber die Beschäftigung mit der Rede ersetzt. Dieses Prozedere wurde durch die Tatsache gefördert, daß wichtige Presseartikel in anderen Organen wiedergegeben wurden. Die Tatsache, daß ein Artikel zum Kaiser in Blatt ‚X' erscheint, ist die Nachricht, nicht mehr primär die Kaiserrede, auf die dieser sich bezieht. Reaktionen lassen sich noch bis zum 3. Oktober 1894, d.h. noch einen Monat nach der Rede nachweisen. BAL, R 8034 II (RLB-Archiv), Bd. 4005. In den Presseübersichten Karl Wippermanns nehmen die Pressestimmen zu den kaiserlichen Reden ca. 10% des Raumes ein und finden sich am Anfang jedes Bandes. Karl WIPPERMANN, Deutscher Geschichtskalender, Bd 1, Leipzig 1900.

hält, so haben die Werkleute der Tagespresse beständig zu berichten und zu beleuchten und zu deuten."[178]
Es paßt in dieses Bild, daß Ernst v. Reventlow forderte, der Reichstag müsse stärker hervortreten, um die Diskussion der Kaiserreden zu systematisieren.[179] Die wichtige Rolle der Reden für die angestrebte direkte Kommunikation zwischen Monarch und Volk unterstrich auch Paul Liman: „Was der Kaiser spricht, das bleibt nicht verborgen, und es soll auch nicht verborgen bleiben, denn im letzten Grunde hat das Volk ein Anrecht darauf, zu hören, was sein Kaiser sagt."[180] Der Monarch müsse seine Meinung äußern dürfen, müsse reden dürfen, sonst werde er zum Schattenkaiser degradiert, mahnte Erdmann.[181] Liman und Reventlow liefern Belege für die These, daß der Redekaiser eine strukturelle Lücke füllte. Die ‚Redewut' Wilhelms II. entsprang keineswegs nur einem ‚Spleen' des Monarchen. Vielmehr entsprach sie den Erfordernissen einer kommunikativ mobilisierten Gesellschaft. Arnold Berger brachte diesen Zusammenhang 1913 beschönigend auf den Punkt. Der „neue Typus des Kaisertums" sei geschichtlich notwendig, weil nur so der Kaiser sein Volk unmittelbar für die neuen Ziele begeistern könne, die er „als persönlicher Träger der Reichsidee und ihrer Zukunftshoffnungen [...] auf unermüdlichen Reisen zu Lande und zu Wasser wie als Redner großen Stiles bei allen erdenklichen Anlässen verkündet."[182]

Die hohe Aufmerksamkeit für den ‚Output' des Monarchen spiegelt sich im öffentlichen Interesse für den ‚Input'. Alle intimen Kaiserkenner stimmten darin überein, daß Wilhelm II. durch Presseartikel leicht zu beeinflussen war.[183] Durch intensive Zeitungslektüre informierte sich Wilhelm II. über die großen politischen Themen, und in verschiedenen Ämtern zusammengestellte Ausschnittsmappen unterrichteten den Monarchen über aktuelle Entwicklungen, sollten ihn aber auch für die Gefahren ungeschickten öffentlichen Auftretens sensibilisieren.[184] Trotz aller Einschränkungen durch die kaiserliche Entourage und die Ausschnittsammlungen las der Kaiser verschiedene

---

178 ‚Und weiter sprach der Kaiser ...', Berliner Zeitung, 9. September 1898.

179 Reventlow hielt es für falsch, daß bisher nur die offiziöse Version der Kaiserreden diskutiert werde. „Die Frage des Nutzens oder Schadens muß das Kriterium bilden." So wie es bisher gehe, werde der Kaiser aber in der Ansicht bestärkt, er befinde sich auf dem richtigen Weg. REVENTLOW, Byzantiner, S. 34 ff. Ähnlich: LIMAN, Kaiser, S. 99.

180 Liman insistierte auf der Verantwortung des Kaisers für das, was er denke: „Wenn die Reden vom Sparenberge, von Breslau und Aachen oder vorher die Märkerreden, wenn die Telegramme von Saarbrücken und Swinemünde, wenn die Kundgebungen beim Tode Krupps hundertfach die Unterschrift des Kanzlers trügen, so ist es doch der Kaiser, mit dem das Volk debattiert, offen oder heimlich, er ist es, der den Beifall erringt oder die Last der Enttäuschung zu tragen hat." LIMAN, Kaiser, S. 179.

181 ERDMANN, Kaiser, S. 11 f.

182 Arnold E. BERGER, Wilhelm II. und das Reich, Darmstadt 1913, S. 13 f. und 29.

183 RÖHL, Aufbau, S. 142.

184 Die Durchführung dieses Verfahrens war Gegenstand eines ständigen – auch öffentlichen – Disputs. Vgl. HUTTEN-CZAPSKI, Sechzig Jahre I, S. 242. Jetzt: STÖBER, Pressepolitik, S. 36 ff.

Presseerzeugnisse, einschließlich der *Zukunft*, „mit großer Leidenschaft".[185] Aus der Presse erhielt Wilhelm II. die Impulse für seine politischen Initiativen. Anweisungen an Minister erfolgten daher nicht selten in Form annotierter Presseausschnitte. Wilhelm II. sah wohl kaum die Berechtigung der öffentlichen Meinung, erkannte aber klar, daß Politik jenseits der öffentlichen Meinung nicht mehr möglich war.[186] Zumindest in Ansätzen entwickelte Wilhelm II. das Kommunikationsverständnis eines auf politische Stimmungen reagierenden Politikers.

Bei einer ständig ihre Voraussetzungen und Entwicklung reflektierenden Presse kann es nicht verwundern, daß diese auch das Verhältnis des Monarchen zu den Medien thematisierte. Das Thema galt den Kaiserkritikern sogar als eines der sensibelsten und wichtigsten: „Nie hat ein Monarch der Resonanz, welche allein die Presse verleihen kann, mehr bedurft, als Wilhelm II. Und doch ist unser Kaiser kein Freund der Presse. Ist es nicht, weil er zum bereitwillig gespendeten Weihrauch die unvermeidliche Kritik, auch die wohlwollendste einer ‚allergetreuesten Opposition' nicht in Kauf nehmen mag", urteilte ein ‚Schwarzseher'.[187] Gleichzeitig beobachtete August Stein, Chefredakteur der *Frankfurter Zeitung*, das genaue Gegenteil.[188] Stein bewertete die Einstellung Wilhelms II. zur Presse als „äußerst modern". Besonderes Lob fand die vom Kaiser eigenhändig organisierte, zuvorkommende Behandlung von Journalisten anläßlich der Eröffnung des Kaiser-Wilhelm-Kanals 1895.[189] Tatsächlich waren die Kommentare gar nicht so gegensätzlich. Beide teilten die Überzeugung, daß der Monarch ein „Freund der Presse" sein müsse. In einer Erwiderung auf Stein beklagte ein Artikel im Organ des deutschen Verlegervereins, daß der Kaiser der Presse zu wenig Aufmerksamkeit schenke und sie lediglich als Hilfsmittel betrachte.[190] Zeitgleich forderte Theodor Fritzsch im *Hammer* ebendies: Unter Ausschaltung des liberalen Spektrums

---

185 RÖHL, Aufbau, S. 141. Freilich mußten diese, wie Bismarck bemerkte, „pikant" sein. Ebd., S. 142 f. Es lassen sich unzählige Beispiele anführen, in denen Wilhelm II. sich über die Rolle bestimmter Zeitungen erregte. KOHUT, Germans, S. 220. Der badische Gesandte schilderte seinem Großherzog die merkwürdige Freude, die Wilhelm II. aus der negativen Aufnahme seiner Reden zog: „'Meine Rede hat gesessen. Sie schimpfen furchtbar darüber in den Zeitungen'. In der Tat liest S.M. nach solchen Reden mit ganz besonderem Vergnügen die oppositionellen Blätter." RÖHL, Aufbau, S. 436. Zur Lektüre der *Zukunft* durch Wilhelm II.: WELLER, Harden, S. 110. Zu Wilhelms II. divergierenden Meinungen über die Presse vgl. STÖBER, Pressepolitik, S. 189 ff.

186 In einem Brief an Zar Nikolaus vom 8. Mai 1909 erklärte Wilhelm II. sogar, als Herrscher „die Pflicht" zu haben, die Genesis und Entwicklung der öffentlichen Meinung genau zu studieren. KOHUT, Germans, S. 135.

187 SCHWARZSEHER, Kaiser, S. 76.

188 August Stein, ‚Vom Kaiser und von der Presse', Frankfurter Zeitung, 3. August 1906, abgedruckt in DERS., Es War Alles Ganz Anders. Aus der Werkstätte eines politischen Journalisten, Frankfurt a.M. 1926, S. 174-183.

189 Die Erinnerung Steins deckt sich mit den Fakten: vgl. RÖHL, Aufbau, S. 777 ff.

190 H.H., ‚Kaiser Wilhelm und die deutsche Presse', Der Zeitungs-Verlag, 9. August 1906, (Nr. 32), zit. nach: Stöber, Pressepolitik, S. 209.

solle der Monarch die Presse zur „Erneuerung unseres nationalen Lebens" instrumentalisieren.[191]

Diese Zitate zeigen, wie abgeklärt die den Kaiser kommentierenden Medien ihre eigenen Voraussetzungen und die des Monarchen reflektierten. Die Beobachtungen stammen sämtlich aus den Jahren um 1906. Sie reflektieren einen Erfahrungsprozeß, der spätestens zu diesem Zeitpunkt als krisenhaft empfunden wird. Es ist nicht ohne Relevanz, daß sensible Beobachter wie Thomas Mann, Rudolf Borchardt und Otto Julius Bierbaum in ihren mehr oder weniger verschlüsselten Auseinandersetzungen mit der wilhelminischen Monarchie zu diesem Zeitpunkt das Volk bewußt durch ein Publikum ersetzten.[192] Dem Publikum, das sich als solches begreift, steht hier der Repräsentant gegenüber.[193]

Eine derartige Gegenüberstellung ist auch als Analyseinstrument wertvoll. Das ‚reale' Publikum wußte sehr genau um die Regeln der Darbietung, die der Monarch bot, und die Zwänge, unter denen er handelte. Die Massenmedien brachten eine riesige Zahl informierter Kaiserdiskutanten hervor, die über ein gemeinsames, oft intimes Wissen verfügten und mit einem geteilten Set von Kriterien und Maßstäben urteilten. Es existierten genaue Vorstellungen über das, was vom Monarchen erwartet werden konnte.[194] Der Monarch wiederum stand diesen strukturellen Veränderungen fast machtlos gegenüber. Seine Positionierung in der Öffentlichkeit steuerte zwischen der Scylla einer nicht mehr länger akzeptierten Zurückgezogenheit und der Charybdis einer Trivialisierung der ‚öffentlichen Monarchie'.[195] Die Spielregeln des medialen Massenmarktes forderten eine sichtbare und vernehmbare politische Führungsfi-

---

191 Theodor Fritzsch, Der Kaiser und die Journalisten, in: Hammer 5 (1906), S. 505-510.

192 Bierbaum ließ seine Romanfigur Hermann Honrader 1907 über die moderne Monarchie räsonieren: „Die heutigen Souveräne haben, auch wenn sie mit ihrer Persönlichkeit tagtäglich ins grelle Rampenlicht der Presse treten, immer etwas Unpersönliches. Was sie immer tun mögen, es wirkt als Repräsentation, wie persönlich auch die Gebärde sein mag. Ein heutiger Fürst ist immer offiziell, er kann sich nicht die Nase schneuzen, ohne daß es in alle Welt hinaustelegraphiert wird; – und wenn einer es darauf anlegt, nicht offiziell zu scheinen (denn es bleibt immer bloß Schein), so ärgert sich das Publikum und zischt (man sagt jetzt Publikum statt Volk – alles Öffentliche hat etwas Theaterhaftes bekommen)." BIERBAUM. Kukkuck, S. 590. Vgl. auch ebd. S. 595. Vgl. die auffallend ähnliche Sicht in Thomas Manns ‚Königlicher Hoheit', S. 258 und die Verwendung des Begriffs bei Rudolf Borchardt, Der Kaiser, in: Süddeutsche Monatshefte 5 (1908), S. 237-252, hier S. 240 und 247.

193 Dies ist ein wesentlicher Unterschied zur frühneuzeitlichen Monarchie. Vgl. ENGELS, Königsbilder, S. 258

194 Dieses Problem klingt im Konzept der Theatralität an, scheint hierin in seiner politischen Relevanz aber nur ungenügend erfaßt. Auf den Zusammenhang zwischen dem Aufkommen der Massenmedien und der Theatralisierung der Monarchie ist zuletzt eindringlich verwiesen worden. Zum Konzept der Theatralität: BLACKBOURN, Populists, S. 249 ff,. Zum Zusammenhang von Theatralität und Benutzung von Symbolen durch Wilhelm II.: KOHUT, Germans, S. 143. Zum Begriff des Publikums jetzt: PAULMANN, Pomp, S. 21, 379.

195 Carl Techet urteilte: „Zerstört haben den Glauben die Fürsten selbst, denn er bedarf der Distanz, und diese ist trotz aller Unnahbarkeit, womit sich ein Fürstenhof umgibt, verloren gegangen [...]. Das Mysterium ist zerstört worden durch die illustrierten Blätter und den Kinematographen." Carl TECHET, Völker, Vaterländer und Fürsten. Ein Beitrag zur Entwicklung Europas, München 1913, S. 413 ff.

gur, die dann wiederum bevorzugtes Objekt der Kritik wurde.[196] Im Phänomen des Redekaisers zeigt sich anschaulich diese Ambivalenz. Die politischen Skandale, die die Regierung Wilhelms II. prägten, sind deren unmittelbare Folge.

[196] Noch 1913, nach unzähligen desillusionierenden Vorstößen Wilhelms II. in die Öffentlichkeit, kritisierte der Anthropologe Eugen Fischer (1874-1967) diejenigen, die glauben, man müsse die Macht des Kaisers beschränken, um sie zu erhalten. Solche Ideen entsprächen nicht den Anforderungen an moderne Herrschaft. Des Kaisers Aussagen über seine Verachtung der öffentlichen Meinung seien daher tatsächlich „ein Appell an die öffentliche Meinung". Erst die Popularität der Monarchie sei deren Rechtfertigung. Eugen Fischer, Des Kaisers Glaube an seinen göttlichen Beruf, in: Die Tat 5 (1913), S. 574.

III. Anspruch und Grenzen der Programmonarchie

A. Die Neudefinition der Monarchie als öffentliche Erfahrung

Es war kein Zufall, daß Ludwig Quidde in seiner Broschüre über den römischen Cäsar Caligula zuerst auf die immensen Erwartungen an den jungen Cäsar zu sprechen kam. Die Verbindung von Erwartung und Enttäuschung bildete den roten Faden, aber auch den Hintergrund der Broschüre. Signifikanterweise fielen das Ende des mit vielen Hoffnungen verbundenen Caprivischen Neuen Kurses und die Veröffentlichung des *Caligula* zusammen.[1] Im Rückblick waren sich alle Kommentatoren über die Wirkmächtigkeit einer überzogenen Erwartungshaltung nach der Thronbesteigung Wilhelms II. einig. Inmitten der Kaiserkrise 1908 bemerkte Paul Busching, daß die nunmehr kritische Sicht auf Wilhelm II. das Vergessen der extrem hohen Erwartungen bei dessen Thronbesteigung und das Aufatmen über den Sturz Bismarcks einschließe.[2]

Für sich genommen ist die Feststellung hoher Erwartungen allerdings wenig aussagekräftig und läßt sich ebensowenig überprüfen wie die vermeintliche Popularität des Monarchen. Beide Begriffe sind uneindeutig definiert und als Kategorie nicht sinnvoll auf die Quellen übertragbar. Vielversprechender ist eine Analyse der veröffentlichten Erwartungen, d.h. zunächst der Kommentare nach dem Thronwechsel. Wenn, wie hier behauptet, die Caligula-Affäre die Verarbeitung der frühen Jahre Wilhelms II. als öffentliche Erfahrung reflek-

---

1 Der Neue Kurs endete faktisch mit dem Rücktritt Caprivis am 26. Oktober 1894. Vgl. die zeitgenössische Kritik am Neuen Kurs 1894 etwa bei Max Schneidewin, Das politische System des Reichskanzlers Grafen von Caprivi, Danzig 1894 und Friedrich Lange, Deutsche Politik, Sonderdruck aus der Täglichen Rundschau Nr. 263 bis 267, Berlin 1894.

2 Paul Busching, Der Kaiser, in: Süddeutsche Monatshefte 5 (1908), S. 614-620, hier S. 614. Die Historiker haben dieses Bild bestätigt. Elisabeth Fehrenbach argumentiert, daß allein die hochgespannten Erwartungen, die zu Beginn der wilhelminischen Ära an das persönliche Regiment geknüpft worden waren, die spätere überspannte Diskussion Wilhelms II. erklären können. Auch Röhl verweist auf die die prägende Wirkung der ersten Kommentierungen des jungen Monarchen. FEHRENBACH, Wandlungen, S. 97; RÖHL, Aufbau, S. 42 und 568.

tiert, müssen die wesentlichen Themen, die das frühe Sprechen über Wilhelm II. bestimmten, in den Blick genommen werden: zum einen der Kult um den jungen Kaiser, zum anderen der Problemkomplex Bismarckentlassung. Hypothetisch wird angenommen, daß trotz der dynamischen Diskussion Wilhelms II. entscheidende Linien der Kritik und Kommentierung in den ersten zwei Jahren seiner öffentlichen Wahrnehmung festgelegt wurden.

1. Die Thronbesteigung Wilhelms II.

„Als Wilhelm II. den Thron bestieg“, so resümierte Gustav Adolf Erdmann 1901, „geschah dies unter psychologisch wenig günstigen Verhältnissen.“[3] Durch personelle Kontinuität der führenden Politiker war in der ersten Phase des Kaiserreichs ein statisches Verständnis von Politik befördert worden.[4] Komprimiert auf wenige Monate brachte das Jahr 1888 den Tod Wilhelms I., jenes Monarchen, der die Reichseinheit personifizierte, und das öffentliche Sterben Friedrichs III. Es liegt nahe, die ‚Trennung' von zwei vertrauten, eminenten Figuren, die über dreißig Jahre den Staat repräsentiert hatten, als irritierend zu bewerten.[5] Innerhalb einer sehr kurzen Zeit verließen zwei Symbolfiguren die politische Bühne, die jeweils für die Kontinuität des Erreichten bzw. für den Aufbruch zu neuen, liberalen Ufern standen.

Beiden Befindlichkeiten wollte die inszenierte Thronbesteigung Wilhelms II. sich offenbar stellen. Die neuartig ausgestaltete Herrschaftsübergabe zielte in mehrerlei Hinsicht darauf ab, Hoffnungen und Erwartungen zu wecken.[6] Insbesondere die aufwendige Zeremonie der Reichstagseröffnung durch den neuen Kaiser markierte symbolisch die Herrschaftsübernahme und beschwor durch die Präsenz Bismarcks, Moltkes und der Bundesfürsten Reichseinheit und politische Kontinuität. Eine unendlich reproduzierte Auftragsarbeit Anton v. Werners hielt die detailliert ausgeschmückte Feier im Weißen Saal des Berliner Schlosses im ‚Spiegelsaalstil', also mit starken Reminiszenzen an die Reichsgründung, fest. Gleichzeitig betonte die Neuartigkeit der Veranstaltung

---

3 Gustav Adolf ERDMANN, Der deutsche Kaiser und sein Volk, Leipzig 1901, S. 7. Zur Thronbesteigung vgl. die Berichte in der Mappe: ‚Der Regierungsantritt Kaiser Wilhelms II. am 15. Juni 1888 und Berichte über Geschenksendungen an den Kaiser', in: BAL, R 8034 II (RLB-Archiv), Bd. 11096. Zur eigenwilligen Inszenierung der Thronbesteigung durch den neuen Kaiser: RÖHL, Aufbau, S. 22 ff.

4 Vgl. Jürgen W. SCHAEFER, Kanzlerbild und Kanzlermythos in der Zeit des „Neuen Kurses“. Das Reichskanzleramt 1890-1900 und seine Beurteilung in der zeitgenössischen deutschen Presse, Paderborn 1973, S. 59 f.

5 In seiner Beschreibung der Menschenmenge, die sich nach dem Tod Wilhelms I. vor dem Berliner Schloß versammelt hatte, betont der Mitarbeiter der *Frankfurter Zeitung* Bernhard Guttmann vor allem deren Verunsicherung: Bernhard GUTTMANN, Schattenriß einer Generation. 1888-1919, Stuttgart 1950, S. 9 ff. ZIPFEL schildert die durchaus zwiespältigen Erwartungen bei der Thronbesteigung Wilhelms II. Vgl. DERS., Kritik, S. 10.

6 Vgl. insbesondere die postwendend erfolgten kaiserlichen Erlasse an die Armee, die Marine und an das preußische Volk. RÖHL, Aufbau, S. 21 ff.

einen veränderten Habitus monarchischer Herrschaft und eine versinnbildlichte Akzeptanz demokratischer Kräfte durch die Monarchie.

Wie ausgeprägt der Wille zu einem markanten, programmatischen und zeichenreichen Herrschaftsauftakt war, unterstreicht die unmittelbar nach der Thronbesteigung geplante und im Oktober durchgeführte Italienreise und Papstvisite Wilhelms II. Diese Unternehmung kann als symbolhafter Romzug gedeutet werden, eine These, die sich mit der Betonung des inszenierten Charakters der eigentlichen Machtübergabe deckt.[7] Grundtendenzen der Charismatisierung des Kaisertums unter Wilhelm II. scheinen hier bereits überdeutlich auf.[8] Diese Charismatisierung war geprägt durch eine Ideologisierung, wenn nicht Vulgarisierung des monarchischen Prinzips und das Propagieren eines starken, selbständigen Monarchen.[9] Der junge und daher als Person vergleichsweise unbekannte Wilhelm II. eignete sich hervorragend für die Projektion verschiedenster politischer Ziele. Den Ton setzte eine von Bismarck inspirierte und von einem seiner Beamten verfaßte Rede des freikonservativen Reichstagsabgeordneten Hugo Sholto Graf von Douglas, die in gedruckter Form weite Verbreitung fand. Douglas entwarf das Programm einer zunächst noch Bismarck verpflichteten wilhelminischen Monarchie.[10] Es lag in der Logik des auf den starken Monarchen abstellenden Konzepts begründet, daß der Inhaber des Throns als charakterlich besonders geeignet gedacht werden mußte. Genau dies geschah in Douglas' Rede. Nur bedingt den Tatsachen verpflichtet, schilderte Douglas die Initiation des mit allen Herrschertugenden versehenen Prinzen für sein hohes Amt. Dabei versammelte er nahezu vollzählig jene Topoi, aus denen sich zukünftig die hagiographische Literatur speisen sollte. Angesichts der Aufmerksamkeit, die dieses Thema wenig später fand, ist die ausführliche Passage, die Douglas der „völlige[n] Unzugänglichkeit [Wilhelms II.] für persönliche Schmeichelei" widmete bemerkenswert. Douglas stellte fest, „daß der Kaiser allen Koterie- und Kamarillawesen entschieden feind ist, daß er für Einflüsterungen von unberufener Seite nie-

---

7 Samerski verweist auf die erstaunliche bisherige Nichtbeachtung der Romreise. Stefan SAMERSKI, Papst und Kaiser, in: Ders. (Hg.), Religion, S. 199-233, hier S. 203. Vgl. auch die zeitgenössische Bemerkung des Königsberger Geschichtsprofessors Philipp Zorn: „Der evangelische Deutsche Kaiser als Freund des Königs von Italien in Rom und als ausgezeichneter Ehrengast des Papstes im Vatikan! Was liegen darin für gewaltige Momente der Weltgeschichte, welche ergreifenden Wandlungen des Staatslebens!" Zit. nach Jürgen STRÖTZ, Wilhelm II. und der Katholizismus, in: Samerski (Hg.), Religion, S.171-198, hier S. 177.

8 Vgl. RÖHL, Aufbau, S. 31 ff.

9 Vgl. Friedrich Julius STAHL, Das monarchische Prinzip, Heidelberg 1845. Hierzu: Wilhelm FÜSSL, Professor in der Politik: Friedrich Julius Stahl (1802-1861). Das monarchische Prinzip und seine Umsetzung in die parlamentarische Praxis, Göttingen 1988. Zur Ideologisierung des monarchischen Prinzips: KIRSCH, Monarch, S. 76 ff. Vgl. auch BOLDT, Konstitutionalismus, S. 123. Vgl. auch: DERS. ‚Monarchie' in: Geschichtliche Grundbegriffe, S. 200 ff.

10 Zu diesem Vorgang RÖHL: Aufbau, S. 32.

mals ein Ohr hat“ und daß er „ein offenes, ehrliches und wahres Wort“ selbst dann zu würdigen wisse, wenn es seinen Ansichten nicht entspreche.[11]

Im Jahr 1888 klang derartige Panegyrik noch nicht vollständig unglaubwürdig. In den Kommentaren zur Thronbesteigung und zum Auftritt des jungen Kaisers überwog zunächst die Sympathie. Die von Bismarck nach der Erhöhung der Zivilliste befürchtete Debatte „über den Sinn der Monarchie“ blieb aus. Vielmehr paßte die von Wilhelm II. angestrebte Rolle des engagierten und entscheidungsfreudigen Monarchen durchaus in die als sklerotisch angeprangerte politische Situation. Die Stagnationszeit des alten und dann des kranken Kaisers beförderte die Forderung nach dem starken Mann auf dem Thron. Hinzu kam der geradezu systemimmanente Glaubwürdigkeitskredit für einen neuen Monarchen, der viel versprach und noch keine Fehler begangen haben konnte.[12] Vor diesem Hintergrund kann die große Zahl überschwenglich lobender Zeitungsartikel und Pamphlete aus der Zeit unmittelbar nach der Thronbesteigung nicht verwundern, sollte aber auch nicht als bedeutungslos abgetan werden.

Zusammenfassend lassen sich fünf Spezifika der frühen Kommentierung Wilhelms II. feststellen, die näher zu betrachten sein werden: 1.) Erwartungen an den neuen Monarchen wurden in oftmals grotesker Übersteigerung formuliert. Insbesondere die eingeforderte Dynamik zukünftiger kaiserlicher Politik bei gleichzeitiger Charismatisierung des Monarchen und hoher Offenheit gegenüber cäsaristisch-bonapartistischen Herrschaftsmodellen fällt auf. 2.) Hiermit eng verbunden war das immer wieder herausgestellte und sich bald verselbständigende Jugendkaisermotiv. 3.) Die Betonung der Jugend wiederum kontrastierte mit dem regelmäßig als „ausgeprägt“ dargestellten „Karakter“, dem Individualismus Wilhelms II. 4.) Hinzu trat die auffällig hohe Anzahl von Vereinnahmungen durch politische und sonstige Gruppierungen, mit denen der neue Monarch von Beginn an konfrontiert wurde. 5.) Hiermit korrelierte eine stark betonte ‚Bedingtheit‘ der zugesicherten Unterstützung.[13] Die-

---

11 Die Rede erschien gleichzeitig unter dem Titel ‚Was wir von unserem Kaiser hoffen dürfen‘ als Broschüre und als Artikel in der offiziösen Norddeutschen Allgemeinen Zeitung. Douglas, ‚Rede vom 4. Oktober 1888‘, Norddeutsche Allgemeine Zeitung, 7. Oktober 1888, (Nr. 474).

12 Es spricht vieles dafür, zunächst von einer durchaus beachtlichen Beliebtheit Wilhelms II. auszugehen. Ebendies stellte der österreichische Gesandte in Berlin Imre Graf v. Széchényi fest und schloß seinen Bericht nach Wien mit der Bemerkung: „Ja, die Jugend ist eben jener mächtige Talisman, welcher selbst dem verbittersten Character eine weiche Seite abzugewinnen im Stande ist.“ Széchényi an Kálnoky, 9. Januar 1889, zit. nach RÖHL, Aufbau, S. 48. Wie Ivo Engels zeigt, gehörte diese Mischung öffentlich formulierter Ansprüche und Verteilung von Vorschußlorbeeren zu den konstanten Mechanismen der Monarchie, die sich mit jedem Thronwechsel gleichsam neu erfinden konnte. Vgl. das Kapitel „Ständige Misere und die Schuld daran oder: Ein Erneuerungskreislauf der Monarchie“ in: ENGELS, Königsbilder, S. 127. Hinzu kam, daß die positiven Eigenschaften Wilhelms II. zunächst stärker hervorstachen als die problematischen. In Auftreten, Redebegabung und politischem Gestaltungswillen unterschied sich Wilhelm II. markant und zum positiven von seinen Kollegen auf den anderen europäischen Thronen. Vgl. RÖHL, Aufbau, S. 159.

13 Vgl. z.B. ein hagiographisches Gedicht auf Wilhelm II. von Emil RITTERHAUS, das mit dem Aufruf endet: „Als treuer Fürst bei Deinem treuen Volke“. DERS., An Kaiser Wilhelm II.,

se Bedingtheit umfaßte die in nahezu jedem der frühen Pamphlete Einforderung monarchischer Überparteilichkeit.

2. Jugendkaisertopos und Individualisierung des Monarchen

Besonders gut lassen sich diese Aspekte an den jungen Literaten demonstrieren, die ihre kulturellen und gesellschaftlichen Veränderungshoffnungen auf den jugendlichen Kaiser projizierten. Otto Julius Bierbaum, der als Mitglied der Schwabinger Boheme aus eigener Anschauung wußte, wovon er schrieb, spiegelte diese Erwartungen zwanzig Jahre später in der Figur Karl Kraker in seinem wilhelminischen Schlüsselroman *Prinz Kuckuck*. Karl, hieß es bei Bierbaum, „war die Bedeutung dieses Tages [an dem Wilhelm I. gestorben war, M.K.] sehr bewußt. Er fühlte sich als Glied einer Generation, die nun bald die führende sein würde, wenn nach dem fast täglich zu erwartenden Tode Kaiser Friedrichs Kronprinz Wilhelm auf den Thron käme. Damit würde eine neue Periode anheben: die Periode der Erben, die zur Macht die Kultur fügen würden." Karl „schwebte [...] eine Ode zur Thronbesteigung Kaiser Wilhelms des Zweiten vor, den er im Gegensatz zu Kaiser Wilhelm dem Alten als Kaiser Wilhelm den Jungen anreden wollte".[14]

Tatsächlich hatte Conrad Alberti, wie Bierbaum prominentes Mitglied jener Münchner Naturalisten, die sich selbst als ‚Jüngstdeutschte' bezeichneten,[15] in ebendiesem Stil bereits 1888 eine direkte Einflußnahme Wilhelms II. auf die Kunst eingefordert.[16] Gleichzeitig diente sich Alberti hagiographisch dem neuen Kaiser an. Er bot dabei ein Beispiel für die Verklärung Wilhelms II. zum Jugendkaiser und die Indienstnahme desselben für die Sache einer Partei – in diesem Fall eine neuorientierte Kunstpolitik. In seinem programmatischen Roman *Die Alten und die Jungen*, 1890 erschienen, erklärte Alberti auf Wilhelm II. gemünzt: „Ich glaube an deine Kraft, ich glaube an deinen Willen

---

Barmen 1888. Die erwähnten Stilisierungen bei Graf Douglas können durchaus auch als Handlungsanweisungen gelesen werden. Die wechselseitige Treue von Fürst und Volk wurde später bevorzugt unter Rekurs auf angebliche germanische Vorbilder beschworen. Vgl. Abschnitt IV.A.2. Vgl. zum ganz ähnlichen Mechanismus nach der Thronbesteigung Viktorias in Großbritannien: TAYLOR, Crown, S. 45.

14 BIERBAUM, Kuckuck, S. 400 f. Karl entwickelt wenig später die Idee einer „kulturprogrammatisch poetischen Begrüßung des neuen Kaisers". Ebd., S. 424.

15 Alberti hieß eigentlich Konrad Sittenfeld. Zur Literaturbewegung das „Jüngste Deutschland": HELLGE, Verleger, S. 848 ff. In diesem Zusammenhang ist auch auf Michael Georg Conrad zu verweisen, der 1885 die Zeitschrift *Die Gesellschaft,* in der 1894 Quiddes *Caligula* publiziert wurde, gründete. Conrad schrieb u.a. den Roman *Majestät. Ein Königsroman. Der Übermensch in der Politik. Betrachtungen über die Reichszustände am Ausgang des Jahrhunderts* über Ludwig II. (Berlin 1902).

16 Conrad ALBERTI, Was erwartet die Deutsche Kunst von Kaiser Wilhelm II.? Zeitgemäße Anregungen, Leipzig 1888, S. 21 ff.

und fragte suggestiv: „Werden sie ausreichen, die Aufgabe unserer Generation zu erfüllen: der Natter des Kapitalismus den Kopf zu zertreten?“[17]

Zur jüngstdeutschen Auseinandersetzung mit dem neuen Kaiser gehört auch Hermann Conradis Schrift *Wilhelm II. und die junge Generation. Eine zeitpsychologische Betrachtung.*[18] Ebenso wie Alberti erhoffte Conradi vom Kaiser eine reichlich abstrakte kulturelle Überformung der Macht und Zurückdrängung wirtschaftlicher Denkweisen, ging allerdings über eine bloße Ineinssetzung der jungen Generation mit dem Jugendkaiser hinaus. Als Schlüsselbegriff fungiert vielmehr der vermeintliche Individualismus Wilhelms II. Im „geschichtsgewaltigen“ Jahr 1888 habe Deutschland „sein eigentliches Sturm- und Drang-Ereignis erlebt“ und schließlich „ein junger Kaiser den Thron bestiegen, der kaum als Kronprinz warm geworden, der in der schwülen Treibhausluft gedrängter, verworrener Nöte und Ängste gereift war – zu welchem nun ein jeder den Winkel seines persönlichen Verhältnisses, der soeben noch auf Kaiser Friedrich gestellt, gestimmt war, umordnen mußte“.[19] Nach der Thronbesteigung sei man selbstverständlich davon ausgegangen, daß nun die Zeit der jungen Generation beginne. Allerdings, und damit berührt Conradi ein Grundmotiv der frühen Schriften über Wilhelm II., habe man nur sehr wenig über den neuen Kaiser gewußt. Daher habe es sich „als notwendig erwies[en], den jungen, durch so jähe, ungestüme, schmerzliche Ereignisse emporgeschnellten Fürsten seinem Volke ‚populär‘ zu machen, geläufig, mundgerecht“. Dies habe zu beklagenswerten Geschmacklosigkeiten geführt, zu denen Conradi auch rechnete, „daß man eine Broschüre nach der anderen über ihn [Wilhelm II., M.K.] schrieb; mit einer hochnotpeinlichen Inquisition nach der andern ihn haranguierte; eine Erwartung nach der anderen vor ihm aussprach und naiv-brüsk fragte: wie es eigentlich um ihre Erfüllung stünde?“[20]

---

17 Conrad ALBERTI, Die Alten und die Jungen, Sozialer Roman, 2 Bde., Leipzig 1889, S. 284. Vgl. auch die in ganz ähnlichen Kategorien vorgebrachte Kulturkritik bei: Karl Frenzel, Die Alten und die Jungen, in: Der Kunstwart 2 (1888/89), S. 83-85.

18 Hermann CONRADI, Wilhelm II. und die junge Generation. Eine zeitpsychologische Betrachtung, 1889, in: Ders., Gesammelte Schriften III, hrsg. von Gustav Werner Peters, München 1911.

19 CONRADI, Wilhelm II., S. 311. Bilanzierend erklärte Conradi: Bald regiere Wilhelm II. ein Jahr: „In der Tat hat das Reich bereits in dieser Ouvertüre seiner neuen Ära einen ganz andern Teint, eine ganz andere Gesichtsfarbe erhalten. Psychologisch, ideell, also ‚theoretisch‘ haben ja die älteren Generationen nun das Recht verloren, überhaupt noch mitzusprechen und mitzuhandeln.“ Ebd. S. 315.

20 Weiter hieß es: „[...] er durfte nicht auffahren, als unzählige alberne Zeitungsschmieranten es für ihre ‚patriotische‘ Pflicht erachteten, auf den reichen und gesunden Kindersegen des jungen Paares hinzuweisen, bloß, um damit an die langweiligsten und ordinärsten Instinkte des Philisters und approbierten Bourgeois zu appellieren, um ‚Stimmung‘ für den neuen Herrscher zu machen – in der Regel auch Stimmung bei ihm für sie selber – für den neuen Herrscher, der ein ebenso guter, braver, deutscher Familienvater wie ‚schneidiger Militär‘ wäre. Nun ja! Dieser ganze fade Aufstand gegen Geschmack und Anstand von Seiten einer vorlauten, weil unsicheren Tageskritik mag in gewissem Sinne notwendig gewesen sein.“ CONRADI, Wilhelm II., S. 311 ff.

Bemerkenswerterweise nahm Conradi zwei Broschüren von dieser Kritik aus, namentlich die des Grafen Douglas, sowie – weniger überraschend – „als wirklich positive Leistung" die Schrift Conrad Albertis *Was erwartet die deutsche Kunst von Wilhelm II.?* Das „interessanteste und wertvollste Material, was dieser besondere Schlag von Zeitliteratur hervorgebracht hat", enthalte allerdings, darin war sich Conradi mit fast allen Kommentatoren einig, „das Heft von Hinzpeter", des Erziehers des Prinzen Wilhelm.[21] Ganz richtig habe Hinzpeter auf den stark individuellen Charakter Wilhelms II. hingewiesen, der den jungen Monarchen zum Repräsentanten seiner Generation prädestiniere. Diese „Junge Generation", die zwischen 1855-1865 Geborenen, trage „eine ganz anders geartete Last auf ihrem Rücken, denn die ältere Generation trug und trägt." Die ältere Generation sei zum „maschinalen Beamtentum" verhärtet, die junge Generation hingegen zeichne sich durch Individualisierung aus. Der Terminus Individualisierung diente als Klammer, welche die junge Generation und den ‚Jugendkaiser' idealerweise zusammenhielt. Daher erklärt Conradi es für wünschenswert, daß „unser junger Kaiser auch inhaltlich der jungen Generation" angehöre. Dies sei aufgrund der spezifischen Geschichte der Hohenzollern und der hieraus abgeleiteten Verpflichtungen allerdings unmöglich. Im Hinblick hierauf spricht Conradi von der „tragischen Psychologie des Fürsten". Erkenne Wilhelm II. seine „historische Mission in einer Durchführung des demokratischen Cäsarismus", bräche er mit dem „psychologische[n] Prinzip des Fürstentums". Der junge Kaiser habe zweifellos den Willen zu diesem Experiment, aber gegen sich habe er „eben die Vergangenheit".[22]

Die dem Jugendkaiserkonzept impliziten Grenzen der Aneignung sah Conradi deutlich, und dies führte ihn zu einer entschieden pessimistischen Prognose: „Außerhalb seiner Generation steht unser junger Kaiser – muß er stehen [...]."[23] Eingestandenermaßen brachen sich schon im Moment ihrer Niederschrift die überspannten Prognosen und Erwartungshaltungen der hier zitierten naturalistischen Schriftsteller an der politischen Realität. Kernpunkte aus deren Auseinandersetzung mit dem neuen Monarchen, namentlich die Herstellung eines Generationenzusammenhanges und die Individualisierung des Kaisers, wirkten allerdings weit über künstlerisch-intellektuelle Kreise hinaus.[24]

---

21 „[...] es liegt jetzt schon in zehnter oder elfter Auflage vor, ich darf darum annehmen, daß man es allenthalben kennt". CONRADI, Wilhelm II., S. 314. Vgl. Georg Ernst HINZPETER, Kaiser Wilhelm II. Eine Skizze nach der Natur gezeichnet, Bielefeld 1888.

22 CONRADI, Wilhelm II., S. 335, 342 f.

23 CONRADI, Wilhelm II., S. 445. Vgl. auch Conradis Aufsatz *Übergangsmenschen*: Hermann CONRADI, Ein Kandidat der Zukunft – Übergangsmenschen, 1889, in: Ders. Gesammelte Schriften 1911, S. 447 ff.

24 Rückblickend berichtet Johannes Richter, man habe 1889 das „große Wendejahr" genannt und es sei in der Tat in die Augen springend, daß dieses Jahr „eines jener Momente bedeutet, wo das Atemholen der Zeit hörbar wird." Johannes RICHTER, Die Entwicklung des kunsterzieherischen Gedankens. Ein Kulturproblem der Gegenwart, Leipzig 1909, S. 26, zit. nach Dietmar KERBS, Kunsterziehung und Kulturreform, in: Maase/Kaschuba, Schund, S. 378-397, hier S. 385. Dort finden sich auch einige weiterführende Überlegungen zur Bedeu-

Wie Stefan Breuer festgestellt hat, bestand im Wilhelminismus eine hohe „Bereitschaft, den Kampf um die symbolische Macht als intergenerationelles Drama zu inszenieren“.[25] Dies gilt in erster Linie für die sensibilisierten jüngstdeutschen Schriftsteller, denen die vermutete Individualität des jungen Kaisers insofern bedeutsam schien, als diese als markantestes Merkmal des eigenen Generationenzusammenhangs begriffen wurde. Die Jugendkaiseridee speiste sich also aus zwei Quellen: einer verschärften Kontrastierung von Jungen und Alten sowie der unter jungen Intellektuellen verbreiteten Überzeugung einer ganz bestimmten Beschaffenheit der eigenen Generation. Thorsten Bügner und Gerhard Wagner haben darauf hingewiesen, daß „Generation“ um 1890 zu einer extrem wichtigen und breit diskutierten Kategorie wurde, resultierend in einem zunehmend negativ gedachten Verhältnis von Alten und Jungen. Jugend wurde zu einem Standpunkt, der nicht hinterfragt werden mußte.[26] In diesen Jugendkult ließ sich auch der bei seiner Thronbesteigung neunundzwanzigjährige Monarch zunächst sinnfällig integrieren.[27]

Neben den genannten Literaten beschworen vor allem studentische Organisationen öffentlichkeitswirksam den Jugendkaiser.[28] Die Gleichsetzung des jugendlich ungeduldigen Herrschers und der jugendlich ungeduldigen Nation faszinierte nicht nur überzeugte Monarchisten.[29] Die vermutete Dynamik

---

tung des Individualismus-Paradigmas für diese Aufbruchsstimmung. Zur intellektuellen Breitenwirkung des Jugendkaiserthemas vgl. auch dessen Integration in die Wagnerbewegung. Beispiele hierfür in: Veit VELTZKE, Der Mythos des Erlösers. Richard Wagners Traumwelten und die deutsche Gesellschaft 1871-1918, Stuttgart 2002, S. 133 ff

25 Neben den Romanen von Alberti und Conrad nennt Breuer den Aufstand der ‚Jungen' in der Sozialdemokratie (1890), die sezessionistischen Bewegungen in der Kunst und die Polarisierungen innerhalb wichtiger Vereine, wie demjenigen für Sozialpolitik oder dem Evangelisch-Sozialen-Kongreß, die allesamt nach dem Alberti-Muster verliefen. Stefan BREUER, Arthur Moeller van den Bruck: Politischer Publizist und Organisator des Neuen Nationalismus in Kaiserreich und Republik. in: Gangolf Hübinger/Thomas Hertefelder, Kritik und Mandat. Intellektuelle in der deutschen Politik, München 2000, S. 138-151, hier S. 143.

26 Thorsten BÜGNER/Gerhard WAGNER, Die Alten und die Jungen im Deutschen Reich. Literatursoziologische Anmerkungen zum Verhältnis der Generationen 1871-1918, in: Zeitschrift für Soziologie 20 (1991), S. 177-190. Hier: S. 177 f., 185 f. Bügner und Wagner sprechen von der „Geburt der Jugend“, die allerdings eine vornehmlich bürgerliche Erscheinung gewesen sei, ebd., S. 186.

27 BÜGNER/WAGNER, Die Alten, S. 188. Zur Stellung Wilhelms II. im Jugendkult seiner Zeit vgl. MARSCHALL, Reisen, S. 35 sowie zeitgenössisch den, allerdings späteren, Aufsatz von Houston Steward Chamberlain, Kaiser Wilhelm II, in: Jugend 1 (1900), S. 370 ff.

28 Vgl. Rolf STETTNER, Der Verein Deutscher Studenten zu Bonn in der Kaiserzeit (1882-1914), Eine chronologische Vorstudie, in: Marc Zirlewagen, Kaisertreue, Führergedanke, Demokratie. Beiträge zur Geschichte der Vereine Deutscher Studenten (Kyffhäuser-Verband), Köln 2000, S. 78-107, hier S. 91, 96.

29 KOHUT, Germans, S. 128. Vgl. auch ebd., S. 171 und zur Funktion der Jugendkaiserprojektion ebd., S. 229. Wie einige Beispiele bereits gezeigt haben, hielt die Gleichsetzung von Generation und Monarch lange an. Noch 1913, in den Jubiläumsfeiern, bot sie ein prominentes Erklärungsmuster. Der Theologe und Publizist Martin Rade stellte seine Jubiläumswürdigung des Kaisers unter den Titel *Der Kaiser unsrer Generation*. Zit. nach Norbert FRIEDRICH, Die Christlich-soziale Bewegung und Wilhelm II., in: Samerski (Hg.), Religion, S. 105-131, hier S. 129.

Wilhelms II. schien angebracht, Erstarrungen in verschiedensten Feldern aufzubrechen. Diese Vorstellung findet sich z.B. in dem Rollenkonzept für Wilhelm II., das Ernst von Wildenbruch, Jahrgang 1845 und kein Mitglied der jungen Generation, in seinem Drama *Die Quitzows* entwarf.[30] Auch Theodor Fontane stand dem jungen Kaiser zunächst positiv gegenüber. Optimistisch, wenn auch vieldeutig, meinte er noch 1897, „daß das Leben unter unserem jungen Kaiser doch viel bunter, inhaltsreicher, interessanter geworden ist".[31] Selbst der dezidiert liberale Theodor Mommsen erklärte in einer Rede zum Geburtstag König Friedrichs II. und Kaiser Wilhelms II. vor der Königlich Preußischen Akademie der Wissenschaften: „Dem jungen Herrscher gehört die Zukunft."[32] Unter Hinweis auf seine „Jugend und Energie" konnte Wilhelm II. als der „richtige Mann am richtigen Platz", als ein „Mann der Zukunft" gefeiert werden.[33]

Wenn das Jugendkaiserthema derart zentral war, liegt es nahe, auf dessen einzelne Bestandteile einzugehen. Aufschlußreich ist die bereits erwähnte Broschüre Hinzpeters. Der ehemalige Erzieher Wilhelms II. lieferte aus erster Hand jene Informationen, die zu den wesentlichen Motiven in der Deutung Wilhelms II. verarbeitet werden konnten.[34] In seiner Studie *Kaiser Wilhelm II. Eine Skizze nach der Natur gezeichnet* verkündete der Verfasser selbstbewußt, die Neugierde nach dem wirklichen Charakter Wilhelms II. befriedigen zu wollen und zu können. Erstaunlich offen sprach Hinzpeter Probleme an,

---

30 Vgl. BRUDE-FIRNAU, Deutung, S. 8.

31 „Was mir an dem Kaiser gefällt, ist der totale Bruch mit dem Alten, und was mir an dem Kaiser nicht gefällt, ist das dazu im Widerspruch stehende Wiederherstellenwollen des Uralten." Fontane an Friedlaender, 1897, zit. nach: BRUDE-FIRNAU, Deutung, S. 58 f. Im Stechlin läßt Fontane den gleichnamigen Protagonisten scharfseherisch feststellen: „der Kronprinz, nach dem ausgeschaut wurde, hält nie das, was man von ihm erwartet. Manchmal kippt er gleich um und erklärt in plötzlich erwachter Pietät, im Sinne des Hochseligen weiterregieren zu wollen; in der Regel aber macht er einen leidlich ehrlichen Versuch, als Neugestalter aufzutreten, und holt ein Volksbeglückungsprogramm auch wirklich aus der Tasche. Nur nicht auf lange [...] Und nach einem halben Jahr lenkt der Neuerer wieder in alte Bahnen ein." Zit. nach ebd.

32 Allerdings mit der Einschränkung: „Ernste Auffassung seines hohen Amtes und pflichttreues Walten erkennen wir wohl; es ist das ein Großes, aber es ist nichts besonderes." Theodor MOMMSEN, Reden und Aufsätze. Reden zur Feier der Kaisergeburtstage König Friedrichs II. und Kaiser Wilhelms II. am 29. Januar 1891, Berlin 1905, S. 183 f.

33 So etwa in der *Badischen Presse* vom 4. Oktober 1889. Zit. nach KOHUT, Germans, 229. Dort auch weitere einschlägige Belege.

34 HINZPETER, Kaiser. Vgl. auch Francois AYME, Kaiser Wilhelm II und seine Erziehung. Aus den Erinnerungen seines französischen Lehrers, Leipzig 1888. Zur Entstehung der Schrift: RÖHL, Aufbau, S. 136 f. Hinzpeter präsentierte Informationen, die begierig aufgenommen wurden, seine Schrift durchlief dutzende Auflagen. Auf Hinzpeter verweisen u.a. Anonym, Romantiker, S. 5; Anonym, Die ‚eigene Flugbahn.' Wer will sie stören? Auch ein Beitrag zur Zeitgeschichte, Berlin 1889, S. 4; CONRADI, Wilhelm II., S. 314. Generell dazu: Martin KOHLRAUSCH, Der unmännliche Kaiser. Wilhelm II. und die Zerbrechlichkeit des königlichen Individuums, in: Regina Schulte (Hg.), Der Körper der Königin, Frankfurt a.M. 2002, S. 254-275, hier S. 255. Zu Hinzpeters Erziehungsprogramm: Martin FRIEDRICH, Die Religion im Erziehungsprogramm Hinzpeters, in: Samerski (Hg.), S. 59-90.

mit denen er sich in der Erziehung des Thronfolgers konfrontiert sah. In diesem Kontext erwähnte er die „eigentümlich stark ausgeprägte Individualität" des Prinzen und dessen inneres Wesen, das sich nur seiner „eigenen Natur gemäß" fortentwickelte, „von äußeren Einflüssen berührt, modifiziert, dirigiert, aber niemals wesentlich verändert oder verschoben."[35] Die Flugbahn des „jungen Aar", so der Erzieher, habe niemand stören können. Diese vermeintlichen Einsichten, schon bei Hinzpeter schlagwortartig verpackt, wurden als Stichworte bereitwillig aufgenommen, seltener hingegen die negativen Bemerkungen über den kaiserlichen Charakter und nie der Hinweis auf die „sehr peinliche Unbeholfenheit des linken Armes und die daraus resultierende Schwäche des Thronfolgers", auf die Hinzpeter, kaum verhüllt, ebenfalls hinwies. Allerdings hatte Hinzpeter, in einer Art Kunstgriff, sich selbst und dem neuen Kaiser Absolution erteilt, indem er abschließend erklärte, in den Monaten vor der Thronbesteigung habe, bedingt durch die tiefen Erschütterungen, ein „fast tropisch schnelles Reifen" des Monarchen stattgefunden.[36]

Wenn gesagt wurde, daß viele der Themen und Motive des späteren Monarchiediskurses, also dessen Inhalte, schon an dessen Beginn aufscheinen, so gilt dies ebenso für dessen Form. Hierzu gehört der hohe Reflexionsgrad der Diskutanten, die beständig auf andere Diskussionsbeiträge verwiesen und damit ihren eigenen Standpunkt verorteten. Letzteres illustriert ein Pamphlet mit dem Titel *Die eigene Flugbahn*, der wiederum eine vielbeachtete Passage aus Hinzpeters Broschüre aufnahm.[37] In der Rechtfertigung seines Hervortretens nahm der anonyme Verfasser Bezug auf die Vielzahl jener Schriften, die nach Wilhelms II. Thronbesteigung erschienen waren und vorgegeben hätten, den Kaiser seinem Volk nahezubringen. Hinzpeter, so der anonyme Autor, habe vor allem nachgewiesen, „daß der Grundzug des Charakters Sr. Majestät die ‚kräftige Eigenart' sei". Wilhelm II. besitze die „höchste Tugend der Könige, Thatkraft und Entschlossenheit, charaktervolle Eigenart in hohem Maße".[38] Vor diesem Hintergrund wandte sich das Pamphlet mit einem stilbildenden Argument gegen jegliche Versuche zur Instrumentalisierung des Kaisers. Letztendlich seien solche Versuche angesichts der stark ausgeprägten Individualität des Kaisers zum Scheitern verurteilt und vor allem nicht wünschenswert.[39]

Das hier skizzierte Spektrum verließ keine der frühen Broschüren über Wilhelm II. Neben der üblichen Herrscherhagiographie, der Beschwörung klassischer Königstugenden, finden sich jene erwähnten, auf Wilhelm II. zugeschnittenen, floskelhaften Charakterisierungen.[40] Als Spezifikum galt hier

---

35 HINZPETER, Kaiser, S. 5 f.

36 HINZPETER, Kaiser, S. 6.

37 Anonym, Flugbahn. Wie bereits der Titel nahelegt, bezieht sich der Verfasser stark auf Hinzpeter: Der Kaiser habe dessen Broschüre vor dem Druck gesehen, daher sei deren Beachtung gerechtfertigt. Ebd., S. 4.

38 Anonym, Flugbahn, S. 5.

39 Anonym, Flugbahn, S. 4.

40 Vgl. Wolfgang EISENHART, Königthum und politische Freiheit. Ein offenes Wort zu den bevorstehenden Wahlen über die Parteiverhältnisse Deutschlands, Halle a.S. 1888, S. 35. W.

ebenso die Jugend und Dynamik Wilhelms II. wie dessen Individualität und Entschlossenheit, einen eigenen Weg zu verfolgen. Gerade weil Wilhelm II. jung auf den Thron gelangt sei und sich nicht ausreichend habe vorbereiten können, so die Argumentation, trete sein starker Charakter unverfälscht hervor.[41]

Dieses Argument zog weite Kreise. Es ist bisher übersehen worden, daß der Verfasser des Bestsellers *Rembrandt als Erzieher*, Julius Langbehn, sich eines Vokabulars bediente, das dem Conradis und Albertis erstaunlich ähnlich war.[42] Im Stil Conradis versuchte auch Langbehn, einen Kompromiß zwischen „demokratischer Legitimität und erbcharismatischer Führerauslese"[43] zu finden. Auch Langbehn forderte eine durchgreifende Erneuerung des Staates unter dem Signum des Individualismus.[44] Der neue Staat solle weniger parlamentarisch und stärker monarchisch sein, dem Gesetz entsprechend, nach dem der Demokratie stets der „Cäsar" folge. Die „demokratisch-naturwissenschaftliche Richtung der modernen Zeit" fordere „als ein ihr unvermeidlich folgendes Supplement einen cäsaristisch-künstlerischen Typus, d.h. das nunmehr zu erwartende Hervortreten einer gewaltigen und rein geistig dominierenden Einzelindividualität".[45] Auch Langbehn beschwor also die notwendige Wechselbeziehung zwischen einer modernen Gesellschaft und der Individualisierung ihres Repräsentanten, was nicht nur bei ihm letztendlich als Cäsarismus, d.h. eine Fixierung auf den Führer, übersetzt wurde. Langbehn

---

HENDRICHS, Prinz Wilhelm von Preußen. Ein Fürstenbild, Berlin 1888; Hermann JAHNKE, Kaiser Wilhelm II. Ein Bild seines Lebens und seiner Zeit, Berlin ²1890; Adalbert v. HAMMSTEIN, Kaiser Wilhelm II. Nord- und Südlandfahrten, Berlin 1890; Julius LOHMEYER, Die gefallenen Brandenburger an Kaiser Wilhelm II. den 16. August 1888, Wildbad 1888; Hermann ROBOLSKY, Kaiser Wilhelm II. und seine Leute, Berlin 1891; Simon P. WIDMANN, Geschichte des deutschen Volkes mit einem Porträt des Kaisers Wilhelm II., Paderborn 1894 und Anonym, Wilhelm II. Kaiser von Deutschland und König von Preußen. Ein Fürstenbild gewidmet der deutschen Jugend und dem deutschen Volke, Habelschwerdt 1892.

41 „Es war die Zeit des notwendigen, unvermeidlichen Tuns; es war zu spät für Studien; chaotisch trat der Kaiser in das heutige Chaos, und was die Masse der ihm wahllos zukommenden Begriffe organisierte, war nicht der Intellekt, sondern Wille und angeborene Tendenz, die sich in dem Maße steigerte, in dem er am Amte wuchs, die bald nicht nur organisierte, was sie vorfand, sondern das ihr gemäße an sich zog, von überall her, halbbewußt, organisch", urteilte Rudolf Borchardt rückblickend 1908. Ders., Der Kaiser, in: Süddeutsche Monatshefte 5 (1908), S. 237-252, hier: S. 245.

42 Langbehn (1865-1943) gehörte ebenfalls zur vielbeschworenen jungen Generation. Dieser Aspekt wird übersehen bei Bernd BEHRENDT, August Julius Langbehn, der ‚Rembrandtdeutsche', in: Uwe Puschner/Walter Schmitz/Justus H. Ulbricht, Handbuch zur ‚Völkischen Bewegung'. 1871-1918, München u.a. 1996, S. 94-113. Vgl. auch den Artikel zu Langbehn von Michael PETERS in der NDB. *Rembrandt als Erzieher* wurde 1890 veröffentlicht. Hierauf reagierte Heinrich PUDOR, Kaiser Wilhelm II. und Rembrandt als Erzieher, Dresden-Neustadt ²1891, der bezeichnenderweise Wilhelm II. als Individuum feierte.

43 BREUER, Ordnung, S. 117.

44 LANGBEHN, Rembrandt, passim.

45 Dieser „heimliche Kaiser" wurde allerdings nicht als Tyrann, sondern nach dem Modell Bismarcks konzipiert, der „ die Gefühle, die Wünsche, die Befehle seines Volkes ausführte, zuweilen auch anscheinend gegen seine Willen." LANGBEHN, Rembrandt, S. 352.

demonstrierte durch seinen Erfolg, daß derartige Argumentationsmuster Fragen von generell gefühlter Dringlichkeit berührten und sich nicht auf einige besonders sensibilisierte Literaten beschränken lassen.

3. Die programmatische Aufladung der wilhelminischen Monarchie

In unterschiedlicher Konzentration finden sich die erwähnten Aspekte in allen bisher besprochenen Kommentaren der ersten zwei Jahre nach der Thronbesteigung Wilhelms II. Es liegt nahe, diese Wortmeldungen nicht nur als Feststellungen, sondern auch als Forderungen zu lesen. Implizit setzte das Lob des Jugendkaisers voraus, daß der Kaiser den ihm zugeschriebenen Attributen gerecht werden konnte. Konnte er dies nicht, wurde die Unterstützung für ihn fraglich.

Zwei Jahren der Diskussion des jungen Monarchen stellten diesen Nexus immer schärfer heraus. Eine erste Bilanzierung nahm, wie deren Titel bereits andeutet, die anonym verfaßte Broschüre *Drei Jahre auf dem Throne* vor.[46] Die sachlich argumentierende Schrift beklagte erneut Versuche, den Kaiser in Parteifragen hineinzuziehen.[47] Expliziter als seine Vorgänger lobte der Verfasser das kaiserliche Vorgehen gegen Einzelinteressen, forderte aber gleichzeitig eine genaue Befolgung der in den Kaiserreden dargelegten Grundsätze.[48]

Während diese Bilanz dem verhaftet blieb, was sich auch in früheren Pamphleten findet, gilt dies nicht mehr für ein Pamphlet, das bezeichnenderweise anonym 1892 in Zürich erschien und im Titel fragte: *Wilhelm II. Romantiker oder Sozialist?* Zwar beschwor der Verfasser noch einmal den Jugendkaiser-Topos, allerdings nur, um diesen zu kritisieren. Der zuvor immer nur abstrakt behaupteten großen Individualität Wilhelms II. stellte diese Schrift die Frage nach den tatsächlichen psychischen Voraussetzungen des Monarchen entgegen. Ohne „Übergangszeit" auf den Thron gelangt, habe der Monarch keine persönliche Vergangenheit. Hieraus resultiere „die bange, verschüchterte Unkenntnis des deutschen Volkes über die Psyche des jungen Kaisers, als dieser mit fester Hand die Reichszügel packte".[49]

Ganz zutreffend erkennt der Autor, daß nur vor diesem Hintergrund Hinzpeters Pamphlet seine Wirkung entfalten konnte; indem dieses nämlich vorgab, die Psyche Wilhelms II., dessen Individualität entschlüsselt zu haben. Aber auch andere Probleme der öffentlichen Wahrnehmung des neuen Kaisers sprach der anonyme Kaiserkritiker erstmals an. Dazu gehörten die durch Wilhelms II. Hohenzollernahnen errichteten Maßstäbe im Verbund mit den durch

46 Anonym, Drei Jahre auf dem Throne. 1888-1891, Leipzig 1891.

47 Im diesem Fall durch Caprivi. Anonym, Drei Jahre, S. 169.

48 Konkret kritisierte der Verfasser die konservative Opposition aus Bismarckianern (*Hamburger Nachrichten*) und *Kreuzzeitung* sowie *Kölnischer Zeitung*. Anonym, Drei Jahre, S. 187, S. 172.

49 Anonym, Romantiker, S. 3.

den Regierungswechsel geweckten Hoffnungen. Im Falle Wilhelms II. habe aber sogar vieles darauf gedeutet, daß alte Bahnen, zumal der Hohenzollerntradition, verlassen würden. Wilhelm II., so habe es geschienen, würde ein moderner Monarch sein – das, was, ebenso wie Conradi und in ähnlicher Diktion, der Autor forderte: „Ein moderner Herrscher! Das ist es, was die Gegenwart verlangt [...].“[50] Der anonyme Verfasser reflektierte zu einem frühen Zeitpunkt die persönlichen und strukturellen Bedingungen, welche die Thronbesteigung Wilhelms II. zu einem Spezifikum machten.

Das Pamphlet ist allerdings nicht nur in seiner Beobachtungsleistung bemerkenswert. Andernorts nur implizit formulierte Warnungen an den Kaiser, gewisse Vorgaben zu beachten, traten hier als konkrete Forderungen auf. Explizit mahnte der Verfasser Wilhelm II., das Recht der freien Meinungsäußerung zu respektieren. Diese für sich genommen nicht originelle Forderung wird interessant durch die Wortwahl. Rhetorisch fragte der Autor den Kaiser, ob er tatsächlich einen „Kirchhof entmannter Männer“ wolle. Mit Bezug auf die seinerzeit vielbeachtete Kaiserrede, die Nörgler aufforderte, das Reich zu verlassen, erklärte das Pamphlet: „Nein, wahre Männlichkeit flieht nicht, sie harrt aus und kämpft!“. Der Verfasser verteidigte Opposition und „‘Nörglerei’ – freilich nicht im kleinlichen Philistersinne“ – und fragte suggestiv: „Wie ich mir die Gestalt Wilhelms II. denke, ist er nicht selber ein Freund selbstbewußter, ehrenhafter Männlichkeit? Liebt er nicht selber preußische Gradheit und deutsche Überzeugungstreue?“[51] Damit lieferte das Pamphlet nicht nur eine deutlich formulierte Warnung und ein schönes Beispiel für den Forderungscharakter vermeintlich hagiographischer Sprachbilder, sondern auch eine aufschlußreiche Gleichsetzung von Opposition und Männlichkeit. Letztlich, konstatierte der Verfasser, lebe man in einem weibischen Zeitalter: „In dem Ausdruck der öffentlichen Meinung Deutschlands muß jeder ehrliche Deutsche einen ungeheuren Rückschritt bemerken.“[52] Der Kaiser sei über die öffentliche Meinung nicht oder falsch unterrichtet. Anders ließen sich seine Reden nicht erklären.

Mit dem Verweis auf das Dreiecksverhältnis Monarch-Öffentliche Meinung-Information des Monarchen berührte der Autor ein altes Thema, das sich aber in der Diskussion Wilhelms II. in neuer Form und Dringlichkeit stellte. Im modernen Staat, argumentierte er, sei der Herrscher auf kompetente Berater angewiesen. Da diese Berater nicht vorhanden seien, müsse das deutsche Volk sich „gegen die Mittelmäßigkeit und Unmännlichkeit, die am Hofe sich

50 Anonym, Romantiker, S. 7 f.

51 Anonym, Romantiker, S. 17, 19, 22.

52 „Ja es ist soweit gekommen, daß man das Privilegium, Lob ertragen zu können, nur dem Weibe zuerteilt hat, eine Menschengattung, zu der allerdings auch der größte Teil der Männer gehört. [...] Romantische Politik ist ganz Verschweigen, Andeuten, vielsagendes Blinzeln, diplomatisches Verbeugen, ganz Rundung, Finesse, Courtoisie, Wadenstrumpf, Menuett.“ Anonym, Romantiker, S. 23. Gleichzeitig behauptete der Verfasser: „Das deutsche Gewissen entmannt, entdeutscht sich immer mehr. Deutsch sein heißt offen, treu, redlich sein. Das kann man von der gegenwärtigen öffentlichen Meinung nicht behaupten. Sie ist im Gegenteil versteckt, unredlich, feig.“ Anonym, Romantiker, S. 25.

breit gemacht“, erheben, denn ein „würdeloses, aufdringliches, serviles Geschlecht“ scheine sich „an den jungen Monarchen heranzudrängen und sein männliches Herz mit Schmeicheleien zu bethören“. Das Pamphlet endete mit einem ebenfalls typischen Verweis auf den Marquis Posa, auf wünschenswerten Männerstolz vor Fürstenthronen und mit einem ausführlichen Schillerzitat.[53]

‚Verweiblichung‘ als Schlagwort der Hofkritik war nicht neu, durchaus aber die Konsequenz, in der Männlichkeitsthema, Beraterproblem und nationale Selbstvergewisserung, öffentliche Meinung und Generations-, Dekadenz- und Verfallsdiskurs zusammengeführt wurden.[54] Dies war gleichsam die Matrix, in der ein wesentlicher Teil der späteren Kritik am Monarchen formuliert und innerhalb der die hier behandelten Skandale kommentiert und diskutiert wurden. Die Zitate belegen, daß diese Denkfiguren nicht nur einer politischen Richtung zuordnet werden können. Tatsächlich lassen sich jene Argumente, die hier aus einem eher linken Kontext stammen, wenig später bei Autoren des rechten Spektrums nachweisen. Gemeinsame Basis dieser Argumentation war immer die Neubewertung des Faktors Öffentlichkeit, dem durchgehend höchste Relevanz bescheinigt wurde.

Wie prägend die Erfahrung des als neu empfundenen Kaisertums Wilhelms II. und die ersten zwei Jahre Wilhelms II. auf der öffentlichen Bühne und in der öffentlichen Wertung waren, zeigt deren prominenter Platz in Rückblicken, insbesondere in Krisensituationen.[55] In seinen ersten Jahren, so Liman 1904, seien die Auffassungen Wilhelms II. „mit solcher Kraft und solchem inneren Wahrheitsbewußtsein hervor[getreten], daß in der Tat ein Staunen und halb auch ein tiefes Mißtrauen die deutsche Welt durchzog“.[56] Aus entgegengesetzter Perspektive urteilte Borchardt 1908: „Um die gleiche Zeit beginnt in Deutschland der parallele Prozeß der Formierung in der neuen Generation, die zweite Stufe des nationalen Übergangs, die ästhetische und kulturelle Reaktion gegen alles das, wogegen der Kaiser die politische Reaktion bedeutet; der Kampf um ein neues Weltbild, um den Ausgleich zwischen Tradition und Zukunft: die genaue Parallele zu dem Kampfe des Kaisers um ein neues politisches Weltbild.“[57]

---

53 Anonym, Romantiker, S. 31, 33 f.

54 Vgl. das Statement Moritz von Egidys: „Weil unser König – zur Freude jedes Deutschen, dem das Recht der Persönlichkeit etwas gilt – eine Persönlichkeit, ein Selbst, ein Mann ist, und durch diese Eigenschaft allerdings sich vor Tausenden seiner Volksgenossen auszeichnet, beeifern sich Diejenigen, die von der Macht und dem Glanz, über den der König verfügt profitieren wollen, ihr eigenes Selbst der Hoheit dieses sie auch an innerer Kraft überragenden Fürsten zum Opfer zu bringen.“ Moritz von Egidy, ‚Servilismus, Versöhnung‘, 2. Februar 1896, (Nr. 109).

55 Das wilhelminische Kaisertum wurde regelmäßig als etwas grundsätzlich Neues beschrieben. Vgl. typisch: Wilhelm KAHL, Das neue Kaisertum, Festrede geh. am 18.1.1893 im liberalen Bürgerverein in Bonn, Bonn 1893.

56 LIMAN, Kaiser, S. 7.

57 Rudolf Borchardt, Der Kaiser, in: Süddeutsche Monatshefte 5 (1908), S. 237-252, hier S. 245. Auch in Heinrich Manns *Untertan* ist das Jugendkaiserthema ein zentrales Motiv:

In diesen Zitaten klingt noch einmal die neuartige Erfahrung des wilhelminischen Stils und die Verbindung der Vorstellung vom Jugendkaiser und eigener Generation an. Vor dem Hintergrund immenser Erwartungen ergab dies eine spezifische Konstellation jenseits der normalen Regeneration der Monarchie entlang dem Muster ‚der-König-ist-tot-es-lebe-der-König'. Diese Konstellation beförderte eine Struktur, die im folgenden als Programmonarchie bezeichnet werden soll. Der Begriff kann helfen, die unscharfe Rede von Erwartungen an den Kaiser zu systematisieren, indem er den Blick auf die Betrauung der Monarchie mit konkreten politischen Visionen und Projekten bestimmter Gruppen lenkt.[58]

Nur der Monarch konnte vermeintlich Probleme neutral einschätzen. Nur der Monarch besaß scheinbar die exekutive Macht des Staates, ohne diesem selbst anzugehören. Ein schönes Beispiel bieten Organisation und Echo der 1890 auf kaiserliche Initiative durchgeführten Schulkonferenz in Berlin. Exemplarisch zeigte sich hier die Basisvorstellung, auf die alle großen Hoffnungen auf den Monarchen aufbauten. Wilhelm II. sprach auf der Konferenz nicht nur als Monarch, sondern auch als Mitglied der jungen Generation, die das Konferenzthema unmittelbar berührte. Es ist kein Zufall, daß sich der Kaiser bei dieser Gelegenheit zum ersten Mal in neuartiger Weise in politische Tagesfragen einmischte. Die konkreten Stellungnahmen Wilhelms II., allgemein das Hervortreten des Monarchen wurden schon damals als unangemessen kritisiert. Zustimmend äußerten sich dagegen Mitglieder der jungen Generation, in die sich Wilhelm II. bei dieser Gelegenheit sinnbildlich eingereiht hatte.[59]

Das Beispiel zeigt allerdings auch, daß die Programmonarchie weit eher eine Zuschreibung der Kommentatoren als ein Angebot des Monarchen war. Um 1890 ließ der Monarch sein Konterfei mit der Aussage plakatieren: „Unsere Aufgabe ist Frieden erhalten, Noth lindern und Wohlstand fördern", bestärkt durch das „Motto: Durch!"[60] Das heißt, der Monarch stilisierte sich als ‚Verwirklicher' allgemeiner Anliegen, ohne sich konkret festzulegen. Die

---

„Diederichs Erscheinung, blitzend, gesträubt und blond gedunsen, verschlug ihm die Rede, [...er] blinzelte immerfort das Bild der neuen Jugend an, die wußte, was sie wollte, den Vertreter der harten Zeit, die nun kam!" Heinrich MANN, Der Untertan, Berlin/Weimar ²1987, S. 296. Theobald ZIEGLER erkennt rückblickend die Ursache für den Sturz Bismarcks im Generationenkonflikt. DERS., Die geistigen und sozialen Strömungen Deutschlands im 19. Jahrhundert, Berlin 1916, S. 459 ff.

58 Vgl. als Beispiel das rhetorische Angebot, den jungen, dynamischen Kaiser bei seinen Projekten tatkräftig zu unterstützen bei: Conrad VALENTIN, Der Kaiser hat gesprochen; wie haben wir Konservativen uns jetzt zu verhalten, Berlin 1889.

59 Zur Zeichenwirkung der Schulreformkonferenz und zum Glauben an den Monarchen als neutrale Instanz: CLARK, Wilhelm II, S. 62. 'Nie war Wilhelm II. auf einem richtigeren Weg', schrieb die *National-Zeitung* 1907. Zit. nach: RADKAU, Nervosität, S. 319. Zur Organisation der Konferenz und Kritik am kaiserlichen Hervortreten vgl. RÖHL, Aufbau, S. 431 ff. Zur Programmatik der Schulkonferenz vgl. Walter EYKMANN, Religionsunterricht: Stütze für König und Vaterland, Waffe gegen den Umsturz, in: Samerski (Hg.), Religion, S. 265-283, hier S. 273 ff.

60 Andreas Platthaus, Tief im Westen, wo die Uniform verstaubt, in: Frankfurter Allgemeine Zeitung, 27. Dezember 2002, (Nr. 300).

deutlichste Manifestation einer programmatisch definierten Monarchie bot noch die Vorstellung des sozialen Kaisertums. Durch sichtbare sozialpolitische Initiativen, die in der Öffentlichkeit eindeutig auf den jungen Kaiser zurückgeführt werden konnten, konkretisierte sich diese klassische Vorstellung zumindest in den ersten Jahren der Regierung Wilhelms II.[61] Das Wechselspiel zwischen enormen abstrakten Erwartungen, konkreten Vorschlägen und teils auch Ergebnissen beförderte diese Idee.[62] Hier zeigte sich, daß die Erwartungen, mit denen die Programmonarchie konfrontiert wurde, keineswegs beliebig waren, sondern auch Resultat eines Problemdrucks.[63] Die sozialpolitische Initiative des Kaisers war andererseits vorrangig durch die „Suche nach Popularität motiviert".[64]

In wohl doch erst nachträglicher Skepsis behauptete Friedrich Meinecke in seinen Erinnerungen: „Nur einmal habe ich, nicht lange Zeit, auf Wilhelm II. ernstlich zu hoffen vermocht, und zwar gerade bei der Entlassung Bismarcks, die doch sonst weithin das Vertrauen zu ihm ins Wanken brachte [...]. Die sozialpolitischen Erlasse des Kaisers und der Widerstand Bismarcks gegen eine Sozialreform großen Stils schienen mir einen Moment großer historischer Notwendigkeit heraufgeführt zu haben, wo das schwere Opfer der Entlassung Bismarcks unvermeidlich wurde."[65] Dieser Nexus zwischen einer enormen Erwartungshaltung an den jungen Kaiser, der Forderung nach einschneidenden sozialpolitischen Maßnahmen und einer rechtfertigenden Verarbeitung der Entlassung Bismarcks findet sich in vielen Schilderungen der frühen Jahre wilhelminischer Herrschaft. Noch 1913 beschwor Martin Wenck genau diese Verbindung: „So gewaltig erschütternd Bismarcks Sturz wirkte, einem Erdbe-

---

61 Vgl. Eleanor TURK, Thwarting the Imperial Will: A Perspective on the Labor Regulation Bill and the Press of Wilhelmian Germany, in: Jack R. Dukes/Joachim Remak (eds.), Another Germany: A Reconsideration of the Imperial Era, Boulder/London 1988, S. 115-138. Zur Idee der wohltätigen Monarchie: Frank PROCHASKA, Royal Bounty. The Making of a Welfare Monarchy, New Haven/London 1995. Zur Geschichte der Sozialreform im Kaiserreich: Jochen-Christoph KAISER/Wilfried LOTH (Hg.), Soziale Reform im Kaiserreich. Protestantismus, Katholizismus und Sozialpolitik (Konfession und Gesellschaft, 11), Stuttgart 1997.

62 Fehrenbach schildert die Genese der Idee des sozialen Kaisertums: FEHRENBACH, Wandlungen, S. 194 ff. Zur Sozialpolitik des Neuen Kurses: Willy REAL, Die Sozialpolitik des Neuen Kurses, in: Wilhelm Berges/Carl Hinrichs (Hg.), Zur Geschichte und Problematik der Demokratie. Festgabe Hans Herzfeld, Berlin 1958, S. 441-457. Die frühen sozialen Maßnahmen unter Wilhelm II. müssen im Rahmen einer breiter angelegten Aussöhnungspolitik – eine wesentliche Komponente des Neuen Kurses – gesehen werden. Hierzu gehörte auch eine veränderte Politik gegenüber den Katholiken. Vgl. FEHRENBACH, Wandlungen, S. 184 ff.

63 Vgl. allgemein zum positiven Echo der sozialpolitischen Erlasse: ZIPFEL, Kritik, S. 11. Zeitgenössisch: I. Hubert, Der Kaiser und König Wilhelm II. und seine Socialreform-Bestrebungen als Monarch und Summepiskopus, Freienwalde 1891.

64 RÖHL, Aufbau, S. 347.

65 Friedrich MEINECKE, Erlebtes. 1862-1901, Leipzig 1941, S. 17 ff. Zu Meineckes Hoffnungen auf ein soziales Kaisertum und dessen Desillusionierung: Walter GOETZ, Historiker in meiner Zeit. Gesammelte Aufsätze, Köln 1957, S. 335 f. 157. Vgl. auch die Broschüre von Karl WASSERAB, Sociale Politik im deutschen Reich. Ihre bisherige Entwickelung und ihre Fortführung unter Kaiser Wilhelm II., Stuttgart 1889.

ben gleich – um der sozialen Frage willen, die gebieterisch alle anderen zurückdrängte, empfanden viele Millionen Deutsche diesen Rücktritt doch wie eine Erlösung. [...] Man jubelte über die Februarerlasse des Kaisers. Man jauchzte dem Tag der Aufhebung des Sozialistengesetzes entgegen, an dem sich nun die nationalen und sozialen Kräfte Jung-Deutschlands gegenüber dem entfesselten Riesen, der Sozialdemokratie, messen konnten."[66] Insbesondere Wilhelms II. Hervortreten im Bergarbeiterstreik von 1889 und die Organisation einer Arbeitsschutzkonferenz in Berlin hatten Hoffnungen geweckt.[67] Anschließend an die sozialpolitischen Ankündigungen Wilhelms II. erklärte Ludwig Windthorst die Sozialreform zur wichtigsten Frage am Ende des Jahrhunderts: „Es ist nicht die Zeit für irgendeinen, sich die Nachtmütze über die Augen zu ziehen. Der Kaiser trägt das Banner. Wir marschieren hinter ihm."[68] In einem „Offenen Brief an den mächtigsten Mann im Reich" versicherte ein sich programmatisch Ghibellinus nennender Autor kurz darauf dem Kaiser seine volle Unterstützung bei dessen sozialpolitischem Projekt.[69]

Gerade idealistische Studenten erkannten in den sozialpolitischen Plänen offenbar die inhaltliche Füllung des Jugendkaiserkultes.[70] Wenn die vermeintliche Aufbruchsstimmung auch kaum zu belegen ist, bleibt es immerhin bemerkenswert, daß gerade sie in Erinnerungen eine herausgehobene Rolle spielte. Hier zeigt sich das ungeheure Potential der Programmonarchie und die Akzeptanz des Monarchen als Schiedsrichter, als Themen definierende und Entscheidungen umsetzende Instanz. Voraussetzung für den zeitweiligen Erfolg der programmatischen Aufladung der Monarchie war allerdings, daß die Projektionsfläche Wilhelm II. frei blieb. Die Kommentatoren beharrten stets darauf, der Kaiser sei keiner Partei verschrieben und dürfe nicht instrumentalisiert werden. Diese Denkfigur war zwar in sich widersprüchlich, aber offenbar so wichtig, daß dieser Widerspruch nicht reflektiert werden konnte.

Es ist bezeichnend, daß nach etwa halbjähriger politischer Abstinenz anschließend an die Thronbesteigung der Kaiser als erstes seine Überparteilichkeit betonte. Die Programmonarchie durfte per definitionem keine Parteimonarchie sein.[71] In dieses Bild paßt, daß Max Weber es zunächst als „Vorzug

---

66 Wenck räumte allerdings auch ein: „Es war viel ehrlicher Wille und aufrichtige Überzeugung dabei, aber auch reichlich viel Modesache und ein Strebertum, das sich dem Willen eines jungen, tatendurstigen Monarchen gefällig erweisen wollte." Martin Wenck, Die Hilfe 19 (1913), S. 392-393. Vgl. auch die Behauptung Adolf Steins, die Idee vom sozialen Kaisertum, die Wilhelm I. verkörpert habe, habe den Arbeitern den „Heimweg zur deutschen Nation" geebnet. Adolf Stein, Vor fünfundzwanzig Jahren, in: Der Deutsche, 5 (1906), S. 193-197.

67 Vgl. Rüdiger vom BRUCH, Der Kyffhäuser-Verband und die soziale Frage im Kaiserreich. in: Zirlewagen, Kaisertreue, S. 31. Zur Arbeiterschutzkonferenz vgl. jetzt: Samerski, Papst und Kaiser, S. 213 ff.

68 Zit. nach: KROCKOW, Wilhelm II., S. 67. Vgl. auch das hagiographische Pamphlet von Friedrich Dukmeyer, Der Arbeiterkaiser. ,Ein Trauerspiel in fünf Akten, Berlin 1892.

69 GHIBELLINUS, Kaiser.

70 BRUCH, Kyffhäuser-Verband, S. 32.

71 Nach 5 Monaten an der Regierung nahm Wilhelm II. zum ersten Mal öffentlich Stellung zu politischen Tagesfragen, nämlich den „vortrefflichen Wahlen in Breslau". Kurz darauf er-

des Kaisers" sah, daß dieser es keiner Richtung ganz recht mache und bisher „eine nach der anderen gelegentlich vor den Kopf gestoßen habe".[72] In dieses Bild passen aber auch immer wieder aufbrechende Konflikte, die aus dem Spannungsverhältnis zwischen Partei- und Programmonarchie resultierten. Früh zeigte sich dieses Spannungsverhältnis z.B. im Verhältnis Wilhelms II. zum Protestantismus bzw. dessen Unterströmungen wie der Christlich-sozialen Bewegung.[73]

Die Beispiele zeigen, daß die Unterstützung des Monarchen bei programmatischer Übereinstimmung nicht voraussetzungslos war. Der junge, der soziale, der moderne, der technisch aufgeschlossene Kaiser sollte ganz bestimmte Ziele durchsetzen. Nahezu jede Gruppierung, von der Nudistenbewegung bis zu den Antialkoholikern, fühlte sich berufen, zu diesem Zweck auf den Kaiser zurückzugreifen.[74] Dieses Phänomen als bloßen Lobbyismus, als Interessenpolitik abzutun, griffe zu kurz. Schließlich veränderte der ständige Zugriff auf die Monarchie die Institution auch. Das gilt spätestens für Versuche, eine sogenannte „Kaiserpartei" ins Leben zu rufen, die konsequenteste und zugleich letzte Stufe der Programmonarchie, auf die noch zurückzukommen sein wird.[75]

---

klärte er allerdings: keine Partei dürfe sich das Ansehen geben, als „besäße sie Mein Ohr". Zit. nach: ZIPFEL, Kritik, S. 11.

72 Wolfgang J. MOMMSEN, Max Weber und die deutsche Politik. 1890-1920, Tübingen ²1974, S. 151. Die Popularität Wilhelms II., so vermutete auch der Kaiserintimus Alfred Graf von Waldersee 1899, beruhe nicht zuletzt darauf, daß „jede Partei ihn für sich haben möchte." Alfred Graf v. WALDERSEE, Denkwürdigkeiten II, hrsg. v. Heinrich O. Meisner, Stuttgart 1922, S. 76

73 Das Spannungsverhältnis zwischen programmatischer Ausrichtung der Monarchie und Vorwürfen, sich durch Parteien instrumentalisieren zu lassen, illustriert anschaulich das Verhältnis Wilhelms II. zum Protestantismus und hier insbesondere zur Christlich-sozialen Bewegung Stöckers. Vgl. Klaus Erich POLLMANN, Wilhelm II. und der Protestantismus, in: Stefan Samerski (Hg.), Religion, S. 91-103, hier S. 98 f. und Norbert FRIEDRICH, Die Christlich-soziale Bewegung und Wilhelm II., in: Samerski (Hg.), Religion, S. 105-131, hier S. 112-117. Vgl. zur kontroversen Rolle Wilhelms II. im ‚Bibel-Babel-Streit' das Pamphlet: QUIDAM, Der alte Gott und das XX. Jahrhundert. Ein offenes Wort an Seine Majestät den deutschen Kaiser Wilhelm II., Bamberg 1903.

74 Als Illustration mögen folgende Beispiele dienen: Das Hauptorgan der deutschen Nudistenbewegung *Kraft und Schönheit* führte auf der Titelseite Wilhelms II. Ausspruch „Wir wollen eine kräftige Generation", der auf der vielbeachteten Schulkonferenz von 1890 gefallen war. Nachdem Wilhelm II. in einer Rede erklärt hatte: „Diejenige Nation, die das geringste Quantum von Alkohol zu sich nimmt, die gewinnt" sorgten die organisierten Antialkoholiker dafür, daß der Ausspruch zum geflügelten Wort wurde. Zit. nach: RADKAU, Zeitalter, S. 405. 1892 zeigte sich ein Anhänger der Weltausstellungsidee überzeugt „daß sein [Wilhelms II., M.K.] klarer, scharfer Blick die Bedeutung einer großartigen deutschen Weltausstellung in Berlin längst erkannt hat und daß er die Initiative ergreifen wird, die Weltausstellung zur Reichssache zu erklären." Friedrich REUSCHE, Chicago und Berlin. Alte und neue Bahnen im Ausstellungswesen (Deutsche Weltausstellungsbibliothek, Bd. 1), Berlin 1892, S. 35.

75 Ein durch den Kaiser formuliertes Reformprogramm und die Gründung einer Kaiserpartei sei vor allem daher zu begrüßen, weil „der Kaiser so doch einmal in ungeschminkter Weise erfährt, wie das Volk eigentlich denkt." Vor allem müßte mit dem Bündnis zwischen König und Junkern und „Thron und Altar" ein Ende gemacht werden, denn „Nur das Bündnis des Fürsten mit dem Volke ist gesund und gut und heilsam." GHIBELLINUS, Kaiser, S. 56. Vgl.

Das Konzept Programmonarchie darf allerdings nicht überstrapaziert werden. In Abwesenheit weitreichender konsensualer Themen im Kaiserreich blieb die Programmonarchie zwar kein Nullsummenspiel, erwies sich aber in der Praxis regelmäßig als inkongruent mit den Forderungen von Teilgruppen. Bediente der Monarch ausdrückliche Forderungen des Bürgertums, war adliger Widerspruch gewiß. Konflikte über die Vereinnahmung des Kaisers boten, wie zu zeigen sein wird, einen wesentlichen Grund für die Caligula-Affäre. In diesem Skandal offenbarten sich die strukturellen Probleme der Programmonarchie, die immer auch eine Parteimonarchie sein mußte, ebenso wie die Belastung, die aus der Formulierung hypertropher Ideen als Erwartungen resultierte. Zunächst ist jedoch auf ein Ereignis einzugehen, das als Katalysator die geschilderten Probleme ungemein verschärfte und insofern generelle Bedeutung gewann: Der Sturz des Reichskanzlers Bismarck, ein Ereignis, auf das Quiddes Pamphlet gleich zu Beginn unmißverständlich verweist.

4. Bismarcks Sturz als erster wilhelminischer Skandal?

Die Entlassung Bismarcks, die Politik Bismarcks nach seinem Sturz und der Bismarckmythos sind klassische und gut erforschte Probleme der Geschichte des Kaiserreichs. Hier sollen zwei spezielle, wenig beachtete Aspekte im Mittelpunkt stehen: Das Skandalöse in dem Schlüsselereignis Bismarcksturz und dessen Wirkung für die hier behandelten Fallstudien, insbesondere als Katalysator öffentlicher Kritik.[76] Zwar läßt sich die Bismarckentlassung im Moment ihrer Durchführung schwerlich als Skandal charakterisieren, wurde es aber gleichsam retrospektiv. Erst das Zusammentreffen verschiedener spezifischer

---

auch die Überlegungen zur Gründung einer „Partei der Unabhängigen" bei LANGBEHN, Rembrandt, S. 377.

76 Diese Blickverengung scheint um so mehr gerechtfertigt, als zu allen drei Themen reichhaltige Forschungsliteratur existiert: Zu den Umständen des Kanzlersturzes jetzt vor allem RÖHL, Aufbau, S. 314 ff. Vgl. auch die Biographien von Ernst ENGELBERG, Bismarck. Bd. II: Das Reich in der Mitte Europas, Berlin 1998, S. 557 ff.; Lothar GALL, Bismarck. Der weiße Revolutionär, Frankfurt a.M. 1980, S. 684 ff. und Otto Pflanze, Bismarck and the Development of Germany. Bd. III: The Period of Fortification. 1880-1898, Princeton 1990, S. 363 ff.. Zur Politik Bismarcks nach seiner Entlassung vgl. den frühen Aufsatz von Hans ROTHFELS, Bismarcks Sturz als Forschungsproblem, in: Preußische Jahrbücher 191 (1923), S. 1-29. Durch die einschlägigen Monographien von Manfred HANK, Kanzler ohne Amt. Fürst Bismarck nach seiner Entlassung. 1890-1898, München 1977; Wolfgang STRIBRNY, Bismarck und die deutsche Politik nach seiner Entlassung. 1890-1898, Paderborn 1977 und SCHAEFER, Kanzlerbild wurde dieses Forschungsdesiderat weitgehend beseitigt. Zum Bismarckmythos: Rolf PARR, „Zwei Seelen wohnen, ach! In meiner Brust". Strukturen und Funktionen der Mythisierung Bismarcks, München 1992, Lothar MACHTAN, Bismarck-Kult und deutscher National-Mythos 1890-1940, in: DERS. (Hg.), Bismarck und der deutsche National-Mythos, Bremen 1994, S. 14-67. Vgl. auch: Dirk TIETENBERG, Bismarck-Mythos und Wilhelminismus, 1890-1914, Magisterarbeit, Düsseldorf 2000. Der Faktor öffentliche Meinung im eigenen Recht wurde im Kontext der Bismarckentlassung und Bismarckfronde allerdings bisher noch nicht untersucht.

Entwicklungen führte zu dieser Bewertung. Was hier also interessiert, ist die Nachwirkung des Bismarcksturzes, dessen Erzählung als Skandal.

Ein schönes Beispiel für die rückblickende Sicht auf ein nun höchst problematisches Ereignis bietet wiederum der wilhelminische Schlüsselroman *Prinz Kuckuck*. Henry, Held des Romans, und unschwer als Abbild Wilhelms II. zu erkennen, bringt in der Romanhandlung den ihm intellektuell überlegenen Freund um, worauf er zu sich selbst spricht: „'Gott Lob und Dank, daß ich ihn los bin! Frei! Frei! Endlich Frei! Und durch eigene Kraft! Als Sieger im tödlichen Kampfe! Mit diesen meinen Händen! Ich! Der Stärkere!' Er fühlte nicht eine Spur des Bedauerns, nicht einen Hauch der Reue. Nur Triumph! Triumph! Und, wie er es immer liebte, sich in Vergleich zu Höherem zu setzen, so erinnerte er sich jetzt daran, daß einige Tage vorher die Kunde von Bismarcks Entlassung durch die Blätter gelaufen war.“[77] Bierbaums literarische Deutung enthält wesentliche Aspekte der retrospektiven Sicht auf die Entlassung Bismarcks. Der Kaiser hatte sich außerordentlich exponiert. Diese Handlung verlangte nach späterer Rechtfertigung, andernfalls war sie skandalös.

Im Jahr 1890 stellte sich dieser Zusammenhang noch nicht so eindeutig dar. Getragen von öffentlichem Rückenwind und bestätigt durch Intrigen seiner Umgebung, provozierte der Monarch den Rücktritt des ‚Reichsgründungskanzlers'.[78] Versuche, einen belle sortie zu erreichen, und das Wissen um das Problem, einen zu frühen Abgang Bismarcks öffentlich zu legitimieren, zeitigten keine befriedigenden Ergebnisse.[79] Formal war die Entlassung selbstredend unproblematisch. Die Ernennung und Entlassung des Reichskanzlers war ein ureigenes und wichtiges Verfassungsrecht des Kaisers. Auch inhaltlich gab es anfangs wenig Widerspruch. Im Gegenteil, zwei Argumente ließen den Schritt des Monarchen als legitim erscheinen:

1. Bismarck mußte als verantwortlich für einen politischen Stillstand gelten, der spätestens 1890 offensichtlich geworden war und in dem vielzitierten „Es gelingt nichts mehr“, das die *Germania* 1889 beklagte, einen Ausdruck gefunden hatte.[80] Tatsächlich wurde der Sturz Bismarcks zunächst vor allem als Resultat eines Konfliktes über die neue Sozialgesetzgebung gesehen, in dem Bismarck als retardierendes Element galt. Es gibt keinen Grund, der rückblikkenden Wertung des Journalisten Bernhard Guttmann, in allen politischen Lagern überwiege die Genugtuung, „ihn los zu sein“, zu mißtrauen.[81] Schon am 18. März, als die Entlassung noch nicht einmal ein öffentlicher Akt war, äu-

77 BIERBAUM, Kuckuck, S. 500.

78 RÖHL, Aufbau, S. 238 ff. Röhl betont die Bedeutung der Clique um Eulenburg und Holstein. Diese habe sich subjektiv als Verteidigerin monarchischer Rechte und Werte gefühlt. Ebd., S. 281. Zum eigentlichen Konflikt, S. 303 ff.

79 RÖHL, Aufbau, S. 240 f. Vgl. auch ebd., S. 322 f.

80 Germania, 28. April 1889 (Nr. 97).

81 GUTTMANN, Schattenriß, S. 52. Vgl. auch: HULL, Entourage, S. 81 f. Ernst GAGLIARDI, Bismarcks Entlassung. Zweiter Teil. Der Ausgang, Tübingen 1941, S. 325-389 und vor allem Karl LANGE, Bismarcks Sturz und die öffentliche Meinung in Deutschland und im Auslande, Berlin 1927, S. 17 ff.; HANK, Kanzler, S. 23.

ßerte sich die *Kölnische Zeitung* völlig gefaßt: „Sollte das Unglück es wollen, [...] so muß uns die Erwägung Trost gewähren, daß Deutschland nicht führerlos dastehen wird, sondern einen kraftvollen, willensstarken Kaiser von ausgesprochenem Herrscherberuf, großer Arbeitskraft und strengstem Pflichtgefühl besitzt.“[82] Zahlreiche exponierte Persönlichkeiten, die sich offen von Bismarck abwandten, bezeugen die potentielle Stärke, welche die Institution Kaisertum 1890 besaß.[83]

2. Die politische Stellung Bismarcks, dessen Sohn Herbert ein herausragendes politisches Amt innehatte, galt gerade in monarchischen Kreisen als heikel. Generalstabschef Alfred v. Waldersee, seinerzeit der engste Berater des Kronprinzen Wilhelm, beschwor im April 1888 die Gefahr, die angeblich für die Hohenzollerndynastie vom „Übergewicht“ des Reichskanzlers ausgehe.[84] Aber auch die *Freisinnige Zeitung* urteilte zu diesem Zeitpunkt: „Wenn man das lebenslängliche Verbleiben des Fürsten Bismarck im Amt [...] als Lebensbedingung für Deutschland hinstellt, so heißt das den Kanzler emporzuheben, um den Monarchen und die Nation herabzudrücken.“[85] In diesen Zusammenhang gehört das berühmte ‚Kaiserwort', das Adolf Stöcker in seinem *Scheiterhaufenbrief* der Öffentlichkeit mitteilte: „Sechs Monate will ich den Alten noch verschnaufen lassen, dann regiere ich selbst.“[86]

Das Problem thematisierten kritische Kommentatoren unter dem Stichwort Hausmeiertum. Hans Delbrück, der beharrlichste unter denen, die die Entlassung rechtfertigten, triumphierte über den scheinbaren Sieg der Hohenzollern: „Hohl und leer zeigt sich das Schreckbild des ‚Hausmeiertums', welches anfangen sollte, der Dynastie gefährlich zu werden.“[87] Für die Legitimisten un-

---

82 Zit. nach: ZIPFEL, Kritik, S. 12 f.

83 Vgl. stellvertretend für viele den offenen Bruch des Großherzogs Friedrich von Baden mit Bismarck. Hierzu: Fürst Chlodwig zu HOHENLOHE-SCHILLINGSFÜRST, Denkwürdigkeiten, hrsg. v. Friedrich Curtius, Stuttgart 1907, Bd. II, S. 467 und Otto v. BISMARCK, Die gesammelten Werke (im folgenden zit. als GW), Berlin 19355, Bd. XV, S. 530. Die Wendebereitschaft war selbst bei der Bismarck stark verbundene Freikonservative Partei ausgeprägt. Vgl. Matthias ALEXANDER, Die Freikonservative Partei 1890-1918. Gemäßigter Konservativismus in der konstitutionellen Monarchie (Beiträge zur Geschichte des Parlamentarismus und der politischen Parteien, 123), Düsseldorf 2000, S. 194 f. Wildenbruch reagiert mit einem hagiographischem Stück. Vgl. BRUDE-FIRNAU, Deutung, S. 28.

84 Vgl. RÖHL, Jugend, S. 804, sowie allgemein zur Entzweiung zwischen Kanzler und Kaiser: Helmuth ROGGE, Die Entlassung eines Kanzlers, in: Die Politische Meinung. Monatshefte für Fragen der Zeit 8 (1963), S. 43-60, hier S. 50 ff. Diese Einschätzung war keineswegs auf konservative Kreise beschränkt, sondern findet sich etwa auch bei Eugen Richter. Vgl. KOSZYK, Presse, S. 247.

85 Zit. nach: KOSZYK, Presse, S. 247.

86 Zit. nach: ROGGE, Entlassung, S. 47.

87 Hans DELBRÜCK, Kanzlerwechsel, in: Preußische Jahrbücher 65 (1890), S. 461-466, S. 466. Delbrück hebt vor allem auf die Gefahr eines Staatsstreichs durch Bismarck ab. Vgl. hierzu auch: DERS., Die Hohenlohe-Memoiren und Bismarcks Entlassung, in: Preußische Jahrbücher 126 (1906), S. 501-517. Zum Problemkomplex des Bismarckschen Staatsstreichplans: John C. G. RÖHL, Staatsstreichplan oder Staatsstreichbereitschaft? Bismarcks Politik in der Entlassungskrise, in: Historische Zeitschrift 203 (1966), S. 610-624. Vgl. auch die Aussage des Chefredakteurs der *Kreuzzeitung* Kropatschek gegenüber Mitgliedern der konservativen Partei: „Eine frohe Botschaft, meine Herren! Von nun an werden wir nicht länger von der

ter den Monarchisten war nach der Entscheidung zwischen der „Dynastie Hohenzollern oder [der] Dynastie Bismarck“ im wahrsten Sinne des Wortes die gottgewollte Ordnung wieder hergestellt.[88]

Delbrück selbst taxierte später die allgemeine Zufriedenheit über die neue Situation auf circa drei Wochen und illustrierte damit, daß die neue Stärke der Monarchie eine lediglich potentielle war.[89] Denn die Reaktionen auf die Entlassung Bismarcks boten das erste Beispiel für die oben beschriebene Bedingtheit des Vertrauens in die Monarchie. Hier kommt der skandalöse Aspekt des Ereignisses ins Spiel. Die Akzeptanz der einschneidenden Maßnahme setzte voraus, daß zwei Bedingungen erfüllt wurden: daß ihre Begründung zutraf und daß ihr inhärente Versprechen eingehalten würden. Beide Bedingungen sollen im folgenden näher beleuchtet werden. Desweiteren ist ein dritter skandalöser Aspekt anzusprechen, der unmittelbar mit der Entlassung zusammenhing: Das Frondieren Bismarcks.

1.) Die Akzeptanz der Bismarckentlassung setzte implizit voraus, daß ein alter und gesundheitlich angeschlagener Bismarck, wenn er sich nicht schon freiwillig zurückzog, nicht gegen seinen Willen entfernt worden war. Immerhin hatte der Reichskanzler sein Rücktrittsgesuch eingereicht. Der Inhalt dieses Schriftstücks suggerierte allerdings genau das Gegenteil und dokumentierte Bismarcks Fähigkeit, politische Entscheidungen der Öffentlichkeit und Nachwelt zu verkaufen. Bismarcks letzte Amtshandlung stellte den Kaiser als dilettierenden Kriegstreiber dar, während Bismarck auf Einverständnis hoffen konnte, wenn er das vorgebliche Verlangen nach einer alternativen Rußlandpolitik ablehnte und die verfassungspolitischen Begrenzungen der Monarchie anmahnte, für die er als Kanzler stünde. Stetigkeit und Maß, das Festhalten an Bewährtem, ganz allgemein Sicherheit, so die Bismarcksche Botschaft, stünden zur Disposition.

Zwar konnte die Kaiserpartei die Veröffentlichung des Dokuments zunächst verhindern, dessen Inhalt lieferte aber das Masternarrativ für Bismarcks öffentliche Wortmeldungen nach der Entlassung. Bismarcks Bemühungen, die kaiserliche Version von der Freiwilligkeit seines Rücktritts zu widerlegen, wurden zum Kern der ‚Propaganda‘ aus Friedrichsruh. Der gestürzte Kanzler stellte den Tathergang mit durchschlagendem Erfolg als eine Art Catilinari-

---

Familie Bismarck, sondern von dem Hause Hohenzollern regiert.“ Bernhard Fürst von BÜLOW, Denkwürdigkeiten, Berlin 1930., Bd. IV, S. 641 f.

88 Vor dieser Alternative habe nach Hohenlohe der Kaiser gestanden. Vgl. HOHENLOHE, Denkwürdigkeiten II, S. 467 ff.

89 „[...] gleich nach [Bismarcks] Entlassung in den Anfängen Caprivis, [war] die einzige Zeit, deren ich mich, solange ich politisch gelebt habe, erinnern kann, wo eine allgemeine Zufriedenheit herrschte. Dieser Zustand dauerte aber kaum länger als einige Wochen. Dann kam die große Masse der Bismarckanhänger [...] allmählich zu Wort.“ Hans DELBRÜCK, Politische Korrespondenz, in: Preußische Jahrbücher 99 (1899), S. 373. Diese Einschätzung auch bei Gerd FESSER, Bülow und der Sturz Bismarcks, in: Jost Dülffer/Hans Hübner, Otto von Bismarck. Person – Politik – Mythos, Berlin 1993, S. 191-202, hier S. 192. Zum Umschwung in der öffentlichen Meinung nach dem Bismarcksturz: Ferdinand TÖNNIES, Kritik der öffentlichen Meinung, Berlin 1922, S. 434 und 476.

scher Verschwörung dar, in welcher die unverantwortlichen Ratgeber eine zwielichtige Rolle spielten.[90]

Retrospektiv, zumal nach dem Politikwechsel des Neuen Kurses mit der Rücknahme sozialpolitischer Ansätze und dem Wiederaufleben ‚bismarckscher' Politik gegenüber den ‚Umsturzparteien', konnte die Entlassung vom Hof nicht mehr überzeugend begründet werden. Vielmehr mußte sie als motiviert aus einem Gemisch kaiserlichen Geltungsbedürfnisses und höfischer Intrigen erscheinen. Unter dem Rubrum Undank gegenüber dem Mann, dem der Kaiser eigentlich seine Krone verdanke, firmierte dieserVorstellung sehr suggestiv und verlieh der Handlung Wilhelms II. etwas im Kern skandalöses.[91] In der ihm eigenen Exaltiertheit, aber nichts desto weniger typisch, urteilte Langbehn: „Es sollte die Deutschen heiß überlaufen, wenn das Bild ihres größten Helden – seit dreihundert Jahren – sie jetzt fragend und vorwurfsvoll anblickt."[92] Durch die Verselbständigung der „Todsünde"[93] des Entlassungs-

---

90 Das Entlassungsgesuch vom 18. März 1890 findet sich in: GW VIc, S. 440. Bismarcks Drängen auf Veröffentlichung des Dokuments konnte auf kaiserlicher Seite nur mit dem Hinweis auf den sogenannten Arnim-Paragraphen, d.h. der Strafandrohung für die Veröffentlichung offizieller Dokumente, verhindert werden und erfolgte erst nach Bismarcks Tod. Vgl. HANK, Kanzler, S. 190 und 195. Bismarck verwies schon am 16. April 1890 vor dem Zentralverband deutscher Industrieller auf seinen unfreiwilligen Abschied, GW XIII, S. 408; zum Entlassungsgesuch: GW IX, S. 88 f. Zur schnellen und effektiven Verbreitung der Bismarckschen Lesart vgl. Anonym, Die Ächtung Bismarcks durch den neuesten Kurs und das Echo des nationalen Gewissens, Berlin 1892 und Anonym, Wie Bismarck entlassen wurde! Nach authentischen Quellen, Berlin 1892. Dagegen Bechtholt BRANDIS, Fürst Bismarck und die Hamburger Nachrichten. Authentische Tagebuchblätter von einem Eingeweihten, Berlin 1894.

91 Vgl. z.B. Heinrich von Treitschkes Aussage: „[...] Bismarcks Schicksal erschüttert mich in der Seele. Seit Themistokles hat die Welt keinen solchen Undank gesehen." Heinrich v. TREITSCHKE an Lotte Hegewisch vom 7. September 1890, in: Ders., Briefe, S. 616 f. Ähnlich auch Alfred DOVE an Otto Gierke, Dezember 1890, in: Ders., Ausgewählte Aufsätze und Briefe, hrsg. von Friedrich Meinecke und Oswald Dammann, Bd. II, München 1925, S. 148 ff. Das Themistokles-Motiv wird regelmäßig zur dramatischen Kennzeichnung des kaiserlichen bzw. gesellschaftlichen Undanks gegenüber Bismarck benutzt: Vgl. Armin KOHL, Die Wahrheit über die Entlassung des Fürsten Bismarck. Die Schuld am Weltkriege, Leipzig 1919, S. 7 ff. Vgl. auch die Beispiele bei SCHAEFER, Kanzlerbild, S. 54. Die Bismarck angetragene Würde eines Herzogs von Lauenburg wurde als Ausdruck des schlechten Gewissens des Kaisers aufgefaßt. Typisch für diese Behauptung die Anklage Horst Kohls: „Wir denken nicht mehr daran, einen unbequemen großen Mann zu ermorden wie im Zeitalter der Renaissance, sondern wir schicken ihn aufs Land. Wir deklarieren ihn nicht zum Heiligen, sondern zum Herzog von Lauenburg." Horst KOHL, Bismarck-Jahrbuch IV, Leipzig und Berlin 1897, S. 254. Zum Vorwurf des Undanks vgl. auch: Gottlob EGELHAAF, Bismarcks Sturz. Stand des Problems, Stuttgart 1909, S. 35; vor allem aber, noch 1924, Paul MAHN, Kaiser und Kanzler. Der Beginn eines Verhängnisses, Berlin 1924, S. 146 ff. Zu Wilhelm II. als „Hagen": Lothar MACHTAN, Bismarcks Tod und Deutschlands Tränen, Reportage einer Tragödie, München 1998, S. 138. Vgl. auch: Otto HAMMANN, Der mißverstandene Bismarck, Berlin 1921, S. 26 und GROßMANN, Kaiser, S. 24. Zum Topos des Verrats vgl. die Beispiele bei: Martin HÜTTNER, Bismarcks Sturz an den Iden des März 1890 in historischer Literatur, Frankfurt a.M. 1997, S. 9 ff.

92 LANGBEHN, Rembrandt, S. 189 f.

93 Otto GRADENWITZ, Bismarcks letzter Kampf 1890-1898. Skizzen nach den Akten (Schriftenreihe der Preussischen Jahrbücher, 15), Berlin 1915, S. 5 ff.

vorgangs hin zu einem abgehobenen, ideologisch aufgeladenen Undanksvorwurf erhielt die Antagonie zwischen Kaiser und Kanzler eine eigene Dynamik. Hieraus resultierte die Dauerpräsenz des Bismarcksturzes im politischen Diskurs des Kaiserreichs, die auf die Tatsache aufbauen konnte, daß der Kaiser es nie geschafft habe, die Entlassung Bismarcks öffentlich überzeugend zu begründen. Einen Erklärungsbedarf, den die Informationen aus dem März 1890 nicht deckten, sahen auch diejenigen Kommentatoren, welche die Schuld nicht nur beim Monarchen suchten.[94] Die Bismarckentlassung wurde damit zu einem Ansatzpunkt für plebiszitäre Forderungen, die ihre Sprengkraft aus der Tatsache erhielten, daß sie vornehmlich von der politischen Rechten formuliert wurden.[95]

Wenn offizielle Gründe nicht überzeugten, mußten alternative gefunden werden. Auf dieser Suche gerieten zunächst die Männer um den Kaiser in den Blick. Nach einer bequemen und verbreiteten Lesart entfernten die unverantwortlichen Ratgeber den verfassungsgemäß verantwortlichen, indem sie prekäre Dispositionen des jungen Monarchen auszunutzen verstanden.[96] In Bismarcks Pressekampagne spielte der Hinweis auf die notorischen „Hintermänner" eine wichtige Rolle.[97] Auch wenn Philipp Eulenburg damals noch nicht namentlich genannt wurde, lag es nahe, ihm eine Beteiligung an

---

94 Dieses Problem war noch 16 Jahre nach der Entlassung Bismarcks ein lohnendes Thema. So hieß es in einem Artikel von 1906: „Und wenn überhaupt noch etwas nötig war, um jene erschütterte Zeit, da Kaiser und Kanzler auseinandergerissen wurden, aufzuhellen, so ist es jetzt durch Hohenlohes Memoiren geschehen." Daraus gehe hervor, daß der Kaiser habe handeln müssen. Dr. A. Irrgang, Der Kaiser über Bismarcks Entlassung, in: Der Deutsche, 5 (1906), S. 9-11. Ein Artikel der *Münchner Neusten Nachrichten*, der sich wiederum auf die Zeitschrift *März* bezog, versuchte ein Jahr später die kaiserlichen Motive zu erläutern: ‚Eine Tat des Kaisers', Münchner Neueste Nachrichten, 22. August 1907, (Nr. 391). Im folgenden Jahr bot ein einschlägiges Buch von Egelhaaf Delbrück noch einmal einen Anlaß, die Position Wilhelms II. zu verteidigen: Hans DELBRÜCK, Besprechung von: ‚Geschichte der neuesten Zeit vom Frankfurter Frieden bis zur Gegenwart von Dr. Gottlob Egelhaaf', in: Preußische Jahrbücher 133 (1908), S. 361-366. Eine zweite Konjunktur, nach der um 1907, hatten Enthüllungen nach dem Kriegsende. Vgl. KOHL, Wahrheit; Georg Frhr. v. EPPSTEIN (Hg.), Fürst Bismarcks Entlassung. Nach bisher unveröffentlichten Aufzeichnungen von Heinrich v. Boetticher und Franz v. Rottenburg, Berlin 1920; Julius von ECKARDT, Aus den Tagen von Bismarcks Kampf gegen Caprivi. Erinnerungen, Leipzig 1920 und GAGLIARDI, Entlassung. Zur Bewertung der Entlassung bis in die jüngste Zeit: HÜTTNER, Bismarcks Sturz.

95 Ein typisches und prominentes Beispiel hierfür liefert Paul Liman: „Das staatsbürgerliche Bewußtsein, das sich des Berufes zur Mitarbeit und ihres Werkes freut, mußte eine tiefe Demütigung erfahren, wenn ein Wink des Herrschers kraftvoll geschaffenes Verdienst ausschalten kann aus jedem Rechte der Betätigung, wenn der Held eines Jahrhunderts gebannt werden kann in Nacht und Grauen und Gram, daß seine Kraft verdorrt, seine welterlösende Weisheit versinkt." Das deutsche Volk sei nie über die Gründe der Entlassung Bismarcks aufgeklärt worden. LIMAN, Kaiser, S. 33. Vgl. auch die ganz ähnliche Argumentation bei: Ernst HORNEFFER, Der Kaiser und die Nation I, in: Die Tat 1 (1908), S. 47-62, hier S. 53.

96 Diese Sicht der Dinge war nicht gänzlich abwegig. Vgl. zum Tathergang RÖHL, Aufbau, S. 349. Zur Rolle Holsteins in der Entlassungskrise: Martin REUSS, Bismarck's Dismissal and the Holstein Circle, in: European Studies Review 5 (1975), S. 31-44.

97 Vgl. CLARK, Wilhelm II, S. 41. Die Doppelbedeutung des Begriffes sollte erst im Eulenburg-Skandal augenscheinlich werden.

der Bismarckentlassung zuzuschreiben, nachdem er in den 1890er Jahren auch öffentlich als wichtigster Kaiserratgeber hervorgetreten war.[98] Bismarck nutzte seine Pressekontakte, vor allem zu Maximilian Harden,[99] um Eulenburgs Rolle ins Zwielicht zu stellen.[100] Der Altkanzler bzw. seine publizistischen Unterstützer bewiesen damit ein bemerkenswertes Gespür für öffentlich verwertbare bzw. skandalisierbare Themen.

In der sogenannten Kladderadatsch-Affäre wurde das Beraterproblem erstmals – bezeichnenderweise in Form eines Skandals – thematisiert.[101] Exponenten des Neuen Kurses, unter ihnen Eulenburg, gerieten zum Jahreswechsel 1893/94 in die Schußlinie des gleichnamigen Satireblattes.[102] Die Angriffe auf die Protagonisten des Neuen Kurses fügten sich paßgenau in die leitmotivisch in Hardens *Zukunft* wiederholte Klage über Opportunismus, Strebertum und Byzantinismus ein.[103] Für Harden und die vielen anderen publizistischen Bismarckianer verstanden, blieb die hervorgehobene politische Rolle Eulen-

---

98 Burmeister argumentiert, daß die Stärkung der Stellung des Monarchen eine win-win-situation für Kaiser und Berater darstellte. Beide Parteien konnten so ihren Einfluß erhöhen. BURMEISTER, S. 40 ff. Zur Bedeutung Eulenburgs, die Beobachter schon früh erkannten: RÖHL, Aufbau, S. 230 f.

99 Bismarck konnte auf ein systematisch kontrolliertes Pressenetz zurückgreifen, in dem sich der Journalist Maximilian Harden origineller als alle anderen als Kaiserkritiker hervortat. Denn, urteilt Hellige, „unter allen Schriftstellern und Literaten verstand es Harden am besten, den gestürzten Kanzler zum geistesaristokratischen Herrenmenschen, zur charismatischen Führergestalt im Dienste des Status quo und zur überdimensionalen Vaterfigur aufzubauen“. Zwischen Februar 1892 und August 1897 wurde Harden insgesamt 15-mal nach Friedrichsruh eingeladen. Vgl. HELLIGE, Studie, , S. 123 f. Beispielhaft für die kaum versteckten Angriffe Hardens ist der Artikel ‚Hofgeschichten', in: Zukunft 18 (1897), S. 145 ff. Zum Hintergrund der Verbindung zwischen Bismarck und Harden vgl. KOSZYK, Presse, S. 251 ff. Zum Verhältnis Harden-Bismarck, WELLER, Harden, S. 36.

100 Liman urteilte zwei Jahre vor Ausbruch des Eulenburg-Skandals, in der Entlassungskrise wäre Opposition gegen die Maßnahme Wilhelms II. angebracht gewesen und jene in der Nähe des Kaisers, die diese Opposition nicht geleistet hätten, träfe die Schuld. LIMAN, Kaiser, S. 30 f. Die *Münchner Neuesten Nachrichten* fragten auf dem Höhepunkt der Enthüllungen über Eulenburg: „Das Schicksal des Fürsten Eulenburg muß für den künftigen Geschichtsschreiber die Frage, welchen Anteil der jählings Gefallene am Sturz Bismarcks habe, doppelt anziehend gestalten. Waltete hier die Nemesis? Hat Fürst Eulenburg unmittelbar auf Bismarcks Entlassung hingearbeitet? Hat er unmittelbar dazu beigetragen, indem er das Selbstbewußtsein des Kaisers anstachelte?“. Münchner Neueste Nachrichten, 16. Mai 1908, (Nr. 230). Vgl. auch das im Anschluß an den Eulenburg-Skandal und die Daily-Telegraph-Affäre erschienene kritische Buch: EGELHAAF, Sturz.

101 Vgl. ROGGE, Kladderadatschaffäre, S. 96 ff. Die Verbindungen der Hintermänner der Affäre in das Bismarcklager konnten schnell aufgedeckt werden. Vgl. ebd., S. 122.

102 Der engste Kreis um den Kaiser betrachtete Affäre und zeitgleiche Krisengerüchte als „Probe aufs Exempel“ der Fronde. Bezeichnenderweise begann die Affäre, als eine Versöhnung zwischen dem Kaiser und Bismarck und damit eine Umwandlung der Reichsleitung sich immer stärker abzeichnete. Die Nachfolger Bismarcks konnten von der intendierten Aussöhnung nur Nachteile erwarten. Diese Ansicht vertrat auch Wilhelm II. in seiner Antwort an Holstein vom Neujahrstag 1894, vgl. ROGGE, Holstein und Harden, S. 96 und RÖHL, Aufbau, S. 669 ff. Zu den Pressereaktionen: PAAA, Deutschland, 126, Nr. 13929.

103 Vgl. Anonym, Ächtung, S. 53 ff.

burgs ein Stein des Anstoßes. Das Beraterproblem generell wurde zum wichtigsten Einzelthema in der Diskussion des Monarchen

2.) Nachdem sich öffentlich herausgestellt hatte, daß die Voraussetzungen, unter denen Wilhelm II. die Entlassung Bismarcks ‚verkauft' hatte, nicht gegeben waren, galt es um so mehr, die Richtigkeit der Handlung in der Sache nachzuweisen. Um es anders auszudrücken: Sollte die Maßnahme der Entfernung Bismarcks nicht als skandalös erscheinen, mußte der nach außen selbstherrschende Kaiser belegen, daß er tatsächlich politische Blockaden überwinden und durch eigene – wie auch immer beschaffene – Leistungen den unfreiwilligen Abgang des Kanzlers vergessen machen konnte. Wilhelm II. mußte widerlegen, daß, wie es Ludwig Bamberger ausdrückte, dem „Grauen vor dem Unbekannten [...] unnötigerweise die Tore aufgetan"[104] wurden. Der Sturz Bismarcks und die Charismatisierung der Monarchie unter Wilhelm II. hingen insofern unmittelbar zusammen. Eulenburgs Satz: „Wenn wir nicht daran arbeiten, Ihn [Wilhelm II., M.K.] als die Personifikation Deutschlands zu betrachten, dann ist alles verloren", war direkt auf die Auseinandersetzung mit Bismarck gemünzt.[105] Bezeichnenderweise betonte Wilhelm II. nur kurz nach Bismarcks Entlassung zum ersten Mal sein Gottesgnadentum.[106]

In der Reaktion auf die Entlassung Bismarcks zeigt sich, wie der retrospektive Skandal funktionierte. Die öffentlich formulierte Zustimmung zu einer Handlung des Monarchen wurde unter Vorbehalt gestellt, wobei die Kriterien, die es zu erfüllen galt, überaus vage blieben. Immer wieder konnte daher das enorme Kapital beschworen werden, welches Wilhelm II. von Bismarck übernommen habe.[107] Joachim Radkau hat berechtigterweise auf den „besonderem Erfolgsdruck" hingewiesen, den dieser „Vatermord großen Stils", begangen ohne einen nach außen hin klaren Grund, bewirkte.[108]

---

104 Ludwig Bamberger zit. nach EYCK, Regiment, S. 13. Mit großen Erwartungen, allerdings nicht weniger Skepsis bemerkte Friedrich Meinecke zu Reinhold Koser: „Der Kaiser zieht einen hohen Wechsel auf die Zukunft. Wenn er ihn einlöst, ist er historisch gerechtfertigt." MEINECKE, Erlebtes, S. 172. Vgl. auch die Wertung Hinzpeters aus dem Jahr 1895: „Die damalige Katastrophe bedeutet ja nur den Versuch der Monarchie, sich von der erstickenden Umklammerung der Bürokratie los zu machen. Scheinbar gelang der Versuch durch eine außerordentliche Kraftanstrengung. Die Verantwortung, welche die Monarchie damit auf sich genommen, ist groß. Ist sie dieser nicht gewachsen, so hat sie sich der Gefahr begeben, in der sie umkommen kann." Zit. nach RÖHL, Aufbau, S. 349.

105 Eulenburg an Kuno v. Moltke, zit. nach HANK, Kanzler, S. 681 f.

106 ZIpfel, Kritik, S. 14. Vgl. auch, einen Monat später, Wilhelms II. Insistieren auf dem ostpreußischen Provinziallandtag: „[...] daß Wir Hohenzollern Unsere Krone nur vom Himmel nehmen [...]." Johannes PENZLER (Hg.), Die Reden Kaiser Wilhelms II., Bd. II, Leipzig 1913, S. 50.

107 Conrad BORNHAK, Deutsche Geschichte unter Kaiser Wilhelm II., Leipzig/Erlangen 1921, S. 23. ZIEGLER, Strömungen, S. 463 ff. bzw. in apologetischer Absicht das verhängnisvolle Erbe von Bismarcks innerer Politik betonend: Rudolf Borchardt, Der Kaiser, in: Süddeutsche Monatshefte 5 (1908), S. 237-252, hier S. 241. Die Funktionsweise des Bismarck-Mythos als Maßstab unterstreicht folgender Buchtitel: Ernst Graf zu REVENTLOW, Was würde Bismarck sagen? Zur deutschen Flotte, zu England-Deutschland?, Berlin 1909.

108 RADKAU, Zeitalter, S. 304 f.

Die Heroisierung der Figur Bismarck hatte die Möglichkeit, wenn nicht die Selbstverständlichkeit einer nationalen Führungsfigur etabliert, eine Rolle, die nach dem Abgang des Kanzlers dem Kaiser zufiel. Das „Ich-Bewußtsein" des Herrschers sei eine logische Folge des „Bismarck-Ich", rechtfertigte Friedrich Naumann Wilhelm II. in *Demokratie und Kaisertum*.[109] Paradoxerweise war diese durch Bismarck geprägte Rolle aber auch durch Bismarck nahezu unspielbar geworden. Zunehmend diente der Bismarckmythos einem plebiszitären Führerbild, das mit dem historischen Bismarck kaum mehr etwas gemein hatte.[110] Insofern ging es für den Monarchen nicht darum, durch konkrete Leistungen den Abgang des Reichskanzlers zu rechtfertigen, sondern vielmehr die Folgen eines von ihm provozierten Skandals zu ertragen. Dieser Skandal wurde offensichtlich, als sich ein realitätsfernes Wunschbild als inkongruent mit der wilhelminischen Wirklichkeit erwies und der skandalöse Abgang des Reichskanzlers die Differenz plausibel zu erklären schien.

3.) Genau diese Deutung hatte Bismarck propagieren lassen. Der Altkanzler war nicht nur weit davon entfernt, das Ende seiner politischen Laufbahn hinzunehmen, sondern auch bereit, die ihm zur Verfügung stehenden Pressekontakte für ein Verhalten zu nutzen, das sich am ehesten als Frondieren beschreiben läßt und insofern ebenfalls skandalös war. Bereits frühzeitig setzte diese professionell organisierte Werbung in eigener Sache ein.[111] Bismarcks Abschied in Berlin mit dem Besuch der Gruft Wilhelms I. wurde sorgfältig und zeichenreich geplant. Am Lehrter Bahnhof huldigten Tausende Berliner dem scheidenden Kanzler; es wurden patriotische Lieder gesungen und „gewaltige Ovationen" dargebracht. Diese ‚Volksabstimmung' über die Maßnahme Wilhelms II. diente später als häufig genutzter Referenzpunkt.[112]

Der Mythos des „Alten im Sachsenwald" war schon für sich genommen eine direkte Herausforderung der charismatisierten Monarchie. Zudem profitierte der „Kanzler ohne Amt" von der Tatsache, daß sein Einfluß tendenziell überschätzt wurde.[113] Provokante Reisen scheinbar in politischer Mission und

---

109 NAUMANN, Demokratie, S. 94.

110 Eine ähnliche Konstruktion einer ‚Ersatzintegrationsfigur' wiederholte sich – was im Rückblick als symptomatisch erscheint – zwanzig Jahre nach dem Tod des ‚Eisernen Kanzlers', als der ebenfalls greise Hindenburg eine Symbolfunktion einnahm, die der Kaiser nicht auszufüllen vermocht hatte. Vgl. hierzu: Wulf WÜLFING/Karin BRUNS/Rolf PARR, Historische Mythologie der Deutschen: 1789-1918, München 1991, S. 181.

111 Vgl. jetzt ausführlich: PFLANZE, Fortification, S. 383 ff. Eine Verschwörung vermuteten schon Zeitgenossen: vgl. Walther FIEDLER, Das Bismarck-Geheimnis. Eine Auseinandersetzung mit der litterarischen Schutztruppe des ersten Reichskanzlers über Fürst Bismarck nach seiner Entlassung, Leipzig 1904.

112 Die ‚Verabschiedung Bismarcks' bildet einen regelrechten Topos aller populären Darstellungen der Bismarckentlassung. Vgl. EGELHAAF, Sturz, S. 30 f.; Anonym, Wie Bismarck entlassen wurde, S. 90.

113 Bismarck ließ sich im April 1891 in den Reichstag wählen und weckte so den Veracht, er plane die Gründung eine national-oppositionellen Bewegung. Vgl. GALL, Revolutionär, S. 715; STRIBRNY, Bismarck, S. 85; sowie zeitgenössisch die entsprechende Kritik Delbrücks

die bewußte Mißachtung von Berliner Vorgaben machten unmißverständlich deutlich, daß sich Bismarck nicht um den legitimen Machthaber kümmerte. In modern anmutender Art und Weise ergänzten die Berater Bismarcks dessen Handlungen mit Presseinformationen und zeitlich sorgfältig abgepaßte Angriffe auf die Regierung und den Kaiser.[114]

Am Beispiel Bismarck erlebte die Monarchie, was der massenmediale Resonanzboden bewirken konnte. In der Wechselbeziehung Bismarckscher Anregungen und medialer Verstärkungen etablierten sich Muster, die bis zu Bismarcks Tod in immer neuen Varianten durchgespielt wurden: Spontane Bildung von Massenversammlungen und medialer Zustimmung aufbauend auf die Suggestionskraft des ‚Eisernen Kanzlers', bei – aus naheliegenden Gründen – geringer Beteiligung von Persönlichkeiten des öffentlichen Lebens, dafür aber um so mehr bürgerlicher Gruppen.[115] Es war geradezu der Charakter der Kundgebungen, daß ihnen niemand eine ernsthafte politische Konsequenz zubilligte. Aber, so der badische Gesandte in Berlin Arthur v. Brauer, sie schufen die Möglichkeit, „auf einem gesetzlich nicht zu beanstandenden Wege der tiefen Mißstimmung gegen die Person Sr. Majestät des Kaisers Ausdruck zu geben."[116] Der „deutsche Baal" suchte bewußt die öffentliche Anerkennung.[117] Durch diese kaum verschleierte ‚Volksabstimmung' mußte die Autorität des Monarchen notwendigerweise leiden.[118] Anläßlich des Wechselspiels von Bismarckschen Invektiven und begeisterten Reaktionen schrieb die *Frankfurter Zeitung*: „Wir stehen sehr wahrscheinlich jetzt vor einem verwegenen Kampf des alten Hausmeiers gegen die legalen Machthaber."[119] Otto Gradenwitz bezeichnete die „großdeutsche Rundfahrt" Bismarcks als „grösste[n] Bankerott der preussischen Könige seit Napoleon".[120]

Eine neue Qualität erreichte dieses Wechselspiel durch Bismarcks im Sommer 1892 innerhalb weniger Tage in Kissingen und Jena gehaltene Reden, die in der Erklärung kulminierten: „Ich [habe] gestrebt, die Krone gegen-

---

in: Ders., Fürst Bismarck als Reichstagskandidat, in: Preußische Jahrbücher 67 (1891), S. 402 f.

114 Vgl. GALL, Revolutionär, S. 712.

115 Vgl. STRIBRNY, Bismarck, S. 154; FEHRENBACH, Wandlungen, S. 112-116; PARR, Strukturen, S. 85.

116 Bericht Arthur von BRAUERS, zit. in: Ders., Im Dienste Bismarcks. Persönliche Erinnerungen, hrsg. von Helmuth Rogge, Berlin 1936, S. 355, Anm. 1. Zum breiten Echo, welches die Reise Bismarcks auslöste, vgl. als Beispiel: Anonym, Ächtung, S. 7 f.

117 So Eulenburg an Bülow, 8. März 1897, in: RÖHL (Hg.), Korrespondenz I., Nr. 1303, S. 1797.

118 Zum gewaltigen Ausmaß der Kundgebungen vgl. HANK, Kanzler, 258 ff. und S. 268. Zu den Reaktionen auf Bismarcks Entlassung: REINERMANN, Kaiser, S. 66 ff. Zum vergleichsweise geringen Echo in der Karikatur: REBENTISCH, Gesichter, S. 72 f. Rebentisch berichtet von lediglich neun Karikaturen, die sich auf das Verhältnis des Kaisers zu Bismarck bezogen, davon bewegten sich fast alle im „Reminiszenzen-Rahmen" und erschienen erst nach der Jahrhundertwende. Der Grund lag in vorheriger grundsätzlicher Zurückhaltung der Karikaturisten gegenüber dem Monarchen, ein Befund, der die These vom retrospektiven Skandal bestätigt.

119 Frankfurter Zeitung, 29. Juni. 1892.

120 GRADENWITZ, Kampf, S. 246.

über dem Parlament zu stärken. Vielleicht habe ich dabei zu viel getan. Wir brauchen ein Gegengewicht, und die freie Kritik halte ich für die monarchische Regierung für unentbehrlich"[121] und ausführte, man könne ein treuer Anhänger seiner Dynastie, seines Königs und Kaisers sein, „ohne von der Weisheit aller Maßregeln seiner Kommissare, wie es im Götz heißt, überzeugt zu sein."[122] Bismarck berührte damit zwei zentrale Probleme im Spannungsfeld zwischen Kaiser, Kanzler und Öffentlichkeit: zum ersten den neuralgischen Punkt des Bismarckschen Frondierens, nämlich die vermeintliche Opposition gegen die Institution des Kaisertums, der mit dem geschilderten Kunstgriff in die Literaturgeschichte beseitigt werden sollte, zum zweiten Bismarcks kaum mehr verhüllte Kritik an der Selbstherrschaft Wilhelms II. – allerdings mit dem vermeintlichen Impetus, die Monarchie zu schützen.[123]

Der Ex-Kanzler machte aus seiner abfälligen Meinung über Wilhelm II. kein Hehl, versorgte die Presse mit einschlägigem, den Monarchen diskreditierendem Material oder stellte den jungen Kaiser bloß, indem er fortdauernd, den Vergleich provozierend, Wilhelm I. und selbst Friedrich III. positiv hervorhob.[124] Zu einer regelrechten Abrechnung des Kanzlers mit seinem Kaiser kam es im dritten Band der *Gedanken und Erinnerungen*. Dieser Band konnte zwar erst nach der Abdankung Wilhelms II. veröffentlicht werden, hatte aber gerade daher Spekulationen angeregt.[125] Ihr Kern war die Behauptung, daß Bismarck um die geistige Gesundheit Wilhelms II. besorgt gewesen sei, und nur im Amt hatte bleiben wollen, um sein Lebenswerk zu retten.[126]

Diese Kritik ist deshalb so ernst zu nehmen, weil sie die Matrix für eine bisher ungekannt scharfe Verurteilung des Souveräns bot. Wilhelms II. Rücksichtslosigkeit und Kälte, Eitelkeit und Eifersucht, maßlose Selbstüberschätzung, Herrschsucht und Ruhmgier sowie die Andeutung, Wilhelm II. sei geistig nicht ganz normal, waren Charakterisierungen, die nicht nur Bismarck machte, denen er aber durch seine Autorität, und vor allem öffentliche Verbreitung, Akzeptanz verlieh. Eingängige sprachliche Vorgaben des Alt-

---

121 Zit. nach: GALL, Revolutionär, S. 716. Scharfe Kritik am Hervortreten des Kaisers im politischen Tageskampf hatte Bismarck schon im Februar 1891 gegenüber Harden geübt. Vgl. GW IX, S. 119.

122 GW XIII, S. 471-476.

123 Zur Wertung ‚Frondieren': STRIBRNY, Bismarck, S. 22. Zu ‚Bismarcks Royalismus' der Aufsatz gleichen Titels von Gustav Adolf REIN, in: Geschichte in Wissenschaft und Unterricht 5 (1954), S. 331-349.

124 HANK, Kanzler, S. 276. Zur ‚wahren' Meinung Bismarcks über Wilhelm II. vgl. auch: Rudolf VIERHAUS (Hg.), Das Tagebuch der Baronin Spitzemberg. Aufzeichnungen aus der Hofgesellschaft des Hohenzollernreiches (Deutsche Geschichtsquellen des 19. und 20. Jahrhunderts, 43), Göttingen [3]1960, S. 287 f.

125 Vgl. vor allem das Kapitel ‚Prinz Wilhelm' in: Otto Fürst von Bismarck, Gedanken und Erinnerungen. B. III, Stuttgart/Berlin 1921, S. 1-26. Zur Veröffentlichungsproblematik siehe die Rechtfertigung des Cotta-Verlages zu Beginn des Bandes. Vgl. Gustav SEEBER, Bismarcks „Gedanken und Erinnerungen" von 1898 in der Politik. Bemerkungen zur Publizistik, in: Jost Dülfer/Hans Hübner (Hg.), Otto von Bismarck. Person – Politik – Mythos, Berlin 1993, S. 237-246. Der Versuch der Regierung, die Rechte für Bismarcks Erinnerungen zu erwerben, scheiterte. Vgl. STRIBRNY, Bismarck, S. 229 f.

126 RÖHL, Aufbau, S. 347.

kanzlers erleichterten den Bruch noch bestehender Tabus im Sprechen über den Monarchen.[127] Das Frondieren Bismarcks führte zum paradoxen Phänomen einer gleichsam offiziösen Kritik am Kaiser.[128] Bismarck wurde zum Vorbild einer sich als national deklarierenden Opposition gegen den Thron und zum anerkannten Anwalt für die Notwendigkeit, den Monarchen auch öffentlich zu hinterfragen.

Diese verkehrte Welt war in sich skandalös. Diejenigen, die sich nicht selten aus persönlichen Überlegungen mit der einen oder anderen Partei arrangierten, beklagten beständig den Zustand der Spaltung. So entrüstete sich der Anhänger des Neuen Kurses, Julius v. Eckardt, über „die Frechheit mit welcher die Nation vor die Wahl zwischen Kaiser und Ex-Kanzler getrieben werden sollte" und klagte, daß Deutschland unter der Parole „Hie Kaiser – hie Bismarck" unaufhaltsam in zwei getrennte Lager zerfalle, und dadurch zwei Mittelpunkte – Berlin und Friedrichsruh – besäße.[129] Der Naturwissenschaftler Ernst Haeckel sprach dagegen von der Entlassung Bismarcks als größtem Unglück, welches das neue deutsche Kaiserreich habe treffen können und bedauerte, „daß wir uns mit dieser Ansicht im Gegensatz zu der persönlichen Ansicht Kaiser Wilhelms II. befinden."[130] Versuche, den unübersehbaren Konflikt in abstrakten Formeln wie der vom naturgegebenen Gegensatz zwischen altem Kanzler und jungem Kaiser – aufzulösen, bzw. die Umgebung und Familie der beiden Protagonisten verantwortlich zu machen, konnten das Problem ebensowenig aus der Welt schaffen wie die Rede von der „tragischen

127 Der Ton der Presse und vor allem der Pamphlete wurde entsprechend schärfer. Vgl. das Pamphlet von einem „Borussen", Was für einen Kurs haben wir? Eine politische Zeitbetrachtung, Gotha 1891. Unter den hier untersuchten Pamphleten ist es das erste offen kritische gegenüber Wilhelm II. Das Motto „Wahrheit sagen in Liebe muß nicht so erfüllt werden, daß man die halbe Wahrheit der Liebe und die halbe Liebe der Wahrheit opfere" bezog sich, wie die Broschüre selbst, auf die Entlassung Bismarcks. Zum schärferen Ton der Presse generell: CLARK, Wilhelm II, 161. Clark weist darauf hin, daß hierzu nicht nur die Kritik aus Friedrichsruh beitrug, sondern auch die Auflösung der weitgehend auf persönlicher Kontrolle fußenden Pressebeeinflussung durch Bismarck.

128 Vgl. allgemein: Werner PÖLS, Bismarckverehrung und Bismarcklegende als innenpolitisches Problem der Wilhelminischen Zeit, Jahrbuch für die Geschichte Mittel- und Ostdeutschlands 20 (1971) S. 183-201. Die Bismarckverehrung bot eine deutliche und ungefährliche, Form, Distanz zum politischen Kurs Wilhelms II. zum Ausdruck zu bringen, indem etwa der junkerlich-bodenständige Bismarck gegen „den Byzantinismus der Hofaristokratie und die Auswüchse der Monarchie unter Wilhelm II." ausgespielt wurden. Max BEWER, Rembrandt und Bismarck, Dresden 1890, S. 50. Auf „staatsloyale" Weise antikaiserliche Tendenzen artikulierten auch die vielen Bismarckmonumente. Vgl. Lutz TITTEL, Monumentaldenkmäler von 1871 bis 1918 in Deutschland. Ein Beitrag zum Thema Denkmal und Landschaft, in: Ekkehard Mai/Stephan Waetzold, Kunstverwaltung, Bau- und Denkmal-Politik im Kaiserreich, Berlin 1981, S. 215-276, hier: S. 240.

129 ECKARDT, Kampf, S. 18. Otto Hammann sprach unter Bezug auf die bismarcksche Opposition von „übertriebener Erbitterung." Otto HAMMANN, Der Neue Kurs. Erinnerungen, Berlin 1918, S. 73.

130 Zit. nach: Otto GRADENWITZ, Akten über Bismarcks großdeutsche Rundfahrt vom Jahre 1892, Heidelberg 1922, S. 53.

Notwendigkeit", die zum Zerwürfnis geführt habe.[131] Letztendlich unterstreichen diese Rettungsversuche und Versöhnungsbemühungen lediglich das Skandalöse dieses Loyalitätskonflikts.

Hiermit sind zumindest zwei Perspektiven angedeutet, in denen der Sturz Bismarcks und dessen Nachleben Bedeutung für das Thema dieser Studie erhält. Als erstes und besonders eindringliches Beispiel zeigt dieser Fall, wie bedingt die öffentlich bekundete Unterstützung für das wilhelminische Kaisertum war. Die immer wieder betonte Popularität des neuen Monarchen muß unter dieser Einschränkung betrachtet werden. In der Tatsache, wie leicht monarchisches Handeln in der Bismarckentlassung skandalös werden konnte, wird diese Entwicklung augenscheinlich.

Die öffentliche Diskussion des Konflikts zwischen Kaiser und Kanzler demonstriert die extreme Personalisierung von Politik im Kaiserreich, die durch die Figur Bismarck aktiv und passiv gefördert worden war. Eine Personalisierung von Politik entsprach strukturell den Bedingungen der neuen Massenmedienlandschaft; der Monarch, vor allem aber Bismarck unterstützten diesen Prozeß allerdings bewußt. Eingestandenermaßen war die öffentliche Meinung für beide Parteien der wichtigste Bezugspunkt. Schon lange vor dem ,Ernstfall' existierten innerhalb der Kaiserpartei Überlegungen, wie dieser der Öffentlichkeit möglichst schonend zu verkaufen sei.[132] Noch deutlicher ist dies in den, reichlich hilflosen, späteren Versuchen, die Deutungshoheit über die

---

131 Vgl. z.B. paradigmatisch: KOHL, Wahrheit, passim; aber auch: EGELHAAF, Sturz, S. 8 ff. Zur Beschuldigung der Bismarckfamilie: Lothar MACHTAN, Bismarcks Tod und Deutschlands Tränen. Reportage einer Tragödie, München 1998, S. 140. Die Stimme Heinrich Treitschkes, der beide Parteien im Recht sah und die Entlassung daher als eine „tragische Notwendigkeit" bezeichnete ist eine Ausnahme. Vgl. Heinrich v. TREITSCHKE an Julius Hartmann vom 20 März 1890, in: Ders., Briefe 1871-1896, Bd. III. Teil II, hrsg. von Max Cornicelius, Leipzig 1920, S. 615 ff. So später aus anderen Motiven: KOHL, Wahrheit, S. 20 ff. und Hans Hermann v. BERLEPSCH, Kaiser Wilhelm II. und Fürst Bismarck, Berlin 1922, 11 ff. Bismarcks Verabschiedung, beobachtete Ernst Jaeckh, verursachte vielmehr einen „Riß" durch die „Berliner politische Gesellschaft [...], der die Atmosphäre auf lange Zeit vergiftete; an der Stellung pro oder kontra Bismarck", so Jaeckh, „gingen Freundschaften zu Bruch". Kiderlen-Wächter. Der Staatsmann und Mensch. Briefwechsel und Nachlaß, hrsg. von Ernst JAECKH, Bd. I, Stuttgart/Berlin/Leipzig 1924, S. 88.

132 Vgl. die Warnung Bülows: „Ein solcher Abgang von der Szene möchte viele und gerade brave Leute in Deutschland mit Schmerz und Sorge erfüllen, und der verabschiedete Reichskanzler würde ihnen als eine Art Belisar erscheinen, der, ein Opfer der Fürstengunst, wenn auch nicht am Wege betteln, so doch in Varzin sich in einsamer Untätigkeit verzehren müsse." Bülow an Eulenburg, 2. März 1890, in: RÖHL (Hg.), Korrespondenz I., Nr. 331, S. 468. Eine ähnliche Einschätzung erfolgte durch Eulenburg: vgl. RÖHL, Deutschland, S. 33.

Gründe für die Entlassung zurückzuerlangen.[133] Die hohe Dynamik in der Kommentierung verweist auf typische Merkmale des Skandals.[134]

Nur vor diesem Hintergrund ist die vielbeachtete „Versöhnung" zwischen Kanzler und Kaiser zu verstehen.[135] Der inszenierte Empfang Bismarcks in Berlin am 26. Januar 1894, also einen Tag vor ‚Kaisers Geburtstag', glich einem „coup de théâtre". Mit diesem Hinweis hat die Forschung die Bedeutung der Aussöhnung immer wieder heruntergespielt.[136] Tatsächlich war diese Lösung einem Konflikt, der seine Sprengkraft aus seinem öffentlichen Charakter bezog, angemessen. Dies belegt das positive bis enthusiastische Echo auf die Inszenierung.[137] Der Kommentar Wilhelms II. „Wenn jetzt die Presse wieder schimpft, so setzt sie sich und Bismarck ins Unrecht" spricht Bände über die Ziele derartiger symbolischer Politik.[138] Hier zeigt sich exemplarisch jene durch Bismarck immens geförderte Entwicklung, welche die Monarchie zu einem Spieler auf dem Meinungsmarkt gemacht hatte und für den Monarchen öffentliche Resonanz zu einer Priorität werden ließ.

---

133 Vgl. Otto GRADENWITZ, Bismarcks Wiener Audienz und der Kaiserbrief von 1892, in: Deutsche Revue 46 (1921) S. 77-87, S. 47 f. Die Konstruktion eines „Fürsten Bismarck früher und jetzt" lag auch schon dem berühmten Circularerlaß vom 23. Mai 1890 an alle deutschen Botschaften und Gesandtschaften zugrunde. Der Erlaß wurde allerdings erst am 7. Juli 1892 im Reichsanzeiger veröffentlicht, vgl. PENZLER, Reden IV, S. 22 f.

134 Zur Veröffentlichung des Rückversicherungsvertrages durch die *Hamburger Nachrichten*, das Sprachrohr Bismarcks, 1896, vgl. den entsprechenden Abschnitt bei STÖBER, Pressepolitik, S. 159 ff.

135 Vgl. hierzu den einschlägigen Briefwechsel Eulenburgs mit der Prinzessin Reuss vom Oktober/November 1893, in: RÖHL (Hg.), Korrespondenz II, Nr. 832, 833 und 836, S. 1119 ff. und 1126 ff. Als Beispiel für den öffentlichen Druck, eine Versöhnung herbeizuführen: Adolf Graf v. WESTARP, An den Kaiser. Eine deutsche Bitte, Berlin 1894. Über die faktische Durchführung vgl. den Bericht Kuno Moltkes, der seinerzeit die berühmte Weinflasche als Versöhnunsangebot nach Friedrichsruh überbrachte: Kuno Graf v. MOLTKE, Die Versöhnung zwischen Kaiser und Kanzler, in: Die Woche 36 (1934), S. 105-108 und 146.

136 Vgl. HAnk, Kanzler, 408 ff., STRIBRNY, Bismarck, S. 204 ff. Zwischen politischer und symbolischer Aussöhnung zu trennen erscheint allerdings gerade in dieser Frage künstlich.

137 Vgl. HANK, Kanzler, S. 402 ff. Schon im Oktober 1893 hatte – kennzeichnend für die Sorgen des konservativen Establishments – das *Adels und Salonblatt* die Erleichterung der „Reichstreuen" ob der Annäherung Wilhelms II. an Bismarck gepriesen. Vgl. Eine hochherzige Kaisertat, in: Adels und Salonblatt vom 1. Oktober 1893, S. 1 f. Beachtung verdienen auch Skurrilitäten wie ein ‚Versöhnungs-Likör', der, die beiden Protagonisten beim Handschlag zeigend, im Frühjahr 1894 in vielen Zeitschriften beworben wurde. Für die sogenannten patriotischen Kreise: VIERHAUS (Hg.), Spitzemberg, S. 320 f. Vgl. auch die ähnlichen Schilderungen bei HOHENLOHE, Denkwürdigkeiten, II, S. 262 f. und HUTTEN-CZAPSKI, Sechzig Jahre I, S. 160. Das Lob für die Inszenierung der Versöhnung und die Rolle, die der Kaiser in ihr gespielt hatte, war allgemein. Vgl. BRAUER, Dienste, S. 392 f. Zum positiven Presseecho: MACHTAN, Tod, S. 90. Auch später brachten die Ehrungen Bismarcks durch den Kaiser diesem regelmäßig die Zustimmung der Öffentlichkeit ein. Vgl. HANK, Kanzler, S. 199. Sogar Harden, bis dato als einer der schärfsten Kaiserkritiker hervorgetreten, vollzog in der *Zukunft* ostentativ eine Rückwendung zum „gekrönten Vertrauensmann der Nation". Vgl. FEHRENBACH, Wandlungen, S. 115 f.

138 HOHENLOHE, Denkwürdigkeiten III, S. 511. Eulenburg sprach rückblickend (1895) von einem „Sieg über den Gegner." Eulenburg an Graf Kuno Moltke, 6. Juni 1895, abdruckt in HANK, Kanzler, S. 680 ff., Zitat: S. 683.

Der Konflikt zwischen Kaiser und Kanzler verlor in den folgenden Jahren seinen für die Öffentlichkeit oft skandalös dramatischen Charakter, blieb aber latent. Als sich 1898 der Tod Bismarcks abzeichnete, versuchte die Kaiserpartei wiederum mit Blick auf die Öffentlichkeit dem Monarchen eine prestigeträchtige Rolle in diesem Ereignis zu sichern und ein zweites „Versöhnungsspektakel" zu inszenieren.[139] Mindestens ebenso gut richtete allerdings der Bismarckclan sein Handeln nach den Mediengesetzen aus. Eine von Wilhelm II. gewünschte pompöse Beerdigung wurde abgelehnt, und sofort nach Bismarcks Tod erfolgte die Veröffentlichung des delikaten Rücktrittsgesuchs.[140]

Die zentrale Bedeutung der Öffentlichkeit im Konflikt verweist auf einen qualitativ einschneidenden Wandel für die Monarchie. Selbstverständlich bestand die Exemtion des Monarchen von politischer Verantwortung auch vor Wilhelm II. nur auf dem Verfassungspapier. Der Fall Bismarck verdeutlicht aber, in welchem Maß die öffentliche Kontrolle und Bewertung monarchischer Handlungen durchgesetzt worden war. Insofern war die Skandalisierung der Bismarckentlassung durchaus folgerichtig. Es scheint aber auch, als habe sich das skandalöse Potential der Bismarckentlassung in anderen Skandalen des wilhelminischen Kaisertums gleichsam entladen. Nicht nur der Rekurs auf diese „Ursünde" in den nachfolgenden Affären spräche dafür. Dies gilt bereits für die erwähnte Kladderadatsch-Affäre, die den Neuen Kurs problematisierte.

Die öffentliche Verhandlung des Bismarcksturzes veranschaulicht en miniature die schnelle Abfolge von Erwartung und Enttäuschung. Spätestens 1894, vier Jahre nach der Entlassung Bismarcks und kurz vor dem Sturz Caprivis, dem offiziellen Ende des Neuen Kurses, hatte sich die ‚Enttäuschung' durchgesetzt. Unter dem Titel *Ich allein bin Herr im Lande*, einem Ausspruch Wilhelms II. aus dem Jahr 1890, blickte ein als ‚Caliban' firmierender Autor in der *Gegenwart* auf die Bismarckentlassung zurück: „Tausend Leitartikel verkündeten hehren Schalls, daß jetzt eine neue Ära voll Freiheit und Sonnenschein anbräche, ein neuer Kurs, der keiner Knebelgesetze bedürfe, der versöhnen wolle, reformieren, heilen." Jetzt, 1894, dominiere die Kritik, aber 1890 sei der Zeitpunkt gewesen, Einspruch zu erheben. Zwar sprach Caliban die Hoffnung aus, der Monarch könne und werde noch lernen, sich selbst erziehen, gleichzeitig machte er aber deutlich, daß nur die Einsicht in die Notwendigkeit noch Hoffnung auf den Monarchen stifte. Dieser sei „nicht nur der Herr im Lande, sondern auch sein Fatum". Entweder der Kaiser werde „der

139 Die Kaiserpartei wollte den Tod des Reichskanzlers als Versöhnungsspektakel inszenieren, wurde aber durch die Bismarckfamilie von jeglicher Information über den Gesundheitszustand des Familienvorstands ferngehalten. Der Kampf um die Inszenierung des Bismarck-Todes ist ein Kapitel für sich. Vgl. GUTTMANN, Schattenriß, S. 71; BÜLOW, Denkwürdigkeiten I, S. 229 f.; HOHENLOHE, Denkwürdigkeiten III, S. 475 f.; KERR, Berlin, S. 407 ff. Vgl. hierzu jetzt: MACHTAN, Tod, S. 75-128, insbesondere: S. 85 ff., 132 ff.

140 Vgl. den umfangreichen Bestand: „Veröffentlichungen aus Anlaß des Todes des Fürsten Bismarck. 1898-1910", in: BLHA, Rep 30 (Politische Polizei), Nr. 9145, Blatt 1 ff.

heiß ersehnte junge Bismarck, der uns wirthschaftlich befreit, oder Niemand wird es".[141]

Rückblickend erscheinen die Jahre 1890 bis 1894 als Formationsphase der Kritik am Monarchen. Bereits früh hatten Kommentare die Lücke zwischen Anspruch und Wirklichkeit der jungen wilhelminischen Monarchie hervorgehoben.[142] Diese formulierten Enttäuschungen wurden fast immer in die gleiche Kategorie gefaßt, nämlich die Differenz zwischen der Meinung des Monarchen und der der Öffentlichkeit.[143] Harden konstatierte 1894, die „Auffassung der Monarchie" habe sich umgestaltet. Mit Vertrauen blicke auch heute noch das Volk auf den Fürsten, aber mit einem „Vertrauen ohne Gründe, das dem an keine irdische Rechtssatzung gebundenen Träger der göttlichen Gnade galt, ist es, man mag es noch so sehr bedauern, für immer dahin, es kann, als ein spontanes Erzeugnis, nicht wieder zurückgezaubert werden".[144]

Was als Empfehlung auftritt, verweist auf offensichtliche Probleme. Im selben Jahr wie Harden behauptete ein sich nietzscheanisch ‚Prinz Vogelfrei' nennender Autor, es falle dem Kaiser schwer, wirklich herauszufinden, was nötig sei, um eine konsistente Politik zu entwickeln. Schuld seien die zahlreichen Zerstreuungen und Ablenkungen, Vergnügungen und zu wenig Arbeit. Darüber hinaus werde der Monarch durch frisierte Presseausschnitte falsch informiert. Volk und Herrscher wüßten „nichts als Unrichtiges voneinander". Der Autor maß den Monarchen am Maß eines Initiators von Reformen, allerdings halte dieser es „vielleicht für unnöthig, die ‚saturierte Bevölkerung' mit ‚reformerischen Thaten zu beunruhigen'".

Es ist bezeichnend für die Gesetze der Monarchenkritik, daß selbst äußerst pessimistische Kommentatoren die Hoffnung auf Veränderungen nicht aufgaben.[145] Der bereits erwähnte Caliban wies 1894 explizit auf Bismarck als Katalysator für vorhandenes Unbehagen hin: „Seitdem ein paar Tölpel, verführt durch leicht hingeworfene, lustiger Nachtisch-Laune des Fürsten entsprungene Worte, die geheimnisvolle Sage verbreiten, Wilhelm II. neige bedenklich zur Autokratie, lassen Broschürenschreiber und Märchenerzähler das gepeinigte Volk nicht mehr zur Ruhe kommen."[146] Wenn Caliban weiter erklärte, das Volk müsse sich eben erst wieder an einen Monarchen gewöhnen, der persönlich regiere, machte er sich eine gängige Strategie zu eigen, die hohen Erwartungen zu konservieren. Er macht aber auch deutlich, daß bereits die zeit-

---

141 Caliban, „Ich allein bin der Herr im Lande ...", in: Die Gegenwart 46 (1894), S. 315-317, hier S. 317.

142 Vgl. RÖHL, Aufbau, S. 144 f.

143 Theodor Barth, Kaiser Wilhelm II. und die öffentliche Meinung, in: Die Nation, 9 (1891), S. 451-453.

144 „Der Bürger, der kein Unterthan mehr ist und den von einem Edelmann keine scheidende Schranke mehr trennt, läßt sich das Recht, selbst zu prüfen und frei seine Meinung zu sagen, nicht mehr begrenzen." Maximilian Harden, Von Gottes Gnaden, in: Die Zukunft 8 (1894), S. 481-492.

145 Prinz Vogelfrei, Nordlandsfahrt, in: Die Gegenwart 46 (1894), S. 46-47.

146 Caliban, Die goldene Medaille, in: Die Gegenwart, 46 (1894), S. 332-333.

genössischen Kommentatoren das Problem Wilhelm II. überwiegend als ein Kommunikationsproblem begriffen.

In der Forderung nach einer Neudefinition des Verhältnisses von Öffentlichkeit und Herrscher, in der Diagnose der Notwendigkeit, sich besser auf den Herrscher einzustellen, und in der Kritik an der Umgebung des Monarchen finden sich ganz wesentliche Bestandteile einer Strategie, Unzufriedenheit auszusprechen, ohne den Herrscher direkt und als Person anzugreifen. Ausgangspunkt war der Versuch, den Monarchen als persona intacta zu bewahren. Dies bedeutete, Wilhelm II. mußte an den akzeptierten Mißständen unschuldig bleiben. Als weiteres Beispiel kann die Behauptung gelten, Wilhelm II. sei zu früh auf den Thron gelangt. Hieran konnte den Monarchen schließlich keine Schuld treffen und das Faktum war dazu angetan, vieles zu erklären bzw. zu entschuldigen, vor allem ließ es Raum für eine andauernde Hoffnung auf Besserung durch verbesserte Kommunikation.[147]

Diese unausgesprochene Übereinkunft bot der Monarchie als gegenüber der medialen Öffentlichkeit aufgeschlossene Institution beachtliche Chancen. Sobald der modus vivendi in Frage gestellt, also vom Monarchen aus und nicht mehr von der Öffentlichkeit aus argumentiert wurde, geriet das gesamte Konstrukt ins Wanken. Hier mag ein Schlüssel für die Häufigkeit monarchischer Skandale im Wilhelminismus liegen. Dies zumindest legt die Caligula-Affäre nahe.

B. Die Caligula-Affäre

Im Jahr 1858 geboren, war Ludwig Quidde zwar nur ein Jahr älter als Wilhelm II., läßt sich aber kaum als typischer Wilhelminer beschreiben.[148] Während Quiddes akademische Laufbahn über die Stellung als Leiter des Preußischen Historischen Instituts in Rom (1890-1892) zu einer Tätigkeit als Herausgeber einer Edition spätmittelalterlicher Reichstagsakten scheinbar planmäßig verlief, lassen sich für das Jahr 1893 signifikante Abweichungen vom Mainstream der Historikerschaft feststellen. Außergewöhnlich scharf

---

147 Bezeichnenderweise war diese Idee besonders populär an den späteren Bruchstellen 1908 und 1918: Vgl. LIMAN, Kaiser, S. 28; Rudolf Borchardt, Der Kaiser, in: Süddeutsche Monatshefte 5 (1908), S. 237-252, hier S. 241. Viktor Hahn, ‚Das Ende von Byzanz', B.Z. am Mittag, 9. November 1918. Vgl. auch Gustav Adolf ERDMANNS rückblickende Rechtfertigung Wilhelms II. Durch mangelnden Vertrauensvorschuß habe sich das Volk schuldig gemacht und sei somit für die Störung des Verhältnisses zwischen Monarch und Volk verantwortlich. DERS., Kaiser, S. 7 f.

148 Quidde wurde in eine wohlhabende Bremer Kaufmannsfamilie geboren, war spätestens von seiner Hochzeit an finanziell unabhängig und zudem mit einer prononciert liberalen Erziehung versehen worden. Diese liberale Prägung wurde durch Quiddes Studium in Straßburg bei dem kritischen Historiker Hermann Baumgarten noch verstärkt und begrifflich geschärft. Karl HOLL, Ludwig Quidde, Ein Lebensbild, in: Ders./Kloft/Fesser (Hg.), Caligula, S. 9-39, hier S. 9 ff.

griff Quidde nun in einer Schrift die Auswüchse des „Militarismus im heutigen Deutschen Reich" an.[149] Im selben Jahr trat er in die süddeutsche Demokratische Volkspartei ein, deren Vorsitzender er 1895 wurde.

Quidde konstruierte seine Aneignung des Caligula-Stoffes als Konsequenz aus seiner Biographie. Schon lange vor der Niederschrift des *Caligula* habe er sich Gedanken über Geisteskrankheiten bei Herrschern gemacht und sich insbesondere mit dem Problem der Majestätsbeleidigung auseinandergesetzt. Sein Romaufenthalt habe weitere konkrete Anregungen gebracht.[150] Durch Freunde zur Veröffentlichung aufgefordert, wollte er nach eigenem Bekunden „auf die Gefahren der schrankenlosen Auswirkung eines krankhaft veranlagten [...] Herrscherbewußtseins" hinweisen. Die ungewöhnliche Form von Quiddes öffentlichem Hervortreten resultierte offenbar aus der Faszination durch das Thema Caligula und einer tiefgreifenden Skepsis gegenüber der Institution Monarchie und dem aktuellem Monarchen.[151]

Eine spontane Entscheidung war die Publikation jedenfalls nicht. Quidde hatte sogar Reaktionen auf seine Schrift vor deren Erscheinen erprobt.[152] Nicht zufällig erschien *Caligula. Eine Studie über römischen Cäsarenwahnsinn* schließlich als erster Aufsatz des April-Heftes 1894 in Michael Georg Conrads *Gesellschaft*. Dies war das Organ jener ‚Jüngstdeutschen' Literaten, die den Jugendkaiserkult erst erfanden, die aber auch die ersten waren, die Sollbruchstellen in ihrem Konzept erkannten und bezeichneten.[153] Auf Quiddes Anregung und mit einer Tantiemenabsicherung für diesen erschien einige Tage vor der Zeitschrift, am 25. März 1894, ein Sonderabzug des *Caligula* – das ‚Pamphlet' -, der erst dessen eigentlichen Erfolg sicherstellte.

1. Wilhelm II. als Caligula

Die Hinweise auf Wilhelm II. in Quiddes „epochenübergreifender politischer Prosa" waren von der ersten Zeile an unübersehbar.[154] Nur einige besonders

---

149 HOLL, Lebensbild, S. 20; TAUBE, Quidde, S. 4 f.

150 Vgl. HOLL Lebensbild, S. 25.

151 Im Nachlaß Quiddes finden sich diverse Beispiele von Byzantinismus in Zeitungsartikeln, die Quidde gesammelt hat. Vgl. BAK, N 1212 (Quidde), Nr. 48, Blatt 1 ff.

152 HOLL, Lebensbild, S. 24.

153 Im Verlag Wilhelm Friedrich, der die *Gesellschaft* verlegte, erschienen die erwähnten Bücher von Alberti und Conradi. Vgl. HELLGE, Verleger, S. 852. Zu den Umständen der Veröffentlichung an diesem Ort: HOLL, Lebensbild, S. 25. Die von Michael Georg Conrad in München herausgegebene, angesehene und einflußreiche liberale Zeitschrift erschien in einem Leipziger Verlag, d.h. für preußische Gerichte nicht greifbar.

154 BRUDE-FIRNAU, Deutung, S. 39. Dies galt selbstverständlich auch für die Staatsanwaltschaft, zumal die *Kreuzzeitung* kaum mehr indirekt deren Einschreiten gefordert hatte. Die Drohung eines Majestätsbeleidigungsprozesses schwebte immer über Quidde, allerdings hätte dies die Anerkennung der Identität von Caligula und Wilhelm II. durch die Behörden bedeutet. Vgl. Quidde, Erinnerungen, S. 28 f. Stöber konnte in den Verhandlungen des Staatsministeriums keinen Hinweis auf entsprechende Überlegungen ausmachen. Vgl. STÖBER,

markante Stellen können hier erwähnt werden. Im ersten Teil behandelt Quidde formal die Person Caligula. Über den Umweg der römischen Antike erfolgt tatsächlich aber die Wiedergabe von Vorgängen aus den ersten Regierungsjahren Wilhelms II. Quidde erwähnte große – dann schnell enttäuschte – Erwartungen an den Kaiser und machte unverkennbare Anspielungen auf die Bismarckentlassung.[155] Von den Dingen, die „man erwarten und fürchten mußte", heißt es, „geschah nun so ziemlich das Gegenteil. Der leitende Staatsmann scheint sehr bald in Ungnade gefallen zu sein, sein Einfluß trat ganz zurück, der Kaiser nahm selbst die Zügel der Regierung in die Hand und begann sogleich sein eigenstes Regiment. Das Volk jubelte ihm zu; denn wie eine Erlösung ging es bei dem Regierungswechsel durch alle Kreise, eine Ära der Reformen schien zu beginnen und für liberale Gedanken eine freie Bahn sich zu eröffnen. So vielversprechend waren die Anfänge des Caligula [...]."[156] Allerdings hätten sich „vorsichtige Beobachter" schon früh Sorgen ob der Entwicklung gemacht. Um diese Sorgen zu bestätigen, und letzte Zweifel an der wahren Identität Caligulas zu beseitigen, berichtet Quidde, daß „der durchgehende Charakterzug seiner [Caligulas, M.K.] Maßregeln eine nervöse Hast [war], die unaufhörlich von einer Aufgabe zur anderen eilte, sprunghaft und oft widerspruchsvoll und dazu eine höchst gefährliche Sucht, alles selbst auszuführen." Ferner finden sich eindeutige Verweise auf „Prunk und Verschwendungssucht" bei Festen, in der Einrichtung von Palästen und kaiserlichen Jachten, auf Kanalbauprojekte und „spielerische Manöver", auf den Liebenberger Kreis und die kaiserlichen Nordlandreisen.[157]

Im zweiten Teil der Studie untersucht Quidde Symptome, die ihm als Ausdruck einer geistigen Anomalie des Kaisers erscheinen. Dabei ging es ihm weniger darum, diese vermeintliche Anomalie nachzuweisen, als „vor den Gefahren, die in der unberechenbaren, einer konsequenten Politik unfähigen und oft an der Grenze geistiger Abnormität streifenden Persönlichkeit des Kaisers lagen",[158] zu warnen. Quidde beschwor die korrumpierende Wirkung monarchischer Herrschaft an sich: „Der spezifische Cäsarenwahnsinn ist das Produkt von Zuständen, die nur gedeihen können bei der moralischen Degeneration monarchisch gesinnter Völker oder doch höher stehender Klassen, aus denen sich die nähere Umgebung der Herrscher zusammensetzt."[159]

Im dritten Teil spekuliert Quidde am Beispiel des Caligula, ohne direkten Bezug zu Wilhelm II., darüber, wohin derartige Ansätze führen können. Diese Ausführungen münden in einer deutlichen Warnung und einem Appell zur Wachsamkeit, gefolgt von einem unmißverständlichen Hinweis darauf, daß es

---

Pressepolitik, S. 158. Stöber übersieht allerdings die Beobachtung des Falles durch die Politische Polizei und die Besprechung im Zivilkabinett.

155 Vgl. E. BIER, Der neue Schuster oder der Tod Caliguli. Ein litterarisch-satyrisches Sittendrama in 5 Aufzügen und in Versen, Leipzig 1894, S. 13.

156 QUIDDE, Caligula, S. 2.

157 QUIDDE, Caligula, S. 6, 9, 12.

158 QUIDDE, Erinnerungen, S. 54.

159 QUIDDE, Caligula, S. 14. Vgl. auch S. 8 und 13.

sich bei der Schrift um Satire handelt.[160] In diesem Teil beklagt Quidde ein gestörtes Verhältnis zwischen Herrscher und Volk. Von zentraler Bedeutung ist hierfür der Begriff des ‚Cäsarenwahnsinns', ein politisches Schlagwort, das durch Gustav Freytags Roman *Die Verlorene Handschrift* in den Jahren nach 1887 popularisiert worden war.[161] Unter Cäsarenwahnsinn verstand Quidde nicht eine tatsächliche Geisteskrankheit des Herrschers, sondern einen Zustand des Herrschers, der durch unreflektierte Verehrung hervorgebracht werde.[162]

Phänomen und Begriff Cäsarenwahnsinn lohnen eine nähere Betrachtung, weil sie auf den Kern des Skandals verweisen. Autoritativ daherkommende medizinische Deutungen politischer Erscheinungen besaßen für das wissenschaftsgläubige Bildungsbürgertum eine hohe Überzeugungskraft. Indem Cäsarenwahnsinn auf das Verhältnis Monarch-Öffentlichkeit rekurrierte, führte der Begriff über den Einzelfall hinaus und konnte an generelle Zeitdiagnosen angeschlossen werden. Durch die Deutungsfigur Cäsarenwahnsinn wurde die Degeneration des Herrschers mit einer „gewissen Zwangsläufigkeit und Unausweichlichkeit" ausgestattet.[163] Hans Kloft hat darauf aufmerksam gemacht, daß das 19. Jahrhundert mehrere Fälle wahnsinniger Herrscher gesehen hatte. Dabei sei es vor allem die gesteigerte kritische Wahrnehmung, welche diesen Vorgängen eine politische Bedeutung zumaß: „Das 19. Jahrhundert sah in dem Wahnsinn des Fürsten mehr als nur eine individuelle Krankheit." Als solche habe noch die antike Überlieferung die mania des Caligula begriffen. Von einer „aufklärerischen Warte", so Kloft, ließ sich der Herrscherwahn als eine „teils latente, teils offen zutage liegende Form der absolutistischen Alleinherrschaft" verstehen. Der Wahnsinn hatte in dieser Deutung strukturelle Ursachen in der herausgehobenen Stellung des Monarchen und markierte die immer präsente „Bruchstelle des monarchischen Systems". Die „Servilität des Publikums", so hatte der einschlägig ausgewiesene Mommsen geklagt, sei für den Monarchen verhängnisvoll.[164]

Es konnte nicht ausbleiben, daß auf diesem Felde literarische Ausschmükkungen, wissenschaftliche Darstellungen und politische Argumentation oft ineinander übergingen. Dies war bereits bei der Konstruktion des antiken Caligula als eines Wahnsinnigen der Fall gewesen.[165] In der massenmedialen

---

160 QUIDDE, Caligula, S. 19 f.

161 Gustav FREYTAG, Die verlorene Handschrift, Leipzig 1887. Der Roman, in dem ein geisteskranker Herrscher eine tragende Rolle spielt, warnt vor der Wiederkehr der Zustände des kaiserlichen Roms. Vgl. hierzu: Hans KLOFT, Caligula – Ein Betriebsunfall im frühen Patriziat, in Holl/Kloft/Fesser, Caligula, S. 89-116, hier S. 106 f.

162 TAUBE, Quidde, S. 9 Anm. 14.

163 KLOFT, Betriebsunfall, S. 108 f.

164 Zit. nach: KLOFT, Betriebsunfall, S. 101.

165 Siehe hierzu jetzt die radikale Neuinterpretation Caligulas als eines erst postum geschaffenen Wahnsinnigen bei: Aloys WINTERLING, Caligula. Eine Biographie, München 2003, insb. S. 175 ff. Vgl. auch die Einschränkung bei Clark, der darauf hinweist, daß die Kategorie „Wahnsinn" bei Herrschern regelmäßig eher eine politische denn eine medizinische Kategorie darstellt. „The appeal to psychological instability was and is often prompted by disapproval or distaste at a particular mode of behaviour; the more or less stringent application

Wirklichkeit des späten neunzehnten Jahrhunderts galt dies aber in doppelt verschärfter Hinsicht. Zum einen war der Blick auf den Herrscher unverstellter und durchdringender. Zuvor verborgene Details gelangten an die Öffentlichkeit. Zum anderen kam der Logik der Massenmedien mit ihrer Suche nach einprägsamen Klischees eine Chiffre wie Cäsarenwahn, gebraucht im vordergründigen Sinne und mit deutlichem tagespolitischem Bezug, elementar entgegen.

Dies belegt ein dem *Caligula* bemerkenswert ähnlich gelagerter Fall. Ludwig Fuldas *Talisman* war eine der im Kaiserreich beliebten literarischen Verfremdungen politischer Probleme.[166] Das 1892 entstandene und im Februar 1893 in Berlin erfolgreich uraufgeführte Stück, bei dem die Zensur die Verse: „Herr, kann dich das im Ernst erbosen? / Du bleibst ein König – auch in Unterhosen“ beanstandete, verarbeitete, literarisch wenig ambitioniert, den Stoff aus Hans Christian Andersens Märchen *Des Kaisers neue Kleider*. Freilich trieb hier die Hofkamarilla die Handlung voran, ein Motiv, das bei Andersen fehlt. Jene Höflinge bestärken den König in seinem selbstherrlichen Auftreten, während er selbst an der Loyalität seiner Entourage zweifelt. Dramatische Umstände enthüllen den wahren Charakter der königlichen Umgebung und führen zum Ende des übelsten Schmeichlers. Durch den Tod dieses Höflings finden sich König und Volk versöhnt, zumal ersterer seine Fehler einsieht. Zwar konnte erst nach einem von Fulda angestrengten Prozeß das Stück im März 1893 am Deutschen Volkstheater gespielt werden – dann allerdings mit enormer öffentlicher Resonanz.[167]

---

of political criteria then follows as a post hoc rationalisation." CLARK, Wilhelm II, S. 21. Ein Beispiel hierfür bietet Friedrich v. Holstein, der früh von einem Operettenregiment sprach und 1892 warnte, daß sich der Kaiser in der Pose des Selbstherrschers nur lächerlich mache. Nach Holstein soll der Erzieher Wilhelms II., Georg Hinzpeter, schon damals vom Cäsarenwahnsinn gesprochen haben. Holstein an Philipp Eulenburg, 27. November 1894, in: Norman RICH (Hg.), Die geheimen Papiere Friedrich von Holsteins, Bd. 3, Göttingen 1961, S. 518, zum ‚Cäsarenwahnsinn': ebd. S. 385 f., Anm. 2. Diese Kritik fand allerdings nicht oder nur sehr abgeschwächt ihren Weg in die Öffentlichkeit.

166 Ludwig FULDA, Der Talisman. Dramatisches Märchen in vier Aufzügen (mit teilweiser Benutzung eines alten Fabelstoffes), Stuttgart [13]1895. Die Analogie wurde während der Caligula-Affäre indirekt in der *Weser-Zeitung* beschrieben: „Im letzten Jahre hat kein Bühnenwerk in Berlin einen ähnlichen Erfolg erzielt wie Ludwig Fulda's ‚Talisman'. Weshalb sollte nicht Fulda zu diesem Stoff durch Erfahrungen der neuesten Zeit, beispielsweise am bayerischen Königshofe, gelangt sein? Es wäre selbst möglich, daß der Dichter zu der Fabel durch die Erwägung gekommen wäre, daß heute in Deutschland am Hofe nur zu wenig Menschen den Muth der Wahrheit, die Kraft ehrlicher Überzeugung haben. Wäre es darum nicht verwegen und frivol, dem Dichter nachzusagen, er habe lediglich Satire auf die heutigen Zustände und die gegenwärtig herrschenden Personen liefern wollen?“ Weser-Zeitung, 30. Mai 1894, (Nr. 17061).

167 Für Fuldas Kritik am herrschenden System mit den Mitteln des Märchens gibt es zeitnahe Parallelen, so Maximilian Hardens König Phaeton (1892) oder Fritz Mauthners *Narr und König* (1914, wegen des Kriegsbeginns nicht veröffentlicht). Vgl. Gertrud ROESCH, Ludwig Fulda, Der Talisman, in Kindlers Literaturlexikon. Zu einem zweiten Eklat um den Talisman kam es Ende 1893, als Fulda für dieses Werk den Schillerpreis erhalten sollte. Wilhelm II. lehnte dies ab.

Auch Quiddes Schrift präsentierte sich als publikumsgerechte Satire, die in didaktischer Absicht überzeichnete. Der Erfolg der Schrift beruhte weniger auf der Treffsicherheit ihrer Gesellschaftskritik als auf dem „Reiz öffentlicher Tabuverletzungen“.[168] Die Spannung zwischen der berüchtigten Gestalt Caligula und einem Monarchen, der zwar zunehmend kritischer gesehen wurde, sich bisher aber keineswegs als Tyrann gezeigt hatte, verstärkte diesen Reiz. In einer Zeit, in der von den angesprochenen Kreisen eine detaillierte Kenntnis der in Frage stehenden römischen Geschichte erwartet werden durfte und diese auch noch uneingeschränkt als magistra vitae akzeptiert war, besaß Quiddes Vorgehen eine zwingende Logik. In Mommsens, allerdings erst kürzlich veröffentlichter, Kaisergeschichte, heißt es über Caligula: „pure glatte Mittelmäßigkeit“, „halb wahnsinnig, halb blödsinnig“, „eine nichtswürdige Persönlichkeit, mit der die glänzende iulische Dynastie erlosch.“[169] Mommsens Urteil, so Kloft, war die Essenz der im linksliberalen Bürgertum verbreiteten Ansichten über Caligula.[170]

Auch die hier anklingenden Dekadenzvorstellungen boten scheinbar schlüssige Analogien. Ferdinand Gregorovius hatte die Nachfolger des Augustus daran kranken sehen, daß die großen politischen Ziele verwirklicht worden waren. Seine monarchischen Antitypen, zu denen Caligula gehörte, zeichneten sich nicht zuletzt durch mangelnde Arbeitsmoral aus.[171] So trug gerade die Tatsache, daß Caligula geradezu als Lehrbeispiel bürgerlicher Negativvorstellungen bezüglich der Monarchie gelten konnte, zum Erfolg von Quiddes Broschüre bei.

Zwei Techniken charakterisieren Quiddes Stil. Seine Darstellung war an der intendierten Ähnlichkeit orientiert, nicht primär an der Wiedergabe der Fakten; letztere wurden selektiert. Übrig blieb, was auf Wilhelm II. paßte oder was an diesen erinnerte. Diejenigen Charakterzüge Caligulas, die der Leser kaum an Wilhelm II. wiederfinden konnte, verlagerte Quidde in den zweiten Teil der Schrift, wo sie ein Bild karikaturistischer Überzeichnungen ergaben, es aber dennoch erlaubten, den eigentlich Gemeinten zu identifizieren. Durch „Umcodierung“, d.h. durch „innovative Verbindung unterschiedlicher, kulturell festgelegter Begriffssysteme“, gelang es Quidde zudem, so Brude-Firnau, seinem Gegenstand Komik zu verleihen, wenn dies auch dazu beigetragen haben mag, daß Quiddes Schrift anfangs „überwiegend affektiv“ rezipiert wurde.[172]

Nur die geschickt plazierten und offenbar einleuchtenden Hinweise auf die Erfahrungen mit der wilhelminischen Herrschaft können die „geradezu unge-

---

168 BRUDE-FIRNAU, Deutung, S. 37.

169 Theodor MOMMSEN, Römische Kaisergeschichte, hrsg. von Alexander Demandt, München 1992, S. 174 und 179.

170 KLOFT, Betriebsunfall, S. 91.

171 Ferdinand GREGOROVIUS im Kapitel über die Insel Capri, in: DERS., Wanderjahre in Italien (zuerst 1855), Köln 1953, S. 145 f.

172 BRUDE-FIRNAU, Deutung, S. 38.

heuerliche Verbreitung“[173] des *Caligula*, des erfolgreichsten politischen Pamphlets des Kaiserreichs, erklären, das es auf vierunddreißig Auflagen, d.h. etwa 200.000 gedruckte Exemplare brachte. Mit guten Gründen kann angenommen werden, daß eine Schrift, die nicht ohne weiteres erhältlich war, unter anderem in München sogar beschlagnahmt wurde, und über zumindest einen Monat die gesellschaftliche und politische Diskussion bestimmte, einen Leserkreis erreichte, der weit größer war als die Auflagenzahl.[174] Pressepolitik und Zensurmaßnamen erwiesen sich als überfordert bzw. wirkungslos. Quidde hatte nicht nur bewußt, sondern auch intelligent und letztlich erfolgreich skandalisiert.[175]

Dennoch scheint dieser Leser-, zumindest jedoch der Käuferkreis begrenzt gewesen zu sein. In einem Zeitungsartikel heißt es rückblickend: „Freilich, von den Arbeitern und Handwerkern wurde das Heft nicht gekauft, und die ‚kleinen Leute' auf dem Lande und in den Kleinstädten haben es auch schwerlich zu Gesicht bekommen; dagegen griff der ‚bessere Mittelstand', gleichviel

---

173 ERDMANN, Kaiser, S. 5. Der spätere Historiker Gustav Mayer erinnerte aus seiner 1894 begonnenen Buchhändlerlehre: „In den ersten Wochen meiner Anwesenheit gab es einen wahren Run nach Ludwig Quiddes Broschüre.“ Gustav MAYER, Erinnerungen. Vom Journalisten zum Historiker der deutschen Arbeiterbewegung, Hildesheim/Zürich/New York 1993, S. 65.

174 Am 20. Juni berichtete die Berliner *Volkszeitung*, daß bis jetzt 150 000 *Caligula*-Exemplare gedruckt worden seien, zeitweise drei Druckereien gearbeitet hätten, die 24. Aufl. erreicht worden sei, aber immer noch weitere Bestellungen eingingen. ‚Das Interesse für römische Geschichte', Volkszeitung, 20. Juni 1894, (Nr. 256). Die Gesamtauflage ist nicht exakt zu bestimmen. Die gesicherte Information, daß die Schrift insgesamt 34 Auflagen durchlief, läßt aber, hochgerechnet, vor dem Hintergrund dieser Mitteilung eine Auflage von jenseits der 200.000 wahrscheinlich erscheinen. Zudem kursierte der *Caligula* nicht nur als selbständige Schrift, sondern auch als Artikel der weitverbreiteten *Gesellschaft* bzw. in Auszügen vor allem sozialdemokratischer Zeitungen. Vgl. die Berichte bei QUIDDE, Erinnerungen, S. 26 über die enorme Präsenz der Schrift im öffentlichen Leben. Die *Münchner Neuesten Nachrichten* vom 4. Juli 1894 (Nr. 302) berichteten über das enorme Interesse, welches plötzlich der Büste des Caligula im Alten Museum in Berlin zuteil werde. Daß die Verbote den *Caligula* nur interessanter machten, kann mit einiger Wahrscheinlichkeit angenommen werden. Zur Beschlagnahmung der Schrift in München, die ein großes Presseecho erzeugte, z.B. Volkszeitung (Berlin) vom 23. Juni 1894 (Nr. 262). Zu diesem Vorgang auch die Notizen der Preußischen Politischen Polizei: BLHA, Rep 30 (Politische Polizei), Nr. 12449, Blatt, 16 f. Allerdings ging die Aktivität der Polizei nicht über eine bloße Beobachtung des Presse- und Pamphletechos hinaus. Zudem wurden nur in Preußen erschienene Druckschriften erfaßt, ein Beispiel für die offenkundige ‚Waffenungleichheit' zwischen Politischer Polizei und den Überprüften.

175 Als Beispiel für die Machtlosigkeit staatlicher Pressebeeinflussung vgl. die, auf ungenauen Informationen beruhende, Aktennotiz des Chefs des kaiserlichen Zivilkabinetts Hermann von Lucanus. Dort heißt es: „Eine Studie über Caligula und Cäsarenwahnsinn zu schreiben und zu veröffentlichen, kann Beiden sicherlich nicht verwehrt werden; die Thatsache aber, daß die Schrift mit zahllosen Noten als Quellenangaben versehen ist, um sich gleichsam den Rücken zu decken, und daß die markantesten Stellen mit gesperrten Lettern gedruckt dem Leser unterbreitet werden, liefert den Beweis, daß man aus Caligulas Leben auf ein anderes zu exemplifizieren sich erdreistet. Hierin liegt eben das Symbol der beabsichtigten Majestätsbeleidigung.“ Aktennotiz des Chefs des kaiserlichen Geheimen Zivilkabinetts Hermann von Lucanus, zit. nach HOLL, Lebensbild, S. 26 f.

ob liberal, konservativ oder antisemitisch denkend, die Schrift mit der größten Begierde auf." Zuvor hatte sich bereits, so Quidde, die „'Crème der Gesellschaft' sowie der Geburts- und Geldadel wie auch das höhere Beamtentum auf die ‚Studie' hergestürzt und deren Inhalt gleichsam verschlungen".[176]

Der Publikumserfolg der Quidde-Schrift verweist darauf, wie sehr Quiddes eigentliches Thema, das Verhältnis der Reichsbevölkerung zu ihrem Souverän, im Raum stand. Die Caligula-Affäre brach nahezu sechs Jahre nach der Thronbesteigung Wilhelms II. aus. Die Bismarckentlassung lag vier Jahre, die vielbeachtete Aussöhnung zwischen Kaiser und Kanzler ein halbes Jahr zurück. Der ehemals rätselhafte Thronfolger war mittlerweile zu einer – für manchen allzu – bekannten öffentlichen Figur geworden. In Analogie zum historischen Caligula hatten die ersten sechs Jahre der wilhelminischen Herrschaft herausgestellt, daß die Darstellung monarchischer Herrschaft gänzlich neuen Formen folgte. In der extrem intensiv geführten Debatte im Anschluß an die Caligula-Schrift bot sich mithin die erste Gelegenheit, diesen Formwechsel zu deuten, zu verteidigen oder zu kritisieren. Ein Skandal, der in der ihm eigentümlichen Dynamik bisher beachtete Grenzen aufbrach, bot hierfür gleichzeitig Forum und Anknüpfungspunkt. Signifikant ist, daß der – wie hier argumentiert werden soll – erste Medienskandal des Kaiserreichs zum Hauptthema die Kommunikation zwischen Monarch und Volk hatte.

2. Chronologie und Struktur der Reaktionen

Bemerkenswert ist nicht nur die enorme Auflagenhöhe der Caligula-Schrift selbst. Bemerkenswert ist vor allem die Schnelligkeit und Intensität der Reaktionen hierauf. Dies gilt jedoch erst nach einer etwa sechswöchigen Pause, in der die Schrift nahezu ignoriert worden war. Am 6. Mai 1894 erschien eine, von der übrigen Presse nicht beachtete, Rezension im *Vorwärts*.[177] Diese umfangreiche Besprechung beschränkte sich vordergründig auf die Inhaltswiedergabe, stellte dabei aber, schärfer noch als Quidde dies tat, die Parallelen zwischen Caligula und Wilhelm II. heraus. Allerdings war die Sozialdemokratie weder die Gruppe, die Quidde mit seiner Schrift in den Blick genommen hatte, noch konnte die Besprechung einer kaiserkritischen Lektüre in einem Blatt wie dem *Vorwärts* besondere Verwunderung erregen.[178]

Gänzlich anders waren die Umstände, als knappe zwei Wochen nach dem *Vorwärts*, am 18. Mai 1894, die konservative, das monarchische Prinzip im

---

176 Zitiert nach: QUIDDE, Erinnerungen, S. 27.

177 Immerhin lobte der *Vorwärts* den *Caligula* als „recht lesenswert". ‚Literarisches' in: 3. Beilage zum Vorwärts vom 6. Mai 1894. Selbst Quidde ist die Besprechung des *Vorwärts* nicht bekannt geworden, QUIDDE, Erinnerungen, S. 23. Insgesamt scheint die Caligula-Affäre – im Vergleich mit anderen Skandalen – für die SPD von geringerer Bedeutung gewesen zu sein. HALL, Scandal, behandelt die Affäre nicht.

178 Offensichtliche fehlte hier auch die intensive gegenseitige Beachtung, die bürgerliche Blätter einander schenkten. BENEDIKTUS, Sueton, S. 1 behauptet, als erster habe der *Hamburger Generalanzeiger* einen entsprechenden Hinweis gebracht.

Titel tragende *Kreuzzeitung* dem *Caligula* eine dreispaltige Besprechung widmete.[179] Diese Rezension ist in mehrerlei Hinsicht erstaunlich. Schon die Plazierung des Artikels *Caligula. Eine Studie über römischen Cäsarenwahnsinn* auf der Titelseite signalisierte, daß die Aufmerksamkeit des konservativen Blattes nicht einer althistorischen Abhandlung galt. Entsprechend verwiesen die ersten Zeilen nicht auf den Inhalt des *Caligula*, sondern auf den erheblichen Absatz der Broschüre. Gleich zu Beginn zog der Artikel eine Parallele zwischen Quidde und David Strauß, der in den achtzehnhundertvierziger Jahren mit seinem Buch *Der Romantiker auf dem Throne der Cäsaren oder Julian der Abtrünnige* Friedrich Wilhelm IV. satirisch porträtiert und damit für erhebliches Aufsehen gesorgt hatte.[180] Vor diesem Hintergrund gewann die vermeintliche Textkritik der Zeitung eine eigene Bedeutung. Vermeintlich in der Absicht, Anachronismen und Ungenauigkeiten in der Übersetzungs- und Zitierweise Quiddes nachzuweisen, wurden aus dem Zusammenhang gerissene Sätze und Ausdrücke aus dem *Caligula* wiedergegeben, die den Lesern mit dem Zaunpfahl veranschaulichten, daß es sich bei Caligula um Wilhelm II. handelte.[181]

In typischer Weise berichtete die *Kreuzzeitung* von Quiddes *Caligula*, dieser habe auch seine guten Handlungen nur aus dem Ehrgeiz durchgeführt, „als Förderer populärer Bestrebungen bewundert zu werden." Genüßlich zitiert wurde Quiddes Wertung „nervöse Hast" und die Entlassung des „Prätorianergenerals Macro", d.h. Bismarcks, besonders hervorgehoben: „Der Kaiser konnte keine selbständige Kraft neben sich ertragen; er wollte sein eigner Minister [...] sein, und nicht nur das: auf jedem Gebiete auch selbständig eingreifen. Dazu fehlte es seiner im Grunde beschränkten Natur, auch ehe dieselbe

---

179 ‚Caligula. Eine Studie über römischen Cäsarenwahnsinn', Kreuzzeitung, 18. Mai 1894, (Nr. 226). Vgl. die literarische Verarbeitung des Vorfalls bei Bierbaum. Die Romanfigur Karl erhält auf ihre überschwengliche Eloge auf den Thronfolger keine Reaktion: „Nur ein führendes Organ der konservativen Partei warnte beiläufig vor ‘diesem Symptom einer zuchtlos pseudo-aristokratisch, im Grunde mammonistisch-anarchistischen Sinnesart, womit vermutlich ein Sprößling jüdischer Bankierskreise sich dem jungen Monarchen habe insinuieren wollen." BIERBAUM, Kuckuck, S. 433.

180 Friedrich David STRAUß, Der Romantiker auf dem Throne der Cäsaren oder Julian der Abtrünnige, Berlin [3]1896.

181 Die Zeitung rechtfertigt sich wie folgt und beseitigt damit jegliche Zweifel: „Wir erlauben uns zu versichern, daß wir, indem wir uns die Mühe nehmen, das Pamphlet nach Gebühr zu zeichnen, ebenfalls weit entfernt sind, irgend welchen Verdacht auszusprechen. Was aber klar und deutlich geschrieben steht, kann auch deutlich in seiner eigenthümlichen Ausdrucksweise und seiner sonderbaren Hindeutung auf Worte und Dinge, die heute jedermann kennt, verstanden und erklärt werden." ‚Caligula. Eine Studie über römischen Cäsarenwahnsinn', Kreuzzeitung, 18. Mai 1894, (Nr. 226). Der Verfasser des Artikels konnte nie einwandfrei ermittelt werden. Der, freilich nur bedingt vertrauenswürdige, Gustav Sommerfeldt vermutet, es habe sich hier um den Mitherausgeber Kropatschek gehandelt, der, wie Quidde Historiker, diesen vom Münchner Historikertag 1893 kannte. Quidde vermutete den Historiker Ottokar Lorenz als Autor. Vgl. Guastav SOMMERFELDT, Fin-de-siècle Geschichtsschreibung, Politik, Pamphletomanie. Authentische Enthüllungen über den Caligula-Unfug und die wirklichen Gründe desselben, zugleich ein Beitrag zur Zeitgeschichte, Berlin 1895, S. 3; QUIDDE, Erinnerungen, S. 24.

zu schlimmeren ausartete, an Kenntnissen und an Talent, an Ruhe und Selbstzucht".[182] In gespielter Entrüstung prangerte die *Kreuzzeitung* bedenkliche Übersetzungsleistungen Quiddes an, wenn dieser etwa von „'Soldaten- und Manöverspielen'" berichtete. Dies, so wird suggestiv vermutet, könne lediglich „der krankhaften Sucht" entsprungen sein, „moderne Analogien in den Dingen der alten Welt zu entdecken".[183]

Ebenso vordergründig wie durchschaubar lehnte der Artikel das Konzept Cäsarenwahnsinn ab, das lediglich ein Konstrukt des politischen Liberalismus sei. Schließlich komme es dem Verfasser gar nicht auf eine Untersuchung des Phänomens Cäsarenwahnsinn an. Vielmehr gehe es um die kaum versteckten delikaten Anspielungen im Text. Diese Anspielungen rechtfertigten nach eigenem Verständnis die Aufmerksamkeit der *Kreuzzeitung*: „Nun sind wir auch weit entfernt, etwas anderes zu thun, als jeder Bierphilister am Stammtisch thut, wenn er das saubere Pamphlet mit süß-freudig-ironischem Lächeln von einer Hand zur anderen giebt."[184]

Die *Kreuzzeitung* sorgte nicht nur dafür, daß der Kaiser Kenntnis von ihrer Besprechung – und damit vom *Caligula* – erhielt,[185] sondern verursachte auch ein enormes Echo in der Medienlandschaft. Erst jetzt wurde der *Caligula* eindeutig auf Wilhelm II. bezogen und erst durch diese Besprechung weithin in der Presse beachtet. Unter dem Vorwand, bedenkliche „Tagesgesinnungen" zu entlarven, betrieb die konservative Zeitung, weitaus zielstrebiger – und letztendlich effektiver – als Quidde, eine bewußte Skandalisierung.[186] Die Besprechung des *Caligula* in der *Kreuzzeitung* diente als Initialzündung für dessen Massenverbreitung.[187] Als erste Zeitung reagierte das liberale *Berliner*

---

182 Im Original gesperrt.

183 ‚Caligula. Eine Studie über römischen Cäsarenwahnsinn', Kreuzzeitung, 18. Mai 1894, (Nr. 153).

184 Kreuzzeitung, 18. Mai 1894, (Nr. 153).

185 QUIDDE, Erinnerungen, S. 24.

186 Zum Hintergrund gehört folgende Geschichte, die Quidde von August Stein, dem Herausgeber der *Frankfurter Zeitung* gehört haben will: Stein habe kurz vor Pfingsten „die beiden Redakteure der Kreuzzeitung Freiherrn v. Hammerstein und Dr. Kropatschek [getroffen]. Einer von ihnen redete Stein an: ‚Haben Sie den *Caligula* gelesen?' ‚Caligula? was ist das? So ein oller römischer Kaiser, wie er leibt und lebt. Das Ding ist von einer Frechheit. Das muß er zu lesen bekommen. Hören Sie, das ist etwas für Sie, schlagen sie in der Frankfurter Zeitung Lärm' – worauf sich Stein, ob der Brisanz des Themas, nicht eingelassen habe. Vgl. QUIDDE, Erinnerungen, S. 23 f. Hammerstein war zu dieser Zeit Chef der Konservativen und einer der Initiatoren der durch die Handelsvertragspolitik motivierten konservativen Opposition gegen Wilhelm II. Quidde schreibt ihm die Initiative zu.

187 Noch 30 Jahre nach dem Ereignis berichtete Quidde voller Genugtuung: „Die gesamte Presse stürzte sich auf die Schrift. Viele Zeitungen brachten lange Auszüge [...] Auch die ausländische Presse, die europäische und die überseeische, war voll von Mitteilungen über den *Caligula*. In den Witzblättern wurde Caligula zum Gegenstand meist sehr geschmackloser Scherze, teils auf des Kaisers, teils auf meine Kosten. In Singspielhallen waren Couplets über Caligula an der Tagesordnung." QUIDDE, Erinnerungen, S. 25. Vgl. beispielhaft den Bericht: ‚Musik. Weihnachtsaufführung des Akademischen Gesangvereins ‚Arion'', Leipziger Tageblatt, 19. Dezember 1894, (Nr. 646). Zur Reaktion Wilhelms II. selbst ist nichts Sicheres überliefert. Die Zeitungen berichteten, der Kaiser habe den *Caligula* in Pröckelwitz beim Grafen Dohna zu lesen bekommen, habe zwar kein Wort dazu gesagt, sei aber unmit-

Tageblatt am folgenden Tag mit einem ausführlichen Artikel auf der Titelseite. Dieser Artikel setzte sich außerordentlich kritisch mit der monarchischen Haltung der *Kreuzzeitung*, weniger mit dem Vorgehen Quiddes auseinander. Einem ähnlichen Schema folgte die Reaktion in den sonstigen großen liberalen Blättern, die sich mittlerweile auf eine schriftliche Erklärung Quiddes stützen konnten, in der dieser sich von der Interpretation der *Kreuzzeitung* distanzierte.[188]

Der vermeintliche Skandal im Skandal, d.h. das Hervortreten der *Kreuzzeitung*, drängte den ersten schnell in den Hintergrund, ohne daß dieser damit verschwand. Vergeblich versuchte vor allem die offiziöse *Norddeutsche Allgemeine Zeitung* mäßigend zu wirken und argumentierte, daß eine Interpretation des *Caligula* der Monarchie zwangsläufig schade.[189] Zwar fehlte fast keiner der Stellungnahmen ein ähnlicher Hinweis, dieser verhinderte aber nicht, daß eine ausführliche Auseinandersetzung mit dem *Caligula* bzw. entsprechenden Zeitungsartikeln folgte. Einige Blätter präsentierten täglich, nahezu immer auf der Titelseite, den neuesten Stand der causa Caligula. Die Reaktionen auf vorangegangene Zeitungsartikel folgten in knappem Abstand.[190] Spätestens nach der Veröffentlichung der Erklärung Quiddes meldeten sich auch kleinste Provinzblätter zu Wort, die sich nicht auf eine Wiedergabe fremder Kommentare beschränkten, sondern selbst ‚Meinung machten'.[191] Ähnliches galt für ausländische Zeitungen.[192] Erst einen Monat nach Erscheinen der Besprechung in der *Kreuzzeitung* ebbten die Reaktionen ab, ohne daß der *Caligula* gänzlich aus der politischen Diskussion verschwand.[193]

Nun begann die Reflexion in der Presse über das, was geschehen war. Die *Gesellschaft*, Initiatorin des Skandals, schwieg zunächst. Erst drei Nummern nach der Publikation des *Caligula*, im Juliheft, reagierte der Herausgeber Mi-

---

telbar darauf in bester Laune gewesen. Quidde hält dem entgegen, er habe Mitteilungen erhalten, die entschieden anders lauteten. QUIDDE, Erinnerungen, S. 36.

188 ‚Wer ist Quidde', Berliner Tageblatt, 19. Mai 1894, (Nr. 248). Vgl. auch: Vossische Zeitung, 23. Mai 1894, (Nr. 233), die, wie viele andere Blätter, die Erklärung Quiddes abdruckte. Abweichend lediglich die *National-Zeitung*, die Quiddes Behauptung, es handele sich beim *Caligula* nach Form und Inhalt um eine historische Studie, scharf zurückwies und darauf aufmerksam machte, daß „das Schriftchen" voller historischer Fehler stecke und es sich insgesamt um ein „bösartiges politisches Pamphlet" handele. National-Zeitung, Berlin, 22. Mai 1894.

189 Norddeutsche Allgemeine Zeitung, 27. Mai 1894.

190 Dies gilt insbesondere für die *Vossische Zeitung* und für die *Frankfurter Zeitung*.

191 Vgl. z.B. Chemnitzer Tageblatt, 30. Mai 1894, (Nr. 129); Generalanzeiger für Hamburg-Altona, 22. Mai 1894 (Nr. 116); Meissener Tageblatt, 20. Mai.1894 (Nr. 118); Saale-Zeitung, 19. Mai 1894 (Nr. 229); Trierische Landeszeitung, 26. Mai 1894 (Nr. 234) und Braunschweiger Volksfreund, 29. Mai 1894 (Nr. 121).

192 Vgl. z.B. die Artikel ‚Ein politisches Pamphlet', Neue Zürcher Zeitung, 28. Mai 1894 (Nr. 146); ‚Römischer Cäsarenwahnsinn', Neues Wiener Tageblatt, 20. Mai 1894 (Nr. 136); ‚Wovon Berlin spricht', ebd., 22. Mai 1894 (Nr. 138); ‚Ein politisches Pamphlet', New Yorker Staatszeitung, 9.6.1894 (Nr. 138) sowie die Moskauer Deutsche Zeitung, 23. Juni 1894 (Nr. 154). Der Caligula wurde schnell ins Französische, Englische und Dänische übertragen.

193 Vgl. dazu die Beispiele in: BAK, N 1212 (Quidde), Nr. 48, Blatt 59, 68.

chael Georg Conrad mit einem medienkritischen Leitartikel unter dem Titel *Mit Purzelbäumen rückwärts* zum ersten Mal und bilanzierend auf die Affäre.[194] Conrad beklagte in einem sehr allgemeinen Sinn das Abnehmen politischer Freiheit zugunsten von „tausend Alltagsbyzantinismen". Nach jahrelanger Gewöhnung stünde nun der „absolutistischen Dressur der Herde" nichts mehr entgegen. Es gebe keine „sogenannte Öffentlichkeit" mehr, sondern lediglich Unterwerfung auf Seiten der Presse. So könne es nicht verwundern, daß Quiddes *Caligula* keine Umkehr in der politischen Seelenlandschaft bewirkt habe. Die Reaktionen seien von Unverständnis und peinlicher Berührung über so etwas „Disharmonisches" bestimmt gewesen, weil kein Sinn mehr für das römische Kaisertum als Spiegel des modernen Kaisertums vorhanden sei.[195] Die Furcht vor Kritik lenke den Blick von Fehlentwicklungen ab, das Reich bewege sich rückwärts. Mit seiner als Medienschelte auftretenden ‚Kritik der Kritik' bot Conrad ein schönes Beispiel für die Metaebene, auf die sich der Diskurs um den *Caligula* von Beginn an verlagert hatte.

Blieben die Zeitungs- und Zeitschriftenreaktionen – wenn nicht dem Inhalt, so doch der Form nach – innerhalb der gewohnten politischen Auseinandersetzung, so gilt dies nicht mehr für die Flut von Pamphleten, die im Anschluß an die Kreuzzeitungsbesprechung auf den Markt kamen. Wie ausgeführt, muß das Medium als ein für das Kaiserreich spezifisches und für den Monarchendiskurs typisches bezeichnet werden. In der Caligula-Affäre erfuhr dieses Phänomen einen vorläufigen Höhepunkt. In schneller Abfolge erschienen mindestens fünfzehn Flugschriften, die direkt auf die Affäre, d.h. einschlägige Artikel und andere Pamphlete, Bezug nahmen. In der Regel mehr als zwanzig, selten mehr als vierzig Seiten stark, für einen günstigen Preis erhältlich, erreichten diese Schriften oft diverse Auflagen und wurden jeweils in mehreren zehntausend Exemplaren verkauft.[196]

Die von Zeitgenossen als Erscheinung neuer Art begriffenen und als „Pamphletomanie" beklagten Flugschriften entwickelten einen eigenen

---

194 Michael Georg Conrad, Mit Purzelbäumen rückwärts, in: Die Gesellschaft 10 (1894), S. 841-843.

195 Michael Georg Conrad, Mit Purzelbäumen rückwärts, in: Die Gesellschaft 10 (1894), S. 843.

196 Folgende Pamphlete sind in diesem Zusammenhang besonders relevant: Wilhelm BORN, Anarchisten, Schlafmützen, Grüne Jungen. – Reichsfortschrittspartei. In Veranlassung der Caligula-Flugschriften, Hagen i.W. 1894; BIER, Schuster; Anonym, Die Caligula-Affaire und die Staatsanwaltschaft. Von einem Eingeweihten, Berlin 1894; Gustav DANNEHL, Cäsarenwahn oder Professorenwahn? Eine biographisch-historische Studie über Quiddes Caligula, Berlin 1894; MUISZECH, Stiefelmärchen; Hermann Heinrich QUIDAM (d.i. Hermann Heinrich Rothe), Contra Caligula. Eine Studie über deutschen Volkswahnsinn, Leipzig 1894; Guido RENÉ, Der Quidde'sche Caligula Kladderadatsch oder „Sie werden nicht alle". Auch 'ne Studie mit 24 Illustrationen, Stettin 1894; Felix SCHMITT, Caligula (Gekrönte Häupter, 8), Berlin 1894; SOMMERFELDT, Geschichtsschreibung; Dr. STEINHAMMER, Der Caligula-Unfug, Berlin 1894; Anonym, Ist Caligula mit unserer Zeit vergleichbar? Eine Ergänzung und Beleuchtung zu Quidde's Caligula, Leipzig 1894.

Stil.[197] Die weitaus größte Gruppe bildeten Pamphlete, die sich direkt auf die Caligula-Debatte bezogen und sehr genau auf einschlägige Pressereaktionen, vorrangig den Kreuzzeitungsartikel, eingingen. Diese Schriften waren einerseits gekennzeichnet durch eine große Ernsthaftigkeit, anderseits durch eine extreme Schärfe und Rücksichtslosigkeit in der Argumentation. Quidde seinerseits als Geisteskranken zu denunzieren gehörte gewissermaßen zum Standard der Argumentation.

Inhaltlich unterschieden sich diese Pamphlete grundsätzlich von fast allen entsprechenden Zeitungs- und Zeitschriftenartikeln. Sie bildeten offenbar, zumindest legt dies die Selbststilisierung der Autoren nahe, das Forum eines neuen Mittelstandes, der in den klassischen Medien noch nicht zu Wort kam. Dabei waren die ‚Gegenpamphletisten' weit entfernt von der üblichen Hagiographie, die sich auf ein Lob des Vorgefundenen beschränkte. Vielmehr galt ihnen das „Neue Reich",[198] repräsentiert im jungen Monarchen mit „bürgerlichem Geist", geradezu als Schlüsselbegriff.

Die Pamphlete bieten ein typisches Beispiel für die indirekte Agitation, die zunehmend den Monarchiediskurs kennzeichnete. Dies betrifft auch Stilmittel wie die Projektion der erzählten Ereignisse in Zukunft oder Vergangenheit – aus deren Sicht sich erst die Größe der neuartigen, für die Zeitgenossen ungewohnten kaiserlichen Politik erschließe.[199] Für die Probleme der Monarchie existierte eine scharfe Wahrnehmung. Nach den Ursachen für diese Probleme suchten die Kontrahenten Quiddes aber nicht bei Wilhelm II., sondern bei dessen Verteidigern, d.h. den konservativen Eliten. Entweder fehle diesen Verantwortungsbewußtsein, bzw. die Einsicht in die Notwendigkeit einer aktiven Promotion der Monarchie, oder sie verhinderten durch ihren Byzantinismus die wünschenswerte Unterrichtung des Monarchen. Insofern markieren die Gegenpamphlete, wie sehr der Diskurs über den Kaiser, dessen Präsentation und Bewertung, anstelle des Kaisers selbst, zum wichtigsten Thema geworden war. Vor diesem Hintergrund kann es nicht verwundern, daß von einer Verbesserung der Kommunikation zwischen Monarch und Volk die Verbesserung der politischen Gesamtlage erhofft wurde. Die Thematisierung der Rolle der Medien muß aber auch als typisch für den Skandal gelten.[200]

---

197 So im Titel von Sommerfeldts Broschüre. „Die Pamphlets- und Pasquillenschreiberei ist ein Auswuchs unserer zersetzten Zeit", hieß es im Reichsboten vom 20. Mai 1894.

198 DANNEHL, Cäsarenwahn, S. 2.

199 Etwa bei Quidam, der seine Beschreibung in die Zukunft verlegt, aus der heraus der Erzähler auf die Ereignisse zurückblickt, bei Muiszech, dessen Pamphlet im alten Ägypten angesiedelt ist, oder ‚Prinz Vogelfrei', dessen Artikel im alten Rom einsetzt. Prinz Vogelfrei, Caligula, in: Die Gegenwart 44 (184), S. 348-350.

200 Für die skandaltypische Wechselwirkung der Medien, die immer wieder aufeinander Bezug nehmen, sprechen auch die frühen Karikaturen, die das Medienecho auf Quidde in den Blick nahmen. Beispielsweise findet sich in den *Lustigen Blättern* eine 'Vexierbild' überschriebene Karikatur neben einer Reihe von Spottgedichten, die die vermeintliche Überinterpretation der Broschüre zum Thema haben. Die Karikatur präsentiert einen malenden Quidde, Betrachter umkreisen das Bild und die Unterschrift verkündet: „Was wollt ihr, es steckt doch nichts dahinter." Lustige Blätter 9 (1894), Heft 24.

Als ein Sonderfall unter den Reaktionen auf den *Caligula* sind die der Historiker zu behandeln. Gustav Sommerfeldt, ein ehemaliger Mitarbeiter Quiddes, veröffentlichte 1895 eigens ein Pamphlet, welches um den Vorwurf, das Verhalten Quiddes, vor allem dessen ‚Erklärung', bedeute „eine Verhöhnung [...] der gesamten und speziell der historischen Wissenschaft", kreiste.[201]

Entlang dieser Linie, wenn auch weniger persönlich als Sommerfeldt, hatte ein Jahr zuvor die Historikerzunft nahezu geschlossen reagiert. Die Maßnahmen der Fachkollegen gingen weit über das hinaus, was sich noch als opportunistisch kennzeichnen ließe. Quidde verlor die Leitung der von ihm gegründeten *Deutschen Zeitschrift für Geschichtswissenschaft* ebenso wie die Herausgeberschaft der Reichstagsakten.[202] Aus den Annalen des Preußischen Historischen Instituts in Rom wurde im Zuge der nun einsetzenden damnatio memoriae sein Name gelöscht. Selbst die Historische Kommission im liberalen München übte massiven Druck auf Quidde aus. In einer Plenarversammlung erörterte sie den Fall Quidde und distanzierte sich öffentlich von ihrem Mitglied.[203] Elimar Klebs, von Meinecke als „konservativ bis auf die Knochen", aber äußerst kaiserkritisch beschrieben,[204] besprach den *Caligula* für die *Historische Zeitschrift*. Klebs, so Meinecke, sei dieses Mal für den „Monarchen tapfer eingetreten" und habe Quiddes „bösartige Kaligulabroschüre [...] mit unser aller Beifall auch wissenschaftlich vernichtet."[205] Tatsächlich behandelte Klebs die Politsatire stur als ein geschichtswissenschaftliches Werk und unterzog Quidde einer proseminaristischen Quellenkritik.[206] In den *Akademischen Blättern* verriß Hugo Willrich den *Caligula* als „die schmutzigste Schandschrift des Jahrhunderts, das infame Machwerk eines Menschen,

---

201 SOMMERFELDT, Geschichtsschreibung, S. 5.

202 QUIDDE, Erinnerungen, S. 33 ff.

203 Hermann HEIMPEL behauptete, die Akten der Historischen Kommission würden „die ganze Vornehmheit von Männern, denen Quiddes Ansichten und Tätigkeiten gewiß unbegreiflich waren", zeigen. Historische Kommission bei der bayrischen Akademie der Wissenschaften (Hg.), Deutsche Reichstagsakten, Ältere Reihe, Göttingen [2]1956/57, S. 97. Vgl. auch QUIDDE, Erinnerungen, S. 33.

204 MEINECKE, Erlebtes, S. 220. Ähnlich bei dem durchaus kaiserkritischen Walter GOETZ, Historiker in meiner Zeit. Gesammelte Aufsätze, Köln/Graz 1957, S. 26.

205 MEINECKE, Erlebtes, S. 220. In den sechs Wochen zwischen Erscheinen des *Caligula* und der Besprechung in der *Kreuzzeitung* hatte es allerdings keine Reaktion der Historiker gegeben, was unterstreicht, daß es später keineswegs um fachliche, sondern vorrangig politische Einwände ging.

206 „Es mag sein, daß es ihm [Quidde, M.K.] mehr darum zu thun war, seinen antimonarchischen Gesinnungen im allgemeinen Luft zu machen, als eine Satire auf Zustände der Gegenwart zu schreiben [so ähnlich hatte Quidde argumentiert, M.K.]. Wie dem auch immer sein mag, wir hatten hier nur das Urteil zu begründen: in dieser vorgeblich historischen Studie ist der Geschichte hehre Muse zur Magd im unwürdigen Dienste einer unwahren Parteischriftstellerei erniedrigt worden." Elimar Klebs, Rezension von L. Quidde, Caligula. Eine Studie über römischen Cäsarenwahnsinn, in: Historische Zeitschrift 73 (1894), S. 308-312, hier S. 312.

dessen Name ein häßlicher Fleck bleiben wird auf dem Ruhmesschild deutscher Geschichtsforschung".[207]

Quidde klagte rückblickend ohne Übertreibung, er sei fortan in der Zunft „förmlich geächtet" gewesen. Utz-Friedebert Taube spricht von einer Zerstörung von Quiddes beruflicher Existenz als Folge des *Caligula*.[208] Zwar gab es vor der Affäre durchaus Historiker, wenn auch nur einzelne, die sich öffentlich gegen einen übermäßigen Byzantinismus, gerade in der Geschichtswissenschaft, ausgesprochen hatten.[209] Aber selbst dieser kleinste Nenner wurde in der Affäre verlassen. Nur einige Koryphäen – Treitschke und Mommsen – erlaubten sich ein abweichendes, d.h. Quidde unterstützendes Urteil, allerdings nicht öffentlich.[210]

In ihrer Gesamtheit illustrieren die hier präsentierten Reaktionen der Historiker eine monarchische Gesinnung, die sich keineswegs in einem bloßen „Byzantinismus" erschöpfte.[211] Des weiteren werfen sie Licht auf normalerweise unsichtbare Mechanismen im Diskurs über den Monarchen und heben dessen immanente Grenzen hervor. Das Übertreten dieser Grenzen war der Vorwurf, mit dem Quidde abgestraft wurde.

3. Veränderte Parameter im Monarchiediskurs

Auffälligstes Merkmal dieser ersten großen Kaiserdebatte der wilhelminischen Ära ist die Form, in der Monarchenkritik – und deren Abwehr – formuliert wurde. In ihrer Komplexität trug diese Kritik den Mechanismen der modernen Massenöffentlichkeit Rechnung. Dabei ist eine Polarisierung und gleichzeitige Personalisierung der Diskussion zu beobachten. Hinterfragt wurde weniger die Institution Monarchie als die Person des Monarchen. Die eigene Loyalität gegenüber dem Monarchen wurde öffentlich reflektiert und das Verhältnis von Herrscherfigur und Monarchenamt neu bestimmt. Sechs Aspekte scheinen hierbei besonders bemerkenswert:

---

207 Dr. Hugo Willrich, Herr Professor L. Quidde als Publizist, in: Akademische Blätter. Verbands-Organ der Vereine deutscher Studenten 9 (1894), S. 77-79.

208 Auf dem Historikertag 1896 in Frankfurt, klagte Quidde, „rückte so ziemlich jeder der etwas bedeutete, oder der etwas werden wollte, von mir ab." QUIDDE, Erinnerungen, S. 33. Beispiele für eine Ächtung Quiddes auch außerhalb der Zunft ebd. S. 37 und bei TAUBE, Quidde, S. 64.

209 TAUBE, Quidde, S. 57.

210 Treitschke habe zu einem seiner einstigen Schüler gesagt: „Der Caligula sei als politische Satire der von David Friedrich Strauß weit überlegen und leider, leider in vielem nur zu berechtigt." QUIDDE, Erinnerungen, S. 34. Zu Mommsens Urteil: TAUBE, S. 6.

211 In einem fiktiven „Abschiedsbrief" Wilhelms II. verteidigte ein anonymer Verfasser kurz nach dem Ende der Monarchie den Exkaiser vor allem mit dem Hinweis auf die zustimmende Haltung der Historiker, u.a. auch mit der Erwähnung Quiddes: „Dieser Mann ist, obzwar ein tüchtiger Gelehrter und tadelloser Ehrenmann, seit und wegen dieser paar Seiten langen Broschüren [sic!] in der deutschen Wissenschaft unmöglich geworden und bis auf den heutigen Tag geblieben. Fragt ihn, er lebt noch unter Euch." Heinrich KANN, Wilhelms II. Abschiedsbrief an das deutsche Volk. Den Deutschen ein Spiegel, Berlin 1919, S. 6.

1.) Der gemeinsame Nenner nahezu aller Reaktionen auf Quiddes *Caligula* war die Diagnose einer Krise; einer Krise der Gesellschaft im allgemeinen und der Monarchie im besonderen. Für die Mehrheit der Kommentatoren hing beides eng zusammen. Typisch für viele konstatierte eines der Pamphlete, dessen Handlung in der Zukunft angesiedelt war: „Damals [herrschte] eine ganz eigentümliche Zerrüttung im Reiche, wie sie früher in der Geschichte kaum dagewesen war, [...] durch welche das Volk ungerecht und blind gemacht wurde gegen die Eigenschaften des Herrschers.“[212] Die Krise wurde automatisch als eine Krise der Monarchie beschrieben. Quidde und seine Schrift galten als Symptom. Nur als solches war der Fall für die Kommentatoren diskussionswürdig, aber offenbar auch so signifikant, daß ein Ignorieren unmöglich war. Der *Reichsbote* reagierte auf den Artikel der *Kreuzzeitung*: „Uns scheint es heut angebracht, mehr noch als über Cäsarenwahnsinn über den Größenwahn gewisser gernegroßer Demokraten, Staatsretter und Zurückgesetzter, an denen es zurzeit zum Schaden einer Gesundung unseres politischen Lebens leider in keinem Lager ganz fehlt, nachzudenken.“[213]

Quidde allein konnte demnach kaum für die Krise verantwortlich gemacht werden. Der republikanische Historiker und seine Skandalschrift waren nur im Kontext einer revolutionierten Medienlandschaft denkbar. Die Presse wurde regelmäßig sowohl als Verursacher wie auch Indikator der diagnostizierten Krise gebrandmarkt. Zuvorderst sei am Caligula-Fall bemerkenswert, stellte Steinhammer fest, daß er zeige, welche Macht die Presse besitze und wie negativ sie diese einsetze.[214] Dabei stelle es ein Dilemma dar, daß, indem diese neue Medienmacht zur Reaktion zwinge, dieselbe wieder verstärkt werde. Ein Problem, welches am *Caligula* exemplifiziert wurde. Die *Allgemeine Konservative Monatsschrift für das christliche Deutschland* fragte sich als „anständiger Mensch“, ob man ein Werk wie das Quiddes anzeigen dürfe. Als „loyaler Mensch“ hingegen stelle sich die gleiche Frage; denn man könne es als solcher nicht besprechen, „ohne Dinge zu streifen, die man nicht öffentlich niederschreiben mag“.[215] Das „Totschweigen“ sei fast unmöglich geworden, dies gelte auch für die Exekutive. Kein Staatsanwalt könne es wagen, „gegen Herrn Quidde einzuschreiten, ohne sich und Höhere der schwersten [...] Ge-

---

212 QUIDAM, Contra Caligula, S. 7 f. Ebenso: Anonym, Staatsanwaltschaft, S. 10.

213 Quidde hätte die Zeitverhältnisse schildern sollen, in denen ein Cäsar wie Caligula möglich war, diese seien aber den Gegenwärtigen durchaus unähnlich, bis auf jene „Kreise um die Gesellschaft“, die den zersetzenden Kreisen Roms durchaus ähnelten. Das existierende „Christliche Fürstenthum“ habe mit dem „Cäsarentum römischer Parvenues“ wenig zu tun, so der Reichsbote, 20. Mai 1894.

214 STEINHAMMER, Caligula-Unfug, S. 6.

215 Allgemeine Konservative Monatsschrift für das christliche Deutschland 51 (1894), S. 49. Ein anderer konservativer Kommentator beklagte, daß es sich eigentlich verbiete, auf Quiddes „wahnsinniges Machwerk“ einzugehen. Ein Teil der Presse habe sich leider nicht an diesen Grundsatz gehalten – „zum Schaden der öffentlichen Wohlfahrt, die ja so innig mit unserem Königtum und dem monarchischen Gedanken verknüpft ist“. Vgl. Max Schön, Steine im Wege, in: Adels- und Salonblatt. Wochenschrift 37 (1894), S. 1.

fahr auszusetzen, ohne für die Broschüre eine Reklame zu machen, die ihr und ihrem Autor Weltruhm verschaffen würde".[216]

Der hohen Reflexionsgrad der Kommentare unterstreicht, daß der Skandal von Anfang an als solcher bezeichnet, wahrgenommen und bewertet wurde. Es zeigte sich – in einer bisher in Deutschland nicht gekannten Weise – eine „Lust am Skandal". Mit deutlich scheinheiligen und gleichzeitig resignativen Worten zog die *Konservative Monatsschrift* hiergegen zu Felde: „Wir waren es bisher in Deutschland nicht gewohnt, die Majestät in der Weise in den Staub gezogen zu sehen; wir protestieren mit ganzem Ernst gegen diesen elenden Versuch; wir wünschen nicht, daß ein solches Verfahren sich bei uns einheimate".[217] Sensation und Skandal waren die Schlüsselbegriffe der selbstreflexiven Debatte der Presse über die Presse. Nicht nur das *Adels- und Salonblatt* beklagte „die lüsterne Sensation [...], die sich des Themas Quidde [...] gegen die elementarsten Grundsätze der Wohlanständigkeit" angenommen habe.[218] Während die *Kölnische Volkszeitung* den *Caligula* selbst, genauso wie die Reaktion der *Kreuzzeitung,* als lächerlich abtat, sah sie im Medienecho den eigentlich ernsten Hintergrund des Skandals und behauptete, dieser sei „mittlerweile zum Weltgespräch geworden." Brisant sei die Entwicklung aber nicht wegen des Skandals allein, sondern wegen der neuartigen Verbindung von Skandal und monarchischem Bewußtsein, wie am selben Ort bemerkt wird: „In Berlin drängt sich dem aufmerksamen Zuschauer überall die Beobachtung auf, daß Conservative und Anti-Semiten mit den Freisinnigen und den Sozial-Demokraten in mephistophelischem Behagen über Quidde-Caligula wetteifern."[219]

Von derselben Diagnose ausgehend sahen sich einige der Pamphletisten veranlaßt, der Situation mit konkreten Verbesserungsvorschlägen beizukommen. Die Presse habe sich einem vollkommen falschen Dienst am monarchischen Bewußtsein verschrieben. Anstatt reine Hofberichterstattung zu betreiben bzw. sich an Skandalen aufzuhängen, sollten die positiven Aspekte der Institution Monarchie herausgestellt werden: „Nehmen wir an, ein Herr X. weiß, daß sein Landesherr diese und jene Neigungen hat und daß das Volksbewußtsein an diese Neigungen einen Komplex von Vorstellungen verknüpft, deren Summe das Bild eines Herrschers darstellt," so müsse dies in dem beispielhaften Fall zu Zurückhaltung führen, was sich aber in der Caligula-Affäre als Illusion erwiesen habe, mahnte ein anonymer und pragmatischer Pamphletist.[220] Letztlich ging es einem solchen Kommentar um einen verantwortungsbewußten öffentlichen Umgang mit der Kalamität Wilhelm II., die als solche nicht mehr in Frage gestellt wurde. Gefordert wurde ein aktiver Monarchismus.

---

216 Prinz Vogelfrei, ‚Aus der Hauptstadt', in: Die Gegenwart 44 (1894), S. 348 f.

217 Allgemeine Konservative Monatsschrift für das christliche Deutschland 51 (1894), S. 50.

218 Max Schön, Steine im Wege, in: Adels- und Salonblatt. Wochenschrift 37 (1894), S. 2.

219 ‚Eine lächerliche Geschichte mit ernstem Hintergrund', Kölnische Volkszeitung, 26. Mai 1894, (Nr. 313).

220 Anonym, Staatsanwaltschaft, S. 10.

2.) Deutlich zeigt sich hier der bereits angesprochene Konnex zwischen Krisendiagnose und Problematisierung der Monarchenpräsentation und Monarchenwahrnehmung. Regelmäßig wiesen Kommentierungen des *Caligula* darauf hin, daß Quidde zufolge Caligula nach der Beseitigung des „leitenden Staatsmanns“ seine Popularität eingebüßt habe.[221] Für diesen Rückgang der Popularität, wenn nicht sogar viel komplexere Veränderungen in der Wahrnehmung des Monarchen, präsentierten die Kommentatoren vielfältige Belege. Bedenklich sei nicht nur, daß überhaupt Kritik am Herrscher geübt, sondern wie diese aufgenommen werde: „Wenn der deutsche Kaiser mit einem Caligula in den Augen urtheilsloser, dummer Menschen auf eine Stufe gestellt wird, so genügt solche ‚Anregung' für die größten Ausschreitungen – Das ist zu bedenken!“ warnte Wilhelm Born.[222] Auch Quidam, alias Hermann Heinrich Rothe, begann seinen ‚Gegencaligula' mit der scheinbar ungläubigen Frage: „War es möglich, daß ein Teil der Bevölkerung in diese geschichtlichen Darstellungen einen Sinn hineinlegte, der auf eine unglaubliche Verkennung der Person des regierenden Kaisers zurückgeführt werden müßte?“ Die Antwort fand der Pamphletist im schnellen wirtschaftlichen Wandel der Gesellschaft, einem Prozeß, der an sich begrüßenswert sei, aber im starken Gegensatz zum Gewohnten stünde und daher eine allgemeine „Demoralisierung, Verhetzung und Verlogenheit“ fördere. Was unter Caligula noch als Cäsarenwahnsinn hervorgetreten sei, äußere sich nun als „politischer Größenwahn“, als politischer „Aberglauben in weiten Kreisen des Volkes“, der sich „gegen die Person des Herrschers“ richte.[223]

Die Neuartigkeit und die Brisanz dieser Entwicklung stellten die Pressekommentare übereinstimmend, unabhängig von Parteizugehörigkeit fest und analysierten ihn deutlich reflektierter, als die Pamphlete es taten. Der damals schon profilierteste Kaiserkritiker, Maximilian Harden, sah in dem „Massenerfolg“, der nur durch den Hinweis, hier werde über den Kaiser geschrieben, erreicht worden sei, die wesentliche Bedeutung des Vorgangs. Die eigentlichen Ursachen würden aber verkannt: „Eine plumpe und dumme Beleidigung des Monarchen könnte überall vorkommen und sie könnte kaum irgend welchen Schaden stiften, so lange im Volksbewußtsein das monarchische Empfinden feste Wurzeln hat. [...] Wenn jetzt ein Gewimmel begierig nach einer Schmähschrift hackt, die angeblich den höchsten Repräsentanten der Nation beleidigen soll, dann muß eine Stimmung entstanden sein, wie einst sie die suetonische Libelle, die Janusbriefe, Montesquieus lettres persanes und Voltaires grinsenden Hohn empfing.“[224] Auch die *Kölnische Volkszeitung* nannte

---

221 ‚Wer ist Quidde?', Berliner Tageblatt, 19. Mai 1894 (Nr. 248).

222 BORN, Anarchisten, S. 4.

223 QUIDAM, Contra Caligula, S. 14 f. Vgl. auch Schön, Steine, S. 1, wo die Caligula-Affäre als Phänomen einer an „Hypernervosität so schwer leidenden Zeit“ gekennzeichnet wird.

224 Maximilian Harden, Caligula, in: Die Zukunft 7 (1894), S. 387-396. Harden übernimmt Quiddes Stilmittel, um dann die Rezeptionsgeschichte des Caligula-Heftes – das heißt dessen ungeahnten Erfolg – „Höllenspektakel“ – gegen letzteres ins Feld zu führen. Hardens Kritik am Kaiserkritiker Quidde ist zunächst überraschend. Quidde erklärt diese durch seine Weigerung, in der *Zukunft* zu publizieren. Ludwig Quidde, ‚Herr Harden und „Caligula“.

„solche Zeiterscheinungen" wie den *Caligula* „bedenklich" und „einigermaßen neu": „Wir erinnern uns nicht, daß Pasquille gegen Wilhelm I. eine versteckt-freundliche Aufnahme fanden: gegen Wilhelm II. ist aber soviel ‚medisiert' worden, daß das thatsächlich der Fall ist."[225] Die originelle Begriffsprägung „medisiert" signalisiert noch einmal, wie sehr die Caligula-Affäre als Teil eines größeren Zusammenhanges begriffen wurde und wie stark dessen Neuartigkeit empfunden wurde.

3.) Bezeichnend ist, daß die Notwendigkeit und Berechtigung der Monarchie zwar bekräftigt wurde, aber begründet werden mußte. Harden, in der Caligula-Affäre kurzfristig unter den Verteidigern Wilhelms II., wenn auch mit unüberhörbarer Skepsis, versuchte in seinem Angriff auf Quidde Rückzugslinien festzulegen, von denen alle, denen an der Monarchie lag, argumentieren können sollten: „daß der Monarch da oder dort geirrt, daß er die Hindernisse nicht selten unterschätzt hat, die seinen Plänen sich entgegenstemmten, und daß eine gewisse Unruhe und Hast wenigstens die fern vom Thron Stehenden nicht zu behaglichem Genuß der Gegenwart und zum getrosten Hoffen auf eine helle Zukunft kommen läßt", könne keinen Zweifel an der guten Absicht des Kaisers hervorrufen.[226] Schließlich, formulierte Harden warnend-berechnend, sei der Herrscher „an das Wohlergehen des Volkes mehr als irgend ein Anderer durch sein eigenstes Interesse gekettet".[227] Der Monarch, den Harden meint, ist allerdings zweifelsohne auch nicht Wilhelm II., sondern ein konstruierter idealer Herrscher.

Bei Wilhelm Born heißt es mit ebensolcher zweifelnden Gewißheit und letztlich inkonsequent, die erbliche Monarchie werde „immer die Vertretung [der] maßgebenden natürlichen Verhältnisse bleiben". Dies gelte um so mehr, als sich die Hohenzollern durch besonderen Dienst am Gemeinwohl qualifiziert und durch eine Reihe hervorragender Herrscher ausgezeichnet hätten. Wenn das Herrscherhaus selbst einmal in einer Person nicht so sei, wie es sein solle, so habe Bayern ein Beispiel dafür geboten, „daß der Träger der Krone direkt wahnsinnig sein kann, und [...] die Grundlagen der Monarchie doch unerschüttert bleiben, weil sie ein festgeordnetes System darbieten, das den Streit der Parteien um die erste Stellung ausschließt".[228] Nicht nur mußte die Institution Monarchie überhaupt argumentativ gerechtfertigt werden; derartige

---

Eine historische Studie über „zukünftige" und zünftige Legendenbildung', Frankfurter Zeitung, 9. Juli 1894, (Nr. 188) und rückblickend Quidde, Erinnerungen, S. 30. Zur Auseinandersetzung Quidde-Harden vgl. die Artikel ‚Quidde, Harden und Caligula', Frankfurter Zeitung, 6. Juni 1894, (Nr. 155) und ‚Quidde, Harden, Caligula (Forts.)', Frankfurter Zeitung, 8. Juni 1894, (Nr. 157). Nicht übersehen werden sollte aber auch, daß die Opposition gegen den Zeitgeist essentiell zu Hardens politischem Stil gehörte. Vgl. HELLIGE, Rathenau-Harden, S. 117.

225 ‚Eine lächerliche Geschichte mit ernstem Hintergrund', Kölnische Volkszeitung, 26. Mai 1894, (Nr. 313).

226 HARDEN, Caligula, S. 395 f.

227 HARDEN, Caligula, S. 396.

228 BORN, Anarchisten, S. 8.

‚worst-case-Szenarien' verdeutlichen vielmehr auch, wie grundlegend die Verteidiger des Monarchen argumentieren zu müssen glaubten.

4.) Entscheidend ist, daß der Monarch in der öffentlichen Diskussion disponibel geworden war. So erklärt sich das Drängen darauf, die Herrscherfigur ‚aus dem Spiel' zu halten. Wenn Harden mit Blick auf Quidde anmahnte, daß „die Achtung vor der Person des Herrschers unter allen Umständen wie die Reinheit der nationalen Fahne bewahrt bleiben" müsse, heißt das, daß genau dies nicht mehr der Fall war.[229] Versuche, das Tabu wiederzuerrichten, unterlagen dem Dilemma, daß dies nur in der Debatte über den Herrscher selbst, durch aktives Eingreifen, geschehen konnte. Konsequenterweise drängten einige der Quidde-Gegner darauf, eben jenes Zerren des Monarchen in den Disput zu ‚sühnen'. Sommerfeldt forderte, das „‘schändliche' und ‚hinterlistige' Crimen laesae majestatis et venerationis" abzustrafen: „Der Frevel war ein unerhörter [...] Tückische Angriffe auf die höchste Stelle im Reich sind eine Frivolität und können als solche nicht streng genug geahndet werden."[230] Sowohl das Sprechen wie auch das Schreiben über den Monarchen drohten außer Kontrolle zu geraten. Dies war der Kern des Skandalösen in der Handlung Quiddes.

5.) Die diagnostizierten Probleme wurden allerdings noch vorrangig als Kommunikationsproblem, seltener als Herrscherproblem beschrieben. Das loyale *Adels- und Salonblatt* beschrieb den Zusammenhang wie folgt: „Unser kraftvoller junger Kaiser wird sie [die Probleme der monarchischen Regierung, M.K.] leider zum Theil nicht gewahr, weil man sich in der nächsten Umgebung des Monarchen vielleicht scheut, die Dinge beim rechten Namen zu nennen." Dabei habe der Monarch das „Bestreben dokumentiert, die Schwingungen der Volksseele kennen zu lernen; von seiner hohen Warte herab muß indessen der dazu erforderliche Leitungsdraht auch funktionieren".[231]

Die Einforderung einer,direkten Monarchie' war ein häufig gebrauchter Topos. Nur durch seine Reden – eine „epochemachende Neuerung" – lerne der Kaiser sein Volk kennen. Der Monarch könne „nicht zum Volke dringen, wenn er nicht die Schranken, die ihn umgeben", einreiße, argumentierte Quidam.[232] Erst durch Kommentare der Presse auf seine Aussprachen erfahre der Kaiser die Meinung des Volkes: „Wahre politische Genialität zeigte der Kaiser durch den unmittelbaren und vollkommenen Eintritt in die Öffentlichkeit auf dem Wege, der damals die Zeit beherrschte, auf dem Wege der mündlichen Erörterung der mannigfachsten Gegenstände und des mündlichen Verkehrs mit seinem Volke, woraus Erfolge entsprangen von geradezu unschätzbaren Werte." Die an sich berechtigte Zurückhaltung des Monarchen müsse „zurücktreten gegen die kategorischen Forderungen der Zeit."[233]

---

229 Maximilian Harden, Caligula, in: Die Zukunft 7(1894), S. 387-396, hier S. 395.

230 SOMMERFELDT, Geschichtsschreibung, S. 31. Ähnlich auch BORN, Anarchisten, S. 11.

231 SCHÖN, Steine, S. 2.

232 QUIDAM, Contra Caligula, S. 11.

233 QUIDAM, Contra Caligula, S. 10 f.

Es paßt in diesen Kontext, daß die klassische liberale Forderung nach Abschaffung bzw. Lockerung des Strafbestandes der Majestätsbeleidigung in der Caligula-Affäre eine Sonderkonjunktur durchlief.[234] Zu den Topoi der Kritik an der steigenden Zahl einschlägiger Prozesse gehörte das Ziehen von Analogien zu spätrömischen Verhältnissen. Nicht nur insofern lag die Verbindung zwischen Caligula-Phänomen und fragwürdigen Gesetzen nahe. So erkannte ein Kommentator der *Gegenwart* den Grund für das Caligula-Pamphlet und dessen Erfolg „insbesondere in der scharfen Majestätsbeleidigungsgesetzgebung“, die einen freien Austausch zwischen Herrscher und Volk verhindere.[235] Quidde habe mit seiner „flammenden Anklageschrift“ und der Wirkung, die seine „furchtbaren Worte“ – trotz der bestehenden Majestätsbeleidigungsgesetze – ausgelöst hätten, gezeigt, daß es ausreiche, „einen Artikel des Konversationslexikons abzuschreiben, mit passender Etikette zu versehen und so einen gespiegelten Mächtigen auf den Tod zu verwunden“.

Hierin sahen die liberalen Kommentatoren einen Ansatzpunkt für Forderungen nach Reform der bestehenden Praxis. Wegen ihrer offensichtlichen Disfunktionalität müsse letztere gerade von „überzeugten Monarchisten“ abgelehnt werden. Publizistik wie die Quiddes komme „überall da auf, wo man das freie Wort ächtet und verfolgt, sei es mit der Paragraphenknute, sei es mit byzantinischem Hallelujageheul.“ Unter solchen Verhältnissen gedeihe „Feuilletonistische Kunst, versteckte Kritik, Wortdreherei“ und ähnliches. Majestätsbeleidigungsklagen würden sich zwar in „entsetzenerregender Weise“ häufen, nicht aber diejenigen abschrecken, die abgeschreckt werden sollten. Sie hielten vielmehr Klügere davon zurück, „ihrem Mißmuth in loyaler Weise Ausdruck zu geben“. Vorhandene Verstimmung bedürfe daher notwendigerweise eines „Abzugsventiles“.[236] Daher müsse der Monarch vor seinen eigenen Verteidigern geschützt werden.

Über die Majestätsbeleidigung nachzudenken gehörte zu den vielfältigen Reflexionen über die Kommunikation zwischen Monarch und Volk. Daß die Caligula-Broschüre sich so gut in die seinerzeit virulenten Diskussionen um den Straftatbestand der Majestätsbeleidigung einfügen ließ, trug erheblich zu ihrer Beachtung bei.[237]

6.) Während von liberaler Seite die Entschärfung der Majestätsbeleidigungsgesetze angemahnt wurde, um eine ‚reinere‘ Kommunikation zwischen Monarch und Volk zu erreichen, setzten diejenigen Autoren, die als neue Monarchisten bezeichnet werden können, auf eine aktive Verteidigung des Kaisers. Das Hervortreten der *Kreuzzeitung* galt nur als sichtbarstes Zeichen einer komplexen Problemlage. Nach der Logik dieser meist aus dem neuen Mittelstand stammenden Kommentatoren verbreitete sich der „antimonarchi-

---

234 Die Welle von Majestätsbeleidigungsprozessen im Wilhelminismus erreichte 1894 ihren Höhepunkt. Vgl. HALL, Kaiser, S. 115; RÖHL Aufbau, S. 625, 627. Einer der schärfsten Kritiker der Majestätsbeleidigungsstrafen war Quidde selbst. Vgl. TAUBE, Quidde, S. 12.

235 Prinz Vogelfrei, Caligula, in: Die Gegenwart 44 (184), S. 348-350.

236 Alle Zitate aus: Prinz Vogelfrei, Caligula, in: Die Gegenwart 44 (184), S. 348-350.

237 Vgl. auch: Weser-Zeitung, 30. Mai 1894, (Nr. 17061).

sche Bazillus" weniger durch Agitation der ‚Umsturzparteien' als durch Indifferenz, Apathie und Unfähigkeit zu zielführender Diskussion in den ‚staatstragenden' Schichten.[238] Daher könne es nicht der Presse oder willkürlichen Personen überlassen werden, Quidde inhaltlich zu widerlegen. Vielmehr sei es notwendig, so Wilhelm Born, sich als politische Partei zu organisierten, zumal die Regierung es offenbar nicht für notwendig erachte, selbst die Initiative zu ergreifen.[239] Während die Konservativen für dieses Vorhaben ausschieden, da sie selbst über die *Kreuzzeitung* den „Caligula-Rummel" in Gang gebracht hätten, seien die Nationalliberalen politisch derart passiv und lediglich auf Besitzstandswahrung aus, daß man auf sie nicht mehr zählen könne. Das habe auch der Kaiser erkannt und diese Gruppen gemeint, als er beklagte: „Der Bürger schläft."

Die Annahme, daß dem Kaiser „an der Mitarbeit des Volkes" liege, daß er „nicht alle Aufgaben allein erledigen" wolle, war entscheidend für diese Argumentation. Bisher halte es aber das Bürgertum nicht für der Mühe wert, den Auflösungserscheinungen – wie sie in den Caligula-Broschüren sichtbar würden – entgegenzutreten. Es reiche nicht, seine Loyalität zur Monarchie lediglich „mit Trinksprüchen bei Kaisers Geburtstag zu beweisen". Die von Born geforderte „praktische Fortschrittspartei", die sowohl aus dem bürgerlichen Lager wie aus dem Arbeiterlager diejenigen, denen an einer Veränderung der Verhältnisse gelegen sei, heranziehen solle, sei als „Vereinigung aller derjenigen, die auf wirklich brauchbare Verbesserungen Werth legen", zu verstehen.

In typischer Manier beschrieb Born hier begrenzt gedachte, aber vehement eingeforderte Partizipationschancen gegenüber dem Monarchen. Bezeichnend ist, daß derartige politische Konzepte immer vom Monarchen aus und über den Monarchen gedacht wurden. Dabei sei es nicht von Nachteil, erklärte Born siegesgewiß, „wenn ein Mann von Energie und festem Willen auf dem Throne sitzt!"[240]

4. Neue und alte Monarchisten

Das öffentliche Auftreten einer sich selbst als „Jung-Deutschland", „neuer Mittelstand" oder einfach „junge Generation" charakterisierenden Gruppe gehört zu den wichtigsten Phänomenen der Caligula-Affäre. Die neuen Siegelbewahrer der Monarchie definierten sich in strikter Abgrenzung zu den alten.

---

238 ‚Die gegenwärtige Lage und die Aufgaben des Königtums I', Das Volk, 28. Juni 1894, (Nr. 144).

239 BORN, Anarchisten, S. 5.

240 BORN, Anarchisten, S. 6 und 9. Bezeichnenderweise betont Born die Notwendigkeit der Mitarbeit von Ingenieuren. DERS., Anarchisten, S. 17 u. 23. Schon 1891 hatte namens ‚Ghibellinus' die Gründung einer Kaiserpartei gefordert: „Diesen Weg zu beschreiten ist schon um deswillen sehr wohl angebracht, weil der Kaiser so doch einmal in ungeschminkter Weise erfährt, wie das Volk eigentlich denkt." Vor allem müsse mit dem Bündnis zwischen König und Junkern und „Thron und Altar" ein Ende gemacht werden. GHIBELLINUS, Kaiser, S. 56.

Charakteristisch sei, so hoben diese regelmäßig hervor, daß „allein die Kreuzzeitung [...] die Notwendigkeit empfand, dem Caligula ein Ende zu machen". Dieser „Sehnsuchtsschrei nach der kaiserlichen Sympathie" deute auf den Konflikt zwischen den neuen und den alten Kräften und die damit verbundene „Absage an die zu sicher gewordenen Magister der monarchischen Idee".[241] Die Vorgehensweise der *Kreuzzeitung* sei Ausdruck der Unfähigkeit der Männer des Ancien Régime, sich auf die Paradigmen der neuen Zeit, verkörpert in einen jungen und willensstarken Kaiser, dessen „bürgerlicher Geist" immer wieder lobend hervorgehoben wurde, einzulassen. Noch einmal beschworen hier interessierte Kreise die Aufbruchstimmung der ersten Jahre Wilhelms II. In der Caligula-Affäre habe sich wiederholt, was sich bereits in der Geschichte des Bismarckkonfliktes ereignet habe: „Der Konflikt zwischen Alt und Jung". Insbesondere die Konservativen hätten „auf der ganzen Linie aus einem leicht begreiflichen steif und starr gewordenen Machtbewußtsein heraus die Introduktion des kommenden Monarchen unterschätzt und sich in den Ansprüchen nicht zu menagieren verstanden."[242]

Eine wichtige symbolische Funktion in der Selbstdeutung dieser Gruppe nahm der Sturz Bismarcks ein. Die Entlassung des Kanzlers der alten Generation schilderten die Neumonarchisten als unangenehme Notwendigkeit, die der Monarch richtig erkannt habe.[243] Der Bismarckkonflikt sei sehr zu Ungunsten der Kaiserpartei dargestellt worden, der Kaiser habe dies allerdings durch seinen „hohen Charakter und Großmut" auf sich genommen und durch diese Eigenschaften den Konflikt entkrampfen können.[244] Eine Gewöhnung an den neuen Stil des Monarchen und zeitlicher Abstand würden zur allgemeinen Würdigung der nur zunächst kontroversen Handlung führen. Die Jugendkaiseridee wurde in der Caligula-Affäre gleichsam konkretisiert.

Die Neuartigkeit des wilhelminischen Stils war ein zentrales Argument. Beim Thronantritt des Kaisers sei die Nation noch nicht reif dafür gewesen, die „Genialität" Wilhelms II. zu erkennen.[245] Daher habe sie übersehen, welche Verdienste der Kaiser sich um die eigentliche und „endgültige Reichseinigung" erworben habe.[246] Die Stilisierung Wilhelms II. erfolgte entlang den vom ihm angeblich bedienten Bedürfnissen der Zeit, d.h. in Wirtschaft, Handel, Verkehr. Der Kaiser sei neuen Ideen gegenüber aufgeschlossen. Er ziehe Männer wie Caprivi und Miquel, die Ikonen des nationalliberalen Bürgertums,

---

241 STEINHAMMER, Caligula-Unfug, S. 6.

242 STEINHAMMER, Caligula-Unfug, S. 6.

243 Eine uneingeschränkt positive Sicht der Bismarckentlassung etwa bei QUIDAM, Contra Caligula, S. 3 f. Hier wird sogar ein „Kanzlerwahnsinn" angedeutet. Immerhin, so Quidam, habe das Volk trotz Trauer die „Festigkeit" des Monarchen positiv anerkannt, wenn es auch in dieser Sache zu Mißverständnissen gekommen sei.

244 STEINHAMMER, Caligula-Unfug, S. 8 ff. Dies gelte um so mehr, als Wilhelm II. mindestens ebenso „willensstark" wie Bismarck sei. Ebd., S. 8.

245 „Das Auftreten des jungen Kaisers überraschte die Nation. Er zeigte bald, daß er die Rechte des Monarchen selbst und ausschließlich wahrzunehmen ebenso befähigt wie entschlossen war und eine Charakterstärke besaß, die jeder Probe gewachsen schien". STEINHAMMER, Caligula-Unfug, S. 6.

246 QUIDAM, Contra Caligula, S. 3 ff.

nach „Leistung“ und nicht nach „Alter und Klang des Namens“ heran. Dies stoße naturgemäß auf Widerstand und resultiere in einer „kleinen Epoche der künstlerischen Hetzereien und Verleumdungen“ mit der Intention der „Unterminierung der vitalen Person“[247] bzw. verursache Unverständnis ob der Neuheit der Formen, am sichtbarsten in den Kaiserreden, in denen sich die kaiserliche Regierung präsentiere.[248] Dabei resultiere der neue Kaiserstil aus Anforderungen, dem Problem der Ausgestaltung eines „Complexstaates“, denen sich der erste „Kaiser der Neuzeit“ gegenübersehe.[249] Der Kaiser, der das „Volkswohl“ in der kurzen Zeit seiner Regierung schon erheblich gefördert habe, galt Gustav Dannehl sogar als „hochbegabt“.[250]

Vor dem Hintergrund dieser Konstrukte des modern eingestellten und potential genial veranlagten Monarchen argumentieren dessen neue Verteidiger, daß die „Gegner des Neuen Reiches“,[251] die Konservativen, auch als Verteidiger der Monarchie ihre Kommunikationsaufgabe nicht erfüllt hätten. Die Notwendigkeit einer Wachablösung der Konservativen, de facto hieß dies des Adels, als gleichsam naturgegebene Verteidiger der Monarchie begründete sich aus einer gescheiterten Leistungsprobe. Die konservative Presse habe in der Darstellung der Kaiserperson vollkommen versagt.[252] Das Vorsprechen der *Kreuzzeitung* in der causa Quidde galt hierfür lediglich als sichtbarstes Indiz. Erst dadurch, daß man Quiddes Werk ernst-, bzw. die monarchische „Integrität gegen den angeblichen Angriff des Herrn Quidde“ in Schutz nehme, zerre man die „monarchische Idee auf ein elendes und flaches Niveau des angeblichen Quiddeschen Angriff“ herab. In aller Deutlichkeit, unter Bezug auf die Ansprüche der neuen Monarchisten, heißt es schließlich bei Steinhammer: „wir kleinen Monarchisten hätten die ‚monarchische Idee’ dieses mal wahrscheinlich doch besser gerettet“.[253]

Hintergrund dieser Usurpation war eine Instrumentalisierung des Kaisers durch bestimmte, sozialgeschichtlich grob als neuer Mittelstand beschreibbare Gruppen, denen der Kaiser als Angelpunkt ihres Veränderungswillens diente. Nur so ist die in den Pamphleten durchscheinende, maßlos übertriebene Kaiserverehrung zu verstehen, die auf den im Bürgertum wirkmächtigen Topos des modernen Kaisers zurückgriff. Im Jahr 1894 fand dieser Topos in den

247 Alle Zitate aus STEINHAMMER, Caligula-Unfug, S. 6 ff.

248 Polemisch warnte Quidam: „Wenn bei seinen Ausführungen dann und wann ein alter Geheimrat, der schon Jahrzehnte vorher mit der Welt einigermaßen abgeschlossen [...] hatte, in Folge eines Schlaganfalls plötzlich vom Sessel herunterstürzte, weil das Neue, was der Kaiser bot, so ganz und gar nicht in den alten Schlendrian hineinpassen wollte, so konnte das den hohen Redner nicht befremden.“ QUIDAM, Contra Caligula, S. 11.

249 STEINHAMMER, Caligula-Unfug, S. 9.

250 DANNEHL, Cäsarenwahn, S. 3.

251 STEINHAMMER, Caligula-Unfug, S. 6. Mit Bezug auf die Konservativen: DANNEHL, Cäsarenwahn, S. 4.

252 Steinhammer beschrieb das Kommunikationsproblem so: „Begnügen wir uns daher zu sagen, daß vieles versäumt worden ist, dem Volksbewußtsein ein menschlich klares Bild seines Kaisers zu verschaffen.“ STEINHAMMER, Caligula-Unfug, S. 8.

253 STEINHAMMER, Caligula-Unfug, S. 10. Vgl. auch ebd., S. 3.

neuen Handelsverträgen erneut eine vielbeachtete reale Entsprechung.[254] Folgerichtig stellte im Juni 1894 die *Vossische Zeitung* einen direkten Bezug zwischen der gerade abklingenden Caligula-Affäre und der konservativen Opposition gegen die Handelsverträge her.[255]

Die scharfen Angriffe auf die symbolisch für die Konservativen stehende *Kreuzzeitung* belegen zweierlei: Zum einen die wachsende Entfremdung der traditionell monarchischen Eliten vom Kaiser, zum anderen, auf der diskursiven Ebene, den nahezu alle politischen Gruppierungen einschließenden medialen Wettkampf um die öffentliche Gunst des Monarchen. Mit Blick auf den modernen Kaiser ist die prominente Rolle der *Kreuzzeitung* bei der Popularisierung des *Caligula* keineswegs so paradox, wie sie auf den ersten Blick scheint. Die Unzufriedenheit mit dem Monarchen habe durchaus, so glaubte schon Quidde, „der damaligen Stellung eines großen Teiles ihres Leserkreises" entsprochen. Quidde vermutete den Grund für die Maßnahme der Zeitung in der Desillusionierung der „preußischen Aristokratie" durch den Kaiser.[256] Dieser habe durch seine Art im Adel und der Armee viel vom „Kapital monarchischer Gesinnung verwirtschaftet".[257] Verschiedenste weit verbreitete Geschichten hätten insbesondere das Vertrauen in den Obersten Kriegsherrn erschüttert. Es paßt zu diesen Vermutungen, daß unter den Käufern des *Caligula* „auffallend viele Offiziere" gewesen sein sollen.[258] Die Zeitschrift *Die Nation* griff 1895 Gerüchte auf, die besagten, Quidde habe seine genauen Kenntnisse Wilhelms II. von „ostpreußischen Aristokraten".[259]

---

254 Für einen der wichtigsten Stichwortgeber des Herrscherdiskurses, Friedrich Naumann, waren die Handelsverträge, die Flotten- und Kanalbauvorlage des Jahres 1894 „großindustriell" richtige Erkenntnisse auf dem Weg zum „Industrie- und Flottenkaiser." FEHRENBACH, Wandlungen, S. 201. Die Handelsverträge passierten am 16. März 1894 den Reichstag. Dies war auch auf den Druck zurückzuführen, den Wilhelm II. auf Abgeordnete ausgeübt hatte. Vgl. RÖHL, Aufbau, S. 531.

255 Vossische Zeitung, 25. Juni 1894, (Nr. 291).

256 Dies bestätigen auch weitere Beobachtungen Quiddes, z.B. wenn er schildert, daß „von dem Abbruch vieler gesellschaftlicher Beziehungen [...] alte Beziehungen in aristokratischen Kreisen auffallenderweise viel besser Stand hielten als viele in bürgerlichen, speziell akademischen." QUIDDE, Erinnerungen, S. 37. Später habe er viele Angehörige des alten Adels kennengelernt, die ihm berichtet hätten, „daß die Lektüre des Caligula zu den Anfängen ihrer historischen Bildung oder zu den stärksten Eindrücken ihrer Jugendzeit gehörte." Ebd., S. 39.

257 Zur Bedeutung der adligen Gegnerschaft zu Wilhelm II. für die Caligula-Affäre vgl. auch: TAUBE, Quidde, S. 4 ff. Die Einschätzung Quiddes wurde in der liberalen Presse der Zeit durchgängig geteilt. Vgl. z.B. den Artikel ‚Wer ist Quidde', Berliner Tageblatt, 19. Mai 1894 (Nr. 248) und ‚Herrn Quiddes „Caligula"', Breslauer Zeitung, 24. Mai 189, (Nr. 359).

258 Dieser Bericht in QUIDDE, Erinnerungen, S. 26. Dort auch der Hinweis auf den Prinzen v. Battenberg, der 20 Exemplare des *Caligula* erwarb, um sie an den englischen Hof zu schikken, und eine preußische Prinzessin, die bei der Durchreise durch München mit dem corpus delicti in der Hand gesichtet wurde.

259 Diese Gerüchte gingen auf den erwähnten Sommerfeldt zurück, der berichtete: „Quidde unterhielt in der Zeit seines Königsberger Aufenthalts lebhafte Beziehungen zum grundbesitzenden ostpreußischen Adel: Äußerungen, die mit allerhöchster Ehrerbietung nicht immer in directem Einklang standen, sollen damals in den Reihen dieses an sich ganz königstreuen

Derartige Teilbeobachtungen bestätigen den Ablösungsprozeß zumindest einiger Gruppen des preußischen Adels von Wilhelm II. Auslöser für die Besprechung der *Kreuzzeitung* war offenbar eine sich 1894 formierende Opposition vor allem innerhalb des grundbesitzenden Adels.[260] Diese ‚Junkeropposition' ging über rein ökonomische Lobbypolitik weit hinaus, hatte ihre Basis jedoch in der faktischen Bedrohung der Interessen des landbesitzenden Adels durch die Caprivische Handelspolitik, die Miquelsche Steuerreform in Preußen und die von Herrfurth durchgeführte preußische Landgemeindeordnung.[261] Mit einem Monarchen, der sich in vielen Belangen als Speerspitze des Fortschritts darstellte, mußten die Konflikte direkt auf den Monarchen bezogen werden.[262] Allerdings war ein offener, persönlicher Angriff auf den Kaiser für preußische Adlige, mit ihrem Selbstverständnis als Stütze des Throns, kaum möglich. Genau hierauf nahm Wilhelm II. in einer breit rezipierten Rede Anfang September 1894, also direkt nach dem Abebben der Caligula-Affäre, Bezug. Der Kaiser erklärte beim Festmahl der Provinz Ostpreußen in Königsberg, daß die Opposition Adliger gegen den Monarchen ein „Unding sei".[263]

Dieses eher zurechtweisende als versöhnliche Angebot an den Adel fand den lebhaften Beifall der liberalen Presse, welcher wiederum das Buhlen um die Parteigängerschaft des Monarchen, typisch für die Programmonarchie, illustriert: „Sie [die Rede des Kaisers, M.K.] reducirt das preußische Junkerthum, das sich in seiner angemaßten und durch die Politik der achtziger Jahre ihm zugewachsenen Stellung so gewaltig blähte, auf den Rang jedes andern, gewöhnlichen Staatsbürgerthums, den es niemals hätte verlassen sollen",

---

Adels, der sich nur gehen ließ, indem er sich unbelauscht glaubte, wiederholt gefallen sein." In der Besprechung der Broschüre von Sommerfeldt in der liberalen *Nation* werden diese Passagen wörtlich wiedergegeben. Es folgt der süffisante Kommentar: „Wir haben keine Veranlassung, die Berechtigung oder Nichtberechtigung dieser Behauptungen zu untersuchen." Die Nation 12 (1895), S. 642. In diesem Zusammenhang ist es nicht wichtig, ob dies richtig war – Quidde verneinte diese Vermutung (QUIDDE, Erinnerungen, S. 27) – sondern bezeichnend, daß sie von einer liberalen Zeitschrift für wahrscheinlich gehalten wurde. Zu den Reaktionen vgl. die Zeitungsartikel in: BAK, N 1212 (Quidde), Nr. 48, Blatt 4, 10, 26.

260 Hierzu z.B. die Nation 11 (1894), S. 1. So hat Otto von Helldorf-Bedra, 1876-1892 Vorsitzender der Deutschkonservativen Partei und Führer ihres gouvernementalen Flügels, am 1. März 1894 in einem Brief an Philipp zu Eulenburg erklärt, die Kreuzzeitungspartei betreibe seit 1890 eine „Diskreditierung des Kaiser[s]". RÖHL (Hg.), Korrespondenz II, S. 1236. Zu den verschiedenen Gelegenheiten, bei denen sich der Monarch von den Konservativen distanzierte: Gerd FESSER, Der zeitgenössische Diskurs über die ‚Caligula'-Schrift, in: Ders./Holl/Kloft, Caligula, S. 153-163, hier S. 155. Zur Rolle Bismarcks in der konservativen Opposition gegen den Monarchen: RÖHL, Aufbau, S. 532.

261 Zu den Ausprägungen der Opposition: SPENKUCH, Herrenhaus, S. 263 ff. Vgl. zur Desillusionierung des Adels auch: CECIL, Wilhelm II Bd. I, S. 225 und RÖHL, Persönliche Monarchie, S. 530 ff. und 977.

262 Vgl. HULL, Entourage, S. 114 und 118 f.; FEHRENBACH, Wandlungen, S. 98; ZIPFEL, Kritik, S. 69. Zur literarischen Verarbeitung des Konflikts: BRUDE-FIRNAU, Deutung, S. 121 ff.

263 Rede Wilhelms II. beim Festmahl der Provinz Ostpreußen am 6. September 1894. PENZLER, Reden I, S. 275. Zur Königsberger Rede als Anfang vom Ende der Ära Caprivi vgl. RÖHL, Aufbau, S. 683. Beispiele für Pressereaktionen finden sich in: PAAA, Deutschland 126, Nr. 13919.

triumphierte die *Westfälische Zeitung*.[264] Die vermeintliche Inkonsequenz der Konservativen avancierte 1894 zum bevorzugten Thema der liberalen Presse, deren einschlägige Artikel gleichzeitig immer wieder die Tragweite und Bedeutung der Ablösung des Adels von ‚seinem' preußischen König beleuchteten. Süffisant kommentierte etwa das *Hamburger Echo* die Opposition des ostpreußischen konservativen Vereins gegen die Handelsverträge mit Rußland: „Die ostpreußischen Junker haben das Bedürfnis empfunden, einen neuen Beweis ihrer ‚Unabhängigkeit' gegenüber der Krone zu erbringen."[265]

Der massive „Widerhall der [Königsberger, M.K.] Kaiserrede"[266] beleuchtet das Problem. Ebenso wie die *National-Zeitung* zeigte die *Berliner Volkszeitung* Schadenfreude gegenüber den ‚Junkern': „Die Agrarier, die sich von ihrem einseitigen Standpunkt aus selbst oft genug als die treueste Stütze von Thron und Altar gerühmt haben und die auch den Adel für einen besonderen Stand in der Bevölkerung mit besonderen Verpflichtungen gegen die Krone halten, werden nicht umhin können, sich die Ausführungen des Kaisers zu Herzen zu nehmen".[267]

Hier zeigt sich radikal die Realität des Programmkaisertums mit seiner Notwendigkeit, den Monarchen nie eindeutig und vollständig durch eine Partei vereinnahmen zu lasen. Auch die *National-Zeitung* unterstützte den Kaiser in dessen vorgeblichem Kampf gegen den Adel, ging in ihren Forderungen aber noch weiter: „Die Rede des Kaisers erthält [...] ihre besondere Bedeutung dadurch, daß sie an einen politisch-sozialen Kreis gerichtet ist, der seinerseits eine thatsächlich, wenn auch nicht mehr rechtlich bevorzugte Stellung in Anspruch nimmt."[268] Die *Berliner Zeitung* stellte fest, daß „die Junker" mittler-

---

264 ‚Die Rede des Kaisers im königlichen Schlosse zu Königsberg', Westfälische Zeitung, 9. September 1894. Der *Vorwärts* erklärte, er fühle sich nicht für die Verteidigung der Monarchie verantwortlich, gebe aber zu bedenken, „daß dieses persönliche Partei-Ergreifen seitens des Monarchen als alles Mögliche betrachtet werden kann, nur nicht als Ausdruck des Vertrauens in die Stärke der Monarchie und der herrschenden Staatsordnung." ‚Mit Kopfschütteln ...', Vorwärts, 11. September 1894. Die Frontlinie in diesem Konflikt legte bereits Richard HAMEL, Das deutsche Bürgerthum unter Kaiser Wilhelm II. im Kampfe mit dem Junkerthum und seiner Gefolgschaft. Eine prinzipielle Prüfung der alten und der neuen Welt- und Staatsauffassung unter dem Gesichtspunkt einer Politik der stetigen Entwicklung, Halle 1890, fest.

265 Weiter wird ausgeführt, daß die „Herren Junker" offensichtlich gar nicht daran dächten, den Willen des Königs als „oberstes Gesetz" zu betrachten. Hamburger Echo, 23. Mai 1894, (Nr. 116).

266 Vgl. ‚Der Widerhall der Kaiserrede', Hamburger Courier, 8. September 1894. Die Rede anläßlich des Festmahls in Königsberg für die Vertreter der Provinz Ostpreußen vom 6. September 1894 hatte im Vorfeld durch die Ausladung einiger prominenter ‚Adelsoppositioneller' für Aufsehen gesorgt. Der Text der Rede in: JOHANN, Reden, S. 61 ff.

267 ‚Der Kaiser und die Agrarier', Volkszeitung, 7. September 1894. Beachtenswert ist allerdings die erhebliche Spannbreite der Interpretationen der Kaiserrede. Vgl. die Ausschnitte in: BAL, R 8034 II (RLB-Archiv), Bd. 4005, Blatt 25 ff.

268 ‚Eine Rede des Kaisers', National-Zeitung, 7. September 1894. Regelmäßig wird ein Zusammenhang zwischen der sich anbahnenden Adelsopposition und dem „Zorn der Kreuzzeitung über die Handelsvertragspolitik und was damit zusammenhängt" hergestellt. National-Zeitung, 22. Mai 1894. Auch die *Vossische Zeitung* nahm die Besprechung der *Kreuzzeitung* zum Anlaß, über Veränderungen in der Stellung der Konservativen zur Monarchie zu reflek-

weile unter den „persönlichen und sachlichen Gegnern des Kaisers“ zu finden seien. Vor diesem Hintergrund sei es unverständlich, daß der Kaiser dem Adel immer noch – wie in der Rede geschehen – weitreichende Angebote mache. Eine gesunde Reformbewegung müsse vielmehr die „Kaltstellung“ der „Junker“ umfassen.“[269]

Daß die selbsternannten Prätorianer der Monarchie nun zu ihren Gegnern gezählt werden sollten, bot Stoff für den erwähnten Skandal im Skandal, der wenige Wochen zuvor vor allem in der liberalen Presse inszeniert worden war.[270] Während allgemein die Integrität Quiddes bestätigt wurde, galt das Interesse dieser Blätter in der Caligula-Affäre dem „eigentlichen Thema“, dem Artikel der *Kreuzzeitung*.[271] Schadenfroh kommentierte das *Berliner Tageblatt*:[272] „Wenn die ‚Kreuzztg.' sich das Vergnügen macht, Herrn Quidde den Liberalen oder gar den Freisinnigen an die Rockschöße zu hängen, so muß sie ja wissen, weshalb sie das thut.“ Die *Kreuzzeitung* halte die Broschüre offensichtlich für so wichtig, daß sie ihr „3 ½ Spalten einer sehr ins Einzelne gehenden Inhaltsangabe“ widme, „damit dem Leser nur ja keine Sticheleien gegen den Kaiser verloren gehen“.[273] Dies erkannte auch die *Weser-Zeitung*: „Was dieser Flugschrift eine so ungewöhnliche Bedeutung beilegt, das ist nicht sowohl ihr Inhalt, nicht die Absicht des Verfassers, als vielmehr das hämische Lächeln, mit dem gerade Personen, die sich als die Grundsäulen der Monarchie ausgeben, über diese Schrift herziehen, um sie zu verbreiten. Man erzählt uns, daß in den Kreisen des Junkerthums jedermann die Broschüre gelesen und dem guten Freunde weitergegeben hat mit einem Augenaufschlage, der alles sagt.“[274] In ähnlicher Weise verwahrte sich der *Berliner*

---

tieren. Habe man unter den Konservativen zunächst noch den Sturz Bismarcks begrüßt, so diene heute der Kult um Bismarck, um die Opposition gegen den Kaiser zu untermauern. ‚Regierung und Partei', Vossische Zeitung, 23. Mai 1894, (Nr. 422).

269 ‚Die Junker', Berliner Zeitung, 9. September 1894. Auf dem Höhepunkt der Caligula-Affäre beschwerte sich die *Vossische Zeitung*, daß bei der Besetzung von Oberpräsidien und anderen hohen Funktionen „wiederum nichts als Adlige, wiederum nichts als Konservative!“ zum Zuge gekommen seien: „Und da wundert man sich, wenn die Rechte in ihrem Kampfe gegen die Regierung verharrt, wenn sie mit herausfordernder Miene von ihrer Unabhängigkeit gegenüber der Krone Ruhmens macht?“ ‚Regierung und Partei', Vossische Zeitung, 23. Mai 1894, (Nr. 234).

270 Typisch hierfür: ‚Die Kreuzzeitung und die Krone', Hartungsche Korrespondenz, 22. Mai 1894.

271 ‚Eine kritische Leistung der Kreuzzeitung', Hamburger Echo, 24. Mai 1894, (Nr. 117). Die Betonung der Integrität Quiddes findet sich in allen im folgenden zitierten Artikeln.

272 ‚Wer ist Quidde', Berliner Tageblatt, 19. Mai 1894, (Nr. 248).

273 „Die Versicherung der ‚Kreuzztg.', sie könnte von ihrem Standpunkt nicht aufhören, für die Heiligkeit des monarchischen Prinzips einzutreten, wie sich auch die Zeitläufte drehen und wenden mögen, verdient Beachtung nur als Beweis für die politische Heuchelei des Junkerblattes“, hieß es in: ‚Wer ist Quidde', Berliner Tageblatt, 19. Mai 1894, (Nr. 248).

274 „Natürlich möchten diese würdigen Monarchisten, um das Gleichgewicht in sich selbst wieder herzustellen, wenigstens den Verfasser der Broschüre im Zuchthause sehen. Allein, wer ohne vorgefaßte Meinung die Flugschrift liest, der findet in ihr nicht mehr anstößig, als man in Wildenbruch's ‚Neuem Herrn' oder in Fulda's ‚Talisman' anstößig fände, wenn man sich

Börsen Courier dagegen, Quidde „dem Liberalismus in Rechnung zu stellen".[275] Der Wirkung nach habe die *Kreuzzeitung* nur Reklame gemacht „für eine Broschüre, deren Besprechung sie benutzte, um sich eine besondere Art von monarchischer Gesinnung zu vindizieren."[276]

Die „Reklame" der *Kreuzzeitung* und deren „gehässige Denunziation"[277] erwähnten und kritisierten alle Artikel der liberalen Presse. Den „Kreuzzeitungsrittern" erscheine der *Caligula* als eine „todeswürdige" Antastung des monarchischen Prinzips.[278] Die Denunziation diene „als spanische Wand für eine Reklame zu Gunsten des Schriftchens, das gerade auf gewisse, der Kreuzzeitung nahestehende Kreise einen Reiz ausüben mußte."[279] Daher könne „auch ein giftgeschwollener Frondeur überall Spitzen gegen die Krone sehen, wo sie tatsächlich gar nicht vorhanden, jedenfalls nicht beabsichtigt" seien.[280] Die *Kölnische Volkszeitung* bezeichnete den „Lärm" als „eine lächerliche Geschichte mit ernsten Hintergedanken": „Wenn Social-Demokraten und andere Republicaner über Angriffe gegen einen Monarchen sich ergötzen, so ist das ja nicht verwunderlich; aber es ist bedenklich, wenn die Kreise, welche das bestehende Regime gewissermaßen vertreten, deren Glieder den Thron umgeben, zu derartigen Bosheiten eine Miene annehmen, welche der Masse als faunisches Lächeln erscheint. Eine vornehme Gesellschaft, die sich über ein höhnisch gehaltenes Spiegelbild ihrer selbst noch freut, ist reif – d.h. zum Untergang."[281]

---

zum schnüffelnden Inquisitionsrichter berufen glaubte. Nicht das ist beleidigend, was Quidde sagt, sondern das, was die lüsternen ‚Königsfreunde' von der äußersten Rechten zwischen den Zeilen zu lesen belieben." Weser-Zeitung, 30. Mai 1894, (Nr. 17061).

275 ‚Vor einiger Zeit...', Berliner Börsen-Courier, 20. Mai 1894, (Nr. 230).

276 ‚Vor einiger Zeit...', Berliner Börsen-Courier, 20. Mai1894, (Nr. 230).

277 Der Begriff Denunziation tauchte in fast allen liberalen Zeitungen auf. Vgl. Berliner Tageblatt, 19. Mai 1894, (Nr. 248); Frankfurter Zeitung, 23. Mai 1894; ‚Caligula', Volkszeitung, 23. Juni 1894, (Nr. 262).

278 ‚Eine kritische Leistung der Kreuzzeitung', Hamburger Echo, 24. Mai 1894, (Nr. 117).

279 Frankfurter Zeitung, 23. Mai 1894, (Nr. 140). Nicht unähnlich den liberalen, allerdings weniger engagiert, reagierten die sozialdemokratischen Zeitungen. Der *Vorwärts* wundert sich über „Das schroffe Gewerbe der Angeberei, welches das Organ des Herrn von Hammerstein seit seinem Bestehen" betreibe, und kritisiert die „Denunziation" der *Kreuzzeitung*. Vorwärts, 26. Mai 1894, (Nr. 119). Die angeblich „nicht existierende öffentliche Meinung" lasse sich jedoch durch derartige „dumme und bübische Denunziationen" nicht unterdrücken, was der Erfolg des *Caligula* beweise. berichtet triumphierend die sozialdemokratische *Bremer Bürger-Zeitung*. ‚Berliner Briefe', Bremer Bürger-Zeitung, 27. Mai 1894, (Nr. 121). Ganz ähnlich auch die katholische *Germania*: Germania, 24. Mai 1894, (Nr. 116).

280 Breslauer Zeitung, 24. Mai 1894, (Nr. 359). Die *Kreuzzeitung* antwortete lediglich in zwei kurzen Notizen auf die liberalen Anschuldigungen. Der Ärger der liberale Presse über den Caligula-Artikel erkläre sich leicht. Quidde sei Demokrat und gehöre den Parteien an, die sich jetzt regierungsfreundlich und „monarchisch par excellence" gäben. Im übrigen sei ihr der Artikel „unaufgefordert von einem der ältesten und berühmtesten Professoren der Geschichte" zugegangen. Kreuzzeitung, 21. Mai 1894, (Nr. 231).

281 Weiter hieß es: Wenn es „Republikaner" wären, die sich an der Quiddeschen Schrift erfreuten, so wäre dies nicht erstaunlich. Es handele sich aber um „unzweifelhafte Monarchisten, altbewährte ‚Kartellbrüder', [...] die Jedem der es hören will, die Flugschrift als ‚schneidig'

5. Der erste Medienskandal der Monarchie

In den wenigen historiographischen Auseinandersetzungen mit der Caligula-Affäre herrscht eine auffällige Unschlüssigkeit darüber, was mit der merkwürdigen Begebenheit anzufangen, was ihre Relevanz sei. Gerd Fesser glaubt, es sei schwierig, „den Stellenwert der ‚Caligula'-Affäre in der Geschichte der späten Kaiserzeit zu bestimmen". Fesser relativiert das Presseecho auf die Affäre.[282] Andererseits räumt er ein, mit den Andeutungen in seiner Caligula-Schrift habe Quidde „als erster öffentlich zu Charaktereigenschaften und Politikstil Wilhelms II. dicke Fragezeichen gesetzt" und gleichsam einen Referenzpunkt geschaffen. Es steht zu vermuten, daß in den folgenden Jahren die neuerlichen Eskapaden des Kaisers bei vielen Zeitgenossen Erinnerungen an die Caligula-Schrift wachgerufen haben. Die hier angedeutete Unzufriedenheit mit Wilhelm II. habe sich konsequent gesteigert und sei in der Daily-Telegraph-Affäre eskaliert.[283] Diese Deutung, insofern sie eine lineare Aufstauung von Unmut – dessen erste öffentliche Äußerung Quiddes *Caligula* gewesen sein sollte – annimmt, scheint zumindest mißverständlich. Sie würde die erheblichen Chancen und Erneuerungspotentiale, welche die Monarchie auch besaß und die gerade in der Caligula-Affäre aufscheinen, unberücksichtigt lassen. Sie würde vor allem aber den Monarchiediskurs stark vereinfachen und den Charakter der Affäre als Skandal außer acht lassen.

Dies gilt bereits für die Caligula-Affäre selbst. Deren Relevanz setzte schließlich gerade erst mit der – für sich genommen außerordentlich bemerkenswerten – Schrift Quiddes ein. Eine eindimensionale Sicht auf die Provokation Quiddes wird dem Skandal nicht gerecht und muß seine Wirkung auf die Monarchie zwangsläufig unterschätzen. Der Schlüssel zur Bedeutung der Affäre liegt im ‚Metadiskurs', im eigentlich skandalösen Aspekt der Affäre. Dieser verweist auf den Zusammenhang zwischen medialer Mobilisierung, einem zunehmend aggressiver geführten Kampf um den öffentlich-politischen Raum und einem – hiermit eng zusammenhängenden – verschärften öffentlichen Ringen um die Gunst des Monarchen. Der Weg zur Deutungsmacht führte für die Kombattanten vorrangig über den Monarchen. Dies galt für linksliberale Kommentatoren, die konservative Pseudomonarchisten attackierten, ebenso wie für von der Person des Monarchen desillusionierte Konservative und rechtslastige ‚Neomonarchisten', die ihre politischen Partizipationsansprüche auf diesem Wege artikulierten.

---

und ‚fabelhaft interessant' anempfehlen." Eine lächerliche Geschichte mit ernstem Hintergrund', Kölnische Volkszeitung, 26. Mai 1894, (Nr. 313).

282 Allerdings lediglich auf Basis einer von Taube, Quidde erstellten und bei weitem nicht vollständigen Übersicht und ohne auf die hier zentral behandelten Pamphlete einzugehen. Fesser, Diskurs, S. 160. Fesser gibt zu bedenken, „daß in etlichen Memoiren und Briefeditionen prominenter Zeitgenossen die ‚Caligula'-Affäre gar nicht vorkommt". Gerade dies ist aber typisch für einen Skandal, der notwendigerweise in einer zeitlich begrenzten Verdichtung stattfindet und insofern kaum seinen Niederschlag in Erinnerungswerken finden wird.

283 FESSER, Diskurs, S. 160.

In der Analyse der Caligula-Affäre müssen mehrere Ebenen und Linien getrennt und hervorgehoben werden. Zunächst das Vorgehen Quiddes, das zwar als Einzelfall hier weniger interessiert, aber doch in seiner Form der vermittelten Kritik signifikant und zukunftsweisend war. Auf der nächsten Ebene liegt das Phänomen der immensen Verbreitung des *Caligula*. Die hohe Auflage als „Gradmesser für die sinkende, von Wilhelm II. strapazierte Wertschätzung des Herrscherhauses"[284] heranzuziehen, erfaßt das Problem allerdings nur bedingt. Mit ebenso guten Gründen könnte Quiddes Vorgehen als Bestätigung einer diffusen Popularität Wilhelms II. gesehen werden, denn es war vorrangig der Kaiserenthusiasmus und dann erst der Kaiser selbst, den Quidde attakkierte.[285] Das frappierende Echo des *Caligula* unterstreicht zunächst und vor allem, neben einer schwer zu bestimmenden Bereitschaft, einen Skandal vom Zaun zu brechen, die Wichtigkeit und Zentralität des Monarchen für den politischen Diskurs.

Quiddes Schrift war im Kern ein Tabubruch. Dies zeigt die Sprache der Kommentatoren. Wenn man das Pamphlet gelesen habe, so die *Allgemeine Konservative Monatsschrift für das christliche Deutschland*, empfinde man das Gefühl: „Du hast ein Pamphlet schlimmer Art gelesen, du hast ein giftiges ekelhaftes Gewürm angerührt".[286] Der Historiker porträtierte den Monarchen in unerhörter Weise und zerrte ihn nicht zuletzt durch das Skandalöse der Darstellung in die öffentliche Debatte. Auch wenn diese sich niemals direkt mit der Person des Monarchen auseinandersetzte, war Wilhelm II. immer im Hintergrund und schon durch diese Tatsache in seiner Autorität beschädigt.[287] Entgegen gängigen Ansichten erkannten die Kommentatoren durchaus, daß sich Quiddes „Mahnschrift an das deutsche Volk" in erster Linie gegen letzteres richtete. Nur so ist die Dichte und Schärfe der Reaktionen zu erklären.[288] Sowohl nach Form als auch Inhalt muß diese als neuartig für den Monarchiediskurs bezeichnet werden. Unzählige Zeitungs- und Zeitschriftenartikel sowie Pamphlete kommentierten weniger den Monarchen als das Sprechen über den Monarchen. Durch die Selbstreferentialität der Debatte erklomm diese immer neue Ebenen. Das willkommene Ärgernis Quidde diente als Anlaß, Probleme zu verhandeln, die längerfristig existierten und bereits zuvor erkannt worden waren. Der Skandal in seinen Verschachtelungen fungierte als Motor. Ausgehend von klassischen Kritikpunkten, wie den Fragen nach den Beratern

---

284 BRUDE-FIRNAU, Deutung, S. 32.

285 Dies ist die Deutung von KOHUT, Germans, S. 167.

286 D., Caligula, in: Allgemeine Konservative Monatsschrift für das christliche Deutschland 51 (1894), S. 49 f.

287 „Es ist kaum zu ermessen, was die Schrift an Untergrabung des kaiserlichen Ansehens geleistet hat", klagte noch 1901 ERDMANN. Ders., Kaiser, S. 20.

288 Zitat aus RÖHL, Cäsarenwahnsinn, S. 9. Diesen Begriff rechtfertigt insbesondere die explizit warnende Schlußpassage des *Caligula*: „Trotz alledem geht aus der Studie über ‚römischen Cäsarenwahnsinn' hervor, daß ihr Verfasser – offengestanden – die obersten Klassen unserer heutigen Welt hat treffen wollen. Denn als historische Studie ist die Schrift eine Blamage für die Geschichtsforschung und als Satire ohne poetischen Wert, um nicht zu sagen ein perfides Pamphlet. Dies Urteil hat Harden, hat – Wilhelm Jordan ausgesprochen – et ils ont raison." Anonym, Leben, S. 3.

des Souveräns, dessen Informationen und der hiermit verbundenen Klage über Hagiographie und Byzantinismus, problematisierten die Kommentatoren immer kategorischer die Kommunikation zwischen Monarch und Volk.

Die hieraus resultierende neue Position des Monarchen kennzeichnete sich durch eine deutlich verschärfte Leistungsanforderung und eine quasidemokratische Legitimierung. Die Forderung nach einem ‚direkten Draht' zwischen Monarch und Volk war keine Einbahnstraße, sondern Indikator politischer Partizipationswünsche; die Erwartungen an die Durchsetzung „freier" Kommunikation zwischen Monarch und Volk waren hoch. Dies wird besonders anschaulich in den Forderungen nach einer Mobilisierung der Basis der Kaisertreuen. Die ‚Gegenpamphlete' waren Zeugnisse einer bemerkenswerten Selbstermächtigung neuer Monarchisten. Nichts deutet auf eine offiziöse Inspiration. Diese widerspräche nicht nur dem unkonventionellen Charakter dieser Schriften. Vielmehr stießen die ‚Neuen Monarchisten' gerade in eine Lükke, die eine nahezu nichtexistente offizielle Monarchenpromotion augenscheinlich hinterlassen hatte.

Im Auftreten der neuen Monarchisten offenbart sich aber auch die Substanz hinter dem, was bisher lediglich als „Integrationskraft des Kaisergedankens" gefaßt wurde. Zuvor reichlich abstrakt formulierte Erwartungen fanden in diesen Wortmeldungen eine konkrete Ausprägung. Die neuen Monarchisten rechtfertigten Wilhelm II. aufgrund angeblicher Leistungen bzw. durch enorme Hoffnungen, die in erweitere kommunikative Möglichkeiten gesetzt wurden. Die Erwartungshaltung war, trotz oder gerade wegen der Ernüchterungen und einer steigenden Ungeduld, auch 1894 noch intakt.[289] Der potentiellen Enttäuschung der leistungsfixierten neuen Monarchisten entsprach eine frühzeitige Verlusterfahrung, eine zunehmende Desillusionierung der sich politisch artikulierenden ostelbischen Aristokratie, wie sie in der Initiative der *Kreuzzeitung* zum Ausdruck kam.[290] Die konservative Zeitung lieferte, bei aller Berechnung ihres Vorgehens, ein typisches Beispiel für die Aufdeckung einer angeblichen Verletzung von Normen, die bereits einer Erosion unterworfen sind, daher aber neuralgische Punkte darstellen.[291] Die Reetablierung einer Norm – also hier eines unhinterfragten Monarchismus – durch die Skandalisierung ihres Überschreitens erschien jedoch schon Zeitgenossen als fragwürdiges und kaum Erfolg versprechendes Unterfangen. Die abstrakte und grundlegende Form, in welcher in der Caligula-Affäre über die Monarchie verhandelt wurde, veranschaulicht darüber hinaus das weitgehende Verschwinden der Selbstverständlichkeit der Institution.

---

289 „Wenn Wilhelm II. schon in kleinlichen Dingen mit so gewaltiger Thatkraft eingreift, dürfen wir da nicht mit Recht von ihm erwarten, daß er die wahrhaft großen, herrlichen Aufgaben, die Gott ihm stellt, mit noch weit unbeugsamerer Seele, thatkräftiger Hand erledigen wird?" heißt es im Artikel ‚Ober-Feuerwerk' von Caliban, in: Die Gegenwart 44 (1894), S. 235-237.

290 Vgl. hierzu diverse Leitartikel im *Deutschen Adelsblatt* des Jahrgangs 12 (1894), etwa Nr. 4, 17, 38 und 42.

291 Dieser Zusammenhang bei: THOMPSON, Scandal, S. 16.

Die causa *Caligula* war im Kern ein Skandal. Noch mehr als die unmittelbar vorangehende Kladderadatsch-Affäre und die unmittelbar nachfolgende Kotze-Affäre stellte die mediale Erregung um den *Caligula* einen genuinen Medienskandal dar. Der Skandal entstand ohne konkreten Anlaß – wie etwa die Intrigen, die jenen anderen Affären vorausgingen – in der Presse und entfaltete seine eigentümliche, neuartige Erfahrung gerade aus der Thematisierung dieser Tatsache.

Aufbau und zeitliche Abfolge der Caligula-Affäre können als regelhaft für den Medienskandal gelten. Deren verschiedene Phasen gehorchten der Logik der Medien. Nahezu zwei Monate blieb Quiddes Schrift unbeachtet – jene Phase, die Thompson als „pre-scandal phase“ bezeichnet. In diese Phase gehört der Bruch einer Norm, die Verletzung des Comment durch Quidde. Der eigentliche Skandal beginnt nicht mit dem Akt der Transgression, sondern mit dessen Aufdeckung, also im fraglichen Fall der Besprechung des *Caligula* in der *Kreuzzeitung*. Diesem Vorstoß folgten zwei Wochen intensiver Diskussion in den Medien, die „phase of the scandal proper“. Nunmehr bestimmen allein die Medien das Tempo. Die Individuen im Zentrum des Skandals, Quidde mit seiner ‚Erklärung' ist hierfür ein gutes Beispiel, können lediglich reagieren und verlieren die Deutungskontrolle. Die dritte Phase brachte keinen Höhepunkt des Skandals, sondern ein langsames „fading out“. Die vierte Phase bilden als Nachspiel die Kommentare der Kommentare in den Medien, also die ‚Juni-Phase' des hier fraglichen Beispiels, vor allem die Pamphlete.[292]

Es gehört zu den generellen Eigenarten des „mediated scandal,“ daß dieser einen hohen Grad an Homogenität in der Behandlung des fraglichen Themas bewirkt. Hierfür bildet die selbstreferentielle Behandlung des Caligula-Themas durch die Zeitungen ein typisches Beispiel. Durch die Wiedergabe in der Presse wiederum erhöhte sich die Bedeutung des Ereignisses *Caligula* und erschien in noch höherem Maße berichtens- und kommentierenswert. Thompson bezeichnet diesen Effekt treffend als eine „hall of mirrors in which each image, and each movement, is reflected in multiple forms".[293] Dieser Spiegelungseffekt hob den *Caligula* nicht nur erst ins öffentliche Bewußtsein und machte ihn zu einem Ereignis; er garantierte auch die qualitative Veränderung des Diskurses über den Monarchen. Dies galt insofern, als dieser Diskurs sich für kurze Zeit extrem verdichtete und intensivierte und hierdurch erst gemeinsame Referenzpunkte schuf, die seine Transformation ermöglichten. Typisch für den Medienskandal war zudem das Publikum des Skandals, wie die vielen Berichte ausländischer Zeitungen zeigen, unbegrenzt.

Zwar brauchte das Echo auf Quidde keinen konkreten Anlaß, selbstverständlich tönte es aber auch nicht im luftleeren Raum. Wie jeder Skandal hatte auch der um den *Caligula* seinen Kontext. Insbesondere zwei Phänomene sind hier anzusprechen. Erstens, die langfristige Transformation der Diskussion des Monarchen, der Form nach intensiver und freier, inhaltlich kritischer und schärfer. Zweitens, die erheblichen Verschiebungen in den Loyalitäten gegen-

292 THOMPSON, Scandal, S. 74.
293 Thompson, Scandal, S. 84.

über der Monarchie. Diese Verschiebungen boten den Hintergrund für den Skandal im Skandal, nämlich das Hervortreten der *Kreuzzeitung*. Die Untersuchung der Reaktionen auf den *Caligula* zeigt, wie komplex der Kontext dieses Skandals war. Auf der politischen Ebene lebte er vom Gegensatz adliger Kreise zum neuen Kaiser bzw. dem des Bürgertums zu den alten Eliten. Weniger konkret, jedoch nicht weniger wichtig, äußerte sich hier ein Unbehagen über Entwicklung der Monarchie und die Desillusionierung großer Hoffnungen auf den Souverän – letztlich die Einsicht in die Grenzen der Programmonarchie. In einer Analyse zur „Lage des Königtums" nach der Caligula-Affäre zeigt sich exemplarisch, in welch extremem Maße antizipierter gesellschaftlicher Fortschritt und potentielle Aufgaben der Monarchie enggeführt wurden: „Alles Königtum", so die Prognose „wird fortan entweder ein leerer Schatten oder eine Despotie werden, oder untergehen in der Republik, wenn es nicht den hohen sittlichen Mut hat, ein Königtum der sozialen Reform zu werden."[294] Eben diese Einsicht in die Aporien der Programmonarchie war der Kern des Skandals.

Die Caligula-Affäre selbst wies auf zumindest drei Ebenen skandalöse Elemente auf. Skandalös war das provokante Vorpreschen eines anerkannten Historikers. Gleichsam aus der Mitte der Gesellschaft wurden darin wesentliche Tabus des Sprechens über den Monarchen gebrochen. Mindestens ebenso skandalös war die Reaktion der *Kreuzzeitung*, die einen Konsens des Schweigens aufbrach und ganz offensichtlich bewußt aus monarchistischer Warte den Monarchen provozierte. Skandalös war schließlich die Dynamik der öffentlichen Diskussion, mit der typischen Begleiterscheinung der ‚Gegenpamphlete', d.h. die Tatsache, daß sich circa 200.000 Käufer für die Broschüre interessierten,[295] daß sich viele Trittbrettfahrer fanden und es daher nicht gelang, die folgende intensive Diskussion über Monarchie und Monarch zu regulieren und einzudämmen.[296] Die offizielle Presselenkung erwies sich als offensichtlich ohnmächtig.

Die Ankläger im Caligula-Skandal waren gleichzeitig dessen Bestandteil, sie reflektierten einen Tabubruch, an dem sie teilhatten. Insofern war die *Kreuzzeitung* als Skandalierer wichtiger als Quidde selbst. Der vermeintlich gescheiterte Mediävist galt schnell als „Skandalgewinner", der angeblich aus

---

294 ‚Die gegenwärtige Lage und die Aufgaben des Königtums II', Das Volk, 29. Juli 1894, (Nr. 175).

295 Die Zeitung *Das Volk* führte den großen Erfolg des *Caligula* auf die Tatsache zurück, daß die dort „wiedergegebenen Anspielungen das wiedergeben, was in vielen Gesellschaftskreisen laut gedacht und besprochen wird." ‚Die gegenwärtige Lage und die Aufgaben des Königtums I', Das Volk, 28. Juni 1894, (Nr. 144).

296 Die Affäre demonstriert eindrucksvoll die Unkontrollierbarkeit der Presse. Stöber sieht mit guten Gründen geplante Verschärfungen im Presserecht innerhalb der Umsturzgesetze (im Dezember 1894 im Reichstag vorgelegt) als Ausfluß der Caligula-Affäre. Vgl. STÖBER, Pressepolitik, S. 158. Ebenso können die massiven Veränderungen in der Pressearbeit der Reichsleitung im Herbst und Winter 1908 auf die Krise zurückgeführt werden, ohne daß dieser Bezug bei Stöber ausdrücklich hergestellt wird. Vgl. ebd., S. 233.

persönlicher Frustration handelte und finanzielle Interessen verfolgte.[297] Hier zeigt sich, daß die Kritik am *Caligula* auch ein Unbehagen über populäre Literatur, materiellen Gewinn durch geistige Erzeugnisse und eine Ablehnung von ‚Schund' reflektiert.[298]

Wie sehr die Eigendynamik der Caligula-Affäre an das Zusammentreffen mehrerer dieser Umstände gebunden war, unterstreicht ein Blick auf ein ebenfalls 1894 publiziertes Pamphlet aus sozialdemokratischer Perspektive zum gleichen Thema: Felix Schmitts Abhandlung über Caligula in der Reihe *Gekrönte Häupter* blieb in der bürgerlichen Presse fast vollständig unbeachtet und verkaufte sich nur schleppend.[299] Diese Schrift war radikaler als jene Quiddes und enthielt mindestens ebenso deutliche Hinweise auf die Aktualität des Stoffes. Aber der für die Caligula-Affäre beschriebene Kontext fehlte hier. Skandalös war erst die mehrfache Regelüberschreitung Quiddes, der *Kreuzzeitung* und des den Vorgang goutierenden Publikums. Zeitgenössische Wertungen stellten durchgehend die Neuartigkeit dieses Medienskandals heraus. Neu waren demnach die Radikalität der Quiddeschen Provokation, die Dynamik und Tabulosigkeit der Presse und offensichtliche Störungen im Verhältnis von Monarch und Adel. Als neu galt insgesamt der politische Skandal mit Fokus auf den Monarchen. Konsequent bewerteten die Kommentatoren diesen Skandals als etwas fremdes, ausländisches.

So neu die Form der politischen Auseinadersetzung über den Skandal war, so stilbildend war sie. Drei Aspekte sind hervorzuheben: 1.) Die Problematisierung der Monarchie erfolgte nahezu ausschließlich als Problematisierung der Kommunikation zwischen Monarch und Volk, d.h. einer Konstellation, die, im Gegensatz zu anderen Konstanten, veränderlich war oder immerhin so schien. Selbst Quidde kritisierte zwar die Ausdrucksformen der spezifisch wilhelminischen Herrschaftsausübung, erkannte in Wilhelm II. aber eine lediglich verirrte Persönlichkeit, der nicht zuletzt im eigenen Interesse durch Aufklärung geholfen werden könne. Für die Kommentatoren galt dies in noch weitaus stärkerem Maße. 2.) Dies äußert sich in der öffentlich artikulierten Hoffnung, gerade der Skandal möge und könne zu einer Überprüfung bisheriger Gegebenheiten führen und somit ‚reinigend' wirken. 3.) Als praktische Vorleistung in dieser Hinsicht brachte der Skandal die Mobilisierung der ‚Treuen', der selbsterklärten Monarchisten mit sich.

Selbstredend bedeutet das nicht, daß der Skandal ein Glücksfall für die Monarchie war. Tabus, die einmal gebrochen waren, konnten nicht wieder etabliert werden. Insbesondere ein ganzes Set von Monarchendiagnosen, die im Laufe des Skandals öffentlich gemacht worden waren, vor allem der schillernde Befund Cäsarenwahnsinn, waren dazu angetan, im öffentlichen Gedächtnis zu bleiben. Wie gezeigt werden konnte, meinte Cäsarenwahnsinn

---

297 Vgl. René, Kladderadatsch, S. 16, vor allem aber Muiszech, Stiefelmärchen, passim und Benedictus, Sueton, S. 1, der Hardens und Quiddes finanzielle Interessen am Werke sieht.

298 Zum ‚Schundkampf': Maase, Schund, S. 9 ff.

299 Auch hier finden sich gleich zu Beginn ganz deutliche Verweise auf Aktualität des Geschilderten. Schmitt, Caligula, S. 1 ff.

nicht eine gleichsam natürliche Geistesschwäche des Monarchen. Die Zuschreibung war eher eine soziologische denn ein psychologische bzw. psychiatrische. Aber es spricht vieles dafür, daß der *Caligula* auch und wohl vorwiegend anders verstanden wurde, nämlich als Andeutung auf die tatsächlich gegebene Geistesschwäche Wilhelms II. Für diese glaubte nicht nur dessen Umgebung mittlerweile ausreichend Anzeichen zu besitzen. Die ‚Verhaltensauffälligkeiten' des jungen Kaisers mußten vielmehr auf die große Masse des Publikums befremdlich wirken; auch jene Mitte der Gesellschaft, für welche die Monarchie zum unhinterfragten Inventar des Staates gehörte, artikulierte ihr Unbehagen.[300]

Genau darin liegt ein letzter, sehr wichtiger und folgenreicher Aspekt der Caligua-Affäre. Hier wurde die eigenartige Diskrepanz zwischen Wissen bzw. Ahnen eines unhaltbaren Zustandes und dessen gleichzeitiger Akzeptanz zum ersten Mal öffentlich verhandelt. Die Caligula-Affäre thematisierte regelrecht das ‚Nichtaussprechenkönnen', das Wissen um Fehler und Probleme, die nicht öffentlich werden können. Sprachregelungen, die auf die Individualität und charakterliche Eigenart des Monarchen verwiesen, indizieren das Problem einer gewußten Kalamität eher als sie es verdeckten. Diese Sprachregelungen belegen das eingangs skizzierte gesteigerte Interesse am Individuum Wilhelm II. Die intensive, kritische Reflexion der Fähigkeiten Wilhelms II. fördert aber auch das Auseinanderfallen von Institution und Person auseinander, eine Entwicklung, die für die Konjunktur von alternativen Führermodellen nach 1900 bedeutsam werden sollte.

Sehr deutlich zeigt bereits die Caligula-Affäre die Ambivalenz von Skandalen für die Monarchie. Die Destabilisierung bisheriger Schutzmechanismen des Monarchen war eine logische Folge der skandalspezifischen Dynamik. Die Restabilisierung der Monarchie im Skandal erfolgte unter neuen Vorzeichen; nämlich indem nun die Bedingungen für die Unterstützung der Monarchie herausgestellt und betont wurden. Augenscheinlich ist dies in der Selbstermächtigung neuer Monarchisten. Hier zeigt sich, wie eng der Skandal und ein verschärftes Leistungsparadigma für die Monarchie zusammenhingen. Für die Wirkung des Skandals im Sinne einer Enttabuisierung des Monarchiedis-

---

300 Vgl. z.B. Holsteins Beobachtung von 1891: „Man rede überall davon, schrieb er an Eulenburg, daß der Kaiser ‚verrückt' werden würde wie Ludwig II. von Bayern, es hieße, er leide an Größenwahn, aber ohne moralischen Mut." Ludwig II. als Referenzpunkt ließ eine Entmündigung nicht vollkommen unrealistisch erscheinen. Vgl. RÖHL, Aufbau, S. 601. Weniger gilt dies für den tatsächlichen Wahnsinn Wilhelms II., für den dessen engste Umgebung just in dieser Zeit Anzeichen zu finden meinte. Waldersee notierte am 29. April 1894 in sein Tagebuch: „Ganz entsetzt bin ich über die Broschüre ‚Caligula'. Daß ein Professor unter seinem Namen so etwas erscheinen läßt, ist auch ein Zeichen der Zeit, denn niemand kann an der Beziehung auf den Kaiser zweifeln. Ich wurde bei der Durchsicht daran erinnert, daß General Wittich schon vor vier Jahren auf Anlagen zum Cäsarenwahnsinn hinwies." WALDERSEE, Denkwürdigkeiten II, S. 313. Trotz der grundsätzlich problematischen Edition Meisners kann dieser hier vertraut werden. Ebd., S. 161. Zur Diskussion der Hinweise darauf, ob Wilhelm II. tatsächlich geistig anomal war: RÖHL, Aufbau, S. 1169 ff. Die offizielle Pressepolitik sah sich in den 1890er Jahren mit der Herausforderung konfrontiert, „allerlei Pikanterien über die Person des Kaisers" zu widerlegen. Vgl. STÖBER, Pressepolitik, S. 89.

kurses sprechen die vielen Anschlußpamphlete, die in scharfem Ton das Verhältnis von Öffentlichkeit und Monarch thematisierten.[301]

Die eingangs identifizierten fünf Charakteristika der frühen Kommentierung Wilhelms II., die Extremität der Erwartungen, das Jugendkaisermotiv, die Individualisierung des Monarchen, seine Vereinnahmung und die Bedingtheit positiver Kommentierung treten alle auch in der Caligula-Affäre auf, ermöglichten und beförderten diese und wurden durch sie wiederum verstärkt. Insofern war der Skandal keineswegs zufällig, wie auch das zeitnahe Aufkommen zweier weniger typischer Skandale kurz vor und nach der Caligula-Affäre – ‚Kladderadatsch' und ‚Kotze'-Affäre – zeigt. Indem jeder neue Skandal mit dem vorherigen verglichen wurde, stellte sich automatisch eine Krisenrhetorik ein, welche die anschwellende Dynamik der Skandale reflektierte. Auf dem Höhepunkt der Caligula-Affäre resümierte der Kolumnist der *Germania* treffend: „In der Reichshauptstadt weht überhaupt eine merkwürdige Luft, aber keine wohlriechende. Die Kladderadatschaffäre war Nummer eins. Caligula war der zweite Streich. Der Kotze-Scandal ist die ‘Krone vons Janze'." [302] Daß diese Trias als solche wahrgenommen wurde, unterstreicht den reflexiven Umgang mit Affären. In den großen Affären nach 1900 lassen sich viele der Schlagworte und Mechanismen der Caligula-Affäre erneut identifizieren. Wie prägend die Erfahrung der Affäre bleiben sollte, unterstreicht die vierunddreißigste und letzte noch von Quidde miterlebte Auflage des *Caligula*. Diese erschien 1926, auf dem Höhepunkt der Debatten um die Fürstenentschädigung, gleichsam der letzten großen Diskussion der wilhelminischen Monarchie.

---

301 Die kritischsten waren: Friedrich FRIEDMANN, Wilhelm II. und die Revolution von Oben. Der Fall Kotze. Des Rätsels Lösung, Zürich 1896; Anonym, Wort; Anonym, Wahrheit.

302 Daleth, ‚Berliner Wochenplauderei', Germania, 1. Juli 1894, (Nr. 147).

IV. Der Monarch in der Krise 1906-1909

Im Dezember 1906 brachte das *Berliner Tageblatt* eine Besprechung des Stückes *Der heimliche König* von Ludwig Fulda, welches mit „großem Erfolg“ und „ohne Widerspruch“ aufgeführt worden sei. Anstatt einen Nachfolger für den verstorbenen König anzuerkennen, der kein königliches Blut besaß, sich aber – nicht zuletzt in der Schlacht – bewährt hatte, votiert das Volk in diesem Drama für den Dynasten, obwohl dieser als schwache Gestalt charakterisiert wird. „So“, kommentierte die Zeitung, „durchzieht das Stück ein Gedanke, der in vielen Wandlungen durch unsere neuere Literatur geht und in den letzten Jahren durch manche Vorkommnisse Nahrung erhalten hat.“ Es wird die Hohlheit eines Königtums, das sich nur auf ererbten Ruhm stützt und darum schließlich sein Jena finden muß, die Hohlheit eines Volkes, das sich „in blinder, selbstmörderischer Treue“ vor dem „Prinzip des Königtums“ beuge und mit „allen demokratischen Allüren nach dem Phantom lechzt, dem es sich unterwerfen will“, gezeigt.[1] Ein Jahr später, am Heiligabend des Jahres 1907, veröffentliche Ernst von Wildenbruch, ehemals Wilhelms II. Leibdichter, anstelle des zu erwartenden besinnlichen Beitrages in einem Familienblatt eine radikale Krisenanalyse in Gedichtform.[2] Im Zentrum des Gedichts stand die Klage über einen verbreiteten Byzantinismus, über das Drängen nach „dem Günstlingsplatz zunächst dem Throne“. In schillernden Farben präsentierte Wildenbruch Entartungserscheinungen am Hof als Ursache für eine allgemeine gesellschaftliche Krise. Am 25. August 1908 brachte der *Berliner Lokal-Anzeiger* schließlich folgende Meldung: „Kaiser Wilhelm sandte an die Direktion des Budapester Kaiserin-Elisabeth-Museums ein ungarisches Gedicht der Kaiserin Elisabeth, das ‚Resignation‘ betitelt ist und in einem Zimmer des Achilleion gefunden wurde. Der Kaiser ließ es auf grauer Seide in einem goldenen Rahmen montieren.“[3]

Gänzlich ohne Hintergedanken hätte die, für sich genommen unspektakuläre Meldung, kaum ihren Weg in die kaisertreue Zeitung gefunden. Die Notiz

1 ‚Fulda: Der heimliche König‘, Berliner Tageblatt, 2. Dezember 1906, (Nr. 612).

2 Ernst v. Wildenbruch, ‚Eiserne Weihnacht‘, Berliner Illustrierte Zeitung, 24. Dezember 1907, (Nr. 51).

3 ‚Kurze Meldung‘, Berliner Lokal-Anzeiger, 25. August 1908, (Nr. 431).

erschien aber nach zwei Jahren beispielloser Diskussionen über Wilhelm II. und die Monarchie. Zwei dramatische Skandale waren Auslöser und gleichzeitig Resultat dieser neuartigen Problematisierung der Monarchie. Die in ihrer Form und Reichweite durchaus unterschiedlichen Skandale um den Freund Wilhelms II., Philipp Eulenburg (November 1906 bis Juli 1909) sowie das kaiserliche Interview im *Daily Telegraph* im November 1908 werden hier erstmals in einen gemeinsamen Kontext gestellt. Dabei wird davon ausgegangen, daß beide Skandale eng ineinander verschachtelt waren, obwohl sie eine jeweils eigene Dynamik entwickelten. Voraussetzung für diese Lesart ist die Deutung der Eulenburg-Affäre als ein in erster Linie politischer Skandal, dessen sexuelle Komponente wichtig, aber sekundär war. Wird der Eulenburg-Skandal als ein politischer Skandal interpretiert, der im Kern um das Thema einer Kamarilla kreiste, dann liegen die engen Verbindungen zur Daily-Telegraph-Affäre auf der Hand. Es sollte zudem nicht vergessen werden, daß der Eulenburg-Skandal keineswegs, wie oft angenommen, 1908 endete, sondern noch im Sommer 1909 enormes Publikums- und Presseinteresse hervorrief. Auch zeitlich überschneiden sich also die beiden Skandale.

Mit dem Eulenburg-Skandal trat die Kommentierung des Monarchen in eine neue Phase. Indizien hierfür sind der Wegfall wichtiger Tabus im Sprechen über den Herrscher und das Aufkommen wirkmächtiger Schlagwörter und Referenzpunkte – u.a. des Begriffs ‚Kamarilla' – sowie die Herausbildung von Beschreibungskategorien wie ‚Information des Monarchen'. Mit diesen Schlagworten konnte der Monarch fortan konfrontiert werden. Die neuen Kategorien ermöglichten einen konsistenten, begrifflich geschärften und kritischen Diskurs über den Monarchen. Ihr Aufkommen zeugt von einer Verschiebung der Grenzen, innerhalb derer der Monarchiediskurs verlief. Der Monarch wurde nun wesentlich intensiver diskutiert, das Thema Monarchie geriet an die Spitze der öffentlich-politischen Tagesordnung und deren Diskussion verengte sich mehr und mehr auf die Person des Monarchen.

Der Eulenburg-Skandal diente als Katalysator eines kaiserkritischen Diskurses. Die einschlägige Diskussion brachte nicht nur ein neues Vokabular hervor, sondern sie demonstrierte auch, daß dessen Verwendung möglich war und ungeahndet blieb. Gerade in dieser Hinsicht aber blieb das öffentliche Ereignis Eulenburg-Skandal unbefriedigend – gewissermaßen unfertig. Wie zu zeigen sein wird, war der Monarch zwar Zentrum und eigentlicher Anlaß des Skandals. Es erfolgte aber keine direkte Diskussion der Person Wilhelms II.; von konkret sichtbaren politischen Folgen nicht zu sprechen.[4] Damit blieb gleichsam als Vermächtnis die Notwendigkeit einer grundlegenden Diskussion über den Monarchen, der gerade durch die Enthüllungen der Jahre 1907 und 1908 fragwürdig geworden war. Der zweite Skandal, läßt sich zusammen-

4 Sieht man einmal von der Entfernung Eulenburgs vom Hof ab. Vgl. HULL, Entourage, S. 145.

fassend argumentieren, war in seiner ganzen Durchschlagskraft nur durch den ersten möglich.[5]

Lediglich auf den ersten Blick war die Bedeutung der beiden Skandale für den Monarchen unterschiedlich. Während es im Eulenburg-Skandal vor allem um Eulenburg selbst, einige Mitglieder der Entourage und allenfalls noch Harden, den Initiator des Skandals, ging, stand in der Daily-Telegraph-Affäre der Monarch allein im Mittelpunkt. Dies klingt trivial und scheint auch zunächst überzeugend. Tatsächlich war es für einen Monarchen per definitionem schon problematisch, in eine Affäre involviert zu sein. Dies galt für Wilhelm II. in der Eulenburg-Affäre ohne Zweifel. Insofern ist es naheliegend, besonderes Gewicht auf diesen Skandal zu legen, dessen Bedeutung, zumal im Vergleich mit der Daily-Telegraph-Affäre, bisher stark unterschätzt wurde.[6] Da beide Skandale als Ausdruck *einer* Problemlage und als diskursiv zusammenhängend betrachtet werden, wird der diskursive Kontext für beide Skandale gemeinsam dargestellt.

A. Der Monarch als Problem

1. Problemaufriß: Die politische Krise von 1906 und Wilhelm II.

Öffentliche Zweifel, wie das Wildenbruchsche Weihnachtsgedicht, konnten an diverse vermeintliche, aber durchaus konkrete innen- und außenpolitische Fehlentwicklungen rückgebunden werden.[7] Eine Häufung öffentlichkeits-

---

5 Diese Meinung popularisierte Harden in 30 Vorträgen, die er im Winter 1908/1909 in verschiedenen deutschen Städten hielt. Vgl. HELLIGE, Rathenau und Harden, S. 574. Seit der Entmachtung Eulenburgs, so Harden, sei eine „völlige Desquilibrierung an der Spitze“ eingetreten. Vgl. John C.G. RÖHL, Philipp Graf zu Eulenburg – des Kaisers bester Freund, in: Ders. (Hg.), Kaiser, Hof und Staat, Wilhelm II. und die deutsche Politik, München 1995, S. 35-77, S. 71. Harden neigte freilich zur Überschätzung Eulenburgs. Harden schrieb an Holstein am 20. November 1908, daß in der Eulenburgfamilie die Ansicht vorherrsche, das Daily-Telegraph-Interview sei von Liebenberg aus gesteuert. ROGGE, Holstein und Harden, S. 399 und 388. Aber auch einige Details sprechen für diese These. Bülow suggeriert einen Zusammenhang, da der Kaiser, gleichsam auf der Flucht vor den Eulenburgprozessen, in Highcliffe die fraglichen Gespräche führte, die Grundlage des Interviews waren. Die Eulenburg-Affäre sei gerade deshalb wichtig, „weil sie Wilhelm II. in hohem Grade erregte und affizierte und dadurch politische Folgen nach sich zog“. BÜLOW, Denkwürdigkeiten II, S. 309. Valentini hingegen glaubte jeweils Holstein und Bülow am Werk. Vgl. COLE, Daily-Telegraph Affair, S. 260. Wichtiger aber war der Vertrauensverlust Bülows beim Kaiser, der es, so eine Lesart, für Bülow ratsam erscheinen ließ, im Oktober 1918 ein Risiko einzugehen. Vgl. zu diesem Vertrauensverlust: Katherine Anne LERMAN, The Chancellor as Courtier. Bernhard von Bülow and the Governance of Germany. 1900-1909, Cambridge 1990, S. 197.

6 Z.B. noch bei REBENTISCH, Gesichter, S. 91

7 Die Rede von einer Krise der Monarchie und des Monarchen in den Jahren 1906 bis 1909 baut auf die jüngst von Hewitson konstatierte konstitutionelle Krise und entsprechenden

wirksamer außenpolitischer Mißerfolge in den Jahren 1905 und 1906 führte, so Volker Berghahn, zu einem weitverbreitetem Fatalismus innerhalb der deutschen Elite.[8] In einem bisher nicht gekannten Maße fokussierte Kritik an der Reichspolitik nach 1905 auf den politisch exponierten Monarchen.[9] Nicht nur Maximilian Harden beklagte, daß kein Konfliktkurs gesteuert werde, der das deutsche ökonomische Machtpotential voll ausschöpfe. In einem Diskurs, der sich aus einem nebulösen Härtekult speiste,[10] war Harden der wichtigste Stichwortgeber: Ein Kaiser, der nicht in der Lage sei, eine – notfalls kriegerische – Antwort auf die Krisenmomente zu geben, müsse „aufhören, Kaiser der Deutschen zu sein."[11] Neuartig und bedrohlich für den Monarchen waren Vorwürfe persönlicher Schwäche und Feigheit, die eine immer aggressivere Neue Rechte lautstark artikulierte.[12] „Guillaume le Timid"[13] geriet in den Ruf eines Versagers.[14] Ein Resultat der national begründeten Herrscherkritik war aber auch, daß sich die rechten Kommentatoren die Forderung nach einer effektiveren öffentlichen Auseinandersetzung mit dem Monarchen zu eigen machten und deren grundsätzliche Berechtigung anerkannten. „Man kann sicher hoffen, daß die politische Presse als Faktor unseres politischen Lebens steigen und mit der Zeit den Platz einnehmen, den Einfluß ausüben wird, der ihr grundsätzlich gebührt", forderte Reventlow nach der Marokkokrise. Hier zeigt sich ein bisher wenig beachteter Zusammenhang zwischen der Transformation des Konservativismus und den neuen medialen Möglichkeiten politischer Kommunikation.[15]

Diskussion zwischen etwa 1905 – Marokkokrise – und 1911 – volle Ausbildung einer nationalen Opposition von Konservativen – auf. Zwar behandelt Hewitson die Daily-Telegraph-Affäre. In seinem verfassungspolitischen Ansatz kommt aber der Eulenburg-Skandal nicht vor. Vgl. HEWITSON, Kaiserreich, S. 734.

8 Volker BERGHAHN, Zu den Zielen des deutschen Flottenbaus unter Wilhelm II., in: Historische Zeitschrift 210 (1970), S. 93-100.

9 KOHUT, Germans, S. 163; RADKAU, Zeitalter, S. 383.

10 Vgl. RADKAU, Zeitalter, S. 307.

11 HELLIGE, Rathenau und Harden, S. 163.

12 Vgl. RETALLACK, Conservatives, S. 203-236.

13 Allgemein: WAITE, Pathologies, S. 153. Zur Verwendung der Redewendung „Guillaume le pacifique" durch Harden und „Giuglielmo pacifico" durch Rathenau: HELLIGE, Rathenau und Harden, S. 550. Vgl. auch den Brief Holsteins an Harden vom 29. März 1907: „Wann schrieb doch Clemenceau an die 'Neue Freie Presse:' 'Guillaume est un pacifiste'? Ähnliches hat ja auch Huret in Potsdam erfahren; der Kaiser soll angeblich schüchtern sein." und Hardens Reaktion: „Habe gehört, der Kaiser wünsche, unter dem Namen Wilhelm der Friedliche in der Geschichte zu leben. Unglückseliges Flötenspiel!". ROGGE, Holstein und HARDEN, S. 133. Vgl. auch: Maximilian Harden ‚Wilhelm der Friedliche, in: Die Zukunft 59 (1907), S. 1 -12.

14 Vgl. RADKAU, Zeitalter, S. 394.

15 REVENTLOW, Byzantiner, S. 138. Vgl. auch die frühe, ganz ähnliche Argumentation bei Paul LIMAN, Der Kaiser. Ein Charakterbild Wilhelms, Berlin 1904, S. 40 und 145. Liman berief sich, typisch für die ‚nationale Opposition', auf Bismarck. Zur nationalen Opposition gegen den Monarchen vgl. das Kapitel ‚The Fronde' in: Roger CHICKERING, We Men who feel most German. A Cultural Study of the Pan-German Legue. 1886-1914, Boston/London 1984, S. 253 ff. Es liegt nahe, daß die Neufassung des Majestätsbeleidigungsgesetzes 1907 bzw. 1908 national begründeter Kritik am Kaiser entgegenkam. Die Behauptung, die Be-

Innenpolitisch – und von der politischen Linken – entzündete sich Kritik am Monarchen vor allem an Gerüchten über eine geplante Erhöhung der preußischen Zivilliste, die in mehreren Wellen sehr breit öffentlich diskutiert wurden.[16] Diese Diskussion führt exemplarisch vor, wie sehr der Kaiser mittlerweile im Zentrum politischer Debatten stand und wie wenig erfolgreich Versuche waren, ihn aus diesen herauszuhalten.[17] Die linksoppositionelle Presse deutete die Diskussion um die Erhöhung der Zivilliste genüßlich als Anzeichen für massive Probleme der Monarchie: „Ein schöner Monarchismus“, schrieb die *Leipziger Volkszeitung*, „der schon in Krämpfe fällt, wenn es gilt, den vollen Beutel des heißgeliebten Landesvaters noch mit ein paar neuen Millionen zu spicken!“[18] Unter Überschriften wie: „Also doch!“, „Was gerade noch fehlte“, „Mehr Geld für die Krone“ und „Höfischer Prunk“ brachten auch nichtoppositionelle Zeitungen ihre zunehmende Distanz zum Monarchen zum Ausdruck.[19]

In der ersten Jahreshälfte 1908 folgten zahlreiche Artikel zur Ausstattung und zum Bezug des Achilleions auf Korfu durch Wilhelm II. Der neue Luxus wurde ebenso kritisch mit der Einfachheit des Palais unter seiner Vorbesitzerin Elisabeths von Österreich kontrastiert und generell die Möglichkeit des Regierens aus dem Ausland bezweifelt.[20] Ab Mai 1908 präsentierten Zeitungen aller politischen Richtungen die Gerüchte um eine Zivillistenerhöhung zunehmend als Fakten, ergänzten diese durch Andeutungen über den Bau eines neuen kaiserlichen Schlosses in Mainz, monierten den geplanten Bau einer ‚Kaiserpfalz‘ in Posen und übten Stilkritik an der restaurierten Hohkönigsburg im Elsaß. Der Fall Hohkönigsburg, der direkt auf kaiserliche

---

schränkung des Straftatbestandes auf vorsätzliche Beleidigung des Monarchen bringe vor allem Vorteile für die nationalistischen – d.h. Alldeutschen – Kaiserkritiker, findet sich bei Siegbert Fielck, Majestätsbeleidigung, in: Morgen 1 (1908), S. 770-773.

16 Die Erhöhung um 3 ½ Millionen Mark auf nunmehr 19,2 Millionen fand schließlich am 17. Juni 1910 statt. Schon zuvor waren die Zivilliste und der parallel existierende ‚Allerhöchste Dispositionsfond‘ (Substitut für die nicht vorhandene kaiserliche Zivilliste) unter Wilhelm II. erheblich aufgestockt worden. Vgl. zum Sachverhalt: RÖHL, Hof, S. 81 f.

17 Vgl. die Broschüre des Reichsverbands gegen die Sozialdemokratie, Die Sozialdemokratische Partei eine demokratische Partei. Ein Weckruf an das monarchische Deutschland, Berlin 1910 und die entsprechende Korrespondenz des Justizministeriums mit dem Reichsverband gegen die Sozialdemokratie in: GStAPK, HA Rep 84 a (Justizministerium), Nr. 10773, insb. Blatt 46 ff. und 65 f. Einen Eindruck über die Diskussion vermitteln die Artikel in: BAL, R 8034 II (RLB-Archiv), Bd. 4010, Blatt 16 ff.

18 ‚Verwesender Monarchismus‘, Leipziger Volkszeitung, 1. Juni 1908, (Nr. 124). Ein mit ‚Gothus‘ zeichnender Autor verband im *März* die Kritik an der geplanten Zivillistenerhöhung mit einer scharfen Kritik an Wilhelms II. Vorstellung vom Gottesgnadentum. Gothus, Gottesgnadentum und Zivilliste, in: März 2 (1908), S. 1-5.

19 Vgl. die Artikel in: BAL, R 8034 II (RLB-Archiv), Bd. 4010, Blatt 44 ff. Nur sehr wenige Kommentatoren verteidigten direkt die Pläne. Vgl. etwa: Adolf Stein, Die Zivilliste, in: Der Deutsche 8 (1908), S. 289-291.

20 Vgl. die Artikel in: BAL, R 8034 II (RLB-Archiv), Bd. 4010, Blatt 21 ff. und die entsprechende Karikatur aus dem Kladderadatsch vom 3. Mai 1908, abgedruckt in: REBENTISCH, Gesichter, S. 319. Wilhelm II. hatte das Achilleion 1907 erworben. Vgl. hierzu jetzt: Jörg Michael HENNEBERG, Das Sanssouci Kaiser Wilhelms II. Der letzte Deutsche Kaiser, das Achilleion und Korfu (Wilhelminische Studien, 1), Oldenburg 2004, S. 19 ff.

Initiative zurückgeführt werden mußte, bot Anlaß, die Unterrichtung des Kaisers in Frage zu stellen und eine offenere Kritik zu verlangen. Der historisierende Burgbau vereinigte sinnfällig monarchischen Autokratismus im Entscheidungsprozeß, Unzeitgemäßheit im Stil und eine generelle Ablehnung, sich vermeintlichen Mehrheitsforderungen zu stellen.[21]

Zu einer immer intensiveren, konsistenteren und personalisierten Kritik an Monarchie und Monarch muß nicht im Widerspruch stehen, daß in dieselbe Zeit sichtbare erste Erfolge der Sammlung des nationalen, vordergründig kaisertreuen Lagers fielen.[22] Die Huldigungen anläßlich des Wahlsiegs des Bülow-Blocks im Februar 1907 artikulierten nicht nur einen bürgerlich-nationalen Konsens; sie enthielten Kritik an den begrenzten Möglichkeiten, diesen Konsens des staatstreuen politischen Lagers auch öffentlich darzustellen. Im Hervorheben der Einmaligkeit einer Ansprache des Kaisers an das Volk in der Nacht zum 6. Februar 1907 drückte sich zugleich das Unbehagen an der „sonst üblichen Distanz zwischen Nation und Krone" aus.[23] „Die Zeit des Blocks", formulierte die *Kölnische Zeitung* bedeutungsschwer, „soll eine Zeit sein, wo man der Monarchie froh wird und wo auch der Monarch seines Volkes froh wird", um warnend hinzuzufügen, „es wird gut sein, dafür zu sorgen, daß Monarch und Regierung nicht bedauern, sich mit dem ‚Volke' und den Parteien in dieser Weise eingelassen zu haben".[24] Übersetzt bedeutete dies, daß politisch-publizistische Unterstützung lediglich auf Abruf gewährt wurde.

Derartige Kommentare machten aber nicht nur eine räumliche Distanz zwischen „Nation und Krone" aus, sondern zunehmend auch eine inhaltliche. Diese Feststellung rekurrierte zwangsläufig auf die kaiserlichen Reden. Dabei ging es weniger um imperiale faux pas als um die Behauptung, der Kaiser stelle sich durch seine Äußerungen in einen Gegensatz zur Mehrheitsmeinung. Die Reaktionen auf zwei dieser Reden und ein veröffentlichtes Gespräch unterstreichen diesen Befund.[25] Angefangen mit dem bald als ‚Schwarzseherrede' berüchtigten kaiserlichen Diskussionsbeitrag vom 8. September 1906 in

---

21 BAL, R 8034 II (RLB-Archiv), Bd. 4010, Blatt 37 ff. Ein Artikel vom 18. Mai 1908 beklagte unter der Überschrift „Romantik", daß das zunehmend romantische Gehabe Wilhelms II., wie im Fall der Hohkönigsburg sichtbar, ein Resultat seiner Enttäuschungen über die Lücke zwischen eigenem Anspruch beim Regierungsantritt und den diesem nicht entsprechenden Ergebnissen sei. Auch das Volk sei enttäuscht. Mittelalterlich-romantische Veranstaltungen sollten zugunsten einer Realpolitik beschränkt werden. Vgl. ebd., Blatt 45.

22 Wegen der Ablehnung des Nachtragshaushalts für eine Verstärkung der Kolonialtruppen in Deutsch-Südwest-Afrika löste Bülow am 13. Dezember 1906 den Reichstag auf und beraumte Neuwahlen, die sogenannten „Hottentottenwahlen", an. Eine Reichstagsmehrheit, der Bülow-Block, ermöglichte die parlamentarische Rückendeckung für die Regierung des Kanzlers. Zur Wahl 1907, Wählerbewegungen und der Strategie der Regierung: Jonathan SPERBER, The Kaiser's Voters. Electors and elections in Imperial Germany, Cambridge 1997, S. 240 ff.

23 LINDENBERGER, Straßenpolitik, S. 365.

24 ‚Die Mischung der Stände', Kölnische Zeitung, 7. März 1908, (Nr. 242).

25 Nicht behandelt wird die martialische Döberitzer Rede von 1908, die ein extrem negatives Echo hervorrief. Vgl. BAL, R 8034 II (RLB-Archiv), Bd. 4010, Blatt 80 ff.

Breslau, bilden alle drei Wortmeldungen Beispiele einer eigentümlichen Mischung aus der Einforderung einer positiven Haltung gegenüber der Reichsentwicklung und einer selbst für wilhelminische Verhältnisse ungewöhnlichen Herausstellung monarchischer Subjektivität.[26] Während in der ‚Schwarzseherrede' das erste Motiv bestimmend und die Reaktionen überwiegend ablehnend waren, zeigte sich im Gespräch Wilhelms II. mit dem Schriftsteller Ludwig Ganghofer vom 12. November 1906 und in der Münsteraner Rede vom 31. August 1907 ein Herrscher, der öffentlich und mit viel Zustimmung über sein Innenleben reflektierte und dabei Ansätze einer selbstkritischen Haltung erkennen ließ.[27]

Im Gespräch mit Ganghofer erklärte Wilhelm II., man müsse „immer wieder mit neuem Vertrauen an die Menschheit und an das Leben herantreten", und wandte sich gegen die „Reichsverdrossenheit." Anschließend fuhr der Kaiser fort, im Stile einer Homestory die „Art und Weise, wie er täglich arbeite", zu schildern, zu erläutern, „wie ihn oft die Fülle und Schwere der Pflichten und Arbeiten, die auf ihn herabstürmten, schwer ermüden", sowie Details aus seinem Familienleben wiederzugeben.[28] Selbst gegenüber dem Monarchen distanzierte Zeitungen wie das *Berliner Tageblatt* hoben den individuellen Charakter des Gesprächs lobend hervor. Allerdings beharrte der Kommentator des *Tageblatts* darauf, daß Skepsis und Mißtrauen die in der Politik angebrachten Geisteshaltungen seien.[29]

Derartige Bedenken fehlten vollständig im enormen Presseecho auf die Münsteraner Rede.[30] Wilhelm II. bekannte: „Ich habe in Meiner langen Regierungszeit – es ist jetzt das zwanzigste Jahr, das ich angetreten habe – mit vielen Menschen zu tun gehabt und habe vieles von ihnen erdulden müssen, oft unbewußt und leider auch bewußt haben sie Mir bitter weh getan. Und wenn Mich in solchen Momenten der Zorn übermannen wollte und der Gedanke an Vergeltung aufstieg, dann habe ich Mich gefragt, welches Mittel wohl das geeignetste sei, den Zorn zu mildern und die Milde zu stärken. Das einzige, was ich gefunden habe bestand darin, daß ich Mir sagte: Alle Menschen sind wie Du, und obgleich sie Dir wehe tun, sie sind Träger einer Seele aus den lichten Höhen, von oben stammend, zu denen wir einst wieder zu-

---

26 Anläßlich eines Festmahls für die Provinz Schlesien erklärte Wilhelm II.: „Den Lebenden gehört die Welt, und der Lebende hat recht. Schwarzseher dulde ich nicht, und wer sich zur Arbeit nicht eignet, der scheide aus, und wenn er will, suche er sich ein besseres Land." Vgl. JOHANN, Reden, S. 113 ff. Zum Echo der Rede: ebd., S. 148 f. und ZIPFEL, Kritik, S. 114. Vgl. zu den Topoi der Rede auch schon die Rede: ‚Das deutsche Volk in Waffen' (26. Oktober 1905), in: JOHANN, Reden, S. 113.

27 Eine Erläuterung des Hintergrundes des Ganghofer-Gesprächs findet sich bei Johann, Reden, S. 117 ff. Das Gespräch wurde zunächst durch die *Münchner Neuesten Nachrichten*, anschließend durch fast alle großen Zeitungen zumindest in Ausschnitten reproduziert. Die Münsteraner Rede hielt Wilhelm II. anläßlich eines Festmahls für die Provinz Westfalen.

28 JOHANN, Reden, S. 116 ff.

29 Paul Michaelis, ‚Politische Wochenschau', Berliner Tageblatt, 25. November 1906, (Nr. 599).

30 Die Ausschnittsammlung des Reichslandbundes enthält mehr als hundert Artikel zum Thema. BAL, R 8034 II (RLB-Archiv), Bd. 4009, Blatt 98 ff.

rückkehren wollen und durch ihre Seele haben sie ein Stück ihres Schöpfers in sich. Wer so denkt, der wird auch immer milde Beurteilung für seine Mitmenschen haben. Wäre es möglich, daß im deutschen Volke dieser Gedanke Raum gewänne für die gegenseitige Beurteilung, so wäre damit die erste Vorbedingung geschaffen für eine vollständige Einigkeit."[31]

Diese Äußerungen, an deren „tiefgehende[r] Wirkung"[32] und Signifikanz von allen Kommentatoren kein Zweifel geäußert wurde, galten als Einladung, die Persönlichkeit des Kaisers, der schließlich „seinen monarchischen Beruf ganz persönlich"[33] interpretiere, ohne Zurückhaltung zu diskutieren. Nach den Enthüllungen über die kaiserliche Umgebung drei Monate zuvor konnte die Münsteraner Beichte außerdem als Eingeständnis eines überforderten Monarchen gewertet werden. Hierin liegt die eigentliche Bedeutung der Rede und der Grund für ihre hohe Beachtung. Der Monarch suchte nun, so die idealisierte Version, den Kontakt zu seinem Volk, von dem er nicht nur bisher durch unbefugte Kräfte getrennt gewesen war, sondern dessen Hilfe es ihm erst ermöglicht hatte, den Charakter dieser Dunkelmänner zu durchschauen.

Offensichtlich war es gerade dieses Thema, das dem emotionalen Ausbruch des Monarchen Bedeutung zukommen ließ. Die nahezu konsensuale Beurteilung des Ereignisses faßte der Kommentator der *Täglichen Rundschau* zusammen. Man habe „zum ersten Male den Eindruck gewinnen dürfen, daß der Kaiser, der unter dem freimütigen, früher undenkbaren Eingeständnis begangener Fehler jetzt nur noch eine unbefangenere, gerechtere Beurteilung fordert, sich auf der eisigen Höhe des Thrones einsam fühlte, daß er aus dem schwülen Dunstkreise höfischer Schmeichler eine Art Flucht in die Öffentlichkeit unternahm, um sich dem Herzen der Nation wieder zu nähern, und daß er jetzt auch den Wert loyalen Widerstandes, die Berechtigung einer unabhängigen öffentlichen Meinung erkennt und um ihre Anerkennung wirbt." Konsequenterweise ergänzte der Kommentator seine Beobachtung um die Feststellung, daß dem kaiserlichen Bekenntnis ein Umschwung der öffentlichen Meinung zu seinen Gunsten folgte.[34]

Aus der konstatierten neuen Einsichtigkeit kaiserlicher Wortmeldungen leiteten die Kommentatoren parteiübergreifend einen Lernprozeß des Monarchen ab, der ihn wieder näher an das Volk heranführen würde. Neu sei ein „Selbstbekenntnis, welches den auf höchster Warte stehenden Monarchen uns menschlich so nahe bringt, [...] daß wir alle uns über solche ergreifende Offenheit nicht genug freuen können", hieß es im *Tag*.[35] Dieses Bekenntnis sei „ergreifend, [...] weil es gerade hier in so eigenartigem Gegensatz steht zu der Auffassung, die sonst wohl aus den Kaiserreden zu uns drang".[36] Die Bedeu-

---

31 JOHANN, Reden, S. 120 ff.

32 Die Kaiserrede in Westfalen, in: Deutsches Adelsblatt 25 (1907), S. 465-466.

33 Die Kaiserrede in Münster, in: Die Grenzboten 66 (1907), S. 541-544.

34 F. St. V., Der Kaiser nach zwanzigjähriger Regierung, Tägliche Rundschau, 14. Juni 1908, (Nr. 275).

35 Militäroberpfarrer R. Falke, ‚Der religiöse Standpunkt unseres Kaisers', Der Tag, 6. September 1907.

36 Spectator, ‚Alle sind Menschen wie Du', Der Tag, 31. September 1907.

tung der Rede liege vor allem darin, daß „Kaiser Wilhelm in ihr ein fesselndes Bekenntnis ablegt über die Art wie er seinen Herrscherberuf auffaßt". Man könne sich des „Eindrucks nicht erwehren, als sei im Wesen unseres Kaisers eine tiefgründige Wandlung" vor sich gegangen. So habe er noch nie zu seinem Volke gesprochen. Der Monarch bitte förmlich, daß man ihm und „seinem ehrlichen Wollen Vertrauen entgegenbringe, daß man seiner rastlosen Mitarbeit am Wohle des Vaterlandes keine Hindernisse in den Weg lege".[37] Wiederum, wie bei den massensuggestiven Ereignissen des Februars 1907, wurde durch die überschwenglich positive Deutung eines Einzelfalls auf ein generell empfundenes Problem aufmerksam gemacht. Das Diskussionsfeld verengte sich immer mehr auf die Person des Monarchen. Ganghofer-Gespräch und Münsteraner Rede bieten markante Beispiele für die Individualisierung des Monarchiediskurses.[38] Die Reaktionen auf diese monarchischen Wortmeldungen belegen darüber hinaus, daß die Vorstellung, der Monarch müsse sich konsequent der öffentlichen Meinung unterordnen, nicht nur die politische Linke vertrat, sondern Kommentatoren aller Parteirichtungen im Konsens. Der Kaiser erschien nun nicht mehr als definitionsmächtiger Herr über die politische Agenda, sondern degenerierte zum lediglich passiven Part eines ständigen Abgleichungsprozesses zwischen öffentlicher Meinung und Monarchen.

2. Problembeschreibung: Bilanzierungen und neue Konzepte

Eine vermeintliche Annäherung des Monarchen an die öffentliche Meinung konnte nur vor dem Hintergrund erheblicher Unzufriedenheit mit Enthusiasmus begrüßt werden. Tatsächlich beförderten die beschriebenen politischen Probleme eine Krisenrhetorik, die spätestens Ende 1906 – das Debakel Preußens von 1806 drängte sich als Referenzpunkt auf – eine erhebliche Eigendynamik entwickelte.[39] Im November 1906 – dem Zeitpunkt der ersten Invektiven Hardens gegen Eulenburg – stellten die *Hamburger Nachrichten,* ehemals Zentralorgan der Bismarckschen Fundamentalinvektiven gegen den ‚Neuen Kurs', fest: „Wir entsinnen uns kaum einer Zeit, in der eine derartige Unzufriedenheit geherrscht und so offen zum Ausdruck gebracht worden wäre, wie es jetzt der Fall ist."[40] Im selben Monat führte das *Berliner Tageblatt* die ebenfalls konstatierten – wenn auch nicht spezifizierten – Krisensymptome direkt auf die Person des Kaisers zurück. Bei dessen fortgeschrittenem Alter sei mit einer „Besserung" nicht mehr zu rechnen. Gefordert wurde daher eine große parlamentarische Aussprache über die Lage des Reiches, die zwangs-

---

37 ‚Wochenschau', Kirchhainer Landzeitung, 7. September 1907, (Nr. 201).

38 Vgl. KOHLRAUSCH, Individuum, S. 263.

39 Entsprechend beliebt waren Vergleiche der politischen Situation mit der von 1806. Vgl. die Reden Bassermanns Anfang November 1906 in Wiesbaden und Saarbrücken, in: ZIPFEL, Kritik, S. 122. Die Heilungsvorschläge seien allerdings extrem disparat, beklagte der Artikel: ‚Matthäi am – vorletzten', Berliner Tageblatt, 8. November 1906, (Nr. 569).

40 Zit. nach ZIPFEL, Kritik, S. 122.

läufig ergeben würde, daß es eines „Regulators" bedürfe.[41] Gleichzeitig erscheinende Artikel, die das Verhältnis des Kaisers zur Presse diskutierten, artikulierten diesen Problemdruck.[42]

Noch stärker als die Zeitungspublizistik zeigen sogenannte „Kaiserbücher", wie eine anschwellende Krisenrhetorik den Monarchen erfaßte. Gemeint sind Bücher, die vorrangig die Person Wilhelms II. behandeln, dabei aber weder klassische Biographien noch gewöhnliche politische Analysen darstellen, vielmehr beide Genres miteinander verbinden. Zwischen 1904 und 1906 erschienen Abhandlungen gänzlich neuer Qualität über Wilhelm II. von Paul Liman, Ernst Graf zu Reventlow und einem bis heute unbekannten „Schwarzseher".[43] Diese fanden zunächst breite Beachtung, indem sie Insiderinformationen in einer bis dato ungewohnten Offenheit ausbreiteten, sowie in publikumsträchtiger Weise zuvor nur untergründig formulierte Kritik an Wilhelm II. strukturierten und in schlagwortartige Begriffe übersetzten. Auf diese Weise erweiterte sich nicht nur der Rahmen des Diskurses über Wilhelm II. erheblich, sondern die Autoren stellten auch ein Set von Referenzpunkten für die Ende 1906 einsetzende Debatte über den Monarchen bereit.

Ihrer Form nach lassen sich die drei Beiträge allenfalls mit Naumanns vielbeachtetem *Demokratie und Kaisertum* vergleichen.[44] Limans Buch, das bezeichnenderweise weit mehr als Naumanns auf die Person des Monarchen abstellte, kann sogar als ein Anti-Naumann verstanden werden. Indirekt attestierte dies auch Naumann selbst in seiner Besprechung des Bandes. Li-

---

41 ‚Spannung – Überspannung – Entspannung', Berliner Tageblatt, 12. November 1906, (Nr. 576). Die Tendenz ging zudem dahin, eine stärkere Zurückhaltung des Monarchen anzumahnen. Die Zurückhaltung des Kaisers sei die Voraussetzung für den Erhalt der Monarchie. Typisch hierfür der Artikel: ‚Matthäi am – vorletzten', Berliner Tageblatt, 8. November 1906, (Nr. 569). Diese Forderung war weit verbreitet, auch bei Kommentatoren der Rechten. Vgl. LIMAN, Kaiser, S. 41, REVENTLOW, Byzantiner, S. 86 f.

42 Vgl. Abschnitt II.D.

43 Liman und Reventlow traten beide als Zeugen Hardens in den Kamarillaprozessen auf. Beide galten als Bismarckianer, die den Ex-Kanzler persönlich gekannt hatten, beide waren Mitglieder der Alldeutschen, Reventlow in herausgehobener Position. Im Gegensatz zu Reventlow war Liman allerdings als Person umstritten und wurde insbesondere nach seinen Aussagen in der Eulenburg-Affäre in Frage gestellt. Zu diskreditierenden Details über Paul Liman vgl. ‚Der Fall Liman', Berliner Tageblatt, 2. Januar 1908, (Nr. 2). Zu Reventlow vgl., allerdings wenig ergiebig, Horst BOOG, Graf Ernst zu Reventlow (1869-1943). Eine Studie zur Krise der deutschen Geschichte seit dem Ende des 19. Jahrhunderts (Phil. Diss.), Heidelberg 1965.

44 Limans Studie erschien erstmals 1904 und durchlief diverse Auflagen. Vgl. auch noch die ebenfalls 1904 anonym erschienene, allerdings vergleichsweise wenig rezipierte Parodie auf Liman: ‚Nur nichts gegen die Regierung' (‚Otto Honigmund, Geh. Oberbeschwichtungsrath z.D., Berlin 1904'). Naumanns Buch kam 1900 auf den Markt und ging zeitgleich mit dem Erscheinen von Limans Werk in die dritte Auflage. Naumann argumentierte allerdings wesentlich allgemeiner. Es ging ihm um das Kaisertum, weniger um die Person Wilhelms II. Im Index finden sich folgerichtig lediglich zehn Verweise auf Wilhelm II. Vgl. NAUMANN, Demokratie und Kaisertum, S. 167 ff. Mehr zur Wirkungsgeschichte desselben: FEHRENBACH, Wandlungen, S. 200 ff. Vgl. auch: Gerd FESSER, Vom Cäsarismus zum Parlamentarismus. Friedrich Naumanns Haltung gegenüber Kaiser Wilhelm II., in: Jahrbuch für Liberalismus-Forschung 11 (1999), S. 149-157.

man lieferte demnach eine „Photographie bei grauer Gesamtbeleuchtung“, welche „kalt, kalt bis ins Herz hinein“ dem Kaiser Sympathie entziehe.[45] Tatsächlich präsentierte Liman die Bilanz einer gescheiterten Selbsttäuschung über Wilhelm II. Alle Handlungen des Kaisers, dessen übertriebenen Herrscherwille und Geltungssucht, erklärte Liman aus dessen „Persönlichkeit“.[46] Mit Hilfe eines pseudopsychologischen Instrumentariums und Vokabulars leitete Liman aus seinen Befunden einen „innerliche[n] Gegensatz zwischen Kaiser Wilhelm II. und seinen Zeitgenossen“ ab.[47] Auch Liman sah den Kaiser nunmehr in einer grundsätzlichen Bringschuld gegenüber dem Volk. Zwar sei der Monarch der „Mann, der allein Führer sein kann“. Jedoch bedürfe es nunmehr des „vollen Vertrauens des Volkes zu seinem Führer [...] Kaiser und Volk müssen frei sein und dennoch in Einmut zusammenfinden.“ Die mittlerweile erreichte Mündigkeit des Volkes erfordere einen weniger selbstgerechten Herrscherstil. Das Volk folge „willig seinem König“, aber es wolle „überzeugt sein“.[48]

Zwei Jahre nach Limans Buch erschien, nahezu gleichzeitig mit den vielbeachteten Erinnerungen Chlodwigs von Hohenlohe, Reventlows *Kaiser Wilhelm II. und die Byzantiner*.[49] Weniger radikal, zumindest aber subtiler im Stil als Liman, stellte auch Reventlow Wilhelm II. in den Mittelpunkt seiner Analyse. Reventlows Kaiserbuch läßt sich als rechte Antwort auf den Wandel der medialen Bedingtheit von Politik kennzeichnen. Objekt der Kritik Reventlows war aber in erster Linie der „Byzantinismus“, dem der Autor sich in einem populärwissenschaftlichen Jargon näherte. Reventlow definierte Byzantinismus als ein „krankhaftes Verhältnis zwischen Herrscher und Volk“. Byzantinismus sei ein Zustand, nicht aber „die Gesinnung oder Äußerung einer solchen“; somit sei er immer vorhanden.[50] Selbstverständlich konnte der Monarch an diesem Dilemma nicht unschuldig sein. Reventlow erkannte Wilhelms II. Verantwortung vor allem in dessen charakterlicher Disposition, die dem Byzantinismus entgegenkomme.[51] Andererseits erhöhe die Disposition des Monarchen die Verantwortung der kaiserlichen Umgebung. Diese versage weniger durch direkte Beeinflussung als durch einen Mangel an Härte und

---

45 „Es ist eine Sammlung von Einzelmomenten von fast peinlicher Vollständigkeit. Alle Worte Wilhelms II., die irgendwann unsere Nerven getroffen haben, werden hier wieder frisch. Alle kleinen und großen Stöße, die er irgendwie den verschiedenen Berufsschichten und Geistesrichtungen versetzt hat, alle vergessenen Einzelheiten aus den nun 16 Jahren werden wach.“ Zit. nach: ZIPFEL, Kritik, S. 111.

46 LIMAN, Kaiser, S. 30.

47 LIMAN, Kaiser, S. 2 ff.

48 LIMAN, Kaiser, S. VI f., 9 und 12.

49 Offensichtlich überrascht vom Erscheinen der Hohenlohe-Erinnerungen stellt Reventlow seinem Text eine Bemerkung bezüglich derselben voran. Hier betont er, daß seine Schrift schon vor deren Erscheinen abgeschlossen wurde. Diese gäben ihm aber keinen Anlaß, sich zu korrigieren, sondern bestätigten ihn vielmehr. REVENTLOW, Byzantiner, Vorwort.

50 REVENTLOW, Byzantiner, S. 121 und 1 ff.

51 REVENTLOW, Byzantiner, S. 123.

Prinzipientreue. In der Nähe des Kaisers dürfe kein Platz für einen „geschmeidigen Mann" sein.[52]

Mit diesem Argument begründete Reventlow auch seine Forderung nach einer offenen und effektiven Kritik des Herrschers durch die Presse. Hiermit verband er eine scharfe Abrechnung mit der öffentlichen Meinung, die sich allzu häufig in reiner Hofberichterstattung erschöpfe. Indem aber suggeriert werde, das Volk befinde sich weit jenseits dieser „hohen Sphäre", fühle es sich „unfähig und unberufen [...] zu einer Kritik, ja zum Verständnis überhaupt".[53] Dabei sei der Kaiser „gegen die öffentliche Stimmung im Reich keineswegs unempfindlich", werde aber durch die Byzantiner von einer realistischen Wahrnehmung derselben abgehalten. Dies sei um so bedauerlicher, als gerade die „überzeugten und phrasenfreien Monarchisten" ein hohes Ansehen des jeweiligen Kaisers im ganzen Volke für die Grundlage eines „gedeihlichen Zusammenwirkens" hielten. Die Betonung müsse aber auf dem Zusammenwirken liegen. Eine einseitige Ausrichtung am Interesse des Monarchen sei nicht mehr vorstellbar und auch nicht wünschenswert. Noch stärker als Liman betonte Reventlow das Primat der Öffentlichkeit: „Mag auch die große Masse [...] weit von einem Eindringen in die Verhältnisse entfernt sein, was sie aber fühlt, ist, daß sie durch jene offiziöse Verschleierungspolitik ferngehalten wird und man sie nicht würdigt, an den großen Sorgen teilzunehmen [...]".[54]

Reventlows analytisch anspruchsvolles Buch lieferte vor allem Schlagworte für die kommenden Debatten; sein unmittelbares Echo blieb jedoch begrenzt.[55] Darin unterschied es sich vom nahezu zeitgleich erschienenen ‚Schwarzseherbuch'.[56] Die Kritik an Wilhelm II. als Person fiel hier deutlicher, heftiger und plakativer aus als bei Reventlow und war reizvoll mit Enthüllungen aus dem innersten Machtzentrum gewürzt, die in dieser Form weder Reventlow noch Liman liefern konnten.[57] Alle wichtigen Zeitungen brachten daher die delikatesten Auszüge und stellten Vermutungen über Iden-

---

52 Als ein solcher hatte sich Eulenburg gesehen. REVENTLOW, Byzantiner, S. 45.

53 REVENTLOW, Byzantiner, S. 125 f. und 129.

54 REVENTLOW, Byzantiner, S. 33, 83 und 69 f.

55 Eine positive Besprechung findet sich bei: Adolf Stein, Antibyzantiner, in: Der Deutsche 5 (1906), S. 129-134.

56 Vgl. KOSZYK, Presse, S. 261. Im Nachwort der Nachkriegsausgabe berichtet der ‚Schwarzseher', daß sein Buch im Bürgertum großen Anklang gefunden habe. Bemerkenswert ist zumindest die Zustimmung Naumanns. Vgl. Die Hilfe 12, 1906 (Nr. 50). Rogge sieht im ‚Schwarzseherbuch' einen wichtigen Hintergrund für das spätere skandalisierende Hervortreten Hardens mit dem Artikel ‚Präludium'. ROGGE, Holstein und Harden, S. 99 ff.

57 Schon allein aus diesem Grund ist es nicht verwunderlich, daß der ‚Schwarzseher' auch für Eingeweihte unbekannt blieb. Nach Mitteilung Bülows war der Verfasser ein Publizist namens Nebel, der im Auswärtigen Amt verkehrte, Bülow aber persönlich nicht bekannt gewesen sei. BÜLOW, Denkwürdigkeiten III, S. 238. Rogge vermutet einen Insider als Autor und berichtet über Spekulationen der Zeitgenossen über die Autorschaft des französischen Botschafters Jules Chambon. Vgl. ROGGE, Holstein und Harden, S. 100 ff.

tität und politische Orientierung des Verfassers an, die wiederum die mediale Aufmerksamkeit erhöhten.[58]

Inhaltlich ging das Buch weit über eine bloße Polit-Kolportage hinaus. Der Verfasser beschrieb ausführlich ein Kommunikationsproblem zwischen Monarch und Volk und leitete hieraus ungewöhnlich konkrete Forderungen ab. In der Einleitung rechtfertigte sich der ‚Schwarzseher', er habe sich zu dieser radikalen Auseinandersetzung entschlossen, weil er – hierin Quidde auffällig ähnlich – „den festen, treuen Glauben habe, daß es noch nicht zu spät ist für die, denen mein Mahnwort gilt, für das deutsche Bürgertum".[59] Der anonyme Verfasser konstruierte einen für den Eulenburg-Skandal sehr wichtigen Zusammenhang. Insofern als es sich bei Wilhelm II. um eine in hohem Maße problematische – d.h. vor allem beeinflußbare – Persönlichkeit handele, komme der Öffentlichkeit eine besondere Verantwortung zu. Wilhelm II. lasse sich nur verstehen, „wenn man die Überzeugung des Gottesgnadentums in Rechnung" stelle. Dieses „Bewußtsein" mache den Kaiser „jeder Kritik, ja schon jeder direkten Einrede unzugänglich." Deshalb resultiere nur ein begrenzter Gewinn aus persönlichen Kontakten und dem Umgang mit Beratern. Die Entfremdung zwischen dem Monarchen und der Nation nehme von Tag zu Tag zu, weil es „nachgerade fast unmöglich geworden ist, dem Kaiser ein abgerundetes und getreues Bild irgend welcher Stimmungen und Vorgänge, Bestrebungen oder Forschungen, irgend welcher sozialer, wissenschaftlicher oder künstlerischer Erscheinungen zu unterbreiten." Dies sei besonders bedauernswert, weil der Kaiser auf seinen zahllosen Reisen „mit viel mehr intelligenten und unabhängigen Männern" zusammenkomme als andere moderne Herrscher.[60]

Wenn die öffentliche Meinung, die auch hier als zentrale Instanz ins Spiel gebracht wird, die der Kaiser aber geradezu grundsätzlich zu brüskieren scheine, Einfluß auf den Herrscher gewinnen wolle, dann bleibe ihr nichts übrig, „als ihn da zu treffen, wo er sterblich ist." Wilhelm II. sei nicht nur „von seinen bezahlten und unbezahlten Schranzen", er sei auch von der „öffentlichen Meinung ganz enorm verwöhnt worden". Getragen von der „Liebe und

---

58 In dem Artikel ‚Sorgen eines Schwarzsehers', Berliner Tageblatt, 14. November 1906, (Nr. 580), auf der Titelseite, ordnete die Zeitung den anonymen Verfasser den Alldeutschen zu. Holstein schrieb an Harden am 19. November 1906: „Wo mögen wohl die ‚Deutschen Sorgen' entstanden sein? Alle Zeitungen bringen Auszüge. Die ‘Tägliche Rundschau' vermutet als Verfasser einen ‘hervorragenden Politiker'. [...] Deshalb eben interessiert mich die Frage nach dem wirklichen Ursprung jener Sensationsbroschüre, die übrigens, nach den Bruchstücken zu urteilen, in elegantem, hochmodernem Stil geschrieben ist. Für meine gemäßigten Anschauungen zu demokratisch, obwohl das Wort ‘konservativ' demonstrative Verwendung findet." Harden, wie er am 24. November an Holstein schrieb, wurde als Verfasser ein gewisser Schmeling genannt. Nach seinem Brief vom folgenden Tage war es ein Oberstleutnant a.D. von Wartenberg. Am 22. November schrieb Holstein an Harden: „Nachdem ich etwa ein Viertel von ‘Deutsche Sorgen' gelesen habe, zweifle ich kaum noch, daß der Verfasser ein höherer Militär ist. Unter denen gibt es mehr als einen, der schreiben kann." ROGGE, Holstein und Harden, S. 104 f.

59 SCHWARZSEHER, Kaiser, IV f.

60 SCHWARZSEHER, Kaiser, 2 ff.

den Hoffnungen Millionen deutscher Herzen durfte er eine beträchtliche Strecke seines Weges zurücklegen, ehe sich der Widerspruch gegen seine Auffassung vom Herrscherberuf in weiteren Schichten seines Volkes regte."[61] Diese Konstellation habe zu der beklagenswerten heutigen Verfassung des Monarchen beigetragen und sei nur durch einschneidende Reformen zu verändern.[62] In diesem Reformkonzept lag der Akzent bezeichnenderweise nicht mehr auf dem Byzantinismusproblem, das durch die konstatierte Beratungsresistenz des Monarchen nicht bedeutungslos, aber zweitrangig wurde, sondern auf der Person des Monarchen.

Unterschiedlich in ihrer Anlage und im Ton, teilen die Kaiserbücher doch wesentliche Gemeinsamkeiten. In ihrer schonungslosen Fokussierung auf die Person des Monarchen zogen sie die Konsequenz aus dessen fortschreitender Individualisierung, wie sie in der Rezeption der gleichzeitigen Kaiserreden zum Ausdruck kam. Diese Individualisierung gewann ihre Explosivität aus der Verbindung mit einem breit reflektierten Krisenbewußtsein, das wiederum immer enger an die Person des Monarchen rückgebunden und massenmedial vervielfacht wurde. Vier Grundargumente der Kaiserbücher bauten auf diese konsensuale Problembeschreibung auf: 1.) Alle Autoren konstatierten eine schwerwiegende politische Krise, deren Grund im Monarchen verortet wurde. 2.) Diese Problembeschreibung war deshalb so dramatisch, weil als sicher galt, daß der Kaiser sich nicht mehr ändern würde. Daher wachse die Verantwortung der Öffentlichkeit und der Entourage. 3.) Unter modernen Bedingungen müsse die Unterstützung des Monarchen immer bedingt bleiben. Das Volk müsse überzeugt werden. Der Volkswille und damit die Öffentlichkeit wurden als entscheidende Instanz in Stellung gebracht und grundsätzlich positiv gesehen. Angesichts des monarchistischen Standpunktes aller drei Autoren stellt dies eine bemerkenswerte Verschiebung dar. 4.) Diese Folgerungen kulminierten in der Zuschreibung überragender – zumindest bei Liman und Reventlow – Bedeutung an den Byzantinismus, der als Kern und Ursache des übergreifend diagnostizierten Kommunikationsproblems zwischen Monarch und Volk galt.

Es muß noch einmal hervorgehoben werden, daß die in den Kaiserbüchern vorgetragenen Argumente keienswegs Gemeingut waren. Sie bildeten vielmehr die gedankliche Avantgarde einer substantielleren und systematischeren Kritik des Monarchen, konnten aber gerade deshalb eine erhebliche Breitenwirkung – vor allem durch die Wiedergabe in Zeitungen - erzielen. Die Kommentare anläßlich zweier herausragender monarchischer Jubiläen im fraglichen Zeitraum belegen diesen Effekt trotz der ihnen inhärenten affirmativen Tendenz.

Nachdem bereits 1906, politisch kaum verwertbar, die Silberhochzeit des Kaiserpaares gefeiert worden war, fielen in den Zeitraum der Eulenburg-

---

61 SCHWARZSEHER, Kaiser, S. 83 ff.

62 SCHWARZSEHER, Kaiser, S. 177. Im Schlußpassus des Werkes konstruiert der ‚Schwarzseher' eine Reform, allerdings unter verstärkter Partizipation vor allem des Bürgertums.

Affäre Wilhelms II. 49. Geburtstag am 27. Januar 1908 und sein zwanzigjähriges Regierungsjubiläum am 16. Juni 1908. Gerade letzteres, wiewohl nicht offiziell begangen, bot symbolträchtig Anlaß, die Zeitspanne, die „Kaiser und Volk" nun „beisammen" waren, zu reflektieren und zu bilanzieren.[63] Ein frappierender, vielbeachteter Artikel von Rudolf Borchardt in den *Süddeutschen Monatsheften*, eines „der merkwürdigsten Dokumente [...], die die Geschichte des Geistes kennt", verdeutlicht dies.[64] Abgesehen von den naheliegenden Jubiläen gebe es, so Borchardt, eine natürliche Notwendigkeit für eine Bilanzierung. Nach zwanzig Jahren präsentiere sich ein fertiges, wenn auch noch verschwommenes Bild des Monarchen. Eine Änderung seines Charakters sei nicht mehr zu erwarten. Der Mann, „der seit zwei Jahrzehnten angesichts der Menschheit den Typus des Jungen Königs mit der ganzen Gewalt über ‚die dunklen Gefühle'" darstelle, sei in die „stilisierende Phantasie der Völker" aufgenommen, durch diese „umgestaltet und festgestellt" worden. Der Typus des „Jungen Königs" als wesentliches Merkmal eines herausragenden Individuums diente Borchardt als wesentlicher Erklärungsansatz.[65]

Borchardt ging es um eine grundlegende Neuinterpretation der kaiserlichen Person als Gegenentwurf zu „demjenigen Teil der Nation, der sich als Literatur und Presse, d.h. auch als konsumfähiges Publikum zu äußern im Stande ist," und zum Kaiser „in einem mehr oder minder verhehlten, sehr vielfach

---

63 Zitiert nach: Adolf Stein, Der Kaiser als Problem, in: Der Deutsche 8 (1908), S. 353-357. Vgl. allgemein: BAL, R 8034 II (RLB-Archiv), Bd. 4010, Blatt 67 ff. Zur Uneinheitlichkeit der Argumentation und offensichtlichen Unsicherheit, wie auf das Jubiläum zu reagieren sei, vgl. ‚Die Presse über den Kaiser', Deutsche Tageszeitung, 15. Juni 1908, (Nr. 276).

64 Werner KRAFT, Rudolf Borchardt. Welt aus Poesie und Geschichte, Hamburg 1961, S. 407. Der Artikel von Borchardt, damals kein Unbekannter mehr, fand breites Interesse. In der *Hamburger Correspondenz* hieß es bereits vor dessen Publikation: „In dem nächste Woche erscheinenden neuen Heft der Süddeutschen Monatshefte unternimmt es Rudolf Borchardt, eine psychologische Analyse Kaiser Wilhelms II. zu geben. Die vorsichtig abwägende Art, in der er sich der schwierigen Aufgabe unterzieht, die durch keinerlei Parteirücksichten getrübte Sachlichkeit, mit der er sie durchführt, sichern dem Essay das Interesse weiter Kreise." ‚Der Kaiser', Hamburger Correspondenz, 23. August 1908, (Nr. 428). Zu Borchardts politischem Profil vgl. Johannes SALZWEDEL, ‚Einblick ins All, durch Liebe die es schuf'. Rudolf Borchardt, Preuße auf verlorenem Posten, in: Bahners/Roellecke (Hg.), Stile, S. 393-405. Der kurze Hinweis auf den Kaisertext, der das Amt der kaiserlichen Person „zum Trotz" verteidige, läßt sich allerdings nicht nachvollziehen. Vgl. ebd., S. 400. Vgl. zu dem Aufsatz auch die Interpretation von Hartmut ZELINSKY, Das Reich, der Posteritätsblick und die Erzwingung des Feindes. Rudolf Borchardts Aufsatz 'Der Kaiser' aus dem Jahr 1908 und seine Wende zur Politik, in: Ernst Osterkamp (Hg.), Rudolf Borchardt und seine Zeitgenossen (Quellen und Forschungen zur Literatur- und Kulturgeschichte, 10), Berlin 1997, S. 281-333.

65 Programmatisch stellte die Redaktion dem Artikel die Begründung voran: „Indes er [Wilhelm II., M.K.] heut so einsam wie je über die Grenze weg in die zweite Hälfte des Daseins hinüberschreitet, beschließt diese Zeitschrift, ihren Absichten Deutlichkeit und dem Moment der Entwicklung, den sie selbst erreicht hat, einfach dadurch Nachdruck zu geben, daß sie ihn darstellt." Rudolf Borchardt, Der Kaiser, in: Süddeutsche Monatshefte 5 (1908), S. 237-252, hier S. 238.

abgestuften Widerspruche" stehe.[66] Borchardts Aufsatz ist deshalb so aufschlußreich, weil er ausdrücklich gegen die Kritik des Mainstreams der Intellektuellen am Kaiser gerichtet war. Gleichsam auf einer Metaebene attackierte der Schriftsteller die Voraussetzungen, unter denen jene argumentierten.[67] Indem Borchardt die Argumente einer kritischen Öffentlichkeit umkehrte, bestätigte er deren Relevanz.

In realistischer Einschätzung der massenmedialen Gesetzmäßigkeiten erwarb sich Borchardt durch die bewußt gewählte Außenseiterstellung eine inhaltlich nur bedingt gerechtfertigte Aufmerksamkeit. Da jedermann sich für „unabhängig" erkläre und gegenüber dem Kaiser kritisch eingestellt sei, bedürfe es „selbstständiger und männlicher" Individuen.[68] Das wahre Bild Wilhelms II. habe nichts zu tun mit „der blinden Verstockung der Herzen in der Heimat und der halb gleisnerischen, halb frechen Bemängelung seiner Art, der festgewordenen Form, mit der die niedergehaltene Gemeinheit sich gegen seine unbequeme Großartigkeit" auflehne.[69] Der Kaiser sei als geistiges Phänomen zu begreifen; er wird entsprechend als außergewöhnliches Individuum in vielfachen Brechungen präsentiert und als solches gerechtfertigt.[70] Daß Borchardt seinen Aufsatz direkt an die Zielgruppe intellektueller Kaiserdeuter adressierte, belegt die neue Qualität publizistischer Monarchiedeutung.

Borchardt erklärte es privat als seine ritterliche Pflicht, dem Monarchen „unter dem Eindrucke der schauerlichen Eulenburg Angelegenheit" die Treue zu halten, und das hieß, die Treue öffentlich zu zeigen. Der Kunstgriff, auf den Borchardt all dies aufbaut, ist vielsagend. Patrick Bahners hat darauf aufmerksam gemacht, daß Borchardt die „evolutionistische Idee eines Zeitgemäßen als des einzigen Kriteriums für die Angemessenheit einer politischen Handlung, die durch Abstimmung oder durch das Urteil der öffentlichen Meinung bestätigt wird", verwarf.[71] Borchardt zeichnet seismographisch die Problemlagen der wilhelminischen Monarchie im Jahr 1908 nach. Neben dem Kriterium der Zeitgemäßheit, d.h. des Primats der öffentlichen Meinung, negierte er eine zweite verbreitete Voraussetzung der Kaiserbeurteilung, nämlich das Leistungsparadigma. Wiederum privat räumte er ein, „die politischen Leistungen des Kaisers" könnten es „bisher an äußerer Profilkraft" mit denen

---

66 Rudolf Borchardt, Der Kaiser, in: Süddeutsche Monatshefte 5 (1908), S. 237-252, hier S. 240. Der Artikel erwähnte namentlich Gustav Landauers, Gerhard Hauptmanns, Stefan Georges und Karl Kraus' Kritik an Wilhelm II. Rudolf Borchardt, Der Kaiser, in: Süddeutsche Monatshefte 5 (1908), S. 237-252, hier S. 237

67 KRAFT, Borchardt, S. 407.

68 KRAFT, Borchardt, S. 410.

69 Rudolf Borchardt, Der Kaiser, in: Süddeutsche Monatshefte 5 (1908), S. 237-252, hier S. 238.

70 Der politische Schriftsteller, als der Borchardt sich betrachtet, müsse sich zuvorderst durch Unabhängigkeit auszeichnen, erklärt Rudolf Borchardt, Der Kaiser, in: Süddeutsche Monatshefte 5 (1908), S. 237-252, hier S. 237.

71 Patrick BAHNERS, Der dämonische Mann. Wilhelm II. in Rudolf Borchardts poetisch-politischer Theologie, in: Samerski (Hg.), Religion, S. 13-58, hier S. 17. Dort auch der Beleg zu Borchardts Reaktion auf den Eulenburg-Skandal.

Friedrichs des Großen nicht „aufnehmen“. Es komme aber auf die „innere Haltung“ an, ein Gedanke, der sich als roter Faden durch den Essay zieht.[72]

Indem er den Topos des Kaisers als – positiv besetzter – problematischer Individualität auf die Spitze treibt, liefert Borchardt ein hervorstechendes Beispiel intellektueller Selbsttäuschung im Angesicht des Monarchen. Er erkannte die Schwächen Wilhelms II., dramatisierte sie aber zu Ergebnissen seelischer Kämpfe. Der Schriftsteller bekannte, daß er Wilhelm „liebt und manchmal fast in der Gefahr ist, ihn schrankenlos zu bewundern“.[73] Konsequenterweise deutet Borchardt daher die „Haltungsfehler des Kaisers zu Zeichen der Auserwähltheit um“. Deutlicher als in der traditionellen Verteidigung der Monarchie und des Monarchen findet sich bereits bei Borchardt die formulierte Hoffnung auf die Lernfähigkeit des Monarchen. Borchardt hielt es Mitte 1908 für notwendig, darauf zu verweisen, daß in Wilhelm II. ein verzehrendes Feuer der „Selbstprüfung und Selbstdurchdringung“ brenne.[74]

Borchardts elitäre Provokation wurde nicht nur in vielen Zeitungen reproduziert und kommentiert, sondern in den *Süddeutschen Monatsheften* selbst scharf zurückgewiesen.[75] Paul Busching betonte dort, daß es viele Deutsche gäbe, „die ihren Kaiser ganz anders ansehen, als Rudolf Borchardt“, und erhob für sich den Anspruch, ein abgewogenes und daher gültiges Portrait Wilhelms II. zu präsentieren.[76] Buschings Bild, und mit ihm das der Mehrheit, sei geprägt durch Wilhelm I. und Friedrich III. Die Erwartung jener „Deutschen“, „die nun seit zwanzig Jahren auf ihren Kaiser gehofft hätten“, sei nicht erfüllt worden und werde „schwerlich noch erfüllt werden“. Was bei Borchardt noch Zeugnis der individuellen Genialität Wilhelms II. war, nämlich daß dieser weitgehend „unverstanden“ bleibe, beschrieb Busching als dessen größtes Manko. Wenn ein „regierender Fürst im 20. Jahrhundert“ sein Volk von der „Richtigkeit und der Überlegenheit seiner Taten“ überzeugen wolle, müsse er „die Gabe besitzen, es weise und vorsichtig zu überreden“. Eben dies sei nicht der Fall: „Tausende von Patrioten“ verstünden den Kaiser nicht. Busching, dem es angeblich schwer fiel, „einzugestehen, daß wir den Weg nicht mehr wissen, auf dem wir uns mit dem Kaiser zusammenfinden“ können, sprach damit das Scheitern der immer wieder eingeforderten Abgleichung zwischen öffentlicher Meinung und Monarch an und diagnostizierte damit ein anscheinend unüberwindbares Kommunikationsproblem.[77]

---

72 Rudolf Borchardt an Alfred Walter von Heymel, 25. Oktober 1908, zitiert nach BAHNERS, Mann, S. 29.

73 Rudolf Borchardt, Der Kaiser, in: Süddeutsche Monatshefte 5 (1908), S. 237-252, hier S. 103.

74 BAHNERS, Mann, S. 44, 39.

75 Vgl. das entsprechende Urteil Harry Graf Kesslers gegenüber Hofmannsthal. BAHNERS, Mann, S. 21.

76 Paul Busching, Der Kaiser, in: Süddeutsche Monatshefte 5 (1908), S. 614-620, hier S. 614. Diese Deutschen, heißt es dort, hätten bisher geschwiegen und sie würden, was sie über den Kaiser denken, weiter für sich behalten haben, wenn nicht Borchardts Aufsatz zur Stellungnahme geradezu herausgefordert hätte.

77 Paul Busching, Der Kaiser, in: Süddeutsche Monatshefte 5 (1908), S. 614-620, hier S. 614 f.

Buschings pessimistische Wertung resultierte aus der Feststellung nunmehr offen eingestandener unüberwindlicher Defizite des Monarchen. Wenn Wilhelm II. darüber klage, daß er einsam dastehe, so sei das die Wahrheit. Der neuerdings wiederholte Vorwurf, man habe ihm nicht die Hand reichen wollen – eine Anspielung auf die Münsteraner Rede –, habe „ihm das tiefe Vertrauen nicht gegönnt", sei unberechtigt. Auch im Schatten der Bismarckverehrung habe sich eine wahre Popularität ausbilden können, aber der Kaiser habe „diesen Schatten selbst dadurch vergrößert, daß er so stumm blieb" und „daß er es nicht der Mühe wert fand, sich dem Volke anzupassen, aus dem er geboren ist". Der „Traum von der geistigen und sittlichen Führung des Volkes durch den Kaiser" werde sich, konstatierte Busching nüchtern, nicht mehr erfüllen. Man werde Wilhelm II. bewundern, wenn er erfolgreich sei. Das „höchste Ziel seiner Arbeit" werde er aber nicht erreichen. Denn hier werbe „einer um Liebe, ohne im höchsten menschlichen Sinne liebenswert zu sein".[78]

Bemerkenswert ist die emotionale und auf das Subjekt Wilhelm II. abhebende Charakterisierung. In seinem skeptischen Blick auf die Qualitäten des Individuums Wilhelm II. teilt Busching zwar nicht die Schlußfolgerung, wohl aber die Grundannahme Borchardts, nämlich die Bedeutung des Charakters. Dies erklärte sich daraus, daß für beide das Verhältnis von Monarch und Volk der Angelpunkt ihrer Argumentation war. Die Nähe bzw. Ferne zwischen beiden wurde zum Gradmesser für den Erfolg der vergangenen zwanzig Jahre kaiserlicher Regierung. Dabei war das Motiv des Nicht-Verstehens zentral. Borchardt und Busching teilten die Diagnose eines massiven Kommunikationsproblems, wenn auch Borchardt die Schuld beim Volk, Busching beim Kaiser suchte.

Um dieses zentrale Thema gruppierte sich der Großteil der Zeitungsartikel zum 49. Geburtstag Wilhelms II. und zu dessen zwanzigjährigem Regierungsjubiläum. Während sich fast alle Kommentatoren darin einig waren, daß das Verhältnis zwischen Monarch und Volk zumindest zeitweise schwer gestört war, sahen einige wenige Anzeichen für einen „Frieden".[79] Dabei konnte nicht nur auf ein vermeintliches Einlenken des Kaisers in der Münsteraner Rede rekurriert werden,[80] sondern vor allem auf die nationalen Sammlungserfolge des vorangegangenen Jahres. Die im folgenden zitierten Beispiele, überwiegend aus der loyalen Publizistik, belegen, wie eine beschwichtigende und abschwächende Wortwahl, trotz des Jubiläums, kaum mehr grundlegende Irritationen verhüllen kann und soll.

---

78 Paul Busching, Der Kaiser, in: Süddeutsche Monatshefte 5 (1908), S. 614-620, hier S. 620. In einer Besprechung des Artikels von Busching hob die *Rheinisch-Westfälische Zeitung* eben diese Charakterisierung als für das Verhältnis des Monarchen zu seinem Volke zutreffend, als „ein hartes, aber mit Notwendigkeit aus objektiver Betrachtung gewonnenes Urteil" hervor. ‚Der Kaiser', Rheinisch-Westfälische Zeitung, 23. Oktober 1908, (Nr. 1110).

79 Dies am deutlichsten bei: Maximilian Harden, 1888, in: Die Zukunft 63 (1908), S. 421-435.

80 Ein direkter, sehr positiver, Bezug auf die Münsteraner Rede etwa in: ‚Zu Kaisers Geburtstag', Deutsche Tageszeitung, 26. Januar 1908, (Nr. 43).

Mit Blick auf die vergangenen zwanzig Jahre urteilte die *Rheinisch-Westfälische Zeitung*, oft seien „die Zeiten trüb“ gewesen und „dunkles Gewölk“ habe zwischen dem Thron und dem Volk, das eines des zwanzigsten Jahrhunderts sei, „von seiner selbständigen Stellung innerhalb des modernen Staates überzeugt und der eigenen Fähigkeiten sich bewußt“, gehangen. Das Verhältnis zwischen Staatsoberhaupt und Volk, so die Zeitung, sei aber heute besser, weil „der Fürst nicht mehr außerhalb des Volkes, sondern im Volke“ stehe.[81] Den Maßstab für die Beurteilung des Monarchen bildete auch für dieses rechtsstehende Blatt ausschließlich dessen Verhältnis zum Volk, d.h. zur Öffentlichkeit. Die Idee des Kaisers, der seinem Volk nähertrete und Kommunikationsschranken überwinde, stellte einen Lernprozeß Wilhelms II. in Rechnung, den - unter gänzlich anderen Vorzeichen - bereits Borchardt festgestellt hatte.

In dem Maß, in dem die romantische Herrscherauffassung der ersten Regierungsjahre zugunsten eines „von reinstem Idealismus und heißesten Impulsen beseelten Menschentums“ zurücktrat, habe sich auch „die Volkseele“ wieder dem Kaiser genähert. So sei der Kaiser gerade durch die „schweren Erfahrungen zweier Jahrzehnte langsam zu dem geworden, wozu ihn die Vorsehung ausersah: zu dem immer bereitwilliger anerkannten Führer der Nation hieß es in der *Täglichen Rundschau*.[82] Dieses Ergebnis präsentierten auch hagiographisch geprägte Artikel als Resultat einer notwendigen Vorleistung Wilhelms II. Das „Streben Kaiser Wilhelms, ein moderner Mensch zu sein“, habe ihn „der Gesamtheit der Deutschen sehr wesentlich nahegebracht“ und ihm neue Popularität eingetragen.[83] Es sei „für den Menschenbeobachter ein prachtvolles Schauspiel, wie er in diesen zwei Jahrzehnten die Deutschen zu sich herübergezogen, wie er sie gezwungen und überwunden hat. Denn eine Art von Kampf ist es in der Tat in dem Verhältnis von Millionen Deutscher zu ihm gewesen.“ Der Kaiser habe sich ganz so „ausleben“ können, „wie ihn sein hoher Geist trieb“. Dadurch habe er natürlich „anstoßen“ müssen. Nun aber habe Wilhelm II. sich „uns durch Arbeit und sittliches Streben zugesellt und gehört unlöslich zu uns.“[84]

---

81 Als Beleg hierfür werden die „Huldigungen“, die eine „begeisterte Menge“ dem Kaiser in der „Stichwahlnacht“ dargebracht habe, beschworen. ‚Mit dem Volk für das Volk‘, Rheinisch-Westfälische Zeitung, 27. Januar 1908, (Nr. 100).

82 F. St. V., ‚Der Kaiser nach zwanzigjähriger Regierung‘, Tägliche Rundschau, 14. Juni 1908, (Nr. 275).

83 Zum Geburtstag des Kaisers, Augsburger Abendblatt, 26. Januar 1908, (Nr. 26). Als moderner Mensch erweise sich Wilhelm II. demzufolge vor allem durch seinen „Arbeitseifer“. Gönnerhaft heißt es weiter: „Populär ist er aber noch bei den ‘voll und ganzen’ Sozialdemokraten und bei dem fossilsten Republikaner, von welch letzterem ja noch Exemplare im Deutschen Reiche vorkommen sollen.“ ‚Zum Geburtstag des Kaisers‘, Augsburger Abendblatt, 26. Januar 1908, (Nr. 26).

84 ‚Zum Geburtstag des Kaisers‘, Augsburger Abendblatt, 26. Januar 1908, (Nr. 26). Die gleiche Betonung der kaiserlichen Popularität, die jegliche andere Maßstäbe in den Schatten stelle, findet sich auch in dem Artikel ‚Dem Kaiser‘, Berliner Blatt, 14. Juni 1908, Nr. 138. Vgl. auch diverse Artikel zum Thema in: BAL, R 8034 II (RLB-Archiv), Bd. 4009, Blatt 166 f.

Diese Urteile klingen zunächst rein affirmativ und dem Jubiläumsanlaß geschuldet. Tatsächlich aber indiziert die Wortwahl einen regelrechten Paradigmenwechsel in der Beurteilung des Monarchen. Gönnerhaft wird diesem zugestanden, er habe nach zwanzigjähriger Lehrzeit bzw. Irrfahrt endlich die Maßstäbe akzeptiert, die quer durch die Parteien Konsens waren. Das Bild einer Annäherung zwischen Monarch und Volk beschrieb einen einseitigen Prozeß. In diesem Sinn sind Verweise auf die politischen Leistungen des Kaisers zu lesen.[85] Diese Leistungen qualifizieren sich dadurch, daß der Monarch hier Annäherungen an konsensuale Forderungen vollzog.

Bezeichnenderweise kreisten auch kritischere Äußerungen um den Topos der besseren Kommunikation.[86] Es sei Wilhelm II. gelungen, hieß es in der Boulevardzeitung *B.Z. am Mittag*, die modernen Kommunikationsmittel zu nutzen, um das Kaisertum als erste politische Kraft zu etablieren, den Parlamentarismus obsolet und den Reichstag zu einem lediglich „beratende[n] Körper“ zu machen: „Die Führung liegt im Grunde in Initiativsachen bei dem Mann, der am Schalthebel der großen Dynamomaschine des Deutschtums sitzt, und gegen den der Akkumulatorenbetrieb des Parlamentarismus nicht eine gleichwertige politische elektrische Kraft entfaltet.“ Im „Zeitalter der Maschine“ sei „ein Kaiser erstanden, der einen solchen Sinn für die technischen Probleme hat [...]“. Dies stifte „ein Gefühl der inneren Gemeinschaft“ und bedinge „Momente“, die Kaiser und Volk auch „psychologisch verknüpfen“.[87]

Anstatt aber eine geglückte Annäherung bzw. Überwindung von Hindernissen dank kaiserlicher Initiative zu konzedieren, forderten zumal liberale Kommentatoren verbesserte Partizipationsmöglichkeiten.[88] Die *Vossische Zeitung* räumte ein, der Kaiser „sei durchaus offen für Anregungen und Vorschläge, es sei nun Sache des Volkes, diese vorzubringen“.[89] Das *Berliner*

---

85 Dies gilt vor allem für hagiographische Artikel, in denen der ‚Friedenskaiser‘ im Mittelpunkt stand. Vgl. ‚Dem Kaiser‘, Die Volkskorrespondenz, 24. Januar 1908, (Nr. 20); ‚Zum 15. Juni 1908‘, Norddeutsche Allgemeine Zeitung, 14. Juni 1908, (Nr. 138); ‚Dem Deutschen Kaiser‘, Deutsche Tageszeitung, 14. Juni 1908, (Nr. 275); Adolf Stein, Der Kaiser als Problem, in: Der Deutsche 8 (1908), S. 353-357.

86 Etwa: ‚Kaiser Wilhelm II.‘, Kölnische Volkszeitung, 15. Juni 1908, (Nr. 518), vor allem aber Paul Busching, Der Kaiser, in: Süddeutsche Monatshefte 5 (1908), S. 614-620.

87 F.A., ‚Kaisertum und Zeitalter‘, Berliner Zeitung am Mittag, 27. Januar 1908, (Nr. 22). In subtilerer Form findet sich diese Ineinssetzung von technischem Fortschritt und kaiserlicher Initiative in der Rede Albert Ballins zur ‚Kaiserfeier der Hapag‘. Vgl. den gleichnamigen Artikel im Hamburger Courier, 28. Januar 1908, (Nr. 47).

88 Dies geschah regelmäßig unter Verweis auf die vor zwanzig Jahren vermeintlich verpaßte Chance einer längeren Regentschaft Friedrichs III. Vgl. ‚Kaisers Geburtstag‘, Vossische Zeitung, 27. Januar 1908, (Nr. 44). Ähnlich auch: ‚Kaiser Wilhelm‘, Hamburger Courier, 15. Juni 1908, (Nr. 300). ‚Seit zwanzig Jahren‘, Vossische Zeitung, 14. Juni 1908, (Nr. 275); ‚1888-1908‘, Berliner Tageblatt, 15. Juni 1908, (Nr. 299). ‚Zwanzig Jahre‘, Hannoverscher Courier, 14. Juni 1908, (Nr. 27484); ‚Ein Gedenktag‘, Münchner Neueste Nachrichten, 14. Juni 1907, (Nr. 276).

89 ‚Kaisers Geburtstag‘, Vossische Zeitung, 27. Januar 1908, (Nr. 44). In derselben Zeitung hieß es wenig späterr: „Und wenn die Zustände viel zu wünschen übrig lassen, so wird es gut sein, wenn das Volk nicht nur bei den Machthabern, sondern bei sich selbst die Schuld

Tageblatt hingegen mahnte Schritte des Kaisers zu einer stärkeren politischen Beteiligung des Volkes an.[90] Diese Partizipationsforderung war eng verbunden mit Leistungserwartungen an den Monarchen, die vor allem aus wirtschaftlichen Fortschritten der gesamten Nation während der vergangenen zwanzig Jahre abgeleitet wurden.[91] Die Völker, argumentierte die *Vossische Zeitung*, „müssen leben und fortschreiten, auch wenn sie nicht von Personen geführt und geleitet werden, deren Namen einen einsamen Sonderplatz in der Weltgeschichte einnehmen".[92]

Die an Leistungsparadigma und Partizipationsimperativ orientierten Stichworte und Kategorien, die in den Kaiserbüchern teils entwickelt, teils mit Substanz gefüllt worden waren, bestimmten die Rückblicke auf die Regierungszeit Wilhelms II. im Jahr 1908. Bei unterschiedlichen Akzentuierungen und auch Schlußfolgerungen erstaunt die Ubiquität der beschriebenen Kategorien und Grundannahmen. Das Primat der öffentlichen Meinung vor dem Monarchen wurde über Parteigrenzen hinweg akzeptiert.

3. Problemdeutung: Kamarilla, Byzantinismus und Berater

Vor diesem diskursiven Hintergrund spielte sich – im wesentlichen zwischen April 1907 und Juli 1908 – ab, was heute als Eulenburg-Skandal bezeichnet wird und von den Zeitgenossen Moltke-, Harden-, Eulenburg- oder Kamarilla-Affäre bzw. Skandal genannt wurde. Von Anfang an bestand für die Kommentatoren darüber Einigkeit, daß der Skandal eine politische Dimension besaß, die über den namengebenden Gegenstand hinausging, und letztlich um die Figur des Monarchen kreiste.[93] Das wichtigste Thema für die Berichterstattung war das Motiv einer vermeintlichen Kamarilla, die den Kaiser abschirme und beeinflusse.[94]

---

sucht." ‚Seit zwanzig Jahren', Vossische Zeitung, 14. Juni 1908, (Nr. 275). Eine mangelnde Mitwirkung der Bürger, die sich ausgeruht hätten, beklagte auch der Rückblick: ‚Zwanzig Jahre auf dem Thron', Berliner Neueste Nachrichten, 14. Juli 1908, (Nr. 298).

90 ‚1888-1908', Berliner Tageblatt, 15. Juni 1908, (Nr. 299). Wie schon beim 50. Geburtstag Wilhelms II. hielt sich das *Berliner Tageblatt* auch beim Regierungsjubiläum sehr zurück und brachte lediglich eine kurze Notiz. Kritik erfolgte hier vor allem durch ostentative Aufzählung von für jeden als sehr dürftig erkennbaren Leistungen Wilhelms II.

91 Etwa im *Hannoverschen Courier*, wo es hieß: „Von unten herauf schafft es ohne Unterlaß neues Leben, neue Ideen, neue Werte, wird reicher an Fäusten, reicher an Gold, reicher an Geist." Die Leistungen Wilhelms II. hätten hiermit nicht Schritt gehalten. ‚Zwanzig Jahre', Hannoverscher Courier, 14. Juni 1908, (Nr. 27484).

92 ‚Kaisers Geburtstag', Vossische Zeitung, 27. Januar 1908, (Nr. 44).

93 Vgl. Kölnische Volkszeitung, 15. Juni 1907, (Nr. 515). Generell: LERMAN, Chancellor, S. 200.

94 Die zum Zeitpunkt der Affäre erschienene 6. Auflage von Meyers Konversationslexikon erklärte den Terminus wie folgt: „Seit Ferdinand VII. von Spanien Name für eine Günstlingspartei, die in der unmittelbaren Umgebung des Herrschers sich befindet und auf diesen einen für den Staat verderblichen Einfluß ausübt."

Am 5. Juni 1907 brachte die *Kölnische Volkszeitung* einen ausführlichen Artikel mit dem schlichten Titel „Kamarilla". Am nächsten Tag folgte ein Artikel unter der Überschrift „Die Kamarilla", während ein Bericht vom 7. Juni bereits mit „Immer noch die Kamarilla" überschrieben war. Am 8. Juni reichte der Hinweis „Das Neueste in der Tagesfrage", um den Lesern zu veranschaulichen, worum es ging. Wenige Tage später folgte der Titel: „Die verkannte Kamarilla" (12. Juni), kurz darauf „Von der ‚Kamarilla'" (15. Juni) und schließlich, nun abstrakt, „Zur Kamarillafrage" (16. Juni).[95]

Allein diese Aneinanderreihung der Titel von Artikeln, die innerhalb von elf Tagen allesamt auf der Titelseite einer der meistrezipierten deutschen Zeitungen erschienen, zeigt, daß mit dem Thema Kamarilla ein Nerv in der politischen Anatomie des Kaiserreichs berührt worden war. In der Obsession mit dem „Ring" um den Kaiser, seiner Entourage, seinen Ratgebern, seinem Umgang - weniger mit dem Hof selbst - scheint der Schlüssel zur Erklärung der Furore zu liegen, welche die Prozesse machten. Insofern als die Auseinandersetzung mit dem Phänomen Kamarilla strukturelle Probleme im Verhältnis von Monarch und Öffentlichkeit berührte, kann der Zeitpunkt für ihre Thematisierung kaum ein zufälliger gewesen sein. Die Aktion Hardens hätte nicht so einen Widerhall finden können, wenn Kamarilla nicht als Chiffre für etwas gedient hätte, was über längere Zeit als problematisch empfunden worden war.[96]

Selbstverständlich entstand die zunehmende öffentliche Beschäftigung mit der Kamarilla nicht im luftleeren Raum. Die Ernennung Bülows, des engen Vertrauten Philipp Eulenburgs, zum Reichskanzler konnte als Höhepunkt einer auch von außen erkennbaren Machtansammlung von politischen Faktoren gesehen werden, die in der Verfassung nicht vorgesehen waren. Diese Entwicklung hatte ihre strukturellen Gründe in der extremen Machtkonzentration unter Bismarck, die nach dessen Abgang ein Vakuum um den Monarchen entstehen ließ, das geschickte Höflinge zu nutzen verstanden.[97]

Kamarilla diente im politischen Diskurs des Kaiserreiches als politisches Schlagwort. Konservative sprachen von einer sozialdemokratischen Kamarilla, Alldeutsche mobilisierten Ängste vor einer jüdischen Wirtschaftskamarilla und nach der Daily-Telegraph-Affäre wurde bevorzugt vor einer Zentrumskamarilla gewarnt.[98] Das Thema entfaltete zwar erst im Jahr 1907 seine enorme öffentliche Wirkung, war aber keineswegs neu. Es gab Präzedenzfälle in der Regierungszeit Wilhelms II. und historische Vorbilder, die als Referenzpunkte Bedeutung gewannen. Die ersten Anzeichen der Eulenburg-Affäre gaben vielen Zeitungen Anlaß, diese Beispiele zu evozieren. Hierzu gehörte

---

95 Es handelt sich hier um die Nr. 483, 487, 489, 492, 506, 515 und 517 der *Kölnischen Volkszeitung* des Jahrgangs 1907. Neben den genannten Artikeln erschienen, unter anderen Überschriften, diverse weitere Artikel zur Thematik in diesem Zeitraum.

96 Albert Wahl beschwerte sich über Ausbeutung des „nie versagenden Camarilla-Motiv[s]" durch Harden. LEUCHTMANN, Fall, S. 264.

97 Vgl. RÖHL, Aufbau, S. 431 ff.; CLARK, Wilhelm II, S. 42, 92.

98 Vgl. ZIPFEL, Kritik, S. 111.

der Hinweis auf Friedrich Wilhelm II.[99] und - nicht nur wegen der geringeren zeitlichen Distanz überzeugender - auf die Umgebung Friedrich Wilhelms IV. Dessen Herrschaft hatte eine erste Konjunktur des Begriffs Kamarilla bewirkt,[100] und die Kritik an Wilhelm II. über das Vehikel Friedrich Wilhelm IV. war ein eingeführtes Muster.[101] Intensiv diskutierten Zeitungskommentare die Frage, ob eine Kamarilla auch unter Wilhelm I. existiert habe und ob Bismarck eine Kamarilla geduldet haben würde oder nicht vielmehr die personifizierte Gewähr für deren Nichtexistenz gewesen sei.[102] Die letztgenannte Vorstellung legte geradezu zwangsläufig nahe, daß die derzeitigen Mißstände vor allem auf das Fehlen eines starken Mannes, der das Aufkommen einer Kamarilla verhindere, zurückzuführen seien.[103]

Auch Harden sah eine Kamarilla nicht als notwendige Begleiterscheinung der Monarchie, sondern als „Fäulnissymptom", manifestiert in einer ‚entarteten' Hofgesellschaft. Im Zusammenhang mit der Kladderadatsch-Affäre sprach er zum ersten Mal von einer „Nebenregierung".[104] Zwei Jahre später, reagierend auf die Kotze-Affäre, erläuterte Harden, worin für ihn das eigentliche Problem der Kamarilla liege. Der Bürger lasse sich das Recht, „selbst zu prüfen und frei seine Meinung zu sagen nicht mehr begrenzen. Der Versuch, „den Monarchen in einen engen Kreis adeliger Privatberater einzumauern", müsse heute, da die Auffassung der Monarchie sich geändert habe, noch rascher als früher scheitern.[105] Harden bezweifelte die Zuverlässigkeit der

---

99 Vgl. die Ausführungen über die historischen Erscheinungsformen der Kamarilla in Preußen im Kapitel ‚Monarchie und Kamarilla' bei Eduard GOLDBECK, Die Kamarilla, Berlin 1907, S. 66 ff. Während der Eulenburg-Affäre schrieb Hutten-Czapski an Graf Monts: „Eulenburg ist nur einer der Parasiten am Staatskörper, à la Bischoffswerder einst, und vielleicht in mancher Beziehung der gefährlichste, eben wegen seines Einflusses, aber das ganze System ist krank und kracht in allen Fugen." HUTTEN-CZAPSKI, Sechzig Jahre, S. 469. Auch in Österreich kamen nach 1900 Klagen über den „Ring, der den Monarchen umgibt", auf. Vgl. Brigitte HAMANN, Hitlers Wien. Lehrjahre eines Diktators, München 2001, S. 131.

100 David E. BARCLAY, The Court Camarilla and the Politics of Monarchical Restoration in Prussia. 1848-58, in: Larry Eugene Jones/James Retallack (Hg.), Between Reform, Reaction and Resistance. Studies in the History of German Conservatism from 1789 to 1945, Oxford Providence 1993, S. 123-156.

101 Parallelen zwischen Friedrich Wilhelm IV. und Wilhelm II. zog Liman, Kaiser, S. 92 ff. Diverse Artikel zum zwanzigjährigen Regierungsjubiläum Wilhelms II. deuteten Ähnlichkeiten zwischen der Regierungszeit Friedrich Wilhelms IV. und der Wilhelms II. an. Typisch: ‚Zwanzig Jahre deutscher Kaiser', Rheinisch-Westfälische Zeitung, 14. Juni 1908, (Nr. 633).

102 Liman betonte in seiner einschlägigen Kritik, daß Bismarck nie eine Kamarilla geduldet haben würde. LIMAN, Kaiser, S. 14 und 160. Dagegen der Artikel: ‚Der Kaiser und die sogenannte Kamarilla', Deutsche Tageszeitung, 31. Oktober 1907, (Nr. 512), der unterstellte, eine Kamarilla habe auch unter Wilhelm I. und Bismarck bestanden.

103 So, ebenfalls mit Bezug auf Bismarck und Wilhelm I.: Rheinisch-Westfälische Zeitung, 27. Oktober 1907. Der Zusammenhang zwischen starkem Mann und Kamarilla findet sich besonders deutlich in dem Pamphlet *Revolution von Oben*. Der Verfasser präsentierte nach der Kotze-Affäre Herbert Bismarck als starken Mann, der allein Hofcliquen und Kamarilla aufsprengen könne. FRIEDMANN, Revolution, S. 40.

104 WELLER, Harden, S. 166.

105 Vgl. ROGGE, Harden und Holstein, S. 51 f.

„Leute, die den Kaiser täglich umgeben", beklagte deren Einfluß auf die „Entschließungen des Monarchen" und fragte mit Blick auf den Hof, ob eine Institution noch länger aufrecht erhalten werden könne, die „zwischen dem Volk und seinem höchsten Repräsentanten unübersteigliche Schranken" errichte. Der Spezialist für Kaiserdeutungen rekurrierte damit auf den etablierten Konsens, daß der Monarch nicht abgeschirmt werden dürfe.[106] Angesichts der neuen Relevanz der Medien und der konsensual begrüßten erhöhten Bedeutung der Öffentlichkeit schien alles für diese Forderung zu sprechen.

Die Kladderadatsch-Affäre, die Kotze-Affäre und die Enthüllungen des Tausch-Prozesses sorgten dafür, daß zwischen 1894 und 1896 der Kamarilla-Topos popularisiert wurde und von nun an in der politischen Berichterstattung quasi dauerpräsent war.[107] In dieselbe Richtung wie Harden argumentierte ein Leitartikel des *Berliner Tageblatts*, der sich anläßlich der Affäre um den Minister Podbielski 1906 des Themas „Hofluft und Sittlichkeit" annahm – ein gutes halbes Jahr vor den ersten entsprechenden Andeutungen Hardens. Es gebe für die Staatsgeschäfte nichts Schlimmeres, als die Wahrheit gegenüber dem Monarchen zu verschweigen. Trotz mancher Verbesserungen, bemängelte das *Berliner Tageblatt*, existierten immer noch Bereiche, in denen sich „Schmeichelei und höfisches Intrigenwesen" behaupten könnten, namentlich in der Umgebung des Kaisers. Wer ihm eine falsche Tatsache vorspiegele, der mache sich aber „der schwersten Beleidigung der Majestät schuldig." Hierin liege „das crimen laesae majestatis schlechthin". Der Bekämpfung der Verschleierungstendenzen gebühre daher höchste Priorität bei den gewünschten politischen Veränderungen.[108]

Was dieser Kommentar des linksliberalen *Berliner Tageblattes* zurückhaltend ansprach, war bei den Sozialdemokraten Programm. Die sozialdemokratische Deutung der Kamarilla wehrte sich dagegen, die Intrigen und versuchte Beeinflussung des Kaisers als Einzelfall darzustellen. Vielmehr seien diese Phänomene eine „unvermeidliche Konsequenz des persönlichen Regiments": Je unabhängiger der Monarch in seinen Entschließungen vom Parlament und von der öffentlichen Meinung sei, desto mehr bemühten sich demnach „die machtlüsternen Hof- und Beamtencliquen", ihn zu beeinflussen.[109] Einigkeit herrschte darüber, daß die Gerüchte um die Existenz einer Kamarilla einen

---

106 Maximilian Harden, Hofskandal, in: Die Zukunft 8 (1894), S. 1- 9. Vgl. insbesondere S. 7 ff. Harden argumentierte an anderer Stelle, das müßiggängerische Hofleben sperre „die schmale Straße, die zwischen dem Herrscher und den selbstständig denkenden Elementen des Volkes Verbindung schafft." Maximilian Harden, Schloßlegende, in: Die Zukunft 8 (1894), S. 49-57, hier S. 55.

107 Hier gelangten äußerst kompromittierende Informationen unter anderem über Herzog Ernst-Günther, den Schwager des Kaisers, und die Kotze-Affäre, den Miss-Love-Skandal, die unsaubere Kirchensubskriptionstätigkeit Mirbachs und die dunklen Machenschaften Waldersees ans Tageslicht. RÖHL, Aufbau, S. 905. Zur Verwendung des Schlagwortes Kamarilla vgl. auch ebd. S. 907, 936 und STÖBER, Pressepolitik, S. 186 ff.

108 ‚Hofluft und Sittlichkeit', Berliner Tageblatt, 26. April 1906, (Nr. 209).

109 ‚Höfische Intrigen', Vorwärts, 2. Juni 1907, (Nr. 126). Vgl. auch: ‚Das Land der Skandale', Vorwärts, 4. Juni 1907, (Nr. 127).

realen Hintergrund hatten und daß von einer solchen Kamarilla eine massive Gefährdung ausgehe.[110]

Die wenigen, die eine Obsession als solche entlarvten, bestätigten damit nur deren Existenz. Axel Frhr. v. Varnbühler, Bruder der Baronin Spitzemberg und württembergischer Gesandter in Berlin, bezeichnete zu Beginn der Eulenburg-Affäre die Kamarilla als Albtraum des friedliebenden Bürgers und vermutete bezeichnenderweise, das Feld für einen starken Mann solle bereitet werden.[111] Ludwig Thoma beklagte, man könne anhand der Kamarilladebatte wieder erkennen, „daß Schlagworte bei uns jeden eigenen Gedanken" ersetzten, und kritisierte damit indirekt die simplifizierenden Mechanismen der Massenmedien: „Eulenburg und seine Freunde bilden eine Kamarilla. Kamarilla ist das Böse, was den guten Fürsten umgibt."[112]

Wie ist diese Obsession, wenn nicht Hysterie, zu erklären? Auf die entscheidende Rolle der Personalpolitik im Kaiserreich hat Isabel Hull hingewiesen.[113] Nicht zuletzt aus dieser resultierte die Bedeutung des ‚inner circle' um den Monarchen. Es kann daher kaum überraschen, daß Kritik an der Entwicklung der Reichspolitik nahezu immer das ‚Persönliche Regiment', die unverantwortlichen Ratgeber oder gleich die Kamarilla aufgriff und diese auch Thema der schwersten Krise der Monarchie wurden. In einer begrifflich eingrenzbaren Gruppe waren komplexe Grundprobleme des wilhelminischen Kaisertums medial faßbar. Nicht umsonst warnte später der mit Harden als Skandalmacher und selbsternannter Medienberater kooperierende Friedrich v. Holstein davor, den Kreis der Angegriffenen zu weit zu ziehen.[114]

Die plötzliche Eruption der Kritik an der Kamarilla läßt sich aber nur begreifen, wenn jener rote Faden der Kritik am wilhelminischen Kaisertum betrachtet wird, der unter dem Schlagwort Byzantinismus seit dem Thronantritt Wilhelms II. präsent war, in den 1890er Jahren eine in der Caligula-Affäre faßbare Eigendynamik entwickelte und, wie gezeigt, nach der Jahrhundertwende in den Kaiserbüchern systematisiert worden war.[115] Das, was unter

---

110 Selbst in einem skeptischen Artikel der *Deutschen Tageszeitung*, die einen notwendigen Nexus zwischen Monarchie und Skandal verneinte, hieß es, man solle das ganze aber nicht ausschließen und wachsam bleiben. „Von diesem Standpunkte aus haben wir seinerzeit die vielberufene Notiz in der 'Norddeutschen Allgemeinen Zeitung' beurteilt, aus der man schließen konnte, ja vielleicht mußte, daß gewisse leitende und verantwortliche Kreise an die Möglichkeit von Bestrebungen glaubten, die man unter dem Gesamtbegriffe der Kamarilla zusammenzufassen pflegt." ‚Der Kaiser und die sogenannte Kamarilla', Deutsche Tageszeitung, 31. Oktober 1907, (Nr. 512).

111 RÖHL (Hg.), Korrespondenz III, Nr. 1539, S. 2168 f.

112 Ludwig Thoma, Der große Skandal, in: März 1 (1907), S. 269-273, hier S. 270.

113 HULL, Regiment, S. 3-23.

114 LERMAN, Chancellor, S. 197.

115 Moritz von Egidy schrieb 1896 über den Byzantinismus seiner Zeitgenossen: „Wir müssen zur einfach-frommen Biederkeit gesunden; und wir müssen an die Beseitigung von Äußerlichkeiten und Formen denken, die wir als Krankheitserreger erkannt haben. [...] Wir dürfen indeß auch hier nicht vergessen: den Mann [den Kaiser, M.K.], der so sprach, trifft allein nicht die Schuld: nostra culpa." Moritz von Egidy, ‚Servilismus', Versöhnung, 2. Februar

Byzantinismus subsumiert wurde, war äußerst komplex. Gegen Wilhelm II. direkt richtete sich der Vorwurf, er lasse einen ungehemmten Byzantinismus nicht nur zu, sondern züchte ihn geradezu. Die Hauptschuldigen im Konzept des Byzantinismus, wie es sich schon bei Quidde findet, waren allerdings die Umgebung des Kaisers und die Presse bzw. die Öffentlichkeit.[116] Ebenso hatte schon 1893 die erste breit rezipierte wilhelminische Byzantinismuskritik, Ludwig Fuldas Drama *Talisman,* die stets zum „unbeschreiblichen Jubel" bereite Menge attackiert.[117]

Dieses zeitgenössische Verständnis des Byzantinismus weicht von dem heutigen, das den Begriff oft synonym mit Hagiographie setzt, ab.[118] Hagiographische Literatur und die sogenannten ‚Offiziösen' wurden auch mit dem Schlagwort Byzantinismus belegt, waren aber nur ein Teil desselben.[119] Zum Byzantinismus, der ein überzeugendes Erklärungskonzept für nahezu alle politischen Übel bot, gehörte mehr. Ganz entscheidend war die sehr weit geteilte, nicht spezifizierte Idealvorstellung der Übermittlung einer einwandfrei feststellbaren Wahrheit, von welcher der Monarch, in einem nicht idealen Zustand, lediglich abgeschnitten sei.[120] Fortgedacht konnte dies heißen, nur die Kamarilla habe den Kaiser auch „geistig" seinem Volk entfremdet. Deshalb könne man ihn so oft nicht verstehen.

1896, (Nr. 109). Auch Alfred Kerr glaubte in den 1890er Jahren eine zunehmende Fixierung auf die Gunst des Monarchen beobachten zu können und kritisierte diese scharf. KERR, Briefe, S. 562. In einer Rede beim Festkommers der Studentenschaft zur Hundertjahrfeier der Technischen Hochschule Charlottenburg am 20. Oktober 1899 hat der Indogermanist Hermann Osthoff Hellas und Rom auf der einen Seite und Essen an der Ruhr auf der anderen als die geistigen Orte bezeichnet, über die die Menschheit zur Kultur findet, und hinzugefügt: „[...] nach Byzanz oder über Byzanz hinüber darf und soll keiner der bezeichneten zwei Wege führen." Zit. nach TAUBE, Quidde, S. 58.

116 „Es wäre töricht und ungerecht, von einer Schuld des Kaisers zu sprechen oder ihm einen Vorwurf zu konstruieren." Würden die Ratgeber hart bleiben, könnten sie bessere Einsichten durchaus durchsetzen. Der Kaiser müsse aufgeklärt werden; wie seine Reden zeigten, sehe er im Moment die Verhältnisse nicht so, wie sie seien. REVENTLOW, Byzantiner, S. 84 f. Überraschend ähnlich klang die Beschreibung des Byzantinismus bei Quidde. Vgl. Abschnitt III.B.1. In einem dreizehnseitigen offenen Brief 'An den Kaiser' beschwor Harden 1894 den Monarchen, aus der „Stickluft der Eunuchenpresse" herauszutreten und Warnungen der 'Vernunftmonarchisten' zur Kenntnis zu nehmen. Lapidar hieß es schließlich: „Sie werden, Herr Kaiser, schmählich seit Jahren belogen." Zit. nach: BRUDE-FIRNAU, Deutung, S. 46.

117 FULDA, Talismann, S. 49. Zum Hintergrund vergleiche: ZIPFEL, Kritik, S. 23 und BRUDE-FIRNAU, Deutung, S. 7.

118 So etwa bei PEZOLD, Cäsaromanie, S. 166.

119 „Nur wenige der zahlreichen jährlich erscheinenden Bücher und Druckschriften, welche den Kaiser, seine Vorfahren oder Verwandten behandeln, sind nicht von byzantinischem Geist erfüllt. Sie weisen alle Schattierungen auf, von der gröbsten und unverschämtesten Lobhudelei bis zu den raffiniertesten Methoden des Verfahrens, welches man in der Mathematik einen indirekten Beweis nennt." REVENTLOW, Byzantiner, S. 181 ff.

120 Im April 1893 etwa hatte sich Harden wegen Majestätsbeleidigung zu verantworten und wurde mit der vielbeachteten Begründung freigesprochen, die Ehrfurcht gegenüber dem Fürsten zeige sich darin, „auch ihm gegenüber die Wahrheit" hochzuhalten. Vgl. WELLER, Harden, S. 109.

Selbstverständlich war der Berater als Sündenbock keine Erfindung des Wilhelminismus. J.H. Elliott spricht von einer „centuries-old tradition of hostility to the overmighty subject who had risen to dazzling and (it was assumed) unjustified pre-eminence through his artful success in winning and retaining the favour of his prince".[121] Der Berater wird hier als insofern delikate Figur charakterisiert, als die Frage der Beratung des Monarchen und des Grades, in dem ein Monarch die ihm von Gott übertragene Autorität delegieren konnte, eine entscheidende war.[122] Kritik und Verteidigung des königlichen Favoriten resultierten immer aus einer wahrgenommenen Differenz zwischen einem idealen Königtum und den Realitäten einer Welt, in der regelmäßig der Monarch unfähig war, die ihm übertragene Macht vollständig auszuüben. Aus diesem Grund war er gezwungen, erhebliche Teile derselben auf ein Individuum zu übertragen, dessen Eignung hierfür nicht immer außer Frage stand. Dies bedeutete notwendigerweise die Plazierung einer dritten Partei zwischen Souverän und Subjekt.[123]

Das Problem der Berater bzw. Kamarilla als Instanz zwischen Monarch und Öffentlichkeit scheint durch das größere Selbstbewußtsein der Medien im Wilhelminismus eine ganz neue Dringlichkeit erhalten zu haben. An dieser Frage setzten einschlägige Polemiken – wie etwa die Hardens – an: „Ein durch den Zufall der Geburt auf den Thron gelangter Monarch ist ein sterblicher Mensch und also nicht allwissend; ihn über Tatsachen und Stimmungen aufzuklären ist die Sache seiner Berater, und die allein trifft die Verantwortung, wenn diese Aufklärung mangelhaft oder gar nicht besorgt wird."[124] Hardens obsessive Beschäftigung mit den „unverantwortlichen Beratern" läßt fraglich erscheinen, ob die einzigen beiden Motive hierfür tatsächlich, wie Hull argumentiert hat, die Furcht vor einer Anklage wegen Majestätsbeleidigung sowie „sincere monarchical loyalty" waren.[125] Für den Kaiser war eine solche vermeintliche Umleitung gegen ihn gerichteter Kritik ohnehin immer ambivalent. Zwar fiel sein Name nicht direkt, indirekt wurden seine Führungsfähigkeiten jedoch für jeden ersichtlich in Frage gestellt.

Vielmehr scheint es sich um ein tiefgreifenderes Problem zu handeln. Die Kamarilla wurde als eine Kommunikationsblockade zwischen Monarch und Volk, weniger als Gruppe von Verschwörern, die danach trachteten, eine eigennützige Politik durchzusetzen, gesehen. Sie war ein Pseudohindernis für

---

121 J.H. ELLIOTT, Introduction, in: Ders./ L.W.B. Brockliss (Hg.), The World of the Favourite, New Haven 1999, S. 1-11, hier S. 2. Hier auch der Hinweis darauf, daß bei Anklagen der Berater immer schon in starkem Maße mit Verweisen auf vermeintliche historische Vorbilder operiert wurde.

122 ELLIOTT, Introduction, S. 6. Vgl. auch Antonio FEROS, Images of Evil, Images of Kings: The Contrasting Faces of the Royal Favourite and the Prime Minister in Early Modern European Literature, c. 1580-1650, in: Elliott/Brockliss (Hg.), Favorite, S. 223-238.

123 Elliott urteilt : „The debate was conducted both verbally and visually, and still awaits systematic analysis." ELLIOTT, Introduction, S. 7.

124 Rogge, Holstein und Harden, S. 49 f. In den kaiserlichen Reden sah Harden die ersten Folgen falscher Information durch die Berater des Kaisers. Vgl. WELLER, Harden, S. 108.

125 So Isabell Hull generell zur Welle der Kritik an den kaiserlichen Beratern und der Beschäftigung mit einer Kamarilla. HULL, Entourage, S. 130.

Partizipationsansprüche gegenüber dem Monarchen. Dementsprechend lag das Problem nicht so sehr in ,falschem Rat' der Männer um Wilhelm II., als vielmehr in der Täuschung des Kaisers über die ,wahre' Formation der öffentlichen Meinung bzw. in Versuchen, diesen daran zu hindern, sich umfassend und neutral zu informieren. Daran, daß dies generell möglich sei, äußerte keiner der Kommentatoren Zweifel.

Es konnte gezeigt werden, daß der klassische Topos der Kamarilla in erneuerter Form im Wilhelminismus Konjunktur hatte und in spezifischer Weise für die Analyse und Kritik des wilhelminischen Kaisertums instrumentalisiert wurde. Daher verwundert kaum, daß früh und beständig im Kontext der Kammarillakritik auch die Person Wilhelms II. hinterfragt wurde. Regelmäßig betonten Kommentatoren, gerade eine Persönlichkeit wie Wilhelm II., mit einigen für sich genommen noch nicht gefährlichen, aber immerhin problematischen Eigenschaften, bedürfe fähiger Ratgeber.[126] Der „idealistische Wille" Wilhelms II., so Harden, werde dann besorgniserregend, „wenn der Monarch schlecht beraten in den Stand gesetzt ist, auch aus dem irrenden Willen Gesetze zu prägen".[127] Dies ist zweifellos einer der Punkte, an denen die Persönlichkeit Wilhelms II. eine strukturelle Bedeutung gewann.

Die Exzesse der persönlichen Monarchie mußten in dieser Logik Resultat versagender Ratgeber sein, die entweder den Monarchen nicht in die Schranken wiesen oder diesen gar – wie angeblich Eulenburg – in seinen romantischen Vorstellungen über die Amtsausübung bestärkten. Reventlow meinte, der Kaiser überschätze – nicht zuletzt aufgrund byzantinistischer Schmeicheleien – seinen eigenen Verstand. Zwar begünstige Wilhelm II. seinem Wesen nach nicht den Byzantinismus. Allerdings fördere das Amt des Monarchen einen Mangel an Selbsterkenntnis. Nur durch Instinkt und Menschenkenntnis – wie sie Wilhelm I. besessen habe – könne die byzantinistische Einwirkung der Umgebung durchbrochen werden. Hieran scheine es Wilhelm II. zu fehlen. Der Kaiser täusche sich über seine Umgebung. Da auch „offene Worte" oft berechnend benutzt würden, falle es dem Kaiser zunehmend schwer, wahrhaft offene Worte zu identifizieren.[128] Obwohl Reventlow seine Analyse gewunden formulierte, machte er doch deutlich, daß, wenn die wilhelminische Kamarilla etwas Neues sei, der Monarch Verantwortung für den beklagten Zustand trug.

Der ,Schwarzseher' hingegen erkannte das Grundübel in einem Herrscher, der alles selbst tun wolle. Der Monarch vergesse dabei, daß, indem er die verantwortlichen Ratgeber zu Statisten herabdrücke, Sonderinteressen sich durchsetzten, „wo sonst die Kontrolle der öffentlichen Meinung ein sicheres Korrigens politischer Wirksamkeit gewesen wäre". Erst unter Wilhelm II. sei

---

126 „Das Schicksal gebe ihm gute Ratgeber", schrieb Alfred Kerr, nachdem er 1897 Gelegenheit gehabt hatte, Wilhelm II. aus der Nähe zu beobachten. KERR, Berlin, S. 252.

127 BRUDE-FIRNAU, Deutung, S. 41.

128 REVENTLOW, Byzantiner, S. 22 ff. Überhaupt sei der Kaiser kein guter Zuhörer, meinte der 'Schwarzseher' zu wissen. Schwarzseher, Kaiser, S. 9.

der Begriff Kamarilla, als ein Faktor in der Regierungsführung, der „Nation zum Erlebnis geworden".[129] Der Monarch war in dieser Deutung Opfer eines ‚systemimmanenten' Problems, aber nicht schuldlos. Paul Michaelis monierte den übertriebenen Optimismus Wilhelms II., der in dessen Reden zum Ausdruck komme. Skepsis und Mißtrauen seien die in der Politik angebrachten Geisteshaltungen; Kritik durchaus vonnöten und nützlich.[130] Busching ging noch weiter. Dem Kaiser fehle „das Verständnis für die Eigenart des Andern, er beurteilt jeden Dritten nach sich selbst." Hieraus resultierten die vielen schlimmen Enttäuschungen, die seine Menschenkenntnis erfahren habe, wie auch „sein Unglück mit persönlichen Freunden". Letztlich bedinge dies die politische Erfolglosigkeit Wilhelms II.[131] Auch Reventlow behauptete, ein „öffentliches Übel" könne aus dem Vorhandensein der Byzantiner „nur dann erwachsen, wenn sie am Herrscher oder an den durch ihn hervorgerufenen Zuständen einen Nährboden finden für ihr Gewerbe".[132] In der Überprüfung der kaiserlichen Charaktereigenschaften auf ihre Anfälligkeit für Byzantinismus offenbart sich sowohl die beschriebene Individualisierung der Figur des Monarchen – Wilhelm I. wurde noch wie selbstverständlich die monarchische Kerntugend der Menschenkenntnis zugeschrieben – als auch eine immer stärkere Kontrolle des Monarchen.[133] Diese abstrakte Entwicklung läßt sich in der Diskussion des Monarchen in den Jahren ab 1906 konkret nachvollziehen.

Die Mahner vor einer Kamarilla fühlten sich bestätigt, als 1906 die Erinnerungen Hohenlohes mit dem kaum verschlüsselten Eingeständnis, es existiere eine Kamarilla, erschienen und auf Philipp Eulenburgs schwer vermittelbares Selbstverständnis als Berater aufmerksam machten.[134] Als überzeugender Re-

---

129 Äußerlichkeiten des kaiserlichen Stils machten es der „Cliquenwirtschaft" leicht. SCHWARZSEHER, Kaiser, S. 32 f. und 69.

130 Paul Michaelis, ‚Politische Wochenschau', Berliner Tageblatt, 25. November 1906, (Nr. 599). Vgl. auch die obigen Ausführungen zum ‚Ganghofer-Gespräch'.

131 Paul Busching, Der Kaiser, in: Süddeutsche Monatshefte 5 (1908), S. 614-620, hier S. 618.

132 Reventlow wollte untersuchen, welche Charakterzüge Willhelms II. dem Byzantinismus entgegenarbeiteten. REVENTLOW, Byzantiner, S. 3 ff. und 17.

133 Die Diagnose einer hohen Anfälligkeit für Byzantinismus teilen die Biographen Wilhelms II. „For the most part Wilhelm, in his confusion about himself, relied upon his environment to direct his activities – an environment, that included his entourage, his political advisors, his relatives, his friends, the person whom he had last spoken, the press and public opinion." KOHUT, Germans, S. 136. Vgl. auch: RÖHL, Freund, S. 53 f. und LERMAN, Chancellor, S. 201.

134 Hohenlohe hatte Eulenburg dahingehend zitiert, dieser wolle nicht formal Macht ausüben, sondern lieber den Kaiser direkt beeinflussen. Durch die vermittelnde Stellung als Freund des Kaisers könne er größeren Nutzen stiften als in leitender Stellung. HOHENLOHE, Denkwürdigkeiten II. Journal, 13. Januar 1893, S. 497. Zum Aufsehen, welches die *Denkwürdigkeiten* erregten, vgl. HUTTEN-CZAPSKI, S. 479 und WELLER, S. 176. Vgl. auch die Artikel: ‚Hofkamarilla', Vorwärts, 7. Juni 1907, (Nr. 130) und ‚Hofskandal', Leipziger Neueste Nachrichten, 1. Juni 1907, (Nr. 150). Hinzu kamen Enthüllungen Hohenlohes über die Entlassung Bismarcks, die wiederum den noch nicht erschienenen Band der Bismarck-Erinnerungen ins Gedächtnis riefen. Zu einschlägigen Karikaturen aus dem Oktober 1906 vgl. REBENTISCH, Gesichter, S. 74. Wie problematisch die *Denkwürdigkeiten* waren, zeigen

ferenzpunkt zu einer Thematik, die naturgemäß für die Öffentlichkeit weitgehend im Dunkeln blieb, spielten die Denkwürdigkeiten fortan eine entscheidende Rolle in der Byzantinismus- und Kamarillakritik.[135] Der politische Gehalt des Kamarillathemas zeigte sich nicht zuletzt daran, daß die Aufregung über die Enthüllungen Hohenlohes auf kaum etwas anderes Bezug nehmen konnten als auf Andeutungen über das Wirken einer Kamarilla, die zudem sehr vage blieben.[136] Nach den Hohenlohe-Erinnerungen herrschte ein breiter Konsens über das Bestehen einer Kamarilla. Bemerkenswert ist, daß ein – aus der Retrospektive naheliegendes – schlichtes Leugnen des Vorhandenseins einer Kamarilla in den Pressekommentaren die Ausnahme bildete. Bezeichnenderweise findet sich ein solches Leugnen bei Kritikern Wilhelms II., die glaubten, so das Regierungssystem genereller attackieren zu können.[137]

Dies unterstreicht die Tatsache, daß das Schlagwort Kamarilla nur begrenzt an ein reales Problem - das durchaus existiert haben mag - rückgebunden war. Als scheinbar überzeugende, Komplexität auflösende Erklärung, als vermeintliche Veranschaulichung des kompliziertesten Teils der Staatsmaschinerie gewann der Begriff seine suggestive Kraft. Weniger bedeutsam war das Phänomen deswegen keineswegs.

---

die intensiven Versuche der Regierung, das Erscheinen des dritten Bandes zu verhindern, dokumentiert in: PAAA, Deutschland, 122, Nr. 13182.

135 Vgl. ‚Hofskandal', Leipziger Neueste Nachrichten, 1. Juni 1907, (Nr. 150). Hohenlohes Erinnerungen hätten demnach die Auseinandersetzung über Bismarcks Sturz wieder aufleben lassen. Das *Berliner Tageblatt* hielt als Ergebnis fest: „Jedenfalls haben die ‚Unverantwortlichen', die schon damals das Ohr des Monarchen hatten, ihr Redliches getan, die sachlichen Differenzen aufzubauschen, die persönlichen Gegensätze zwischen dem alten Kanzler und dem jungen Kaiser aber erst recht zu schüren." Bemerkenswert ist dieser Bericht vor allem vor dem Hintergrund der aktuellen „Kanzlerkrise", auf die auch in dieser Ausgabe des *Tageblatts* hingewiesen wird. ‚Bismarcks Entlassung', Berliner Tageblatt, 5. Juni 1906, (Nr. 564). Vgl. auch im *Tageblatt* ein Jahr später die Wertung: „Die Hohenlohe-Denkwürdigkeiten gaben scheinbar dem kryptoabsolutistischen Regime mit seinem trüben Bodensatz von Hofklatsch und Kabalen aller Art den Rest." ‚Der Fall Curtius', Berliner Tageblatt, 29. April 1907, (Nr. 215).

136 Im zweiten Band war nur sehr wenig Material zur Kanzlerzeit zu finden, vor allem nichts, was eine solche Aufregung rechtfertigen würde. Die wirklich interessanten Enthüllungen erschienen erst 1931 im dritten Band. Otto Harnack wunderte sich entsprechend nur ein Jahr nach dem Erscheinen der Denkwürdigkeiten: „Liest man sie [die Denkwürdigkeiten, M.K.] heute, so begreift man nicht im entferntesten, wie diese abgewogenen, welt- und menschenkundigen, mit einer sehr zurückhaltenden Medisance gewürzten Aufzeichnungen solche Empörung erregen konnten". Harnack führte die künstliche Aufregung 1907 auf das Wirken einer kleinen Hofclique mit bestimmten Interessen zurück. Otto Harnack, Zum zehnten Todestage des Fürsten Chlodwig Hohenlohe, in: März 5 (1911), S. 49-54.

137 Vgl. als eines der wenigen Beispiele: Paul Busching, Harden, in: Süddeutsche Monatshefte 5 (1908), S. 363.

B. Die Kamarillaprozesse als öffentliches Ereignis

1. Dies Irae: Philipp Eulenburg und die Liebenberger als Politikum

Fast zeitgleich mit dem Erscheinen der Hohenlohe-Erinnerungen, am 5. April 1906, erlitt Reichskanzler Bernhard v. Bülow im Reichstag einen Ohnmachtsanfall. Während Bülows anschließender sechsmonatiger Abwesenheit von der politischen Bühne, die Spekulationen über seine möglichen Nachfolger beförderte, beschäftigte Eulenburg die Phantasie politischer Kommentatoren mehr als jemals zuvor. Bülows politischer Stern hatte an Strahlkraft verloren, insbesondere da er nach außen- und innenpolitischen Desastern der Jahre 1905 und 1906 nicht mehr das volle Vertrauen des Kaisers zu besitzen schien.[138] Zu den folgenreichen Maßnahmen, die der Kanzler traf, um seine Position zu verbessern, gehörte das Lancieren einer Pressekampagne.[139] Diese Kampagne fokussierte bezeichnenderweise auf das Thema Kamarilla und brachte den prominentesten Berater des Kaisers ins Rampenlicht. Bülow ging offenbar davon aus, daß Eulenburgs Nähe zum Thron sich reziprok zu seiner eigenen verhielt.

Politische Intrigen an der Reichsspitze waren damit Auslöser, keineswegs aber Ursache – wie manche Darstellungen implizieren – für die breite Diskussion des Kamarilla- und Beraterthemas. Bereits im März 1906 hatte die offiziöse *Norddeutsche Allgemeine Zeitung* Gerüchte über eine Kanzlerkrise dementieren müssen.[140] Als sich der Kaiser vom 7. bis 10. November desselben Jahres auf Eulenburgs Gut in Liebenberg aufhielt, wo 1894 schon Caprivi gestürzt worden war, gewannen die Spekulationen an Fahrt.[141] Am 7. November

---

138 Zu den außenpolitischen Fehlschlägen ‚Björko' und ‚Algericas' vgl. Klaus HILDEBRAND, Das vergangene Reich. Deutsche Außenpolitik von Bismarck bis Hitler, Berlin 1999, S. 265 ff. Zu personalpolitischen Auseinandersetzungen zwischen Kaiser und Kanzler vgl.: COLE, Daily Telegraph affair, S. 249-268.

139 Durch die in seiner Amtszeit deutlich verbesserte Presseamtsarbeit verfügte Bülow über die Mittel hierzu. Vgl. STÖBER, Pressepolitik, S. 219 ff.

140 Zum Dementi der *Norddeutschen Allgemeinen Zeitung*: ZIPFEL, Kritik, S. 113. Zeitgenössisch: ‚Krisenklatsch', Berliner Tageblatt, 10. November 1906, (Nr. 573) und Paul Michaelis, ‚Politische Wochenschau', Berliner Tageblatt, 11. November 1906, (Nr. 575). Ende 1906 verdichteten sich Hinweise, wonach Eulenburg auf den Sturz Bülows hinarbeite. Er wolle Generalstabschef Moltke zum Reichskanzler machen und selbst Statthalter in Elsaß-Lothringen werden. Die Gerüchte um Eulenburg schienen insofern überzeugend, als einerseits die Statthalterschaft mit einem Jahressalär von 250 000 Mark der bestdotierte Posten der Reichsadministration, andererseits Eulenburg erheblich verschuldet war. Vgl. FESSER, Bülow, S. 95 und HUTTEN-CZAPSKI, Sechzig Jahre, S. 469.

141 Auch diese Episode hatte Hohenlohe ins öffentliche Bewußtsein gebracht, der behauptete, bereits im September 1893 Eulenburg auf die verheerenden Auswirkungen für dessen Bild in der öffentlichen Meinung aufmerksam gemacht zu haben, wenn er wiederum mit einem

1906 war in der *Neuen Gesellschaftlichen Correspondenz* zu lesen, ein „hochgeborener Barde“ – für jeden ersichtlich war der künstlerisch ambitionierte Eulenburg gemeint – wolle Bülow stürzen. Am folgenden Tag wurde dieser Artikel von diversen Zeitungen nachgedruckt und in den dazugehörigen Kommentaren für zutreffend erklärt.[142]

Bülow stand nun öffentlich unter Handlungszwang. Zunächst reagierte der Reichskanzler in einer aufsehenerregenden Reichstagsrede am 14. November 1906, der ersten nach seinem Abtritt von der politischen Bühne.[143] Der Kanzler übte in dieser Rede leichte Kritik am überbordenden persönlichen Regiment, erklärte aber gleichzeitig die einschlägigen Klagen für übertrieben. Dies gelte ebenso für die Gerüchte über das Wirken einer Kamarilla, die damit zum erstenmal im Reichstag von Regierungsseite erwähnt wurde. Kamarilla, erklärte Bülow bedeutungsschwer, sei „eine häßliche, fremde Giftpflanze und man hat nie versucht, sie in Deutschland einzupflanzen [...] ohne großen Schaden für die Fürsten und ohne großen Schaden für das Volk. Unser Kaiser ist aber ein viel zu grader Charakter, und er ist ein zu klarer Kopf, als daß er sich in politischen Dingen anderswo Rat holen sollte als bei seinem eigenen Pflichtgefühl und bei seinen berufenen Ratgebern.“[144] Zumindest an zwei Stellen bot diese Rede Spielraum für Interpretationen und wurde folgerichtig Objekt diverser Ausdeutungen.[145] Die Rede konnte sowohl als Bestätigung wie auch als Verneinung des Vorhandenseins einer Kamarilla, konnte sowohl als Verteidigung des Monarchen wie auch als Warnung an diesen verstanden werden. Bülows Hervortreten bestätigte die Relevanz des Themas gleichsam

---

Kanzlersturz in Verbindung gebracht würde. HOHENLOHE, Denkwürdigkeiten II, 14. September 1893, S. 505. Vgl. auch den Brief Eulenburgs an seinen Sohn Friedrich-Wend vom 11. November 1906, in dem Eulenburg vom Kaiseraufenthalt in Liebenberg berichtet. Vgl. dazu die ausführliche Fußnote von Röhl, in der die Gerüchte um die bevorstehende Entlassung Bülows behandelt werden. RÖHL (Hg.), Korrespondenz III, Nr. 1525, S. 2137 ff. Zum Sturz Caprivis in Liebenberg vgl. RÖHL, Aufbau, S. 690.

142 Zu Spekulationen über Helmuth v. Moltke als neuen Reichskanzler erklärte das *Tageblatt*: „Es werden zwar auch noch andere Träger des Namens Moltke genannt, indessen ist an den Berliner Stadtkommandanten Grafen Kuno v. Moltke überhaupt nicht zu denken“. Beim sicheren Kanzlerwechsel spiele die „allmählich ominös gewordene Fahrt nach Liebenberg“ des Kaisers, „wo er im Kreise der Eulenburgs“ weile, eine entscheidende Rolle. ‚Dynastie Moltke‘, Berliner Tageblatt, 8. November 1906, (Nr. 570). Zum Zeitungsecho: FESSER, Bülow, S. 96. Eulenburg, so Hutten-Czapski, wäre vermutlich unbehelligt geblieben, „wenn nicht nach Bülows Ohnmachtsanfall und Holsteins Rücktritt im April 1906 in der Presse wiederholt der Name des Fürsten, mit oder ohne dessen Zutun, als Nachfolger auf dem Reichskanzlerposten genannt worden wäre. Von da an sahen sowohl Bülow wie Holstein in ihm eine wieder auftauchende Gefahr.“ Vgl. HUTTEN-CZASPKI, Sechzig Jahre, S. 467.

143 StenBer. RT. Bd. 5, S. 265.

144 ‚Bülow redivivus‘, Berliner Tageblatt, 15. November 1906, (Nr. 582).

145 Hierzu gehörte die Behauptung, die Bemerkungen Bülows über die Kamarilla seien falsch zitiert worden. ‚Hofintrigen und Kamarilla‘, Frankfurter Zeitung, 4. Juni 1907, (Nr. 153); ‚Fürst Bülow und das ‘persönliche Regiment’‘, Kölnische Volkszeitung, 4. Juni 1907, (Nr. 480). Wie wichtig die Rede Bülows als Referenzpunkt war, zeigen auch diverse Karikaturen, die das Bild der Kamarilla als Giftpflanze übernahmen. Zu diesen Karikaturen vgl. Abschnitt IV.B.4.

offiziell.[146] Die Bülowsche Rede transferierte das Kamarillathema endgültig in die Öffentlichkeit und diente fortan als Bezugspunkt. Wenn die Gerüchte nach der Veröffentlichung der Hohenlohe-Erinnerungen noch einer Bestätigung bedurft hätten, war sie hiermit gegeben.

Vor diesem Hintergrund sind Hardens scharfe Angriffe auf Eulenburg im Herbst 1906 zu sehen. Seine kritische Beschäftigung mit dem Freund des Kaisers fiel mit dem Beginn seiner journalistischen Aktivität zusammen. Bereits 1892 machte Harden Andeutungen, Eulenburg sei als Reichskanzler vorgesehen.[147] Fortan diente Eulenburg Harden in zunehmender Häufigkeit als Illustration für seine Beobachtungen über Höflingswesen, Byzantinismus und Kamarilla.[148] Spätestens mit seiner Verurteilung der Erhebung Eulenburgs in den Fürstenstand am 6. Januar 1900 war Harden als öffentlicher Kritiker Eulenburgs nicht mehr allein.[149] Ab 1902 führte Harden die Kritik an der Existenz einer Kamarilla und am politischen Wirken Eulenburgs zusammen. Eulenburg sah sich veranlaßt, Deutschland zu verlassen, nicht jedoch, den Kontakt zum Monarchen aufzugeben.[150] Am 27. April 1902 trat Eulenburg

---

146 Die Rede bot Anlaß für vielfältige Vermutungen über die Erscheinungsformen einer Kamarilla, deren Vorhandensein nun als sicher galt. ‚Zu den höfischen Intrigen gegen den Fürsten Bülow', Freisinnige Zeitung, 4. Juni 1907, (Nr. 130). Hier findet sich auch eine umfangreiche Wiedergabe von Pressereaktionen zur Bülow-Rede.

147 ROGGE, Holstein und Harden, S. 48. Vgl. auch Hardens programmatischen Artikel ‚Monarchen-Erziehung' aus diesem Jahr: Abschnitt IV.E.2.

148 Im Zuge der Tausch-Affäre von 1896 war Harden an Material gelangt, welches die ‚konspirativen' Tätigkeiten Eulenburgs zu belegen schien und sich mit entsprechenden Informationen durch Bismarck ergänzte. Zu Hardens Materialbeschaffung: HECHT, Prozesse, S. 29 f. Zu Bismarcks Informationen über Eulenburg: RÖHL, Aufbau, S. 227. Eulenburgs Verwicklung in den Skandal von 1896 wurde aus gegebenem Anlaß 1907 in Erinnerung gerufen. ‚Aus alten Prozeßakten', Berliner Tageblatt, 8. Juni 1907, (Nr. 285). Zudem erfuhr Harden, daß Eulenburg im Berliner Polizeipräsidium unter Verdacht der Homosexualität registriert war und überwacht wurde, ohne daß bis dahin Tatsachen festgestellt werden konnten, die ein Einschreiten ermöglicht hätten. WELLER, Harden, S. 166. Spätestens seit 1894 wurde Eulenburgs politischer Einfluß auch von anderen Organen öffentlich negativ bewertet. Vgl. beispielhaft, Germania: 24. Mai 1894, (Nr. 116). Dagegen waren diejenigen, die Eulenburg kannten, offenbar überzeugt, diesen dränge es nicht ins politische Rampenlicht. Vgl. RÖHL, Aufbau, S. 914.

149 Vgl. Martin KOHLRAUSCH, Die Flucht des Kaisers – Doppeltes Scheitern adlig-bürgerlicher Monarchiekonzepte, in: Heinz Reif (Hg.), Adel und Bürgertum in Deutschland im 19. und 20. Jahrhundert, Berlin 2001, S. 65-101, hier S. 68. Harden führte dieses Einschwenken der öffentlichen Meinung auf seine Linie darauf zurück, daß Eulenburg noch weitergehende Ambitionen zugetraut würden. Vgl. ROGGE, Holstein und Harden, S. 55 ff.

150 Zur Kritik Hardens an der Kamarilla ‚Moritz und Rina', Die Zukunft vom 7. April 1900 und 19. November 1901. Vgl. ROGGE, Holstein und Harden, S. 55 ff. Vgl. hierzu auch die Anmerkung Hutten-Czapskis zur Entstehung der Eulenburg-Affäre: „Bereits im Jahre 1902 wurde in dem kleinen eingeweihten Kreise um Holstein und Frau Lebbin unwidersprochen erzählt, daß Harden, in der Überzeugung, daß Eulenburgs politische Tätigkeit dem Reiche schädlich sei, dem Fürsten eine Art Ultimatum gestellt habe: er ließe ihm ein Jahr Zeit, um von der politischen Bühne zu verschwinden." Eulenburg habe sich daraufhin zurückgezogen. Vgl. HUTTEN-CZASPKI, Sechzig Jahre, S. 467. Eulenburg blieb freilich – sichtbar – in Fühlung mit dem Monarchen, vgl. HUBER, Verfassungsgeschichte IV, S. 297.

als Botschafter in Wien zurück, am 11. November desselben Jahres wurde er zur Disposition gestellt.

Bereits dieser Vorgang wirft ein Schlaglicht auf die Relevanz des Problems, das Eulenburg zu verkörpern schien. Philipp Eulenburg konnte deshalb als die personifizierte Kamarillagefahr gelten, weil er nahezu idealtypisch der historisch gut eingeführten, äußerst ambivalenten Figur des Beraters entsprach.[151] Dies allein hätte ihn jedoch kaum verwundbar gemacht. Nach der Jahrhundertwende, d.h. nach der vielkritisierten Fürstung Eulenburgs, allerdings entwickelten sich die personalen Konstellationen in Hof und Regierung immer mehr zuungunsten Eulenburgs. Nachdem deutlich geworden war, daß die Stellung Eulenburgs bei Wilhelm II. nicht mehr so sicher wie einst war, verstärkte sich diese Tendenz. Hull hat beschrieben, wie die Hofgesellschaft nach 1901 diverse Pläne entwickelte, Eulenburgs Rücktritt zu erpressen.[152] Trotz seiner Machtstellung ein Außenseiter, konnte Eulenburg weder auf das Militär noch auf die Bürokratie zählen.[153]

---

151 Als Referenzpunkt galt vor allem Macchiavelis klassische Abhandlung über den Fürsten, ‚Il Principe'. Vgl. allgemein auch die spätere Darstellung Carl Schmitts des Problems des Zugangs zum Herrscher. Carl SCHMITT, Gespräch über die Macht und den Zugang zum Machthaber, Pfullingen 1954. Zu – stark variierenden – Kommentaren aus der Hofgesellschaft über die tatsächliche Rolle, die Eulenburg gespielt habe, vgl. LEUCHTMANN, Fall, S. 260 f. In der aufkommenden Kamarilladiskussion des Jahres 1906 nahm das *Berliner Tageblatt* zunächst den Generaladjutanten des Kaisers, Hans Plessen, ins Visier, der „viel mehr Macht und Einfluß" ausübe, „als die Öffentlichkeit ahnt". In der Folgezeit konzentrierte sich Kritik an der Kamarilla, nicht nur im *Tageblatt*, aber fast ausschließlich auf Eulenburg. Vgl. ‚Aus der Gesellschaft', Berliner Tageblatt, 26. November 1906, (Nr. 601). Die *Berliner Volkszeitung* urteilte: „Die Öffentlichkeit hat im allgemeinen nur wenig Kenntnis davon gehabt, wie groß der Einfluß war, den 'Phili' Eulenburg, auch nachdem er längst kein Amt im Dienste des Reiches mehr innehatte, auf dessen Oberhaupt ausüben durfte, und wie oft sein Rat in den wichtigsten Angelegenheiten, namentlich wenn es sich um Personalfragen handelte, eingeholt wurde. Auf ihn paßte die Bezeichnung eines 'unverantwortlichen Ratgebers der Krone' im vollsten Sinne des Wortes." ‚Phili's Glück und Ende', Berliner Volkszeitung, 29. Mai 1907, (Nr. 246). Grundsätzlich zum Problem der Liebenberger: HULL, Entourage, S. 54 ff. Zu Eulenburg: RÖHL, Freund, S. 35-77 und dessen Wertung: „Selten in der neueren Geschichte sieht man die verderbliche Rolle, die ein Günstling in dem System der persönlichen Monarchie spielen kann, so deutlich wie in diesem Fall." RÖHL, Aufbau, S. 675.

152 Hull, Entourage, S. 118. Vgl. die Kritik bei Hutten-Czapski: „In der ständigen Anwesenheit Eulenburgs in der Nähe des Kaisers sah ich eine Gefahr". HUTTEN-CZAPSKI, Sechzig Jahre, S. 250. Robert v. Zedlitz-Trützschler urteilte dagegen, Harden habe sich bezüglich der Tafelrunde im Irrtum befunden. Der Kaiser habe Eulenburg nicht ganz au sérieux genommen. „Hätte er das getan und dauernd unter seinem Einfluß gestanden, dann wären politisch viel ungeheuerliche Dinge passiert." ZEDLITZ-TRÜTZSCHLER, Jahre, S. 159 f. Die prominentesten und gefährlichsten unter den Verächtern Eulenburgs waren die Bismarcks, die ihr Machtmonopol durch Eulenburgs Beraterrolle gefährdet sahen. Herbert Bismarck klagte gegenüber seinem Vater bereits im Oktober 1888: „Bald war für jeden Eingeweihten klar, daß Kaiser Wilhelm II. 'den Philipp Eulenburg mehr liebt als irgendeinen Menschen'." RÖHL, Aufbau, S. 221.

153 Daß bereits 1896 sein Bruder wegen homosexueller Neigungen aus der Armee entfernt worden war, verschlechterte die Position Eulenburgs zusätzlich. RÖHL, Aufbau, S. 1160.

Dies war die persönliche Ebene, die „back region".[154] Politische Kommentatoren monierten hingegen den enormen, mit seiner institutionellen Stellung nicht korrespondierenden politischen Einfluß des ‚unverantwortlichen Ratgebers'. Diesen vermeintlich unheilvollen Einfluß schien Eulenburgs angeblich aktive Rolle in der Entlassung Bismarcks und auch Caprivis zu bestätigen.[155] Eulenburg war als Spiritist bekannt, und es gab Spekulationen, daß er sich gerade hierdurch die Freundschaft des Kaisers hatte erwerben können. Der Kaisergünstling war in den Augen seiner Kritiker derjenige, der die negativen Eigenschaften des Kaisers unterstützte, indem er diesem schmeichelte, dessen Gottesgnadentum betonte und als Architekt das ‚Persönlichen Regiment' verantwortete. Es half Eulenburg zweifellos nicht, daß sein Wirken nicht mit Berlin assoziiert wurde, sondern mit dem nebulösen Liebenberg in der Uckermark. Dort enthielt Eulenburg den Kaiser im gleichnamigen Kreis kunstsinniger Freunde den Augen der Öffentlichkeit vor. Die ohnehin schon bildhaften Kamarillaängste erhielten durch Eulenburg ein Gesicht. Für Harden garantierten die Liebenberger, daß die öffentliche Kritik des Monarchen ihre heilsame Wirkung nicht entfalten konnte.[156]

All diese abstrakten Phobien schienen sich im Jahr 1906 im Konkreten zu bestätigen. Die Erinnerungen des ehemaligen Reichskanzlers Hohenlohe-Schillingsfürst warfen erneut Licht auf Eulenburgs Verhalten in den Jahren 1890 und 1894.[157] Die Enthüllungen ergänzten Gerüchte um die vermeintliche Beteiligung Eulenburgs an der Krise um Bülow, die überdeutlich mit der bis dato verbreiteten Auffassung kontrastierten, Eulenburg habe sich 1902 aus der aktiven Politik- und Monarchenberatung zurückgezogen. Darüber hinaus bestätigten die *Denkwürdigkeiten* vermeintlich Hardens weitreichende Schuldzuweisungen gegenüber dem ‚Weichling' Eulenburg hinsichtlich des Ausgangs der Marokkokrise. Dieser Eindruck verstärkte sich dadurch, daß Eulenburg – wie es schien für seine Beteiligung an der friedlichen Beilegung der Krise – der Schwarze Adlerorden verliehen wurde,[158] und gewann unmit-

---

154 Zur Bedeutung der Vermischung von „front" und „back region" für den Skandal: THOMPSON, Scandal, S. 63 ff.

155 Hierzu erklärten, nach dem Münchner Prozeß gegen Eulenburg, die *Münchner Neueste Nachrichten*: „Das Schicksal des Fürsten Eulenburg muß für den künftigen Geschichtsschreiber die Frage, welchen Anteil der jählings Gefallene am Sturz Bismarcks habe, doppelt anziehend gestalten. Waltete hier die Nemesis? Hat Fürst Eulenburg unmittelbar auf Bismarcks Entlassung hingearbeitet? Hat er unmittelbar dazu beigetragen, indem er das Selbstbewußtsein des Kaisers anstachelte?" ‚Kaiser und Bismarck und Fürst Eulenburg', Münchner Neueste Nachrichten', 16. Mai 1908, (Nr. 230). Vgl. hierzu auch: LIMAN Kaiser, S. 30 f. Zum tatsächlichen Sachverhalt: BURMEISTER, Eulenburg, S. 46 f.

156 Röhl betont, daß gerade nach scharfer öffentlicher Kritik dem Kaiser der Rückzug zu den Liebenbergern wichtig war. Vgl. RÖHL, Aufbau, S. 939.

157 Hans Delbrück, Die Hohenlohe-Memoiren und Bismarcks Entlassung, in: Preußische Jahrbücher 126 (1906), S. 501-517.

158 Vgl. hierzu den Brief Eulenburgs an Kaiser Wilhelm II. am 7. April 1906, in dem dieser für die Verleihung des Schwarzen Adlerordens dankte und die Freundschaft mit dem Kaiser be-

telbare Relevanz durch die naheliegende Behauptung, Eulenburg sei für den Sturz des außenpolitischen Falken und ehemaligen Spitzenbeamten im Auswärtigen Amt Friedrich v. Holstein verantwortlich zu machen. Holsteins Sturz war wiederum die Voraussetzung für dessen vielbeachtete Kooperation mit Harden, welche durch einen in der *Zukunft* publizierten Brief Holsteins in dramatischer Weise publik gemacht wurde.[159]

In drei Artikeln mit so sprechenden Titeln wie *Praeludium*, *Dies Irae* und *Abfuhr* erhöhte Harden ab dem 17. November 1906 die Schlagzahl seiner Attacken auf Eulenburg. Im ersten Beitrag markierte er überdeutlich den Start einer Kampagne, indem er Eulenburg als Zerrbild des manipulativen Höflings präsentierte: „Heute weise ich offen auf Philipp Friedrich Karl Alexander Botho Fürsten zu Eulenburg und Hertefeld, Grafen von Sandels, als auf einen Mann, der mit unermüdlichem Eifer Wilhelm dem Zweiten zugeraunt hat und noch heute zuraunt, er sei berufen, allein zu regieren, als unvergleichlich Begnadeter, nur von dem Wolkensitz, von dessen Höhe ihm die Krone verliehen ward, Licht und Beistand erhoffen, erflehen: nur ihm sich verantwortlich fühlen. Das unheilvolle Wirken dieses Mannes soll wenigstens nicht im Dunkeln fortwähren." Auf den Punkt gebracht findet sich die Kritik in der ironisierenden Anklage des Liebenberger Kreises: „Lauter gute Menschen. Musikalisch. Poetisch, spiritistisch; so fromm, daß sie vom Gebet mehr Heilswirkungen erhoffen als von dem weisesten Arzt; und in ihrem Verkehr, mündlichen und brieflichen, von rührender Freundschaftlichkeit. Das Alles wäre ihre Privatan-

---

schwor. Röhl erläutert ausführlich die Hintergründe. RÖHL (Hg.), Korrespondenz III, Nr. 1511, S. 2122 ff.

159 Zum Vorgang: ROGGE, Holstein und Harden, S. 77 ff. In der Forschung wird die lange umstrittene Tragweite der Annäherung zwischen dem ehemaligen Diplomaten und dem Journalisten mittlerweile gering eingeschätzt. Weller sieht diesen frühen Zeitpunkt als Beweis für eine vernachlässigenswerte Rolle Holsteins in der ganzen Affäre." WELLER, Harden, S. 176. Dagegen urteilt Rogge, daß Harden durch Holstein inspiriert worden sei. Freilich räumt auch Rogge ein, daß Harden schon wesentlich länger gegen Eulenburg geschrieben und des Materials von Bülow und Holstein nicht bedurft habe. ROGGE, Holstein und Harden, S. 8 und 52. In den Kommentaren der Zeit galt Holsteins Urheberrolle hingegen als ausgemacht. Vgl. die Beispiele bei LEUCHTMANN, Fall, S. 194 und die entsprechende Karikatur in ROGGE, Holstein und Harden, S. XI. Holsteins Bemühungen, Eulenburg zu stürzen, reichten schon vor 1906 zurück: Bezeichnenderweise sah er sich zunächst außerstande, etwas zu unternehmen, da er sich von Attacken, die auf Regierung, Parlament und die „Unverantwortlichen" gleichzeitig zielten, nicht viel versprach." Vgl. die Aufzeichnung von Axel Freiherr von Varnbühler vom Mai 1906 den Konflikt Eulenburg-Holstein betreffend. RÖHL (Hg.), Korrespondenz III, Nr. 1515, S. 2126 ff. Spätestens ab Mitte Februar entstand zudem über Holstein auch ein Kontakt zwischen Harden und Bülow. ROGGE, Holstein und Harden, S. 131. Für Bülows Interesse an der Eulenburg-Affäre und an Eulenburgs Sturz existieren vielfältige Belege. Vgl. LERMAN, Chancellor, S. 195. Bülows Rolle diskutierten bereits zeitgenössische Schriften. Vgl. die entschiedene zeitgenössische Verteidigung Bülows bei H. v. M., Enthüllungen. Bismarck, Bülow und - Harden, Leipzig 1907, passim. Dagegen: GOLDBECK, Kamarilla, S. 29 ff. Die Auseinandersetzung zwischen Eulenburg, assistiert durch – zunächst – Bülow, Varnbühler und Kuno Moltke auf der einen Seite und vor allem Holstein auf der anderen, wird von Röhl als entscheidender Grundkonflikt der Regierung Wilhelms II. geschildert. Vgl. RÖHL, Aufbau, S. 672.

gelegenheit, wenn sie nicht zur engsten Tafelrunde des Kaisers gehörten".[160] Eine Woche später ließ Harden Kuno v. Moltke, den Stadtkommandanten von Berlin, und Eulenburg im Artikel *Dies Irae* als Faust und Mephistopheles auftreten, die vor neuen Enthüllungen zitterten und hofften, daß Harden die Briefe, in denen „vom Liebchen", d.h. dem Kaiser, die Rede sei, nicht kenne, und schließlich klagten: „Wenn nur Er nichts davon erfährt!"[161]

Hardens Andeutungen mußten im Zusammenhang mit anderen Äußerungen in der *Zukunft* als Vorwurf der Homosexualität gegenüber Eulenburg gelesen werden. Zwar meinte Harden immer zwischen dem abzulehnenden politischen Einfluß Eulenburgs im allgemeinen und dessen vermeintlicher Homosexualität unterscheiden zu können. Tatsächlich war beides für ihn nicht zu trennen.[162] In Eulenburg sah Harden das Haupt einer Gruppe homoerotisch veranlagter Männer, die einflußreiche Posten in der Umgebung des nichtsahnenden Kaisers mit Gleichgesinnten besetzt habe. Diese realitätsferne, mystische und schwärmerische Clique schade ernsthafter Politik und sei für eine insgesamt zu weiche außenpolitische Haltung des Reichs verantwortlich.

Homosexualität als Thema war geradezu perfekt für den Skandal geeignet.[163] Harden konnte mit dieser Argumentation auf die durchweg akzeptierte Anschauung von einer Unvereinbarkeit von politischer Aktivität und homosexueller Orientierung zurückgreifen.[164] Homosexualität bot ein griffiges Schlagwort, um politisch unerwünschte Entwicklungen zu beschreiben.[165]

---

160 Maximilian Harden, Praeludium, in: Die Zukunft 57 (1906), S. 251-266. hier S. 265 f.

161 Maximilian Harden, Dies Irae, in: Die Zukunft 57 (1906), S. 287-302, hier S. 291.

162 Vgl. HECHT, Prozesse, S. 156. Ohnehin, trotz einer vergleichsweise liberalen Auffassung und einer Befürwortung der Abschaffung des § 175, teilte Harden viele und wesentliche der generellen Vorurteile gegenüber Homosexuellen. HULL, Entourage, S. 134.

163 THOMPSON, Scandal, S. 130.

164 Vgl. HULL, Entourage, S. 133. Die Angriffe auf die Homosexuellen, so John C. Fout, „illustrate real concern about the kind of masculinity that the male homosexual had come to represent. He was now clearly perceived as some novel but unacceptable masculine creature, who manifested behaviour that contradicted a newly emerging redefinition of hypermasculinity." John C. FOUT, Sexual Politics in Wilhelmine Germany: The Male Gender Crisis, Moral Purity, and Homophobia, in: Journal of the History of Sexuality 2 (1992), S. 388-421, hier S. 413. Es spricht vieles dafür, daß es tatsächlich eine zunehmend kritischere Haltung gegenüber Homosexuellen gab. Eulenburg sah sich folgerichtig auch als ein Opfer einer neuen Zeit, in deren Härtekult sensiblere Naturen wie er und seine Freunde keinen Platz mehr finden könnten. Vgl. HULL, Entourage, S. 59. DIES., ‚Kaiser Wilhelm II and the ‚Liebenberg Circle', in: Röhl/Sombart (Hg.), New Interpretations, S. 193-220, hier S. 199. Werner Sombart beschrieb 1902 das „heranwachsende Geschlecht" als einen „härteren und gemütsärmeren Menschenschlag", der die Sentimentalität früherer Generationen als „Gefühlsduselei" verachtet und die moderne „Rastlosigkeit" bereits verinnerlicht habe. RADKAU, Zeitalter, S. 391.

165 Zur zeitgenössischen Homosexualitätsdebatte vgl. George L. MOSSE, Manliness and Homosexuality, in: Ders., Nationalism and Sexuality. Respectability and Abnormal Sexuality in Modern Europe, New York 1985, S. 23-47, hier S. 40. Dort auch die Beobachtung, daß „male friendship" immer stärker in die Kritik geriet. Ebd., S. 31. Zeitgleich mit der Eulenbur-g-Affäre fand eine, allerdings nicht besonders breit geführte, Debatte über die Abschaffung des § 175 statt. Vgl. z.B.: ‚Die Aufhebung des § 175', Berliner Tageblatt, 15. November 1907, (Nr. 582) und Magnus Hirschfeld, Der Normale und die Homosexuellen, in: Die Zu-

Implizit setzte dieses Argument voraus, daß Homosexuelle gänzlich durch ihre sexuellen Präferenzen bestimmt würden.[166] Eulenburg war um so mehr gefährdet, als es als selbstverständlich galt, daß gerade am Hof homosexuelle Tendenzen leicht Verbreitung fänden.[167] Gerade am undurchschaubaren Hof, so das Argument, könnten Homosexuelle aufgrund ihrer femininen Eigenschaften einen besonders verheerenden Einfluß ausüben. Homosexuelle schienen gerade deshalb in der Umgebung des Monarchen vollkommen fehl am Platz, weil nur in einem „mannhaften Auftreten" die Garantie für „offene Worte" und damit der beste Schutz gegen das Wirken einer Kamarilla gesehen wurde.[168] Wie bereits im Kontext der Caligula-Affäre sichtbar, wurden Männlichkeit und ‚offenes Wort' weitgehend gleichgesetzt.

Die hier skizzierte Argumentation war der rote Faden der zweiten Tranche von Februar 1907 an in kurzer Abfolge gegen Eulenburg gerichteter Artikel. Zwischenzeitlich war Eulenburg, nach einem unmißverständlichen Ultimatum Hardens, sich aus Deutschland und damit aus der Politik zurückzuziehen, erneut ins Ausland gegangen, allerdings für die Investitur des Schwarzen-Adler-Ordens am 18. Januar 1907 ‚vertragswidrig' nach Berlin zurückgekehrt. Der self-made Journalist hatte dem vermeintlich zweitmächstigsten Mann im Reich für diesen Fall mit Enthüllungen gedroht. Harden ergänzte nun seine Homosexuellen- und Kamarillakritik um den Vorwurf des Vaterlandsverrats, und Eulenburg ging erneut, allerdings nur kurzfristig, außer Landes.[169] Dar-

---

kunft 59 (1907), S. 450-455. Auf die in Relation zur Bevölkerungszahl geringe Anzahl von Verurteilungen aufgrund des § 175 (1905 lediglich 860 Fälle) verweist, FOUT, Politics, S. 395. Allgemein: HERGEMÖLLER, Historiographie, S. 90 ff.

166 Franz X. Eder stellt fest: „Like women, homosexuals were thought to be marionettes of their sexual desires." Franz X. EDER, Sexualized Subjects. Medical Discourse on Sexuality in German-Speaking Countries in the Late 18th and in the 19th Century, in: The Institute of the History of Medicine and Social Medicine. Semmelweis University of Medicine (Hg.), Civilization, Sexuality and Social Life in Historical Context. The Hidden Face of Urban Life, Budapest 1996, S. 17-28, hier S. 24 f.

167 Zum Topos des „weibischen Hofes". RADKAU, Zeitalter, S. 300 f.

168 Vgl. ‚Der Kaiser und die sogenannte Kamarilla', Deutsche Tageszeitung, 31. Oktober 1907, (Nr. 512). Vgl. auch: Neumann, ‚Über den Kaiser', Tägliche Rundschau, 17. Dezember 1908, (Nr. 591); ‚Schmutzige Wäsche', Kölnische Zeitung, 15. Juni 1907, (Nr. 630); Hugo FRIEDLÄNDER, Interessante Kriminal-Prozesse von kulturhistorischer Bedeutung, Berlin 1911 S. 5. Hans v. TRESCKOW, Von Fürsten und anderen Sterblichen: Erinnerungen eines Kriminalkommissars, Berlin 1922., S. 112. Zedlitz-Trützschler glaubte, daß die Problematik der Homosexuellenfrage weniger in der Frage liege, ob Homosexuelle ihren Neigungen nachgingen oder nicht, sondern vielmehr, daß sie durch ihre „weibische Auffassung, ihr weichliches und phantastisches Wesen in politischer Beziehung und besonders in der Umgebung Wilhelms II. gefährlich sein konnten". ZEDLITZ-TRÜTZSCHLER, Jahre, Eintrag vom 26. November 1907, S. 171. Dies, so Zedlitz-Trützschler, sei auch die Gefahr gewesen, die Harden erkannt habe.

169 Maximilian Harden, Symphonie, in: Die Zukunft 58 (1907), S. 157-174. Dieser Vorwurf bezog sich auf Eulenburgs Kontakte zum französischen Diplomaten Raymond Lecomte, den Eulenburg im November 1906, also während der Marokkokrise, mit dem Kaiser zusammengeführt und dadurch der deutschen Außenpolitik geschadet habe. Vgl. HECHT, Prozesse, S.

aufhin, am 27. April 1907, thematisierte Harden direkt und offen Eulenburgs vermeintlich homosexuelle Veranlagung.[170] Erst jetzt erfuhr, soweit sich nachvollziehen läßt, Wilhelm II. von der Kampagne Hardens, nachdem es der Kronprinz unternommen hatte, seinen Vater zu unterrichten.[171] Zumindest war erst nun, da diese Episode breit berichtet wurde, öffentlich klargestellt, daß der Monarch im Spiel war.

In frappanter Weise wiederholte Wilhelm II. sein eigenmächtiges und unüberlegtes Eingreifen in die Kotze-Angelegenheit und verschärfte hierdurch ein zunächst durchaus überschaubares Problem. Wilhelms II. Eingreifen als mangelndes Krisenmanagement zu qualifizieren wäre insofern fast noch untertrieben, denn der eigentliche Skandal begann nun erst.[172] Wilhelm II. forderte am 4. Mai 1907 eine Stellungnahme Eulenburgs und befahl am 31. Mai Bülow, Eulenburg zum unverzüglichen Abschied zu veranlassen – dieser war bisher lediglich zur Disposition gestellt – und Eulenburg vor die Alternative zu stellen, entweder sofort ins Ausland zu gehen oder gerichtlich die gegen ihn erhobenen Anschuldigungen zu klären.[173] Während Eulenburg zunächst zögerte, stellte der ebenfalls in Hardens Artikeln erwähnte Kuno v. Moltke am 29. Mai 1907 einen Strafantrag gegen Harden. Moltke, der von Harden lediglich als homoerotisch veranlagter Zuträger Eulenburgs kritisiert worden war,[174] scheiterte mit diesem Versuch ebenso – die Staatsanwaltschaft verneinte ein öffentliches Interesse – wie mit einer Duellforderung, die Harden ablehnte. Daraufhin reichte der Berliner Stadtkommandant am 6. Juni eine Privatklage gegen Harden ein und löste damit eine Serie von Prozessen aus, deren Gesamtheit das ausmacht, was heute unter dem Eulenburg-Skandal verstanden wird.

---

41 ff. Lecomte galt als homosexuell veranlagt und „König der Päderasten". Vgl. TRESCKOW, Fürsten, S. 168.

170 Maximilian Harden, Roulette, in: Die Zukunft 59 (1907), S. 118-130.

171 Vgl. HECHT, Prozesse, S. 33 ff.

172 Zu Wilhelms II. fatalen Eingriffen in den Gang der Kotze-Affäre: BRINGMANN, Reichstag, S. 219 ff.

173 Generaladjutant Gustav von Kessel an Eulenburg vom 4. Mai 1907: „Seine Majestät der Kaiser und König haben mich beauftragt, Dir zu schreiben, daß Allerhöchstderselbe eine Mitteilung darüber erwartet, ob und welche Schritte Du zur Einleitung einer gerichtlichen Versetzung gegen gewisse Verdächtigungen in einem der letzten Artikel der 'Zukunft' getan hast. Hierin sollen unter anderem Andeutungen gegen einen Ritter des H.O vom Schwarzen Adler enthalten sein. Seine Majestät haben darauf ganz besonders hingewiesen und erwarten Aufklärung darüber, ob Du Dich diesen Anspielungen gegenüber einwandfrei fühlst. Die Artikel selber sind mir bekannt. Der Bericht ist seiner Majestät direkt einzureichen." RÖHL (Hg.), Korrespondenz III, Nr. 1527, S. 2144. Zu den Umständen von Eulenburgs Abschied: BURMEISTER, Eulenburg, S. 167 ff.

174 Moltke galt Harden als Zuträger Eulenburgs, der diesen mit intimen Nachrichten aus der unmittelbaren Umgebung des Monarchen versorgte, wenn Eulenburg selbst nicht beim Kaiser war. Eulenburg beglückwünscht 1893 den Kaiser zur Wahl Moltkes als Adjutanten mit den Worten, er empfinde ein „wohltuendes behagliches Gefühl, gerade ihn bei meinem heißgeliebten Kaiser zu wissen." RÖHL, Aufbau, S. 198. Vgl. auch HUBER, Verfassungsgeschichte IV, S. 298 f.

2. Die Kamarillaprozesse: Stufen einer Entgrenzung

Auf Moltkes Privatklage gegen Harden wegen Beleidigung in einer Reihe verschiedener Artikel in der *Zukunft* vom 6. Juni 1907 hin begann am 21. September 1907 vor dem Schöffengericht in Berlin-Moabit das Verfahren gegen Harden.[175] Das Privatklageverfahren war ein äußerst riskanter Weg, zumal keine Klageerwiderung Hardens zu Prozeßbeginn vorlag und daher zu diesem Zeitpunkt die Konsequenzen und mögliche Eskalationen kaum vorhersehbar waren. Da Moltke eine Entscheidung des Gerichts über seine sexuelle Orientierung verlangt hatte, entstand die Möglichkeit, daß der Prozeß „die Ebene des konkreten Einzelfalls verlassen und zu einer Generalabrechnung mit den Auswüchsen der Hofgesellschaft“ würde.[176] Die Beweisführung, daß Harden Moltke in seinen Artikeln Homosexualität vorgeworfen habe, implizierte für das Gericht eine eingehende Erörterung des Inhalts dieser Artikel und vor allem ihres politischen und persönlichen Hintergrunds. Darüber hinaus mußte Harden die Gelegenheit gegeben werden, den Wahrheitsbeweis für seine Behauptungen führen zu können. Je größer die Verfehlung Hardens in den Augen des Gerichts, desto weitreichender waren die Möglichkeiten für den Journalisten, sich zu rechtfertigen, d.h. seine Quellen offenzulegen. Zudem erhielt Harden die Möglichkeit, für sich zu beanspruchen, in „Wahrnehmung berechtigter Interessen“ gehandelt zu haben, indem er seine politische Motivation ins Feld führen konnte.[177]

Tatsächlich läßt sich feststellen, daß der Prozeß aus Sicht Moltkes und aller an einem geräuschlosen Verlauf Interessierter vollkommen aus dem Ruder lief. Insbesondere die Vorladung der Exfrau Moltkes, Lilly, nunmehr Freifrau v. Elbe, die zum Prozeß intime und farbenprächtige Schilderungen aus dem Moltkeschen Eheleben beisteuerte, sorgte für eine Dynamik, die Harden in die Hände spielte und ein äußerst ungünstiges Licht auf den Kreis um Moltke – und damit die Umgebung des Kaisers – warf. Höhepunkt der Aussagen der Freifrau v. Elbe war ihre Erinnerung, Moltke habe geäußert, Eulenburg und er hätten „einen Ring um den Kaiser“ geschlossen, in den niemand hineinkom-

---

175 Moltke war zu diesem Vorgehen durch entsprechenden Druck Wilhelms II., die Angelegenheit um Hardens Artikel aufzuklären, und die erwähnte Ablehnung der Staatsanwaltschaft, sich seiner Sache anzunehmen, gezwungen worden, nicht zuletzt, um sein gesellschaftliches und dienstliches Überleben als Offizier zu sichern. Vgl. HECHT, Prozesse, S. 64 ff. Zum verbreiteten Phänomen von Beleidigungsklagen gegen Journalisten vgl. REQUATE, Öffentlichkeit, S. 24.

176 HECHT, Prozesse, S. 91, 99.

177 Harden konnte sich auf § 193 StGB berufen. Vgl. HECHT, Prozesse, S. 97. Kurz vor Prozeßbeginn hatte Harden in der *Zukunft* seine Beweggründe wie folgt beschrieben: Homosexualität bewirke nicht unbedingt bestimme Handlungen. Dennoch werde „das Wesen eines solchen Menschen eine anormale Grundform haben.“ Er habe daher „aus politischen Gründen auf die Anormalität und die daraus folgende Gefährlichkeit jenes Kreises und, unter Anderem, zum Nachweis dieser Gefährlichkeit, auf die Anormalität im sexuellen Empfinden hingewiesen.“ Maximilian Bernstein, Hardens Anwalt, betonte im gleichen Heft, daß es „eine sehr ernste, für ganz Deutschland wichtige Frage“ sei, „ob die Freunde und Berather des Deutschen Kaisers dieser ihrer Stellung würdig seien.“ Zit. nach: HECHT, Prozesse, S. 98.

me.[178] Moltkes angebliche Äußerung machte explizit, was die Phantasie vieler Kommentatoren lange beschäftig hatte, nämlich die Vorstellung, die freie Kommunikation zwischen Monarch und Volk werde durch eine „undurchlässige Isolierschicht" verhindert.[179] Kein Prozeßdetail wurde öfter zitiert als diese Äußerung, die den Prozeß endgültig zu einem politischen Ereignis machte. Entsprechend viel Energie verwendeten Moltke und dessen Anwalt auf die Widerlegung dieses Vorwurfs: „Niemals hat ein süßer, unmännlicher Ton am kaiserlichen Hofe geherrscht. Dafür bürgt schon die frische ursprüngliche Persönlichkeit des Kaisers. Niemals hat ein Grüppchen existiert, niemals eine politische Zuträgerei, niemals eine Kamarilla; auch eine Tafelrunde hat nie existiert in der Art, wie sie der Angeklagte andeutete. Die Tafelrunde ist an unserem kaiserlichen Hofe die kaiserliche Familie mit den wenigen dazu Befohlenen, und das Bild dieser kaiserlichen Familie, zu dem das engere und weitere Vaterland mit Stolz und Hochachtung emporblickt, das wollen wir uns nicht verkümmern lassen."[180]

In dieser Phase des Prozesses vermischten sich politischer Impetus und Voyeurismus vollends. Das Kamarillathema ergänzten sinnfällig anschauliche Schilderungen homosexueller Praktiken in der Umgebung des Kaisers und der Gardekavallerie. Der Prozeß machte publik, daß gegenüber dem Potsdamer Marmorpalais, in der Villa Adler des Grafen Lynar, Major des Leibeskadrons in der Garde du Corps, unter dessen Leitung und Kooperation des Grafen Hohenau, eines illegitimen Hohenzollern und Flügeladjutanten Wilhelms II., regelrechte homosexuelle Orgien stattgefunden hatten. Die dabei „vorgenommenen Handlungen" schilderte ein Zeuge so detailliert, daß die *Vossische Zeitung*, schrieb, eine Wiedergabe verbiete sich.[181]

Das Wechselspiel von politischer Argumentation und sensationellen Aussagen war kein Zufall. Harden hatte in Maximilian Bernstein, nebenberuflich juristischer Berater der *Münchner Neuesten Nachrichten* und Theaterkritiker einen Anwalt gefunden, der nicht nur deutlich geschickter und professioneller als seine Opponenten vorging, sondern vor allem die Interaktion zwischen Öffentlichkeit und Gerichtssaal erkannte.[182] In seinem Plädoyer stellte Bernstein auf zwei Hauptmotive ab. Bernstein präsentierte Harden als eigentlichen Vollstrecker des kaiserlichen Willens, da der Monarch schließlich Moltke zur Disposition gestellt habe. Darüber hinaus machte er sich die thematischen Dauer-

---

178 Vgl. ‚Prozeß Moltke vs. Harden', Vossische Zeitung, 24. Oktober 1907, (Nr. 499). Die Aussage Moltkes wurde in fast allen Berichten aus dem Gerichtsaal wiedergegeben, oft im Sperrdruck. Karl v. Einem, Kriegsminister, trat im Reichstag Verallgemeinerungen entgegen, es existiere ein Ring um den Kaiser. Als Kriegsminister habe er immer Zugang zum Kaiser gehabt, was wohl unmöglich wäre, wenn Offiziere diesem Ring angehörten. Eulenburg allerdings wurde von v. Einem nicht verteidigt. Reichstagsdebatte vom 28. November 1907 (StenBer. RT. Bd. 229, S. 1880 f.)

179 SCHNEIDT, Briefe, S. 33.

180 Auf die Frage des Vorsitzenden erklärte Graf Moltke die Richtigkeit dieser seiner Aussage auf seinen Eid. Aussage Moltke, zit. nach: FRIEDLÄNDER, Kriminalprozesse, S. 4213.

181 Vossische Zeitung, 24. Oktober 1907, (Nr. 500).

182 Zu Bernstein: HECHT, Prozesse, S. 28.

brenner bürgerlich-liberaler Kritik der herrschenden politischen Verhältnisse zu eigen. Bernstein forderte Männlichkeit im politischen Raum, und er kombinierte dies mit einer Rhetorik der großen Säuberung: „Ja, stärken Sie den deutschen Männern den Mut, stärken Sie den deutschen Bürgern, die Schriftsteller sind, den Mut, die Wahrheit zu sagen. Stärken Sie auch den anderen Bürgern den Mut, indem Sie ihnen die Zuversicht geben, daß, wenn sie in den Raum des Deutschen Reiches eintreten, in einen reinlichen und sauberen Raum eintreten!“[183]

Das medienwirksame Hantieren mit den politischen Schlagwörtern der Zeit ergänzte eine geschickte Auswahl der Zeugen. Neben der bemitleidenswerten und daher auch außerhalb des Gerichts wirkungsvollen Freifrau v. Elbe bot Harden eine Reihe weiterer Zeugen und Gutachter – u.a. Magnus Hirschfeld – auf, die seine Einschätzung Moltkes und des Kreises um Eulenburg bestätigen sollten. Als besonders geschickt erwies sich der Verweis auf angebliche Aussagen Bismarcks über den „Kinäden“ Eulenburg.[184] Der Rückgriff auf Bismarck evozierte publikumswirksam den Gegensatz zwischen nationaler, entschlossener Politik und höfischer Verweichlichung. Harden präsentierte sich, unter Rückgriff auf die Zeugen Liman und Reventlow – politische Parteigänger und Intimkenner Bismarcks –, als Vollstrecker des Testaments des Reichskanzlers.[185]

Durch Hardens geschickte Argumentation verschwand Moltke immer mehr hinter einem grandiosen Gemälde politischen Heldentums, in dem der gelernte Schauspieler sich selbst als Hauptfigur positionierte. Harden faßte seine Argumente in einem fulminanten Schlußplädoyer, das als Referenzpunkt große Bedeutung erlangen sollte, geschickt zusammen: „Ein letztes Wort. Was geschah denn, wenn all diese Geschichten eines Tages im ‚Vorwärts‘ standen und wenn dann erst der Höchste im Lande eingreifen konnte? Das mußte doch kommen. Ich will nicht ausmalen, was wir dann noch erlebt hätten. Aber hier habe ich wirklich nun ein kleines Verdienst in dieser Sache. Ich habe sie so behandelt, daß der Erste, der eingegriffen hat, der Erste, von dem Etwas ausgegangen ist, der Deutsche Kaiser war. Das war gut und war nöthig und war das Beste, was noch geschehen konnte. Und jetzt mag man vom Ausland und vom Inland reden; von deren Entsetzen. Das ist Heuchelei oder Zimperlichkeit. Das Ausland, wenn es gerecht und verständig ist, kann nur sagen: Deutschland ist ein Land wie andere und hat wie andere auf einer gewissen Entwicklungsstufe gewisse Skandale; es muß aber sagen: Donnerwetter, da drüben gehts doch famos zu; der Erste, der eingegriffen hat, war der Kaiser, und der ihn dazu angeregt hat, war sein erstgeborener Sohn. Da kann Keiner die Nase rümpfen. Meine Herren, draußen, erzählt man, haben einige Leute den schlechten Geschmack gehabt, zu rufen ‚Hoch der Kronprinz! Hoch Harden!‘ Das paßt ja gar nicht und Ähnliches habe ich nicht verdient. Aber nach all diesen Monaten, diesen Aufregungen, nach all der Schmach, die man auf

183 FRIEDLÄNDER, Kriminal-Prozesse, S. 4093 f.
184 HECHT, Prozesse, S. 124.
185 Friedrich Dernburg, ‚Der Partherpfeil‘, Berliner Tageblatt, 5. Januar 1908.

mich zu häufen gesucht hat, weiß ich doch, daß ich nicht für mich gearbeitet habe. Kein Spritzer ist dahin gekommen, wo er nicht sein durfte, niemals sein darf. Und dafür habe ich, als Privatmann, mit gesorgt, als Einer, der den Kaiser zu tadeln wagt, aber der die Kaiserwürde achtet. Vor dreizehn Jahren ist in diesem Haus ein Urteil verkündet worden (vom Landgerichtsdirektor Schmidt), das mich freisprach und mir sagte: Es giebt doch noch eine andere Art, dem Kaiser zu dienen, als die, vor ihm zu knien und ihn anzubeten, nämlich die: ihm mutig die Wahrheit zu sagen. An dieses Urteil habe ich mich all die Jahre gehalten; und ich glaube, daß ich hier noch eines von dieser Art bekomme."[186]

Mit dieser Volte brachte Harden den Monarchen ins Zentrum der Prozesse. In seinem Plädoyer skizzierte der Fachmann für Monarchie und Öffentlichkeit ein Beispiel idealer Kommunikation zwischen dem Monarchen und seinem Volk. Der gelungene Einzelfall, dies machte Hardens Logik so bestechend, schuf wiederum die Voraussetzung für eine nun dauernd unbeeinträchtigte Verständigung zwischen den beiden Faktoren. Hardens Plädoyer fand nicht nur öffentlich ein äußerst positives Echo, sondern auch die Richter machten sich die hier und im Prozeß vorgebrachten Argumente zu eigen. Der Angeklagte wurde, vom Publikum mit „lauten Hochrufen" begleitet, freigesprochen.[187]

Nur vor dem Hintergrund einer offenbar paralysierten Staatsanwaltschaft, einer untätigen Regierung und im Kontext des Skandals ist der radikale Vorstoß des Konjunkturritters Adolf Brand zu verstehen.[188] Dessen Pamphlet *Fürst Bülow und die Abschaffung des § 175* entlarvte Bülow nicht nur als Homosexuellen, sondern auch als Urheber der Intrigen gegen Eulenburg. Die ganz offensichtlich nicht belegbaren Vorwürfe hatten im Kontext des ersten Prozesses Moltke-Harden eine breite öffentliche Wirkung. Insofern kann es nicht überraschen, daß die Staatsanwaltschaft ein öffentliches Interesse konstruierte und Brand wegen Beleidigung anklagte, nachdem Bülow einen Strafantrag gestellt hatte.[189] Die Justiz hatte aus den Erfahrungen des ersten Prozesses Moltke-Harden gelernt und führte am 6. November Bülows Prozeß restriktiv und extrem sachbezogen. Ausdrücklich erklärte der den Prozeß leitende Richter, die Politik aus dem Verfahren strikt heraushalten zu wollen.[190] Brand wurde folgerichtig verurteilt, während Bülow, im erst zweiten Auftritt eines amtierenden Reichskanzlers vor Gericht, in diesem für ihn sehr günsti-

---

186 HECHT, Prozesse, S. 159 f.

187 Vossische Zeitung, 29. Oktober 1907, (Nr. 508).

188 Brand war Mitglied der homosexuellen *Gemeinschaft der Eigenen – philosophische Gesellschaft für Sittenverbesserung und Lebenskunst* und nutzte die Gelegenheit für die Agitation gegen den § 175 und in eigener Sache.

189 Durch die Involvierung des Reichskanzlers war ein öffentliches Interesse selbstverständlich bejaht worden. HECHT, Prozesse, S. 250 ff. und S. 267 ff.

190 Vossische Zeitung, 6. November 1907, (Nr. 522).

gen Umfeld alle Verdächtigungen von sich weisen konnte.[191] Außerdem erhielt er die Gelegenheit, sich öffentlich – und durch ein Gericht bestätigt – von Eulenburg zu distanzieren.[192] Wichtiger noch für den weiteren Verlauf des Skandals war allerdings eine – durchaus nicht zwingende – eidliche Aussage Eulenburgs, der als Zeuge im Prozeß auftrat. Eulenburg erklärte ungefragt, er habe sich niemals „strafbare Handlungen in Bezug auf den § 175“ zu Schulden kommen zu lassen.[193] Mit dieser Einschränkung auf die nach herrschender Meinung unter dem § 175 gefaßten sexuellen Handlungen im engeren Sinne hatte Eulenburg knapp eine gefährliche Klippe umschifft, gleichzeitg aber für die gegnerische Prozeßtaktik eine Flanke geöffnet.

Am 31. Oktober 1907 ging die Staatsanwaltschaft gegen das Urteil im ersten Prozeß Moltke-Harden in Berufung und übernahm gleichzeitig die Strafverfolgung. Das noch fünf Monate zuvor geleugnete öffentliche Interesse sah die Behörde nach dem Verlauf des Privatklageverfahrens als gegeben an.[194] Nicht nur diese Maßnahme reflektiert einen Lernprozeß der durch den ersten Prozeß Enttäuschten. Moltke tauschte seinen betulichen Anwalt Adolf v. Gordon gegen Erich Sello, den „Meister zu Herzen gehender Rede“ aus. [195] Der zweite Prozeß Moltke-Harden präsentiert sich als ein direktes Gegenbild des ersten. Die Verhandlungen wurden nun nichtöffentlich, zielgerichtet und äußerst straff geführt. Viele der Zeugen Hardens aus dem ersten Verfahren konnten auf diese Weise demontiert bzw. durch mehr oder minder subtilen Druck zu Kehrtwendungen veranlaßt werden.[196] Das am 3. Januar 1908 verkündete Urteil fiel dementsprechend für Harden vernichtend aus. In der Urteilsbegründung hieß es: „Daß der Angeklagte als politischer Schriftsteller seine politischen Gegner so scharf wie möglich bekämpft, ist sein Recht. Aber dreimal hätte er es sich überlegen sollen, ehe er die vita sexualis bestimmter Personen an die Öffentlichkeit zerrt, und der Verdacht kann auch nicht zurückgewiesen werden, daß auch eine Sensationslust im Spiel war.“ Die Kammer sah Harden auch nicht durch die Wahrnehmung berechtigter Interessen gerechtfertigt. Immerhin konzedierte sie ein berechtigtes Interesse eines jeden

---

191 Zudem erhielt Bülow das Recht, den Urteilstenor in fünf wichtigen Tageszeitungen zu veröffentlichen. Platten und Druckformen der Schrift waren zu vernichten. FESSER, Bülow, S. 105.

192 Bülow nutzte den Prozeß gegen Brand, um deutlich von Eulenburg abzurücken. Die Isolation Moltkes und Eulenburgs wurde damit für die Öffentlichkeit offensichtlich. Zudem konnte der Verdacht, Bülow sei der Urheber der Intrigen, zerstreut werden. Vgl. HECHT, Prozesse, S. 259, 269.

193 Eulenburg versuchte durch seine eidliche Aussage, Verdächtigungen von sich zu weisen. Die Aussage ging weit über das Ziel der eigentlichen Frage im Prozeß hinaus. HECHT, Prozesse, S. 260 ff. Dem Eid Eulenburgs folgten mit Eulenburg sympathisierende Kommentare. Es liegt nahe, daß Eulenburg schlicht versuchte, seinen Fall dem Bülows gleichzustellen. LEUCHTMANN, Fall, S. 210.

194 Einige Kommentatoren vermuteten, daß dieser Sinneswandel direkt vom Justizminister inspiriert worden sei. Vgl. z.B. Frankfurter Zeitung, 5. November 1907, (Nr. 307.

195 HECHT, Prozesse, S. 178.

196 In den Prozessen verwendete die Verteidigung viel Zeit und Energie darauf, die negativen Äußerungen Bismarcks zu relativieren. HECHT, Prozesse, S. 299 ff.

Staatsbürgers daran, daß der Monarch bei seinen Entschlüssen von „normal empfindenden Männern" beraten werde, billigte aber Hardens Vorgehensweise nicht.[197] Statt des ‚Politikers' Harden, der den ersten Prozeß gewann, verurteilte das Gericht nun den Sensationsjournalisten.

Dies war die eine, die öffentliche Seite des Prozesses. Entscheidend für den Fortgang der Kamarillaprozesse war, daß Eulenburg, von Bernstein ins Kreuzverhör genommen, über seine wenige Wochen zuvor gemachte Aussage graduell, aber damit juristisch wesentlich hinausging, indem er behauptete, niemals in seinem Leben „Schmutzereien" begangen zu haben. Bernstein hatte nach Onanie gefragt.[198] Rückblickend war mit dieser Aussage der weitere Fortgang der Prozesse festgeschrieben. Wie schon nach dem ersten Prozeß stand auch dieses Mal fest, daß es eine Fortsetzung geben würde. Tatsächlich begann am 21. April 1908 ein weiterer Prozeß um die inkriminierten Artikel Hardens.[199]

Diesen Prozeß hatte Harden unzweifelhaft inszeniert.[200] Über einen Münchner Strohmann, der Harden vorsätzlich beleidigte und als Hochstapler qualifizierte, bekam Harden die Möglichkeit, sich zu verteidigen, in Bayern sein Beweismaterial vorzuführen und den Prozeß neu aufzurollen. Diese Gelegenheit hätte sich theoretisch schon ein halbes Jahr zuvor in Berlin geboten. Der Prozeßstandort München besaß aber Vorteile für Harden. In München konnte er auf deutlich mehr Sympathie beim Gericht rechnen.[201] Zudem war er in München noch freier in der Auswahl seiner Zeugen.

Hardens Taktik ging vollständig auf. Das Gericht spielte sein reichlich durchsichtiges Spiel mit und brachte mit zwei Fischern vom Starnberger See skurrile, aber dennoch – zumindest in einem Fall – glaubwürdige Zeugen auf die Bühne.[202] Auf dieser spielte sich die Verhandlung „unter der Aufmerksamkeit der ganzen civilisierten Welt" ab.[203] Der Zeuge Jakob Ernst schilderte detailliert, wie Eulenburg ihn in den frühen 1880er Jahren erfolgreich zu homosexuellen Praktiken überredet hatte und wie diese beschaffen waren. Vor einer breiten Öffentlichkeit wurde in München dargelegt, daß Fürst Eulenburg nicht nur homosexuell veranlagt, sondern auch noch meineidig geworden war. Die Reputation des ehemals besten Freundes des Kaisers, die in den vorange-

---

197 Hierzu und zur vollständigen Urteilsbegründung: HECHT, Prozesse, S. 320 ff.

198 Den Ausdruck „Schmutzereien" interpretierte die Staatsanwaltschaft als alle homosexuellen Praktiken umfassend. Vgl. zum zeitgenösssischen Verständnis: J.L. CASPAR, Das Treiben der Homosexuellen: Volle Aufklärung zum Verständnis der Andeutungen und ‚halben Worte' im Moltke-Harden Prozeß, Leipzig 1907.

199 Zur Eröffnung des Münchner Prozesses vgl.: ‚Harden als Kläger', Berliner Tageblatt, 21. April 1908, (Nr. 202).

200 LEUCHTMANN, Fall, S. 223 f.

201 Vgl. hierzu: Karsten HECHT, Der Münchner Harden-Prozeß – ein politisches Verfahren vor dem Hintergrund der Ressentiments in Bayern gegenüber dem Wilhelminismus in Preußen und dem Reich, Magister-Arbeit, München 1991.

202 Die Aussage des Zeugen Jakob Ernst kam einer Sensation gleich und sorgte für ein enormes Presseecho. Vgl. WELLER, Harden, S. 192.

203 Auf Antrag Bernsteins wurde bei Vernehmung der Zeugen, die zu dem engeren Sachverhalt gar nicht aussagen konnten, die Presse zugelassen. HECHT, Prozesse, S. 351.

gangenen Monaten bereits extrem gelitten hatte, war nun vollends zerstört.[204] Ab Mai 1908 sprachen alle Kommentatoren nurmehr von der „Affäre Eulenburg“, nicht mehr von derjenigen Moltkes oder Hardens.[205]

Durch die Münchner Entwicklung gewann der Skkandal eine zusätzliche Dynamik. Am öffentlichen Druck, der sich nun gegenüber Eulenburg aufbaute, konnte auch die Berliner Staatsanwaltschaft nicht vorbeigehen. Diese ordnete eine erneute Untersuchung Eulenburgs an, kassierte das vorhergehende Urteil gegen Harden, erhob am 5. Juni 1908 Anklage gegen Eulenburg und eröffnete am 29. Juni 1908 gegen ihn ein Verfahren wegen Meineids.[206] Nunmehr behandelte die juristische Auseinandersetzung also direkt den ehemals engsten Freund des Kaisers. Wilhelm II. war nun eher vorder- als hintergründig im Prozeß anwesend. Den viel zu späten Maßnahmen des Kaisers zur schnellen Beendigung des heiklen Prozesses stand nun das erhebliche Aufsehen entgegen, welches der Prozeß ohnehin erregt hatte und welches durch die Verlegung der Verhandlung in die Charité am 13. Juli, bedingt durch den schlechten Gesundheitszustand Eulenburgs, noch vergrößert worden war. Nach drei Tage brach Eulenburg zusammen und konnte nur gegen eine sensationell hohe Kaution – zunächst 100.000, später 500.000 Mark – der Vollstreckung des Haftbefehls entkommen. Am 7. Juli 1909 wurde die Verhandlung zum letzten Mal für eine Stunde eröffnet. Eulenburg brach wieder bewußtlos zusammen. Von nun an sollten halbjährige Untersuchungen die Verhandlungsfähigkeit des Fürsten überprüfen. Diese endeten regelmäßig, letztmalig 1920, mit negativem Ergebnis.[207]

---

204 Vgl. typisch: Frankfurter Zeitung, 22. April 1908, (Nr. 112); ‚Des Eides zweiter Teil‘, Leipziger Tageblatt, 29. April 1908 und ‚Eulenburg und Kaisertum‘, B.Z. am Mittag, 13. Juli 1908. Eine Ausnahme bildete lediglich die *Deutsche Zeitung* mit ihrer scharfen Kritik am Vorgehen Hardens und der diesem im München eingeräumten Möglichkeit, bei Nichtanwesenheit Eulenburgs, letzteren vorzuführen: Deutsche Zeitung, 22. April 1908.

205 Wie verzweifelt die Lage für Eulenburg war, belegt ein Brief Axel Freiherr von Varnbühlers an Justizrat Karl Laemmel vom 22. April 1908. Varnbühler bat Laemmel, Eulenburg klarzumachen, dieser müsse Selbstmord begehen. RÖHL (Hg.), Korrespondenz III, Nr. 1539, S. 2168 ff.

206 In der Untersuchung gegen Eulenburg wurden etwa 200, davon 165 von Harden benannte Zeugen vernommen. Die Vernehmungen wuchsen sich zu einem internationalen Skandal aus, da u.a. Damen der internationalen diplomatischen Gesellschaft über die Veranlagung Eulenburgs, des ehemaligen Botschafters in Wien, aussagen sollten. Der österreichische Außenminister Graf Aehrenthal erhob in Berlin offizielle Beschwerde gegen dieses Vorgehen. Vgl. ROGGE, Holstein und Harden, S. 196 und WELLER, Harden, S. 192 ff.

207 Die letzte Untersuchung fand als Folge der Sitzung des Rechtsausschusses der verfassungsgebenden Preußischen Landesversammlung auf Veranlassung des Preußischen Justizministers am 9. September 1920 statt. Eulenburg wurde wieder für verhandlungsunfähig erklärt. Das Gericht trat niemals mehr in die Verhandlung ein. Eulenburg starb am 17. September 1921. HECHT, Prozesse, S. 389. Die Vertagung des Eulenburgprozesses war offenbar auch wiederum von der öffentlichen Meinung diktiert. Vgl. ROGGE, Holstein und Harden, S. 313.

3. Kontrollversuche und ihre Grenzen

Mit der weiteren Auseinandersetzung zwischen Moltke und Harden brauchte und konnte sich die Öffentlichkeit kaum mehr befassen. Die Grundzüge des dritten Prozesses Moltke wider Harden waren Mitte März 1909, also vor Prozeßbeginn, in einem Vergleich folgendermaßen festgelegt worden: „Herr Maximilian Harden wiederholt die in seiner Zeitschrift vor dem Schöffengericht und vor dem Landgericht abgegebene Erklärung, daß er in seiner Wochenschrift Seine Excellenz, den Grafen Kuno von Moltke nicht der Homosexualität beschuldigt hat. Seine Excellenz der Herr Generalleutnant z.D. Graf Kuno von Moltke acceptiert diese Erklärung. Beide Herren sind der Überzeugung, daß sich nach diesen Erklärungen jede Beweisaufnahme erübrigt."[208] Das eigentliche gerichtliche Ergebnis befriedigte Harden nicht. Schließlich wurde Harden zu einer Geldstrafe (600 Mark), Übernahme der Prozeßkosten und Veröffentlichung des Urteils in verschiedenen Tageszeitungen verurteilt. Kurze Zeit sah es also nach einem vierten Prozeß Moltke-Harden aus. Ein weiterer Prozeß hätte unweigerlich auf die Kamarillafrage gezielt und dadurch noch stärker auf die Monarchie und den Monarchen fokussiert. Die Nervosität auf Regierungsseite – ein halbes Jahr nach der Daily-Telegraph-Affäre – war entsprechend ausgeprägt.[209]

Parallel zu Harden wandte sich der mit Harden befreundete Redakteur Eugen Zimmermann am 1. Mai an den Reichskanzler. Zimmermann hatte eine Erklärung vorbereitet, die beide Parteien im „Interesse der Nation" auf weitere juristische Schritte verzichten ließ. Hardens patriotische Beweggründe wurden ausdrücklich anerkannt und ihm wurde die Übernahme sämtlicher Kosten angeboten – wobei letztere sehr weitgehend interpretiert wurden; Harden erhielt 40.000 Mark. Harden akzeptierte den Vergleich. Am 7. Juli endeten die Auseinandersetzungen Moltke-Harden völlig unspektakulär.[210]

Vermittlungsversuche, vorrangig mit dem Ziel, die strittige Angelegenheit, vor allem aber die Person des Kaisers aus der Öffentlichkeit herauszuhalten, hatte es freilich schon früher gegeben. Gemeinsames Kennzeichen dieser Versuche war deren mangelnde Systematik. Initiatoren waren vermeintlich aus

---

208 ‚Vergleich zwischen dem Grafen Kuno Moltke und Maximilian Harden', BAL, N 2106 (Hammann), Nr. 2. (1909), Blatt 1 ff.

209 Hammann schrieb am 23. April 1909 an Ballin: „Die Sache Moltke-Harden steht nicht gut, die Gefahr eines neuen, für Krone und Land schädlichen Skandals ist noch nicht überwunden." In: BAL, N 2106 (Hammann), Nr. 2, Blatt 17-19. Harden hatte sich zuvor gegenüber Ballin beklagt (5. April 1909): „Ich muß leider glauben, daß an irgendeiner Stelle unehrlich gespielt wird. Im Dezember 1907 wurde ich beschworen, im Interesse des Reiches und der Krone die äußerste Reserve zu wahren; im schlimmsten Fall werde der Staatsanwalt nur eine Geldstrafe beantragen." Dies sei nicht eingetreten. Ebd., Blatt 8-10.

210 Vgl. Wilke (Neue Gesellschaftliche Korrespondenz) an Hutten-Czapski, 12. Dezember 1907, in: BAL, N 2121 (Hutten-Czapski), Nr. 93, Blatt 2. Vgl. hierzu auch: Hutten-Czapski, Sechzig Jahre, S. 468. Vgl. auch die Dokumente zu den Verständigungsbemühungen bei FRIEDLAENDER, Kriminal-Prozesse, S. 201 ff.

patriotischen Erwägungen handelnde hochgestellte Privatpersonen, die teilweise mit dem Reichskanzler kooperierten.[211] Der stark improvisierte Charakter der Vermittlungsbemühungen wird darin sichtbar, daß sie in der Öffentlichkeit reflektiert wurden.[212] Über drei Jahre hinweg blieben die Bemühungen erfolglos. Eine konstante, zielgerichtete Initiative der Regierung ist nicht feststellbar. Nicht einmal eine Reflexion des potentiellen Schadens für die Monarchie läßt sich erkennen. Dieses Bild bestätigen die Protokolle des Preußischen Staatsministeriums, das sich mehrmals mit der Kalamität befaßte. Das Staatsministerium diskutierte zwar eine Änderung der Strafprozeßordnung, verwarf diese aber schließlich zugunsten einer Beschleunigung genereller Reformbestrebungen der einschlägigen Gesetze.[213]

Die Geschichte der Kamarillaprozesse läßt sich insofern auch als Geschichte eines spektakulär gescheiterten Krisenmanagements lesen. Dies gilt vor allem für die offiziöse Fehleinschätzung der öffentlichen Dynamik des Skandals. Das Pressebüro unter Hammann interessierte sich zwar stark für die Angelegenheit und wurde auch meinungsbildend aktiv.[214] Aber Hammanns Bemühungen krankten, genauso wie die anderen Vermittlungsversuche, daran, daß nie klar war, was Priorität haben sollte – die möglichst baldige Herstellung öffentlicher Ruhe, die Verteidigung der Männer um Eulenburg oder vielmehr deren politische Vernichtung? Selbst über das Motiv, den Kaiser aus der Affäre herauszuhalten, scheint nicht immer Einigkeit bestanden zu haben, auch wenn dieses Motiv immer wieder beschworen wurde.[215] Eine konsistente Verteidigung des Monarchen läßt sich jedenfalls nicht ausmachen.

---

211 Vgl. das Schreiben von Albert Ballin an Harden vom 29. Juni 1909: „Umso mehr freut es mich, daß ich mitwirken durfte bei dieser wahrhaft patriotischen Erledigung der Sache." ROGGE, Holstein und Harden, S. 65. Zimmermann versprach Harden darüber hinaus am 13. Juli 1908, künftig im *Berliner Lokalanzeiger* für „gute, ausführliche Berichte über die Affäre zu sorgen". Vgl. ROGGE, Holstein und Harden, S. 286, 294 ff. u. 310. Zu weiteren Interventionen Zimmermanns zugunsten Hardens in der Presse: BAL, N 2106 (Hammann), Nr. 41, Blatt 6 f.

212 Während der Prozesse erschien eine Übersicht über Vergleichsbemühungen bei Theodor Wolff, ‚Des Harden-Prozesses zweiter Teil', Berliner Tageblatt, 16. Dezember 1907, (Nr. 637) und in ‚Prozeß Moltke-Harden', Frankfurter Zeitung, 24. Dezember 1907, (Nr. 356). Einen kritischen Kommentar zu vermeintlich für Vermittlungsbemühungen verliehenen Orden brachte der Artikel ‚Goldberger und Rathenau im Ordensglanze', Die Wahrheit, 28. Dezember 1907.

213 Protokolle des Preußischen Staatsministeriums Bd. 155, Bl. 73-73v., Sitzung des Staatsministeriums am 2. November 1907 (Nr. 169) sowie ebd. Bd. 156, Bl. 135, Sitzung des Staatsministeriums am 29. Februar 1908 (Nr. 183).

214 Die umfangreichste Presseausschnittsammlung Hammanns dokumentiert diverse Artikel zum Eulenburg-Skandal. Vgl. auch ein Protokoll Hammanns mit gemeinsam mit dem Auswärtigen Amt angestellten Überlegungen zum Eulenburgprozeß (Sitzung, 27. Dezember 1907), in: BAL, N 2106 (Hammann), Nr. 73, Blatt 1-8. Hammann war während des Skandals in eine private Affäre verwickelt. Vgl. ROGGE, Holstein und Harden, S. 20.

215 Holstein schrieb am 12. Dezember 1907 an Loebell: „Je mehr ich von dieser Angelegenheit höre, umso mehr habe ich die Überzeugung gewonnen, wir müssen im Interesse des Kaisers wie des Vaterlandes eine erneute Auflage dieses Prozesses verhindern. – Wer will die Fluten dämmen, wenn die Leidenschaften entfesselt?" ROGGE, Holstein und Harden, S. 253. Vgl. auch: Ballin an Hammann. 5. April 1909. BAL, N 2106, Nr. 2, Blatt 5. Reichlich scheinhei-

Dazu, daß es überhaupt soweit hatte kommen können, hatte Wilhelm II. selbst erheblich beigetragen. In entscheidenden Momenten fehlte die kaiserliche Initiative, um weitere Auseinandersetzungen zu unterdrücken, in anderen Momenten setzte wilhelminischer Aktionismus erst Konflikte in Gang, die ohne diesen gar nicht aufgetreten wären. Die Schnellschußentscheidung Wilhelms II., Eulenburg solle sich aller Verdächtigungen entledigen, entpuppte sich als schwerer taktischer Fehler. Eulenburg hätte zweifelsohne dezenter entfernt werden können. Auch Moltke sah sich offenbar nur durch kaiserliches Drängen zu gerichtlichen Schritten genötigt. Vor Gericht argumentierte er fatalerweise, Harden habe ihm unterstellen wollen, er „huldige perversen geschlechtlichen Neigungen" und gehöre einem „geschlechtlich perversen Kreise in der Umgebung des Kaisers an", der seine Stellung dahin ausbeute, schädlichen Einfluß auf den Monarchen auszuüben. Damit hatte Moltke nicht nur die Beleidigungen inkriminiert, sondern auch Harden dadurch, daß er die Zugehörigkeit zu einem homosexuell veranlagten Freundeskreis erwähnt hatte, die Möglichkeit zur politischen Agitation gegeben. Die Einführung des politischen Aspekts war nicht erforderlich, sie war für den Monarchen sogar schädlich, weil Harden sich so als verantwortungsvoller Politiker stilisieren konnte. Erst so wurde die Möglichkeit dafür geschaffen, daß der Prozeß die Ebene des konkreten Einzelfalls verlassen konnte.

Die wenig überzeugende Rolle Wilhelms II. erklärt sich zum einen daraus, daß der Monarch und seine Berater nie angemessen reflektierten, daß sich jede ihrer Handlungen vor den kritischen Augen einer mittlerweile extrem mißtrauischen und äußerst interessierten Öffentlichkeit abspielte. Hinzu trat das vollständige Versagen eines Frühwarnsystems und das Nichtvorhandensein eines nachvollziehbaren Informationsflusses. Über die Angriffe gegen Moltke wurde der Kaiser, der sich zum fraglichen Zeitpunkt in Bad Homburg befand, durch sein Militärkabinett nicht informiert. Aus der kaiserlichen Umgebung scheinen keine Hinweise gekommen zu sein.[216] Viel zu spät, wenn einschlägigen Berichten geglaubt werden kann, erhielt Wilhelm II. eine bereits lange zuvor existierende Liste mit potentiellen Homosexuellen der Berliner Gesellschaft. Daß der Monarch sich auf dem Höhepunkt der Krise in England auf-

---

lig rechtfertigte sich Eulenburg in einem Brief an Kaiser Wilhelm II. vom 5. Mai 1907: „Daß ich bisher zögerte, auf die Anzapfungen der Zukunft – welche darauf berechnet sind, einen skandalpolitischen Prozeß hervorzurufen – zu reagieren, lag lediglich in politischer Rücksicht. Ich wurde als derjenige bezeichnet, der Ew. Majestät 'autokratische Gelüste' nährte, und ich wurde mit so viel Fragen heikler politischer Art verquickt, daß ich es für meine Pflicht gegenüber Ew. Majestät und Ew. Majestät Regierung ansah, über manche persönliche Angriffe hinwegzusehen, um einen solchen Prozeß zu vermeiden." Eulenburg werde nun entsprechende Schritte einleiten, zumal der Kaiser offensichtlich bereit sei, „sich über die politischen Folgen des möglichen Prozesses hinwegsetzen zu wollen". Vgl. RÖHL (Hg.), Korrespondenz III, Nr. 1528, S. 2145 ff. Zu Bülows Rolle vgl. dessen Brief an Eulenburg vom 31. Mai 1907, vor allem aber die Anmerkungen hierzu: ebd., Nr. 1534, S. 2160 ff.

216 ZEDLITZ-TRÜTZSCHLER, Jahre, S. 161.

hielt und sich damit der öffentlichen Diskussion in der Heimat entzog, trat verschärfend hinzu.[217]

Dabei ist es für diesen Zusammenhang weniger erheblich, was der Kaiser tatsächlich gewußt hat, als vielmehr, daß die Eulenburg-Affäre eine Debatte über die Information des Monarchen veranlaßte. Insofern ist es von einiger Bedeutung, was das Publikum über den Informationsstand des Monarchen dachte. Wie stark dies die Öffentlichkeit bewegte, zeigt besonders anschaulich deren Faszination durch die sogenannte „Aktion des Kronprinzen". Nachdem alle anderen potentiellen Informationsquellen – nicht zuletzt der Reichskanzler – versagt hatten, übernahm es am 2. Mai 1907 der Kronprinz, seinen Vater von den Anschuldigungen gegen dessen Entourage zu unterrichten. So zumindest berichteten es die Zeitungen. Diese Tat beschrieben alle maßgeblichen Blätter und kommentierten positiv.[218] Der sofortige Verlust der kaiserlichen Gunst für Eulenburg galt als Folge des erstmaligen politischen Handelns des Thronfolgers.[219] Während der Gerichtsverhandlungen kam es vor dem Gerichtsgebäude zu „Hoch Kronprinz-Rufen".[220] Bülow und der Zentrumspolitiker Martin Spahn lobten das Vorgehen des Kronprinzen ausdrücklich im

---

217 Holstein an Fürst Bülow am 11. Oktober 1908: „Daß das Verhalten der Behörden, namentlich der Justiz, in dieser Sache eine schwere Schädigung des monarchischen Gefühls zur Folge haben muß, darüber sind Sie und ich ja längst einig. Wie die Dinge im Volke allmählich aufgefaßt werden, das ersehen Sie aus dem Hauptbilde des neuesten 'Kladderadatsch', (Faustphilis Ende, Phili als Engel, der gen Himmel schwebt) ob S.M. den kennt? Für einen alten Royalisten ist es eine tieftrauriger Gedanke, daß niemand den Kaiser auf die Gefahr aufmerksam macht, die ihn und sein Haus umgibt." Wenn der Justizminister nicht interveniere, bleibe „wohl nur übrig, den Kaiser zu orientieren über das, was für sein Haus auf dem Spiele steht". ROGGE, Holstein und Harden, S. 348 ff. Wilhelms II. Reise nach England vom 8. November bis zum 13. Dezember wurde kritisiert, etwa von Lerchenfeld, der behauptete, der Kaiser wolle sich der unangenehmen Wahrheit in Berlin nicht stellen. LERMAN, Chancellor, S. 201.

218 Für diese Tat werde man dem Kronprinz „sehr danken müssen", heißt es im Artikel ‚Der schlecht informierte König', Kieler Neueste Nachrichten, 11. Juli 1908, (Nr. 160). Vgl. auch: Schneidt, Briefe, S. 109; ‚Die innere Politik der Woche', Kreuzzeitung, 3. November 1907, (Nr. 517). ‚Der Prozeß Moltke-Harden. Die Sensation des Tages', Kölnische Volkszeitung, 25. Oktober 1907, (Nr. 923). Noch in der Daily-Telegraph-Affäre wurde die Hoffnung ausgesprochen, auch dieses Mal möge „Der Kronprinz als Vermittler der Volksstimmung" – so der Titel eines Artikels – dienen. Rheinisch-Westfälische Zeitung, 4. November 1908, (Nr. 1159).

219 „Der Kronprinz werde gelobt, schrieb Holstein am 19. Mai seiner Kusine; er habe Mut und sage dem Vater bisweilen Dinge, die diesen sehr ärgern." Holstein schreibt an Harden am 9. Mai 1907: „Mein gestriger Schlußsatz bezog sich auf das Vorgehen des Kronprinzen. Da sich alle Welt davon erzählt, mag die Sache wohl richtig sein. Die Wirkung bleibt abzuwarten." ROGGE, Holstein und Harden, S. 157 f.

220 HECHT, Prozesse, S. 159 f. Überhaupt spielte die Aktion des Kronprinzen eine wichtige Rolle im Prozeß. Vgl. ‚Graf Moltke gegen Harden', Berliner Tageblatt, 27. Oktober 1907, (Nr. 547) und die Vermutung: „Und langsam mehrten sich die Stimmen, die da flüsterten, es müsse doch immerhin noch mehr hinter dem Spektakel gesteckt haben. Die da versicherten, der Kronprinz habe im Mai des vorigen Jahres seinem Vater doch noch andere Dokumente vorgelegt als lediglich zwei Hefte der 'Zukunft'." ‚Philipp, Fürst zu Eulenburg', Berliner Börsen Zeitung, 22. April 1908.

Reichstag.[221] Bezeichnenderweise bot erst die übermäßige Feier der Aktion Anlaß zur Kritik.[222]

Die plötzliche Popularität des Kronprinzen unterstreicht einmal mehr die ungeheure Dynamik des Skandals, die immer neue Helden und Verlierer hervorbrachte, bzw. Helden zu Verlierern werden ließ und umgekehrt, sowie die Chancen, die der Monarchie als Institution auch in einer extremen Krisensituation erwuchsen. Die fehlgeschlagenen Befriedungsbemühungen von Regierungs- und Hofseite illustrieren deutlich, wie wenig der Monarch und seine Berater diese Dynamik verstanden und wie ungewohnt eine Presse war, die in ihren investigativen Bemühungen und ihren Kommentaren vor dem Thron nicht mehr haltzumachen gewillt war. Das Phänomen eines Monarchen, der nicht nur in die Kritik geriet, sondern auch effektiver Mittel zur Erwiderung und Eindämmung derselben ermangelte, erkannten bereits die zeitgenössischen Kommentatoren. Aber auch die Journalisten erwiesen sich mit der Einordnung und Behandlung eines gänzlich neuen Stoffes überfordert.

4. Öffentlichkeitsprozesse: Selbstthematisierungen der Medien

Damit die Harden-Artikel öffentliche Reaktionen, die erst den Skandal konstituierten, auslösen konnten, bedurfte es sichtbarer Reaktionen. Zunächst blieben die Anspielungen kryptisch, zumindest bis zu Berichten über die Aktion des Kronprinzen im Mai 1907. Bezeichnend ist die Reaktion eines typischen Provinzblattes, der *Kieler Neuesten Nachrichten*, auf die gleichzeitige Meldung, daß Moltke seine Position als Kommandant von Berlin zur Verfügung gestellt habe. Diese Meldung hatte für sich genommen kaum Nachrichtenwert, durchaus aber, wenn man sie mit Artikeln Hardens in der *Zukunft* zum Thema einer „engeren Tafelrunde des Kaisers" in Verbindung brachte. Bei der in Frage stehenden „Affäre soll es sich um allerlei Geschichten handeln, in denen die sogenannte Eulenburgsche Tafelrunde die Hauptrolle spielte". Die Angelegenheit scheine sich „zu einer großen Sensation" zu entwickeln.[223] Die Sensation, mithin der Skandal, lag also von vornherein in der Sphäre des Politischen.

In der letzten Mai- und erste Juni-Woche 1907 führte die Presse eine erregte Debatte über die Realität einer Kamarilla, die politische Bewertung Eulenburgs und die Reichweite der bisher an die Öffentlichkeit gedrungenen De-

---

221 Zu Bülows Aussage: HECHT, Prozesse, S. 269. Zu Spahn: ROGGE, Holstein und Harden, S. 244.

222 Am deutlichsten in einem Spottgedicht gegen Byzantinismus im *Simplicissimus*: Peter Schlemihl, Die mutige Tat des Kronprinzen, in: Simplicissimus 12 (1908), S. 43. Der bayrische Landtagsabgeordnete Hugo Elsaß, Zum Fall Eulenburg, in: März 2 (1908), S. 13-18; Ludwig Thoma, Der große Skandal, in: März 1 (1907), S. 269-273 und Paul Busching, Harden, in: Süddeutsche Monatshefte 5 (1908), S. 362-364, hier S. 363 f.

223 ‚Harden und des Kaisers Tafelrunde', Kieler Neueste Nachrichten, 29. Mai 1907, (Nr. 122).

tails.[224] Allerdings präsentierten sich derartige Spekulationen, die den Juni und Juli hindurch andauerten, noch relativ ziellos, und das öffentliche Interesse scheint, betrachtet man die Zeitungsberichterstattung, im Spätsommer schon wieder im Abnehmen begriffen gewesen zu sein. Mit der Eröffnung des Privatklageverfahrens Moltke gegen Harden am 21. September 1907 änderte sich dies schlagartig.[225] Vom ersten Prozeßtag an stießen die Verhandlungen auf ein breites Presseinteresse. Nach dem 23. Oktober brachten die großen Zeitungen detaillierte Verhandlungsberichte. Das immens angewachsene öffentliche Interesse am Prozeß führten diese Zeitungen dabei regelmäßig rechtfertigend für die exzessive Berichterstattung und Kommentierung ins Feld.[226] Bildhaft kommentierte die *Vossische Zeitung* vom 23. Oktober 1907: „Vormittags Prozeß Moltke-Harden, abends Caruso. Und jedermann erwartet sich ein Fest. Die Nachfrage nach Eintrittskarten für das Drama in Moabit, von dem man nicht voraussehen konnte, ob es eine Tragödie oder eine Komödie werden sollte, ist nicht geringer als für das erste Auftreten des Königs der Tenöre im Berliner Opernhaus. Nur wer ein besonders elegantes Publikum zu sehen hoffte, sah sich getäuscht."[227] Für den weit größeren Teil des Publikums galt dies offensichtlich nicht.[228] Mit der Erwartung eines baldigen Prozeßendes stieg die Neugier der Schaulustigen sogar noch an. Das *Berliner Tageblatt* berichtete: „[Sobald] sich eine der Parteien blicken läßt, kommt es zu spontanen Kundgebungen des Mobs. Mit Johlen, Pfeifen und Tü-Tü-Rufen empfängt der Janhagel den Grafen Moltke, der Herausgeber der ‚Zukunft' wird mit wiederholten ‚Hoch Harden!'" begrüßt.[229] Vor der mündlichen Urteilsbegründung gab es „lebhafte Kundgebungen".[230] Bereits hier zeigen sich

---

224 Vgl. die einschlägigen Artikel: ‚Unhaltbare Gerüchte', Kölnische Zeitung, 3. Juni 1907, (Nr. 582); ‚Fürst Bülow und das ‘persönliche Regiment'', Kölnische Volkszeitung, 4. Juni 1907, (Nr. 480); ‚Die verkannte Kamarilla', Kölnische Volkszeitung, 12. Juni 1907, (Nr. 506). ‚Kamarilla', Kölnische Volkszeitung, 5. Juni 1907, (Nr. 483); ‚Der Fall Curtius', Berliner Tageblatt, 29. April 1907, (Nr. 215); ‚"Wenn Sie wüssten!"', Berliner Tageblatt, 6. Mai 1907, (Nr. 227); ‚Entlassung des Grafen Kuno Moltke', Berliner Tageblatt, 30. Mai 1907, (Nr. 269).

225 Moltke hatte am 6. Juni 1907 Privatklage eingereicht. Das Verfahren wurde nach den Gerichtsferien vor dem Schöffengericht in Moabit eröffnet. Zur Vorgeschichte vgl. die sehr ergiebigen Ausführungen bei HECHT, Prozesse, S. 55 ff. Zur juristischen Problematik: ebd., S. 92 ff.

226 Der Kommentator der *Kölnischen Volkszeitung* erklärte: „Ich habe noch nie einen Prozeß erlebt, der gleich von Anbeginn die Berliner in solche Aufregung versetzt hat wie dieser, und wenn ich das sage, hat das schon etwas zu bedeuten; denn ich habe viel mitgemacht, und mein Haar ist weiß. Über den Prozeß Moltke-Harden sprechen Herrschaft und Dienstboten, alt und jung, ja Mutter und – Kind." ‚Die Sensation des Tages', Kölnische Volkszeitung, 25. Oktober 1907, (Nr. 923).

227 Vossische Zeitung, 23. Oktober 1907, (Nr. 498).

228 Für eine atmosphärisch dichte Schilderung des ersten Prozeßtages vgl. ‚Graf Moltke gegen Harden. Hofaffären vor Gericht', Berliner Tageblatt, 23. Oktober 1907, (Nr. 540).

229 ‚Graf Moltke gegen Harden', Berliner Tageblatt, 26. Oktober 1907, (Nr. 545). Die „Tü-Tü-Rufe" bezogen sich auf Moltke.

230 Münchner Neueste Nachrichten, 28. Oktober 1907, (Nr. 505).

die intensiven Wechselbeziehungen zwischen Gerichtsgeschehen und journalistischer Reflexion desselben.

Den Erwartungen an eine gute, auch medial verwertbare ‚Show' trug der Prozeß ausreichend Rechnung. Insbesondere Hardens Schlußplädoyer fand allgemeine Anerkennung. „Wie in einem gut komponierten Theaterstück", so die *Frankfurter Zeitung*, „ist in den jetzt beendeten Verhandlungen Moltke-Harden die größte Überraschung am Schluß gekommen" – nämlich Hardens abschließendes Plädoyer.[231] Auch die *National-Zeitung* meinte, man müsse in diesem Fall die Terminologie des Theaters benutzen. Harden habe mit der Parole „Ich hab's gewagt!" und „auf die Brust-Klopfen" begonnen und nach zwei Stunden, unter Beifall und Zischen, geendet. Verunsichert ob derartig neuartiger Phänomene aus der Schnittmenge von Justiz, Theater und hoher Politk, schloß der Artikel mit einem vermeintlich vielsagenden Genrebild: „Draußen aber, rund um den Platz mit der Löwengruppe, brüllt wieder eine fragwürdige Menge, brüllt hinein in den dämmernden Herbstabend, der daliegt in der Verklärung der elektrischen Bogenlampen."[232]

Das Urteil vom 29. Oktober 1907 entsprach der herrschenden Meinung der Kommentatoren. In der merkwürdigen Umkehrung von Unten und Oben, in dem Sturz eines der mächtigsten Männer im Reich durch einen Publizisten, der nur die politische Ratio auf seiner Seite zu haben schien, erfuhren sich die Journalisten als handelndes Subjekt. Nachdem Ende Oktober 1907 bereits die Staatsanwaltschaft das öffentliche Interesse an der Angelegenheit Moltke-Harden eingestanden hatte, behandelte am 28. November erstmals auch der Reichstag das Thema und folgte damit dem Druck der Presse. Der Zentrumspolitiker Peter Spahn brachte die Kamarillafrage im Kontext der Haushaltsdebatte vom 28. November bis 5. Dezember 1907 zur Sprache.[233] Auf Spahn reagierend, ging Kriegsminister v. Einem auf den ersten Prozeß Moltke-Harden ein und verurteilte Harden. Bülow wandte sich gegen das „unberechtigte Geraune und Geflüster über Kamarilla", jedoch so unentschieden, daß die Debatte weitere Spekulationen in der Presse eher beförderte als unterdrückte.[234]

---

231 ‚Der letzte Tag des Prozesses Moltke-Harden', Frankfurter Zeitung, 27. Oktober 1907, (Nr. 298).

232 ‚Der Prozeß Moltke-Harden', National-Zeitung, 27. Oktober 1907.

233 Reichstagsdebatte vom 28. November 1907 (StenBer. RT. Bd. 229, S. 1880 f.). Vgl. auch die erstmalige Erwähnung des Begriffs Kamarilla im Reichstag durch Bülow am 14. November 1906. Allerdings schloß sich damals keine Debatte an.

234 Vgl. ROGGE, Holstein und Harden, S. 244 ff. Prophylaktisch konterte Bülow auch noch den Vorwurf der Zentrumspresse, er habe den Reichstag am 13. Dezember 1906 aufgelöst, um sich selbst vor Intrigen und einem möglichen Sturz durch die Kamarilla zu schützen: „Die Auflösung des Reichstags hatte mit Kamarilla, mit Intrigen und mit allsolchem Zeug nicht das allermindeste zu tun." Hierzu die ausführlichen Anmerkungen Röhls in: DERS. (Hg.), Korrespondenz III, Nr. 1537, S. 2165 f. Der Kaiser war entrüstet über die öffentliche Behandlung der Affäre im Reichstag, insbesondere über die Erwähnung dessen, was zwischen dem Kronprinzen und ihm in der Sache vorgegangen war. ROGGE, Holstein und Harden, S. 246 f. Damit bewies immerhin der Kaiser selbst ein Gespür dafür, welch einschneidende Verschiebungen hier stattfanden.

Der spezifische Charakter der Kamarillaprozesse läßt sich nur verstehen, wenn sie in erster Linie als öffentliches, aber eben auch skandalöses Ereignis begriffen werden. Dies gilt zunächst ganz schlicht für die enorme Beachtung, welche die Prozesse fanden. Erstaunlicherweise läßt sich keine wesentliche Abnahme des Presseinteresses trotz der vergleichsweise langen Dauer der Gerichtsverhandlungen feststellen. Sogar nach der erneuten Aufnahme des Verfahrens, im April 1909, gelangte die Causa Eulenburg noch einmal auf die Titelseiten.[235] Allein das *Berliner Tageblatt* brachte mindestens 150 Artikel, die sich ausschließlich den Kamarillaprozessen und ihren politischen Implikationen widmeten. Trotz der Tatsache, daß über weite Strecken wenig neues Material präsentiert werden konnte, waren fortwährend Pressevertreter fast aller wichtigen Zeitungen bei den Verhandlungen anwesend.[236] Die großen Blätter veröffentlichten im Tagesrhythmus einschlägige Berichte über die Dauer von mehreren Wochen, oft eingeleitet mit Hinweisen auf das anhaltende enorme Besucherinteresse im Gerichtsaal.[237] Diese Berichte erstreckten sich in der Regel über mehrere Seiten und wurden durch neue Informationen in der Mittags- respektive Abendausgabe ergänzt und aktualisiert. Die Protokolle gaben die Aussagen der Angeklagten wörtlich wieder, zumindest bei den Prozessen, bei denen die Öffentlichkeit zugelassen war.[238] Auf den Titelseiten erfolgte ergänzend eine ausführliche Kommentierung der Prozeßentwicklung, deren politische Dimension regelmäßig aufgezeigt wurde. Die Berichterstattung über die Kamarillaprozesse galt als Politikum und folgte dennoch der Logik des Kolportage-Romans.

Dabei war die Aufmerksamkeit, die die Zeitungen dem Geschehen widmeten, unterschiedlich verteilt. Während die *Kölnische Volkszeitung* und das *Berliner Tageblatt* eine äußerst breite und intensive Berichterstattung lieferten, überwog in der gesetzteren *Vossischen Zeitung* und der eher staatstragenden *Kölnischen Zeitung* relative Zurückhaltung, auch wenn die Zeitungen nicht umhin kamen, dem Thema breiten Raum einzuräumen. Der *Vorwärts*, wenn auch aus anderen Gründen, berichtete spärlich,[239] ebenso naturgemäß die *Kreuzzeitung* – die aber ebenfalls eine Berichterstattung nicht vermeiden konnte.[240] Die bayrische Presse hingegen zeigte generell starkes Interesse, welches sich auch in zahlreichen Sondernummern niederschlug.[241]

---

235 Die *B.Z. am Mittag* brachte am 7. Juli 1909 letztmals einen einschlägigen Aufmacher auf der Titelseite: „Eulenburg vor den Geschworenen. Der Prozeß auf unbestimmte Zeit vertagt."

236 HECHT, Prozesse, S. 393.

237 Bereits eineinhalb Stunden vor Beginn der Verhandlung drängte das Publikum in Massen herbei, wartete in den „kalten, zugigen Fluren des Gerichtsgebäudes", um auch wirklich einen Platz im Saal zu erhaschen. Anwälte und Jungjuristen versuchen, auch ohne Eintrittskarte in den Gerichtssaal zu gelangen. Vgl. Berliner Tageblatt, 23. Oktober 1907, (Nr. 540) und Münchner Neueste Nachrichten, 24. Oktober 1907, (Nr. 498).

238 Die Ausgabe vom 1. Mai 1909 (Bd. 67, S. 149-195) der *Zukunft* brachte ausschließlich das Verhandlungsprotokoll des 3. Moltke-Harden-Prozesses.

239 Vgl. HALL, Scandal, S. 145.

240 Die erste Erwähnung der Prozesse in der *Kreuzzeitung* datiert vom 23. Oktober 1907. Es handelt sich zudem um eine im Vergleich extrem zurückgenommene und sachliche Schilderung (Artikel ‚Prozeß Moltke-Harden', Kreuzzeitung, 23. Oktober 1907, (Nr. 498). Immer-

In Zeitungsberichten und -kommentaren entwickelte der Topos „öffentliches Interesse“ eine beträchtliche Eigendynamik. Regelmäßig ergänzten die Zeitungen ihre eigenen Berichte durch Stimmen anderer Zeitungen, bevorzugt ausländischer Blätter.[242] In diesen Berichten reflektierten die Zeitungen, entlang der Frage der Öffentlichkeit des Verfahrens, den Zusammenhang zwischen den Prozessen und der öffentlichen Meinung.[243] Durch die sensationellen Umstände war das Verfahren aus einem Rechtskreis, der lediglich Harden, Moltke und einige eingeweihte Mitglieder der Elite des Kaiserreichs umfaßte, in eine unbegrenzte Öffentlichkeit getreten. Damit war es zu einem öffentlichen Skandal geworden. In der Praxis der beiden Prozesse um Moltke waren die Trennlinien zwischen Öffentlichkeit und Nichtöffentlichkeit ohnehin verwischt. Durch eine weite Auslegung der einschlägigen Bestimmungen wurden auch zu nichtöffentlichen Verhandlungen Journalisten zugelassen und somit Öffentlichkeit hergestellt.[244] Vermutungen über „erschütternde und sehr dramatische Szenen“, die sich unter Ausschluß der Öffentlichkeit abgespielt hätten, beflügelten die Phantasie der Kommentatoren zusätzlich.[245] Die staatstragende *Kölnische Zeitung* beklagte daher, daß die Korrektur der Ergebnisse des ersten Prozesses im zweiten Moltke-Harden-Prozeß im „Geheimen“ stattfand.[246] Die Prozesse gewannen ihr Momentum nicht aus sich selbst heraus, sondern durch das öffentliche Interesse. Letzteres äußerte sich, wie die Berichte immer wieder betonten, ganz handfest in den Zuhörermengen, die sich in und vor dem Gerichtssaal einfanden und dort ihre Meinungen kundtaten.

---

hin vertrat ein späterer Artikel, nach dem zweiten Prozeß Moltke-Harden, die Ansicht, daß es angesichts der modernen Öffentlichkeit notwendig gewesen sei, den Prozeß „bis zum Ende durchzukämpfen“. ‚Zum Hardenprozesse‘, Kreuzzeitung, 4. Januar 1908, (Nr. 6).

241 In Bayern hatten die einschlägigen Artikel eine deutliche Tendenz gegen Preußen, gegen „hohe Vertreter der königlich preußischen Hofpäderastie“ und gegen die angeblich voreingenommene und allzu milde preußische Justiz. Harden erschien hier regelmäßig als „lauterer, nur am Wohle des Staates interessierter Bürger“. Vgl. LEUCHTMANN, Fall, S. 247. Für eine Schilderung der Aufnahme der Enthüllungen in München jenseits der Presse vgl. den einschlägigen Brief des Grafen Monts an Hutten-Czapski: HUTTEN-CZAPSKI, Sechzig Jahre, S. 469.

242 Über fünfzig Journalisten aus Deutschland, Frankreich, England, Rußland, Schweden und Holland waren bei der Eröffnung des zweiten Prozesses Moltke-Harden anwesend. Hecht, Prozesse, S. 295. Vgl. zur Rezeption des Eulenburg-Skandals in England: REINERMANN, Kaiser, S. 308 ff. und 319, 346.

243 Während des zweiten Prozesses Moltke-Harden lobte die *Kreuzzeitung* den Ausschluß der Öffentlichkeit. Hierdurch werde die Sensationslust erfolgreich unterdrückt. ‚Die innere Politik der Woche‘, Kreuzzeitung, 22. Dezember 1907, (Nr. 599).

244 Bei sensationellen Prozessen erlaubte das einschlägige Gesetz z.B. Justizpersonen, aber auch Journalisten die Teilnahme an selbigem. Vgl. HECHT, Prozesse, S. 117 f.

245 ‚Der Harden-Prozeß. Nach Wiederherstellung der Öffentlichkeit‘, Berliner Tageblatt, 24. Dezember 1907, (Nr. 652). Das *Berliner Tageblatt* sprach sich mehrmals sehr grundsätzlich für öffentliche Verhandlungen aus und forderte, daß zumindest Journalisten immer das Recht zur Teilnahme am Prozeß haben müßten. Vgl. ‚Der Prozeß Eulenburg‘, Berliner Tageblatt, 4. Juli 1908, (Nr. 335).

246 ‚Rückwärts, rückwärts Don Rodrigo‘, Kölnische Zeitung, 23. Dezember 1907. So auch der freilich nicht offiziöse Helmuth v. Gerlach, ‚Der Fall Harden‘, in Die Hilfe 14 (1908), S. 19 f.

Die Protagonisten im Gerichtssaal stellten diese ‚Versammlungsöffentlichkeit' ebenso in Rechnung wie deren medialen Resonanzkörper. Zeitungen und juristische Erörterungen nahmen fortwährend aufeinander Bezug.

Harden agierte im Gericht als typischer Vertreter der – in Deutschland seltenen - Gattung der Intellektuellen. Der spezifische Verlauf der Kamarillaprozesse und des Eulenburg-Skandals hing unmittelbar mit Hardens Funktion und Selbstverständnis als politischer Intellektueller zusammen. In einer Abhandlung über die politische Rolle des Intellektuellen im 20. Jahrhundert sieht Gangolf Hübinger vor allem zwei Rollen, in denen Intellektuelle ihre Wirkungskraft entfalten konnten, nämlich als „soziale Propheten" sowie als Beförderer nationalen Selbstverständnisses. Kritik und Mandat, so läßt sich daraus für die Intellektuellen in der Politik moderner Kommunikationsgesellschaften folgern, stehen in temporärer und situativer Wechselwirkung.[247]

Gerade weil Harden als Prototyp einer Gruppe gelten kann, deren Aufkommen strukturelle Gründe hatte, muß seine Rolle etwas genauer betrachtet werden. Zu fragen ist, inwieweit die Kommentatoren Harden in seiner Selbstdarstellung als Politiker folgten,[248] welche Aspekte seines Anliegens als berechtigt angesehen wurden bzw. wann Harden als eigennütziger Skandalinitiator abgelehnt wurde. Der Umgang mit Harden verdeutlicht den Umgang mit dem Skandal. Mit Harden diskutierten Journalisten einen der ihren und reflektierten damit auch das Spannungsfeld zwischen Publizistik und Monarchie.

Hardens Rolle in den von ihm provozierten Prozessen ist keineswegs so klar, wie sie sich im Rückblick zunächst darstellt. Inwieweit Hardens Handeln patriotische Beweggründe hatte – vor Gericht spielte diese Frage eine wichtige Rolle –, muß offen bleiben.[249] Harden war ein begnadeter Dirigent der öffentlichen Meinung und ostentativ zur Schau getragener Patriotismus hierbei ein wichtiges Mittel. Hardens und Bernsteins Prozeßtaktik setzte bewußt auf Emotionen.[250] Ganz anders als ihre Gegner trugen die beiden also dem vorrangig öffentlichen Charakter des Prozesses entschieden Rechnung. In einem Brief an Rathenau vom Oktober 1908, unmittelbar vor Ausbruch der Daily-Telegraph-Affäre, klagte Harden über die Arbeit, welche die „publizistische Organisation" verursache und kündigte „die Veranstaltung vieler Volksversammlungen an, in denen die Nation von mir über das Ministerium Bülow

---

247 HÜBINGER, Rollen, S. 34 f.

248 So erklärte Harden etwa: „Solange ich Politiker war, konnte ich die Hand zum Vergleich bieten, jetzt als Beklagter nicht mehr.",Verhandlungsbericht', Berliner Tageblatt, 23. Oktober 1907, (Nr. 540).

249 Reventlow betont in der Verhandlung, daß er aus einem Gespräch mit Harden wisse, daß es diesem ausschließlich um politische Gründe bei der Veröffentlichung seiner Artikel gegangen sei. ‚Der Harden-Prozeß', Berliner Tageblatt, 28. Dezember 1907, (Nr. 656).

250 HECHT, Prozesse, S. 131. Vor allem den Kontakt mit Holstein nutzte Harden, um im Vorfeld eventueller Prozeßschritte deren öffentliche Wirkung auszuloten. Vgl. etwa den Brief Holsteins an Harden vom 11. Mai 1907, in: ROGGE, Holstein und Harden, S. 160.

und seine Behandlung der Prozesse Eulenburg und Moltke bis ins Kleinste aufgeklärt werden wird".[251]

Hardens Angriffe auf die Eulenburgsche Kamarilla waren nicht willkürlich. Die erhebliche Auflagensteigerung der *Zukunft*, die ihm manche als Motiv unterstellten, hätte der Journalist günstiger und risikoloser erreichen können.[252] Hardens Pressefeldzug gegen die Hofkamarilla galt nicht vorrangig einem Hofskandal, sondern war in erster Linie Teil seiner politischen Kampagne. Sittliche Verfehlungen an sich wären Harden wohl gleichgültig gewesen.[253] In Eulenburg hingegen glaubte er den Verantwortlichen der in seinen Augen unfruchtbaren, von Nervosität und Hysterie gekennzeichneten Reichspolitik erkannt zu haben. Eulenburg paßte perfekt in das System Hardenscher Idiosynkrasien, welches um den Mittelpunkt des mit einer Mischung aus Faszination und stärkster Ablehnung betrachteten Kaisers kreiste.[254] Wilhelm II. war Hardens Meinung nach nur von Menschen umgeben, die entgegen ihrem Gewissen handelten, von „Adoranten, die Pflicht, Ehre und Überzeugung hintanstellten, um weiter die Sonne allerhöchster Gnaden genießen zu können."[255]

Hier liegt der Hintergrund für Hardens Obsession mit dem seines Erachtens psychologisch, vor allem aber politisch gefährlichen Ring um den Kaiser.[256] Vor diesem Hintergrund war es auch konsequent, daß Harden sich in den Kamarillaprozessen als Politiker gerierte. Schon im ersten Prozeß legte Harden Wert auf die Feststellung, er habe Moltke nur aus politischen Gründen angegriffen, weil dessen abnorme, an Hörigkeit grenzende Freundschaft mit Eulenburg dazu geführt habe, daß der Graf als ‚Zuträger' dem Fürsten detailliert aus der Umgebung des Kaisers berichtet habe. Harden behauptete, er habe

---

251 Harden an Rathenau, 11. Oktober 1908, in: HELLIGE, Rathenau und Harden, S. 567.

252 Hellige schildert Hardens Weltbild als geprägt durch eine „fast schon kitschig zu nennende Verherrlichung von ‚Herrenmenschen' wie Waldersee, Tirpitz oder Stinnes" und einen „Kult der Stärke, der in der publizistischen Option für die ‚ragende Reckengestalt' Bismarcks gipfelte, und sein Haß auf alles Schwache, der den Kampf gegen Wilhelm II. als Repräsentanten unmännlicher, weichlicher, in Luxus verkommener Dekadenz motivierte [...]." HELLIGE, Rathenau und Harden, S. 45 f. Hellige sieht die Gründe für die „permanente Gegenüberstellung des 'echten', mit höchster Männlichkeit, sachlicher und persönlicher Autorität ausgestatteten ‚charismatischen Führers' und des von weichen Höflingen umgebenen schwachen, vom Cäsarenwahn befallenen Décadent" als nicht unwesentlich von Hardens eigenem Vaterkonflikt bestimmt. Ebd., S. 127.

253 Harden hätte sich wohl bemüht, sie zu bagatellisieren oder zu vertuschen, wenn die betreffende Person nur etwas für die 'nationalen Belange' geleistet hätte. Carl Peters, Friedrich Alfred Krupp, den Gouverneur von Kamerun Jesko v. Puttkamer und den Landwirtschaftsminister v. Podbielski nahm er gegen alle Angriffe in Schutz und erklärte die ihnen vorgeworfenen Vergehen zu Kavaliersdelikten bedeutender Persönlichkeiten. HELLIGE, Rathenau und Harden, S. 162.

254 Hellige hat sicher nicht ganz Unrecht, wenn er urteilt: „Die massive Besetzung der Vorgänge mit individual- und sozialpsychologischen Affekten, die durch die im Kaiserreich ohnehin gestörte Beziehung zur Sexualität verstärkt wurde, ließ die politische Auseinandersetzung um den richtigen Kurs in der Reichspolitik sehr bald in eine Hatz auf Außenseiter umschlagen und gab seiner Argumentation den Charakter einer permanenten Überreaktion." HELLIGE, Rathenau und Harden, S. 165.

255 Maximilian Harden, Die Feinde des Kaisers, in: Die Zukunft 39 (1902), S. 243.

256 HELLIGE, Rathenau und Harden, S. 163.

keinen Skandal machen, er habe vielmehr einen Skandal verhindern wollen.[257] Es sei seine Pflicht als Patriot gewesen, den Ring um den Kaiser zu sprengen. Letztlich, insistierte Harden, habe die Entwicklung ihm Recht gegeben: „Ich habe nur meine Pflicht gethan; immerhin aber bewirkt, daß nach dem ersten Wuthgeheul über die ‚Kamarilla' dem Kaiser ein Loblied angestimmt wurde. [...] Hier hat sichs um Politik gehandelt. Um Kaiser und Reich."[258]

Diesem hohen Anspruch entsprechend radikal war Hardens Erregung, als sich im zweiten Prozeß Moltke-Harden zeigte, daß die, denen er eigentlich dienen wollte, nicht bereit waren, seiner Argumentation zu folgen. Die Reaktion der „Berliner Preßpäderasten", die ihn „Wochen lang durch den Koth geschleift" hätten, faßte Harden, der es liebe, sich als Außenseiter zu stilisieren, als Rache an einem „Störenfried", der „ihnen seit sechzehn Jahren keine Ruhe zu wohligem Schmausen und Schmatzen" gelassen habe, auf. In diesem Prozeß habe nicht etwa die Rehabilitierung Moltkes im Vordergrund gestanden, sondern es sei versucht worden, „den Nachweis zu führen, daß keine höfische Gruppe auch nur den leisesten Versuch wagen könne, den Kaiser zu beeinflussen". Der zweite Prozeß habe den „höheren Zweck" gehabt, „dem deutschen Volk die Überzeugung einzuimpfen, daß der Kaiser nur von Adelsmenschen umgeben sei und daß er die deutsche Menschheit, einzig und allein seiner Intuition gehorchend, herrlichen Tagen entgegenführe". Selbstmitleidig resümierte Harden: „Wer auf mein Erlebnis blickt, kann nicht Lust bekommen, Eiterherde im Staatskörper zu entjauchen."[259]

Für die Durchschlagskraft von Hardens Vorgehen war entscheidend, nicht als bloßer Skandalierer dazustehen. Die angebliche Sorge um das Verhältnis von Monarch und Volk war der Anker jeglicher politischer Argumentation in den Kamarillaprozessen und wurde dem Skandalvorwurf entgegengesetzt. Nur mit dem ständigen Hinweis auf den Monarchen vermochte Harden seine radikalen Maßnahmen überhaupt zu rechtfertigen. Rhetorisch geschickt erwähnte er seine Hochachtung vor dem Kaiser, den er als „die höchste Person im Reich, [den] Repräsentant[en] des Volkes, die Fahne, das Symbol des Vaterlandes" ansprach. Er habe den Kaiser, für den er gewiß niemals geschwärmt habe, oft schroff angegriffen, doch freue er sich, daß jetzt, 1908, „zum ersten Male seit zwanzig Jahren Friede zwischen Kaiser und Volk" herrsche. Dies sei ein Ergebnis der Ausschaltung Eulenburgs und seines Krei-

257 „Skandal verhüten wollte ich; nicht Skandal machen." Maximilian Harden, Nur ein paar Worte, in: Die Zukunft 59 (1907), S. 367-375, hier S. 367.

258 Maximilian Harden, Nur ein paar Worte, in: Die Zukunft 59 (1907), S. 367-375, hier S. 374. Harden schloß diesen Artikel dramatisch mit dem Huttenzitat: „Bin unverzagt, ich habs gewagt und will des Ends erwarten." Harden erklärte in einem Brief vom 16. Juni 1907 gegenüber Rathenau: „In meinem Gewissen weiß ich: Ich habe eine gute Sache nobel, selbstlos und tapfer geführt." HELLIGE, Rathenau und Harden, S. 527 f.

259 Maximilian Harden, Der zweite Prozeß II., in: Die Zukunft 62 (1908), S. 289-299.

ses, der an allen Konflikten der „für das Reich wichtigste[n] Seele" mit dem Volk zumindest mitschuldig sei.[260]

Harden sah sich als essentieller Bestandteil eines Dreicks Monarch-Intellektuelle-Presse. In seiner durchaus anmaßenden Sorge um den Monarchen berief sich Harden auf Bismarck. Wer ihn kritisiere, so Harden, riskiere „die Gefährdung des [mit Bismarcks Namen verbundenen, M.K.] politisch Erreichten". Harden setzte sich eigenmächtig als Vollstrecker des Bismarckschen Vermächtnisses ein. In den Gerichtsprozessen und in seinen Artikeln war der Kern seiner Kritik an Eulenburg regelmäßig Bismarcks vernichtendes Urteil über denselben. Bismarck habe in einem Eulenburg in der Nähe des Thrones eine große Gefahr gesehen. Hierüber habe der Kaiser aufgeklärt werden müssen.[261] Harden konnte sich allerdings nicht nur auf die Initiation durch Bismarck berufen, sondern auch auf den ‚Volkswillen'. Im Zuge der Affäre erhielt er Material und Unterstützung von unzähligen Einzelpersonen, die regelmäßig ihren Patriotismus als Motiv anführten.[262]

Die Überzeugungskraft von Hardens Selbststilisierung als Politiker war der Lackmustest für die Akzeptanz seiner Kampagne. Das Ergebnis des zweiten Prozesses Moltke-Harden zeitigte einen Umschwung der öffentlichen Kommentierung zugunsten Eulenburgs.[263] Folgerichtig wurde Harden als Person, insbesondere aber sein Vorgehen massiv kritisiert. Hierin typisch, hoben die *Hamburger Nachrichten* positiv hervor, daß die politische Dimension im zweiten Prozeß ausgespart geblieben sei: „Mit Harden als einem ihrer fähigsten, deshalb seither einflußreichsten und verderblichsten Träger wird jene

---

260 Maximilian Harden, Prozeß Moltke wider Harden, in: Die Zukunft 67 (1909), S. 149-195, hier S. 167.

261 Maximilian Harden, Die Freunde. 'Hardens Rückzug', in: Die Zukunft 59 (1907), S. 405-425. Bismarck und sein Sohn Herbert, so Harden, „haben das Wirken Eulenburgs, namentlich auf dem Gebiete der Personalien und in der Rolle eines befreundeten unverantwortlichen Rathgebers, für unheilvoll gehalten und wiederholt auch von einer geschlechtlich abnormen Veranlagung Eulenburgs gesprochen, die, verbunden mit einer Neigung ins Mystische, nebelhaft Schwärmerische, ihn nicht zum Vertrauten eines regierenden Fürsten qualifizieren." Maximilian Harden, Prozeß Eulenburg, in: Die Zukunft 64 (1908), S. 125-138, hier S. 125-127.

262 Einige der Zuschriften waren mit ‚Ein Deutscher' unterzeichnet. Vgl. hierzu: LEUCHTMANN, Fall, S. 201. Entscheidendes Material stammte nicht von Holstein, sondern von Bülow. Harden hatte aber auch Informationen von der Prinzessin Charlotte von Sachsen-Meiningen (der Schwester des Kaisers), Graf Hülsen-Häseler (dem Chef des Militärkabinetts) und dem Kaiserintimus Max v. Fürstenberg erhalten. Erwähnt werden müssen auch die Pamphlete zur Unterstützung Hardens: K. F. STURM, Maximilian Harden. Beiträge zur Kenntnis und Würdigung eines deutschen Publizisten, Leipzig 1908; Frank WEDDERKOPP (alias Johannes W. Harnisch), Harden im Recht?, Berlin 1908; DERS., Harden, Eulenburg und Moltke, Berlin 1908; GOLDBECK, Kamarilla; Paul WIEGLER, Maximilian Harden, Berlin 1908. MÜHSAM, Jagd. Dort hieß es, die Zeitungen *Berliner Morgenpost* und *Berliner Zeitung am Mittag* sowie die Wochenschriften *Morgen* und *Schaubühne* sowie die Monatsschrift *Türmer* hätten sich auf die Seite Hardens gestellt. Diese Haltung habe im derzeitigen öffentlichen Klima großen Mut erfordert. Ebd., S. 3. Einige Parteigänger wie Liman, seinerzeit Redakteur des *Leipziger Tageblatts*, meldeten sich regelmäßig zugunsten Hardens zu Wort. Vgl. z.B. Paul Liman, ‚Des Eides zweiter Teil', Leipziger Tageblatt, 29. April 1908.

263 Beispiele bei LEUCHTMANN, Fall, S. 209 ff.

publizistische Manier gerichtet, die Politik treibt auf Grund unzureichenden und überdies noch unzulänglich geprüften Materials." Harden, nun als überwiegend sensationsgieriger Journalist portraitiert, habe übertrieben, seine Methoden seien ohnehin durch nichts zu rechtfertigen.[264] Nach den in München präsentierten Beweisen änderte sich die öffentliche Kommentierung wiederum radikal.[265]

Bezeichnenderweise fand sich zu keinem Zeitpunkt ein Kommentator, der Hardens Anliegen kritisierte oder in Frage stellte. Die *Münchner Neuesten Nachrichten* urteilten nach der Niederlage Hardens im zweiten Prozeß: „Schade um die schöne Aufgabe".[266] Man müsse, so die *Kölnische Volkszeitung*, Harden zugestehen, daß er ein „gutes Werk" getan habe.[267] Es ist bezeichnend, daß Harden trotz oder gerade wegen der pikierten Kritik vieler gehobener Blätter massive Unterstützung in der breiten Öffentlichkeit erfuhr. Spontane Kundgebungen feierten Harden als einen Volkshelden, der mit dem politischen Establishment aufräume.[268] Spätestens mit dem eigentlichen Eu-

---

264 ‚Zum Harden-Prozeß', Hamburger Nachrichten, 23. Dezember 1907. Vgl. ‚Das Urteil', Vossische Zeitung, 4. Januar 1908, (Nr. 5). Ein ähnlicher Tenor findet sich im Artikel: ‚Aus der Praxis der Beleidigungsklagen', National-Zeitung, 27. Oktober 1907. Eine äußerst polemische Kritik Hardens – Harden gilt hier als Symptom eines verkommenen Sensationsjournalismus – findet sich bei Fedor FREUND, Maximilian Harden der Vaterlandsretter, Berlin/Leipzig 1907 und Ernst FRIEDEGG, Harlekin als Erzieher. Eine Studie über Maximilian Harden, Berlin 1906.

265 Die angeblich zuvorkommende Behandlung Eulenburgs im Berliner Meineidsprozeß erregte scharfe Kritik. Zudem wurde bemängelt, daß der Ausschluß der Öffentlichkeit im Verfahren nicht nachvollziehbar gehandhabt worden sei. Letzteres monierte der Artikel: ‚Fürst Eulenburg vor den Geschworenen', Berliner Tageblatt, 2. Juli 1908, (Nr. 332). Gleichzeitig, trotz anhaltenden, erheblichen Publikumsinteresses, waren die Erwartungen nach den sensationellen Enthüllungen von München gemäßigt. ‚Fürst Eulenburg vor den Geschworenen', Berliner Tageblatt, 6. Juli 1908, (Nr. 339).

266 Vgl. Münchner Neueste Nachrichten, 5. Januar 1908, (Nr. 7).

267 ‚Schmutzige Wäsche', Kölnische Zeitung, 15. Juni 1907, (Nr. 630). Die *Frankfurter Zeitung* stellte fest, daß der zweite Prozeß Unbehagen zurücklasse: „Ob man die um Eulenburg eine Kamarilla nennen will oder nicht, darauf kommt wirklich wenig an. [...] Warum sind denn alle Reichskanzler zornig geworden, wenn ihnen der Name Eulenburg genannt wurde. Sie wußten warum." Frankfurter Zeitung, 4. Januar 1908, (Nr. 4). Theodor Wolff wandte sich gegen die einseitige Beschuldigung Hardens und die Ableugnung der Existenz einer Kamarilla. Theodor Wolff, ‚Die Verurteilung Hardens', Berliner Tageblatt, 4. Januar 1908, (Nr. 5). An anderer Stelle urteilte das *Berliner Tageblatt*, Der „größte Skandal der Neuzeit", wie Harden meinte, sei es nicht geworden. Hardens Mittel und Ziele teile man nicht, aber man müsse Harden würdigen und dürfe ihn nicht mit Liman oder Brand auf eine Stufe stellen. Harden habe sich aber nicht auf die Seite des Volkes geschlagen, habe eine „Politik des Ressentiments" betrieben und sei daher zwischen zwei Mühlsteinen zerrieben worden. Paul Michaelis, ‚Politische Wochenschau', Berliner Tageblatt, 5. Januar 1908, (Nr. 7). In einem klugen und abgewogenen Kommentar beschrieb Theodor Wolff die „Verhimmelung und Schmähung Hardens". An letzterer sei dieser nicht ganz schuldlos. Wolff forderte Zurückhaltung der Presse, zumal diese wenig wisse. Theodor Wolff, ‚Neue Sitten', Berliner Tageblatt, 27. Dezember 1907, (Nr. 655).

268 Hierauf wies Holstein hin, als er an Harden schrieb: „Im Publikum soll, wie mir heute wiederholt wurde, die Wandlung zu Ihren Gunsten sich fortsetzen, weil die Vermutung an Boden gewinnt, daß ein Druck zu Ihren Ungunsten ausgeübt worden sei." Holstein an Harden

lenburgprozeß wurde diese Meinung zur herrschenden. Harden ging aus diesem auch ohne Gerichtsentscheid als Sieger hervor.[269] Sein Anliegen – und damit die ‚Kaiserfrage' generell – fand eine öffentliche Bestätigung.

Der populistischer Anwandlungen unverdächtige linksliberale Publizist Helmuth v. Gerlach räumte ein, daß die Presse recht habe, wenn sie Harden „moralisch sehr niedrig" einschätze. Niemand habe je ergründen können, „was sein politisches Glaubensbekenntnis" sei. Aber gerade im Fall Moltke habe Harden zwar nicht im juristischen, wohl aber im politischen Sinn recht. Für die Beseitigung der Kamarilla sei „das deutsche Volk Herrn Harden zu Dank verpflichtet, wenn es auch die Mittel, mit denen die Wirkungen erzielt wurden, noch so widerlich findet. Das sollte die deutsche Presse nicht vergessen."[270] Auch Theobald Ziegler konstatierte rückblickend 1911, daß Hardens Vorgehen einen reinigenden Effekt gehabt habe.[271] Unter den meinungsbildenden Intellektuellen waren die Ansichten über Harden uneinheitlich. In der entscheidenden Phase des Skandals Ende 1907 erklärten diverse namhafte Künstler in Form einer Umfrage ihre Unterstützung für Harden.[272] Kerr hingegen sprach von „Herr[n] Hutten-Harden-Jesaias-Beaumarchais" und erregte

---

vom 8. Dezember 1907. Rogge, Holstein und Harden, S. 250. Schon am 7. Mai 1908 hatte Holstein Harden berichtet, die „Mißstimmung" im „Publikum" wegen der Harden-Angelegenheit solle „ziemlich allgemein" sein. Vgl. ebd., S. 285. Auch der *Vorwärts* argumentiert in diese Richtung. Es gehe um die Existenz einer Kamarilla, und diese habe Harden bewiesen. ‚Hardens Rückzug', Vorwärts, 18. Juni 1907, (Nr. 184).

269 HELLIGE, Rathenau und Harden, S. 559.

270 Helmuth v. Gerlach, Der Fall Harden, in: Die Hilfe 14 (1908), S. 19-20. Ganz ähnlich argumentiert Eduard Goldbeck: „Es ist sehr wohl möglich, daß Harden die Bedeutung der Kamarilla überschätzte. Indessen ist dies gleichgültig; sobald er glaubte, sie fessele den Kaiser und die leitenden Männer (pardon für den Ausdruck, er ist so fabelhaft komisch), hatte er die Pflicht, sie zu bekämpfen." GOLDBECK, Kamarilla, S. 31.

271 ZIEGLER, Strömungen, S. 548.

272 Die Erklärung lautete: „Hier die Stimmen von einem Dutzend Männern, die den Mut haben, ihrer Überzeugung auch da Ausdruck zu geben, wo sie wissen, damit der öffentlichen Meinung, die eine verlogene Presse irreführte, ins Gesicht zu schlagen. Der ‚Morgen' steht weder direkt noch indirekt in einem Verhältnis zu Maximilian Harden, wie's verschiedene Blätter immer wieder behaupten. Wir sind eine unabhängige Wochenschrift, wie es die ‚Zukunft' ist. Wir brauchen Harden so wenig wie Harden uns. Wir möchten ihn in unserem öffentlichen Leben nicht missen, da wir mit ihm wünschen, daß ‘Recht Recht bleibe im deutschen Vaterlande, daß Wahrheit Wahrheit bleibe'." Für Harden sprachen sich aus: Richard Dehmel, Max Liebermann, Thomas Mann, Max Dauthendey, Michael Georg Conrad, Frank Wedekind, Otto Julius Bierbaum, Björnstjerne Björnson, Arno Holz, J.B. Widman, Gustaf af Geijerstam, August Strindberg, Hanns Heinz Ewers, Siegfried Trebitsch, Arthur Holitscher und Arthur Schnitzler. A.L., Maximilian Harden, in: Der Morgen 1 (1907), S. 849-854. Weitere zustimmende Äußerungen zu Harden folgten im nächsten Heft des *Morgen*, und zwar von: Georg Brandes, Hugo von Hofmannsthal, Harry Graf Keßler, Hermann Sudermann, Max Halbe, Ernst von Wolzogen, Heinrich Mann, Herbert Eulenberg, Karl Henkkel. Wolzogen schlug vor, man habe Harden einbinden müssen, ihm ein Ministeramt anbieten müssen. Dann hätte er entweder zum Nutzen von Kaiser und Reich gewirkt oder beide hätten, bei seinem Scheitern, Ruhe vor ihm gehabt. (S. 938). A.L., Maximilian Harden, in: Der Morgen 1 (1907), S. 935-939. Rathenau berichtete in einem Brief an Harden (1.12.1907) von einem von Reventlow lancierten Aufruf zur Unterstützung Hardens. HELLIGE, Rathenau und Harden, S. 541.

sich über dessen Maßstäbe,[273] während der ehemalige Harden-Bewunderer Karl Kraus eigens ein *Harden-Lexikon* anfertigte und darin dessen pompösen Stil persiflierte.[274]

Diese intellektuellen Hahnenkämpfe belegen einmal mehr die Zentralität des Monarchiethemas auch für die Speerspitze des modernen Journalismus. Für den Verlauf des Skandals war hingegen wichtiger, daß Hardens Gegner auch dessen politischen Impetus anzweifelten.[275] Bernsteins Verteidigungslinie im Prozeß, die in der Versicherung gipfelte „Herr Harden ist kein Pamphletist, kein gewerbsmäßiger Verleumder, kein unanständiger Skribent" indiziert das Problem eher als daß sie es zu beseitigen vermochte.[276] Der erwähnte Busching, durchaus kaiserkritisch, räumte 1908 ein, Eulenburg sei tatsächlich ein Problem gewesen, welches aber beseitigt sei. Daher fragte er, was Harden noch mehr wolle: „Was hat Harden mit dem Kaiser, mit Deutschland zu schaffen?" Wer es fertig bringe, „die Geschichte von dem Kronprinzen in der Zukunft unzählige Male herzuleiern", so Busching, typisch für viele Kritiker Hardens, „dem ist es nur um den Skandal zu tun und um das Geschäft aus dem Skandal." Nun sei Harden lediglich Denunziant.[277] Delbrück argumentierte, man solle „den von Harden inszenierten großen Skandal, der alle Welt beschäftigt," nicht „zu den Staatsaktionen rechnen, die politisch zu behandeln sind." Es sei wahrscheinlich, daß der moralische Schaden durch das Vorgehen Hardens wesentlich größer sei als jeder zu erwartende Nutzen. Harden habe lediglich aus persönlichen, nicht aus politischen Motiven gehandelt.[278] In den *Grenzboten* hieß es, es sei „eine echt journalistische Überhebung gewesen, eine impertinente Anmaßung, sich hier gewissermaßen als der politische Seelsorger des Kaisers aufzudrängen".[279] Auch Paul Michaelis, Kommentator des *Berliner Tageblatts*, wies Hardens politische Ansprüche zurück. Statt einer „Haupt- und Staatsaktion" habe es eine „Intrigenkomödie im ältesten Stil" gegeben: „Der Held des Dramas erschien als lichter Retter des Vaterlandes, der mit Hilfe der allerhöchsten Majestäten das Deutsche Reich aus der Patsche zieht, während die Gegenspieler als die Inkarnation alles Verwerflichen hingestellt wurden. Das ging noch mehr als gegen die Wahrheit gegen den guten Geschmack."[280]

---

273 HECHT, Prozesse, S. 286.

274 Karl Kraus, Harden-Lexikon, in: März 2 (1908), S. 441-447. Vgl. als Beispiel für die Pamphlete kontra Harden: H. v. M., Enthüllungen.

275 ‚Zur Eulenburg-Affäre', Frankfurter Zeitung, 14. Juni 1907, (Nr. 163).

276 Im Schlußplaydoyer des ersten Prozesses Moltke-Harden. Vgl. FRIEDLÄNDER, Kriminalprozesse, S. 4214.

277 Harden habe seine Rolle als „Herold" Bismarcks gespielt, die historische Flasche mittrinken dürfen, dies aber sei nun vorbei. Es sei ein Fehler Bismarcks gewesen, Harden in seine Nähe zu ziehen. Paul Busching, Harden, in: Süddeutsche Monatshefte 5 (1908), S. 362-364, hier S. 363 f.

278 Hans Delbrück, Politische Korrespondenz., in: Preußische Jahrbücher 133 (1908), S. 194-196.

279 Die Früchte der Hardenprozesse, in: Die Grenzboten 67 (1908), S. 105-109.

280 Paul Michaelis, ‚Politische Wochenschau', Berliner Tageblatt, 3. November 1907, Nr. 560. Zweifel an der politischer Dimension Hardens äußerten Teile der konservativen Presse

Mit dem Abstand eines Jahres schrieb Ernst Horneffer dem Fall Harden immer noch eine entscheidende Bedeutung zu. Hardens Rolle sei signifikant, da sie zeige, wie schnell „Unberufene" die vakante Rolle der „Stimme der Nation" übernähmen: „Wo die Echten versagen, sind die Unechten sofort zur Stelle". Harden sei zwar als Mensch unbedeutend, habe aber durch Verkettung mehrerer Umstände einen von niemandem übertroffenen Einfluß erreicht. Dieser Einfluß sei „zum Verhängnis für die Beziehungen des Kaisers zum Volke und umgekehrt geworden". Harden schien Horneffer symptomatisch für das „glänzende, glitzernde Feuilleton", das eigentlich erst den neuen Einfluß der Presse bedinge. Wie selbstverständlich sah Horneffer in der Hervorhebung des „glänzenden Äußeren" jüdische Eigenschaften am Werk. Harden als polnischen Juden verächtlich zu machen gehörte zu den plumperen Varianten in der Auseinandersetzung mit dem Journalisten.[281] Bei Horneffer, der antisemitischer Stereotypen unverdächtig war, steckte mehr hinter dem Vorwurf. Harden habe den Geist des jüdischen Feuilletons auf die politische Kritik übertragen und diese damit im engeren Sinne erst in Deutschland eingeführt. Hardens „unechtes" Wesen bereite ein Unbehagen, das, so Horneffer mit einem schönen Beispiel für die Emotionalisierung der Debatte, „sich fast bis zu körperlichem Schmerze steigert".[282] Harden, „der typische Journalist", stand nicht nur für Horneffer für all das, was am Journalismus moderner ‚amerikanischer' Prägung als negativ empfunden wurde.[283]

Die Journalisten registrierten zufrieden den Bedeutungsgewinn ihrer Profession, wollten sich aber nicht mit dem hierfür so wichtigen Skandal abfinden.[284] In der Sache, so der Tenor, habe Harden recht gehabt, sein Vorgehen galt allerdings als skandalös und kaum zu rechtfertigen. Hardens Mittel gingen weit über das als zulässig erachtete hinaus.[285] Die „seelischen Verwüstungen" und vor allem der fatale Eindruck im Ausland wurden ihm zur Last gelegt.[286] Letztlich konnte auch Harden die von ihm angestoßenen öffentli-

---

selbst noch nach dem Münchner Prozeß. Es gehe lediglich um einen Skandal, nicht, wie Harden suggeriere, um Politik. ‚Der Münchner Hardenprozeß', Die Post, 22. April 1908.

281 Peter G. PULZER, The Rise of Political Anti-Semitism in Germany and Austria, New York 1964, S. 13.

282 Ernst Horneffer, Der Kaiser und die Nation I, in: Die Tat 1 (1908), S. 47-62, hier S. 57 f.

283 Ernst Horneffer, Der Kaiser und die Nation I, in: Die Tat 1 (1908), S. 47-62, hier S. 60. Für eine Kritik an der Amerikanisierung des Journalismus vgl.: ‚Amerikanisierung deutscher Politik', in: Kreuzzeitung, 8. Juli 1908, (Nr. 315).

284 Vgl. hierzu besonders eindringlich die Karikatur Hardens als „Triumphator – Flügeladjutant der Zukunft", das heißt zu Pferd in Monarchenposition: Lustige Blätter 45, 5. November 1907, (Nr. 45)

285 „Diese Leute kommen als Befreier des deutschen Volkes von unerhörtem Byzantinismus angetänzelt und prägen jeden Klatsch in Leitartikel und Bücher um. Und wenn das die ‚Hausfreunde Bismarcks' tun, dann muß es doch wahr sein, sagten die Philister am Stammtisch", echauffierte sich der Artikel ‚Der Ausgang des Hardenprozesses', Kölnische Volkszeitung, 4. Januar 1908, (Nr. 10).

286 Die Früchte der Hardenprozesse, in: Die Grenzboten 67 (1908), S. 105-109. Das angeblich beschädigte deutsche Ansehen im Ausland war ein ständiger Referenzpunkt. Vgl. LEUCHTMANN, Fall, S. 249 ff. und zu ausländischen Karikaturen: STEAKLEY, Iconography, S. 349 ff.

chen Reaktionen nicht kontrollieren. Das heißt, er nutzte zwar das Instrument Skandal; der Skandal erwies sich für Harden aber als äußerst ambivalent. Was Harden, wegen seiner polnisch-jüdischen Herkunft besonders verwundbar, anstieß, kehrte als Bumerang zurück. Die von ihm in den Vordergrund gerückte politische Mission drohte immer durch den sensationellen Aspekt überlagert zu werden. Harden war mehrmals kurz davor oder tatsächlich soweit, der von Neckel geschilderte in der Öffentlichkeit scheiternde Skandalierer zu werden.[287]

Es gehört zu den Mustern des Skandals, daß die Presse als dessen Verursacherin und Medium in die Kritik gerät. Wenn die Presse den Journalisten Harden kommentierte, war dies Bestandteil einer Selbstreflexion. Rechtfertigungen und Selbstkritik erfolgten auch in genereller Form. Mit der Kritik an Harden verband sich regelmäßig die Klage über ‚Entartungen' in der Presse. Dabei erkannten Kommentare mit klarem Blick die strukturellen Verschiebungen, die zum Skandal beigetragen hatten. Die „Geschäftspresse", argumentierte die *Kreuzzeitung*, sei wesentlich gefährlicher als „Parteileidenschaften".[288] Liberalere Blätter kritisierten und karikierten hingegen die Zurückhaltung der konservativen und vermeintlich offiziösen Presse und nutzten jeden Erfolg Hardens in den Prozessen, um letzterer ihr Versagen vorzuhalten.[289] Diese Zeitungen rechtfertigten die einschlägige Berichterstattung sehr grundsätzlich und verbanden sie mit weitgehenden Partizipationsansprüchen: „In der Frage danach, was ein ‚berechtigtes Interesse' ist, muß unter allen Umständen das Recht der Presse, auf öffentliche Mißstände öffentlich hinzuweisen, anerkannt werden", hieß es im *Berliner Tageblatt*.[290] Die Neuartigkeit der Kamarillaprozesse und ihrer Bewertung stellte die Presse vor erhebliche Schwierigkeiten in deren Beschreibung. Dies unterstreichen Kommentare, die ständig die mit dieser Kommentierung verbundenen Effekte reflektierten.[291] Dies gilt nicht nur für den Umfang, in dem dieses Ereignis abgehandelt wurde, sondern auch für qualitative Veränderungen in der Kommentierung des Monarchen. Insofern bewirkte das Ausnahmeereignis Kamarillaprozesse einen dauerhaften Lernprozeß und förderte ganz neue

---

Tatsächlich fanden die Berichte über die Affäre im Ausland hohe Beachtung. Vgl. hierzu die Botschafterberichte in: PAAA, Deutschland 122, Nr. 13060.

287 NECKEL, Soziologie, S. 602.

288 ‚Die innere Politik der Woche', Kreuzzeitung, 5. Januar 1908, (Nr. 7).

289 Beispielsweise widmete die *Kölnische Volkszeitung* dem Artikel ‚Schmutzige Wäsche' der *Kölnischen Zeitung*, welche sich bisher stark zurückgehalten habe und sich nun gezwungen sehe, gewunden auf die Kamarillafrage einzugehen, eine regelrechte Karikatur. Vgl. ‚Zur Kamarillafrage', Kölnische Volkszeitung, 16. Juni 1907, (Nr. 517). Vgl. auch die Kritik offiziöser Zeitungen und deren Position in der Kamarillafrage in: Kölnische Volkszeitung, 7. Juni 1907, (Nr. 489). Paul Michaelis, ‚Politische Wochenschau', Berliner Tageblatt, 9. Juni 1907, (Nr. 287) berichtete über die Not der staatstragenden Zeitungen, eine Position in der Affäre zu finden.

290 Rechtsanwalt Sr. J. Werthauer, ‚Juristische Glossen zum Moltke-Harden-Prozess', Berliner Tageblatt, 31. Oktober 1907, (Nr. 554).

291 BIRMELE, Press, S. 83.

Formen der politischen Berichterstattung. Das Ergebnis läßt sich am besten als kommentierte Reportage beschreiben.

Vom Anfang der Affäre an bestand unter den Kommentatoren Einigkeit über die Einzigartigkeit und Neuartigkeit des Erlebten. Allenfalls die Kotze-Affäre galt – ob ihrer ebenfalls sexuellen Bezüge – als sinnvoller Referenzpunkt, in der Regel aber auch nur, um die Besonderheit der gegenwärtigen Ereignisse herauszustellen.[292] Die „eigentümlichen Zusammenhänge zwischen Geschlechtsleben und Politik", das „sexuelle Moment" wurden als etwas grundlegend Neues beschrieben.[293] In einer Reflexion über die „Erörterung geschlechtlicher Dinge" attestiert die *Vossische Zeitung* dem Gegenstand zwar generelle Unappetitlichkeit, erklärt aber gleichzeitig, es sei unvermeidbar, über diese Dinge zu berichten: „Über die Einzelheiten, insbesondere auch [die] politische Seite, muß die Besprechung vorbehalten bleiben. Einstweilen kann nur lebhaft beklagt werden, daß es notwendig wurde, die geheimsten geschlechtlichen Dinge in unerhörter Weise vor aller Welt zu behandeln."[294]

In dem Maße, in dem sich der „Kamarillastreit" radikalisierte und damit die Durchsetzung „einer neuen Ordnung der Dinge" beförderte, änderte sich auch das Selbstverständnis der Presse gegenüber dem Monarchen.[295] Die Erfahrung einer intensiven und nahezu schrankenlosen Diskussion von dessen Umgebung war ein ganz wesentliches Element der Kamarilladebatten und konnte als positive Erfahrung formuliert werden. Man müsse, so das *Berliner Tageblatt*, zwischen der persönlichen und der sachlichen Seite des Kampfes gegen die Kamarilla unterscheiden. Ziehe man letztere ins Kalkül, dann käme man zu dem Ergebnis, daß „je mehr der Kampf gegen die Kamarilla von allem stö-

---

292 Zwar existierte ein Korpus älterer Verweisfälle, der Vergleich bestätigte aber nur die Neuartigkeit des gegenwärtigen Beispiels. Lediglich anfangs stellte sich dies anders dar. So urteilte das *Berliner Tageblatt* im Juni 1907: „Die Hofaffäre, deren politische Seite nicht hierher gehört, droht sich zu einem öffentlichen Skandale zu gestalten, wie ihn die Berliner Gesellschaft seit dem Falle der Briefe [d.h. der Kotze-Affäre, M.K.] nicht erlebte [...]." ‚Aus der Gesellschaft', Berliner Tageblatt, 4. Juni 1907, (Nr. 278). Vgl. auch den ironischen Artikel von Friedrich Dernburg, ‚Unser Skandalprozeß', Berliner Tageblatt, 10. November 1907, (Nr. 573) und die Einschätzung, freilich vor dem Höhepunkt der Prozesse 1908, der „größte Skandal der Neuzeit", wie Harden meinte, sei es nicht geworden, bei: Paul Michaelis, ‚Politische Wochenschau', Berliner Tageblatt, 5. Januar 1908, (Nr. 7). Fehlende Vergleichsmöglichkeiten beschreibt: ‚Die Sensation des Tages', Kölnische Volkszeitung, 25. Oktober 1907, (Nr. 923). Hinweise auf den Halsbandprozeß als Vorstufe der Französischen Revolution finden sich bei: Hans Delbrück, Politische Korrespondenz, Preußische Jahrbücher 127 (1907), S. 180-190, hier S. 188, und Holstein an Fürst Bülow vom 20. November 1908, in: ROGGE, Holstein und Harden, S. 396. Weitere Beispiele bei LEUCHTMANN, Fall, S. 278. Der Vergleich mit dem Fall Oscar Wilde oder der Dreyfus-Affäre wurde, soweit zu sehen ist, nicht gezogen. Zu einigen naheliegenden Analogien im Oscar-Wilde-Fall vgl.: Michael S. FOLDY, The Trials of Oscar Wilde. Deviance, Morality, and Late-Victorian Society, New Haven/London 1997, S. 24 ff. Zur Aufdeckung Homosexueller in der Londoner 'Upper Society' bis in die Nähe des Thrones in den ‚West-end scandals' vgl.: THOMPSON, Scandal, S. 56 f.

293 ‚Hofskandal', Leipziger Neueste Nachrichten, 1. Juni 1907, (Nr. 150).

294 ‚Die Erörterung geschlechtlicher Dinge', Vossische Zeitung, 27. Oktober 1907, (Nr. 505).

295 Paul Michaelis, ‚Politische Wochenschau', Berliner Tageblatt, 23. Juni 1907, (Nr. 313).

renden Beiwerk befreit wird, um so [...] mehr darauf gedrungen werden [müsse], daß nicht in neuer Gestalt die Nebenregierung weiter wuchert". Dies war das Grundargument einer Selbstermächtigung der Presse. Nicht uneigennützig erkannten zumal liberale Blätter in der Abwehr einer neuen Kamarilla eine „große, für die Gesamtheit nützliche Aufgabe der Presse".[296]

Wachsamkeit schien schon allein insofern angebracht, als zwar der Sturz der Kamarilla befriedigte, nicht aber die grundsätzlichen Erkenntnisse über das Wirken derselben.[297] Nach jedem Prozeßurteil wuchs die Hoffnung auf weitere Aufschlüsse zu den politischen Implikationen der Kamarilla.[298] Bereits vor dem Beginn der eigentlichen Prozesse monierte die *Frankfurter Zeitung*: „Und wer nun gar nach manchen Erörterungen der letzten Wochen geglaubt hat, es werde im Gerichtsverfahren etwas von der Existenz einer Kamarilla erwiesen werden, hat sich erst recht getäuscht."[299] Im *März* hieß es über die Dinge, die nach den Münchner Enthüllungen zur Verhandlung stünden: „Sind sie wichtig? Die öffentliche Meinung ist schwankend und unsicher."[300] Hardens Skandal, so läßt sich diese Deutung lesen, sollte also nicht mehr gewesen sein als ein Vehikel, das eine viel größeren Debatte in Gang setzte. Die Kamarilladiskussion konnte folglich ohne Harden – und auch ohne Eulenburg – eine Fortsetzung finden. Dies war möglich, weil die Rede von der Kamarilla letztendlich immer nur als Chiffre diente für ein Problem – nämlich die Neudefinition des Monarchen und der Monarchie –, welches durch die Kamarillaprozesse zwar erstmals radikal thematisiert, seiner Beseitigung aber kaum nähergekommen war.

---

296 Paul Michaelis, ‚Politische Wochenschau', Berliner Tageblatt, 10. November 1907, (Nr. 573). Auch die *Vossische Zeitung* mahnte eine Generalisierung an: „Durch die Begründung des Urteils im Prozeß Moltke-Harden ist der Kampf gegen eine Hofgruppe, gegen eine Kamarilla zu einer rein persönlichen Angelegenheit gemacht worden." Im Urteil sei es nicht mehr um die Gefahren für den Staat gegangen, sondern lediglich noch um den Fall Moltke. ‚Eulenburg und Holstein', Vossische Zeitung, 29. Oktober 1907, (Nr. 507). ‚Die Ergebnisse des Prozesses', Vossische Zeitung, 30. Oktober 1907. Vgl. auch den ganz ähnlichen Tenor in dem Artikel: ‚Die Sensation des Tages', Kölnische Volkszeitung, 25. Oktober 1907, (Nr. 923).

297 „An denen aber, die für die deutsche Politik die verfassungsrechtliche Verantwortung zu tragen haben, wird es sein, kraftvoll die Zügel zu führen und allen unberechtigten Nebeneinflüssen für die Zukunft energisch und wirksam vorzubeugen." ‚Eulenburg und Holstein', Vossische Zeitung, 29. Oktober 1907, (Nr. 507).

298 Wie sonst könne man erklären, daß die Kamarillafrage vor allem in der liberalen Presse, aber auch in den Reichstagsverhandlungen „eine so große und ernsthafte Rolle" spielen konnte, fragte: ‚Das Urteil im Prozeß Moltke-Harden', Kölnische Volkszeitung, 4. Januar 1908, (Nr. 9). Ganz ähnlich schon der Artikel: ‚Im Harden-Prozeß', Kölnische Volkszeitung, 30. Dezember 1907, (Nr. 1136).

299 ‚Zur Eulenburg-Affäre', Frankfurter Zeitung, 15. Juni 1907, (Nr. 164). In einem weiteren Artikel der *Frankfurter Zeitung* heißt es: Insgesamt sei der Prozeß zu begrüßen, wenn man sich auch mehr Erkenntnisse über die Kamarilla gewünscht hätte. Aber es liege in der Natur der Sache, daß diese nur schwer zu gewinnen seien. Frankfurter Zeitung, 29. Oktober 1907, (Nr. 300).

300 Rattenkönig, in: März 2 (1908), S. 1-6.

Das enorme und beispiellose Echo des Skandals in den Medien läßt sich am überzeugendsten aus dessen Charakter als Machtskandal erklären. Der Skandal behandelte die großen und neuralgischen Fragen der Politik, allerdings nicht auf staatsrechtlicher Ebene, sondern veranschaulicht in unzähligen sensationellen und skandalösen Details, die für sich genommen bereits Aufmerksamkeit erregt hätten. Die Mischung beider Faktoren garantierte ein quantitativ und qualitativ hohes Interesse. Der Eulenburg-Skandal regte Kommentare in Zeitungen an, für die die Monarchie als politisches Thema normalerweise nicht auf der Tagesordnung stand. Erst die Verbindung von Politik und Skandal verursachte das Engagement und die Intensität der Kommentierung. Letztere illustrieren die zahlreichen Frontwechsel und abrupten Kehrtwenden in der medialen Bewertung der Prozeßgeschehnisse.

5. Sensation und Reflektion: Der Skandal als Erfahrung

Thomas Hertefelder hat mit Blick auf die Intellektuellen festgestellt, daß die „zunehmende Macht der öffentlichen Meinung" ihnen um 1900 „spezifische Formen der kollektiven öffentlichkeitswirksamen Intervention" erlaubte, unter anderem den „Skandalprozeß". Dies war zwar eine nicht ganz neue, in „ihrer Durchschlagskraft jedoch erheblich geschärfte Waffe der Einflußnahme". Skandale gaben die Möglichkeit, diese Waffe auf der „öffentlichen Bühne" zu erproben.[301] Während der Kamarillaprozesse wird genau diese Erfahrung reflektiert.

Während die Caligula-Affäre als erster Medienskandal des Kaiserreichs gesehen werden kann, muß der Eulenburg-Skandal als erster großer ‚Machtskandal' gelten. Fast lehrbuchhaft finden sich hier alle wesentlichen Zutaten des von Thompson beschriebenen „power-scandals". Bereits die kühl kalkulierte Inszenierung der häppchenweisen Informationsverabreichung durch Harden zu Beginn des Skandals wirkt, als habe Harden – der fortlaufend sein eigenes Vorgehen kommentierte – die „sequential structure of scandal" lange vor den Skandaltheoretikern erkannt.[302] Der Skandal folgte bis ins Detail der Logik der Medien, in diesem Fall dem freitäglichen Erscheinungsrhythmus der *Zukunft*.

Nicht nur Hardens inszenierte Skandalisierung, auch die Reaktionen seiner Opfer gehorchtem einem Schema, das als regelhaft gilt. Im Zentrum des politischen Skandals steht die Reputation der Angegriffenen. Um ihren Ruf zu verteidigen, reinzuwaschen bzw. wieder herzustellen, lassen sich die Angegriffenen regelmäßig zu radikalen, unüberlegten Gegenangriffen reizen. Entweder werden die Anschuldigungen öffentlich schlicht geleugnet oder – was typisch ist – Rechtsschritte eingeleitet. Im Falle Eulenburgs finden sich beide Merkmale. Zweimal versuchte Eulenburg aus eigener Initiative vergeblich,

---

301 Thomas HERTEFELDER, Kritik und Mandat. Zur Einführung, in: Ders./Hübinger (Hg.), Kritik und Mandat, S. 11-29, hier S. 26.

302 THOMPSON, Scandal, S. 71 f.

auf dem Rechtsweg seinen Ruf zu retten, ein drittes Mal, selbst als Zeuge geladen, nutzte er die Gelegenheit zur Aussage in eigener Sache, die weit über das hinausging, wozu er verpflichtet gewesen wäre.[303] Sowohl Leugnen als auch rechtliche Schritte stellen hochriskante Gegenmaßnahmen dar. Für das Skandalopfer sind diese Schritte dennoch naheliegend. Nach der Zerstörung seines Rufes durch Harden, die Eulenburg im eigentlichen und übertragenen Sinne seine politische Stellung gekostet hatte, bot sich für ihn das Bild eines Alles oder Nichts, in dem auch riskante Maßnahmen gerechtfertigt erschienen.[304] Es gehört zu den Gesetzen des Skandals, daß gerade hier die Fallen lauern, die seine Eskalation befördern.

Typisch war der Eulenburg-Skandal im erst schrittweisen, dann beschleunigten Absturz Eulenburgs und in seiner komplexen, verworrenen Struktur mit diversen ‚Unterskandalen', die zu einem großen verschmolzen. Dies trifft für den Fall Moltke, für Brands Angriff auf Bülow und seine Verurteilung und für die zeitgleichen Enthüllungen über Homosexuelle in den Garderegimentern zu. Letztere hatten mit dem ursprünglichen Problem zunächst keinen Zusammenhang, wurden aber in der Öffentlichkeit als zu dem großen Skandal gehörig wahrgenommen. In einer Art Lawineneffekt verstärkten sie den Skandal, der folglich wiederum neue Bereiche erfaßte.

Als skandalös galten die überführten Homosexuellen genauso wie die sogenannten „Entartungen" in der Presse, für die Harden als Symbol herhalten mußte. Skandalös erschienen die Prozesse, weil sie Dinge verhandelten, die bisher in dieser Form und an diesem Ort nicht thematisiert worden waren. Die beispiellos hohe Zahl von Karikaturen zu den Kamarillaprozessen kann als Indikator dafür dienen, wie sensationell, neuartig und schockierend diese wirkten. Wie kein politischer Skandal zuvor fanden die Kamarillaprozesse ihren Niederschlag in den Bildmedien. Alle großen Satirezeitschriften moderner Prägung reagierten in großer Breite und – der Logik des Genres Karikatur folgend – mit einer Radikalisierung der Darstellungsformen. Sprechensder Ausdruck dieser Radikalisierung waren Sondernummern des *Simplicissimus*, der *Jugend* und der *Lustigen Blätter*. Die Hefte erschienen jeweils mit plastischen, sensationellen Titelbildern und enthielten zahlreiche sehr explizite Karikaturen, Gedichte und andere Texte zum Thema. Selbstverständlich beschränkten sich Karikaturen nicht auf die Sondernummern. Im *Simplicissimus* lieferten die Kamarillaprozesse allein 1907 sieben Mal die Vorlage für das Titelbild.[305]

---

303 Im Juli 1907 endete ein Verfahren nach Eulenburgs Selbstanzeige ergebnislos, im November 1907 wurde das Verfahren gegen Bernstein und Harden wegen deren Äußerungen im ersten Prozeß Moltke-Harden, nach Strafantrag Eulenburgs, eingestellt.

304 Auch dies ist ein generelles Phänomen. Vgl. THOMPSON, Scandal, S. 173.

305 Hierbei handelte es sich um die Nummern Nr. 12, 27, 30, 33, 34, 36, 43 des Jahres 1907. Bei den Sondernummern handelt es sich um: Simplicissimus, 30. September 1907, (Nr. 27 – ‚Byzanz-Nummer'); 11. November 1907, (Nr. 33 – ‚Prozeß Moltke-Harden-Nummer'), 2. Dezember 1907, (Nr. 36 – Harden-Nummer); Jugend, 17. Juni 1907, (Nr. 25); Lustige Blätter, 5. November 1907 (Nr. 45). Zu Karikaturen des Skandals im *Kladderadatsch* vgl. lediglich die Hefte vom 5. und 12. Januar 1907 sowie 5. April 1908. Der Schwerpunkt der Karikaturen im Jahr 1907 illustriert anschaulich den Höhepunkt des Medieninteresses. Dieses

Bezeichnenderweise wurden nicht allein die Homosexualität im Heer oder die Praktiken des Liebenberger Kreises karikiert, sondern, auf abstrakter Ebene, auch das Kamarillaproblem und das Verhältnis zwischen Monarch und Volk.[306] Ähnliches gilt auch für das ebenfalls neue Medium Postkarte. Hier finden sich Darstellungen der markantesten Prozeßszenen sowie Abstraktionen, die aus gegebenem Anlaß auf das Kamarillaproblem abhoben.[307] Allein die vier großen satirischen Zeitschriften enthielten weit über Hundert Zeichnungen, Spottgedichte und andere satirische Formate, die auf die Berliner, Münchner und Potsdamer Ereignisse anspielten. Dabei lassen sich grob drei Bereiche unterscheiden:

1.) Die politisch vergleichsweise harmlose Karikatur einer Welt, in der Männer nurmehr Männer lieben, Mütter ihre Söhne nicht mehr vor Frauen warnen zu müssen glaubten und das gängige Skandalmotto „Cherchez la femme" obsolet geworden war.[308] Hier wirkten vor allem die Enthüllungen über homosexuelle Aktivitäten hoher Offiziere, insbesondere Orgien in der Potsdamer Villa Adler, nach. Karikaturen homosexuell orientierter Soldaten stellten die größte Gruppe. 2.) Karikaturen der Prozesse selbst, der neuen Machtstellung Hardens bzw. Kritik an der Verfolgung Hardens durch die Staatsanwaltschaft und der zeitweilig schlechten Presse für den Journalisten.[309] Diese Karikaturen liefern Belege für die hohe Reflexivität der Medien während der Kamarillaprozesse ebenso wie für deren Selbstbewußtsein. 3.) Politisch delikate Karikaturen und Spottverse, die auf die Kamarilla zielten, Eulenburg in krasser Weise angriffen und in einigen Fällen direkt und explizit auf den Monarchen Bezug nahmen.[310]

Nimmt man die Karikaturen als Indikator, wurden die Prozesse und ihre Rezeption zumindest in zweierlei Hinsicht als skandalös erfahren: Wegen ihrer Verortung in der Sphäre des Sexuellen[311] und wegen ihres engen Bezugs

---

war zwar bis 1909 stark, allerdings bei abnehmender Tendenz. Auf eine Abbildung von Karikaturen muß hier verzichtet werden. Die umfangreichste – allerdings immer noch stark beschränkte – Sammlung findet sich in: STEAKLEY, Iconography, S. 323-385.

306 Einen direkten Bezug zum Monarchen hatten die Titelkarikaturen im Simplicissimus Nr. 12, 27, 33 und 34. Wie ernst die Karikaturen genommen wurden, läßt sich an der Beschwerde im *Adelsblatt* vom Dezember 1907 erkennen. Die Verfehlungen einzelner Adliger hätten Anlaß zu unmäßigen Karikaturen vor allem in der *Jugend* und im *Simplicissimus* gegeben. Dies schon sei verwerflich, viel mehr aber noch, daß diese Darstellungen auch und breit von Adligen rezipiert würden. Die moderne Witzpresse und die Aristokratie, in: Deutsches Adelsblatt 25 (1907), S. 609.

307 MAY, Ansichtskarten, S. 163 ff.

308 Diverse Beispiele finden sich in: Lustige Blätter Nr. 25, 27, 44, 45 1907; Jugend Nr. 45 1907; Simplicissimus 33, 35 1907.

309 Lustige Blätter Nr. 25, 27, 45, 47, 50, 51 1907; Jugend Nr. 25, 27, 45, 46 1907; Simplicissimus Nr. 30, 33, 36, 43 1907.

310 Vgl. Abschnitt IV.B.4.

311 Gegenüber der Kotze-Affäre käme nun das „sexuelle Moment" hinzu, urteilten die *Leipziger Neuesten Nachrichten* in ihrer Einschätzung des Skandals. ‚Hofskandal', Leipziger Neueste Nachrichten, 1. Juni 1907, (Nr. 150). Dieses Moment war selbstredend auch damals vorhanden gewesen, hatte aber in der öffentlichen Behandlung der Affäre – wie auch dieses Zitat zeigt – eine sehr untergeordnete Rolle gespielt.

zum Monarchen. Für Wilhelm II. war es nicht nur problematisch, wenn er direkt in einer Karikatur oder einem Artikel figurierte. Dadurch, daß der Monarch im Hintergrund des Skandals an sich stand, konnte beispielsweise auch eine Werbung für Neurastheniemittel, die sich auf den Moltke-Harden-Prozeß bezog, skandalös und für den Monarchen schädigend wirken.[312] Gerade in den trivialen Niederungen der ‚Skandalgewinnler' mit ihren endlosen Spiegelungen des Themas zeigt sich die potentielle Zerstörungskraft des Skandals.

Übereinstimmend deuteten die Kommentatoren den Eulenburg-Skandal als Ausdruck gesellschaftlicher und kultureller Verfallserscheinungen. Kulturpessimismus und Skandalanalyse ließen sich überzeugend verbinden.[313] Die *Kölnische Volkszeitung* glaubte sich „allmählich so etwas in 1789er Stimmung" zu befinden. Man spüre die „Dekadenz in der Luft" und „glaube zuweilen, daß man auf einem „Vulkan tanze". Das „Menetekel" des Halsbandprozesses sei überall gegenwärtig.[314] Am sichtbarsten in der Kommentierung des Bülow-Brand-Prozesses, in dem das „sexuelle Moment" eindeutig im Vordergrund stand, diente der Skandal als Indikator beklagenswerter Entwicklungen. Dieser Prozeß sei vor alle bedeutsam „als Zeichen und Ergebnis der schmählichen und unheilvollen Skandalseuche", die seit einiger Zeit grassiere, schrieb das *Berliner Tageblatt*.[315]

Das Auftreten sexueller Motive beschrieben die Kommentatoren regelmäßig als Schock. Der Kommentator des *Tag* nahm für sich in Anspruch, normalerweise für Parteipolitik kein Interesse zu zeigen. Es gebe aber „Zeiten und Stunden, in denen auch wir unsere Stimme erheben und sagen, was wir wollen", bzw. in diesem Fall nicht wollen. Dies betreffe all das „Ekelhafte und Widerwärtige, womit man seit Monaten unsere Ohren erfüllt hat."[316] Die *Rheinisch-Westfälische Zeitung* behauptete, der „gesunde Kern unseres Volkes" verfolge den Skandal mit „erschütterten Gefühlen".[317] Ein Kommentator des *Berliner Tageblatts* verteidigte die „Sensation" als „konzentriertes Leben"

312 Z.B. Simplicissimus Nr. 12, 27, 33, 34 1907.

313 HALL, Scandal, S. 143.

314 ‚Die Sensation des Tages', Kölnische Volkszeitung, 25. Oktober 1907, (Nr. 923).

315 ‚Die Skandalseuche', Berliner Tageblatt, 6. November 1907, (Nr. 565). Durch eine ganze Reihe „kleiner Skandalblätter", so das *Tageblatt*, „wird diese Seuche verbreitet und überall hingeschleppt, und seit Wochen kann man in diesen Blättern auch zum 'Fall Brand' die infamsten Andeutungen und Beschimpfungen lesen."

316 G. Flügge, ‚Was wir wollen', Der Tag, 22. Dezember 1907, (Nr. 649). Weiter hieß es dort: „Wir wissen, es können Sünde und Schande, Greuel und Laster nicht vertilgt werden von dieser Erde, aber wir wollen es nicht mehr, daß sie hervorgezerrt werden aus ihren Winkeln und Kammern in das Licht der Sonne, unter die Kuppel des Parlamentes, in die Blätter der Zeitungen und in das Gespräch des Tages. Wir wollen, daß sie bleiben im Dunkel und Finsternis, wo sie geboren sind."

317 Lediglich „die Pöbelmenge, die sich an den mächtigen Fronten des Berliner Kriminalpalastes staut, die atemlosen Lauscher im Zuschauerraum des Amtsgerichtssaales, die ‚amoralischen' Intellektuellen im Lande: sie erwarten von dem Prozeß Harden-Moltke Befriedigung ihrer Neugier, Aufpeitschung ihrer müden Nerven." Rheinisch-Westfälische Zeitung, 27. Oktober 1907.

und rechtfertigte so auch das Interesse der Zeitungen. Verwerflich sei allerdings die Sensation, die „an das Niedrige beim Leser" appelliere.[318] Hans Delbrück justierte den moralischen Schaden wesentlich höher als jeden potentiellen Nutzen der Prozesse.[319] Nach dem zweiten Prozeß Moltke-Harden, also noch vor den Münchner Enthüllungen, sprach Paul Marx im *Tag* vom „schmutzigsten politischen Skandal, den Deutschland je erlebt hat", und spekulierte über die zukünftige Bewertung der Prozesse durch die Historiker.[320] Erich Sello, der Anwalt Moltkes im zweiten Prozeß, glaubte gar, in der Sensations- und Skandallust eine „Volkskrankheit" zu bekämpfen. Skandalprozesse galten ihm als „Symptome einer allgemeinen Erkrankung unseres Gesellschaftskörpers, als ein Symptom jener allgemeinen neurasthenischen Disposition unsrer Zeit, die nach immer neuen und stärkeren Sensationen hascht, um die erschlafften Nerven aufzupeitschen – eine Erscheinung, die so bedenklich an die dekadente Überkultur des sinkenden Römertums gemahnt".[321]

Zwei Aspekte hoben die Kommentare als fatal hervor: Zum einen gefährde der international weitbeachtete Eulenburg-Skandal die Annahme einer ‚sittlichen' Höherwertigkeit Deutschlands, insbesondere im Vergleich zum republikanischen Frankreich und parlamentarischen England.[322] Zum anderen galt als peinlich, daß es jene Spitzen der Gesellschaft traf, die – nicht zuletzt in Person des Monarchen – einen moralischen Kreuzzug gegen die ‚sittliche' Verwahrlosung der ‚niederen Stände' führten. Die „Idee, daß ein Mann von solchem Range und von solcher Vergangenheit" wie Eulenburg in eine Affäre von der Qualität, wie sie sich in München offenbarte, involviert war, konnte als „ungeheuerlich" nur ansatzweise erfaßt werden. Was nun folge, so vermutete im April 1908 die *Berliner Börsen Zeitung*, werde „noch furchtbarer werden [...] als alles Vorangegangene."[323] Nach der Erfahrung des ersten Prozesses Moltke-Harden war es den Beobachtern unmöglich, den weiteren Verlauf

---

318 Die Hilflosigkeit der Analyse unterstreicht der angemahnte Boykott jener Blätter, die den Skandal förderten, allerdings rapide zunähmen. Jllo, ‚Die Sensation', Berliner Tageblatt, 11. November 1907, (Nr. 574). Dies ist einer der wenigen Artikel, die sich dem Wesen des Skandals und der Sensation und deren Zusammenhang mit der modernen Gesellschaft tiefgehender und jenseits kulturkritischer Gemeinplätze widmeten.

319 Hans Delbrück, Politische Korrespondenz. Sensations-Prozesse. Fürst Eulenburg, in: Preußische Jahrbücher 132 (1908), S. 547-553. Vgl. auch Ders., Politische Korrespondenz., in: Preußische Jahrbücher 127 (1907), S. 180-190, hier S. 188.

320 Paul Marx, ‚Der Schluß der Schmutzgeschichten', Der Tag, 5. Januar 1908.

321 SELLO, Psychologie, S. 43.

322 „Der Stolz auf die sittliche Höhe unseres öffentlichen Lebens, womit wir sonst, in sicherem Mute, auf die Degeneration in den führenden Kreisen Frankreichs und Englands herabschauen durften, ist ins Wanken gekommen. Wir sehen in schmähliche, krankhafte Verweichlichung Männer verstrickt, die an der Leitung unserer nationalen Geschicke mitbeteiligt waren oder ihr doch nahe standen", beklagte die Rheinisch-Westfälische Zeitung, 27. Oktober 1907.

323 ‚Philipp, Fürst zu Eulenburg', Berliner Börsen Zeitung, 22. April 1908; ähnlich: Rheinisch-Westfälische Zeitung, 27. Oktober 1907. Mindestens ebenso großes Erstaunen erzeugten die Prozesse gegen homosexuelle Offiziere im Regiment Garde du Corps. Vgl. HECHT, Prozesse, S. 9 f.

des Skandals auch nur ungefähr einzuschätzen. Vor diesem Hintergrund muß das immer wieder artikulierte Bedürfnis nach „Ruhe" gesehen werden.[324]

Was einen Skandal generell und den Eulenburg-Skandal in besonderem Maße auszeichnet, ist die Vermengung von Privatem und Politischem. Dies spiegelt sich in der zeitgenössischen Kommentierung. Die privaten, das heißt die sensationellen Aspekte fanden breite Aufmerksamkeit, was Anlaß für übereinstimmender Kritik der Kommentatoren bot. Daß nahezu alle Zeitungen intensiv über den Prozeß berichteten, hinderte sie nicht, zu fordern, das Privatleben der Akteure müsse ausgeklammert bleiben.[325] Paul Michaelis, der Leitartikler des *Berliner Tageblatts*, sah „die Gewissensfreiheit als oberste Errungenschaft der neuen Zeit" gefährdet. In den Kamarilla-Prozessen seien „rein persönliche Dinge mit politischen Fragen in einer höchst widerwärtigen Weise verknüpft" worden.[326] In abschätziger Weise qualifizierte die *Kölnische Zeitung* den zweiten Prozeß Moltke-Harden als „Prozeß der Menschlichkeiten". Es „menschele" überall.[327] Auf dem Höhepunkt des ‚Schundkampfes' reagierten zumal die konservativen Kommentatoren auf derlei ‚Entartungen' sensibel.[328] Aber auch die zweifelsohne vorhandene Emotionalisierung und Personalisierung politischer Berichterstattung erregte Unbehagen.

Weit weniger kritisch beschrieb die Mehrzahl der Kommentatoren den politischen Gehalt und Effekt des Skandals. Keineswegs galt der Skandal nur als Abbild politischer Fehlentwicklungen. Vielmehr schien ihm in einer stark personalisierten politischen Landschaft durchaus normative Kraft zuzukommen. Der Prozeß Moltke-Harden, urteilte das *Berliner Tageblatt*, sei bei weitem das bedeutendste politische Ereignis seit der Entlassung Bismarcks.[329] Delbrück hinterfragte die Behauptung, der von „Harden inszenierte große Skandal" sei zu den „Staatsaktionen" zu rechnen, die politisch zu behandeln seien, räumte aber ein, auch eine „Hofgeschichte" könne in einer Konstellation, in der Personen ausschlaggebend seien, Bedeutung erlangen.[330]

---

324 „Der allgemeine Wunsch ist, daß jetzt Ruhe kommt. Wer Ruhe schafft, der ist der populäre Mann", empfahl Holstein Bülow in einem Brief vom 7. Oktober 1908. ROGGE, Holstein und Harden, S. 343 f.

325 ‚Vgl. etwa: Das Urteil im Brand-Prozeß', Berliner Tageblatt, 7. November 1907, (Nr. 567).

326 „Auch darin liegt vielleicht ein Symptom einer Krankheit, die überwunden werden muß, wenn Staat und Gesellschaft nicht zersetzt und zerfressen werden sollen." Paul Michaelis, ‚Politische Wochenschau', Berliner Tageblatt, 27. Oktober 1907, (Nr. 547).

327 ‚Die Opfer der Frau von Elbe', Kölnische Zeitung, 4. Januar 1908.

328 Zum Schundkampf: Kaspar MAASE, Krisenbewußtsein und Reformorientierung. Zum Deutungshorizont der Gegner der modernen Populärkünste 1880-1918, in: Ders./Kaschuba (Hg.), Schund, S. 290-343. Besonders kritisch wurde die immer explizitere Darstellung von Sexualität gesehen. Vgl. Kaspar MAASE, Schund und Schönheit. Ordnungen des Vergnügens um 1900, in: ebd., S. 9-28, hier S. 17.

329 Berliner Tageblatt, 3. November 1907, (Nr. 560).

330 Hans Delbrück, Politische Korrespondenz., in: Preußische Jahrbücher 127 (1907), S. 180-190, hier S. 188. Delbrück erklärte, derartige Hofgeschichten würden später meist nicht mehr als bedeutend eingeschätzt: „Wird doch selbst der Halsband-Prozeß der Königin Marie Antoinette, der einst für eine der Ursachen der französischen Revolution galt, in den wissenschaftlichen Geschichtswerken kaum noch erwähnt. Soweit Personen überhaupt den großen Gang der Dinge beeinflussen, können freilich auch Klatsch-, Intriguen-, Sünden- und Gift-

Zwar betonten die Kommentatoren immer wieder ihr Entsetzen ob der skandalösen Ereignisse. Bei genauerer Betrachtung zeigt sich aber ein sehr routinierter Umgang mit Skandalen. Souverän wurden die einzelnen Schritte auch nach ihrer öffentlichen Wirkung, nicht nur nach ihrem immanenten Gehalt bewertet.[331] Es war für die meisten Kommentatoren selbstverständlich, daß Skandale als Instrument intentional eingesetzt wurden.[332] Die sozialdemokratische Ablehnung, sich mit Skandalen, die ein Oberflächenphänomen darstellten, auseinanderzusetzen, war angesichts moderner Medienmechanismen rückständig, wenn nicht romantisch gedacht.[333] Dasselbe trifft für Ludwig Thomas demokratische Frage: „Was geht uns der Umgang seiner Majestät des Kaisers an?“ und seine Klage: „Je mehr wir das Privatleben des Herrschers zur öffentlichen Angelegenheit, zur Sache des Volkes machen, desto weiter entfernen wir uns von freiheitlicher Empfindung“ zu.[334]

Diese Argumente gehören zwar in eine spezifisch linke Deutung des skandalösen Geschehens, generell fällt aber auf, daß die Deutung des Skandals nicht entlang von Parteigrenzen erfolgte. Annahmen wie die von der Fragwürdigkeit der von Harden benutzten Mittel wurden ebenso allgemein geteilt wie die vom notwendigen Vorgehen gegen eine allgemein als existent angenommene Kamarilla. Die politische Affiliation der Zeitungen war für deren Bewertung des Skandals vergleichsweise unwichtig. Übergreifend vertraten die Kommentatoren die Meinung, die Eulenburg-Affäre, der „große Skandal“ (Thoma), sei ein außergewöhnliches politisches Ereignis. Genau hier liegt die Bedeutung des Monarchen für den Skandal. Erst diese herausgehobene und kontroverse Figur garantierte das Zusammenschmelzen der vielen kleinen Skandale zu einem großen. Erst der Monarch im Hintergrund garantierte das langanhaltend ungebrochene Interesse und die zielgerichtete Dynamik des multidimensionalen Skandalensembles.

---

mischer-Geschichten ihre Wirkungen haben und gehören zur Geschichte und zur Politik. Wenn man dennoch von höherer Warte ablehnen kann, sie zu behandeln, so ist es, weil das Material fehlt, sie richtig zu beurteilen.“ Ebd.

331 „Wir sind der Meinung, daß diese Prozesse kaum zu irgend einem Resultate, und höchstens zur Aufrührung neuer Skandale führen könnten“, hieß es in: ‚Der Kampf gegen die Tafelrunde‘, Berliner Tageblatt, 4. Juni 1907, (Nr. 277). Ganz ähnliche Argumentation dort auch schon in dem Artikel: ‚Die Eulenburgsche Tafelrunde‘, 2. Juni 1907, (Nr. 274).

332 Dies bestätigt die Einschätzung von Hall: „A feature of the general development of the German press in the 1890s was its central importance in the making and breaking of the reputations of public men.“ HALL, Scandal, S. 144.

333 Im Juni 1907 erklärte der *Vorwärts*, es sei nun bewiesen, „wie richtig unsere Auffassung war, als wir den im vorigen Jahre plötzlich losgebrochenen Kampf gegen das persönliche Regiment als einen arrangierten Humbug charakterisierten.“ ‚Das Land der Skandale‘, Vorwärts, 4. Juni 1907, (Nr. 127).

334 Ludwig Thoma, Der große Skandal, in: März 1 (1907), S. 269-273, hier S. 269.

C. Der Kaiser als Anlaß und Zentrum des Eulenburg-Skandals

Mit Blick auf den ersten Prozeß Moltke-Harden urteilte die *Pall Mall Gazette*: „Never, perhaps in the whole history of judicial procedure has a young lawyer of twenty-five, aided by two lay assessors in the persons of a butcher and a milkman, been required to decide a case of such far-reaching political importance as the MOLTKE-HARDEN action for libel."[335] Ohne ihre politische Dimension wären die Prozesse um Moltke und Harden eine Randnotiz geblieben. Erwartungsvoll schrieb die *Tägliche Rundschau* am Tag der Urteilsverkündung im ersten Prozeß Moltke-Harden: „Endlich ist nunmehr die Zeit gekommen, die politische und moralische Seite des Moltke-Hardenprozesses eingehend zu besprechen, die Enthüllungen, die Kamarilla, die Beeinflussung des Kaisers, dann die Verfehlungen in der Armee und Hofgesellschaft und den Sittlichkeitsstand des deutschen Volkes, das jetzt vom Auslande wieder einmal mit einzelnen Entarteten verwechselt wird. Für die Beurteilung dieser Fragen ist das Urteil völlig nebensächlich und bedeutungslos."[336]

Zwar läßt sich der beispiellose mediale Aufruhr, den die Kamarillaprozesse verursachten, ohne die Zutat des Themas Homosexualität weder erklären noch verstehen, doch reichte letztere allein dafür nicht aus. In den Jahren 1905-1907 hatten Kriegsgerichte ca. 20 Offiziere wegen Homosexualität verurteilt; in den Jahren 1906 und 1907 kam es zu mindestens sechs Selbstmorden von vermeintlich homosexuellen Offizieren infolge von Erpressung.[337] Diese Ereignisse, insbesondere um die prominenten Gardeoffiziere Lynar und Hohenau, hatten ihren Weg bis in die Karikaturen gefunden. Für den Ausbruch eines Skandals reichte dies allerdings nicht aus. In den Debatten und Prozessen um die Kamarilla ging es zuerst und zuletzt immer um den Kaiser, genauer um das, was von vielen als gestörtes Verhältnis zwischen Wilhelm II. und der Nation empfunden wurde. Um zu erkennen, daß der Kaiser der eigentliche Mittelpunkt des Skandals war, mußte man kein Kenner der Berliner politischen Szene sein wie Holstein, der im Oktober 1908 an Bülow schrieb: „S.M. ist – leider – dabei [in den Kamarillaprozessen, M.K] wohl der schwerste Verlierer."[338]

Das Image Wilhelms II. mußte unter dem Skandal zwangsläufig leiden, ein Dilemma, das in den *Grenzboten* auf die Formel gebracht wurde, entweder habe Wilhelm II. von „diesen Dingen" nichts gewußt, dann mangle es ihm in bedauerlicher Weise an Scharfblick für die Persönlichkeiten, denen er sein

335 'The Duty that Lies Near', Pall Mall Gazette, in: PAAA, Deutschland, 122, Nr. 13057.

336 H.R., ‚Das Urteil im Prozeß Moltke-Harden', Tägliche Rundschau, 29. Oktober 1907.

337 Vgl. STEAKLEY, Iconography, S. 334 f.

338 Holstein an Bülow, 10. Oktober 1908, in: ROGGE, Holstein und Harden, S. 346 f. Bei vielen Kommentaren zu Eulenburg wurde automatisch auf den Kaiser rückgeschlossen. Vgl. die Aussage der Ehefrau Eulenburgs, daß Harden zwar ihren Mann angreife, allerdings auf den Kaiser ziele (Steakley, Iconography, S. 330), und die Beispiele bei: LEUCHTMANN, Fall, S. 254 ff.

Vertrauen schenke, oder er habe etwas davon gewußt, dann sei das ein Zeichen bedenklicher Schwäche.[339] In dieser Situation halfen auch entschiedene Distanzierungen des Kaisers und die Erklärung, er verachte die Kamarilla und habe sich von einer solchen nie beeinflussen lassen, nicht.[340]

Früh konstatierten die Kommentatoren, daß in den Kamarillaprozessen im Kern über Wilhelm II. verhandelt wurde. Es könne kein Zweifel daran bestehen, schrieb die *Kreuzzeitung* während des ersten Prozesses, daß es nicht in erster Linie um den „Eulenburgischen Kreis" gehe, „sondern um die Diskreditierung dessen, der sich angeblich durch diese Kamarilla hatte leiten lassen".[341] Hierin lag der sensible Kern des Skandals. Zwar konnte die öffentliche Konzentration auf eine Kamarilla von Fehlleistungen des Monarchen ablenken bzw. diese sogar erklären und damit entschuldigen. Dieselbe Diskussion mußte aber auch die Frage aufwerfen, wie ein Herrscher, zu dessen notwendigen Primärtugenden qua Amt die Menschenkenntnis gezählt wurde, über einen langen Zeitraum hinweg die Gegenwart homosexuell veranlagter politischer Dilettanten in seiner Umgebung nicht hatte bemerken können.[342] Darüber hinaus implizierte die Vorstellung vom Wirken einer Kamarilla und deren Verantwortlichkeit für politisch fatale Entscheidungen einen hohen Grad von Beeinflußbarkeit – wenn nicht Manipulierbarkeit – des Monarchen, was ebenfalls mit dem Idealbild des Herrschers, und dem Selbstverständnis Wilhelms II. zumal, kollidierte. Schließlich, auf einer dritten Ebene, zielte die Diskussion um die Liebenberger Kamarilla direkt auf die Person Wilhelms II. Wenn eine öffentlich vollständig demontierte Person wie Philipp Eulenburg über zwanzig Jahre hinweg engster Freund Wilhelms II. sein konnte, hieß dies zwangsläufig, daß auch der Charakter des Monarchen, wenn nicht sogar seine sexuelle Orientierung, fragwürdig war.

1. Der Skandal und die Reputation des Monarchen

Die Rolle Wilhelms II. in der Affäre im engeren Sinne, sein Informationsstand, seine persönlichen Empfindungen bleiben verschwommen.[343] Selbst der für die Gefährdung der Monarchie nicht immer sensible Kaiser erkannte jedoch klar, daß mit dem Eulenburg-Skandal eine Grenze überschritten wor-

339 Die Früchte der Hardenprozesse, in: Die Grenzboten 67 (1908), S. 105-109.

340 Vossische Zeitung, 14. November 1907, (Nr. 535).

341 ‚Die innere Politik der Woche', Kreuzzeitung, 27. Oktober 1907, (Nr. 505). So argumentierte im übrigen auch Eulenburg selbst. In Eulenburgs Augen resultierte die Motivation seiner Gegner aus folgenden Faktoren: „[...] teils um ihren Haß zu befriedigen und ihre politische Angst vor mir zur Ruhe zu bringen, teils um der großen Masse des Volkes, die stets behauptet, mit ungleichem Maße gemessen zu werden, einen ‘Fürsten', ja ‘den Freund des Kaisers' als Fraß vorzuwerfen: Futter für die wilden Tiere, deren Hunger man fürchtet!" Zit. nach: LEUCHTMANN, Fall, S. 242.

342 ‚Eulenburg und Kaisertum', B.Z. am Mittag, 13. Juli 1908.

343 LEUCHTMANN, Fall, S. 259. Ausnahme: Rogge zeigt anhand eines vom Kaiser mit Randbemerkungen versehenen Artikels der *Täglichen Rundschau*, wie der Kaiser den Prozeß gesehen habe. ROGGE, Holstein und Harden, S. 233 ff.

den war. Gegenüber Bülow räumte der Kaiser ein, daß er durch Eulenburg in „eine für einen Monarchen unerhörte Situation gebracht worden" sei.[344] Graf Günther von der Schulenburg spitzte dieses Dilemma zu: „S.M. ist noch immer von warmen Brüdern umgeben. Wenn er auch die Veranlagung als solche nicht schätzt, so ist er von Leuten dieser Art desto mehr eingenommen, denn er ist schon so verwöhnt, daß er die Wahrheit nicht mehr hören mag."[345] Eulenburg, „den Freund unseres Kaisers", so Busching, hätten Politiker nie ernst genommen: „Nur der Kaiser hielt zu ihm." Es sei „schade für den Kaiser", daß an der Spitze derjenigen, mit denen er sich umgeben habe, eine Figur wie Eulenburg gestanden habe.[346]

Die Kamarilladebatten brachten es mit sich, daß die Freundschaften des Kaisers zunächst als neuralgischer Punkt ausgemacht und sodann geradezu seziert wurden. Dies gilt z.B. für die *Kölnische Zeitung,* wenn sie ausführte: „Es ist sicherlich kein Fürstenideal, das unserer modernen Zeit erstrebenswert schiene, wenn man verlangt, der Monarch solle sich in einsame Höhe von der Welt absondern. Im Gegenteil, es wird als einer der schönsten Züge unseres Kaisers geschätzt, daß er das Bedürfnis fühlt, Freunde zu haben. [...] Aber der Kaiser muß es als Vertrauensbruch und schmählichen Verrat empfinden, wenn Männer, die er mit seiner Freundschaft beehrt, insgeheim Neigungen huldigen, die er verabscheut und die das Gesetz bestraft." Hier liege, „psychologisch betrachtet", der „Kern dieser widerlichen Geschichte".[347]

Hinzu kam das öffentliche Wissen um die Existenz von Briefen Wilhelms II. an Eulenburg, über deren „delikaten Inhalt" weitreichende Spekulationen einsetzten.[348] In diesen Briefen schienen die vielen Verdachtsmomente gegenüber dem Monarchen eine Bestätigung zu finden. Bei der „begeisterungsfähigen" und „leicht entzündlichen" Natur des Monarchen könne man sich ausmalen, was Wilhelm II. Eulenburg geschrieben habe, meinte der Chefredakteur der *Zeit am Montag*, Karl Schneidt. In der „Freundschaft zwischen Mann und Mann" gäbe es „zarteste Ausdrucksformen", die in „Momenten vertraulicher Herzergießung" zu Papier gebracht werden. In einem „solchen vertrauten Gedanken- und Gefühlsaustausch" falle von der „Schuld und

---

344 WELLER, Harden, S. 185.

345 Zit. nach: TRESCKOW, Fürsten, S. 199.

346 Paul Busching, Harden, in: Süddeutsche Monatshefte 5 (1908), S. 362-364, hier S. 363.

347 ‚Schmutzige Wäsche', Kölnische Zeitung, 15. Juni 1907, (Nr. 630). Auch die *Kreuzzeitung* kam nicht umhin, wenn auch in reichlich verworrener Argumentation, sich zum Problem der kaiserlichen Freundschaften zu äußern: „Dann aber macht sich je länger je mehr das Gefühl geltend, wie dankbar man dem Kaiser sein muß, daß er nach all diesen bitteren Erfahrungen der beiden letzten Jahre kein Menschenfeind geworden ist. Man erinnert sich seiner Münsterischen Rede, die uns zeigt, wie ihn sein Glaube an Gott vor der Verbitterung gegen die Menschen bewahrt. Damals konnte wohl noch keiner ahnen, wie bald dem Kaiser wieder eine solche Prüfung würde auferlegt werden." ‚Zum Prozeß Moltke-Harden', Kreuzzeitung, 28. Oktober 1907, (Nr. 506).

348 ‚Fürst Eulenburg', Fränkischer Kurier, 16. Mai 1908 (Nr. 251). Th. Th. Heine karikierte Wilhelm II. als schnurrbärtigen Augustus, der anstelle von Legionen Briefe vermisst: „O, Phili, Phili, redde mihi epistolas meas!" Simplicissimus, 22. Juni 1908. Zum Inhalt der Briefe: Hull, Entourage, S. 140 f.

Schmach des einen ein verdunkelnder Schatten selbst auf die zartesten und vornehmsten Empfindungen des andern".[349] Nicht nur Harden hatte wiederholt gefordert, die Briefe als Beweismaterial im Prozeß zuzulassen. Daß es soweit nicht kam, verstärkte nur die Spekulationen, zumal behauptet werden konnte, das nach kurzem Engagement schnell schwindende Interesse des Kaisers an einer gerichtlichen Verfolgung Eulenburgs stehe hiermit in einem Zusammenhang.[350] Lediglich ein vielbeachteter Brief des Fürsten Richard Dohna an Eulenburg aus dem Jahr 1901, in dem dieser Eulenburg mit den Worten „Geehrter Phili, Du bist einfach so verlogen, daß es mir schwer auf das Gewissen fallen muß, einen solchen Kerl in die intime Gesellschaft unseres geliebten, allergnädigsten Kaisers, Königs und Herrn gebracht zu haben", charakterlich verurteilte, wurde über die Prozesse publik und zeigte, wie wichtig derartige ‚Belege' für die Diskussion waren.[351]

Beweise in Form beständiger Dokumente gehören zu den typischen Ingredienzen des Medienskandals.[352] Äußerungen, die ursprünglich an ein spezifisches Gegenüber gerichtet waren und unter der Annahme entstanden, nur von dieser Person empfangen zu werden, geraten so plötzlich aus ihrem Kontext und werden einem unbegrenzten Kreis von Empfängern zugänglich gemacht. Die Veröffentlichung des Briefwechsels zwischen Eulenburg und dem Kaiser, vermutete Schneidt, würde eine „Sensation" bewirken und die Frage aufwerfen, wie der Kaiser einem Mann wie Eulenburg seine Freundschaft habe widmen können, wie es komme, „daß er ihn mit so viel Liebe bedenken und in seinem Herzen ihm einen so bevorzugten Platz einräumen konnte". Vor dem Hintergrund, daß in diesem Fall „das Interesse gewisser Persönlichkeiten aufs engste verknüpft ist mit dem staatlichen Interesse", forderte Schneidt eine Veröffentlichung dieser „hochinteressanten Zeitdokumente", nämlich ebenjener Briefe.[353] Mit derartigen Feststellungen gingen bei Schneidt kaum verhehlte Warnungen einher: „Wenn ein Freund des Kaisers zum gemeinen Verbrecher wird, so dürfen seine Beziehungen zum Herrscher ihm nicht zum Schilde werden, hinter dem er Deckung suchen kann. Das wird und kann der Kaiser selbst nicht wollen."[354]

Damit ist offensichtlich, daß in der öffentlichen Wahrnehmung Wilhelm II. unmöglich in einer rein passiven Rolle verharren konnte.[355] Die Idealversion Wilhelms II. kollidierte mit dem Bild, welches durch die Eulenburgprozesse

---

349 Karl Schneidt, ‚Kaiserbriefe an Eulenburg', Die Zeit am Montag, 18. Mai 1908, (Nr. 20).

350 ‚Fürst Eulenburg', Fränkischer Kurier, 16. Mai 1908 (Nr. 251)

351 ‚Hört der Kaiser die Wahrheit?', Die Arbeit, 1. August 1908 (Nr. 310); Harden, Prozeß Eulenburg II., in: Die Zukunft 64 (1908), S. 159-172. Die Wiedergabe des Briefes bei: TRESKOW, Fürsten, S. 138.

352 THOMPSON, Scandal, S. 69.

353 Karl Schneidt, ‚Kaiserbriefe an Eulenburg', Die Zeit am Montag, 18. Mai 1908, (Nr. 20). Schneidt kokettierte mit einem Wissen, das er im Artikel nicht ausbreitete. Verdächtigungen über die Homosexualität des Kaisers sind zwischen den Zeilen offensichtlich.

354 Karl Schneidt, ‚Der Zeuge Eulenburg', Die Zeit am Montag, 27. April 1908.

355 Paul Busching, Harden, in: Süddeutsche Monatshefte 5 (1908), S. 362-364, hier S. 363. Vgl. auch: ‚Die Sensation des Tages', Kölnische Volkszeitung, 25. Oktober 1907, (Nr. 923).

entstand, dem Bild eines Monarchen, der über zwanzig Jahre hinweg offenbar nicht die leisesten Zweifel am Charakter seiner Umgebung gewann, der für die gesamte Öffentlichkeit nach wenigen Prozeßtagen vollkommen evident erschien.[356] Durch die „aufsehnerregenden Enthüllungen" der jüngsten Vergangenheit würden selbst „die idealen Beziehungen getrübt werden, die einst zwischen dem Kaiser und dem Fürsten bestanden", resümierte Schneidt lakonisch.[357]

Explizit wird in diesem Zitat ein weiterer Aspekt der kaiserlichen Betroffenheit angesprochen, der in vielen anderen Texten implizit vorhanden war. Hier kam der Körper des Kaisers ins Spiel.[358] Wenn Wilhelm II. über lange Zeit in engstem Kontakt zu Homosexuellen stand, war es dann nicht wahrscheinlich, zumindest möglich, daß der Kaiser homoerotische Neigungen hatte? Auf die Brisanz des Homosexualitätsvorwurfs ist hingewiesen worden. Diese erklärt auch die versteckte, andeutende Behandlung des Themas, die regelmäßig kurz vor einem Tabubruch stehenblieb. Es ist naheliegend, daß nicht zuletzt diese unausgesprochene Vermutung den Skandal erst zu dem machte, was er wurde, daß erst dies die beispiellose Intensität des öffentlichen Interesses erklärt.

In diesem Kontext stellte sich zwangsläufig die Frage, wie der Kaiser einem Mann wie Eulenburg seine Freundschaft habe widmen können, „daß er ihn mit so viel Liebe bedenken und in seinem Herzen ihm einen so bevorzugten Platz einräumen konnte".[359] Der Eulenburg-Skandal evozierte Erinnerungen an die Krupp-Affäre. Alfred Krupp, ebenfalls ein bekannter Freund des Kaisers, beging 1902 Selbstmord, nachdem seine angebliche Homosexualität durch den *Vorwärts* öffentlich gemacht worden war.[360] Wilhelm II., der bei der Beerdigung sprach, hatte Krupp seinerzeit entschieden, und für den Geschmack der Öffentlichkeit zu entschieden, verteidigt.[361] Hinzu kam, daß nun

---

356 Vgl. die Entrüstung in einem öffentlichen Brief Karl Schneidts an den Kaiser (12. Juni 1907): „Ebenso wie ich denken aber Millionen guter Deutschen, Herr Kaiser. Ihnen allen ist es ganz unfaßbar, wie es dahin kommen konnte, daß Personen, denen sonst jeder schlichte Bürgersmann in einem großen Bogen aus dem Wege geht, täglich und stündlich Ihren Pfad kreuzen konnten, daß sie auf Ihr Denken und Tun Einfluß zu gewinnen vermochten, was ja bei einem gewissen Verkehr ganz unvermeidlich war, und daß keiner dagewesen ist, der den Mut gehabt hätte, Sie offen und ehrlich zu warnen." SCHNEIDT, Briefe, S. 109 f.

357 Karl Schneidt, ‚Kaiserbriefe an Eulenburg', Die Zeit am Montag, 18. Mai 1908, (Nr. 20).

358 Daß es sich hierbei um einen generellen Prozeß handelt zeigt: Frank BÖSCH, Das Private wird politisch: Die Sexualität des Politikers und die Massenmedien des ausgehenden 19. Jahrhunderts, in: Zeitschrift für Geschichtswissenschaft 52 (2004), S. 781-801. Vgl. zum Problem allgemein: Valentin GROEBNER, Körpergeschichte politisch. Montaigne und die Ordnungen der Natur in den französischen Religionskriegen 1572-1592, in: Historische Zeitschrift 269 (1999), S. 281-304.

359 Schneidt, ‚Kaiserbriefe an Eulenburg', Die Zeit am Montag, Berlin, 18. Mai 1908, (Nr. 20).

360 HALL, Scandal, S. 173 ff. Zu Mutmaßungen über die Rolle Wilhelms II. in den letzten Monaten Krupps und Reaktionen auf die Rede des Kaisers an Krupps Grab vgl.: HULL, Entourage, S. 169 ff.

361 Vgl. JOHANN, Reden des Kaisers, S. 104. „Mochten die Angriffe auf das Privatleben Krupps aus politischen Beweggründen noch so verwerflich sein, etwas mehr Zurückhaltung in der

auch entsprechende Tendenzen Friedrichs des Großen, wie auch lebender Verwandter des Kaisers, offen diskutiert wurden.[362]

Die Präsenz der vermeintlichen Homosexualität Wilhelms II. zeigte sich, wenn wieder und wieder die „Reinheit" des Monarchen und der kaiserlichen Familie betont werden mußte.[363] Wesentlich deutlicher konnten Verdächtigungen in der Öffentlichkeit ohne Tabubruch nicht formuliert werden. Direktere Andeutungen finden sich lediglich auf der Ebene von Briefen. Im Mai 1908 etwa schrieb Harden an Rathenau: „Wenn Teerung der gefährdetsten Person vermieden werden soll, muß Justiz handeln wie in jedem Dutzendfall. [...] Volle Indifferenz S.M. muß festgestellt werden. Die Sache ist höchst gefährlich. Ich will nicht über Details reden."[364] Nach der Daily-Telegraph-Affäre betonte Harden seine Option, den Kaiser mit diskreditierendem Material zur Abdankung zwingen zu können. Über Holstein ließ er Bülow im November 1908 wissen, daß er nicht davor zurückschrecken würde, einschlägige Kontakte Wilhelms II. zu instrumentalisieren.[365]

Verteidigung seiner Unschuld wäre für den Träger der Krone doch wohl am Platze gewese," urteilte rückblickend BORNHAK, Geschichte, S. 43.

362 Wilhelm Graf Hohenau, ein illegitimer Hohenzoller, mußte wegen seiner allzu offensichtlichen Homosexualität kurz vor den Prozessen seinen Abschied aus der Armee nehmen. Friedrich Heinrich, Prinz von Preußen, konnte wegen seiner offenkundigen Homosexualität nicht Großmeister des Johanniterordens werden. Zeitgenossen hatten zudem das Beispiel des homosexuellen Königs Karl von Württemberg vor Augen. Vgl. hierzu den Kommentar von Waldersee, er könne sich „mit der ‚Lebensweise' des (homosexuellen) Königs Karl überhaupt nicht abgeben." Zit. nach: RÖHL, Aufbau, S. 469. Vgl. auch das Beispiel des Prinzen Aribert von Anhalt, dessen Homosexualität 1900 zur Auflösung von dessen Ehe führt. RÖHL, Aufbau, S. 741.

363 ‚Ein Beschwichtigungshofrat', Kölnische Volkszeitung, 6. November 1907, (Nr. 963). Vgl. auch die reichlich zweideutige Vermutung: „Ein Reiner nur wie Ihr, im Sinn und Handeln,/ Ein Parzival, vor allem Volk erhöht,/ Konnt' ahnungslos durch die Dünste wandeln,/ Die aus Morästen steigend ihn umweht./ Und jetzt, nachdem der ganze Spuk begraben/ Zieht tröstend das Gefühl durch Eure Brust:/ „Wie konnt' ich von davon eine Ahnung haben, Von solchen Dingen hab' ich nichts gewußt!'" in einer als Gedicht präsentierten fiktiven Mahnung Bismarcks an den Kaiser: m., ‚Eine Epistel Bismarcks', Lustige Blätter, 5. November 1907, (Nr. 45).

364 Harden führte weiter aus: „Habe bisher das Meinige getan und wills weiter tun. Aber [...] ich bin bereit, dem R[eichs] K[anzler] Abschrift eines Briefes zu geben, nach dem Leibarzt E[ulenburg]'s erzählt, [...] E habe sich gerühmt, daß S.M. mit ihm in einem Zimmer geschlafen habe, als zu Besuch. Bereit zum Eid." Hellige schließt hieraus, daß Harden Informationen besaß, die es ihm erlaubt hätten, die Abdankung des Kaisers zu erzwingen. Harden an Rathenau 8. Mai 1908, Hellige, Rathenau und Harden, S. 553 ff. Röhl nimmt an, „Harden glaubte, belastendes Material auch über die Allerhöchste Person zu besitzen, und wäre bestimmt nicht davor zurückgeschreckt, es als ultima ratio auszubeuten." RÖHL, Freund, S. 71. „Wie aus Andeutungen von Harden im Schreiben an Holstein vom 15. November 1908 hervorgeht, hatte er Kenntnis davon erlangt, daß Wilhelm II. in seiner Kronprinzenzeit oft mit dem eng befreundeten Eulenburg zusammengetroffen und 1888 mindestens einmal auch mit ihm und dem Hauptbelastungszeugen Ernst auf den Starnberger See gerudert war." Ebd. Vgl. hierzu auch Röhls Einleitung in: DERS. (Hg.), Korrespondenz, S. 46 f.

365 Harden spielte auf vermeintliche Kontakte des Monarchen zu Ernst und Kistler, dem ehemaligen Sekretär Eulenburgs, an. Holstein an Bülow am 16. November 1908. Rogge, Holstein und Harden, S. 386 f. Im April 1909 kündigte Harden Ballin an, durch Einbeziehung neuer

Die Annahme einer Beschädigung des Monarchen durch den Eulenburg-Skandal korrelierte mit einem Konsens darüber, daß die Person des Monarchen aus den Diskussionen herausgehalten hätte werden müssen. Dies wurde zwar immer wieder beteuert, hatte praktisch aber fast keine Relevanz. Während die *Rheinisch-Westfälische Zeitung* darüber klagte, daß man „den Monarchen in ihren [derjenigen Personen, die in den Prozessen angeklagt wurden, M.K.] Häusern sich aufhalten" ließ und nicht verhinderte, „daß er sie bei wichtigen Entscheidungen um ihren Rat befragte",[366] sprach die *Kreuzzeitung*, in einem hilflosen Versuch, den zerbrechenden Konsens erneut zu befestigen, von einem Angriff auf eine „unangreifbare Person, in der sich die Ehre und Würde der ganzen Nation" verkörpere.[367]

Ganz entscheidend war für die Beobachter die Frage, was der Kaiser von den Gerüchten um Eulenburg wußte. Die Annahme, daß er vollkommen ahnungslos gewesen sei, war einer der wichtigsten Bausteine in seiner präventiven Verteidigung.[368] Im Hintergrund stand, deutlich ausgesprochen, die Sorge um die kaiserliche Autorität, die nicht zuletzt dadurch gefährdet war, daß der Kaiser erst auf öffentlichen Druck hin gehandelt zu haben schien.[369] Holstein schrieb im Juli 1907 resignierend an Harden: „Während ich am Fenster sitzend das Publikum vom Kreuzberg zurückfluten sehe, drängt sich mir immer

---

Zeugen „der Sache einen Umfang zu geben", den er „seit Jahren unter Opfern schwerster Art zu meiden bemüht" gewesen sei. BAL, N 2106 (Hammann), Nr. 2, Blatt 6. Weiter heißt es: „Ich glaube also, daß wir gegen den Willen von Kläger und Angeklagten in die gräßliche Geschichte hineingezwungen werden, weil überall der Mut und die Energie zu ernstem Eingriff fehlen. Vielleicht auch, weil Jemand diesen hoch hinaufspritzenden Ausbruch wünscht [...]." Die Frage des direkten Angriffs auf den Monarchen war einer derjenigen Punkte, an denen sich Eulenburg und Daily-Telegraph-Affäre direkt überschnitten, wie ein Brief Holsteins an Bülow vom 20. November 1908 unterstreicht. Dort hieß es: „Lieber Bülow, Ihr gestriger Wink hat, wie Sie sehen, stark gewirkt. Ich glaube, wenn Harden im heutigen Vortrag und in zwei Vorträgen, die er demnächst in Hamburg hält – 2. und 7. Dezember – in milderer Weise S.M. beleuchtet, so macht S.M. dabei ein sehr gutes Geschäft." Hardens Zurückhaltung in der Daily-Telegraph-Affäre, zumindest nach der ersten Entrüstung, so wird suggeriert, hänge mit Entgegenkommen der Regierung bei den Eulenburgprozessen zusammen. ROGGE, Holstein und Harden, S. 396.

366 Rheinisch-Westfälische Zeitung, 27. Oktober 1907.

367 ‚Die innere Politik der Woche', Kreuzzeitung, 5. Januar 1908, (Nr. 7). Adolf v. Gordon erklärte im Prozeß für Moltke: „Mein Mandant hat dringend ersucht, die Person des Allerhöchsten Herrn aus diesem Prozeß herauszulassen. Er ist der Ansicht, daß, wenn er als General vor aller Welt und vor seinem Kaiser erklärt, es sei nicht wahr, daß er Einfluß auf die Politik ausüben wollte, dies genügt." ‚Graf Moltke gegen Harden', Berliner Tageblatt, 25. Oktober 1907, (Nr. 544).

368 Vgl. ‚Der Münchner Hardenprozeß', Die Post, 22. April 1908. Hans v. Tresckow, damals Chef der Berliner Kriminalpolizei, berichtet, daß dem Kaiser zwar ein Register mit verdächtigen Homosexuellen – darunter angeblich allen, die in den späteren Sensationsprozessen von sich reden machten – zugesandt worden sei, dieser es aber nicht geöffnet habe. Treskkow behauptete: „Hätte der Kaiser damals Einblick in das Register genommen, so wäre er über seine Umgebung aufgeklärt worden und die späteren Sensationsprozesse, die dem Ansehen der Krone einen so großen Nachteil zugefügt haben, wären vermieden worden." TRESCKOW, Fürsten, S. 199.

369 Vgl. das Beispiel bei: ROGGE, Holstein und Harden, S. 302.

wieder der Gedanke auf, wie gewissenlos, wie rücksichtslos gegen den Kaiser es ist, die Fiktion aufrecht zu halten, daß dieser lediglich auf Grund der ‚Zukunft'-Artikel Entscheidungen [nämlich die Entfernung Eulenburgs, M.K.] getroffen habe.“[370] Harden selbst hatte sich in seinem erwähnten Abschlußplädoyer zu Gute gehalten, den Eindruck kaiserlicher Initiative verteidigt zu haben.

In der vielbesprochenen Reichstagsdebatte zum Kamarillaproblem versuchte der Zentrumspolitiker Peter Spahn den Mythos des handelnden Monarchen wieder aufzurichten.[371] Spahn sprach dem Kaiser und dem Kronprinzen Dank für ihr Eingreifen aus. Bülow verurteilte in der Sitzung aufs schärfste die enthüllten Verfehlungen. Der Kaiser, dessen vorbildliches Familienleben er rühmen zu müssen sich veranlaßt sah, werde alles ausfegen, was nicht zur Reinheit seines Wesens und seines Hauses passe.[372] Bülows gönnerhafte Einschätzung: „Als mir Seine Majestät der Kaiser zum ersten Mal von der Angelegenheit gesprochen hat, habe ich seiner Majestät gesagt, er dürfe jetzt weder nach rechts noch links sehen, sondern müsse nur daran denken, den Schild des eigenen Hauses und den Schild der Armee rein zu halten. Das war seiner Majestät aus der Seele gesprochen [...]“ evozierte allerdings ein gegenteiliges Bild.

Mit derartigen Pauschalentschuldigungen bestätigte Bülow nur das Problem. Seine Version eines unschuldigen und aktiv den Augiasstall ausmistenden Monarchen war zu weit von der Realität der Prozeßberichte entfernt, um glaubhaft zu wirken. Die andauernden Enthüllungen veranlaßten selbst den Nuntius des Vatikan Anfang 1908 dazu, dem Kaiser Schwäche vorzuwerfen.[373] Wenn der Monarch nicht schon durch die Berichte über seine Umgebung zum Skandalon geworden war, dann spätestens durch seine für jeden ersichtliche Passivität, seine Duldung unhaltbarer Zustände.[374] Die ständig wiederholte Behauptung, Bismarck hätte das Aufkommen einer Kamarilla nicht geduldet, unterstreicht, wie sehr die Enthüllungen den ohnehin nicht mehr ausgeprägten Glauben an die Führungsfähigkeiten Wilhelms II. unterminierten. In Gedichtform hielt Stefan George nach einer starken Persönlichkeit Ausschau, die im Gegensatz zum gegenwärtigen Monarchen eine Kamarilla verhindern könne: „Heut da sich schranzen auf den thronen brüsten/ mit

---

370 Holstein an Harden am 7. Juli 1907, Rogge, Holstein und Harden, S. 179. Am 19. Juli 1907 schrieb Holstein an Harden: „Absolut richtig finde ich es, daß Sie S.M. bisweilen loben. Noch viele andere, die sonst nicht mit ihm einverstanden sind, finden das auch.“ Ebd., S. 183. Im Leitartikel vom 3. August 1907 nannte Harden den Kaiser „den lebhaftesten, geistig beweglichsten, ins lauteste Gerede gezerrten Thronenträger“, Maximilian Harden, Orient und Occident, in: Die Zukunft 60 (1907), S. 155-170, hier S. 168.

371 Reichstagsdebatte vom 28. November 1907 (StenBer. RT. Bd. 229, S. 1880 f.).

372 Bülow betont dies noch in seinen Erinnerungen. Vgl. BÜLOW, Denkwürdigkeiten II., S. 307.

373 Vgl. den Beleg bei: SAMERSKI, Papst und Kaiser, S. 229.

374 Vgl. zum Problem des Wissens um skandalöse Handlungen direkt ihnen unterstellter Mitarbeiter für herausgestellte Persönlichkeiten generell: THOMPSON, Scandal, S. 182 f.

wechslermienen und unedlem klirren:/ Dreht unser geist begierig nach verehrung/ Und schauernd vor der wahren majestät".[375]

Vor allem die Mutmaßungen über die Rolle des Monarchen verursachten die ungeheure Intensität öffentlichen Interesses am Eulenburg-Skandal. Allein während der beiden ersten Prozesse bezogen sich die streitenden Parteien im Gerichtssaal über achtzig Mal direkt auf den Monarchen.[376] Dieser Umstand wird bedeutsam, wenn man die enorme Berichterstattung über die Prozesse in Rechnung stellt. Drei wesentliche Linien der Deutung der Rolle Wilhelms II. im Eulenburg-Skandal lassen sich unterscheiden:

1.) Die offizielle und vorherrschende Interpretationslinie war, den Kaiser als unwissentlich von fragwürdigen Individuen umgeben zu präsentieren. Dies gab der Öffentlichkeit die Chance, die ganze Affäre im positiven Sinn zu interpretieren. Demnach wurde der Monarch schließlich über den wahren Charakter seiner Entourage aufgeklärt und konnte nun, nach der Reinigung, ganz neu beginnen.

2.) Eine zweite Frage ist, wie das sensationelle Theater, das in den Moabiter Gerichtssälen aufgeführt worden war, von denen aufgenommen wurde, welche die offizielle Deutung nicht so einfach akzeptierten. Viele Kommentatoren äußerten ihre Verwunderung darüber, wie Wilhelm II. so vollkommen die wahre Natur seiner Umgebung hatte verkennen können. Einige Mitglieder dieser Umgebung nannten den Kaiser regelmäßig „Liebchen", wie die Prozesse enthüllten.[377] Im besten Fall besaß der Monarch nicht die für sein Amt notwendigen Fähigkeiten, im schlechtesten war er selbst ein fragwürdiger Charakter.

3.) Drittens konnte nämlich, nach allem, was im Gerichtssaal öffentlich gemacht worden war, gefragt werden, ob nicht Wilhelms II. Charakter – nicht zu sprechen von seiner sexuellen Orientierung – zweifelhaft war. Kaum überraschend wurde diese Frage in den Zeitungen nahezu nie offen gestellt. Das Tabu des kaiserlichen Körpers wurde oberflächlich gewahrt. Allerdings erschien die Tatsache, daß Wilhelm II. in engerem Kontakt mit Mitgliedern seiner En-

---

375 George im Gedicht *Leo XIII.* Stefan GEORGE, Der siebente Ring, S. 20. Im Gedicht *Der König* ergänzte George: „Und schmilzest mein erhabnes königsleid/In eitlen klang durch dein verworfen spiel". Ebd., S. 47.

376 Diese Erhebung auf Basis der Prozeßprotokolle nach FRIEDLÄNDER, Kriminal-Prozesse, S. 3948 ff. Besonders evident wurde die Verstrickung Wilhelms II. in den Skandal um Moltke und Eulenburg im Verlaufe der einschlägigen Prozesse. Zumindest die Vorladung des Kronprinzen war von Harden erwogen worden. Um das Problem, Beweise in den Prozessen zu bringen, zu umgehen, schlug er Maximilian Bernstein erfolglos vor, den Kronprinzen als Zeugen vorzuladen, um von ihm zu erfahren, warum die Liebenberger bei Hofe nicht mehr zugelassen würden. WELLER, Harden, S. 188. Zum Plan einer Vorladung des Kaisers durch Gordon – womit dieser gegen Harden eingenommen werden sollte: Fürst Eulenburg, Fränkischer Kurier, 16. Mai 1908, (Nr. 251).

377 Berichtet wurde Moltkes Eingeständnis, daß er und andere Mitglieder der Entourage Wilhelm II. unter sich als „Liebchen" bezeichneten. Darüber näher vom Richter befragt, habe er geantwortet, hierüber dürfe er nur hinter verschlossenen Türen sprechen. Vgl. die Berichte in: PAAA, Deutschland, 122, Nr. 13. Wilhelm II. wurde tatsächlich, wie Röhl anmerkt, von Moltke, Varnbühler und Eulenburg „das Liebchen" genannt. RÖHL, Aufbau, S. 643.

tourage gewesen war, als zugegeben wurde, keineswegs mehr als unwahrscheinlich.

Die Kamarillaprozesse brachten ein hochgradig irritierendes Bild des Kaisers und seiner Umgebung in die Öffentlichkeit. Dies betraf nicht nur die charakterliche Fragwürdigkeit der Männer, die als engste Freunde des Kaisers galten, einschließlich des Monarchen selbst, sondern generell den Prozeß, als den man sich Regieren vorstellte. Das Bild einer dilettierenden Männerclique, die ihre politischen Informationen durch Spiritismus und auf dem Wege homoerotischer Beziehungen erlangte, stand im krassen, skandalösen Kontrast zum Idealbild politischen Handels und politischer Kommunikation, aber auch zu allem, was bisher für möglich gehalten worden war. Vor dem Individuum Wilhelm II., das sich unter allgemeinem Applaus in der Münsteraner Rede mit seinen Sorgen und Nöten der Öffentlichkeit gezeigt hatte, konnte die Kommentierung des Monarchen nun nicht mehr halt machen.

2. Erlaubte und anstößige Beeinflussung des Monarchen

Die Verstrickung Wilhelms II. in die Kamarillaprozesse und –debatten war kurz davor, in eine grundsätzliche Diskussion des Monarchen zu münden.[378] Letztlich ging es im Eulenburgprozeß immer auch, direkt und unterschwellig, um die Frage, ob es möglich sei, Wilhelm II. zu beeinflussen, und darum, ob der Kaiser fremdgesteuert werde. Adolf v. Gordon, der erste Anwalt Moltkes, baute seine Verteidigung gänzlich auf die Unbeeinflußbarkeit des Monarchen auf, um damit zu scheitern: „Es wird so dargestellt, als ob Se. Majestät nicht anders handelt als unter fremdem Einflusse. Ein jeder weiß doch, daß Majestät seine Beschlüsse wahrhaftig sehr selbständig faßt."[379] Harden behauptete im zweiten Prozeß, hier habe nicht die Rehabilitierung Moltkes im Vordergrund gestanden, sondern es sei versucht worden, „den Nachweis zu führen, daß keine höfische Gruppe auch nur den leisesten Versuch wagen könne, den Kaiser zu beeinflussen".[380] Hierbei handelte es sich zweifelsohne um den zentralen Punkt sowohl in den Gerichtsverhandlungen wie in deren Kommentierung.

Vornehmlich die konservative Presse hielt es – wie beispielsweise die *Post* - für zweckmäßig, in dieser Frage von „eine[r] starke[n] Irreführung der öffent-

---

378 Dies sah bezeichnenderweise Eulenburg selbst so: „Meine versuchte ‚Deklassierung' sollte die Person des Kaisers in seinem Freunde anrüchig machen und durch die politischen kaiserlichen Indiskretionen sollte er als unmöglicher Politiker und unzeitgemäßes Staatsoberhaupt gebrandmarkt werden." LEUCHTMANN, Fall, S. 274.

379 Zit. nach: Hecht, Prozesse, S. 145. Schon zuvor hatte v. Gordon sich auf das Zeugnis Wilhelms II. darüber berufen, „daß Graf Moltke niemals seine Stellung benutzt hat, um irgend welche Wünsche politischer Art durchzudrücken". Ebd., S. 118.

380 Dieser Prozeß habe den „höheren Zweck" gehabt, „dem deutschen Volk die Überzeugung einzuimpfen, daß der Kaiser nur von Adelsmenschen umgeben sei und daß er die deutsche Menschheit, einzig und allein seiner Intuition gehorchend, herrlichen Tagen entgegenführe." Maximilian Harden, In usum delphini, in: Die Zukunft 62 (1908), S. 73-77, hier S. 76.

lichen Meinung“ zu sprechen und das Individuum im Monarchen ins Spiel zu bringen. Der Kaiser sei einer „der energischsten und weitsichtigsten Monarchen“, der stets bewiesen habe, wie eigenständig er denke. Zudem sei „Seine Majestät“ unstreitig „eine der stärksten Individualitäten und daher das Gerede von einer ‚Nebenregierung‘ unsagbar töricht“.[381] Auch die *Grenzboten* meinten, es hieße „den Charakter des Monarchen, der überall eine seltne Selbständigkeit des Urteils beweist und schon oft ohne jedes traditionelle Vorurteil die tüchtigsten Männer an die richtige Stelle gesetzt hat, völlig verkennen, wenn man von einer Kamarilla spricht“.[382] Die konservative *Deutsche Tageszeitung* behauptete, Wilhelm II. sei „eine so starke und so feste Persönlichkeit, daß man sich schwer denken kann, er sei unberechtigten Einflüssen in wesentlichen Dingen und auf Dauer unterlegen.“[383]

Im Mittelpunkt der ‚Abwehrstrategie‘ konservativer Zeitungen stand der Versuch, den Eindruck kaiserlicher Initiative zu bewahren. Die *Deutsche Zeitung* ging so weit, für die Zukunft zu erklären, „die mannhafte und besonnene Art“, in welcher der Kaiser in den Prozeß eingegriffen habe, lasse erwarten, „daß eine Kamarilla unter seiner Regierung nicht mehr Einfluß gewinnen“ werde. Sollte eine solche neuerdings bestanden und Versuche gemacht haben, sich durchzusetzen, so wäre ihre Beseitigung ein Glück für das Reich, aber doch nur das Verdienst des Kaisers. Wie fragwürdig diese Einschätzungen waren, veranschaulicht der subtilere und skeptischere Hinweis der *Magdeburger Zeitung*, daß es das gute Recht des Kaisers sei, „von Zeit zu Zeit neben der Ansicht der verantwortlichen Minister auch andere Persönlichkeiten über Tagesfragen zu hören“. Ebenso selbstverständlich sei es „und menschlich begreiflich, daß ein Mann gerade in der vereinsamenden Stellung des Kaisers Wunsch und Bedürfnis fühlt, einen Kreis vertrauter Freunde zu haben“. Wenn in diesem Kreise dann das vertrauende Sichgeben des Kaisers mißbraucht werde, dann sei dies eine Sache, die „nicht Urteil und Charakter des Kaisers tangiert, sondern ausschließlich den Charakter jener Herren beleuchtet“.[384]

Sowohl die vollständige Negierung der Möglichkeit eines beeinflußbaren Kaisers wie auch die Entschuldigung des nicht zu leugnenden Vorhandenseins von Beratern unterstreicht, für wie wichtig das Ideal des unabhängigen Monarchen gehalten wurde. Kritik über die schlechte Information des Kaisers artikulierte sich schon im Juli 1906, nachdem Wilhelm II. die deutsche Presse als

---

381 Weiter hieß es: „Kaiser Wilhelm ist sicher nicht der Mann, sich von irgend jemand beherrschen und im ungünstigen Sinne beeinflussen zu lassen.“ ‚Von der ‘Kamarilla’’, Kölnische Volkszeitung, 15. Juni 1907, (Nr. 515).

382 Die Früchte der Hardenprozesse, in: Die Grenzboten 67 (1908), S. 105-109.

383 „Von diesem Standpunkte aus haben wir seinerzeit die vielberufene Notiz in der ‚Norddeutschen Allgemeinen Zeitung‘ beurteilt, aus der man schließen konnte, ja vielleicht mußte, daß gewisse leitende und verantwortliche Kreise an die Möglichkeit von Bestrebungen glaubten, die man unter dem Gesamtbegriffe der Kamarilla zusammenzufassen pflegt.“ ‚Der Kaiser und die sogenannte Kamarilla‘, Deutsche Tageszeitung, 31. Oktober 1907, (Nr. 512).

384 ‚Die ‚Kamarilla‘‘, Kölnische Volkszeitung, 6. Juni 1907, (Nr. 487). Bülow betonte in seiner einschlägigen Rede vor dem Reichstag, daß man dem Kaiser bestimmt nicht vorwerfen könne, sich „im Verkehr“ abzuschließen und keinen eigenen Willen zu haben.

Hauptschuldigen der politischen Malaise ausgemacht hatte.[385] Der erwähnte ‚Schwarzseher' beklagte im selben Jahr, daß Wilhelm II. nur „dem rosenroten Optimismus seiner Kamarilla und deren freiwilliger Gefolgschaft geneigt" sei und „nur Notiz von dem Lakaiengestammel ‚seiner' Presse" nehme.[386] Bereits damals hatte August Stein, der Berliner Korrespondent der *Frankfurter Zeitung*, vor dem Trugschluß gewarnt, zu glauben, „es würde vieles anders sein, wenn nur der Kaiser und König besser informiert wäre." Die kaiserlichen „Mißgriffe erklären sich vielmehr fast immer aus hinlänglich bekannten Charaktereigenschaften des Kaisers, vor allem aus seiner Neigung zu plötzlichen „persönlichen Entschließungen". Die Information des Herrschers komme dann zu spät.[387]

Mit diesem Hinweis auf strukturelle Defizite des Systems Monarchie stand Stein allerdings weitgehend allein. Für die Mehrheit der Kommentatoren waren Individualität und Information des Monarchen ursächlich miteinander verbunden. Dies veranschaulicht eine wochenlange öffentliche Diskussion im Sommer 1907. Im Kontext der Kamarillaprozesse rückte die Zeitungslektüre Wilhelms II. ins Zentrum der Aufmerksamkeit. Man solle den „Frieden des kaiserlichen Hauses" respektieren, schrieb das *Berliner Tageblatt*, aber an der Frage „Was liest der Kaiser" bestehe ein grundsätzliches öffentliches Interesse. Nahezu alle großen Zeitungen berichteten ausführlich darüber, wie man sich das Prozedere der kaiserlichen Zeitungslektüre vorzustellen habe, und betonten die Wichtigkeit des Themas.[388] Unter den Kommentatoren herrschte Einigkeit über die eminente politische Bedeutung des Leseverhaltens Wilhelms II. Aus diesem Grund hielten die Kommentatoren es einhellig für unabdingbar, daß der Kaiser verschiedene Zeitungen lese und ihm nicht durch von Flügeladjutanten kompilierte Ausschnittssammlungen unangenehme Wahrheiten verheimlicht würden.[389]

---

385 Zur Erregung hierüber vgl.: ZIPFEL, Kritik, S. 114. Die *Germania* rekapitulierte 1907 die Hauptpunkte der von Rudolf v. Bennigsen diesbezüglich bereits in den 1890er Jahren subsumierten Kritik am Monarchen. Zwar werde der Kaiser den Artikel kaum lesen, es sei aber nicht „gleichgültig, wie der Kaiser orientiert ist." Die Probleme stellten sich wie folgt dar: 1. „Gefühl starker Unzufriedenheit", das „unbedingte Vertrauen" in die Reichsspitze sei verloren, 2. „Günstlingswirtschaft in der Besetzung von Staatsämtern (Diplomatie)", 3. „Einfluß der Kamarilla und der Byzantiner", 4. „Nervöse und unruhige Politik des Kaisers" (Telegramme, Reden, Reisen, Unstetigkeit), 5. „Verschleuderung der Bismarckschen Erbschaft". ‚Der mangelhaft informierte Kaiser', Germania, 4. Oktober 1907, (Nr. 229).

386 SCHWARZSEHER, Kaiser, S. 87.

387 August Stein, ‚Vom Kaiser und von der Presse', Frankfurter Zeitung, 3. August 1906. Bemerkenswert an diesem Artikel ist die frappierende Offenheit, mit der Mißstände angesprochen wurden und die intimen Kenntnisse Steins über die Information des Monarchen. Vgl. auch STEIN, Werkstätte, wo sich auch dieser Artikel findet.

388 Vgl. BAL, R 8034 II (RLB-Archiv), Bd. 4009, Blatt 32 ff.

389 Schneidt schrieb Wilhelm II. in einem seiner offenen Briefe, daß es für den Kaiser in erster Linie darauf ankäme, „ohne alle Mittelspersonen sich die sachlichen Aufschlüsse zu beschaffen, deren Sie bedürfen, um an Ihrem Orte nützlich und mit Erfolg zu wirken." Schneidt, Briefe, S. 41; ‚Hört der Kaiser die Wahrheit?', Die Arbeit, 1. August 1908, (Nr. 310).

Die jüngsten Erfahrungen schienen die Berechtigung dieses Anliegens unmittelbar zu bestätigen. Nur durch die Lektüre unterschiedlicher Zeitungen könne der Kaiser erkennen, wohin die Forderungen des Volkes gingen: „Wenn aber am Hofe das Volk sprechen darf," so das *Berliner Tageblatt*, „dann müssen die Kabalenschmiede verstummen".[390] Auch die *Kölnische Zeitung* äußerte Zweifel daran, daß der Kaiser die „Wahrheit" erfahre. Die „oft erörterte Frage nach der richtigen und erschöpfenden Information des Kaisers" werde aufs neue durch den Meineidsprozeß Eulenburgs aufgeworfen. Daß die wünschenswerte Information durch persönliche Kontakte gewährleistet sei, erscheine nach den jüngsten Erfahrungen zweifelhaft.[391] Harden hatte den Eindruck, „als erführe der Monarch nichts von alledem, was im Lande gedacht, gesprochen und gedruckt wird."[392]

Konkreter Anlaß der Diskussion, deren Hintergrund die Enthüllungen über die Kamarilla bildeten, war die Meldung, der Kaiser habe seine Lektüre umstellen lassen und erhalte nunmehr als „einziges unzerschnittenes Blatt" die alldeutsch orientierte *Tägliche Rundschau*. Diese Zeitung besaß bei liberalen Blättern eine verheerende Reputation. Daher kann es nicht verwundern, daß die *Kölnische Volkszeitung* triumphierte, als sie mit der Meldung aufwarten konnte, daß die *Rundschau* offenbar eine „Kaiserausgabe" produzierte. Diese Spezialedition ersetzte gegenüber dem Monarchen kritische Artikel durch harmlose Beiträge.[393] Für die ebenfalls liberale *Breslauer Zeitung* stand nun fest, daß „derartige Schiebungen auch sonst wohl gelegentlich vorgenommen worden sein dürften". Die Zeitung „würde dann also in bestimmten Fällen für den Kaiser extra zurechtgedrechselt werden".[394] Bezeichnenderweise beschränkten sich die Kommentare nicht auf die Entlarvung eines plumpen Täu-

---

390 ‚Die Lektüre des Kaisers', Berliner Tageblatt, 11. Juli 1907. Hintergrund waren Berichte eines Wechsels in der Zeitungslektüre Wilhelms II. hin zur *Täglichen Rundschau*, weg vom *Berliner Lokal-Anzeiger*. Bekannt war, daß die Kaiserin zu den Lesern des *Lokal-Anzeigers* gehörte, der, wenn auch kein Qualitätsblatt, so doch zumindest als politisch unverfänglich galt. Vgl. BIRMELE, Press, S. 47 f. Im Oktober 1908 brachte der *Fränkische Kurier* die Meldung, der Kaiser habe seit dem Frühjahr 1907 auf die Lektüre dieser Zeitung verzichtet, da diese „in der Zeit der Enthüllungen über die Liebenberger Tafelrunde" gegen Bülow auftrat und sich auf die Seite des Fürsten Eulenburg stellte. Fränkischer Kurier, 19. Oktober 1908. Zur Praxis der Zusammenstellung der Pressemappen für Wilhelm II. vgl.: STÖBER, Pressepolitik, S. 181, die allerdings die fragwürdige Auffassung zeitgenössischer Kommentatoren übernimmt, es hätte eine ‚richtige' Information des Kaisers geben können.

391 ‚Erfährt der Kaiser die Wahrheit?', Kölnische Volkszeitung, 14. Juli 1908, (Nr. 588). Vgl. auch: ‚Kaiser und Kaiserparaden', Die Zeit am Montag, 31. August 1908, (Nr. 35), wo die erneut aufbrechende Debatte reflektiert wird.

392 WELLER, Harden, S. 109 f.

393 Als Beweis wurden in der Nr. 893 vom 15. Oktober 1907 der *Kölnischen Volkszeitung* zwei verschiedene Versionen der gleichen Ausgabe der *Täglichen Rundschau* nebeneinander abgedruckt. Vgl. auch schon die Hinweise in den Nrn. 684, 725, 751 und 871 der *Kölnischen Volkszeitung*.

394 Breslauer Zeitung, 14. Oktober 1907.

schungsversuchs, sondern räsonierten über die erheblichen Manipulationspotentiale, die derartige Praktiken eröffneten.[395]

Die Bedeutung dieses Politikums für den Hof zeigt sich an der Tatsache, daß nach den einschlägigen Berichten der *Berliner Lokal-Anzeiger* unverzüglich als „Leibblatt" des Kaisers zurückkehrte.[396] Aufschlußreich ist an dem Fall aber auch, daß die *Tägliche Rundschau* ihrem kurzfristigen Gastauftritt am Hof zwar Tribut zollte, sich aber nicht in der Lage sah, dies auf Kosten der Leserschaft zu tun. Vielmehr erwartete letztere offenbar, daß die Zeitung im Medienkonzert nicht aus dem Takt geriet. Kaiserkritische Artikel blieben dank dieses Uniformitätsdrucks im Blatt.

Daß sich das Kommunikationsthema in einem spektakulären Einzelfall nicht erschöpfte, unterstreicht ein weiteres Beispiel. Im selben Zeitraum, in dem Bedenken über die Lektüre des Kaisers öffentlich artikuliert wurden, finden sich zahlreiche Artikel zum Thema: „Wie man dem Kaiser schreibt", d.h. zur direkten, wenn auch regelmäßig eindimensionalen Kommunikation zwischen Monarch und Volk. Nicht ohne Bezug zu aktuellen Ereignissen berichtete die Presse, daß der Kaiser zunehmend aus „allen Schichten" immer größere Mengen von Post erhalte, zumal dann, wenn er bei irgendeiner Gelegenheit Interesse für eine bestimmte Sache bekundet habe.[397] Man könne „Hundertfach [...] erleben, daß Leute, denen tatsächlich oder vermeintlich durch Behörden, durch Gerichte usw. Unrecht geschehen ist, sich an den Gedanken erfrischen, es müsse alles anders werden, wenn sie sich nunmehr an den Kaiser wendeten".[398] Bemerkenswert ist nicht nur die offensichtliche Zunahme an ‚Immediateingaben' in einer Zeit, die nicht gerade als eine Erfolgsphase der wilhelminischen Monarchie gilt, sondern auch, daß derartige Erscheinungen in der Presse durchaus ernst und zum Anlaß genommen wurden, z.B. eine Verbesserung des Immediatwesens zu fordern.[399]

In doppelter Weise – als real existentes und als publizistisch stark beachtet – unterstreicht das Phänomen „Ich schreibe an den Kaiser", welch enorme Erwartungen unvermindert in eine verbesserte Kommunikation zwischen Monarch und Öffentlichkeit gesetzt wurden. In der Diskussion um die Kamarillaprozesse finden sich hierfür vielfältige Belege. Die Klage über den abgeschotteten Zugang zu Wilhelm II. hinterfragte immer auch allgemein die Qualität der Informationen des Monarchen. Diese Mischung aus Selbsttäu-

---

395 Die *Tägliche Rundschau* wehrt sich am 18. Oktober 1907 (Nr. 489) gegen die Vorwürfe. BAL, R 8034 II (RLB-Archiv), Bd. 4009, Blatt 118 ff. Bei dem in Frage stehenden weggelassenen Artikel handelte es sich um eine kurze Bemerkung zum Verhältnis des Kaisers zu den Ultramontanen und zu seiner Lektüre der *Täglichen Rundschau*.

396 Berliner Börsen Zeitung, 11. Juli 1908, (Nr. 321).

397 Vgl. die diversen Artikel zum Thema in: BAL, R 8034 II (RLB-Archiv), Bd. 4009, Blatt 5 f.

398 ‚Ich schreibe an den Kaiser', Berliner Volkszeitung, 6./7. Juli 1907.

399 Der Name Immediatgesuch müsse verschwinden und damit einhergehend eine direkte Vorlage insbesondere von Beschwerden über die Bürokratie beim Kaiser durchgesetzt werden. „Manche Entscheidung", behauptete die ‚Volkszeitung' mit frappierender Sicherheit, „würde dann anders ausfallen". ‚Ich schreibe an den Kaiser.' Berliner Volkszeitung, 6./7. Juli 1907.

schung und Zweckoptimismus war eine notwendige und äußerst wichtige Denkfigur. Nur so konnte Zustimmung für Monarchie und Monarch weiterhin formuliert werden.[400]

Das Kommunikationsthema war deshalb so brisant und zentral, weil es Probleme berührte, die als strukturell empfunden wurden, sich aber institutionell nicht signifikant ändern ließen.[401] Jenseits des journalistischen Konkurrenzkampfes zeigt die Präsenz des Manipulationsthemas, wie verbreitet der Glaube war, über die Beseitigung dieser Manipulation eine Verbesserung der Kommunikation zwischen Monarch und Öffentlichkeit zu erreichen. Insofern erweist sich auch hier die Kritik an Formen wilhelminischer Herrschaftspraxis als ambivalent. Implizit wurde der Monarch, der eine derartige Praxis tolerierte, in Frage gestellt. Gleichzeitig verlagerte dieses Verfahren Verantwortung weg vom Monarchen. Wie stark dies der Fall war, zeigt sich am deutlichsten darin, daß die genannten Probleme, während die Causa Eulenburg noch offen war und gerade drohte, erneut zu eskalieren, in einem zweiten großen Skandal, der diesmal direkt Wilhelm II. betraf, erneut verhandelt wurden.

D. Der unfähige Monarch: Das Daily-Telegraph-Interview

Der Stein des Anstoßes für diesen Skandal war ein ausschließlich medialer – ein Artikel in der englischen Zeitung *Daily Telegraph*.[402] Grundtenor des Textes war Wilhelms II. Behauptung, er hege gegenüber Großbritannien aus-

---

400 Jedermann im Reiche wisse, argumentierte die *Kölnische Volkszeitung* in einem „freimütigen Appell", daß „Se. Majestät der Kaiser von den besten, reinsten Absichten durchdrungen ist. Wenn es irgendwo fehlt, dann kann es nur fehlen an den Ratgebern und an den Informationsquellen über die wahren Zustände und ihre Ursachen". ‚Ein freimütiger Appell an Seine Majestät den deutschen Kaiser', Kölnische Volkszeitung, 12. Dezember 1907, (Nr. 1081). Auch die *Kreuzzeitung* erklärte, sollten sich die Anschuldigungen gegen Eulenburg bewahrheiten, „läge hier ein Versagen des amtlichen Apparates vor, der die allerhöchste Person zu schützen und den Beamtenstand von verderblichen Elementen frei zu halten hat." ‚Die innere Politik der Woche', Kreuzzeitung, 3. November 1907, (Nr. 517).

401 „Wir wissen," hieß es in der *Arbeit*, „daß trotz der freien Bewegung, der vielen Reisen und der damit verbundenen Personenberührung unser Kaiser, wenn auch weniger wie andere Souveräne, von den Dingen und Verhältnissen des Volkes leicht ein falsches Bild bekommen kann, wenn seine Umgebung es darauf anlegt. Daß auch in dieser Beziehung im freien, modernen Deutschland noch vieles zu wünschen übrig geblieben ist, wissen wir leider. [...] Da ist es wohl notwendig, daß diese Frage einmal gründlich ventiliert wird, sind doch gewisse Kreise ständig mobil, die daran ein Interesse haben, daß der Kaiser die Wahrheit nicht erfährt." ‚Hört der Kaiser die Wahrheit?', Die Arbeit, 1. August 1908, (Nr. 310).

402 Der Text basierte nicht auf einem Interview, wurde aber in der Form eines solchen präsentiert. Textgrundlage war eine Zusammenfassung diverser Gespräche Wilhelms II. mit einem im Artikel nicht näher bezeichneten Engländer. Es handelte sich um den Oberst Stuart Wortley. Vgl. hierzu CECIL, Wilhelm II 2, S. 135. Bemerkenswert ist, daß Wilhelm II. sich in einem Brief an Stuart Wortley vollkommen einverstanden mit der Darstellung seiner Ideen erklärt hatte. Vgl. ebd.

schließlich friedliche und freundschaftliche Gefühle, die aber jenseits des Kanals mißverstanden würden. Diese Behauptung wurde durch den Verweis auf einige delikate Details unterstrichen. Wilhelm II. berichtete, während des Burenkrieges eine dezidiert englandfreundliche Politik geführt zu haben. Sogar einen Feldzugsplan habe er für die kriselnde englische Armee anfertigen lassen. Es folgten Bemerkungen über den eigentlichen Zweck der deutschen Flotte als Instrument deutscher Weltpolitik im Pazifik und eine Reihe kleinerer Fehlleistungen.[403] Mehr als diese einzelnen Provokationen, Ungenauigkeiten und faux pas mußte die Selbststilisierung des deutschen Kaisers zum unverstandenen Freund Großbritanniens irritieren.[404] Dies galt um so mehr, als Wilhelm II. sich hierin, wie er behauptete, in einem entschiedenen Gegensatz zur Mehrheit seines Volkes befinde.

In der Wirkung des Interviews ist kaum zwischen dessen Inhalt und dem Modus der Veröffentlichung zu unterscheiden. Zwei Daten markieren diese beiden Problemkomplexe. Am 28. Oktober erschien der Text im *Daily Telegraph*. Die vollständige Verbreitung des Inhalts in Deutschland erfolgte nur wenige Stunden später durch die *B.Z. am Mittag*, so daß der amtlichen Pressepolitik nahezu keine Möglichkeiten zur Steuerung blieben.[405] Während Otto Hammann und andere hohe Beamte des Auswärtigen Amtes noch überlegten, ob dem Wolffschen Telegraphen Bureau die Erlaubnis zur Veröffentlichung des Textes in der *Norddeutschen Allgemeinen Zeitung* gegeben werden sollte, war diese Entscheidung schon obsolet geworden.[406] Die Tatsache, daß das Interview in einer wichtigen englischen Zeitung erschienen war, bildete die Nachricht. Nur für kurze Zeit war der Wahrheitsgehalt der Veröffentlichung fraglich.[407]

---

403 Vgl. hierzu: SCHLEGELMILCH, Stellung, S. 4 ff.

404 „Nicht der persönliche Freund Englands oder irgendeiner Macht soll der deutsche Kaiser sein, sondern der Freund der deutschen Nation", forderte der loyale *Reichsbote* bereits am Tag nach dem Erscheinen des Textes. Der Reichsbote, 29. Oktober 1908. Zur Aufnahme des Interviews in Großbritannien vgl. REINERMANN, Kaiser, S. 332 ff., 346 ff., 450.

405 Zur Rolle der *B.Z. am Mittag*: Schüssler, Daily-Telegraph-Affaire, S. 13 ff. Die Taktik der Regierung, durch die amtliche Veröffentlichung und durch offenes Bekenntnis die ganze Angelegenheit als ungefährlich hinzustellen, war nicht gelungen. Vgl. Theodor ESCHENBURG, Die Daily-Telegraph-Affäre, Preußische Jahrbücher 214 (1928), S. 199-223, hier S. 214 f. Zu den Schwierigkeiten des Pressebüros, die öffentliche Meinung in der Affäre zu beeinflussen: vgl. auch BIRMELE, Press, S. 10. Die *Münchner Neuesten Nachrichten* verstiegen sich zu der bemerkenswerten These: „Die öffentliche Meinung in Deutschland begrüßt diese Veröffentlichung und würdigt den Inhalt nicht minder wie den Zeitpunkt der Publikation." ‚Der Kaiser und England', Münchner Neueste Nachrichten, 29. Okt. 1908, (Nr. 507).

406 BASSE, Bureau, S. 100 ff. Zu den Erörterungen im Auswärtigen Amt: STÖBER, Pressepolitik, S. 165. Vgl. auch BIRMELE, Press, S. 70.

407 „Wir würden es daher mit Dank begrüßen, wenn deutscherseits eine amtliche Zurückweisung der ganzen Veröffentlichung erfolgen sollte oder könnte. Schon deshalb, weil der deutsche Kaiser uns viel zu hoch steht, als daß wir ihn derartigen Erörterungen ausgesetzt sehen möchten, wie sie notwendigerweise diese Veröffentlichung im Gefolge haben wird." Deutsche Volks-Korrespondenz, 29. Oktober 1908, (Nr. 259). Vgl. auch: ‚Das Kaiser-Interview', Berliner Tageblatt, 29. Oktober 1908, (Nr. 552). Dort hieß es aber schon, falls sich der Inhalt

Der Inhalt des Interviews entfaltete seine volle Sprengkraft, nachdem durch eine Erklärung des *Reichsanzeigers* und der *Norddeutschen Allgemeinen Zeitung* vom 31. Oktober 1908 bekannt geworden war, daß Wilhelm II. dem Kanzler den Text dieser Gespräche vor dem Erscheinen zur Genehmigung gesandt hatte. Bülow wiederum, so die offizielle Version, habe den Text ungelesen dem Auswärtigen Amt zur Prüfung geschickt, welches den Artikel freigegeben habe.[408] Diese mißglückte Flucht in die Transparenz wirkte für keinen der Beteiligten entlastend. Bülow erschien aber in weitaus besserem Licht als Wilhelm II., dessen Urheberschaft nicht angezweifelt wurde. Bülow versuchte sich auf Kosten des Kaisers aus einer schwierigen Situation zu manövrieren und erklärte, er würde der Veröffentlichung widerraten haben, hätte er den Text des Interviews gekannt. Damit bestätigte er gleichsam amtlich, daß die Unterhaltung des Kaisers „eine politische Ungeheuerlichkeit" darstellte.[409] Hierdurch verschob sich die Kritik schlagartig weg von der Problematik der Veröffentlichung hin zu der des Inhalts des Textes.[410] Der englische Gesandte in Dresden berichtete über die Reaktionen: „I cannot exaggerate the rage and shame caused by Prince Bülow's announcement."[411] Am 3. November konnte der Gesandte Hans v. Flotow nach Wien melden, daß die öffentliche Diskussion über die Frage eines Versehens des Kanzlers hinausgehe und sich dem „absolutistischen Regime" des Kaisers zuwende.[412] Am 8. November notierte Ernst Bassermann: „Schwarze Stimmung. Erregung im Lande. Die Aktion richtet sich gegen den Kaiser, nicht den Kanzler, das ist das Resultat."[413] Die Erregung über eine Entgleisung des Kaisers hatte sich in zwölf Tagen zu einer „Kaiserkrise" gesteigert.[414] Dies geschah in einer Art medialer Zangenbewe-

---

bewahrheiten solle, handele es sich bei dem Interview um den größten „Fehler vielleicht, der in den zwanzig Jahren der Regierung des jetzigen Kaisers begangen wurde."

408 Die Erklärung wurde veröffentlicht in: Norddeutsche Allgemeine Zeitung, 31. November 1908, (Nr. 258). Der Text, zusammen mit weiteren Schlüsseldokumenten, findet sich bei: WINZEN, Kaiserreich, S. 140 f.

409 SCHÜSSLER, Daily-Telegraph-Affaire, S. 41 f.

410 Der Artikel, so hat Friedrich Hiller von Gaertringen argumentiert, wirkte dreifach: „ [...] erstens die Veröffentlichung selbst als ein Schritt der deutschen Politik, dessen Echtheit kaum anzuzweifeln war und der schon nach 24 Stunden durch die Art seines Erscheinens in Deutschland als amtlich gebilligt gelten konnte, zweitens als Nachricht über Äußerungen des Kaisers in einem Gespräch mit einem englischen Privatmann, drittens als offizielle Bekanntgabe von Maßnahmen der amtlichen deutschen und der persönlichen kaiserlichen Politik in der Zeit des Burenkrieges." Friedrich Freiherr HILLER VON GAERTRINGEN, Fürst Bülows Denkwürdigkeiten (Tübinger Studien zur Geschichte und Politik, 5), Tübingen 1956, S. 121.

411 COLE, Daily Telegraph affair, S. 254 f. Vgl. zu weiteren Gesandtenberichten mit ähnlichem Tenor ebd., S. 267. Berichte des Bremer Gesandten finden sich bei: Hans-Georg HARTMANN, Die Innenpolitik des Fürsten Bülow 1906-1909 (Phil. Diss.), Kiel 1951, S. 269 ff. Vgl. auch die Berichte bei WINZEN, Kaiserreich, S. 256 ff.

412 Vgl. SCHÜSSLER, Daily-Telegraph-Affaere, S. 10 Vgl. auch die bei STÖBER, Pressepolitik, S. 167, zitierten Gesandtenberichte mit ganz ähnlichem Tenor.

413 TESCHNER, Daily-Telegraph-Affäre, S. 11.

414 GAERTRINGEN (Hg.), Denkwürdigkeiten, S. 163.

gung: Während sich die mediale Erregung aufschaukelte, verengte sich die Diskussion auf die Person des Kaisers.

Die Heftigkeit der Kritik an Wilhelm II. ist oft geschildert worden, nach ihrer Struktur wurde allerdings selten gefragt. Während die Kritik am Kanzler Parteirücksichten folgte und ihr daher Einheitlichkeit fehlte, galt dies nicht für die Kritik am Kaiser. Der äußerst negative Eindruck der Erklärung verschärfte sich durch ein frappierend schlechtes Krisenmanagement – gewissermaßen war die Erklärung der Beginn eines solchen.[415] Wilhelm II. hatte Berlin, wie lange geplant, verlassen und hielt sich während der ersten Novemberhälfte in Donaueschingen auf.[416] Damit demonstrierte der Monarch ostentativ seine Indifferenz gegenüber den Vorwürfen, von denen er sich, zu allem Überfluß, durch plumpe Vergnügungen ablenken ließ.[417] Selbst phantasiebegabte Gegner der Monarchie hätten sich nicht deren dramatischen Höhepunkt, den Tod des Chefs des Militärkabinetts, General Dietrich Graf von Hülsen-Haeselers, während dieser in einen großen Federhut und ein Ballettröckchen gekleidet dem Kaiser vortanzte, ausmalen können.[418] Eine Verbindung zu den vorangegangenen Enthüllungen über die kaiserliche Umgebung lag so nahe, daß sie nicht extra gezogen zu werden brauchte.

Die Dynamik der Berichterstattung sorgte dafür, daß Berichte über dieses Ereignis schnell ihren Weg in die Öffentlichkeit fanden.[419] In der Verurteilung dieser Vorgänge waren sich alle Kommentatoren einig. Noch vergleichsweise harmlos war die diffuse Entrüstung der *Kölnischen Zeitung* über den Kaiser und dessen Berater. Letztere seien dafür verantwortlich, wenn „die Stimmen der Wahrheit nicht zum Kaiser dringen [...] und dadurch die Zustände großgezogen [würden], die wir heute allgemein beklagen, und deren Wirkungen in der Volkseele sich am letzten Ende gerade gegen das monarchische Prinzip richten werden, wenn nicht ganz andere Anstrengungen als bisher gemacht werden, um eine Änderung herbeizuführen".[420] Auch die *Rheinisch-Westfälische Zeitung* vermutete zu Gunsten des Monarchen, dieser könne die

---

415 ‚Aristides' sah im schlechten Krisenmanagement während der Affäre einen Beleg für die Inkompetenz der kaiserlichen Umgebung. ARISTIDES, Kaiser, S. 13.

416 Bülow ging nicht auf angebliche Vorschläge ein, Wilhelm II. von seinen Reisen zurückzurufen. Der Kanzler habe noch am 5. November an ein „Abflauen des Sturmes" geglaubt. SCHÜSSLER, Daily-Telegraph-Affaere, S. 42. Bülows eigene Version in: BÜLOW, Denkwürdigkeiten II, S. 363 f.

417 Der Hausherr in Donaueschingen, Max von Fürstenberg, hatte die vakante Stelle als bester Freund des Kaisers nicht zuletzt aufgrund seiner Begabung als Maître de Plaisir eingenommen. Vgl. HULL, Entourage, S. 148 ff.

418 ZEDLITZ-TRÜTZSCHLER, Jahre, S. 216 ff.

419 Zur Paralysierung der Pressepolitik in dieser Situation vgl.: STÖBER, Pressepolitik, S. 164 ff.

420 ‚Und das soll das Ende sein?', Kölnische Volkszeitung, 12. November 1908, (Nr. 972). Kritisch kommentierte die Mehrzahl der Zeitungen, daß der Kaiser während der entscheidenden Reichstagsdebatte an einem Zeppelinaufstieg teilnahm. HILLER VON GAERTRINGEN, Denkwürdigkeiten, S. 164.

„Stimmung im Lande" nicht kennen, sonst sei unerklärlich, warum er bei seinem Jagdaufenthalt „bester Laune" sei.[421]

In Hardens Brandartikel „Le Roi s'amuse" schlägt hingegen unvermittelt die Kritik an einem vollständig unbelehrbaren Monarchen durch.[422] Die Reaktion des Monarchen auf die Affäre bestätigte in Hardens Augen seine „Unverbesserlichkeit", nachdem gerade zuvor seine grundsätzliche politische Unfähigkeit für jeden offensichtlich geworden sei. Indem Harden das preußische Beispiel mit dem französischen engführte, illustrierte er die in seinen Augen gegebene Dramatik der Situation. Ein apologetischer Kommentar bestätigt diese Interpretation. Erich Zechlin stellte fest, die Kritik habe sich „im großen und ganzen [...] doch in Grenzen, die die Ehrfurcht vor der Person des Kaisers zog", gehalten. Der „unglückselige Aufenthalt in Donaueschingen" habe aber „die Erregung zur Siedehitze" gesteigert. Zechlin bezeichnet dann auch nicht die eigentliche Veröffentlichung des Interviews, sondern „die Tage, in denen der Kaiser sich dort vergnügte, während sein Volk mit immer stürmischerer Ungeduld eine beruhigende Erklärung forderte", als die „furchtbarsten unseres politischen Lebens seit langer Zeit".[423]

1. Eigendynamik und öffentliche Dynamik des Skandals

Was die öffentliche Verhandlung des Interviews sogar gegenüber dem Eulenburg-Skandal auszeichnet, ist ihre ungeheure Eigendynamik. Hier ging es nicht um den Wahrheitsgehalt konkreter Behauptungen. Vielmehr begann eine öffentlich ausgetragene nationale Debatte über Person und Charakter Wilhelms II. und dessen Befähigung als Monarch – alle anderen Aspekte traten vollständig in den Hintergrund.[424] In dichtester Form diskutierten die Zeitungen zwei Wochen lang ausschließlich den Monarchen, veränderten dadurch ihren eigenen Charakter, vor allem aber den Diskurs über Monarchie und Monarch.

Wie sehr die Daily-Telegraph-Affäre eine Ausnahmestellung einnahm, verdeutlichen in nuce politische Karikaturen. Rebentisch spricht von über 30

---

421 Die Zeitung habe „inzwischen im rheinisch-westfälischen Industriebezirk eine Umfrage angestellt, um festzustellen, wie die Stimmung bei unsern maßgebenden Persönlichkeiten von Handel und Industrie ist." Übereinstimmend beschrieben diese Stimmen die Lage als sehr ernst. ‚Die Stimmung im Lande', Rheinisch-Westfälische Zeitung, 8. November 1908, (Nr. 1174). Vgl. auch den ganz ähnlichen Tenor in: ‚Persönliches Regiment', Vossische Zeitung, 5. November 1908, (Nr. 521) und: ‚Die innere Krise', Braunschweiger Landeszeitung, 3. November 1908, (Nr. 517).

422 Maximilian Harden, Gegen den Kaiser III, in: Die Zukunft 65 (1908), S. 285-304, hier S. 299. Vgl. auch den Brief Hardens an Holstein vom 16. November 1908 zu Gerüchten über die Vorfälle in Donaueschingen. ROGGE, Holstein und Harden, S. 390 f.

423 Erich Zechlin, Zur Veröffentlichung im Daily Telegraph, in: Akademische Blätter. Zeitschrift des Kyffhäuser-Verbandes der Vereine Deutscher Studenten 23 (1908), S. 279-283, hier S. 281.

424 Im Pressearchiv des Reichslandbundes sind allein vier Bände mit jeweils ca. 800 Artikeln zu Wilhelm II. und der Daily-Telegraph-Affäre erfaßt.

Zeichnungen, die sich direkt auf den Kaiser bezogen - mehr als alle Karikaturen der gleichen Kategorie in den zwanzig Jahren zuvor.[425] Mindestens ebenso bemerkenswert wie die hohe Zahl derartiger Darstellungen war ihr radikaler Inhalt. Ob der Masse kritischer Darstellungen blieb die Gefahr einer Sanktion durch die Majestätsbeleidigungsparagraphen gering. Hier wirkte sich die liberalisierte Gesetzgebung ebenso aus wie die unkontrollierbare Dynamik des Skandals. Der Kaiser konnte anders als zuvor dargestellt werden.[426] Der Befund einer deutlich kritischeren und radikaleren Sprache gilt ebensosehr für die Presse. Gerade Provinzzeitungen ließen – wie die folgenden Beispiele zeigen – sehr schnell wesentliche Tabus im Schreiben über den Monarchen fallen.

Ein Entwurf Bülows für eine im Reichstag am 10. November 1908 gehaltene Rede illustriert dies. Bülow beschuldigte darin die Presse, daß sie „durch ihre Fassungslosigkeit und ihren Mangel an Disziplin und an Verantwortungsbewußtsein, durch vollkommen ungerechtfertigte und beschämende Angriffe auf den Herrscher die Affäre zu einer Katastrophe" hätte werden lassen.[427] Es ging für Bülow also nicht mehr um den materiellen Gehalt der Affäre. Was ihm neu und nicht hinnehmbar erschien, war, daß offensichtlich etwas nicht mehr funktionierte, was bisher noch gewährleistet war, nämlich eine gewisse Übersichtlichkeit und Berechenbarkeit der Presselandschaft. In der Daily-Telegraph-Affäre erfuhr die Presse sich als selbständig und einheitlich handelnd. Dies stand in einem scharfen Kontrast zum Verhalten der Zeitungen im Eulenburg-Affäre.

Sogar gegenüber der Eulenburg-Affäre fällt der hohe Reflexionsgrad der Presse auf.[428] Dieser äußerte sich besonders auffällig in einem hohen Maß gegenseitiger Kontrolle und in dem Versuch, eine gemeinsame argumentative Linie herzustellen und zu halten.[429] Startsignalen in Richtung einer immer

---

425 Hingegen nur vier für die Eulenburg-Affäre und drei für die Zabern-Affäre. Vgl. Rebentisch, Gesichter, S. 90 f. Hier muß allerdings in Rechnung gestellt werden, daß Rebentischs Kriterium problematisch ist. Insgesamt lag die Zahl der Karikaturen auf die Eulenburg-Affäre um ein vielfaches höher, wenn auch nur selten der Monarch direkt dargestellt wurde. Eigene Recherchen ergaben zum einen auch für diese engere Kategorie eine wesentlich höhere Zahl, zum anderen dürfte der Monarch in nahezu allen anderen Karikaturen zum Skandal mitgedacht worden sein. Zudem wurde der Kaiser in ausländischen Karikaturen – mit der Ausnahme Englands – häufig direkt in einen Zusammenhang mit dem Eulenburg-Skandal gebracht. Vgl. STEAKLEY, Iconography, S. 331.

426 Rebentisch urteilt: „Die Daily Telegraph Affäre hat den Spielraum der Karikaturisten erheblich erweitert." REBENTISCH, Gesichter, S. 91.

427 ESCHENBURG, Daily-Telegraph-Affäre S. 216.

428 Vgl. die Entschuldigung der *Hilfe* gegenüber ihren Lesern:"Da unser Blatt am Dienstag hergestellt wird, können wir in dieser Nummer noch nicht vom Verlaufe der Verhandlungen über den Kaiser im Reichstage sprechen. [...] Ein Wochenblatt kann in solchen Zeitläuften nicht dasselbe leisten wie eine Tageszeitung." Die Tage der nationalen Demütigung, in: Die Hilfe 14 (1908), S. 460.

429 Vgl. z.B. die Klage darüber, daß die Presse, nach ursprünglicher Einmütigkeit, binnen achtundvierzig Stunden „umgefallen" sei. ‚Schande über Schande!', Welt am Montag, 9. November 1908, (Nr. 45). Busching argumentierte, „[...] indessen wäre es verkehrt, auf das

kritischeren Kommentierung des Monarchen mußte bei Strafe des Zurückfallens gefolgt werden. Zwischen den Zeitungen entwickelte sich ein politischer Dialog, praktisch hergestellt durch das ausführliche Zitieren anderer Blätter.[430] Dieser Dialog existierte schon vor der Affäre, er erreichte nun aber eine entschieden neue Qualität. Der Blick in die anderen Zeitungen zeigte jedem Kommentator, daß gegenüber dem Monarchen eine einheitliche Front entstanden war, und rechtfertigte die Notwendigkeit des eigenen Hervortretens.[431] In derjenigen Frage, „die sie ihrem ganzen Wesen nach immer voneinander getrennt halten müßte", nämlich in der „monarchischen Frage", stimmten Konservative und Sozialdemokraten nun überein, stellte der *Hamburger Courier* mit Genugtuung fest: „Nicht im Prinzip, aber in der Beurteilung der Person" stehe „heute das ganze deutsche Volk dem Kaiser einmütig gegenüber".[432] Hier verschwammen eine positive und eine negative Erfahrung: „Das deutsche Volk ist einig wie selten seit der Gründung des Reiches", hob die *Deutsche Zeitung* hervor, um gleichzeitig zu ergänzen: „Traurig genug, daß diese Einigkeit sich gegen den deutschen Kaiser wendet."[433] Anschaulich zeigt sich hier die zweifache Dynamik der Monarchieskandale – sowohl für die Monarchie als auch für die Presse.

Die immer wieder konstatierte, beschworene und propagierte kommunikative Einheitserfahrung wirkte für die Presse zukunftweisend. Die Neuheit dieser Erfahrung wurde als solche erkannt und einhellig positiv beschrieben. Die „öffentliche Meinung", so die *Vossische Zeitung* am 5. November, erhebe „jetzt ihre Stimme so laut, daß sie nicht überhört werden" könne.[434] Es kann daher nicht verwundern, daß viele Kommentare darauf abzielten, die Dynamik dieser einheitlichen Presseaktion zu perpetuieren bzw. ihre Reichweite immer weiter auszudehnen. Abweichler, das heißt die wenigen Kommentatoren, die zu Beginn der Affäre noch wagten, den Kaiser zu verteidigen, taten dies „auf die Gefahr hin, daß die Leute uns als Byzantiner ansprechen", und auch nur in den Tagen unmittelbar nach Erscheinen des Interviews.[435] In einer Art frei-

---

Andauern der momentanen wild erregten Stimmung zu rechnen." Paul Busching, Der Breitwimpel der Kaiserin, in: Süddeutsche Monatshefte 5 (1908), S. 701-705, hier S. 701.

430 Z.B. widmete die *Deutsche Tageszeitung* vom 2. November 1908 ihre gesamte Titelseite und die folgenden Seiten einer ausführlichen Wiedergabe diversen Pressestimmen. ‚Die Krisis und die Presse', Deutsche Tageszeitung, 2. November 1908, (Nr. 516).

431 Vgl. zu dieser Beobachtung: PLATTHAUS, Novemberrevolution, S. 137.

432 ‚Kaiser, Kanzler und Volk', Hamburger Courier, 18. November 1908, (Nr. 583).

433 ‚Kaiser – Reichstag – Volk', Deutsche Zeitung, 10. November 1908, (Nr. 265).

434 ‚Persönliches Regiment', Vossische Zeitung, 5. November 1908, (Nr. 521). Vgl. die Einschätzung: „Die Sache ist einfach zu ernst, um allein mit einer Kritik erledigt zu sein, es muß zu einer Aktion aller politischen Kräfte im Deutschen Reiche kommen, um Garantien für die Zukunft zu schaffen." Leipziger Tageblatt, 1. November 1908.

435 Kölnische Zeitung, 31. Oktober 1908. Eine Ausnahme bildete folgender Einwand: „Ein Höllenspektakel ging in diesen Tagen durch die deutsche Presse, ein Toben und Schreien, als ob Deutschland vor dem Zusammenbruch stünde, als ob unser Regierungssystem bis ins Mark verfault sei. [...] In der Tat, wenn Deutschland heute als die Brutstätte der Reaktion, als das Land der Finsternis und Unfreiheit gilt, als das Sodom der sittlichen Verwilderung (man denke an die Affäre Eulenburg), so verdankt es diesen ideell und materiell ungemein schädlichen Ruf vorwiegend der mangelnden Selbstzucht und Ehrlichkeit eines Teiles der Presse,

williger Zensur erzeugten die internen Mechanismen der Presse einen derartigen Druck, daß eine Verdammung des Interviews zur Pflicht wurde und nur auf dieser Basis überhaupt diskutiert werden konnte. Insofern demonstrierte die Presse in der Daily-Telegraph-Affäre nicht nur ihre Bereitschaft und Fähigkeit zu äußerst radikaler Kritik, sondern auch einen Konformitätsdruck, der eine ergebnisoffene und zersplitterte Diskussion des Monarchen, wie noch in den zuvor beschriebenen Skandalen, verhinderte.

Der massive interne und externe Druck, den die einheitliche Agitation der Presse erzeugte, zeigt sich darin, daß selbst die Reichstagsfraktionen ihm unterworfen waren.[436] Ein schlagender Beleg hierfür ist die „Erklärung" der Konservativen Fraktion im Reichstag vom 5. November, in der selbst die Lordsiegelbewahrer des Monarchen sich moderat von diesem distanzierten. Taktisch in der Idee begründet, nur so einer gemeinsamen Stellungnahme des Reichstags fernbleiben zu können, macht die Erklärung deutlich, wie sehr auch für Glaubensmonarchisten die öffentliche Meinung und nicht mehr der Monarch Maßstab politischer Artikulation geworden war.[437] Den Monarchen vor der Öffentlichkeit zum Gegenstand der Kritik zu machen, stellte immerhin einen eklatanten Bruch mit der konservativen Tradition dar.[438] Entsprechend breit war das öffentliche Echo, welches wiederum belegt, wie intensiv die politischen Parteien in dieser Angelegenheit durch die Öffentlichkeit beobachtet wurden.[439]

Im besonderen gilt dies für jene beiden Reichstagssitzungen am 10. und 11. November, die sich mit dem Kaiserinterview befaßten, in ihrer Bedeutung gegenüber den Presseäußerungen bisher aber überschätzt wurden. Aufgrund ihres relativ späten Zeitpunktes waren diese Parlamentsdebatten kaum mehr als eine Reaktion auf öffentlich gemachte Vorgaben und nicht selbst Stichwort-

---

dem bei der parteigeschäftigen Spekulation kein Mittel zu schlecht ist." ‚Die Sensation', Münchner Allgemeine Zeitung, 7. November 1908, (Nr. 32).

436 Hermann Fürst zu Hatzfeldt-Trachenberg, der als erster Redner der Reichspartei (Freikonservative) sehr moderat auftrat, plädierte innerparteilich für eine zurückhaltende Reaktion, konnte sich damit aber nicht durchsetzen. Die nächsten beiden Reden – offensichtlich ein Ergebnis des Drucks der öffentlichen Meinung – waren wesentlich schärfer. ALEXANDER, Partei, S. 340, Anm. 144.

437 Für eine gemeinsame Erklärung und damit explizit gegen den Vorstoß der Konservativen sprach sich der Artikel: ‚Eine Adresse an den Kaiser', Kölnische Volkszeitung, 10. November 1908 aus. Ausführlich zur Deutschkonservativen Erklärung: HILLER VON GAERTRINGEN, Denkwürdigkeiten, S. 159.

438 Heydebrand rechtfertigte den Schritt der Konservativen später mit dem Argument, der Parteivorstand sei dazu genötigt gewesen, „da ihm der persönliche Zutritt nicht ausreichend offenstand". SCHLEGELMILCH, Stellung, S. 12 f.

439 Vgl. SCHLEGELMILCH, Stellung, S. 12. Max Webers Urteil (vom 12. November 1908) über die konservative Volte erfaßte deren öffentliche Dimension: „Die ‚Romantiker' der Politik, besonders das vor allem ‚Konservativen' anbetend liegende Bürgerpack bewundert natürlich den infamen Coup der konservativen Erklärung als eine ‚Mannestat' und einen ‚geschichtlichen Wendepunkt'! Als ob diese Gesellschaft das geringste dabei riskierte! Diese Romantik muß gegenüber dieser Reklameleistung – Reklame nach oben und nach unten – von Anfang an zerstört werden, denn sie ist recht gefährlich." Marianne WEBER, Max Weber. Ein Lebensbild, Tübingen 1926, S. 404.

geber. Die Sitzungen fanden unter dem Druck extrem hoher, in der Presse en detail formulierter Erwartungen statt. Typisch für den Tenor der Zeitungskommentare sah die parlamentarischer Neigungen unverdächtige *Rheinisch-Westfälische-Zeitung* eine „große Stunde für den deutschen Reichstag" gekommen, in der er „das verlorene Ansehen, das verspielte Vertrauen" und „die frühern Hoffnungen" wiedergewinnen könne. Das Parlament müsse sich „wieder zum Führer des Volkes machen". In einer Sprache des Anspruchs und der Forderung hieß es weiter, das deutsche Volk erwarte „von seinen Vertretern, daß sie von den ihnen verfassungsmäßig zustehenden Rechten Gebrauch machen und die Ehre des deutschen Volkes höher schätzen, als die Gnade des Kaisers".[440] Auch die *Leipziger Neuesten Nachrichten* sahen den Reichstag in der Pflicht: „Jetzt hat er Gelegenheit, sich zu rehabilitieren, denn jetzt ist die Zeit gekommen, um zu beweisen, daß der Reichstag wirklich der Repräsentant und das Organ der Volksstimmung ist." Eine Verhinderung weiterer kaiserlicher kommunikativer Aussetzer sei die „verdammte Pflicht und Schuldigkeit" des Reichstages „nicht nur vor dem Volke, sondern auch dem Kaiser gegenüber".[441] Die Aussprache der Volksvertretung war nach dieser Logik, wie der *Pfälzische Courier* betonte, die letzte Chance des Parlaments, seine Existenzberechtigung unter Beweis zu stellen. Gelinge dies nicht, so bleibe nur noch der „Appell an das Volk, der leicht in einer brandenden Woge sich bis an die Stufen des Kaiserthrones wälzen könnte".[442]

Im Vergleich mit der intensiven, radikalen und argumentativ auf hohem Niveau geführten Pressedebatte der zehn vorangegangenen Tagen und der geschilderten Erwartungshaltung erscheinen die Wortbeiträge im Reichstag blaß. Auffällig ist ein starker Wiederholungseffekt im Inhalt der Reden. Am originellsten waren noch die Rede des Liberalen Conrad Haußmann mit der Essenz liberaler Kritik am persönlichen Regiment[443] sowie die Beiträge der sozialdemokratischen Abgeordneten.[444] Von wenigen Ausnahmen – vor allem der berühmten Intervention des Konservativen Elard von Oldenburg-Januschau, der als einziger den Kaiser voraussetzungslos verteidigte – abgesehen, variierten die anderen Sprecher die im Raum stehenden Argumente nur noch unwesentlich bzw. orientierten sich inhaltlich an den Vorgaben der Presse.[445]

---

440 Das Volk erwarte, „daß die große Stunde ein großes Geschlecht findet". Rheinisch-Westfälische Zeitung, 4. November 1908, (Nr. 1155).

441 ‚Der Reichstag an der Pforte der Zukunft', Leipziger Neueste Nachrichten, 4. November 1908, (Nr. 305).

442 ‚Reichstag werde hart', Pfälzischer Courier, 4. November 1908, (Nr. 260). Zur hohen Erwartungshaltung gegenüber dem Parlament siehe auch Falkeneggs Pamphlet, das noch vor den Reichstagsverhandlungen erschien. FALKENEGG, Was nun?

443 Diese Rede wurde auch als Broschüre verbreitet. Conrad HAUßMANN, Das persönliche Regiment vor dem Tribunal, Rede gehalten von Conrad Haußmann im Reichstag am 11. November 1908, München 1908.

444 Zu den Positionen der einzelnen Redner: Schlegelmilch, Stellung, S. 21 ff.

445 Zum dramatischen Auftritt Oldenburg-Januschaus vgl. die Schilderung bei: SCHLEGELMILCH, Stellung, S. 33.

Betrachtet man die Reichstagsverhandlungen jedoch vor dem Hintergrund dessen, was bisher im Parlament gesagt werden konnte und gesagt wurde, ist das Ergebnis ein anderes. Zum ersten Mal wurde der Monarch zum direkten Gegenstand der Verhandlungen. Die Konzentration der zuvor in einzelnen Artikeln vorgebrachten Anklagen in einer zweitägigen Dauerabrechnung fokussierte und konzentrierte die vorangegangene Diskussion noch einmal. Dies war insbesondere deshalb bedeutsam, da die Zeitungen alle wesentlichen Redebeiträge abdruckten und ausführlich kommentierten.[446] Insofern diente das Parlament also als Katalysator einer ohnehin existenten Diskussion und Kommentierung in der Presse.

Die Besprechung der Daily-Telegraph-Affäre im Reichstag verdeutlicht damit ein weiteres auffälliges Phänomen: den hohen Reflexionsgrad während der diskursiven Demontage des Monarchen.[447] So erklärten die *Hamburger Nachrichten*, daß es „gewiß für jeden deutschen Patrioten schmerzlich" sei, „wenn die Person des Staatsoberhauptes aus so unerfreulichem Anlaß den Gegenstand von parlamentarischen Erörterungen" bilden sollte. Aber „leider" sei kein anderer Weg denkbar.[448] Die Reichstagsdebatten genügten damit lediglich einer Mindestanforderung. Nur wenige Kommentatoren zeigten sich zufrieden,[449] den meisten gingen sie nicht weit genug.[450] Es spricht für die Eigendynamik der öffentlichen Reaktionen, daß die in ihrer institutionellen Logik revolutionären Parlamentsverhandlungen als schwach, ziellos und enttäuschend qualifiziert wurden. Zwar habe es an rücksichtsloser Kritik nicht gemangelt, „es fehlte [aber] allen diesen Reden immer der entscheidende Schluß", bemerkte selbst ein moderater, prinzipiell monarchistischer Kom-

---

446 Die wichtigsten Reden finden sich bei: WINZEN, Kaiserreich, S. 185 ff.

447 Bis dato war es im Reichstag auf jeden Fall vermieden worden, den Kaiser in die Debatte zu ziehen. Vor den Debatten über den Vorfall hatte allerdings der Reichstagspräsident Graf Stolberg dem Senioren-Convent erklärt, daß er einer Erörterung des Kaiser-Interviews nichts in den Weg legen werde, so lange die Redner das, was sie zu sagen hätten, in einer ruhigen, sachlichen und würdigen Form vorbringen würden. Vgl. TESCHNER, Daily-Telegraph-Affäre, S. 29 ff. Der spätere Reichskanzler Hertling (Zentrum) erklärte in der Debatte: „Noch niemals ist der alte Brauch, die Person S.M. nicht in die Debatte zu ziehen [...] vollkommen außer Acht gelassen wie heute". StenBer. RT. Bd. 233, S. 5398 B. Dieser Punkt wurde auch hervorgehoben von Wiemer (Freisinnige Volkspartei), ebd. S. 5382 B und Heine (Sozialdemokratische Partei), ebd. S. 5429 A.

448 ‚Die Pflichten des Reichstages', Hamburger Nachrichten, 4. November 1908, (Nr. 778).

449 Mit dem Reichstag könne man nicht zufrieden sein. „Aber für den Vaterlandsfreund kann es eine Beruhigung sein, wenn er sieht, wie das Volk [...] aus unheilvollem Schlafe endlich erwacht" sei. Die Gefahr habe man nun erkannt, jetzt ließe sie sich auch bannen: „Das deutsche Volk ist erwacht und es wird seine Sache in Zukunft besser führen, als seine bisherigen Führer." Dem Kaiser müsse im übrigen klar gemacht werden, daß er eine nationale Politik verfolgen müsse, hieß es in: ‚Das Ergebnis', Rheinisch-Westfälische Zeitung, 12. November 1908, (Nr. 1188).

450 Besonders auf sozialdemokratischer Seite dominierte Enttäuschung über die Reichstagsdebatte: „Mehrheit des Reichstags: Was konnte sie tun? – Alles! Was hat sie getan? – Nichts!" ‚Kopfüber in die Knechtschaft zurück!', Vorwärts, 11. November 1908, (Nr. 256).

mentator wie Delbrück.[451] Auch die *Tägliche Rundschau* erkannte in der „Zwiespältigkeit" der Reden ein entscheidendes Hindernis für ihre Wirkung.[452] Der Reichstag, der als ein Organ der öffentlichen Meinung hatte fungieren sollen, geriet nun zum Angeklagten derselben.

In einer ähnlichen Weise wie im Falle des Reichstages zeigt sich das asymmetrische Verhältnis von medialer Öffentlichkeit und traditionellen Versammlungsöffentlichkeiten in einer großen Anzahl politischer Versammlungen, die teilweise schon während der Reichstagsverhandlungen begonnen hatten. Diese Versammlungen können als Substitut jener imaginierten Form von Reichstagssitzungen gewertet werden, die nicht stattgefunden hatten. Meistens handelte es sich um Parteiversammlungen, spontane Kundgebungen der momentanen politischen Gefühlslage, in denen Politiker sprachen und am Schluß Resolutionen einstimmig annehmen ließen.[453] Auf den Versammlungen, die die Polizei zwar beobachtete, aber nicht zu verhindern vermochte, wurden jene Forderungen gestellt, die im Reichstag ausgeblieben waren.[454] Vor allem sozialdemokratische Redner griffen die jüngsten Ereignisse in einer äußerst kritischen Sprache auf.[455] Aber auch am anderen Ende des politischen Spektrums fehlte jegliche Zurückhaltung. Bezeichnenderweise lehnte Reventlow auf einer Vorstandssitzung der Alldeutschen eine Einwirkung auf die Presse lediglich mit der Begründung ab, daß der Kaiser diese ohnehin nicht zu sehen

---

451 Hans Delbrück, Die Krisis des persönlichen Regiments, in: Preußische Jahrbücher 134 (1908), S. 566-580, hier S. 572.

452 ‚Das Finale', Tägliche Rundschau, 12. November 1908, (Nr. 533). Die Zahl derjenigen Kommentatoren, die sich mit dem Ergebnis der Debatte zufrieden zeigten, war sehr gering. Vgl. TESCHNER, Daily-Telegraph-Affäre, S. 36.

453 Besonders beachtlich ist die Zahl der Teilnehmer an den Veranstaltungen. Am 8. November 1908 sprach der Sozialdemokrat Georg Ledebour im Leipziger Kristallpalast vor 3000 Personen über den Zusammenbruch des persönlichen Regiments. Eine Woche später wurde von derselben Partei drei Versammlungen in Dresden abgehalten, vier in Chemnitz, je eine in Halle, Breslau, Offenbach, Karlsruhe, Mannheim. Am 10. November, dem ersten Tage der Reichstagsdebatte, veranstaltete die SPD 26 Versammlungen in Berlin und Umgebung. In der Zeit vom 12. bis 15. November fanden in München, Augsburg, Nürnberg große, zum Teil von Anhängern der Zentrumspartei besuchte Versammlungen gegen das persönliche Regiment und gegen den Reichskanzler statt. Vgl. TESCHNER, Daily-Telegraph-Affäre, S. 16.

454 Nämlich eine verfassungsrechtliche Beseitigung des persönlichen Regiments. Vgl. BLHA, Rep 30 (Politische Polizei), Nr. 12428, Bd. 1, Blatt 4-11. Auf dem Höhepunkt der Affäre erschienen mehrere selbst für sozialdemokratische Maßstäbe äußerst radikale Flugblätter. Hierzu existiert ein ausführlicher Schriftwechsel der Politischen Polizei: Ebd., Blatt 139 ff.

455 Vgl. zu einer ganz neuen Schärfe in der Debatte auch einen Artikel der Straßburger *Freien Presse*. Dort findet sich ein Abdruck der Barbarossapassage aus Heinrich Heines „Deutschland ein Wintermärchen" mit der Schlußzeile: „Bedenk ich die Sache ganz genau, so brauchen wir gar keinen Kaiser." BLHA, Rep 30 (Politische Polizei), Nr. 12428, Bd. 1, Blatt 66. Vgl. auch den Artikel einer Wiener Zeitung, in der Erkenntnisse aus Kraepelins Lehrbuch der Psychiatrie wiedergegeben werden, die eindeutig auf den Kaiser (übermäßiges Reden, rastloses Reisen, zielloses Handeln etc.) verweisen. Ebd., Blatt 118.

bekäme. Eine Immediateingabe sei besser, müßte aber durch massenverbreitete Flugblätter und „große Versammlungen" unterstützt werden.[456]

Welche Dynamik das Medium Vortrag im Zusammenspiel mit der Presse entfalten konnte und wie gut es in die Konstellation der Daily-Telegraph-Affäre paßte, zeigt sich besonders anschaulich am Erfolg einer Rede von Maximilian Harden: „Mit Mühe windet sich der Redner [Harden, M.K.] durch all die vornehmen Damen und Herren, die sich bis dicht vor seinem Pult aufgepflanzt haben. Seit man ihn zuletzt in der Öffentlichkeit gesehen, scheint sein strenges Asketengesicht voller und runder geworden zu sein. Von frischer, fast jugendlicher Beweglichkeit sind seine Gesten, die seine Worte wirkungsvoll unterstützen. Er macht keine langen Vorbereitungen. Er ergreift kaum das Wort und augenblicks hat er auch die Hörer ergriffen. Denn schon durch die maßvolle Besonnenheit seiner einleitenden Worte zuckt das Wetterleuchten einer scharfen Ironie. [...] Mit wenigen Strichen entwirft er ein Charakterbild des Monarchen, das deutlicher spricht als die zahllosen Kostüm-Portraits, in denen das Volk seinen Herrscher kennt. Jeder Satz ein Aphorismon von einprägsamer Schlagkraft. Mit atemloser Spannung, die nur von spontanem Applaus unterbrochen wird, folgen die Hörer. Ein König habe sich nicht zu beweisen."[457]

Hardens sensationelle Rede, bei welcher der mittlerweile zum unangefochtenen Chefdeuter monarchischer Krisensituationen avancierte Journalist auftrat, als sei nicht Bülow, sondern er der Reichskanzler, und in bestimmt forderndem Ton die zukünftigen Richtlinien der Politik festlegte, fand ein enormes Echo in den Zeitungen.[458] Die Eigendynamik der öffentlichen Verhandlung des Daily-Telegraph-Interviews spiegelte sich in einer neuartigen Sprache wider. Diese Sprache war durch ein Vokabular des Zorns, des Schmerzes und der Trauer, bei den erklärten Loyalisten auch durch Larmoyanz und Selbstmitleid geprägt.

Generell läßt sich im Laufe des Skandals eine massive Emotionalisierung des Monarchiediskurses beobachten.[459] Ein sich programmatisch ‚Aristides' nennender Autor sprach nicht mehr wie seine beiden Vorbilder Reventlow und der ‚Schwarzseher' von Byzantinern, sondern „Verbrecher[n] im Ordensschmuck".[460] Die *Augsburger Abendzeitung* erklärte, das Volk sei „einfach

---

456 Verhandlungsbericht über die Sitzung des geschäftsführenden Ausschusses des Alldeutschen Verbandes am 4. und 5. November 1908 in Berlin, in: BAL, R 8084 (Alldeutscher Verband), Nr. 67. Blatt 34.

457 ‚Also sprach Harden', B.Z. am Mittag, 7. November 1908, (Nr. 263). Vgl. hierzu auch die einschlägigen Briefe Holsteins an Harden, ROGGE, Holstein und Harden, S. 374 ff. und ebd., S. 378, in denen dieser den Erfolg des Vortrags bestätigt, und die Polizeiobservation in der Sache: BLHA, Rep 30 (Politische Polizei), Nr. 12428, Bd. 1, Blatt 1 ff.

458 Insofern kann es nicht verwundern, daß Harden kurz darauf, am Tag der ersten Reichstagsdebatte, die weitverbreitete *B.Z. am Mittag* als Forum für einen Artikel mit dem Titel ‚Was Bülow sagen könnte' wählte. B.Z. am Mittag, 10. November 1908, (Nr. 265).

459 „Niemals", so Harden unter der Zwischenüberschrift „Thatbestand", „war über den Kaiser laut so geredet, nie so geschrieben worden." Maximilian Harden, Gegen den Kaiser I, in: Die Zukunft 65 (1908), S. 207-215, hier S. 207.

460 ARISTIDES, Kaiser, S. 10.

entsetzt darüber, daß so etwas bei uns möglich ist", und die *Pfälzische Post* ergänzte, daß jeder, der „irgendwie mit Politik zu tun hat oder als Unternehmer geschäftlich an dem Fortbestehen der Machtstellung des Reiches interessiert" sei, „einfach vor Wut und Entrüstung angesichts dieser schamlosen Bloßstellung [...] heulte".[461] In einer Reaktion auf Bülows Erklärung erwiderte der *Reichsbote*, es habe gar keine Angriffe auf den Kaiser gegeben – wie dort behauptet worden war – , sondern vielmehr einen „Ausdruck des Schmerzes über das, was der Artikel enthüllte."[462]

Selbstredend fand sich die artikulierte „tiefe Niedergeschlagenheit" vor allem auf Seiten derer, die sich als „Patrioten" begriffen, sowie derer, „die in freudiger Zuversicht daran gearbeitet haben, die Wege der öffentlichen Meinung immer mehr mit denen des Kaisers zusammenzuführen und das tiefere und allgemeinere Verständnis seiner vielverkannten Eigenart zu fördern", wie die verräterische Sprachregelung lautete. In den „Kreisen, die die festeste Stütze des monarchischen Gedankens in unserm Vaterlande bilden", schrieben selbstreflexiv die *Berliner Neuesten Nachrichten*, herrsche nun „eine Empfindung sehr schmerzlicher Art und eine bittere Enttäuschung" vor.[463]

Am ausgeprägtesten gebrauchte Harden, hier erneut stilbildend, diese neue, extrem emotionalisierte Sprache: „Das Land bebt in Krämpfen und kann seinen Gram nicht, kann seine Scham nicht länger bergen [...]. Wir haben genug. [...] Wir wollen nicht mehr", hieß es pathetisch im letzten dreier *Gegen den Kaiser* betitelter Artikel am 21. November 1908.[464] Nachdem Harden hier auch von der Notwendigkeit geschrieben hatte, „taktlose, ungeschickte, kompromittierte Menschen" an der Spitze des Staates „wegjagen" zu können, lenkte er – unter dem Druck eines drohenden Majestätsbeleidigungsprozesses – erst in einem öffentlichen Vortrag, dann auch in der *Zukunft* mit dem gönnerhaften Zugeständnis ein, die Deutschen könnten den in Purpur geborenen ersten Repräsentanten des Landes nicht fortjagen und sie wollten ihn auch behalten.[465] Signifikanterweise ging Harden auf den Ton der Kaiserbehandlung ein und erklärte: Gerade jetzt, wo der Träger der Krone heftig angegriffen und im Kampfe unterlegen sei, dürfe niemand ihn „höhnen".

---

461 Augsburger Abendzeitung, 1. November 1908; ‚Die öffentliche Meinung über die Kanzlerkrise', Pfälzische Post, 4. November 1908, (Nr. 259). Weiter heißt es dort: Die Menge aber blieb kühl und ruhig. Sie nahm das Ungeheuerliche mit einem Fatalismus, vielleicht auch mit einer Unfähigkeit zur Beurteilung seiner Tragweite hin, die wahrhaft monumental waren. Wo sind die Leute geblieben, die mit gesundem Instinkt den Wahlsieg vom Dezember 1906 in der Wilhelmstraße und vor dem alten Hohenzollernschloß bejubelten? Sie mußten auf die Extrablätter, die Berlin überschwemmten, hin zur Stelle sein, mit erhobener Faust gegen diese Erklärung protestieren!"

462 Der Reichsbote, 1. November 1908. Dort hieß es weiter: „Wir haben zu unserem Schmerz auch erfahren müssen, daß Gefühlspolitik unvermeidliche Widersprüche zeitigen muß." Insbesondere letzterem stimmt die *Kölnische Volkszeitung* zu. ‚Der Kaiser und seine Politik', Kölnische Volkszeitung, 29. Oktober 1908, (Nr. 931).

463 Berliner Neueste Nachrichten, 1. November 1908.

464 Maximilian Harden, Gegen den Kaiser III, in: Die Zukunft 65 (1908), S. 285-304, hier S. 300 und 304.

465 ROGGE, Holstein und Harden, S. 21. Vgl. auch: HELLIGE, Rathenau und Harden, S. 571.

Was genau den vielzitierten „Schmerz“, die „Wut“, „Trauer“ und ähnliche Gefühlsregungen begründete, bleibt diffus. Die vermeintliche Blamage vor dem Ausland spielte oberflächlich eine Rolle. Wesentlich schwerer aber wog die uneingestandene Zerstörung der Illusion einer Umerziehung des Monarchen vermittels verbesserter Kommunikation. In der Reichstagsrede Bassermanns kommt dieser Zusammenhang sehr klar zum Ausdruck: „Wir sind erfüllt von der Liebe zu dem Monarchen und von der Überzeugung, daß alles, was er tut, geleitet ist von der Sorge für das Vaterland. [...] Unser Kaiser steht uns so hoch, daß es uns bitter weh tut, ihn in diesen Strudel [...] hineingezogen zu sehen“.[466] Noch deutlicher formulierte der Pamphletist ‚Aristides' das Kommunikationsdilemma: „Wenn heute nicht nur unter den sozialistischen Kreisen, sondern auch in den bürgerlichen Reihen der Gedanke umgeht, daß der kaiserliche Führer unseres Volkes nicht ernst zu nehmen wäre, dann ist es traurig um die deutsche Sache bestellt.“[467] Es solle nicht dazu kommen, warnte Busching, daß das Volk ein Recht habe, zwei Fragen zu stellen: „Erstens: Nimmt der deutsche Kaiser sein Amt ernst? Zweitens: Nimmt der deutsche Kaiser sein Volk ernst?“[468]

Skandalös wirkte das offensichtlich mangelnde Engagement des Monarchen, dessen politische Schwächen bereits bekannt waren. Die *Schlesische Zeitung* schrieb zum gleichen Problem: „Wir müssen nicht bloß sehen, sondern auch sagen, was ist, nicht uns selbst und unsere Mitbürger in Illusionen einlullen. Denn das Erwachen würde uns später noch mehr Schmerzen bereiten.“[469] Ludwig Thoma faßte folgerichtig die Ernüchterung nach dem Interview nicht als ein Problem Wilhelms II., sondern als eines der „bourgeoise[n] Phantasie“. Diese, so Thoma, „war täglich angeregt und aufgeregt durch die Persönlichkeit des Kaisers.“ Nun müsse „unser loyales Bürgertum“ gewärtigen, daß „am Kaiser [...] nichts ungewöhnlich“ sei.[470]

Die reflektiert erlebte Zerstörung einer Illusion umfaßte mehrere Facetten, von denen das Erlebnis vom fehlbaren Kaiser nur eine war.[471] Viele Kommentatoren zeigten sich davon betroffen, daß der Monarch so empfinden konnte, wie es das Interview enthüllt hatte, daß – um erneut Thoma zu zitieren – „der Kaiser anders sieht als ganz Deutschland“.[472] Auch apologetische Sprachregelungen konnten die Verstörung ob einer nun bewiesenen und unzweifelhaften Nichteignung des Monarchen nicht mehr kaschieren. Den „dies

---

466 StenBer. RT. Bd. 233, S. 5379 C ff.

467 ARISTIDES, Kaiser, S. 7.

468 Paul Busching, Der Breitwimpel der Kaiserin, in: Süddeutsche Monatshefte 5 (1908), S. 701-705, hier S. 705.

469 ‚Zur Eröffnung des Reichstages', Schlesische Zeitung, 4. November 1908, (Nr. 778).

470 Ludwig Thoma, Der Kaiser, in: März 2 (1908), S. 249-253, hier S. 251. Ganz ähnlich auch: Rundschau des März, in: März 2 (1908), S. 307-309. Dort wurde argumentiert, die Politik des Kaisers wirke „wie eine Katastrophe in Deutschland, am stärksten bei denen, die sich Illusionen über das bestehende Regime und seine Träger hingegeben haben.“ Ebd., S. 308.

471 Die Sprache spiegelt die Verstörungen der Krise deutlich wider: „November-Nebel ringsum! Das Reichstagsgebäude ertrinkt schier in dem frostigen Dämmer-Grau dieses Tages.“ ‚Reichstagseröffnung', Deutsche Zeitung, 5. November 1908, (Nr. 261).

472 Ludwig Thoma, Der Kaiser, in: März 2 (1908), S. 249-253, hier S. 250.

ater", an dem das Interview veröffentlicht wurde, werde man nie vergessen können, zeigte sich Zechlin gewiß: „Zum ersten und – will's Gott – zum letzten Male seit dem Bestehen des neuen Deutschen Reiches hat unser monarchisches Volk fast ausnahmslos seinem Kaiser halb traurig und halb erbittert gegenübergestanden." Bei der Bismarckentlassung habe man noch das Recht der „jungen Generation" in Rechnung stellen können. Dieses Mal biete sich keine Erklärung. Daraus ergebe sich die Frage, ob Wilhelm II. „seinem Volke je wieder sein [werde], was er ihm früher war?"[473]

Was in diesen Zitaten, die beispielhaft für viele andere stehen, zum Ausdruck kommt, ist mehr als die bloße Zerstörung der Idee des außergewöhnlichen Monarchen. Diese Idee hatte schon früher, vor allem in den zum Zeitpunkt der Novemberkrise noch offenen Kamarillaprozessen, zu stark gelitten. Was die Entrüstung über das erneute Versagen des Kaisers so bemerkenswert macht, ist, daß sie vertraute Sprach- und Denkregelungen, die über bekannte Probleme mit dem Monarchen hinweggeholfen hatten, obsolet werden ließ. Das Daily-Telegraph-Interview machte selbst für erklärte Loyalisten die öffentliche Identifikation mit dem Monarchen unmöglich. Wo zuvor immer wieder Nähe beschworen worden war, tat sich nun eine durch keine der gängigen Formeln mehr zu verdeckende Kluft auf. Diesem Befund widersprechen die Versuche, die Kluft durch psychologische Annäherung an den Kaiser zu überbrücken, nicht. Das heißt, von nun an mußten auch die loyalen Diskussionsbeiträge auf Basis einer eingestandenen Kalamität, die in der Person des Monarchen zu suchen war, operieren. Schließlich hatte das Interview nur deswegen zum Skandal werden können, weil die offenbar werdenden Verfehlungen des Monarchen sinnbildhaft für fatale Charaktereigenschaften und vorangegangene Fehlleistungen des Monarchen standen, wie kritische Kommentare beständig hervorhoben. Karl Lamprecht formulierte dieses Problem folgendermaßen: „Die Zeit der Sensationen ist nun hoffentlich wieder einmal vorüber. Es gilt also, sich einzurichten und, nach Gefühlsausbruch und Kritik, zu handeln."[474]

2. Desillusionierung: Die kaiserliche Kalamität

Die Daily-Telegraph-Affäre trug gleichzeitig weniger und mehr skandalöse Züge als der Eulenburg-Skandal. Auf der einen Seite besaß erstere stärkere, klarer sichtbare politische Implikationen. Hardens Abdankungsforderung unterstreicht dies deutlich. Auf der anderen Seite war die Daily-Telegraph-Affäre als Skandal weitaus weniger komplex als der Eulenburg-Skandal. Nachdem die Frage der Mitschuld Bülows schnell in den Hintergrund getreten

---

473 Erich Zechlin, Zur Veröffentlichung im Daily Telegraph, in: Akademische Blätter. Zeitschrift des Kyffhäuser-Verbandes der Vereine Deutscher Studenten 23 (1908), S. 279-283, hier S. 279.

474 Karl Lamprecht, ‚Zur Lage', Münchner Allgemeine Zeitung, 14. November 1908, (Nr. 33).

war, konzentrierten sich die Reaktionen ausschließlich auf den Monarchen. Entsprechend geradlinig verlief die Affäre, die rasch ihren Höhepunkt erreichte und durch gezielte Kompromisse nach weniger als einem Monat wieder von den Titelseiten der Tagszeitungen verschwand. Die erste und zweite Phase des Skandals, der Bruch einer Norm und dessen Aufdeckung, gingen unmittelbar ineinander über. Die ‚Erklärung' des Kaisers, knapp drei Wochen nach Veröffentlichung des Interviews, läßt sich in der Terminologie Thompsons als „point of termination" beschreiben. Zur Phase des Nachspiels gehören Hardens Artikel *Waffenstillstand,* vor allem aber regelrechte Kaiserproblematisierungen in Serienform von Naumann und Horneffer.

Das kaiserliche Interview war ein reiner Machtskandal, in dem der unerlaubte Gebrauch politischer Macht verhandelt wurde. Die Radikalität und Tabulosigkeit dieser Verhandlung legt es nahe, die Ursachen weniger im außerordentlich ungeschickt zusammengestellten Text des Interviews zu suchen als in einem bereits vorhandenen Unbehagen an Wilhelm II., das sich im Eulenburg-Skandal noch einmal massiv bestätigt und, begrifflich geschärft, als akzeptiertes Diskussionsthema durchgesetzt hatte. Der zum Zeitpunkt der Interviewveröffentlichung noch schwebende Prozeß gegen Eulenburg hatte schließlich nur drei Monate zuvor in der Berliner Charité seinen Höhepunkt erlebt, der Prozeß zwischen Moltke und Harden stand kurz vor einer dritten Runde. Für die im Eulenburg-Skandal thematisierten Problemen war keine befriedigende Lösung gefunden worden. Hier scheint eine Erklärung für die Zielstrebigkeit und Dynamik der Daily-Telegraph-Affäre bei deren vergleichsweise geringem Anlaß zu liegen.

Im Zentrum der im Oktober 1908, als Erbe des Eulenburg-Skandals, offenen Fragen stand die nach der Umerziehung des Monarchen. Die Kommentatoren machten ihre eigene Reflexion über den Monarchen nunmehr öffentlich, und Zeitungen meinten, den Gang der geistigen Entwicklung Wilhelms II. näher beleuchten zu müssen und zu dürfen. Karl Lamprecht argumentierte in seiner „psychologische[n] Deutung" des Monarchen, daß die nun aufgetretenen Probleme vor allem daraus resultierten, daß sich die Politik heute in einem weit höheren Maße als früher „demokratischer Mittel" und der „öffentlichen Meinung" bedienen müsse. Diese Konstellation erhalte „durch den Charakter des Kaisers bedrohliche Momente". Man habe dem Kaiser insofern „vielfach unrecht getan", als man nicht bloß kritisieren dürfe, sondern „begreifen" müsse. Der Kaiser gehöre zu den „Charakteren starker psychischer Spannung" woraus sich das Vorgefallene erklären lasse.[475] Horneffer beklagte in einer Auf-

---

475 Dies bedeute „auf der einen Seite die glänzende Entwicklung des Verstandes und der assoziativen Veranlagung – auf der anderen Impulsivität und das heißt psychomotorische Schwäche". Karl Lamprecht, ‚Zur Lage', Münchner Allgemeine Zeitung, 14. November 1908, (Nr. 33). Otto Corbach teilte diese Diagnose und betrachtete sie sogar als ein Problem der Zeit: „Man braucht sich aber nur die jungen Herren in den Kontoren unserer großen Fabriken oder Handelshäuser näher anzusehen, um bei ihnen allen etwas von der Psychologie Wilhelms II. wiederzufinden. Auch in diesen Kreisen vermißt man die nüchterne Klugheit, den stillen Fleiß, die einfache, gediegene Lebensführung der Alten, die in patriarchalischem

satzserie im Jahr 1909, wie Lamprecht, mangelnde Lernerfolge aus der „Auseinandersetzung der Nation mit dem Kaiser". Dabei führe das Ereignis Daily-Telegraph-Affäre „zu den tieferen Grundlagen des politischen Lebens". Zwar distanziert sich Horneffer von der Person des Kaisers, die ihm „bedenklich" erschien. Aber nach dem Vorgefallenen müsse man ihn „förmlich liebgewinnen", denn er sei ungerecht behandelt worden.

Diese Deutungsversuche basierten auf der Einsicht in eine Aporie: So wie es sei, könne und dürfe es nicht sein, aber ändern lasse sich der Zustand nicht. Diese Aporie wurde offen formuliert. Noch vergleichsweise zurückhaltend machte die *Kölnische Zeitung* darauf aufmerksam, daß die „imponderabilen Beziehungen zwischen Krone und Volk" zu „zart und empfindsam" seien, um „Belastungsproben" wie die gerade erlebte länger ertragen zu können.[476] Naumann bestimmte als „Inhalt" der Daily-Telegraph Affäre den „endgültige[n] Zweifel vieler deutscher Patrioten an der Fähigkeit Kaiser Wilhelms II. zum Regieren eines großen Staates". Dieser Befund gewinne seine Dramatik aber erst aus der Einsicht in die Tatsache, daß „wir" weiterhin „dieser Hand [...] anvertraut" sein werden.[477] Naumanns Zweifel, „daß wir so gut regiert werden, als es menschlich möglich ist", gewannen ihre Explosivität aus der Diagnose, daß „es gerade die unabsetzbare und unverantwortliche monarchische Person ist, die unserer Politik den Charakter des Undurchgearbeiteten und Unberechenbaren gibt". Dies wirke sich auf die Lebensumstände jedes Einzelnen aus.[478]

Derartig verzweifelte Analysen kombinierten zweierlei: den Befund eines kaiserlichen Lapsus und die Erkenntnis, daß dieser nicht einzigartig, sondern typisch war. Der Rückblick auf eine zwanzigjährige Erfahrung mit dem Monarchen ließ dessen charakterliche Veränderung unmöglich erscheinen. In dieser Sichtweise diente das beklagte Interview als letzte Bestätigung der Unfähigkeit des Kaisers.[479] Wilhelm II., kritisierte Harden unter dem Eindruck der Krise, habe „der Nation nie Nützliches geleistet".[480] Das Interview, so der Kommentator des *März*, sei der „urkundliche Beweis", daß Wilhelm II. „grundfalsche Politik gemacht hat und noch macht".[481]

Zusammenwirken mit tüchtigen Mitarbeitern ihre Unternehmungen begründeten und sicher ausbauten; statt dessen findet man Willkür und Unstetheit in der Geschäftsführung, Hang zu Gepräge bei wechselvollen Neigungen und Bedürfnissen in der Lebensführung." Otto Corbach, Kaiser und Volk. Zum 27. Januar 1909, in: Die Gegenwart, zit. nach: TESCHNER, Daily-Telegraph-Affäre, S. 67.

476 ‚Gegen das persönliche Regiment', Kölnische Zeitung, 8. November 1908, (Nr. 1186).

477 Friedrich Naumann, Die Politik des Kaisers, in: Die Hilfe 14 (1908), S. 718-720, hier S. 718.

478 Friedrich Naumann, Die Politik des Kaisers, in: Die Hilfe 14 (1908), S. 718-720, hier S. 719.

479 Mit dem Fortgang der Affäre ansteigend, wurden alte Kritikpunkte am Kaiser in Erinnerung gerufen, die das fatale, durch das Daily-Telegraph-Interview gewonnene Bild abrundeten. Vgl. BAL, R 8034 II (Alldeutscher Verband), Nr. 7880, Blatt 23 ff.

480 Maximilian Harden, Gegen den Kaiser III, in: Die Zukunft 65 (1908), S. 285-304, hier S. 296.

481 Rundschau des März, in: März 2 (1908), S. 307-309, hier: S. 308.

Explizit wurde auf die bisher noch geteilten Hoffnungen auf Veränderung eines schon früher als unhaltbar erkannten Zustandes rekurriert. Theodor Wolff verneinte direkt die Möglichkeit, Wilhelm II. könne „durch die letzten Erfahrungen erzogen" werden.[482] Alle „psychologischen Erfahrungen", so der *Hannoversche Courier*, sprächen dagegen.[483] Die „Hoffnungen auf endliche Stetigkeit und Ruhe unsrer Politik" seien nun obsolet geworden.[484] Zwar werde sich die politische Lage wieder beruhigen, die Gefahr, „die in der Natur des Kaisers" liege, bleibe jedoch bestehen. Das Urteil lautete: „hoffnungslos".[485] Als besonders desillusionierend galt, daß der Kaiser sich alles, was er im Interview gesagt hatte, vorher genau überlegt habe. Dies bedeute, daß auch in Zukunft keine Möglichkeit vorhanden sei, Wiederholungen zu verhindern. Je offener dies eingestanden werde, desto besser, riet Busching, „können wir uns für die Zukunft einrichten".[486]

Diese Einsicht war die notwendige Folge der verbreiteten Interpretation, daß die Daily-Telegraph-Affäre das Produkt einer Anstauung problematischer Entwicklungen darstellte. Jede einzelne der „kaiserlichen Taten und Äußerungen", so Hans Delbrück, „war ein politischer Fehler: nun traten sie alle, wie zu einem Kranze verbunden, gleichzeitig vor die Öffentlichkeit und die Authentizität wurde besiegelt".[487] Als Grundübel lokalisierten die Kommentatoren regelmäßig den Sturz Bismarcks.[488] Die Bismarckentlassung diente als Ausgangspunkt einer Negativbilanz, die Teil der Bestrebungen war, dem außerordentlichen Vorfall Sinnhaftigkeit zu verleihen:[489] „Es ist, wie wenn die Besorgnis, der Ärger, die Enttäuschung, die so viele Handlungen des Kaisers seit Jahren bei ernsten Betrachtern der Zeit angesammelt haben, mit einem Male zu explosivem Ausbruch gekommen wären, als das ‚Interview' Wilhelms II. bekannt geworden war", schrieb Busching. So sei noch nie an einem Herrscher Kritik geübt worden.[490] Auch Harden rief „die ganze Jammerge-

---

482 Theodor Wolff, ‚Morgen', Berliner Tageblatt, 9. November 1908, (Nr. 572).

483 ‚In zwölfter Stunde', Hannoverscher Courier, 10. November 1908, (Nr. 27738).

484 „Aber war es nötig, daß der Zwiespalt zwischen Volk und Kaiser so scharf herausgestellt wurde?" fragte die Berliner Tägliche Rundschau, 29. Oktober 1908. Auch die *Rheinisch-Westfälische Zeitung* meinte, daß, „da der Herrscher zwischen Gut und Schädlich nicht scharfen Auges unterscheiden" könne, „neue stärkere Krisen" zu erwarten seien. Rheinisch-Westfälische Zeitung, 21. November 1908.

485 Paul Busching, Der Breitwimpel der Kaiserin, in: Süddeutsche Monatshefte 5 (1908), S. 701-705, hier S. 702.

486 Anschließend an die in Abschnitt IV.A.2. geschilderte Diagnose beschreibt Busching den Kaiser als hoffnungslosen Fall. Er tue zwar alles mit Vorbedacht, denke aber eben anders als der Rest der Nation, er lebe „in einer uns ganz fremden Welt. [...] Er war uns ein Geheimnis, jetzt ist er uns unheimlich geworden." Paul Busching, Der Breitwimpel der Kaiserin, in: Süddeutsche Monatshefte 5 (1908), S. 701-705, hier S. 701, hier S. 704.

487 DELBRÜCK, Krisis, S. 667.

488 Vgl. etwa: ‚Kaiser – Reichstag – Volk', Deutsche Zeitung, 10. November 1908, (Nr. 265).

489 Harden sah hierin die „Hauptfrage". Maximilian Harden, Gegen den Kaiser I, in: Die Zukunft 65 (1908), S. 207-215, hier S. 214. Vgl. zu weiteren Beispielen: TESCHNER, Daily-Telegraph-Affäre, S. 13 f.

490 Paul Busching, Der Breitwimpel der Kaiserin, in: Süddeutsche Monatshefte 5 (1908), S. 701-705, hier S. 701.

schichte dieser zwanzig Jahre“ in Erinnerung. In dieser Zeit sei die „Vertrauenssumme“ Wilhelms II. „bis auf den letzten Heller“ aufgebraucht worden.[491]

Die Denkfigur eines stetigen, eindimensionalen Vertrauensverlustes des Monarchen erfaßt die Situation allerdings sehr ungenau.[492] Bei der Frage, warum gerade nach dem Daily-Telegraph-Interview diese für den Monarchen verheerende Rechnung aufgemacht wurde, muß erneut auf die Eulenburg-Affäre verwiesen werden. Nicht nur stellte die negative Rolle, die der Monarch gespielt hatte, den jüngsten Stein des Anstoßes dar. Es zeigte sich auch, daß sich die Erklärungskraft des Schreckgespenstes Kamarilla erkennbar abgenutzt hatte.[493] Darüber hinaus verschob sich die Zuteilung der Schuld am Phänomen des Byzantinismus zum Monarchen hin. Nachdem sich die Männer um den Kaiser so offensichtlich als „verantwortungslose Ratgeber“ und später „vor Gericht als perverse Lüstlinge, Meineidige und zuchthauswürdige Verbrecher“ erwiesen hatten, mußte angenommen werden, zwischen kaiserlichem Charakter und Byzantinismus bestehe ein ursächlicher Zusammenhang. Schließlich habe der Byzantinismus „niemals in aller seiner Ekelhaftigkeit so geile Blüten“ getrieben wie unter Wilhelm II.[494] Folgerichtig forderte ein Kommentar, der Kaiser solle dem „gedankenlosen Byzantinismus [...] den Weg weisen“, sonst habe er kein Recht, „sich zu empören, wenn dieser Byzantinismus seine Früchte trägt“.[495]

Mit dieser Argumentation wurde dem Monarchen das Schutzschild aus Kamarilla und Byzantinismus nicht aus der Hand geschlagen, es wurde aber löchriger. Die Person des Kaisers geriet zum eigentlichen Problem. Der Monarch verderbe seine Umgebung, nicht umgekehrt, hieß es in einem Kommentar des *März*.[496] Das Argument, der Kaiser habe von der öffentlichen Stimmung nichts wissen können und sei abgeschirmt gewesen, konnte selbst Gutgläubige nicht mehr überzeugen: „Uns scheint unmöglich, daß dem Kaiser die Eindrücke dieser Trauertage nicht zu Bewußtsein gekommen sind; mag die Mauer der Hofleute um ihn noch so dicht, mag der Zaun der Festlichkeiten, Jagden, Fahrten noch so lange sein – der Schrei des Zornes und der Klage muß an sein Ohr gedrungen sein“, schrieben die gewöhnlich loyalen *Münchner Neuesten Nachrichten*.[497]

Was in der Caligula-Affäre noch vorrangig das Problem eines richtigen Monarchismus, in der Eulenburg-Affäre das Problem des Monarchen gewesen war, wurde nun – vor dem Hintergrund der geschilderten Aporie – zu einem

---

491 Maximilian Harden, Gegen den Kaiser III, in: Die Zukunft 65 (1908), S. 285-304, hier, S. 298.

492 So z.B., mit dem Bild eines Fasses, das nun zum Überlaufen gebracht wird: FESSER, Diskurs, S. 160.

493 Vgl. lediglich: Deutsche Zeitung, 19. November 1908.

494 ‚Deutschland in seiner tiefsten Erniedrigung‘, Leipziger Volkszeitung, 3. November 1908, (Nr. 255).

495 ‚Zum 10. November‘, Deutsch-evangelische Korrespondenz, 10. November 1908.

496 Talbot, Lohengrin oder Telramund, in: März 2 (1908), S. 309-312, hier S. 311.

497 Münchner Neueste Nachrichten, 12. November 1908, (Nr. 530).

Skandal, der in erster Linie die Nation betraf. Die Diagnose einer Reichskrise teilten die meisten Kommentatoren. In Anlehnung an die nur wenige Jahre zurückliegende Dreyfus-Affäre erklärte Falkenegg: „Deutschland aber hat jetzt seine wirkliche Staatsaffäre, bei der es sich nicht um ein Einzelschicksal und nicht um einen Rechtsirrtum dreht, bei der es sich vielmehr um das Schicksal eines ganzen Reiches, eines ganzen Volkes handelt."[498]

Da diese Krise einzig an der Person des Monarchen festgemacht wurde, kann es nicht verwundern, daß kurzzeitig sogar eine Abdankung des Monarchen im Raum stand.[499] Wie diese Frage in der Öffentlichkeit gesehen wurde, ist schwer zu beurteilen. In einem Brief vom 16. November 1908 an Holstein vermutete Bülow, „aus Hunderten von Zuschriften" sei zu ersehen, daß das „Land will, daß der Kaiser sich ändert, es will aber nicht, daß ihm was geschieht". Holstein erwiderte hierauf, daß allerdings die „'Berliner Intellektuellen' erheblich mehr verlangen" würden.[500] Zwar war der Majestätsbeleidigungsstraftatbestand im Laufe des Skandals praktisch erheblich aufgelockert worden. Wie das Beispiel Hardens zeigt, blieb die offene Abdankungsforderung aber ein Tabu. Harden hatte in seiner Artikelserie *Gegen den Kaiser* rhetorisch gefragt: „Will der Kaiser und König der Krone entsagen?" und war anschließend nur knapp an einer Verurteilung vorbeigekommen.[501] Etwas geschickter formuliert stellte Busching zur öffentlichen Verhandlung der Daily-Telegraph-Affäre fest: „Wer zwischen den Zeilen lesen kann, liest hundertfach das Wort Regentschaft."[502]

Abdankungsforderungen waren die logische Folge aus der weitverbreiteten Einsicht in die Kalamität auf dem Thron. Weit zahlreicher waren allerdings

498 Falkenegg sah hier den entscheidenden Unterschied zur Affäre um Dreyfus. Letztlich sei es in Frankreich um ein Einzelschicksal gegangen, Deutschland habe hingegen eine Staatsaffäre. FALKENEGG, Was nun?, S. 5.

499 Bekannt sind die entsprechenden Diskussionen hoher Staatsorgane insbesondere in der Sitzung des Auswärtigen Ausschusses des Bundesrates, in dem die Abdankung des Kaisers erörtert wurde. Vgl. COLE, Daily Telegraph affair, S. 256. Zu den Abdankungsüberlegungen des Kaisers: ebd., S. 260. Zur Episode, wie Wilhelms älteste Schwester Charlotte es als „treue Preußin" versuchte, ihren Bruder nach der Daily-Telegraph-Affäre unter eine Art Kollektivregentschaft stellen zu lassen: RÖHL, Cäsarenwahnsinn, S. 28. Bereits 1906, mit dem Beginn der Krise der Monarchie, erschienen zwei juristische Abhandlungen zum Thema: Paul ABRAHAM, Der Thronverzicht nach deutschem Staatsrecht, Berlin 1906. Hans v. FRISCH, Der Thronverzicht. Ein Beitrag zur Lehre vom Verzicht im öffentlichen Recht, Tübingen 1906.

500 ROGGE, Holstein und Harden, S. 387.

501 Dort hieß es: „In geringerer, in nicht selbst verschuldeter Fährniß hat sein Großvater daran gedacht. Den Enkel wird kein Frauenwunsch und keine Volksdrohung drängen. Sein Wille ist frei. Doch er darf sich nicht darüber täuschen, daß seine Volksgenossen jetzt gegen ihn sind und daß kein Kanzler sich, der alte nicht noch ein neuer, halten kann, der nicht aus dem Munde des Kaisers die Bürgschaft unverbrüchlicher Selbstbescheidung bringt. Die muß Deutschland fordern. Auch das Haus Hohenzollern. In dieser grausam ernsten Stunde noch. Sonst wird es zu spät." Maximilian Harden, Gegen den Kaiser I, in: Die Zukunft 65 (1908), S. 207-215, hier S. 215.

502 Paul Busching, Der Breitwimpel der Kaiserin, in: Süddeutsche Monatshefte 5 (1908), S. 701-705, hier S. 701.

Versuche einer Umdefinition der Institution Monarchie vor dem Hintergrund der Unverbesserlichkeit des Monarchen.

E. Auswege aus der Krise: Die Neudefinition der Monarchie

Aus den bisherigen Feststellungen scheint sich ein eindeutiges Bild zu ergeben. Der Popularitätsbonus des Monarchen, das ,monarchische Kapital' war durch zwei Skandale endgültig aufgebraucht. Selbst unter den Loyalen fand sich niemand mehr, der zu einer grundsätzlichen Verteidigung Wilhelms II. bereit gewesen wäre. Der Kaiser konnte sich demnach nur halten, weil die Mechanismen fehlten, seine Abdankung zu erzwingen. Bei näherer Betrachtung der Kommentare, zumal in längerer zeitlicher Perspektive, bietet sich aber ein wesentlich differenzierteres Bild. Diese Kommentare suchten und fanden Möglichkeiten der diskursiven Verarbeitung und vor allem positiven Umdeutung der Krise.

Was von den schärfsten Kaiserkritikern bedauernd erwartet wurde, stellte sich schon während des Skandals ein. Nach einem knapp zweiwöchigen Gleichklang der Presse mahnten erste Pressestimmen eine Relativierung der Kritik an. Die Baronin Spitzemberg, eine sensible Beobachterin der öffentlichen Stellung Wilhelms II., berichtete am 21. November, es sei schnell wieder „Windstille“ eingetreten, und registrierte in den der Affäre folgenden Monaten sogar eine Reaktion zu Gunsten des Kaisers.[503] Verteidigungen des Kaisers hatten schon früher eingesetzt. „Der Kaiser ist und bleibt trotz allem unser Kaiser“, insistierte Rudolf Schaefer am 11. November 1908 und stellte die „bittere Gegenfrage: wer ist denn daran schuld, wenn eine seelisch und geistig überquellend angelegte Natur wie unser Kaiser die Maßstäbe der Selbstbeurteilung verliert?“[504] Bereits am 12. November kam der *Hamburger Courier* zu dem Schluß, daß die letzten Tage die verdrängte Pflicht in Erinnerung gerufen hätten, „den Kaiser nicht zu viel in Anspruch zu nehmen“. „Wer von uns“, fuhr die Zeitung fort, „wollte sich heute frei fühlen von der Schuld, dem Kaiser gegenüber oft ein Zuviel gesagt und getan zu haben. [...] Die Sprache der Aufrichtigkeit ist es, in der sich Volk und Fürst wirklich verstehen.“[505] Wenn sich die mäßigenden Kommentare auch nicht bereit fanden, Wilhelm II.

---

503 Diese Einschätzung trifft auf den Pamphletisten Schneidewin zu, der erklärte, öffentliche Kritik sei sehr zu begrüßen, vorausgesetzt, daß diese in einem überzeugenden Verhältnis zum kritisierten Gegenstand stehe. Hiervon sei er aber „absolut nicht überzeugt“ worden. Schneidewin, Sturmflut, S. 18. Die Baronin Spitzemberg sprach am 15. November von einer „völligen Wendung im Empfinden der Nation“. Die Bemerkung über eine „Reaktion zu Gunsten des Kaisers“ datiert vom 27. Januar 1909, VIERHAUS (Hg.), Spitzemberg, S. 493 und 499. Zum Mitleid mit dem „armen Kaiser“ vgl. auch: SCHLEGELMILCH, Stellung, S. 46.

504 Rudolf Schaefer, ,Trotzdem für den Kaiser', Reichspost, 11. November 1908, (Nr. 265).

505 ,Das Ergebnis', Hamburger Courier, 12. November 1908, (Nr. 573).

als Person zu verteidigen, so versuchten sie dennoch, den außer Kontrolle geratenen Diskurs zu bändigen. „Es ist kein Zweifel: in den letzten Wochen ist nur zu sehr die Institution mit der Person verwechselt worden. [...] Lediglich mit der Person des gegenwärtigen Kaisers hatten wir uns auseinanderzusetzen. Und das ist wahrlich in genügender Weise geschehen", schrieb der *Schwäbische Merkur.*[506] Der Kaiser solle wachsamer sein, müsse aber nicht ausgewechselt werden, faßt Rebentisch den Tenor der Karikaturen zum Skandal zusammen.[507]

Wie angedeutet, waren auch die Reichstagsreden keineswegs so eindeutig kritisch wie von der Mehrheit der Kommentatoren eingefordert. Als wenig verwunderlich erscheinen die Relativierungen und Abschwächungen einiger konservativer Redner.[508] Erstaunlicher ist – vor dem Hintergrund der zu diesem Zeitpunkt erhobenen Abdankungsforderungen – die Zurückhaltung der sozialdemokratischen Redner Paul Singer und Wolfgang Heine. Trotz scharfer Kritik an der Person Wilhelms II. argumentierten diese – bemüht um eine Generalkritik am System –, keinesfalls trage der Kaiser allein die Schuld für das persönliche Regiment. Als mitschuldige Faktoren nannten sie die „Prinzenerziehung" und „die kritiklose Bewunderung, die von allen Seiten dem Träger der Krone schon in jungen Jahren entgegengebracht wurde", sowie „den Byzantinismus" aller Kreise.[509]

Hiermit machten sich auch Sozialdemokraten das angeschlagene, aber offenbar immer noch wirksame Byzantinismusargument zu eigen. Daß dies – wenn auch von den Sozialdemokraten sicher so nicht intendiert – ein brauchbarer diskursiver Fluchtweg war, läßt sich daran erkennen, daß sich das Argument wenig später bei Heinrich Claß in ganz ähnlicher Form wiederfand. Es sei ungerecht, hieß es hier, Wilhelm II. „allein die Schuld an der unerfreulichen Entwicklung der Dinge unter seiner Regierung zuzuschieben". Verantwortlich sei auch „die Presse, die bis auf verschwindende Ausnahmen es aus mannigfachen Rücksichten nicht über sich gebracht hat, die Politik Kaiser Wilhelms II. und seiner Leute stetig zu überwachen, ihre Wirkungen bestimmt festzustellen und ein unbeeinflußtes, tapferes Urteil abzugeben".[510] Das Argument einer notwendigen Befreiung des Monarchen sowohl vom Byzantinismus seiner Umgebung als auch – auf einer höheren Ebene – von den hohen Erwartungen zog sich wie ein roter Faden durch die Deutung der Affäre. Diese Befreiung konnte in kritischer Deutung als Forderung nach einer stärkeren Zurückhaltung des Monarchen auftreten. Der Einforderung eines Rückzugs des Monarchen und eines Zurückschraubens der Ansprüche an diesen stand

506 Schwäbischer Merkur, 19. November 1908, (Nr. 543).

507 Der Tenor nach der Affäre sei durch ein „und dennoch" gekennzeichnet gewesen. Vgl. REBENTISCH, Gesichter, S. 134. Vgl. auch: ebd. S. 90.

508 Vgl. die von Hans FENSKE, Unter Wilhelm II. 1890-1918 (Quellen zum politischen Denken der Deutschen im 19. und 20. Jahrhundert, 7), Darmstadt 1982, S. 270 f. wiedergegebenen Beispiele.

509 SCHLEGELMILCH, Stellung, S. 27.

510 Heinrich CLAß/Ernst zu REVENTLOW, Reinertrag der Reichspolitik seit 1890. Die Bilanz des neuen Kurses (Kultur und Leben, 15), Berlin 1909, S. 83.

spiegelbildlich die positive Forderung nach direkterem Kontakt gegenüber. Beide Aspekte waren notwendig verbunden.

Die Relativierungen sollen nicht nur das Bild der Kritik am Monarchen abrunden. Hier deutet sich vielmehr etwas an, was in der bisherigen Forschung zur Daily-Telegraph-Affäre stark vernachlässigt wurde, für diese Studie jedoch zentral ist. Die radikale Krisenerfahrung generierte zwar keine Ergebnisse im Sinne einer konkreten Umgestaltung der Verfassung, sie konnte aber zu einer Um- und Neuinterpretation des Monarchen und der Monarchie genutzt werden. Diese Ausdeutungen neuer Chancen hingen eng mit der Einsicht in eine Aporie zusammen. Es galt: je größer der Schaden, je verzweifelter die Situation, desto großartiger mußten auch die Lösungskonzepte sein. Dies soll in drei Schritten aufgezeigt werden.[511]

1. Die Krise als Chance: Zwischen Vergeben und Wachsamkeit

Nachdem Wilhelm II. am 17. November 1908 in der *Norddeutschen Allgemeinen Zeitung* ein öffentliches Versprechen abgelegt hatte, „die Stetigkeit und Politik des Reichs unter Wahrung der verfassungsmäßigen Verantwortung zu sichern", zeigte sich eindrucksvoll, welche Phantasien das wilhelminische Kaisertum noch zu erwecken imstande war.[512] Hoffnungen auf eine Verbesserung des Verhältnisses von Monarch und Volk konkretisierten sich in der Vorstellung, die ‚große Aussprache' habe eine ‚heilsame Reinigung' bewirkt, einen Lerneffekt auf Seiten des Monarchen. Noch vergleichsweise nüchtern hieß es bei Delbrück unter Bezugnahme auf die kaiserliche Erklärung: „Kaiser Wilhelm II. hat eine schwere Erfahrung hinter sich; es ist unmöglich anzunehmen, daß sie nicht einen tiefen und lange nachwirkenden Eindruck hinterlassen hat [...]."[513] Auch die *Leipziger Neuesten Nachrichten* gestanden Wilhelm II. wohlwollend zu, daß wohl „ein schwerer Kampf die Seele des Kaisers durchtobt" habe, ehe er sich entschloß, „öffentlich seine Schuld und hiermit den großen Irrtum seines Lebens zu bekennen". Aber das „Opfer" habe gebracht werden müssen.[514] Wilhelm II. habe, so der *Berliner Lokalanzeiger*, „selten während seiner Regierungszeit einen populärern Akt

511 Vgl. zu diesem Phänomen die Schilderung bei Engels über das Jahr 1744 als „Liebesgeschichte zwischen König und Volk", hervorgerufen durch die Suggestion, der König gewähre nun direkten Zugang. ENGELS, Königsbilder, S. 183.

512 Dieses Phänomen als „Meisterleistung Hammannscher Pressetaktik" zu qualifizieren überschätzt den Einfluß Hammanns maßlos und übersieht die Eigenständigkeit der Presse. Vgl. ESCHENBURG, Daily-Telegraph-Affäre, S. 221. Vgl. hingegen die vielen differenzierten Beispiele in: BAL, R 8034 II (RLB-Archiv), Bd. 7882, Blatt 1 ff.

513 DELBRÜCK, Krisis, S. 577.

514 Leipziger Neueste Nachrichten, 19. November 1908. Ähnlich: Kormann, Zum 50. Geburtstag des Kaisers. Akademische Blätter. Zeitschrift des Kyffhäuser-Verbandes der Vereine Deutscher Studenten 23 (1908), S. 353-355, hier S. 354.

vollzogen als diesen". Der „Dank der Nation" sei ihm sicher.[515] Die *Deutsche Tageszeitung* meinte, Dem Kaiser müsse man „dankbar sein, daß er diese Lösung ermöglichte."[516] Nun sei es „Pflicht aller monarchisch Gesinnten", den angerichteten Schaden wiedergutzumachen und darauf hinzuarbeiten, „daß sich das alte Vertrauensverhältnis zwischen Kaiser und Volk wiederherstellt".[517]

Der Begriff „Krise" bzw. „Krisis" wurde hier in seinem ursprünglichen, medizinischen Sinn gebraucht, d.h. als Höhepunkt einer Krankheit, dem ein kontinuierlicher Heilungsprozeß – oder der Tod – folge.[518] Die Heilungserfahrung war in dieser Deutung eine gemeinsame, von Monarch und Volk geteilte.[519] Nicht nur konservative Blätter äußerten Dankbarkeit für die vom Kaiser gelobte künftige Zurückhaltung.[520] Die *Vossische Zeitung* räumte ein: „Wer sich in diesen Tagen, wo die Leidenschaft an der Tagesordnung ist, einige Unbefangenheit zu bewahren sucht, wird zugeben, mehr kann ein Herrscher kaum sagen, wenn er weiter die Krone trägt."[521] In ähnlicher Diktion schrieb die *Frankfurter Zeitung*, daß der Kaiser einen „Sieg über sich selbst errungen" habe. Gelänge es ihm, auf „Dauer sein Temperament zu zügeln und sich in den Schranken zu halten, die ohne Gefahr für das Staatsganze nicht

515 Berliner Lokalanzeiger, 18. November 1908.

516 Deutsche Tageszeitung, 18. November 1908, (Nr. 543).

517 Erich Zechlin, Zur Veröffentlichung im Daily Telegraph, in: Akademische Blätter. Zeitschrift des Kyffhäuser-Verbandes der Vereine Deutscher Studenten 23 (1908), S. 279-283, hier S. 281. Vgl. auch die Wertung des *Schwäbischer Merkur*: „Der Schatten, der zwischen dem Kaiser und der Nation lag, ist beseitigt. Ein neuer Kurs wird jetzt gesteuert werden: der neue Kurs des Vertrauens zwischen Kaiser und Volk." Schwäbischer Merkur, 18. November 1908.

518 „Was wir jetzt durchgemacht haben, könnte die Krisis in der politischen Krankheit des Reiches gewesen sein, der nun die Heilung folgt, und das Heilmittel heißt Wahrhaftigkeit", hieß es bei CLAß/REVENTLOW, Reinertrag, S. 86.

519 So in der Analyse des *Hannoverschen Courier*: „Aber die Nation ist hellhörig geworden, sie verlangt, daß ihre in mühsamer, staunenswerter Arbeit gezogenen Kreise nicht immer wieder gestört werden. [...] Im tiefen Grunde seines Herzens ist der Deutsche monarchisch veranlagt, und der Kaiser möge es daher aus den Tiefen nationalen Seelenlebens deuten, wenn bis hierher immer wieder die Kritik und die Aufwallung unterdrückt wurde oder wenn sie versuchte, die guten Absichten für die falsche Tat entlastend anzuführen, wenn sie mit einem Wort unter keinen Umständen den Monarchen zum Schuldigen stempeln wollte. Das war ein richtiges Empfinden, das eine monarchisch gesinnte Nation ehrt, aber es wird verhängnisvoll, wenn es sich schließlich in erschreckender Deutlichkeit zeigt, daß der Fall eingetreten ist, wo ein Monarch versucht, wie das Harden in seinem Vortrage so richtig ausdrückt, ‚seine Notwendigkeit zu beweisen'. Das heißt die Monarchie in Frage stellen, und diesen Weg kann und darf die Nation nicht mehr nur mit Kritik, leiser oder lauter, begleiten, sondern sie muß handeln, denn sie wird es nicht dulden wollen, daß die subversiven Tendenzen auch nur einen Schein des Rechts behalten." ‚In zwölfter Stunde', Hannoverscher Courier, 10. November 1918, (Nr. 27738).

520 Nach einer Polemik gegen den „Entrüstungsrausch" erklärte die *Kreuzzeitung*: „Und dann wird ihn dermaleinst die Geschichte mit dem höchsten Kranze krönen, bestimmt für den Helden, der sich selbst überwindet." ‚Zur Lage', Kreuzzeitung, 14. November 1908. Vgl. zu weiteren Beispielen: BIRMELE, Press, S. 90.

521 Vossische Zeitung, 18. November 1908. Ganz ähnlich: Augsburger Abendzeitung, 20. November 1908.

überschritten werden dürfen“, so werde er „mehr ehrliche Anerkennung und Sympathien finden, als die gedankenlosen Hurraschreier auf der Straße und die gedankenlosen Höflinge ihm in Wahrheit entgegenbringen“.[522] Unter dem Titel „Die Waffen nieder“ erklärte die *Kölnische Zeitung*: „Die große Errungenschaft des 17. Novembers, die die Geschichte mit Flammenzeichen festhalten wird, ist das Anerkenntnis aus kaiserlichem Munde, daß fortan die Übereinstimmung zwischen Kaiser und Volk ein staatliches und nationales Bedürfnis ist.“[523]

Bemerkenswert an diesen Kommentaren ist der Grad reflektierter Selbsttäuschung. Zechlin hielt es für schwierig, sich von gebotener Skepsis zu befreien, erklärte aber „wir können und müssen uns davon losmachen, [...] denn nichts wäre schlimmer, als wenn jetzt der Pessimismus im Volke um sich griffe, wenn es an seinen Führern verzweifelte“.[524] In der *Täglichen Rundschau* hieß es nahezu analog, nun dürfe man nicht nur auf Besserung hoffen, sondern müsse es sogar,[525] und selbst Harden argumentierte: „Diese Auseinandersetzung zwischen der Nation und dem gekrönten Vollstrecker ihres Willens wird zur Verständigung, zur Erneuung und Befestigung des alten Treueverhältnisses führen. Weil sie, bei Gefahr des Reichslebens, dazu führen muß.“[526] Auch Claß vertrat in einem gutverkauften Pamphlet die Ansicht, daß nun „Fürst und Volk zusammenwirken“ und gemeinsam „an die Beseitigung der innern Schäden unseres Volkslebens gehen würden“. Dann wolle er „die Stunde preisen, die dem Kaiser und dem Volk die Augen geöffnet; dann sollte die ‚schwarze Woche‘ als Mutter lichter Tage nicht unverloren sein.“[527]

In dieser Formel konnte die schockartig erlebte Krise positiv umgedeutet werden. Die postulierte Errungenschaft wurde mit übermäßiger Bedeutung aufgeladen. Dieses Phänomen entsprach der allgemein festgestellten Schwere der Erschütterung. Beide waren unmittelbar aufeinander bezogen. So erklärten die *Hamburger Nachrichten*: „Eine große Gefahr ist am deutschen Volke vorübergegangen. Ihm drohte der Verlust des Vertrauensverhältnisses, das zwi-

522 Frankfurter Zeitung, 18. November 1908.

523 ‚Die Waffen nieder‘, Kölnische Zeitung, 20. November 1908. Weiter hieß es: „Die frühere Kritik hat das Volk in diesen Wochen bitterer Erregung dem Kaiser reichlich heimgezahlt! Die Rechnung ist beglichen, sie darf nicht von neuem aufgemacht werden.“

524 Erich Zechlin, Zur Veröffentlichung im Daily Telegraph, in: Akademische Blätter. Zeitschrift des Kyffhäuser-Verbandes der Vereine Deutscher Studenten 23 (1908), S. 279-283, hier S. 283.

525 Tägliche Rundschau, 18. November 1908.

526 Weiter hieß es: „Und sie wird uns nicht schwächen, sondern wesentlich stärken.“ Maximilian Harden, Gegen den Kaiser II, in: Die Zukunft 65 (1908), S. 245-263, hier S. 255.

527 CLAß/REVENTLOW, Reinertrag, S. 85 f. Das Pamphlet erreichte – bei reichlicher Vertriebshilfe durch den Alldeutschen Verband - eine Auflage von mindestens 55.000. Die Alldeutschen konstatierten zwar die verheerende Wirkung des Interviews für den Augenblick, erhofften sich aber für die Zukunft eine positive Wirkung, basierend auf einer verbesserten Kommunikation, insbesondere mit dem Kronprinzen, der durch sein Verhalten im Eulenburg-Skandal Hoffnung wecke. Verhandlungsbericht über die Sitzung des geschäftsführenden Ausschusses des Alldeutschen Verbandes am 4. und 5. November 1908, in: BAL, R 8084 (Alldeutscher Verband), Nr. 67, Blatt 32.

schen Fürst und Volk bestehen muß, wenn die Monarchie ersprießlich wirken und überhaupt möglich bleiben soll. Wir haben am Rande des Abgrunds gestanden, sind ihm aber entronnen.“[528] Auch Busching beschwor noch einmal die Gewichtigkeit der Krisenerfahrung. Das „Volk“ werde „trotz allem versuchen, den Zusammenhalt mit dem Kaiser nicht ganz zu verlieren. So treu die Deutschen sind, so leicht können sie vergessen, was ihnen Arges zugefügt worden ist. [...] Mag kommen was will: wir bleiben Deutsche und wir bleiben Kaiserliche.“[529]

Diese Formeln sind von erstaunlicher Offenheit. Auch naiv-wohlwollende Leser mußten verstehen, daß die Rede vom drohenden Verlust des „Vertrauensverhältnisses“ zwischen Fürst und Volk nichts anderes als die Absetzung des Monarchen bedeutete. Ins Extreme gewendet findet sich hier ein Problem, das schon in der Caligula-Affäre auftrat. Angesichts mangelnder Alternativen konnte die Einsicht in die Überforderung des Monarchen keine Konsequenzen haben. Daß diese Überforderung erkannt wurde, unterstreichen die notdürftige sprachliche Kaschierung, vor allem aber immer elaboriertere sprachliche Formelkompromisse. Diese Formelkomrpomisse lohnen einen genaueren Blick, weil sie Auskunft darüber geben können, wie sich im Umgang mit der Krise langfristig neue politische Muster etablierten.

Kritik am Monarchen konnte in der Krise als loyale Handlung gerechtfertigt werden.[530] Die Beschwörung einer großen Gefahr ermöglichte es, selbst der Kritik am Kaiser noch etwas Positives abzugewinnen, daß nämlich „auch aus diesen schwarzen Tagen Gutes hervorgehen kann“. Zwar sei das „Moment der Autorität und Ordnung [...] in unerhörtem Maße außer Kurs gesetzt“ worden. Die „gute Meinung“, so Schneidewin, sei aber „den Sturmlaufenden zuzubilligen“. Sie hätten „ein sehr großes, wenn auch doch nur äußerliches, nationales Gut gefährdet geglaubt, und jenseits der Sturmtage fassen sie doch sicherlich die alte Einheit zwischen Kaiser und Volk ins Auge“.[531] Wilhelm II. selbst machte sich diese Deutung, die letztlich wieder auf das Kommunikationsthema abstellte, zunutze, als er anläßlich der Jahrhundertfeier der Steinschen Städteordnung im Berliner Rathaus am 21. November 1908 in seiner Rede, deren Schriftfassung er sich ostentativ von Bülow überreichen ließ, ausführte: „[....] so sollen doch aufsteigende Wolken ihre Schatten niemals trennend zwischen mich und mein Volk werfen“.[532] Damit nahm er ein ihm zuvor gemachtes rhetorisches Angebot an.

Angelpunkt all dieser Deutungen ins Positive war die kaiserliche Erklärung vom 17. November 1908. In den Augen wohlwollender Kommentatoren stellte die Erklärung ein Entgegenkommen des Monarchen gegenüber der öffentlichen Meinung dar, das sich sinnfällig verwerten ließ. Allerdings blieb die

---

528 ‚Vertrauen‘, Hamburger Nachrichten, 18. November 1908, (Nr. 589).

529 Paul Busching, Der Breitwimpel der Kaiserin, in: Süddeutsche Monatshefte 5 (1908), S. 701-705, hier S. 705.

530 Vgl. z.B. den Artikel: ‚Das Maß ist voll‘, Dresdner Nachrichten, 3. November 1908, (Nr. 304).

531 SCHNEIDEWIN, Sturmflut, S. 33.

532 TESCHNER, Daily-Telegraph-Affäre, S. 38 ff.

Konstellation eines nachgebenden Monarchen und eines gutmütig vergebenden Volkes für die loyale Fraktion eine Belastung. Kormann, einer der entschiedensten Verteidiger des Monarchen, erkannte die Fallstricke der Konstruktion sehr deutlich. Selbst wenn es keine Erklärung gegeben hätte, hätte man dem Kaiser weiter konstruktiv und positiv gegenüberstehen müssen. Denn betrachte man „die Dinge nüchtern", sei „der Kaiser [...] nun einmal der Kaiser". Man sei darauf angewiesen, mit „ihm zusammenzuarbeiten, er an weithin sichtbarer Führerstelle, wir ein jeder an seinem bescheideneren Teil".[533]

Die Durchsetzung des kaiserlichen Einlenkens stellte aus monarchischer Sicht eine Anmaßung dar. Dies erkannte und beklagte Max Schneidewin und versuchte durch eine Umdeutung der Geschehnisse das eigentlich Unfaßbare über eine Kritik der Sprache der Novemberkrise in den Rahmen der monarchischen Vorstellungswelt zurückzuholen.[534] Auf dieser Linie hieß es rückblickend in der *Kölnischen Zeitung*, die „Selbstbescheidung" des Kaisers sei keineswegs so überraschend, wie oft behauptet werde, und liege in dessen „Psyche" begründet. Tatsächlich handele es sich um eine Selbstbescheidung des Kaisers, nicht um eine Niederlage. Die Auseinandersetzung habe darauf gezielt, Verantwortung von den Schultern des Kaisers zu nehmen.[535]

Die damit durchgeführte Umdeutung der Daily-Telegraph-Affäre zeigt sich in loyalen Kommentaren zum Kaisergeburtstag 1909.[536] Nicht allein, weil ein Abschnitt erreicht sei, „der zur Rück- und Ausschau auffordert", sondern „vor allem, weil es der erste Geburtstag der neuen Ära ist", sei dies ein besonderer Tag. Nunmehr seien die Voraussetzungen für ein „gegenseitiges Verständnis" gegeben. Von „Millionen deutscher Männer" sei damit der Druck genommen, den sie verspürt hätten, weil sie die Monarchie als Institution für notwendig hielten, dem Kaiser aber in mancher Hinsicht nicht hätten folgen können. Alle, die immer wollten, daß die Monarchie sich „mit dem Empfinden und Wol-

---

533 Kormann, Zum 50. Geburtstag des Kaisers. Akademische Blätter. Zeitschrift des Kyffhäuser-Verbandes der Vereine Deutscher Studenten 23 (1908), S. 353-355, hier S. 355. Weiter hieß es dort, auch eine Entfremdung vom Monarchen würde lediglich einen Handlungszwang für das Volk begründen: „Käme er [der Monarch, M.K]. nicht zu uns, wir müßten zu ihm zu kommen suchen. Aber in Wahrheit ist er ja zu uns gekommen, eben am 17. November. Da hat er uns selbst die Hand zur Einigung gereicht." Nun sei es „Pflicht, das Vergangene zu vergessen [...] Es wäre Wahnsinn und, – ich sage das mit Betonung und indem ich mir voll bewußt bin der Schwere des Vorwurfs, der in dem Wort liegt -, es wäre Verbrechen an unserer nationalen Zukunft, wollten wir die gebotene Hand zurückweisen."

534 SCHNEIDEWIN, Sturmflut, S. 17.

535 ‚Deutschland im Jahre 1908', Kölnische Zeitung, 1. Januar 1909, (Nr. 1).

536 Fritz SCHELLACK, Nationalfeiertage in Deutschland von 1871 bis 1945, Frankfurt a.M. 1990, S. 57. Wilhelm II. übte – als Folge der Daily-Telegraph-Affäre – beim Kaisergeburtstag 1909 größte Zurückhaltung und lehnte selbst einen Fackelzug der Berliner Studentenschaft zu seinen Ehren ab. Die Inszenierung der Feierlichkeiten, die nicht zuletzt auf die Wirkung im Ausland abzielten, übernahm der Reichskanzler.

len eines starken und freien Volkes“ einig wisse, würden nun mit Zuversicht in die Zukunft schauen.[537]

Auffällig an dieser diskursiven Rettungsaktion für den angeschlagenen Monarchen und vor allem die Institution Monarchie ist die Verschiebung hin zum Volk, zu partizipativen Elementen.[538] Die Öffentlichkeit formierte sich gegenüber dem Monarchen unter dem Rubrum einer Erziehungs- und Kontrollaufgabe durch eine Selbstermächtigung der Presse. Auch hier ist wieder ein Blick hinter die sprachlichen Kulissen angebracht, damit bewertet werden kann, welche Bedingungen für dieses neue Verhältnis zwischen Monarch und Öffentlichkeit festgelegt wurden. Dieser Blick muß beide Skandale, die zusammen die Krise der Monarchie 1908 konstatierten, umfassen.

Der Versuch, den Platz Wilhelms II. in der großen Krise der Monarchie 1908 zu bestimmen, ergibt kein eindeutiges Bild. Die negativen Effekte für den Monarchen sind offensichtlich. Der einschlägige Diskurs zeigt aber auch, wie gut Verteidigungsmechanismen funktionierten und wie viele Rückzugslinien für Monarch und Monarchie vorhanden waren. Sehr oft war Kritik eine Ausdrucksform ungebrochener Hoffnung auf Besserung. Trotz aller Verletzungen und Tabubrüche bezeugen die entsprechenden Debatten auch das Bemühen, den Kaiser aus der Affäre herauszuhalten, sowie das Funktionieren wichtiger Tabus. Zwar stand die Person des Kaisers im Hintergrund der Attacken, zumindest in der Eulenburg-Affäre waren diese aber noch auf die Umgebung des Kaisers gerichtet. Daher gab es sogar eine Chance für den Monarchen, als ‚befreiter' Herrscher aus einer vermeintlich nur bedingt von ihm verschuldeten Zwangslage hervorzugehen.[539] Was hier antizipiert worden war, glaubte Harden wenig später realisiert zu haben. Harden sah den Rückzug Eulenburgs vom Hof als entscheidende „Wende deutscher Geschichte“ an: „Ein Zauberring ward gesprengt. Die süßen Zirper und Geisterseher kehren so bald nicht zurück. Der Kaiser ist frei: und hat, nach nützlicher Enttäuschung vom Glauben an romantische Politik und an das Zweite Gesicht, noch ein Leben vor sich.“[540]

In unzähligen Kommentaren spiegelt sich die Überzeugungskraft dieser Behauptung: „Ein Staat, in dem die Beziehungen zwischen Fürst und Volk die Belastungsprobe so glänzend bestehen, daß die Enthüllungen des Prozesses Harden das Staatsinteresse nicht gefährden, wird an den Klippen der Homosexualität so bald nicht scheitern“, bilanzierte die *Kölnische Zeitung* im Oktober 1907.[541] Die enthusiastischen Reaktionen auf die „Aktion des Kronprinzen“

---

537 ‚Dem Kaiser!', Kölnische Zeitung, 27. Januar 1909, (Nr. 91). Vgl. auch: ‚Kaisers Geburtstag', Kölnische Zeitung, 27. Januar 1909, (Nr. 93).

538 Typisch für diese Richtung: M.C. GERARD, Politisches Erwachen, Mannheim 1909.

539 Vgl. das eingangs zitierte Gedicht von Wildenbruch, aber auch den Artikel von Alfred Freiherr v. Berger, Jubeljahr, in: Die Zukunft 64 (1908), S. 13-14. Der Theaterdirektor Berger war selbst maßgeblich an den Vermittlungsbemühungen zwischen Moltke und Harden beteiligt gewesen.

540 HELLIGE, Rathenau und Harden, S. 165.

541 ‚Der Prozeß Moltke-Harden', Kölnische Zeitung, 28. Oktober 1907, (Nr. 1121).

sind ein Anhaltspunkt für das Potential, welches die Monarchie noch abrufen konnte. Gleichzeitig waren die Reaktionen eine kaum versteckte Kritik Wilhelms II.[542] Mit dem Lob des Kronprinzen – dessen Erweckungserlebnis schließlich auf der hohen medialen Sensibilität des Thronfolgers beruhte – konnte Wilhelm II. indirekt kritisiert werden. Nur wenn er aus der „herbe[n] Erfahrung", daß sein „Name durch alle schmutzigen Pfützen niederen Klatsches und Tratsches geschleift" wurde, die Konsequenz ziehe, seine „Abgeschlossenheit" aufzuheben und die Monarchie zu öffnen, biete sich die Chance zur Neudefinition des Verhältnisses zwischen dem „Herrscher und dem Volk".[543]

Die Deutung der Affäre als Lehre – in erster Linie für den Kaiser – war eine naheliegende und die einzige Möglichkeit, den Verletzungen durch die end- und schonungslosen Diskussionen und Prozesse einen Sinn zu verleihen. Die Essenz dieser Lehre war die Vorstellung, der Monarch müsse in einen – selten näher spezifizierten – direkten Kontakt zum Volk treten und damit dem Grundvorwurf eines gestörten, bzw. nicht ausreichend intensiven Verhältnisses zwischen Monarch und Öffentlichkeit begegnen. Es spricht einiges dafür, in der Beschwörung einer Annäherung zwischen Monarch und Volk nicht nur eine Phrase, sondern auch den Ausdruck komplexer politischer Sehnsüchte und Leitvorstellungen zu sehen.

Die Kommunikation zwischen Monarch und Öffentlichkeit wurde seit dem Regierungsantritt Wilhelms II. hinterfragt. Schon die Caligula-Affäre drehte sich nicht zuletzt um dieses Thema, d.h. die Nichtübereinstimmung der öffentlichen Meinung und dessen, was als kaiserliche Politik wahrgenommen wurde. Im Jahr 1901, vor dem Hintergrund der durch den Burenkrieg geförderten Differenz zwischen Kaiser und öffentlicher Meinung, mußte auch der loyal argumentierende Pamphletist Gustav Adolf Erdmann einräumen: „Man müßte ein schlechter oder wenig wahrheitsliebender Beobachter sein, wenn man leugnen wollte, daß zwischen Kaiser und Volk sich seit einiger Zeit ein Spalt geöffnet hat, der beide Teile, die notwendigerweise eng zusammengehören, zu trennen droht." Ein „kalter Hauch von Entfremdung" wehe „hüben und drüben".[544] Im Gegensatz zu dieser sehr allgemeinen und vagen Lagebeschrei-

---

542 „Der Prozeß Moltke-Harden werde wenigstens eine erfreuliche Wirkung haben," versicherte ein Kommentator, nämlich daß der Kronprinz „politisch erweckt" worden sei. Bisher habe man kaum etwas erfahren, jetzt aber sei der Kronprinz hervorgetreten. Es sei zu hoffen, daß er aus der „Kamarillaaffäre" den Schluß ziehe, daß nur ein „freies Wort" zähle: „Wenn der Kronprinz einige Mußestunden benutzt, um diesem Prozeß nachzudenken, können der vaterländischen Zukunft aus leidiger Saat schöne Früchte wachsen." Maximilian Harden, In usum delphini, in: Die Zukunft 62 (1908), S. 73-77. Vgl. auch: ‚Der Prozeß Moltke-Harden', Kölnische Zeitung, 28. Oktober 1907, (Nr. 1121).

543 SCHNEIDT, Briefe, S. 109.

544 ERDMANN, Kaiser, S. 5. Die Schuld hierfür sieht Erdmann freilich bei anderen: „Geschäftige Wühler sind thätig, den Riß zu einem immer tiefer klaffenden, unüberbrückbaren zu machen, und gewisse politische Ereignisse haben ihrer traurigen Thätigkeit wirksamen Vorschub geleistet." Ebd.

bung analysierten Liman und Reventlow das Distanzproblem systematisch.[545] Liman argumentierte, daß die Mündigkeit des Volkes, die mittlerweile eingetreten sei, einen weniger selbstgerechten Herrschaftsstil erfordere.[546]

Die Skandale der Jahre 1907 und 1908 reflektieren einerseits dieses Unbehagen, boten aber auch reichlich Bestätigung hierfür. Inspiriert durch die Kamarillaprozesse, kritisierte Busching den unnahbaren Kaiser. „Hunderttausende möchten dem Kaiser nahe stehen. [...] Sie kennen nur den unnahbaren, exklusiven Kaiser, dessen Auftreten und Sprache so einschüchternd und erkältend wirken kann. [...] Der Kaiser sollte sie nicht von sich weisen und in seinem engen Kreise verharren, in dem nicht nur die Edelsten und Reinsten sein Ohr gehabt haben."[547] Borchardts Fragen, wo denn das moralische Forum sei, vor dem der Kaiser stehe, wo im „Volke der Gegensatz zu ihm" sei, an dem gemessen er „der Aufgabe, die Gesamtheit des Volkes politisch zu vertreten, nicht genügen soll", waren zwar wohlwollender für Wilhelm II., bestätigten allerdings auch, daß das Verhältnis zwischen Monarch und Volk nicht so war, wie es sein sollte.[548]

Die Lösung des Problems schien in der Beseitigung von Kommunikationsblockaden zu liegen, bei der der kriselnde Monarch in der Pflicht stand. In einem ersten Schritt müsse der Kaiser sich über seine Umgebung belehren lassen. Diese müsse fortan „vom Volk" kontrolliert werden: „Und hier wie überall ertönt die sehnsuchtsvolle Forderung: der Kaiser muß sein Volk, muß seine Führer, seine Vertrauensmänner hören und – anhören! Die chinesische Mauer der Hofkamarilla muß fallen!"[549] Mit dieser Denkfigur konnte nicht nur eine stärkere Rolle der Öffentlichkeit angemahnt werden, ohne die Mon-

---

545 Der Abstand zwischen Fürst und Volk sei mit dem Aufkommen des Nationalstaates und des Verfassungsstaates „ein geringerer geworden." Unter Wilhelm II. aber zeige sich eine gegenläufige Tendenz: „Es scheint heute", so Reventlow, „als ob unter seinem Einfluß die Distanz zwischen Herrscher und Volk, vom Herrscher aus gesehen, erheblich größer ist als mit der ursprünglichen deutschen Auffassung des Verhältnisses von freien Männern zu ihren Fürsten vereinbart werden kann." REVENTLOW, Byzantiner, S. 7und 12. Liman kritisiert konkret den dynastischen Charakter öffentlicher Feste, Jubiläen und Denkmäler und die Distanz zwischen Herrscher und Volk durch übermäßige Polizeipräsenz. LIMAN, Kaiser, S. 82 ff.

546 „Das Volk ist zum Mannestum erwachsen, im Kampf und Not, es folgt willig seinem König, aber es will überzeugt sein, denn der politische wie der geistige Protestantismus sträubt sich gegen das Dogma der Unfehlbarkeit." LIMAN, Kaiser, S. 9 und 12.

547 Paul Busching, Der Kaiser, in: Süddeutsche Monatshefte 5 (1908), S. 614-620, hier S. 615 und 619 f.

548 Rudolf Borchardt, Der Kaiser, in: Süddeutsche Monatshefte 5 (1908), S. 237-252, hier S. 246.

549 „Ein freier Geist, ein großherziges Verstehen des Kämpfens und Ringens, des Suchens und Strebens ringsum muß einziehen in das Hohenzollernschloß an der Spree [...] um den Weg zu beschreiten, der zu einer modernen Kultur unseres Volkstums führen kann." Schwarzseher, Kaiser, S. 159. In entwaffnender Naivität registrierte der fortschrittliche Politiker Lothar Engelbert: „Der Zutritt zum Landesherrn in Preußen", daß dieser unter Wilhelm II. nur für hochgestellte Persönlichkeiten, d.h. in der Regel Konservative möglich sei. In diesem beklagenswerten Zustand, der unter Friedrich dem Großen so nicht existiert habe, erkannte Schücking das politische Schlüsselproblem. Lothar Engelbert SCHÜCKING Die Mißregierung der Konservativen unter Kaiser Wilhelm II., München 1909, S. 1 ff.

archie als starke Institution in Frage zu stellen. Ihren Charme bezog diese Figur daraus, vergangene und zukünftige Kritik am Monarchen, die immer gegen Tabus zu verstoßen drohte, zu legitimieren. So sei, wie ein Kommentator des *Tag* hervorhob, das Schweigen der Völker „keineswegs ein Zeichen ihres Glückes; so ist es, wenn sie reden und aufbegehren, noch keineswegs ein Zeichen krankhafter Entwicklung".[550]

Die andere Seite dieser Konstruktion war die eingeforderte ständige Bewährungsprobe des Monarchen. Busching, der Wilhelm II. als den „Herrscher über das deutsche BGB" ansprach, argumentierte auf der gleichen Linie, wenn er erklärte: „Die Treue des Reichsbürgers zum Kaiser hat einen viel tieferen Wert als die Treue des Untertanen zum absoluten Fürsten; sie ist kein Naturgefühl, sondern ihre Bestätigung eine freiwillige Leistung, die anerkannt werden will".[551] Daß in dieser Konstruktion der Beziehung zwischen Volk und Monarch – neben den offensichtlichen Risiken – eine erhebliche Chance für den Monarchen lag, wird in der Einschätzung des Kommentators des *Tags* deutlich. Seit „der Appell an das Volk die besten in ihm ruhenden Kräfte erweckt" habe, sei der „Schatten jener Verdrossenheit" kürzer geworden. Dies sei zugleich ein Beweis, daß „die patriarchalische Art des Regierens in unserem modernen Jahrhundert ärmer an Früchten sein und bleiben muß, als das bewußte, zum gleichen Ziele gestimmte gemeinsame Arbeiten von Fürst und Volk". Jeder habe das Recht, sich als „persönliche Persönlichkeit" zu fühlen „und in geziemender Ehrfurcht die eigene Einsicht der Einsicht des Herrschers gegenüberzustellen". Nicht im blinden, sondern im freien Gehorsam folge „der Deutsche seinem Herzog".[552] Der Kommentar propagierte eine auf Leistung gegründete Definition monarchischer Herrschaft als Heilmittel gegen eine beständig steigende „Reichsverdrossenheit".

Was sich hier, wie auch bei Reventlow und Liman, in ein archaisches Vokabular kleidete, repräsentierte die Essenz eines neuen Herrscherbildes, aufbauend auf eine Problematisierung der hergebrachten Beziehung von Monarch und Öffentlichkeit. In diesem auf den ersten Blick harmlosen Bild konnte eine gewandelte Einstellung zum Monarchen reflektiert werden. Obwohl sie sich einer jeweils verschiedenen Sprache bedienten, herrschte bei den Kommentatoren jeglicher politischer Provenienz ein Konsens über die Notwendigkeit stark ausgeweiteter Partizipationsmöglichkeiten. Bei allen Kommentatoren, die sich Gedanken über Nähe und Distanz zwischen Volk und Monarch machten, war im- oder explizit selbstverständlich, daß das Volk den Angelpunkt bildete. Das Problem des Verhältnisses von Monarch und Öffentlichkeit wurde – von wenigen Ausnahmen abgesehen – ausschließlich in der Person des Monarchen lokalisiert. Dies als bloße „Treueideologien" abzutun griffe zu kurz.[553] Dies gilt insbesondere für die Lehren aus der Krise, die immer eine neue und effiziente Orientierung des Monarchen an der öffentlichen Meinung

550 Spectator, ‚Alle sind Menschen wie Du', Der Tag, 31. September 1907.
551 Paul Busching, Der Kaiser, in: Süddeutsche Monatshefte 5 (1908), S. 614-620, S. 616.
552 Spectator, ‚Alle sind Menschen wie Du', Der Tag, 31. September 1907.
553 Vgl. FEHRENBACH, Wandlungen, S. 180.

einforderten. Dieser Nexus verfestigte sich durch den nationalen Aspekt. Das Daily-Telegraph-Interview hatte seine Sprengkraft schließlich gerade aus der Tatsache bezogen, daß Wilhelm II. sich als ‚national unzuverlässig' erwiesen hatte. Durch diesen konkreten Verdacht geriet der Monarch unübersehbar unter Zugzwang zu „beweisen, daß er vor allem national, wirklich deutsch und volkstümlich gesinnt ist", und zu akzeptieren, daß „das Wohl des Vaterlandes die einzige Richtschnur sein kann und darf".[554]

Hier liegt der ursächliche Zusammenhang zwischen einer neudefinierten Beziehung zum Monarchen und der Durchsetzung eines Leistungsparadigmas. Der Zwang zur Leistung umfaßte nicht nur konkrete, auf den Monarchen rückführbare politische Erfolge, sondern auch die Aufgabe, eine möglichst direkte und ungestörte Kommunikation mit dem Volk herzustellen. Insofern kann das in und nach der Krise definierte Angebot an den Kaiser aus dessen Sicht als Teufelspakt interpretiert werden. Ohnehin in seiner Autorität durch die beiden Skandale geschwächt, riskierte der Herrscher eine schleichende Entmündigung durch eine Öffentlichkeit, die sich in ebendieser Krise als einheitlich handelndes und Regeln setzendes Subjekt erfahren hatte. Dies galt um so mehr, als unausgesprochen beiden Parteien klar war, daß sich ein erneuter Kompromiß nicht würde schließen lassen.

Die bisherigen Ergebnisse lassen sich nicht nur negativ als ein Zurückweichen des Monarchen oder dessen mühseliges ‚sich Behaupten' lesen, sondern können auch als Konstruktion des Idealbildes eines neuen Kaisers gedeutet werden. Die Krisenkommentatoren formulierten eine umfassende Monarchieutopie, die deutlich personalisierte Merkmale aufwies. Die Konstruktion einer neuen Harmonie zwischen Monarch und Volk war allerdings keine rein prokaiserliche. Vielmehr wurden Spielregeln für beide Seiten, Monarch und Volk, aufgestellt. Die offiziell gemachte Einsicht, von einem nicht über alle Zweifel erhabenen Monarchen regiert zu werden, mündete in der Definition eines „modus procedendi".[555] In den Worten der *Hamburger Nachrichten* las sich dieser Modus so: „Unser Vertrauen beruht darauf, daß gegen alle Impulse der Kaiser diesen Schritt [die ‚Erklärung', M.K.] getan hat." Ein solcher „Sieg über die eigene Natur" sei nur nach einer schweren inneren Erschütterung denkbar. Diese sei zu überwinden, aber „dazu müssen wir alle dem Kaiser helfen".[556] Der öffentlich artikulierte Veränderungsdruck umfaßte also beide Seiten, Monarch und Volk. Nach der Daily-Telegraph-Affäre und der Erklä-

---

554 Aristides, Kaiser, S. 7; ‚Keine Bedenken', Der Reichsbote, 3. November 1908, (Nr. 259) und ‚Die Pflichten des Reichstages', Hamburger Nachrichten, 4. November 1908, (Nr. 778).. Die Kritik, Wilhelm II. agiere zu sehr als Dynast und nicht, wie Edward VII., vorrangig im nationalen Interesse, findet sich bereits bei REVENTLOW, Byzantiner, S. 38 und SCHWARZSEHER, Kaiser, S. 85. Die *Rheinisch-Westfälische Zeitung* hielt als wesentliches Ergebnis der Krise den Konsens fest, daß der Kaiser eine „nationale Politik" führen müsse. ‚Das Ergebnis', Rheinisch-Westfälische Zeitung, 12. November 1908, (Nr. 1188).

555 Begriff bei: Erich Zechlin, Zur Veröffentlichung im Daily Telegraph, in: Akademische Blätter. Zeitschrift des Kyffhäuser-Verbandes der Vereine Deutscher Studenten 23 (1908), S. 279-283, hier S. 282.

556 ‚Vertrauen', Hamburger Nachrichten, 18. November 1908, (Nr. 581).

rung des Kaisers versuchten fast alle Kommentatoren die Erregung über den Kaiser zu perpetuieren, in eine Bewegung umzuformen und ein neu definiertes Verhältnis zum Monarchen zu etablieren. Folgerichtig sprach der *Hannoversche Courier* nur von einem „Stillstand der Krisis". Es gehe nicht um „Vergangnes", sondern um ein bindendes „Zukunftsprogramm".[557]

Signifikant ist, daß nur sehr wenige Kommentatoren jenseits der Sozialdemokratie konkrete Veränderungen hin zum Parlamentarismus forderten, viele diese sogar explizit zurückwiesen.[558] Zu diesen wenigen gehörte Theodor Barth, der jedoch eingestand, daß er sich in einer Minderheitsposition befinde. Der Zorn richte sich gegen das „Temperament des gegenwärtigen Kaisers": „Man könnte glauben, es sei alles wohlbestellt im Deutschen Reiche, wenn die Anlagen, der Charakter, das Temperament Wilhelms II. anders wären, etwa denen seines Großvaters ähnlich." Nichts sei nötiger, als die öffentliche Meinung von dieser „oberflächlichen Vorstellung" zu befreien.[559] Bezeichnenderweise beklagte ein Kommentator des *März*, daß Harden über die Problematisierung der Kamarilla nie hinausgegangen sei, um etwa „Kontrollmechanismen" nach englischem Muster zu fordern. [560] Hans Delbrück zeigte sich äußerst skeptisch im Hinblick auf die Durchsetzbarkeit verfassungsrechtlicher Veränderungen, hielt diese aber auch nicht für „wünschenswert".[561]

Die Zurückhaltung gegenüber dem englischen Modell speiste sich aus konkreten verfassungsrechtlichen Vorbehalten und einer Aversion gegen die

557 Hannoverscher Courier, 18. November 1908.

558 Zur sozialdemokratischen Position nach der Affäre: Rudolf BREITSCHEID, Persönliches Regiment und Konstitutionelle Garantien (Demokratische Flugblätter, 1), Berlin 1909. Eine typische Ablehnung des Parlamentarismus trotz der Krise der Monarchie in dem Artikel: ‚Parlamentsherrschaft', Leipziger Neueste Nachrichten, 13. November 1908, (Nr. 314). Für eine Parlamentarisierung traten, neben sozialdemokratischen Organen, explizit und konsistent allenfalls die *Frankfurter Zeitung* und das *Berliner Tageblatt* ein. Allerdings merkte selbst der Kolumnist des *Tageblatts*, Michaelis, an, daß es „keine Schmälerung der Macht des Herrschers, sondern nur seine Befreiung von den Einwirklungen einer unverantwortlichen Clique [sei], die das parlamentarische Regime im Gefolge haben würde." Paul Michaelis, ‚Politische Wochenschau', Berliner Tageblatt, 27. Oktober 1907, (Nr. 547). An anderer Stelle argumentierte das *Berliner Tageblatt*, daß „nur das Volk in seiner Gesamtheit [...] mit der Hydra fertig" werden könne: „Nur die Volkskammer kann das Hofkämmerchen überwinden." Solange nicht das Volk selbst seine Geschicke leite, werde auch die Kamarilla unsterblich sein. Dies zeigten die Beispiele England und Frankreich, wo es eine funktionierende Öffentlichkeit gebe und eben keine Kamarilla." ‚Die unsterbliche Kamarilla', Berliner Tageblatt, 3. Juni 1907, (Nr. 276). Vgl. auch den Artikel ‚Krisen und Intrigen', Berliner Tageblatt, 19. Juni 1907, (Nr. 306). Ebenso argumentierte Goldbeck: „Eine Ausrottung der Kamarilla aber kann nur durch eine tiefgreifende Umbildung unserer verfassungsrechtlichen Institutionen erfolgen." GOLDBECK, Kamarilla, S. 83.

559 Theodor Barth, Persönliches oder parlamentarisches Regiment?, in: März 2 (1908), S. 241-248, hier S. 241. Zwei Jahre später, ebenfalls im *März*: Walther Schücking, Der Übergang zum parlamentarischen Regierungssystem, in: März 4 (1910), S. 177 ff. Zur Außenseiterrolle Schückings in der Staatsrechtslehre in dieser Frage: SCHÖNBERGER, Parlament, S. 183. Generell ebd., S. 268.

560 Spectator alter, Der Prozeß Harden contra Philipp von Eulenburg. Juristische und diplomatische Glossen, in: März 1 (1907), S. 348-352.

561 DELBRÜCK, Krisis, S. 577.

Übertragung ausländischer, und damit vermeintlich mit den deutschen Bedingungen inkongruenter politischer Vorstellungen nach Deutschland.[562] Eine vielbeachtete Ausnahme bildete der zum Kaiserskeptiker konvertierte Naumann.[563] Allenfalls eine zurückgezogene Monarchie – allerdings aus freiwilliger Einsicht des Monarchen – fand Befürworter.[564] Die *Hamburger Nachrichten* bewerteten den Effekt von Verfassungsänderungen zurückhaltend. Zunächst sei es unwahrscheinlich, daß sich der Parlamentarismus überhaupt in Deutschland einführen lasse. Dieser böte aber ohnehin keine Garantie gegen eine Wiederholung der eben erlebten Krise: „Hier vermögen nur die Einsicht, das Pflichtgefühl, die Selbstbeherrschung und die Vorsicht des Monarchen selbst genügende Sicherheit zu schaffen", appellierten die *Hamburger Nachrichten*.[565] Die Assoziation des parlamentarischen Gedankens mit Großbritannien schadete der Idee zusätzlich.[566] Ein Kommentator wie Horneffer wußte typischerweise und eingestandenermaßen auch nicht, in welche Richtung eine Veränderung des politischen Systems gehen sollte. Fest stand für ihn lediglich, daß es so, wie es war, nicht bleiben konnte, und daß es so wie in England – das französische Beispiel galt als indiskutabel – nicht werden solle.

Wenn es sich um eine Reichskrise handele, so könnten diese Argumente zusammengefaßt werden, dann bedürfe es auch ernsthafter Reformen, um diese zu beseitigen. Eine Beschränkung der kaiserlichen Macht schien unter diesem Gesichtspunkt zwiespältig, wie eine kritische Bemerkung Ludwig Thomas indiziert: „Sobald der Herrscher in Frage kommt, überfällt sie die Erinnerung an unheimliche und unbegrenzte Machtbefugnisse, und sie wollen nirgends Schranken und Grenzen sehen."[567] Hier zeigt sich also ebenjene Haltung, die auch Theodor Barth kritisiert hatte.[568] An eine Ministerverantwortlichkeit im parlamentarischen Sinne sei in Deutschland nicht zu denken, meinte Zechlin.

---

562 Vgl. ‚Die Stimmung im Lande', in: Rheinisch-Westfälische Zeitung vom 8. November 1908, (Nr. 1174). Zur Isolation der SPD in der Parlamentarisierungsfrage im und nach dem November 1908 vgl. Hewitson, Kaiserreich, S. 771. Zur Denunziation des Parlamentarismus als etwas ausländisches: Schönberger, Parlament, S. 282 f. Es wäre aufschlußreich, die Rezeption von Walter BAGEHOTS Klassiker ‚The English Constitution von 1867 im Kaiserreich zu untersuchen. Es scheint, als sei Bagehot nahezu unbeachtet geblieben. Im hier analysierten Material findet sich kein Hinweis auf dessen grundlegendes Werk.

563 Peter THEINER, Sozialer Liberalismus und deutsche Weltpolitik. F. Naumann im Wilhelminischen Deutschland, Baden-Baden 1983, S. 184 ff.

564 Harden plädierte für eine demokratisierte und zurückgezogene Monarchie: „Die Monarchie kann sich nur noch durch Resignation erhalten. Deutschlands Entwicklung ist der englischen in manchem Stück ähnlich und es fehlt nicht an Zeichen dafür, daß auch die Stellung unserer Monarchie sich der englischen einmal nähern wird." Maximilian Harden, In usum delphini, in: Die Zukunft 62 (1908), S. 73-77. Vgl. auch die *Vossische Zeitung*: „'Das Ideal in der Kunst, Größe in Ruhe darzustellen, sei das Ideal auf dem Throne.' So hat Jean Paul gesagt." ‚Persönliches Regiment', Vossische Zeitung, 5. November 1908, (Nr. 521).

565 ‚Was Not tut', Hamburger Nachrichten, 31. Oktober 1908, (Nr. 769).

566 Ernst Horneffer, Der Kaiser und die Nation III, in: Die Tat 1 (1909), S. 279-291, hier S. 285.

567 Ludwig Thoma, Der große Skandal, in: März 1 (1907), S. 269-273, hier S. 272.

568 Allerdings stellten einige Kommentatoren fest, daß selbst in strikt konservativen Kreisen die parlamentarische Idee an Boden gewonnen hätte. BIRMELE, Press, S. 90. Vgl. als Beispiel: SCHWARZSEHER, Kaiser, S. 46 ff.

Zwar sei die Person des Monarchen angeschlagen, um so eindrucksvoller habe aber die Institution Monarchie ihre Kraft gezeigt. Wenn die Forderung nach Parlamentarisierung „so geringen Wiederhall im Volke“ finde, sei dies ein erfreuliches Zeichen dafür, wie sehr der gesunde politische Sinn „bei uns“ gewachsen sei: An der „Institution unserer Monarchie“ sei kaum Kritik geübt worden.[569] Auch Claß meinte, der Kaiser müsse das Recht haben, „seinen Vertrauensmann zu ernennen und zu entlassen“. Es müsse nur dafür gesorgt werden, daß „der Kaiser so informiert werde, daß sein Vertrauensmann auch immer der Vertrauensmann des Volkes“ sei.[570] Was der Mehrheit der Kommentatoren also vorschwebte, war eine Öffentlichkeit gegenüber dem Monarchen, die zwar ausdrücklich partizipative Elemente enthalten sollte, aber keineswegs mit der Idee einer Parlamentarisierung verbunden sein mußte. Im Gegenteil, als mediatisierendes Element, das den direkten Austausch zwischen Staatsspitze und öffentlicher Meinung verhinderte, erschien der Reichstag nach wie vor als Fremdkörper.

Öffentlichkeit, dies zeigt sich in der Krise von 1908 erneut, war ein über alle Parteigrenzen hinweg positiv gesehener Faktor. Daß sich alle Politik an der öffentlichen Meinung zu orientieren habe, wurde grundsätzlich nicht bestritten. Zu den positiven Resultaten der Daily-Telegraph-Affäre zählten alle Kommentatoren daher die politische Mobilisierung, einhergehend mit der beschriebenen Einheitserfahrung.[571] In seiner Reichstagsrede stellte Ernst Bassermann fest, die Affäre habe wie „nie zuvor in allen Kreisen Deutschlands bis weit hinein in die Frauen und in das heranwachsende Geschlecht das politische Interesse wachgerufen“.[572] Auch Naumann erkannte als einziges begrüßenswertes Ergebnis der Affäre das politische „Erwachen“ des Volkes.[573] Das *Berliner Tageblatt* zog aus der allgemein erhobenen „Forderung nach einer klaren und deutlichen Auseinandersetzung zwischen Krone und Volk“ den „erfreulichen Schluß, daß die öffentliche Meinung im Deutschen Reich kein leerer Wahn mehr ist, sondern sich zu einem ausschlaggebenden Faktor unserer Politik herausgemausert“ habe.[574]

569 „So fest wurzelt also das Vertrauen zu dieser Regierungsform im Volke, daß es selbst durch eine solche Belastungsprobe nicht irre gemacht ist. Das ist mit inniger Genugtuung zu begrüßen.“ Erich Zechlin, Zur Veröffentlichung im Daily Telegraph, in: Akademische Blätter. Zeitschrift des Kyffhäuser-Verbandes der Vereine Deutscher Studenten 23 (1908), S. 279-283, hier S. 282.

570 Vgl. auch: Hauptrede auf dem außerordentlichen Verbandstag des Alldeutschen Verbandes in Leipzig vom 22. November von Heinrich Claß über den Zusammenbruch der reichsdeutschen Politik. Wippermann, Geschichtskalender 1908, S. 132 und Heinrich CLAß, Der Zusammenbruch der reichsdeutschen Politik und seine Folgen (Volksschriften des deutschnationalen Volksbundes, 14), Leipzig-Reudnitz 1908. Die entschiedene Ablehnung einer Verfassungsänderung findet sich in: Verhandlungsbericht über die Sitzung des geschäftsführenden Ausschusses des Alldeutschen Verbandes am 4. und 5. November 1908, in: BAL R 8084 (Alldeutscher Verband), Nr. 67, Blatt 30 ff.

571 Leipziger Neueste Nachrichten, 19. November 1908.

572 FENSKE, Wilhelm II., S. 265.

573 Friedrich Naumann, Die Kaiserfrage, in: Die Hilfe 14 (1908), S. 750-751, hier S. 751.

574 ‚Klarheit!‘, Berliner Tageblatt, 3. November 1908, (Nr. 562).

Diese Argumente lassen sich zusammenfassend als ein ‚Konzept der Wachsamkeit' beschreiben. Hierin kommt die unhinterfragte Unterordnung des Monarchen unter die öffentliche Meinung in Kombination mit deutlich artikulierten Partizipationsansprüchen zum Ausdruck. Nie wieder, so Harden, dürfe das Volk still werden: „Um des Reiches, auch um des Kaisers willen."[575] Nun komme es darauf an, wie er schrieb, daß „die Nation mit dem Kaiser" rede. „Nur mit ihm." Die „Fehler der Handlanger" seien vergleichsweise harmlos gegenüber dem, was der Kaiser angerichtet habe.[576] Die *Hamburger Nachrichten* forderten, daß „mit dem ganzen bisherigen System in der Behandlung des Monarchen gebrochen" werde.[577] Sollte der Kaiser nicht einlenken, müsse man ihn „in der Öffentlichkeit, statt wie bisher mit begeisterten Zurufen, mit kühler Zurückhaltung empfangen". Unaufhörlich, so ‚Aristides', müsse „dem Kaiser gepredigt werden, daß ‚sein' Kurs nicht der richtige war, daß eine Residenz im Umherziehen den Fürsten vor dem Volke lächerlich macht und daß der Kaiser den Ernst des Lebens von einer ganz anderen Seite auffassen muß, als er es bisher getan hat."[578]

Viele dieser Argumente waren im Kern älteren Datums. Die Konsistenz und Konzentration, vor allem aber die Konzepthaftigkeit, lassen sich jedoch eindeutig auf die beiden 1908 kulminierenden Skandale zurückführen. Sie sind Ergebnis einer reifen Diskussion über den Monarchen mit allgemein akzeptierten Stichworten, Bezügen und Referenzen, die sich für eine gewisse Zeit extrem verdichtet hatte. Es lag in der Logik der Definitionen einer an der Öffentlichkeit ausgerichteten Beziehung zwischen Monarch und Volk begründet, auf deren Neuartigkeit abzustellen: „Diesen Vorwurf können wir der Generation, die wir ablösen sollen, nicht ersparen: sie hat keinen Mut gehabt", erläuterte im April 1909 Ernst Horneffer seine Forderung nach den „offene[n], mannhafte[n] Worten" der „bestellten Führer" gegenüber dem Monarchen.[579] Bezeichnenderweise argumentierte Horneffer als Angehöriger seiner Generation, nicht einer politischen Richtung.

Die Einforderung einer neuen Rolle der Öffentlichkeit leitete bei Horneffer direkt über zu einer Anklage des Bürgertums, das sich nie für Politik interessiert habe, wie sie sich auch in dem berühmten Zitat Naumanns findet: „Dieser Kaiser, über den ihr euch aufregt, ist euer Spiegelbild! Ihr werdet in dem-

---

575 Weiter hieß es: „So weit sind wir. Endlich. Und dürfen aufathmen: denn der Erdkreis merkt nun wieder, daß auf deutschem Boden nicht eine Herde lebt." Man habe dem Kaiser zugerufen: „'Bis hierher darf Deine Gewalt reichen und nicht eines Fußes Breite je weiter!'" Auf anderem Wege als durch „tausend schrille Stimmen" sei es nicht möglich gewesen, vor „dem Kaiser und König Gehör" zu finden. Maximilian Harden, Gegen den Kaiser II, in: Die Zukunft 65 (1908), S. 245-263, hier S. 245 ff.

576 Maximilian Harden, Gegen den Kaiser I, in: Die Zukunft 65 (1908), S. 207-215, hier S. 214.

577 ‚Der Kaiser', Hamburger Nachrichten, 12. November 1908, (Nr. 799).

578 ARISTIDES, Kaiser, S. 9. Ein Beispiel, wie diese Wachsamkeit aussehen konnte, boten die intensiven und heftigen Pressereaktionen auf die Königsberger-Rede, in der der Kaiser zwei Jahre nach der Daily-Telegraph-Affäre in sehr ungeschickter Weise seine Vorstellung vom Gottesgnadentum herausstellte. Vgl. hierzu: STÖBER, Pressepolitik, S. 199.

579 Ernst Horneffer, Der Kaiser und die Nation I, in: Die Tat 1 (1909), S. 47-62, hier S. 54.

selben Maße von seinem persönlichen Regimente frei werden, als ihr selbst etwas Politisches tut! [...] Das Volk soll sagen: mea culpa, mea maxima culpa, wir selber sind schuld, daß alles so weit gekommen ist!" Man müsse den neuen Staat begreifen lernen und ein adäquates System entwickeln.[580] Noch schärfer hieß es bei Ludwig Thoma: „Wir Deutschen sind große Kinder. Da hat sich nun Papa böse gehen lassen, und wir zürnten auf ihn. Die einen weinten, die andern schimpften, und alle schrieen wir. [...] Wollen wir dem guten, guten Papa bös sein? Wir haben ihn doch so furchtbar lieb!"[581]

Ganz ähnlich artikulierte sich eine in ihrer Radikalität neue rechte Opposition gegen den Monarchen. Alfred Hugenberg begrüßte ausdrücklich die Ergebnisse des Skandals und sah realistische Aussichten auf Verbesserungen, konkret einer Umgestaltung des Staates unter Initiative des Kaisers, der dann die Besten der besten Parteien regieren lassen solle.[582] Die Alldeutschen formulierten eine Kritik, wie sie nahezu identisch aus der Mitte und vom linken politischen Spektrum kam. Das gesamte deutsche Volk müsse die Schuld bei sich, keineswegs nur beim Kaiser suchen. Der Reichstag und die öffentliche Meinung hätten ihren Nutzen unter Beweis gestellt. Dies, sowie die Überwindung der „Lüge", seien die positiven Erkenntnisse der Affäre:[583] „Diese Erregung war gut und notwendig und kann, wenn ihr eine dauernde Stimmung zur politischen Wachsamkeit und der Wille zur politischen Mitarbeit entspringt, nützliches wirken" prognostizierte Claß.[584] Ein komplexes politisches Gebilde wie das deutsche Reich könne nicht mehr durch einen Alleinherrscher gesteuert werden. Vielmehr, so die bemerkenswerte Einsicht der neurechten Vordenker Claß und Reventlow, sei die Mitarbeit aller Staatsbürger notwendig.[585] Da jeder in gewisser Weise Schuld an der Krise hatte, sollte auch jeder verpflichtet werden, die ‚neue Zeit' mitzugestalten. Alle müßten „mit dem Kaiser die Verantwortung übernehmen für die Vergangenheit und [...] sich verpflichtet fühlen, mit ihm an der Verbesserung zu arbeiten", so Claß symptomatisch für diese Versuche, radikale Veränderungen moderat zu propagieren.[586]

---

580 Friedrich Naumann, Das Königtum, in: Die Hilfe 4 (1909), S. 48-50, hier S. 50. Diesen Gedanken hatte Naumann schon in der Novemberkrise in der *Vossischen Zeitung* vertreten. ‚Das Kaiserinterview und das Deutsche Volk', Vossische Zeitung, 10. November 1908, (Nr. 1182).

581 Ludwig Thoma, Der Kaiser, in: März 2 (1908), S. 249-253, hier S. 253.

582 Vgl. ELEY, Reshaping, S. 290.

583 BAL, R 8034 II (RLB-Archiv), Bd. 7882, Blatt 52.

584 CLAß/REVENTLOW, Reinertrag, S. 82.

585 CLAß/REVENTLOW, Reinertrag, S. 85. Vgl. auch den ‚Aufruf!' vom 10. November 1908 im Verhandlungsbericht über die Sitzung des geschäftsführenden Ausschusses des Alldeutschen Verbandes am 4. und 5. November 1908, in: BAL, R 8084 (Alldeutscher Verband), Nr. 67, Blatt 52.

586 CLAß/REVENTLOW, Reinertrag, S. 84. In diesem Sinne ist auch Eingabe der Alldeutschen an den Kaiser vom 10. November 1908 zu verstehen. Vgl. hierzu: Heinrich CLAß, Wider den Strom. Vom Werden und Wachsen der nationalen Opposition im Reich, Leipzig 1932, S. 141. Dort hieß es: „Als unentbehrliche Grundlagen einer gedeihlichen Entwicklung des Reichs, des Ausbaues der Errungenschaften einer großen Zeit, nicht minder aber der Erhal-

Mit der von ihm propagierten Pflicht zur Wachsamkeit war Claß anschlußfähig an die links von ihm stehenden politischen Kräfte. Auffällig ist, daß auch die dezidiertesten Loyalisten von der Notwendigkeit von politischen Veränderungen überzeugt waren. Diese mochten inhaltlich von anderen Vorschlägen abweichen, um eine bloße Rückkehr zum status quo ante ging es aber nicht mehr. Generell sei mit der Lösung des 17. November ein „modus procedendi" geschaffen worden, „der so leicht nicht wieder außer acht gelassen werden" könne, schon allein deshalb, weil die öffentliche Meinung darüber „wachen" werde.[587] Im Interesse des Reiches sei es dringend notwendig, „daß kein Blatt vor den Mund genommen" werde. Die Parole, man müsse die Person des Kaisers „nehmen, wie sie ist", sei abzulehnen, so die *Münchner Neuesten Nachrichten*. Es sei nicht hinnehmbar, daß jeder auf seiner „Eigenheit" bestehe und „alle Licht- und Schattenseiten seiner Individualität als unabänderliche Elemente berücksichtigt werden sollen".[588]

Die asymmetrische Aufgabenverteilung im Aufbau der neuen Monarchie war eindeutig Ergebnis der Skandale. Der Kaiser müsse „auf das Volk zugehen und dieses aktiv suchen", umschrieb ‚Aristides' das Primat der Öffentlichkeit.[589] Falls dies Wilhelm II. nicht gelinge, müsse „die rücksichtslose Geltendmachung der Lebensinteressen des Reiches durch das deutsche Volk" durchgesetzt werden. Mit der Politik des „ewigen Duckens und Vertuschens" müsse „ein Ende gemacht werden"; der Kaiser müsse „unzweideutig erfahren, wie das deutsche Volk" über seine Politik denke.[590] „Sollen wir aber uneigennützig und ohne Hoffnung auf einen Wesenswandel des Trägers der Kaiserkrone unsere Arbeit weiter verrichten," so Busching, „so möchten wir, daß der Kaiser erfahre, wie sein Volk über ihn denkt, und daß er alles vermeide, was den Anschein erwecken könnte, als sei ihm das Gefühl von Millionen Bürgern des Reiches gleichgültig oder eine scherzhafte Angelegenheit."[591]

---

tung der kaiserlichen Machtstellung erscheint uns das ungestörte und ungetrübte Zusammenfühlen und -wirken zwischen dem Träger der Kaiserkrone und dem deutschen Volke. Mit banger Sorge sehen wir in diesen Tagen das unschätzbare und unentbehrliche Gut dieses Zusammenhalts ernstlich erschüttert und gefährdet." Claß beklagte, daß es keine Reaktion gab und der Kaiser diese Eingabe wohl nie gesehen habe. Die Eingabe findet sich in: BAL, R 8084 (Alldeutscher Verband), Nr. 581, Blatt 8-9.

587 Zechlin schlug als Lösungsansatz die Stärkung des Bundesrates vor. Die Bundesfürsten seien die „gegebenen Vermittler zwischen Kaiser und Volk." Erich Zechlin, Zur Veröffentlichung im Daily Telegraph, in: Akademische Blätter. Zeitschrift des Kyffhäuser-Verbandes der Vereine Deutscher Studenten 23 (1908), S. 279-283, hier S. 282.

588 Münchner Neueste Nachrichten, 10. November 1908, (Nr. 1918). Das kritisierte Argument etwa im Artikel: ‚Bürgschaften', Kölnische Zeitung, 7. November 1908.

589 Am besten sei ein mündlicher Gedankenaustausch zwischen Volk und Fürst, behauptete: Aristides, Kaiser, S. 7 f. „Nur wenn der Kaiser sich unter das Volk mischt, wenn er den Waffenrock mit dem schlichten Bürgerrock vertauscht, wenn er den Gefühlen und Ansprüchen seines Volkes Rechnung trägt, wird eine Änderung möglich sein." Ebd.

590 ‚Wie steht's mit der Krisis?', Kölnische Volkszeitung, 5. November 1908, (Nr. 951).

591 Konkreter Anlaß für diese Warnung war ein kaiserlicher Erlaß über den „Breitwimpel der Kaiserin", eine Marginalie also, über die Wilhelm II. auf dem Höhepunkt der Krise entschieden hatte. Dies stellte in den Augen Buschings nicht nur den Kaiser an sich in Frage, sondern machte auch alle Hoffnungen auf eine nun verbesserte Information des Monarchen

Die gerichtlichen Evokationen des Liebenberger Treibens und das Bild des in Donaueschingen vor dem Kaiser tanzend sterbenden Militärkabinettschefs hatten in skandalöser Weise allerdings genau den gegenteiligen Eindruck hinterlassen. In der Rede von der „mündige[n] Nation“, die jetzt zu beweisen habe, daß sie „sich für Kaiser und Reich und für ihre eigene Zukunft mit verantwortlich“ fühle, zeigt sich die potentielle Sprengkraft der neuen Sprachregelungen zur Beschreibung des Verhältnisses zwischen Monarch und Volk.[592] Diese Sprengkraft resultierte zunächst aus der beschriebenen Einhelligkeit der Forderungen gegenüber dem Monarchen in der Krise über fast alle politischen Lager hinweg. Sie resultierte des weiteren daraus, daß diese Einhelligkeit nicht nur den kleinsten gemeinsamen Nenner der verfassungsmäßigen Regierung durch den Kaiser umfaßte. Vielmehr leiteten linke wie reche Kommentatoren weitreichende Partizipationsforderungen aus dem monarchischen Fehlverhalten ab. Daß eine Umgestaltung der wilhelminischen Monarchie unumgänglich sei, avancierte zur opinio communis.

2. Monarchen-Erziehung: Praktische Konsequenzen aus der Krise

Das Spektrum der Umgestaltungsvorschläge war groß. Einige Grundüberzeugungen teilten aber fast alle Kommentatoren. Ein Schlüsselthema der Neupositionierung der öffentlichen Meinung gegenüber dem Monarchen war die Kamarilla. Angesichts der enormen Bedeutung, die dem Phänomen zugeschrieben wurde, kann es nicht verwundern, daß schon während der Eulenburg-Affäre sehr grundsätzliche Lösungsvorschläge zu deren Beseitigung ins Feld geführt wurden. Da als Hintergrund des Problems ein Kommunikationsdefizit ausgemacht worden war, ist es weiterhin nicht überraschend, daß Öffentlichkeit als Schlüssel zur Lösung der unter dem Schlagwort Kamarilla subsumierten Probleme aufgefaßt wurde. So schlossen die *Kieler Neuesten Nachrichten* an die rhetorische Frage, ob denn „Eulenburge“ die Berater der Könige sein müßten, die Mahnung an, daß „der Kaiser der öffentlichen Meinung mehr Aufmerksamkeit“ schenken müsse. Der Kaiser wisse, daß er oft schlecht informiert werde, aber er kenne „nicht den Weg, wie er sich davor schützen“ könne.[593]

In einer langen Abhandlung über die „Umgebung des Kaisers“ vom November 1907 machten sich die *Hamburger Nachrichten* ausführlich darüber Gedanken, wie „bedenkliche Leute“ künftig aus der Umgebung des Kaisers ferngehalten werden könnten. Einerseits könnten dem Monarchen keine Vorschriften gemacht werden, andererseits bestehe ein starkes Interesse der Öffentlichkeit an diesem Thema. Die Frage, wie Wilhelm II. informiert werde,

---

zunichte. Paul Busching, Der Breitwimpel der Kaiserin, in: Süddeutsche Monatshefte 5 (1908), S. 701-705, hier S. 705.

592 ‚Was nun?', Deutsche Zeitung, 4. November 1908, (Nr. 260).

593 ‚Der schlecht informierte König', Kieler Neueste Nachrichten, 11. Juli 1908, (Nr. 160).

sei also eine delikate. Der skandalöse Weg, der im Falle Eulenburgs eingeschlagen wurde, dürfe sich nicht wiederholen. Mit Bismarck sei daher daran zu erinnern, daß nur die Öffentlichkeit die Monarchen vor der Beeinflussung durch unverantwortliche Ratgeber bewahren könne. Die Person des Monarchen müsse der öffentlichen Kritik zwar tunlichst entzogen bleiben – „soweit nicht persönliche Kundgebungen provozierender Art zum Gegenteil nötigen" –, aber die Umgebung des Kaisers könne „jeden Augenblick in den Bereich der parlamentarischen oder publizistischen Kritik" gerückt werden.[594] Die öffentliche Meinung, im Extremfall sogar die Journalisten selbst, sollten in diesem Konzept die Berater ersetzen.[595]

Die Daily-Telegraph-Affäre bestätigte noch einmal die Zweifel an einer ausreichenden und eingehenden Information Wilhelms II.[596] Dies gilt vor allem für die ersten Tage der Affäre, in denen es noch darum ging, das Presseecho zu orchestrieren und in die richtigen Bahnen zu lenken.[597] Angebliche Lernerfolge – etwa die Vorlage unzerschnittener Zeitungen – wurden explizit als solche benannt und gelobt.[598] Zum Anspruch und zur Wirklichkeit der neuen Kontrolle des Monarchen gehörte die Diskussion eventueller neuer Aktivitäten einer Kamarilla.[599] Für Furore sorgte im Dezember 1908 eine „Kamarilla der Kaiserlichen".[600] Diese Konstellation wirkte insofern besonders

---

594 Darauf zu vertrauen, daß Hofkreise den Kaiser von einschlägigen Gerüchten unterrichteten, sei nicht ausreichend. Vielmehr sei der persönliche Vortrag des Polizeipräsidenten beim Kaiser wieder herzustellen. ‚Die Umgebung des Kaisers', Hamburger Nachrichten, 6. November 1907, (Nr. 781).

595 Dies war der Grundgedanke einer in Gedichtform verabreichten posthumen Mahnung Bismarcks an Wilhelm II. Deren letzte Strophe lautete: „Sucht den Kontakt mit Männern zu erzielen,/ Mit solchen Männern, denen der Beruf/ Für Dinge, die in dunkler Tiefe wühlen,/ Besondere Gehörorgane schuf./ Kostbare Zeit erspart an Exzellenzen,/ Die stets verpassen die Gelegenheit,/ Die Wissenden befehlt zu Audienzen/ Und ihren Worten gebet frei Geleit!/ Laßt den Entschluß in Eurer Seele reifen,/ Und wenn der Journalist zum Herrscher kommt/ Und der ihn fragt, was wohl die Spatzen pfeifen,/ So wird er vieles hören, was ihm frommt!" m., ‚Eine Epistel Bismarcks', Lustige Blätter, 5. November 1907, (Nr. 45).

596 „Wir haben lebhafte Bedenken, ob der Kaiser die Wellen des Unwillens und der Unzufriedenheit ganz kennen lernt, die angesichts der Mitteilungen des englischen Blattes das deutsche Volk durchfluten", hieß es in: ‚Erfährt unser Kaiser die Wahrheit?', Märkische Volks-Zeitung, 3. November 1908, (Nr. 253).

597 Vgl. die Kritik eines „Berliner Lokalblatts, das als Hofblatt par excellence gilt" und viel zu positive Berichte über die Aufnahme des Interviews in England bringe, in: ‚Die ‚Information' des Kaisers', Vossische Zeitung, 31. Oktober 1908, (Nr. 938).

598 Die *Kölnische Zeitung* lobte die neue Informationspolitik gegenüber dem Kaiser. Diesem seien ganze Zeitungen vorgelegt worden. Aber Bülow müsse noch deutlicher werden und „unverhohlen und ungeschminkt dem Kaiser sagen, wie man im Volke denkt und was man im Volke erwartet." ‚Die Unterrichtung des Kaisers', Kölnische Zeitung, 13. November 1908, (Nr. 1191). Die *Post* trat ausdrücklich Gerüchten entgegen, der Kaiser sei über die Folgen des ‚Interviews' unzureichend unterrichtet, da er nur eine Zeitung lese. Post, 4. November 1908, (Nr. 520).

599 Diverse Beispiele, über mehrere Wochen verteilt, in: BAL, R 8034 II, (RLB-Archiv), Bd. 7882. Vgl. auch die Zeitungsartikel zum Thema einer „neuen Kamarilla" 1908 in: BLHA, Rep 30 (Politische Polizei), Nr. 12428, Bd. 1, Blatt 192 ff.

600 „Neuerdings erscheinen plötzlich ohne jeden Anlaß in verschiedenen Blättern dunkle Andeutungen über eine ‚Kamarilla', die ihren Einfluß an der Allerhöchsten Stelle zu grundle-

bedenklich, als sie in den Augen vieler Kommentatoren die soeben erst erzielten Lernerfolge zunichte zu machen drohte.[601] Ein Artikel Erzbergers im *Tag* vom 22. Dezember 1908 unter dem Titel „Wohin steuern wir" fand breite Beachtung. Hier stellte Matthias Erzberger die Frage, wie es kommen könne, daß man heute als nationaler Mensch kaum mehr für den Kaiser eintreten könne, weil man damit sofort verdächtigt werde, den Reichskanzler zu schädigen. Wer sich dieser „ungeheuren Verschiebung der Verhältnisse" nicht füge, werde zum „Otterngezücht der Kamarilla" geworfen. Erzberger bagatellisierte das Daily-Telegraph Interview und verteidigte den Kaiser.[602] Damit stand er stellvertretend für Versuche monarchischer Ultras, die herrschende Interpretation der Krise von 1908 zu attackieren.[603]

Bei der sehr kritischen Diskussion der „neuen Kamarilla" war das Negativbild der alten immer präsent.[604] Maximilian Egon Fürst von Fürstenberg, nun der engste Vertraute Wilhelms II., figurierte als neuer Eulenburg, wenn er auch nie wie dieser perhorresziert wurde.[605] Dies mag erklären, warum das Thema offensichtlich spannend genug war, um etwa neun Monate lang immer wieder in die Kommentare zu gelangen.[606] Wenn an den Gerüchten um die Kamarilla etwas sei, so hatten die *Dresdner Nachrichten* schon im Dezember 1908 gefordert, müsse der Kanzler „die Nation sofort davon benachrichtigen durch die Flucht in die Öffentlichkeit." Die Presse, wurde voller Überzeugung

---

gender Änderung der gesamten Politik geltend zu machen suche und selbstverständlich eine Gefahr für das Vaterland vorstelle", klagte das *Deutsche Adelsblatt.* Die Demokratie und die Kamarilla, in: Deutsches Adelsblatt, 26 (1908), S. 689. Hingegen müsse der „Kamarilla [...] unter der Demokratie", deren „Machenschaften" es aufzudecken gelte, Aufmerksamkeit gewidmet werden.

601 So etwa für Harden. Vgl. ROGGE, Holstein und Harden, S. 22. Harden sah im potentiellen Kamarillamitglied Theodor Schiemann eine „Kreatur der Liebenberger, einen agent provocateur, der nach Philis Diktat schrieb, den Kaiser verhimmelte und ihn, Harden, beschimpfe." Ebd., S. 426.

602 ROGGE, Holstein und Harden, S. 427.

603 Die Vorwürfe, daß sich eine neue Kamarilla formiere, waren nicht gänzlich substanzlos. Rogge nennt folgende Namen: der „fragwürdige ehemalige Londoner Botschaftsrat Freiherr von Eckardstein, der gemaßregelte frühere Regierungsrat und berüchtigte Pamphletist Rudolf Martin, Matthias Erzberger, der polenfreundliche oberschlesische Graf Oppersdorff, und konservative Ultras wie der Publizist Adolf Stein und der Wochenschauer der *Kreuzzeitung* und Hiostoriker Theodor Schiemann, der sich der besonderen Gunst des Kaisers erfreute." ROGGE, Holstein und Harden, S. 426. Vgl. auch: DREWES, Daily-Telegraph-Affäre, S. 6; Schüssler, Daily-Telegraph-Affaire, S. 66. Zu den wechselnden personellen Konstellationen, Gerüchten und Taktiken der ‚Kaisertreuen' vgl.: ROGGE, Holstein und Harden, S. 309. Weitere Mitglieder der neuen ‚Kamarilla' bei HUBER, Verfassungsgeschichte IV, S. 313. Zur publizistischen Initiative der ‚Ultras' vgl. STÖBER, Pressepolitik, S. 173 und Rudolf MARTINs Pamphlet: Fürst Bülow und Kaiser Wilhelm II., Leipzig-Gohlis 1909.

604 ‚Die Kamarilla', Vorwärts, 22. September 1909, (Nr. 221); ‚Die neue Kamarilla', Berliner Volkszeitung, 24. Dezember 1908, (Nr. 447).

605 Fürstenberg nahm tatsächlich die Rolle Eulenburgs als Freund des Kaisers ein. Vgl. HULL, Entourage, S. 147-150 und die Karikatur auf S. 155, ebd.

606 Noch Ende September 1909 finden sich Spekulationen über das Wirken der Kamarilla im Artikel: ‚Was ist Wahrheit?', Schwäbischer Merkur, 29. September 1909, (Nr. 452).

erklärt, „wird in diesem Fall sicher nicht versagen!“[607] In der Überwachung eventueller Kamarillaaktivitäten hatte die Presse eine Aufgabe gefunden, die symbolisch für die angestrebte ‚weiche', d.h nicht verfassungsrechtliche Umwandlung der Monarchie stand.[608] Wie real die Rückbindung des Monarchen an die Presse war, verdeutlicht die Beobachtung Theodore Roosevelts. Der ehemalige amerikanische Präsident stellte bei einem Berlinbesuch im Mai 1910 enttäuscht fest, „that both the men highest in politics and the Administration, and the people at large, took evident pleasure in having him [Wilhelm II., M.K.] understand that he was not supreme, and that he must yield to the will of the Nation on any point as to which the Nation had decided views."[609]

Die Geschichte der beiden großen Affären um Eulenburg und Wilhelms II. Daily-Telegraph-Interview läßt sich, wie gezeigt wurde, als Tabubruch auf zwei Ebenen beschreiben. Zum einen in der Schärfe der kritischen Sprache und zum anderen in inhaltlichen Forderungen einer Kontrolle und Bevormundung des Monarchen. Beide Tendenzen vermengten sich im nicht nur indikatorisch wichtigen Konzept der ‚Monarchen-Erziehung'. Der Begriff ist sprechender Ausdruck einer tabubefreiten Sprache über den Monarchen. Gleichzeitig belegt er inhaltlich scharf, was der Kern der neuen Monarchiekonzepte war. Zu einem Zeitpunkt, zu dem Wilhelm II. ob seines Alters die Rolle als monarchischer Vater zu spielen hätte beginnen können, wurde er zum der besonderen Aufmerksamkeit der selbsternannten Erzieher empfohlenen ‚mißratenen' Sohn. Zur überzeugendsten Deutung der bisherigen Regierung Wilhelms II. wurde die einer gescheiterten Monarchen-Erziehung.

Harden hatte in einem Artikel aus dem Jahr 1892, also im ersten Band der *Zukunft*, unter diesem Titel ein Konzept der „Monarchen-Erziehung“ entworfen und dafür einen einprägsamen Begriff gefunden. Programmatisch hatte Harden den Kaiser zum „Vertrauensmann der Nation“ erklärt, der „nicht arbeitssam, nicht selbstlos und namentlich nicht demütig genug sein“ könne, um sich dieses Vertrauens würdig zu zeigen. Da Harden den Monarchen gleichzeitig immer als ausschlaggebenden politischen Faktor erhalten wollte, besaß das Konzept eine unausweichliche Spannung. Wer die Monarchie erhalten

---

607 ‚Reptilienpolitik', Dresdner Nachrichten, 16. Dezember 1908, (Nr. 347).

608 „Wir behalten es uns [...] vor, auf diese Angelegenheit zurückzukommen, begrüßen es aber vorläufig als ein hocherfreuliches Ereignis, daß der unverantwortlichen Tätigkeit des ehemaligen Botschafters ein für allemal ein Ende bereitet worden ist.“ ‚Phili's Glück und Ende', Berliner Volkszeitung, 29. Mai 1907, (Nr. 246). Vgl. auch den ganz ähnlichen Tenor in der *Kölnischen Volkszeitung*: Wie auch immer man zu Bülow stehe, „man kann es unter allen Umständen nur begrüßen, wenn der Nebenregierung des Eulenburgers ein Ende gemacht ist.“ ‚Geheimnisvolle Vorgänge', Kölnische Volkszeitung, 3. Juni 1907, (Nr. 477). Vgl. auch: ‚Kamarilla und die Reichstagsauflösung', Frankfurter Zeitung, 4. Juni 1907, (Nr. 153).

609 Roosevelt gegenüber dem englischen Historiker Sir George O. Trevelyan, 1911, zit. nach: Ragnhild FIEBIG-VON HASE, ‚The uses of friendship'. The ‚personal regime' of Wilhelm II and Theodore Roosevelt, 1901-1909, in: Annika Mombauer/Wilhelm Deist (Hg.), The Kaiser. New Research on Wilhelm II's Role in Imperial Germany, Cambridge 2003, S. 143-175, hier S. 158.

wolle, so Harden, müsse sie vermenschlichen: „Mit einem parlamentarischen Kegelkönig haben wahrhaft konservative Bestrebungen ebensowenig zu tun wie mit einem Dalai Lama in Uniform.“[610]

Die reichlich blumige Formel von der Monarchen-Erziehung meinte zweierlei. Erstens wurde hier eine beidseitige, das heißt eine Monarch und Nation jeweils übertragene Pflicht betont, das Verhältnis zwischen Fürst und Volk positiv zu gestalten. Zum zweiten ging es Harden um konkrete Vorgaben, wie dies zu geschehen habe: die Abwesenheit von Byzantinismus, vertrauenswürdige Berater und ein ausgeprägtes Pflichtbewußtsein des Monarchen.[611] Die Verantwortung dafür, seine „Lehrjahre“ positiv zu gestalten, liege beim Monarchen.[612] In einem Artikel aus dem Jahr 1898, den Harden aus gegebenem Anlaß 1908 erneut abdruckte, lobte und tadelte der Journalist Wilhelm II. seitenlang für verschiedenste Äußerungen und Unternehmungen. Lob fand alles, was Selbsterkenntnis und Einsicht versprechen ließ.[613]

An seinem ursprünglichen Konzept und an der Interpretation des Begriffes hatte sich bei Harden auch 15 Jahre später nichts geändert. Allerdings boten die zwei großen Affären der Jahre 1907/08 in mehrerlei Hinsicht Gelegenheit, die Idee der Monarchen-Erziehung erneut zu diskutieren, zu popularisieren, zu überprüfen und zu modifizieren. Mit der behaupteten Entfernung aller byzantinischen Elemente vom Hof schien endlich die Voraussetzung für eine effektive Erziehung des Monarchen gegeben. Erst diese Erwartung hatte Harden, nach eigener Aussage, in der Causa Eulenburg zum Handeln getrieben. Andererseits machte der kaiserliche Aussetzer im Daily-Telegraph-Interview gerade diese Hoffnung wieder zunichte. Die persönliche Veranlagung Wilhelms II., „seine mangelhafte Erziehung und vor allem sein gänzlicher Mangel an Selbsterziehung sind die Grundursachen gewesen zu dem heutigen peinlichen Zustande der Spannung zwischen Volk und Fürst, zwischen Kaiser und Nation“, beklagte ‚Aristides‘ 1909. Nur scheinbar im Widerspruch zu dieser Einsicht stand die ausführlich geschilderte Hoffnung auf ein erneuertes Verhältnis zwischen Monarch und Volk gerade im Anschluß an diese Affäre. Konstitutiv hierfür war die Erfahrung einer einheitlich und vor allem aggressiv-radikal

---

610 Maximilian Harden, Monarchen-Erziehung, in: Die Zukunft 1 (1892), S. 625-632, hier S. 630 und Ein konservatives Programm, in: Die Zukunft 1 (1892), S. 481-491.

611 Diese jeweils stark wertenden Begriffe werden hier zunächst nicht hinterfragt. Harden hatte, wie auch später immer wieder, als Grundübel herausgestellt, daß der Kaiser durch eine unfähige und vor allem schmeichlerische Umgebung nie das korrekte Echo auf seine Handlungen erfahren könne. Hierdurch werde eine Verziehung des Monarchen bewirkt, die eine Gefahr für die Nation bedeute. 1898 äußerte Harden die Sorge, „ob nicht binnen kurzer Frist die monarchische Entwicklung uns schwere Krisen heraufführen werde.“ Wilhelm II. stehe jetzt an einem Scheidepunkt. Noch könne er lernen, sich positiv entwickeln, aber die Situation sei kritisch. Maximilian Harden, An den Kaiser vor zehn Jahren, in: Die Zukunft 65 (1908), S. 311-324, hier S. 314.

612 Maximilian Harden, Monarchen-Erziehung, in: Die Zukunft 1 (1892), S. 625-632, hier S. 632.

613 U.a. eine in Potsdam vor den Leibregimentern gehaltene Rede, in welcher der Kaiser über sein Unverstandensein klagte. Maximilian Harden, An den Kaiser vor zehn Jahren, in: Die Zukunft 65 (1908), S. 311-324, hier S. 313.

handelnden Öffentlichkeit. Diese war die Grundbedingung des Konzepts der Monarchen-Erziehung. Hardens Konzept ist nicht zuletzt deshalb bedeutsam, weil es explizit machte, was implizit für die Erwartungshaltung gegenüber dem Monarchen nahezu aller Kommentatoren galt. Genau dies unterstrichen die beiden großen Skandale.

Die Erwartungen bewegten sich immer im Dreieck Monarch, Öffentlichkeit und Berater. Die Berater waren die Sollbruchstelle im Konzept. Sie waren Schuld an der einseitigen Information des Kaisers. Der ,Schwarzseher' machte für ein sich verschlechterndes Verhältnis zwischen Volk und Monarch in erster Linie letzteren verantwortlich, beklagte aber gleichzeitig, daß problemsensible Berater dem Volk „zu Heroen und dem Kaiser zu Erziehern" hätten werden können.[614] „Der Mangel an Aufrichtigkeit," so Harden, der dem Monarchen überall begegne, hindere ihn, „seine Erziehung fortzuführen und zu vollenden".[615] Auch in den durch die kaiserliche Erklärung geprägten Kommentaren, die neue, vom Volk aus gedachte Kaiserkonzepte zu popularisieren versuchten, spielten die Berater als ,Erziehungshelfer' eine wesentliche Rolle: Die „berufenen Ratgeber", hieß es in der *Kölnischen Zeitung*, „tragen jetzt gegenüber dem Volke die schwere Verantwortung, daß der gute Wille des Kaisers den Weg nicht verfehle, der ihn zum Herzen des Volkes führt".[616] Daß das Volk von nun an das Recht besitzen mußte, die Umgebung des Monarchen zu kontrollieren, wurde vorausgesetzt.[617]

Folgerichtig läßt sich auch die in der Eulenburg- und dann stärker noch in der Daily-Telegraph-Affäre präsente Vorstellung der Möglichkeit, positive Lehren aus den Krisen zu ziehen, in das Konzept der Monarchen-Erziehung einpassen. In den Reaktionen auf die öffentlich ausführlich vorbereitete Unterredung Bülows mit dem Kaiser kommt dies zum Ausdruck.[618] Hier sollte exakt das passieren, was Harden schon sehr früh eingefordert hatte. Wenn auch zum Teil unter Benutzung anderer Begriffe, die letztlich aber das gleiche meinten, erwies sich das Konzept der Monarchen-Erziehung für die zeitgenössischen Kommentatoren offensichtlich als außerordentlich treffende Beschreibung einer gemeinsam geteilten Erfahrung. Analytisch ist der Begriff auch heute noch nützlich, weil er das beschriebene Bündel unterschiedlicher, zum Teil widersprüchlicher Erwartungen und Grundannahmen einer idealisierten Monarchie umschließt.

---

614 Die Schwierigkeiten würden allerdings durch Wilhelms Wesen verstärkt. Der Kaiser sei kein guter Zuhörer. SCHWARZSEHER, Kaiser, S. 6 f.

615 Maximilian Harden, Monarchen-Erziehung, in: Die Zukunft 1 (1892), S. 625-632, hier, S. 630 und 632.

616 Die „Spannung aller Patrioten" werde jetzt darauf gerichtet sein, ob es dem Kaiser gelinge, aus „innerster Überzeugung heraus seine Regierungsmethode" zu ändern. ,Für den Kaiser', Kölnische Zeitung, 23. November 1908, (Nr. 1230).

617 Z.B. wurde der Straftatbestand der Majestätsbeleidigung regelmäßig als direkte Folge der Überbetonung des monarchischen ,Ich' und des Zulassens von Byzantinismus gesehen. Dies belegen so unterschiedliche Kommentatoren wie Liman und zwei Leitartikler des *März*. Vgl. Liman, Kaiser, S. 18 f. sowie Talbot, Lohengrin oder Telramund, in: März 2 (1908), S. 309-312 und Elkan, Das byzantinische Oberhemd, in: März 2 (1908), S. 317-318.

618 Holstein an Fürst Bülow am 30. Oktober 1908, ROGGE, Holstein und Harden, S. 365.

Das Konzept Monarchen-Erziehung ist durchaus wörtlich zu nehmen. Dann erst erweist sich, wie sehr es Ausdruck der Individualisierung des Herrschers war. Ernst Horneffer behauptete, im November 1908 habe sich die „Charakterlosigkeit unseres öffentlichen Lebens“ gezeigt.[619] Denn bereits wesentlich früher hätte scharfe Kritik geübt werden müssen. Horneffer erläuterte bei dieser Gelegenheit seine pädagogischen Grundprinzipien gegenüber dem Monarchen, die auch für die Erziehung seiner Kinder gelten könnten. Der junge Monarch sei verwöhnt und dadurch verdorben worden, obwohl er „Anspruch auf diese Erziehung“ gehabt habe. Paradigmatisch werden die Verfehlungen der ‚Erziehungsberechtigten', die dem Monarchen nicht ihren Willen entgegensetzten, am Beispiel der Bismarckentlassung erläutert. Darin, daß der Monarch nie gezwungen wurde, diesen Akt zu erläutern, sei ihm, dem „lebhaften, hoffnungsvollen und doch zugleich fragwürdigen Fürsten“, Unrecht geschehen. Die ausbleibenden Reaktionen hätten ihm einen „falschen Begriff seiner selbst“ gegeben, der ihn nicht erfassen ließ, daß eine Autorität niemals ererbt, sondern nur durch Leistungen erworben werden könne.[620] Wie fatal die früher verweigerte Hilfe „zur Selbsterziehung“ gewesen sei, zeigte sich für Horneffer nach der Daily-Telegraph-Affäre, aus der der Kaiser tatsächlich geläutert hervorgegangen sei.[621]

Bezeichnenderweise wehrte sich gerade im Jahr 1908 Rudolf Borchard gegen die Vergabe von Kopfnoten zum kaiserlichen Betragen mit der Frage, „wo denn das moralische Forum ist, vor dem er steht; wo ist im Volke der Gegensatz zu ihm, an dem gemessen er der Aufgabe, die Gesamtheit des Volkes politisch zu vertreten, nicht genügen soll? Er ist im Positiven wie im Negativen seiner Artung so absolut eines mit seinem Volke und dem Wege seines Volkes, daß Lob und Verdikt beide trifft, eins mit dem anderen steht und fällt.“[622] Borchardts Weigerung, in die schulmeisterliche Verdammung des Kaisers einzustimmen, bestätigt die Durchschlagskraft des Konzepts Monarchen-Erziehung. Für ein Individuum, das zum pathologischen Fall erklärt wurde, brachte er den Generationszusammenhang des Kaisers als Generalabsolution ins Spiel.[623] Borchardt stellte auf die Persönlichkeit Wilhelms II. ab. Für diese „Theorie der Genialität der unverantwortlichen Handlung“ bedeutete die Krise, in die das Reich wenige Wochen nach der Publikation von Borchardts Aufsatz gestürzt wurde, eine Katastrophe. Borchardt gestand, allerdings nicht öffentlich, seine „Verzweiflung über diese Ereignisse“, die „den endgültigen Schiffbruch meiner teuersten Hoffnungen“ markierten, ein.[624]

---

619 Ernst Horneffer, Der Kaiser und die Nation I-III, in: Die Tat 1 (1909), S. 47-62, 179-188, 279-291, hier S. 49.

620 Ernst Horneffer, Der Kaiser und die Nation I, in: Die Tat 1 (1909), S. 47-62, hier S. 53.

621 Ernst Horneffer, Der Kaiser und die Nation II, in: Die Tat 1 (1909), S. 179-188, hier S. 187 f.

622 Rudolf Borchardt, Der Kaiser, in: Süddeutsche Monatshefte 5 (1908), S. 237-252, hier S. 246.

623 BAHNERS, Mann, S. 43.

624 Borchardt an Gustav Pauli am 26. März 1909, zit. nach BAHNERS, Mann, S. 52.

Während die verbreitete Erwartung, dem Monarchen könnten die Skandale eine Lehre sein, das Funktionieren des Konzepts Monarchen-Erziehung belegt, erwies sich die Daily-Telegraph-Affäre für das Konzept als große Herausforderung. Zustandekommen und Inhalt des Interviews, aber gerade auch das Verhalten des Monarchen während der Krise, schienen nahezulegen, daß die ‚Befreiung' des Monarchen in der Eulenburg-Affäre ergebnislos geblieben sei, weil der Monarch grundsätzlich nicht lern- und einsichtsfähig sei.[625] Dies war aber Voraussetzung für die Erziehung, wie Reventlow vor den Skandalen herausgestellt hatte. Reventlow glaubte, daß Wilhelm II. „das Gefühl der Selbstgerechtigkeit fremd" sei, und verwies als Beleg auf das Eingeständnis des Monarchen, „er bereue oft Nächte lang, in einer Rede zu viel gesagt zu haben". Dies bedeute, daß der Kaiser „sich für nichts weniger als für unfehlbar hält", daß er Konflikten ausgesetzt sei, und habe insofern etwas „Sympathisches". Wilhelm II. halte sich nicht für gottähnlich. „Ich halte ihn im Gegenteil für einen beständig hart arbeitenden und innerlich oft schwer leidenden Mann."[626] Genau jene Ehrenrettung des ‚Menschen' Wilhelm II. gegenüber dem Monarchen hatten das Daily-Telegraph-Interview und Wilhelms II. anschließender Vergnügungsausflug unmöglich gemacht. So gehörte es zu den Hauptproblemen, die nun immer wieder hervorgehoben wurden, daß der Charakter des Kaisers nicht mehr zu ändern sei.[627] Die verstehende Individualisierung der monarchischen Person war in eine Sackgasse geraten. Wilhelm II. sei ein ausgeprägtes Individuum und als solches kaum zu beeinflussen, stellte Theodor Wolff fest.[628]

Nur vor diesem Hintergrund sind die geschilderten Abdankungsüberlegungen zu verstehen, die – wie Harden es ausdrückte – „traurige Notwendigkeit de[n] allerhöchsten Personenwechsels auf uns nehmen".[629] Der ‚Schulverweis' war die letzte und schwerste Erziehungsmaßnahme. Die Öffentlichkeit hatte in der Daily-Telegraph-Affäre ihren Beitrag zum Konzept der Monarchen-Erziehung geleistet. Kurz vor der kaiserlichen Erklärung stand nurmehr der Monarch in der Pflicht. Deren Nichterfüllung wurde zur Unmöglichkeit erklärt: „Kann sich der Kaiser zur Erfüllung dieser Forderung der Zeit und seines Volkes nicht entschließen, so treten wir in die Periode ‚der Nachfolger'

---

625 Schon 1906 schrieb August Stein, manche meinten wohl, „es würde vieles anders sein, wenn nur der Kaiser und König besser informiert wäre." Stein warnt vor diesem Trugschluß, belegt aber damit die Verbreitung dieser Ansicht. „Die Mißgriffe erklären sich vielmehr fast immer aus hinlänglich bekannten Charaktereigenschaften des Kaisers, vor allem aus seiner Neigung zu plötzlichen persönlichen Entschließungen. Die Information kommt dann zu spät." August Stein, ‚Vom Kaiser und von der Presse', Frankfurter Zeitung, 3. August 1906.

626 REVENTLOW, Byzantiner, S. 40 ff.

627 Beispielhaft die *Hamburger Nachrichten*: „Denn angenommen, der Kaiser habe eine feste Zusage gegeben, so wäre auch damit noch keine ausreichende Bürgschaft für alle Zukunft gewonnen, weil der Monarch selbst beim besten Willen doch nicht aus seiner Individualität heraus kann." ‚Der Kaiser', Hamburger Nachrichten, 12. November 1908, (Nr. 799).

628 Theodor Wolff, ‚Morgen', Berliner Tageblatt, 9. November 1908, (Nr. 572) und vor allem: Ferdinand Avenarius, Das Volk und der Kaiser. Auch eine Weihnachsbetrachtung, in: Der Kunstwart 22 (1908/09), S. 319-326, hier S. 320 f.

629 RÖHL, Freund, S. 71.

und damit der inneren Kämpfe, die ohne Schädigungen des Reichs nicht vorübergehen können“, drohte unmißverständlich die *Tägliche Rundschau.*[630] Das ursprünglich zweiseitige Konzept war nun zu einem einseitigen geworden. Wenn der Monarch sich dem „Zwange“ nicht fügen wolle, „so bleibt nichts anderes übrig, als daß ihm in jedem einzelnen Falle von der ganzen Öffentlichkeit zugerufen wird: wir verbitten uns jede willkürliche Privatpolitik!“ Dies sei „sehr unbequem und peinlich“, aber nicht die Schuld des deutschen Volkes, sondern „einzig und allein die Schuld des deutschen Kaisers“, der das Volk in eine solche „Zwangslage“ versetzt habe.[631] Wie „peinlich“ die Kaiserinquisition nun war, verdeutlicht Hardens herablassende Bemerkung, der Kaiser „reist und zerstreut sich überhaupt ein bißchen viel.“[632]

Diese Selbstermächtigung zur uneingeschränkten Kontrolle des Monarchen steht in enger Beziehung zu einem zweiten roten Faden, der in der Kritik im Zuge der Daily-Telegraph-Affäre aufscheint: der Problematisierung einer nicht leistungsfähigen Monarchie und der Einforderung eines an einem modernen Führerideal orientierten Kaisertums. Der britische Botschafter in Berlin, Edward Goschen, berichtete Ende 1910 über den massiven Vertrauensverlust, dem der Kaiser sich ausgesetzt sehe. Dies gelte insbesondere für die in der Elite verbreitete Überzeugung, der Kaiser falle als Führer und Koordinator der Politik vollständig aus.[633] Noch vergleichsweise zurückhaltend hatte Naumann gefordert: „in der Politik muß der Kaiser als Fachmann arbeiten oder er soll seine Hände davon lassen“.[634] Konkreten Erwartungen standen konkrete Defizite des Monarchen als Politiklenker- und koordinator gegenüber.

Hier zeigt sich deutlich die Ambivalenz der neuen Monarchiekonzepte. Zwar sollte der Kaiser von Verantwortung entlastet werden. Tatsächlich wurde er aber gleichzeitig einem strengen Leistungsparadigma unterworfen und mit neuen Erwartungen befrachtet. Naumann postulierte: Der „neue Monarchismus“ sei allein im Kaisertum aufgehoben, nicht mehr in den einzelstaatlichen Monarchien.[635] Dieser Satz entstammt Naumanns Schrift ‚Das Königtum‘, gleichsam einer Bestandsaufnahme dessen, was Monarchie nach den

---

630 ‚Wochenschau‘, Tägliche Rundschau, 15. November 1908, (Nr. 539).

631 Friedrich Naumann, Die Politik des Kaisers, in: Die Hilfe 14 (1908), S. 718-720, hier S. 718.

632 Maximilian Harden, Gegen den Kaiser III, in: Die Zukunft 65 (1908), S. 285-304, hier S. 301.

633 Christopher HOWARD (Hg.), The Diary of Edward Goschen, London 1980, S. 32.

634 Friedrich Naumann, Die Politik des Kaisers, in: Die Hilfe 14 (1908), S. 718-720, hier S. 719 f. Tatsächlich sei der Kaiser, wie Bülow gesagt habe, kein Philister. „Nun aber genügt die ästhetische Freude am persönlichen Wesen nicht mehr, um die Abrechnung, was denn bei diesem System erreicht ist, weiter hinauszuschieben. Ein Kaiser wird nicht danach beurteilt, ob er seinem Volke psychologisch interessant ist [offensichtlich eine Anspielung auf Borchardt, M.K.], sondern danach, ob unter seiner Führung die nationalen Kräfte sachgemäß verwendet werden. [...] Wir verlangen vom letzten Manne im Volke eine rückhaltlos nationale Haltung, vom letzten Mann und vom ersten.“ Ebd., S. 719.

635 Friedrich Naumann, Das Königtum II, in: Die Hilfe 15 (1909), S. 31-33, hier S. 31.

Verwüstungen des Novembers 1908 noch heißen könne.[636] Naumann bezeichnet hier klar das angesprochene Leistungsparadigma: „Kein König lebt davon, daß er sich selber für nötig hält, sondern er muß von den andern Leuten für nötig gehalten werden.“[637] Naumann leitet hieraus direkt den Willen, den Wunsch und die notwendige Suche nach einer Führergestalt ab: „Hinweg mit der falschen Romantik! Sie verschleiert nur die eine Tatsache, die viel größer ist als Gold und Purpur, die Tatsache, daß nur ein Mensch von Fleisch und Blut uns führen muß, wenn wir mit dem Tod und Leben kämpfen. Wer ist dieser Mann und was kann er?“[638] Radikal formuliert findet sich dieser Gedanke bei ‚Aristides', der erklärte, ein „wahrer Volkskaiser“ müsse sich „das Vertrauen unseres Volkes erst verdienen“. Er müsse bedenken, „daß auch das Erbkaisertum im Grunde genommen doch ein Wahlkaisertum bleibt!“[639]

Derartige radikale Neudefinitionen der Monarchie reflektierten auch immer den vermeintlich nicht gangbaren Ausweg einer Parlamentarisierung. Die Monarchie in Deutschland, so Naumann, beruhe „nicht zum kleinsten Teile darauf, daß die größten organisatorischen Talente des Deutschtums nicht in die politische Arbeit hineingehen.“ Die Deutschen seien ein „unpolitisches Volk“ und kämen deshalb „nicht los vom Monarchen“.[640] Insofern machte die Krise den Ruf nach dem Führer plausibel. Gerade in dieser Zeit bedürfe es „einer klaren und kraftvollen, durchaus steten und innerlich starken Führung.“[641] Eine ‚kommunikativ' erweiterte Monarchie, deren Beschreibung als Führertum nicht nur Wortgeplänkel war, schien diesen Anspuch einlösen zu können. Nur scheinbar den Kaiser unterstützend, erklärte Falkenegg: „Und der Kaiser, der besser informierte, wird Führer des deutschen Volkswillens sein. Dann werden selbst die bösen Tage, die uns das odiöse Kaiser-Interview gebracht haben, uns noch zum Segen werden.“[642]

Vor dem Hintergrund der nun weit verbreiteten und vor allem offen ausgesprochenen Ansicht, daß der derzeitige Monarch, der „Unbewährte“, versuche, „ohne die wesentlichen Herrscher-Eigenschaften“ zu regieren, war der

---

636 Die Grundannahme war allerdings immer noch eine sehr hohe Einschätzung des monarchischen Machtpotentials: In der Politik „pulsiert das wirkliche Leben in den monarchischen Willensakten. Ohne den Kaiser wird im jetzigen Deutschland keine einzige größere politische Idee durchgeführt“. Friedrich Naumann, Das Königtum III, in: Die Hilfe 15 (1909), S. 48-50, hier S. 49.

637 Friedrich Naumann, Das Königtum I, in: Die Hilfe 15 (1909), S. 15-18, hier S. 15. „Auch diejenigen, die selber nicht an Überarbeitung leiden, wollen ihr Werturteil über menschliche Größe und Majestät von nichts anderem abhängig machen als von dem Eindrucke der Arbeit, des Könnens, der hohen Leistung. Darüber dachten frühere Zeiten anders.“ Die Legitimation des Monarchen unterscheide sich nunmehr nicht mehr von republikanischen Präsidenten. Sie werde einzig durch Leistung begründet. Ebd., S. 18.

638 Friedrich Naumann, Das Königtum I, in: Die Hilfe 15 (1909), S. 15-18, hier S. 18.

639 „Wenn das Volk aber mit seinen Regierern nicht zufrieden zu sein wirklichen Grund hat, dann hat das Beispiel der Geschichte stets einen elementaren Ausbruch des verletzten Volkswillens gezeigt.“ ARISTIDES, Kaiser, S. 6.

640 Friedrich Naumann, Das Königtum III, in: Die Hilfe 15 (1909), S. 48-50, hier S. 48.

641 Deutsche Tageszeitung, 31. Oktober 1908, (Nr. 514). Nahezu ideentisch: Münchner Neueste Nachrichten, 12. November 1908, (Nr. 530).

642 FALKENEGG, Was nun?, S. 29.

Anspruch an den Kaiser, sich als Führer zu bewähren, allerdings höchst delikat.[643] Schließlich hatte das Kaiserinterview vor allem deshalb so scharfe Reaktionen hervorgerufen, weil es die Unbelehrbarkeit des Monarchen zu erweisen schien.[644] Schon inmitten der Krise hatte Harden erklärt, man wolle „den Leuten, die an der Staatsspitze nicht taugen, nicht auf ewig unlöslich verbunden sein. Uns die Möglichkeit wahren, taktlose oder kompromittierte Menschen wegzujagen. Solche Möglichkeit bleibt nur, wenn diese Menschen nicht in Purpur geboren sind."[645] Unfreiwillig zeigte Harden hier die Grenzen des von ihm begrifflich gefaßten Konzepts auf. Die Monarchen-Erziehung war aus der Not geboren. 1894, kurz vor der Caligula-Affäre, hatte Caliban die Hoffnung ausgesprochen, der Monarch könne und würde noch lernen, sich selbst erziehen. Monarchen-Erziehung trat hier als kategorischer Imperativ auf, denn Wilhelm II. sei „nicht nur der Herr im Lande, sondern auch sein Fatum".[646] Damit hatten Kritiker bereits damals jene Aporie formuliert, die das Konzept der Monarchen-Erziehung mehr bestätigte als überwinden konnte.

3. Stilbildungen und Spätwirkungen

In den Darstellungen der Daily-Telegraph-Affäre steht am Ende regelmäßig die Frage nach deren Folgen. Genauso regelmäßig folgt die Antwort, daß sich tiefgreifende und langfristige Resultate der Novemberkrise nicht fesstellen lassen.[647] Der Kaiser habe sich schnell erholt und Verfassungsänderungen konnten nicht durchgesetzt werden. Allenfalls ein Menetekel für Späteres will Thomas Nipperdey erkennen.[648] Blickt man auf die verfassungsrechtliche und im engeren Sinne politikgeschichtliche Ebene, ergibt sich tatsächlich das Bild eines bloßen Oberflächenphänomens, das den fatalen Strukturen nichts anhaben konnte.[649] War die Krise von 1907/1908 also ein Vorspiel für 1918, ein

---

643 Maximilian Harden, Gegen den Kaiser III, in: Die Zukunft 65 (1908), S. 285-304, hier S. 298; Verhandlungsbericht über die Sitzung des geschäftsführenden Ausschusses des Alldeutschen Verbandes am 4. und 5. November 1908, in: BAL, R 8084 (Alldeutscher Verband), Nr. 67, Blatt 52.

644 Die bedingte Wirkung der Monarchen-Erziehung in den Augen der Öffentlichkeit und die Präsenz des Konzepts unterstreicht Th. Th. Heines Karikatur ‚Kanzlererziehung' im Simplicissimus vom 30. August 1909. Vgl. REBENTISCH, Gesichter, S. 76.

645 Maximilian Harden, Gegen den Kaiser III, in: Die Zukunft 65 (1908), S. 285-304, hier S. 303 f.

646 Caliban, „Ich allein bin der Herr im Lande...", in: Die Gegenwart 46 (1894), S. 315-317, hier S. 317.

647 Bereits im Januar 1909 war in den *Lustigen Blättern* eine Zeichnung erschienen, die aussagte, daß sich anläßlich des 50. Geburtstages des Kaisers nicht etwa ein „Stück Papier" zwischen das Volk und den Kaiser stellen dürfe. REBENTISCH, Gesichter, S. 88.

648 Nipperdey, Geschichte II, S. 738. Verbreitet ist allerdings die Ansicht vom teilweisen Rückzug des Kaisers aus der Tagespolitik. Hierzu schon früh: SCHLEGELMILCH, Stellung, S. 129; ESCHENBURG, Daily-Telegraph-Affäre, S. 220.

649 Diese Deutung zuerst bei Eschenburg: „Die ganze Daily-Telegraph-Angelegenheit hatte sich in allen ihren Phasen fast ununterbrochen an der Öffentlichkeit und damit an der Oberfläche abgespielt, so daß sie zu einer tieferen nachhaltigen Wirkung auf die Reichspolitik gar nicht

Menetekel oder sogar notwendige Vorbedingung und Vorstufe? Derartige Wertungen scheinen zunächst sinnlos, weil sie eine Kausalität suggerieren, die sich nicht nachweisen läßt. Der Blick auf den Monarchiediskurs erlaubt aber zumindest Aussagen in zweierlei Richtung: erstens indikatorisch, das heißt die Krise offenbart, wieviel öffentlichen Rückhalt für Monarchie und Monarch die Medien zu geben bereit waren, und zweitens strukturell, das heißt die Skandale bewirkten massive Veränderungen in der Sprache, in der der Monarch diskutiert wurde, und im Bild, das vom Monarchen öffentlich existierte.

Die Substanz der Krise der Monarchie von 1908 lag im Zusammenhang zwischen dem Schock zweier Skandale, die soweit gingen, die Abdankung des Monarchen in den Bereich des Möglichen zu bringen, und der gleichzeitigen Gewöhnung hieran.[650] Über drei Jahre hinweg, unterbrochen lediglich durch die Gerichtsferien, war das Thema Kamarilla, das Thema Monarchie und schließlich das Thema Wilhelm II. in den Medien dauerpräsent.[651] Im April 1908 notierte das Deutsche Reichsblatt anläßlich kleinerer Nebenaffären der großen Kamarillaprozesse: „Der Kaiser steht also wieder einmal zur Diskussion! ‚Wieder einmal' ist eigentlich unrichtig, denn er kommt im Grunde überhaupt nicht aus dem Brennpunkt des öffentlichen Interesses heraus."[652] Dies konnte für den Monarchen und für dessen öffentliche Diskussion nicht folgenlos bleiben: „Es wird nie wieder, wie es vorher gewesen ist; alle kaiserlichen Handlungen sind nun umgeben von einem Schatten", behauptete Naumann im November 1908. Der „seelische Zusammenhang zwischen Volk und Monarch" habe sich gelockert, und nun bedürfe es nicht mehr viel, und es gebe überhaupt nurmehr zwei Faktoren, die „direkt miteinander kämpfen, die kaiserliche Person einerseits und die öffentliche Meinung andrerseits".[653]

---

führen konnte." ESCHENBURG, Daily-Telegraph-Affäre, S. 223. Allerdings gesteht Eschenburg – in einer späteren Abhandlung – zu: „Das schwerwiegende Ereignis aber in diesen Tagen war die Kapitulation des Kaisers vor der öffentlichen Meinung, das verschleierte Eingeständnis der eigenen Schuld und eine Garantieerklärung für die Zukunft – ein unerhörtes Ereignis in der preußisch-deutschen Geschichte. Damit brach ein Stück aus der preußischen Königstradition, und wie eine Zäsur geht dieses Ereignis durch die deutsche innere Politik und die Regierungszeit Wilhelms II." Theodor ESCHENBURG, Das Kaiserreich am Scheideweg. Bassermann, Bülow und der Block, Berlin 1929, S. 156 f.

650 Dies war der deutlichste Ausdruck eines Tabubruchs. Im April 1909 bezeichnete Horneffer die Abdankung zwar als etwas „Ungeheures [...] für einen Hohenzollernfürsten", spielte deren Möglichkeit aber gedanklich durch. Ernst Horneffer, Der Kaiser und die Nation I, in: Die Tat 1 (1909), S. 47-62, hier S. 59.

651 Bis spätestens Mitte 1909 blieb Eulenburg – und damit die Kamarillafrage – ein Thema in der Presse. Nachdem die direkten Reaktionen zum Skandal abgeklungen waren, fand er in einer Reihe von Artikeln, die sich indirekt auf die Vorkommnisse beziehen, sein Nachspiel. In mehreren Blättern wurde unter der vielsagenden Überschrift „Die Intimen des Kaisers" (18. Mai 1908) von der jovialen Stimmung auf den Nordlandfahrten berichtet. BAL, R 8034 II (RLB-Archiv), Bd. 4009, Blatt 26.

652 ‚Der Kaiser', Deutsches Reichsblatt, 11. April 1908, (Nr. 15), S. .

653 Friedrich Naumann, Die Tage der nationalen Demütigung, in: Die Hilfe 14 (1908), S. 460. „Das verlorene Vertrauen wiederzugewinnen, muß das persönlichste Interesse der Hohenzollerndynastie sein, denn wir brauchen nur noch einen Sturm in unserem deutschen Vaterlande zu erleben, dann werden die Vertrauensbeweise, die der deutsche Kaiser heute noch in

Als direkte Antwort auf die Daily-Telegraph-Affäre und Indikator für die verstörende Wirkung der Monarchiekrise kann Thomas Manns Roman *Königliche Hoheit* interpretiert werden. Ganz ähnlich wie Rathenau zum gleichen Zeitpunkt entwickelte Mann, mit nur leichter ironischer Distanz, das Idealbild einer auf Repräsentation beschränkten Monarchie.[654] Sinn und Berechtigung der Monarchie, nachhaltig in Frage gestellt durch die Krise des November 1908, sind das Thema einer nur auf den ersten Blick märchenhaften Darstellung. Die Leistungen des Monarchen liegen in „persönlich-existentiellen Opfern" begründet. Zugunsten des Staatswohles müssen traditionelle und überkommene Gewohnheiten zurücktreten.[655] In der Transformation der Monarchie wurde das Volk zur entscheidenden Kraft. Letztlich entschied dieses über den neuen Herrscher. Dessen Popularität wurde bei Mann zum wichtigsten Kriterium.[656]

Innerhalb der politischen Publizistik lassen sich diverse Bücher den direkten Reaktionen auf die Krise der Monarchie 1908 zuordnen. Diese Bücher, ebenso wie einige Zeitschriftenartikel, können als Versuche einer Verortung des Geschehenen gesehen werden. Ihr kleinster gemeinsamer Nenner ist nicht weniger als die Neudefinition der wilhelminischen Monarchie. Dies gilt besonders für die Abhandlung über *Kaiser und Nation* von ‚Aristides'. Unter dem Schlagwort „Volkskaiser" forderte Aristides endlich Bewährung und direkte Verständigung zwischen Monarch und Volk und beschwor, für den Fall, daß der Kaiser dem Volk seinen Willen aufzwänge, die Überwältigung der „Schweizer".[657] Paul Liman gab 1909 seinen Band von 1904 erneut heraus.

---

seiner Hand eint, ihm entrissen werden, als dem, der mit dem ihm anvertrauten Pfunde schlecht gearbeitet hat", urteilte ungleich schärfer ARISTIDES, Kaiser, S. 8. Vgl. die ganz ähnliche Rhetorik bei FALKENEGG, Was nun?, S. 3.

654 Vgl. vor allem MANN, Königliche Hoheit, S. 202. Rathenau verzichtete nach der Daily-Telegraph-Affäre auf Angriffe gegen den Kaiser, dessen Verhalten er vielmehr aus einer spezifischen „Psychologie des Dynasten" zu erklären bemüht war, wie aus einem bald nach der Daily-Telegraph-Affäre entstandenen Fragment dieses Titels hervorgeht, das in der vorsichtigen Befürwortung des „reinen Konstitutionalismus" allerdings auch Kritik am persönlichen Regiment implizierte. In einem weiteren Fragment dieser Zeit erkannte Rathenau den „Kern der Geschehnisse" in der Tatsache, daß „zum ersten Mal seit sechzig Jahren das deutsche Volk ungefragt das Wort ergriffen und gesprochen hat". HELLIGE, Rathenau und Harden, S. 571.

655 MANN, Königliche Hoheit, S. 440 ff. Das wichtigste Zitat lautet: „Bei allem, was Eure Königliche Hoheit erwägen und tun, wollen Sie sich gegenwärtig halten, daß Eurer Königlichen Hoheit Glück durch Schicksalsfügung zur Bedingung der öffentlichen Wohlfahrt geworden ist, daß aber auch Eure Königliche Hoheit Ihrerseits in der Wohlfahrt des Landes die unerläßliche Bedingung und Rechtfertigung Ihres Glücks zu erkennen haben." Ebd., S. 419.

656 MANN, Königliche Hoheit, S. 263, 388. Im Gegensatz zum Wilhelminismusroman seines Bruders ist Thomas Manns nur auf den allerersten Blick triviale Geschichte sehr selten als zeitgeschichtliches Dokument untersucht worden. Vgl. lediglich die Einschätzung Manns selbst: Thomas MANN, Über ‚Königliche Hoheit', in: Ders., Gesammelte Werke XI: Reden und Aufsätze, Frankfurt a.M. 1960, S. 567-583. Vgl. auch: Dieter BORCHMEYER, Repräsentation als ästhetische Existenz. Königliche Hoheit und Wilhelm Meister. Thomas Manns Kritik der formalen Existenz, in: Recherches Germanique 13 (1983), S. 105-136.

657 ARISTIDES, Kaiser, S. 10. Vgl. auch das zeitgleich erschienene Pamphlet: Sincerus, Wilhelm II.. Kritisch, aber weniger radikal räumte Sincerus dem Kaiser eine letzte Chance ein und

Liman aktualisierte einige Passagen und richtete seine Interpretation nun auf den Fluchtpunkt der Krise von 1908 aus. Geradezu als Spiegelbild zu Liman, dessen psychologisierende Form es aufnimmt, ist Adolf Steins im Kern apologetische Schrift *Wilhelm II.* aus dem gleichen Jahr zu sehen. Steins Anliegen war eine monarchistische Bestandsaufnahme „nach der schwarzen Woche der Monarchie“. Allerdings beschränkte sich Steins Darstellung, auch wenn ihm dies unterstellt wurde, durchaus nicht auf platte Hagiographie. Zunächst hinterfragte Stein die Rolle der öffentlichen Meinung in der Daily-Telegraph-Affäre.[658] Deren Wirken, urteilt er, sei gesteuert und manipuliert worden. Stein machte sich zum Advokaten einer angeblichen kaisertreuen schweigenden Mehrheit. Seine besondere Kritik galt der „Intoleranz unter dem neuesten Kurse“, die von solcher „Nervosität“ sei, daß „jede Kritik sofort mit Keulenschlägen beantwortet wird, man sei Byzantiner, Kamarillist“ oder ähnliches. Das „Dogma von der Unfehlbarkeit der öffentlichen Meinung“ gelte es nach der Erfahrung der Novemberkrise herauszufordern und mit der tatsächlichen Meinung des „Volkes“ zu kontrastieren.[659] Steins Versuch, eine monarchistische Meinungsführerschaft zu erneuern, erregte erhebliches Aufsehen. Bei überwiegender Ablehnung gab es auch positive Stimmen, unter denen die von Erzberger im *Tag* hervorstach.[660]

1910 erschien Berthold Ottos Abhandlung *Der Zukunftsstaat als sozialistische Monarchie*.[661] Eines der zentralen Argumente des Reformpädagogen Otto war, „daß der Monarch ein Naturwunder der erstaunlichsten Art sein müßte, wenn er gegen das Lebensinteresse seines Volkes handeln wollte.“[662] Den Vorwürfen aus der Daily-Telegraph-Affäre hielt Otto entgegen, der Monarch habe ein originäres, im Kern egoistisches Interesse am Wohlergehen der Nation. Otto entwickelte ein Modell, in dem die Monarchie als selbstverständlich und vor allem zukunftsfähig geschildert wird, allerdings der Beste Monarch sein solle.

Eine indirekte – und zeitlich deutlich verzögerte – Reaktion auf die Novemberkrise stellte Heinrich Claß’ unter Pseudonym erschienenes *Wenn ich der Kaiser wär’* dar. Claß leistete weniger eine direkte Auseinandersetzung mit Erscheinung und Ursache der Novemberkrise. Vielmehr verwies er implizit

---

schloß seine Schrift mit den Worten: „Die Zukunft wird’s entscheiden. Wir grüßen den Kaiser und warten.“ Ebd., S. 31.

658 Vgl. Adolf STEIN, Wilhelm II., Leipzig 1909, S. 7 f.

659 STEIN, Wilhelm II., S. 14, 16.

660 Vgl. die Besprechung von Kormann. Dieser rechtfertigte die neuartige Werbekampagne für das Buch. Problematischer sei, daß Stein sich selbsterschaffene Gegner konstruiere und diese dann bekämpfe. Dabei lehne er sich viel zu weit aus dem Fenster und leiste dem Monarchismus damit einen schlechten Dienst. Kormann, Der Kaiser. Akademische Blätter. Zeitschrift des Kyffhäuser-Verbandes der Vereine Deutscher Studenten 23, 410-412, hier S. 410 f. Vgl. auch: ROGGE, Holstein und Harden, S. 443. Erzberger, der damals der konservativen Hofclique, die am Sturz Bülows arbeitete, zugerechnet wurde, besprach im *Tag* vom 22. Dezember 1908 das Buch Steins positiv. Es diene der Erhaltung des monarchischen Gedankens.

661 Berthold OTTO, Der Zukunftsstaat als sozialistische Monarchie, Berlin 1910.

662 OTTO, Zukunftsstaat, S. 20.

auf diese, indem er kaiserliches Versagen anprangerte und sichtbare Leistungen einforderte. Claß gelang es zudem – symptomatisch in der entsprechenden Kapitelbezeichnung –, die mehrjährige Diskussion zum „Kaiser als Führer" schlagwortartig zusammenzufassen.[663] Bezeichnenderweise die ausführlichste Auseinandersetzung mit dem Phänomen der Novemberkrise – und eine direkte Antwort auf Claß' Kaiserbuch – lieferte Reventlow in *Der Kaiser und die Monarchisten*.[664] Explizit als Korrektur von *Kaiser Wilhelm II. und die Byzantiner* gedacht, versuchte Reventlow eine Bilanz dessen zu ziehen, was Monarchismus nach 1908 noch heißen konnte. Ihm gehe es nicht darum, zu erklären, was er tun würde, wenn er Kaiser wäre, sondern wie „der Deutsche" sich „zu Kaiser und Monarchie zu stellen" habe. Das Buch sei „das Ergebnis eines inneren Vorganges aus innerer und äußerer Erfahrung", denn „die Geschichte der Novemberereignisse" zeige, wie „vollständig die Unklarheit großer Massen von Deutschen in allen die Monarchie und den monarchischen Gedanken berührenden Fragen" sei.[665] Reventlow konstatierte unter den Monarchisten eine peinliche Befangenheit, eine „Schweigelust", und setzte dagegen eine große Aussprache, als deren Initiator er sich selbst sah.[666]

Reventlows höchst reflektierte Antwort auf die Krise von 1908 in *Der Kaiser und die Monarchisten* läßt sich als Versuch beschreiben, Antworten auf die nun nicht mehr zu negierenden demokratischen Herausforderungen zu formulieren. Reventlow mahnte gegenüber dem Kaiser nun „rücksichtslose Entschlossenheit" in der Durchsetzung seines „Rechts", d.h. auch gegenüber einer eventuellen antimonarchischen Mehrheit, an. In der drastischen Gegenüberstellung der immer eindringlicher geltend gemachten demokratischen Ansprüche der „Masse" und einer Neudefinition des Monarchen nach 1908 unterstrich Reventlow die Fundamentalpolitisierung der Monarchie in der Krise.[667] Der von Reventlow konstruierte ‚Führermonarch' war die Antwort der politisch agileren Kreise der Rechten auf unübersehbare Legitimationsprobleme.

Mit Reventlows Korrektur seiner Byzantinismus-Abhandlung schließt sich der Kreis zu den Krisenformulierungen um 1906. Nicht nur dem Inhalt, auch der Form nach bezogen sich diese politischen Wortmeldungen auf die einschneidende Krise von 1908. Beschrieben die Kaiserbücher vor der Krise noch das Verhältnis von Kaiser und Öffentlichkeit mit seinen Schwierigkei-

---

663 Erschienen unter dem Pseudonym Daniel FRYMANN, Wenn ich der Kaiser wär'. Politische Wahrheiten und Notwendigkeiten, Leipzig 1913, S. 227. Zur Führerkonzeption bei Claß vgl. FEHRENBACH, Wandlungen, S. 178.

664 REVENTLOW, Monarchisten, S. 7 ff.

665 REVENTLOW, Monarchisten, S. V f.

666 REVENTLOW, Monarchisten, S. 3.

667 „Auf der anderen Seite aber ist es nicht nur das Recht des Monarchen, das alles zu verteidigen, sondern es ist seine Pflicht, und diese Pflicht wird dadurch nicht geringer, noch unumstößlich, daß Millionen machthungriger Demagogen behaupten, es sei ein Gebot der Entwicklung, daß die Masse und die Delegierten der Masse an die Stelle der Monarchie träten." REVENTLOW, Monarchisten, S. 293.

ten, behandelten die neuen Großdeutungen eine Krise, deren wichtigster Teil und Auslöser Wilhelm II. war. Nur aus diesem Grund konnten sie in dieser Form erscheinen. In den Manifestationen einer Monarchiedeutung, die ihren Protagonisten nurmehr als erwiesene Kalamität behandelte, zeigt sich der dramatische Effekt der krisenhaften Zusammenballung von Skandalen um den Monarchen. Weder die Charakterisierung als Oberflächenphänomene, als temporäre Eskalation, die politisch bedeutungslos blieb, oder als Menetekel vermögen diese Bedeutung zu erfassen.

Vor allem den Eulenburg-Skandal hat die Historiographie des Kaiserreichs kraß unterschätzt.[668] Dies gilt sowohl für die Bedeutung als erster großer Politskandal des Kaiserreichs wie für die Bedeutung als Vorbedingung für die Daily-Telegraph-Affäre. Wichtiger als die oft gestellten und kaum zu beantwortenden Fragen, ob Hardens Kampf berechtigt war, ob Eulenburgs Einfluß positiv oder negativ, ob tatsächlich eine Kamarilla existierte und ob Eulenburg und vielleicht sogar der Kaiser homosexuell waren, war der Skandal als weiterer Umbruchpunkt der medialen Diskussion des Monarchen.[669] In der Diskussion der Kamarillaprozesse erfolgten die entscheidenden Tabubrüche, wurden neue Kategorien für die Diskussion des Monarchen entwickelt und Ansätze für eine Neudefinition der Monarchie aufgezeigt. Die Berichterstattung über Verfehlungen in der Umgebung des Monarchen im Stile einer Reportage war etwas grundlegend Neues.

Die Daily-Telegraph-Affäre hingegen nimmt in Überblicksdarstellungen regelmäßig einen prominenten Platz ein. Sie gilt als typisch für das wilhelminische Regierungschaos, imperiale Merkwürdigkeiten und zunehmende außenpolitische Verwerfungen, die auf den kommenden Krieg verweisen.[670] Betrachtet man diesen bekanntesten wilhelminischen Skandal indes aus der Perspektive des Eulenburg-Skandals, erscheint der „Novembersturm" eher als zweiter Aufguß einer bereits ausführlich diskutierten Problemlage.[671] Der Skandal gewinnt seine Signifikanz durch die ungeheure Intensität der Mediendiskussion, die ein Kondensat all dessen brachte, was zuvor fraglich gewor-

---

668 In der Überblicksdarstellung Heinrich August Winklers kommen weder die Kamarillaprozesse noch Maximilian Harden vor, Wehler erwähnt die Prozesse in einem Halbsatz, verlegt sie allerdings in das Jahr 1906, und lediglich Nipperdey widmet dem Thema einige Zeilen, allerdings mit stark verkürzten und auch unrichtigen Informationen. Ebenfalls äußerst knapp handelt Volker Ullrich das Thema ab. Heinrich August WINKLER, Der lange Weg nach Westen, Bd. I: Deutsche Geschichte 1806-1933, München 2000; WEHLER, Gesellschaftsgeschichte III, S. 1237; NIPPERDEY, Geschichte II, S. 734; ULLRICH, Großmacht, S. 218. Einen zentralen Platz nimmt das Ereignis in der Großdeutung Radkaus ein. Vgl. RADKAU, Zeitalter, S. 304 ff. Lediglich Huber sieht die Krise ausdrücklich als wichtige Vorbedingung für den Zusammenbruch der deutschen Monarchie. HUBER, Verfassungsgeschichte IV, S. 301.

669 Vgl. typisch für die ‚Schuldsuche' das Nachwort des Herausgebers in: Klaus von SEE (Hg.), Das Ende König Ludwigs II. Von Philipp Fürst zu Eulenburg-Hertefeld, Frankfurt a.M./Leipzig 2001, S. 152, 173 ff.

670 So auch noch die jüngste Deutung bei WINZEN, Kaiserreich, S. 88 ff.

671 Der Begriff „Novembersturm" findet sich z.B. bei Reinhold KLEHMET, Zum Novembersturm von 1908, in: Deutsche Revue 4 (1920), S. 42 ff.

den war und durch die konkrete Bestätigung der bisher abstrakt behaupteten grundlegenden Meinungsunterschiede zwischen Monarch und Öffentlichkeit.

In der hier gewählten Blickrichtung treten die strukturellen Veränderungen der Medienöffentlichkeit gegenüber teilweise zufälligen Konstellationen, wie den sexuellen Vorlieben der kaiserlichen Entourage oder intellektuellen Verirrungen des Monarchen, in den Vordergrund. Eine neuformierte Öffentlichkeit, die in der Diskussion des Monarchen formell und materiell veränderten Regeln folgte, thematisierte wesentliche Probleme im politischen Skandal. Diese qualitative und quantitative Ausweitung des Monarchiediskurses, die immer zwei Dimensionen – die Medien selbst sowie Monarchie und Monarch – umfaßte, läßt sich wie folgt zusammenfassen:

1.) Die Krise der Monarchie von 1908 zeigt anschaulich die prägende Wirkung der Monarchie und des Monarchen für die Transformationen der Berichterstattung der Medien. Diese Transformation war nur durch ein verbindendes politisches ‚Top-Thema' möglich, das in der politischen Landschaft des Kaiserreichs nur der Monarch sein konnte. In der Verdichtung des Monarchiediskurses im Skandal, in der sich die Presse und die Pamphletisten als einheitlich handelnde Gruppe erfuhren, waren die beschriebenen Grenzüberschreitungen möglich. Mit jedem Schritt stieg sichtbar das Selbstbewußtsein der Kommentatoren. Selbst wenn man den sensationellen Anteil am Skandal in Rechnung stellt, bleibt als ausschlaggebendes, interessesicherndes und Kommentatoren unterschiedlicher Formate und unterschiedlicher politischer Richtungen einigendes Element der politische Gehalt des monarchischen Skandals. Dabei fällt auf, daß nicht mehr, wie noch in der Caligula-Affäre, Gruppenrivalitäten um die Gunst des Monarchen ausgefochten wurden, sondern der Monarch selbst zur Verfügungsmasse geworden war.

Für die Hochphasen der Krise, d.h. die Prozesse und die zwei Wochen im Anschluß an das Daily-Telegraph-Interview, nahm die Diskussion exzeßhafte Züge an. Mit Blick auf den medialen Herdentrieb in der Eulenburg-Affäre prägte Karl Kraus das Wort von den Deutschen als Volk der „Richter und Henker".[672] Sprechendster Ausdruck der enormen Verdichtung des Monarchiediskurses waren die Kaiserserien Hardens (*Gegen den Kaiser*, November 1908), Naumanns (*Das Königtum*, Januar 1909) und Horneffers (*Kaiser und Nation*, April 1909), die jede in drei Teilen erschienen und auf die jeweils vorausgegangene Großdeutung Bezug nahmen. Ein feingliedrig entwickeltes System von Bezügen erlaubte eine konzentrierte und schlagkräftige Diskussion.

2.) Vor diesem Hintergrund ist das Verhältnis von Medien und Monarchie in und nach den Skandalen zu sehen. Die Pressereaktionen auf die Krise der Monarchie 1908 scheinen zunächst ein bekanntes Bild zu bestätigen: Jenseits der – unscharfen – Kritik am Monarchen waren sie am Status quo orientiert. Verfassungsrechtliche Forderungen spielten eine untergeordnete Rolle. Die Formel vom verbesserungswürdigen Verhältnis des Monarchen zum Volk

---

672 Karl KRAUS, Die chinesische Mauer, Frankfurt a.M. 1987, S. 54 und 83.

sagt bestenfalls nichts aus, schlechtestenfalls kaschiert sie die realen Machtverhältnisse.

Der hier versuchte Blick hinter diese Formeln vermittelte ein anderes Bild. Beseitigt man die Formeln von der Schlacke zeitgenössischen Pathos', zeigt sich das sehr klares Konzept einer Priorität der öffentlichen Meinung, also der Presse. Die Formel von Monarch und Volk steht in der Regel für die Einforderung von Partizipation. Fast alle Kommentatoren teilten die Auffassung, der Monarch müsse sich nach dem Volk, d.h. praktisch der veröffentlichten Meinung richten. In der Beschwörung eines verlorenen Vertrauensverhältnisses zwischen Monarch und Volk ging es insofern um nichts weniger als um die Fortdauer der Herrschaft Wilhelms II.

Ohne großen ideologiekritischen Aufwand könnte man wiederum die Formeln der wünschenswerten Eintracht von Monarch und Volk als Konzepte demaskieren, die lediglich dazu dienten, die Institution Monarchie nicht in Frage stellen zu müssen. Die hier beschriebenen Skandale legen aber etwas anderes nahe. Die auf den ersten Blick naiv anmutenden Konzepte eines erneuerten Verhältnisses von Monarch und Volk können als Resultat einer realen Erfahrung beschrieben werden. Schließlich zeigten die Skandale, daß die Macht der Presse kein abstraktes Phänomen war. Die Kampagne gegen die Kamarilla führte umgehend, bevor die Prozesse überhaupt begonnen hatten, zur Beseitigung Eulenburgs, der bis dato immerhin als der beste Freund des Monarchen galt. Daraufhin hielten die von der Presse diktierten Prozesse das Thema der Umgebung des Monarchen über Monate hinweg in der Öffentlichkeit. In der Daily-Telegraph-Affäre stellte sich eine nennenswerte Beruhigung des Medienfurors erst ein, nachdem der Monarch eine Unterwerfungserklärung geliefert hatte, die bis ins Detail den Vorgaben der Presse folgte. Mit diesem durchaus versönlichen Schlußpunkt leistete die Daily-Telegraph-Affäre etwas, was in der zu diesem Zeitpunkt noch offenen Eulenburg-Affäre ausgeblieben war, nämlich politische Sinngebung.

Stellt man diese Erfahrung, die sich durch viele Beispiele ergänzen ließe, in Rechnung, kann man auch erklären, warum Parlamentarisierungsforderungen so schwach blieben, ohne auf das analytisch äußerst unbefriedigende Argument einer generellen deutschen Autoritätshörigkeit ausweichen zu müssen. Die Betonung der öffentlichen Meinung gegenüber dem Parlament in programmatischen politischen Entwürfen reflektierte auch eine Erfahrung, die in den vorausgegangenen zwei Jahren immer wieder gemacht worden war: Die Verlagerung der politischen Diskussion aus dem Parlament in die Presse.[673] Bezeichnenderweise tritt der Reichstag, der helfen soll, den Monarchen zu beraten und aufzuklären, in den geschilderten Konzepten allenfalls als Vehikel, nicht als entscheidende Instanz auf. Dies erklärt sich aus einer Erfahrung, die dahingehend interpretiert werden konnte, daß die direkte Beeinflussung des Monarchen funktionierte.

---

673 Horneffer beschrieb folgerichtig Naumann und Harden als die „hervorstehendsten Gestalten in unserer politischen Öffentlichkeit". Die Parteien hätten dem nichts entgegen zu setzen. Ernst Horneffer, Der Kaiser und die Nation III, in: Die Tat 1 (1909), S. 279-291, hier S. 282.

Ein zweiter Blick auf die erwähnten Konzepte zeigt, daß diese nicht so zahnlos waren, wie sie zunächst erscheinen. Das Konzept der Wachsamkeit illustriert beispielhaft die prägende Wirkung der Skandalerfahrung. Die Presse registrierte Fehlleistungen des Monarchen akribisch, erinnerte sie und rechnete sie auf zukünftige Verfehlungen an. Es läßt sich mit guten Gründen argumentieren, daß das Konzept der Monarchen-Erziehung in den Jahren 1908 bzw. 1909 praktisch umgesetzt wurde. Der Monarch wurde nun konkret darauf verpflichtet, politische Anliegen aus der Öffentlichkeit aufzunehmen. Die Konzepte beförderten effektiv eine ‚Konfektionierung' des Monarchen gemäß den Bedürfnissen einer partizipativen Öffentlichkeit. Dieser Prozeß läßt sich auch als Domestizierung der Monarchie durch Berater und Öffentlichkeit bzw. die Kombination von beidem beschreiben. Die Öffentlichkeit sollte die Berater auswählen und kontrollieren, daneben sollte ein direkter Kontakt zwischen Öffentlichkeit und Monarch garantiert sein. Nur so war Monarchie für moderne Bedingungen akzeptabel und erträglich. Daher folgte die Fokussierung auf das Thema Kamarilla einer höheren Notwendigkeit. Informationsillusion und Skandal waren eng miteinander verbunden.

Aus der Tatsache, daß die Erklärungskraft des monarchischen Informationsdefizits offenbar für groß gehalten wurde, folgt, daß die hinter den Konzepten stehenden Annahmen von sehr weit links bis ganz nach rechts geteilt wurden. Dies gilt auch für die politischen Deutungsangebote Byzantinismus und Kamarilla, die fragwürdig wurden, als sich in der Daily-Telegraph-Affäre zeigte, daß auch ohne Eulenburg und Moltke der Monarch tat, was er wollte. Ein ganzes Set von Erklärungsansätzen brach nun zusammen. Das Versprechen des Eulenburg-Skandals, daß ohne eine Kamarilla substantielle Verbesserungen einträten, kollabierte, und der ‚Blitzableiter' Kamarilla verlor seine Funktion. Erst dies kann die Dynamik der Daily-Telegraph-Affäre erklären.

Aus heutiger Sicht stellen die Obsession mit der Kamarilla und die hohe Erklärungskraft, die dem Byzantinismus zugeschrieben wurde, Übertreibungen dar. Für eine politische Diskussion des Monarchen, die sich von den offiziell vorgegebenen Mustern emanzipierte, waren diese Begriffe jedoch von hoher Wichtigkeit. Erst durch die den Begriffen immanente Reduzierung politischer Komplexität war eine dauerhafte und einheitliche Diskussion möglich. Die Individualisierung und Personalisierung von Problemen, vor allem in der Person des Monarchen, mag an der Sache vorbeigehen, erst diese schuf aber die Vorbedingung für die Skandale und erst so erhielt die Diskussion des Monarchen ihre hohe Durchschlagskraft. Die Skandalisierung Wilhelms II. kann dann als zweite Stufe der Komplexitätsreduktion gesehen werden.

3.) Bei nahezu vollständiger Paralysierung der offiziellen Pressepolitik und überlieferter Traditionen der öffentlichen Diskussion des Monarchen – z.B. des Absehens von dessen Diskussion im Parlament – folgten die Skandale fast ausschließlich der Agenda der Medien. Dies mußte erhebliche Auswirkungen auf die Monarchie haben. Die Massenmedien beförderten eine immer größere Intimität der Politiker: „One consequence of the rise of the society of self-disclosure was that political leaders and other public figures could be, and were likely to be, appraised increasingly in terms of their personal qualities as individuals, and not only in terms of their achievements in public life", hat Thompson überzeugend festgestellt.[674] Ein Kennzeichen dieser Verschiebung war die aktive Präsentation politischer Führer als „human beings", die Aspekte ihres Charakters bewußt in die Öffentlichkeit stellten, wie Wilhelm II. es in der Münsteraner Rede und im Gespräch mit Ludwig Ganghofer unmittelbar vor Ausbruch der Skandale für angebracht gehalten hatte.

Diesen generellen Trend reflektieren auch die beschriebenen Umdeutungen der Monarchie. Wie diese bot auch die ‚Vermenschlichung', die „mediated intimacy" des Monarchen erhebliche Chancen und Risiken. Auf der Habenseite stand die Möglichkeit, das Volk direkt anzusprechen und als ein Individuum zu erscheinen, das Empathie oder Sympathie hervorrufen konnte. Auf der Sollseite stand hingegen das, was in den Skandalen thematisiert worden war: Die persönlichen Qualitäten Wilhelms II. und deren Problematisierung in der Gegenüberstellung von Monarch und Führer.

Das Leistungsparadigma gewann nun eine persönliche Komponente.[675] Deshalb kann es nicht verwundern, daß das, was als verstörend skandalisiert wurde, weniger konkrete, auf den Monarchen rückführbare, genuin politische Fehlleistungen waren, als vielmehr Charaktereigenschaften wie Menschenkenntnis, Selbständigkeit, Urteilsvermögen und Sensibilität. Aus diesem Grund konnte für Wilhelm II. das Beraterproblem, schließlich eine Konstante der Hofkritik, eine dramatische Relevanz gewinnen. Die Thematisierung der Kamarilla folgte aus der Ahnung der beschriebenen Aporie. Die hiermit verbundenen Rekreationsmöglichkeiten für die Monarchie stießen allerdings an ihre Grenzen, als sich die Ahnung einer Aporie in der Daily-Telegraph-Affäre als Gewißheit offenbarte. Unter dem Druck einer mobilisierten Öffentlichkeit mit dem Spezialproblem einer neurechten Opposition[676] fand eine Umdeutung der Monarchie statt, an deren Ende Konzepte standen, die nur wenig mit der traditionellen Monarchie gemein hatten.

4.) Was abstrakt als notwendiges Verständnis zwischen Monarch und Volk eingefordert wurde, konnte konkret als die Forderung nach einem Führer ü-

---

674 THOMPSON, Scandal, S. 40 f.

675 Hier setzt Maurice Baumonts These vom Kausalzusammenhang zwischen Eulenburg-Affäre und 1. Weltkrieg an. Vgl. Maurice BAUMONT, L'affaire Eulenburg. Edition revue et corrigée par l'auteur, Genf 1973, S. 252. Vgl. auch die frühe polemische Formulierung dieses Zusammenhangs bei Friedrich THIMME, Maximilian Harden am Pranger (Flugschriften der ‚Neuen Woche', 1), Berlin 1919, S. 4. Bezeichnend auch der Lösungsvorschlag Bülows: „Die skandalösen Enthüllungen, welche jetzt das sensationslüsterne Publikum beschäftigen, werden wir am besten dadurch überwinden, daß wir nach innen und außen eine feste und würdige Politik machen, welche die Nation aus diesem Schlamme zu großen Zielen emporhebt. Treu gehorsamst Bülow." ROGGE, Holstein und Harden, S. 299.

676 Das einschlägige Material der politischen Polizei illustriert die Hilflosigkeit der Regierung gegenüber der Opposition von rechts. Anfragen Preußischer Behörden zu Liman und Reventlow bei der Politischen Polizei ergaben jeweils kein negatives Material. BLHA, Rep 30 (Politische Polizei), Nr. 11631, Nr. 12778.

übersetzt werden. Die Konjunktur immer radikalerer Führerforderungen nach 1908 kann gleichzeitig als Indikator einer Desillusionierung durch den Monarchen wie als dessen Folge gesehen werden. Dieser Prozeß läßt sich treffend als schleichende Umdefinierung der Monarchie am lebenden Objekt charakterisieren. Zwischen der Skandalisierung des Charakters des Monarchen und der Konjunktur von Führerkonzepten besteht insofern ein unmittelbarer Zusammenhang. Die charismatischen Elemente, die das wilhelminische Kaisertum von Beginn an besaß, verlagerten sich nun auf alternative Konzepte. Zu offenkundig hatten die Skandale gezeigt, daß Wilhelm II. die ihm zugedachte Rolle nicht auszufüllen vermochte. Damit war das Kapitel Monarchie aber keineswegs geschlossen.

Nach der größten Krise der wilhelminischen Monarchie stellte selbst ein reichlich desillusionierter Naumann immer noch fest, man könne die Monarchie nicht „abschütteln wie ein altes Gewand". „Sie ist da, ist eine Wirklichkeit, und wird uns allen noch sehr viel zu schaffen machen."[677] Gleichzeitig erklärte Naumann prophetisch: „Die monarchische Person wird voraussichtlich solange an der Spitze der deutschen Reichsverwaltung stehen, als sie einen ehrenhaften Frieden zu garantieren in der Lage ist oder sich im Kriege bewährt."[678] Ganz ähnlich, im gleichen Kontext, hatte Harden seine Leser ermahnt: „Sagt ihm ebenso offen, daß ihr mündig seid; leicht zu regieren, nie mehr nach unerforschlichem Ratschluß zu beherrschen. Daß, wer selbst sich den Wert schuf, auch selbst sein Schicksal gestalten will. Und daß die Monarchie sterben muß, wenn der Monarch nicht die schwerste Probe, gebietet des Landes Not sie, getrosten Sinns wagen darf: mit einem besiegten Heer heimzukehren."[679] Das Problem, das hier angesprochen wurde, war ein Problem des Monarchen, nicht der Monarchie. Daher kann es kaum überraschen, daß das Ende der Monarchie 1918 so selten als Schlußpunkt einer zwangsläufigen Entwicklung und so oft als ein weiteres skandalöses Ereignis, in dessen Mittelpunkt das Individuum Wilhelm II. stand, beschrieben wurde.

---

677 Friedrich Naumann, Das Königtum I, in: Die Hilfe 15 (1909), S. 15-18, hier S. 15.
678 Friedrich Naumann, Das Königtum III, in: Die Hilfe 15 (1909), S. 48-50, hier S. 48.
679 HELLIGE, Rathenau und Harden, S. 165.

V. Das skandalöse Ende der Monarchie

> „Vorher jedoch wird diese Generation der Übergangsmenschen; der Statistiker und Objektsklaven; der Nüchterlinge und Intelligenzplebejer; der Suchenden und Ratlosen; der Verirrten und Verkommenen; der Unzufriedenen und Unglücklichen – vorher wird sie mit ihrem roten Blute die Schlachtfelder der Zukunft gedüngt haben – und unser junger Kaiser hat sie in den Tod geführt. Eines ist gewiß: sie werden uns zu Häuptern ziehen in die geheimnisvollen Zonen dieser Zukunft hinein: die Hohenzollern. Ob dann eine neue Zeit ihrer noch bedürfen wird -? Das wissen wir abermals nicht."[1]

„Das Ungeheure ist Tatsache geworden. Die Bahn Wilhelms II., dieses eitlen, überheblichen und fleißigen Monarchen ist beendet", notierte Gerhart Hauptmann am 9. November 1918 in sein Tagebuch. „Mir griff es an die Gurgel, dieses Ende des Hohenzollernhauses; so kläglich, so nebensächlich, nicht einmal Mittelpunkt der Ereignisse", hielt Harry Graf Kessler am selben Tag, den er einen der „denkwürdigsten" und „furchtbarsten der deutschen Geschichte" nannte, fest.[2] Das plötzliche Verschwinden desjenigen, zu dem fast jeder Deutsche eine dezidierte Position entwickelt hatte – positiv oder negativ –, forderte Reaktionen heraus, die über bloßes Erstaunen schnell hinausgingen. „Dem Zeitgenossen", vermutete einer derselben, „ist die Entthronung der Hohenzollern ein Erlebnis, das ihn irgendwie zur politischen Stellungnahme verleitet".[3]

Für die Historiographie läßt sich dies kaum behaupten. Das Ende der Monarchie konnte 1985 zu Recht als „Nicht-Ereignis" der historischen Forschung bezeichnet werden. Wenn dieses Urteil mit Einschränkungen bis heute gilt, könnte dies seinen Grund darin haben, daß die Abdankung des Monarchen als konsequenter Schlußpunkt der politischen und gesellschaftlichen Entwicklung des Kaiserreichs betrachtet wird und insofern nicht erklärungsbedürftig er-

---

1 Conradi, Wilhelm II.(1889), S. 445 f.

2 Gerhart HAUPTMANN, Tagebücher 1914 bis 1918, hrsg. von Peter Sprengel, München 1997, S. 244. Harry Graf KESSLER, Aus den Tagebüchern. 1918-1937, München 1965, S. 9 ff.

3 Kurt HEINIG, Hohenzollern. Wilhelm II. und sein Haus. Der Kampf um den Kronbesitz, Berlin 1921, S. 1.

scheint. Für die Beobachter, Erlebenden und ‚Erleidenden' mußte sich diese Erfahrung notwendigerweise aus einer anderen Perspektive darstellen.[4] Daher sollen hier Abdankung und Flucht Wilhelms II. als letzter großer Monarchieskandal geschildert werden. Durch die Einbeziehung der medialen Dimension des Ereignisses soll die Diskrepanz zwischen der Bedeutung, die dem Ereignis von den Zeitgenossen zugeschrieben wurde, und der relativen Sprachlosigkeit der historischen Analyse überwunden werden.

A. Von Potsdam nach Doorn

> „Die Zeit, die mit den furchtbarsten Kämpfen droht, scheint für den Fürsten nichts Bedrohliches zu enthalten, sondern eher eine Stärkung ihrer Position zu bringen. Noch ist es jedoch die Frage, wie die Völker nach dem Zusammenstoß empfinden werden, wenn er über Europa mit der ganzen Wucht eines seit Jahrzehnten aufgespeicherten Hasses hereinbrechen sollte."[5]

Der politikgeschichtliche Ereigniswert der Kaiserflucht ist eingestandenermaßen gering. Mit der Abdankung im Namen des Kaisers durch Max von Baden am Mittag des 9. November war die Hohenzollernmonarchie in Preußen und Deutschland endgültig zusammengebrochen. Was Wilhelm II. anschließend unternahm, konnte den zukünftigen Gang der Dinge stören und unterbrechen, nachhaltig beeinflussen dagegen kaum mehr. Eine solche Sicht übersieht aber den Charakter der Konstellation des 9. November, des Sturzes Wilhelms II. und des Endes der Monarchie, als eines Doppelereignisses. Ein für sich genommen abstraktes staatsrechtliches Ereignis gewann dadurch eine unübersehbar personale Dimension.

In den zeitgenössischen Kommentaren fielen das Ende der Monarchie, die Abdankung Wilhelms II. sowie dessen Flucht regelmäßig zusammen. Ohne Abdankung war die Flucht nicht denkbar, aber buchstäblich gilt dies auch umgekehrt. Die Flucht nach Holland visualisierte ein abstraktes, staatsrechtliches Ereigniss. Darüber hinaus konnte die Flucht als sinnfälliges Ende der wilhelminischen Monarchie, als passender Ausdruck des Scheiterns eines schwachen Monarchen interpretiert werden. Insofern läßt sich die Diskussion des 9. November als Kondensat der gesamten Kaiserdebatte auf der Fläche eines Tages lesen. Der Staatsformwechsel präsentierte sich in der Form eines

---

4 Das Erstaunen über die geringe Aufmerksamkeit gegenüber dem Ende der Monarchie bei: Karl Ferdinand WERNER, Fürst und Hof im 19. Jahrhundert: Abgesang oder Spätblüte, in: Ders. (Hg.), Hof, Kultur und Politik im 19. Jahrhundert, Bonn 1985, S. 1-53, hier S. 35. Zur Diskrepanz zwischen der Erfahrung der Zeitgenossen und der Schilderung der Historiker: Ernst-Wolfgang BÖCKENFÖRDE, Der Zusammenbruch der Monarchie und die Entstehung der Weimarer Republik, in: Ders., Recht, Staat, Freiheit. Studien zur Rechtsphilosophie, Staatstheorie und Verfassungsgeschichte, Frankfurt a.M. 1992, S. 306-343, hier S. 306.

5 TECHET, Völker, S. 441 (lediglich 1. Auflage).

Skandals mit persönlicher Schuldzuschreibung und einem eng umrissenen Set klar identifizierbarer Darsteller. Nur so ist die zeitgenössische Obsession mit diesem Ereignis erklärlich.

Voraussetzung hierfür war, daß das Ereignis für die Zeitgenossen uneindeutig erschien. Was im kaiserlichen Hauptquartier im belgischen Spa tatsächlich geschah, kam erst nach und nach ans Tageslicht und wurde nie vollends aufgeklärt. Ein „element of secrecy" blieb bestehen. Diese Undeutlichkeit bot weitreichende Interpretationsmöglichkeiten. Die durch eine Reihe von Augenzeugenberichten und unzählige Nacherzählungen gegebenen Versatzstücke wurden wieder und wieder neu arrangiert und ausgedeutet, verharrten aber im eng gesteckten Rahmen des Diskurses über die Flucht. Die Deutung und vor allem Wertung der „Abreise" des Kaisers war keineswegs zwangsläufig, was in den vielen Benennungen für das Ereignis zum Ausdruck kommt. In der einschlägigen Literatur wird von „Desertion", „Fahnenflucht", „Verschwinden", „Abreise", „Weggang", „Übertritt", „Emigration", „Fortgang" oder schlicht „zur-Seite-Treten" des Kaisers – um nur einige Beispiel zu nennen – gesprochen. „Flucht" war lediglich der häufigste Begriff und selbstverständlich, wie die anderen auch, wertend.[6]

Die Tatsache, daß der pejorative Ausdruck sich gegen die euphemistischen durchsetzte, indiziert das verbreitete Unbehagen am Verhalten Wilhelms II. Dies lag nicht nur an dem Ereignis selbst, sondern auch daran, daß die Flucht zunehmend für die Person und Regierung Wilhelms II. stand. Die wilhelminische Monarchie wurde nach ihrem Ende über ein umstrittenes, aber gleichzeitig hochgradig symbolhaftes Ereignis diskutiert. Dies funktionierte, weil das Ereignis Kaiserflucht ein skandalöses war, was wiederum das auffällige intentionale Moment im Diskutieren der Flucht erklärt. Von Anfang an ging es zuerst um die Bedeutung der Flucht für die Monarchie und den Monarchismus. Das Ereignis wurde vorrangig nicht nach seiner inneren Logik, sondern nach seiner politischen Opportunität bewertet. Um dies zu erklären, ist es notwendig, auf den Hintergrund des Ereignisses, den Legitimitätsverlust des Monarchen im Ersten Weltkrieg und die Abdankungsfrage, einzugehen.

---

6 Selbst die apologetischen Schriften übernahmen teils den Begriff. Er soll daher auch hier verwendet werden.

1. Der Monarch im Krieg

> „Die Stellung der deutschen Dynastien wird aus dem Kriege unerschüttert hervorgehen, es sei denn, daß sehr große Unklugheiten begangen und aus den Mängeln der Vergangenheit gar nichts gelernt würde.“[7]

Die Krise der Monarchie im November 1918 erinnerte bereits zeitgenössische Beobachter an die Krise der Monarchie zehn Jahre zuvor. Wie fragwürdig es ist, hier eine direkte Linie zu ziehen, einen konsequenten Niedergang der Monarchie zu konstruieren, ist diskutiert worden. Immerhin spricht einiges für die Annahme, daß nicht nur ein 1908 geprägtes Vokabular später Gebrauch fand, sondern auch die Konzepte, die hinter diesem Vokabular standen. Dies betrifft ‚avantgardistische' Umdeutungen wie die des Monarchen als Führer, die Beschwörung der Mündigkeit des Volkes gegenüber dem Monarchen und der hieraus abgeleiteten Freiwilligkeit der Gefolgschaft. Ebenso gilt dies für ein striktes Leistungsparadigma, dem der Monarch unterworfen wurde. Derartige Vorstellungen wurden im November 1908 Allgemeingut.

Signifikant ist die Rede vom „monarchischen Kapital“, dessen Aufzehrung durch Wilhelm II. die Kommentare beklagten oder zumindest registrierten. In einer Abhandlung über die „geistigen Strömungen der Zeit“ aus dem Jahr 1911 resümierte Theobald Ziegler: Im November 1908 sei man, „um den letztverantwortlichen Führer [des] neuen Kurses zu treffen, von der Gewohnheit abgegangen, in der Debatte die Person des Kaisers aus dem Spiel zu lassen“. Das „Volksgericht“ über den Kaiser sei „eine Abrechnung über die Höhe des aufgezehrten Kapitals“ gewesen. Man sei Monarchist mit dem Kopf, nicht mehr mit dem Herz, stellte Ziegler mit Blick auf die oberen Schichten fest. Das heißt, die Institution Monarchie wurde gerechtfertigt, der Monarch immer stärker auch öffentlich kritisiert.[8] Dieser Trend beschleunigte sich – dies läßt sich trotz der verschärften Zensur nachvollziehen[9] - im Ersten Weltkrieg rasant.

---

7 Max WEBER, Parlament und Regierung im neugeordneten Deutschland, in: Ders., Gesammelte Politische Schriften, hrsg. v. Johannes Winckelmann, München [4]1986, S. 306-443, hier S. 336 ff.

8 ZIEGLER, Strömungen, S. 466, 547. Vgl. auch KOHUT, Germans, S. 163.

9 Sösemann begreift daher in bewußtem Gegensatz zur Studie Fehrenbachs den Kriegsdiskurs über den Monarchen als abgegrenztes Phänomen. Da Zeitungen, Zeitschriften und Pamphlete mit ihrer nun geringen Aussagekraft als Quellen nahezu ausfallen, konzentriert sich seine Studie auf private Korrespondenzen und politische Vereinigungen der Weltkriegszeit. Deren Aktivität nahm als logische Konsequenz aus der verschärften Zensur stark zu. SÖSEMANN, Verfall, S. 150 f. Zur Funktion der Zensur im Weltkrieg: GEBHARDT, Kommunikation und Martin CREUTZ, Die Pressepolitik der kaiserlichen Regierung während des Ersten Weltkrieges. Die Exekutive der Journalisten und der Teufelskreis der Berichterstattung, Frankfurt 1996. Veröffentlichungen und Bilder, die den Kaiser betrafen, unterlagen grundsätzlich der Vorzensur. Vgl. REBENTISCH, Gesichter, S. 128. Seit Mitte Oktober 1918 lockerte das Kabi-

Der Ausbruch des Krieges als – trotz aller Relativierungen – ein suggestives Massenerlebnis bot zunächst neue Chancen für die Monarchie. Theodor Wolff hebt in seiner Beschreibung der Menge, die Wilhelm II. umjubelte, hervor, wie die Menschen versuchten, ihre Loyalität durch Nähe zum Kaiser zu demonstrieren.[10] Den hier manifestierten Erwartungen entsprach Wilhelm II. in sinnfälliger Weise mit seinen beiden Reden vom 1. und 4. August, die jeweils eingängig und schlagkräftig sein Bekenntnis, er kenne keine Parteien mehr, sondern nur noch Deutsche, variierten.[11] Der Kriegsenthusiasmus, urteilt Jeffrey Verhey zu Recht, hatte ein „monarchical flavour".[12]

Entscheidend für diesen Kontext ist, daß der Monarch in dem Maße, in dem er vom „Augusterlebnis" profitierte, notwendigerweise auch Erwartungen weckte. So erfolgreich seine Positionierung zu Beginn des Krieges war, so sehr mußte sie als Versprechen, das heißt vor allem als Führungsversprechen, begriffen werden. Die Vorstellung einer durch den Weltkrieg hergestellten Einheit zwischen Monarch und Volk, eines Kaisers, der „ins Volk getreten" sei, wurde zwar oft beschworen, selten aber als gegeben konstatiert.[13] Im Mai 1917 sah sich Heinrich Claß veranlaßt, in einer Eingabe an den Kaiser an ein „echtes Volksherrschertum" zu erinnern. Dieses befinde sich in der Krise, stellte Claß fest.[14] Noch am 15. August 1918 schrieb Max von Baden an den Kaiser: „Das Volk sucht seinen Kaiser und muß ihn finden, soll schwerer Schaden nicht entstehen. Ob mit Recht oder Unrecht, Tatsache ist, daß es fürchtet, Ihm entfremdet zu werden, während es bereit ist, Seiner Führerschaft zu folgen, wenn es Gewißheit haben darf, von Ihm verstanden zu werden."[15] Die vermeintlich fehlende Einheit zwischen Monarch und Volk diente dazu, ein wahrgenommenes Führungsversagen Wilhelms II. zu umschreiben, das heißt die Unfähigkeit des Monarchen, populäre Anliegen zu identifizieren, aufzunehmen und umzusetzen.

---

nett des Prinzen Max von Baden die Pressezensur. Es bestand jedoch die Auflage, die „Kaiserfrage" unerörtert zu lassen. Ende Oktober existierte lediglich noch das Verbot, die „Abdankung des Kaisers zu fordern". SÖSEMANN, Verfall, S. 163

10 Vgl. VERHEY, Spirit, S. 61. Ein Bericht über Rufe: „Wir wollen den Kaiser sehen!" bei JOHANN, Reden, S. 125.

11 Zum Erfolg dieser Rede: VERHEY, Spirit, S. 61 f., 65, 136 f., 158.

12 VERHEY, Spirit, S. 138 f.; vgl. auch LINDENBERGER, Straßenpolitik, S. 380 f.

13 Dieses Bild bei: Gerhard TOLZIEN, Die Tragik in des Kaisers Leben. Eine deutsche Zeit- und Kriegs-Betrachtung, Berlin o.J. (wahrscheinlich 1916), S. 16.

14 Claß schrieb dem Monarchen: „Was Eure Majestät erfahren müssen, um die rettenden Befehle zu erteilen, läßt sich nicht in einer Throneingabe schriftlich niederlegen, es muß von Mann zu Mann besprochen werden." Throneingabe des Herrn Justizrat Claß vom 7. Mai 1917, in: BAL R 8048 (Alldeutscher Verband), Nr. 599.

15 Weiter hieß es: „Würden die Millionen tapferer Soldaten und fleißiger Arbeiter in den Werkstätten der Kriegsindustrie glauben müssen, daß ihr Kaiser die Kaisertreuen dort sucht, wo der ‚Bund der Kaisertreuen' sich breit macht, so würde eine Enttäuschung und Verbitterung sich einstellen, die letzten Endes den Kampf um die Monarchie auf die Straße trägt und die ersten Quellen verschütten würde, aus denen der Deutsche bis heute seine Treue zum Kaiser und seinen Opfermut getrunken hat." Max von BADEN, Erinnerungen und Dokumente, Berlin 1927, S. 291 f.

Belege für die Omnipräsenz des Führerbegriffs finden sich keineswegs nur im Zusammenhang mit Hindenburg. Führungsleistungen waren die Meßlatte, die der Kaiser in den Augen der politischen und wirtschaftlichen Wortführer nicht mehr zu nehmen in der Lage war.[16] Erzberger erklärte im Juni 1917, der Kaiser sei während des Krieges „ganz in den Hintergrund getreten." Sogar Sozialdemokraten hätten kein Interesse an einer weiteren Abnahme des monarchischen Gefühls, die aber selbst bei den loyal Gesinnten zu beobachten sei. Am 9. August 1917 ergänzte Stresemann, daß es nichts Schlimmeres gebe, als eine zu Konzessionen gezwungene Monarchie. Verstärke sich dieser Eindruck im Volk, müsse dies derselben außerordentlich schaden.[17] Wilhelm II. spielte – für die Öffentlichkeit sichtbar – im Krieg nur eine äußerst passive Rolle.[18] Niemand spreche mehr über den Kaiser, beobachtete Lerchenfeld 1915.[19] Fast nie, zumal nicht nach dem öffentlichen Aufstieg von Hindenburg und Ludendorff, wurde dem Monarchen Bedeutung als Oberster Kriegsherr zugeschrieben. Wilhelm II. galt vielen Mitgliedern der meinungsbildenden Elite sogar als Feigling und als unfähiger Feldherr.[20] Wilhelm II., so zeigte sich, war nicht nur der von Harden gescholtene Guillaume le Pacifique, sondern auch insofern ein Friedenskaiser, als er zwar die Prosperitätserfolge der Vorkriegsjahrzehnte zu symbolisieren verstand, aber kaum in der Lage war, angemessen auf die Kriegssituation zu reagieren, ganz zu schweigen von seiner Unfähigkeit, die Rolle eines Obersten Kriegsherrn auszufüllen.[21]

---

16 SÖSEMANN, Verfall, S. 158. Vgl. auch die Kritik von Tirpitz am Kaiser bis hin zu Plänen, eine Diktatur am Kaiser vorbei zu errichten. Raffael SCHECK, Alfred von Tirpitz and German Right-Wing Politics. 1914-1930 (Studies in Central European Histories), New York 1998, S. 37.

17 Vgl. SÖSEMANN, Verfall, S. 160.

18 VERHEY, Spirit, S. 138 und 174.

19 Ernst DEUERLEIN (Hg.), Briefwechsel Hertling-Lerchenfeld, 1912-1917. Dienstliche Privatkorrespondenz zwischen dem bayerischen Ministerpräsidenten Georg Graf von Hertling und dem bayrischen Gesandten in Berlin Hugo Graf von und zu Lerchenfeld (Deutsche Geschichtsquellen des 19. und 20. Jahrhundert 50/1,2), Boppard 1973, Bd. 2, S. 970. Ebendies beobachtete auch Stresemann im August 1917. Klaus Peter REIß (Hg.), Von Bassermann zu Stresemann. Die Sitzungen des nationalliberalen Parteivorstandes, 1912-1917 (Quellen zur Geschichte des Parlamentarismus und der politischen Parteien, 1), Düsseldorf 1967, S. 341. Vgl. auch Walter NICOLAI, Nachrichtendienst, Presse und Volksstimmung im Weltkrieg, Berlin 1920, S. 120. Die Einschätzung ist für die tatsächlichen Entscheidungsprozesse jetzt relativiert worden: Vgl. Holger AFFLERBACH, Wilhelm II as supreme warlord in the First World War, in: Annika Mombauer/Wilhelm Deist (Hg.), The Kaiser. New Research on Wilhelm II's Role in Imperial Germany, Cambridge 2003, S. 195-216.

20 Vgl. MOMMSEN, Weber, S. 166.

21 Johannes PENZLER (Hg.), Die Ursachen des deutschen Zusammenbruchs im Jahre 1918, Berlin 1925, Bd. 5, S. 130 f. Wilhelm DEIST, Kaiser Wilhelm II. als Oberster Kriegsherr, in: Röhl (Hg.), Ort, S. 25-42. Zu Bethmann Hollwegs Idee eines Volkskaisertums vgl. Fehrenbach, Wandlungen, S. 218. Diese Einsichten machten selbst vor dem inner circle des hofnahen Adels nicht halt. Das Mitglied des Herrenhauses Ernst v. Hertzberg-Lottin etwa beklagte 1917 den „falschen Royalismus" seiner Fraktionsgenossen, die zu sehr Rücksicht auf den Monarchen nähmen. James N. RETALLACK, Notables of the Right. The Conservative Party and Political Mobilization in Germany. 1876-1918, Boston/London 1988., S. 219.

Folgerichtig drängte Max Weber mit Kriegsbeginn auf die Ausschaltung des Monarchen.[22] Sein Zorn über die dynastischen Extravaganzen schlug sich in einer Artikelserie nieder, die seit Ende Mai 1917 die *Frankfurter Zeitung* veröffentlichte. Der Soziologe bildete mit seiner scharfen Kaiserkritik eine Ausnahme in der Akademikerschaft. Überblickt man die Äußerungen der Staatsrechtler zwischen August 1914 und November 1918 erweist sich jedoch, daß der Krieg zwar nicht zu einem prinzipiellen Wandel der Positionen, aber durchaus zu einer Distanzierung vom Monarchen führte.[23] Gerade jene, die im Kaiser den Advokaten ihrer imperialistischen und wirtschaftlichen Ambitionen gesehen hatten, wandten sich aus dem gleichen Grund ab, als deutlich wurde, daß Wilhelm II. einen siegreichen Krieg nicht zu garantieren vermochte.[24] Lediglich von der verbreiteten Meinung, er sei der „Friedenskaiser" – der Kehrseite des Feiglingsvorwurfes – und habe den Krieg nicht gewollt, konnte Wilhelm II. profitieren.[25]

Es war eher die Erosion im Ansehen der Eliten als direkte antimonarchistische Angriffe, die die Monarchie im Weltkrieg herausforderte. Während der Streikbewegung in Berlin im Frühjahr 1917 war von der Abschaffung der Monarchie nicht die Rede.[26] In einem bemerkenswerten Artikel vom April 1917 erklärte der *Vorwärts* sogar, die Entscheidung über die Staatsform dürfe weder durch Gewalt noch durch Druck von außen geschehen. Denn über die monarchischen Wünsche des deutschen Volkes hinsichtlich seiner Staatsform sei man „einigermaßen unterrichtet".[27] Pressekommentare zu einer Rede Wilhelms II. vor Arbeitern der Kruppwerke in Essen am 12. September 1918 legen nahe, daß der Kaiser auch am Ende des Krieges noch in der Lage war, positive Reaktionen in der Öffentlichkeit hervorzurufen. Diese Wortmeldungen zeigten sich – über das durch die Zensur gebotene Maß hinaus – zufrieden mit einer Rede, in der Wilhelm II. versichert hatte, er wisse um die materielle Not der Bevölkerung. Der Kaiser, wurde positiv hervorgehoben, erkenne, was man fühle.[28] Die Frage der Zukunft der Monarchie blieb bis in den Oktober 1918

---

22 Zumindest die Publikation von dessen Äußerungen müsse unterbleiben. Vgl. MOMMSEN, Weber, S. 171, 173 f.

23 Michael STOLLEIS, Geschichte des öffentlichen Rechts in Deutschland Bd. 3: Staats- und Verwaltungsrechtswissenschaft in Republik und Diktatur. 1914-1945, München 1999, S. 63.

24 Vgl. die Beispiele – etwa die Kritik Robert Boschs – bei POGGE VON STRANDMANN, Kaiser, S.128 f.

25 CLARK, Wilhelm II, S. 239.

26 Friedrich Arnold KRUMMACHER, Die Auflösung der Monarchie, Hannover 1960, S. 43.

27 Einleitend hieß es: „Bei den letzten Reichstagswahlen im Januar 1912 wurden in geheimer Wahl 12 188 000 Stimmen abgegeben, davon waren 4 238 000 sozialdemokratisch. Daß alle Wähler, die sozialdemokratisch stimmten, überzeugte Republikaner waren, möchten wir keineswegs behaupten; daß die restlichen 7 949 999 Wähler es nicht waren, darf man wohl als gewiß annehmen." Vorwärts, 3. April 1917, (Nr. 92). Hans Delbrück äußerte sich kurz nach Kriegsende verwundert über die Intentionen der Sozialdemokraten. Schließlich seien noch 1918 nur die wenigsten von ihnen Republikaner gewesen. Hans Delbrück, Politische Korrespondenz, in: Preußische Jahrbücher 174 (1918), S. 431.

28 Bezeichnenderweise beendete Wilhelm II. seine Rede mit der Zusicherung, er werde die positive Reaktion der Arbeiter Hindenburg übermitteln. Vgl. die bei CLARK, Wilhelm II., S. 240 wiedergegebenen Zeitungskommentare. Skeptischer war der Bericht des Berliner Poli-

hinein ausgespart und wurde nur aus gegebenem Anlaß, das heißt zu Kaisers Geburtstag, sehr schematisch abgehandelt. Es gelang lange Zeit, veröffentlichte Kritik – zumindest soweit nicht aus dem Ausland eingeschleust – zu unterdrücken.[29]

Wesentlich schwerer fiel es den interessierten Stellen aber, ein öffentlich überzeugendes Bild des Kaisers im Weltkrieg zu konstruieren.[30] Die für die Publizität bestimmten Selbstdarstellungen präsentierten einen um alles Militärische besorgten Kriegsherrn, der die Frontereignisse aus eigenem Erleben kannte.[31] Einige wenige strikt hagiographische Darstellungen versuchten den Kaiser als ersten Frontsoldaten zu popularisieren.[32] Ihre Wirkung blieb eng begrenzt, woran auch Propagandafilme, die die Pflichterfüllung des Monarchen beschworen, wenig ändern konnten.[33] Hilflose Versuche blieben auch Denkschriften aus Ministerien, die darauf zielten, die Monarchie zu popularisieren, ein konservativer Aufruf „An alle Kaisertreuen" aus dem Jahr 1917 und die Instrumentalisierung von Predigten im Sinne des Monarchen.[34]

Als letzter dramatischer Versuch, an der für die wilhelminische Monarchie fatalen Entwicklung etwas zu ändern, kann die Neupositionierung des Kaisertums im Oktober 1918 gelten. Die durch kaiserlichen Erlaß popularisierte Formel „Kaiserdienst ist Dienst am Volke" beschwor noch einmal das Thema einer Neudefinition des Verhältnisses von Monarch und Volk.[35] Dieses Manöver war allzu deutlich als Entgegenkommen angesichts der offensichtlichen

---

zeipräsidenten (Stimmungsbericht 101) vom 24. September 1918. in: Dokumente aus geheimen Archiven IV, S. 289.

29 Erst in den letzten 18 Monaten des Krieges läßt sich eine signifikante Zunahme monarchiekritischer Pamphlete beobachten. Vgl. CLARK, Wilhelm II, S. 241. Sösemann berichtet, daß Flugblätter antimonarchischen Inhalts seit dem Januar 1918 zunehmend Verbreitung in Deutschland fanden. SÖSEMANN, Verfall, S. 163. Vgl. als Beispiel das vielbeachtete, in der Schweiz erschienene Buch von Hermann FERNAU, Durch zur Demokratie, Bern 1917. Vgl. allgemein zur zunehmenden Kritik an Wilhelm II. die Beispiele bei ULLRICH, Großmacht, S. 553 ff.

30 Vgl. hierzu die Pamphlete und Broschüren: Georg v. BELOW, Deutschland und die Hohenzollern. Eine Kriegsgedenkrede, Leipzig 1915; BRINCKMANN, Das deutsche Volk an der Schicksalswende und sein Führer. Festrede am 27. Januar 1915 bei der vaterländischen Feier in Bromberg, Bromberg 1915 und Adolf TRENDELENBURG, Kaiser Augustus und Kaiser Wilhelm II. Eine Denkmalbetrachtung, Berlin 1916.

31 BRUDE-FIRNAU, Deutung, S. 98.

32 HEINE, Kaiser und wir, S. 59; ebenso die weit verbreitete Darstellung von Bogdan KRIEGER, Der Kaiser im Felde, Berlin 1917, passim.

33 FEHRENBACH, Wandlungen, S. 217.

34 SÖSEMANN, Verfall, S. 161 f. Zur Aufwertung Wilhelms II. gegenüber Bismarck in der Kriegspredigt: Wilhelm Pressel, Die Kriegspredigt 1914-1918 in der evangelischen Kirche Deutschlands (Arbeiten zur Pastoraltheologie, 6), Göttingen 1967, S. 97.

35 ‚Eine kaiserliche Kundgebung. Das Kaiseramt ist Dienst am Volke', Kreuzzeitung, 3. November 1918, (Nr. 562). Hammann erklärte: „Der Gegensatz zwischen Monarchie und Demokratie hat seine Schroffheit verloren und wird sich weiter abschwächen, wenn das Parlament durch einheitliches Auftreten der Parteien und durch stärkere Entwicklung des politischen Gemeinsinns ein anderes Aussehen und Ansehen erlangt, als die Reichstage seit einem Menschenalter besaßen." HAMMANN, Kurs, S. 155. Zum Verfassungswandel im Hinblick auf die Figur des Monarchen im Ersten Weltkrieg: KIRSCH, Monarch, S. 368.

militärischen Krise auszumachen und kam insofern zu spät. Was folgte, waren lediglich hektische Rettungsversuche. Dieses Attribut gilt für Maßnahmen der Kirchen, durch Loyalitätsadressen noch Anfang November einen Stimmungsumschwung zugunsten des Kaisers herbeizuführen[36] ebenso wie für ein noch wenige Tage vor der Abdankung publiziertes apologetisches Pamphlet.[37]

Allerdings bestätigten derartige Propagandamaßnahmen offiziell den Anspruch auf einen Heerkaiser, auf einen Monarchen, der sich den Kriegsanforderungen gewachsen zeigte.[38] Das Problem des Monarchen in den letzten Kriegswochen verweist insofern auf die geschilderte Ambivalenz der kurzfristigen Renaissance des Monarchen als Führer in den ersten Kriegswochen. Die Verknüpfung von Krieg und Monarch wurde nie hinterfragt. Am 6. November 1918 nahm die *Frankfurter Zeitung*, die sich seit dem 29. Oktober in der Kaiserfrage auf Wiedergabe von Äußerungen der führenden Parteiorgane beschränkt hatte, in einem langen Artikel zur Abdankungsfrage Stellung, deren Relevanz mit der Feststellung begründet wurde, die Katastrophe des Krieges sei eben auch „eine Katastrophe des Kaisers".[39]

Bezeichnenderweise blieb der enge Nexus zwischen Kaiser und Krieg auch für die rückblickende Betrachtung in der Weimarer Republik konstitutiv. Kriegsromane präsentierten den Monarchen überwiegend bei der Truppenschau, weit hinter der Kampflinie, wie er die Front der Soldaten abschreitet, ohne daß es zu irgendeiner Kommunikation kommt.[40] Selbst in wohlwollenden Schilderungen blieb immer vorausgesetzt, daß der Monarch den Herausforderungen des Weltkrieges nicht gewachsen war. Der Kaiser sei für den „glanzvollen Frieden", nicht für „die elementare Urwelt des Krieges" geschaf-

---

36 Dies wird deutlich in einem Bericht Ludwig Bergs an den Feldpropst Joeppen vom 4. November 1918: „[...] Kollege Dr. Vogel, ‚den Seine Majestät vormittags nach dem Gottesdienst offen gesprochen über die Einzelheiten der jetzigen Lage, hat an den Nachfolger von Exzellenz Dryander, Lahusen, geschrieben, damit von der obersten protestantischen Kirchenbehörde ein Rundschreiben an die Gemeinden über die Königstreue gesandt werde. Gleichzeitig erwartet man, daß die protestantischen Prediger eine Art Ergebenheitsadresse an den Kaiser richten. [...] Auf alle Fälle würde ein aufmunterndes Wort in dieser entscheidenden Stunde an die Truppe – etwa in dem Sonntagsblatt für die katholischen Mannschaften – der Sache stets sehr dienen und dem Kaiser tiefe Herzensfreude bereiten." Frank BETKER/Almut KRIELE (Hg.), 'Pro Fide et Patria!' Die Kriegstagebücher von Ludwig Berg 1914/1918. Katholischer Feldgeistlicher im Großen Hauptquartier Kaiser Wilhelms II.. Köln/Weimar/Wien 1998, S. 777 f.

37 Dessen Verfasser Großmann setzte sich mit der seit Oktober 1918 anschwellenden Flut monarchiekritischer Zeitungsartikel – Beispiel für Beispiel – auseinander. GROßMANN, Kaiser, S. 3 und 6.

38 Dies gilt auch für Selbstverständnis und Selbstdarstellung Wilhelms II. im Krieg. Vgl. AFFLERBACH, Warlord, S. 216.

39 Adolf STUTZENBERGER, Die Abdankung Kaiser Wilhelms II. Die Entstehung und Entwicklung der Kaiserfrage und die Haltung der Presse (Historische Studien, 312), Berlin 1937, S. 155 ff.

40 Diese Paradeszenen trafen, so Brude-Firnau, „generell drei Aussagen: die Kriegstätigkeit des Heerführers wird als ‚Fronttheater' und deshalb irrelevant entlarvt. An zweiter Stelle erkennen die Soldaten die Durchschnittlichkeit ihres Kaisers; und drittens wird das Versagen der kaiserlichen Rhetorik, mitunter bis zur Sprachlosigkeit, vorgeführt". BRUDE-FIRNAU, Deutung, S. 111.

fen, meinte Gerhard Schulze-Pfaelzer. Mit wachem Sinn für die mediale Dimension des Kriegskaisers konstatierte er: „Unsere Rückerinnerungen bringen den Kaiser zumeist mit der Westfront in Verbindung."[41] Die ‚positiven' Bilder hingegen entstanden bekanntlich andernorts.

Zusammenfassend läßt sich festhalten, daß es weniger der Verfall des Kaisergedankens – wie der Titel, nicht aber der Inhalt des Aufsatzes von Sösemann suggeriert – als vielmehr der Autorität Wilhelms II. war, der die Haltung zur Monarchie im Weltkrieg kennzeichnete. Auch die reüssierenden Diktaturmodelle stellten, bei aller Kritik an einer ineffektiven Monarchie, nie in Frage, daß die Monarchie die für Deutschland geeignetste Staatsform sei. Der Monarch hingegen war in allen Überlegungen lediglich Objekt der gegenüber den vermeintlichen Interessen der Nation nachgeordnet rangierte.[42] Hierdurch sowie durch die weitgehende Abwesenheit des Kaisers im politischen Diskurs wurde die Gewöhnung an den Gedanken, daß das politische System auch ohne Wilhelm II. funktioniere, erheblich erleichtert. Vor allem aber konnte so eine institutionelle Frage leicht personalisiert werden. In dem Moment, wo die Zeitungen nach vierjähriger zensurbedingter Abstinenz wieder in die politische Diskussion einstiegen, sollte sich dies als wesentliche Festlegung herausstellen.

2. Von der Abdankungsfrage zur Abdankung

> „die freywillige [...] abdankung sey bey großen fürsten ein [...] unbekanntes wunderwerk".[43]

Im Oktober 1918 lockerte, wie erwähnt, die neue Regierung entscheidend die kriegsbedingte Pressezensur. Dies war der Hintergrund für das öffentliche Aufkommen der Abdankungsfrage. Auslöser waren hingegen zwei miteinander eng zusammenhängende Ereignisse: erstens das Waffenstillstandsgesuch der Reichsregierung auf Drängen der Obersten Heeresleitung vom 1. Oktober

---

41 Gerhard SCHULZE-PFAELZER, Von Spa nach Weimar. Die Geschichte der deutschen Zeitenwende, Leipzig/Zürich 1929, S. 29, 32. Ganz ähnlich urteilte auch Bernhard Guttmann, der feststellte, unter dem Druck des Weltkrieges, habe die Monarchie das Vertrauen in sich verloren. GUTTMANN, Schattenriß, S. 102. Auf einer ganz anderen Ebene beschrieb auch der dänische Schriftsteller Johannes V. Jensen, der den August 1914 in Berlin erlebte, Wilhelm II. als genuinen Friedenskaiser. Früher habe es „mit zu Berlins Physiognomie" gehört, daß das kaiserliche Automobil sich „unter hohen feurigen Trompetensignalen wie ein Blitzstrahl die Linden hinunter bewegte". Dieses Tempo und dieser Ton beherrsche jetzt ganz Deutschland. Das kaiserliche Tatütata fiel dabei allerdings nicht mehr auf. Die Faszination, die vom Tempo des Kaisers ausging war an den Frieden gebunden. RADKAU, Zeitalter, S. 408. Sinnbildlich für das Versagen jener Mechanismen, die in Friedenszeiten erfolgreich die Monarchie darstellten, steht auch die im Krieg stark nachlassende integrative Wirkung der Kaisergeburtstagsfeiern. Vgl. SCHELLACK, Nationalfeiertage, S. 66.

42 HAGENLÜCKE, Vaterlandspartei, S. 218.

43 So eine Feststellung im Arminius-Roman von 1689, zit. nach: Mathias MAYER, Die Kunst der Abdankung. Neun Kapitel über die Macht der Ohnmacht, Würzburg 2001.

1918 und zweitens die darauf folgenden Noten des amerikanischen Präsidenten Wilson, die ein Friedensangebot der USA immer enger mit dem Rücktritt des Monarchen verknüpften.[44] Die Abdankungsfrage war von Beginn an eng in eine außenpolitische Logik eingebettet.[45] Dies sollte für die Interpretation der Ereignisse des 9. November 1918 bedeutsam werden. „Der Autokrat Wilson" wolle, so suggerierte die *Kreuzzeitung* schon am 25. Oktober 1918, mit seinem Angebot „die Brandfackel der Zwietracht zwischen Herrscher und Volk werfen."[46] Analog hierzu forderte der *Vorwärts* vom 7. November 1918, daß Deutschland nicht wegen „eines einzigen Mannes" die Friedensverhandlungen gefährden dürfe. Hiermit sind die Pole der Diskussion bezeichnet.[47]

Obwohl sie plötzlich losbrach, kam die Diskussion der Abdankung des Kaisers nicht überraschend. Bereits am 29. September 1918 warnte Graf Westarp in der *Kreuzzeitung*, daß mit dem Eintritt der Sozialdemokraten in die Regierung der monarchische Charakter des Deutschen Reiches gefährdet sei. Am 2. Oktober fand sich in der *Frankfurter Zeitung* der kaum mehr verblümte Hinweis, daß neue Männer auf die politische Bühne treten sollten. Stutzenberger sieht in dem Artikel „Wilson und Kaiser Wilhelm" in der *Fränkischen Tagespost* vom 10. Oktober den entscheidenden Schritt der Kaiserdebatte: „Der Kaiser soll das, was er dem Volke zumutet, nun selbst verwirklichen", schrieb die Zeitung.[48] Die *Münchner Post* vom 19. Oktober 1918 begründete eine oberflächlich versteckte Forderung nach Abdankung des Kaisers mit einer angeblich tiefen und unüberbrückbaren Kluft zwischen Monarch und Volk.[49] Ebendies hatte auch Harden in einer bemerkenswerten Rede – die *Zukunft* konnte noch nicht wieder erscheinen – vom selben Tag festgestellt. Unvermeidlich scheine es ihm jetzt, daß der Kaiser ein Opfer bringe, denn der augenblickliche Zustand könne nicht andauern. Anspielend auf die Unsichtbarkeit des Kaisers im Krieg, erklärte Harden, es sei nicht möglich, daß der Monarch „verschwinde, ohne endgültig zu verschwinden": „Ich bin deshalb der Meinung, und habe sie, wo es möglich war, vertreten: Der Kaiser muß sich seinem Volk [...] neu verloben."[50]

---

44 Vgl. hierzu den Bericht des preußischen Gesandten in Bayern vom 25. August 1918 über die Tatsache, daß die am vorherigen Abend bekanntgewordene Note Wilsons dahingehend begriffen wurde, daß sie sich direkt gegen die Person des Kaisers richte. Baden, Dokumente, S. 502. „In Berlin atmen die kleinen Leute bei dem Gedanken auf, daß der Frieden nun endlich näherrückt. Wie traurig dieser Frieden ausfallen wird, ist ihnen eine spätere Sorge. Die Abwendung von der Dynastie macht reißende Fortschritte", berichtet MAYER, Erinnerungen, S. 298.

45 STUTZENBERGER, Abdankung, S. 79 ff.

46 Kreuzzeitung, 25. Oktober 1918, (Nr. 545).

47 Vorwärts, 7. November 1918, (Nr. 307).

48 STUTZENBERGER, Abdankung, S. 21, 26, 30 f.

49 Münchner Post, 19. Oktober 1918, (Nr. 245).

50 Max Krell berichtete: „Harden sprach ohne Konzept, gemessen, scharf akzentuierend, wobei er den Eindruck erweckte, zu improvisieren; er sprach anderthalb Stunden lang von der Gegenwart des zusammenbrechenden Krieges her sich zurücktastend durch die dreißig Jahre Wilhelminischer Geschichte. Die Irrtümer des persönlichen Regiments wurden bis in die äußersten Verästelungen auseinandergespult, die ministerielle Servilität wurde in Ursache

Ganz ähnlich urteilten die *Münchner Neuesten Nachrichten* vom 20. Oktober 1918: „Dem Enkel des umjubelten ersten Kaisers stehen heute Tausende von deutschen Bürgern fremd und in finsterer Zurückhaltung gegenüber.“[51] Im Kontext der dritten Wilsonnote vom 23. Oktober forderte auch die *Frankfurter Zeitung* am darauffolgenden Tag „persönliche Konsequenzen“ des Monarchen. Die *Kölnische Volkszeitung* und die *Kölnische Zeitung*, jeweils vom 22. Oktober 1918, mahnten hingegen vor allem „Führung“ an.[52]

Nachdem die Abdankungsfrage einmal im Raum stand, wurde sie mit erstaunlicher Nüchternheit diskutiert. Wenn Wilson die Abdankung explizit verlange, müsse man darüber mit kühlem Kopf urteilen, argumentierte die *Kölnische Volkszeitung* und erging sich in Überlegungen, wie eine Regentschaft am einfachsten zu installieren sei.[53] Typisch für die nüchtern-abgeklärte Verhandlung der wichtigsten innenpolitischen Angelegenheit ist auch ein Artikel der *Vossischen Zeitung*, in dem konstatiert wird, daß seit der dritten Wilsonnote „die Kaiserfrage in der deutschen Öffentlichkeit in aller Breite besprochen worden“ sei und an dieser „Diskussion“ daher nicht mehr „vorübergegangen“ werden könne. Zumal wegen ihrer „Tragweite“ müsse diese Frage intensiv überdacht und diskutiert werden, und zwar ohne „Leidenschaftlichkeit“ – dies gelte für das „System“, vor allem aber für die „Person“: „Daß sehr weite Kreise des Volkes zu Kaiser Wilhelm keinerlei persönliche Liebe empfinden, muß als bedauerliche, aber feststehende Tatsache verzeichnet werden. Daß die impulsive, nach keiner Seite den Anstoß vermeidende Charakteranlage des Kaisers selbst viele überzeugte Monarchisten gegen sich eingenommen hat, braucht für jeden, der die deutsche Geschichte der letzten dreißig Jahre kennt, nicht bewiesen zu werden.“ Die Kaiserfrage sei nun „lediglich unter dem Gesichtswinkel zu betrachten: welche Lösung ist für den Fortbestand und die Wiedergesundung des Reiches und damit für die Lebensinteressen des deutschen Volkes am zweckmäßigsten?“[54]

Allen Kommentaren waren drei Überlegungen gemeinsam: 1. Wie ließe sich, so dies wünschenswert sei, die Dynastie sichern. 2. Wie sind die Interes-

---

und Wirkung gezeigt und zum erstenmal von der These abgerückt, allein der Neid auf die Tüchtigkeit der Deutschen habe die Entente zum Krieg zusammengeschweißt.“ WELLER, Harden, S. 64, 259. Am 6. November hielt Harden eine zweite große Rede in der Berliner Philharmonie. Hier dominierte ein hoffnungsvollerer, versöhnlicher Ton. Ebd., S. 260.

51 Münchner Neuesten Nachrichten, 20. Oktober 1918, (Nr. 531).

52 HERRMANN, Zusammenbruch, S. 92 f.

53 ‚Kühle Köpfe‘, Kölnische Volkszeitung, 31. Oktober 1918, (Nr. 859). Dort wurde spekuliert, würde Wilhelm II. sich zur Abdankung entschließen, folgte ihm sein Sohn, den kaum jemand, der Wilhelm II. nicht akzeptieren könne, als Verbesserung empfinde. Der Sohn des Kronprinzen sei problematisch, da noch ein Kind. Andere Kaisersöhne könnten besser sein, genau wisse dies aber auch niemand. Zugunsten Wilhelms II. sei immerhin zu sagen, daß er sich auf den Boden der neuen politischen Verhältnisse (Oktoberreformen) gestellt habe. „Es ist auch wohl nicht zu sagen, daß das ganze deutsche Volk nun mit einem Male seinen Kaiser, um den uns vor dem Kriege die anderen Völker beneideten, wegjagen oder weglaufen lassen wollte.“ Ebd.

54 ‚Kaiser und Volk‘, Vossische Zeitung, 4. November 1918, (Nr. 564).

sen der Nation gegenüber der Loyalität zum Herrscherhaus zu bewerten. 3. Wie verhält sich die Abdankungsfrage zu einer möglichen Revolution.

Konkrete Forderungen nach Abschaffung der Monarchie blieben allerdings die absolute Ausnahme. Am 3. November 1918 verlangte der *Vorwärts* zwar erneut die Abdankung des Kaisers, sprach sich aber nicht gegen die Institution Monarchie aus. Ab 3. November erschienen Abdankungsforderungen im *Berliner Tageblatt*, den *Münchner Neuesten Nachrichten* und der *Frankfurter Zeitung*. Hier wurden die Interessen von Nation und Monarch suggestiv gegenübergestellt. Die Artikel forderten die Abdankung als ein Opfer zugunsten der Nation.[55] Bereits in einem Artikel des *Berliner Tageblatts* vom 25 Oktober 1918 findet sich der Gedanke, daß das Leben des Kaisers nicht mehr zählen dürfe als das tausender anderer Menschen.[56] Die Zentrumsblätter und nationalliberale sowie konservative Zeitungen hingegen sahen „gerade im Kaisertum den letzten Wall gegen Umsturz und Bolschewismus".[57] Neben den Argumenten, der Kaiser diene als Garant der Reichseinheit und als Schutz gegen den Bolschewismus, fand sich in der konservativen Presse die Behauptung, daß Illoyalität gegenüber dem Kaiser gegen das „Ehrgefühl" verstoße.[58] Schon aus „moralischen Gründen", schrieb die *Deutsche Tageszeitung*, dürfe man den Kaiser nicht opfern. Denn ein „Volk, das seinen Führer [...] dem Verlangen der Feinde" preisgebe, handele „ehrlos". Die *Tägliche Rundschau* beklagte vorsorglich die „Treulosigkeit" des deutschen Volkes.[59]

In linken wie rechten Kommentaren reduzierte sich die Monarchie auf die Person des Kaisers. Nur sehr wenige Kommentare versuchten noch einmal nach dem Muster der Bewältigung der Daily-Telegraph-Affäre ein neues Kaisertum zu beschwören. Am reinsten findet sich dieser Versuch erstaunlicherweise in der zitierten Rede Hardens. Weitaus defensiver argumentierte die *Kölnische Volkszeitung* am 4. November 1918. Der Kaiser habe seine Fähigkeit zur Anpassung an die Entwicklungen bewiesen: „Der dem neuen Geiste angepaßten monarchischen Staatsform", so die Zeitung, „wird der weit überwiegende Teil des deutschen Volkes sich aus voller Seele, man könnte vielleicht sagen, mit einer vom Staube mancher Verstimmung gereinigten Freudigkeit anschließen".[60] Aber diese Hoffnung auf den geläuterten Kaiser bestimmte nur sehr wenige Kommentare. Eine bayrische Zeitung mahnte:

---

55 BIRMELE, Press, S. 188 f.

56 Allerdings ohne direkten Hinweis auf einen wünschenswerten Königstod. Berliner Tageblatt, 25. Oktober 1918, (Nr. 546).

57 HERRMANN, Zusammenbruch, S. 117 ff. Die *Kölnische Zeitung* betonte am 2. November, daß der Kaiser sich ausdrücklich auf den Boden der neuen Ordnung gestellt habe. Seine Abdankung würde nun nur zum allgemeinen Verfall der Autorität beitragen, aber er solle nach Berlin zurückkehren. ‚Der Kaiser und das neue Deutschland', Kölnische Zeitung, 2. November 1908, (Nr. 1024).

58 Die *Kölnische Zeitung* teilte die Position der *Germania*, die das Kaisertum als Voraussetzung für die Reichseinheit betrachtet und daher für einen Verbleib Wilhelms II. plädierte. ‚Die Kaiserfrage', Kölnische Zeitung, 3. November 1918, (Nr. 1026).

59 HERRMANN, Zusammenbruch, S. 124 und 199 f.

60 ‚Der Kaiser und die Verfassungsänderung', Kölnische Volkszeitung, 4. November 1918, (Nr. 869).

„Wenn wir wollen, daß der Kaiser geht, so müssen wir wissen, warum wir es wollen.“[61] Andere Kommentare gestanden dem Monarchen immerhin zu, daß er, wenn er sich in die neue Zeit fügen könne, unter den neuen Voraussetzungen der Oktoberreformen bleiben dürfe.

Die Diskussion der Abdankung zeigt vor allem, wie ein letztes Mal, zunächst mit deutlichen Analogien zu den behandelten Skandalen, der Diskurs über den Monarchen eine unkontrollierbare Eigendynamik entwickelte, die sich wiederum an der Person Wilhelms II. festmachte.[62] Von Erzberger ausgearbeitete regierungsamtliche „Richtlinien für die Behandlung der Kaiserfrage“ befolgte die Presse allenfalls am Anfang der Debatte.[63] Ebenso fruchtlos blieben Versuche von Industriellen, frühzeitig die Initiative in der Abdankungsfrage zugunsten des Kaisers zu übernehmen, und – sehr späte – Maßnahmen der Kirchen.[64] Es ist bezeichnend, daß sich am 31. Oktober 1918 die *Vossische Zeitung* veranlaßt sah, zu melden, daß Gerüchte über eine Abdankung des Kaisers verfrüht seien und derselbe „nach der Front“ abgereist sei. Der Thronverzicht, wurde vielsagend mitgeteilt, sei allerdings im Kriegskabinett diskutiert worden.[65] Vor dem Hintergrund eines derart freien Informationsflusses kann es nicht verwundern, daß sich die *Germania* vom 1. November 1918 nicht nur für die Beibehaltung der Monarchie, sondern zuvorderst für eine sofortige Beendigung der Kaiserdebatte aussprach.[66] Am 3. November

---

61 ‚Der Kaiser', München-Augsburgische Zeitung, 5. November 1918, (Nr. 360). Vgl. generell die Beispiele in: BAL, R 8048 II (RLB-Archiv), Bd. 4016, Blatt 174 ff.

62 Vgl. BARTH, Dolchstoßlegenden, S. 189.

63 Abgedruckt bei: STUTZENBERGER, Abdankung, S. 120.

64 Vgl. Stutzenberger, Abdankung, S. 41, 45, 83. Zu den unkoordinierten einschlägigen Bemühungen der Kirchen vgl. die Schilderung des Besuchs von Ludwig Berg bei Kardinal v. Hartmann am 4. November 1918: „[...] gestern abend 8 Uhr meinen Kaiser im Hofzug etwa 2 Stunden über politische Lage eingehend gesprochen, besonders auch über die zur Zeit schwebende persönliche Angelegenheit des Kaisers. Die mir mitgeteilten Ansichten hatte der Kaiser vormittags nach dem Gottesdienst auch dem Hofprediger Dr. Vogel vorgetragen. Dr. Vogel daraufhin gestern abend einen Eilbrief gesandt an Nachfolger von Exz. v. Dryander (Lahusen). Er vorgeschlagen: 1. ein Wort über Königstreue sofort an die Gemeinden im Reiche, ausgehend von der höchsten Kirchenbehörde, und 2. sollen die protestantischen Führer eine Art Bekenntnisadresse an den Kaiser senden. Der Kaiser und auch seine Umgebung, Exz. v. Gontard, würden es sehr gerne sehen, wenn auch seitens der deutschen Bischöfe in dieser schweren Stunde ein kräftiges Wort an die Katholiken gerichtet würde.“ Der Kardinal zeigte sich allerdings skeptisch. 1848 sei dies geschehen, aber dieses Mal sei es zu spät.“ Berg räumte daraufhin bezeichnenderweise ein, es brauche nicht direkt die Person des Kaisers genannt zu werden: „es genügt, wenn auf die gegenwärtige Gefahr des Bolschewismus hingewiesen wird, der sicher kommen wird, wenn starke Leitung fehlt. Vielleicht noch hinzufügen, daß bis jetzt diese starke Leitung in unserer Dynastie gesichert war, und daher Hoffnung, daß es so bleibt.“ BETKER/KRIELE, Fide, S. 778 f.

65 ‚Der Kaiser', Vossische Zeitung, 31. Oktober 1918, (Nr. 558). In den Stimmungsberichten des Berliner Polizeipräsidenten vom Ende Oktober finden sich keine Hinweise zur Abdankungsfrage. Dokumente aus geheimen Archiven IV, S. 297 f.

66 Germania, 1. November 1918, (Nr. 511). Ganz ähnlich bedauerte die ebenfalls katholische *Kölnische Volkszeitung* am 3. November: „Die schädliche und überflüssige Erörterung der sogenannten Kaiserfrage hört bei uns noch immer nicht auf.“ ‚Schluß mit der Kaiser-

warnte die Regierung die Chefredakteure der großen Zeitungen vor einer weiteren Verschärfung der Kaiserdebatte.[67] Eine solche Maßnahme, der frühe Versuch, Richtlinien für die Kommentierung des Monarchen aufzustellen, sowie die ständigen Forderungen nach einer Beendigung der Diskussion, lassen erkennen, daß Erfahrungen aus den zurückliegenden Skandalen durchaus die Diskussion des Monarchen beeinflußten.

Auch die Zeitungskommentare reflektierten diese Erfahrung. Zwei Artikel der *Vossischen Zeitung*, die offen die Vor- und Nachteile des Kaisers als Oberster Kriegsherr erörterten und die Position des Frontoffiziers mit der des traditionellen Militärs konfrontierten, belegen dies.[68] Besonders deutlich zeigt sich das Phänomen einer reflektierten Demontage des Kaisers in der intentionalen Beschleunigung der Debatte von links. Geschickt spielte ein Leitartikel des *Vorwärts* vom 31. Oktober 1918 mit dem langsamen Aufbrechen eines Tabus. „Sinnlos wäre es, in Zeitungsspalten von einer Angelegenheit zu schweigen, von der Markt und Gassen voll sind". Daher stellte die Zeitung die bedeutungsschwere Frage: „Was wird der Kaiser tun? – Wann wird er es tun".[69] Auch bei den kaisertreuen Stimmen, so der *Vorwärts*, fielen gewisse „Untertöne" auf. Man argumentiere mehr für das monarchische Prinzip im generellen als für die Person des Kaisers, obwohl sich dies nicht trennen lasse: „Wenn die Kaiserfrage einmal schon eine offene Frage geworden ist, über die in allen Zeitungen für und wider geschrieben, an allen Straßenecken für und wider geredet wird, dann liegt es im Interesse aller Beteiligten, baldmöglichst zu einem Abschluß zu gelangen."[70] Erst am 4. November schrieb der *Vorwärts* explizit, nicht mehr unter Hinweis auf ein allgemeineres Interesse und die Logik der Diskussion, die kaiserliche Politik habe „Schiffbruch" erlitten und der Monarch solle daher zurücktreten.[71] Vor allem die Sozialdemokraten

---

Debatte!', Kölnische Volkszeitung, 3. November 1918, (Nr. 867). Vgl. auch: ‚Die Kaiserdebatte', Weser-Zeitung, 1. November 1918, (Nr. 770).

67 HERRMANN, Zusammenbruch, S. 122.

68 Erich v. Salzmann, ‚Monarchie – Republik – Heer', Vossische Zeitung, 4. November 1918, (Nr. 564) und ‚Frontoffizier, Kaiser und Heer', Vossische Zeitung, 7. November 1918, (Nr. 571). Der ‚Frontoffizier' skizzierte in Auseinadersetzung mit Salzmann – dem Militärberichterstatter der *Vossischen* – zwei Gruppen: auf der einen Seite die „höhere Führung" sowie die älteren Offiziere, die „Gehirn und Seele" des Heeres bildeten und noch stark traditionell dächten: dagegen stünden die Kriegsleutnants der politischen Entwicklung „mit größerer innerer Fähigkeit gegenüber, die Dinge zu erfassen, die nach dem Weltgesetz des Fortschritts sich ereignen." Aber alle seien von Führung abhängig. Daher sei es notwendig, die Kaiserfrage unbedingt bis nach Kriegsende aufzuschieben.

69 ‚Was wird der Kaiser tun', Vorwärts, 31. Oktober 1918, (Nr. 300). Vgl. auch den ganz ähnlichen Tenor in dem Artikel: ‚Was wird der Kaiser tun?', Vossische Zeitung, 31. Oktober 1918, (Nr. 558).

70 Der *Vorwärts* plädierte für eine Volksabstimmung, die auch im Interesse der Legitimität des Monarchen liege. ‚Vor schweren Entscheidungen. Unsere Stellung in der Kaiserfrage. – Einigkeit tut not!', Vorwärts, 3. November 1918, (Nr. 303).

71 ‚Die Frage des Tages', Vorwärts, 4. November 1918, (Nr. 304). Bedrohlich für Wilhelm II. war die Aufforderung zum ‚Endkampf', der immer auch ein ‚Endkampf' für den Kaiser gewesen wäre. Vgl. die Beispiele bei: STUTZENBERGER, Abdankung, S. 92 ff. Genau dies for-

hatten es verstanden, Stichwörter zu lancieren, die eine eigene Dynamik entfalteten.[72] Die Rede von der Kaiserfrage bot den Rahmen. Nachdem Noske festgestellt hatte, daß nirgendwo monarchische Kundgebungen veranstaltet worden seien, forderte er am 24. Oktober im Reichstag die „große Geste" des Kaisers. Diese wurde zum Schlagwort in der Erörterung der Kaiserfrage.

Gegen die Dynamik dieser Schlagwörter in einem für den Kaiser alles andere als günstigem Umfeld, hatten es dessen Verteidiger schwer. Deren Maßnahmen und Mittel zeugten von Hilflosigkeit. Trotz zahlreicher Zeitungskommentare, die das Kaisertum als Garant der Reichseinheit und Schutzwall gegen den Bolschewismus präsentierten, die Wichtigkeit des Obersten Kriegsherrn für den Zusammenhalt des Heeres beschworen und an ein unspezifisches Treueparadigma appellierten, zeigte sich, daß praktische Schritte zur Verteidigung der Monarchie nicht mehr im Bereich des Vorstellbaren lagen.[73] In der Abdankungsfrage zeigte sich erneut die Logik der Massenmedien: „Wir Deutschen werden jetzt lernen müssen, den wirklichen Wert des monarchischen Systems etwas gründlicher zu prüfen und seine Vorteile in die Sprache des Volkes zu übersetzen", forderte die *Kölnische Volkszeitung* reichlich spät, abstrakt und hilflos am 4. November.[74]

Für ein derartiges Engagement lassen sich indes nur wenige Belege finden. Am 7. November 1918 meldete die *Kreuzzeitung*, daß eine mit „100 000 Namen unterzeichnete große pommersche Vertrauenskundgebung an den Kaiser" gerichtet worden sei.[75] Liberale Parteiversammlungen betonten die Wichtigkeit des Kaisergedankens für die Einheit des Reiches.[76] In Telegrammform erklärten die Christlichen Gewerkschaften am 30. Oktober dem Kaiser: „Die Christlich-Nationale Arbeiterschaft [...] erblickt unter den neuen Verhältnissen in einem echten Volkskaisertum ein wertvolles Unterpfand für die Entwicklung ihrer Erwartungen. Unabhängig von Gunst und Ungunst der Verhältnisse, in Glück und Unglück standen und stehen wir in Treue zu Eurer Majestät." Eine ähnliche Stellungnahme verbreitete der *Katholische Frauenbund*.[77] Die Treueerklärung gegenüber dem Monarchen in der letzten Sitzung des Herrenhauses beschwor noch einmal preußische Traditionen, bestätigte

---

derte der Artikel ‚Um Krone und Heer', Deutsche Volkskorrespondenz, 5. November 1918, (Nr. 131).

72 Stutzenberger verweist auf die Broschüre Siegfried Balders, 'Kaiser und Krieg oder Republik und Frieden', welche die Diktion Scheidemanns und anderer inspiriert habe. STUTZENBERGER, Abdankung, S. 25.

73 Vgl. den Einwurf Bülows: ‚Bülow zur Kaiserfrage/Kaiserfrage und Friedensbedingungen', Vossische Zeitung, November 1918, (Nr. 566) und den Artikel ‚Die ‚Diktatur des Proletariats'', Kölnische Zeitung, 5. November 1918, (Nr. 1032).

74 Die Zeitung ergänzte ihren Vorschlag um die Forderung nach einer Aktivierung der Monarchisten unter den Schlagworten „Volkskaisertum" und „Volkskönigtum". ‚Monarchisten heraus!', Kölnische Volkszeitung, 4. November 1918, (Nr. 871).

75 Kreuzzeitung, 7. November 1918, (Nr. 569).

76 ‚Kaisertum und innerpolitische Neuordnung', Kölnische Volkszeitung, 2. November 1918, (Nr. 866).

77 STUTZENBERGER, Abdankung, S. 101.

aber letztlich, daß die Maßnahmen monarchistischer Gruppen und Personen im Bereich des Symbolischen verharrten.[78]

Die passive Haltung dieser Gruppen resultierte nicht zuletzt aus der Renitenz Wilhelms II. gegenüber sämtlichen Vorschlägen eines Einlenkens.[79] Da die Konservativen in ihren an der Person des Monarchen orientierten Treuekonstrukten gefangen blieben, waren es vor allem liberale Kommentatoren, die auf eine freiwillige Abdankung des Kaisers drangen, aber gleichzeitig die Monarchie bewahrt wissen wollten. In einer Rede über „Deutschlands politische Neuordnung" führte Max Weber in München am 4. November 1918 aus, daß der Kaiser nach Berlin gehöre, und erklärte, ein „charaktervoller Konservativer" hätte dem Kaiser schon früher geraten, „einer innerlich unmöglichen Lage ein Ende zu machen". Dennoch sprach sich Weber entschieden für die „Aufrechterhaltung der Dynastien" aus.[80] Vier Tage später, am 8. November 1918, kommentierte Theodor Wolff im *Berliner Tageblatt*, daß der offensichtliche Unwille des Kaisers, dem Thron freiwillig zu entsagen, sehr zu bedauern sei. Trotzdem böte sich auch jetzt noch die Gelegenheit, aus dem Amt zu scheiden und mit einer „sympathieweckenden Geste" zu gehen.[81]

Allerdings hatte die Blockade im Hauptquartier in Spa ihre Ursache nicht nur in der Sturheit des Kaisers, sondern auch im Mangel an überzeugenden Alternativen.[82] Zwar wurde eine Regentschaft seit Mitte Oktober diskutiert, ein überzeugendes Modell kristallisierte sich in dieser Diskussion aber nicht heraus. Dies lag auch an der äußerst umstrittenen Figur des Kronprinzen. „Der

---

78 Letzteres in der Sitzung des preußischen Herrenhauses am 26. Oktober 1918, in welcher der Antrag des Grafen Yorck von Wartenburg verhandelt wurde. „Das Herrenhaus wolle beschließen: In der Zeit der tiefsten Not des Vaterlandes ist es Pflicht und Recht des preußischen Herrenhauses zum Ausdruck zu bringen, wie unlöslich der Zusammenhang ist zwischen Preußens Herrscherhause und seinem Volk. Der König von Preußen wird sein Volk auch in dunkelsten Tagen treu erfinden. Das Herrenhaus wird eingedenk seiner Vergangenheit allzeit zu seinem angestammten Herrscher als Schutzwehr vor dem Throne stehen." GStAPK, HA Rep. 169 C, Nr. 42, Blatt 5 ff. Vgl. auch den Bericht des Herrenhausmitglieds HUTTEN-CZAPSKI in dessen Erinnerungen (Sechzig Jahre), S. 516.

79 Wie aus den Tagebüchern Ludwig Bergs, des katholischen Geistlichen im Hauptquartier und nüchternsten Augenzeugen der Szenerie, deutlich wird, war sich der Kaiser sehr wohl des Drucks auf sich bewußt, lehnte jedoch eine Abdankung kategorisch ab. Vgl. dessen Eintrag vom 3. November 1918: „College Dr. Vogel erzählt bei Tisch von seinem Gottesdienst in der Kaiservilla und der Privataussprache [mit dem Kaiser, M.K.]: ‚Ich habe nicht daran gedacht und denke nicht daran abzudanken.' – ‚Alle meine Söhne haben mir in die Hand versprochen, nicht Thronnachfolge anzunehmen.' – ‚Nicht die Entente fordert Abdankung, sondern die Clique in Deutschland, die Richtung Berliner Tageblatt, Frankfurter Zeitung, Münchner Nachrichten. Ihre Pläne bezüglich Aufteilung Belgiens und Kohlebeckens [Longwy-] Briey zerstört; jetzt muß einer Sündenbock sein.'" und den Tagebucheintrag vom 8. November 1918. BETKER/KRIELE, Fide, S. 775 nd 786 f.

80 Wolfgang J. MOMMSEN/Wolfgang SCHWENTKER (Hg.), Max Weber zur Neuordnung Deutschlands. Schriften und Reden 1918-1920, Tübingen 1991, S. 363 ff.

81 Theodor Wolff, ‚Die Sozialdemokratie verlangt die Abdankung', Berliner Tageblatt, 8. November 1918, (Nr. 572); Ders., ‚Noch keine Antwort des Kaisers', Berliner Tageblatt, 8. November 1918, (Nr. 573).

82 Vgl. hierzu aus staatsrechtlicher Sicht: Hugo Freudenthal, ‚Abdankung', Berliner Tageblatt, 7. November 1918, (Nr. 570).

mit der schiefen Mütze", so Ludwig Herz rückblickend, sei dem Volk nicht vermittelbar gewesen.[83] Auch jetzt noch wurde ein im Kern institutionelles Problem personalisiert diskutiert: „Der Thron der Hohenzollern ist durch unseren Bittgang zu Wilson zu schmal für Wilhelm II. geworden, er konnte jetzt nur noch ein Kind tragen", formulierte Max Weber in einer kurz nach der Revolution gehaltenen Rede und brachte damit ein Dilemma auf den Punkt.[84]

Die Verbindung zwischen Abdankung und besseren Friedensbedingungen, die erst die Dynamik in die Diskussion der „Kaiserfrage" gebracht hatte, war Anfang November in den Kommentaren fast nicht mehr präsent. Verglichen mit der vorangegangenen, zumindest in einigen Momenten hitzigen Pressedebatte, wirken die Meldungen der Abdankung undramatisch.[85] Die nüchternen, zum Teil rückschauenden Artikel noch vom gleichen Tag zeigen, daß die Abdankung nicht als Überraschung kam.[86] Zudem überlagerten aktuellere und drängendere Meldungen über die Revolution das Thema.[87] Die Monarchie mußte sich nun einer ganz neuen Themenkonkurrenz stellen.

Am ehesten erkannte der Kommentator der *Kölnischen Volkszeitung*, was das Ende der Monarchie bedeutete. In der Morgenausgabe des 9. November, mit Blick auf das Ultimatum der Sozialdemokraten, kommentierte die Zeitung: „Wie die ganze Lage sich in verschiedenen Teilen des Reiches gestaltet hat, muß diese Entschlußfassung, die den Träger der Kaiserkrone vor eine un-

---

83 Ludwig HERZ, Die Abdankung, Leipzig 1924, S. 22 ff.

84 Dieses Zitat bei Kurt Frhr. v. REIBNITZ, Geschichte und Kritik von Doorn, Berlin 1929, S. 197, der sich offensichtlich auf eine Rede Webers am 17. November 1918 in Heidelberg zum Thema *Die zukünftige Staatsform Deutschlands* bezieht. Vgl. MOMMSEN/SCHWENTKER (Hg.), Weber, S. 370 ff. Weber hatte schon am 11. Oktober 1918 „als aufrichtiger Anhänger monarchischer Institutionen" den „Rücktritt" des Kaisers gefordert. Für den Fall eines Endes „mit Unehren", das heißt auf äußeren Zwang hin, prophezeite Weber „auf Generationen nachwirkende" Folgen für die Monarchie. WEBER, Schriften, S. 477. Zur Debatte um eine Regentschaft: Huber, Verfassungsgeschichte V, S. 658 ff. Zu den zahlreichen Bemühungen prominenter Persönlichkeiten, eine Regentschaft einzurichten: Ludwig Franz GENGLER, Die deutschen Monarchisten 1919-1925, Kulmbach 1932, S. 16 f.

85 Pressestimmen zur Abdankung (*Berliner Tageblatt, Kreuzzeitung, Lokal-Anzeiger und Berliner Neueste Nachrichten*) finden sich zusammengefaßt in dem Artikel ‚Abdankung zu spät. Die Abdankung des Kaisers', Kölnische Zeitung, 11. November 1918, (Nr. 1054).

86 Vgl. den Rückblick in: Germania, 9. November 1918, (Nr. 526), in dem die Hoffnung ausgedrückt wurde, daß wenigstens die Monarchie erhalten bleiben könne.

87 Die *Münchner Neuesten Nachrichten* reflektierten dieses Problem: „Die Meldung von dem Thronverzicht Kaiser Wilhelms II. kommt im letzten Augenblick vor dem Abschluß unseres Blattes, so daß es zur Stunde nicht möglich ist, der Bedeutung dieses Ereignisses jene Würdigung zu Teil werden zu lassen, die es verdient." ‚Abdankung des Kaisers/Thronverzicht des Kronprinzen', Münchner Neueste Nachrichten, 9. November 1918, (Nr. 567). Vgl. die knappen Meldungen ‚Abdankung des Kaisers', Kreuzzeitung, 9. November 1918, (Nr. 574) und ‚Die Abdankung des Kaisers. Eine verfassungsgebende Nationalversammlung', Kölnische Zeitung, 9. November 1918, (Nr. 1049). Vgl. auch den Bericht von Sebastian Haffner: „Ich habe persönlich von der eigentlichen Revolution wenig gemerkt. Am Sonnabend meldete die Zeitung, der Kaiser habe abgedankt. Irgendwie überraschte es mich, daß so wenig dabei war. Es war eben auch nur eine Zeitungsüberschrift, und im Kriege hatte ich größere gesehen." Sebastian HAFFNER, Geschichte eines Deutschen. Die Erinnerungen 1914-1933, Stuttgart/München 2000, S. 28.

geheure geschichtliche Entscheidung stellt, von der folgenschwersten Bedeutung sein. Wie diese Lage Millionen Deutscher [sic!] bis ins innerste Mark erschüttert und die schwere Tragik der Stunde mit unerbittlicher Schärfe empfinden läßt, bedarf keiner Betonung."[88] In der Abendausgabe derselben Zeitung hieß es dann: „Eine Nachricht von ungeheurer Bedeutung und zurzeit unübersehbarer Tragweite wird uns soeben übermittelt: Wilhelm II., Deutscher Kaiser und König von Preußen, hat seinen Herrscherrechten entsagt und die Krone von Preußen niedergelegt." Die Zeitung betonte sodann vor allem das „Opfer" des Monarchen zugunsten der Staatsräson.[89] Hingegen überließ sich die *B.Z. am Mittag* vollkommen der Ästhetik des Zusammenbruchs. Bilder von stürzenden Thronen, Kronen, die in den Staub „kollern", und historische Analogien von der Art: „Die merkwürdigste und bedeutsamste Abdankung für das deutsche Volk und für den Planeten ist aber die Abdankung des Kaisers", wurden hier beschworen.[90] Zwischen diesen Extremen finden sich sehr wenige bemerkenswerte Kommentare, dafür aber zahlreiche kühle Meldungen über ein mittlerweile sekundäres Ereignis im Strom der Revolution. „Uns, denen der Blick durch die Leidenschaften der Gegenwart mehr oder weniger getrübt ist, fällt es nicht leicht, das Bild Wilhelms II. richtig zu zeichnen", resümierten die *Dresdner Nachrichten*.[91] Eine erhellende, autoritative Darstellung und Kommentierung der Begebenheiten, die zur Abdankung des Kaisers geführt hatten, ließ sich aus diesen Berichten nicht entnehmen.[92] Zudem waren schon in diesem Prozeß die Akteure darauf bedacht, ein für sie im nachhinein günstiges Bild sicherzustellen.[93] Zwei Aspekte der Abdankungsdebatte müssen hervorgehoben werden:

1.) So, wie die Abdankung erfolgte und öffentlich dargestellt wurde, blieb das Ereignis offen und hinreichend unklar für Ausdeutungen. Das Vorhandensein eines nebulösen Stoffes bot interpretatorischen Spielraum.[94]

---

88 ‚Die innere Krise', Kölnische Volkszeitung, 9. November 1918, (Nr. 884).

89 ‚Abdankung des Kaisers. Verzicht des Kronprinzen', Kölnische Volkszeitung, 9. November 1918, (Nr. 886). Unter der Überschrift „Die Tragödie Kaiser Wilhelms II." würdigte auch der *Berliner Lokal-Anzeiger* noch am Abend des 9. November dessen Verdienste und lobte „den hochherzigen Entschluß" der Abdankung. Asmuss, Republik, S. 92 f.

90 Viktor Hahn, ‚Das Ende von Byzanz', B.Z. am Mittag, 9. November 1918. Als seltene Versuche der historischen Einordnung des Ereignisses vgl. auch die folgenden, allerdings späteren Artikel: Theodor Bitterauf, ‚Thronentsagungen', Vossische Zeitung, 16. November 1918, (Nr. 587). ‚Der Thronverzicht des früheren Kaisers', Deutsche Allgemeine Zeitung, 30. November 1918, (Nr. 610).

91 ‚Zur Abdankung des Kaisers', Dresdner Nachrichten, 10. November 1918, (Nr. 63).

92 Zwar wurden in den dem 9. November folgenden Tagen einige Informationen nachgetragen, diese Berichte traten aber schnell hinter aktuelleren Berichten zurück. Vgl. HERRMANN, Zusammenbruch, S. 151 ff.

93 Max von Baden, der versuchte Eulenburg dazu zu bringen, bei Wilhelm II. auf dessen Abdankung hinzuwirken, erhielt den Eindruck, Eulenburg glaubte, es sei am besten, wenn Wilhelm II. durch die Alliierten abgesetzt würde, so daß sich die monarchische Sache antialliierte Tendenzen zunutze machen könne. Vgl. HULL, Entourage, S. 26.

94 Vgl. z.B. den Versuch Westarps, pseudojuristisch zu begründen, daß die Abdankungserklärung Max von Badens eine Fälschung gewesen sei. Kuno Graf Westarp, ‚Die gefälschte Ab-

2.) In einer naheliegenden Interpretation konnte Wilhelms II. Unfähigkeit, die verworrene Situation zu beenden, als Beleg für Führungsversagen verstanden werden.[95]

3. Die Auseinandersetzung um die Flucht als Substitut einer Monarchiedebatte

„Am besten, es wird nicht über den ehemaligen Kaiser gesprochen."[96]

Noch für die letzten Oktober- und ersten Novembertage 1918 läßt sich eine reflexive, aufeinander bezogene Kommentierung des Monarchieproblems und der Person Wilhelms II. in der Presse feststellen. In dieser Zeit finden sich in den meisten Zeitungen – in der Regel mit Blick auf die Abdankungsfrage – vergleichsweise nüchterne Bewertungen Wilhelms II. und Reflexionen über die Institution Monarchie. Diese Wortmeldungen demonstrieren die Möglichkeit und den Bedarf nach einer Diskussion einer prägenden Institution und Person. Was der Beginn einer tiefgehenden und ausführlichen Debatte hätte sein können, verdrängten allerdings schnell militärischer Zusammenbruch und Revolution.

Die Zusammenbruchserfahrung umfaßte wesentlich mehr als nur den Verlust eines ohnehin umstrittenen Monarchen. Neben den konkreten Herausforderungen, die Kriegsende und Systemwechsel mit sich brachten, traten für die Kommentatoren nun politische und militärische Erwägungen vor die Monarchiefrage, nicht zu sprechen von praktischen Problemen wie Zensur, Papiermangel und dem Verbot von Zeitungen. Kurt Töpner hat die Wichtigkeit des nationalen Aspekts und des Schocks der militärischen Niederlage als alles beherrschende Themen für die Hochschullehrer aufgezeigt.[97] Auch in der Neuformierung der politischen Parteien spielte die Stellung zur Monarchie nur

---

dankungserklärung', Kreuzzeitung, 20. März 1919, (Nr. 126). Reaktionen hierauf in: BAL, R 8034 II (RLB-Archiv), Bd. 4034, Blatt 132 f.

95 Symptomatisch hierfür der Kommentar: „Wir haben kein Hehl daraus gemacht, daß die Umgestaltung unserer inneren Verhältnisse und der Zusammenbruch der durch vier Jahre mit teilweise unverantwortlichen Mitteln aufrechterhaltenen Kriegspolitik den Rücktritt des Mannes erforderlich gemacht haben, an dessen Amt nun einmal die ungeheure Verantwortung haftete." ‚Abdankung des Kaisers/Thronverzicht des Kronprinzen', Münchner Neueste Nachrichten, 9. November 1918, (Nr. 567).

96 Viendre, ‚Amerongen. Der ehemalige Kaiser', Berliner Tageblatt, 3. Januar 1920, (Nr. 4).

97 Vgl. Kurt TÖPNER, Gelehrte Politiker und politisierende Gelehrte. Die Revolution von 1918 im Urteil deutscher Hochschullehrer (Veröffentlichungen der Gesellschaft für Geistesgeschichte, 5), Zürich/Frankfurt 1970, S. 72 f. Für Georg von Below z.B. spielte der Untergang der Monarchie 1918 nur eine untergeordnete Rolle. Wichtiger war ihm der militärische Zusammenbruch, der die äußere Expansion des Nationalstaates verhinderte. Ebd., S. 192. Zur Plötzlichkeit der Niederlageerfahrung: Wolfgang SCHIVELBUSCH, Die Kultur der Niederlage, Darmstadt 2001, S. 236.

eine untergeordnete Rolle.[98] In diesem Kontext beklagte die *Kölnische Zeitung* zwar den Ausschluß des Bürgertums von den politischen Geschäften, die Monarchie als Problem tauchte am 12. November jedoch bereits nicht mehr auf.[99]

Es paßt in dieses Bild, daß sowohl negative[100] als auch positive[101] Rückblicke auf die Revolution nicht mit solchen über die Monarchie und den Monarchen kombiniert wurden. Folgerichtig blieb auch eine literarische Auseinandersetzung mit dem verschwundenen Monarchen nach dem Ersten Weltkrieg nahezu vollständig aus: Trotz „Kriegs- und Kaiserengagement" vieler Schriftsteller gab es kaum Ansätze einer ‚Vergangenheitsbewältigung': „Um die Figur Wilhelms II.", stellt Brude-Firnau fest, „bildete sich eine Schweigezone, die ihn im ersten Nachkriegsjahrzehnt der fiktionalen Darstellung fast ganz entzog".[102] Lediglich Alfred Döblins Trilogie *November 1918* veranschaulicht die Präsenz und das allmähliche Verblassen des Kaisers im sozialen Bewußtsein.[103] Es mag als ein Beispiel für die erstaunlich unreflektierte Behandlung Wilhelms II. und der Institution Monarchie gelten, daß nach 1918 auch kritische Schriften noch beständig von Wilhelm II. als dem „Kaiser" sprachen.

Bezeichnenderweise konstatierten bereits zeitgenössische Kommentatoren das Ausbleiben einer Kaiserdebatte. In einer Besprechung von Björnsons Stück *Der König*, das in Berlin im Januar 1919 aufgeführt wurde, zog das *Berliner Tageblatt* Analogien zur „heutigen Zeit, die das Thema Republik oder Monarchie" nicht ausreichend diskutiert habe.[104] Erwin Wulff stellte in seinem Pamphlet *Die persönliche Schuld Wilhelms II.*, dem ersten zum Thema Monarchie nach dem 9. November 1918, fest: „In der Überstürzung der Erei-

---

98 ‚Kundgebungen der politischen Parteien', Kölnische Zeitung, 18. November 1918, (Nr. 1072).

99 ‚Und das Bürgertum?', Kölnische Zeitung, 12. November 1918, (Nr. 1057). Vgl. auch: ‚Wohin geht der Weg?', Kölnische Zeitung, 13. November 1918, (Nr. 1060).

100 ‚Die Bilanz des ersten Revolutionsjahres', Kreuzzeitung, 8. November 1919, (Nr. 542); ‚Der 9. November', Kreuzzeitung, 9. November 1920, (Nr. 527); ‚War das notwendig?', Kölnische Volkszeitung, 30. November 1918, (Nr. 944); ‚Der Jahrestag der Revolution', Kölnische Volkszeitung, 9. November 1919, (Nr. 877); ‚Der Jahrestag der Revolution. Katzenjammer', Kölnische Zeitung, 10. November 1919, (Nr. 1015) und sogar Theodor Wolff, Berliner Tageblatt, 10. November 1919, (Nr. 534). Vgl. auch das revolutionskritische Pamphlet von Gottfried ZARNOW, Der 9. November 1918. Die Tragödie eines großen Volkes, Hamburg 1933, passim.

101 Ernst Feder, ‚Der 9. November', Berliner Tageblatt, 9. November 1919, (Nr. 533); Friedrich Stampfer, Der 9. November. Gedenkblätter zu seiner Wiederkehr, Berlin 1919. Vgl. allgemein: Eberhard KOLB, Revolutionsbilder 1918/19 im zeitgenössischen Bewußtsein und in der historischen Forschung (Kleine Schriften Stiftung Reichspräsident-Friedrich-Ebert-Gedenkstätte, 15), Heidelberg 1993.

102 BRUDE-FIRNAU, Deutung, S. 109 f. Als Ausnahme zu nennen wäre lediglich der bei Brude-Firnau nicht erwähnte Roman *Die Entthronten* von Fedor v. Zobeltitz, der das Erlebnis des Sturzes der Monarchie beschreibt. Allerdings wird auch hier nicht direkt Wilhelm II. angesprochen.

103 Hier figuriert der Monarch als ausschließlich öffentliche Figur, deren Scheitern Intellektuelle, Militärs etc. diskutieren. BRUDE-FIRNAU, Deutung, S. 156 f.

104 ‚Björnsons König', Berliner Tageblatt, 25. Januar 1919, (Nr. 32).

gnisse, die seine Abdankung begleiteten, ist in der Presse nicht Raum gewesen für eingehende Rückblicke auf die verhängnisvolle dreißigjährige Herrschaft Wilhelms II."[105] Dabei bot Wulff noch eines der wenigen Beispiele einer inhaltlich abgewogenen Auseinandersetzung mit Wilhelm II., eines der Beispiele für das, was eine Kaiserdebatte hätte sein können.

Nach dem Wegfall aller bis 1918 existenten inhaltlichen und formalen Barrieren hätte diese Debatte nun geführt werden können. Bereits sechs Tage nach der Abdankung Wilhelms II. bemerkte die *Kölnische Zeitung*: „Die ‚Kaiserfrage', überhaupt die Frage, ob Monarchie oder Republik, hat durch die Eilfertigkeit, mit der die 22 Fürsten in der Versenkung verschwunden sind, viel von ihren Gefahren verloren, die der deutschen Republik von ihr drohten, und fast schon aufgehört, eine ‚Frage' zu sein." Gerade dies erlaube eine nüchterne und vorurteilslose Diskussion der vergangenen dreißig Jahre und insbesondere der Person des Monarchen, die nun einsetzen müsse.[106] Wie unbegründet allerdings solche Hoffnung war, unterstrich 1924 der Historiker Walter Goetz, der anmahnte, nun endlich sei die Zeit gekommen, „in vollster Freiheit und mit unerbittlicher Kritik die Jahrzehnte seit der Reichsgründung zu prüfen und nirgends aus falscher Pietät halt zu machen".[107]

Der Einwurf von Goetz zeigt, daß die Debatte über Wilhelm II. auch Jahre nach dessen ‚Verschwinden' kaum Fortschritte gemacht hatte. Immerhin lassen sich Ansätze für eine solche Debatte feststellen. Als eine der Ausnahmen von der Regel kann eine informelle Artikelserie im *Tag* angesehen werden. Hier ergriffen prominente ‚Wilhelminer' das Wort und versuchten eine Deutung der Monarchie, die Teil ihrer Lebenserfahrung war. Unter diesen waren der Historiker Georg von Below, der Großindustrielle Leo Gottstein und der Zentrumspolitiker und Historiker Martin Spahn.[108] In ihren Artikeln, die sich aufeinander bezogen, stand die sonst omnipräsente Anklage bzw. Rechtfertigung im Hintergrund. Aber diese Wortmeldungen blieben eine Ausnahme. Dies gilt auch für Ansätze einer akademischen Diskussion. Bereits 1919 hatte der Staaatsrechtler Fritz Stier-Somlo mit seiner Abhandlung *Republik oder Monarchie im neuen Deutschland* hierzu einen Beitrag geliefert und gleichzeitig angemahnt: „Wir müssen ein für allemal dieses nationale Schicksalsproblem, ob Deutschland die monarchische oder republikanische Staatsform an-

---

105 Erwin Wulff, Die persönliche Schuld Wilhelms II. Ein zeitgemäßer Rückblick, Dresden 1918, S. 15.

106 ‚Caveant consules!', Kölnische Zeitung, 15. November 1918, (Nr. 1065).

107 Aufsatz in: Die deutsche Nation, 1. IX. 1924. Abgedruckt in: GOETZ, Historiker, S. 419 ff. Zur personalisierenden Tendenz der Weimarer Geschichtsschreibung, diezu einer systematischen Behandlung der Vorgeschichte der Republik nicht vordrang, vgl.: Bernd FAULENBACH, Nach der Niederlage. Zeitgeschichtliche Fragen und apologetische Tendenzen in der Historiographie der Weimarer Zeit, in: Peter Schöttler (Hg.), Geschichtsschreibung als Legitimationswissenschaft. 1918-1945, Frankfurt a.M. 1999, S. 31-52, hier S. 37.

108 Georg v. Below, ‚Kaiser Wilhelm II. und die Monarchie', Der Tag, 8. Oktober 1919, (Beilage 222); Leo Gottstein, ‚Monarchie', Der Tag, 9. Dezember 1919, (Nr. 273); Martin Spahn, Der Tag, 7. März 1920, (Nr. 57). *Der Tag* hatte schon am 9. November 1918 einen vergleichsweise differenzierten Rückblick auf Wilhelm II. gebracht: G. Mühling, ‚Die Tragödie Kaiser Wilhelms II.', Der Tag, 9. November 1918, (Nr. 575).

nimmt und beibehält, aus dem Reiche rein gefühlsmäßiger Betrachtung herausheben."[109] Auch Friedrich Meinecke machte eine Negativbilanz der Diskussion auf und monierte Ende 1922, daß „eines der größten weltgeschichtlichen Ereignisse, dessen Zeugen und Teilnehmer wir waren, [...] bisher nur ungenügend durchdacht worden ist".[110] Als symptomatisch für das Ausbleiben einer unbefangenen Diskussion von Monarchie und Monarch mag schließlich das weitgehende Verstummen Hardens unmittelbar nach dem 9. November 1918 gelten.

Das Erscheinen einschlägiger Veröffentlichungen über Wilhelm II., zumal über die letzten Tage der Monarchie im belgischen Spa und bestimmte tagespolitische Ereignisse – z.B. die Auslieferungsfrage oder die Fürstenenteignungsdebatte 1926 –, boten potentielle Anlässe, die Monarchie zu diskutieren. Allerdings waren diese Wortmeldungen, mehr noch als das jedem Debattenbeitrag notwendigerweise zueigen ist, berechnend und der jeweils übergeordneten Frage verpflichtet. Sie waren fast immer Teil einer stark konfrontativen Auseinandersetzung und gehorchten den Gesetzen des politischen Kampfes. Damit war eine potentielle Verständigung erheblich erschwert. Der öffentliche Austausch über die Auslieferung des Kaisers verdient kaum den Titel Debatte, da über die politischen Lager hinweg über deren Ablehnung Einigkeit bestand. Zudem wurde das Thema von außenpolitischen Aspekten, die mit dem Ex-Kaiser nur sehr am Rande zusammenhingen, überlagert. Zu Recht hat John Röhl darauf hingewiesen, wie stark das Thema Versailles und Kriegsschuldfrage die historiographische Beschäftigung mit Wilhelm II. von Beginn an determinierte.[111]

Vor diesem Hintergrund gewinnt das zunächst periphere Ereignis Kaiserflucht, so soll hier argumentiert werden, seine Bedeutung. Die Diskussion der Kaiserflucht wird hier als ein Substitut der nicht erfolgten Kaiserdebatte interpretiert. Als Konkretisierung einer abstrakten Entwicklung leistete das skandalöse Ereignis eben das für die Massenmedien, was die politisch-staatsrechtliche Diskussion vermissen ließ.

---

109 „Ruhig und besonnen, nach den aus der Vergangenheit entnommenen Erfahrungen und Einsichten, müssen wir die Möglichkeiten und Bedürfnisse prüfen und uns endgültig entscheiden. Über aller Sympathie oder Abneigung für Monarchie oder Republik steht des deutschen Staats und Volkes Bestand und Glück." Fritz STIER-SOMLO, Republik oder Monarchie im neuen Deutschland (Deutscher Aufbau, 1), Bonn 1919, S. 4.

110 Friedrich Meinecke, ‚Das Ende der monarchischen Welt', Neue Freie Presse, 24. Dezember 1922, Nr. (20940), abgedruckt in: Friedrich Meinecke, Politische Reden und Schriften, hg. v. Georg Kotowski, Darmstadt 1958, S. 344-350, hier S. 344.

111 RÖHL, Hof, S. 78.

B. Die Erzählung des 9. November in Spa

„Was damals geschah, Majestät, war falsch!“[112]

Zunächst ist die Substanz des Skandals herauszustellen. Die Darstellung muß sich dabei von der späteren Debatte leiten lassen. Da abstrakte Probleme über konkrete Fragen problematisiert wurden, müssen auch Details in den Blick genommen werden. Vier jeweils symbolisch stark aufgeladene Themen lassen sich dabei zusammenfassend identifizieren.

1.) Warum und auf wessen Initiative erfolgte Ende Oktober 1918 der Ortswechsel des Kaisers von Potsdam nach Spa?

2.) Warum gelang es nicht, den Kaiser rechtzeitig von der Notwendigkeit, abzudanken bzw. eine Regentschaft einzurichten, zu überzeugen?

3.) Warum kam es nicht, wenn die Option der freiwilligen Abdankung verworfen wurde, zu einem „Frontunternehmen“[113] Wilhelms II.; vor allem: Wurde der Kaiser mit Planungen für ein derartiges Vorhaben konfrontiert?

4.) Wer gab letztlich die Anregung, den Kaiser nach Holland ‚zu schicken‘, bzw. überredete ihn zu diesem Schritt? Welche Haltung nahm der Kaiser selbst ein?

Der ‚realgeschichtliche‘ Hintergrund dieser Fragen soll knapp skizziert werden. Da alles, was heute über die Tage in Spa bekannt ist, auf Schilderungen von Augenzeugen, die immer unter politischen Prämissen berichteten, beruht, wird diese Perspektive zu berücksichtigen sein.

1. Was passierte in Spa?

„[...] so kam der letzte Tag, der neunte November.“[114]

Ein kurzer Blick auf das Ereignis veranschaulicht das Problem. Konfrontiert mit vielfältigen Versuchen, ihn zur freiwilligen Abdankung zu überreden, verließ Wilhelm II. am 29. Oktober das Potsdamer Neue Palais in Richtung Spa, Generalhauptquartier und Sitz der Obersten Heeresleitung. Diesen Vorgang hat bereits der Staatssekretär Arnold Wahnschaffe als „Flucht nach Varennes“

---

112 So Küremberg alias Reichel, über den 9. November 1918. Der von Doorn inspiriert Kaiserverteidiger fragte ansonsten nur rhetorisch: „War alles falsch?“, um die Frage Punkt für Punkt zu verneinen. DERS., War alles falsch? Das Leben Kaiser Wilhelms II., Bonn ^{2}1952, S. 381.

113 Der Begriff bei Albrecht v. THAER, Generalstabsdienst an der Front und in der Obersten Heeresleitung. Aus Briefen und Tagebuchaufzeichnungen 1915-1919, Göttingen 1958, S. 251 f.

114 Ludwig SCHNELLER, Holt doch den Kaiser wieder!, Leipzig 1933, S. 8.

bezeichnet.[115] Tatsächlich liegt eine auffällige Analogie zu Ludwig XVI. in der rapiden Verengung des Handlungsspielraums für den Monarchen.
Die Beweggründe des Kaisers lassen sich nur vermuten: Er entkam den drängenden Abdankungsforderungen in Berlin, aber er schuf auch die Vorbedingungen für seinen inszenierten Tod im Schützengraben. Auf jeden Fall verband Wilhelm II. sein Schicksal stärker, als dies ohnehin der Fall war, mit dem Heer und dessen Führung.[116] In Spa reduzierten sich die Optionen des Monarchen auf vier: Den Tod, bzw. die Verwundung an der Front, den Rückmarsch auf Berlin und die Niederschlagung der Revolution mit eventuell demselben Effekt, ein nie erörtertes ‚Ausharren und Abwarten' und schließlich die Flucht. Die Abreise Wilhelms II. aus dem politischen Zentrum Berlin in das militärische Zentrum Spa schrieb die ablehnende Haltung des Monarchen gegenüber allen Vermittlungsbemühungen fest. Dennoch verblaßte die ‚erste Flucht' in den Rückblicken neben der spektakuläreren zweiten.[117] Die zeitgenössischen Pressekommentatoren nahmen sie aber zu Recht sehr wichtig und schätzten sie äußerst kritisch ein.[118]

Welche Situation fand Wilhelm II. in Spa vor? Es würde zu weit führen, die Ereignisse im Hauptquartier detailliert zu rekonstruieren, zumal es deren Rezeption ist, die hier interessiert.[119] Offensichtlich ist, daß durch die eigenartige Mischung höfischer und militärischer Elemente, die das Soziotop Spa charakterisierte, über Tage hinweg ein Entscheidungsvakuum herrschte. Der Nachfolger Ludendorffs, Wilhelm Groener, fühlte sich nach eigener Aussage nicht berufen, dem preußischen König als Württemberger Ratschläge zu erteilen. Paul v. Hindenburg reklamierte, daß dieses ihm als preußischem Offizier

---

115 Wahnschaffe, im November 1918 Unterstaatssekretär in der Reichskanzlei, verwandte die Metapher in seinem Artikel *Der letzte Akt der Kaisertragödie*, abgedruckt in Alfred NIEMANN, Revolution von Oben, S. 423 ff. Vgl. auch HERZ, Abdankung, S. 41. Vgl. außerdem Paul Graf v. HOENSBROECH, Wilhelms II. Abdankung und Flucht. Ein Mahn- und Lehnwort, Berlin 1919, S. 47: „Das dieser Weggang Flucht war, unterliegt keinem Zweifel."

116 Zu den Hintergründen für Wilhelms ‚erste Flucht': Baden, Erinnerungen, S. 527 ff.; Max v. GALLWITZ, Meine Führertätigkeit im Weltkrieg 1914-1916. Berlin-Osten-Balkan, Berlin 1929, S. 189 und detailliert: CECIL, Wilhelm II, 2, S. 288 f.

117 Lediglich bei Ludwig Herz, der rekapituliert, wie am 29. Oktober „das Unerwartete, Unbegreifliche", die „Abreise", bzw. „Entführung" des Kaisers nach Spa eintrat, scheint hiervon noch etwas auf. HERZ, Abdankung, S. 39 ff.

118 Zur kritischen Aufnahme der „fluchtartigen Abreise" des Kaisers nach Spa in der deutschen Presse: Stutzenberger, Abdankung, S. 112 ff. Am 7. November forderte das *Berliner Tageblatt* die sofortige Rückkehr des Kaisers nach Berlin. Der Mittelpunkt der Politik sei beim Sitz der Regierung in Berlin. „Wir haben in der letzten Zeit, trotz scharfen Drängens von verschiedensten Seiten, in der Behandlung der Kaiserfrage eine wohlüberlegte Zurückhaltung geübt. Wir haben das nicht nur getan, weil wir glauben, daß die Dinge sich von selbst entwickeln werden, sondern auch, weil ganz bestimmte Gründe für eine abwartende Haltung ausschlaggebend gewesen sind." ‚Der Kaiser', Berliner Tageblatt, 7. November 1918, (Nr. 570).

119 Hierzu am klarsten: HUBER, Verfassungsgeschichte V, S. 676 ff. und Ekkehart P. GUTH, Der Loyalitätskonflikt des deutschen Offizierskorps in der Revolution 1918-20 (Geschichte und ihre Hilfswissenschaften, 198), Frankfurt a.M. 1983, S.12 ff.

versagt sei.[120] Daß Wilhelm II. nicht selbst die Initiative ergriff, vermag kaum zu überraschen; ebensowenig, daß der gordische Knoten nicht durch Mitglieder der immer noch auf die Gunst des Monarchen bedachten Entourage zerschlagen wurde.[121] Hier zeigte sich in extremis der von Isabel Hull beschriebene pathologische Charakterzug der kaiserlichen Entourage. In der Fixierung auf einen in jeder Hinsicht überforderten Monarchen zu Meistern der Selbsttäuschung geworden, regierte hier ein kollektiver Autismus, eine vollständige Unfähigkeit, Information von außen zu verarbeiten.[122]

Für den Gang der Erzählungen war es bedeutsam, daß bis auf wenige Ausnahmen – Drews, Kronprinz Wilhelm, Schulenburg – das Set der Darsteller identisch blieb und sich die später stilisierten Szenen in enger räumlicher Begrenzung auf eine Gruppe von Gebäuden abspielten. Die erste Begebenheit, die die meisten Nacherzählungen der elf Tage von Spa schilderten, war die sogenannte ‚Mission Drews'. Drews' Dienstreise stellte einen letzten Versuch dar, Spa an die Entwicklungen in Berlin anzuschließen. Der preußische Staatssekretär Wilhelm Drews sollte als Abgesandter des Reichskanzlers Wilhelm II. noch einmal nachdrücklich die Abdankung nahelegen. Allerdings fand die Mission unter denkbar ungünstigen Bedingungen statt. Drews war gleichsam durch negative Selektion bestimmt worden, da sich andere, zumal konservative Politiker, die gegenüber dem Kaiser mit mehr Autorität hätten auftreten können, geweigert hatten, die Reise nach Belgien anzutreten.[123] Daß Drews mit seinem Anliegen nicht durchdringen konnte, lag allerdings weniger an dessen Auftreten als an dem vollständigen Unwillen Wilhelms II., sich die Argumente von Drews anzuhören, sowie an der Weigerung sowohl Hinden-

---

120 Vgl. die Niederschrift aus einem Vortrag Groeners vor seinem engsten Stab (Kommandostelle Kolberg) am 18. August 1919, abgedruckt in: Westarp, Ende S. 203, vgl. auch Wilhelm GROENER, Lebenserinnerungen. Jugend. Generalstab. Weltkrieg, hg. von Hiller von Gaertringen, Göttingen 1957, S. 459.

121 Zu deren Zusammensetzung im November 1918: HULL, Entourage, S. 289. Hull vermutet, daß Müller, Hintze, Treutler, Grünau und wohl auch Fürstenberg, der erst am 8. November in Spa eintraf, sich für eine freiwillige Abdankung des Kaisers einsetzten. Ebd., S. 289 f.

122 Diese beobachtete schon Herz. Schulenburg wird als Person „ganz in überalterten altpreußischen Anschauungen versteinert" dargestellt, die nicht einmal die kaiserfeindliche Stimmung in seiner eigenen Heeresgruppe richtig einzuschätzen vermöge. „Die Stunde war gekommen, in der die Rechnung für eine dreißigjährige verfehlte Politik dem Herrscher vorgelegt wurde, der sein eigener Kanzler und sein eigener Generalstabschef hatte sein wollen. Die Rechnung mußte bezahlt werden, er mußte sie selbst zahlen, kein anderer konnte sie für ihn zahlen." HERZ, Abdankung, S. 54 ff. Generell: HULL, Entourage, S. 290.

123 Offenbar ahnend, woran Drews scheitern würde, hatte v. Baden nach eigenem Bekunden zuvor versucht, einen Standesgenossen zur Reise nach Spa zu überreden, allerdings erfolglos. Nach Drews Fehlschlag sollte Minister Solf einen zweiten Versuch unternehmen, wollte aber nur mit dem konservativen Kabinettsmitglied v. Waldow fahren. Der wiederum erklärte angeblich, entweder würde der Kaiser die Revolution niederschlagen oder, wenn nicht, hoffentlich die entsprechende Konsequenz ziehen. Vgl. BADEN, Erinnerungen, S. 551 ff.; Hugo Graf v. LERCHENFELD-KÖFERING, Erinnerungen und Denkwürdigkeiten 1843-1925, hrsg. v. Hugo Graf Lerchenfeld-Köfering, Berlin 1925, S. 56 und CECIL, Wilhelm II, 2, S. 288.

burgs als auch Groeners, in dieser Sache zu kooperieren.[124] Wilhelm II. selbst trat offensichtlich theatralisch-hart gegenüber Drews auf und rühmte sich dessen zukünftig.[125]

Weit stärker als die von Anfang an zum Scheitern verurteilte ‚Mission Drews' sollte eine ungleich spektakulärere Befragung von Frontoffizieren die Phantasie der rückblickenden Kommentatoren beschäftigen. Unter der Oberaufsicht des Generalstabsmitglieds Wilhelm Heye und im Auftrag der Obersten Heeresleitung (OHL) wurden am Morgen des 9. November in Spa 39 Frontoffiziere, die erst am vorherigen Tag nach Spa kommandiert worden waren, zur Stimmung des Frontheeres befragt.[126] Letztlich ging es in dieser archaisch anmutenden Veranstaltung um die Haltung des Heeres zum Kaiser und um die Absicherung der OHL. Die Offiziere sollten folgende Fragen beantworten: „1. Wie steht die Truppe zum Kaiser? Wird es möglich sein, daß der Kaiser an der Spitze seiner Truppen die Heimat im Kampf erobert? 2. Wie steht die Truppe zum Bolschewismus? Wird sie den Kampf mit der Waffe gegen die Bolschewisten in der eigenen Heimat aufnehmen?"[127]

Das Ergebnis war so eindeutig wie niederschmetternd für Wilhelm II. Lediglich ein Offizier hielt die in der ersten Frage skizzierte Option für realistisch. Mit guten Gründen kann das Urteil der ‚Triarier', das von der OHL entsprechend vorbereitet und instrumentalisiert worden war, als der eigentliche Sturz der Monarchie durch die Armee gesehen werden.[128] Deshalb kann es nicht überraschen, daß Initiierung und Durchführung der Befragung später heftig kritisiert wurden.[129] Das Votum der Offiziere blieb für konservative

---

124 Drews, so Herz, sei sicher und nachdrücklich aufgetreten und habe auf der Abdankung insistiert – auch bei Groener und Hindenburg. Nicht zuletzt durch die Weigerung des letzteren, auf Wilhelm II. entsprechend einzuwirken, sei die Mission gescheitert. HERZ, Abdankung, S. 42.

125 BETKER/KRIELE, Fide, S. 775. Wilhelms II. Darstellung seiner Begegnung mit Drews in einem Brief an einen Vertrauten findet sich in: KRUMMACHER, Auflösung, S. 62. Vgl. auch CECIL, Wilhelm II 2, S. 288; Huber, Verfassungsgeschichte V, S. 659.

126 Vgl. zum Ablauf der eigentümlichen Abstimmung den detaillierten Bericht des Augenzeugen Wilhelm Heye, Lebenserinnerungen, BA-MA, N 18/4 (Heye), Blatt 144 ff. Vgl. auch: GUTH, Loyalitätskonflikt, S. 15 f. und Siegfried A. KAEHLER, Vier quellenkritische Untersuchungen zum Kriegsende 1918, in: Studien zur deutschen Geschichte des 19. und 20. Jahrhunderts, Aufsätze und Vorträge, Göttingen 1961, S. 283. Daß insgesamt 50 Offiziere nach Spa kommandiert worden waren, von denen elf nicht rechtzeitig eintrafen, belegt den improvisierten Charakter der Maßnahme. Zur Befragung der Frontoffiziere vgl. HUBER, Verfassungsgeschichte V, S. 676; KAEHLER, Untersuchungen, S. 283 sowie GUTH, Loyalitätskonflikt. S.12 ff.

127 Vgl. hierzu das bei Huber abgedruckte Protokoll: HUBER, Dokumente II, S. 514.

128 Diese Meinung vertritt: KAEHLER, Untersuchungen, S. 283.

129 Heye, der Organisator der Befragung, rechtfertigte sich nicht nur in seinen unveröffentlichten Erinnerungen und stellte sich freiwillig einem Ehrengericht, sondern schrieb auch mehrere Artikel zum Thema, u.a. in der *Deutschen Allgemeinen Zeitung*. Wilhelm Heye, ‚Im Hauptquartier am 9. November 1918', Deutsche Allgemeine Zeitung, 22. Januar 1922, (Nr. 37). Dieser wurde fortan zum gängigen Referenzpunkt, z.B. bei. LOEWENFELD, Republik, S. 97. Heye rief das Ehrengericht zusammen mit dem ebenfalls schwer beschuldigten Groener an. Das Ehrengericht wies zumindest die wesentlichen Anschuldigungen gegen die beiden Offiziere zurück. Vgl. HUBER, Dokumente II, S. 530 ff.

Kommentatoren eine Unmöglichkeit, die zurechtgebogen werden mußte. Es konnte nicht sein, was nicht sein durfte. Daher wurde der Tatsache, daß die Offiziere „ungefrühstückt" und nach langer Fahrt durch die kalte Nacht hatten abstimmen müssen, eine wesentliche Bedeutung zugeschrieben.[130] Die OHL, so das Argument, habe den Offizieren das erwünschte Ergebnis allzu deutlich nahegelegt.[131] Immerhin scheinen Hindenburg und Groener die inszenierte Befragung, die am Gang der Dinge nichts mehr ändern konnte, als wirkungsvolle Rechtfertigung gegenüber der Nachwelt betrachtet zu haben. Die Umfrage entsprach der Sachlage, war aber vor allem auf die Öffentlichkeit kalkuliert.

Die beiden Ereignisse – Drews' Fahrt nach Spa und die Befragung der Frontoffiziere – konnten in rückblickenden Deutungen deshalb so wichtig werden, weil sie Gabelungen an dem Weg, der den Kaiser nach Holland führen sollte, bezeichneten. Drews' ergebnisloser Auftritt stand für die vom Kaiser ausgeschlagene Option einer freiwilligen und rechtzeitigen Abdankung. Der ‚letzte Kriegsrat' thematisierte hingegen die direkte Alternative zur Flucht, den Marsch auf Berlin und die gewaltsame Niederschlagung der Revolution unter Inkaufnahme des Königstodes. Als Advokat dieses Planes stilisierte sich im Rückblick der Chef des Stabes des Kronprinzen, Graf Schulenburg, der erst am frühen Morgen des 9. November, angeblich ungewollt, in Spa eingetroffen war.[132]

---

130 Vgl. Alfred HOEFFER V. LOEWENFELD, Republik oder Monarchie?, Leipzig 1922, S. 97 f. und SCHNELLER, Kaiser, S. 9.

131 Generalleutnant a.D. Kabisch, der bei der Befragung anwesend war, argumentierte in der *Kölnischen Zeitung* vom 18. Januar 1922, die Frontoffiziere hätten ihren Kaiser nicht im Stich lassen wollen, waren es aber gewohnt, zu gehorchen. Hindenburgs Wunsch nach Beratung sei verfehlt gewesen. Kölnischen Zeitung, 18. Januar 1922, (Nr. 44). Vgl. hierzu: ‚Wilhelms II. Flucht und die Frontoffiziere', Berliner Tageblatt, 19. Januar 1922, (Nr. 31) sowie die Erwiderung Heyes: Heye, ‚Im Hauptquartier am 9. November 1918', Deutsche Allgemeine Zeitung, 22. Januar 1922, (Nr. 37). Vgl. auch: Ludwig Bergs Bericht: „Ich empfehle mich, fahre in meine Wohnung und dann Abendessen in Rosette. Wenn ich nicht irre, erschien an diesem Abend nach dem Essen ein Oberstlt. von Brandenstein, Württemberger, ein Freund des Oberstlt. Steinitzer. Er erzählte, daß etwa 50 bis 60 Herren, 5-6 aus jeder Armee, heute eingehende Besprechung bei der obersten Heeresleitung gehabt haben. Jeder mußte schriftlich niederlegen, ob er die Garantie übernehmen würde, daß seine Truppe gegen diese neue Bewegung in Deutschland mit der Waffe in der Hand ziehen würde und von [sic!] dem Blutvergießen nicht zurückschrecken werde. Außer diesen schriftlichen Aufzeichnungen, die alle dem Kaiser vorgetragen wurden, noch gemeinsame Besprechung, und alle einig: auch die Fronttruppe ist nicht mehr in dem Sinne königstreu, daß sie mit der Waffe in der Hand in Deutschland einziehen, um die bolschewistische Gefahr niederzukämpfen." BETKER/KRIELE, Fide, S. 791.

132 Huber vermutet, Schulenburg sei von jungen Offizieren, die wiederum von v. Plessen und Marschall instruiert gewesen seien, gerufen und von diesen eigenmächtig in die Lagebesprechung am Morgen des 9. November gebracht worden. HUBER, Verfassungsgeschichte V, S. 676. Westarp behauptet, Stülpnagel, einer der jungen Offiziere, die an den Königstodvorbereitungen beteiligt waren, habe allein gehandelt. WESTARP, Ende, S. 48. Die Diskreditierung der Atmosphäre in Spa, in der er und sein Stabschef angeblich nicht willkommen gewesen seien bei: Wilhelm (Kronprinz), Erinnerungen des Kronprinzen WILHELM. Aus den Tagebüchern und Gesprächen hrsg. von Karl Rosner, Stuttgart/Berlin 1922, S. 176. Zu den editions-

Schulenburg, und mit ihm der Kronprinz, schilderten das vorgefundene Setting als von kopflastigen Feiglingen vom Schlage Groeners bestimmt. Auch die Erinnerungen des Kronprinzen waren aber weit davon entfernt, als autoritative Deutung der Ereignisse in Spa akzeptiert zu werden. Tatsächlich hatten Groener und Hindenburg am Abend des 8. November festgestellt, daß sich jegliche konterrevolutionäre Abenteuer mit der Feldarmee verböten. Im Militärvortrag am Morgen des 9. November, in dem Schulenburg dessenungeachtet auf der Durchführbarkeit der Gewaltvariante beharrte, erläuterten die Chefs der OHL dem Kaiser ihre Einsicht. Groener erklärte dem Monarchen außerdem, daß das Heer nicht unter seinem Befehl zurückmarschieren werde. Wilhelms II. Stellung als Oberster Kriegsherr und den Fahneneid tat Groener als bloße Ideen ab. Das Ergebnis der gleichzeitig durchgeführten Befragung der Frontoffiziere machte die in späteren Darstellungen dramatisierte Auseinandersetzung zwischen dem schwäbischen, bürgerlichen Generalstäbler und dem adligen, preußischen Offizier, der direkt von der Front kam, schließlich obsolet. Zudem trafen fortlaufend dringendere Nachrichten aus Berlin ein und kurz nach 14 Uhr die Nachricht, daß Prinz Max von Baden im Namen des Kaisers dessen Abdankung erklärt hatte.[133]

Der Noch-Kaiser war augenscheinlich unentschlossen und lediglich Spielball seiner Berater. Zumindest lassen sich keine Anzeichen für eigene Initiative feststellen. Dabei ist selbstverständlich zu berücksichtigen, daß Wilhelm II. nicht nur auf den Fortgang der Dinge in Spa keinen Einfluß nahm, sondern auch nicht auf das, was in Berlin geschah. Nachdem Groener schon am Abend des 8. November entschieden hatte, der Kaiser müsse abdanken, und im Laufe des 9. November zusammen mit Hindenburg versucht hatte, diese Entscheidung herbeizuführen, verschärfte sich die Situation in Spa durch die beginnende Revolution in Berlin. Trotz mehrmaliger angeblicher Versprechen des Kaisers gegenüber seinen Adjutanten und Schulenburg wie: „Ich bleibe König von Preußen und danke als solcher nicht ab, ebenso bleibe ich bei der Truppe“, lief vom späten Nachmittag des 9. November an alles auf die Vorbereitung der Flucht Wilhelms II. nach Holland hinaus, auch wenn der Monarch wiederholt seine zwischenzeitlich gefaßten dahingehenden Beschlüsse widerrief.[134] Die ehemals fünf Optionen für den Monarchen hatten sich auf ‚Hol-

---

technischen Problemen der Erinnerungen des Kronprinzen vgl. Malinowski, König, S. 243 f. Zu den Reaktionen: J.B., ‚Schulenburg und Groener‘, Deutsche Tageszeitung, 5. Juni 1922, (Nr. 212). Vgl. allgemein: GENGLER, Monarchisten, S. 169 f. Positiv lediglich: Carl LANGE, Der Kronprinz und sein wahres Gesicht, Leipzig 1921; Kurt ANKER, Kronprinz Wilhelm, Berlin 1922. Von wenigen Ausnahmen abgesehen, hatte der Kronprinz schon vor 1914 eine außerordentlich schlechte Presse. Paul LIMAN, Der Kronprinz. Gedanken über Deutschlands Zukunft. Minden in Westfalen 1914, S. 7. Vgl. auch die Propagandaschrift: Wilhelm Pape, Unser Kronprinz im Felde, Berlin 1918.

133 Zur Fragwürdigkeit dieser Konstruktion: Huber, Verfassungsgeschichte V, S. 681 f. Der Text des Dokuments bei Huber, Dokumente II, S. 381.

134 Dieses Versprechen berichteten alle Verteidigungen des Kaisers. Z.B. Kronprinz WILHELM, Erinnerungen, S. 279; Edgar SCHMIDT-PAULI, Der Kaiser. Das wahre Gesicht Wilhelms II., Berlin 1928, S. 272 ff. Malinowski zählt mindestens 20 Personen, die das Versprechen des Kaisers bezeugt haben wollen. MALINOWSKI, König, S. 218.

land' und ‚Ausharren' reduziert. Am Nachmittag legte Hindenburg selbst Wilhelm II. die Flucht nach Holland nahe. Einiges spricht dafür, daß diese Variante bereits vorbereitet und mit den holländischen Verantwortlichen abgestimmt worden war.[135]

Bereits in der Nacht zog Wilhelm II. in den Hofzug um und ließ diesen bewaffnen, angeblich mit der Intention, sich gegen vermeintlich heranziehende Revolutionäre zu verteidigen. Am Abend verfaßte Wilhelm II., nun nicht mehr Kaiser, einen Brief an den Kronprinzen, in dem er erklärte, seine Sicherheit könne nicht mehr garantiert werden und daher müsse er Spa verlassen. Um 5 Uhr am Morgen des 10. November verließen der Kaiser und Teile seiner Entourage tatsächlich das Hauptquartier in Spa, um auf teilweise abenteuerliche Weise, im Hofzug und mit Automobilen, von denen die kaiserlichen Hoheitszeichen aus Angst vor Revolutionären entfernt worden waren, in den holländischen Grenzort Eysden zu gelangen.

Die Berichte über die demütigenden Szenen, denen dort das kaiserliche Gefolge durch Schmähungen holländischer und belgischer Schaulustiger ausgesetzt war, finden sich in fast allen deutschen Zeitungen der nächsten Tage in ausführlicher und plastischer Beschreibung. Diese Korrespondentennachrichten bilden die erste Auseinandersetzung mit der Flucht Wilhelms II. Im Gegensatz zu allem, was anschließend kommen sollte, waren diese Berichte noch frei von Stilisierungen, vielmehr ungeordnet und unkommentiert. Erst später kristallisierte sich ein Kanon unterschiedlicher, stark wertender Versionen über die Ereignisse in Spa heraus. Daher lohnt es sich, einen Blick auf die Metamorphose der ursprünglichen, relativ nüchternen Nachrichten über die Kaiserflucht in wesentlich dramatischere Schilderungen zu werfen.[136]

Erst ein Mindestmaß an Informationen konnte den Skandal auslösen. Am 9. November wurde zwar die Abdankung Wilhelms II. bekannt, von dessen bevorstehender Fahrt nach Holland wußten dagegen naturgemäß nur die Wenigsten. Auch Spekulationen hierüber, zumindest öffentliche, gab es nicht. In einem Tagebucheintrag des Hofgeistlichen Berg findet sich am 9. November 1918 immerhin folgende Bemerkung: „Man spricht von der Abdankung des Kaisers, man spricht von bevorstehender schneller Abfahrt des Kaisers; niemand weiß Sicheres."[137] Von der Flucht Wilhelms II. in die Niederlande erfuhr eine breitere Öffentlichkeit erst im Laufe des 11. November 1918.[138] Die Morgenausgabe der *Vossischen Zeitung* brachte eine dreizeilige Meldung, in

---

135 Zu den Kontakten zwischen Spa und den Niederlanden: J.A. de JONGE, Wilhelm II., Köln/Wien 1988, S. 122-127.

136 Vgl. BANK, Weg, S. 109 ff. sowie die entsprechenden Berichte der großen Tageszeitungen. Friedrich Wendel, Wilhelm II. in der Karikatur, Dresden 1928 bietet eine gute Auswahl einschlägiger ausländischer Karikaturen, welche die Peinlichkeit des Ereignisses variieren, S. 103 ff.

137 BETKER/KRIELE, Fide, S. 791.

138 Vgl. auch die entsprechenden Notizen etwa in den Tagebüchern Thomas Manns und Harry Graf Kesslers für diesen Tag., KESSLER, Tagebücher. S. 11; Thomas MANN, Tagebücher, 87 f.

den großen Zeitungen erschienen Korrespondentenberichte.[139] Am ausführlichsten berichtete die Abendausgabe des *Berliner Tageblatts*. Unter der Überschrift „Die Flucht des Kaiserpaares" erschien dort die Information: „In Maastricht sind in Automobilen der frühere Kaiser, die Kaiserin und der Kronprinz eingetroffen und erwarten dort die Entscheidung der holländischen Regierung über ihre Zulassung in Holland."[140] Am 12. November brachte das *Berliner Tageblatt* umfangreiche Meldungen über die Weiterfahrt des Kaisers nach Amerongen, wo Wilhelm II. vorläufig unterkam, sowie zur Vorgeschichte und zu den Bedingungen des Aufenthalts des Kaisers in Holland. Die Bedingungen entsprächen denen von Internierten, aus Höflichkeit würden sie aber nicht veröffentlicht.[141] Die *Vossische Zeitung* vom selben Tag enthielt eine kürzere Meldung mit dem Gerücht, der Kronprinz sei gefallen – ein sprechender Beleg für die Unsicherheit der Nachrichtenlage.[142] Am 13. November brachte wiederum das *Berliner Tageblatt* längere Ausführungen seines Holland-Korrespondenten. Der Bericht bot weitere Informationen über die abenteuerliche Reise und vor allem über Beschimpfungen des Ex-Kaisers durch die Bevölkerung. Hinzu kamen verschiedene Berichte über seinen Zustand. Diese schwankten zwischen „abgemagert" und „einsilbig" bis „voller" und im Besitz seines „früheren Humor[s]". Allerdings könne man dem ehemaligen Monarchen die Energie anmerken, mit der er seine Haltung zu behaupten suche. Denn, so heißt es in einem der frühesten Kommentare, „diese Katastrophe ist Wilhelm II. überraschender gekommen als den allermeisten Sterblichen, die dem Gang der Dinge im letzten Monat gefolgt sind".[143] Am

139 ‚Der Kaiser in Holland', Vossische Zeitung, 11. November 1918, (Nr. 577). Eine deutlich längere Nachricht wurde in der Abendausgabe nachgereicht. ‚Kaiser Wilhelm in Holland', Vossische Zeitung, 11. November 1918, (Nr. 578). Vgl. auch die Information über den Aufenthalt Wilhelms II. in Eysden, über die Absicht der holländischen Regierung, ihn in Holland zu internieren, und über die Begleiter des Ex-Kaisers in: ‚Eigener Drahtbericht, Der Kaiser in Holland', Kölnische Volkszeitung, 11. November 1918, (Nr. 891). Ähnlich, allerdings ohne eigene Korrespondenteninformationen: ‚Der Kaiser in Holland', Kreuzzeitung, 11. November 1918, (Nr. 576).

140 ‚Die Flucht des Kaiserpaares', Berliner Tageblatt, 11. November 1918, (Nr. 578). Holländische Blätter vom 10. November wurden mit der Nachricht zitiert: „Heute früh 7 Uhr trafen in Eysdau auf der Straße von Vissé her zehn Autos mit kaiserlichem Wappen ein. Die Insassen waren: Der Kaiser, der Kronprinz, höhere Offiziere und Hofwürdenträger, im ganzen 51 Personen. Sie verließen Spaa um 5 Uhr morgens und fuhren über Verviers und Battice. Um 9 Uhr morgens traf in Eysdau ein Hofzug mit den Archiven und dem Personal des Großen Hauptquartiers ein. Die Autos wurden auf Waggons geladen, und mit der Eisenbahn setzten der Kaiser und sein Gefolge die Reise in nördlicher Richtung fort." Es folgte eine gesonderte Meldung, daß Hindenburg entgegen anderslautenden Gerüchte nicht in Holland sei.

141 ‚Die Internierung Wilhelms II. in Holland', Berliner Tageblatt, 12. November 1918, (Nr. 580). Vgl. auch: ‚Der Kaiser in Holland', Kölnische Zeitung, 12. November 1918, (Nr. 1055).

142 ‚Kaiser Wilhelm in Holland', Vossische Zeitung, 12. November 1918, (Nr. 580).

143 Ebenso wie das vollständige Versagen der Umgebung des Kaisers sei dessen vollständige Abhängigkeit von dieser „deutlichst in Erscheinung getreten". Erst spät im Oktober sei der Kaiser über die wahre Lage aufgeklärt worden. ‚Korrespondentenbericht, Der Aufenthalt Wilhelms II. in Holland', Berliner Tageblatt, 13. November 1918, (Nr. 582).

14. November erschien noch einmal ein detaillierter Bericht zum Thema.[144] Anschließend verschwanden der Kaiser und seine Flucht für zwei Wochen nahezu vollständig aus der Tagespresse. Erst am 30. November fanden sich Berichte zur nun endgültigen und förmlichen Abdankung, die Wilhelm II. sechs Tage zuvor, am 24. November 1918, unterzeichnet hatte, in der Presse.[145] Die verspätete Meldung und die unspektakuläre Plazierung derselben in den Zeitungen belegen, daß das Interesse am Ex-Kaiser schon jetzt merklich abgenommen hatte. Lediglich das Fluchtthema brachte den ehemaligen Kaiser noch in die Zeitungen.[146]

Im Dezember 1918 wurden erste Artikel, die sich als Versuche einer Historisierung der Kaiserflucht beschreiben lassen, aber gleichzeitig auch erste Versuche einer autoritativen Deutung darstellten, veröffentlicht. Am 3. Dezember brachte der *Vorwärts* den Bericht eines anonymen Hofbeamten, der ausführlich die letzten zehn Tage der Monarchie, einschließlich der Flucht und der hiermit verbundenen Peinlichkeiten und Demütigungen, schilderte.[147] Gewissermaßen als Antwort auf diese Provokation erschien in der *Kölnischen Zeitung* vom 17. Dezember 1918 der Bericht eines Gewährsmannes, der bis zum 8. November in „persönlicher Beziehung“ zum Kaiser gestanden habe. In mehreren Gesprächen habe dieser Gewährsmann noch im November 1918 Wilhelms II. Auffassung über seine Pflichten erfahren.[148]

Einige Beobachtungen verdienen, besonders herausgestellt zu werden. Der Begriff Flucht tauchte schon in den ersten Meldungen über das Ereignis auf und wurde lediglich in dezidiert kaiserfreundlichen Zeitungen vermieden. Ansonsten war die Wertung des Ereignisses in den ersten Wochen zurückhaltend, wie überhaupt die Kommentierung knapp ausfiel. Grund hierfür mag die relative Unwichtigkeit des Ereignisses, aber ebenso dessen Trivialität gewesen sein. Für die Linke schienen weitere Angriffe zunächst nicht erforderlich zu sein, die monarchische Rechte schwieg lieber über ein Ereignis, dem kaum etwas Positives abzugewinnen war. Der Kaiser hatte seinen herausragenden Platz in der Nachrichtenkonkurrenz verloren. Dennoch deutet sich in den beiden zuletzt wiedergegeben Zitaten an, daß auf beiden Seiten durchaus ein Be-

---

144 ‚Der Aufenthalt Kaiser Wilhelms in Holland', Pommersche Tagespost, 14. November 1918, (Nr. 316). Vgl. auch die vielen weiteren Berichte in: BAL, R 8034 II (RLB-Archiv), Bd. 4034, Blatt 20 ff.

145 Mit Abdruck der Abdankungsurkunde: ‚Die Abdankungsurkunde Wilhelms II. Äußerungen des Kaisers über den Kriegsausbruch', Vossische Zeitung, 30. November 1919, (Nr. 612). Ohne Kommentar die *Kreuzzeitung* vom selben Tag: ‚Der Thronverzicht Kaiser Wilhelms', Kreuzzeitung, 30. November 1918, (Nr. 610).

146 Sehr anschaulich zur Diskussion des Kaisers über das Fluchtthema der Bericht der Kreuzzeitung, 15. Dezember 1918, (Nr. 638) sowie der Artikel ‚Das Befinden des Kaisers', Kreuzzeitung, 1. Januar 1919, (Nr. 1).

147 ‚Wilhelms des Letzten Flucht. Aus den Papieren eines Hofbeamten', Vorwärts, 3. Dezember 1918, (Nr. 334).

148 Dieser Bericht eines „Gewährsmannes“ sei dem *Neuen Politischen Tagesdienst* zur Verfügung gestellt worden, von dem die Zeitung ihn nun übernehme. ‚Die Abdankung Wilhelms II. und seine Abreise nach Holland', Kölnische Volkszeitung, 17. Dezember 1918, (Nr. 990).

darf nach Interpretation vorhanden war und daß die Handlung Wilhelms II. kontroversen Stoff für einen vielschichtigen Skandal lieferte.

2. Stilisierungen. Von der Nachricht zum Protokoll und Pamphlet

Die Chronologie der Diskussion der Flucht folgte der Logik eines Skandals. Dieser Skandal war jedoch komplizierter und komplexer als die bisher behandelten Beispiele. Er startete langsam, nahm einige Male rasant Fahrt auf, drohte zwischenzeitlich aber auch immer wieder zu erlöschen. Die Fluchtdiskussion erreichte nie die Dynamik der beiden vorher besprochenen Skandale, dauerte allerdings wesentlich länger an. Das Thema Monarch blieb bedeutsam, wie gerade die Fluchtdiskussion unterstreicht, besaß aber nicht mehr die verbindliche Relevanz wie in der Krise von 1908. Auch die Flucht war ein Medienskandal, ohne aber je die gleiche Durchdringung der Medien zu erreichen.

Grundlage für die öffentliche Karriere der Flucht von der Anekdote zum Politikum war die enorme Fallhöhe des Monarchen, die das Ereignis veranschaulichte. Unreflektiert thematisierten dies zahlreiche Karikaturen, Spottgedichte, Postkarten und hämische Zeitungsartikel.[149] Die Karikaturen waren nun deutlich radikaler als vor 1918. Insgesamt war die Zahl der inländischen Karikaturen aber nicht mehr sehr hoch. Ausländische Satirezeitschriften faszinierte das Bild des ehemals mächtigsten Monarchen auf der Flucht stärker. Durch eine Karikaturensammlung von Friedrich Wendel, die zur Hälfte ausländische Karikaturen der Flucht enthielt, gelangten diese Darstellungen jedoch auch nach Deutschland.[150] Wenn Wilhelm II. nach dem November 1918 Objekt karikierender Darstellungen wurde, dann in der Regel als fliehender Monarch.

Die Kaiserflucht war kein in sich wichtiges Ereignis, sie stand vielmehr für etwas, das erst entwickelt werden mußte. Einerseits versinnbildlichte das demütigende Ereignis den vergleichsweise abstrakten Vorgang der Abdankung, andererseits war es umstrittenes Objekt der Kämpfe um politische Deutungsmacht. Die Flucht Wilhelms II. wurde schnell zur Chiffre im symbolischen Bürgerkrieg der Weimarer Republik. Unzählige Darstellungen über den 9. November in Spa boten das Rohmaterial für eine beispiellos intensive Debat-

---

[149] Die Brisanz der Flucht tritt deutlich im noch wenige Tage zuvor unvorstellbar deutlichen Spott des Hamburger *Echos* vom 11. November 1918 hervor: „Zu den zahllosen Taktlosigkeiten, mit denen das Konto der deutschen Politik in den vergangenen 30 Jahren durch Wilhelm den Letzten belastet worden ist, kam nun als die größte die Art seines Abgangs." Echo, 11. November 1918. Ein höhnisches Spottgedicht von Krupparbeitern über den geflohenen Kaiser findet sich in: POGGE VON STRANDMANN, Kaiser, S. 126.

[150] Zu deutschen Karikaturen vgl. die Beispiele bei SCHULZE, Weimar, S. 155; BANK, Weg, S. 105 und Sebsatian HAFFNER, Preußen ohne Legende, Hamburg 1981, S. 485. Ein Beispiel für die Karikatur des Ereignisses auf Postkarten enthält: MAY, Ansichtskarten, S. 570. Zahlreiche ausländische Karikaturen finden sich bei: WENDEL, Wilhelm II., S. 14 und 110 ff. Vgl. auch das Beispiel bei: TAYLOR, Crown, S. 210.

te, die sich zunächst konkret an einer Rekonstruktion der Ereignisse orientierte, dann zunehmend nach Intentionen und Überzeugungen der Akteure fragte. Die Spa-Zeitzeugen schrieben in knappem zeitlichem Abstand zum Zwecke der Rechtfertigung, für Ehrengerichte oder ‚Richtigstellungen' in Zeitungen.[151] Jene begrenzten Diskurse erweiterten sich rasch über einschlägige Pamphlete und nahezu allen Formen publizistischer Auseinandersetzung.

Nach ersten Korrespondentenmeldungen zur Flucht Wilhelms II. wechselten die Darstellungen in das Genre der Augenzeugendarstellung. Beginnend im Dezember 1918, veröffentlichten einzelne Zeitungen Darstellungen höherer Militärs, die den 9. November 1918 in der näheren Umgebung des Kaisers verbracht hatten. Als erster trat am 7. Dezember 1918 Schulenburg mit seiner Version der Geschehnisse an die Öffentlichkeit, die vor allem einen Helden, nämlich ihn selbst, kannte. Die OHL, Groener zumal, drängte demnach mit der Macht ihrer militärischen Autorität auf eine Abdankung des Kaisers und die Fahrt nach Holland. „Der allverehrte Generalfeldmarschall und sein erster Quartiermeister haben vor Gott und der Welt zu verantworten, was sie am 9. November, dem dunkelsten Tag deutsch-preußischer Geschichte, ihrem kaiserlichen Herrn gemeldet und geraten haben." Schulenburg hingegen profilierte sich als Siegelbewahrer preußischer Traditionen, indem er das Verbleiben des Kaisers beim Heer und die Niederschlagung der Revolution gefordert haben wollte.[152]

Die Schulenburgsche Intervention war der Auslöser einer intensiven Fluchtdiskussion. Das Vorpreschen Schulenburgs verdeutlichte den anderen Augenzeugen schlagartig, daß die Erinnerungsarbeit nicht dem Zufall überlassen werden durfte. Hindenburg, Groener und weitere Spa-Veteranen meldeten sich zu Wort, jeweils bemüht, ihr Handeln am 9. November zu rechtfertigen und Schulenburgs Version zu relativieren.[153] Um zu verhindern, daß eine Kakophonie unzähliger Einzelveröffentlichungen nicht nur dem Kaiser, sondern der monarchischen Sache überhaupt schadete, war es unabdingbar, die verschiedenen Versionen der Geschehnisse abzugleichen. Diese Aufgabe übernahm der ehemalige Vorsitzende der Deutschkonservativen Reichstagsfraktion, Kuno Graf Westarp. Das stark frisierte Ergebnis funktionierte, weil es in Groener, der nicht hinzugezogen worden war, zumindest indirekt, einen Sün-

---

151 Vgl. hierzu, neben dem in der Arbeit von Westarp präsentierten Material, die Denkschriften der Generale Schulenburg, Marschall und Plessen, der Offiziere Gontard und Niemann, des Staatssekretärs Hintze, des Unterstaatssekretärs Wahnschaffe, des Kapitäns zur See Restorff, des Konteradmirals Levetzow sowie diverser weiterer Augenzeugen und Entscheidungsträger in Spa und Berlin, sämtlich abgedruckt in: Alfred NIEMANN, Revolution von Oben, S. 325 ff.

152 Die Denkschrift Schulenburgs vom 7. Dezember 1918, abgedruckt in Niemann, Revolution von Oben, S. 325-331 erschien laut Stülpnagel zunächst in der USPD-Zeitung *Freiheit*. Joachim v. STÜLPNAGEL, 70 Jahre meines Lebens, in: BA-MA, N 5 (Stülpnagel), Nr. 27, Blatt 159. Einem breiteren Publikum zugänglich wurde sie am 15. Dezember 1918 durch den – wiederum von anderen Zeitungen kommentierten – Abdruck in: ‚Die letzten Stunden im kaiserlichen Hauptquartier', Kreuzzeitung, 15. Dezember 1918, (Nr. 638).

153 Vgl. WESTARP, Ende, S. 8 ff.

denbock präsentieren konnte. Groeners leidlich erfolgreicher Versuch, durch ein Ehrgericht seine ,Unschuld' beweisen zu lassen, bestätigt dies nur.[154]

Am 27. Juli 1919 erschien das auf die Öffentlichkeit berechnete, *Protokoll* genannte Dokument in einer Reihe rechtsstehender Zeitungen sowie als Sonderdruck.[155] Drei Fragen sollten geklärt werden: Wer trug Verantwortung für den Rat zur Abdankung? Wer trug Verantwortung für den Rat zur Flucht? Wer trug Verantwortung für die in der bekanntgegebenen Form unzutreffende Abdankungserklärung? In einer freimütigen Bemerkung Schulenburgs, der an der Erstellung des *Protokolls* beteiligt war, kam dessen Anliegen zum Ausdruck: „Von allem, was wir wissen und miterlebt haben, hat in dem von uns unterschriebenen Protokoll nur das Aufnahme gefunden, was im Interesse S.M. vor der Öffentlichkeit bezeugt werden muß und was wir auf Pflicht und Gewissen bezeugen können."[156] Das Dokument war eindeutig auf eine breite Öffentlichkeit zugeschnitten. Zwar blieb die Wirkung des *Protokolls* weit entfernt von der angestrebten Deutungskontrolle. Aber für rechtfertigenden Darstellungen aus zweiter Hand erlangte es einen hohen Grad von Verbindlichkeit.[157] Schließlich verfügten die Verfasser über die Doppelqualifikation als Augenzeugen und, zumindest im Falle Hindenburgs, nationale Heroen. Die Uniformität in der Argumentation derartiger Schriften spricht für die relative Konsistenz des *Protokolls*. Allerdings erschloß sich diese Logik nur, wenn bestimmte Grundannahmen geteilt wurden. In einer Debatte, die sich nicht mehr auf der bloßen Faktenebene bewegte, war dies von Beginn an nicht der Fall. Im folgenden soll zunächst die Chronologie der Fluchtdebatte nachgezeichnet und anschließend die Medien, in denen sie geführt wurde skizziert werden.

Will man die von Thompson vorgeschlagene typische Abfolge eines Skandals auf die Flucht anwenden, ließe sich die Phase bis zur Schulenburgschen Wortmeldung als „pre-scandal-phase" charakterisieren. Mit dem ersten Hervortreten eines Spa-Augenzeugen zu einem Zeitpunkt, da wesentliche Informationen über die Vorgänge in Spa an die Öffentlichkeit gelangt waren, begann der eigentliche Medienskandal, die zweite Phase. Typisch ist die Abfolge von Darstellungen und Gegendarstellungen, Drohungen und Ehrge-

---

154 Zum Ehrgerichtsverfahren, Marcus FUNCK, Schock und Chance. Der preußische Militäradel in der Weimarer Republik zwischen Stand und Profession, in: Heinz Reif (Hg.), Adel und Bürgertum in Deutschland II, Berlin 2001, S. 127-171., S. 167 f.

155 Anonym, Die Tragödie von Spaa. Des Kaisers Entthronung durch den Prinzen Max von Baden am 9. November 1918, Lorch 1919, S. 3-20 f.; ,Die Vorgänge des 9. November 1918 im Großen Hauptquartier in Spa', Kreuzzeitung, 27. Juli 1919, (Nr. 348). Vgl. zum Zustandekommen neben der Darstellung von Westarp: Walther HUBATSCH, Hindenburg und der Staat. Aus den Papieren des Generalfeldmarschalls und Reichspräsidenten von 1878 bis 1934, Göttingen 1966, S. 33 ff.

156 Schulenburg an Plessen vom 29. April 1919, zitiert nach: Westarp, Ende, S. 28 f. Ganz ähnlich die Intention Hindenburgs. Vgl. HUBATSCH, Hindenburg, S. 44 f.

157 Vgl. z.B. Loewenfeld, der für die beiden ,Spa-Veteranen' deren Qualifikation als Augenzeugen und vermeintlich neutrale Beobachter herausstreicht. HOEFFER V. LOEWENFELD, Republik, S. 94.

richten. Durch die fortwährende mediale Reproduktion von Auseinandersetzungen, die zunächst jeweils konkrete Personen betrafen, gelangte das Ereignis in die breite Öffentlichkeit.

Weniger klar läßt sich die dritte Phase zuordnen. Der Skandal ‚Flucht' hatte nicht einen Höhepunkt, sondern mehrere Kulminationspunkte. Eine frühe Intensivierung der Debatte markiert die Veröffentlichung zweier Pamphlete Paul Graf von Hoensbroechs im Jahr 1919.[158] Hoensbroech war der erste prominente Wilhelminer, der den ehemaligen Kaiser in Pamphletform als Versager beschrieb und als Beleg die Flucht anführte. Mit seinem Pamphlet gab er das vielbeachtete Beispiel einer scharfen Kritik Wilhelms II. von einem dezidiert monarchistischen Standpunkt. Es kann daher nicht verwundern, daß Hoensbroechs erstes Pamphlet über Jahre hinweg Bezugspunkt kaiserloyaler Gegenschriften war – und damit sprechender Ausdruck des Kampfes um Deutungshoheit.[159] Schon 1919 antwortete der protestantische Pfarrer Johann Diedrich Rump in einer als offener Brief deklarierten Schrift unter dem Titel *Paul Reichsgraf von Hoensbroech als Gefolgsmann der Hohenzollern* und in Zeitungsartikeln mit dem Versuch, Wilhelm II. von Schuld und Verantwortung zu entlasten.[160] Rump brandmarkte nicht nur „Sprache und Inhalt" der Hoensbroech-Schrift und Hoensbroech als Person, sondern setzte sich einzeln mit jedem von dessen Vorwürfen auseinander. Ganz ähnlich argumentierten eine Reihe weiterer Anti-Hoensbroech-Schriften, die noch Jahre nach dessen Initialzündung erschienen.[161] Gegen die ersten dieser Schriften wehrte sich

---

158 HOENSBROECH, Abdankung und Ders., Zurück zur Monarchie, Berlin 1919. Die Schriften fanden nicht zuletzt deshalb soviel Aufmerksamkeit, weil Auszüge in diversen Zeitungen publiziert wurden. Der ehemalige Jesuit Hoensbroech war eine schillernde, bereits vor 1918 bekannte Person. Zu seiner vielbesprochenen Begegnung mit Wilhelm II. im Februar 1895 vgl. RÖHL, Aufbau, S. 795.

159 Hoensbroechs Vorstoß trug ihm u.a. eine Pistolenforderung ein. Vgl. den Brief Hoensbroechs an deren Initiator Plessen, abgedruckt in der Einleitung zu: HOENSBROECH, Monarchie. Zum Vorgang auch: MALINOWSKI, König, S. 249.

160 Rump erklärte: „Ich antworte Ihnen als deutscher Mann und evangelischer Pfarrer. Denn in beiden Eigenschaften fühle ich mich von Ihnen herausgefordert." Johann Diedrich Rump, Paul Reichsgraf von Hoensbroech als ‘Gefolgsmann der Hohenzollern’. Offener Brief. Antwort auf seine Schrift: ‘Wilhelms II Abdankung und Flucht’. Eine Abrechnung, Leipzig 1919, S. 4, teilabgedruckt in: Der Reichsbote, 7. April 1919, (Nr. 171).

161 W. Livonius, ‚Graf Hoensbroech und Kaiser Wilhelm II.', Kreuzzeitung, 26. März 1919, (Nr. 137); ‚Die Wahrheit über die ‚Flucht' Wilhelms II. Graf Waldersee über die ‚Feigheit des Kaisers'', Neue Woche, 27. März 1919 (Nr. 1); Rudolf MEWES, Kaiser Wilhelm II. Seine Zeit und sein Recht – Alldeutschlands Aufstieg, Sturz und Wiedergeburt in Wort und Bild, Berlin 1920, S. 3; Noch 1925 die Bemerkungen bei: STADTHAGEN, Seid gerecht! Hilfsmittel zu einem unparteiischem Urteil über Kaiser Wilhelm II. 1. Heft: Die Sünde eines deutschen Prinzen in seiner politischen Beichte, Liegnitz 1925, S. 4. Sehr bezeichnend für den Ton dieser Kritik der Beginn bei E.W. Ernst: „Die von den Zeitungen mitgeteilten Auszüge aus der Broschüre ‘Wilhelms II. Abdankung’ von Paul Graf von Hoensbroech hatten mich so angewidert, daß ich mich bisher nicht entschließen konnte, dies ‚Mahn- und Lehnwort', wie der Verfasser es zu nennen wagt, in die Hand zu nehmen. Nun ist das doch geschehen. Ein gleich so vielen anderen gramgebeugter, königstreuer Mann hat es mir übergeben, damit ich dem Exjesuiten, der sich vermißt, über unseren Kaiser richten zu wollen, die

Hoensbroech noch 1919 mit einer Fortsetzung seines Pamphlets, in der er darauf insistierte, daß man sich von Wilhelm II. lösen müsse, um einen wirkungsvollen Monarchismus etablieren zu können. Wiederum fungierte die Flucht Wilhelms II. als Angelpunkt der Argumentation.[162]

Die wesentlichen Details über den 9. November gelangten schon 1919 in die Öffentlichkeit. Die Auseinandersetzung um die Deutung der Flucht Wilhelms II. kulminierte allerdings erst drei Jahre später.[163] Dafür gibt es mehrere Gründe. Im Jahr 1921 erschien der dritte Band der Erinnerungen Bismarcks.[164] Da Bismarck bereits dem jungen Kaiser eine Fülle negativer Eigenschaften unterstellte, erschien die Flucht als konsequente Folge seines Charakters. In der Personalisierung des Problems paßte Bismarcks vielbeachteter dritter Band, obwohl über zwanzig Jahre vor Erscheinen verfaßt, in die laufende Diskussion und bot gewissermaßen einen vorweggenommenen, nun um so aktuelleren Kommentar zur Flucht.[165] In Inhalt, Form und Zeitpunkt der Veröffentlichung muß das Erinnerungsbuch Wilhelms II. als direkte Antwort auf diese Herausforderung gesehen werden.[166] Die Erinnerungen Wilhelms II., deren erster Band nach einer Reihe von Vorabdrucken im September 1922 erschien, interessierten das Publikum weniger wegen der Enthüllung neuer Fakten.[167] Vielmehr machte der Autor das Werk interessant. Daß ein Monarch, auch ein ehemaliger, sich öffentlich rechtfertigen zu müssen meinte, war etwas Neues.[168] „Bis herunter zu IHM" habe jeder der ehemals führenden wilhelminischen Politiker einen „bürgerlichen Trabanten" gefunden, spottete

---

Larve vollständig abreiße. Gewiß, es war ein hartes Opfer, dieses Pamphlet zu lesen – mit dem Gefühl des größten Ekels legte ich es aus der Hand." ERNST, Hoensbroech.

162 HOENSBROECH, Monarchie, S. 3 f.

163 Die eigentliche Fluchtdebatte fand im Dezember 1921 statt. Vgl. die unzähligen Artikel in BAL, R 8034 II (RLB-Archiv), Bd. 4036, Blatt 156-180.

164 BISMARCK, Gedanken. Spekulationen darüber, was in den Erinnerungen zu erwarten sei, bereits früh in: ‚Der Kaiser und Bismarck', Vossische Zeitung, 17. Januar 1920, (Nr. 30).

165 Auch Thomas Manns Rede *Von deutscher Republik* mit einer Passage, in der Mann sich deutlich vom Ex-Kaiser distanzierte, wurde 1922 gehalten und publiziert. Thomas MANN, Von deutscher Republik. Gerhard Hauptmann zum Sechzigsten Geburtstag, in: Thomas Mann Essays II: Für das neue Deutschland 1919-1925, hrsg. von Hermann Kurzke und Stephan Stachorski, Frankfurt a.M. 1993, S. 126-166, hier S. 141.

166 Wilhelm II., Ereignisse und Gestalten aus den Jahren 1878-1918, Leipzig/Berlin 1922. Fünf Jahre später erschien der zweite Band, der die Jugend des Kaisers behandelte: Aus meinem Leben. 1859-1888, Leipzig/Berlin 1927. Wilhelm II. begann mit dem Entwurf seiner Erinnerungen kurz nach seiner Ankunft in den Niederlanden. Der Band erschien unter tatkräftiger Mithilfe zumindest eines Ghostwriters. Sigurd v. Ilsemann berichtet, daß die Kaisererinnerungen von Eugen Zimmermann umgeschrieben und ediert wurden. Sigurd v. ILSEMANN, Der Kaiser in Holland. Aufzeichnungen des letzten Flügeladjutanten Kaiser Wilhelms II. aus Amerongen und Doorn 1918-1923, München 1967, Bd. I, S. 264, S. 293 f. Michael Balfour behauptet, daß auch der Journalist Rosen in die Erstellung der Erinnerungen involviert war. Vgl. Michael BALFOUR, Kaiser Wilhelm II. und seine Zeit, Frankfurt a.M./Berlin/Wien, 1979, S. 453.

167 ‚Vorabdruck der Erinnerungen Wilhelms II. Ereignisse und Gestalten 1878-1918 von Kaiser Wilhelm II.', Berliner Lokal-Anzeiger, 30. September 1922, (Nr. 127).

168 Die wenigen historischen Beispiele wie die Memoiren Ludwigs IVX. folgten der Logik von res gestae und nicht des politischen Tageskampfes.

Kurt Tucholsky angesichts des allerhöchsten Buchprojekts.[169] Der Ex-Kaiser mußte sich den Kommunikationsbedingungen der Nachkriegszeit anpassen und war hierzu auch bereit.[170]

Wilhelm II. ging es nicht zuletzt um die Widerlegung des Fluchtvorwurfes.[171] Trotz professioneller Hilfe gelang es dem ehemaligen Monarchen jedoch nicht, den richtigen Ton zu treffen. Die Reaktionen auf die *Erinnerungen* können als enttäuschte Hoffnung auf eine kaiserliche Selbstläuterung zusammengefaßt werden.[172] Das Interessante an den *Erinnerungen*, urteilte ein Kommentator, sei nicht die Enthüllung neuer Tatsachen, sondern vielmehr „wie der Kaiser seinem eigenen vergangenen Wirken gegenübersteht, nachdem eine schwere Katastrophe dieses Wirken jäh unterbrochen hat und das Urteil der Welt darin eine Art von Richterspruch der Geschichte erblickt hat". Als Lackmustest für eine erfolgreiche Läuterung Wilhelms II. galt die Darstellung seines Verhältnisses zu Bismarck.[173]

Nicht nur in dieser Hinsicht enttäuschte der Ex-Kaiser die Kritik. Die *Frankfurter Zeitung* schrieb: „Man wird niemandem das Recht der Selbstverteidigung gegen falsche Anschuldigungen verwehren. Ob aber der frühere deutsche Kaiser mit der Veröffentlichung seiner Erinnerungen seinen Zweck erreichen wird, mag sehr zweifelhaft erscheinen. Es sieht sogar so aus, als ob er sich selbst einen sehr schlechten Dienst erweise."[174] Wie sehr dies zutraf, unterstreicht der auch in den loyalen Kommentaren zu beobachtende kritische Ton. Diese Kommentare sahen Wilhelm II. als Opfer finanzieller Interessen anderer. Die *Schlesische Tageszeitung* äußerte Kritik an der „geschäftlichen Aufmachung" der Erinnerungen. Man müsse annehmen, der Monarch habe davon nichts gewußt. Dies sei bedauernswert, denn die Erinnerungen seien nicht Sache eines Verlegers, „sondern die Sache des ganzen deutschen Volkes".[175] Ganz ähnlich erklärte die *Schlesische Zeitung*, die Liebe zum Kaiser

---

169 Kurt TUCHOLSKY, Eulenburgiana, in: Ders., Gesammelte Werke, hg. von Fritz J. Raddatz, Bd. II., 1925-28, Rowohlt 1960, S. 230.

170 Vgl. auch das um Verständnis einer breiten Öffentlichkeit für seine Person bemühte Vorwort Wilhelms II. zur deutschen Ausgabe der von Sir Frederick Ponsonby herausgegebenen Briefe der Kaiserin Friedrich, Berlin 1929.

171 Wilhelm II. verwendet in seinen *Erinnerungen* erheblichen Raum auf die Erwiderung des Fluchtvorwurfs. WILHELM II., Ereignisse, S. 245 f.

172 Reventlow bezeichnete Wilhelms II. Erinnerungen als „den schwersten Schlag für den monarchischen Gedanken". Reichswart, 25. November 1922, (Nr. 47). Zur negativen Aufnahme der Erinnerungen des Ex-Kaisers und des Kronprinzen: GENGLER, Monarchisten, S. 169 f. und Ilsemann, Holland I, S. 264.

173 ‚Das Buch des Kaisers', Zeit, 26. September 1922, (Nr. 363).

174 ‚Erinnerungen', Frankfurter Zeitung, 27. September 1922, (Nr. 668). Zum negativen Echo der Erinnerungen in der Tagespresse ausführlich der Artikel: ‚Zum Kaiserbuch', Harz-Zeitung, 27. September 1922, (Nr. 454). Vgl. auch das Urteil der *Kölnischen Volkszeitung*, es zieme sich nicht für den Kaiser, mit Erinnerungen in Buchform auf den Markt zu kommen, die das Volk so teuer mit seinem Blute bezahlt habe. ‚Das Kaiserbuch', Kölnische Volkszeitung, 29. September 1922, (Nr. 750).

175 ‚Das Buch des Kaisers', Schlesische Tageszeitung, 28. September 1922, (Nr. 295). Vgl. auch den polemischen Einwurf: „Der Patriotismus des Deserteurs von Amrongen [sic!] ist nicht so billig zu kaufen; Wilhelm erhält seine 250.000 Dollar." Rote Fahne, 18. Juni 1922.

müsse auch dieses Buch überdauern, dessen Veröffentlichung ohne Zweifel ein Fehler gewesen sei. Der Kaiser sei zum „Opfer einer Spekulation" geworden, „die in ihrer mehr amerikanischen als deutschen Art uns tief betrübt". Der Schaden für den Kaiser, dessen Haus und den Monarchismus sei immens. Es ließe sich ein klärendes Kaiserbuch denken, dieses könne als solches aber nicht gelten.[176] Ganz offensichtlich hatte Wilhelm II. die medialen Marktgesetze unzureichend verinnerlicht. Allenfalls eine spektakuläre Demutsgeste in Buchform hätte den intendierten Effekt erzielen können.

Die Erinnerungen des Ex-Monarchen waren der zweite Schritt einer PR-Offensive aus Doorn, deren Ziel die Umdeutung der herrschenden Meinung über die Flucht war. Der ehemalige Oberste Befehlshaber hatte seit März 1921 brieflich versucht, seinem nunmehr wesentlich populäreren Generalfeldmarschall die Verantwortung für die Flucht zu übertragen. Durch Hindenburgs Eingeständnis, zur Holland-Option geraten zu haben, so die Überlegung, würde Wilhelm II. dessen Autorität für seine Zwecke instrumentalisieren können. Im Dezember 1921 veröffentlichten Zeitungen Teile des Briefwechsels, der allerdings nur ein lauwarmes Eingeständnis Hindenburgs über seine Verantwortung enthielt.[177] Alle großen Zeitungen reproduzierten und kommentierten den Briefwechsel und betonten, daß mit dem Einwurf des Ex-Kaisers der Konsens der Spa-Augenzeugen aus dem Protokoll vom Sommer 1919 aufbreche.[178] Hinzu kam, daß als Nebeneffekt die in der Endphase der Monarchie geschmiedeten Pläne, einen Königstod herbeizuführen, bekannt wurden.

Mit dem offensichtlichen Ziel, aus der argumentativen Defensive herauszutreten, veröffentlichten rechtsstehende Zeitungen im April 1922 Vorabdrucke der Broschüre *Der Kaiser am 9. November! Eine Klarstellung nach noch nicht veröffentlichtem Material* von Ernst v. Eisenhart-Rothe, erschienen als erster Band der revisionistischen Reihe *Flugschriften des Anker*.[179] Während Kommentare von rechts das „psychologische Verständnis" der Schrift hervorhoben und die Hoffnung aussprachen, nun die „wahre" – und den Ex-Kaiser entlastende – Version der Vorgänge in Spa kennenzulernen,[180] werteten Reaktionen von links den Text Eisenhart-Rothes als Beleg dafür, wie „vollkommen und unwiderruflich das alte System Schiffbruch erlitten" habe.[181] Der *Vorwärts* stellte zudem heraus, daß nach Eisenhart-Rothe Hindenburg zur

---

176 ‚Das Kaiserbuch', Schlesische Zeitung, 28. September 1922, (Nr. 295).

177 Der Austausch zwischen Hindenburg und Wilhelm II. hatte bereits Ende März 1921 eingesetzt. Das Original eines Briefes Wilhelms II., in dem dieser Hindenburg an dessen Verantwortung für die Flucht nach Holland erinnerte, datiert vom 5. April 1921. Vgl. HUBATSCH, Hindenburg, S. 44.

178 Vgl. den Artikel ‚Der Kaiser und Hindenburg', Vossischen Zeitung, 27. Dezember 1921.

179 Ernst v. EISENHART-ROTHE, Der Kaiser am 9. November! Eine Klarstellung nach noch nicht veröffentlichtem Material, Berlin 1922, erschien mit einer Startauflage von 50.000. Vgl. zum Echo: H.W., ‚Des Kaisers ‚Flucht' nach Holland', Kreuzzeitung, 19. April 1922, (Nr. 182); ‚Des Kaisers Tagebuch über den 9. November. Konnte und mußte der Kaiser den Soldatentod suchen?', Der Tag, 20. April 1922, (Nr. 169).

180 ‚Der Kaiser am 9. November', Germania, 19. April 1922, (Nr. 259).

181 ‚Wilhelms II. Flucht nach Holland', Berliner Tageblatt, 20. April 1922, (Nr. 186).

Flucht geraten habe, was Nationalisten immer bestritten hätten.[182] Bemerkenswerterweise stimmten die Kommentare aber darin überein, daß das Ereignis Kaiserflucht – und damit Eisenhart-Rothes Darstellung – eine originäre Bedeutung für das Nachkriegsdeutschland hatte. „Unzweifelhaft", so die *National-Zeitung*, habe „General von Eisenhart recht, wenn er sagt, daß das deutsche Volk ein Recht habe, einwandfrei und wahrheitsgemäß zu erfahren, wie der schicksalsschwere, vielumstrittene 9. November sich tatsächlich abgespielt hat und aus welchen Geschehnissen heraus dann sein Ausklang sich entwickelte."[183] In seiner derart zugespitzten Form gewann das Fluchtthema für die Medien unmittelbare Relevanz.

Während Eisenhart-Rothes Schrift vor allem deshalb Aufmerksamkeit erregen konnte, weil sie neues Material zum strittigen Ereignis anbot und bisherige Gewißheiten – wenn auch nur leicht – korrigierte,[184] fand *Kaiser und Revolution* von Alfred Niemann, dem produktivsten der Kaiserapologeten, Beachtung, weil Niemann sehr entschieden und dramatisiert aus Augenzeugenperspektive die kaiserliche Position vertrat.[185] Hier werde „dem deutschen Volk zum erstenmal eine wirklich authentische Darstellung jener trüben Monate gegeben, die zum Zusammenbruch des einst so stolzen Kaisertums und des Deutschen Reichs geführt haben", behauptete der *Tag* einleitend zu seinen Vorabdrucken der Niemann-Schrift.[186] Fünf Jahre später resümierte Niemann noch einmal die Fluchtdebatte aus monarchistischer Perspektive und legte eine weitere, für die Diskussion der Flucht so typische, Sammlung von Dokumenten zum Thema vor.[187]

Niemann war Stammgast im losen Kreis von Doorn inspirierter und mehr schlecht als recht gelenkter Apologeten des Kaisers, die sich vorrangig mit dem Fluchtvorwurf auseinandersetzten. Hierzu zählten auch die fruchtlosen Versuche einer Koordinierung der monarchistisch-loyalen Bemühungen von Friedrich v. Berg und Magnus v. Levetzow. Berg richtete 1926 auf ‚Allerhöchste Ordre' mit Blick auf das Problem Flucht eine Propagandastelle zur „Bearbeitung der Presse bis weit nach links" ein, deren Ziel es war, „der un-

182 ‚Don Quixote Wilhelm', Vorwärts, 20. April 1922, (Nr. 186).

183 ‚Des Kaisers Abreise-Entschluß am 9. November. Das unaufgeklärte Telephongespräch des Barons von Grünau. Die Aufregung im Großen Hauptquartier', National-Zeitung, 20. April 1922, (Nr. 92).

184 Insbesondere im Vergleich zum *Protokoll* vom Juli 1919. Reventlow verglich in einem einschlägigen Aufsatz den Stand des *Protokolls* von 1919 und die Korrekturen, die Eisenhart hieran vornehme en detail. Graf Ernst zu Reventlow, Der Kaiser am 9. November, Der Reichswart 29. April 1922 (Nr. 3).

185 Alfred NIEMANN, Kaiser und Revolution. Die entscheidenden Ereignisse im Großen Hauptquartier, Berlin 1922. Vgl. von Niemann auch: Kaiser und Heer. Das Wesen der Kommandogewalt und ihre Ausübung durch Kaiser Wilhelm II., Berlin 1919; Wanderungen mit Kaiser Wilhelm II., Leipzig 1924; Die Entthronung Kaiser Wilhelms II. Eine Entgegnung auf: Ludwig Herz ‚Die Abdankung', Leipzig 1924; Revolution von Oben und Der Kaiser in der Novemberrevolution 1918, Berlin 1928.

186 ‚Das letzte Ringen. Zwischen August und November 1918', Der Tag, 30. April 1922, (Nr. 178).

187 NIEMANN, Revolution von Oben .

gezügelten Agitation der Linksparteien [...] einen Damm entgegenzusetzen.“ Levetzow arbeitete anschließend Richtlinien aus, mit denen der Doorner Exilhof die Flucht verteidigen sollte.[188] Levetzow, der in der zweiten Hälfte der zwanziger Jahre als politischer „Generalbevollmächtigter“ Wilhelms II. in Berlin fungierte, sowie der hohenzollernsche Hausminister Berg gehörten zu den seriöseren Öffentlichkeitsarbeitern des ehemaligen Kaisers. Wilhelm II. versuchte allerdings, ungeachtet der Reputation, jeden in den Dienst seiner Sache zu ziehen, der dazu bereit war. Zu den von Doorn inspirierten Kaiserapologeten gehörten die britische Schriftstellerin Dora von Beseler, der illegitime Hohenzollernsproß und Herausgeber des *American Monthly* George Sylvester Viereck, der bereits erwähnte Niemann, der umstrittene österreichische Journalist Karl Nowak und Joachim von Kürenberg alias Reichel.[189] Auch wenn die Doorner Bemühungen ineffektiv blieben, unterstreichen sie, wie ernst die mediale Herausforderung durch die desaströsen Fluchtbilder in Doorn genommen wurde. Dies ging so weit, daß jeder Besucher in Doorn sein publizistisches Wohlverhalten hinsichtlich der Fluchtdeutung schriftlich deklarieren mußte.[190] Angesichts der äußerst bescheidenen Einwirkungsmöglichkeiten des Doorner Exilhofes auf die Öffentlichkeit blieben derartige Maßnahmen allerdings weitgehend wirkungslos und erlangten nicht einmal für den Kreis der Kaisersympathisanten Verbindlichkeit.

Die gleichzeitige Fortsetzung der Debatte und ihre Reflexion im Hinblick auf Nutzen und Nachteil für die Monarchie war typisch für alle folgenden Wortmeldungen, die sich der vierten Phase des Skandals zurechnen lassen. Nachdem im Jahr 1922 alle denkbaren Positionen in unzähligen Veröffentlichungen abgesteckt worden waren, ging deren Zahl in den nächsten Monaten zunächst zurück. Erst 1924 nahm die Kaiserflucht wieder breiteren Raum in der Presse ein. Anlaß war die Veröffentlichung einer kleinen Schrift von Ludwig Herz unter dem Titel *Die Abdankung*. Der Journalist und zeitweilige DDP-Politiker eröffnete damit eine Reihe unter dem Titel *Schriften zum deutschen Zusammenbruch 1918* – in sich ein Beleg für die fortschreitende Historisierung des Ereignisses.[191] Herz rekonstruierte und deutete die Ereignisse

---

188 Das Zitat Bergs in: RÖHL, Königsmechanismus, Anm. 10 (S. 254). Zur Benutzung des Fluchtmotivs in der Propaganda zur Fürstenabfindung siehe die Doorner Materialsammlung in: RAU, R 14, Nr. 662; zu Levetzows Bemühungen: Gerhard GRANIER, Magnus von Levetzow. Seeoffizier, Monarchist und Wegbereiter Hitlers. Lebensweg und ausgewählte Dokumente, Boppard/Rhein 1982, S. 345 ff. Vgl. auch: CECIL, Wilhelm II., 2, S. 334.

189 Zu Vierecks Verbindung zu Doorn vgl. ILSEMANN, Holland II, S. 231, 300, 310, generell: CECIL, Wilhelm II 2, S. 308; zu Nowak: ILSEMANN, Holland II, S. 441; zu Beseler: RAU, R 14, Nr. 633, 634 und deren Artikel: The Kaiser: Octogenarian, Reprinted from Quarterly Review 272, No. 539 (1939), London 1939; zu Küremberg: ILSEMANN, Holland II, S. 296 f. In Doorn wurden zudem Listen über potentielle Loyalisten geführt. CECIL, Wilhelm II 2, S. 307, 309.

190 Vgl. die ‚Anweisung für Gäste in Doorn', abgedruckt in: ILSEMANN, Holland I, 325 f.

191 HERZ, Abdankung. Die Reihe war von ihrem Herausgeber Vetter dergestalt angelegt, daß 50 Autoren Bestandteile konservativer Propaganda – z.B. die Dolchstoßlegende – widerlegen sollten. In diesem Sinne ist auch dieser qualitätsvolle, linksstehende Beitrag zu verstehen.

des 9. November aus bürgerlicher, linksliberaler Position. Grob gesagt folgte seine Kritik dem Muster, der Kaiser hätte zumindest seinen eigenen Vorgaben genügen müssen.[192] Bemerkenswerter als dieses oft zu findende Argument ist allerdings der nüchterne Ton und die nahezu wissenschaftliche Aufarbeitung der Ereignisse – unter Heranziehung aller einschlägigen konservativen Darstellungen. Diese Vorgehensweise verstanden Apologeten Wilhelms II. zu Recht als Herausforderung. Alfred Niemann veröffentlichte noch im selben Jahr *Die Entthronung Kaiser Wilhelms II. Eine Entgegnung auf: Ludwig Herz ‚Die Abdankung'*.[193] Niemann übernahm die Kapitelüberschriften von Herz und versuchte, entlang dieser Struktur dessen Vorwürfe zu widerlegen.[194]

Jenseits der dichotomischen Struktur von Anklage und Verteidigung erschien 1925 Emil Ludwigs *Wilhelm II.*[195] Ludwigs Werk kann als erste Biographie über Wilhelm II. im engeren Sinne gelten und markierte den Beginn einer neue Phase in der Diskussion Wilhelms II. Dieser Versuch einer psychologischen Interpretation Wilhelms II. aus dessen Kindheitserfahrungen heraus wurde zum populärsten Werk über den ehemaligen Kaiser. Mit einer Auflage von weit über 200.000 war es eines der bestverkauften politischen Bücher der Weimarer Republik überhaupt. Ludwigs Kunstgriff bestand darin, daß er sich erklärtermaßen lediglich aus Zeugnissen ehemaliger Getreuer Wilhelms II. bediente. Dieses Material verwob er geschickt und eingängig zur Geschichte eines psychisch abnormen Monarchen. Ludwig schilderte detailreich die Flucht Wilhelms II. und deutete sie als logische Konsequenz des kaiserlichen Charakters.[196]

In der Verpackung als historisches Werk mußte Ludwigs Schilderung schockierend wirken. Der Kunstgriff einer Präsentation des vermeintlichen Psychopaten Wilhelm II., aber auch die ungeheure Ansammlung abfälliger Urteile, die schließlich geglaubt werden mußten, da sie von ehemaligen Anhängern des Kaisers gefällt wurden, wirkte selbst für Gegner des Kaisers irritierend.[197] „Die Leichtfertigkeit, die Autokratie, die Eitelkeit und der partielle Wahnsinn des Kaisers sind bestürzend, und doch hat ein Mann solchen Kalibers Geschichte gemacht. Das Buch ist nicht unparteiisch, aber es verfälscht

---

192 „Mit dem romantischen Ideale des Herrschers, das er zu verkörpern suchte", so Herz, „stimmt das klägliche Ende schlecht zusammen." HERZ, Abdankung, S. 71.

193 NIEMANN, Entthronung.

194 Zum Echo: ‚Die Entthronung des Kaisers', Der Tag, 28. November 1924, (Nr. 286).

195 Zu Emil Ludwig als politischem Journalisten vgl. Sebastian ULLRICH, Im Dienste der Republik von Weimar. Emil Ludwig als Historiker und Publizist, in: Zeitschrift für Geschichtswissenschaft 49 (2001), S. 119-140.

196 Im Vorwort zu *Wilhelm II.* heißt es: „Man möge erkennen, was aus einem geistig begabten, körperlich geschwächten, vom besten Willen beseelten Jüngling werden kann, wenn er aus harten Erfahrungen der Jugend plötzlich zur Macht gelangt und niemand findet, der ihm die Wahrheit sagt. So kann das Gesetz der Sukzession einen jungen Menschen, unzeitgemäß erzogen, zu früh an eine Stelle führen, wo er als Herr unter Höflingen zur Überschätzung und Autokratie getrieben wird." Emil LUDWIG, Wilhelm II., Berlin 1926, S. 7 f.

197 Julius Bab, ‚Der Monarch', Berliner Tageblatt, 25. Oktober 1925, (Nr. 506) schließt mit dem Satz, daß, wenn man es nicht schon sei, man spätestens nach der Lektüre des Buches von Ludwig zum Republikaner werde.

nicht das Beweismaterial [...]. Auf jeden Fall wird es mehr zum Tod der Monarchie in Deutschland beitragen als sonst irgendwas", prophezeite Dorothy von Moltke 1926. [198]

Ludwigs Biographie bereitete an sich bereits bekannte Enthüllungen für ein breites Publikum auf. Diese Enthüllungen erreichten nun Kreise, die sich zuvor kaum mit derartigen Anschuldigungen auseinandergesetzt hatten.[199] Die vor 1918 bereits zerbröckelnden Tabus in der Diskussion des Monarchen, vor allem dessen körperliche Behinderung, erodierten vollständig. Daher war Ludwigs Buch eine neuartige Herausforderung für die Verteidiger des Monarchen.[200] Die *Kreuzzeitung* diskreditierte das Buch, das Wilhelm II. als „Auswürfling, als Krüppel" darstellte, als „Blasphemie".[201] Wilhelm II., hieß es in einer weiteren hilflosen Erwiderung auf Ludwig, sei eine problematische Persönlichkeit, aber jeder müsse mit seinen inneren Widersprüchen kämpfen, und Wilhelm II. habe in einer zerrissenen Zeit gelebt.[202]

Zwei Verteidigungen Wilhelms II. reagierten zumindest indirekt auf die von Ludwig erhobenen Vorwürfe. Eine breitangelegte, in Teilen biographische Darstellung des Monarchisten Edgar v. Schmidt-Pauli versuchte, in einzelnen Punkten Herz zu widerlegen und Wilhelm II. gegenüber Ludwig zu verteidigen, indem sie dafür plädierte, statt der Schuld Wilhelms II. das Schicksalhafte in der Entwicklung zu betonen. Diese Denkfigur beherrschte auch Josef Sonntags Verteidigungsschrift *Schuld und Schicksal. Die Tragödie Wilhelms II.*, die Nüchternheit versprach und Gerechtigkeit forderte. „Schuld und Schicksal" des letzten Hohenzollern sollten getrennt werden. Sonntag präsen-

---

198 Zit. nach: ULLRICH, Dienste, S. 131 f.

199 Bereits kurz nach dem Krieg war Wilhelm II. Objekt zahlreicher halbwissenschaftlicher ‚Psychogramme'. Vgl. Adolf FRIEDLÄNDER, Wilhelm II.: Versuch einer psychologischen Analyse, Halle 1919; Franz KLEINSCHROD, Die Geisteskrankheit Wilhelms II., Wörrishofen 1919; Hermann LUTZ, Wilhelm II. periodisch Geisteskrank! Ein Charakterbild des wahren Kaisers, Leipzig 1919; Ernst MÜLLER, Wilhelm II. Eine historische und psychiatrische Studie, Gotha 1927; Paul TESDORPF, Die Krankheit Wilhelms II., München 1919; H. WILM, Wilhelm II. als Krüppel und Psychopath, Berlin 1919.

200 Als Reaktion auf *Wilhelm II.* brach in Berlin, so Ludwig, ein Sturm los: „Nicht etwa der Beifall der Republik, sondern die Wut der Monarchisten. ‚Untereinander sagten sie sich, der Mann hat leider recht, aber das Volk geht das gar nichts an. Die Rechte machte damals den Fehler, das Buch großen Stils zu bekämpfen, worauf die Linke es zum Buch der Republik erklärte'". ULLRICH, Dienste, S. 132. Kurt Tucholsky resümierte in einer Rezension von 1925: „Was heute republikanisch in Deutschland ist, steht in der Abwehr. Dieses Buch Emil Ludwigs aber ist eine Attacke und ein voller Sieg. Es ist die schwerste Niederlage, die der Kaiser jemals erlitten hat – und das will was heißen." Vgl. ebd. Ludwigs Bewertung der Königstodfrage und die Rolle, die er Plessen in Spa zuschrieb, brachte ihm eine Duellforderung Plessens ein. Ludwig antwortete, eine Duellforderung sei lächerlich, anders sei dies „in jenen Novembertagen" gewesen. Damals hätten allerdings nur zwei bürgerliche Offiziere in Kiel „mit dem Leben bezahlt". Plessen habe den Königstodplan Groeners verhindert und den Bürgerkrieg gewollt. Emil Ludwig, ‚An den Generalobersten a.D. von Plessen. Offener Brief Emil Ludwigs', Vossische Zeitung, 23. November 1925, (Nr. 553).

201 ‚Eine Blasphemie auf den Kaiser', Kreuzzeitung, 28. Oktober 1925 (Nr. 506). Der Artikel versuchte den Kaiser mit dem erstaunlichen Argument zu verteidigen, auch andere Krüppel seien gute Herrscher gewesen.

202 ‚Zum 27. Januar', Kreuzzeitung, 27. Januar 1927, (Nr. 43).

tierte Wilhelm II. hier als tragische Figur, die zu wenig Durchsetzungsvermögen besessen habe, andererseits zu intelligent und ehrgeizig gewesen sei, um sich mit einer passiven Rolle abzufinden.[203] Ausdrücklich gegen Ludwig, wiewohl mit dessen Stilmitteln, richtete sich das wiederholte Werben um Verständnis für Wilhelm II. aufgrund dessen schwerer Jugend und harter Erziehung.[204]

Nach dieser Übersicht erscheinen Pamphlete bzw. pamphletistische Bücher als das wichtigste Medium der Kaiserdebatte. Derartige Wortmeldungen gaben auch für die Zeitungen den ‚Diskussionstakt' vor. Ein weiterer Ort der Deutung der Flucht Wilhelms II. waren Autobiographien, in den meisten Fällen adliger Provenienz. Diese Quellengattung, die für den Monarchiediskurs vor 1918 keine wesentliche Rolle spielte, durchlief nach 1918 eine regelrechte Konjunktur.[205] Besonders viel Aufmerksamkeit fanden der dritte Band der Bismarckerinnerungen, die Erinnerungen des Kaisers und des Kronprinzen sowie die Memoiren Waldersees, Zedlitz-Trützschlers und Bülows. Die letzteren drei Werke, allesamt von intimen Kennern des ehemaligen Kaisers verfaßt, lieferten unzählige Belege für dessen charakterliche Mängel.[206] Alexander v. Hohenlohe thematisierte in seinen Erinnerungen direkt die Flucht.[207] Auslöser von Diskussionen über die Kaiserperson war auch die Bewertung des Endes der Monarchie in Übersichtsdarstellungen zur wilhelminischen Epoche. Hier sind vor allem zwei Werke zu nennen. Schon sehr früh, 1921, erschien Conrad Bornhaks *Deutsche Geschichte unter Kaiser Wilhelm II.*,[208] 1930 der dritte Band von Johannes Ziekurschs *Politischer Geschichte des neuen Deutschen Kaiserreichs*.[209] Beide Werke gingen ausführlich auf die Kaiserflucht ein, beide verurteilten sie und forderten rückblickend den Königstod.

Literarische Deutungen des Monarchen spielten hingegen eine untergeordnete Rolle. Als Ausnahme kann Fedor v. Zobeltitz' Roman über das Ende der

---

203 Josef SONNTAG, Schuld und Schicksal. Die Tragödie Wilhelms II., Leipzig 1926, S. 7.

204 SONNTAG, Schuld, S. 45.

205 Zum Charakter dieser Autobiographien vgl. Marcus FUNCK/Stephan MALINOWSKI, Geschichte von oben. Autobiographien als Quelle einer Sozial- und Kulturgeschichtliche des deutschen Adels in Kaiserreich und Weimarer Republik, in: Histoirsche Anthropologie 7 (1999), S. 236-270. Wie Funck und Malinowski für die adligen Erinnerungen und dort auch für das Kaiser- und Fluchtthema zeigen konnten, beziehen sich die Erinnerungen in der entsprechenden Darstellung regelmäßig aufeinander. Wenn überhaupt, handelte es sich aber hierbei lediglich um eine interne, in diesem Medium verharrende Diskussion.

206 Zur verheerenden Wirkung monarchiekritischer Autobiographien: MALINOWSKI, König, S. 250 f. Zu Zedlitz-Trützschler entstand die Gegenschrift: Hans Graf v. PFEIL UND KLEIN-ELLGUTH, Mein Kaiser! Der Fall Zedlitz-Trützschler und Wilhelms II. wahres Gesicht, Leipzig 1924.

207 Als Reaktion auf dieses Werk: S. H. Hptm. a.D., ‚Wilhelm II. – Schauspieler und Schädling. Die Erinnerungen des Prinzen Alexander Hohenlohe', Berliner Arbeiter Zeitung, 3. Januar 1923, (Nr. 4).

208 BORNHAK, Geschichte, S. 348.

209 Johannes ZIEKURSCH, Politische Geschichte des neuen Deutschen Kaiserreichs, Bd. III, Berlin 1930. S. 443.

Monarchie *Die Entthronten* gelten. Allerdings wird hier auf die Figur Wilhelms II. und die Flucht lediglich angespielt. Auch Rosners *Der König* widmet sich dem Thema, sogar explizit und ausschließlich, allerdings zu plump, um als Literatur ernst genommen zu werden. Gänzlich neu war die Debatte über die Darstellung des Kaisers in Theater und Film. 1928 strengte Wilhelm II. eine Unterlassungsklage gegen Erwin Piscator an, in dessen Inszenierung eines Theaterstücks er sich falsch repräsentiert sah.[210] Als 1932 ein Drama von Fritz Ernst Bettauer und Georg Lichey unter dem Titel *Die Kamarilla. Ein Stück deutschen Schicksals in zehn Bildern*, das den Stoff der Eulenburg-Affäre adaptierte, erschien, reichte die Energie für ein juristisches Vorgehen in Doorn offenbar nicht mehr.[211]

Wie stark sich die Darstellung des Kaisers im Vergleich zur Zeit vor 1918 verselbständigt hatte, wird in den Filmen, die den letzten Kaiser portraitierten, anschaulich.[212] Zwar war der Kaiser auch vor 1918 oft Hauptfigur filmischer Darstellungen gewesen, diese trafen aber kaum jemals politische Aussagen und konnten insofern nicht politisch diskutiert werden. Im Oktober 1919 finden sich diverse Berichte über einen Film mit dem Titel *Kaiser Wilhelms II. Glück und Ende*. Dieser Film stellte Wilhelm II. in stark herabsetzender Weise als Mitglied des Liebenberger-Kreises, mithin als Homosexuellen dar. Der Eulenburg-Skandal spielte in dem Film eine wichtige Rolle.[213] Da konservative Gruppierungen mit massiven Protesten drohten, wurde der Film schließlich vom Oberkommando der Reichswehr verboten.[214]

Zusammenfassend läßt sich festhalten, daß die Flucht Wilhelms II. deswegen ihre Bedeutung erlangen konnte, weil über dieses Ereignis pars pro toto Monarchie und vor allem Monarch rückblickend diskutiert und gedeutet wurden. Es war kein Zufall, daß ein skandalöses Ereignis diese Bedeutung gewann.

3. Die Flucht als Skandal

Mitten in der Abdankungskrise, am 31. Oktober 1918, beschwor der *Vorwärts* die Erinnerung an die Daily-Telegraph-Affäre. Dieser Skandal könne als Menetekel für das Kommende verstanden werden: „Das war vor zehn Jahren, und

---

210 ‚Der Prozeß gegen Piscator', Deutsche Tageszeitung, 8. Januar 1928 (Nr. 13). Vgl. auch weitere Artikel zum Thema in: BAL, R 8034 II (RLB-Archiv), Bd. 4039, Blatt 43 f.

211 Fritz Ernst BETTAUER/Georg LICHEY, Die Kamarilla. Ein Stück deutschen Schicksals in zehn Bildern, Berlin 1931.

212 Nur am Rande sei erwähnt, daß im bekannten Streit um nationale Symbole in der Weimarer Republik auch das Ab- und Aufhängen von Kaiserbildern und Entfernen von Kaiserbüsten eine heißumkämpfte Angelegenheit war. K.V., ‚Die Komödie von Spaa', Berliner Volks-Zeitung, 7. April 1919, (Nr. 154). Vgl. auch: BLHA, Rep 30 (Politische Polizei), Nr. 11359.

213 ‚Bonns Kaiserfilm nochmals vor Gericht. Eine Klage Ferdinand Bonns gegen die ‚Tägliche Rundschau'', Tägliche Rundschau, 23. Oktober 1923, (Nr. 488).

214 ‚Der Kaiserfilm verboten', Vossische Zeitung, 10. Oktober 1919, (Nr. 510). Weitere Berichte in: BAL, R 8034 II (RLB-Archiv), Bd. 4035, Blatt 144.

auf diese Dokumente gestützt, erheben wir Anklage. Nicht gegen den Kaiser, der so war, wie er durch Geburt und Erziehung geworden ist, sondern gegen das deutsche Bürgertum." Dies habe nicht gehandelt, als sich die Gelegenheit bot. „Zehn Jahre sind vergangen, schwere Wolken stehen über Schloß Bellevue, in dem ein Mensch um den Entschluß des Handelns ringt."[215] So umstritten die Bewertung der Kaiserflucht war, so umfassend war der Konsens über ihre Wichtigkeit. Dies zeigt sich bereits daran, daß das Ereignis als ein einmaliges galt. Erstaunlich selten stellten Kommentatoren einen Bezug zu vergleichbaren historischen Vorkommnissen her. Mitunter wurde auf die Flucht Ludwigs XVI. nach Varennes verwiesen; kaum einmal auf die Wilhelms I. nach London 1848 oder – eigentlich naheliegend – die Fahrt Friedrich Wilhelms III. und Luises ins Exil nach Memel 1806.[216]

Die fehlende historische Einordnung war kein Zufall. Indem die Kaiserflucht als ein historisch einmaliges Ereignis präsentiert wurde, konnte sie gleichzeitig als logisches Ende einer Verfallslinie gedeutet werden. Auch Harden schlug eine argumentative Brücke zwischen dem November 1908 und 1918. Am Tage der Abdankung erschien in der *Zukunft* der Artikel *Kaiserkritik*, in dem Harden seinen dreißigjährigen Kampf gegen den Monarchen durch zahlreiche Zitate aus früheren Artikeln rekapitulierte und die angeblichen Fehler des Monarchen noch einmal hervorhob.[217] Schon in der Ausgabe vom 2. November mit dem Titel *Nun wird große Zeit*, der ersten, die nach dem Verbot der *Zukunft* wieder erscheinen durfte, hatte Harden seine bekanntesten Artikel, darunter die Serie *Gegen den Kaiser*, abgedruckt.[218] Im November 1918 bestätigte sich nicht nur für Harden die Diagnose vom November 1908.

In den Abrechnungen mit Wilhelm II. nach 1918 spielte die Daily-Telegraph-Affäre eine herausragende Rolle. Nach bildhafter Schilderung allgemeiner Verfallserscheinungen des nurmehr geldorientierten Wilhelminismus kam der konservative Schriftsteller Kurt v. Reibnitz 1929 zu der retrospektiven Prophezeiung: „Das Menetekel steht zwar an der Wand, ist aber nicht zu lesen. Erst später werden seine Lettern sichtbar. Der Moltke-Harden-Prozeß im Herbst 1907, der Eulenburg-Prozeß im Sommer 1908 und die Reichstagsdebatte über das Daily-Telegraph-Interview des Kaisers werfen grelles, scharfes Licht."[219] Der Zentrumspolitiker Martin Spahn beklagte 1921, nachdem Erzberger 1908 erstmals als politisches Ziel des Zentrums die „Parlamentarisierung unserer staatlichen Einrichtungen" verkündet hätte, sei die Stellung der Monarchie durch den „Konstitutionalismus" untergraben

---

215 ‚Was wird der Kaiser tun?', Vorwärts, 31. Oktober 1918, (Nr. 300).

216 Daß der Stoff bekannt war, veranschaulicht ein Pamphlet von 1905: Anonym, Flucht. Der Vergleich mit 1806 lediglich in sehr allgemeiner Form bei: SCHNELLER, Kaiser, S. 3.

217 WELLER, Harden, S. 262.

218 Seit dem 26. Oktober 1918 durfte die *Zukunft* wieder erscheinen. Das genannte Heft war die umfangreichste aller Zukunftsnummern. Vgl. WELLER, Harden, S. 259 f.

219 REIBNITZ, Doorn, S. 88. Vgl. auch die prominente Rolle der Eulenburg-Affäre in dem erwähnten Film von Ferdinand Bonn.

worden.[220] Daß in der Verteidigungsschrift *Wilhelms II. Abschiedsbrief an das deutsche Volk. Den Deutschen ein Spiegel* von 1919 argumentiert wurde, schon in der Daily Telegraph-Affäre habe sich das Unverständnis des Volkes gegenüber Wilhelm II. und ein regelrechter Verrat an diesem gezeigt, bestätigt das Denken in Verfallslinien, hin auf ein vermeintlich einmaliges Ereignis.[221]

Während Daily-Telegraph- und Eulenburg-Affäre als Menetekel präsentiert wurden, galt den kritischen Kommentatoren von rechts die Entlassung Bismarcks durch Wilhelm II. als alles erklärendes Ereignis: „Als am 20. März 1890 Otto v. Bismarck entlassen wurde wie ein lästiger Bedienter", hieß es in dem Pamphlet *Politische Beichte eines deutschen Prinzen*, „bereitete das Schicksal den 9. November 1918 vor". Denn „jede Schuld" räche sich schließlich.[222] Nicht umsonst glaubte der Kaiserapologet Fritz Großmann, in einem Pamphlet kurz vor Kriegsende noch einmal darauf verweisen zu müssen, daß Bismarck die Erfordernisse einer neuen Politik nicht verstanden habe. Eine Trennung sei daher unvermeidlich und der Kaiser dabei im Recht gewesen.[223] Wenige Tage nach dem 9. November 1918 beschrieb Victor Hahn hingegen in einer Artikelserie unter dem Titel *Das Ende von Byzanz* die Bismarckentlassung als Ursache allen Unglücks.[224] Harden galt die Bismarckentlassung ohnehin als Schlüsselereignis des wilhelminischen Kaisertums[225] und v. Karnebeck, Kommentator der *Deutschen Zeitung*, insistierte noch zum Kaisergeburtstag 1922, daß in allererster Linie die Bismarckentlassung Volk und Kaiser „innerlich [ge]trennt" habe.[226]

Auch Verteidiger des Kaisers kamen nicht um das Argument herum, daß durch die Bismarckentlassung das Schicksal Wilhelms II. auf eine abschüssige Bahn geraten sei und in seiner negativen Entwicklung nur noch verlangsamt, nicht mehr umgekehrt werden konnte.[227] Trotz Verständnisses für den ehrgeizigen, jugendlichen Herrscher urteilte Sonntag, die „Iden des März" seien am 9. November 1918 gerächt worden.[228] Die Behauptung von Rudolf Mewes, das Grundproblem der Differenz zwischen Wilhelm II. und Bismarck werde durch seine Schrift aus dem Jahr 1920 aufgelöst, belegt nur noch einmal, wie massiv das Problem empfunden wurde.[229] Als besonders delikat erwies sich die Bismarckentlassung, also die Selbsterhebung des Monarchen, im Zusammenhang mit der Kaiserflucht. Der erste wilhelminische Skandal spie-

---

220 Martin Spahn, Mein Wechsel der politischen Partei, in: Das Neue Reichvom November 1921, zit. nach: TÖPNER, Politiker, S. 173.

221 Anonym, Abschiedsbrief, S. 12. Vgl. auch: WULFF, Schuld, S. 55 f.

222 Anonym, Politische Beichte eines Deutschen Prinzen, Leipzig [4]1924, S. 6. Vgl. auch: Richard SEXAU, Kaiser oder Kanzler. Der Kampf um das Schicksal des Bismarck-Reiches, Berlin 1936, passim.

223 GROßMANN, Kaiser , S. 6 ff.

224 Victor Hahn, ‚Das Ende von Byzanz', B.Z. am Mittag, 16. November 1918, (Nr. 268).

225 Harden, Kaiserkrisis, in: Die Zukunft (1918), S. 116 ff.

226 von Karnebeck, ‚Das neue Kaisertum', Deutsche Zeitung, 27. Januar 1922, (Nr. 48).

227 Anonym, Abschiedsbrief, S. 14.

228 SONNTAG, Schuld, S. 15 ff.

229 MEWES, Kaiser, S. 2. Vgl. auch das ganz ähnliche Argument von links bei HERZ, Abdankung, S. 67.

gelte sich in den verschiedenen skandalösen Aspekten des letzten. Vier Aspekte sind besonders hervorzuheben.

1.) Befürworter der Monarchie, die gleichzeitig Kritiker der Person Wilhelms II. waren, sahen sich durch das Ereignis bestätigt. Der Kaiser habe durch sein Verhalten die Monarchie endgültig verspielt. Erneut formulierte Harden diesen Zusammenhang am prägnantesten: „Daß der Erste Bundesfürst, der König von Preußen, aus dem Felde über die Grenze floh“, vermutete Maximilian Harden, „wird selbst der gestern ihm anhänglichste Offizier und Lehnsmann niemals verzeihen.“[230] Der „der Führer hätte sein sollen, der Kaiser, suchte sein Heil in der Flucht, so daß selbst noch der Rest derjenigen, die noch dem Obersten Kriegsherrn und Monarchen die Treue zu halten und sich zu opfern bereit waren, sich verlassen sahen“, lamentierte Alexander Hohenlohe.[231] „Kein Wort der Kritik ist für diesen Abgang zu herb. Wilhelms II. Vorgehen war unköniglich, unsoldatisch und geeignet, der Dynastie und dem monarchischen Gedanken den Todesstoß zu versetzen“, schrieb der *Tag*.[232] Auch der Staatsrechtler Alfred Hoeffer v. Loewenfeld insistierte: „Erst mit dem Abgang des Kaisers, dem Verschwinden der kaiserlichen Regierung und der Unterstellung der O.H.L. unter die Revolution begann die große Schwenkung des Volkes.“[233]

Derartige Kommentare argumentierten losgelöst von der unmittelbaren Wirkung der Abdankung und zielten ausschließlich auf die symbolische Ebene der Handlung, die mit eigener faktischer Bedeutung aufgeladen wurde. Für diese Deutungsrichtung war ausschlaggebend, daß in Spa letztlich der kaiserliche Wille, einen anderen als den eingeschlagenen Weg zu gehen, fehlte. Daß dieser Wille nicht vorhanden war, war der Kern des Skandals, daran konnten auch wohlwollende Beobachter nicht vorbeigehen: „Ein König muß mehr als ein Mensch sein!“ forderte der Spa-Augenzeuge Joachim v. Stülpnagel in seinen unpublizierten Erinnerungen.[234] Im Zentrum der Fluchtkritik stand die Einsicht, daß diese Handlung dem Monarchen ganz allein zuzuschreiben war. Im entscheidenden Moment war der über dreißig Jahre hyperaktive Monarch passiv geblieben.[235]

---

230 Maximilian Harden in der Zukunft, 23. November 1918. Nahezu identisch: Alexander Prinz v. Hohenlohe, Aus meinem Leben, Frankfurt a.M. 1925, S. 363 und Wilhelm Schüssler, Kaiser Wilhelm II. Schicksal und Schuld, (Persönlichkeit und Geschichte, 26/27), Göttingen 1962, S. 121.

231 HOHENLOHE, Leben, S. 381

232 Steiniger, ‚Ein Wort an die Königstreuen', Der Tag, 29. November 1918, (Nr. 278).

233 LOEWENFELD, Republik, S. 102.

234 Stülpnagel forderte ein Handeln des Kaisers „aus eigenem Willen“ – ohne Berater. Vgl. die unveröffentlichten Aufzeichnungen Stülpnagels: ‚70 Jahre meines Lebens', in: Stülpnagel, 70 Jahre meines Lebens, in: BA-MA N 5 (Nachlaß Stülpnagel), Nr. 27, Blatt 147 f. Vgl. auch die ähnlichen Forderungen weiterer Adliger bei MALINOWSKI, König, S. 238 ff.

235 „Wilhelm der ehrlich zu Bedauernde“, hieß es in der *Politischen Beichte*, brauchte „heute nicht in Holland über den Wechsel alles Irdischen nachzudenken, wenn er am 9. November 1918 an Bismarcks Brief vom 6. Januar 1888 gedacht hätte“ – d.h. seinen Thron aktiv verteidigt hätte. Anonym, Beichte, S. 27. Herz wies das Argument, die Berater des Kaisers trü-

In einem argumentativen Zirkelschluß erklärten diese Kommentare die Flucht zum Skandal, weil sie skandalös wirkte. Dies bestätigt eine Fluchtdeutung, die auf die Institution Monarchie abhob. Dem Monarchismus sei durch die Flucht jeglicher Anknüpfungspunkt für immer genommen. Die Flucht des letzten Trägers der Krone sei irrelevant, da Amt und Inhaber getrennt werden müßten. Daß dies „vor allem die dazu berufenen Schichten damals nicht verstanden, war ein nationales Unglück, das sich meines Erachtens bitter gerächt hat. Ein Mann mochte zurücktreten, die Idee aber mußte gerettet werden", bedauerte Stülpnagel.[236]

2.) Dies waren freilich noch vergleichsweise moderate Ansichten. In den meisten Kommentaren trat ein Herrscherverständnis zu Tage, daß sich weniger an der Selbstverständlichkeit des Überkommenen und einer natürlichen Legitimität orientierte, als vielmehr nach politischer Bewährung fragte. Für diese Deutung war der Skandal Flucht nur ein letzter Beleg für die fatale Schwäche des Monarchen. Diese Schwäche war der eigentliche Skandal vor allem für die Kritik von rechts.[237] Desillusioniert beschrieben viele Monarchisten die Flucht als eine endgültige Bestätigung der Schwächen des Kaisers. Daß dieser zu wenig König von Preußen und zu sehr deutscher Kaiser gewesen sei, effektives Regieren zu sehr zugunsten von Äußerlichkeiten vernachlässigt habe, und viele weitere Topoi der Kaiserkritik von rechts finden sich in der Kritik an der Flucht wieder.[238] Reventlow argumentierte folgerichtig, daß eine direkte Linie von Wilhelms II. Thronbesteigung zu dessen Flucht geführt habe, und gelangte zu dem Urteil: „Die ganze Summe der Regierungszeit Wilhelms II. ballte sich vernichtend zusammen am 9. November 1918. Das Erbe war vertan."[239]

---

gen Schuld, ausdrücklich zurück. Der Monarch, der Bismarck davongeschickt habe, dürfe nichts mehr auf seine Berater abwälzen und für deren Auswahl sei er ohnehin verantwortlich. HERZ, Abdankung, S. 67.

236 Stülpnagel, 70 Jahre meines Lebens,in: BA-MA N 5 (Nachlaß Stülpnagel), Nr. 27, Blatt 11. Vgl. auch Hermann SCHREYER, Monarchismus und monarchistische Restaurationsbestrebungen in der Weimarer Republik, in: Jahrbuch für Geschichte 29 (1984), S. 291-320, hier S. 297 und Friedrich Frhr. HILLER V. GAERTRINGEN, Monarchismus in der deutschen Republik, in: Michael Stürmer (Hg.), Die Weimarer Republik. Belagerte Civitas, Königstein/Ts. 1980, S. 254-271, hie: S. 260.

237 HERRMANN, Zusammenbruch, S. 175; BIRMELE, Press, S. 194.

238 Dies gilt insbesondere für eine grundlegende Kritik an den Auswüchsen des Wilhelminismus. Durch sein Verhalten erscheint der Kaiser ein letztes Mal als Vernichter spezifisch preußischer Werte. Dieser Vorwurf kurz nach dem 9. November 1918 selbst bei Kessler, Tagebücher, S. 10, 12. Reventlow spricht von „Innerer Schwächlichkeit". Ernst Graf zu REVENTLOW, Von Potsdam nach Doorn, Berlin ^{2}1940, S. 470. Vgl. auch: REIBNITZ, Doorn, S. 88, HOHENLOHE, Leben, S. 348 f. Weitere Belege bei: WERNER, Abgesang, S. 51.

239 REVENTLOW, Potsdam, S. 466 und 478; Ders., Graf Ernst zu Reventlow, Der Kaiser am 9. November, Der Reichswart 29. April 1922 (Nr. 3). Zur Führerforderung durch Reventlow vgl. dessen Werk – eine Antwort auf die Novemberkrise 1908 – Der Kaiser und die Monarchisten, Berlin 1908, S. 1 ff. Zur Instrumentalisierung der Kaiserflucht durch die Nationalsozialisten: Martin KOHLRAUSCH: Die Deutung der Flucht Wilhelms II. als Fallbeispiel der Rezeption des wilhelminischen Kaisertums, in: Wolfgang Neugebauer/Ralf Pröve (Hg.),

Für die monarchistischen Kaiserkritiker gewann die Flucht eine ganz eigene Bedeutung. Paul v. Hoensbroech, der schon 1919 mit einem äußerst kaiserkritischen Pamphlet im konservativen Lager für Furore gesorgt hatte, wehrte sich in einer Nachfolgeschrift gegen den Vorwurf, er habe der Monarchie geschadet: „Um freie Bahn zu haben zur Verteidigung der Monarchie, muß man den Mut, ja die Rücksichtslosigkeit besitzen, einen zufälligen Träger der Krone, [...] der die Krone zum Nachteil der Monarchie getragen hat, zu verurteilen, ihn gleichsam von sich zu tun [...], denn ohne die Preisgabe des Kronenträgers würde einem der betreffende unfähige Monarch, hier Wilhelm 2., stets entgegengehalten werden."[240] Diese Haltung ist als Indikator von wesentlicher Bedeutung. Die Abdankung Wilhelms II. und vor allem die Art und Weise, wie diese zustande kam, wurde als Chance begriffen. Hoensbroechs Aufruf „Zurück zur Monarchie", gleichzeitig der Titel des zitierten Bandes, hieß dann nicht viel mehr als ‚weg von der Demokratie' und hin zu einer autoritären, auf eine Person ausgerichteten Staatsform. Nichts illustrierte das Skandalöse der letzten Regierungshandlung Wilhelms II. für die Monarchisten besser als der Vorwurf der Fahnenflucht, den am schärfsten und prägnantesten, in seiner ganzen Abgründigkeit, wiederum Harden formulierte. Der Kaiser habe vier Jahre lang Millionen Deutsche in die Hölle gehetzt und sei nun, am 10. November 1918, „mit voller Hose vor den ersten Windstößchen davongelaufen". Den Monarchen, der sich der Verantwortung für den Krieg entzogen hatte, beschuldigte Harden, er sei ein Erzverbrecher, der Deutschland in einen Abgrund von Leid und Schmach gezerrt habe, ein „Kaiserlein Springinsfeld" und „Kriegsherr Hosenvoll".[241]

Insbesondere im Offizierskorps, an sich eine monarchistische Formation, verfing der Vorwurf der Desertion des Obersten Kriegsherrn.[242] Der Feststellung des berüchtigten Korvettenkapitäns und Freikorpsführers Hermann Erhardt, die Monarchie sei für ihn und seine Offiziere „erledigt" gewesen, nachdem der Kaiser über die Grenze gegangen sei, lassen sich nur wenige Beispiele entgegenstellen.[243] Für monarchistisch nicht extrem gefestigte Mili-

---

Agrarische Verfassung und politische Struktur. Studien zur Gesellschaftsgeschichte Preußens 1700-1918, Berlin 1998, S. 325-347, hier: S. 340.

240 HOENSBROECH, Monarchie, S. 3 f.

241 WELLER, Harden, S. 262. Der Begriff Desertion u.a. auch bei Hohenlohe, Leben, S. 383. Eine Diskussion des Begriffs bei: Huber, Verfassungsgeschichte V, S. 702 und Karl Heinz Janssen, Der Untergang der Monarchie, in: Helmuth Rößler (Hg.), Weltwende 1917 Göttingen 1965., S. 103.

242 SCHREYER, Monarchismus, S. 308. Bezeichnenderweise wehrte sich der Heidelberger Mediävist Karl Hampe in einer Auseinandersetzung mit Max Weber gegen den Vorwurf der Desertion. Vgl. Folker Reichert, ‚Max Weber im Ersten Weltkrieg', Frankfurter Allgemeine Zeitung, 17. April 1999 (Nr. 89).

243 Zit. nach Johannes ERGER, Der Kapp-Lüttwitz-Putsch. Ein Beitrag zur deutschen Innenpolitik 1919/1920 (Beiträge zur Geschichte des Parlamentarismus und der politischen Parteien, 35), Düsseldorf 1967, S. 20. Vgl. auch SCHREYER, Monarchismus, S. 292. Zur Ablösung des Offizierskorps, insbesondere der jüngeren Offiziere, von Wilhelm II. vgl. die Beispiele bei: Wilhelm DEIST Zur Geschichte des preußischen Offizierskorps 1888-1918, in: Ders., Militär, Staat und Gesellschaft. Studien zur preußisch-deutschen Militärgeschichte, München

tärs stellte sich die kaiserliche Handlung als einseitige Aufkündigung einer gegenseitigen Treueverpflichtung dar.[244]

3.) Der Fahnenfluchtvorwurf ließ aber nicht nur die Monarchisten an ihrem Orientierungspunkt verzweifeln bzw. diente ihnen als willkommener Anlaß, lange fragwürdig gewordene politische Orientierungen aufzugeben. Auch für die Skandalisierung der Flucht von links war der Vorwurf zentral. Diese linke Skandalisierung speiste sich selbstredend aus anderen Motiven, ist aber durchaus in einem engen Zusammenhang mit der Kritik von rechts zu sehen. Provoziert durch rechte Angriffe auf die Republik hatten linke Verteidiger der Republik keine Hemmungen, die Geschehnisse in Spa für den politischen Tageskampf zu instrumentalisieren. Dabei machten sie sich pikanterweise einen rechten Wertekanon zu eigen. Der Kaiser, so der gängige Vorwurf, genügte seinen eigenen Maßstäben nicht. Neben der Lücke zwischen Anspruch und Wirklichkeit wurde von politisch linksstehenden Kommentatoren beständig die Diskrepanz zwischen dem vergleichsweise kommoden Schicksal des Kaisers und dem, was der Rest der Bevölkerung zu durchleiden hatte, aufgezeigt: „Er rennt davon wie das Kind, das mit dem Feuer spielte und das Haus in Brand steckte. Sich selbst mit einer wohltätigen Kugel zu richten, dazu war der Mann zu feig. In der Mitte ‚seiner' Truppen zu bleiben dazu, reichte sein Mut nicht aus", resümierte die *Volkszeitung* bereits am 11. November 1918 mit Genugtuung.[245] Unter der Überschrift *Dies Irae* beschwor Ludwig Herz die Symbolkraft der Flucht: „Die Stunde war gekommen, in der die Rechnung für eine dreißigjährige verfehlte Politik dem Herrscher vorgelegt wurde, der sein eigener Kanzler und sein eigener Generalstabschef hatte sein wollen." Noch einmal in aller Deutlichkeit die Verantwortlichkeiten betonend, schloß Herz: „Die Rechnung mußte bezahlt werden, er mußte sie selbst zahlen."
Ähnlich wie später die Republikaner Emil Ludwig oder Johannes Ziekursch monierte Herz, daß der 9. November „herandämmerte", ohne „daß in Spaa das geschehen wäre, was geschehen mußte".[246] Hier zeigte sich, wie adligmonarchische Ideale sich in den Augen der liberal-republikanischen Öffentlichkeit zum Bumerang entwickelten. Beteuerungen wie Wilhelms II. Credo,

---

1991, S. 45 f., der davon spricht, der oberste Kriegsherr sei für die Offiziere ein „belangloses Phänomen" geworden. Zur Ablösung der Offiziere vom Kaiser vor dem 9. November auch die Mitteilung von Siegfried A. Kaehler in einem Brief an Meinecke vom 22. Januar 1919, in: Friedrich MEINECKE, Ausgewählter Briefwechsel, hrsg. von Ludwig Dehio und Peter Classen, Stuttgart 1962, S. 332. Anstelle der Loyalität zum Herrscher war die Nation zum Bezugspunkt geworden, der auch eine insbesondere im Adel lange überdauernde spezifisch preußisch-monarchische Loyalität überlagerte. Vgl. Böckenförde, Zusammenbruch, S. 309 f. Zur Loyalitätsverschiebung von der Monarchie zur Nation im Offizierskorps vgl. GUTH, Loyalitätskonflikt, S. 40 f.

244 Noch im November 1918 beschwor General Ludwig Freiherr v. Falkenhausen, Generalgouverneur von Belgien, die gegenseitige Treueverpflichtung gegenüber dem wankenden Kaiser: „Bleiben Eure Majestät fest, wir lassen uns alle für Sie totschlagen!" Zit. nach: FUNCK, Schock, S. 145.

245 ‚Die Lage und die Aufgabe', Volkszeitung, 11. November 1918, (Nr. 265).

246 HERZ, Abdankung, S. 53.

„ein Nachfolger Friedrichs des Großen dankt nicht ab“, vergleichbare martialische Postulate des Monarchen, aber auch generell ein über 30 Jahre hinweg zur Schau getragener Habitus, wurden berechnend zum Nennwert genommen.[247] Weit stärker noch als bei Herz führte dies in Ludwigs stilbildender Wilhelmbiographie und Ziekurschs vielbeachteter *Deutscher Geschichte* zu einer Vulgarisierung feudaler Ideale – am sichtbarsten in der Forderung nach dem Königstod.[248] Damit wird deutlich, daß es hier nicht nur um argumentative Sophismen ging, sondern daß die linken Kaiserkritiker – bewußt oder unbewußt – die Mechanismen der Massenmedien in Rechnung stellten. Die von Herz, Ludwig und Ziekursch gezeichneten grellen Bilder des unmännlich versagenden Monarchen ließen sich auch in eine plakative Berichterstattung hervorragend integrieren.

Immerhin erachteten die Kaiserkritiker es als notwendig, loyale Verteidigungsversuche zurückzuweisen und auf dem Tatbestand der Flucht zu insistieren. So übte die *Volkszeitung* scharfe Kritik an der „reaktionären Presse“, welche die „Komödie von Spaa“ als „Tragödie“ darstelle.[249] Auch die *Frankfurter Zeitung* vom 3. Januar 1919 richtete sich gegen die Verteidigung der Flucht des Kaisers und die „konservative Legende“, an der die Regierung Max von Badens Schuld sei. Tatsächlich läge die Verantwortung allein bei Wilhelm II.[250] Etwas nüchterner schrieb Herz: „Ein Kaiser, der von seinem Volke, ein Oberster Kriegsherr, der von seinem Heere floh! Die Flucht mußte ihm die letzten Sympathien rauben, auch wenn man nicht den grotesken Gegensatz seines schwächlichen Handels und seiner tatendurstigen, verheißungsvollen Reden mit allzu billigen Spott herzog.“[251]

4.) Ein weiterer Aspekt der Flucht als Skandal war die Desillusionierung gerade unter denjenigen, die dem Kaiser nahegestanden. Friedrich Berg, letzter Hohenzollernscher Hausminister, gab sich enttäuscht darüber, daß der Kaiser widerstandslos die Revolution akzeptiert habe.[252] Theodor Schiemann, Historiker und einst einer der größten öffentlichen Verehrer des Kaisers, erklärte Ende November 1918 in der *Deutschen Zeitung*: „Es ist sehr zu bedauern, daß

---

247 Wilhelm II. zu Lerchenfeld, zit. u.a. in: REVENTLOW, Potsdam, S. 472. Auf ähnliche Weise zum Nennwert genommen wurde der unter Bezugnahme auf seinen Vorfahren Albert Achilles getätigte Ausspruch Wilhelms II.: „Ich kenne keinen reputierlicheren Ort zu sterben als in der Mitte meiner Feinde“ von 1891. Vgl. ZIEKURSCH, Geschichte, S.443 und WENDEL, Karikatur, S. 117.

248 ZIEKURSCH, Geschichte, S. 442 f. und – ein „altpreußisches Hurra“ fordernd – LUDWIG, Wilhelm, S. 328 f.

249 K.V., ‚Die Komödie von Spaa‘, Volkszeitung, 7. April 1919, (Nr. 154). Vgl. auch die eigenwillige Wortmeldung Emil Ungers, der sich gegen unreflektierte ‚Kaiser, kehr zurück‘-Rufe richtet. Zu diesem Behufe führt Unger unzählige für den Kaiser negative Details aus diversen Erinnerungen an. Emil Unger, ‚Wilhelm, kehre zurück!‘, Der Bundschuh. Freihes Oppositionsblatt. Offizielles Publikations-Organ des Arbeitsbundes für sofortige Sozialisierung, Berlin, 6. April 1919, (Nr. 17).

250 ‚Konservative Legenden‘, Frankfurter Zeitung, 3. Januar 1919, (Nr. 5).

251 HERZ, Abdankung, S. 67.

252 BETKER/KRIELE, Fide, S. 795.

Kaiser Wilhelm II. den unglücklichen Entschluß gefaßt hat, nach erfolgter Abdankung eine Zuflucht in Holland zu suchen.“[253]

Für die Verteidiger Wilhelms II. war der Skandal die Instrumentalisierung des Ereignisses durch Kritiker von links und rechts. „Daß der Kaiser geflohen sei, war der gehässigste und wirksamste der gegen mich erhobenen Vorwürfe, die mir in Versammlungen, Presse und Privatgesprächen unausgesetzt entgegenströmten“, klagt Graf Kuno v. Westarp, konservativer Parteiführer und neben Niemann engagiertester Apologet des Kaisers. Auf der Linie Westarps waren sich die Verteidiger des Kaisers – und der Monarch selbst – einig über die verheerenden Folgen der Flucht für das monarchische Bewußtsein.[254] Die ‚Entschuldung' des Monarchen erforderte vor diesem Hintergrund erhebliche Mühen und Verrenkungen. Als entsprechend akut wurde das Problem von der noch immer monarchischen Rechten empfunden. Bei Josef Sonntag hieß es: „Der Fluch, der auf Wilhelm II. lastet und ihn in den Augen des Volkes unmöglich macht, ist das schmachvolle Ende der Hohenzollerndynastie am 9. November, die angebliche feige Flucht und Desertion nach Holland.“[255] Friedrich Graf von der Schulenburg, wie Westarp stark in die Diskussion der Kaiserflucht involviert, beobachtete: „Im ganzen Volk und besonders in den monarchistischen Kreisen ist Seine Majestät ganz außerordentlich durch den 9. November belastet.“[256] Noch 1932 erklärte der Kaiserapologet Ludwig Schneller, der Kaiser sei nun im großen und ganzen gerechtfertigt: „Aber zum schweren Vorwurf machen es ihm viele, daß er sein Volk und Heer in der Stunde der Not feige verlassen und fahnenflüchtig ins Ausland geflohen ist.“[257] Die Vehemenz der aus dieser Einsicht folgenden monarchistischen Gegenpropaganda bestätigt die Einschätzung von der Wichtigkeit der Flucht im der öffentlichen politischen Auseinandersetzung der frühen Weimarer Republik.[258]

Die Struktur der Rechtfertigungen der Flucht belegt das Skandalöse der Handlung. Liest man die von Doorn initiierten oder selbstständig erfolgenden „counter attacks“ als direkte Reaktion auf den öffentlichen Druck durch die Fluchtthematisierung, zeigen sich klar die Konturen der skandalösen Handlung. Vergleichbar den Dokumentationen zur deutschen Kriegsschuldfrage, selbstredend im kleineren Maßstab, stellten die monarchistischen Apologeten

---

253 Theodor Schiemann, ein Intimus Wilhelms II., führte dies auf eine falsche Beratung des Monarchen zurück. Niemand hätte etwas dagegen gehabt, wenn der Kaiser in Deutschland geblieben wäre. Theodor Schiemann, ‚Wilhelm II. als deutscher Kaiser', Deutsche Zeitung, 26. November 1918, (Nr. 275).

254 WESTARP, Ende, S. 100; SONNTAG, Schuld, S. 45; WILHELM II., Ereignisse, S. 245 f.

255 SONNTAG, Schuld, S. 45.

256 WESTARP, Ende, S. 100.

257 SCHNELLER, Kaiser, S. 4.

258 Vgl. z.B. das Flugblatt des *Bundes deutscher Männer und Frauen zum Schutze der persönlichen Freiheit und des Lebens Wilhelms II.* ‚Zur Flucht des Kaisers!', Görlitzer Nachrichten, 22. Januar 1919, (Nr. 18). Das Flugblatt stellte die Flucht als Hauptproblem bei der Rekrutierung neuer Mitglieder und überhaupt der Wiederherstellung der Monarchie heraus.

Material zusammen, das den Kaiser entlasten sollte. Wesentlicher Bezugspunkt war die öffentliche Meinung; die Zusammenstellungen waren auf Pressetauglichkeit zugeschnitten. In der Zange rechter und linker Kritik an der Kaiserflucht, konfrontiert mit Argumenten, die nicht nur in sich schlüssig schienen, sondern auch noch äußerst plastisch dem Meinungsmarkt entgegenkamen, sahen sich die Verteidiger des Kaisers allerdings von Beginn an in der Defensive. Gegenmaßnahmen wie das beschriebene *Protokoll* und ähnliche Argumentationshilfen, die Ilsemann in Doorn oder Wilhelm v. Dommes und Helmuth Frhr. v. Maltzahn-Gültz in Berlin verfaßten, demonstrierten vor allem zweierlei:[259] Auch die Verteidiger des Monarchen gestanden ein, daß erheblicher Erklärungsbedarf bestand und sie waren nicht einmal selbst in der Lage, einen gemeinsamen Nenner zu finden, auf den sich alle in Spa Anwesenden, einschließlich des Kaisers, einigen konnten.

Entsprechend dürftig nahm sich die Argumentation aus, die auf diesen Zusammenstellungen aufbaute. Die Verteidigung kreiste um den pragmatischen Hinweis auf den durch Wilhelms II. Verhalten angeblich vermiedenen Bürgerkrieg[260] und ein hieraus abgeleitetes Opfer des Kaisers. „Wenn vielleicht die Monarchisten im Interesse des monarchischen Gedankens Grund haben mögen zu beklagen, daß der Kaiser nicht den Entschluß gefaßt hat zu bleiben – das deutsche Volk, das ihn der Flucht angeklagt, müßte ihm tief dankbar für das Opfer sein, das der Kaiser ihm gebracht hat," argumentierte einer der umtriebigsten Anhänger der Monarchie, Edgar v. Schmidt-Pauli.[261] Reichlich inkonsistent angesichts des gepriesenen Königsopfers hoben die Apologeten hervor, daß der Kaiser beim Heer habe bleiben wollen und erst auf Drängen seiner Berater – vor allem Hindenburgs – nach Holland gegangen sei. Mit Blick auf den öffentlichen Druck auf den Monarchen beschrieb es Arndt v. Steuben in einer merkwürdigen Denkfigur als größtes Opfer, daß der Kaiser wissentlich die späteren Beschuldigungen auf sich genommen habe.[262]

Der erhebliche öffentliche Druck bewirkte, daß die Verteidigung der Kaiserflucht sehr uniform ausfiel. Nahezu alle einschlägigen Schriften folgten identischen Mustern. Ein Genremerkmal der apologetischen Darstellungen der Kaiserflucht – wie bei Niemann, Schulze-Pfaelzer oder Sonntag – war die

---

259 Eingeständnisse dieser Schwierigkeiten bei: Irmgard v. Beerfelde an den Prinzen Louis-Ferdinand v. Preußen. GStAPK, BPH Rep. 53, Nr. 238, Blatt 1. Zur ‚Fluchtbewältigung' von Doorn aus vgl. die *Notizen über die Vorgänge im Oktober und November*, welche Sigurd v. Ilsemann für das Hohenzollernsche Hausministerium in Berlin verfaßte. RAU, Bestand Wilhelm II., nicht katalogisiert, Konvolut 6. Ilsemann stellte hier drei Seiten, die wichtigsten Argumente für das Handeln des Kaisers zusammen, im wesentlichen die Alternativlosigkeit und den Rat Hindenburgs zur „Übersiedelung" des Kaisers nach Holland.

260 Wilhelm II. habe „gewiß nicht als legendärer Gewaltmensch gehandelt, aber als guter Deutscher," so Otto Hammann, bezugnehmend auf den angeblich durch den Fortgang Wilhelms II. vermiedenen Bürgerkrieg. Otto HAMMANN, Bilder aus der Kaiserzeit, Berlin 1922, S. 134.

261 SCHMIDT-PAULI, Kaiser, S. 284. Sonntag resignierte: „Das Opfer ist umsonst gewesen." SONNTAG, Schuld, S. 59, 71.

262 Arndt v. STEUBEN, Unser Kaiser. Vortrag gehalten am 27. Januar 1924, Leipzig 1924, in: RAU, Bestand Wilhelm II., nicht katalogisiert, Konvolut 6.

dramatische Überhöhung des Geschehenen. Fast alle Berichte begannen mit der Schilderung metaphorisch ins Spiel gebrachter „grauer Novembernebel" und „sterbender Blätter".[263] Sowohl rechtfertigende als auch kritische Beiträge suggerierten damit eine Notwendigkeit der eingetretenen Entwicklung, die entweder den Monarchen entlasten sollte oder, unter entgegengesetzten politischen Vorzeichen, dazu diente, das Ende der Monarchie als eine kausale Notwendigkeit darzustellen. Die Apologeten präsentierten die Ereignisse regelmäßig als ein Trauerspiel, in dem die Hauptakteure des „letzt[en] Akt[es] der Kaisertragödie"[264] als loyale, aber verzweifelte Männer auftraten, die sich widerwillig einem abstrakten Schicksal beugten. „Tragik", „Schicksal" und „Schuld" dienten als Schlagwörter, um die eine stilisierte Konfrontation zwischen Groener, Hindenburg und Schulenburg entwickelt wurde.[265]

Vor diesem Bühnenbild spielte Wilhelm II. in apologetischen Darstellungen den Part eines tragischen Helden: „Welcher Dramatiker wird sich finden, diese Tragik je in Worte zu fassen", fragte Eisenhart-Rothe rhetorisch.[266] Nur die Konstruktion einer Konstellation, in der dem einzelnen keine Handlungsmöglichkeiten blieben, ermöglichte es, den Vorwurf der skandalösen Handlung des Kaisers zu kontern. Der theatralische Stil diente seinen Verteidigern dazu, den Monarchen zu entlasten. Er hatte seine Ursache zudem darin, daß alle apologetischen Darstellungen auf die gleichen Primärquellen zurückgriffen. Aber nicht nur im Stil glichen sich die Darstellungen. Auch inhaltlich lassen sich kaum Abweichungen, geschweige denn eine Entwicklung feststellen. Nach Eisenhart-Rothes Spezifizierungen operierten alle Kaiserapologien in Zeitungsartikeln, Flugblättern und Pamphleten mit demselben Satz aus Argumenten.[267] Bereits 1919 legte Rump einen Kanon von zehn Punkten fest, die

---

263 Zitate nach: SCHMIDT-PAULI, Kaiser, S. 272. Nahezu deckungsgleich: Kronprinz WILHELM, Erinnerungen, S. 280 f.; REVENTLOW, Potsdam, S. 469; SONNTAG, Schuld, S. 54 ff. Aber auch kritische Stimmen verwandten jene theatralische Sprache: LUDWIG, Wilhelm, S. 321, dem das Motto „Welch Schauspiel! Aber ach ein Schauspiel nur!" vorangestellt ist, spricht von Hoftheaterstil. Vgl. auch Theodor PLIEVIER, Der Kaiser ging, die Generäle blieben, Berlin 1981, S. 316-322.

264 So der Titel eines Sonderabdruckes aus der *Deutschen Allgemeinen Zeitung* vom 16. August 1919 mit einer Stellungnahme des Unterstaatssekretärs Arnold Wahnschaffe. Abgedruckt in NIEMANN, Revolution von oben, S. 423 ff. Vgl. zum Hintergrund der Beschreibung von „politics as theatre" im wilhelminischen Deutschland: BLACKBOURN, S. 249 ff. Die praktische Umsetzung des Konzepts jetzt bei: PAULMANN, Pomp, S. 131 ff.

265 Vgl. die Titel der einschlägigen Bücher von Wilhelm Schüssler und Josef Sonntag.

266 EISENHART-ROTHE, Kaiser, S. 40. Als dramatische Aufarbeitung vgl.: ROSNER, König, passim.

267 Z.B. Siegfried Graf zu Eulenburg-Wicken, ‚Warum ging der Kaiser nach Holland?', Kreuzzeitung, 29. August 1926, (Nr. 401); Graf Detlev v. Moltke, Die letzten Tage Seiner Majestät im Großen Hauptquartier, 1921 (GStAPK, BPH Rep. 53, Nr. 425); Flugblatt des Bundes der Kaisertreuen, abgedruckt in: ‚Zur Flucht des Kaisers!' Sächsische Landeszeitung, 25. Februar 1919, (Nr. 4); ‚Die Abdankung des Kaisers', Berliner Lokalanzeiger, 2. Januar 1919, (Nr. 2). Die *Aufrechten* veröffentlichten ein Pamphlet mit einer Zusammenstellung von Argumenten unter dem Titel: „Was hätte der Kaiser denn tun sollen?" aus dem Moltke-Pamphlet und Stimmen gegen kaiserkritische Äußerungen des Ministers Külz vom Nationalverband Deutscher Offiziere, dem Deutschen Offiziersbund, der Deutschen Adelsgenos-

den Kaiser entlasten sollten. Über diese Punkte – ein nachhaltiger Beleg für die erfolgreichen Vereinheitlichungsbestrebungen der Apologeten - wurde später allenfalls noch im Detail hinausgegangen.

Die Abdankung, so Rump, sei dem Kaiser 1.) „mühsamst abgerungen" und er sei darüber hinaus durch Max von Baden belogen worden. Hinzu traten die Argumente „2) daß der Kaiser entschlossen gewesen ist, mit Einsatz seiner Person für seine Krone zu kämpfen; 3) daß die Oberste Heeresleitung durch ihre Vertreter die Unmöglichkeit eines Kampfes hat darlegen lassen; 4) daß sie des Weiteren dargelegt hat, ein Eintritt des Kaisers in den Kampf für seine Krone würde den Bürgerkrieg über das Vaterland entfesseln; dazu die Verpflegung der Armee unmöglich machen; 5) daß die dem Kaiser für einen solchen Kampf zur Verfügung stehenden Truppen nicht mehr unbedingt sicher seien; 6) daß dem Kaiser erneut zum Bewußtsein die Stellungnahme der Entente gebracht wurde, die zu verstehen gegeben hatte, mit dem Kaiser keinen Frieden schließen zu wollen; 7) daß der Kaiser erst unter dem erschütternden Eindruck dieser Vorträge sich zu dem Verzicht auf die Kaiserkrone, nur auf diese, bereit zeigte; 8) daß das im Kaiser erst unter gewaltigem Seelenkampfe zur Absicht geworden ist; 9) daß das bestimmende Motiv für den Verzicht auf die Kaiserkrone beim Kaiser endlich noch der Wunsch gewesen ist, für den Frieden des Vaterlandes mit seiner Person kein Hindernis zu werden; 10) daß durch das unverantwortliche, verbrecherische Verhalten des Prinzen Max von Baden, eine nicht ausgesprochene, also gar nicht bestehende Abdankung des Kaisers und Königs als Tatsache bekannt zugeben [...] diesem die Befehlsbefugnis über die Armee ohnehin aus den Händen genommen, einfach gestohlen worden war."[268]

Der auffälligste Unterschied der Rumpschen zehn Punkte im Vergleich zu deren Elaboration in späteren Apologien ist die Naivität ihrer Präsentation. Bei Rump scheint noch die Überzeugung auf, daß es ausreiche zu berichten, wie es wirklich war, um dem Kaiser Sympathien zurückzugewinnen. Spätere Kaiserverteidiger waren sich der Untiefen ihres Geschäfts, das heißt der Realität des Skandals, in dem es nicht um Wahrheit oder Lüge, sondern um Deutungshoheit ging, weitaus besser bewußt. Ein Artikel der *Täglichen Rundschau* vom 21. Januar 1919 hob als besonders problematisch hervor, daß die „oft ganz beiläufigen Äußerungen in der Presse über die ‚Flucht' des Kaisers [...] nicht verstummen" würden. Dies könne „nur noch als böse Absicht und unehrliches Spiel gebrandmarkt werden, nachdem die Ereignisse des 9. November in Spaa wiederholt und hinreichend durch mündliche und schriftliche Mitteilungen von Augenzeugen klargestellt worden" seien. Die Flucht sei nur ein „Teil in der systematischen Kette der vielen Unwahrheiten, die jetzt über

---

senschaft, von Generalleutnant Crammon, dem ehemaligen Hofprediger Dryander und der Version aus Wilhelms II. Erinnerungen. Zusammenfassend schließt die Kompilation: „Wer ehrlich die Tatsache auf sich wirken läßt, wird die Unwahrheit von der ‚Flucht' des Kaisers nicht mehr auszusprechen vermögen." Ist der Kaiser geflohen?, Zeugnisse – von Hindenburg u.A. – Stimmen, die jeder Deutsche kennen muß! Flugschriftenreihe des ‚Aufrechten', Berlin 1926, S. 21 ff.

268 RUMP, Hoensbroech, S. 53 f.

Person und Verdienste des Kaisers und seines ganzen Hauses verbreitet werden, um der alten Zeit den Boden abzugraben“, aber sie sei „anscheinend ein besonders beliebtes Prunkstück aus dieser Serie“.[269]

Derartige Beispiele lassen sich auch drei Jahre später noch finden. Verzweifelt um die Rückgewinnung zumindest partieller Deutungshoheit bemüht, beklagte die *Kreuzzeitung* im April 1922, daß die „Revolutionäre vom 9. November [...] skrupellos und systematisch mit der infamen Beschuldigung, daß der Kaiser durch die ‚Flucht' nach Holland aus Feigheit sein Volk in der Stunde höchster Not im Stich gelassen habe“, die „monarchische Gesinnung der Gebildeten zu erschüttern“ versuchten. Demgegenüber habe die *Kreuzzeitung* die „Vorgänge“, die „zu dem Übertritt des Kaisers nach Holland führten [...], nach allen Gesetzen wissenschaftlicher Forschung so zuverlässig als möglich festzustellen gesucht“.[270] Ludwig Schneller betonte die Anstrengung, der man sich unterziehen müsse, um den Kaiser zu rechtfertigen, indem man sich aktiv mit wahren Begebenheiten vertraut mache.[271] Wer den Kaiser nach all dem, was bisher über den Hergang der Dinge in Spa in Erfahrung gebracht werden konnte, weiterhin angreife, lüge bewußt. Zu diesem Vorwurf paßt die These Sonntags, daß die fortwährende Thematisierung der Flucht Wilhelms II. lediglich dazu diene, vom „Versagen der Republik“ abzulenken.[272]

Die Entschuldigung der Flucht Wilhelms II. fand zudem auf diversen Nebenkriegsschauplätzen statt. Hier ging es um zweitrangige Fragen, die jeweils helfen sollten, die großen Fragen zu klären. Die Verteidiger Wilhelms II. beharrten z.B. darauf, daß die Abreise nach Holland keinesfalls schon lange vor dem 9. November eingeleitet worden sei,[273] oder daß die anderen Bundesfürsten schon früher als Wilhelm II. aufgegeben hätten.[274] Aus diesen Versatzstücken konstruierten die apologetischen Schriften eine Geschichte des 9. November 1918, in welcher der Kaiser als Opfer diverser objektiver Zwänge – und damit letztendlich als schuldlos – erschien.[275] Unter der Überschrift „Was hätte Wilhelm II. am 9. November tun sollen“ verwies Sonntag auf eine „un-

---

269 ‚Die ‚Flucht' des Kaisers', Tägliche Rundschau, 21. Januar 1919, (Nr. 41).

270 H.W., Des Kaisers ‚Flucht' nach Holland', Kreuzzeitung, 19. April 1922, (Nr. 182).

271 SCHNELLER, Kaiser, S. 17.

272 Je stärker die „Folgen der Mißregierung“ hervorträten, desto stärker müsse Wilhelm II. als „Blitzableiter“ dienen. SONNTAG, Schuld, S. 59 f. Ganz ähnlich auch eine abweichende Wortmeldung von links, in der die Empörung über die Flucht als zu simpel angeprangert wurde. Max PAESLACK, Verbannt. Wilhelm II. von Gottes Gnaden. Deutscher Kaiser. König von Preußen. Keine Verteidigung und doch eine Rechtfertigung.. 3. Sonderausgabe der Schrift 'Der Kritikus von Berlin', Berlin o.J. (wahrscheinlich 1919), S. 4.

273 Ludwig Herz, ‚Der holländische Generaladjutant im Hauptquartier. Ein Beitrag zum Verhalten Wilhelms II. am 9. November 1919', Berliner Tageblatt, 2. Januar 1908 (Nr. 2) hatte dies als erwiesen dargestellt. Dagegen: F.S., ‚"Wie der Kaiser floh“. Der holländische General im Hauptquartier', Deutsche Zeitung, 5. Januar 1928, (Nr. 4).

274 SCHNELLER, Kaiser, S. 7

275 Wilhelm ZIEGLER, Volk ohne Führung. Das Ende des Zweiten Reiches, Hamburg 1938, S. 263. Vgl. auch: ‚Das Befinden des Kaisers', Kreuzzeitung, 1. Januar 1919, (Nr. 1). Eine zustimmende Wiedergabe der Darstellung Eisenharts auch in: ‚Über die Vorgänge bei der Abdankung des Kaisers', Schlesische Volks-Zeitung, 21. April 1922, (Nr. 189).

lösbare Verstrickung“ entlang der Rumpschen Punkte. Daher sei der „Übertritt nach Holland [...] zwar ein tödlicher Schlag für die Dynastie und den monarchischen Gedanken“ gewesen, für die augenblicklichen Interessen des Volkes aber das Beste.[276]

Wie ein Photonegativ beschrieb die Version der Verteidiger des Monarchen beschreibt das, was an der Flucht skandalös war. Die Desertion des Obersten Kriegsherrn kontrastierte sowohl scharf mit den millionenfach gefallenen Weltkriegstoten als auch zum Fahneneid. Der Monarch verstieß damit dramatisch und äußerst sichtbar gegen Werte, moralische Vorgaben und – im Falle des Fahneneids – eine Norm, die gerade er qua Amt und durch persönliche Stellungnahmen verkörpert hatte.[277] Dieser Kontrast war der Kern des Skandals. Die Kritik artikulierte dies offen, die Rechtfertigungen indirekt. Insbesondere zwei Formen der Gegenattacken sind für die auch in den Apologien eingestandene Skandalhaftigkeit des Geschehenen bezeichnend.

1.) Das ungeheuerliche Ereignis der Kaiserflucht konnte nur über erneute Schuldzuschreibung an die kaiserlichen Berater gerechtfertigt werden. Dabei erschienen die Berater gleichzeitig als zu aktiv und zu passiv. Die fatale Rolle Max von Badens galt ohnehin als ausgemachte Sache.[278] Vor allem Groener galt in dieser Logik als Sündenbock, der den Kaiser perfide ins Verderben lenkte.[279] Gleichzeitig wurden die Männer um den Kaiser als zu handlungsschwach verurteilt. Unter der Überschrift „Der Kaiser allein“ beschrieb Sonntag, wie der Monarch zu allem bereit gewesen sei und auf keinen Fall nach Holland wollte. Extrem verständnisvoll erzählt Sonntag die Szenen in Spa. Mit dem Kronprinzen schildert er, wie die Augen Wilhelms II. diejenigen Hindenburgs suchten, ohne eine Antwort zu erhalten: „Ein erschütterndes Bild, voll tiefster Tragik!“[280]

Voraussetzung für diese Behauptung war die Annahme, der Kaiser habe eigentlich anderes gewollt habe. Jeder der Verteidiger hielt es für notwendig, ausführlich den Vorwurf zu widerlegen, der Kaiser könne feige gewesen

---

276 SONNTAG, Schuld, S. 70 ff.

277 Diese beiden Argumente sehr knapp und deutlich bei Smilo Frhr. v. Lüttwitz, der erklärte: „Aber die Tatsache der ‚Flucht' bleibt mir in Gedenken an die Tapferkeit unserer Soldaten und an die hohen Traditionen der hohenzollernschen Monarchie eine herbe Enttäuschung.“ Zit. nach: FUNCK, Schock, S. 145.

278 Eine Diskussion der Frage, was der Kaiser nach der durch Max von Baden verkündeten Abdankung noch tun konnte, findet sich bei: SCHMIDT-PAULI, Kaiser, S. 277 ff. Ähnlich: ‚Warum der Kaiser nach Holland ging?', Kölnische Zeitung, 2. Januar 1919, (Nr. 4); Die Schuld ausschließlich bei den Beratern verortet: Anh., ‚Um den Kaiser', Pommersche Tagespost, 20. März 1919, (Nr. 79).

279 Z.B.: ‚Nochmals die Vorgänge am 9. November 1918', Tägliche Rundschau, 27. März 1919, (Nr. 206). Zu Beschimpfungen Groeners als „Königsmörder“ und Schwierigkeiten, in die Schliefen-Vereinigung aufgenommen zu werden: Johannes HÜRTER, Wilhelm Groener. Reichswehrminister am Ende der Weimarer Republik (1928-1932) (Schriftenreihe des Militärgeschichtlichen Forschungsamtes, 39), München 1993, S. 219 f.

280 Dabei wurden die üblichen Deutungen Niemanns und Eisenharts übernommen. SONNTAG, Schuld, S. 55 f.

sein.[281] Hierzu dienten entsprechende Anekdoten.[282] Wichtiger waren jedoch mehrere vermeintliche Versprechen des Kaisers, nicht abzudanken bzw. beim Heer zu bleiben. Diese Versprechen nahmen die Kaiserapologeten als Beweis für die tadellose Haltung des Monarchen und folgerichtig als weiteren Beleg für die Verurteilung der Ratgeber. Allenfalls Restzweifel blieben bestehen: „Dennoch wird man vielleicht sagen können, daß es auch in diesem Falle – es ist nicht der einzige – besser gewesen wäre, wenn der Kaiser seinem richtigen Instinkt und nicht der Meinung seiner Ratgeber gefolgt wäre."[283]

2.) Wenn Wilhelm II. eigentlich anders gewollt hatte, lag es nahe, sowohl seine Abdankung als auch die Flucht als „Opfer" des Monarchen zu verteidigen.[284] Das gängige Muster der Kaiserapologetiker findet sich bei Schmidt-Pauli: „Wenn vielleicht die Monarchisten im Interesse des monarchischen Gedankens Grund haben mögen, zu beklagen, daß der Kaiser nicht den Entschluß gefaßt, zu bleiben – das deutsche Volk, das ihn der Flucht angeklagt, müßte ihm tief dankbar für das Opfer sein, das der Kaiser ihm gebracht hat."[285] *Der Aufrechte*, das Organ der legitimistischen Monarchisten, versuchte das Verhalten der anderen Seite als skandalös zu brandmarken: „Daß dieselben Kreise, die damals vom Kaiser dieses Opfer forderten, heute das Opfer in eine ‚Flucht' verdrehen und den Kaiser als Feigling und Deserteur beschimpfen, zeugt von schwerer, sittlicher Verwirrung und ist eine Lüge ins Angesicht der Geschichte!"[286] Rump bezeichnete die Flucht sogar als „selbstverleugnende Treue, leidende Liebe zum irregeleiteten Volke, in heißem, hartem Seelenkampfe sich abgerungenes Opfer."[287] Bei Everling trat Wilhelm II.

---

281 RUMP, Hoensbroech, S. 45 f. Vgl. auch: MEWES, Kaiser, S. 76.

282 In der Regel die Geschichte vom Kaiser, der im Hofzug trotz Bombenhagels im Gegensatz zu seiner Umgebung nicht die Nerven verliert. Die Anekdote z.B. bei SCHNELLER, Kaiser, S. 6.

283 H.W., ‚Des Kaisers ‚Flucht' nach Holland', Kreuzzeitung, 19. April 1922, (Nr. 182). Auffällig ist, daß Hindenburg zwar kritisiert wurde, der Hauptteil der Kritik jedoch auf Nichtpreußen wie Groener oder Nichtmilitärs wie Grünau und Hintze fiel. Etwa bei: EISENHART-ROTHE, Kaiser; ‚Des Kaisers Abreise-Entschluß am 9. November. Das unaufgeklärte Telephongespräch des Barons von Grünau', National-Zeitung, 20. April 1922, (Nr. 92). Vgl. auch zum selben Thema: National-Zeitung, 19. April 1922, (Nr. 91) sowie später SCHMIDT-PAULI, Kaiser, S. 286.

284 Diese ‚Opfertheorie' durchzog nicht nur die Eigendarstellung Wilhelms II. in dessen Erinnerungen, sondern wurde auch in dem einschlägigen Briefwechsel mit Hindenburg aufgegriffen. Vgl. Abschnitt V.C.2.

285 SCHMIDT-PAULI, Kaiser, S. 284.

286 Ist der Kaiser geflohen?, Zeugnisse – von Hindenburg u.A. – Stimmen, die jeder Deutsche kennen muß! Flugschriftenreihe des 'Aufrechten', Berlin 1926, S. 2.

287 RUMP, Hoensbroech, S. 56 f. In einem unmittelbaren Rückblick auf die Abdankung Wilhelms II. erklärte Mühling: „Es ist die Tat eine Tat der Selbstüberwindung, zu der ihn die Liebe zu seinem Volk und zu seinem Land getrieben hat." Das soziale Empfinden Wilhelms II., dessen vorrangiger und für moderne Menschen sehr nachvollziehbarer Charakterzug, habe nun auch diesen Entschluß, bestimmt durch einen „wahrhaft tragischen Opfermut", befördert. C. Mühling, ‚Die Tragödie Kaiser Wilhelms II', Berliner Lokal-Anzeiger, 9. November 1918, (Nr. 575).

als idealisierter Deutscher auf, dessen „Übertritt nach Holland“ vermittelbar erschien, wenn man ihn nicht nach der „Lüge der Novemberverbrecher“ als Flucht, sondern „als schwerstes Opfer im Sinne des Frontsoldaten“ ansehe.[288] Nach einer Eloge auf den Ex-Kaiser erklärte Mewes: „Seine Kaisertat wird nie vergessen werden, seine Tat, als er für den Frieden des Volkes zum Opferaltar geführt wurde, wird zu den stolzesten Erinnerungen der Deutschen zählen.“[289] Sonntag sprach von einem Martyrium Wilhelms II., „das größer ist, als man weiß“.[290]

Ein wesentlicher Aspekt der Opfertheorie war die Behauptung, die politische Linke habe die Abdankung des Kaisers und dessen Entfernung – also Opferung – gefordert. Daher sei es unverständlich und paradox, wenn gerade von dieser Seite der Vorwurf der Flucht erhoben werde. Wilhelm II. habe sich staatstragend verhalten und sogar seinen Interessen und denen seiner Dynastie einen „tödlichen Schlag“ versetzt.[291] Hier scheint die Vorstellung, der Kaiser habe um die Kritik an der Flucht vorher gewußt und insofern ein doppeltes Opfer gebracht, auf. Entsprechend konnte dann der Bezug zwischen Wilhelm II. und dessen Handlungen aufgekündigt werden – weil der Kaiser falsch beraten worden sei, habe er die entsprechenden Schritte unternommen.[292] So wurde die Schuld- und Verantwortungsfrage gleichsam umgekehrt, dem Vorwurf der skandalösen Handlung begegnet und wiederum versucht, die Angriffe auf den ehemaligen Kaiser als skandalös zu stigmatisieren. Die *Leipziger Neuesten Nachrichten* argumentierten, daß das Volk „jetzt den Befähigungsnachweis seiner Reife dadurch zu erbringen [habe], daß es den Rücktritt des Kaisers nicht zu einem vergeblichen Opfer macht.“[293]

Nicht nur als Nebeneffekt boten die Opfertheorien den Vorteil, den Monarchen als Handelnden zu zeigen, der gewissermaßen bis zum letzten Moment Führer gewesen sei. Das Insistieren auf dem erbrachten Königsopfer war aber auch deshalb so naheliegend, weil es von der Forderung nach einem ganz anders gearteten Königsopfer ablenkte.

---

288 Friedrich Everling, ‚Der Kaiser, der Deutsche. Zum 75. Geburtstag Wilhelms II.‘, Deutscher Schnelldienst, 23. Januar 1934.

289 MEWES, Kaiser, S. 111. Delius behauptete: „Er, der einzelne, opferte sich zugunsten des deutschen Volkes.“ Geheimrat Dr. Delius, ‚Ein Wort an die Königstreuen. Eine Entgegnung‘, Deutsche Zeitung, 6. Dezember 1918, (Nr. 284). Vgl. auch: ‚Die Wahrheit über die ‚Flucht‘ Wilhelms II. Graf Waldersee über die ‚Feigheit des Kaisers‘‘, Neue Woche, 27. März 1919, (Nr. 1).

290 SONNTAG, Schuld, S. 70 ff.

291 SONNTAG, Schuld, S. 51.

292 SCHNELLER, Kaiser, S. 16.

293 ‚Der Thronverzicht des Kaisers‘, Leipziger Neueste Nachrichten, 10. November 1918, (Nr. 312). Auf der Linken konnte die These vom Opfer des Kaisers hingegen kaum überzeugen, wurde aber als Herausforderung ernst genommen. Herz erklärte ausdrücklich mit Bezug auf Niemann, das „Opfer eines Thrones“ könne „an und für sich das größte Opfer sein“, aus der Perspektive des Betroffenen dürfe es aber nicht höher eingeschätzt werden als Vergleichbares auf anderer Ebene. HERZ, Abdankung, S. 75 f.

C. Das Königstodproblem

Die besprochenen Kritikpunkte und die Verteidigung des Kaisers um die beiden Hauptargumente ‚Schuld der Berater' und ‚Opfer des Kaisers' finden sich konzentriert in einer Debatte, die den umstrittensten Teil und eigentlichen Kern der Diskussion über die Flucht darstellte: Die Frage, ob der Kaiser als Konsequenz aus dem verlorenen Krieg den Tod hätte suchen sollen. Die Relevanz dieser zunächst dubios anmutenden Frage wird erst deutlich, wenn sie unter drei Blickwinkeln, den tatsächlichen Plänen, der politischen Instrumentalisierung und schließlich vermeintlichen Traditionen des Königstodes, beleuchtet wird.

1. Idee, Planung und Diskussion des Königstodes

Noch schwerer als für die allgemeine Fluchtdebatte wiegen bei der Frage des Königstodes die Quellenprobleme. Da viele den ‚Soldatentod' des Kaisers rückblickend als naheliegend und wünschenswert sahen, war es attraktiv für Männer aus der Umgebung des Kaisers, sich als Protagonisten eines solchen Planes darzustellen. Mit Vorsicht sind daher die einschlägigen Berichte zu behandeln.[294] Einige Manifestationen des Planes lassen sich aber fast zweifelsfrei rekonstruieren. Da diese später das Rohmaterial für die Diskussion des Königstodes bildeten, sollen sie hier kurz dargestellt werden.

Auch die ‚realen' Pläne kamen nicht ohne Bezug auf historische Traditionen aus. Entlang Bismarckschen Vorgaben wollen Berater des Kaisers Anfang November 1918 dessen Tod im Kampf gegen die Revolution geplant haben.[295] Staatssekretär Clemens v. Delbrück hatte sich vorgeblich zu diesem Zweck schon von Berlin aus auf den Weg nach Belgien gemacht, während das Tagebuch des Spa-Augenzeugen Oberst Albrecht v. Thaer für den 5. November von Vorbereitungen für einen „kleinen Spezialangriff", der dem Kaiser den „Soldatentod" erlauben sollte, berichtet.[296] Für diesen Plan, der seinen prominentesten Befürworter – zumindest in rückblickenden Darstellungen - in Groener hatte, begannen die Vorbereitungen kurz nach Wilhelms II. Eintreffen in Spa. Am 5. November suchten demnach einige Offiziere nach einem zweckmäßigen Frontabschnitt und warben Freiwillige für das Unternehmen,

294 Die Problematik der Quellen ist sehr überzeugend herausgearbeitet bei: KAEHLER, Untersuchungen, S. 285 ff.

295 „Die feste Stütze der Monarchie suche ich [...] in einem Königtum, dessen Träger entschlossen ist, in kritischen Zeiten lieber mit dem Degen in der Faust auf den Stufen seines Thrones für sein Recht zu kämpfend zu fallen, als zu weichen" hatte Bismarck 1886 in einem ‚Lehrbrief' an Prinz Wilhelm angemahnt. Das Zitat findet sich in fast allen Abhandlungen zum 9. November. Vgl. als typisch: KÜREMBERG, Leben, S. 380. Zu den Königstodplänen vgl. generell: CECIL, Wilhelm II 2, S. 290.

296 Zu Delbrück vgl.: LUDWIG, Wilhelm, S. 327 und THAER, Generalstabsdienst, S. 251 f. Vgl. auch die unveröffentlichen Erinnerungen von Wilhelm Heye, in: BA-MA, N 18 (Nachlaß Heye), Nr. 4, Blatt 471.

das am 8. November stattfinden sollte.[297] Am 8. November 1918 berichtet Berg in seinem Tagebuch über eine Diskussion unter Geistlichen darüber, ob der Kaiser gehen oder bleiben solle. Berg erwähnt einen Plan des Kaisers, „mit Gewalt an der Spitze seiner Truppen nach Deutschland" zu ziehen.[298]

Schon bevor derartig verzweifelte Pläne aufkamen, war der Oberste Kriegsherr Bestandteil anderer Untergangsszenarien geworden. Im späten Oktober 1918 versuchte der ehemalige Reichskanzler Georg Michaelis über Hofkreise zum Kaiser vorzudringen, um ihn von seiner Ansicht zu überzeugen, daß der Kaiser an die Front müsse. Er kam allerdings nur bis zur Kaiserin.[299] Nicht minder dramatisch waren die im Zusammenhang mit dem letzten Auslaufen der Schlachtflotte in Admiral Scheers Stab angestellten Überlegungen, Wilhelm II. an Bord des Flagschiffes *König* untergehen zu lassen.[300] Beide Pläne gehören in den Kontext der erstaunlich detaillierten und verbreiteten Planungen einer deutschen levée en masse.[301]

Während über die Überlegungen Scheers nur spekuliert werden kann, gibt es für den Michaelis-Plan Belege.[302] Der allenfalls halbentschlossene Charakter des Vorstoßes zeigt sich in einem Telegramm von Michaelis an Gräfin Brockdorff, eine Hofdame der Kaiserin, vom 27. Oktober 1918: „In der furchtbar schweren Sorge um unser Königshaus schreibe ich diesen Brief. Wir in der Provinz wissen nicht, woran wir sind. Wir sind aber der Meinung, daß der Zeitpunkt da ist, wo Se. Majestät der Kaiser u. König – mit der Regierung – sein Volk zum letzten Kampf aufrufen u. erklären muß, daß er selbst den Degen ziehe. Kann solch Rat Seiner Majestät durch Ihre Majestät die Kaiserin gegeben werden? Ist Ihre Majestät die Kaiserin über die staatsrechtliche und politische Lage mit all ihren furchtbaren Konsequenzen für das Hohenzollernhaus unterrichtet? Will Ihre Majestät mich Allergnädigst befehlen, um Vortrag zu halten. Sie haben, gnädigste Frau Gräfin, hoffentlich den Eindruck von mir gewonnen, daß Sie wissen, mich treibt nicht der Wunsch, mich aufzudrängen. Am liebsten verbürge ich die Scham über die Demütigung meines

---

297 Vgl. hierzu: HUBER, Verfassungsgeschichte V, S. 705 f.

298 BETKER/KRIELE (Hg.), Fide, S. 788. Von einer gewissen Bedeutung für die reale Option einer letzten Frontattacke mit dem Kaiser an der Spitze mag die Verlegung des Sturmbataillons Rohr nach Spa gewesen sein.Vgl. Helmuth GRUSS, Aufbau und Verwendung der deutschen Sturmbataillone, Berlin 1939, S. 124 f.

299 Wilhelm MICHAELIS: Der Reichskanzler Michaelis und die päpstliche Friedensmission, in: Geschichte in Wissenschaft und Unterricht 6 (1956), S. 14-24, hier S. 23. Michaelis erhielt am 29. Oktober 1918 eine Audienz bei der Kaiserin. Georg MICHAELIS, Für Staat und Volk. Eine Lebensgeschichte, Berlin 1922, S. 297 f.

300 Willibald GUTSCHE, Wilhelm II. Ein Kaiser im Exil. Der letzte deutsche Kaiser Wilhelm II. in Holland. Eine kritische Biographie, Marburg 1991, S. 15.

301 Vgl. Michael GEYER, Insurrectionary Warfare: The German Debate about a Levée en Masse in October 1918, in: The Journal of Modern History 73 (2001), S. 459-527. SCHIEVELBUSCH, Kultur, S. 236 ff.

302 Zum Plan von Michaelis dessen Sohn: Wilhelm MICHAELIS, Zum Problem des Königstodes am Ende der Hohenzollernmonarchie, in: Geschichte in Wissenschaft und Unterricht 13 (1962), S. 695-704. Zur Quellenproblematik beim Scheer-Plan: GUTSCHE, Wilhelm II, S. 191; KAEHLER, Untersuchungen, S. 291.

Vaterlandes ganz weit weg von allen Menschen. Aber Ihre Majestät sagte mir beim Abschied: Nicht wahr, Sie halten weiter treu zum Kaiser. Und das will ich."[303] Michaelis, immerhin ehemaliger Reichskanzler, meinte also, den zweifach indirekten Weg – über die Hofdame und über die Kaiserin – zum Kaiser wählen zu müssen. Es fällt auch auf, daß Michaelis nur in Umschreibungen auf sein eigentliches Anliegen zu sprechen kam. Bezeichnenderweise bezog er sich mit dem Hinweis auf den „Degen" auf das bekannte Bismarckzitat.

Hinter den verschiedenen Versionen, die alle das Ziel eines ruhmreichen Todes des Monarchen hatten, steckten durchaus unterschiedliche Intentionen. Während für Michaelis der Königstod auch Mittel zum Zweck, nämlich einer für ihn wünschenswerten levée en masse war, stand für die Offiziere im Hauptquartier offensichtlich das Frontunternehmen im Vordergrund. Einen Sinn über den Tod des Kaisers hinaus mußte dieses nicht haben. Allerdings ist es aufschlußreich, daß schon zu diesem Zeitpunkt in historischen Kategorien gedacht wurde. Der Tod des Monarchen galt nicht erst retrospektiv als Voraussetzung für ein Fortleben der Monarchie. Kardinal Faulhaber erklärte am 6. November 1918 in einer Unterredung mit dem katholischen Geistlichen im Hauptquartier unzweideutig: „Ich würde sagen: wenn um 12 Uhr weiße Flagge nochmals gehißt würde, dann er als Kaiser mit dem Kronprinzen an der Spitze des Gardekorps einen Zusammenbruch verursachen und dabei den Heldentod finden. Das würde versöhnen, und die Dynastie wäre gerettet!"[304] In dieser auf zukünftige Wirkung berechneten Bildkomposition zeigt sich die beschriebene, medial geschuldete Vulgarisierung politischer Überlegungen besonders deutlich.

Die Königstodidee wucherte publizistisch in der Weimarer Republik in unzähligen Varianten. Grundtenor war die sich nicht selten loyalistisch gebende, zweckrational motivierte vorgebliche Überzeugung, nur durch ein „heroisches Ende" hätte der Kaiser die Monarchie retten können. Groener vermutete kurz nach dem Krieg, diese Maßnahme hätte einen Umschwung der öffentlichen Meinung bewirkt.[305] Es paßt ins Bild, daß Groener die Urheberschaft am Königstodplan in einem von ihm selbst angestrengten Ehrengericht für sich reklamierte. Der ehemalige Generalquartiermeister konterte auf diese Weise den vorrangig von adligen Offizieren vorgebrachten Defätismusverdacht im Rückblick auf den 9. November 1918.[306]

Eine weite Öffentlichkeit lernte die Pläne von Groener und Michaelis durch eine populäre Darstellung Karl-Friedrich Nowaks 1922 kennen.[307] Der 9. No-

---

303 BAL, N 1283 (Michaelis), Nr. 105, Blatt 12 f.

304 BETKER/KRIELE, Fide, S. 780 f.

305 Groener entwickelte diese These in einem Brief an die *Kreuzzeitung* vom 2. Februar 1919 in Auseinandersetzung mit den Anschuldigungen Schulenburgs. Vgl. WESTARP, Ende, S, 146; GROENER, Lebenserinnerungen, S. 444.

306 Vgl. HEYE, Lebenserinnerungen, S. 478 f.

307 Zu NOWAK: Cecil, Wilhelm II 2, S. 308 f. In einer Besprechung dieses Werkes wurde bezeichnenderweise der Plan von Michaelis als „ethisch bedenklich" verurteilt, da man den Kaiser „zur Vernichtung seines Lebens nötigen" wollte, der von Groener hingegen gelobt.

vember konnte hier als „Probetag" für die alte Ordnung beschrieben werden, weil mit den Königstodplänen klare Handlungsoptionen für den Monarchen aufgezeigt wurden.[308] In den intensiven, wirklichkeitsfremden und romantischen Debatten über den von Wilhelm II. geforderten Königstod bewiesen idealisierte Selbstbilder zwar noch einmal ihre Prägekraft, aber ebenso die Beliebigkeit ihrer Anwendung. Als Beispiel kann die Vorstellung gelten, der ‚Lehnsherr' dürfe seine Vasallen nicht verlassen, aber auch jene vermeintliche preußische Tradition, die angeblich den Tod des Herrschers nach einem verlorenen Krieg nahelegte.[309] Die Phantastereien über letzte Reiterattacken und Frontunternehmungen belegen eine massenmedial bedingte Verselbständigung monarchischer und aristokratischer Ideologie sowie eine Vulgarisierung derselben. Nun erwiesen sich die ambitionierten, spezifisch wilhelminischen Vorgaben als Bumerang.[310]

Der Vorwurf des nicht erbrachten Königstodes war nicht zuletzt deshalb so delikat, weil er von rechts wie von links kam. Die Kritik von rechts war jedoch nicht nur per se eine größere Herausforderung für den Monarchen; sie war auch intensiver, ausführlicher und inhaltlich radikaler. Dies spiegelt die Forderung Ernst Jüngers wider: „Der Fürst hat die Pflicht, im Ringe seiner Letzten zu sterben. Das können die Unzähligen von ihm verlangen, die vor ihm in den Tod gingen."[311] Für rechte Kritiker Wilhelms II., die sich an einem scharfen Leistungsparadigma und einem mehr oder weniger spezifizierten Führerideal orientierten, zeigte der nicht erbrachte Königstod einmal mehr den fragwürdigen und schwachen Charakter Wilhelms II. Diesem mangelte es an Entschlußkraft, oder er erwies sich schlicht als feige.[312] Reventlow sah im

---

Abschrift einer Besprechung *Neue Veröffentlichungen über Deutschlands Zusammenbruch* von Rechtsanwalt Dr. Emil Schweitzer, in: BAL, N 1283 (Michaelis), Nr. 105, Blatt 25 ff.

308 „Jetzt war die Monarchie, der Menschheit edelste Einrichtung in brennender Gefahr. Das Vaterland, mit dem Heldentode von Generationen befestigt, und strahlend aufgerichtet, drohte zu stürzen. Ein einziges Beispiel konnte beide, Vaterland und Monarchie, vielleicht noch retten, wenn das gewaltigste Exempel, das je erlebt war, auf die Festigkeit jener Attribute untersucht wurde. Wenn der Kaiser selbst zeigte, daß die Erziehung und die Heldenlieder der Jahrhunderte nicht nur Schall und Klang waren. Der süddeutsche demokratische General sah nichts besonderes darin, daß ein gekröntes Haupt für das Heil von Millionen, deren Väter für seine Väter gezahlt hatten, den Wechsel jahrhundertelang weitergegebener Schlagworte jetzt einzulösen sich entschloß. Abdankung war zu wenig. Abdankung war so viel wie Flucht. Für den Einzelnen war nicht härter, was Hunderttausende erlitten hatten. [...] Das deutsche Gefühl mußte das Schauspiel im gemeinsamen Unglück sicher wieder zum Herrscherhaus zurückführen." Der Rezensent hielt dem entgegen, daß die Monarchie „auch durch heroische Tat eines Einzelnen" nicht mehr zu retten gewesen sei. Abschrift einer Besprechung *Neue Veröffentlichungen über Deutschlands Zusammenbruch* von Rechtsanwalt Dr. Emil Schweitzer, in: BAL, N 1283 (Michaelis), Nr. 105, Blatt 25 ff.

309 Vgl. hierzu: Hans ROTHFELS, Friedrich der Große in den Krisen des Siebenjährigen Krieges, in: Ders., Bismarck, der Osten und das Reich, Darmstadt 1960, S. 129-147.

310 So insistierte selbst der Verteidiger Wilhelms II., Graf Westarp: „Das Urteil der Geschichte [...] kann an den König der Hohenzollerndynastie nur die höchsten Ansprüche stellen." WESTARP, Ende, S. 172.

311 Vgl. die gänzlich neue Kriegsdeutung jenseits nationaler oder gar dynastischer Bindungen bei: Ernst JÜNGER, Der Kampf als inneres Erlebnis, Berlin 1922, S. 52.

312 SCHULZE-PFAELZER, Spa, S. 115 ff.; REIBNITZ, Doorn, S. 40 ff.

kaiserlichen Zurückweichen in Spa seine früheren Vorwürfe bestätigt. Sachlich müsse die Frage, ob der Kaiser anders hätte handeln können, mit ja beantwortet werden, „persönlich gestellt aber mit nein". Die Kraft des Kaisers sei der Situation nicht gewachsen gewesen. „Er handelte seinem Wesen und seinem Instinkt gemäß, welchen er von seinem Wesen hatte."[313] Nicht nur Reventlow zweifelte an der Bereitschaft des Kaisers, in Spa zu bleiben und notfalls auch den Tod zu suchen. Im Vorwort zur ersten Ausgabe von *In Stahlgewittern* distanzierte Jünger sich degoutiert vom formlosen Abgang des Monarchen: „Von großen Worten Berauschte brechen im Moment der Gefahr elend zusammen. Männer, deren Gesinnung wie ein Fels schien, stellen sich in entscheidender Stunde ‚auf den Boden der Tatsachen', ohne den Degen zu ziehen, der sonst so schallend gerasselt."[314]

Mit anderen Argumenten insistierten linke Kommentatoren auf der Notwendigkeit des Königstodes. Der Grundgedanke linksliberaler und sozialdemokratischer Kritik war, daß Wilhelm II. zumindest seinen eigenen Ansprüchen genügen mußte. Diese hätten den Königstod zwingend nahegelegt. Ausgehend von Berichten, Wilhelm II. habe Ende der 1880er Jahre gegenüber seiner Mutter erklärt, es wäre besser gewesen, sein Vater wäre bei Wörth gefallen, meinte der *Vorwärts*: „Man sieht daraus, daß sich die bekannte Vorliebe des letzten deutschen Kaisers für den Heldentod anderer sogar bis auf den eigenen Vater erstreckt hat. Er selbst hat freilich die günstige Gelegenheit, die sich ihm vier Jahre lang bot, unausgenutzt gelassen und zuletzt nach einem ‚inneren Kampf', dessen Schilderung brave Untertanen nur mit Tränen in den Augen lesen können, den gedeckten Rückzug auf neutralen Boden angetreten."[315] Eisenharts Behauptung, ein Soldatentod sei für den Kaiser nicht möglich gewesen, fand das *Berliner Tageblatt* nicht nachvollziehbar.[316] Im *Vorwärts* hieß es am 20. April 1922: „Unsere Monarchisten zerbrechen sich noch immer den Kopf über die Doktorfrage, ob Wilhelm der Ehemalige am 9. November den ‚Heldentod' hätte sterben sollen. Da er nach kurzem Heldengerassel vorgezogen hat, es nicht zu tun, erklären sie dies natürlich für das richtige, während umgekehrt, falls er es wirklich getan hätte, sie wohl nicht genug Ruhmesworte für diese Geste hätten finden können."[317] Herz behauptete, daß Wilhelms II. Abreise nach Spa allgemein als erster Schritt zum Königstod interpretiert worden sei. Auch wenn der Kaiser dieses Ansinnen angeblich gegenüber Niemann mit dem Hinweis, er könne in einer solchen romantischen Handlung keinen Nutzen erkennen, abgeschlagen habe, bleibe der Imperativ bestehen. Scheers Plan oder Ludendorffs Durchhalteappelle seien auch „he-

---

313 REVENTLOW, 9. November, S. 3, 6. Interessanterweise verneint Reventlow vor diesem Hintergrund eine Schuld des Kaisers. Ebd, S. 6.

314 Ernst JÜNGER, Politische Publizistik 1919-1933, Hrsg. v. Sven Olaf Berggötz, Stuttgart 2001, S. 12.

315 ‚Wilhelm II. und der Heldentod', Vorwärts, 21. April 1922, (Nr. 188).

316 ‚Wilhelms II. Flucht nach Holland', Berliner Tageblatt, 20. April 1922, (Nr. 186).

317 ‚Don Quixote Wilhelm', Vorwärts, 20. April 1922, (Nr. 186).

roische Gesten" gewesen.[318] Die Argumente, die Wilhelm in seinen Erinnerungen vorbrachte, wurden als fadenscheinig abgetan.[319]

Paradoxerweise kann gerade der ständige Verweis auf die Tradition als Indikator für ein massiv verändertes Monarchieverständnis dienen. Es paßt in dieses Bild, daß nur vereinzelt ältere Adlige darauf insistierten, daß die Königstodforderung gegenüber einem Monarchen nicht angemessen sei. Dies war etwa die Auffassung des Generaladjutanten Hans v. Plessen, der diversen Berichten zufolge mit der Bemerkung: „Seine Majestät darf nicht in Lebensgefahr gebracht werden" in dieser Angelegenheit vorstellig gewordene Militärs zurückwies.[320] Mit Verwunderung stellte Herz fest: „Anders abgetönt [als in der Berliner Reichskanzlei, M.K.] war allerdings die Ideenwelt im Hauptquartier. Hier lag die Betonung auf Kaiser, weniger auf Reich und noch viel mehr auf König und Preußentum, Unterordnung und Nachklang alter lehnsrechtlicher und ständischer Verfassungen."[321] Im Adel verlangten vor allem Mitglieder der jüngeren Generation nach einer Rechtfertigung des kaiserlichen „Versagens".[322]

Daher ist es äußerst fraglich, ob das Herrscherverständnis, welches in der Forderung nach dem Königstod zutage tritt, als traditionell bezeichnet werden kann, wie unisono in den Königstodforderungen behauptete. Zu Recht hat Siegfried Kaehler in seinem einschlägigen Aufsatz darauf aufmerksam gemacht, daß es ausgerechnet der als Demokrat verschrieene „homo novissimus" Groener war, der am entschiedensten, auch öffentlich, für diese Lösung eintrat.[323] Und ebenso bemerkenswert sind die Argumente, die Groener bemühte. Der Kaiser müsse die Konsequenz aus dem verlorenen Krieg ziehen, er habe die Verpflichtung, sich um der „monarchischen Idee" willen zu op-

---

318 HERZ, Abdankung, S. 69.

319 Herz erinnert daran, daß der Reeder Ballin – der am 9. November Selbstmord beging - und ein mit Wilhelm II. befreundeter Bankier andere Konsequenzen gezogen hätten, auch, daß man sich Friedrich den Großen kaum bei einem Fluchtunternehmen wie dem Wilhelms II. vorstellen könne. HERZ, Abdankung, 65 ff.

320 Vgl. KAEHLER, Untersuchungen, S. 290. Vgl. auch die Berichte bei Ottfried Graf v. Finkenstein über die Verteidigungsbemühungen der älteren Generation: Ottfried Graf v. FINKENSTEIN, Nur die Störche sind geblieben. Erinnerungen eines Ostpreußen, München 1994, S. 103.

321 HERZ, Abdankung, S. 6 f.

322 Dieses Phänomen zeigt sich schon in der Abdankungskrise. Vgl. die Tagebuchaufzeichnungen Paul v. Hintzes vom 29. Oktober 1918, in: Johannes HÜRTNER (Hg.), Paul von Hintze: „Marineoffizier, Diplomat, Staatssekretär." Dokumente einer Karriere zwischen Militär und Politik 1903-1918 (Deutsche Geschichtsquellen des 19. und 20. Jahrhunderts, 60), Göttingen 1998., S. 656. Zur Kritik der jüngeren Generation vgl.: Dankwart Graf v. ARNIM, Als Brandenburg noch die Mark hieß, Berlin 1991, S. 115, Marion Gräfin DÖHNHOFF, Bilder, die langsam verblassen. Ostpreußische Erinnerungen, Berlin 1989, S. 36, und FINCKENSTEIN, Störche, S. 103. Mit vielen Beispielen: MALINOWSKI, König, S. 238 ff.

323 KAEHLER, Untersuchungen, S. 286. Auch andere Hauptverfechter des Gedankens – wie Heye und Michaelis – hatten einen bürgerlichen Hintergrund. Bemerkenswert ist zudem, wie präsent der Gedanke vom Königstod auch in der ‚bürgerlichen Flotte', im Kreis um Admiral Reinhard, war. Vgl. GUTSCHE, Wilhelm II., S. 191.

fern, und schließlich dürfe er sich nicht aus der „Schicksalsgemeinschaft des Volkes ausschließen". Groener wollte daher den Platz des Kaisers im Schützengraben gesehen haben.[324] Auffällig ist hier die Instrumentalisierung der Person des Kaisers, wie sie der Überlegung, den Königstod für die Anfeuerung einer levée en masse zu nutzen, zugrunde lag, und wie sie in der Vorstellung eines für das Fortleben der Monarchie notwendigen Todes des Trägers der Krone – gleichsam eine Abwandlung der Lehre von den zwei Körpern des Königs –[325] zum Ausdruck kommt.

So verwunderlich aus heutiger Sicht die Königstodidee erscheinen muß, so rational war ihre argumentative Verpackung: Ob beim ehemaligen Reichskanzler Georg Michaelis, der glaubte Wilhelm II. aufzeigen zu können, wie „der Kaiser dem Volk die Monarchie erhalten könnte",[326] oder bei Groener, der meinte, wenn der Kaiser fiele, so sei dies ein heroisches Ende, würde er verwundet, sei es wahrscheinlich, daß die öffentliche Meinung zugunsten der monarchischen Sache umschlage. Die Kaiserfrage war auch in den Novembertagen mitnichten ein lediglich tagesaktuelles Problem, sondern verwies weit in die Zukunft.[327] Dieser Beobachtung entspricht die weite Verbreitung der Forderung nach dem Soldatentod des Kaisers nach 1918. Wie die Intensität der monarchischen Propaganda gegen den Fluchtvorwurf kann auch die Debatte über den Königstod als Indikator für die Durchschlagskraft, für den skandalösen Gehalt dieses Vorwurfs dienen.

Kaehlers Hinweis auf die zweckrationale Dimension der Königstodidee kann deren Popularität unter jungen Offizieren, nicht aber die Obsession mit dem Thema in den politischen Kontroversen der Weimarer Republik erklären. Ebensowenig vermag Hulls Interpretation der Idee als eines „military fantasm" zu überzeugen.[328] Das Thema eignete sich ideal für Polemiken, weil der Königstod ein faszinierendes Bild bot. Das Bild war deshalb so skandalös, könnte argumentiert werden, weil die ausgebliebene Geste so sehr eine wilhelminische gewesen wäre. Das Ende der Monarchie betrachteten selbst jene,

---

324 Dorothea GROENER-GEYER, General Groener. Soldat und Staatsmann, Frankfurt a.M. 1954., S. 96. ILSEMANN, Holland, S. 310 ff. Groener tätigte diese Äußerungen, wie auch 1919, wiederum unter Druck, diesmal im sogenannten Dolchstoßprozeß 1925 in München. Zum Dolchstoßprozeß vgl. das in Doorn gesammelte Propagandamaterial. RAU, R 14, Nr. 662 und Ewald BECKMANN, Der Dolchstoßprozeß in München vom 19. Oktober bis 20. November 1925, München 1925.

325 Ernst H. KANTOROWICZ, The King's Two Bodies. A Study in Medieval Political Theology, Princeton 1957; Dieser Gedanke für das Ende der wilhelminischen Flotte bei: Andreas KRAUSE, Scapa Flow. Die Selbstversenkung der wilhelminischen Flotte, Berlin 1999, S. 143 ff.

326 MICHAELIS, Staat, 297.

327 Vgl. KAEHLER, Untersuchungen, S. 296 f. Die Einschätzung, der Königstod hätte tatsächlich dem Monarchismus entscheidend geholfen, teilt SWEETMAN, Crowns, S. 41 f.

328 Isabel V. HULL, Military culture, Wilhelm II, and the end of the monarchy in the First World War, in: Annika Mombauer/Wilhelm Deist (Hg.), The Kaiser. New Research on Wilhelm II's role in Imperial Germany, Cambridge 2003, S. 235-258, hier S. 257.

die ihr nicht nachtrauerten, als unwürdig.[329] Kritik am nicht erbrachten Königstod erfolgte aus beiden politischen Lagern, von Monarchisten wie Republikanern. Hierin zeigt sich die Wirkmächtigkeit mediengerechter Bilder und die durch diese bewirkte Konformisierung des politischen Diskurses. In der extrem sichtbaren Person des Monarchen und in einem vermeintlich dramatischen Ereignis konnten abstrakte politische Probleme mediengerecht konkretisiert, individualisiert und emotionalisiert werden. Auf beide Aspekte – die Instrumentalisierung des Königstodes und dessen losgelöste Bildrealität - soll im folgenden eingegangen werden.

2. Die Instrumentalisierung des Königstodes

Vor dem beschriebenen Hintergrund kann es nicht verwundern, daß die Verteidiger des Kaisers sich schwer taten mit der „Frage, die in der Öffentlichkeit viel besprochen worden ist, ob der Kaiser den Soldatentod hätte suchen müssen".[330] Durch den wirkmächtigsten Gegenentwurf zur Flucht, „die billige, an Stammtischen besonders beliebte Redensart: ‚Der Kaiser hätte an der Spitze eines Bataillons fallen müssen'",[331] sahen sich die Kaiserapologeten besonders herausgefordert. In detaillierten und akribischen Zusammenstellungen vermeintlich hilfreicher Argumente versuchten, vergleichbar dem Vorgehen gegen den Vorwurf der Flucht, diese durch immer neue Gegenattacken das Skandalöse, dessen Vorhandensein sie durch ihre Aktivitäten freilich eingestanden, zu entschärfen.

Da auch die Verteidiger Wilhelms II. den Königstod fast nie generell ablehnten und dennoch erklären mußten, warum dieser nicht erbracht worden war, argumentierten sie in der Regel ex negativo. „Was anderes hätte der Kaiser am 9. November tun sollen?" fragte Schmidt-Pauli, nachdem er über mehrere Seiten hinweg erläutert hatte, was alles einem Königstod entgegenstand. Drei Möglichkeiten habe es gegeben: „Rückmarsch gegen die Heimat an der Spitze königstreuer Truppen. Bleiben und die Entwicklung der Dinge abwarten. Den selbstgewählten Tod." Die ersteren beiden Möglichkeiten wurden verworfen. Die letztere wäre „vielleicht [...] die wünschenswerteste Lösung",

---

329 Vgl. die Bemerkung Hugo Graf Lerchenfelds, daß der letzte „große Auftritt [...] dem Naturell des Herrn, dem die große Geste lag, mehr entsprochen hätte". LERCHENFELD-KÖFERING, Kaiser, S. 57. Auch Friedrich Payer meinte, hätte er sich das Ereignis vorher ausmalen sollen, hätte er ein dramatischeres Bild vor Augen gehabt. Vgl. BAUMONT, Fall, S. 251. Ganz ähnlich: Philipp SCHEIDEMANN, Erinnerungen eines Sozialdemokraten II, Dresden 1928, S. 539. Der liberale Politiker Eugen Schiffer schrieb über seine Eindrücke zum 9. November: „Da war nichts Mitreißendes, Imponierendes, Ergreifendes. [...] Kaum irgendwo eine allgemeine Bewegung wider die Monarchie, nirgends aber auch ein einziges mutiges Eingreifen für sie. Sie fiel keinem Ansturm zum Opfer, sie brach in sich zusammen wie eine hohle Eiche unter einem Windstoß." Eugen SCHIFFER, Ein Leben für den Liberalismus, Berlin 1951, S. 77.

330 ‚Des Kaisers Tagebuch über den 9. November. Konnte und mußte der Kaiser den Soldatentod suchen?', Der Tag, 20. April 1922, (Nr. 169).

331 STADTHAGEN, Hilfsmittel, S. 4 f.

aber eben auch eine sehr unwahrscheinliche gewesen. Statt im Kampf mit den Meuterern zu fallen, wäre der Kaiser eher „ausgehungert und dann gefangengenommen" worden. Auch dies, so Schmidt-Pauli in einer die bildhaften Kategorien der Auseinandersetzung erhellenden Sentenz, wäre kein „würdiges Schauspiel" gewesen.[332]

Schmidt-Paulis Begründung war typisch für die Kaiserverteidiger, die sich aus einem ganzen Kanon von Gründen bedienten, die es dem Kaiser angeblich unmöglich gemacht hätten, den Tod zu suchen. Neben den erwähnten Hindernissen stellten die Apologeten immer wieder die technische Unmöglichkeit einer „letzten Reiterattacke" heraus.[333] Immerhin habe der Waffenstillstand kurz bevorgestanden und das Heer sei ohnehin zu der notwendigen Operation nicht mehr in der Lage gewesen. Zudem wurde behauptet, ein Tod des Kaisers an der Front sei keineswegs garantiert gewesen. Eine bloße Verletzung oder eine Gefangennahme – hier wurde regelmäßig das abschreckende Beispiel Napoleons III. angeführt – wären der Sache auch nicht dienlich gewesen.[334]

Neben dem Argument der technischen Unmöglichkeit des Königstodes tauchte immer wieder der Verweis auf die Sinnlosigkeit eines solchen Unternehmens auf. Insbesondere ein Selbstmord des Kaisers, der schließlich durchaus im Rahmen des Möglichen und Vorstellbaren gelegen hätte, wurde zurückgewiesen.[335] Während Wilhelm II. sein christliches Bekenntnis anführte, erklärten die Apologeten, ein Selbstmord hätte als Schuldeingeständnis und als feige Handlung interpretiert werden müssen.[336] Meyhen verglich die Situation Wilhelms II. mit der Napoleons I., der gesagt habe: „Ein Tod, den ich nur einem Akt der Verzweiflung verdanken müßte, wäre eine Feigheit."[337] Delius fragte schon im Dezember 1918, welchen „Zweck" es gehabt hätte, wenn Wilhelm II. in den Tod gegangen wäre?[338] Ebenfalls ausschließlich auf der Ebene der vermeintlichen Staatsräson räumte der *Tag* gönnerhaft ein, der Königstod sei für einen „Staatsmann, Führer oder Monarch der heutigen Zeit

---

332 SCHMIDT-PAULI, Kaiser, S. 283.

333 Z.B. ‚Das Befinden des Kaisers', Kreuzzeitung, 1. Januar 1919, (Nr. 1). Eine „letzte Reiterattacke" verlangte Ludwig Reiners vom Kaiser. Ders., In Europa gehen die Lichter aus, Berlin 1954, S. 391.

334 ‚Des Kaisers Tagebuch über den 9. November. Konnte und mußte der Kaiser den Soldatentod suchen?', Der Tag, 20. April 1922, (Nr. 169). Diese Deutung in allen loyalen Schriften, am ausführlichsten bei NIEMANN, Kaiser, S. 142 ff. Nahezu identisch: George Sylvester VIERECK, The Kaiser on Trial, New York 1937, S. 333; SCHMIDT-PAULI, Kaiser, S. 285; EISENHART-ROTHE, Kaiser, S. 41 f. Leidenschaftslos zur technischen Möglichkeit eines Königstodes: KAEHLER, Untersuchungen, S. 286 und JANSSEN, Monarchie, S. 101.

335 Eisenhart-Rothe bemerkte sogar mit Bezug auf die moralischen Implikationen: „Wir wollen ihm dies danken." EISENHART-ROTHE, Kaiser, S. 43. Vgl. auch: SCHMIDT-PAULI, Kaiser, S. 284.

336 SONNTAG, Schuld, S. 70 ff.

337 E. MEYHEN, Die Entwicklung un der Verfall des deutschen Heeres. Die Flucht Kaiser Wilhelms II. Was hat Hindenburg und Ludendorff veranlaßt, bis zum Schluß an einen Sieg zu glauben?, Bad Harzburg 1920, S. 11 f.

338 Geheimrat Dr. Delius, ,'Ein Wort an die Königstreuen. Eine Entgegnung'', Deutsche Zeitung, 6. Dezember 1918, Nr. 284.

bei der schweren Verantwortung für das Schicksal eines 70 Millionen-Volkes" nicht mehr adäquat.[339]

Bedingung für diese Argumentation war, daß es überhaupt verschiedene ‚ehrenwerte' Optionen für den Kaiser gegeben hatte. Dies bedeutete, daß immer davon ausgegangen werden mußte, der Kaiser sei grundsätzlich bereit gewesen zu sterben. Wie allgemein bei der Verteidigung der Flucht, wurde auch bei dem speziellen Problem des Königstodes beständig darauf verwiesen, daß der Kaiser nicht feige sei und grundsätzlich einen solchen Schritt in Erwägung gezogen habe.[340] Nur so konnte das ‚Nicht-Können' Bedeutung gewinnen. Der Kampf, der in der Realität nicht stattfand, wurde, den komplexen Zusammenhang konsequent individualisierend, in die Seele des Herrschers transferiert. Karl Rosners suggestiver Bestseller *Der König* beschrieb nichts weiter als Wilhelms II. „Seelenkämpfe" in den Tagen vor dem 9. November.[341] Wilhelm II., in dem dreihundert Seiten starken Buch nur als „der König" angesprochen, wurde hier als preußisch, verantwortungsvoll-besorgt, tapfer-entschlossen und letztlich als Opfer eines abstrakten Krieges geschildert. Rosner betonte, daß der Monarch bis zu dem Moment, als der Zug „mit voller Kraft, die Lichter abgeblendet, in das Dunkel" raste, seinen Herrscherpflichten perfekt genügte. Im Einklang mit Rosner beschwor Ernst v. Eisenhart-Rothe die „ungeheuren Erschütterungen" der „kaiserlichen Seele",[342] Schneller behauptete, die „seelische Belastung" des Kaisers sei von Stunde zu Stunde gewachsen[343] und Schmidt-Pauli erklärte einfühlsam: „Vielleicht – und es ist sogar anzunehmen –, hat der Kaiser in der Aufregung der furchtbaren Stunden in Spaa ähnliche Gedanken, wenn sie ihm kamen, gar nicht zu Ende denken können."[344] In dieser Deutung war der Kaiser gewissermaßen zur Abreise nach Holland gezwungen, nachdem er systematisch geistig und körperlich gebrochen worden war. Durchaus unlogisch argumentierten diese Verteidigungsschriften, der Kaiser habe zwar aus Einsicht in eine ihm von seinen Beratern präsentierte Notwendigkeit sich zum Opfer bereit gefunden, sei schließlich aber nur gegangen, weil die Situation eskalierte: „Es war ein Kranker, nicht ein im höheren Sinn Verantwortlicher, [der] zu seiner persönlichen Sicherheit nach dem neutralen Ausland gebracht wurde", urteilte die *Neue Woche* im März 1919.[345]

---

339 ‚Des Kaisers Tagebuch über den 9. November. Konnte und mußte der Kaiser den Soldatentod suchen?', Der Tag, 20. April 1922, (Nr. 169); vgl. auch: Hammann, Bilder, S. 134.

340 ‚Die Wahrheit über die ‚Flucht' Wilhelms II. Graf Waldersee über die ‚Feigheit des Kaisers'', Neue Woche, 27. März 1919, (Nr. 1). Der Feigheitsvorwurf findet sich auch bei REIBNITZ, Doorn, S. 40 ff.

341 ROSNER, König, erschien mit einer Startauflage von mindestens 55 000.

342 ROSNER, König, passim; Eisenhart-Rothe, Kaiser, S. 40.

343 SCHNELLER, Kaiser, S. 8.

344 SCHMIDT-PAULI, Kaiser, S. 286.

345 Verständnisvoll hieß es hier: „Aber der Kaiser hätte sich trotz des Widerhalls, den die Berufung auf sein Pflichtgefühl bei ihm fand, schwerlich dem unausgesetzten Drängen seiner berufenen Ratgeber gefügt, wenn er nicht schließlich, am späten Abend des 9. November unter der Macht der auf ihn eindringenden Ereignisse körperlich vollkommen zusammengebrochen wäre.[…] Es war ein Kranker, der am 10. [November] um 5 Uhr morgens in die zur

In letzter Konsequenz des Langzeittrends den Monarchen zu individualisieren, degradierten derartige Verteidigungen ihn zum Normalmenschen. Wilhelm II. war nun einer von vielen, über dessen Gefühlsregungen gesprochen werden konnte und durfte und gesprochen wurde. Es paßt in dieses Bild, daß Rump, selber einer der fleißigsten Kaiserapologeten, das Buch von Rosner wie folgt charakterisierte: „Rosner hat versucht, sich in das Innere des Kaisers einzufühlen, und es ist ihm dies das nach meinem Eindruck ganz ausgezeichnet gelungen." Rosner biete eine „Psychogenese des Kaisers".[346] Nach unzähligen Angriffen auf den Charakter des Kaisers war dies die hilflose Antwort.

Waren die angeblichen kaiserlichen „Seelenkämpfe" Vorraussetzung für die Behauptung, der Kaiser habe sich bewußt gegen den Königstod entschieden, so war hierfür wiederum argumentative Bedingung, nach bewährtem Modell von einem Versagen der kaiserlichen Entourage auszugehen. Erstens hätten die Berater in der entscheidenden Situation den Monarchen allein gelassen und zweitens hätten sie den Kaiser durch dramatisierte, wenn nicht bewußt verfälschte Informationen irritiert.[347] „So ist der Kaiser", erklärte Schneller, „von seinem Thron buchstäblich heruntergedrängt, und teilweise heruntergelogen worden." Letzteres konnte dann zum Entscheidungskonflikt Wilhelms II. führen und zu einer Tat, die zwar in der apologetischen Erzähllogik der dem Kaiser präsentierten Situation entsprach, insgesamt aber als fatal zu bewerten war. Der Kaiser sei demnach durch ständig unterschiedliche Informationen „mürbe" gemacht worden. Das Drängen der Berater habe den Kaiser dazu gebracht, sein „Opfer" zu leisten.[348]

In dieser Argumentation versagte auch mit Blick auf den Königstod nicht der Monarch, sondern es versagten erneut dessen Berater. In seinen Erinnerungen ging Hugo v. Reischach systematisch die Umgebung des Kaisers auf ihre Eignung in den entscheidenden Novembertagen durch, um zu dem Ergebnis zu kommen, daß diese lediglich bei einem, ebenso wie der Verfasser in Spa nicht anwesenden, Mitglied gegeben war. Reischach hielt es dennoch für wichtig, seine Haltung im Konjunktiv darzulegen: „Ich hätte, wenn gefragt, mich dafür eingesetzt, an die vorderste Front zu fahren, das hätte meinem ganzen Wesen entsprochen."[349] Das Bild einer kaiserlichen Umgebung, die

---

Abfahrt nach Holland bereitstehenden Gefährte hineinbefördert wurde." ‚Die Wahrheit über die ‚Flucht' Wilhelms II. Graf Waldersee über die 'Feigheit des Kaisers'', Neue Woche, 27. März 1919, (Nr. 1).

346 Johann Diedrich Rump, ‚Rosners Kaiserbuch', Kreuzzeitung, 27. Dezember 1920, (Nr. 606).

347 Vgl. die Kapitelüberschrift: „Allein war der Kaiser" bei: SCHMIDT-PAULI, Kaiser, S. 175.

348 Schneller führt das Beispiel Bismarcks an, der als Berater 1862 den König vor der Abdankung bewahrt habe. Dies habe Hindenburg nicht geleistet. Schneller konstruierte also gleichsam eine Beraterpflicht und versuchte hierdurch den Monarchen zu entlasten. SCHNELLER, Kaiser, S. 12, 16. Vgl. auch: ‚Des Kaisers Tagebuch über den 9. November. Konnte und mußte der Kaiser den Soldatentod suchen?', Der Tag, 20. April 1922, (Nr. 169); ‚Die Wahrheit über die 'Flucht' Wilhelms II. Graf Waldersee über die 'Feigheit des Kaisers'', Neue Woche, 27. März 1919, (Nr. 1). Ein vermeintlich unerträglicher Druck wird auch bei Loewenfeld konstruiert, LOEWENFELD, Republik, S. 5.

349 „Es ist zu bedauern, daß er [Generaloberst Freiherr von Lyncker, M.K.] einige Monate vor Kriegsende seine Stellung niederlegen mußte. Er wäre bei der Novemberkatastrophe ein

bis hinauf zum notorisch nervenstarken Hindenburg kollektiv in Panik geriet und in Groener den vermeintlichen Anführer einer fünften Kolonne in ihren Reihen hatte, ging auf die frühe Schilderung Schulenburgs zurück. Schulenburg selbst hatte sich darin als der einzig Besonnene im ‚Hühnerhaufen' Spa präsentiert. Jenseits des Wahrheitsgehaltes dieser Darstellung[350] wurde mit der Übernahme des Schulenburgschen Idealbildes die theoretische Alternative geschaffen. Indem Schulenburg demonstrierte, was zu machen gewesen wäre, überführte er jene Berater – Hindenburg und Groener zumal –, die sich mit ihren Vorschlägen durchgesetzt hatten.

Jenseits persönlicher Betroffenheit und Schuldzuweisung hatten die Monarchisten ein erhebliches Interesse daran, die Rolle Hindenburgs in Spa öffentlich neu zu interpretieren.[351] Angesichts des verheerenden Eindrucks der Flucht lag es nahe, die Ereignisse in Spa so umzudeuten, daß Hindenburg als der Verantwortliche erschien, indem er als Vertreter der Armee und bestinformierter Politiker Wilhelm II. zur Fahrt nach Holland gedrängt habe. Idealerweise hätte Hindenburg diese Version akzeptiert und öffentlich verbreitet.[352] Dazu kam es allerdings nicht. Von sich aus war Hindenburg nicht bereit, die Initiative zu ergreifen und seine Autorität zugunsten seines ehemaligen Herrn einzusetzen. Hindenburg mußte massiv von Doorn aus bedrängt werden. Nur mühsam konnte Mitte der zwanziger Jahre der Bruch zwischen dem Generalfeldmarschall und seinem Obersten Kriegsherrn mittels eines durchsichtigen Formelkompromisses kaschiert werden. Indem Hindenburg eine unspezifizierte „Mitverantwortung" an den Ereignissen des 9. November öffentlich akzeptierte, glaubten der ehemalige Kaiser und seine wenigen verbliebenen Mitstreiter die Popularität des Feldmarschalls für die eigene Sache instrumentalisieren zu können.[353] Wilhelm II. habe sich nach „furchtbarem inneren Kampf" dazu durchringen können, seinen „Thron zum Opfer" zu bringen. Seine Entscheidung, das Heer zu verlassen, sei nur auf Drängen seiner Berater, insbesondere Hindenburgs, zustande gekommen.[354] Das einschlägige Schreiben Hindenburgs begann mit dem Satz „Seine Majestät der

---

weiser und starker Ratgeber gewesen." Hugo Frhr. v. REISCHACH, Unter drei Kaisern, Berlin 1925, S. 242, 285.

350 Starke Zweifel äußert HUBATSCH, Hindenburg, S. 39 ff.

351 Zu den Doorner Bemühungen vgl. Generalleutnant Wilhelm v. Dommes, „Stellungnahme zu der Aufzeichnung des Freiherrn v. Maltzahn-Gültz betr. die Übersiedlung des Kaisers nach Holland und Hindenburgs Funktion dabei". GStAPK, BPH Rep. 53, (Kaiser Wilhelm II.), Nr. 238, Blatt 3.

352 Diese Lösung entwickelt der Roman *Jesuiten des Königs* von Werner v. Schulenburg. BRUDE-FIRNAU, Deutung, S. 129.

353 Vgl. Wilhelm II. an Dommes am 21 August 1922, abgedruckt in: ILSEMANN, Holland I., S. 317. Vgl. auch ein in hoher Auflage erschienenes ‚Merkblatt', welches das ‚Schuldeingeständnis' Hindenburgs publik machen sollte: RAU, Bestand Wilhelm II., nicht katalogisiert, Konvolut 6, sowie den Abdruck des frühen Briefwechsels zwischen Hindenburg und Wilhelm II. in des letzteren Erinnerungen, S. 249.

354 Hindenburg an Wilhelm II. am 28 Juli 1922, abgedruckt in NIEMANN, Revolution von Oben, S. 472.

Kaiser und König ist nicht fahnenflüchtig geworden" und verwies damit überdeutlich auf die Brisanz des Themas.

Die Versuche, Hindenburg mit der Verantwortung für die Flucht zu belasten, fügen sich in den Kampf um die Deutung der Flucht ein.[355] Es bleibt aber festzuhalten, daß die Doorner Bemühungen zwar die Prominenz des Ereignisses in der öffentlichen Meinung bezeugten, zu keinem Zeitpunkt aber eine Neubewertung der Flucht herbeiführen konnten. Vielmehr veranschaulicht die im Ganzen unkoordinierte ‚Fluchtbewältigung' nach 1918, wie stark die Spaltungen innerhalb der monarchischen Rechten waren. Als Wilhelm II. versuchte, Hindenburg zur Rechenschaft zu ziehen, indem er den Rat des Feldmarschalls über seinen eigenen vorgeblichen Willen stellte, bestätigte er implizit jenes verkehrte Verhältnis zwischen Monarch und militärischem Führer, welches sich in vielen Köpfen schon wesentlich früher festgesetzt hatte.[356] Potentielle Loyalitätskonflikte konnten nach dem Ende der Monarchie nicht mehr kaschiert werden. Um den Kaiser zu schützen, hätte die Schuld auf Hindenburg, den Hoffnungsträger der monarchischen Sache, geschoben werden müssen. Bezeichnenderweise hielt es der ehemalige Monarchist Kurt Anker 1931 für wichtig, darauf hinzuweisen, daß Hindenburg keineswegs zur Abreise nach Holland geraten habe und jetzt nur aus Solidarität schweige. Offensichtlich war es nun wichtiger, das Bild Hindenburgs rein zu halten als das des Kaisers.[357]

Wie sehr die Auseinandersetzung zwischen Ex-Kaiser und dessen Quasi-Nachfolger die Kommentatoren bewegte und wie dadurch eine einheitliche Deutung verhindert wurde, läßt sich besonders gut an der Kontroverse um den sogenannten „Kaiserbrief" und Katharina von Oheimb demonstrieren.[358] Dieses bisher unbeachtete Ereignis zeigt exemplarisch die Bedeutung der Kaiserflucht für den politischen Diskurs der Weimarer Republik und demonstriert das spannungsreiche Verhältnis zwischen der Aura des Ex-Monarchen und der des neuen Volkshelden Hindenburg. Ursprung der Kontroverse war die Veröffentlichung eines Briefes Wilhelms II. an Hindenburg vom April 1921

---

355 Allerdings mußte selbst die konservative *Deutsche Zeitung* eingestehen: „Über die Gründe, die letzten Endes den Entschluß des Kaisers veranlaßt haben, nach Holland zu gehen, bringt aber das Schreiben Hindenburgs noch keine völlige Klarheit; insbesondere fehlt es an jeder Andeutung darüber, welche Rolle der General Groener bei den Verhandlungen in Spa am 9. November gespielt hat." Die jetzige Regierung habe allerdings kein Interesse daran, daß das „Ungeheuerliche" ans Licht komme, „was am 9. November unserem Volke zugefügt worden ist". ‚Warum der Kaiser nach Holland ging', Deutsche Zeitung, 19. März 1922, (Nr. 126).

356 So notierte etwa v. Einem im Weltkrieg mit Genugtuung, daß sich Wilhelm II. gegenüber Hindenburg „ehrerbietig" gezeigt habe. Militär und Innenpolitik im Weltkrieg, bearb. v. Wilhelm DEIST (Quellen zur Geschichte des Parlamentarismus und der politischen Parteien, Reihe 2: Militär und Politik, 1), Düsseldorf 1970, Nr. 425, S. 1137.

357 ‚Die Flucht Wilhelms II. Floh er aus eigenem Entschluß oder auf Hindenburgs Rat?', Berliner Volkszeitung, 9. Dezember 1931, (Nr. 67).

358 Sarkastisch hierzu: ‚Die Heldenpartei ohne Helden', Vorwärts, 27. Dezember 1921, (Nr. 615).

Ende desselben Jahres.[359] Dieser Brief, in dem Wilhelm II. noch einmal seine Unschuld am Krieg beteuerte und erklärte, nur auf Anraten Hindenburgs nach Holland gegangen zu sein, wurde allerdings erst anläßlich einer scharfen Erwiderung Oheimbs über engere Kreise hinaus bekannt. Dies lag vor allem daran, daß Oheimb durch ihre Partei gemaßregelt wurde, was wiederum eine Kontroverse bewirkte, die sich um den „Kaiserbrief" drehte.[360]

Oheimb kritisierte die beiden Grundthesen dieses Briefes, und damit zwei der wichtigsten Lebenslügen der letzten Verteidiger Wilhelms II.: „1. daß der Fortgang des Kaisers nach Holland wesentlich auf den Rat Hindenburgs hin geschehen ist und 2. daß das eigentliche Motiv dabei neben der schon bekannten Absicht, dem deutschen Volke einen Bürgerkrieg zu ersparen, das war, die von der lügnerischen Propaganda der Feinde der Republik verheißenen besseren Friedensbedingungen dem deutschen Volke zu verschaffen." Das Bürgerkriegsargument, so Oheimb, verfange für Monarchisten genausowenig wie die Behauptung, der kaiserliche Schritt habe bessere Friedensbedingungen sichern sollen. Zwar seien beide Argumente in der Debatte sehr wirkmächtig gewesen. Vom „Standpunkt des wahren Monarchisten" könne dies aber nicht genügen, denn der Sinn der Monarchie sei der, „daß sie eine nicht von Menschen sondern von der Geschichte bestimmte letzte Instanz ist, die in großen Krisen selbständig entscheidet. Eine solche letzte selbständige Entscheidung hat der Monarch natürlich in der Frage zu fällen, ob er die Monarchie aufgeben oder sie bis zum letzten Atemzug verteidigen soll und wie er diese Verteidigung zu führen hat." Diese Entscheidung könne auch nicht, wie Wilhelm II. es hier mit Hindenburg versuche, auf Ratgeber abgewälzt werden.[361] Die ohnehin kaum mehr verfangende Generalentschuldigung unter Hinweis auf die Berater wurde in der Kontroverse um Oheimb vollends desavouiert.

Oheimbs Einlassung erntete überwiegend Zustimmung und unterstrich damit das Dilemma der Monarchisten. Die *Vossische Zeitung* bestätigte, daß kein „Vorwurf gegen den Kaiser [...] in allen Kreisen des Volkes stärkeren Eindruck gemacht" habe „als der Hinweis auf die Tatsache, daß der Mann, für den Hunderttausende in den Tod gegangen waren, im Augenblick der Niederlage sein Heer verlassen und sich nach Holland in Sicherheit gebracht hat". Vom Vorwurf der Desertion entlaste sich im ‚Kaiserbrief' Wilhelm II. aber

---

359 Zur zeitlichen Abfolge des Briefwechsels und zum Inhalt des Schreibens: HUBATSCH, Hindenburg, S. 45.

360 Vgl. die große Zahl von Zeitungsartikeln zu Oheimb: BAL, R 8034 II (RLB-Archiv), Bd. 4036, Blatt 156 f. und BAL, N 2136 (Michaelis), Nr. 133, Blatt 5 f. Vgl. auch ein Schreiben v. Oheimbs an die *Nationalliberale Korrespondenz*, in dem diese ihren Artikel über den ‚Kaiserbrief' als Privatmeinung, nicht Parteimeinung erklärt. Ebensolches gelte für ihre Einschätzung der Flucht des Kaisers. Nationalliberale Korrespondenz, 28. Dezember 1921. Die Erklärung Hindenburgs habe ihren Grund in den „unerhörten Angriffe[n], die in der preußischen Landesversammlung gegen den Kaiser wegen seiner Reise nach Holland erhoben worden sind, ohne daß der Präsident oder die Regierung – abgesehen vom preußischen Kriegsminister – den Kaiser verteidigt hätten." ‚Warum der Kaiser nach Holland ging', Deutsche Zeitung, 19. März 1922, (Nr. 126).

361 BAL, N 2136 (Michaelis), Nr. 133, Blatt 7 ff.

lediglich selbst.[362] Auch der ehemalige kaiserliche Admiral Scheer, im Oktober 1918 Befürworter eines maritimen Königstodes, stimmte Oheimb in einem Artikel zu und erklärte: „Das tragische Geschick, das den Kaiser betroffen, lastet aber nicht auf ihm allein, seine Entschließung am 9. November 1918 ist zur Tragödie des deutschen Volkes geworden" und habe zur Unterdrückung des „monarchischen Gedankens" geführt.[363] Wenn sich gegen die „Verunglimpfungen" dieser Einheitsfront ‚kritischer Monarchisten' unter Führung Oheimbs bestenfalls halbherziger Widerstand erhob, unterstreicht dies erneut die nicht hintergehbare Sinnfälligkeit des kaiserlichen Versagens.[364]

Die nicht nur als Indikator bedeutsame Oheimb-Kontroverse unterstreicht noch einmal die Brisanz der Kaiserflucht für den Monarchismus und zeigt, daß die ungeheure bildhafte Kraft dieses Vorwurfs von den Apologeten nie ganz verstanden wurde. Reventlow behandelte dieses Problem exemplarisch in seinem Buch *Monarchie?*, einer Abhandlung über die Frage, was Monarchie und Monarchismus nach den Ereignissen von Spa noch bedeuten könnten. Der „Streit über das Verhalten des Kaisers während jener letzten Augenblicke" war Reventlows Hauptanliegen.[365] In einem dem Fluchtthema gewidmeten Artikel hatte Reventlow bereits 1922 seine Position zugespitzt. Gerade als Monarchist müsse man auf die Wahrheit wert legen, dürfe keine taktischen „Kniffe" eingehen und die Verteidigung des Monarchen nicht übertreiben. Wenn der Kaiser den Entschluß zu bleiben gefaßt habe und dieser für richtig erklärt werde, dann könne dies nicht auch für das Umstoßen dieses Entschlusses gelten: „Schließlich ist ein Entschluß nur dann etwas wert, wenn er ausgeführt wird." Immerhin sei dies eine Frage „politisch erster Ordnung": „Ein Monarch, der in höchster Not kämpft und in die Hand irgendwelcher Feinde gerät, ist für die Bevölkerung ein ganz anderer realer und moralischer Faktor als ein Monarch, welcher sich durch Übertritt ins Ausland außerhalb des Wirbelstroms der Krisis stellt." In ersterem Fall wäre der Kaiser „für einen immer größer werdenden Teil der Bevölkerung ein Gegenstand leidenschaftlicher Verehrung und des Mitleids geworden und damit ein stark wirkender Faktor; und der monarchische Gedanke würde sich sehr schnell

---

362 ‚Der Kaiser und Hindenburg', Vossische Zeitung, 19. Dezember 1921. Oheimb wandte sich mit folgenden Argumenten gegen die Veröffentlichung des Hindenburg-Wilhelm II.-Briefwechsels: Dieser entspringe sehr durchsichtigen Motiven. Zudem sei die Verteidigung Wilhelms II. kaum überzeugend. Es frage sich, warum er, der doch sonst selten auf seine Berater gehört habe, dies nicht auch am 9. November, bzw. schon viel früher, getan habe: „Lag dem Kaiser vielleicht der Entschluß, das Opfer seiner Flucht zu bringen, näher?" Katharina v. Oheimb, ‚Der Ratgeber des Kaisers', Vossische Zeitung, 23. Dezember 1921.

363 Admiral Scheer, ‚Die Wirkung des Kaiserbriefes', Kölnische Zeitung, 30. Dezember 1921. Vgl. auch die Verteidigung Oheimbs in derselben Zeitung: ‚Die gemaßregelte Abgeordnete', Kölnische Zeitung, 29. Dezember 1921, (Nr. 884).

364 Der Artikel: ‚Der Streit um den Kaiserbrief', Kreuzzeitung, 24. Dezember 1921, (Nr. 597) versuchte mit dünnen Argumenten den Streit um den ‚Kaiserbrief' zu entschärfen. Vgl. auch: Heinrich Rippler, ‚Die Wirkung des Kaiserbriefes', Die Zeit [Organ der DVP, M.K.], 5. Januar 1922.

365 Ernst v. REVENTLOW, Monarchie?, Leipzig 1926.

gestärkt über den revolutionären Schwindel erhoben haben, das Hohenzollernhaus hätte dauernd in der Glorie kaiserlichen Märtyrertums gestanden."[366] Reventlow kalkulierte bewußt mit dem skandalösen Gehalt des Desasters von Spa. Der Skandal war für ihn selbstverständlich ein politischer Faktor und die öffentliche Meinung Angelpunkt seines politischen Kalküls.
Auf dieser Überzeugung beruhte auch die öffentlichkeitswirksame Intervention der Reichstagsabgeordneten Katharina v. Oheimb. In Verteidigung des von ihr verfaßten kaiserkritischen Artikels erklärte die DVP-Politikerin, daß die Flucht ein Gegenstand sei, welcher „die Gemüter der Deutschen seit Jahren auf das heftigste bewegt hat". Insbesondere der sozialdemokratische Vorwurf der Desertion habe verheerend gewirkt. Zwar sei dies eine Verleumdung, überzeuge aber dennoch die „Massen". Gegenüber solchen Angriffen der radikalen Linken habe sich der monarchisch gesinnte Teil des deutschen Volkes in einer „sehr peinlichen Lage" befunden: „Man kann ruhig behaupten, daß die Flucht des Kaisers von der großen Menge der königs- und kaisertreuen Deutschen von Anfang an nicht verstanden und nicht gebilligt worden ist."[367]

Der Königstod war die Option, an deren Wahl oder Nichtwahl der Charakter des Monarchen sich zu beweisen hatte. Bereits wenige Tage nach dem Ende der Monarchie hatte Karl Steiniger im *Tag* erklärt, die jetzige Zeit sei „für die deutschen Anhänger des monarchischen Gedankens [...] eine Zeit schwerer Prüfungen". Besonders schwer wiege für „königstreue Männer" der Gedanke, daß der „seitherige Träger der Krone der Haupturheber des Chaos ist". Der Kaiser habe damit nicht nur gegen die Interessen seiner Dynastie, sondern auch seines Volkes gehandelt. Immerhin habe ihm der Weg an die Front offengestanden.[368] Ganz ähnlich liest sich der Kommentar des *Deutschen Kuriers*. Man habe Wilhelm II. nicht umsonst während des Krieges als „Heerkönig" angesprochen. Doch leider habe er sich von dem „Willen der Massen" abhängig gemacht. Es sei „das schmerzlichste Erlebnis für die deutschen Monarchisten gewesen, daß diese Wünsche und Hoffnungen unerfüllt blieben, daß Wilhelm II. im entscheidenden Augenblick die Tradition des Hohenzollernhauses preisgab und Männern sein Ohr lieh, die von diesen Traditionen nichts wußten".[369] In der *Deutschen Allgemeinen Zeitung* vom 13. Dezember 1918 argumentierte Friedrich Meinecke, „die Art, wie die Monarchie geendet

366 REVENTLOW, 9. November, S. 3, 5 f.

367 Viele hätten sich sogar vom Kaiser „im Stich gelassen" gefühlt. Sehr viele seien noch heute der Meinung, daß die Monarchie hätte gerettet werden können, „wenn Seine Majestät während jener kritischen Tage von Anfang November in den schweren Abwehrkämpfen mit dem Degen in der Faust persönlich seine Truppen angeführt hätte, auf die Gefahr hin, als preußischer Offizier für sein Vaterland zu sterben!" Die verschiedenen Artikel Oheimbs zum Thema finden sich in: BAL, N 2136 (Michaelis), Nr. 133, Blatt 6 f.

368 Steiniger, ‚Ein Wort an die Königstreuen', Der Tag, 29. November 1918, (Nr. 278).

369 Weiter hieß es: „So opferte er Krone und Szepter, seine Lebensarbeit und seine Person der Überzeugung, durch seinen Fortgang der höchsten sittlichen Pflicht zu genügen. Daß das ein Irrtum war, ist das Tragische im Leben Wilhelms II. von Hohenzollern." ‚Zum 27. Januar', Deutscher Kurier, 27. Januar 1919, (Nr. 20).

hat", habe die „innersten Fundamente ihrer Macht zermürbt".[370] Der Monarch, dies war die Quintessenz dieser Kritik, habe sich durch sein Verhalten selbst gerichtet.[371] Die Flucht war für monarchistische Kommentatoren also weniger eine verwerfliche Handlung an sich, als vielmehr ein strategisch außerordentlich ungeschickter Schachzug, der die potentiellen Verteidiger des Kaisers düpierte. Der Konnex zwischen dem Königstod und dem Wohl der Dynastie bzw. der Monarchie fand sich in fast allen einschlägigen Äußerungen.[372]

Regelmäßig wurde in diesen Fällen auf eine preußische Tradition des Königstodes verwiesen. Noch 1960 erklärte Paul Sethe voller Überzeugung: „Zwei Möglichkeiten standen dem Kaiser am 9. November 1918 offen. Die eine war der letzte Angriff an der Spitze einer auserlesenen Schar gegen die feindliche Stellung. Dies hätte der Überlieferung der preußischen Militärmonarchie am ehesten entsprochen." Auch wenn dem Kaiser als Christ der Selbstmord verwehrt gewesen sei, so habe er doch in Spa bleiben und sich „den Aufrührern entgegenstellen" müssen. „Wer aus dem in seinem Kern immer noch monarchischen Volk hätte es gewagt, die Hand an den Deutschen Kaiser und König von Preußen zu legen, wenn dieser mit gezogenem Degen an den Stufen seines Thrones stand? Hätte es aber einer gewagt und der Kaiser wäre dabei gefallen, die Deutschen hätten sich das Bild ihres Herrschers nicht mehr aus dem Herzen reißen lassen", so Sethe.[373] Fraglich bleibt, inwieweit diese Tradition tatsächlich existierte und welche Funktion ihre ständige Beschwörung erfüllte.

3. Bild und Tradition des Königstodes

Apodiktisch hatte Oheimb in ihrem ‚Kaiserbrief' erklärt, „eine wirkliche Rechtfertigung des kaiserlichen Entschlusses, sich nach Holland zu begeben", könne es für „Altpreußen" nicht geben, „nicht für Männer der Tradition des preußischen Heeres, die an das Beispiel Friedrichs des Grossen dachten und den Rat, den Bismarck sowohl dem alten König als auch dem jungen Kaiser gegeben hatte". Dieser Entschluß, so Oheimb, „entsprach wirklich nicht der

---

370 Friedrich Meinecke, ‚Die Forderung der Stunde', Deutsche Allgemeine Zeitung, 13. Dezember 1918.

371 In ihrem Rückblick auf ein Jahr Novemberrevolution vom November 1919 reichte der *Vossischen Zeitung* der Hinweis auf den „landflüchtigen Kaiser", um weiter auf diesen nicht mehr eingehen zu müssen. A.R., ‚Die Bilanz eines Jahres. Zum 9. November', Vossische Zeitung, 9. November 1919, (Nr. 572).

372 Eines der Vorstandsmitglieder der Alldeutschen erklärte kurz nach dem Ende des Kaiserreichs: „Nicht nur die Fürsten, sondern auch ihre militärische Umgebung haben versagt. Ich war der Ansicht, daß alle waffenfähigen Prinzen an die Front gehen sollten mit dem festen Befehl, daß mindestens die Hälfte zu fallen hätte, um die Monarchie zu retten." Bericht über die Verhandlungen des Geschäftsführenden Ausschusses in Bamberg am 16. und 17. Februar 1919, in: BAL, R 8048 (Alldeutscher Verband), Nr. 123, Blatt 13.

373 Paul SETHE, Deutsche Geschichte im letzten Jahrhundert. Frankfurt a.M. 1960, S. 268. Vgl. auch: ROTHFELS, Friedrich, S. 129-147.

500 jährigen Tradition des Hauses Hohenzollern".[374] Es war nahezu ein Gemeinplatz, daß namentlich Friedrich der Große in vergleichbarer Situation anders gehandelt hätte.[375] Dieser, hieß es in der *Politischen Beichte eines deutschen Prinzen*, wäre bestimmt nicht nach Holland gefahren, sondern „hätte seinen Krückstock umgedreht: A Berlin, messieurs!"[376] Friedrich der Große, so die *Vossische Zeitung*, sei bereit gewesen, zu sterben, hätte dies das Schicksal gefordert.[377] Derartige Gewißheiten speisten sich aus verschiedenen Anekdoten aus dem Siebenjährigen Krieg.[378] Friedrich II. habe sich nicht nur derselben Gefahr ausgesetzt wie seine Soldaten, er sei auch, falls der Krieg einen negativen Verlauf genommen hätte, willens gewesen, sich das Leben zu nehmen.[379] Wilhelm II. hingegen sei nicht der „Mann" gewesen, den „Kampf aufzunehmen". Er habe nicht die „Seele Friedrichs des Großen" besessen.[380] Bereits im Dezember 1918 ließ es sich der Hohenzollernprinz Leopold nicht nehmen, darauf hinzuweisen, daß seine Familie immer in einer „Front" mit den anderen Bürgern gekämpft und sein Sohn, den „Heldentod" gestorben sei, und damit „ein leuchtendes Beispiel vaterländischer Pflichterfüllung gegeben" habe.[381] Als schließlich im Zweiten Weltkrieg der älteste Enkel Wilhelms II. fiel, lobte der ehemalige Hofprediger Damrath „den wahrhaft königlichen Prinzen der starb, wie das ungeschriebene Gesetz seines Hauses es ihm befahl".[382] Daß diese Deutung offensichtlich breit akzeptiert war, belegt ein aus heutiger Sicht kurioser Befehl Hitlers. Entsprechend dem sogenannten „Prinzenerlaß" von 1940 wurden alle männlichen Mitglieder ehemals regierender Häuser aus der Wehrmacht entfernt – offenbar um das Aufkommen von Märtyrerfiguren zu verhindern.[383]

Die mehr oder weniger versteckten Hinweise auf das soldatische Defizit Wilhelms II. stützten sich auch auf die erwähnten verbalen Vorgaben Wilhelms II. Gegenüber Bismarck hatte er – mit eindeutigem Bezug auf den Königstod – behauptet, er wisse, was er sich als Nachfolger des großen Königs

---

374 BAL, N 2136 (Michaelis), Nr. 133, Blatt 7 VS.

375 Noch 1960 schrieb Paul Sethe über die Optionen, die der Kaiser besessen habe: „Wenn der Kaiser dabei [einem Frontunternehmen, M.K.] nicht den Tod fand, dann konnte ihm ein Fläschchen mit Gift diese Gnade schenken. So hätte Friedrich der Große gehandelt." SETHE, Geschichte, S. 268.

376 Anonym, Beichte, S. 48.

377 ‚Friedrich II. und Wilhelm II.', Vossische Zeitung, 5. Januar 1923, (Nr. 4).

378 ROTHFELS, Friedrich, S. 129-147.

379 Dagegen stellt Reibnitz den Bericht über Wilhelm II., der, in Amerongen eingetroffen, zunächst einmal heißen Tee für sich und seine Umgebung orderte. REIBNITZ, Doorn, S. 40 ff.

380 Heinrich Eckart, ‚Der 9. November im Großen Hauptquartier', Landes-Zeitung (Dresden), 23. März 1919, (Nr. 12).

381 ‚Prinz Leopold für die Neuordnung', Vossische Zeitung, 7. Dezember 1918, (Nr. 625).

382 Gedächtnisrede des Pfarrers Damrath anläßlich der Trauerfeier für den gefallenen Prinzen Wilhelm v. Preußen, 29. Mai 1940, in: GStAPK, BPH Rep. 54, Nr. 46, Blatt 4. Das Programm des Begräbnisses ist abgedruckt in: Klaus W. JONAS, Der Kronprinz Wilhelm, Frankfurt a.M. 1962, S. 262-264. Zu den Sympathiebekundungen vgl.: CECIL, Wilhelm II 2, S. 352 und die aus der Familienperspektive verfaßte Darstellung von Friedrich Wilhelm Prinz v. PREUßEN, Das Haus Hohenzollern 1918-1945, München/Wien 1985, S. 260 ff.

383 Zum Prinzenerlaß vgl.: PREUßEN, Hohenzollern, S. 267 und CECIL, Wilhelm II 2, S. 352.

schuldig sei,[384] in der Abdankungskrise reichte dann die Erklärung, ein Nachfolger Friedrichs des Großen danke nicht ab.[385] Besonders delikat war, daß Äußerungen wie diese oder jene über den wünschenswerten Schlachtentod Friedrichs III. nach 1918 öffentlich wurden.[386]

In der Gegenüberstellung des kaiserlichen Feiglings und seines ruhmreichen Ahnen gab es kaum abweichende Stimmen. Der *Tag* räumte ein, erstens habe auch Friedrich der Große nach Kunersdorf abdanken wollen, zweitens hätten Heer und Volk treu hinter ihm gestanden. Zudem könne man Wilhelm II. keinen Vorwurf daraus machen, daß er nicht Friedrich der Große sei.[387] Radikaler, gemäß der ikonoklastischen Intention seines aufsehenerregenden Fridericus-Buches, stellte Werner Hegemann als einer der ganz wenigen Friedrichs II. Königstodpläne in Frage: „Die sonst nur vom Hörensagen bekannte ‚echt hohenzollernsche Schlichtheit', mit welcher der Letzte das Opfer seines Thrones brachte," so Hegemann, „entspricht getreu der Art, wie der große Friedrich sich 1759 ins Privatleben zurückziehen wollte, statt die Selbstmorddrohungen zu verwirklichen, mit denen er die Rührseligen unter seinen Bewunderern zum besten gehalten hatte."[388] Allerdings bestätigt Hegemann mit seiner Parodie wiederum die hohe Verbreitung der Vorstellung vom ‚preußischen Sterben'.

Tatsächlich gibt es weder Beweise für die friderizianische Sterbebereitschaft noch irgendein Beispiel aus der Geschichte der Hohenzollerndynastie für den vermeintlich typisch preußischen Königstod.[389] Ein als preußisch apostrophiertes „Helden und Krieger" Vorbild,[390] in das Wilhelm nicht zu passen schien, hatte weit weniger mit der historischen Realität zu tun als mit einer im 19. Jahrhundert aktiv betriebenen Idealisierung. Nach dem monarchischen Prinzip - das schließlich auch eine Beschreibung des Ist-Zustands darstellte - war der Herrscher schließlich gerade von jeglicher Verantwortung ausgenommen.[391] Die Normen und Werte, die Wilhelm II. durch seine Flucht skandalös verletzt hatte, waren keineswegs überzeitlich, gottgegeben und im Pflichtenkatalog des Monarchen festgeschrieben. Vielmehr waren sie Ausdruck eines spezifisch wilhelminischen Monarchenbildes, des Ergebnisses ei-

---

384 J.L., ‚Der Kriegsherr auf dem Schlachtfeld', Vossische Zeitung, 12. November 1925, (Nr. 536).

385 STUTZENBERGER, Abdankung, S. 64.

386 ‚Wilhelm II. und der Heldentod', Vorwärts, 21. April 1922, (Nr. 188).

387 ‚Des Kaisers Tagebuch über den 9. November. Konnte und mußte der Kaiser den Soldatentod suchen?', Der Tag, 20. April 1922, (Nr. 169).

388 Werner HEGEMANN, Fridericus oder das Königsopfer, Berlin 1924, S. 8 f.

389 Der Sohn von Georg Michaelis vermutete sogar, sein Vater habe sich durch Samurai-Vorbilder inspirieren lassen. Zum Hintergrund: Bert BECKERT, Georg Michaelis. Ein preußischer Jurist im Japan der Meiji-Zeit. Briefe, Tagebuchnotizen, Dokumente 1885-1889, München 2001.

390 Vgl. die Wendung „heroisch-aristokratischer Kriegerstaat" bei: Karl Alexander von Müller, ‚An Preußen!', in: Süddeutsche Monatshefte, Sondernummer, September 1914, S. 826 ff. Der Rekurs auf preußische Werte gehörte zu den Kontinuitäten der Kritik am Wilhelminismus.

391 Vgl. STAHL, Prinzip und hierzu: KIRSCH, Monarch, S. 70 ff.

nes dreißigjährigen Diskurses, der ganz eigene Anforderungen an den Monarchen als Individuum hervorgebracht hatte, denen Wilhelm II. im November 1918 endgültig nicht mehr genügte. Die Kritik, die martialische Äußerungen Wilhelms II. mit der Realität des 9. November in Spa kontrastierte, verwies oberflächlich auf dieses Problem. Tatsächlich sagen die historischen Versatzstücke, die Tradition, die dem gescheiterten Kaiser entgegengehalten wurde, mehr über die Sicht auf den Monarchen und die Monarchie als über die Validität des historischen Vergleichs aus.

Kurz nach dem Zusammenbruch der Monarchie abstrahierte der Staatsrechtler Hermann Heller in einer Schrift über die „Ideenkreise der Gegenwart" diese Beobachtung. Ausgehend von Bismarcks berühmtem Brief an den jungen Wilhelm, worin der Kanzler einen Träger des Königtums forderte, der bereit sein müsse, auf den Stufen des Thrones um seine Krone zu kämpfen, folgerte Heller: „Wir haben es hier mit einer neuen, von der monarchischen Idee sowohl friderizianischer wie romantischer Prägung grundverschiedenen Auffassung der Monarchie zu tun. Diesem, in den tonangebenden bürgerlichen und auch adeligen Schichten herrschend gewordenen Gedankenkreis, fehlt jede letzte, sei es rationale, sei es religiöse Fundierung." Entlang der wirkungsmächtigen Deutung Treitschkes sei die Monarchie lediglich zur zweckmäßigsten Organisationsform des Staates mutiert, die sich durch stetigen Leistungsbeweis legitimieren müsse.[392]

Diese Entwicklung bietet eine generelle Erklärung für die Nonchalance, mit welcher der Tod des Monarchen gefordert wurde. Eine konkrete Erklärung liegt wiederum in der Deutung des Ereignisses als Skandal. Das Skandalöse der Handlung hatte seinen Grund nicht im Widerspruch zu einer preußischen Tradition, sondern in zwei sehr realen Phänomenen: erstens der langfristigen medialen Transformation der Monarchie, in deren Konsequenz nurmehr das persönliche Verhalten, der Charakter des Monarchen zählte und zweitens der katastrophalen Erfahrung des Weltkriegs mit seinen Millionen Toten. Zusammengenommen ließen beide Aspekte den Tod des Monarchen geradezu als Selbstverständlichkeit erscheinen: weil so viele andere auch gestorben waren, wofür Wilhelm II. immerhin eine gewisse Verantwortung trug, und weil dieser Tod einen ‚adäquaten' Abgang des Monarchen garantiert hätte. Für die Monarchisten hätte das Ende des Monarchen als ‚Märtyrer' eine unverstellte Trauer ermöglicht. Die aus dieser Sicht fatalerweise andauernde Identifikation der Institution mit der „jämmerliche[n] Figur"[393] hätte vermieden werden können. Für die Offiziere hätte Wilhelm II. nicht einen Ehrenkodex überschritten, der sich durch Weltkriegs- und auch anschließende Freikorpserfah-

---

392 Hermann HELLER, Die politischen Ideenkreise der Gegenwart, Breslau 1926, S. 43.

393 So der noch nach dem Eulenburg-Skandal kaisertreue Rudolf Borchardt nach der Flucht gegenüber Werner Kraft. KRAFT, Borchardt, S. 408

rung deutlich in Richtung einer Bewährung durch Härte und Opferbereitschaft verschoben hatte.[394]

Die Beschreibung des nicht erbrachten Königstods als Verletzung vermeintlicher Traditionen erlaubte die Skandalisierung des Ereignisses. Der angebliche Bruch mit vulgarisierten geschichtlichen Vorbildern lieferte den Kommentatoren ein überzeugendes Bild, um das Skandalöse der Handlung des ‚miles gloriosus' Wilhelm II. eingängig zu fassen und ermöglichte es, das Unfaßbare über das nun offenkundige Versagen des Monarchen verständlich zu machen. Die Flucht Wilhelms II. und die verweigerte Leistung zur Rettung der Monarchie spiegelte das generelle Versagen des Monarchen, dessen viele skandalöse Handlungen, die dem letzten großen Skandal vorausgingen. Dies zeigt anschaulich die Kontrastierung mit dem ‚Leistungsträger' Friedrich dem Großen. Wenn Fehrenbach vermutet, der Fronttod des Kaisers hätte keine „Symbolkraft" mehr besessen, ist dies mehr als zweifelhaft.[395] Keinesfalls gilt dies für den nicht erbrachten Fronttod. Auf dem Höhepunkt der Debatte über Flucht und Königstod erklärte Oheimb schlicht und aus der Perspektive der Zeit zutreffend: „Dieser Kampf hatte symbolischen Charakter."[396]

Die Deutungs- und Verdrängungsversuche der Anhänger des ‚Ancien Régime' verweisen eindringlich auf die Symbolkraft des Königstodes. Jenseits aller Romantik wurde nüchtern und berechnend argumentiert. Im Feuilleton des *Berliner Tageblatts* vom 27. November 1918 rief Paul Block den „freiwilligen Opfertod" des Königs Kodros, von dem Herodot berichte, in Erinnerung.[397] Wenn die *Vossische Zeitung* 1925 Wilhelms II. Abgang in Spa mit dem Tod des Staufers Manfred in der Schlacht von Benevent kontrastierte, der noch immer die Dichter beschäftige, zeigt sich hier ein erstaunlich sachliches Verständnis des ‚PR-Objekts Kaiser'. Fast wehmütig beschwor die *Vossische Zeitung* den Tod des „letzten Staufers". Dieser Tod begeistere immer wieder aufs Neue. Ähnliche Gefühle könne das Ende der Hohenzollern nicht wecken.[398]

Eines der erfolgreichsten und literarisch anspruchsvollsten Werke der deutschen Historiographie, Ernst Kantorowiczs *Friedrich II.*, läßt sich auch als Reaktion auf das Ende der Monarchie in Deutschland lesen.[399] Im besonderen

---

394 Zum Offiziersehrenkodex: Marcus FUNCK, In den Tod gehen. Bilder des Sterbens im 19. und 20. Jahrhundert, in: Ursula Breymayer/Bernd Ulrich/Karin Wieland (Hg.), Willensmenschen. Über deutsche Offiziere, Frankfurt a.M. 1999, S. 227-236.

395 FEHRENBACH, Wandlungen, S. 217.

396 BAL, N 2136 (Michaelis), Nr. 133, Blatt 7 VS.

397 Paul BLOCK, Feuilleton, Berliner Tageblatt vom 27. November 1918, (Nr. 551).

398 J.L., ‚Der Kriegsherr auf dem Schlachtfeld', Vossische Zeitung, 12. November 1925, (Nr. 536). 1266 fand die Schlacht bei Benevent statt bei der Manfred, der Sohn Friedrichs II., nachdem sich die Niederlage seiner Truppen abzeichnet hatte, den Tod „sucht und findet". Meyers Konversationslexikon, 6. Auflage, 1907.

399 Merkwürdigerweise ist dieser Zusammenhang bisher kaum thematisiert worden, auch nicht in den neuesten Beiträgen zum Thema. Vgl. die Sammelbände: Robert L. BENSON/Johannes FRIED (Hg.), Ernst KANTOROWICZ (Frankfurter Historische Abhandlungen, 39), Stuttgart 1997; Wolfgang ERNST/Cornelia VISMAN (Hg.), Geschichtskörper. Zur Aktualität von Ernst H. Kantorowicz, München 1998.

gilt dies für den erzählerischen Höhepunkt, der den Tod ebenjenes Manfreds zwei Jahre nach dem Einwurf der *Vossischen Zeitung* suggestiv rekapitulierte, denn „die Hohenstaufen, da sie zu leben wußten, wußten für ihr Reich auch zu sterben." Wie es hätte sein können, evozierte Kantorowicz' einprägsame Schilderung: „Bei Benevent war die Schlacht schon so gut wie verloren, als Manfred von dem weinenden uralten Diener des Kaisers gewappnet sich in den Kampf stürzte, in dem er das Leben ließ. Erst nach Tagen ward unter den vielen Toten die Leiche des Königs, die man an der Schönheit erkannte, gefunden und mit zitternden Händen holten sie die gefangenen Freunde unter den Gefallenen hervor, Hände und Füße ihres toten Königs mit Küssen bedeckend."[400] Auch wenn man den deutlichen Verweis auf einen pflichtgetreueren Vorläufer Hindenburgs ignoriert, erscheint Kantorowicz' bildhafte Schilderung doch als gewollter Kontrast zum weitaus nüchterneren Abgang Wilhelms II.

Die bisherigen Beispiele zeigen überdeutlich, daß der Monarch in der Debatte über die Flucht und den Königstod – bei Verteidigern und Kritikern – zur Verfügungsmasse wurde. Es kam lediglich auf den gelungenen oder mißglückten Showeffekt an. „Der Fluch der ‚Flucht' und ‚Desertion'", klagte Sonntag aus der hoffnungslosen Position des Kaiserverteidigers, „bleibt am Kaiser haften, weil der Volksverstand alles vereinfacht, verwickelten Gedankengängen nicht folgen kann und sich immer an das Sinnliche, Augenfällige und Äußerliche hält."[401]

Darüber, daß es sich bei der Flucht um ein erläuterungsbedürftiges Versagen handelte, existierte ein Konsens, der auch die Apologeten einschloß. Selbst in einem als Verteidigung gemeinten Pamphlet wurde die Flucht als logisches Resultat einer Politik der Schwäche gedeutet.[402] Dies war nicht bloß ein weiterer Vorwurf in einer ganzen Reihe von Kritikpunkten. Aus zweierlei Gründen war der Fluchtvorwurf besonders brisant. Erstens stand der verwerfliche Charakter dieser Handlung außer Frage. Während bei den vielen problematischen Kaiserreden immer noch ein positiver Aspekt gefunden werden konnte, beschränkten sich jetzt auch die Verteidiger darauf, die Schuldfrage zugunsten des Kaisers zu klären. Zweitens war unstreitig, daß dieses eine Mal Wilhelm II. tatsächlich allein entscheiden mußte. Mehr noch als die Daily-Telegraph-Affäre war die Flucht ein persönlicher Skandal Wilhelms II. Apologetische Versuche, auch dieses Mal die Verantwortung auf die kaiserliche Entourage zu schieben, liefen ob ihrer offensichtlichen Widersprüche ins Leere.

So erklärt sich die weitverbreitete Überzeugung, nach Spa sei die Monarchie – zumindest diejenige wilhelminischer Prägung – auf absehbare Zeit nicht wieder herstellbar, sowie das außerordentlich weit verbreitete Argument der Flucht des Kaisers als „Tötung der Monarchie". In Friedrich Genglers

---

400 Ernst H. KANTOROWICZ, Kaiser Friedrich der Zweite (Hauptband), Stuttgart 1998 (1927), S. 517.

401 SONNTAG, Schuld, S. 70 ff.

402 Anonym, Tragödie, S. 20 ff.

Dissertation über den Monarchismus der Weimarer Republik, die ob ihres dezidiert monarchistischen Standpunktes selbst in den Kontext des Fluchtdiskurses gehört, wird dies klagend als gegeben hingenommen. Wenn Gengler anschließend erklärt, die neuere Forschung habe den Vorwurf der „Feigheit“, mithin der „Flucht“, zurückgewiesen, zeigt er nur, wie sehr er die Macht dieses skandalösen Bildes unterschätzte.[403] Andere Monarchisten wie Oheimb waren hier radikaler und letztlich in ihrer Einsicht in die durch die Flucht konstituierte Aporie der Kaiserverteidigung realistischer.[404]

Die persönliche Verantwortung Wilhelms II. für seine skandalöse Handlung konnte schlicht nicht negiert werden. Dies unterstreicht die Instrumentalisierung des Ereignisses durch die bildaffine nationalsozialistische Propaganda. Trotz eines ursprünglichen taktischen Monarchismus begannen Parteistrategen spätestens nach 1933, das offenkundige Versagen des einzig legitimen Konkurrenten im national-konservativen Lager auszubeuten. Walther Darré polemisierte 1934: „Die Novembertage bedeuteten für ihn [Wilhelm II., M.K.] einen Scheideweg“. Vor die Alternative gestellt: „Willst Du für dein Volk kämpfen, leben und sterben oder willst Du ein nettes, sorgenfreies Leben mit allen nur denkbaren Bequemlichkeiten führen“, habe sich Wilhelm II. „für das angenehme Leben im Schloß entschieden“.[405]

Das Grundproblem jeder Restauration, daß auf einmal begründet werden mußte was zuvor selbstverständlich war, daß die Monarchie in argumentativer Bringschuld stand, stellte sich im Fall des geflohenen Kaisers besonders radikal.[406] Bisher zurückgehaltene bzw. marginalisierte Kritik an Wilhelm II. wurde nun zur herrschenden Meinung. Hinzu kam, daß die Vorstellung vom Versager auf dem Thron pragmatisch Denkenden ihre politische Neuorientierung sei es in republikanische oder später in die nationalsozialistische Richtung, erheblich erleichterte. Reventlow fand hierfür die schlichte Formulierung: „Der Kaiser hat seinen Fahneneid gebrochen [...] Jetzt bindet euch kein Eid mehr“, die nicht nur für die Weltkriegssoldaten galt.[407]

Noch einmal zeigte sich die Bedeutung der Logik der Massenmedien für die Diskussion der Monarchie. Für die Presse war es naheliegend und reizvoll, das persönliche Versagen im Skandal Kaiserflucht zu verfolgen. Die Flucht bot ein plakatives Bild, prädestiniert für einen Skandal.[408] Nicht die Abdan-

---

403 GENGLER, Monarchisten, S. 19 f.

404 Wer den „Mut“ habe, so Oheimb, „jene unglückseligen Tage zu sehen, wie sie waren“, müsse erkennen, „daß der Fortgang des Kaisers nach Holland unsern Monarchisten den Kampf für die Wiederherstellung der Monarchie zunächst unmöglich gemacht“ habe. BAL, N 2136 (Michaelis), Nr. 133, S. 8 f.

405 Abgedruckt in: Prinz v. Preußen, Hohenzollern, S. 140. Vgl. MALINOWSKI, König, S. 252.

406 Zu diesem Problem generell: Hans BLUMENBERG, Arbeit am Mythos, Frankfurt a.M. 1996, S. 180.

407 REVENTLOW, Potsdam, S. 467. So argumentierte Groener aus der vorgeblichen Enttäuschung über die Flucht: „Mit einem solchen Monarchen hatte ich nichts mehr zu tun, das ging über alle meine monarchische Überzeugung“. GROENER-GEYER, Soldat, S. 193.

408 Die Agitation der Volksentscheidbefürworter speiste sich zu nicht unerheblichen Teilen aus Kritik an dem als üppig empfundenen Leben des Ex-Kaisers in Doorn und einer ohne Hemmungen ins Lächerliche gezogenen Präsentation der Flucht nach Holland: „Wilhelm II. ist

kung, das Ende der Monarchie oder der Wechsel einer Staatsform beschäftigten die Zeitungen, sondern zwei Bilder und Gesten: der Kaiser als Bittsteller an der holländischen Grenze und das Phantasma des Königstodes. Die gesteuerten Kampagnen zur Widerlegung des Fluchtvorwurfs belegen als ein Beispiel von vielen, wie sehr die Kommentatoren die Maßstäbe und Gesetzmäßigkeiten der Medienöffentlichkeit verinnerlicht hatten. Das Phänomen der Nichtdiskussion der Institution Monarchie zugunsten der Beschränkung auf personalisierbare Ereignisse bzw. Themen wie Flucht und Königstod war eine direkte Folge dieser Logik. Insofern muß es als Resultat durch die Medien veränderter Maßstäbe gelten, daß eine Vorstellung wie der Tod des Monarchen in einem inszenierten Showeffekt, die bei nüchterner rückblickender Betrachtung bizarr erscheint, fast allen Kommentatoren als wünschenswert, zumindest aber diskutierenswert erschien.

In diesem Kontext ist ein letztes Spezifikum der Kaiserflucht bedeutsam. In einem weitaus extremeren Maße als die vorangegangenen Skandale fokussierte dieser letzte wilhelminische Skandal die Person des Monarchen und dessen Charakter. Die kaiserliche Umgebung spielte eine Nebenrolle, die Institution Monarchie geriet als Subjekt vollkommen aus dem Blickfeld. Der Monarch hatte lange Zeit gar nicht entschieden, dann Beratung in Anspruch genommen, als nur sein eigener Wille zählte, und schließlich die einzige Option gewählt, die im nachhinein als fatal galt. Der Entschluß stand in scharfem Kontrast zu allem, was Wilhelm II. für sich reklamiert hatte. Feigheit, Unmännlichkeit und politischer Dilettantismus, Pharisäertum und mangelndes Amtsethos, die Vorwürfe und Themen der Krise der Monarchie von 1908 vereinigten sich in dem wirkmächtigen Bild des Monarchen auf dem Weg ins kommode Exil. Offenbar war der zukünftige Rosengärtner und Holzhacker von Doorn, der noch im Speisewagen im Zug von Eysden nach Utrecht erklärte, „jetzt sei er, zum erstenmal in seinem Leben, frei“, doch nur ein Philister gewesen – ein Vorwurf, gegen den ihn bis dahin selbst seine schärfsten Kritiker in Schutz genommen hatten.[409] Wilhelm II. war nicht nur als Monarch, als Inhaber eines Amtes, gescheitert, sondern auch als Individuum. Er hatte sich nicht als der Führer erwiesen, der bereits seit 1908 immer stärker in Konzepten jenseits der Monarchie gesucht wurde.

---

aus seiner Staatsstellung bei Nacht und Nebel geflohen. Damit hat er sich selbst der Anrechte [auf sein Vermögen, M.K.] begeben“ formulierte typischerweise ein ‚Frauenstimme' überschriebenes Flugblatt 1925. RAU, R 14, Nr. 662. Regelmäßig zogen kritische Schriften eine Verbindung zwischen dem hohen Lebensstandard in Doorn und der „feigen Flucht“. Vgl. auch: CECIL, Wilhelm II 2, S. 332.

409 ILSEMANN, Holland I, S. 46.

VI. Kaiser und Führer: Die Transformation der Monarchie

Im vorherigen Kapitel wurde festgestellt, daß die öffentliche Verarbeitung der untergegangenen Monarchie fast ausschließlich über die Person des letzten Monarchen erfolgte. Das abschließende Kapitel erörtert die Frage, welche Implikationen diese Konstellation für die Diskussion der Monarchie in der Weimarer Republik hatte. Mit dem Wegfall der Zensur und jener politischen Rücksichtnahmen, die vor 1918 den Monarchiediskurs bestimmten, stellt sich der Untersuchungsgegenstand nun grundlegend anders dar. Nach 1918 fand der Monarchiediskurs in Abwesenheit des Monarchen statt. Der geflohene Monarch war gleichzeitig Skandalopfer und ‚Königsopfer'. Für die Anhänger der Monarchie vermischten sich die Widerlegung der Skandalvorwürfe und die Trauer um die Monarchie.

A. „Als wär's ein Stück von mir". Verlusterfahrungen

> „Den wenigen Zurückbleibenden zeigten nur zwei rote Schlußlaternen, daß da Deutschlands Kaiser hinausfuhr aus seinem Vaterlande."[1]

Sucht man artikulierte Verlusterfahrungen nach dem Abgang des Monarchen, fallen zunächst Stimmen aus dessen Umgebung auf. Hier herrschte eine Mischung aus Unschlüssigkeit und Enttäuschung vor. Während Graf Eberhard v. Schwerin ratlos dem Hofzug hinterherblickte, bemitleidete Wilhelms II. ehemaliger Adjutant Oskar v. Chelius den „armen, armen Kaiser, dem mein Leben gehörte". Graf Dietlof Arnim-Boitzenburg schrieb im Januar 1919: „Mir ist noch immer so, als ob ich ohne unseren Kaiser und König nicht leben

---

1 Graf Eberhard v. SCHWERIN 1918. Die Erinnerungen von Graf Eberhard v. Schwerin sind abgedruckt in: Niemann, Revolution von Oben, S. 455-463, hier S. 459.

könnte".[2] Diese Kommentare, glaubwürdig oder nicht, sind kaum erstaunlich und letztendlich wenig aussagekräftig, da sie eine Sondergruppe betreffen, für die das Ereignis einen tiefen Einschnitt in ihr Leben darstellte. Sie stehen für unreflektierte Trauer.

Überraschender ist, daß viele Zeitungskommentatoren zwar notwendigerweise weniger persönlich aber nicht unbedingt weniger emotional zurückblickten. Die *Kölnische Zeitung* begann ihre Analyse der Abdankung vom 10. November mit der Einschätzung: „Viele von uns empfinden es als einen Riß im Herzen und als eine Schmach, an der sie selbst beteiligt sind, weil sie nicht abwenden konnten, daß so der Traum des deutschen Kaisertums verfliegt und sein letzter Träger so endet."[3] Unter dem Titel *Dem Kaiser* resümierte die *Deutsche Zeitung* vom 11. November 1918 in fiktivem Dialog: „Wir waren keine Byzantiner, sondern als königstreue Männer haben wir offen und ehrlich gesagt, wo Deine Schwächen sind, haben Dich gewarnt in ernster Stunde, aber wir haben Dich doch geliebt. Wenn wir Dich tadelten, dann war es der Tadel der Liebe, die wir königstreue Männer allzeit für den Träger der Hohenzollernkrone gehabt haben. Nun bricht alles zusammen. Die Krone, die Dir Dein Haus gegeben, legst Du müde aus Deinen Händen."[4] Die *Kölnische Volkszeitung* bezeichnete das Ende des Kaiserreichs als „das schmerzlichste, was wir durchleben".[5]

Wie auch im Kommentar der *Kölnischen Zeitung* wurde hier der Verlust der Person des Monarchen mit dem Verlust eines abstrakteren Gebildes – des Kaiserreiches – in Eins gesetzt. Was außerdem auffällt, ist die konstruierte persönliche Betroffenheit. Hans Delbrück klagte kurz nach dem Zusammenbruch der Monarchie: „Unsere Hoffnung hat uns getrogen, unser Stolz ist gebrochen."[6] Die Erörterungen über die Schuld an der Abdankung konnten leicht einen therapeutischen Ton bekommen. Regelmäßig beschrieben jene, die sich nicht mit dem Verlust der Monarchie abfinden wollten, diesen Verlust als einen persönlichen.[7] Ein Artikel der *Wacht im Osten* kommentierte die Abdankung mit den Worten: „Den innenpolitischen Kämpfen hat das Deutsche Reich nun auch noch das unter den obwaltenden Verhältnissen mögliche

---

2 Chelius an Fürstenberg am 25. November 1918, zit. nach HULL, Entourage, S. 306.; Dietlof Graf v. Arnim Boitzenburg vom 15. Dezember 1918 und 26. Januar 1919 zit. nach MALINOWSKI, König, S. 239. Die literarische Überhöhung derartiger Verzweiflung bei Werner von der SCHULENBURG, Jesuiten des Königs, Stuttgart u.a. 1922, S. 202 ff.

3 ‚Die Abdankung des Kaisers', Kölnische Zeitung, 10. November 1918, (Nr. 1050).

4 ‚Dem Kaiser', Deutsche Zeitung, 11. November 1918, (Nr. 573).

5 ‚Die Abdankung des Kaisers', Kölnische Volkszeitung, 10. November 1918, (Nr. 887).

6 Hans DELBRÜCK, Politische Korrespondenz. Waffenstillstand. – Revolution. – Unterwerfung. – Republik, in: Preußische Jahrbücher 174 (1918), S. 425.

7 „Dieselbe [Mewes' Schrift] soll nicht ein wissenschaftlich zwingendes Fachwerk sein, sondern vielmehr die Gefühle und Ansichten widerspiegeln, welche das Leben und Wirken des Kaisers während seines ganzen Lebens im Verfasser ausgelöst und erweckt hat." Rudolf MEWES, Kaiser Wilhelm II. seine Zeit und sein Recht – Alldeutschlands Aufstieg, Sturz und Wiedergeburt, Berlin 1920, S. 2.

kostbarste Opfer zu bringen, ein Opfer, bei dessen Darbringung nur zu viele von uns denken und offen aussprechen werden: als wär's ein Stück von mir."[8]

Was genau das persönliche Leid am Ende der Monarchie für die Zeitgenossen begründete, fiel diesen schwer zu beschreiben. In den frühen Kommentaren und Berichten loyaler Blätter, z.B. in der Kolportage von Gerüchten, daß Karl Liebknecht die Nacht vom 9. auf den 10. November im Bett des Kaisers verbracht habe, offenbart sich schlicht Fassungslosigkeit.[9] Später abstrahierten die Kommentatoren und verwiesen auf Kaiserwürde und Tradition. Die *Deutsche Tageszeitung* beklagte Schmerz und Trauer über das Ende einer immer wieder beschworenen fünfhundertjährigen Geschichte.[10] Die *Kölnische Volkszeitung* vermißte das Kaisertum als Symbol der Reichseinheit schon am 8. November 1918, bevor dieses überhaupt begraben wurde,[11] und die *Kölnische Zeitung* erklärte zwei Tage später: „Ein Zeichen und sein Träger sind gefallen! Uns war die Kaiserwürde mehr als nur ein einzelner Stirnreif" und prophezeite gleichzeitig: „Die Geschichte wird gerechter sein als es unsere dämmerungsgraue Gegenwart ist [...]. Sie wird ihren Spruch auch über die sprechen, die heute sich schuldlos wähnen und doch nicht minder als Wilhelm II. die Fäuste gegen die Brust schlagen sollten und klagen: Mein ist die Schuld, mein ist die schwerste Schuld! – Wir haben allesamt gesündigt, uns mangelt allesamt der Ruhm!"[12]

Diese ersten Einordnungsversuche zeichnen sich durch Emotionalität und Ratlosigkeit, aber auch durch eine hohe Reflexivität aus. Thomas Mann, der nach dem November 1918 nicht mehr viele Worte über Wilhelm II. verlor, hatte bereits am 17. Oktober 1918 gefragt: „Was ist es denn, was in meinesgleichen gegen die demokratische Einebnung Deutschlands protestiert, als die Anhänglichkeit an das ‚romantische', das kaiserliche Deutschland [...] So lange noch ein Kaiser an der Spitze steht, ist das romantische, das mittelalterliche Deutschland nicht tot."[13] Mit dem Ende der Monarchie verband sich sichtbar eine massive Herausforderung bürgerlicher Wertmaßstäbe, die unmittelbar gar nicht mit der zerbrochenen Institution zusammenhingen.

---

8 O.B., ‚Die Abdankung des Kaisers', Die Wacht im Osten, 10. November 1918, (Nr. 1060). Noch 1958 bezeichnete der Autor einer apologetischen Schrift Wilhelm II. als „Stück des eigenen Lebens". Anton RITTHALER, Kaiser Wilhelm II. Herrscher in einer Zeitenwende, Köln 1958, S. 86.

9 ‚Das königliche Schloß', Kölnische Volkszeitung, 3. Januar 1919, (Nr. 8). Vgl. auch: Bogdan KRIEGER, Das Berliner Schloß in den Revolutionstagen 1918. Erinnerungen und Eindrücke, Leipzig 1922..

10 ‚Rücktritt des Kaisers und des Kronprinzen', Deutsche Tageszeitung, 9. November 1918, (Nr. 572).

11 ‚Deutsches Kaisertum', Kölnische Volkszeitung, 8. November 1918, (Nr. 881).

12 ‚Die Hohenzollern durch fünf Jahrhunderte', Kölnische Zeitung, 10. November 1918, (Nr. 1051).

13 Zit. nach: BRUDE-FIRNAU, Deutung, S. 69 f. Auf diese tiefgehende, selten reflektierte bürgerliche Verunsicherung durch den Wegfall der Monarchie hat am eindringlichsten Wolfgang Böckenförde hingewiesen: „Ohne den Rahmen, den die Monarchie gegeben hatte, und die von ihm ausgehende Bindekraft war auf einmal alles diskutabel geworden." BÖCKENFÖRDE, Zusammenbruch, S. 317.

Die intellektuelle Überhöhung der eigenen Anhänglichkeit an die Monarchie entlang dem Mannschen Muster ermöglichte es der Mehrheit der bürgerlichen Blätter allerdings, schon bald pragmatisch einen politischen Neuanfang zu fordern: „Manchem mag es nicht leicht werden, mit alten Gewohnheiten, die trotz allerlei Anstößigkeiten sich auf eine glänzende historische Überlieferung und eine praktische Bewährung stützen, zu brechen. Aber es muß sein". Man dürfe, hieß es in der *Kölnischen Zeitung* vom 18. November 1918, „die friedliche Weiterentwicklung nicht dadurch stören, daß man sich monarchischer gebärdet als die 22 nunmehr verschwundenen deutschen Monarchen". Für „besonders gewissenhafte Gemüter" erklärte die Zeitung maliziös, daß Staatsrechtler wie Jellinek auch das alte Reich schon als eine Republik, nämlich ein Fürstenkollegium bezeichnet hätten.[14]

Symptomatisch ist der schnelle Einstellungswandel der *Kölnischen Zeitung*. Immerhin hatte dieselbe noch am 11. November die „durch Scheidemann erzwungene Abdankung des Kaisers" betrauert: „Der Sturz der Monarchie und die sichere Aussicht, fortan unter der deutschen Republik leben zu müssen, hat das deutsche Volk überrumpelt [...]. Derartig anerzogene und mit unserm ganzen Sein und Denken verwachsene Begriffe und Empfindungen kann der Mensch nicht aufgeben – freiwillig oder gewaltsam [...]."[15] Im Januar 1919 räumte die *Kölnische Zeitung* zwar noch ein, das deutsche Volk habe seine großartigen Leistungen insbesondere durch den „Glauben an seine Führer" erreicht. In einem politischen Programm, das gegen die Sozialdemokratie entworfen wurde, kam die Monarchie aber nicht mehr vor.[16] Dieser Befund gilt auch für die weiter rechts stehenden Zeitungen und umschloß zunächst sogar die *Kreuzzeitung*.[17] Was sich oberflächlich als nahezu reibungslose Ablösung von Monarch und Monarchie liest, stellt sich allerdings bei näherem Hinsehen wesentlich differenzierter als ein Problem der Personalisierung und Institutionenumdeutung dar. Dies verdeutlicht der Blick auf ein nun obsoletes Ritual.

---

14 ‚Bürgertum und Republik', Kölnische Zeitung, 18. November 1918, (Nr. 1074). Am 30. November erklärte der Universitätsdozent Herbert v. Bekerath am gleichen Ort, man müsse die politische Vergangenheit und auch die Hohenzollern ehren. Aber diese Zeit sei „dahin". Ein „Zurückrufen" würde Chaos bedeuten. Herbert v. Bekerath, ‚Bürgertum und Volksstaat', Kölnische Zeitung, 30. November 1918, (Nr. 1106).

15 ‚Eine vaterländische Pflicht', Kölnische Zeitung, 11. November 1918, (Nr. 1052).

16 Alfred Wailer, ‚Die Zukunft der bürgerlichen Gesellschaft', Kölnische Zeitung, 12. Januar 1919, (Nr. 30).

17 G.F., ‚Diktatur, Bürgertum und die Konservativen', Kreuzzeitung, 18. November 1918, (Nr. 588). Bemerkenswert ist, daß bereits am 12. November zum ersten Mal das Motto „Vorwärts mit Gott für König und Vaterland" auf der Titelseite der *Kreuzzeitung* fehlte. Kreuzzeitung, 12. November 1918, (Nr. 578).

1. Kaisergeburtstag ohne Kaiser: Loyale Verarbeitungsversuche

Anhand der andauernden Feier von Kaisers Geburtstag läßt sich nicht nur Verlusterfahrung demonstrieren. Die Wiederkehr dieses Ereignisses am jeweiligen 27. Januar bot den selbsterklärten Loyalisten einen willkommenen Anlaß, die Größe und Tiefe des eingetretenen Verlustes öffentlich auszuloten.[18] Das Spektrum reichte von naiver Evozierung der „herrlichen Bilder" früherer Kaisergeburtstagsfeiern,[19] über die Beschwörung der ganz persönlichen Trauer unter den vielen ‚Treugebliebenen', bis zur Reflektion dessen, was im November 1918 untergegangen war.[20] Da selbst die monarchistischen Zeitungen zu fast jedem gegebenen Zeitpunkt der Weimarer Republik eine Restauration für ausgeschlossen hielten, spielte dieses Thema auch in den entsprechenden Kaiserrückblicksartikeln kaum eine Rolle. Diese Artikel waren ihrem Charakter nach unpolitisch. Die Kommentatoren verhandelten die Gefühle einer eng umrissenen Gruppe ‚Treugebliebener', die durch ihr gemeinsames Leid am Verlust einer gemeinsamen Bezugsfigur definiert wurde.[21] Bereits einen Tag nach der Abdankung hatte die *Kölnische Zeitung* gefordert: „Aber eines dürfen die Volksgenossen, die sich jetzt in ihrer Überzeugung vergewaltigt fühlen, fordern und verlangen: daß man ihre Empfindungen achte, sie nicht durch taktlose Ausnutzung des durch des Kaisers und des monarchischen Volkes Opfermut erzwungenen Triumphes verletze."[22]

Für ihre sentimentalen Rückblicke wählten die engagierten Zeitungen eine sehr emotionale Sprache. Beispielhaft ist die Wortmeldung der *Kölnischen Volkszeitung* zum 27. Januar 1919, in der es rechtfertigend hieß: „Wir können nicht und wir wollen nicht durch einen weißen Fleck die Stelle kennzeichnen, an der wir sonst warme Worte für den letzten deutschen Kaiser gefunden ha-

---

18 Zur wichtigen Rolle des Kaisergeburtstages für den Bund der Aufrechten: HOFMANN, Deutschland, S. 45 f. und 110. Vgl. auch die von der Firma Krupp demonstrierte ostentativrenitente Anhänglichkeit an Wilhelm II. Die Jubilarfeiern innerhalb der Firma wurden vom Geburtstag Friedrich Alfred Krupps auf den Geburtstag des Kaisers gelegt. Hartmut POGGE VON STRANDMANN, Der Kaiser und die Industriellen. Vom Primat der Rüstung, in: RÖHL (Hg.), Ort, S. 111-130 hier, S. 126.

19 M.S., ‚Kaisers Geburtstag einst – und jetzt', Deutsche Tageszeitung, 27. Januar 1922, (Nr. 45); ‚Zum 27. Januar', Der Reichsbote, 26. Januar 1922, (Nr. 44). Die „herrlichen Bilder" bei: Willy Pastor, ‚Kaisergeburtstag 1919', Tägliche Rundschau, 25. Januar 1919, (Nr. 16). Vgl. die zahlreichen Artikel in: BAL, R 8034 II (RLB-Archiv), Bd. 4034, Blatt 90 ff. mit nahezu identischem Tenor.

20 Man sei mit dem Kaiser „auch weiterhin in Schicksalsgemeinschaft verbunden", behauptete der Artikel: ‚Zum Geburtstag des Kaisers', Braunschweiger Zeitung, 26. Januar 1923, (Nr. 43).

21 „In Wehmut und Trauer denken wir des letzten deutschen Kaisers aus Hohenzollerngeschlecht; in Wehmut und Trauer der gemeinen Weltweisheit, daß der Erfolg im Leben entscheidet und der vom Glück und Erfolg Verlassene immer in den Augen der Welt auch der Schuldige ist", erklärte: ‚Zum 27. Januar', Kölnische Zeitung, 27. Januar 1919, (Nr. 73).

22 ‚Die Abdankung des Kaisers', Kölnische Zeitung, 10. November 1918, (Nr. 1050); ‚Der Kampf der Extreme', Kölnische Volkszeitung, 14. Oktober 1919, (Nr. 806). Das gleiche Argument bei: WULFF, Schuld, S. 3 f.

ben." Ganz ähnliche Rückblicke finden sich im *Reichsboten* und der *Deutschen Tageszeitung*.[23]

Der Kaisergeburtstag 1919, der erste der „kaiserlosen" Zeit, beleuchtete ein von den Monarchisten oft thematisiertes Problem. Nur wenige ‚Treugebliebene' wollten sich offen zur Monarchie bekennen. Angeblich waren diese aber immerhin von „rein idealen Gründen" geleitet. In einer Grußadresse hieß es folgerichtig: „Kaiser, vielleicht ist Dein 27. Januar nie reiner gefeiert worden als heute!".[24] Die Artikel zu Kaisers Geburtstag dienten dazu, die bezeichnete Gruppe – im Fall der Leserschaft der *Kölnischen Volkszeitung* durchaus keine Randgruppe – auf die gemeinsame Überzeugung einzuschwören und sie ihrer Relevanz zu versichern: „Trotz allen Hasses und trotz aller Verhetzung gedenken am 27. Januar Millionen treuer, dankbarer deutscher Herzen des Kaisers und Königs", behauptete der *Reichsbote* im Januar 1921.[25]

Selten rafften sich die einschlägigen Artikel zu einer generellen Verteidigung des Ex-Kaisers auf. In der Regel verwiesen sie lediglich auf die Einsamkeit des „Dulders" in Doorn.[26] Formeln wie die, daß die Koinzidenz des Unglücks Wilhelms II. und des Unglücks des deutschen Volkes zeige, wie stark beider Schicksal zusammengehöre, blieben vage.[27] Fast alle Artikel zu Kaisers Geburtstag ordneten sich dem stillschweigenden Konsens unter, daß der Kaiser seine politische Rolle für immer ausgespielt habe. Die beständige Beschwörung des Kaisergedankens, ohne daß dieser jemals auf die Person Wilhelms II. konkretisiert wurde, bestätigt diese Annahme. Ein ‚Objekt der Verehrung' war Wilhelm II. allenfalls als „Träger der Hohenzollernkrone".[28]

Diese Zurückhaltung war ganz offensichtlich eine Konsequenz aus der Unmöglichkeit, Wilhelm II. als Thronprätendenten zu propagieren. So endeten die Artikel zu Kaisers Geburtstag üblicherweise mit Formeln wie: „Das echte Königtum ist ewig unentbehrlich!" oder mit dem Trost, daß man den Monarchismus nicht verlieren müsse.[29] ‚Oberst Immanuel' behauptete im *Reichsboten* 1921 optimistisch, die Sehnsucht nach der Monarchie werde in dem Maße wachsen, wie sich Einsicht in die Mangelhaftigkeit der jetzigen Zustände verbreite. Es gelte zu warten, bis sich „der Gedanke des Volkskönigtums und

---

23 ‚Der 27. Januar', Kölnische Volkszeitung, 27. Januar 1919, (Nr. 73); ‚Zum 27. Januar', Der Reichsbote, 26. Januar 1922, (Nr. 44). Vgl. auch: J. Br., ‚Dem Kaiser'. Zum 27. Januar , Deutsche Tageszeitung, 27. Januar 1919, (Nr. 48). Zur extrem wichtigen Rolle des Kaisergeburtstages für die *Aufrechten*: HOFMANN, Deutschland, S. 45 f.

24 GENGLER, Monarchisten, S. 36 f. Bemerkenswert an der Geburtstagsfeier 1919 ist der erhebliche Erfolg einer Unterschriftensammlung: 500 000 Unterschriften trotz begrenzter Reichweite. Derartige Kundgebungen sind freilich auch im Kontext der Auslieferungsdebatte zu sehen.

25 Oberst Immanuel, ‚Kaisers Geburtstag', Der Reichsbote, 27. Januar 1921, (Nr. 43).

26 ‚Das Kaisertum', Deutsche Tageszeitung, 27. Januar 1921, (Nr. 42). Von „Dulder" – mit groteskem Anklang an Friedrich III. – sprach Adolf Stein in seinem Artikel: ‚Gedenktag. Zum 27. Januar', Kreuzzeitung, 27. Januar 1919, (Nr. 39).

27 ‚Dem Kaiser! Zum 27. Januar', Deutsche Zeitung, 27. Januar 1925, (Nr. 43).

28 ‚Dem Kaiser', Deutsche Zeitung, 11. November 1918, (Nr. 573).

29 ‚Das Kaisertum', Deutsche Tageszeitung, 27. Januar 1921, (Nr. 42).

Volkskaisertums" verwirklichen lasse.[30] Selbst in den loyalsten Positionen trat die Schere zwischen den zwei Körpern des Königs, zwischen einer Bindung an die Person des Monarchen und an die Institution Monarchie immer mehr auseinander. In der für sich genommen absurden Tatsache, daß am Geburtstag Wilhelms II. vor allem einer Institution gedacht wurde, wird dieses Phänomen besonders eindringlich deutlich.

Je weiter das Ende der Monarchie zurücklag, desto abstrakter gestalteten sich die Neudefinitionen der Institution. Oswald Spengler behauptete zwar, die Monarchie werde gestärkt aus der Krise hervorgehen, sagte allerdings nicht konkret, wie diese vermeintlich monarchische Zukunft aussehen soll: „eine Diktatur, irgend etwas Napoleonisches".[31] Der Geburtstag des ehemaligen Kaisers bot die oft genutzte Gelegenheit, daran zu erinnern, daß „Persönlichkeiten" gebraucht würden, „welche uns die zur Zeit in Deutschland waltenden Zustände aus der Massen- und Parteiherrschaft heraus nicht zu geben vermögen".[32] Diese ständig wiederholten und kaum einmal konkretisierten Forderungen und Prognosen dienten als Durchhalteparolen, als Versuche, sich angesichts einer hoffnungslosen Lage gegenseitig Mut zu machen. So erklärte die *Kreuzzeitung* im Januar 1920 in merkwürdig dialektischer Weise: „Im vorigen Jahr begingen die ‚Treugebliebenen' Königsgeburtstag in tiefem Trauern um die verlorene Monarchie. Heute sind sie gewiß, daß das Königtum zurückkehren wird, oder vielmehr, daß das Volk heimkehren wird zum Königtum. Weil wir von der Erneuerung der Monarchie überzeugt sind, bedeutet uns dieser Tag nicht unwiederbringlichen Verlust, sondern er ist uns ein Tag persönlichen Gedenkens."[33] Erst spät, Anfang der dreißiger Jahre, stellte sich selbst bei hartgesottenen Kaiserbefürwortern eine alles überlagernde Resignation ein, und die Geburtstagsrückblicke gerieten nun vollends nostalgisch-resignativ.[34]

Sehr selten stellten die Artikel zu Kaisers Geburtstag die Frage, was eigentlich die Gründe für die als fatal diagnostizierte Situation seien. Wenn dies geschah, lautete die Antwort regelmäßig auf eine „Schuld des Volkes".[35] Der Topos vom Verrat des Volkes am Kaiser gehörte zu den beliebtesten Stilmitteln, mit denen einem unerhörten und unerklärlichen Ereignis Sinn verliehen werden sollte. Zweifellos das kurioseste Dokument in dieser Hinsicht ist ein fingierter „Abschiedsbrief [Wilhelms II., M.K.] an das deutsche Volk". Hier

---

30 Oberst Immanuel, ‚Kaisers Geburtstag', Der Reichsbote, 27. Januar 1921, (Nr. 43). Die *Deutsche Zeitung* erklärte noch 1925 abstrakt, man glaube an eine Wiederauferstehung des Kaisertums, und schloß den Geburtstagsartikel mit einem „Heil dem kommenden Kaiser." ‚Dem Kaiser! Zum 27. Januar', Deutsche Zeitung, 27. Januar 1925, (Nr. 43).

31 ‚Dem Kaiser! Zum 27. Januar', Deutsche Zeitung, 27. Januar 1925, (Nr. 43).

32 ‚Zum 27. Januar', Der Reichsbote, 26. Januar 1922, (Nr. 44).

33 In dieser Logik zeigten die antimonarchischen Schriften nur die Angst vor der Rückkehr der Monarchie und konnten daher auch nicht die Tatsache des „reinen Wollens" Wilhelms II. aufheben. ‚Zum 27. Januar', Kreuzzeitung, 27. Januar 1920, (Nr. 48).

34 Z.B. ‚Kaisers Geburtstag', Deutsche Tageszeitung, 27. Januar 1932, (Nr. 27).

35 Willy Pastor, ‚Kaisergeburtstag 1919', Tägliche Rundschau, 25. Januar 1919, (Nr. 16). Adolf Stein, ‚Gedenktag. Zum 27. Januar', Kreuzzeitung, 27. Januar 1919, (Nr. 39).

trat der Kaiser als Ich-Erzähler mit seinem Volk ins Zwiegespräch. Zwar gesteht Wilhelm II. Fehler ein, bittet aber gleichzeitig um Gerechtigkeit: „Jetzt fallt Ihr alle über mich her und gebt mir an Eurem ganzen Unglück schuld." Das Pamphlet betonte die immense Zustimmung, die die kaiserliche Politik gefunden habe, sowie die „Unterwürfigkeit" des Volkes.[36] Wilhelm II., so der Grundgedanke, habe immer den Willen der Mehrheit ausgeführt: „Immer nur Euer Wille, nicht mein Wille, darum aber auch nicht meine Schuld, sondern Eure Schuld."[37]

In lediglich leichten Abwandlungen verwiesen alle kaiserapologetischen Schriften der Weimarer Republik auf den vermeintlichen Verrat am Kaiser. Der Pamphletist E. Meyhen beschuldigte das Volk eines Verrates am Monarchen, wenn diesem Feigheit vorgeworfen würde, und konterte mit der Frage an seine Zeitgenossen: „Was tatest Du, um Deinen Kaiser in Schutz zu nehmen? Du brauchtest das klägliche Wort, ‚er sei schlecht beraten gewesen'."[38] Das Volk, so Peter Hagenau, habe nicht nur 1918 seinen Kaiser im Stich gelassen; verwerflich sei vielmehr, daß es die heftige Kritik am ehemaligen Kaiser dulde. Im Hinblick auf die radikalen Vorwürfe fragte Hagenau seine Landsleute, die auch er direkt ansprach: „Seid Ihr ein derart vertrotteltes und idiotisches Volk, daß Ihr Euch dreißig Jahre lang regieren ließet von einem Mann, der vom Bösen besessen, keiner guten Regung fähig, nicht bei Verstande war?"[39] Noch überspitzter argumentierte der notorische Kaiserverteidiger Berthold Otto zu Kaisers Geburtstag 1919. Wichtiger als die praktischen Gründe, die einer Wiedererrichtung der Monarchie entgegenstünden, schien ihm, daß das deutsche Volk der Monarchie nicht mehr wert sei: „Wir haben uns ihrer unwürdig gezeigt. Was wir dem Kaiser Wilhelm II. angetan haben, ist der ungeheuerlichste Treuebruch, der jemals in der Weltgeschichte vorgekommen ist." Die Art, wie jetzt über den Kaiser geurteilt werde, beweise nur „unser schlechtes Gewissen".[40]

Otto und Hagenau argumentierten nicht mehr auf der Ebene des konkreten Für-und-Wider der Monarchie, sondern auf der Ebene des Sprechens über den Monarchen nach 1918. Mehr als alles andere belegen diese Verteidigungslini-

---

36 Insbesondere die Historiker hätten sich beim Loben Wilhelms II. hervorgetan. Dies zeige am deutlichsten deren Isolierung Quiddes nach dessen Caligula-Broschüre. Anonym, Abschiedsbrief, S. 3 ff.

37 Anonym, Abschiedsbrief, S. 29 ff.

38 MEYHEN, Entwicklung, S. 12 f.

39 Peter HAGENAU. Ein Wort für Wilhelm II., Berlin 1919, S. 6. Eine Broschüre der *Aufrechten* führte systematisch alle Argumente zur Verteidigung des kaiserlichen Verhaltens am 9. November 1918 ins Feld, um jedesmal rhetorisch zu fragen: „Wer war untreu?" Der Kaiser wird dabei durchgehend Führer genannt. Bund der Aufrechten. Landesverband Thüringen, Aufruf!, Gotha 1930, in: RAU, R 14, Nr. 15, Blatt 2.

40 Berthold Otto behauptete sogar: „[...] der Treubruch hat nicht erst im November 1918 begonnen; er war schon Jahrzehnte lang vorbereitet und trat auch schon zehn Jahre früher in einem anderen November deutlich zutage." Berthold OTTO, Wilhelm II. und wir! Die Kaiserartikel des ‚Deutschen Volksgeistes' aus den Jahren 1919-1925, Berlin 1925, S. 4. Stadthagen hingegen verwies auf das Lohengrin-Motiv, um den Kaiser zu rechtfertigen. STADTHAGEN, Hilfsmittel, S. 15 f.

en die Ungeheuerlichkeit der Vorwürfe gegenüber dem Monarchen. Die entlastende Funktion der Denkfigur von der Schuld des Volkes liegt auf der Hand. Zudem bot sie eine scheinbar plausible, bildhaft und einfach zu vermittelnde Erklärung für ein unvorstellbares Ereignis. Aber gerade diejenigen Stimmen, die sich intensiv mit der Verlusterfahrung durch die Abdankung des Monarchen befaßten, räumten implizit auch ein, daß diese Erklärung zu kurz griff. Zwar suchten auch die *Berliner Neuesten Nachrichten* die Schuld beim Volk, in zweiter Linie jedoch beim Kaiser, wenn sie behaupteten: „Wir sind überzeugt, daß Wilhelm II. den heutigen Tag ebenso ernster Selbstprüfung und Einkehr widmen wird, wie es die besten nationalgesinnten Kreise des deutschen Volkes tun werden." Für das zukünftige Verhältnis von ehemaligem Monarchen und Volk fand die Zeitung die unverbindliche Sprachregelung: „Zwischen uns sei Wahrheit, denn nur sie kann erreichen, daß Kaiser und Volk ohne Bitterkeit und Groll aneinander denken und sich heute als zwei tief Unglückliche dennoch in Treuen [sic.] grüßen können."[41]

Ein weiterer Aspekt in der Verarbeitung des Endes der Monarchie war die unhinterfragte Berufung auf Treue zum Monarchen. Diese folgte einer eigenen Logik und mußte nicht begründet werden. Die Deklaration unwandelbarer Treue gehörte zur Rhetorik des Kaiserreichs und gewann in der Abdankungskrise eine Eigendynamik. Typisch für rechtsstehende Zeitungen erklärte die *Pommersche Tagespost* am 2. November 1918, das deutsche Volk habe sich immer durch besondere Treue zu seinem Herrscher ausgezeichnet. Selbst in „tiefster Not" verließen die Deutschen ihren Herrscher nicht, sondern scharten „sich im Gegenteil noch enger um ihn". In diesem Sinne wollte die Zeitung auch die erwähnte Kaiserkundgebung kurz vor Kriegsende im Herrenhaus verstanden wissen.[42]

In einer einschlägigen Broschüre verwies Loewenfeld auf das altgermanische Ideal der Treue zum König, welches durch die Revolution verletzt worden sei.[43] Die Treue zum Kaiser dürfe auch nach dem verlorenen Krieg nicht enden, schrieb Ludwig Schneller.[44] Die Beschwörung unwandelbarer Treue findet sich in fast allen Artikeln zu Kaisers Geburtstag nach 1918. Der „überzeugungstreue Monarchist", so v. Karnebeck in der *Deutschen Zeitung* vom 27. Januar 1922, müsse sich schützend vor den Kaiser stellen.[45] Schon 1919 hatte Rump – säuberlich zwischen den zwei Körpern des Königs trennend - erklärt: „Wir sind erzogen in der Pflicht und dem Rechte, dem angestammten Herrscherhause Treue zu halten, wenn es sein muß, in Gefahr und Not die

---

41 Das Kaisertum alten Typs sei zerstört: „Unwiederbringlich, denn selbst wenn die Unmöglichkeit möglich wäre: Kaiser und Volk würden einander doch nicht mehr froh werden können." ‚Dem fernen Kaiser', Leipziger Neueste Nachrichten, 27. Januar 1919, (Nr. 48).

42 ‚Der Kaiser', Pommersche Tagespost, 2. November 1918, (Nr. 304).

43 LOEWENFELD, Republik, S. 135

44 Ludwig SCHNELLER, Unser Kaiser. Erinnerungen an Kaiser Wilhelm II., Leipzig 1929. Vgl. auch vom selben Verfasser: Königs-Erinnerungen, Leipzig 1926.

45 v. Karnebeck, ‚Das neue Kaisertum', Deutsche Zeitung, 27. Januar 1922, (Nr. 48). Eine Polemik gegen Unterschriftensammlungen für den Kaiser und Treuebekundungen in: ‚Heil Kaiser Dir! Von denen, die nicht alle werden!', Vorwärts, 20. Januar 1928, (Nr. 33).

Person des Herrschers mit dem eigenen Leibe zu decken, nicht um dieser Person willen, sondern um des hehren Amtes willen, das sie zu versehen hat."[46]

Die aggressive Formulierung der eigenen Treue fiel mit einer Verdammung des „Treuebruchs", die nicht unbedingt identisch mit der These vom Verrat des Volkes am Kaiser sein mußte, zusammen.[47] Dieser Vorwurf umfaßte alle, die sich nicht mehr auf den ehemaligen Kaiser – oder die Monarchie überhaupt – festlegen wollten. Je fragwürdiger das monarchistische Bekenntnis wurde, desto heftiger insistierten die Monarchisten auf unreflektierter Treue. 1928 forderte der *Berliner Lokal-Anzeiger* in einer Artikelüberschrift schlicht „Mehr Treue". Zwar beklagten die Treugebliebenen' immer wieder ihr Schicksal, aber es wird in diesen Klagen auch deutlich, wie die simple Treueideologie anspruchslose Erklärungsbedürfnisse durchaus zu befriedigen vermochte.

Der selten definierte Terminus Treue diente vorrangig der Selbstbeschreibung, der Selbstverständigung über vermeintlich gemeinsam erfahrenes Leid in Abgrenzung gegen andere.[48] Der *Reichsbote* kontrastierte die Treue der Monarchisten mit der Zeit der „Popularitätshascherei", in der eine kleine Gruppe es naturgemäß schwer habe. Gleichsam Opfer einer ‚Schweigespirale' seien die „Treuen und Aufrechten" heute die „Stillen im Lande". Deshalb trete ihre Zahl nicht hervor. Aber auch wenn man in einer „Zeit der großen Zahlen" lebe, werde sich Treue doch durchsetzen.[49] Mit derartigen Analysen gestanden die loyalistischen Monarchisten ein, daß sie in der Medienlandschaft der Weimarer Republik nahezu vollkommen marginalisiert worden waren. Die Deutungsangebote der Apologeten indizieren die Unfähigkeit, überzeugende Erklärungen für den 9. November 1918 zu präsentieren. Gegenüber dem skandalösen Gehalt der Flucht liefen mehr oder weniger rationale Erklärungen sichtbar ins Leere.

Hinzu kam, daß selbst seine Anhänger den Doorner Exilkaiser nicht mehr als politische Potenz behandelten. Der ehemalige Kaiser war mit seiner ‚letzten Reise' zu einer historischen Person geworden. Durch die Umstände seines Abgangs schien es ausgeschlossen, daß Wilhelm II. als Monarch zurückkehren und noch einmal in die Geschichte eintreten werde.[50]

---

46 RUMP, Hoensbroech, S. 110.

47 OTTO, Kaiserartikel, S. 7.

48 HOFMANN, Deutschland, S. 168.

49 ‚Zum 27. Januar', Der Reichsbote, 27. Januar 1928, (Nr. 23).

50 Dies unterstreichen Biographien des ehemaligen Monarchen, in denen Wilhelm II. nurmehr als historisches Phänomen behandelt wird: Vgl. z.B. Otto Graf zu STOLBERG-WERNIGERODE, Wilhelm II. (Colemans Kleine Biographien, 6), Lübeck 1932.

2. Zwischen Person und Institution: Dilemmata des Monarchismus

Die monarchistische Bewegung in der Weimarer Republik führt ein merkwürdiges Dasein in der Historiographie.[51] Friedrich Hiller von Gaertringen machte bereits vor fast dreißig Jahren auf die Diskrepanz zwischen der äußerst zurückhaltenden Einschätzung der Stärke der Monarchisten und dem gängigen Verweis auf die Wirkmächtigkeit monarchistischer Prägungen vor allem im Beamtentum und Offizierskorps aufmerksam. Durch Arne Hofmanns Studie über den *Bund der Aufrechten* können die Spezifika des Weimarer Monarchismus nun deutlich klarer gesehen werden. Demnach sollte weniger auf den konkreten politischen Einfluß monarchischer Gruppen geschaut werden als auf den Umgang mit dem Ende der Monarchie.[52]

Die Spezifika des Weimarer Monarchismus waren durch das skandalöse Ende der Monarchie determiniert. Das größte Problem für den *Bund der Aufrechten,* wie den Monarchismus überhaupt, war der Umgang mit rechter und monarchistisch begründeter Kritik am Monarchen.[53] Das Prätendentenproblem, oftmals als wesentlicher Malus des Monarchismus ausgemacht, läßt sich ausschließlich auf die stigmatisierte Figur des natürlichen Prätendenten, Wilhelm II., zurückführen. Dieses Dilemma reflektierte implizit oder explizit jede monarchistische Äußerung.[54] Kurz vor dem ersten Jahrestag der Novemberrevolution forderte der *Reichsbote* seine Leser auf, sich zum „geistigen Kampfe zu rüsten". Das Blatt stellte Argumentationshilfen bereit, denn der 9. November müsse „die national gesinnten Männer und Frauen und ihre Presse auf der Höhe des Tages finden".[55] Hier zeigt sich deutlich, was es bedeutete,

---

51 Eine hervorragende Darstellung des Forschungsstandes zum Monarchismus sowie eine sehr überzeugende Definition desselben findet sich in HOFMANN, Deutschland, S. 13 ff. Die folgenden Zahlenangaben zum Monarchismus folgen dieser Studie.

52 Die *Aufrechten* waren die zahlenmäßig mit Abstand stärkste wie auch aktivste Gruppe innerhalb des preußisch-hohenzollernschen Verbandsmonarchismus, strenge Legitimisten und in ihrer Fixierung auf das Kaiserreich kompromißlos restaurativ. Trotz dauernder, nicht selten gerichtlicher Auseinandersetzungen mit den Organen der Republik, kam die Vereinigung 1922 auf 25 000 Mitglieder in über 60 Ortsgruppen. Nach dem Verbot in Preußen konnte sie vor allem in Franken und Thüringen fortexistieren und hatte 1927 allein hier Mitgliederzahlen um 15 000. In Preußen, zumindest in Berlin, konnten sich die *Aufrechten* über Veranstaltungen ihrer Zeitschrift den Folgen des Verbots bedingt entziehen, bis in Folge des ‚Preußenschlages' 1932 eine Wiederzulassung möglich wurde. Nach nur neun Monaten überschritt die Mitgliederzahl des inzwischen straff organisierten Bundes die 100 000, bevor er wenig später mit weiteren monarchischen Vereinigungen innerhalb einer ‚Deutschen Kaiserbewegung' fusionierte.

53 Diverse Artikel aus dem *Aufrechten* setzten sich mit monarchistischer Kritik an Wilhelm II. auseinander. HOFMANN, Deutschland, S. 82.

54 Hiervon zeugt ein Problembewußtsein unter Monarchisten, wie es in einer Besprechung von Rosners Buch durch Rump zum Ausdruck kommt: „Um es vorweg zu nehmen, ein vornehmes, gediegenes, vorsichtig abwägendes Buch, das alle Befürchtungen, mit denen man an diese Leseaufgabe geht, entkräftet." Diedrich Rump, ‚Rosners Kaiserbuch', Kreuzzeitung, 27. Dezember 1920, (Nr. 606).

55 ‚Um den Kaiser', Reichsbote, 19. Oktober 1919, (Nr. 516).

daß der Staatsformwechsel die Beweislast für die Überlegenheit eines politischen Systems umgekehrt hatte.[56]

Nur selten gelangte der Monarchismus in die argumentative Offensive. Lediglich die Auslieferungsdebatte bot eine Gelegenheit für die ‚Treugebliebenen', sich an die Spitze eines Diskurses zu setzen und wirklich breite Schichten für ihr Anliegen zu interessieren. Schon während des Krieges waren im alliierten Lager Forderungen laut geworden, Wilhelm II. müsse als Kriegsverbrecher ausgeliefert und vor einen internationalen Gerichtshof gestellt werden. Nach Kriegsende konkretisierten sich diese Forderungen im Versailler Vertrag wie auch in verschiedenen Kampagnen unter dem Motto „Hang the Kaiser".[57] Damit handelte es sich also um eine konkrete Bedrohung für Wilhelm II., die für einen längeren Zeitraum einen äußerst wirkungsvollen Ansatzpunkt für monarchische Propaganda lieferte.[58] Gewohnte Fronten verschoben sich in dieser Frage, und es läßt sich eine uneingestandene und wohl auch unwillentliche Solidarisierung mit dem Exil-Monarchen beobachten.

Nach dem Entschluß der Alliierten vom 4. Juni 1919, Wilhelm II. vor Gericht zu stellen, erfolgte die Gründung des *Bundes deutscher Männer und Frauen zum Schutz der persönlichen Freiheit und des Lebens Wilhelms II.*[59] Anfang 1920 kam es, zumindest nach Angaben der *Kreuzzeitung*, zu Massenkundgebungen gegen die Auslieferung des Kaisers.[60] Hier gelang es effektvoll, die „nationale Ehre" mit der Sache des Exil-Monarchen zu verbinden und die Ententeforderung nach Auslieferung als Demütigung für das deutsche Volk darzustellen.[61] Die Verteidigung des Monarchen verblieb jedoch auf der Symbolebene. Eine Rehabilitation der Person Wilhelms II. fand nicht statt, wenn auch in der verschärften monarchischen Agitation nach alliierten Auslieferungsforderungen die ‚Richtigstellung' der Rolle Wilhelms II. in Spa breiten Raum einnahm.[62]

---

56 HOFMANN, Deutschland, S. 30.

57 Das Motto benutzte Lloyd George im englischen Wahlkampf im Herbst 1918. Zur Auslieferungsfrage: MARKS, Ozymandias, S. 133-167, GUTSCHE, Exil, S. 36-41. Die deutsche Presse diskutierte das Problem vom Januar 1919 an. Vgl. den Artikel: ‚Die Entente-Note an Holland', Vossische Zeitung, 19. Januar 1920, (Nr. 34). Zur zeitgenössischen juristischen Debatte: Simeon Baldwin, The Proposed trial of the Former Kaiser, in: Yale Law Journal 29 (1919), S. 75-82; Floyd R. Clarke, The Allied Demand on Holland for the Kaiser, American Law Review 55 (1921), S. 558-584.

58 Zur öffentlichen Darstellung und Wirkung: GStAPK, HA Rep 84a (Justizministerium), Nr. 1233; BAL, R 8034 II (RLB-Archiv), Bd. 4034, Blatt 26 ff. und Bd. 4036, Blatt 1-36. Vgl. auch die Propagandaschrift von Max TAUBE, „Wann kommt der Kaiser wieder?" (Preußische Aufklärungsschrift, 3), Berlin 1921.

59 Vgl. GUTSCHE, Exil, S. 38.

60 ‚Massenkundgebungen gegen die Auslieferung', Kreuzzeitung, 26. Januar 1920, (Nr. 46).

61 Hermann BORKENHAGEN, Kaiser Wilhelms II. Schuld (Flugschriften der DNVP), Berlin 1920; Kreuzzeitung, 24. Januar 1920, (Nr. 43). Der Solidarisierungseffekt wurde durch die Tatsache befördert, daß eine große Zahl weiterer Deutscher vor Gericht gestellt werden sollte. Vgl. GENGLER, Monarchisten, S. 53 ff. Zum starken Engagement des Heiligen Stuhls in der Auslieferungsfrage zugunsten Wilhelms II.: SAMERSKI, Kaiser und Papst, S. 230 f.

62 BAL, R 8034 II (RLB-Archiv), Bd. 4034, Blatt 176 ff.

Die unmögliche uneingeschränkte Verteidigung förderte einen vagabundierenden Monarchismus, der sich aus zwei Argumenten speiste: Erstens erlaube es das Verhalten Wilhelms II., ihm die Treue aufzukündigen, da er selbst dies gegenüber dem Volk getan habe.[63] Zweitens, und abhängig davon, schien es vielen Monarchisten aber auch schlichtweg undenkbar, nach allem, was passiert war, weiter auf die Karte des Ex-Kaisers zu setzten. Aus pragmatischen Gründen verbot sich diese Option. Die Agitation für Wilhelm II., so erklärte die DVP-Politikerin Katharina v. Oheimb drastisch, sei kontraproduktiv für die Sache des Monarchismus.[64] Kaum überraschend betonten Monarchisten daher immer wieder, daß Krone und Kronenträger keinesfalls als identisch betrachtet werden dürften. In einem „Wort an alle Königstreuen" erklärte Steininger Ende November 1918, „der Träger einer Krone ist nicht gleichbedeutend mit der Dynastie, ein einzelner Monarch nicht die Verkörperung der Monarchie schlechthin" und Preußen habe auch schon früher schwache Herrscher ertragen.[65] Noch radikaler argumentierte Claß. Es sei eine geschichtliche und politisch „nicht haltbare Behauptung, daß die Monarchie als solche, als Staatsform im Kriege sich ‚blamiert'" habe: „Blamiert haben sich nur die Träger des monarchischen Amtes." Jedes Volk habe den Monarchen, den es verdient, und den es, hieß es in der Diktion Hardens, sich „erzieht".[66] Nun müsse das Volk nach besseren Optionen Ausschau halten. Der sich selbst als Herzensmonarchist bezeichnende Wilhelm Stapel erklärte die Möglichkeit einer Restauration der legitimen Dynastie schlicht für nicht gegeben.[67]

In einem ersten Schritt wurde der „Kaisergedanke" von der Person Wilhelms II. abgelöst und in einem zweiten Schritt in die „ferne Zukunft" transferiert. Die neue Orientierung der Monarchisten richtet sich nun auf ein „Kaiserreich der Zukunft".[68] Mit dieser freischwebenden, unbestimmten

---

63 Da ganz offensichtlich auch die Monarchen nicht mehr an die Monarchie geglaubt hätten, sei es, so Claß in einer programmatischen Sitzung der Alldeutschen, „verständlich, daß auch monarchische Kreise am monarchischen Gedanken irre geworden sind". Bericht über die Verhandlungen des Geschäftsführenden Ausschusses in Bamberg am 16. und 17. Februar 1919, in: BAL, R 8048 (Alldeutscher Verband), Nr. 123, Blatt 12.

64 Oheimb erklärte: „Die Diskrepanz zwischen dem Charakter Wilhelms II. und seinem monarchischen Beruf wird nur noch deutlicher und sollte gerade seine Person für jede monarchische Propaganda gänzlich ungeeignet, ja geradezu störend erscheinen lassen." BAL, N 2136 (Michaelis), Nr. 133, Blatt 8 RS.

65 Steiniger, ‚Ein Wort an die Königstreuen', Der Tag, 29. November 1918, (Nr. 278).

66 Bericht über die Verhandlungen des Geschäftsführenden Ausschusses in Bamberg am 16. und 17. Februar 1919, in: BAL, R 8048 (Alldeutscher Verband), Nr. 123, Blatt 20.

67 Wilhelm STAPEL, Die Fiktionen der Weimarer Verfassung, Hamburg u.a. 1927, S. 7 f.

68 So deklariert auf dem Königsberger Parteitag der DNVP. KAUFMANN, Monarchism, S. 172. Besonders deutlich zeigen dies die Artikel zum ersten in die republikanische Periode fallenden Kaisergeburtstag am 27. Januar 1919. Die Artikel der deutschnationalen, konservativen und nationalliberalen Presse einte die Überzeugung vom „Weiterleben des monarchischen Gedankens im Volke und der Wunsch nach Wiedereinführung des Kaisertums in einer allerdings fernen Zukunft". Dies war der Tenor eines Artikels der *Post*, der sich auf „zahlreiche Kundgebungen" berief. In der ‚Kreuzzeitung' argumentierte Westarp ähnlich, und Adolf Stein behauptete: „Wir haben den Kaiser verloren, aber den monarchischen Gedanken können wir nicht verlieren." Alle Artikel bis auf die der *Kreuzzeitung* in: Gengler, Monarchi-

Erwartungshaltung wurde eine Offenheit gegenüber reinen Führerkonzeptionen gewahrt.[69] Der „Hohenzollernsche Kaisergedanke als Staatsidee der Zukunft“[70] bot Raum für vielfältige Assoziationen. Mit den bekannten Modellen, die aus der Zeit vor 1918 stammten, verband diese Assoziationen allerdings nur noch wenig. Auffällig ist, daß die zukünftige Monarchie hingegen fast immer Ähnlichkeiten zu Führerkonzepten aufwies. Die neue, idealisierte Monarchie präsentierte sich als eine stark veränderte Neuerfindung der alten.[71]

Bereits hier wird deutlich, daß Walter H. Kaufmanns Charakterisierung des Weimarer Monarchismus als eines „innocent political hobby“ entschieden zu kurz greift.[72] Es hieße, die Prägekraft der Institution und Idee Monarchie zu unterschätzen, wenn man ihr Erbe auf einen skurrilen folkloristischen Monarchismus reduzierte. Zwischen der mehr oder weniger aktiven und emotionalen Erinnerung an eine breit akzeptierte Institution sowie der Verstörung und Abwendung durch den Skandal, in dem diese endete, lag eine große Spannbreite politischer Optionen.[73]

Zurecht hat Arne Hofmann die Frage aufgeworfen, „wieso trotz scheinbar nicht ungünstiger Voraussetzungen eine Restauration realgeschichtlich nicht einmal ansatzweise in den Bereich des Möglichen trat, während die labile Republik von den Nationalsozialisten erfolgreich gestürzt werden konnte, die mit ihrem ebenfalls irrational-mystisch angelegten ‚Führergedanke[n] im Vakuum eines monarchenberaubten Staates‘ über einen Aktivposten verfügten, der theoretisch gerade den Monarchisten zur Verfügung hätte stehen müssen“.[74]

---

sten, S. 34 f. Bemerkenswert in der Ablehnung einer eindeutig legitimistischen Position war ein Artikel der *Deutschen Tageszeitung,* der erklärte: „Wir träumen den Traum vom heimlichen Kaiser, bis dieser Traum (wir legen uns in der Person des jetzigen Kaisers nicht fest, wenn wir ihm auch eine Heimat in der Heimat wünschen) wieder seine Erfüllung findet“. J. Br., ‚Dem Kaiser. Zum 27. Januar‘, Deutsche Tageszeitung, 27. Januar 1919, (Nr. 48).

69 Diese Abstraktion war gerade für das völkische Lager wichtig. Der völkische Schriftsteller und Hitler-Mentor Dietrich Eckart schrieb in seiner Wochenschrift: „Mein Glaube gehört nun einmal der Monarchie. Nicht einem bestimmten Monarchen, sondern der monarchischen Idee.“ in: Auf gut deutsch. Wochenschrift für Ordnung und Recht, 10. Januar 1919, (Nr. 2).

70 Eduard Stadtler, zit. nach: GENGLER, Monarchisten, S. 173 ff.

71 Vgl. Friedrich EVERLING, Wiederentdeckte Monarchie, Berlin 1932, S. 32 f.

72 KAUFMANN, Monarchism, S. 194 f., 213.

73 Trotz einer beispiellosen Kaiserkritik zeigte sich selbst Weber weiterhin „vom Nutzen monarchischer Institutionen in Großstaaten“ überzeugt. Vgl. MOMMSEN, Weber, S. 170.

74 HOFMANN, Deutschland, S. 12. Der Ausdruck „monarchieberaubter Staat“ stammt von Karl Dietrich Bracher. Karl Dietrich BRACHER/Wolfgang SAUER/Gerhard SCHULZ, Die nationalsozialistische Machtergreifung. Studien zur Errichtung des totalitären Gesellschaftssystems in Deutschland 1933/34, Köln/Opladen [2]1962, S. 24. Die „realgeschichtliche“ Unmöglichkeit bedeutet freilich nicht, daß die Restauration im Diskurs der Weimarer Republik nicht präsent sein konnte. Als besonders schlagendes Beispiel sei lediglich darauf verwiesen, daß, als die DVP sich für ein Volkskaisertum aussprach, Theodor Wolff sich veranlaßt sah, dies scharf zu verurteilen. Bernd SÖSEMANN (Hg.), Theodor Wolff. Der Journalist. Berichte und Leitartikel, Düsseldorf u.a. 1993, S. 190 f. Genugtuung hierüber äußerte die *Kreuzzeitung*: ‚Katerstimmung‘, Kreuzzeitung, 9. November 1920, (Nr. 528).

Beim Versuch einer Antwort muß auch hier wieder auf die Verquickung persönlicher und institutioneller Aspekte abgestellt werden. Dies trifft für die gerade unter Monarchisten verbreitete Überzeugung zu, die Monarchie sei an ihren eigenen Fehlern gescheitert. Der Publizist Paul Rohrbach versuchte in diversen Artikeln die Republikaner davon zu überzeugen, daß sie nicht den Vorzügen ihres Systems, sondern den Schwächen der Monarchie den Sieg verdankten, und zugleich den Monarchisten zu verdeutlichen, daß gerade wegen ihrer Fehler die Restauration einer nicht weitgehend ge- und veränderten Monarchie aussichtslos sei.[75] Meinecke erklärte, die Haltung des gesamten Heeres und „die Art, wie die Monarchie geendet hat", habe die „innersten Fundamente ihrer Macht zermürbt". Selbst in den Kreisen, in denen man gegenrevolutionäre Wünsche hege, müsse es daher den halbwegs Verständigen „als Wahnsinn erscheinen", die Monarchie wieder aufrichten zu wollen.[76] Ganz ähnlich hieß es auch in einer Rede Max Webers kurz nach der Revolution. Die Verzögerung eines würdevollen Thronverzichts falle jetzt auf die preußische Dynastie und damit auf die Dynastien überhaupt zurück. Denn ohne erbliche Spitze des Reiches sei eine dynastische Verfassung in den Einzelstaaten, wenn formell möglich, dann doch sachlich nicht haltbar.[77]

Entsprechend wenige Stimmen lassen sich finden, die eine Rückkehr Wilhelms II. forderten.[78] Selbst monarchistische Kommentare sprachen sich fast ausschließlich für eine abgeschwächte, konstitutionelle Monarchie aus.[79] In dieser Monarchie spielte der ehemalige Kaiser keine zukunftsweisende Rolle

---

75 Horst BIEBER, Paul Rohrbach – ein konservativer Publizist und Kritiker der Weimarer Republik (Dortmunder Beiträge zur Zeitungsforschung 16), München/Berlin 1972, S. 232. Ganz ähnlich auch der ebenfalls dem republikanischen Lager zuzurechnende Ernst Feder: „Die Umwälzung, die sich damals bereits vollzog, konnte nur mit der Beseitigung der Monarchie enden. Niemand dachte daran, sie zu verteidigen, nicht im Reich und nicht in den Ländern. Niemand dachte daran, in Weimar einen Antrag auf Wiederherstellung des Kaisertums zu stellen. Die Monarchie ist tot, zugrundegegangen an den eigenen Fehlern und an den Fehlern derer, die sich als die treuesten Schützer ihrer steilen Höh' betrachteten. [...] Der 9. November ist die Todesstunde der Monarchie. Er ist nicht das Geburtsdatum der demokratischen Republik." Ernst Feder, ‚Zum 9. November', Berliner Tageblatt, 9. November 1920, (Nr. 514).

76 Friedrich Meinecke, ‚Die Forderung der Stunde', Deutsche Allgemeine Zeitung, 13. Dezember 1918. Meinecke wandte sich gegen die Restauration der Monarchie. 1922 schrieb er: Zu Meineckes Widerstand gegen eine Restauration vgl.: Harm KLUETING, „Vernunftsrepublikanismus" und „Vertrauensdiktatur". Friedrich Meinecke in der Weimarer Republik, in: HZ 242 (1986), S. 69-98., S. 76.

77 Weber in einer Rede über *Die zukünftige Staatsform Deutschlands* am 17. November 1918 vor dem Ortsverein der Fortschrittlichen Volkspartei in Heidelberg. Bericht des *Heidelberger Tageblatts*: MOMMSEN/SCHWENTKER, (Hg.), Weber, S. 372 f.

78 Hierzu gehörten vor allem die *Aufrechten*. Hofmann beschreibt dies als „monarchischen Attentismus", HOFMANN, Deutschland, S. 71 ff. Auch der Pamphletist Schneller sprach sich explizit gegen die Ansicht: „Einen Kaiser wohl, aber nicht den alten Kaiser!" aus. Wilhelm II. habe aus seinen Fehlern gelernt und sei gerade darum nun der richtige Mann. SCHNELLER, Kaiser wieder!, S. 22. Ähnlich: STADTHAGEN, Hilfsmittel, S. 10; Hans LAHN, Kommen die Hohenzollern wieder?, Hamburg 1921, S. 16 ff.

79 Deutsche Tageszeitung, 16. November 1918, (Nr. 585). Vgl. auch: E. tho. RAHDE, Bürgertum und Umsturz. Ein Mahnruf in letzter Stunde!, Heidelberg 1918, passim.

mehr. Zum Optimismus veranlaßte die Realisten unter den Monarchisten lediglich die offensichtliche Schwäche der Republik.[80] Letztere legte es nahe, zumindest ein neues System für möglich zu halten. Stark abstrahiert konnte so der monarchische Gedanke wieder ins Spiel kommen.[81] Man müsse nun, so Georg v. Loesen 1923 im *Reichsboten*, das Kaisertum auf neuer und besserer Grundlage wieder aufbauen.[82] Wilhelm II. war zwar noch Anlaß, nicht mehr aber das Ziel der Reflexionen. Der Monarchismus wurde flexibel und potentiell überall anschlußfähig bzw. löste sich in den beschriebenen Konzepten vom heimlichen Kaiser auf. Loewenfeld etwa prophezeite: „Deutschland hat sich in der Phantasie nach dem ewigen Kaiser gesehnt und durch die Jahrhunderte von ihm geredet und gesungen. [...] Der deutsche Kaiser wird wiederkommen, wenn alles andere bankrott ist, um den mühseligen Aufbau von neuem zu beginnen."[83]

Diese Deutung war allerdings nach zwei Seiten offen. In dem Maße, wie sie anschlußfähig an etwaige ‚Post-Republik'-Konzepte war, war sie es auch gegenüber konkreten und radikalen Führereinforderungen, zumal sich der Monarchismus personell selten festlegte. Ein gescheiterter Ex-Monarch bzw. potentieller Prätendent erschwerte jegliche Konkretisierung monarchischer Hoffnungen in seiner Person. Dies galt nicht nur wegen seines skandalösen Abgangs von der politischen Bühne, sondern auch wegen der fortdauernden Inszenierung der Monarchie auf einer nicht gänzlich dem Blickfeld entrückten Nebenbühne.

3. Der unmögliche Ort Doorn

> Sie sitzen in den Niederlanden/Und gucken in die blaue Luft,
> der Alte mit den hohen Granden,/der Junge in der Tenniskluft [...]
> Sie schreiben Fibeln für die Kleinen,/drin steht: ‚Ich hab' es nicht gewollt!'
> Die Krone fiel. Wer wird denn weinen!/Das ganze Geld kam nachgerollt.[84]

Während für die unmittelbaren Rückblicke der Jahre 1918 und 1919 der regierende Kaiser, der eben noch mächtige Imperator Rex, ausschlaggebend war, erschien bald eine zweite Kaiserfigur, mit der die Erinnerung umgehen mußte.

---

80 SCHNELLER, Kaiser, S. 20; ‚Katerstimmung', Kreuzzeitung, 9. November 1920, (Nr. 528); ‚Zum 27. Januar', Der Reichsbote, 26. Januar 1922, (Nr. 44).

81 Vgl. hierzu den Beschluß: „Wir werden den monarchischen Gedanken in der Form des Kaisergedankens vertreten und uns nicht auf der [sic!] Dynastie festlegen" des Vorstands der Alldeutschen. Bericht über die Verhandlungen des Geschäftsführenden Ausschusses in Bamberg am 16. und 17. Februar 1919, in: BAL, R 8048 (Alldeutscher Verband). Nr. 123, Blatt 14.

82 Georg v. Loesen, ‚Monarchie und Republik', Der Reichsbote, 27. Januar 1923, (Nr. 45). Ähnlich: ‚Zum 27. Januar', Kreuzzeitung, 27. Januar 1922, (Nr. 45).

83 LOEWENFELD, Republik, S. 133.

84 Kurt TUCHOLSKY, Deutschland, Deutschland unter andren. Ausgewählte Werke, hg. von Fritz Raddatz, Berlin 1957, S. 303 f.

Schließlich lebte Wilhelm II. für weitere 23 Jahre im niederländischen Exil, zunächst in Amerongen, dann in Doorn.[85] Bei der Betrachtung der Darstellungen des „Doorner Schloßherrn" wird schnell deutlich, daß hier eine neue Figur entstanden war. Der holländische Wilhelm II. – nun mit Vollbart und sichtbar gealtert – unterschied sich nicht nur optisch erheblich vom Vorkriegskaiser. Er hatte sich, so wollte es die kaisertreue Deutung, auch charakterlich geläutert.

Diesen neuen Wilhelm II. und den Ort, an dem er lebte, brachten dem Publikum einfühlsame Reisereportagen, später auch Wochenschauberichte nahe.[86] Die Augenzeugendarstellungen waren im Tenor fast immer positiv.[87] Die meisten Kritiker interessierte das Leben des Ex-Kaisers nicht, und wenn doch, so blieb ihnen der Zutritt in Doorn verwehrt.[88] Typischerweise empfahlen die Doornreisenden – wie z.B. Ludwig Schneller – einen Besuch beim Ex-Kaiser als Allheilmittel für alle Zweifler. Schneller kannte den Ort aus eigener Anschauung und konnte sich daher als autoritativer Deuter präsentieren: „Wenn doch all die Deutschen, welche böse über den Kaiser sprechen, nur ein Stündchen hier hereinsehen könnten – wie würden ihnen die Augen aufgehen!"[89] Regelmäßig wiesen die Doornbesucher auf die Wichtigkeit des persönlichen Erlebens, die Notwendigkeit, ein „innerlich abgeschlossenes Urteil" zu erlangen, hin.[90] Die Beschreibungen boten eine minutiöse Darstellung des

---

85 Generell zum Exilhof: Hans WILDEROTTER, Haus Doorn. Die verkleinerte Kopie eines Hofstaats, in: Wilderotter/Pohl (Hg.), Exil, S. 122-170.

86 Zum Exilkaiser im Film: Ursula SPORMANN-LORENZ, Wilhelm II., Doorn 1931 ((Publikationen zu wissenschaftlichen Filmen. Sektion Geschichte, Publizistik), Göttingen 1979. Offensichtlich war der Monarch immer noch im Umgang mit dem Film äußerst unbefangen. In einem Brief vom 3. Mai 1928 gab er dem Schriftsteller Friedrich Karl Nowak sein Einverständnis zur Verfilmung seiner Zeit in dem Film „Monarch" unter der Bedingung „strengster Objektivität". GStAPK, BPH, Rep. 53, Nr. 237, Blatt 37.

87 Daniel Schäfer begründete seinen Bericht aus Doorn mit dem Hinweis: „Aber als Mensch der Wahrheit bin ich verpflichtet, all den Lügennachrichten, die über Doorn verbreitet wurden, die erlebte Wahrheit und wirkliche Tatsachen entgegenzustellen." Daniel SCHÄFER, Was ich beim Kaiser in Haus Doorn sah und erlebte. Die Wahrheit über Doorn, Ein Reisebericht, Berlin 1925, Einleitung. Weiter schrieb Schäfer: „Mir persönlich sollte diese Reise vor allem Klarheit bringen über einige Fragen, die wie ein Alpdruck auf Millionen deutscher Herzen lasten. Darum war es mir ein Geschenk, daß ich mitreisen durfte, nicht als Politiker oder Parteiglied, sondern als Deutscher, der gerne wissen wolle: 1. Warum der Kaiser einst nach Holland ging. 2. Warum der Kaiser wieder geheiratet hat. 3. Wie der Kaiser zum biblischen Christentum steht." Ebd., S. 3 f.

88 Vgl. als Ausnahme den Artikel von Viendre (Haag), ‚Amerongen. Der ehemalige Kaiser', Berliner Tageblatt, 3. Januar 1920, (Nr. 4), der nüchtern einen Miniaturhof schildert, dessen Mitglieder den Kontakt zur Realität vollständig verloren haben.

89 Die Kapitel in Schnellers Darstellung trugen Titel wie „Haus Doorn", „Erste Begegnung mit dem Kaiserpaar", „Im Rauchzimmer" und schließlich „Die Getreuen von Doorn". SCHNELLER, Königs-Erinnerungen, S. 207 ff. Vgl. auch den Artikel von Percy Ernst SCHRAMM, Notizen über einen Besuch in Doorn (1930), in: Konrad Repgen/Stephan Skalweit (Hg.), Spiegel der Geschichte. Festgabe für Max Braubach zum 10. April 1964, München 1964, S. 942-950.

90 „Die Frucht meines Besuches in Doorn bleibt die, daß ich für den Kaiser und sein Haus bete und ihn lieb behalte." Schäfer, Kaiser, S. 4 ff. Kurt Ernst Gottfried v. BÜLOW, Vom Kaiser

Lebens Wilhelms II. in seiner neuen Heimat.[91] Sie folgten den Gesetzen einer ‚menschelnden' Homestory, die auf die Bescheidenheit des Doorner Miniaturhofes abhob, welche wiederum den Rahmen für eine mehr oder weniger explizit gemachte Läuterung des Ex-Kaisers – dieser nun ganz Individuum - abgab.

Geradezu ein Topos derartiger Beschreibungen war die vermeintliche Einsamkeit des Ex-Monarchen.[92] Dieses Motiv sollte nicht nur der Identifikation mit dem leidenden, verbannten Kaiser dienen. Es erlaubte, die Reiseberichte als Teil der Bemühungen, den Kontakt zum ehemaligen Herrscher nicht abreißen zu lassen, zu präsentieren, aber auch die verstorbene, wesentlich populärere Kaiserin in das Gedenken einzuschließen.[93] Hier sollte die Treue der Unkorrumpierten dargestellt werden, ähnlich wie in den zahlreichen Glückwünschen, die zu besonderen Ereignissen nach Doorn geschickt wurden.[94] In einem Bericht in der *Kreuzzeitung* hieß es nach dem Tod der Kaiserin folgerichtig: „Die Gedanken der Treugebliebenen, die heute ihre stille Wallfahrt nach Doorn antreten, finden ein von doppelter Trauer belastetes Haus." Nicht nur in diesen Berichten wurde das Schicksal Wilhelms II. suggestiv mit dem Friedrich Wilhelms III. nach dem Tod Luises verglichen.[95] Eine anonym schreibende Doornreisende griff 1922 die Argumente der Kritiker und Verteidiger des kaiserlichen Exillebens auf und beschrieb Wilhelm II. als über diesem Streit stehend. Der Kaiser wurde als der Mensch, der er zuvor nicht hatte sein dürfen, dargestellt.[96] Ein letztes Mal bemühten Apologeten des Monarchen dessen Individualität als pauschale Entschuldigung.

---

wie er wirklich ist. Betrachtungen nach meinem Besuch in Haus Doorn, Schweidnitz 1926, passim. Anonym, Vom Kaiser in Doorn. Persönliche Erlebnisse und Betrachtungen eines Deutschen, Leipzig 1922, passim.

91 Vgl. Lady Norah BENTINCK, Der Kaiser im Exil, Berlin 1921. Norah Bentinck war die Nichte des Gastgebers Wilhelms II. in Amerongen.

92 Z.B. ‚Der Kaiser', Tägliche Rundschau, 27. Januar 1921, (Nr. 43). Vgl. hierzu auch folgenden bezeichnenden Vorgang: Der Kreisausschuß des Kreises Belgard (Pommern) bittet beim Oberpräsidium Pommerns um Weitergabe einer Erklärung, mit welcher dem exilierten Kaiser angeboten werden soll, in Pommern (Schloß Kleist-Retzows) Aufenthalt zu nehmen. Dies wird begründet mit der Einsamkeit, in welcher der von seinem Volk verlassene Kaiser sich befinden müsse. Politische „Erwägung oder Betätigung" seien „ausgeschlossen". Dem „Vielgeschmähten und Vielverleumdeten will man durch ein Zeichen der Treue und der Liebe eine Wohltat erweisen.", so der Regierungspräsident (Michaelis), der die Eingabe zwar weiterleitet, sich aber wenig Erfolg verspricht. BAL, N 1283 (Nachlaß Michaelis), Nr. 105, Blatt 14 ff.

93 ‚Feiern und Kundgebungen zum 18. Januar', Kreuzzeitung, 18. Januar 1921, (Nr. 27); Die Geburtstagsadresse des *Reichsboten* an den Kaiser, Der Reichsbote, 20. März 1919, (Nr. 137).

94 RAU, R 14, Nr. 65 f.

95 Diesmal komme aber auch noch die Entfremdung des Monarchen von seinem Volk hinzu. Dennoch, hieß es, „sind wir gewiß, daß an diesem 27. Januar mehr dankbare Gedanken den Weg nach Doorn machen, als in den Jahren zuvor. Die Lüge, die dem Kaiser ins Exil folgte, beginnt sich zu überleben. Die Verleumdung, die sich selbst überschlug, verliert täglich an Kraft." ‚Zum 27. Januar', Kreuzzeitung, 26. Januar 1921, (Nr. 42).

96 In dem anonym erschienen Bericht wählt die Verfasserin, gestützt auf Freuds Traumdeutung, das Stilmittel der Wiedergabe eines Traums auf der Fahrt nach Doorn. „Zwischen ih-

Aber selbst unter jenem letzten monarchistischen Aufgebot, das unter dem Vorsatz der Rechtfertigung Wilhelms II. nach Doorn fuhr, überwog auf der Rückfahrt die Enttäuschung. Anstatt als Jungbrunnen schwankender Monarchisten zu fungieren, verursachte die Konfrontation mit dem idealisierten Helden Ernüchterung. Reinhard Mumm, Schwiegersohn und Nachfolger Stoeckers in der christlich-sozialen Bewegung, reiste als überzeugter Monarchist 1926 nach Holland. Seine Erinnerungen an die Fahrt versah er allerdings mit dem Hinweis: „Nichts daraus ist zu veröffentlichen, so lange der, von dem die Rede ist, am Leben ist." Ideal und Realität ließen sich für ihn nicht in Übereinstimmung bringen.[97] Dem Schriftsteller Reinhold Schneider, der 1933 zum Gespräch nach Doorn gebeten wurde und einer der wenigen kritischen Gäste war, mangelte es an dieser Pietät gegenüber dem gestürzten Monarchen. Nach seiner Rückkehr zeigte er keinerlei Interesse an einer Zusammenarbeit mit dem Exilhof, denn das Subjektive am Ex-Kaiser fehle. Wilhelm II. sei gänzlich in seiner Rolle aufgegangen.[98] Sicherlich nicht hilfreich war die selbstmitleidige Beschäftigung Wilhelms II. mit der Kulturmorphologie eines Leo Frobenius. Der dem Kaiser verbundene Ethnologe entwickelte, inspiriert durch den politischen Umbruch 1918, eine Theorie des rituellen „Sichselbstopfern[s]" des Königs, die allzu offensichtliche Anklänge an Wilhelm II. hatte, der hierin sein eigenes Handeln erklärt und entschuldigt fand.[99]

In den apologetischen Darstellungen mochte das Zurückgeworfensein des seines Amtes entkleideten Monarchen auf das rein Menschliche die Ehrenrettung des Individuums Wilhelm II., ein überzeugendes Darstellungsmittel sein. Wie die letzteren Beispiele zeigen, trug es aber viele Risiken in sich. Bezeich-

---

nen [einem Ankläger und Verteidiger, M.K.] stand der Kaiser; er stand stumm zwischen ihnen, mehr dem eigenen Volke, den Anklägern zugewandt als den anderen, die ihm wohltun wollten. Aus seiner Haltung ging hervor: ‚Nehmt mich, wenn ihr wollt! Wenn ihr glaubt, daß es dem Lande, dem Volke von Nutzen sein kann, wenn ihr mich zum Opfer bringt, so nehmt mich! Ihr seht, daß ich wehrlos bin!' Aber es war seltsam, keine Hand streckte sich nach ihm aus." Dem ehemaligen Monarchen werden die Worte in den Mund gelegt: „Ich habe mich mein ganzes Leben lang danach gesehnt, einmal nichts anderes als einfach Mensch sein zu dürfen. Aber das hat man mir niemals erlaubt – von meiner Kindheit an nicht! Jetzt ist es zu spät dazu und die bösen, dunklen Stimmen, die in meine Ruhe hineinschreien würden, die Fäuste, die sich gegen mich erheben würden, der Hohn, der Haß, all das würde sehr viel schwerer zu ertragen sein, wenn ich jetzt einfach Mensch sein wollte, als wenn ich meine Pose beibehalte." Anonym, Doorn, S. 5 ff.

97 Mumm berichtete irritiert, der Kaiser habe erklärt: „Der einzige der Deutschland retten kann bin ich." Reinhard Mumm, Erinnerungen für meine Kinder, unveröffentlichtes Manuskript, zit. nach: Norbert FRIEDRICH, Die Christlich-soziale Bewegung und Wilhelm II., in: Samerski, Religion, S. 105-131, hier S. 126.

98 BRUDE-FIRNAU, Deutung, S. 24. Schneider hatte im selben Jahr ein wohlwollendes Buch über *Die Hohenzollern* (Leipzig 1933) herausgegeben und gehörte zu den Mitarbeitern der katholisch-monarchistischen Zeitschrift *Monarchie und Leben*. Vgl. STRÖTZ, Katholizismus, S. 197 f.

99 Michael SPÖTTEL, Leo Frobenius. Des letzten Kaisers Ethnologe, in: Samerski (Hg.), Religion, S. 285-314, hier S. 303; Hans WILDEROTTER, Zur politischen Mythologie des Exils. Wilhelm II., Leo Frobenius und die 'Doorner Arbeits-Gemeinschaft', in: Wilderotter/Pohl (Hg.), Exil, S. 131-142, hier S. 138.

nenderweise griff Kurt von Reibnitz, der sich mit seiner vielbeachteten *Geschichte und Kritik von Doorn* Ende der zwanziger Jahre als radikaler Kritiker des Exilhofes einen Namen machte, gerade die These von der angeblichen Läuterung Wilhelms II. im Exil an, indem er eine Doorner „Psychographie" Wilhelms II. entwickelte. Der Kaiser habe aus den Novemberereignissen nichts gelernt, dies höchstens durch Einsamkeit tun können, nun aber geheiratet und stehe unter dem Einfluß seiner neuen Frau Hermine, die ihm suggeriere, daß seine Rückkehr auf den Thron möglich sei.[100]

Selbst die Treuesten nahmen die Wiedervermählung Wilhelms II. im November 1922, nur eineinhalb Jahre nach dem Tod der Kaiserin Auguste Viktoria, äußerst kritisch auf.[101] Die breite Anteilnahme am Tod Auguste Viktorias am 11. April 1921 unterstrich, welch wichtigen Platz die Kaiserin in der monarchistischen Erinnerung einnahm.[102] Ihre Reaktionen auf den Zusammenbruch von 1918 wurden als angemessen empfunden. Die ehemalige Kaiserin zog sich zurück, trat öffentlich nicht mehr in Erscheinung und starb schließlich – so die weitverbreitete Deutung – aus Trauer über das Schicksal ihres Landes und ihres Hauses.[103] Angesichts der über 20.000 Menschen, die am Begräbnis der Kaiserin in Potsdam teilnahmen, sah Harden sich zu dem Urteil veranlaßt: „Das ist nicht Begräbnis: das ist Auferstehung. Das Hoffen auf Restauration des Kaiserreiches hat ein Trauerfest bereitet, wie es der Frau des regierenden Kaisers nie beschieden gewesen wäre."[104] Harden übersah dabei, daß es schon vor 1918, spätestens nach der Krise der Monarchie 1907/1908, eine manifeste Tendenz zur Umdeutung des Verhältnisses von Kaiser und Kaiserin gegeben hatte.[105] Nicht unähnlich der Konstellation Friedrich Wilhelm III. und Luise wurden Auguste Viktoria nunmehr Attribute zugeschrieben, die vorher dem Monarchen vorbehalten gewesen waren.[106] Anhand der Kritik an der Wiedervermählung Wilhelms II. läßt sich sehr gut zeigen, wie das Verhalten des Ex-Monarchen nach 1918 noch erheblich an Bedeutung gewann. Innerhalb dieser Logik einer noch einmal verschärften Überprüfung

---

100 „Der König muß sich an die Stelle des armen Mannes setzen," habe Friedrich der Große gesagt. Davon sei bei Wilhelm II. – insbesondere im Hinblick auf den Doorner „Operettenhofstaat" - nichts zu spüren. Reibnitz verweist als Ideal auf Karl V. im Kloster in der Estremadura. Kurt Frhr v. REIBNITZ, Wilhelm II. und Hermine. Geschichte und Kritik von Doorn. Dresden 1929, S. 9 ff, 40 ff.

101 Beispiele hierfür in: ‚Die Wiedervermählung Wilhelms II.', Neue Freie Presse, 23. September 1922, (Nr. 20848).

102 Vgl. die in der Broschüre ‚Kaiserin Auguste Victoria zum Gedächtnis. Ihr Leben und Wirken, ihre Heimkehr und Beisetzung, Berlin 1921' zusammengefaßten Artikel. Generell: Andreas DORPALEN, Empress Auguste Victoria and the Fall of the German Monarchy, in: American Historical Review 58 (1952), S. 17-58, insb. S. 37 f.

103 Bogdan KRIEGER, Die Kaiserin. Blätter der Erinnerung, Berlin 1921. DERS., Auguste Viktoria als Landesmutter im Kriege, Berlin 1919. Zur Trauerfeier: RAU, R 14, Nr. 151, 152.

104 Maximilian Harden, Sind die Raben fort?, in: Die Zukunft 113 (1921), S. 87-116, hier S. 116. GENGLER, Monarchisten, S. 141 ff. Vgl. hierzu auch WELLER, Harden, S. 282.

105 Vgl. hierzu CLARK, Wilhelm II, S. 161 und BRUDE-FIRNAU, Deutung, S. 130 ff.

106 Zum Phänomen der Abwertung Friedrich Wilhelms III. durch die Aufwertung Königin Luise: WIENFORT, Monarchie, S. 173 f. und SCHULTE, Aufstieg. Bezeichnenderweise baute der erwähnte Plan von Michaelis auf die Kaiserin auf.

des kaiserlichen Charakters wurden auch letzte ‚Verteidigungslinien' monarchistischen Selbstverständnisses fragwürdig. Der DNVP-Politiker Walter Lambach warf 1928 die Frage auf, ob die Treue gegenüber dem Monarchen nicht durch dessen Verhalten entwertet worden sei. Lambach begründete 1928 seine kritische Haltung auf diese Weise. Unzählige „treue Monarchisten" seien durch die zweite Heirat des Kaisers und die vielen Familienskandale zu „verbissenen Republikanern" geworden.[107] Gerade diejenigen aber, die noch immer nach Doorn blickten und nach Erklärungen fragten, wurden durch kaiserliches Selbstmitleid enttäuscht.[108]

Doorn stand aber nicht nur für den Aufenthaltsort eines unbelehrbaren Ex-Monarchen – ein Problem, das vor allem potentielle und faktische Monarchisten interessierte –, sondern auch als Chiffre für die augenscheinliche Diskrepanz zwischen dem Schicksal des Monarchen und des Landes, das er verlassen hatte. Diese Diskrepanz, die auch den Skandal um Flucht und nichterbrachten Königstod begründete, fand in Doorn ihr plakatives Symbol. Ob korrekt oder nicht – immer wieder wurde der Luxus des holländischen Exils und das „Drohnendasein" des letzten Kaisers betont.[109] Im Januar 1926 löste der Film einer französischen Produktionsgesellschaft, der Wilhelms II. Privatleben in Doorn vorstellte, erhebliches Befremden aus. Die einschlägigen Kommentare gingen davon aus, daß der Film mit dem Einverständnis des Ex-Kaisers gedreht worden sei, der sich, so das einhellige Urteil, massiv blamiert habe.[110] Geradezu ein Klassiker der Kritik war der Verweis auf die 68 Eisenbahnwaggons voller Möbel und Kunstgegenstände, die Wilhelm II. nach Doorn folgten.[111] Im Kontext der Debatte um die Fürstenabfindung gewann diese wenig revolutionäre Geste der Republik eine enorme Bedeutung.[112] Der Kontrast zwischen vermeintlichem Doorner Luxus und Weimarer Elend konnte über dieses Vehikel plastisch herausgestellt und damit popularisiert werden.

Das im Vergleich mit dem inflationsgeschüttelten Deutschland kommode Leben des geflohenen Kaisers war erklärungsbedürftig, aber in medialen

---

107 Walter Lambach, Monarchismus, in: Politische Wochenschrift für Volkstum und Staat 4 (1928), S. 495-497, hier S. 496 f..

108 „Der Leser findet den Verfasser [des Kaiserbuchs, M.K.] in Selbsttäuschungen befangen, die er, wenn er ihn liebt, bedauert", hieß es hier vor allem mit Bezug auf das Bismarckkapitel. ‚Das Kaiserbuch', Schlesische Zeitung, 28. September 1922, (Nr. 295). Paul v. Hintze kommentierte die Feier des 70. Geburtstages Wilhelms II. mit der Bemerkung: „C'est le ridicule que tue." Vgl. Privatbrief Hintzes, Neapel 27. Januar 1929, HÜRTNER, Hintze, S. 110. Auch HERZ, Abdankung, S. 77 f. vermißte bei Wilhelm II. jeglichen Ansatz zur Selbstkritik.

109 Zitat bei REIBNITZ, Doorn, S. 210.

110 ‚Der Exkaiser-Film', Frankfurter Zeitung, 9. Januar 1926, (Nr. 21).

111 Die Zahl der Eisenbahnwaggons variiert von Quelle zu Quelle. Die jüngste Untersuchung von GUTSCHE, Exil, geht von 68 Waggons aus. Zum umfangreichen Inhalt derselben siehe: RAU, R 14, Nr. 437 und 438, insbesondere die „Schätzungsliste" vom 22. März 1920. Zum Lebensstil in Doorn vgl. GUTSCHE, Exil, S. 45.

112 Vgl. hierzu Martin KOHLRAUSCH, The Deserting Warlord. Fashioning Wilhelm II's Flight in Germany after the First World War, MA-Dissertation, University of Sussex 1997, S. 31 ff., insb. Anm. 201 ff.

Termini nicht erklärungsfähig.[113] Die bloße Existenz des Doorner Exilhofes begründete einen Unterskandal der Kaiserflucht, spiegelte die Kritik an dieser und verstärkte jene. Angesichts der diskursiven Verbindung des Luxushofes sowohl mit den Nöten der Weimarer Republik als auch den Erblasten der Wilhelminischen Regierungszeit blieben Erklärungsversuche regelmäßig unbefriedigend. Den verheerenden Bildern des uneinsichtig holzhackenden Luxushofinhabers vermochten die Verteidiger Wilhelms II. kein überzeugendes Bild entgegenzusetzen.

4. Die Privatisierung der Verantwortung: Der Monarch im Rückblick

In Doorn zählte der seines Amtes entkleidete Monarch nurmehr als Person. Diese Grundtatsache bestimmte auch die Darstellung der Rolle Wilhelms II. im Kontext der umkämpften Erinnerung an das ‚zweite' Reich. Auffällig ist, daß die Kommentatoren über die politischen Lager hinweg die Gründe für das Ende der Monarchie in der Persönlichkeit des Monarchen suchten. In seinem berühmten, ausgewogenen Kommentar resümierte Theodor Wolff im *Berliner Tageblatt* vom 9. November 1918: „Wer dem Kaiser nie die Rosen, die aus den Gärten von Byzanz stammen, dargebracht hat, wird in diesem Augenblick gern darauf verzichten, auf die Schwelle, über die er hinausschreitet, nur Beschuldigungen zu streuen". Wolff, schon frühzeitig als prononcierter Gegner Wilhelms II. hervorgetreten, bedauerte, daß Reformen nicht früher stattgefunden hatten, räumte aber auch ein, daß Könige aus strukturellen Gründen kaum jemals die wirkliche Lage kennenlernen würden. Der Kaiser sei letztlich „das Opfer von Eigenschaften geworden, die ein Teil seiner Natur waren und von fatalen Persönlichkeiten zugunsten falscher Ziele ausgebeutet worden sind."[114] In einem außergewöhnlich langen Artikel, gleichsam als Bilanz von dreißig Jahren Regierung Wilhelms II., unternahm die *Frankfurter Zeitung* am 12. November 1918 noch einmal den Versuch, „uns seine Geistesart zu erklären, die von so großem Einfluß auf die deutsche Geschichte der letzten dreißig Jahre gewesen ist und sein Verhalten bis in die letzten Tage bestimmt hat".[115] Auch ‚aufgeklärte' Rückblicke konnten sich nicht von einer Fixierung auf personalisierende Deutungen freimachen.

Im Vergleich mit diesen geschlossenen Urteilen wirken die meisten Resümees zu diesem Zeitpunkt ratlos. Die *Dresdner Nachrichten* vom 10. November versuchten ihre Orientierungslosigkeit in der Formel, daß den Kaiser und das Volk „nicht genügend starke Bande der Einigung umschlungen [hätten], um der Nation auch im Unglück ein Ausharren bei dem Monarchen zu ermöglichen", zu verbergen. Wie viele andere Kommentare, diagnostizierte auch

113 Die Hoffnungslosigkeit der monarchistischen Position zeigt der Artikel: ‚Wie verleumdet wird!', Kreuzzeitung, 1. August 1928, (Nr. 157).

114 Theodor Wolff, ‚Abdankung des Kaisers', Berliner Tageblatt, 9. November 1918, (Nr. 575).

115 ‚Wilhelm II.', Frankfurter Zeitung, 12. November 1918, (Nr. 914).

dieser abstrakte Kräfte als Ursache des Monarchensturzes und bescheinigte Wilhelm II. – dies wurde ein regelrechter Topos –, immer das Gute gewollt zu haben.[116] Die *Magdeburgische Zeitung* räumte gönnerhaft ein, Wilhelm II. sei durchaus ein „hochbegabter Mann" gewesen, aber eben auch „Neurastheniker" und „Romantiker".[117]

Was sich hier andeutet, war bezeichnend für einen starken Trend, den Charakter des Kaisers in den Mittelpunkt zu stellen und psychologisch auszuleuchten.[118] Die Erziehung des Monarchen gewann sowohl für Kritiker wie auch für Verteidiger Erklärungskraft für seine Defizite.[119] Diese Erklärung war offenbar so überzeugend, daß selbst Wilhelm II. sie akzeptierte und in seinen Erinnerungen ausführlich von lieblosen Eltern und dem Martyrium seiner Jugend berichtete.[120]

Je später nach dem 9. November 1918 verfaßt, desto klarer lassen sich die Rückblicke auf die Regierung Wilhelms II. in die Kategorien Kritik und Verteidigung einteilen. Die linke Kritik reichte von der radikalen Demontage eines Idealbildes in Heinrich Manns *Kopf*[121] über vernichtende Broschüren bis zu äußerst polemischen Zeitungskommentaren.[122] Als typisch für letztere

---

116 ‚Zur Abdankung des Kaisers', Dresdner Nachrichten, 10. November 1918, (Nr. 63).

117 ‚Abdankung', Magdeburgische Zeitung, 9. November 1918, (Nr. 816).

118 Vgl. das psychologische Portrait des Kaisers, zusammengesetzt aus Zeugnissen von Zeitgenossen in fünf langen Folgen, beginnend am 24. November 1918: ‚Der letzte Hohenzollernkaiser', Staatsbürgerzeitung, 24. November 1918, (Nr. 44).

119 Vgl. den Bericht über die Beschwerde Friedrichs III. gegenüber Bismarck wegen zu frühzeitiger Beschäftigung Wilhelms im Auswärtigen Amt bei Goetz. Die hier gemachten Äußerungen gelten Goetz als Beleg für den zerrissenen Charakter Wilhelms II., der mit seinem politischen Amt überfordert gewesen sei. Ernst Goetz, ‚Der Vater über den Sohn', Berliner Tageblatt, 2. Dezember 1918, (Nr. 616). Vgl. auch die bemerkenswerte Charakterskizze Wilhelms II. ‚Wilhelm II. Ein Charakterbild', Leipziger Neueste Nachrichten, 10. November 1918, (Nr. 312). Zu einer Rechtfertigung, die auf den Charakter abstellt, vgl. auch: Friedrich FRESKA, Menschliche Rechtfertigung Wilhelms II. nach seinen Randbemerkungen in den Akten des Auswärtigen Amtes, München 1920.

120 Vgl. WILHELM II., Leben. Röhl hat diese Darstellung in Frage gestellt und in Teilen als bewußt lancierte Legende entlarvt, was den Vorgang nur bezeichnender macht: RÖHL, Jugend, S. 169 f.

121 Heinrich Manns Kaiser ist der Antipode zu Thomas Manns Repräsentationsprinzen: „Ohne Würde und Takt brüskiert und beleidigt er noch die treuesten Anhänger, kippt Champagner über im Dienst ergraute Generäle, läßt sich von Frauen manipulieren und sympathisiert mit homosexuellen Neigungen; ein Getriebener, den pseudoreligiös begründete Eitelkeit am politisch sinnvollen Handeln hindert." BRUDE-FIRNAU, Deutung, S. 139.

122 Als besonders zynisches Beispiel das Flugblatt: P.P., Todesanzeige Se. Majestät Wilhelm II./Testament des Wilhelm v. Hohenzollern, o.O., o.J. (wahrscheinlich 1918). Polemische Kritik von links in ‚Quousque tandem, imperator...', Volksstimme, 6. November 1918, (Nr. 261) und, bereits am 9. November 1918, die sehr negative Bilanz in der *Frankfurter Volksstimme*: ‚Wilhelm, der letzte Hohenzoller als Persönlichkeit', Frankfurter Volksstimme, 9. November 1918, (Nr. 264). Vgl. lediglich als Beispiele die Broschüren: von WULFF, Schuld; Heinrich BINDER, Die Schuld des Kaisers, München 1918; Heinrich WERNEKE, Monarchie, Krieg und Republik, oder die richtige Beleuchtung, Kehl 1930; Heinrich KANNER, Kaiserliche Katastrophen-Politik. Ein Stück zeitgenössischer Geschichte von Heinrich Kanner, Leipzig 1922; Emil NEYEN, Wilhelm II. Dein Werk: 450 Milliarden neuer Schulden und 21

kann ein Rückblick des *Braunschweiger Volksfreunds* gelten. Wilhelm II., so das Resümee, sei durch seinen Charakter und seine Politik verantwortlich für den Krieg und wie für den Waffenstillstand und habe sich selbst zudem noch feige in Sicherheit gebracht.[123] Die sozialdemokratische Kritik z.B. im *Vorwärts* variierte die Vorwürfe, die sie dem Monarchen bereits vor 1918 gemacht hatte, und ergänzte sie um die Kritik an Flucht und Doorn.[124] Diese Kritik bediente sich in bequemer Weise des Skandals. Beiträge, die diesen Kanon der Kritik originell aufbrachen, waren hingegen sehr selten.

Im Fall der Kritik von links ließe sich diese Reduktion noch als notwendige Folge politischer Befangenheit erklären, zumal Angriffe auf den Monarchen oft zweckgebunden – etwa im Kampf gegen die Fürstenabfindung – erfolgten. Erstaunlicher ist die relative Monotonie auch jener Rückblicke, die von ‚freischwebenden' Pamphletisten verfaßt wurden. Erwin Wulffs sehr frühe Einlassung zählt noch zu den reflexiven Beispielen, die zumindest den Versuch unternahmen, strukturelle und persönliche Faktoren einzubeziehen. Wulff argumentierte, der „Fürstenberuf [rufe] im Hirne seiner Träger absonderliche Vorstellungen" hervor, und der geistige Horizont des Fürsten sei „wie mit einer Eisenwand gegen die Realitäten der modernen Welt" abgeschlossen. Diesem Schicksal sei auch Wilhelm II. nicht entgangen.[125] Der ehemalige Kaiser habe aufgrund seiner Gottesgnadentumsidee und Selbstüberschätzung das Volk nicht ernst genommen.[126] Heinrich Binder ergänzte dieses vernichtende Urteil um den Aspekt des Kaisers als Versager im Krieg.[127] Neben der Kritik an mangelnder Führungskraft und diversen Fehlentscheidungen bot sich die Kontrastierung des sicheren Lebens im Hauptquartier mit dem Alltag an der Front bzw. der Heimatfront an.[128] In den medial aufgepeitschten Debatten um die Abfindung der ehemals regierenden Häuser hatten, bezeichnenderweise, derartig bildhafte Vorwürfe Hochkonjunktur.[129]

---

fliehende Könige. Deren Schuld vor dem Londoner Weltgericht klargelegt; ein Tribun als Ankläger, Berlin 1919. Vgl. auch die antimonarchischen Agitationstexte in: Gustav SEEBER/Heinz WOLTER, Monarchen und Minister. Sozialdemokratische Publizistik gegen Monarchismus und Volksbetrug, Berlin (Ost) 1974.

123 ‚Revolution gegen den Imperialismus', Braunschweiger Volksfreund, 14. November 1918, (Nr. 6).

124 Vgl. ASMUSS, Republik, S. 119.

125 WULFF, Schuld, S. 13 f.

126 WULFF, Schuld, S. 21, 26, 37, 40 f. Auch Binder diagnostizierte ein „krankhafte[s] überspannte[s] Selbstgefühl". BINDER, Schuld, S. 3, 5 f.

127 BINDER, Schuld, S. 21 ff.

128 Vgl. hierzu die ausführliche Meldung über die nun entdeckten gewaltigen Lebensmittelvorräte im Schloß, verbunden mit einer scharfer Polemik gegen den ehemaligen Kaiser: ‚Wie Wilhelm II. durchhielt. Die Lebensmittelvorräte im Berliner Schloß', Berliner Tageblatt, 20. November 1918, (Nr. 594). Vgl. auch den Artikel: ‚Wie die Monarchen die Not des Volkes teilten. Menükarten des Großen Hauptquartiers – Der Vielfraß auf dem sächsischen Thron', Vorwärts, 27. November 1918, (Nr. 322). Diverse weitere Artikel zum Thema in: BAL, R 8034 II (RLB-Archiv), Bd. 4034, Blatt 133 ff.

129 Vgl. Albert WINTER, Der Landesverrat der deutschen Fürsten. Volksentscheid. Das nationale Gebot der Stunde, hrsg. v. Ausschuß für Fürstenenteignung, Berlin 1926; Kurt HEINIG, Fürstenabfindung?, Berlin 1926. Fritz RUECK/Robert René KUCZYNSKI, Reiche Fürsten,

Auffällig - und offenbar Folge der ‚verbildlichten' Monarchiediskussion - ist, wie analytisch schwach die Kaiserkritik nach 1918 ausfiel, wie selten es ihr gelang, von den persönlichen Faktoren und Erklärungen aus dem Charakter des Monarchen zu abstrahieren. Selbst Harden bot lediglich einen langen Rückblick auf die wilhelminische Regierung, ohne eine Reflexion, die diesen Namen verdiente.[130] Die Kritik hob regelmäßig auf die Person des Kaisers ab. Den Bedingungen seiner Herrschaft schenkten die Kommentatoren kaum Aufmerksamkeit. Kommentare aller politischen Richtungen charakterisierten Wilhelm II. als einen Monarchen, der durch persönliche Unzulänglichkeiten die Realität und Notwendigkeiten seiner Zeit aus den Augen verloren habe und damit selbst die Schuld am Ende seines politischen Daseins trage.[131]

Es paßt in dieses Bild, daß es für die Kommentatoren offensichtlich sehr verlockend war, das Rätsel Wilhelms II. durch monokausale Erklärungen wie eine Geistesschwäche bzw. die nach 1918 breit diskutierte körperliche Behinderung des Ex-Kaisers vermeintlich zu lösen.[132] Hans Leuß, schon vor 1914 ein scharfer Kritiker des Monarchen, stellte lapidar fest, Wilhelm II. sei geistig abnorm gewesen.[133] August Forel wollte schon immer die Psychologie

---

arme Leute. Der Volksentscheid für entschädigungslose Enteignung der Fürsten. Mit einer Einleitung von Robert Kuczynski. Hrsg. v. Ausschuß für Fürstenenteignung, Berlin 1926. Generell: Otmar JUNG, Direkte Demokratie in der Weimarer Republik. Die Fälle „Aufwertung", „Fürstenenteignung", „Panzerkreuzerverbot" und „Youngplan", Frankfurt a.M. 1989. Thomas KLUCK, Protestantismus und Protest in der Weimarer Republik. Die Auseinandersetzung um die Fürstenenteignung und Aufwertung im Spiegel des deutschen Protestantismus (Europäische Hochschulschriften, Rh. 23, 583), Frankfurt a. M./Berlin 1996; Hildegard PLEYER, Politische Werbung in der Weimarer Republik. Die Propaganda der maßgeblichen politischen Parteien und Gruppen zu den Volksbegehren und Volksentscheiden „Fürstenenteignung" 1926, „Freiheitsgesetz" 1929 und „Auflösung des Preußischen Landtages" 1931 (Phil. Diss.), Münster i.W. 1959. Ulrich SCHÜREN, Der Volksentscheid zur Fürstenenteignung 1926. Die Vermögensauseinandersetzung mit den depossidierten Landesherren als Problem der deutschen Innenpolitik unter besonderer Berücksichtigung der Verhältnisse in Preußen (Beiträge zur Geschichte des Parlamentarismus und der politischen Parteien, 64), Düsseldorf 1978. Zur Aktivität der Aufrechten in den Debatten über die Fürstenenteignung 1926: HOFMANN, Deutschland, S. 44.

130 Hier tauchten noch einmal alle Topoi der Hardenschen Kaiserkritik auf, eine Reflexion der Abdankung fand allerdings nicht statt. Allein zehn Seiten widmete Harden mehr oder weniger fatalen Kaiserzitaten. Maximilian HARDEN, Kaiserkrisis, Zukunft, 9. November 1918, S. 101-144.

131 Z.B. HERZ, Abdankung, S. 78 ff. Der *Dortmunder General-Anzeiger* machte es Wilhelm II. zum Vorwurf, daß er sich „vor der ganzen Welt zum Symbol der Politik gemacht" habe, die nun gescheitert sei. Dortmunder General-Anzeiger, 7. November 1918, (Nr. 309). Noch vergleichsweise moderat war dagegen der Vorwurf, Wilhelm II. habe in der Auswahl seiner Berater versagt. ‚Deutschland im Jahre 1918', Kölnische Zeitung, 1. Januar 1919, (Nr. 1).

132 FRIEDLÄNDER, Versuch; KLEINSCHROD, Geisteskrankheit; LUTZ, Charakterbild; MÜLLER, Wilhelm II.; TESDORPF, Krankheit; WILM, Krüppel. Diese Schriften sind von Sibylle LEIDER, „Widersprüche überall". Wilhelm II. in psychiatrischen Betrachtungen nach 1918, in: Pohl/Wilderotter (Hg.), Exil, S. 150-156 bearbeitet worden.

133 Dies wisse jeder, und viele Konservative hätten es selbst gesagt. Karl Kautskys Buch über Wilhelms Randbemerkungen und Helmuth v. Gerlachs Edition der Briefe Wilhelms II. an Zar Nikolaus II. unterstrichen dieses Urteil. Hans LEUẞ - Verfasser von *Wilhelm der Letzte*,

des Kaisers durchschaut haben. Wilhelm II. sei zwar von besten Absichten durchdrungen, psychisch aber instabil gewesen.[134] Auch ehemals staatstragende Zeitungen wie die *Münchner Neuesten Nachrichten* kritisierten das „wahnsinnige Regiment" Wilhelms II.[135] Familiäre Bedingungen und Erziehung sowie die allzu frühe Thronbesteigung wurden als Grundprobleme der Person Wilhelms II. bestimmt.[136] Hinweise auf den verkrüppelten Arm Wilhelms II. ergänzten diese Analyse. Insbesondere nach Erscheinen von Ludwigs Wilhelmbiographie mußte die Behinderung dazu herhalten, Mitgefühl für den gestürzten Kaiser zu wecken bzw. als Erklärung für imperiale Merkwürdigkeiten dienen.[137]

Mindestens ebenso stereotyp und bar jeglicher Originalität waren die Verteidigungen des Kaisers. Neben die Behauptung, Wilhelm II. sei gerade so gewesen, wie die Deutschen ihn gewollt hätten, trat die simple Forderung nach „Gerechtigkeit für den Kaiser!"[138]: „Je weiter ich mich mit dem Zusammenbruch Deutschlands und der Kaiserfrage beschäftige, um so mehr gewinne ich die Überzeugung, daß dem Kaiser längst schon und noch heute bitter Unrecht zugefügt ist und zugefügt wird", schrieb Mewes.[139] Der Pamphletist Max Paeslack, der sich selbst als Mitglied der USPD vorstellte, meinte Wilhelm II. gegen überzogene Vorwürfe verteidigen zu müssen. Der ehemalige Kaiser könne niemals als „Schuldiger in Frage kommen", da er durch seine Erziehung das geworden sei, was er war.[140] Wie Rump und viele andere machte auch Paeslack für die nicht wegzuleugnenden Fehler des Monarchen dessen Berater verantwortlich.[141] Seltener verwiesen Apologeten auf konkrete Verdienste Wilhelms II.[142] Lediglich der Topos des Friedenskaisers

---

1914, weswegen Leuß seinerzeit angeklagt wurde - ‚Die monarchische Fratze', Welt am Montag, 23. März 1920, (Nr. 8).

134 August Forel, ‚Verhängnisse. 1. Bismarck und die Psychologie Wilhelms II.', Vorwärts, 22. November 1918, (Nr. 321).

135 Franz Carl Endres, ‚Silvester', Münchner Neueste Nachrichten, 31. Dezember 1918, (Nr. 659).

136 Das Argument, der Kaiser habe aufgrund seiner Erziehung werden müssen, wie er wurde, bei: Otto Hammann, Um den Kaiser. Erinnerungen aus den Jahren 1906-1909, Berlin 1919, S. 83 ff. Interessanterweise bereits früh auch auf der Gegenseite: ‚Was wird der Kaiser tun', Vorwärts, 31. Oktober 1918, (Nr. 300).

137 RADKAU, Zeitalter S. 61; KOHUT, Germans, S. 226. Binder merkte an, die Tatsache, daß der linke Arm Wilhelms II. kürzer als der rechte gewesen sei, hätte den Kaiser dazu bewegen müssen, letzteren nicht durch goldene Armbänder zu schmücken. BINDER, Schuld, S. 12. Der verkrüppelte Arm als weitreichende Erklärung auch in: A.G., ‚Wilhelm II. gestorben', Sudetendeutscher Beobachter, 5. Juni 1941, (Nr. 154).

138 Anh., ‚Um den Kaiser', Pommersche Tagespost, 20. März 1919, (Nr. 79). STADTHAGEN, Hilfsmittel, passim.

139 MEWES, Wilhelm, S. 3.

140 PAESLACK, Verbannt, S. 3 ff.; SONNTAG, Schuld, S. 45.

141 PAESLACK, Verbannt, S. 4. Nicht Wilhelm II. sei, wie Hoensbroech behaupte, ein Totengräber der Monarchie, dazu seien vielmehr „Männer des kaiserlichen Vertrauens" geworden. RUMP, Hoensbroech, S. 6; Schmidt-Pauli entwarf seine ganze Darstellung des Kaisers aus dessen Jugend, die er auf 60 Seiten schilderte. SCHMIDT-PAULI, Kaiser, S. 13-72.

142 Mit wenig Argumenten jenseits der kaiserlichen Sozialpolitik: ‚Politische Tagesübersicht', Kreuzzeitung, 18. November 1918, (Nr. 589).

erfreute sich großer Beliebtheit, weil dieser sich in die Anti-Versailles-Propaganda nahtlos einfügen ließ.[143]

Eine weitere Linie in der Verteidigung Wilhelms II. war die Kritik an ‚Umfallern' und ‚Wendehälsen'. So funktionierte etwa ein Kompendium des ehemaligen Hofpredigers Bruno Doehring, der hier dem Kaiser wohlwollende Artikel aus linksliberalen Blättern der Vorkriegszeit abdruckte.[144] Die bürgerlichen Kritiker des Monarchen, befanden auch die *Berliner Neuesten Nachrichten*, seien diejenigen, die ihn zuvor gar nicht genug hätten loben können.[145] Die *Politische Wochenschrift für Volkstum und Staat* ließ es sich 1928 nicht nehmen, eine deutlich hagiographisch gefärbte Rede des nunmehrigen preußischen Kultusministers Carl Heinrich Becker aus dem Jahr 1916 erneut zu präsentieren.[146] Kurz nach dem Krieg hatte Großmann in seiner Broschüre *Was sind wir unserem Kaiser schuldig?* geklagt, der Kaiser sei „gegangen, nachdem er sich von einem großen Teil der Bürgerschaft treulos verlassen sah".[147] In einem vielbeachteten Artikel in der *Süddeutschen Zeitung* Ende 1918 zählte der schwedische Schriftsteller Sven Hedin die Verdienste des Ex-Kaisers auf und schloß daraus: „Man hätte erwarten können, daß das ganze Volk einen Wall um seine Person errichten würde, daß jeder Deutsche lieber in den Tod gehen würde, als den Sturz des Kaisers zu dulden, aber die Auflösung war schon so weit gediehen, daß sein eigenes Volk ihn über Bord warf. Das ist der Lohn für seine Treue durch 30 Jahre hindurch."[148]

---

143 Vgl. BORKENHAGEN, Schuld, passim.

144 Bruno DOEHRING, Kaiser Wilhelm der Zweite. Geschichtliche Dokumente aus dem letzten Jahrzehnt seiner Regierung in Stichproben aus dem ‚Berliner Tageblatt', der ‚Vossischen Zeitung', der ‚Frankfurter Zeitung', der ‚Berliner Volkszeitung', der ‚Berliner Morgenpost', dem ‚8-Uhr-Abendblatt', der ‚Germania', der ‚Kölnischen Volkszeitung' nebst einem Anhang ‚Das Urteil d. Auslandes über Kaiser Wilhelm II. als Friedensfürst', Zur Steuer der Wahrheit und Gerechtigkeit dem deutschen Volke dargeboten, Berlin 1926. Vgl. auch den Artikel von Doehring, Der 27. Januar, Neue Tägliche Rundschau, 27. Januar 1925, (Nr. 220). Kritik an den ‚Wendehälsen', die nach 1918 Wilhelm II. kritisierten, ihn aber vorher in byzantinischer Weise verehrt hätten, bei: SONNTAG, Schuld, S. 87 ff.

145 ‚Dem fernen Kaiser', Leipziger Neueste Nachrichten, 27. Januar 1919, (Nr. 48).

146 Carl Heinrich Becker, Wilhelm II., in: Politische Wochenschrift für Volkstum und Staat 23 (1928), S. 482-483.

147 GROẞMANN, Kaiser, S. 24. Die ehemaligen „Gesinnungsmonarchisten" waren auch die Zielgruppe einer Attacke der *Deutschen Tageszeitung* zu Kaisers Geburtstag 1922. Eigentlich, so erklärte die Zeitung, sei es um diese nicht schade. M.S., ‚Kaisers Geburtstag einst – und jetzt', Deutsche Tageszeitung', 27. Januar 1922, (Nr. 45).

148 ‚Sven Hedin über den Kaiser', Süddeutsche Zeitung, 6. Dezember 1918, (Nr. 336). Die *Reichspost* verurteilte Pöbeleien gegen den Kaiser. Auch für Republikaner sei es beschämend, den ehemaligen Kaiser jetzt, wo er sich nicht mehr wehren könne, zu attackieren. ‚Eine Anstandspflicht gegen den Kaiser', Reichspost, 18. November 1918, (Nr. 583). Stadthagen beschwor ein Treitschke-Zitat, laut dem sich „nach den großen Heimsuchungen des Völkerlebens" stets ein „Sturm von Klagen und Anklagen" einstelle. Diese Feststellung habe sich „in furchtbarer Weise bei Kaiser Wilhelm II. bewahrheitet". Auf lange Sicht, zeigte sich Stadthagen gewiß, werde sich Gerechtigkeit einstellen. Hierfür sei ein unparteiisches Urteil vonnöten, wozu wiederum die Schriftenreihe dienen sollte, in welcher das Pamphlet erschien. STADTHAGEN, Hilfsmittel, S. 1.

Neben der Tatsache, daß sie sich aus einem identischen Set von Argumenten bedienten, teilten Kritik und Verteidigung des ehemaligen Kaisers ein zweites Charakteristikum. Im Zentrum der Rückblicke stand die Person Wilhelms II., dessen Charaktereigenschaften der Kritik als Erklärung für generelle politische Entwicklungen dienten, und die von den Apologeten andererseits durch generelle Umstände – die Erziehung, die körperliche Behinderung, allgemein die Bürde der Monarchie - gerechtfertigt wurden. Zusammenfassend läßt sich von einer Personalisierung, einer Privatisierung der Verantwortung sprechen.

Bezeichnenderweise thematisierten die Rückblicke nach 1918 immer wieder die prominenten wilhelminischen Skandale.[149] Viele Probleme, die bisher auf die Kamarilla geschoben worden waren, galten nun als persönliche Schuld Wilhelms II.: Die „lange Dauer des Kamarillaeinflusses von Weibmännern am Hofe Wilhelms II." könne nur durch den Charakter Wilhelms II. selbst erklärt werden.[150] Die Verantwortung des Monarchen für die Auswahl seiner Freunde, die zuvor regelmäßig auf das Abstraktum Hof verlagert worden war, suchten nun auch Monarchisten wie Bornhak ausschließlich bei Wilhelm II. selbst.[151] Diese Personalisierung, die sich durchgehend in der Deutung des Endes der Monarchie nachweisen läßt, war keineswegs ein Randphänomen und blieb nicht folgenlos.

---

149 Als Beispiele für die Thematisierung von Skandalen die vor 1918 stattgefunden hatten nach 1918: Arthur Zimmermann, Bülow und Holstein – die Daily Telegraph Affäre – Bülow und Bethmann Hollweg, in: Süddeutsche Monatshefte 28 (1931), S. 390-393; B. Graf v. Wedel, Die Daily-Telegraph-Affäre, in: Süddeutsche Monatshefte 28 (1931), S. 396 ff.; Reinhold Klehmet, Zum Novembersturm von 1908, in: Deutsche Revue 4 (1920); Theodor Eschenburg, Die Daily-Telegraph-Affäre, in: Preußische Jahrbücher 214 (1928), S. 199-223 sowie die Dissertationen: DREWES, Daily-Telegraph-Affäre; TESCHNER, Daily-Telegraph-Affäre; SCHLEGELMILCH, Stellung. Zum Eulenburg-Skandal: Ludwig Herz, Holstein, Harden und Eulenburg, in: Preußische Jahrbücher 229 (1932), Heft 3, S. 247-254., S. 42 ff. Den Eulenburg-Skandal verarbeitete ein Film von Bonn ebenso wie ein 1931 erschienenes Theaterstück: Bettauer/ Lichey, Kamarilla. Die *Volkszeitung* karikierte die andauernde Anhänglichkeit an Wilhelm II. mit der bildlichen Darstellung von Monarchisten, die sogar ein Bild Eulenburgs wieder aufhängen. Volkszeitung, 26. August 1919, (Nr. 453)

150 HAMMANN, Kaiser, S. 23.

151 BORNHAK, Geschichte, S. 43.

B. Kaiserenttäuschung und Führererwartung

> „Warum denn mit einem Besen/Wird so ein König hinausgekehrt?/Wären's Könige gewesen/Sie stünden alle noch unversehrt. (Goethe); Die Gefahr einer Republik liegt noch weit in Deutschland, vielleicht werden sie unsere Kinder und Enkel erleben – aber nur dann, wenn die Monarchie sich selbst aufgibt. (Bismarck 1867).“[152]

In der Flucht symbolisierte sich das bereits lange zuvor thematisierte persönliche Versagen des Monarchen. Aristokratisch, preußisch oder militärisch begründete Maßstäbe waren von demjenigen, der diesen Vorgaben in besonderem Maße entsprechen sollte, derartig verletzt worden, daß dies eine Kritik des letzten Kaisers, die mehr als die bloße Abdankung Wilhelms II. reflektierte, beförderte. In einem hierfür symptomatischen Statement erklärte Reventlow im April 1922, es sei „unrichtig [...] ferner abzuleugnen, daß der Schritt des Kaisers ein Unglück war, ist und als solches in die Zukunft fortwirkt.“ Reventlow zog für sich den Schluß, daß „eine neue deutsche Monarchie nicht wie die vergangene aussehen [werde], weil in der Welt sich das Gleiche so wie es war nicht wiederholt.“ Nichts führe an der Einsicht vorbei, daß nur ein fähiger, zum Herrschen geborener, König sein könne.[153]

In Reventlows Analyse läßt sich die Transformation der wilhelminischen Monarchie konkret fassen. Wie selbstverständlich verwies Reventlow auf die einzig legitime Bezugsgröße, nämlich die Nation: „Heute ist die Monarchie verschwunden, in der früher der nationale Gedanke und seine Vertreter natürlichen Halt und Mittelpunkt und Träger zu erblicken glaubten, – und die vergeblich versuchten, sich um ihn zu sammeln. Verschwunden ist die Monarchie, weil die Träger der Monarchie sich persönlich als schwach und unfähig erwiesen, und zwar nicht erst während des Krieges [...].“ Die Monarchie habe den „nationalen Geist“ nicht verstanden: „Er war kein Attribut der Monarchie, aber *sie* hätte *sein* Attribut sein müssen.“[154] Reventlow formulierte hier radikal eine breit akzeptierte These. Nüchterner hieß es in den *Leipziger Neuesten Nachrichten*: „Die Nachricht, daß Wilhelm II. sich entschlossen habe, abzudanken, wird Millionen Deutsche auf das schmerzlichste berühren. Aber die Zeit ist nicht dazu angetan, nach persönlichen Empfindungen zu handeln.“ Die staatliche Einheit habe Priorität.[155] In einer so gearteten Führeridee stell-

---

152 REIBNITZ, Doorn, Ohne Seite. Das Goethezitat ebenfalls bei Herz, S. 5.

153 REVENTLOW, 9. November, S. 7 ff.

154 Ernst von Reventlow, ‚Der nationale Geist', Deutsche Tageszeitung, 15. November 1918, (Nr. 583). Der Artikel veranlaßte das *Berliner Tageblatt* zu einer ausführlichen Reaktion und dem Kommentar, Reventlow werfe die „monarchische Idee wie einen alten Plunder fort“. ‚Reventlow als Republikaner', Berliner Tageblatt, 16. November 1918, (Nr. 587).

155 ‚Der Thronverzicht des Kaisers', Leipziger Neueste Nachrichten, 10. November 1918, (Nr. 312).

ten nicht mehr nur rechte Kommentatoren sichtbare Leistung zum Wohle der Nation einer traditionell legitimierten Herrschaft entgegen.

Das Leistungsparadigma, geronnen in der Forderung nach einem Führer, war kein Phänomen der Weimarer Republik. Führerforderungen wurden im Kaiserreich beständig erhoben. Erweitert man das Konzept und sucht nach Führerideen unter anderen Etiketten, wird man wesentlich früher fündig werden.[156] Hier soll zunächst das Aufkommen der Forderung nach einem – nicht näher spezifizierten – Führer als Indikator genommen werden. Es kann nicht untersucht werden, was das jeweilige Führerbild genau beinhaltete. Vielmehr interessiert, in welchen Kontexten es auftaucht. Dabei muß beachtet werden, daß das Konzept sehr heterogen war und daß es grundsätzlich auch innerhalb des Kaiserkonzepts seinen Platz hatte. Den Kaiser als Führer zu apostrophieren konnte kritisch, aber auch affirmativ gemeint sein. Dabei ist darauf zu achten, wann das Führerkonzept außerhalb des Kaiserkonzepts angesiedelt war oder es von innen her gleichsam sprengte. Beides forderte die Monarchie heraus, beides muß aber nicht auf den ersten Blick ersichtlich sein. Die bloße, nicht festgelegte Führerforderung konnte in frühen Formen noch den Kaiser meinen. Zu bedenken ist allerdings auch, daß der Führerdiskurs wesentlich breiter angelegt war und eine hohe Pluralität von Führertypen umfaßte. Im Sinne des heutigen ‚Leadership' wurden Führer in der Wirtschaft ebenso gefordert wie in nahezu allen Bereichen des öffentlichen Lebens. Zudem wurde der Begriff als bloße Chiffre für eine Leitungsfunktion verwendet. Hier geht es um die Forderung nach einem Führer an der Staatsspitze.

1. Führererwartung und Konkurrenzkulte bis 1918

In dem Kapitel *Der Kaiser als Führer* seines Buches *Wenn ich der Kaiser wär'* demonstriert Claß die Ambivalenz des Führerkonzeptes für die Krone.[157] Nicht zuletzt weil Claß beständig mit den Begriffen Kaiser und Führer operierte, blieb die Interpretation offen: Formulierte Claß hier ein avantgardistisches Konzept, mit dem die Monarchie als Institution überwunden werden konnte, oder zeigte er lediglich neue Perspektiven für die Monarchie auf?[158]

Während Claß' Ausführungen in der Forschung regelmäßig als eine Kritik an Wilhelm II. gelesen wurden, gilt dies nicht für eine weitere bekannte Führerforderung kurz vor dem Weltkrieg. Im Jahr 1913, anläßlich der Jubiläumsfeierlichkeiten zur 25-jährigen Regierung Wilhelms II., erklärte Friedrich

156 Ein Überblick findet sich im Artikel *Cäsarismus* in: Geschichtliche Grundbegriffe. Historisches Lexikon zur politisch-sozialen Sprache in Deutschland, hrsg. von Otto Brunner/Werner Conze/Reinhart Koselleck, Bd. I., S. 726-771, hier insb. S. 728, 756 und WAITE, Pathologies, S. 144.

157 FRYMANN, Kaiser, S. 219-235. Darüber hinaus Alexander Graf v. BROCKDORF (Hg.), Führergedanken. Aus Reden und Schriften von Justizrat Claß 1903-1913, Berlin 1930. Zur Wirkungsgeschichte: CHICKERING, Men, S. 285 ff.

158 Daß Claß in Wilhelm II. einen potentiellen Führer gesehen habe, behauptet: JOHANN, Reden, S. 159. Uneindeutig: FEHRENBACH, Wandlungen, S. 178.

Meinecke in einer Rede: „Wir fordern einen Führer für den wir durchs Feuer gehen können."[159] Meineckes Beitrag wurde als affirmativ bewertet.[160] Diese Deutung liegt aufgrund des Anlasses der Rede nahe, zwingend ist sie allerdings nicht. Wahrscheinlicher ist, daß Meinecke auf die Abwesenheit eben eines solchen Führers oder doch zumindest auf Defizite des Monarchen hinwies.

Beide Beispiele bestätigen jedenfalls einen sich entwickelnden Konsens darüber, daß der Kaiser Führer zu sein habe. 1895 erklärte Martin Faber: „Mag die Verfassung auch verschiedene Beschränkungen auferlegen und mag das Staatsrecht sich auch gehörig damit abzumühen haben, den wissenschaftlichen Begriff des neuen Kaisertums zurechtzukonstruieren – beides geschieht natürlich mit vollem Recht -, das Volk – soweit es noch ein eigenes Urteil hat – ist sich doch darüber klar, was ihm sein Kaiser ist. Er ist der aus dem Kyffhäuser zurückgekehrte Barbarossa, ein wahrer geliebter Führer seines Volkes [...]."[161] Die semantische Verschiebung vom Monarchen zum Führer war durchaus kein Oberflächenphänomen, sie indiziert vielmehr tektonische Verschiebungen in der Kommentierung des Monarchen. Im Jahr 1901 entwarf Gustav Adolf Erdmann ein Kaiserbild, das den Rahmen üblicher Hagiographie verließ, und versuchte, die Führervorstellungen aus dem Bild des Jugendkaisers in ein Konzept zu gießen. An diesem Konzept läßt sich aber auch zeigen, wie sehr die Rufe nach dem monarchischen Führer als Reaktion auf wahrgenommene Krisenerscheinungen zu verstehen sind und als Kommunikationsproblem gedeutet wurden. Erdmann forderte, es müsse „etwas geschehen, um einer weiteren gefahrdrohenden Entfremdung der beiden Faktoren [Kaiser und Volk, M.K.], die untrennbar zusammengehören, vorzubeugen". Sein „nur auf Deutschlands Wohl gerichtetes Streben" gebe dem Kaiser ein Anrecht auf das „volle und feste Vertrauen seiner Unterthanen in seine Führung". Noch sei das deutsche Volk „nicht einen Augenblick durch seinen Führer getäuscht worden". Vor diesem Hintergrund forderte Erdmann uneingeschränktes Vertrauen in die kaiserliche Führung: „Also: man rotte jeden Keim des Mißtrauens gegen die kaiserliche Politik in sich aus: denn diese Politik kann wegen der festen historischen Bande, die Fürst und Volk verknüpfen, nie und nimmer gegen das Volk gerichtet sein."[162]

Erdmann entwarf jedoch kein einseitiges Konzept, sondern betonte die Ansprüche gegenüber dem Führer, von dessen „Tüchtigkeit" wesentlich der „Erfolg" abhänge: „Führer und Geführte müssen einander gleichwertig sein." Dieser bei Erdmann deutlich sichtbare und äußerst wichtige Bruch war freilich in der Argumentation vom notwendigen Verständnis zwischen Monarch

---

159 Friedrich Meinecke, Deutsche Jahrhundertfeier und Kaiserfeier (Freiburger Universitätsrede vom 14.6.1913), in: Logos 4 (1913), S. 161-175.

160 Die Interpretation bei: FEHRENBACH, Wandlungen, S. 91 und KOHUT, Wilhelm II., S. 68.

161 Martin FABER, Kaiser, Volk und Volksvertretung, Leipzig 1895, S. 26.

162 ERDMANN, Kaiser, S. 35.

und Volk angelegt.[163] Immerhin wollte Erdmann den Vertrauensvorschuß gegenüber dem Monarchen noch nicht als aufgebraucht betrachten. Hier kam ein Argument ins Spiel, das wenige Jahre später von Georg Fuchs aufgenommen wurde, nämlich daß das deutsche Volk politisch noch nicht reif und daher auf die Initiative des Kaisers angewiesen sei.[164] Vor dem Hintergrund rpider kultureller, sozialer und ökonomischer Veränderungen gewann die einflußreiche Rollenbeschreibung des Monarchen als „Führer der Entwicklung“ durch Friedrich Julius Stahl zusätzliche Plausibilität.[165] Ebendiese Vorstellung bildete, wie Fehrenbach gezeigt hat, den Kern des Naumannschen Kaiserkonzepts.[166] Naumann pries Wilhelm II. bis 1908 als technischen Imperator, als „Diktator der Industrie [...], den Mann, in dessen Geist und Hand die weltwirtschaftlichen Aufgaben der deutschen Nation zusammenlaufen.“[167] Selbst nach dem Schock von 1908 lieferte Ernst Horneffer noch einen Vorschlag zur Versöhnung von Führeridee und Monarchie. Der Monarch erschien hier, entlang dem bismarckschen Vorbild als eine Art Geburtshelfer für den von der breiten Masse ignorierten Führer. Die Tatsache, „daß wir Cäsaren brauchen“, stand für Horneffer außer Frage. Diese populären Führer könnten aber nur durch den König durchgesetzt werden, keineswegs durch das Parlament.[168]

Es zeigt sich hier, daß zumindest bis zur Krise der Monarchie maßgebliche Kommentatoren den Monarchen tatsächlich als politischen Führer begriffen.[169] Nicht nur Apologeten propagierten die Vorstellung, der Kaiser habe viele politische Probleme früh erkannt und wesentliche Ziele richtig gesetzt. Selbst Kritiker attestierten dem Kaiser, er habe als einer der wenigen die Notwendigkeit des Flottenbaus in all seinen Konsequenzen gesehen.[170] Die Jubiläumsreden und –schriften von 1913, also nach der Krise, beschworen immer wieder das Bild des Kaisers als ‚Führer durch den Wandel’. Arnold E. Berger behauptete, der „neue Typus des Kaisertums“, d.h. ein plebiszitäres Kaisertum, sei geschichtlich notwendig, weil nur auf diese Weise der Kaiser sein

---

163 Schließlich hatte Erdmann zuvor auch nur argumentiert, daß Wilhelm II. das Vertrauen des Volkes verdiene. Daran, daß dieses Verdienen aber grundsätzlich notwendig sei bestand, durchgehend kein Zweifel ERDMANN, Kaiser, S. 37 f.

164 Georg FUCHS, Das Kaiser-Buch. Der Kaiser, die Kultur und die Kunst. Betrachtungen über die Zukunft des Deutschen Volkes aus den Papieren eines Unverantwortlichen, München u. Leipzig 1904, S. 5.

165 STAHL, Prinzip, S. 25. Vgl. generell den Artikel *Monarchie* in: Geschichtliche Grundbegriffe’ IV, S. 204 und 213.

166 FEHRENBACH, Wandlungen, S. 201 f. Vgl. auch: FESSER, Cäsarismus, S. 151 f.

167 Konsequenterweise riet Naumann dem Monarchen: „Er sollte einmal ein Jahr in Hamburg leben! Das würde man schnell merken.“ Friedrich Naumann, Das Königtum II, in: Die Hilfe 15 (1909), S. 31-33, hier S. 32.

168 Ernst Horneffer, Der Kaiser und die Nation III, in: Die Tat 1 (1909), S. 279-291, hier S. 287 f.

169 KOHUT, Germans, S. 169.

170 So etwa Busching: „Der historisch ungeschulte Fürst hat die Notwendigkeiten der Entwicklung Deutschlands zu einer Zeit klar gesehen, als das deutsche Volk noch nicht an überseeische Politik dachte. Seine Propaganda für die Flotte war eine der bleibenden Taten der deutschen Geschichte.“ Paul Busching, Der Kaiser, in: Süddeutsche Monatshefte 5 (1908), S. 614-620, hier S. 619.

Volk unmittelbar für die neuen Ziele begeistern könne, die er „als persönlicher Träger der Reichsidee und ihrer Zukunftshoffnungen [...] auf unermüdlichen Reisen zu Lande und zu Wasser wie als Redner großen Stiles bei allen erdenklichen Anlässen verkündet."[171] Auch Oncken sprach den Kaiser als „Führer der Nation" an, der „mitten im grellen Licht des Tages" stehe, „in jedem Moment sichtbar und gesucht, beobachtet und kritisiert, geliebt und getadelt."[172] Führer hieß hier eine Person, die politische Ziele vor allen anderen erkannte, bestimmte und formulierte. Der ideale Monarch sollte die politische Kommunikation kanalisieren, einen als existent angenommenen gesellschaftlichen Konsens aufspüren und politisch umsetzen.

In der hagiographischen Literatur war Führertum schlicht ein weiteres Attribut des Monarchen. In der kritischen Auseinandersetzung mit Wilhelm II. war hingegen die Rede vom Kaiser als Führer bzw. die Führereinforderung jenseits der Monarchie das wesentliche Argument. Zumindest gilt dies seit der Krise der Monarchie, die für die Umdeutung des Monarchen als Führer die entscheidende Wegmarke darstellt. Radikal formulierte der bereits erwähnte ‚Schwarzseher' schon 1906: „Der Mann, der uns ein Führer sein sollte auf allen Gebieten, teilt in diesen wichtigen Fragen nur zu oft die Anschauungen des großen Haufens, der unkultivierten Massen – zum aufrichtigen Schmerz aller der Kreise, die heute unserem Volke vorangehen und dem deutschen Leben der Gegenwart die geistige Signatur geben."[173] Zur selben Zeit hatte Reventlow entschieden dafür plädiert, Leistung zum einzigen Kriterium der Herrschaft zu machen, und dieses Konzept unter dem Banner Führertum gegen die klassische Monarchie ausgespielt. Der „traditionelle Nimbus der Majestät", meinte Reventlow zu beobachten, beginne zu verblassen. Dadurch werde aber nicht „der Sinn für innere Größe, die hohe Achtung für einen Mann, auf dessen Schultern eine ungeheure Verantwortung liegt, welcher, einem ruhm- und verdienstvollen Fürstengeschlecht entsprossen, der geschichtlich gewollte Führer des Deutschen Reiches geworden ist", berührt.[174]

Diese scheinbare Verteidigung Wilhelms II. verdeutlicht, daß in der Sicht Reventlows nun der Monarch die Bringschuld besaß. Auch Liman räumte ein, daß Wilhelm II. der „Mann, der allein Führer sein kann", sei. Gleichzeitig sah er hier „das Problem am schärfsten gestellt und die Lösung am wenigsten gesichert". Die vielfältigen Probleme der Zeit forderten das „volle Vertrauen des Volkes zu seinem Führer". Kaiser und Volk müßten „in Einmut zusammenfinden".[175] Diese Denkfigur, die Liman und Reventlow vergleichsweise früh verbreitet hatten, wurde in der Daily-Telegraph-Affäre beinahe zur opinio communis.

---

171 Arnold E. BERGER, Wilhelm II. und das Reich. Darmstadt 1913, S. 13 f., 29. Zu Führerphantasien in den Jubiläumsschriften von 1913 vgl. FEHRENBACH, Wandlungen, S. 91.

172 Hermann ONCKEN, Der Kaiser und die Nation. Rede bei dem Festakt der Universität Heidelberg zur Erinnerung an die Befreiungskriege und zur Feier des 25jährigen Regierungsjubiläums Kaiser Wilhelms II., Heidelberg 1913, S. 16.

173 SCHWARZSEHER, Kaiser, S. 138 f.

174 REVENTLOW, Byzantiner, S. 86.

175 LIMAN, Kaiser, VI f.

Diese Einzelstimmen belegen vor allem eins: Führerkonzepte entsprangen nicht der Phantasie romantisierender Intellektueller, sondern waren Antworten, wenn auch schwammige, auf konkrete Problemlagen. Sie boten die Möglichkeit zu massiver und weitreichender Kritik am Monarchen und im bedingtem Maß auch an der Institution Monarchie, ohne daß dabei der Rahmen eines personenzentrierten politischen Konzepts verlassen werden mußte. Eine Forderung Hardens veranschaulicht dies: „Daß auch einem tüchtigen Volk nicht in jedem Menschenalter ein genialer Führer entsteht, wußten wir, ehe tausend Trompeten es von allen Türmen bliesen. Wer aber, Ihr Überlauten, träumt sich heute denn noch ein Genie an des Reiches Spitze? Deutschland ersehnt sich nur einen Mann.“[176] Mit ihrer „Opposition von oben“ griffen Harden, Rathenau oder Max Weber die Person des Kaisers an, nicht die Zusammenballung von Macht in der Hand eines Mannes generell. Kritisiert wurde nur deren ungeschickte Handhabung. Weber war insofern am konsequentesten, als er, ganz im Gegensatz zu Naumann, der Erbmonarchie genuine charismatische Kraft absprach und damit Institution und Person exakter trennte als bis dato üblich. Die Notwendigkeit „steter Bewährung“ in den Augen der Gefolgschaft, die dem echten Charisma des verantwortlich handelnden Politikers Ziel und Grenze setzt, stehe „offensichtlich im radikalen Gegensatz zu den bequemen Prätentionen des heutigen ‚Gottesgnadentums‘“. Im Schatten des Monarchen blieb für Führeralternativen keinen Raum.[177]

Die immer öfter vorgebrachten Führereinforderungen waren also Ausdruck eines konkreten Problemdrucks. Zum einen beförderte die massenmediale Mobilisierung der öffentlichen Meinung Partizipationserwartungen, denen die Führerkonzepte gerecht zu werden versprachen. Zum anderen konnte die Führerforderung aus den unübersehbaren wirtschaftlichen Fortschritten des Reichs abgeleitet werden, mit denen die Leistung der politischen Spitze, d.h. auch des Monarchen, nicht Schritt zu halten schien. Horneffer formulierte diesen Zusammenhang wie folgt: „Das deutsche Volk stellt heute die denkbar tüchtigsten Menschenkräfte dar. Nur an den unerschrockenen Führern fehlt es, die diese Kräfte verwerten können.“[178] An die Stelle der ineffektiven wilhelminischen Autokratie sollte vielmehr – wie bei Weber – die echte, moderne „charismatische Herrschaft“ treten, das Produkt unerbittlicher Selektion, die Harden bezeichnenderweise im Bild des genialen Industriellen vorschwebte, der daher bei ihm neben Bismarck zum am häufigsten genannten Antipoden Wilhelms II. wurde.[179]

Es liegt nahe, die Versöhnungsversuche von Kaisertum und Führeridee, wie sie sich bei Faber und Erdmann finden, als Antworten auf jene Herausforderungen zu lesen, die Harden und Weber formuliert hatten. Sicher stimmt dies

---

176 Dieses Gedankenkonstrukt war, wie Hellige gezeigt hat, in bürgerlich-intellektuellen Kreisen außerordentlich verbreitet. HELLIGE, Rathenau und Harden, S. 93 f., 128.

177 MOMMSEN, Weber, S. 286 f., S. 155.

178 Ernst Horneffer, Der Kaiser und die Nation I, in: Die Tat 1 (1909), S. 47-62, hier S. 55.

179 Zit. nach: HELLIGE, Rathenau und Harden, S. 167 f.

für die ‚Kaiser-als-Führer'-Formel, die 1913 immer wieder bemüht wurde. Als vermeintlich moderne Person bot Wilhelm II. für diese Fortentwicklung des Kaisergedankens viele Anknüpfungspunkte. Die Nähe der Vorstellung von der „Identität von Volkswillen und kaiserlicher Gewalt" zum Führergedanken ist offensichtlich.[180] Spätestens hier zeigt sich, daß eine klare Trennung in Führerkonzepte und Kaiserkonzepte nicht möglich ist. Derartige Umdeutungen des Monarchen bestärkten das Leistungsparadigma, dem dieser sich gegenüber sah, bzw. müssen ohnehin als versteckte Kritik gelesen werden. Intentionale oder zumindest akzeptierte Kaiserkritik in Form eines ostentativen Lobes einer alternativen Führergestalt findet sich im Bismarck-, Friedrich- und vor allem Hindenburgkult.[181] Diese Kulte füllten ganz offensichtlich auch ein wahrgenommenes Defizit des Monarchen. Auch Wilhelm I., stilisiert als schlichter und bescheidener Herrscher, diente als Vehikel der Kritik an einem als bombastisch abgelehnten Herrscherstil.[182]

Der Friedrichmythos konfrontierte andererseits einen nur zu offensichtlich in seinen Fähigkeiten limitierten Wilhelm II. mit dem angeblichen Genie des „großen Königs".[183] Für die Geschichte der Argumentation über Monarchie und Monarch in Deutschland, so Monika Wienfort, war Friedrich II. von zentraler Bedeutung. Er wurde als Genie auf dem Thron gesehen, welches das absolutistische Herrschaftskonzept vollständig ausfüllte, es gleichzeitig aber grundsätzlich in Frage stellte, denn der Genius blieb die Ausnahme: „Friedrich II. zum Subjekt eines Geniekultes zu machen, hieß daher auch, die Wahrnehmung der Monarchie zu verändern."[184] Tatsächlich ist die kaum versteck-

---

[180] HOFFMANN, Kaisertum, S. 550. Vgl. die vielen Belege bei FEHRENBACH, Wandlungen, S. 180.

[181] Der Kult um Hindenburg stellt zweifelsohne noch ein Forschungsdesiderat dar. Vgl. bisher lediglich die Hinweise bei: Noel D. CARY, The Making of the Reich President, 1925: German Conservatism and the Nomination of Paul von Hindenburg, in: Central European History 23 (1990), S. 179-204; Larry Eugene JONES, Hindenburg and the Conservative Dilemma in the 1932 Presidential Elections, in: German Studies Review 20 (1997), S. 235-260; Jürgen W. FALTER, The Two Hindenburg Elections of 1925 and 1932: A total Reversal of Voter Coalitions, in: Central European History 23 (1990), S. 224-241; Peter FRITZSCHE, Presidential Victory and Popular Festivity in Weimar Germany: Hindenburg's 1925 Election, in: Central European History 23 (1990), S. 205-224 und zuletzt: Wolfram PYTA, Paul von Hindenburg als charismatischer Führer der deutschen Nation, in: Frank Möller (Hg.): Charismatische Führer der deutschen Nation, München 2004, S. 109-147.

[182] Vgl. Maximilian HARDEN, Köpfe, Berlin [5]1910, S. 18 über Wilhelm I. (Text von 1895). Am subtilsten ist diese Stilisierung Wilhelms I. zum idealen Herrscher bei: Bismarck, Gedanken II, Kapitel 32, insbesondere die Teile 3, 5, 6.

[183] Vgl. zur Kritik am Friedrichkult in der Weimarer Republik die Beobachtung von Heller: „Bei dem Mangel einer Tradition gerade des friderizianischen Ideenkreises mit seiner naturrechtlich-sozialethischen Begründung wird man sich aber nicht wundern, daß die landläufige Fridericus-rex-Begeisterung regelmäßig eine Verwechslung darstellt. Man meint nämlich in den allermeisten Fällen gar nicht die Monarchie, sondern den ‚starken Mann'." HELLER, Ideenkreise, S. 46 f.

[184] WIENFORT, Monarchie, S. 113. „Friedrichs unbestreitbares Engagement für wirtschaftliche Entwicklung im Innern und Expansion nach außen, seine ganze aktive Persönlichkeit erlaubten es, Verdienst ganz unverbrämt zum Kriterium für Ruhm und Größe zu machen. Keine Zensur hätte etwas gegen die enthusiastische Zustimmung zur Person Friedrichs unterneh-

te Kritik nicht zu überhören, wenn etwa Theodor Mommsen anläßlich des Kaisergeburtstags 1893 behauptete, „wir können den Herrscher, der jetzt Friedrichs Thron und dazu weiter den Kaiserthron einnimmt, nicht würdiger feiern, als in dem Rückblick auf seinen großen Vorfahren, in dem Wunsche, daß er dereinst wie nach so auch neben ihm genannt, daß beide in aller Zukunft wie ihre Geburtstage sich begegnen, so auch miteinander gesegnet werden mögen".[185]

Bedrohlicher als die historischen Konkurrenzkulte waren für den Monarchen jene, die auf zeitgenössische „Führergestalten" aufbauten. In der Forschung wenig beachtet und nur für Teilgruppen attraktiv war der „Konquistadorentyp" Carl Peters.[186] Die wichtigste Konkurrenzfigur für Wilhelm II. vor dem Ersten Weltkrieg war Alfred v. Tirpitz, der als einziger Politiker über einen effizienten PR-Apparat verfügte. Im Gegensatz zu Wilhelm II. wurde Tirpitz nicht nur Kompetenz in einem der bedeutensten Politikbereiche zugeschrieben, sondern auch ein klar formulierter Plan zukünftiger Ziele und Unternehmungen.[187] Die Genese des Tirpitz-Kultes aus der tatkräftigen Steuerung professionalisierter Pressearbeit indiziert bereits den engen Zusammenhang zwischen den Massenmedien und der Verselbständigung politischer Kulte. Die öffentliche Verehrung des Grafen Zeppelin zeigt, daß es hiefür amtlicher Nachhilfe nicht einmal bedurfte, und unterstreicht damit einen strukturellen Bedarf.[188] Nach den ersten Flugerfolgen seiner Schöpfungen entwickelte sich eine regelrechte, medial verstärkte, Massenhysterie um den Grafen Zeppelin. Der stellvertretende Berliner Bürgermeister, der beim Flug eines Zeppelins über Berlin die Festansprache hielt, artikulierte indirekt die Entgegensetzung Zeppelins zum Kaiser: „Wenn auch aus der Höhe, die Sie [Graf Zeppelin, M.K.] erobert haben, Ihnen eine Stadt wie die andere erscheinen muß, so wird doch die Begeisterung von drei Millionen, die in diesen Stunden mit Rufen und Fahnenwehen zu Ihnen emporgelodert ist, Ihnen gesagt haben, daß hier im Herzen des Landes, unter den Augen unseres allverehrten geliebten Kaisers, auch das Herz des Volkes am lautesten schlägt jedem großen Manne und jeder großen Tat! Daß sie uns beides bringen, [...] macht sie zum Helden und Führer, zum Liebling des Volkes."[189] Auch im Bericht der *Vossischen Zeitung* über die Ovationen, die einige Stunden später dem Kaiser und seinem Gast vor dem Schloßplatz dargebracht wurden, sind

---

men können. Eine überragende Persönlichkeit auf dem preußischen Thron bot die historische Chance, den Maßstab für alle künftigen Herrscher zu ändern." Ebd., S. 116 f.

185 MOMMSEN, Reden, S. 185. Ganz ähnlich die Funktion des überschwenglichen Lobes für Friedrich den Großen bei Otto HINTZE in dessen: Das monarchische Prinzip und die konstitutionelle Verfassung, in: Ders., Staat und Verfassung. Gesammelte Abhandlungen, hrsg. v. Gerhard Oestreich, Bd. 1, Göttingen 1962 (1911), S. 359-389.

186 Vgl. hierzu RADKAU, Nervosität, S. 379.

187 RADKAU, Nervosität, S. 286. Guttmann, durchaus kritisch gegenüber Tirpitz eingestellt, urteilte, die „monarchische Ordnung war nicht fähig, mit dem Staatssekretär der Marine fertig zu werden". GUTTMANN, Schattenriß, S. 78 ff.

188 Vgl. FRITZSCHE, Berlin, S. 226 f.

189 Bei „Liebling des Volkes" handelte es sich immerhin um ein Epitheton aus der Hymne ‚Heil dir im Siegerkranz', das dort dem Kaiser zugedacht ist.

derartige Differenzierungen erkennbar. Nachdem die kaiserliche Familie mit Zeppelin einen Balkon betreten hatte, „erbrauste [...] ein nicht enden wollender Jubel [...] Mit dem Singen von ‚Deutschland, Deutschland über alles!' und der ‚Wacht am Rhein' huldigte man dem nationalen Helden, mit ‚Heil Dir im Siegerkranz' dem Kaiser und seinem Hause."[190] Dem Kaiser blieb, wollte er nicht in einen offensichtlichen Gegensatz zur öffentlichen Meinung treten, nichts, als sich diesem Kult anzupassen, wenn nicht unterzuordnen.[191]

Dies gilt ebenso für die öffentliche Bewunderung, die der amerikanische Präsident Theodore Roosevelt erntete.[192] Immerhin gehörte auch Wilhelm II. selbst, stets auf Einklang mit der öffentlichen Meinung bedacht, zu den erklärten Bewunderern des Präsidenten.[193] Bemerkenswert ist die Parteigrenzen überwindende Verehrung des ‚rough riders' Roosevelt, von dem nicht nur der ‚geläuterte' Naumann glaubte, er repräsentiere im Gegensatz zu Wilhelm II. die Zukunft.[194] Roosevelt schien den Kommentatoren zumindest zweierlei zu beweisen: Effektive politische Führung sei möglich und nicht unbedingt an die Monarchie wilhelminischer Prägung gebunden. Allerdings, so wurde immer wieder hervorgehoben, schien Roosevelt auch einen Trend zur „starke[n] Monarchie" als „eine[r] Forderung moderner Bedürfnisse" aufzuzeigen.[195]

---

190 Alle Schilderungen nach: LINDENBERGER, Straßenpolitik, S. 367 f. Vgl. auch die Bemerkungen der Baronin Spitzemberg. „Die Begeisterung für Zeppelin und seine Fahrt nach Berlin ist ein so eigenartiges, psychologisches Symptom, daß ich immer darüber nachdenken muß und doch keine völlig genügende Erklärung dafür finde." SPITZEMBERG, Tagebuch, S. 510 und – als Beispiel des Kultes selbst in nüchternen Blättern – ‚Graf Zeppelins siebzigster Geburtstag', Berliner Tageblatt, 8. Juli 1908, (Nr. 342).

191 Vgl. hierzu die Rede Wilhelms II., in der dieser – offensichtlich massiv verunsichert – während der noch andauernden öffentlichen Erregung über das Daily-Telegraph-Interview den Grafen Zeppelin zum größten Deutschen des Jahrhunderts erklärte. JOHANN, Reden, S. 122 f. Diese Unterordnung des Kaisers unter die ‚höheren Zwecke' des Grafen Zeppelin fordert implizit: Rudolf Martin, Graf Zeppelin und der Kaiser, in: Die Gegenwart 74 (1908), S. 65-67. Generell: Peter FRITZSCHE, A Nation of Fliers. German Aviation and the Popular Imagination, Cambridge (Mass.) 1992.

192 Albrecht Wirth lobte in der Zeitschrift *Der Deutsche* überschwenglich Roosevelt. Man sei in Deutschland nicht wirklich fähig, menschliche Größe zu erkennen: „Auch Roosevelt wurde lange als Rauhreiter, als Jingo verspottet und gering geachtet. Allmählich merkt man, selbst in Deutschland, daß man es mit einem leading men of the time, mit einem Jahrhundertmenschen zu tun hat." Albrecht Wirth, Roosevelt, in: Der Deutsche 3 (1906), S. 122-123. Einen kaum anders getönten Lobgesang auf den amerikanischen Präsidenten brachte das *Berliner Tageblatt*. S. Saenger, ‚Theodore Roosevelt', Berliner Tageblatt, 4. Juli 1907, (Nr. 333) und FUCHS, Kaiser-Buch, S. 75.

193 RADKAU, Nervosität, S. 368. Die angebliche Freundschaft zwischen Wilhelm II. und Roosevelt bzw. Analogien zwischen den beiden hoben diverse Kommentare und Karikaturen hervor. Z.B. Rudolf Borchardt, Der Kaiser, in: Süddeutsche Monatshefte 5 (1908), S. 237-252, hier S. 252. Vgl. zu einschlägigen Karikaturen: REBENTISCH, Gesichter, S. 109 f. Generell: KOHUT, Germans, S. 318.

194 Die moderne Welt der Arbeit, so Naumann mit positivem Bezug auf Roosevelt, habe „keine Zeit für historisierende Reminiszenzen". Friedrich Naumann, Das Königtum III, in: Die Hilfe 15 (1909), S. 48-50.

195 KORMANN, Geburtstag, S. 353. Die Deutschen, so urteilt Berthold Otto rückblickend, „wollten keinen zurückgezogenen Herrscher". Auch die Franzosen und Amerikaner hätten starke Präsidenten geschätzt. OTTO, Kaiserartikel, S. 5.

Zusammenfassend fällt auf, daß lange vor 1918 Führerforderungen virulent waren. Gerade bei der äußeren Rechten gewann die Vorstellung Raum, eine vermeintlich schwache Monarchie nicht mehr nur reformieren, sondern zugunsten der Etablierung eines Führers und einer radikalen politischen Umformung überwinden zu wollen.[196] Für die vielschichtigen und verschwommenen Führerideen des Kaiserreiches diente der Krieg als Katalysator. Zwischen 1914 und 1918 wurden die bereits vorhandenen Ideen konkretisiert, radikalisiert und weiterentwickelt.[197] Während des Krieges richtete Oswald Spengler zwei Denkschriften an den Adel, in denen er auch auf die Rolle der Monarchie angesichts der republikanischer Herausforderung einging. Dieser müsse mit der Bereitschaft zur Selbsterneuerung begegnet werden, dann halte die Monarchie auch die Option auf die politische Zukunft in der Hand: „Deutschland könnte durch einen neuen Typus d[er] Monarchie aus dieser großen Zeit erwachsen, d[en] Völkern ein Vorbild werden.“[198]

Für Wilhelm II. als potentiellen, letztendlich aber gescheiterten Führer vollzog sich im Ersten Weltkrieg der vorherige Prozeß im Zeitraffer. Zunächst konnte der Monarch von der ‚Führerhausse' profitieren, da er – wie schon nach seinem Regierungsantritt – der erste Adressat für entsprechende Zuschreibungen war.[199] Die inneren Anforderungen des Konzepts und äußeren Bedrohungen durch den extrem erfolgreichen Konkurrenzkult um Hindenburg überforderten den Kaiser jedoch schnell und sichtbar. Seit dem Sommer 1917 gingen die auf die Nachkriegszeit gerichteten Regierungspläne zwar von einer monarchischen Ordnung aus, ohne jedoch Wilhelm II. eine besondere Position zuzubilligen.[200] Die Entwicklung im Krieg drängte Wilhelm II. noch weiter an den Rand, als dies zuvor ohnehin geschehen war. Nachdem Naumann 1916 festgestellt hatte, daß weit und breit „kein Führer der Nation“ zu erkennen sei, tat er Bethmann Hollwegs Versuche, am Kaiser zu arbeiten, „daß er Führer der Nation würde“, mit Verweis auf die Erfahrung von 1908 ab: „Er könnte es schon, aber nach dem Krieg wird seine Vergnügungs- und Erholungslust in hohem Grade zunehmen und er wird für das öffentliche Wohl weniger als sonst zu haben sein.“[201] In dem Maße, wie Wilhelm II. politisch – und auch öffentlich wahrgenommen – hinter die Oberste Heeresleitung zurücktrat, zerrannen auch die letzten Chancen der Idee des ‚Führermonarchen'.[202] Dabei

---

196 FRYMANN, Kaiser, S. 227.

197 Z.B. bei Max Bauer und Hans v. Seeckt. FEHRENBACH, Wandlungen, S. 218.

198 Die Voraussetzungen dafür seien gut, aber nicht zuletzt vom Geschick des Kaisers abhängig, der sich dem Volk nicht entfremden dürfe: „Der Deutsche ist Monarchist, mehr als jeder andre. Aber er will in seinem Monarchen einen Geistesverwandten sehen. [...] Ein großer Regent kann eine Generation Republikaner zu Monarchisten machen, aber ein schlechter kann auch das Umgekehrte bewirken.“ Detlef FELKEN, Oswald Spengler. Konservativer Denker zwischen Kaiserreich und Diktatur, München 1988, S. 36 f.

199 VERHEY, Spirit, S. 139.

200 Diese Haltung, so Sösemann, „stellt das reformpolitische Resümee des vorwiegend negativen Eindrucks in der Bevölkerung dar“. SÖSEMANN, Verfall, S. 159.

201 Militär und Innenpolitik II, Nr. 425, S. 1136.

202 Vgl. FEHRENBACH, Wandlungen, S. 217 und SÖSEMANN, Verfall, S. 159.

war der greise Hindenburg zwar eine Bedrohung für den Führungsanspruch des Kaisers, keineswegs aber eine breit akzeptierte Ideallösung des immer drängender beschriebenen Führerproblems. Wortführer der Rechten drangen darauf, im Hinblick auf künftige Fortentwicklungen der Monarchie diese nicht zu beschneiden.[203]

Hindenburgkult und vage Führerkonzepte belegen vielmehr eine erhebliche Unsicherheit über die zukünftige Rolle der Monarchie angesichts der ungelösten Frage, wie man mit dem derzeitigen Träger der Krone verfahren solle. Im Gründungsaufruf der Vaterlandspartei von 1917, deren Zweck es schließlich nicht zuletzt war, die Monarchie zu stützen, wurden Wilhelm I. und vor allem Bismarck beschworen, bevor die Aufforderung folgte, „bis zum letzten Atemzug zu Kaiser und Reich" zu stehen.[204] Wilhelm II. war in diesen Gedankenspielen zur Dispositionsmasse geworden. In einer Rede im Jahr 1917 erklärte der Industrielle Carl Duisberg, Deutschland brauche unbedingt einen „starken Mann", um nicht zu kollabieren.[205] Daß dieser starke Mann nicht Wilhelm II. sein konnte, mußte nicht extra erwähnt werden. Der Kaiser stand einer Fortentwicklung der monarchischen Regierungsform vielmehr im Weg, denn „das [die Errichtung einer Diktatur; M.K.] geht nicht, wenn man einen Monarchen hat", notierte Karl v. Einem 1915.[206] In seiner Eigenschaft als Führer der Nationalliberalen stellte Gustav Stresemann am Tag der Entlassung Ludendorffs folgerichtig fest: „Ich bin der Meinung, daß von unserem Standpunkt aus die Abdankung des Kaisers eher zu ertragen sein würde als das Gehen von Hindenburg."[207]

Die Konjunktur der Diktatorforderungen ist ein weiterer Beleg für die Beliebigkeit, die sich mittlerweile im Hinblick auf die Monarchie eingestellt hatte. Die Forderung nach einem Diktator bzw. Führer leiteten deren Advokaten direkt aus der Erfahrung des Krieges ab.[208] In einem am 5. November 1918 erschienenen Artikel argumentierte die *Kölnische Volkszeitung*: „Wenn wir das Schlagwort der Demokratisierung so erfassen, dann hat es wenig gemein

---

203 Oberstleutnant Max Bauer hielt im März 1917 in einem Memorandum fest: „Nun ist kein Zweifel, daß eine *soziale Neuorientierung* nötig ist und kommen muß. Sie wäre auch ohne den Krieg gekommen. Aber sie muß unter straffster Leitung durch die Regierung erfolgen und unter Beibehalt einer starken Monarchie." Zit. nach: Militär und Innenpolitik II, Nr. 258, S. 674 f. Zur Neuorientierung der Rechten weg vom Monarchen und hin zu Hindenburg vgl. auch: Boris BARTH, Dolchstoßlegenden und politische Desintegration. Das Trauma der deutschen Niederlage im Ersten Weltkrieg 1914-1933 (Schriften des Bundesarchivs, 61), Düsseldorf 2003, S. 186.

204 Herbert MICHAELIS/Ernst SCHAEPTER, Ursachen und Folgen. Vom deutschen Zusammenbruch 1918 und 1945 bis zur staatlichen Neuordnung Deutschlands in der Gegenwart Bd. II: Der militärische Zusammenbruch und das Ende des Kaiserreichs, Berlin 1958, S. 48. Generell: Heinz HAGENLÜCKE, Deutsche Vaterlandspartei. Die nationale Rechte am Ende des Kaiserreichs, Düsseldorf 1997.

205 Zit. nach: CLARK, Wilhelm II., S. 254.

206 Zit. nach: Militär und Innenpolitik II, Nr. 425, S. 1136.

207 Gustav STRESEMANN, Vermächtnis Bd. I: Vom Ruhrkrieg bis London, hrsg. von Henry Bernhard, Berlin 1932, S. 13.

208 LOEWENFELD, Republik, S. 89. Ganz ähnlich waren die Vorstellungen von Tirpitz. Vgl. SCHECK, Tirpitz, S. 83 ff.

mit einer von vielen darunter verstandenen blöden Herrschaft der Masse. Im Gegenteil, es müssen Führer sein, und das ist sogar die große Gefahr, daß dem Volk nicht genug Führer erstehen, die es mit starker Hand und klarem Willen aus den schweren Nöten der Kriegsfolgen herausführen."[209] In dieses Bild paßt auch der Befund Birmeles, daß es vor allem die rechte Presse war, die Probleme mit den Zensurbehörden hatte, da diese zu offensichtlich Führeralternativen zu Wilhelm II. gefordert hatte.[210]

In der Verarbeitung der traumatischen Kriegsniederlage schien vielen Kommentatoren die Führerfrage als Schlüssel zur Erklärung des Geschehenen. Dies gilt etwa für Paul Rohrbach[211] oder Wilhelm Ziegler, der seiner einschlägigen Untersuchung das Motto „Krieg drängt nach Diktatur" voranstellte. Hier wurde das Führerproblem – d.h. der Verfall der inneren Autorität während des Weltkrieges – als Grund für den Zusammenbruch des Kaiserreiches ausgemacht.[212] Derartige Kritik präsentierte den ‚Kaiser im Krieg' nach 1918 als das genaue Gegenteil des Benötigten. Nicht nur Loewenfeld brachte die Lehre aus dem Krieg auf die einfache Formel, das Volk habe sich im Großen und Ganzen bewährt, allerdings habe die Führung versagt.[213] Wilhelm II. schaffte es demnach nicht, obwohl er bereit gewesen sei, den Weg zum „Volksfürsten" weiterzugehen. Die Gruppe, die früher den Kaiser in diese Richtung haben drängen wollen, hätte nun das Interesse verloren. Wilhelm II. sei kaum mehr beachtet, nicht einmal mehr der Kritik für wert befunden worden. Er sei nicht mehr „der Kaiser" gewesen, sondern ein „anderer, ein fremder Fürst".[214]

Ganz ähnliche Beobachtungen macht Brude-Firnau für die literarische Behandlung des Weltkrieg-Kaisers nach 1918. „Der sprachlose Kaiser", so Bru-

209 „Weil dies der instinktiv empfundene Wille des Volkes ist, darum hat das Wort ‚Freie Bahn für alle Tüchtigen' einen solchen Widerhall gefunden: darum auch das gewaltige Drängen nach Parlamentarisierung, das der Forderung, jedem Befähigten den Aufstieg zur Führerschaft zu ermöglichen, eine rasche Verwirklichung bietet, wenn auch damit allein nicht der gewünschte Erfolg für das Volk garantiert ist." Dr. Schnittmann, ‚Demokratisierung', Kölnische Volkszeitung, 5. November 1918, (Nr. 874).

210 BIRMELE, Press, S. 185 f.

211 BIEBER, Rohrbach, S. 323.

212 Wilhelm ZIEGLER, Volk ohne Führung. Das Ende des Zweiten Reiches, Hamburg 1938; Paul ROHRBACH, Monarchie, Republik und politische Parteien in Deutschland, Stuttgart 1920.

213 LOEWENFELD, Republik, S. 107. Hier wiederholte sich ein Argument, daß z.B. Naumann in der Vorkriegszeit stark gemacht hatte: Die unübersehbare wirtschaftliche Leistungskraft der Nation dränge nach einem politischen Äquivalent.

214 Aufschlußreich ist auch hier wiederum das Argumentieren in Bildern. Schulze-Pfaelzer resümierte: „Unsere Rückerinnerungen bringen den Kaiser zumeist mit der Westfront in Verbindung. Dort beginnt der Krieg, dort vollendet sich die Kaisertragödie. Bei dem großen Vormarsch durch Belgien und Frankreich sehen wir noch die Majestät im kriegerischen Lorbeer. Psychologische Gedenkbilder, die sich aus dem Augustgeist erklären. Die Anfangssiege im Westen lassen den obersten Kriegsherrn als Imperator aufleuchten. O dive Caesar!" Die Kriegsbegeisterung des deutschen Volkes habe sich hingegen am Schauplatz Ostfront entzündet. SCHULZE-PFAELZER, Spa, S. 30 f.

de-Firnau, „ist zur Attrappe erstarrt und sucht sein Versagen durch Servilität auszugleichen." Franz Schauwecker muß den Bedeutungsverfall der Monarchie überakzentuieren, um der ideologischen Botschaft seines Romans den Schein historischer Folgerichtigkeit zu verleihen: „Nicht der Krieg war falsch, nur der oberste Kriegsherr; sobald eine ‚Blutsgemeinschaft der Frontkämpfer' an seine Stelle tritt, wird sich die Niederlage in Sieg verkehren." Wilhelm II. wird hier als scheiternder Redner, aber auch als Opfer von Umständen, denen er nicht gewachsen war, präsentiert.[215] Diese weitverbreiteten, offensichtlich attraktiven Deutungen argumentierten innerhalb eines Zirkelschlusses. Indem die Monarchie unterging, zeigte sie, daß sie nicht stark genug zum Überleben war. „Wir dürfen in diesen schweren Stunden uns auch die bittere Wahrheit nicht verhehlen", erinnerte die *Deutschen Tageszeitung* am 9. November 1918, „daß auch die Krone selber an ihrem Grab geschaufelt hat".[216] Gemeint war allerdings nicht die Institution, sondern die Person des Kronenträgers. Es liegt auf der Hand, daß die so entstandene Lücke von interessierter Seite ausgedeutet wurde. In einer nach 1933 verfaßten Umdeutung der Langemarkschlacht wird das ‚Abtreten' des Kaisers im Weltkrieg anschaulich vorgeführt: „Aber wo eine Division als Volk vorläufig nichts hatte als ihren zähen Sieg- und Wehrwillen, da kam der Ruf des deutschen Blutes nach dem Führer, wurde in der Schlacht, als die wenigen guten Offiziere gefallen waren, ein einziger verzweifelter Schrei laut, der durch die ganze Front von Langemark ging: Volk, wo ist Dein Führer? Komm, Führer oder wir sterben nutzlos dahin! Ja, es ist schon die Schlacht von Langemark gewesen, die den Kaisergedanken aus dem Herzen Vieler auszubrennen begann."[217]

---

215 BRUDE-FIRNAU, Deutung, S. 116 f. Zum gleichzeitigen Führerkult bei Schauwecker vgl. Günther SCHOLDT, Autoren über Hitler. Deutschsprachige Schriftsteller 1919-1945 und ihr Bild vom ‚Führer', Bonn 1993, S. 34 f.

216 ‚Rücktritt des Kaisers und des Kronprinzen', Deutsche Tageszeitung, 9. November 1918, (Nr. 572).

217 Zit. nach: Bernd HÜPPAUF, Schlachtenmythen und die Konstruktion des neuen Menschen, in: Gerhard Hirschfeld/Gerd Krumeich, Gerd (Hg.), „Keiner fühlt sich hier mehr als Mensch ..." Erlebnis und Wirkung des Ersten Weltkriegs (Schriften der Bibliothek für Zeitgeschichte, 1), Essen 1993, S. 43-85, hier S 53.

2. Wilhelm II. und der Weimarer Führerdiskurs

> „Die deutschen Fürsten müßten sich persönlich schon sehr erbärmlich benehmen, wenn sie nicht selbst durch einen unglücklichen Krieg an Anhänglichkeit beim Volke gewännen. Es wäre nur dann für sie verspielt, wenn aus dem Volke ein Napoleon wider sie erstünde, – ein Held, ein Genie der Tat. Der würde im deutschen Heere, im deutschen Offizierkorps, trotz aller Pflicht, reichliches Material zu Marschällen finden. Darauf können sie sich verlassen."[218]

Der Führerdiskurs der Weimarer Republik war durch den Weltkrieg zumindest in zweierlei Hinsicht vorgeprägt. Erstens hatte sich der Diskurs über das, was Führertum sein konnte und sollte, entlang den geschilderten Linien konzentriert und verstärkt. Zweitens war mit einer breit vollzogenen Ablösung von Wilhelm II. gleichsam ein Platz frei geworden, eine leere Stelle in der politischen Hierarchie entstanden.[219] Hinzu traten allgemeine Krisenerscheinungen, die der Führeridee zuträglich waren. Da die Formulierungen der Sehnsucht nach einem Führer nie einem ‚Realitätscheck' unterzogen wurden, konnten sie sich immer stärker radikalisieren.[220] Vor diesem Hintergrund kann die Hochkonjunktur von Führererwartungen und Führereinforderungen in der Weimarer Republik nicht verwundern. Diesen extrem facettenreichen Diskussionszusammenhang zu schildern, kann hier nicht der Platz sein.[221] Vielmehr soll – generalisierend - nach der spezifischen Funktion Wilhelms II. in den Führerkonzepten der Weimarer Republik gefragt werden.

Bereits am 11. Dezember 1918 erklärte die *Kölnische Volkszeitung*, nach ausführlicher Darstellung der Enttäuschungen des vergangenen Monats: „Das deutsche Volk wird in diesem Augenblicke jedem Führer begeistert folgen, der es zur Tat aufruft und selbst die Tat an den Anfang seines Rufes setzt."[222] In der Regel schlossen solche Beschwörungen aus, daß dieser Führer Wilhelm II. sein konnte. Der neue Führer sollte vielmehr durch das nun politisch ge-

---

218 Die Romanfigur Hermann Honrader in: BIERBAUM, Kuckuck, S. 646.

219 Zur Distanzierung von der hergebrachten Dynastie vgl. die vielen Beispiele enttäuschter Neurechter und ‚ästhetischer Fundamentalisten' bei: BREUER, Ordnungen, S. 124.

220 Vgl. z.B. das mehrfach zitierte Gedicht von Immanuel Geibel von 1848: „Nur einer aus den Millionen,/So weit die deutsche Langmut baut!/ Zum Heil der Völker und der Thronen/Nur eine eisern harte Faust,/Die wie ein Blitz durch alle Grade/Empor sich zum Diktator schwingt/Und die Rebellen ohne Gnade/Ins starre Joch der Einheit zwingt." Zit. z.B. bei: MEWES, Kaiser, als Motto. Anonym, Beichte, S. 37.

221 Vgl. den sehr knappen Überblick bei: Kurt SONTHEIMER, Antidemokratisches Denken in der Weimarer Republik. Die politischen Ideen des deutschen Nationalismus zwischen 1918-1933, München [4]1994, S. 214-222. Wesentlich ergiebiger: BREUER, Ordnungen, S. 130 ff. und SCHREINER, Retter, 107-160.

222 Weiter hieß es: „Die Tat, die es frei macht von Berlin und der ganzen bolschewistischen Lebensdrohung, die ihm wieder eine starke Regierung gibt, die fähig ist, es nach außen und innen zu vertreten und im Innern Ordnung zu schaffen." ‚So geht's nicht weiter!', Kölnische Volkszeitung, 11. Dezember 1918, (Nr. 944).

reifte Volk bestimmt werden. Der ehemalige Kriegsberichterstatter im Hauptquartier Binder formulierte das neue Anforderungsprofil wie folgt: „Es ist […] an der Spitze des neuen deutschen Reiches kein Mann mehr möglich, wie Wilhelm II. es war. Es muß ein Mann kommen, der, wie er, den Willen zum Guten hat und dem ein gütiges Geschick aber die Gabe mitgegeben hat, diesen Willen in die Tat umzuwerten. Es wird dem deutschen Volk gelingen, aus der großen Zahl der bedeutenden Männer diesen einen zu finden."[223]

So breit das Spektrum der Führerphantasien war und so viele verschiedene Typen es vereinigte, gab es doch eine Gemeinsamkeit. Der projizierte Führer hob sich stark von der Person Wilhelms II. ab und war insofern durch diesen geprägt.[224] Der idealisierte Stauferkaiser Friedrich II., den Kantorowicz als heimlichen Kaiser und Führer „in kaiserloser Zeit" portraitierte, wies folgende Charakteristika auf: „[...] es lag dem Kaiser fern, seine Fertigkeit zur Schau zu stellen, und mit vielem Reden vor dem Volke hielt sich Friedrich II. wohlweislich zurück: ‚Er spricht wenig, weiß viel und vermag viel,' urteilte die öffentliche Meinung."[225] Kantorowicz, Mitglied im George-Kreis, hob den „männliche[n] Geist" und die positive Atmosphäre am Hof des „stupor mundi" hervor.[226]

Schivelbusch konnte zeigen, wie sehr die Umdeutung der Nibelungensage in der Weimarer Republik, mit ihrer nun positiven Sicht auf Hagen, durch den verachteten Wilhelm II. alias Siegfried inspiriert war. Letzterer galt zumal in neurechten Zirkeln als „das vollkommene Gegenbild des ritterlichen Mannes und edlen Helden." Diese Umdeutung des traditionellen Siegfried-Bildes findet sich in Arnold Bergmanns nationalpädagogischer Abhandlung *Die Bedeutung des Nibelungenliedes für die deutsche Nation*. Der Bezug auf Wilhelm II. wird deutlich, wenn Siegfried mit Attributen wie „schneidig" und „von innerer Hohlheit" charakterisiert und seine verhängnisvolle Wirkung auf die Nation beschrieben wird: „Das ganze Land muß herhalten, um die frivole und brutale Ungezogenheit des jungen Siegfried [...] mit schönen Kleidern und wertvollen Ausrüstungen zuzudecken." Es sei gut, „sich darüber klarzuwerden, daß Hagen diesen meineidigen, gewalttätigen Mann unschädlich machen

---

223 BINDER, Schuld, S. 39 f. Für ein Theaterstück mit dem Titel *Caesars Stunde* gab dessen Verfasser Friedrich Freksa folgende Regieanweisungen: „Ein Caesar wird nicht, weil ein Mensch ehrgeizig und streberhaft ist, sondern weil die Zeit eines Caesars bedarf und reif ist für ihn." Friedrich FREKSA, Caesars Stunde, Ein weltlich Spiel, München 1921, S. 159 f. Vgl. auch: Friedrich GUNDOLF, Caesar im Neunzehnten Jahrhundert. Berlin 1926, passim.

224 Zu offen restaurativen literarischen Forderungen vgl. die wenigen Beispiele Ferdinand Eugen Solf, Adolf Reinecke und Max Bauer. Der größte Teil der Romane „rekrutiert seinen Heldenbedarf vielmehr in nationalrevolutionärer Tradition aus dem Kreis der Frontsoldaten, aus einer neuen, eher gesinnungs- und leistungsmäßig bestimmten als durch Besitz und Stand gesellschaftshierarchisch festgelegten Elite." So z.B.: Käthe Röse-Strang, Dietrich Arndt, Ernst Otto Montanus, Otto Autenrieth, Kurt Anker, Alfred Reifenberg und Joseph Delmont. Vgl. SCHOLDT, Autoren, S. 34, S. 37 und die Untersuchung von Jost HERMAND, Der alte Traum vom neuen Reich, Frankfurt a.M. 1988, S. 117 ff., 178 ff.

225 KANTOROWICZ, Kaiser, S 238. Das Zitat findet sich in: Ders., Kaiser Friedrich, Berlin ²1928.

226 KANTOROWICZ, Kaiser, S. 259.

mußte, weil er in ihm eine permanente Gefahr für Volk und Staat der Burgunder sah".[227] In dieser Deutung hatte Wilhelm II. das Loyalitätsproblem durch eigenes Versagen gelöst. Der Nibelungenmythos wiederum vermochte dem Zusammenbruch der Monarchie als notwendiger Sturz überlebter Ordnungen Sinn zu verleihen und gleichzeitig auf einen utopischen Heilszustand zu verweisen.[228]

Auch die Idee vom „heimlichen Kaiser" war mit der Institution Monarchie nurmehr lose verbunden und muß vielmehr als eine spezifische Umschreibung der Führeridee begriffen werden.[229] Im Anschluß an George, der in einem Gedicht programmatisch „den einzigen der hilft den Mann" beschworen hatte, erklärte dessen Jünger Karl Wolfskehl den „Schrei nach dem Führer" für ebenso „berechtigt" wie Ernst Bertram oder Dietrich Eckart es taten.[230] Die Verklärung von „Tatmenschen" und Führertum gehörte zur Essenz der Gemeinsamkeiten des George-Kreises. In dieser Hinsicht läßt sich eine gemeinsame Frontstellung des Kreises gegen das wilhelminische Kaisertum feststellen.[231] Stilbildend war das Cäsar-Buch Gundolfs, dessen Schlußsatz suggestiv lautete: „Noch ist kein Herrscher erschienen der weise ist, aber schon wirkt wieder ein Weiser mit herrscherlichem Willen, schöpferisch fest [gemeint George, M.K.], wissend und liebend, trächtig von dem cäsarischen Schauer den Nietzsche geweissagt."[232] Gundolfs 1926 erschienenes Buch über den Nachruhm Caesars sollte dazu dienen, „ein Maß aufzurichten, an dem sich das diffuse und zu blinder Identifikation bereite Bedürfnis nach dem starken Mann orientieren könne".[233] Vor allem das extrem erfolgreiche Friedrich II.-Buch von Kantorowicz aus dem Jahr 1927 hatte die – wesentlich ältere, durch Julius Langbehn geprägte - Idee des heimlichen Kaisers erneut popularisiert. Die Rede vom heimlichen Kaiser hatte allerdings weit über den George-Kreis hinaus Konjunktur. So behauptete die *Deutsche Tageszeitung* Anfang 1919: „[...] wir träumen den Traum von dem heimlichen Kaiser, bis dieser Traum – wir legen uns auf die Person des jetzigen Kaisers wirklich nicht fest, wenn wir ihm auch eine Heimat in der Heimat wünschen – wieder seine Erfüllung findet."[234]

---

227 Arnold Bergmann, zit. nach: SCHIVELBUSCH, Kultur, S. 252 f. Vgl. auch ebd., S. 422.

228 Vgl. VELTZKE, Mythos, S. 205 ff.

229 Vgl. etwa das Diktum Radbruchs vom „heimlichen Kaisertum des Gesamtvolkes". SCHÖNBERGER, Parlament, S. 405 ff.

230 Vgl zu diesen: SCHOLDT, Autoren, S. 35 und den Ausruf des Historikers Karl Alexander v. Müller: von 1924: „Wir schreien wie der Hirsch nach Wasser nach einem der uns führen soll." Zit. nach: RADKAU, Nervosität, S. 510.

231 Stefan BREUER, Ästhetischer Fundamentalismus. Stefan George und der deutsche Antimodernismus, Darmstadt 1996, S. 229. Zur Kritik Wilhelms II. durch George: Walter SCHMITZ/Uwe SCHNEIDER, Völkische Semantik bei den Münchner ‚Kosmikern' und im George-Kreis, in: Uwe Puschner (Hg.), Handbuch zur völkischen Bewegung 1871-1918, München 1999, S. 711-746, hier: S. 730 f.

232 GUNDOLF, Caesar, S. 88.

233 BREUER, Fundamentalismus, S. 223 f.

234 J. Br., ‚Dem Kaiser. Zum 27. Januar', Deutsche Tageszeitung, 27. Januar 1919, (Nr. 48).

Der Hindenburg-Kult zeigte auf, welches Potential der Kaiser als erfolgreiche Führerfigur hätte ausschöpfen können, und demonstrierte insofern dessen Versagen.[235] In dieser Hinsicht übertraf der Kult um Hindenburg den Kult um Bismarck, dessen Vorgaben er folgte. Es ist bezeichnend, daß der Soldat Hindenburg die in ihrer Totalität unerwartete militärische Niederlage des Reiches ohne Imageschaden überstehen konnte, während der Kaiser für selbige verantwortlich gemacht und mit dieser assoziiert wurde. Hindenburg hatte, lapidar gesagt, all die Vorzüge, die der Kaiser nicht besaß. In seinem Resumee *Von Spa nach Weimar* argumentierte Gerhard Schulze-Pfaelzer: „Niemand käme auf die Idee, den Mann, der jenseits aller Parteien steht, zur Verantwortung zu ziehen." Hindenburg, der durch sein Alter altpreußische Zeiten repräsentiere, wird als „vom Schicksal erwählter Patriarch" bezeichnet.[236] Die Anklänge an den idealisierten Wilhelm I. sind hier überdeutlich, aber auch das Gegenbild zu Wilhelm II. entlang der eingeübten Kontrastierung mit Bismarck.[237] „Hindenburgs Nimbus" sei nicht von oben gemacht, sondern der Feldherr sei durch „freien Wunsch und Willen des Volkes auf den Schild gehoben" worden. „Darin", so Schulze-Pfaelzer bezeichnenderweise, „liegt schon etwas Volksmonarchisches".[238] Hier tritt die Überzeugung zutage, daß der Monarch sein Amt durch Leistung und vorbildliches Auftreten legitimieren müsse und durch demokratische Mechanismen zu bestätigen sei. Auffällig ist bei Schulze-Pfaelzer der hohe Reflexionsgrad bei der Konstruktion eines Mythos. Das Neue, das hier entstand, füllte genau jene Lücken, die beim Kaiser konstatiert worden waren.

Nach der Wahl Hindenburgs zum Reichspräsidenten zeigte sich, wie vollständig der Ablösungsprozeß von Wilhelm II. vollzogen worden war.[239] Walther Lambach, der 1928 in einem aufsehenerregenden Artikel das Dogma der legitimistisch-monarchischen Orientierung der DNVP aufbrach, konstatierte, neben der „Größe" Hindenburgs sei der „Nimbus" der „lebenden Hohenzollern" in sich zusammengesunken. Nicht sie, sondern Hindenburg habe den Platz neben Wilhelm I., Friedrich dem Großen und dem großen Kurfürsten erhalten. Er habe sich als „Träger eigener Größe" herausgestellt: „Der hinter dem Reichspräsidenten aufragende Schatten des Kaisers und Königs, der jeden anderen überragt hätte, überragte einen Hindenburg nicht mehr", behauptete Lambach in typischem Rückbezug auf den Monarchen.[240] Wenn der

---

235 Roger CHICKERING, Imperial Germany and the Great War. 1914-1918, Cambridge 1998, S. 74.

236 SCHULZE-PFAELZER, Spa, S. 34. Es paßt ins Bild, daß Theodor Eschenburg von der Figur Hindenburg nicht nur als von einem „Ersatzkaiser" sondern auch als von dem „heimlichen, aber wirklichen Kriegskaiser" gesprochen hat. ESCHENBURG, Demokratie, S. 53, 31.

237 WÜLFING/BRUNS/PARR, Mythologie, S. 181 f.

238 SCHULZE-PFAELZER, Spa, S. 33.

239 Zur Kritik an der Hindenburgkandiatur als einem monarchistischen Plott: ASMUSS, Republik, S. 266 f.

240 Zu diesem Dogma vgl. Christian F. TRIPPE, Konservative Verfassungspolitik 1918-1923. Die DNVP als Opposition in Reich und Ländern (Beiträge zur Geschichte des Parlamentarismus und der politischen Parteien, 105), Düsseldorf 1995, S. 166. Walter LAMBACH, Mon-

Staatsrechtler Axel Frhr. v. Freytag-Loringhoven mit Genugtuung feststellte, daß sich durch die Präsidentschaft Hindenburgs der „Führergedanke“ im gewählten Staatsoberhaupt verwirkliche, wird klar, wo die Defizite des ehemaligen Kaisers lagen.[241]

Das Amt des Reichspräsidenten war hervorragend geeignet, die Machtphantasien vieler Monarchisten zu befriedigen. Wie Meinecke oder – mit Abstrichen – Max Weber, trat auch Hans Delbrück aus monarchistischen Motiven für die Schaffung eines starken Reichspräsidenten, möglichst auf Lebenszeit, ein. Nur ein solcher könne Schutz gegen die negativen Begleiterscheinungen des Parlamentarismus bieten: „Die Zersplitterung des Parlaments kommt der Machtstellung des Präsidenten der Republik zugute und erhebt ihn über die Parteien, wie ehedem die Monarchie“, hoffte Delbrück.[242]

In derartigen Führerbeschwörungen lebten Monarchie und – durch negative Abgrenzung – der Monarch fort. Genau dies hat die immer noch einflußreiche Interpretation des Führerphänomens durch Eric Voegelin aus den dreißiger Jahren übersehen. In seiner Abhandlung über politische Religionen verwies Voegelin auf die andauernde Wirkung der Reichelehre. Der Glaube an den „Bringer des Reiches“ sei in den „Führerfiguren und -mythen unserer Zeit“ erhalten geblieben. Im Führer drücke sich, der deutschen Lehre gemäß, der „Volksgeist“ aus.[243] Ohne den Rekurs auf den Monarchen läßt sich allerdings die neue Dynamik derartiger Vorstellungen nach dem Ersten Weltkrieg nicht überzeugend erklären.

3. Der Monarch als gescheiterter Führer

In den 1950er Jahren berichtete Ferdinand Sauerbruch eine groteske Begebenheit. Der sterbende Reichspräsident Hindenburg konfrontierte den eilig herbeigerufenen Arzt mit einer Art letztem Bekenntnis: „Er müsse Hitler sehen. Er, Hindenburg, habe schon einmal vor der Weltgeschichte versagt, als er

---

archismus, in: Politische Wochenschrift für Volkstum und Staat 4 (1928), S. 495-497. Zum Lambachstreit vgl. BREUER, Ordnungen, S. 122.

241 Politisches Handwörterbuch (Führer ABC), hg. v. M. WEIß, Berlin 1928, S. 944. Auch Hans Blüher, dem das Gottesgnadentum als die „einzig mögliche Form von Herrschaft“ galt, sah sich genötigt, diesen Legitimitätsmodus auf den Platzhalter der Monarchie – den Sieger von Tannenberg – zu überschreiben und diesem zu attestieren, er habe seine Autorität nicht vom Volke, sondern „von oben her“, „durch Gottes Fügung“. Blüher 1919, zitiert nach Breuer, Ordnungen, S. 124. „Wie sehr die nationale Idee den monarchistischen Legitimitätsanspruch überwältigt hat, zeigte sich am 5. Mai 1925, als der repräsentativste Offizier des monarchischen Heeres den Eid auf die republikanische Verfassung leistete“, urteilte folgerichtig Hermann Heller. HELLER, Ideenkreise, S. 46 f.

242 Hans Delbrück, Die Folgen der Revolution, in: Preußische Jahrbücher 175 (1919), S. 136.

243 Eric VOEGELIN, Die Politischen Religionen, hrsg. von Peter J. Opitz, München [2]1996, S. 39 ff. „Der Führer ist von der Idee durchdrungen; sie handelt durch ihn. Aber er ist es auch, der dieser Idee die lebendige Form zu geben vermag.“ In der deutschen Symbolik wird „der Führer zum Sprecher des Volksgeistes und Repräsentanten des Volkes kraft seiner rassemäßigen Einheit mit dem Volk.“ VOEGELIN, Religionen, S. 57.

den Kaiser nach Doorn jagte. Aus Sorge um seine Bequemlichkeit könne er nicht zum zweitenmal versagen. Dann schloß er die Augen und fiel in einen Halbschlaf. In diesem Zustand begann er leise zu sprechen. Ich hörte, daß er sich im Geiste mit seinem ehemaligen Kaiser, mit Wilhelm II., unterhielt. Zwischen Traum und Wachen beschwor er den letzten deutschen Kaiser, den letzten preußischen König, ihm zu verzeihen, daß er ihn damals 1918 verlassen habe, und daß er dazu beigetragen habe, ihn zur Reise nach Holland zu bewegen. Dann wechselte er seinen Gesprächspartner und bat Gott, ihm diese Sünde zu verzeihen. Nach einiger Zeit schlug er abermals die Augen auf und fragte: ‚Ach, was war denn das? Habe ich geträumt?' Ich antwortete: ‚Sie haben nicht eigentlich geträumt. Sie sprachen davon, wie sehr es Sie bedrückt, daß Sie dem letzten deutschen Kaiser zur Abreise nach Holland zugeredet haben.' Er nickte nachdenklich. Die Vorgänge bei der Revolution 1918 im Kaiserlichen Hauptquartier beschäftigten ihn während der ganzen letzten Tage seines Lebens. [...] So kam also Hitler am 31. Juli zu Hindenburg. Aber zu einem eigentlichen Gespräch ist es nicht mehr gekommen. Zwar blieb der Reichskanzler lange allein im Zimmer des Reichspräsidenten, aber nachdem er den alten, kranken Mann verlassen hatte, sagte Hitler zu mir: ‚Der Herr Reichspräsident ist immer nur jeweils für eine kurze Weile voll bei Besinnung gewesen und hat mich schließlich nur noch mit ‚Majestät' angeredet'."[244]

Ob korrekt oder phantasiebegabt erzählt, in jedem Fall gelangt der Bericht Sauerbruchs zum Kern der Wechselbeziehung von Monarchie und Führervorstellungen nach 1918. Ein bisher nicht beachteter Strang dieser Wechselbeziehung sind die unzähligen monarchistischen Versuche, Monarchie und Führeridee miteinander zu versöhnen.[245] Voraussetzung für diese Versuche war der weitgehende Verzicht auf eine Festlegung auf Wilhelm II. im monarchistischen Lager. Unter dem Titel *Das neue Kaisertum* erklärte v. Karnebeck im Januar 1922 in der *Deutschen Zeitung*, es gebe Leute, „die da meinen, mit dem Kaiser Wilhelm II. sei auch der Kaisergedanke gestürzt". Tatsächlich sei der „Kaisergedanke" aber noch nie lebendiger gewesen. Das deutsche Volk sehne sich, stärker denn je, nach Kaiser und Reich. Freilich, und dies ist so bemerkenswert wie charakteristisch, findet sich hier kein Hinweis, daß damit Kaiser Wilhelm II. gemeint sein könnte.[246] Auch für die monarchistische Neue Rechte war die wilhelminische Restauration keine erstrebenswerte Option. Zum Rückzugsraum der großen Gruppe jener monarchisch Orientierten, für die Wilhelm II. als Bezugspunkt ausgefallen war, wurde der „Kaisergedanke".[247] Gleichzeitig bot die Beschwörung eines abstrakten Kaisers auch

244 Ferdinand SAUERBRUCH, Das war mein Leben, Berlin 1951, S. 419 f.

245 Zur Symbiose von Führer und Monarchie im Vormärz vgl. den Artikel *Monarchie* in Geschichtliche Grundbegriffe, S. 204, 213.

246 v. Karnebeck, ‚Das neue Kaisertum', Deutsche Zeitung, 27. Januar 1922, (Nr. 48).

247 Eduard Stadtler schrieb in *Politik als Gesinnung und Kunst*: „Es lebt in Deutschland der Kaisergedanke als leidenschaftlichste Staatsidee. Nicht im Programm unpolitisch gewordener und im opportunistischen Tageskampf sich verzehrender Parteien, sondern in der sehnsüchtig aufbrennenden Seele führungsgläubigen, dem Mythos zugeneigten Volkstums." Zit. nach: GENGLER, Monarchisten, S. 173 f.

das Fundament für einen Brückenschlag zum Führergedanken. Die *Deutsche Zeitung* berichtete 1922 über eine Feier zu Kaisers Geburtstag, auf der der Redner erklärte: „Der Kaisergedanke ist für uns der Gedanke des Dienstes am deutschen Volke. Wir wollen ihn uns nicht nehmen lassen. Wir warten auf den Kaiser, dem wir einst folgen durch Not und Tod. Aber bis er kommt, dürfen wir die Hände nicht in den Schoß legen, sondern müssen arbeiten und dafür sorgen, daß uns der Kaisergedanke nicht verloren geht: der Gedanke unbedingter Treue und Hingabe an einen Führer."[248] In dem „Schrei nach dem Diktator", wie der Chef der *Aufrechten* Friedrich Everling, „das Sehnen des Volkes nach seinem König" zu verorten, oder, wie Westarp, das „Kaiserreich der Zukunft" zu propagieren, mochte als Formel zur Beruhigung der Loyalisten taugen. Politisch blieben diese Visionen Augenwischerei, sie boten aber eine Brücke zwischen enttäuschtem Monarchismus und gesellschaftlichen Ordnungsentwürfen, die mit den ehemaligen Kaiserkonzepten nurmehr sehr wenig gemein hatten.[249]

Zwischen entpersonalisiertem Kaisergedanken und Führerbeschwörung läßt sich der Großteil monarchistischer Publizistik der Weimarer Republik verorten. Die Akzente blieben freilich unterschiedlich verteilt. Der *Bund der Aufrechten* beharrte auf der Hauptrolle Wilhelms II. Während die *Aufrechten* die populären Diktaturkonzepte adaptierten, erklärten sie gleichzeitig, diese könnten nur einen Übergang zur Monarchie bilden und seien grundsätzlich von kurzer Dauer. Der „Befreier" sollte der Kaiser sein, nicht ein Diktator. Von einem repräsentativen Kaisertum im „gemachten Nest", so Hofmann, „wollten die Aufrechten nichts wissen".[250] Das hieß aber nicht, daß nicht auch die *Aufrechten* glaubten, auf den ‚Führerzug' aufspringen zu müssen. Indem sie sich der aus der Weimarer Rechten schon bald nicht mehr wegzudenkenden Führer-Sehnsucht anschlossen, wahrten sie die Chance, „die mögliche Konkurrenz durch Modifikationen zu entschärfen und ins Monarchische zurückzubiegen".[251]

In der Verteidigung Wilhelms II. zeigt sich die Aussichtslosigkeit dieser Argumentationslinie. Der Kaiser mußte als Führer gerechtfertigt werden. Edgar Schmidt-Pauli bescheinigte dem Kaiser entschieden „Talent zum Führer", zumindest im militärischen Bereich.[252] Noch expliziter klagte Rudolf Mewes angesichts der ubiquitären Führerforderungen: „Niemand denkt daran, daß der einzige Mann, der Deutschland erretten kann, von dem Volke in die Fremde

---

248 Der Redner war der Geologe Friedrich Solger. ‚Der Kaisergedanke', Deutsche Zeitung, 28. Januar 1922, (Nr. 48).

249 Zit. nach: Roswitha BERNDT, Monarchisch-restaurative Organisationen im Kampf gegen die bürgerlich-parlamentarische Staatsform der Weimarer Republik, in: Jenaer Beiträge zur Parteiengeschichte 43 (1978), S. 15-27, hier S. 26, Anm. 33 und KAUFMANN, Monarchism, S. 172.

250 Zum „Entgleiten" des Monarchismus aus dem Konservativismus: HOFMANN, Deutschland, S. 88 f.

251 HOFMANN, Deutschland, S. 89.

252 SCHMIDT-PAULI, Kaiser, S. 195.

getrieben ist."[253] Dieser Logik folgte auch Rudolf Schades Pamphlet *Wir brauchen den Kaiser*.[254] Die ‚Kaiser-als-Führer' Idee konnte mit der Vorstellung vom notorisch unverstandenen Kaiser kombiniert werden. Wilhelm II. habe demnach „den innersten Willen des Volkes – allerdings nicht immer den der Öffentlichen-Meinungs-Macher – erfüllt [...] wenn auch mitunter erst den, den das Volk zehn Jahre später hatte".[255] Der Kaiser sei so gewesen, wie es das Volk erwartet habe, eben kein Schattenkaiser, vielmehr Autokrat und Modernisierer, der eine veraltete Staatsauffassung überwunden habe.[256] Auch Gerhard Tolzien wies darauf hin, daß Wilhelm II. seinem „Volk ein Führer sein" wollte.[257] Die Verteidiger des Ex-Kaisers konnten argumentieren, die Führeridee sei Ausdruck der übertriebenen Erwartungen an Wilhelm II., an denen dieser letztlich gescheitert sei, und damit die Verantwortung wieder dem abstrakten Faktor Volk zuschieben.

Da selbst vielen Monarchisten die Präsentation Wilhelms II. als unverstandenen Führer kaum akzeptabel erschien, versuchte die *Kreuzzeitung* die Hohenzollern als gleichsam historische Führer zu vermarkten. Anläßlich der Wiederkehr des Geburtstags Friedrichs des Großen am 24. Januar 1920 behauptete das Blatt, daß „uns eine große Persönlichkeit nottut", hätten „unter der Herrschaft aufgeblasener Mittelmäßigkeit auch viele von denen begriffen, die einst auf das demokratische Dogma vertrauten, daß Führer gewählt werden könnten". Führernaturen müßten aber geboren werden, und „unter der erlauchten Dynastie der Hohenzollern" habe es mehr „überragende Persönlichkeiten gegeben, als in irgendeinem anderen Geschlecht der Geschichte".[258] Das Argument, die Geschichte der durch den „Grundsatz der natürlichen Auslese" aufgestiegenen Hohenzollern zeige, wie die Monarchie durch Vererbung von Führerqualitäten stets für eine rundum kompetente Staatsführung sorge, erwies sich angesichts der Reputation Wilhelms II. als naiv. Denn der Kern des Führergedankens lag schließlich nicht in einer automatischen Affirmation jeweils legitimer Amtsinhaber *qua* Amtscharisma, sondern in der Verehrung durch persönliches Charisma ausgezeichneter Führungskräfte. Für legitimistische Monarchisten wie die *Aufrechten* war dies eine ausgesprochen gefährliche, den Fundamenten ihrer Grundüberzeugung zuwiderlaufende Tendenz, deren Schädlichkeit durch die defensive Erklärung des Kaisers zum besten Führer eher verstärkt als abgemildert wurde.[259] In seinem Buch *Wiederentdeckte Monarchie* von 1932 erklärte Friedrich Everling, die Monarchie zeichne sich durch die Betonung des Führergedankens aus. Führertum sei, wie all-

---

253 MEWES, Kaiser, S. 1.

254 Erst im Ausland wollte Schade erkannt haben, was Deutschland an seinem Kaiser habe Vgl. Rudolf SCHADE, Wir brauchen den Kaiser, Berlin 1919, S. 4 ff. und 15.

255 OTTO, Kaiserartikel, S. 5.

256 Anonym, Abschiedsbrief, S. 20 ff.

257 TOLZIEN, Tragik, S. 3.

258 ‚Der 24. Januar', Kreuzzeitung, 24. Januar 1920, (Nr. 43).

259 „Wollte der Monarchismus in der gegenrevolutionären Bewegung Weimars überdauern", so Hofmann, „hatten seine Prätendenten von nun an den Nachweis ihrer Führerqualitäten [...] zu erbringen." HOFMANN, Deutschland, S. 90.

gemein anerkannt, Gebot der Stunde und werde zu Recht von der jungen Generation gefordert. Man müsse den Führergedanken aber zu Ende denken. Dann komme man „über Diktatur und gewählte Führung hinaus zum Erbgedanken, zur geborenen Führung."[260] Die Zeit sei reif für „einen Cäsarismus, und damit wird sie reif für die Monarchie".[261] Kaum überzeugender präsentierte sich 1925 Ottokar Stauf von der Marchs Neudefinition eines germanischen Königtums unter der Prämisse freiwilliger Gefolgschaft. Apodiktisch erklärte March, nur der Monarch sei dazu in der Lage, andere mit Erfolg zu leiten.[262] Auch Otto Hartmann begründete sein Eintreten für die Monarchie damit, daß nur diese den „Ordnungsstaat" garantieren, daß nur diese „führen" könne.[263] In Rudolf Borchardts Versuch, eine „Theorie des politischen Legitimismus" aufzustellen, verschwammen die Figur des Fürsten und die des Führers hingegen vollends.[264]

Eine weitere Verflüssigungsstufe einer sich in Führerkonzepten auflösenden Monarchie bildete die Vorstellung der Monarchie als Geburtshelferin des Führers. Alfred v. Loewenfeld verteidigte 1922, ähnlich wie Horneffer 1909, die Monarchie als potentielle Steigbügelhalterin eines geeigneten Führers. „Nicht Redefiguren, sondern Tatmenschen", so Loewenfeld, „will die Nation sehen [...]." Solche Führer trage „nur die Woge der Monarchie hoch", im „Strudel des parlamentarischen Parteiengezänks" hingegen werde „jeder große Mann in die Tiefe gerissen".[265] Diese Überlegung findet sich – ex negativo – auch in einem Vortrag Katharina v. Oheimbs. Das deutsche Volk müsse darauf achten, „wo immer der Führer geboren" werde, ihn nicht zu bekämpfen, „denn ihr habt ihn notwendig, denn es gibt keinen Kaiser Wilhelm I. mehr, der seinen Bismarck schützte gegen Angriffe von allen Seiten des Volkes."[266] Gewissermaßen als vorzeitiges Fazit der Republik übte die *Deutsche Zeitung* 1932 Kritik an Demokratie und Massengesellschaft, denen es nicht gelungen sei, Führer hervorzubringen. „Führung durch Massenwillen" sei ein innerer Widerspruch. Daher dringe auch der monarchische Gedanke wieder vor, wenn auch nicht in traditioneller Form.[267] Wie dies aussehen konnte, zeigt die Bemerkung von Rudolf Jung: „Der Führer mag ruhig König heißen, das ist unwesentlich; wesentlich hingegen ist, daß er von Volkes Gnaden seine Stelle

---

260 Friedrich EVERLING, Wiederentdeckte Monarchie. Berlin 1932, S. 32 f.

261 EVERLING, Monarchie, S. 165.

262 Ottokar STAUF VON DER MARCH, Monarchie und Republik. Eine Abwägung, Zeitz 1925, S. 5, 29 ff.

263 Otto HARTMANN, Republik oder Monarchie, München 1921, S. 1.

264 Jens Malte FISCHER, ‚Deutschland ist Kain'. Rudolf Borchardt und der Nationalsozialismus, in: Ernst Osterkamp (Hg.), Rudolf Borchardt und seine Zeitgenossen, Berlin 1997, S. 386-398, hier: S. 388, 390. Rudolf Borchardt, ‚Demant der Krone. Über Konservativismus und Monarchismus', Münchner Neueste Nachrichten, 15. November 1930. KRAFT, Borchardt, S. 424.

265 LOEWENFELD, Republik, S. 139 f.

266 Vortrag v. Oheimbs in Köln am 26. Februar, in: BAL, N 2136 (Michaelis), Nr. 133, Blatt 22 ff.

267 ‚Kaisers Geburtstag', Deutsche Zeitung, 27. Januar 1932, (Nr. 22).

einnimmt."[268] Mit dem monarchischen Prinzip hatten derartige Vorstellungen nichts mehr gemein.[269] Vereinzelte erzählerische Versöhnungsversuche zwischen dem nunmehr fixierten nationalsozialistischen Führerkonzept und dem Monarchismus – entlang dem italienischen Beispiel – nach 1933 schildern den Monarch lediglich als geduldeten Verwandten im Geiste.[270]

Die Vermischung überkommener Monarchiekonzepte mit neuartigen Führerkonzepten erwies sich als fatal für die Monarchie im allgemeinen und Wilhelm II. im besonderen. Sowohl durch konkurrierende Herrschaftskonzepte, alternative Kulte, als auch durch radikaler formulierte Anforderungen an seine Person geriet der Monarch massiv unter Druck. Diese Trends fanden in den Reaktionen auf die Flucht des Kaisers 1918 ihre logische Konsequenz. Schließlich war es eine gängige Deutung, das skandalöse Verhalten Wilhelms II. als Führungsversagen zu interpretieren. Die Flucht diente als endgültiger Beweis der Führungsschwäche Wilhelms II.

Daß die Flucht zur skandalösen Verletzung einer Norm werden konnte, illustriert, wie umfassend sich die Vorstellung vom Monarchen, der sich bewähren müsse, durchgesetzt hatte. Die Form der Abdankung legte nicht nur für die Rechte zumindest zwei Dinge nahe: Die Abdankung war nicht nötig, und wenn, dann nicht in der Form, in der sie sich ereignet hatte. Was fehlte, war eine „starke Hand", welche die Situation herumgerissen hätte. Tirpitz rechtfertigte seine scharfe Kritik an Wilhelm II. damit, daß sich Wilhelm II. durch seine Flucht, diskreditiert habe.[271] Der Kaiser, urteilte Delbrück mit Bezug auf die Flucht, habe „gefrevelt gegen seinen monarchischen Beruf, und ist es geschehen an einer so entscheidenden Stelle, daß der Fehler in den Abgrund führt, so ist auch der monarchische Gedanke und die Monarchie dahin."[272] Auch Max Weber behauptete, daß nach dem „Versagen" des Kaisers im Weltkrieg die „Monarchie mit Recht zu Boden gestürzt" sei.[273] Reventlow bedauerte, daß in Spa kein „Staatsmann" anwesend gewesen sei, der „die Frage der politischen Folgen eines Übertritts des Kaisers nach Holland unter ei-

---

268 Rudolf Jung 1922, zitiert nach: BREUER, Ordnungen, S. 141.

269 Edgar Julius Jung dachte an einen „aus einer Kette von mittelbaren Wahlen" hervorgehenden Führer. Dieser sollte seine Position erkämpfen: „Spontan, ad hoc und regellos". Zit. nach: BREUER, Ordnungen, S. 137 ff.

270 *Der Kaiser wieder in Deutschland: Ein deutsches Sehnen* von Onno zum Berg schilderte eine Inkognito-Rückkehr Wilhelms II. Diese Reise führt den Ex-Kaiser nach Gut Neudeck zu Hindenburg, wo er als alter, weiser, sozial gesonnener Mann auftritt. Erzählintention war die Harmonisierung von Monarchismus und Nationalsozialismus. BRUDE-FIRNAU, Deutung, S. 134 f. Gerüchte über die bevorstehende Rückkehr Wilhelms II. und dessen Kollaboration mit den Nazis in: ‚Berlin am Morgen', 22. Juni 1932, (Nr. 144). Diverse Artikel zum Thema in: BAL, R 8034 II (RLB-Archiv), Bd. 4039, Blatt 172 ff., „Dem Kaisertum die Zukunft!" hieß es in einem noch im April 1933 gedruckten *Kaiserlied* – zu singen auf die Weise des Horst-Wessel-Lieds" – der *Aufrechten*. HOFMANN, Deutschland, S. 94.

271 SCHECK, Tirpitz, S. 83 ff.

272 Hans Delbrück, in: Preußische Jahrbücher 174 (1918), S. 434.

273 ‚Das neue Deutschland'. Rede gehalten am 5. Dezember 1918 in Wiesbaden. MOMMSEN/SCHWENTKER, (Hg.). Neuordnung, S. 388 und 390.

nem großem Gesichtspunkt erfaßt und in den Vordergrund gestellt" hätte, vor allem aber, daß Wilhelm II. dies selbst nicht sah.[274]

Alle diese Deutungen suchten und fanden die Schuld für den beklagten Mißstand in der Person des Monarchen. Nach den Oktoberreformen, noch vor der Abdankung, hatte die *Hauptleitung* der Alldeutschen festgestellt: „Der Kaiser, der Träger des alten Systems ist politisch ausgeschieden, wie er es nicht anders verdient hat." Hieran schloß sich die rhetorische Frage an: „Sollen wir die Monarchie noch verteidigen, nachdem sie sich selbst überall aufgegeben [hat]?" Die Alldeutschen sahen darin, daß der „Kaiser sich der obersten Kommandogewalt hatte entkleiden lassen", die Ursache der Revolution. Diese habe jeden Widerstand unmöglich gemacht und sei „nichts anderes als eine Begleiterscheinung des wilhelminischen Zeitalters, das keine Männer an der Spitze duldete".[275] Polemisch hieß es in der *Politischen Beichte eines deutschen Prinzen*: „Nur schwache Regierungen erleben Revolutionen. Starke nie." Insofern sei „alles Jammern um Kaiser und Reich [...] nutzlos."[276] Theodor Fritsch beschrieb die deutschen Fürsten der Vorkriegszeit als unfähige Schwächlinge, die niemand sich ernsthaft zurückwünsche.[277] Das offenkundige Versagen des Monarchen diente als Begründung und Rechtfertigung für den Ruf nach dem Führer.

Für weite Teile der politischen Rechten war diese Argumentation verbindlich. Das kaiserliche Versagen begründete in dieser Logik eine vollständige Denk- und Handlungsfreiheit für die ehemals monarchisch festgelegten Gruppen. Bereits am 12. Oktober 1918 konstatierte die *Deutsche Zeitung*: „Wer sich das Zepter aus der Hand winden läßt, der kann es nicht führen. Für uns gibt es nur die Frage: Was wird aus unserem Reich?"[278] Mit der übereinstimmenden Aberkennung von Führereigenschaften, so die verbreitete Deutung, sollte sich Wilhelm II. politisch erledigt haben. Nur auf diese Weise war eine Sinnzuschreibung für die verstörenden Novemberereignisse möglich. Diese stellten eine Art endgültiger Klärung dar. Wenn Wilhelm II. – wie sich jetzt für jeden ersichtlich erwiesen hatte – zu schwach war, dann besaß sein Abgang eine höhere Logik und Rechtfertigung.

Auf dieser Interpretation baute die offizielle nationalsozialistische Deutung des letzten Kaisers in den Nachrufen zum Tod Wilhelms II. am 4. Juni 1941 auf:[279] „Das Leben Wilhelms II., der mit seinem Weg nach Holland in einer Stunde kritischster Entscheidung sich freiwillig vom Geschick des deutschen

---

274 Wilhelm II. habe nie erkannt, daß sein „Prestige [...] im Durchschnitt der Gesamtheit des deutschen Volks in ununterbrochen absteigender Linie sich minderte". REVENTLOW, 9. November, S. 4.

275 Bericht über die Sitzung der Hauptleitung und des Geschäftsführenden Ausschusses vom 19. und 20. Oktober 1918 zu Berlin 1918, in: BAL, R 8048 (Alldeutscher Verband), Nr. 121, Blatt 5, 12.

276 Anonym, Beichte, S. 6.

277 Theodor Fritsch, Republik oder Monarchie?, in: Hammer 22 (1923), S. 137-140, hier S. 138.

278 Zit. nach: STUTZENBERGER, Abdankung, S. 41.

279 Bereits 1933 war durch Goebbels festgelegt worden, daß der Tod Wilhelms II. lediglich durch eine kleine Notiz angezeigt werden durfte. Vgl. BALFOUR, Wilhelm II., S. 420.

Volkes getrennt hatte, verlief seither außerhalb dieses gemeinsamen Schicksals“, stellte die *National-Zeitung* lakonisch fest. Von kleinen Kreisen abgesehen, sei für das deutsche Volk unter das Kapitel Wilhelm II. mit dessen Flucht ein „Schlußstrich“ gezogen worden.[280] Die Kommentare der nunmehr gleichgeschalteten Presse setzten sich zwar betont von der radikalen Kaiserkritik der Weimarer Republik ab und zeichneten ein verständnisvolles Bild Wilhelms II.[281] Dies geschah allerdings nur auf der Folie eines idealisierten Führerbildes, dem Wilhelm II. selbstverständlich nicht genügte. So wurde der Kaiser zum natürlichen Opfer einer ‚kleineren' Zeit, deren generelles Kennzeichen es war, keine wirklichen Führer hervorgebracht zu haben. Die damaligen Kräfte, hieß es in einem Kommentar der *Börsenzeitung*, hätten sich als „zu schwach erwiesen“.[282] Der Ex-Kaiser habe einer Generation angehört, die ihre Ziele nicht erreichen konnte.[283] Wilhelm II. galt als „Kind einer anderen Zeit, der er keine neue „Idee“ bieten konnte.[284] Spätestens im Weltkrieg habe er die unabdingbare Führung nicht geleistet. Zwischen dem Abstieg Wilhelms II., der sich den Anforderungen des Krieges nicht gewachsen gezeigt habe, und dem Aufstieg des Frontsoldaten Hitler als Produkt des Krieges stellten alle Kommentare einen unmittelbaren Zusammenhang her.[285] In Goebbels intellektuellem Vorzeigeperiodikum *Das Reich* resümierte Karl Richard Ganzer das Leben Wilhelms II. unter dem Titel *Zwischen Leistung und Traum*: „Weil Wilhelm II. nur eine Begabung, kein Führer war, schob ihn das Schicksal mitsamt seiner Zeit beiseite. Die Forderung nach dem gewandelten Führertum blieb gleichwohl bestehen. Als sie erfüllt war, brannte in den Glutfeuern der Wandlung die unerfüllte Epoche Wilhelm II. mit ihren Forderungen, Maßstäben und ihrem Erbe notwendig aus.“[286] Das in der Flucht nach Holland dokumentierte Führungsversagen Wilhelms II. war in diesem Bild ein wichtiges Detail, um das grundsätzliche Defizit der Person Wilhelms II. zu demonstrieren.[287] Die wirkliche, „lang entbehrte Führung“ habe erst Hitler gebracht.[288]

---

280 ‚Wilhelm II. gestorben', National-Zeitung, 5. Juni 1941, (Nr. 153).

281 A.G., ‚Wilhelm II. gestorben', Sudetendeutscher Beobachter, 5. Juni 1941, (Nr. 154).

282 Dr. W.P., ‚Wilhelm II. gestorben', Börsenzeitung, 4. Juni 1941, (Nr. 256).

283 ‚Wilhelm II. †', Deutsche Allgemeine Zeitung, 5./6. Juni 1941, (Nr. 26). Ganz ähnlich die Reaktionen in England, die auch den fatalen Entschluß zur Flucht hervorhoben. REINERMANN, Kaiser, S. 481 ff.

284 ‚Wilhelm II. gestorben', Rheinisch-Westfälische-Zeitung, 4. Juni 1941, (Nr. 280).

285 ‚Beileid des Führers zum Tode Wilhelms II.', Berliner Lokalanzeiger, 5. Juni 1941, (Nr. 153). Ganz ähnlich die Argumentation bei: Dr. W.P., ‚Wilhelm II. gestorben', Börsenzeitung, 4. Juni 1941, (Nr. 256).

286 Karl Richard Ganzer, ‚Zwischen Leistung und Traum, Zum Tode Wilhelms II.', Das Reich, 25. Juni 1941 (Nr. 24). Ähnlich die Deutung bei REVENTLOW, Potsdam, S. 479 f.

287 ‚Wilhelm II. gestorben', Völkischer Beobachter, 4. Juni 1941, (Nr. 156); ‚Wilhelm II. †', Deutsche Allgemeine Zeitung, 5./6. Juni 1941, (Nr. 26).

288 ‚Wilhelm II. †', Deutsche Allgemeine Zeitung, 5./6. Juni 1941, (Nr. 26). Vgl. auch: Graf Ernst zu Reventlow, ‚Die wilhelminische Ära', Der Mitteldeutsche. Magdeburgisches Tageblatt, 5. Juni 1941, (Nr. 153).

Kaum überraschend ist angesichts der Goebbelsschen Steuerungsmöglichkeiten die Einhelligkeit der Kommentare. Diese boten eine nahezu geschlossene Argumentation unter dem Führerparadigma, welche die nunmehrigen Verhältnisse um so heller erscheinen ließ. Die Homogenität der Nachrufe resultierte aber auch aus einer Deutung des Monarchen als gescheitertem Führer, die sich spätestens seit 1918 vereinheitlicht und als autoritative Deutung durchgesetzt hatte. Hieran konnte die nationalsozialistische Propaganda mühelos anschließen. Wenn als einzige die noch relativ unabhängige *Frankfurter Zeitung* in ihrem Beitrag von dem Tenor der anderen Blätter abwich und gleichzeitig eine Kehrtwende ihrer früheren Kommentierung Wilhelms II. vollzog, bestätigt sich diese Interpretation. Der Kommentar der *Frankfurter Zeitung* übernahm die Position der alten Opponenten der Zeitung: „Die Zwiespältigkeit seines Willens hat Wilhelm II. nie eindringlicher, nie folgenreicher erwiesen als in den unseligen Novembertagen des Jahres 1918, in dem ein mächtiges Schicksal eine mächtige Energie verlangte und nicht fand. Als der Kaiser über die Grenze ging, erhärtete er noch einmal die Redlichkeit seines Willens, die deutsche Nation glücklich zu machen: ihr brachte er das schwerste Opfer seiner Persönlichkeit, denn nur um ihr den Bürgerkrieg zu ersparen und vielleicht bessere Friedensbedingungen zu erreichen, hat er nach schwerem Gewissenskampf und nach dem Rat Hindenburgs seine Absicht aufgegeben, seinen ererbten Thron auch zu verteidigen. Aber als er, der die Welt erzogen hatte, in ihm das Sinnbild des monarchischen Gedankens überhaupt zu sehen, nun als gebrochener und müder Mann im Kraftwagen über die Grenze fuhr, hat er dennoch gerade durch diese Handlung bewiesen, wie schwach und krank der Glaube an die immanente Macht des Königtums bereits in ihm geworden war. Als er die Grenze überschritt, nahm er den Mythos des Kaiserreiches mit sich hinüber. An diesem Tag zerbrach etwas in Deutschland, das nicht wieder neu zu bauen ist.“[289]

Die Kehrtwende der *Frankfurter Zeitung* verdeutlicht noch einmal die enge Verbindung zwischen Monarchie, Monarch und Führertum. Die reüssierenden Führerkonzepte der Weimarer Republik dürfen nicht nur, sondern müssen auch als unmittelbares Ergebnis des spezifischen Scheiterns der wilhelminischen Monarchie interpretiert werden. Dieser Zusammenhang muß wesentlich komplexer gedeutet werden, als es ein bloßer Hinweis auf den gemeinsamen autoritären Gehalt von Monarchie und Führerkonzepten vermag. Die Koinzidenz von Führerideen und der Problematisierung des Monarchen ist bereits 1908 sichtbar. Die Krise der Monarchie indiziert und fördert dieses Zusammenspiel gleichzeitig. Nun läßt sich deutlich ein vagabundierender Monarchismus ausmachen, das heißt eine monarchische Orientierung, die sich nicht mehr auf den Träger der Krone bezieht.[290] Die immer offensivere Diskussion des Monarchen in den Massenmedien beschleunigte diese Entwicklung in mehrerlei Hinsicht. Die Kritik am Monarchen wurde radikaler, Leistungsanforderungen wurden schärfer formuliert und Partizipationsforderungen ge-

289 ‚Wilhelm II. gestorben', Frankfurter Zeitung, 5. Juni 1941, (Nr. 281).

290 Typisch bei: FRYMANN, Kaiser, S. 219 ff.

wannen an Dringlichkeit. Der Prozeß erhielt akute Relevanz in dem Moment, als sich im November 1918 durch den Wegfall der Institution Monarchie verfassungsrechtlich und emotional eine Lücke auftat: „Daß das Problem der Führerschaft und Gefolgschaft [...] einem Volke, das durch Krieg und Revolution seiner bisherigen politischen Führerschaften auf allen Lebensgebieten zum Teil beraubt ist, auf der Seele brennen muß, das ist selbstverständlich", behauptete Max Scheler 1933.[291] Das Ende der Monarchie war insofern der Anfang für neuartige politische Konzepte.[292] Die Form, in der die Monarchie ausklang, förderte eine radikale Ablösung.[293]

Führerkonzepte boten eine vermeintlich sinnvolle Deutung des Geschehenen. Die Behauptung, alles Unglück sei auf die schwache Person des Monarchen zurückzuführen, beförderte die Vorstellung, mit einem fähigem Führer könne und müsse alles anders werden bzw. wäre alles anders gekommen. Nicht der Krieg war demnach falsch, sondern der Oberste Kriegsherr. Je stärker Wilhelm II. kritisiert wurde, desto weniger brauchte aber auch die Monarchie, ein personenzentriertes System generell in Frage gestellt zu werden. Die Bedeutung des kaiserlichen Versagers bestätigen paradoxerweise selbst jene Monarchisten, die – bei aller internen Kritik am Monarchen – entsprechend dem Leistungsparadigma ihre Energie hauptsächlich darauf verwandten, das Verhalten des Monarchen zu rechtfertigen. Hier zeigt sich, wie eng das spezifische Ende der wilhelminischen Monarchie und der Erfolg der Führeridee in der Weimarer Republik miteinander verknüpft waren. Zusammenfassend lassen sich folgende Aspekte dieses Zusammenhangs festhalten:

1.) Das Ende der Monarchie hinterließ ein doppeltes Vakuum. Nicht nur verschwanden Monarch und Monarchie, sondern hinzu kam, daß niemand eindeutig zu sagen vermochte, wer die Monarchie gestürzt hatte. Bei Abwesenheit eines ‚Königsmörders' konnte die Geschichte vom Versagen des Monarchen immerhin eine plausible Erklärung liefern.

2.) Dies wiederum bedeutete, daß eine grundsätzliche Auseinandersetzung mit dem Ende der Monarchie nicht stattfand, weil die Einsicht in das Strukturelle dieses Prozesses ausblieb. Versagt hatte in der dominierenden Deutung die Person, nicht die Institution. Die Fokussierung auf das personalisierbare Problem Flucht verhinderte eine nüchterne, abgeklärte und reflektierte Diskussion. Die Deutung, das Ende der Monarchie sei in dieser Form nicht notwendig gewesen, sondern auf das erneute Versagen des Monarchen zurückzuführen, ließ die Institution Monarchie vergleichsweise unbeschädigt. Durch

---

291 Max SCHELER, Vorbilder und Führer, in: Ders., Zur Ethik und Erkenntnislehre, (Schriften aus dem Nachlaß 1), Berlin 1933, S. 151. Vgl. auch die Überlegungen zur Etablierung des „Führergedankens" im „Vakuum eines monarchenberaubten Staates" in: BRACHER/SAUER/SCHULZ, Machtergreifung, S. 24.

292 Vgl. zu diesem Problem allgemein: Peter FRITZSCHE, Breakdown or Breakthrough? Conservatives and the November Revolution, in: Larry Eugene Jones/James Retallack (Hg.), Between Reform, Reaction and Resistance. Studies in the History of German Conservatism from 1789 to 1945, Oxford 1993, S. 299-328.

293 Vgl. das Beispiel JÜNGER, Publizistik. Wilhelm II. wird in keinem der politischen Beiträge Jüngers namentlich erwähnt.

den Monarchen, der an- und abwesend zugleich war, blieb für ein monarchistisches ‚Stirb und werde' zudem kein Raum. In dieses Vakuum konnten Führerkonzepte stoßen, die sich insofern als eine Antwort auf das Scheitern der individualisierten Monarchie verstehen lassen.

3.) Die Präsentation des Endes der Monarchie als Skandal war vorrangig das Ergebnis einer sehr selektiven Wahrnehmung der Medien. Diese diskutierten den Monarchen, wie sie es in den Skandalen eingeübt hatten. Die Fortdauer der gleichen Kategorien und Themen in der medialen Diskussion des Monarchen vor und nach 1918 zeugt von der Prägekraft der Medienmechanismen. In der Diskussion der Flucht nach 1918 konnte allerdings das zuvor unvollständig ausgesprochene Wissen über die Unzulänglichkeit des Monarchen zur Sprache gebracht und das frühe Wissen um eine Kalamität vollständig öffentlich gemacht werden.

4.) Die Diskussion der Flucht bestätigt die enge Verbindung von Skandal und Führerkonzepten. Diese Verbindung findet sich, ganz trivial, darin, daß die Skandale die Person des Monarchen diskreditierten und daher die Suche nach Alternativen nahelegten. Bedeutungsvoller war ein weiterer Zusammenhang, der diesem vorgelagert war. Skandale und Führerkonzepte waren Ausdruck des gleichen Problemdrucks, nämlich der Enttäuschung überspannter Erwartungen an den Monarchen. In dieser Enttäuschung zeigen sich die Aporien des Programmkaisertums. Die Betrauung des Monarchen mit den politischen Visionen unterschiedlichster Gruppierungen führte zwangsläufig in Sackgassen. Der Monarch konnte die hypertrophen Erwartungen als ‚agenda-setter' einer mobilisierten und ‚medialisierten' Gesellschaft ebensowenig erfüllen, wie er sich in der Lage zeigte, die Faszination personaler Integration umzusetzen.

5.) Insofern erscheinen die bereits vor 1918 virulenten Führerkonzepte nicht als bloße Aufgüsse romantisch-konservativer Politikkonzepte. Vielmehr muß die Führerdiskussion als Ausfluß einer medial mobilisierten Gesellschaft gesehen werden, die neue kommunikative Strukturen für den politischen Massenmarkt suchte.[294]

6.) Das mehrfache Scheitern des Monarchen in der Bewährungsprobe des November 1918 war so radikal, daß es nur durch alternative Führerkonzepte auffangbar war. Diese Führerkonzepte lassen sich als Versuch beschreiben, die Idee der Monarchie mit einer ‚eingebauten' Leistungskontrolle zu verknüpfen und so für eine bürgerlich-moderne Gesellschaft erträglich zu machen. Die Idee, daß das Volk bereit für den Führer sein müsse, konnte an eine Selbstermächtigungstradition anknüpfen, deren erste Anzeichen in der Caligula-Affäre, spätestens aber 1908 sichtbar geworden waren.

---

294 Dies bestätigen Führereinforderungen von links. Für eine republikanische Führereinforderung vgl. Paul Rohrbach: „Monarchie, Aristokratie, Demokratie sind, von dieser Seite her betrachtet, nur verschiedene Versuche, das Führerproblem für Völker und Staaten zu lösen." Das monarchische Prinzip, so Rohrbach, habe Großes in der Geschichte geleistet, aber seine Unvollkommenheit sei, „daß eine Aufgabe, die das höchste Führergenie erfordert, und ein durch das Erbfolgerecht an die Führerstelle gebrachter Mann zusammentreffen können." Dann trete die „nationale Katastrophe" ein. ROHRBACH, Monarchie, S. 5.

7.) Bezeichnenderweise fokussierte die Diskussion der Flucht noch stärker als die vorangegangenen Skandale den Charakter des Monarchen. Weil der Monarch sich eindeutig nicht als der Führer entpuppte, der er hätte sein sollen, handelte es sich um ein sinnfälliges Versagen. Was dem Monarchen an Reputation geblieben war, wurde in der Flucht aufgebraucht. In einem Kontext tiefen Mißtrauens, in dem einer der Faktoren für dieses Mißtrauen bestimmte Charaktereigenschaften eines politischen Führers sind, rücken diese Eigenschaften in den Mittelpunkt. Forderungen nach einer mit besseren Charaktereigenschaften ausgestatteten Alternative werden laut. Folgerichtig erfolgte die in den vorherigen Skandalen beobachtete Neudefinition der Monarchie nach 1918 ausschließlich in Gestalt von Führerkonzepten.

8.) Im Gegensatz zu den vorangegangenen Beispielen konnte der Monarch aus diesem Skandal nicht mehr profitieren – weder realpolitisch noch symbolisch. Die Reputation des Monarchen war vollständig zerstört. Die letzten Versuche, hieran etwas zu ändern, scheiterten in Doorn. Der Monarch hatte nicht nur durch die Flucht faktisch seinen Platz geräumt, sondern durch sein Verhalten eine Rückkehr in seine alte politische Stellung praktisch ausgeschlossen.

9.) Die Verarbeitung des Endes der Monarchie im Skandal war für die Linke wie für die Rechte bequem – wenn auch kurzsichtig. Die Linke konnte das skandalöse Ereignis im politischen Tageskampf – z.B. in den Auseinandersetzungen um die Fürstenabfindung – mühelos instrumentalisieren. Für die nichtlegitimistische Rechte bot der Skandal eine Erklärung für den Zusammenbruch der Monarchie aus persönlichen, nicht notwendigerweise mit dem System verbundenen Faktoren heraus. Zudem erleichterte der Skandal die öffentlich vollzogene Ablösung von traditionellen, d.h. legitimistischen Ordnungsmodellen. Das Skandalon der Abdankung mußte verarbeitet werden und selbst für strenge Monarchisten bot das skandalöse Versagen des Kronenträgers eine Erklärung für ein an sich unfaßbares Ereignis. Für die legitimistischen Monarchisten, denen die andauernde Bindung an den ehemaligen Monarchen verbot, von einem Skandal zu sprechen, hatte das Ende der Monarchie in dem vermeintlich tragischen Schicksal Wilhelms II. ein sprechendes Symbol gefunden.

VII. Zusammenfassung

„Nicht einen Tag lang hätte in Deutschland regiert werden können, wie regiert worden ist, ohne die Zustimmung des Volkes.“[1] Diese Einsicht Walther Rathenaus, kurz nach dem Ende der Monarchie formuliert, ist auf den ersten Blick so überzeugend wie fragwürdig. Sie bezeichnet aber klar ein wesentliches Problem der Geschichte des Kaiserreichs. Die bei weitem dynamischste und fruchtbarste historiographische Kontroverse zum Kaiserreich kreist seit mindestens 30 Jahren um die Frage der „politischen Mobilisierung im wilhelminischen Obrigkeitsstaat“. Schon lange nicht mehr verläuft die Debatte entlang der Front Mobilisierung von unten bzw. von oben. Vielmehr fragen jüngere Untersuchungen, wie sich durch den „Eintritt der ‚Masse' in die Politik“ (Hans Rosenberg) System und Praxis politischer Herrschaft änderten.[2]
Eine Entspannung ergab sich in den letzten Jahren auch in einer Unterfrage dieses Großproblems, der Kontroverse über das persönliche Regiment Wilhelms II. Allerdings handelt es sich hier eher um einen Formelkompromiß, der nicht an die Frage nach der Rolle der Monarchie im Mobilisierungsprozeß angeschlossen ist. Diese Studie hat versucht, unter Einbeziehung eines bisher vernachlässigten und unterschätzten Faktors der Mobilisierung, nämlich der Massenmedien, eine solche Verbindung herzustellen. Hierdurch konnte einerseits die Funktionsweise der Massenmedien in einem wesentlichen Teilbereich konkret dargestellt, andererseits die immer noch stark personalisierte Debatte um Monarchie und Monarch unter strukturellen Gesichtspunkten neu beleuchtet werden.
Die Ergebnisse der Studie sollen zunächst - dem Aufbau der Studie folgend – in chronologischer Folge präsentiert werden (A). Sodann wird die hier beschriebene Transformation der wilhelminischen Monarchie noch einmal in vier Perspektiven thematisch aufgefächert. Auf struktureller Ebene werden das Wechselspiel von Monarchie und Massenmedien (B) sowie die Spezifika der hier geschilderten Monarchieskandale (C) beleuchtet. Anschließend wird erläutert, unter welchen normativen Vorzeichen – nämlich genuin bürgerlichen - die massenmediale Diskussion des Monarchen erfolgte (D). Schließlich

1 RATHENAU, Kaiser, S. 25.

2 Vgl. den Überblick bei: ULLMANN, Politik, S. 80 ff. mit der Feststellung, daß gerade dieser Zusammenhang noch nicht gründlich erforscht ist. Ebd., S. 83. Die eindrucksvollste Umsetzung der Fragestellung bei: KÜHNE, Dreiklassenwahlrecht.

wird die im engeren Sinne politische Relevanz des geschilderten Prozesses in den vielschichtigen Verbindungslinien zwischen der massenmedial transformierten wilhelminischen Monarchie und frühzeitig einsetzenden Führerkonzepten geschildert (E).

A. Die öffentliche Diskussion des Monarchen als Erfahrung

Die Verbindung zwischen Massenmedien und Monarchie findet sich bereits in einer trivialen Feststellung, nämlich der Überschätzung – negativ wie positiv – des politischen Einflusses Wilhelms II. Unabhängig von der politischen Bewertung des politischen Einflusses präsentierten alle Kommentare den Monarchen als Handelnden. Ohne diese Überschätzung läßt sich die hier dargestellte frappierende Intensität des Monarchiediskurses nicht verstehen. Nur vor diesem Hintergrund ist der tiefe Ernst der Kaiserdiskussion, aber auch deren Emotionalität zu verstehen. Die überspannte Sicht auf den Monarchen beförderte dessen herausragende Position in der massenmedialen Diskussion, war aber auch strukturell durch die Massenmedien bedingt. Insofern ist Wilhelm II. als Person auch für eine nicht personalistische Fragestellung wichtig: Der Monarch mußte kontrovers-problematisch sein, mußte von vielen seiner Kommentatoren für eine Kalamität gehalten werden, um für die Medien eine herausragende Relevanz zu erhalten. Daß Bemerkungen Wilhelms II. zu Nebensächlichkeiten außerhalb des politischen Entscheidungsbereichs Relevanz zugemessen wurde, läßt sich nur mit seiner Funktion als Angelpunkt politischer Kommunikation und öffentlicher Konsensbildung erklären. Folgerichtig fokussierten die Skandale vor 1918 immer auf die Kommunikation mit dem Monarchen. Die Signifikanz der Monarchieskandale liegt folgerichtig in der zeitgenössischen Erfahrung einer sich rasch verschiebenden Relation von Monarchie und öffentlicher Meinung.

1.) Die bisher eher als kuriose Marginalie behandelte Caligula-Affäre erscheint nicht nur als symptomatisch für die angesprochenen Verschiebungen, weil sie zum ersten Mal die Dynamik des monarchischen Medienskandals bzw. medialen Monarchieskandals vorführte. Bedeutung für die Diskussion des Monarchen besaß das Ereignis vielmehr zumindest in dreifacher Hinsicht:

a) Die Problematisierung der Monarchie erfolgte nahezu ausschließlich als Problematisierung der Kommunikation zwischen Monarch und Öffentlichkeit.

b) Diese Fixierung spiegelt sich in der öffentlich artikulierten Hoffnung, gerade der Skandal möge und könne zu einer Überprüfung des Verhältnisses von Monarch und Öffentlichkeit führen und somit ‚reinigend' wirken.

c) Der Skandal zeigt einerseits, wie politische Stratifikationen in der Gegenüberstellung von Öffentlichkeit und Monarch verschwammen. Andererseits sorgte aber erst die politische Konkurrenz um die programmatische Ausrichtung der Monarchie für die Dynamik des Skandals. In der Konkurrenz neuer und alter Monarchisten wird dieser Effekt sichtbar, der grundsätzlich auch für alle folgenden Skandale gilt. Hier tritt eine bürgerliche Formation auf, die voller Selbstbewußtsein die Verteidigung des Monarchen an sich reißt. Motiviert ist dieses Revirement zum einen durch die Hoffnung auf Führerkompetenzen des Monarchen, zum anderen aus der Artikulation bürgerlicher Machtansprüche gegenüber der alten Elite.

Die Caligula-Affäre thematisierte aber auch erstmals öffentlich die eigenartige Diskrepanz zwischen Wissen bzw. Ahnen eines unhaltbaren Zustandes an der Staatsspitze und dessen gleichzeitiger Akzeptanz. Sprachregelungen, die auf die Individualität und charakterliche Eigenart des Monarchen verweisen, indizierten eher das Problem einer gewußten Kalamität als es zu verdecken. Sie verweisen aber auch auf das gesteigerte Interesse am Individuum Wilhelm II. Sehr deutlich demonstrierte bereits die Caligula-Affäre die Ambivalenz von Skandalen für die Monarchie. Noch einmal bestätigten sich Konventionen des Sprechens über den Monarchen. Allerdings zeigt der Skandal auch, daß diese zwar noch beachtet wurden, aber zunehmend der Monarch selbst in den Mittelpunkt rückte. Die Restabilisierung der Monarchie im Skandal erfolgte unter neuen Vorzeichen, indem nun die Bedingungen für die Unterstützung der Monarchie herausgestellt und betont wurden.

Die Caligula-Affäre spiegelt damit wesentliche Trends der frühen Kommentierung Wilhelms II.: Die Überspanntheit der Erwartungen, das Jugendkaisermotiv, die Individualisierung des Monarchen, seine Vereinnahmung und die Bedingtheit positiver Kommentierung. Die entschuldigende Interpretation irritierender Erfahrungen als gewöhnungsbedürftige Neuheiten bzw. notwendige Folge einer wünschenswerten Individualisierung der Monarchie hatte an Überzeugungskraft eingebüßt. Insofern war der Skandal keineswegs zufällig. Die Caligula-Affäre muß als sichtbarer Auftakt einer stetigen diskursiven Entabuisierung des Monarchen gelten. Zwar erfuhren die Medien sich noch nicht als einheitlich handelnde Kraft gegenüber dem Monarchen, wohl aber erstmals als Schrittmacher der Diskussion und als Instanz, welche die Themen für die Diskussion des Staatsoberhauptes vorgab. Der erste Medienskandal lehrte, daß das Primat der öffentlichen Meinung gegenüber dem Monarchen praktisch durchsetzbar war.

2.) Was sich in der Caligula-Affäre abzeichnete, verstärkte sich im Eulenburg-Skandal und kulminierte in der Daily-Telegraph-Affäre. Der Eulenburg-Skandal war der erste Politskandal, in den der Monarch aktiv involviert war. Die hier präsentierten Ergebnisse legen es nahe, den Skandal als zentrales Ereignis in der politischen Geschichte des Kaiserreichs zu werten. Quantität und Qualität der Pressereaktionen wurden bisher entweder übersehen oder stark unterschätzt. Selbst wenn man den sensationellen Aspekt des ‚Homosexualitätsskandals' in Rechnung stellt, bleibt als ausschlaggebendes, interessesicherndes und Kommentatoren unterschiedlicher Formate und unterschiedlicher politischer Richtungen verbindendes Element der politische Gehalt. Begünstigt durch 1907 stark gelockerte, darüber hinaus in der praktischen

Anwendung obsolet werdende Majestätsbeleidigungsgesetze boten die Kamarillaprozesse Rahmen und Aufhänger für eine langandauernde, begrifflich konsistente, immer radikalere und fokussierte Diskussion des Monarchen. Das in seiner Intensität und Breite vollständig neuartige Interesse der Presse läßt sich nur aus dem Kontext des Skandals, aus einem übereinstimmend konstatierten Problemdruck verstehen. In Folge der Verdichtung des Monarchiediskurses im Skandal, in der sich die Presse und die Pamphletisten als einheitlich handelnde Gruppe erfuhren, waren die beschriebenen Grenzüberschreitungen möglich.

Besondere Beachtung verdient die Frage, wie die ungeheuerlichen Enthüllungen, die über Monate hinweg öffentlich verbreitet wurden, diskursiv verarbeitet wurden. Die einschneidende Erfahrung der Krise läßt sich auf mehreren Ebenen feststellen. Zunächst naiv anmutende Konzepte eines erneuerten Verhältnisses von Monarch und Volk waren Resultat einer realen Erfahrung. Schließlich zeigten die Skandale, daß die Macht der Presse kein abstraktes Phänomen war. In den Hochphasen der Krise, d.h. während der Gerichtsprozesse und in den zwei Wochen im Anschluß an das Daily-Telegraph-Interview, nahm die Diskussion exzeßhafte Züge an. Dies gilt gerade für die zeitlich stark komprimierte, ungewöhnlich intensive Diskussion der Daily-Telegraph-Affäre in der Presse, mit unmittelbaren, direkt auf mediale Interventionen rückführbaren politischen Ergebnissen. Daß diese Ergebnisse symbolischer Natur waren, steht dem Befund nicht entgegen. Was abstrakt als notwendiges Verständnis zwischen Monarch und Volk eingefordert wurde, konnte auch konkret als die Forderung nach einem Führer übersetzt werden. Immer radikalere Führerforderungen nach 1908 müssen gleichzeitig als Indikator einer Desillusionierung durch den Monarchen wie auch als deren Folge gesehen werden. Zwischen den öffentlichkeitswirksamen Attacken auf den kaiserlichen Charakter und der Konjunktur von Führerkonzepten besteht ein unmittelbarer Zusammenhang.

3.) Konkret zeigt sich dieser Zusammenhang in der Diskussion der Flucht Wilhelms II. Die Interpretation des Ereignisses als Skandal erweist sich als hilfreiches Instrument, um seine politischen Implikationen zu erfassen. Das Skandalöse der Handlung hatte seinen Grund nicht in deren Widerspruch zu einer preußischen Tradition, sondern in zwei sehr realen Phänomenen: erstens in der langfristigen medialen Transformation der Monarchie, in deren Konsequenz nurmehr das persönliche Verhalten, der Charakter des Monarchen zählte, und zweitens in der katastrophalen Erfahrung des Weltkriegs. Die Flucht Wilhelms II. und die nicht erbrachte Leistung zur Rettung der Monarchie spiegelte zudem das generelle Versagen des Monarchen, dessen viele skandalöse Handlungen, die dem letzten großen Skandal vorausgingen. Die Fokussierung auf die Person des Monarchen und dessen Charakter war nun vollständig vollzogen. Die in den vorherigen Skandalen so wichtige kaiserliche Umgebung spielte eine Nebenrolle, die Institution Monarchie geriet vollkommen aus dem Blickfeld. Noch einmal zeigte sich die Prägekraft der massenmedialen Gesetzmäßigkeiten für die Diskussion der Monarchie. Für die Presse war es naheliegend und reizvoll, das persönliche Versagen im Skandal Kaiserflucht zu verfolgen.

Eine mediale Öffentlichkeit, die sich gegenüber dem Monarchen konstituierte, gehört zu den wesentlichen Erfahrungen des Monarchiediskurses. Dies hatte auch Folgen für die inhaltliche Argumentation der verschiedenen Zeitungen. Bei Fortdauer ‚naturgegebener' Unterschiede, bedingt durch die politische Position, läßt sich eine inhaltliche Angleichung, insbesondere in den Kategorien der Argumentation, beobachten. Die ‚natürlichen' Abgrenzungen in der Diskussion des Monarchen verflüssigen sich. Wenn es 1894 die *Kreuzzeitung* übernahm, den Caligula-Skandal vom Zaun zu brechen, und ein Jahr später Heinrich Pudor, einer der Aktivisten der Nudistenbewegung, für den Kaiser in die Bresche sprang, ist dies mehr als eine illustrative Marginalie. Während in der Caligula-Affäre die parteipolitische Verortung, trotz offensichtlicher Erosionserscheinungen, die Kommentare noch bestimmte, verliert diese in der Eulenburg-Affäre erheblich an Relevanz. Die Daily-Telegraph-Affäre bewirkte einen weiteren Angleichungsschub. Bezeichnenderweise trifft diese Beobachtung nach 1918 nicht mehr zu. Die Zeitungen fallen nun in alte Diskussionsmuster zurück.
Vor diesem Hintergrund gewinnt die auf verschiedenen Ebenen und kontinuierlich in allen Skandalen eingeforderte direkte Kommunikation zwischen Monarchen, und Volk eine wesentliche Bedeutung. Diese Forderung nahm klassische Topoi vom wohlmeinenden Herrscher, der nur richtig informiert werden müsse, auf, gelangte dabei aber zu Schlußfolgerungen, die der modernen Medienlandschaft Rechnung trugen. Die Medien thematisierten Kommunikation nicht zuletzt, weil dies aus ihrer spezifischen Erfahrung nahelag. Überspitzt formuliert, verstärkte eine berufsbedingte Prägung übertriebene Erwartungen in eine verbesserte Kommunikation. Dafür spricht auch, daß Forderungen nach einer vertieften und verstärkten Kommunikation mit dem Monarchen in der Krise der Monarchie 1908 keineswegs nachließen, sondern zahlreicher wurden.

In diesem Zusammenhang gewinnt die Rede vom „monarchischen Kapital", dessen Aufzehrung durch Wilhelm II. die Kommentatoren beklagten oder zumindest registrierten, Signifikanz über die bloße Metapher hinaus.[3] Ersetzt man den Begriff, frei nach Bourdieu, durch „symbolisches Kapital", zeigt sich die erstaunliche Sensibilität der Pressekommentatoren für die medialen Voraussetzungen der Monarchie und des Monarchen, also für das, was auch im Rahmen der Skandale thematisiert wurde. Die Kommentatoren des Monarchen bewerteten ständig die Effekte ihres Handelns und konstatierten regelmäßig ein zwar breites, aber zunehmend flacheres monarchisches Bewußtsein. Das heißt, die Institution Monarchie wurde gerechtfertigt, der Monarch jedoch immer stärker – auch öffentlich – kritisiert. Das Schwarz-Weiß-Bild eines

3 Vgl. QUIDDE, Erinnerungen, S. 24 f; HARDEN, Monarchen-Erziehung, S. 629; ZIEGLER, Strömungen (1916), S. 463; BORNHAK, Geschichte, S. 27 und die Beispiele bei RÖHL, Aufbau, S. 944 f.

monarchistischen und eines republikanischen Lagers, welche in einem Nullsummenspiel um die Gunst des Volkes warben, hat mit der wilhelminischen Realität wenig zu tun, ebensowenig wie ein lineares Modell, das von einem stetigen Niedergang der Monarchie ausgeht. Zwei Differenzierungen sind hier zu treffen:

1.) Die Schwäche des Republikanismus bedeutete keineswegs eine automatische Stärke der Monarchie. Das, was als monarchisches Bewußtsein beschrieben wird, erscheint zunehmend beliebig. Zustimmungsformen, wie der Jubel bei dynastischen Festveranstaltungen, indizieren lediglich eine sehr oberflächliche Haltung und sollten nicht mit dem politischen Diskurs über den Monarchen auf eine Stufe gestellt werden. Der „popular monarchism" war nicht unwichtig, konnte aber weitgehend unberührt neben den Skandalen existieren.[4] Er sollte nicht, wie oft geschehen, zwangsläufig als Zeichen für Popularität genommen werden, es sei denn, der Begriff meint etwas anderes als Beliebtheit.[5] Einen Ausweg aus einer müßigen und mit den verfügbaren Quellen nicht zu klärende Frage böte die Beschreibung Wilhelms II. als Celebrity avant-la-lettre. Die Definition: „The celebrity is a person who is known for his well-knownness" erscheint als eine angemessene Charakterisierung und kann, ohne normativ zu sein, Phänomene wie begeisterte Zuschauer bei Kaiserreisen und unzählige Illustriertenartikel erklären.[6]

2.) Neben dieser Relativierung ist zu beachten, daß Positionen einzelner Zeitungen und auch Kommentatoren gegenüber dem Monarchen, je nach Kontext, schwanken konnten. Der Blick auf die ‚Stimmen der Anderen' hatte zudem in den Skandalen immer mehr Bedeutung als die eigene Linie der jeweiligen Zeitung. Stimmungen, Trends und Konjunkturen scheinen monarchische Einstellungen zunehmend geprägt zu haben. Ein statisches Bild des Monarchen existierte nicht. Aufschlußreicher als die Feststellung, ob Wilhelm II. populär war, ist die Frage nach Mechanismen und Regeln der Zustimmung zur Monarchie. Diese Mechanismen folgten in einem erheblichen und bisher unterschätzten Ausmaß der Logik der Massenmedien.

---

4 Vgl. hierzu die Ergebnisse zur Rezeption des viktorianischen Zeremoniells bei WILLIAMS, Crown, 230 ff. Williams argumentiert, daß Verehrung und Kritik der Queen nebeneinander existieren konnte, ohne dabei ausreichend auf die unterschiedlichen Diskursebenen einzugehen.

5 So nimmt Paulmann einerseits das breite Interesse bürgerlicher Schaulustiger an Monarchenbegegnungen als Beleg für die Außenseiterposition eines Kritikers wie Quidde, führt andererseits das Interesse, was naheliegender scheint, auf das Sensationsbedürfnis der Schaulustigen zurück. PAULMANN, Pomp, S. 378 f.

6 Daniel J. Boorstin, The Image: A Guide to Pseudo-Events in America, New York 1992, S. 52, zit. nach: THOMPSON, Scandal, S. 305. Dies scheint auf, wenn Fried vom Kaiser als von der „populärsten Persönlichkeit des Erdballs" spricht. Alfred Hermann FRIED, Kaiser werde modern!, Berlin 1905, S. 5.

B. Massenmedien und Monarchiediskurs

In den wenigen Seiten, die Hans-Ulrich Wehler in seiner *Deutschen Gesellschaftsgeschichte* den Medien widmet, kommt er zu einem Urteil, das in merkwürdigem Kontrast zum skeptischen Grundtenor des Standardwerkes steht. Die Medienlandschaft des Kaiserreichs habe sich demnach durch eine hohe Pluralität ausgezeichnet, vor allem aber durch eine kritische Schärfe, hinter der sogar die heutige Presse zurückbleibe. Politische Relevanz schreibt Wehler der Presse jedoch nicht zu.[7] In dieses Bild paßt, daß Skandale als politische Ereignisse für Wehler von vernachlässigenswerter Bedeutung sind. Gerade in den großen politischen Skandalen, das konnte diese Arbeit zeigen, lassen sich aber die relevanten Charakteristika der wilhelminischen Presse feststellen: Der sehr weit gesteckte Freiraum in der Diskussion selbst der sensibelsten Politikbereiche, eine enorme Dynamik und Reflexivität, die bewußte Tabubrüche beförderten, sowie generell eine hohe ‚Reife' und analytische Kompetenz. In den Skandalen offenbart sich ein weitreichender Konsens über den Primat der öffentlichen Meinung, der unterschiedlichen politischen Nuancierungen vorgelagert war. Dieser Konsens war von unmittelbarer politischer Bedeutung. Die direkten Folgen von Skandalen wie die Entfernung Eulenburgs oder die ‚Kapitulationserklärung' Wilhelms II. in der Daily-Telegraph-Affäre waren lediglich ein sichtbarer Ausdruck dessen. Entscheidend war nicht nur das Vorhandensein dieses Konsenses, sondern dessen praktische Wirkmächtigkeit in politischen Entscheidungssituationen.

Zunächst ist festzuhalten, daß die Diskussion des Monarchen umfangreicher, dichter und variantenreicher war als bisherige Darstellungen nahelegen. Sogar für das linke Pressespektrum besaß das Thema eine hohe Verbindlichkeit. Das Engagement des *Berliner Tageblatts* in den Kamarillaprozessen illustriert dies als ein Beispiel von vielen. Das Bild, das nach der Analyse der öffentlichen Kommentierung des Monarchen entsteht, ist das eines Monarchen, der äußerst ernst und wichtig genommen wurde, auch von seinen liberalen und linken Kritikern, der gleichzeitig, auch von rechts, scharf und hart kritisiert wurde. Erst die plakativen, komplexitätsreduzierenden Schlagworte wie ‚Kamarilla' erlaubten die Dynamik und Intensität der Diskussion. Als eingeführtes Schlagwort für ein ganzes Set von Assoziationen brauchten diese nicht immer wieder thematisiert zu werden, sondern wurden als Assoziationsketten automatisch hervorgerufen, wenn ‚Das Neueste' - z.B. in der Kamarillafrage - verkündet wurde. Das Kamarillaproblem bewies seine Relevanz gewissermaßen selbst durch andauernde Thematisierung.

Sowohl in Umfang wie auch Schärfe nahm die kritische Thematisierung von Handlungen und Charaktereigenschaften des Monarchen kontinuierlich zu. Ursächlich hierfür waren mehrere zeitgleich verlaufende Entwicklungen, die unter dem Stichwort Medienrevolution beschrieben wurden. Diese Entwicklungen begünstigten erstens, daß, bei hoher Pluralität der Medienland-

---

7 WEHLER, Gesellschaftsgeschichte III, S. 1245 ff.

schaft, negative Aussagen über den Monarchen ausgedrückt werden konnten, zweitens, daß es aus wirtschaftlichen Erwägungen für die jeweilige Zeitung naheliegend war, Aufmerksamkeit versprechende Informationen oder Kommentare zu bringen, und drittens, daß ein wirtschaftlicher und durch die Kontrolle der anderen Medien bedingter Zwang existierte, den Faden aufzunehmen bzw. weiterzuspinnen. Hinzu kam, daß neue mediale Formen wie die Lokalanzeiger, die Boulevardblätter, aber auch und gerade die billigen ‚Massenpamphlete' Orte boten, die in ihren spezifischen Strukturen die Dynamik des Monarchiediskurses beförderten und generell zu dessen Entgrenzung beitrugen. In dieser Hinsicht ist Bernd Weisbrods gegen Habermas gerichtete Frage, ob nicht „in der performativen Aneignung der massenmedialen Wirklichkeit, in ihrer Marktförmigkeit selbst auch ohne zivilgesellschaftliche Dignität ein demokratietheoretisches Potential" lag, zu bejahen.[8]

Tatsächliche und vermeintliche politische Fehlleistungen und problematische Eigenschaften des Monarchen gewannen nun eine Wichtigkeit, die sie ohne die Massenmedien nicht besessen hätten. Der Fokus auf die mediale Bedingtheit der Wahrnehmung des Monarchen vermag Probleme strukturell zu erfassen, die sonst als zufällige Charakteristika eines einzelnen erscheinen. Drei Begleiterscheinungen massenmedialer Berichterstattung prägten entscheidend die mediale Darstellung und Diskussion des Monarchen: Emotionalisierung, Individualisierung und Personalisierung.

Beispielhaft für das Zusammenspiel von Massenmedien und Monarchie ist die enorm erhöhte Sichtbarkeit des Monarchen, deren generellen Hintergrund die von Thompson beschriebene „transformation of visibility" im 19. Jahrhundert bildete. Zwei Tendenzen dieses Prozesses waren für die Beziehung von Monarch und Medien ausschlaggebend: erstens der durch die Ausdehnung der Medien geförderte Trend eines allgemeinen Mitdiskutierens über Themen, die zuvor jenseits der persönlichen Relevanz lagen. Durch die Ausbreitung der Zeitungen und deren erhöhte Berichterstattung war nicht mehr nur eine Elite, sondern potentiell jeder ‚Kaiserexperte'. Zweitens erhöhte sich durch die intensivierte Medienberichterstattung die Aufmerksamkeitsschwelle des Publikums bei gleichzeitiger Verengung der Zeitfenster für die Behandlung eines Themas. Auf das hieraus resultierende Gebot der symbolischen Verdichtung und des Zwangs zu herausragenden Themen reagierte – wenn auch unbewußt – die wilhelminische Monarchieinterpretation. Dies waren die Voraussetzungen eines eindrucksvollen öffentlichen ‚Comebacks' der Monarchie als Institution unter Wilhelm II.

Der Monarch als Personalisierung ansonsten immer komplexerer und anonymerer Prozesse in Bürokratie und Regierung kam den Plakativitätsanforderungen der Massenmedien entschieden entgegen. Die Identifikation des Kaisers mit bestimmten Projekten als ‚Chefsache' darf daher nicht nur als Anmaßung eines persönlichen Regenten, sondern muß auch als Resultat der Klischeesehnsucht der Massenpresse gesehen werden. Angesichts einer immensen Informationsdifferenzierung kam die Aggregierung politischer Pro-

---

8 WEISBROD, Medien, S. 273.

grammatik im Monarchen – man denke etwa an die regelmäßigen Bilanzierungen der Reichspolitik zu Kaisers Geburtstag – spezifisch modernen Anforderungen entgegen. Eine massenmedial mobilisierte Gesellschaft suchte einen komplexitätsreduzierenden diskursiven Angelpunkt, eine Projektionsfläche, und fand diese im Monarchen. Hintergrund hierfür waren neuartige Verständigungsnotwendigkeiten, bedingt durch nationale Integration und industriegesellschaftliche Ausdifferenzierung. In der nach 1888 prominenten Idee der konzeptionellen Führung – sichtbar im Programmkaisertum – reagierte die wilhelminische Monarchie deutlich auf diese Herausforderung.

Die einschlägige Forschung hat immer wieder hervorgehoben, daß seine offensive Selbstdarstellung im Naturell Wilhelms II. gelegen oder sogar zum Programm einer „persönlichen Monarchie“ gehört habe. Die hier präsentierten Ergebnisse legen es hingegen nahe, die strukturellen Gründe zu betonen. Öffentlich formulierte Erwartungen an den Kaiser als Angelpunkt des politischen Diskurses und das Ideal eines Monarchen, der den politischen Konsens und politische Ziele formulierte, drängten zu einer aktiveren Interpretation der Monarchie. Hinzu kam, daß die Massenmedien für Handeln und Image des Monarchen jeweils als Resonanzverstärker fungierten. Als Beispiel können die kurios übersteigerten Erwartungen an ein Programmkaisertum, die eindringlich in der Caligula-Affäre hervortreten, dienen.

Spätestens seit dieser Affäre, seit 1894, bezeichneten allerdings selbst konservative Kommentatoren das Verhältnis zwischen Monarch und Öffentlichkeit als krisenhaft. Einmal ausgesprochen, gewann diese Diagnose, nicht zuletzt durch die Mechanismen der Massenmedien, eine Eigendynamik. Die selbsternannten ‚Krisenbewältiger’ waren mit ihren selten originellen Lösungsvorschlägen immer auch Teil der Krise und verstärkten sie durch ihr öffentliches Hervortreten. Schließlich existierte die Krise nicht per se, sondern manifestierte sich in diesen Diagnosen.[9] Inmitten einer modernen Medienlandschaft und unter gänzlich erneuerten Kommunikationsbedingungen lieferte eine traditionelle Institution die sensibelsten politischen Themen. Selbst versteckte und verschlüsselte Kritik am Monarchen konnte unter diesen Bedingungen ein heftiges mediales Echo auslösen.

Die beschriebenen Konzepte zur Neudefinition der Monarchie in und nach der Krise der Monarchie 1908 reflektieren einerseits einen enthemmten Monarchiediskurs, der kaum noch Tabus kannte, brachten diesen aber gleichzeitig wieder unter eine gewisse Kontrolle. Man mag die Rede von der Monarchenerziehung, von der Neudefinition des Verhältnisses von Monarch und Volk, die Hoffnung auf Aufklärung des Monarchen nach der Beseitigung einer Kamarilla oder anderer Kommunikationshindernisse als Spiegelfechtereien abtun, die lediglich dazu dienten, die eigentliche Machtfrage nicht stellen zu müssen. Diese Interpretation übersähe aber, daß Harden, Horneffer, Lamprecht und die unzähligen anderen generell kritischen und analytisch scharfen

9 Reinhart Koselleck hat diesen Prozeß in klassischer Weise für die Französische Revolution dargestellt. Reinhart KOSELLECK, Kritik und Krise. Eine Studie zur Pathogenese der bürgerlichen Welt, Frankfurt a.M. [8]1997, S. 132 ff.

Kommentatoren derartige Interpretationsmuster nicht unter Zwang formulierten. Wenn sie dennoch versuchten, Partizipations- und Kontrollansprüche innerhalb ihrer Konzepte mit der Monarchie zu versöhnen, bestätigt dies die Wichtigkeit und grundsätzliche Berechtigung, die der Monarchie zuerkannt wurde. Offenbar boten die Konzepte auch überzeugende Erklärungs- und Deutungsmuster für die politische Wirklichkeit.

Der im Wechselspiel zwischen Presse und Monarch nach dem Doppelskandal von 1908 ausgehandelte Konsens verpflichtete Wilhelm II. darauf, politische Anliegen aus der Öffentlichkeit aufzunehmen. Entsprechend beschrieben die Neuinterpretationen der Monarchie einen den Bedürfnissen einer partizipativen Öffentlichkeit angepaßten Monarchen. Der angestrebte Idealzustand läßt sich als eine Domestizierung der Monarchie durch die Medien beschreiben. Nur so war die starke Monarchie, insbesondere aber der öffentlich als unfähig verdächtigte Monarch, für eine moderne Medienöffentlichkeit akzeptabel und erträglich. Dabei darf jedoch nicht vergessen werden, daß die Monarchiekonzepte Soll-, nicht Istzustände formulierten. Aber die anhaltende Hoffnung auf eine qualitative Verbesserung des Verhältnisses von Öffentlichkeit und Monarch ließ sich nur hegen, wenn diese Möglichkeit in den gegebenen Verhältnissen angelegt war. Die Kritik am Monarchen war scharf, aber selten unversöhnlich. Die der wilhelminischen Monarchie zugestandenen Fortschrittspotentiale waren selbst nach den Krisenerfahrungen noch erheblich.

Die prägende Wirkung des strukturellen Faktors Massenmedien für den Monarchiediskurs kann ein weiteres Phänomen erklären. Die Veränderungen hin zu einer erhöhten Sichtbarkeit politischer Führer waren ein internationales Phänomen. Dies bestätigen die, bereits von zeitgenössischen Kommentatoren hervorgehobenen, frappierenden Analogien im öffentlichen Auftreten des amerikanischen Präsidenten Roosevelt, der sich unter verfassungsmäßig gänzlich anderen Bedingungen behaupten mußte, und des deutschen Kaisers. In den USA wie in Deutschland, die beide außerordentlich dynamische Medienlandschaften aufwiesen, waren die Lehren für den jeweils exponierten politischen Führer identisch. Auch international hatten die Massenmedien eine egalisierende Wirkung, welche die Unterschiede der jeweiligen politischen Systeme relativierte. Von einem deutschen Sonderweg wäre dann allenfalls insofern zu sprechen, als das Kaiserreich zwar generelle mediale Trends mitvollzog oder sogar initiierte, diese aber auf eine andersartige politische Struktur in Gestalt der starken Monarchie trafen. Für die Partizipationsforderungen der Presse hatte diese Tatsache unmittelbare Folgen. In einer Art self-fulfilling prophecy beschwor die Presse in den Monarchieskandalen nicht nur ihre eigene Bedeutung, sondern demonstrierte sie auch und erfuhr sich so als bedeutsam. Dies bewirkte ein Wechselspiel, in dem sich die Macht der Presse kontinuierlich steigerte. Die Presse redete sich stark und erfuhr sich als stark. Insofern prägte die Monarchie die Medien zwar nicht in dem Maße, wie dies umgekehrt der Fall war, ging an den Medien aber auch nicht spurlos vorüber. Die Skandale belegen die kaum zu überschätzende Zentralität des Monarchiediskurses für den medial vermittelten politischen Diskurs im Kaiserreich. Kein anderes politisches Thema besaß über 30 Jahre hinweg in Zeitungen, Zeitschriften und Pamphleten aller Formen und politischen Richtungen eine derartige Präsenz. Hier läßt sich das Funktionieren des Medienverbundes, d.h. das Ineinandergreifen der genannten Veröffentlichungsformen, eindrucksvoll belegen. Dieses Phänomen - jenseits bloßer Hofberichterstattung - ist bisher nicht adäquat bewertet worden. Noch anschaulicher wird das Phänomen im Blick auf die Zeitschriften. Intellektuelle, teils avantgardistische Neugründungen wie die *Süddeutschen Monatshefte* (1904), der *März* (1907), das *Kulturparlament* und die *Tat* (jeweils 1909), brachten in ihren frühen Nummern an prominenter Stelle das Kaiserthema. Hier ließe sich sogar von der Erfindung der Feuilletondebatte mit dem Kaiser als Aufhänger sprechen.

In diesem Sinn hat die Rede von Wilhelm II. als „Herr der Mitte“ (Nicolaus Sombart) jedenfalls ihre Berechtigung. Wenn es ein Thema gab, das kontinuierlich alle politischen Lager beschäftigte, und das von verschiedensten Formen der literarischen Produktion aufgenommen wurde, dann war dies der Monarch. Monarchieberichterstattung ging wesentlich über die sentimentale Wiedergabe kaiserlicher Kutschfahrten oder die kritische Reportage eines Lapsus Wilhelms II. hinaus. Das Schreiben über den Monarchen war vielmehr ein entscheidendes Verständigungsmittel über eminent politische Probleme. Hierdurch unterschied sich das Monarchiethema deutlich von den anderen herausragenden politischen Fragen des Kaiserreichs wie der Flotte, der Weltpolitik etc. In mühseligen, ständigen und öffentlichen Konsensbildungsmechanismen kam dem Monarchen eine ausschlaggebende Rolle zu, und das nicht nur, weil die Übereinstimmung in der Frage der Legitimität der Monarchie essentieller Teil des generellen Konsenses war. In diesem Sinne muß von einer ‚Repolitisierung’ des Monarchen gesprochen werden, die sich nicht allein auf die „persönliche Monarchie“ Wilhelms II. zurückführen läßt, sondern strukturell bedingt war.

Die Relevanz des Monarchiethemas für die Presse ging allerdings über die genannte Funktion hinaus. Der hervorgehobene Monarch im Stil Wilhelms II. erfüllte für die Medien zwei wesentliche Funktionen. Erstens stellte nur der Monarch einen dauerhaften und kontroversen Referenzpunkt bereit. Reichstag, Bundesrat oder Parteien konnten diese Funktion nur ansatzweise auszufüllen. Selbstverständlich nahm auch die Berichterstattung über Parlamentsdebatten breiten Raum in den Zeitungen ein. Wichtige Reden wurden wörtlich wiedergegeben. Aber hier ging es um Einzelthemen, nicht den Reichstag an sich. In der Ökonomie der Aufmerksamkeit des Kaiserreichs nahm der Monarch den führenden Platz ein. Zweitens erlaubte nur die herausgehobene, extraparteiische Figur des Monarchen der Presse, eine die Parteigrenzen überwindende Einheit in der Kommentierung herzustellen. Die Gegenüberstellung von Monarch und Öffentlichkeit war den jeweiligen Positionen in der Bewertung des Monarchen immer vorgelagert. Ein oft unter das Rubrum Gegenöffentlichkeit gefaßter vermeintlicher Separatdiskurs des katholischen bzw. sozialdemokratischen Spektrums läßt sich im Monarchiediskurs nicht feststellen. Über die ‚Bande' Monarch kommunizierten alle politischen Richtungen der „medial integrierten" Gesellschaft miteinander.[10] In diesem Sinne läßt sich von einer mediengestützten Integrationskraft des Monarchen sprechen.

Diese Konstellation muß als wichtige Erfahrung gewertet werden. In einer idealisierten, aber nicht gänzlich realitätsfernen Konstruktion erfolgte die genuin moderne politische Kommunikation über den Monarchen. Das Parlament diente in dieser Deutung lediglich als untergeordnetes Rädchen im Uhrwerk. Stellt man diese Erfahrung, die sich durch viele Beispiele ergänzen ließe, in Rechnung, kann man auch erklären, warum Parlamentarisierungsforderungen so schwach blieben, ohne auf das analytisch unbefriedigende Argument einer generellen deutschen Autoritätshörigkeit ausweichen zu müssen bzw. bürgerliche Sozialistenfurcht überzubewerten.

Die Betonung der öffentlichen Meinung gegenüber dem Parlament in programmatischen politischen Entwürfen um 1908/09, einschließlich des auffälligen Presseenthusiasmus der Neurechten, reflektierte eine Erfahrung der vorangegangenen Jahren, nämlich die Verlagerung der politischen Diskussion aus dem Parlament in die Presse. Der Reichstag, der helfen soll, den Monarchen zu beraten und aufzuklären, tritt bezeichnenderweise in den geschilderten Konzepten allenfalls als Vehikel, aber nicht als entscheidende Instanz auf. Daher konnte das Byzantinismusthema, bzw. konnten die Berater, die eine Scharnierfunktion in der Kommunikation zwischen Monarch und Öffentlichkeit innezuhaben schienen, eine solch immense Bedeutung erlangen. Hintergrund für diese als Indikator außerordentlich aufschlußreiche zeitgenössische Interpretation der neuen massenmedialen Realität ist ein oft übersehener Zusammenhang. Während der mit dem Begriff Mediokratie[11] verbundene Prozeß, also die Verlagerung politischer Partizipation in die Medien heute als negativ beschrieben wird, war dies in der politischen Konstellation des Kaiserreichs genau umgekehrt. Da die politischen Institutionen keine oder kaum Partizipationschancen boten, mußte der beschriebene Prozeß nicht als eine Verlust-, sondern konnte als eine Zugewinnerfahrung erlebt werden. Wenn, wie die Kommentatoren immer wieder behaupteten, trotz der kontroversen Person des Monarchen die Frage „Monarchie oder Republik" in den Jahren vor dem Krieg an Relevanz verlor, dann mag hier eine wesentliche Ursache liegen.[12]

Zusammenfassend läßt sich von einer dialektischen Entwicklung aus Politisierung – im Sinne einer Konstituierung der öffentlichen Meinung gegenüber dem Monarchen – und Depolitisierung der Medien sprechen. Letzteres meint,

---

10 Den Begriff prägt Hermann LÜBBE, Die Metropolen und das Ende der Provinz. Über Stadtmusealisierung, in: Hans-Michael Körner/Katharina Weigand (Hg.), Hauptstadt. Historische Perspektiven eines deutschen Themas, München 1995, S. 15-27, hier S. 18.

11 Die semantische Nähe zu „mediokerˮ wird dabei absichtlich in Kauf genommen. Vgl. Thomas MEYER, Mediokratie. Die Kolonisierung der Politik durch das Mediensystem, Frankfurt a.M. 2001, S. 22.

12 Bereits früh: Theodor Barth, Demokratie und Kaisertum, in: Die Nation 17 (1900), S. 428 f. Vgl. auch: HAMMANN, Kurs (1918), S. 155; ZIEGLER, Strömungen (1911), S. 444.

daß Kritik und Kommentierung des Monarchen implizit immer unter der Voraussetzung erfolgten, daß sie in letzter Konsequenz folgenlos bleiben mußten. Die Medien erfuhren gegenüber dem Monarchen ihre neue Macht, allerdings nur bis zu einer gewissen Grenze, da die entscheidenden Veränderungen – d.h. die Abdankung des Monarchen – unter normalen Umständen nicht im Bereich des Möglichen lagen. Die Bedeutung der Medien läßt sich dennoch nicht auf eine Ventilfunktion beschränken, wie sich in den Monarchieskandalen zeigt.

C. Spezifika der Monarchieskandale

Skandale sind in dieser Studie nicht bloß als heuristisches Instrument, sondern als Phänomen an sich untersucht worden. Sie interessierten zudem nicht nur als Indikator, sondern auch als Movens der Transformation der wilhelminischen Monarchie. Auffällig ist, daß die für die Skandale relevanten Medien keineswegs von einem Ethos des ‚Skandalaufdeckens' geleitet waren. Keiner der untersuchten Skandale, auch nicht der um Eulenburg, war Resultat eines investigativen Journalismus. Durchaus zeigt sich aber, wie sehr Politik auch Teil des Unterhaltungsgenres geworden war. In allen untersuchten Fällen spielte der sensationelle, im engeren Sinne unpolitische Aspekt der jeweiligen Ereignisse eine wesentliche Rolle für die Dynamik, die die Presse dem jeweiligen Skandal verlieh. Blickt man auf die politische Dimension der Monarchieskandale, lassen sich vier wesentliche Ergebnisse festhalten:
1.) Entgegen gängigen Skandaltheorien waren in einem monarchischen System voll ausgebildete Medienskandale nicht nur möglich, sondern sogar typisch. Die entscheidenden Voraussetzungen für die beschriebenen Skandale waren ein rechtsstaatliches System, weitreichende Pressefreiheit und eine ausdifferenzierte Medienlandschaft. Es ließe sich sogar andersherum argumentieren: Gerade weil im Kaiserreich keine Wahlen über die für politisch entscheidend gehaltenen Instanzen – Monarch und mit Abstrichen Reichskanzler – stattfanden, konnten Skandale eine solche Bedeutung gewinnen. Skandale dienten insofern als Surrogat für die über das Parlament nur unzureichend mögliche Partizipation. Dies gilt in einem allgemeinen Sinne, weil die Skandale den Monarchen der Diskussion der Medien auslieferten und in einem speziellen Sinne, weil die Monarchieskandale vor 1918 insbesondere die mangelhafte Information des Monarchen skandalisierten.

In seiner instruktiven Interpretation von Wahlkämpfen als demokratisches Ritual ruft Andreas Dörner, inspiriert vom Political-Culture-Ansatz, in Erinnerung, daß Demokratien nicht zuletzt deshalb funktionieren, weil der „demokratische Mythos", sichtbar im Wahlkampf, mehr Partizipationsmöglichkeiten suggeriert, als tatsächlich vorhanden sind. Da dieser Glaube von Bürgern und Eliten geteilt werde, entfalte er als potentielle bzw. latente Partizipation tatsächlich demokratische Effekte. Politische Mythen sind insofern wirksame

Fiktionen. Rituale wie der Wahlkampf machen das, was der Mythos behauptet, erfahrbar.[13] Wahlen bzw. Wahlkämpfe, die den wichtigsten Entscheidungsträger zum Gegenstand hatten, kannte das Kaiserreich nicht. Skandale füllten aber teilweise die Rolle dieses Rituals aus. Sie waren in zweierlei Hinsicht bedeutsam: Zum einen besaßen sie – nicht unähnlich Wahlen in der parlamentarischen Demokratie – eine allgemeine Stabilisierungsfunktion, indem sie die Hoffnung auf Verbesserung politischer Abläufe nährten. Wichtiger noch erscheint eine zweite Analogie: Auch wenn die Begriffe ‚Demokratie' und ‚demokratisch' selten Verwendung fanden, förderten und sicherten die Skandale den Glauben an die demokratische Erweiterbarkeit der Monarchie. Der kontinuierlich beschworene Mythos der perfekten Information des Monarchen nährte die Hoffnung auf partizipative Möglichkeiten im existierenden System. In der Illusion der optimalen Information des Monarchen und der damit einhergehenden substantiellen Verbesserung der politischen Situation trafen beide Faktoren – die allgemeine Stabilisierungsfunktion des Skandals und die Hoffnung auf eine ‚Demokratisierung' der Monarchie – zusammen. Auch und gerade für die Monarchieskandale gilt Niklas Luhmanns Feststellung: „Insoweit der Skandal nämlich auf einer Enttäuschung beruht und diese Empfindung zu dessen Thema wird, dokumentiert er immer auch die Fortgeltung der zuvor bestehenden Erwartungen."[14]

2.) Ein sprechender Ausdruck dieser Tendenz waren die unzähligen Versuche zur Neuinterpretation der Monarchie. Das Konzept der Wachsamkeit illustriert beispielhaft die prägende Wirkung der Skandalerfahrung. Fehlleistungen des Monarchen wurden registriert und auf zukünftige Verfehlungen, für die die erlebten Skandale immer einen Referenzpunkt bereitstellten, angerechnet. Jeder Monarchieskandal schärfte das Bewußtsein und ließ so den nächsten Skandal wahrscheinlicher werden, wie der ‚Doppelskandal' von 1907/08 vorführt. Nicht nur deshalb sollten die Neuinterpretationsversuche nicht als Glasperlenspiele monarchiefixierter status-quo-Bewahrer abgetan werden. Der kurzfristigen Stabilisierungsfunktion der Skandale stand eine ihnen ebenfalls inhärente, langfristige Dynamisierungstendenz gegenüber. Indem die Skandale Mitsprachemöglichkeiten eröffneten, bestätigten sie indirekt partizipative Forderungen.[15] Die Kritik am Monarchen in den Skandalen kann als ‚falsches Bewußtsein' gedeutet werden, da nur selten von der Person des Monarchen auf grundsätzliche Systembedingungen abstrahiert wurde. Sinnvoller erscheint es aber, diese Kritik als emanzipatorischen Akt zu begreifen, der in die Zukunft weist. Die kommunikative Selbstverständigung gegen-

---

13 Andreas DÖRNER/Ludgera VOGT (Hg.), Wahl-Kämpfe. Betrachtungen über ein demokratisches Ritual, Frankfurt a.M. 2002, S. 27 f., 29.

14 Damit gerät der Skandal, in Luhmanns Worten, zu einem „Mechanismus der Enttäuschungsabwicklung, der alle notwendigen Bedingungen erfüllt, Normprojektionen eine Chance des Durchhaltens zu eröffnen, ohne daß es von vornherein auf ihre Konsensfähigkeit ankäme." Vgl. Niklas LUHMANN, Rechtssoziologie, Opladen [3]1987, S. 63; NECKEL, Soziologie, S.603.

15 Vgl. zur Stabilisierung und gleichzeitigen Dynamisierung des Dreiklassenwahlrechts in der Wahlkultur des Kaiserreichs: KÜHNE, Dreiklassenwahlrecht, S. 580 f.

über dem Monarchen im Skandal diente auch als Agens der Fundamentalpolitisierung.

Ein Grundtrend, den die Skandale aufnahmen, auf dem sie beruhten und den sie gleichzeitig verstärkten, war die Personalisierung politischer Fragen im Charakter und Handeln Wilhelms II. Die Skandale fokussierten notwendigerweise auf die Persönlichkeit Wilhelms II., mündend in der Identifizierung des Versagens Wilhelms II. in der Flucht. Stellt man dies in Rechnung, verschwindet ein zunächst naheliegender Widerspruch. Das Argument, die Diskussion des Endes der Monarchie über den Skandal verhinderte eine sinnvolle und analytisch anspruchsvolle Kaiserdiskussion, scheint das Argument, Skandale seien effektive Vehikel der Diskussion politischer Sachverhalte, zu widerlegen. Entscheidend war aber, daß die notwendig verengte Diskussion den Blick ausschließlich auf personelle Alternativen in ‚Führergestalt' lenkte.

Hier läßt sich von einem Doppeleffekt der Skandale sprechen. Kurzfristig kamen die Skandale dem Monarchen zugute, weil sie die Hoffnung auf Einsicht und Veränderung nährten, langfristig schädigten sie ihn. Im monarchischen System mußten die negativen Effekte des Skandals vergleichsweise länger haften bleiben, da jenseits der Skandale – und des Thronwechsels – Regenerationsmechanismen fehlten. Schließlich lag es in der Logik der Monarchie, daß derjenige, der gemeint war, nicht die Konsequenz ziehen konnte, die beispielsweise einem Richard Nixon offenstand, ohne das System zu sprengen. Daher kann auch der vermittelte Skandal, der nur indirekt auf den Monarchen zielte, letztlich aber nur durch dessen Präsenz im Hintergrund erklärbar ist, als typisch für den Monarchieskandal gelten. Caligula-Affäre und Eulenburg-Skandal wären hierfür Beispiele.

Da der exponierte Monarch im Mittelpunkt blieb, akkumulierten sich die negativen Effekte in seiner Person. Im Caligula-Skandal wurde die Nation mit Zweifeln an der politischen Zurechnungsfähigkeit des Monarchen konfrontiert, der Eulenburg-Skandal warf Fragen über die sexuelle Orientierung des Monarchen auf und die Daily-Telegraph-Affäre entlarvte den Kaiser als politischen Dilettanten. Nach diesen Einschnitten blieb vom Anspruch des kompetenten politischen Führers, der aufgrund persönlicher Qualitäten die politische Erneuerung der Nation moderieren könne, von den ‚Ideen von 1888', wenig übrig. Der öffentliche Monarch ‚erinnerte' gleichsam die Beschädigungen, sie lagerten sich in seiner Person ab. Dieser Erinnerungsmechanismus funktionierte in der „konkreten Abstraktion" (Siegfried Kaehler) Monarch weitaus erbarmungsloser, als bei unübersichtlichen und immer wieder wechselnden demokratischen Instanzen.

3.) Die Skandale mit ihren schnell sichtbaren Ergebnissen beförderten die Vorstellung, daß eine direkte Steuerung des Monarchen durch die öffentliche Meinung möglich sei. Hier wurde nicht das Modell eines politischen Führers eingeübt, der direkt an das Volk appellierte, sondern das eines Volkes, das über die veröffentlichte Meinung direkt und effektiv an den politischen Führer appellierte. Die Skandale suggerierten zumindest ein plebiszitäres Potential.[16] Insbesondere der ‚Doppelskandal' von 1907/1908 zeigte die Bedeutung dieser Idee. Mit der Thematisierung der Kamarilla und der Information des Monarchen brachen die Skandale über die für die Kommunikation mit dem Monarchen entscheidenden Themen aus. Eulenburgs Entfernung vom Hof und Wilhelms II. ‚Kapitulationserklärung' nach der Daily-Telegraph-Affäre waren genuine Bestandteile und Ergebnisse dieser Kontroversen. Die Monarchieskandale indizieren also die Relevanz des Modells einer verbesserten Kommunikation zwischen Monarch und Öffentlichkeit und waren gleichzeitig dessen Teil. Als Erfahrung konnten auf zwei Arten interpretiert werden, die sich nicht gegenseitig ausschließen mußten. Die Skandale schienen die Unfähigkeiten des derzeitigen Monarchen zu beweisen, sie ließen aber auch das offensichtlich faszinierende Modell eines direkten Austausches zwischen Monarch und Öffentlichkeit als genuin modernes Kommunikationsmodell durchsetzbar erscheinen.

Allerdings konnte die dauerhafte Beschädigung mit der Person Wilhelms II. auch für die Institution Monarchie nicht folgenlos bleiben. Für den Skandaltheoretiker Thompson bildet Reputation die zentrale Kategorie des Skandals. Die Ressource Reputation sammele sich, so Thompson, nicht nur in Individuen, sondern auch in Institutionen an.[17] In der Sicherung von Loyalität besaß die Institution Monarchie spezifische Vor-, aber auch Nachteile. In ihrer notwendigen Statik bot die Monarchie kein ‚Überlaufventil' für enttäuschte Führungserwartungen, die in einem demokratischen System hätten abgefangen werden können. Dies war lediglich kurzfristig über alternative ‚Führerfiguren' – etwa Bismarck oder Hindenburg – möglich, aber selbst dann potentiell systemgefährdend. Dennoch läßt sich sagen, daß die Regenerationseffekte des Skandals eher der Institution Monarchie als dem Monarchen zugute kamen. Weder die Kritik des Hofes, noch die Kritik des Monarchen darf mit einer Kritik der Institution Monarchie verwechselt werden.

Wie Thompson feststellt, bietet jeder Medienskandal dem Publikum eine Gelegenheit zur Reflexion eigener politischer Überzeugungen. In der Regel bestätigt diese Reflexion eher die eigenen Überzeugungen, als daß sie einen Einstellungswandel bewirkt. Eine Skandalserie vermag dies aber durchaus. Aus den bereits beschriebenen Gründen mußten gerade die wilhelminischen Monarchieskandale als Serie wahrgenommen werden. Die Daily-Telegraph-Affäre konnte nur zum Skandal werden, weil das fragliche Interview so sehr an vorherige Verfehlungen Wilhelms II. erinnerte. Der Mythos einer verbesserungsfähigen Monarchie, den die Skandale stützten, wurde mit Blick auf den Monarchen langfristig beschädigt. Jeder der Skandale reduzierte die symbolische Macht, das symbolische Kapital des Monarchen.

---

16 Der Gedanke des Skandals als „Modus einer neuen Form der plebiszitären Demokratie" mit Blick auf das erste Kabinett Schröder findet sich originell vorgetragen bei: Burkhard SPINNEN, Skandal! Der Zustand der politischen Kultur in Deutschland, Akzente 3 (2001), S. 221-230, hier S. 227 f.

17 THOMPSON, Scandal, S. 250.

4.) Auffällig ist daher um so mehr, daß trotz der herausragenden Bedeutung des monarchischen Faktors in Deutschland sich hier keine Gruppe analog zu Männern wie Walter Bagehot oder Lord Esher in England herausbildete, die zwischen der Monarchie und den neuen medialen Anforderungen zu vermitteln in der Lage gewesen wäre. Effektive und professionelle Pressepolitik wurde für den Reichskanzler und das Auswärtige Amt und vor allem für das Reichsmarineamt gemacht, niemals direkt für den Monarchen. Akademische Vordenker und Analytiker der Monarchie wilhelminischen Stils wie Paul Laband oder Otto Hintze hatten nahezu keinen Zugang zu Hofkreisen. Für die einflußreichen Akteure aus der unmittelbaren Umgebung des Monarchen hingegen scheint die Monarchie so selbstverständlich gewesen zu sein, daß deren Zukunftsfähigkeit nicht überdacht werden mußte. Sozialgeschichtlich gesehen ließe sich diese rückblickend so erstaunliche Lücke auch als Leerstelle zwischen alten und neuen Eliten interpretieren. Während der Adel kaum bereit war, sich mit der semimodernen wilhelminischen Monarchieinterpretation zu identifizieren, zeigten die etablierten bildungs- und wirtschaftsbürgerlichen Kreise eine geringe Neigung, die Sache der Monarchie zu der ihren zu machen. Jener beschriebenen auffälligen Formation der neuen Monarchisten fehlte hingegen schlicht die Nähe zum Thron, um nach englischem Vorbild an einer ‚mediengerechteren' Monarchie mitzuwirken.

Zusammenfassend läßt sich festhalten, daß die beschriebenen Skandale der Form nach typische Medienskandale waren. Der Reportagecharakter der Enthüllungen über Eulenburg verweist auf die großen Politskandale des 20. Jahrhunderts und hat, trotz oberflächlicher Analogien, mit dem großen historischen Referenzpunkt, der Halsbandaffäre, nicht mehr viel gemein.[18] Dies bedeutet aber auch, daß die Signifikanz dieser Skandale weniger darin liegt, daß sie die Defizite Wilhelms II., sondern darin, daß sie die überragende Bedeutung der Medien belegen. Andererseits muß betont werden, daß die Skandale inhaltlich stark raum- und zeitgebunden, das heißt wilhelminisch waren. Die Prämissen, entlang deren die Flucht Wilhelms II. skandalisiert wurde, zeigen dies deutlich. Man wird sich schwerlich eine identische, auf den österreichischen Kaiser oder englischen König zielende Forderung vorstellen können.

18 Angriffe, die explizit auf die Sexualität des Königs abzielten, hat es bereits zuvor gegeben. In Frankreich diente die Thematisierung der Sexualität des Königs aber einem bestimmten Zweck. Überspitzt formuliert, war es unwesentlich, ob die Anschuldigungen stimmten oder nicht. Lynn HUNT, The Family Romance of the French Revolution, Berkeley, Los Angeles 1992. Vgl. auch: MAZA, Lives, S. 167 ff.

D. Die Durchsetzung bürgerlicher Maßstäbe in der Diskussion des Monarchen

Es würde allerdings zu kurz greifen, wollte man die Monarchieskandale ausschließlich auf die technische Voraussetzung der Massenmedien zurückführen. Deren Vorhandensein war lediglich die formale Voraussetzung. Inhaltliche Bedingung war, daß letztlich der Monarch bürgerlichen Leistungsbegriffen unterworfen werden sollte. Dieser Prozeß war mit dem Aufkommen der Monarchieskandale eng verwoben. In vier verschiedenen Bereichen wird das Phänomen besonders deutlich: In der Individualisierung des Monarchen, der Forderung nach direkter Kommunikation, der Anmahnung verstärkter Partizipation und der Durchsetzung eines rigiden Leistungsparadigmas in der Diskussion des Monarchen.

1.) Bereits mit dem Regierungsantritt Wilhelms II. stellten hierfür sensibilisierte Literaten Wilhelm II. als Individuum heraus. Das heißt, sie betonten einerseits die individuellen Züge des Monarchen gegenüber der hergebrachten schemenhaften Darstellung des Herrschers in klischeehaften Wertungen und sie propagierten andererseits die These, Wilhelm II. verfüge über besonders ausgeprägte Charakterzüge, sei mithin außerordentlich individuell. Die Zuschreibung individueller Eigenschaften war zunächst ausschließlich positiv besetzt und galt als Qualität an sich.[19] Sie war aber keinesfalls wertneutral, sondern trug essentiell bürgerliche Züge.[20] In der verständnisvollen Ausdeutung des monarchischen Individuums lassen sich unschwer bürgerliche Selbstfindungsphantasien entdecken. Wie die enthusiastischen Reaktionen auf die Thronbesteigung und später auf die Münsteraner Rede und das Ganghofer-Gespräch zeigen, konnte der Monarch durch seine sentimentale Präsentation als Mensch erhebliche Sympathien wecken.

Für die bürgerliche Obsession mit dem Individuum Wilhelm II. lassen sich aber auch strukturelle Gründe ins Feld führen: Ein individualisierter Monarch kam den Darstellungserfordernissen der Massenmedien entgegen. Die Individualisierung des Herrschers war die notwendige inhaltliche Ergänzung zur geschilderten Personalisierung von Politik durch die Medien. Die Annahme, daß das wilhelminische politische System vor den gleichen medialen Herausforderungen stand wie die parlamentarischen Systeme, wird durch diese Beobachtung gestützt. Thompson hat für England und die USA gezeigt, daß die

---

19 Zum Zwang der individuellen Gestaltung des Lebens als Kontinuität von ‚Bürgerlichkeit' seit dem 18. Jahrhundert. Vgl. Manfred HETTLING/Stefan-Ludwig HOFFMANN, Der bürgerliche Wertehimmel. Zum Problem individueller Lebensführung im 19. Jahrhundert, in: Geschichte und Gesellschaft 23 (1997), S. 333-359, hier S. 359

20 Dieser Zusammenhang wurde bisher weitgehend übersehen. Lediglich Patrick Bahners bemerkte, daß, wenn Meinecke 1913 mit Blick auf Wilhelm II. forderte, die „Gesamtpersönlichkeit der Nation“ müsse durch eine „lebendige Persönlichkeit“ verkörpert werden, hier eine Geschichtsphilosophie aufscheine, „deren Individualismus sie als bürgerlich zu erkennen gibt.“ BAHNERS, Mann, S. 50 f.

Massenmedien intimere Formen der Selbstdarstellung von Politikern förderten. Dies mündete in einer „society of self-disclosure“, in der es möglich und zunehmend üblich für politische Führer wurde, Aspekte des eigenen Lebens offenzulegen. Politiker waren nicht mehr nur Amtsträger, sondern auch menschliche Wesen, die – wie Wilhelm II. im Gespräch mit Ganghofer – ihre Charakterzüge „in a conversational“ oder – wie Wilhelm II. in der Münsteraner Rede – in a „confessional mode“ enthüllten. Auf diese Weise konnten Politiker die Bürger bzw. Untertanen direkt ansprechen, als Menschen erscheinen und sich als ‚einer von uns' präsentieren.[21]

Auch der Monarch mußte nun der Erwartung an die Authentizität politischer Akteure entsprechen, die nach Dirk Tänzler Strukturbedingung moderner, auch politischer, Kommunikation wird. Um seine Eignung für ein politisches Amt zu beweisen, muß der moderne Politiker sich überzeugend als authentischer Mensch darstellen. Der vermenschlichte Monarch repräsentiert keineswegs mehr nur Übermenschliches.[22] Die Entwicklung von einer Sprache der Distinktion zu einer Sprache der Nähe war für den Monarchen selbstverständlich ambivalent. Die Risiken lagen im Verlust von Distanz. Wenn Wilhelm II. persönliche Züge herausstellte bzw. als Individuum gedeutet wurde, gewann sein Charakter herausragende Bedeutung.

Wilhelm II. muß daher als Vertreter einer neuen, durch die Medien geprägten, Politikergeneration gesehen werden. Indem sich diese Politiker als „ordinary individuals“ mit eigenen Werten und Vorlieben, mit eigenen persönlichen Lebenshaltungen und Überzeugungen und mit ihren persönlichen Motiven für ihre Handlungen darstellten, gaben sie ihrem Charakter und ihrer Integrität immer größere Bedeutung im öffentlichen Auftreten. Aber die Charakterfrage konnte gleichzeitig schnell zu einem Stolperstein werden.[23] Die selbstbewußten, von einem stark bürgerlich-liberalen Impetus geleiteten wilhelminischen Massenmedien befaßten sich wie selbstverständlich mit der Psyche Wilhelms II. Jeder Aspekt des monarchischen Charakters gewann Bedeutung. Vor diesem Hintergrund läßt sich ein reziproker Prozeß des Aufbrechens von Tabus ausmachen. Hier treten die ambivalenten Ergebnisse der Individualisierung des Monarchen deutlich zu Tage. So sehr dieser Prozeß dem Monarchen half, Sympathien zu gewinnen und Kritik an seiner Person ab- und umzulenken, so sehr konnte das gleiche Phänomen auch als Bumerang wirken. Der individualisierte König lud dazu ein, schlichtweg alle Aspekte der monarchischen Persönlichkeit einer Überprüfung zu unterziehen.

Insofern hängen Skandalisierung und Individualisierung des Monarchen unmittelbar zusammen. Zwar konnte der Verweis auf individuelle Eigenschaften als Erklärung für verstörende Merkmale des Monarchen dienen. Wie der Eulenburg-Skandal zeigt, beschädigten aber gerade bestimmte, öffentlich identifizierte Eigenschaften des Monarchen dessen Reputation empfindlich.

---

21 THOMPSON, Scandal, S. 40 f.

22 So argumentiert: Dirk TÄNZLER, Zur Geschmacksdiktatur in der Mediendemokratie. Ein Traktat über politische Ästhetik, in: Merkur 57 (2003), S. 1025-1033, hier S. 1028.

23 THOMPSON, Scandal, S. 41.

Im Eulenburg-Skandal präsentierte sich der Öffentlichkeit ein Monarch, der nicht nur politischen Rats dringend bedurfte, sondern diesen Rat von hochgradig fragwürdigen, effeminierten Personen einzog und damit zeigte, daß er ein ‚männliches', offenes Wort nicht ertrug und schließlich Hilfe in Anspruch nehmen mußte, um sich seiner unwürdigen Berater zu entledigen. Noch 1919 urteilte ein Kritiker, daß man dem Ex-Kaiser vieles nicht anlasten dürfe. „Daß er es aber durch Jahrzehnte hindurch geduldet hat und daß er nicht den Drang im Herzen fühlte, in die freie, belebende Luft echten Mannestums zu kommen, und daß er nicht aus sich selbst heraus dafür sorgte, daß Männer seinen Thron umrahmten und daß all das kriechende Gesindel der verdienten Verachtung anheim fiel", sei allein seine Schuld.[24]

Individualisierung ist mithin ein Schlüsselbegriff für die Durchsetzung bürgerlicher Wertmaßstäbe in der massenmedialen Diskussion des Monarchen. Der Versuch, das Individuum Wilhelm II. zu verstehen, sollte helfen, es kalkulierbar zu machen. Die Eigenschaften des Monarchen erhielten daher - ganz entgegen dem historischen Trend - entscheidende Relevanz.[25] Spätestens seit 1908 übernahmen die Kommentatoren die Rolle des mehr oder minder wohlmeinenden Erziehers und verteilten Kopfnoten für Betragen und Lernfortschritte des Monarchen.[26] Das Urteil des Schwarzsehers, Wilhelm II. fehle die Selbstdisziplin, um wirklich etwas zu erreichen, liest sich wie der Begründung auf einem Schulzeugnis entnommen.[27] Nach 1918 erschien Wilhelm II. dann nicht mehr als schwieriger Sohn, der durch entsprechende erzieherische Maßnahmen auf den rechten Weg gebracht werden könnte, sondern als pathologischer Fall für den Psychiater.

2.) Ein zweites bürgerliches Thema in der Diskussion des Monarchen waren die Hoffnungen, die in eine direkte Kommunikation mit dem Monarchen, in ein ‚offenes Wort' gesetzt wurden. Die Parole umschrieb ein ganzes Bündel von Forderungen, Kritikpunkten und Assoziationen und umschloß eine eigenartige Heilserwartung. Die Persistenz der Hoffnung auf eine verbesserte Kommunikation, auf die ‚reinigende Kraft' der Aufklärung des Monarchen, auf die Umgehung der Berater gerade nach schweren Enttäuschungen bezeugt die erstaunliche Wirkmächtigkeit dieser Idee. Offene Briefe blieben bis 1918 ein häufig gebrauchtes Ausdrucksmittel der öffentlichen Meinung gegenüber dem Monarchen. Endlich einmal, an Ratgebern und byzantinischer Presse vorbei, dem Herrscher die Wahrheit zu sagen, schien Rechtfertigung genug für eine Schrift jeden Inhalts. Besonders engagierte Kaiserdeuter wie Maximilan Harden oder Karl Schneidt ließen es sich nicht nehmen, Wilhelm II. in ih-

---

24 BINDER, Schuld, S 15.

25 „Die sinkende Bedeutung der persönlichen Eigenschaften des Monarchen, verstanden als Regententugenden, reflektiert die Entwicklung der Monarchie vom Selbstherrschertum zur Repräsentationsinstanz des Staates", die Monika Wienfort als Trend des 19. Jahrhunderts beschreibt. WIENFORT, Monarchie, S. 181.

26 Typisch: A. KORTEMEYER, Die Entwicklung des Pflichtbewußtseins Kaiser Wilhelms II. Eine pädagogisch-psychologische Studie, Leipzig 1910.

27 SCHWARZSEHER, Kaiser, S. 22, 29, LIMAN, Kaiser, S. 42. Vgl. auch die Beispiele bei: Paul Busching, Der Kaiser, in: Süddeutsche Monatshefte 5 (1908), S. 614-620, hier S. 215 f.

ren Einwürfen, von denen sie kaum angenommen haben dürften, daß der Kaiser sie las, direkt als „Herr Kaiser“ anzusprechen.[28]

Der Topos des ‚offenen Wortes' ist keineswegs so trivial, wie es zunächst scheint. Die Forderung muß im Zusammenhang mit Hoffnungen und Erwartungen gesehen werden, die auch im Kult der Klarheit, der Reinheit und des Lichts, sowie in der Hygienebewegung zum Ausdruck kamen. Typischerweise gehörte zu einem ‚offenen Wort' das Attribut „männlich“, und als sichere Folge galt ein reinigender und aufklärender Effekt. Hinzu kam ein zweiter Argumentationsstrang. Wie gezeigt, war das Ideal der Offenheit gegenüber dem Monarchen schon lange vor der Eskalation der Kamarillaprozesse semantisch stark mit dem Ideal von Männlichkeit verbunden. Schillers unzählige Male zitierte Parole „Männerstolz vor Fürstenthronen“ verweist bildhaft auf diesen Zusammenhang.[29] Homosexualität war ein neuralgischer Punkt, weil sie mit Obskurität gleichgesetzt wurde. Nur so läßt sich die Eskalation des Eulenburg-Skandals erklären.

Hier handelte es sich nicht nur um eine sprachliche Durchsetzung bürgerlicher Wertmaßstäbe, die für zweideutige Männerfreundschaften keinen Platz hatten.[30] In den 1908 propagierten Monarchiekonzepten verschiedenster Provenienz äußert sich das Diktat bürgerlicher Transparenzansprüche gegenüber dem Monarchen. Diese Linie der Kritik war gewissermaßen die abstrakte Kehrseite einer konkreten bürgerlichen Kritik an einem Monarchen, der sich vermeintlich zu stark von den Interessen seiner Standesgenossen leiten ließ und damit moderne Erfordernisse nicht ausreichend in den Blick nahm. Die antiadlige Positionierung bürgerlicher Kommentatoren zog sich sowohl durch die Caligula-Affäre wie durch den Eulenburg-Skandal. Eingestanden oder nicht, hatte die Rede von der Notwendigkeit des ‚offenen Wortes', der ungehinderten Kommunikation zwischen Monarch und Öffentlichkeit, immer eine

---

28 Hardens gesamte Kaiserpublizistik lebte von diesem Stilmittel: „Aber kann man, Herr Kaiser, einen Monarchen mehr ehren, das feste Vertrauen ins eine reine, den edelsten Zielen zugewandte Absicht besser beweisen als dadurch, daß man offen den Glauben bekennt, er wolle die Wahrheit hören? Daß sie, von keiner Schranke, keiner spanischen Wand, keiner Lakaienkunst gehemmt, Ihr Ohr erreichen möge, wünscht aufrichtig und in Ergebenheit M.H.“ Maximilian Harden, An den Kaiser vor zehn Jahren, in: Die Zukunft 17 (1908), S. 311-324, hier S. 324. Ganz ähnlich Schneidt: „Und da, wie die Dinge nun einmal liegen, eine mündliche Unterredung im vorliegenden Falle gänzlich ausgeschlossen erscheinen muß, ist die Form des offenen Briefes der gegebene Weg, um meinem Ziele näherzukommen. Es führt kein anderer zu des Monarchen Ohr. Mir bleibt daher nur übrig, ihn voller Zuversicht zu betreten. SCHNEIDT, Briefe, S. 5. Auch Schneidt sprach Wilhelm II. kontinuierlich als „Herr Kaiser“ an.

29 Das Zitat stammt aus der *Ode an die Freude*. Ein weiterer beliebter Referenzpunkt aus Schillers Werk war der Dialog zwischen dem Marquis Posa und Philipp II. aus *Don Carlos*. Besonders pikant war der Ausspruch der Gräfin Terzky im *Wallenstein*: „Doch wir denken königlich und achten einen freien mutigen Tod anständiger als ein entehrtes Leben.“ Auch die Figur Max Piccolini wurde für die Königstodidee in Anspruch genommen. Vgl. als Beispiel: LERCHENFELD-KÖFERING, Kaiser, S. 54.

30 Zur eindrucksvollen Liste fast ausschließlich adliger Opfer des Skandals, die ihre militärische, höfische bzw. gesellschaftliche Stellung verloren, vgl. HULL, Entourage, S. 133 und RÖHL, Hof, S. 108.

antiaristokratische Spitze und gab sich auch insofern als dezidiert bürgerlich zu erkennen.[31]

3.) Eng verbunden mit der Forderung nach direkter Kommunikation waren Versuche, Partizipationsansprüche und die gegebene politische Struktur zu versöhnen. Im Begriff des Volkskaisertums fanden diese Bestrebungen ihr Schlagwort – das indes reichlich verschwommen blieb.[32] In den Monarchieentwürfen Reventlows oder Hardens zeigt sich die eigenartige Durchmischung moderner und traditioneller Vorstellungen sehr deutlich. Moderne Inhalte präsentierten sich in traditionellen Formen. Derartige Entwürfe zeugen von bewußter Selbsttäuschung, aber auch rationalen Überlegungen. Immerhin war der optimistische Blick auf die neue Rolle der Öffentlichkeit gegenüber dem Monarchen durch Erfahrungen der Presse in den Skandalen gedeckt.

Im Vergleich zu den Hoffnungen, die in informelle Formen der Partizipation gesetzt wurden, spielte die klassische liberale Forderung nach Demokratisierung der Monarchie durch Parlamentarisierung eine überraschend geringe Rolle. Selbst für Organe des linksliberalen Spektrums trifft diese Beobachtung zu. Das Ergebnis bestätigt analoge Befunde der jüngeren Forschung für die Staatsrechtslehre des Kaiserreichs und für das linksliberale politische Spektrum.[33] Trotz aller Kritik im Detail verlor die Monarchie keineswegs gegenüber dem Parlament an Boden. Vielmehr existierte ein weitreichender Konsens über die Schwäche, wenn nicht gar Überlebtheit des Parlaments, das nicht nur als ein Phänomen des 18. Jahrhunderts, sondern auch als etwas Ausländisches galt. Tatsächlich existieren unzählige Beispiele für das von Max Weber beklagte „heutige modische Gerede von der ‚Überlebtheit' des Parlamentarismus".[34] Den Bedeutungsverlust des Reichstages konstatierten viele zeitgenössische Kommentatoren schlicht als ein Faktum.[35]

Es wäre allerdings analytisch unbefriedigend, die skeptische Sicht auf den Parlamentarismus als bloße Manifestation eines naturgegebenen Sonderwegs zu qualifizieren. Die Argumente gegen den Parlamentarismus speisten sich weniger aus einer Ablehnung an sich als aus den Vorzügen, die andere, scheinbar moderne und effektive Formen der politischen Partizipation besaßen. Idealerweise formulierte der Monarch konsistente politische Visionen – wozu das zersplitterte Parlament nicht in der Lage schien –, die dann über die Medien zur Diskussion gestellt und durch die in den Medien artikulierte öffentliche Meinung kritisiert bzw. akzeptiert wurden. Dieser Mechanismus

---

31 Idealtypisch bei: Paul Schulze-Berghof, Das alte Königtum und der neue Adel, in: Die Tat 1 (1909), S. 119-135.

32 Vgl. HOFFMANN, Kaisertum, S. 548.

33 Schönberger kommt zu dem Ergebnis, daß selbst das auch in der Staatsrechtslehre als durchaus problematisch empfundene wilhelminische Kaisertum mit seinen vielen Krisen kaum zu Versuchen führte, die Rolle der Parlamente neu einzuschätzen oder gar den Übergang zum parlamentarischen Regierungssystem zu erwägen. SCHÖNBERGER, Parlament, S. 183. Vgl. auch: HEWITSON, Kaiserreich.

34 MOMMSEN, Weber, S. 155.

35 LIMAN, Kaiser, S. 49; ERDMANN, Kaiser, S. 13 ff. In der Karikatur war der Reichstag kaum präsent, wenn, dann negativ gezeichnet. REBENTISCH, Gesichter, S. 78.

konnte theoretisch endlos fortlaufen und insofern als überzeugendes, zeitgemäßes Instrument der politischen Verständigung in einem komplexen Staatswesen dienen.

Paradoxerweise konnten gerade die in den Skandalen thematisierten Enttäuschungen diese Vision nicht erschüttern. Denn in jedem der hier beschriebenen Beispiele erfolgte die politische Verständigung außerhalb des Parlaments. Sowohl die Kamarilla als auch die Fehlleistungen des Daily-Telegraph-Interviews diskutierte der Reichstag lediglich als ‚Nachhut' der Presse. Der Ablauf der 1908 eskalierenden Krise der Monarchie legte die Lehre nahe, in den politisch entscheidenden Fragen auf die Macht der Presse, nicht auf das Parlament zu vertrauen. Trotz oder gerade wegen der Prävalenz bürgerlicher Maßstäbe fielen daher Demokratisierungstendenzen und Parlamentarismus in der Diskussion des Monarchen auseinander.

4.) Am deutlichsten findet sich die Verschiebung der Maßstäbe in der Diskussion des Monarchen in einem rigorosen Leistungsparadigma. Die Konfrontation des Monarchen mit klaren Leistungsvorgaben hatte sich seit der Französischen Revolution sukzessive verschärft und war grundsätzlich nichts Neues. Monika Wienfort hat dargestellt, wie bereits Friedrich der Große nicht mehr aus göttlichem Recht und auch nicht aufgrund eines Erbrechts herrschte, sondern seine Regierung ihre Legitimität vielmehr aus den Erfolgen der genialen Persönlichkeit bezog und dies die öffentliche Wahrnehmung der verbürgerlichten Monarchie im 19. Jahrhundert prägte.[36] Als unmittelbare Folge der Medienrevolution und der damit einhergehenden Durchsetzung bürgerlicher Maßstäbe in der Bewertung des Monarchen war Wilhelm II. jedoch mit ungleich schärferen Leistungsanforderungen konfrontiert als seine Vorgänger. Erst die Konstruktion eines individualisierten Monarchen ermöglichte es, dessen persönliche ‚Performance' en détail zu hinterfragen. In der Leistungsgesellschaft mußte sich der Monarch für die Akzeptanz seiner Stellung erst qualifizieren. Durchaus vergleichbar der modernen Repräsentation demokratischer Politiker verlangte die Medienlandschaft des Kaiserreichs vom Monarchen, sich als Person, als Mensch vor dem Publikum zu bewähren. Insofern präsentiert der Kaiser sich als Mischtypus zwischen dem dynastisch legitimierten Herrscher und dem modernen Politiker.

Die Leistungen des Monarchen mußten mit bürgerlichen Errungenschaften in der Wirtschaft und anderen Feldern des öffentlichen Lebens Schritt halten. Naumann formulierte diesen Zusammenhang wie folgt: „Wir sind nicht Monarchisten aus Theorie, sondern aus Praxis, aber deshalb messen wir auch den Monarchen mit den strengen praktischen Maßstäben etwa so, wie wir den Chef eines Elektrizitätswerkes oder den Oberbürgermeister einer Großstadt beurteilen. Wir verlangen nichts Unmenschliches von ihm, keine vierdimensionalen Kräfte, aber wir verlangen, daß er entweder selbst eine Nummer Eins ist, oder es versteht, sich durch eine solche vertreten zu lassen."[37] Die Terminologie, nicht nur bei Naumann, ist verräterisch. Wilhelm II. war, wie Albert

---

36 WIENFORT, Monarchie, S. 121 ff. Vgl. auch: KIRSCH, Monarch, S. 408 f.

37 Friedrich Naumann, Das Königtum I, in: Die Hilfe 15 (1909), S. 15-18, hier S. 17.

Ballin sich ausdrückte, der „Vorstandsvorsitzende“ der Deutschland AG.[38] Paul Laband, das staatsrechtliche Mastermind der wilhelminischen Monarchiekonzeption, verglich den Kaiser mit dem Vorstand einer „Privatkorporation“, also eines Vereins oder einer Aktiengesellschaft.[39] Auch für Harden, mittlerweile in immer engerem Kontakt mit den Leitfiguren der wilhelminischen Wirtschaft, trat nach der Jahrhundertwende der Vorwurf mangelnder Effizienz in den Vordergrund. Die „Ubiquität des kaiserlichen Willens“ erschwere dem „Reich innen und außen das Geschäft“. Da Deutschland keine Fortschritte mache, hielt Harden es für erwiesen, daß Wilhelm II. als „Geschäftsführer“ ungeeignet sei.[40] Gerade die ‚Erfinder' und Apologeten des spezifisch wilhelminischen Kaisertums wie Laband oder Naumann benutzten Argumente und Beschreibungskategorien, die dem Monarchen gefährlich werden konnten. Bei offensichtlichem Versagen, dies implizierte die Rede vom Vorstandsvorsitzenden, mußte auch ein Rücktritt des Monarchen in den Bereich des Möglichen rücken.

Wirtschaftliche Kategorien dienten jedoch nicht nur der Beschreibung kaiserlicher Defizite. Der in eindrucksvollen Zahlen jährlich ablesbare und darstellbare ökonomische Erfolg des Reiches wurde zum Maßstab, der dem Monarchen vorgehalten werden konnte: Direkt, weil die wirtschaftliche Potenz die politischen Optionen erhöhte, und indirekt, weil sie zeigte, wie hart der Rest der Bevölkerung arbeitete, setzte die wirtschaftliche Expansion den Monarchen unter Druck. Den Wettlauf mit der Exportbilanz konnte der Monarch kaum gewinnen, zumal unklar blieb, wie seine Erfolge bzw. Mißerfolge gemessen werden konnten. Die politische Rechte beschrieb den skizzierten Zusammenhang zwar in anderen Begriffen, die Grundannahmen bürgerlicher Leistungsvorstellungen, denen der Monarch zu genügen hatte, teilten aber Kommentatoren wie Liman, Reventlow und ‚Aristides'. Der Schlüsselbegriff für diese Kommentatoren, das „germanische Königtum“, meinte nichts anderes als das „Prinzip der Leistung und Gegenleistung“.[41]

Eine wichtige Voraussetzung und ein Bestandteil des Leistungsparadigmas war der vorausgesetzte Vorrang der Nation vor dem Monarchen. Dies beinhaltete nicht nur eine Rangfolge der Loyalitäten, sondern eine konkrete Forderung an den Monarchen, insbesondere nach der Daily-Telegraph-Affäre, nationale Zuverlässigkeit anstelle von dynastischen Abhängigkeiten zu demonstrieren, und eskalierte schließlich in der diametralen Gegenüberstellung von Monarch und Nation in der Abdankungs- und Fluchtdebatte.

---

38 Bernhard HULDERMANN, Albert Ballin, London 1922, S. 211.

39 SCHÖNBERGER, Parlament, S. 201.

40 HELLIGE, Rathenau und Harden, S. 161, 166. Vgl. auch die Analyse der *New York Times* zur zeitgenössischen Sicht auf Wilhelm II. im Jubiläumsjahr 1913: „Als Generaldirektor der Firma Deutschland GmbH hat Kaiser Wilhelm eine schwere Rolle zu spielen, und er hat sich seiner Aufgabe mit eminentem Erfolg entledigt.“ Zitiert nach: PEZOLD, Cäsaromanie, S. 166.

41 Vgl. REVENTLOW, Byzantiner, S. 15, 82 und ARISTIDES, Kaiser, S. 6 ff.

Wenn Bewertung und Diskussion des Monarchen von bürgerlichen Maßstäben bestimmt waren, so würde dies eine scheinbare Paradoxie erklären helfen: Die Affinität bürgerlicher Gruppen zum Monarchen. Überspitzt formuliert, war das Moderne an Wilhelms II. Herrschaft nicht, daß der Monarch gerne Auto fuhr und sich für Funktechnik begeisterte, sondern die Prämissen, unter denen er diskutiert wurde und denen er sich, willentlich oder nicht, stellte.[42] Die Durchsetzung bürgerlicher Maßstäbe zeigt, wie die Massenmedien inhaltlich die Diskussion des Monarchen prägten. Medien, Massenmedien zumal, können mit guten Gründen als Organe, die per se die Durchsetzung bürgerlicher Werte fördern, gesehen werden. Die Leitbildwirkung der großen liberalen Berliner Zeitungen und die praktische Wirkung der Korrespondenzen beschleunigten die Diffusion großstädtischer – und damit bürgerlicher – Diskussionsmuster und Wertmaßstäbe. Während die großen linksliberalen Blätter, vor allem das *Berliner Tageblatt* und die *Frankfurter Zeitung* unter den traditionellen Formaten am schnellsten wuchsen, stagnierten ‚altfränkische' Erzeugnisse wie die *Kreuzzeitung*. Mit dem starken Gewicht der großen linksliberalen Blätter, das über deren ohnehin eindrucksvolle Auflagenzahlen weit hinausging, war das, was die Zeitgenossen unter dem assoziationsreichen Rubrum ‚Berlin-West' faßten, tendenziell überrepräsentiert.[43] Auch konservative Blätter mußten sich mit deren Partizipations- und Transparenzforderungen auseinandersetzen und sie dadurch implizit akzeptieren. Eine Alternative ließen die Mechanismen des medialen Massenmarktes nicht zu.

Die Unterwerfung des Monarchen unter eine nach bürgerlichen Prärogativen verfaßte öffentliche Meinung machte den Monarchen mit den Anforderungen einer modernen Gesellschaft kompatibel und insofern erträglich. Quergelesen sprechen die Monarchieskandale eine klare Sprache. Der Caligula-Skandal befördert auf verschiedenen Ebenen die Meinungsfreiheit. Nahezu im Konsens mahnten die Kommentatoren die prinzipielle Berücksichtigung der öffentlichen Meinung durch den Monarchen an. Darüber hinaus zeigt sich im Skandal eine direkte Vereinnahmung des Monarchen durch bürgerliche Gruppen in Auseinandersetzung mit dem Adel. Im Eulenburg-Skandal ging es konkret um die Kommunikation zwischen Öffentlichkeit und Monarch. In diesem Kontext wird der Hof bürgerlichen Transparenzanforderungen unterworfen bzw. mit bürgerlichen Sexualnormen konfrontiert. Der Daily-Telegraph-Skandal thematisiert hingegen sowohl die angestrebte nationale Zuverlässigkeit des Monarchen gegenüber dessen dynastischen Bindungen wie allgemein die Forderung nach politischer Effektivität statt des im Interview sichtbaren Dilettantismus. In der Skandalisierung der Kaiserflucht er-

---

42 Wie Brice richtig festgestellt hat, handelte es sich dabei eher um Attribute eines aristokratischen Lebensstils. Catherine BRICE, Königin Margherita. ‘Der einzige Mann im Haus Savoyen’, in: Regina Schulte (Hg.), Der Körper der Königin. Geschlecht und Herrschaft in der höfischen Welt seit 1500, Frankfurt a.M. 2002, S. 197-215, hier: S. 201.

43 Vgl. die bezeichnende Mahnung Holsteins gegenüber Bülow auf dem Höhepunkt der Daily-Telegraph-Affäre, „daß die ‘Berliner Intellektuellen’ erheblich mehr verlangen [als die dem Kaiser vom Kanzler abgenötigten Kompromisse, M.K.], wissen Sie selber“. ROGGE, Holstein und Harden, S. 388.

weisen sich die Befreiung des Monarchen von politischer Verantwortung und eine romantische unbedingte Treue als Auslaufmodelle. Unbedingter als die vorherigen Skandale reflektiert die nahezu einhellige Verdammung der kaiserlichen ‚Performance' am 9. November 1918 die vorbehaltlose Durchsetzung bürgerlicher Maßstäbe in der Bewertung des Monarchen. Es würde allerdings wesentlich zu kurz greifen, allein hier eine Kontinuität zwischen der untergehenden Monarchie und den immer erfolgreicheren Führerkonzepten zu sehen.

E. Ausblick: Monarch und Führer. Kontinuitäten und Brüche

Die Vorkriegsauflagen von Kantorowicz' Friedrich II.-Studie enthielten eine vielsagende Vorbemerkung: „Als im Mai 1924 das Königreich Italien die Siebenhundertjahrfeier der Universität Neapel beging, einer Stiftung des Hohenstaufen Friedrich II., lag an des Kaisers Sarkophag im Dom zu Palermo ein Kranz mit der Inschrift: SEINEN KAISERN UND HELDEN DAS GEHEIME DEUTSCHLAND. Nicht daß die vorliegende Lebensgeschichte Friedrichs II. durch diesen Vorfall angeregt wäre ... wohl aber durfte er aufgenommen werden als Zeichen, daß auch in andern als gelehrten Kreisen eine Teilnahme für die großen deutschen Herrschergestalten sich zu regen beginne – gerade in unkaiserlicher Zeit."[44] In seinem Bestseller für Bildungsbürger zeichnete Kantorowicz ganz offensichtlich das idealisierte Gegenbild des letzten Hohenzollernkaisers. Die Herrschaft Friedrichs II. hätte legitim sein können, gründete aber tatsächlich auf „seinem Genie, seiner ‚virtu'", wie Kantorowicz unmißverständlich hervorhob.[45] Der idealisierte letzte Stauferkaiser war gleichzeitig Monarch und Führer.

Ebenso wie das Furoremachende Werk von Kantorowicz erscheinen die in der Weimarer Republik reüssierenden Führerkonzepte solange als anachronistisch und schwer erklärlich, solange sie nicht auch als Antwort auf konkrete und direkte Erfahrungen aus dem Kaiserreich begriffen werden. Bisher ist selten nach den Verbindungen zwischen Monarchie und Führerkonzepten gefragt worden. Überschreitet man die Zäsur von 1918, fallen jedoch zumindest zwei wesentliche Kontinuitätslinien zwischen der Monarchie und Führerkonzepten auf. Da ist zunächst die schleichende Transformation der Monarchie durch ihre Diskussion in den Massenmedien, sodann die fortschreitende öffentliche Einsicht in das Ungenügen des Monarchen gegenüber den an ihn gerichteten Anforderungen und die daraus folgende Suche nach ‚Führeralternativen'. Die Frage nach Kontinuitäten auf diesen Ebenen vermag keine Kausalzusammenhänge, aber doch zumindest einige Schichten eines sehr komplexen Zusammenhangs offenzulegen. Diese Frage impliziert, Führerkonzepte nicht vorran-

---

44 KANTOROWICZ, Kaiser, S. 539 (Nachwort).
45 KANTOROWICZ, Kaiser, S. 86 f., 202, 247, 512 f.

gig als esoterisch-irrational, hauptsächlich in der neuen Rechten verortet – was selbstredend auch zutrifft –, sondern als Ergebnis einer bestimmten Erfahrungslage zu begreifen. Die folgenden drei Aspekte sind für diese Wertung von besonderer Relevanz:

1.) Im Gegensatz zu Monarch ist Führer ein schwammiger, kaum konturierter Begriff. Fragt man nach der Bedeutung des Begriffs jenseits der sehr allgemeinen Bezeichnung politischer Führer und in Abgrenzung zu ‚Monarch', kommen Charakteristika in den Blick, die auch auf Wilhelm II. in der massenmedialen Diskussion zutreffen. Zu erwähnen sind hier die charismatische und die demokratische Dimension des Kaisertums, die Betonung der individuellen Züge Wilhelms II. und dessen Charakters, sowie generell das Leistungsparadigma, dem der Monarch unterworfen war. Diese Aspekte der Monarchie Wilhelms II. lassen sich auch als Ergebnis einer Konfektionierung des Monarchen durch die Massenmedien, die schließlich scheitert, beschreiben. Die Rede vom Kaiser als Führer kann für diese Dimension der Monarch-Führerkontinuität als Indikator dienen. Es paßt dann ins Bild, daß nach 1908 ‚interne' Führerkonzepte – also auf den Monarchen bezogene - zunehmend durch ‚externe' – also jenseits des Monarchen angesiedelte - ersetzt wurden.

2.) Selten wurde ein direkter Zusammenhang zwischen dem sukzessiven Legitimationsverlust der wilhelminischen Monarchie und dem parallelen Aufstieg verschiedenartiger Führerkonzepte hergestellt. Dabei ist auffällig, daß Konzepte zur Überwindung der Monarchie durch einen Führer lange vor 1918 existierten. Sie gewannen Relevanz, als sich die Einsicht in die Begrenztheit der Fortschrittspotentiale der Monarchie durchsetzte. Die Krise der Monarchie 1908 legte nicht nur für neurechte Kommentatoren einen Systemwechsel nahe, der mit dem Monarchen gleichzeitig alle Systemprobleme beseitigen sollte.

Die neuen Führerkonzepte schlossen in zweierlei Hinsicht an die transformierte Monarchie wilhelminischer Prägung an. Zum einen, indem sie direkt aus dem konstatierten Versagen Wilhelms II. die Notwendigkeit ableiteten, einen fähigeren Politiker zu etablieren, einschließlich neuer Selektionsmechanismen. Zum anderen, indem sie auf eine bessere Kommunikation zwischen Machthaber und Öffentlichkeit, also gerade den Bereich, in dem die Fortschrittspotentiale der Monarchie bereits 1908 fragwürdig geworden waren, setzten. In der Krise der Monarchie zeigt sich dieser Zusammenhang darin, wie nahtlos Führerkonzepte aus der Monarchiekritik entwickelt wurden bei vergleichsweise geringer Strahlkraft politischer Alternativen.

3.) Auch nach 1918 verlor die nun entpersonalisierte Monarchie ihre prägende Wirkung für die nun reüssierenden und immer vielschichtigeren Führerkonzepte nicht. Die Prägung erfolgte wiederum auf zwei Ebenen: Einerseits wurde der Führer regelmäßig als positives Gegenbild zum Negativ Wilhelm II. gedacht, andererseits lieferte die Monarchie immer noch den klassischen Rahmen für jegliche Konzeption personenzentrierter Herrschaft. Schließlich hatten die beschriebenen Mechanismen gerade dazu beigetragen, daß die Institution Monarchie weit weniger als der Monarch selbst in Frage gestellt worden war. Nach 1918 zeigte sich, wie wichtig die Personalisierung politischer Verantwortung im Monarchen war. Es stellt sich die Frage, was die spätestens durch das Trommelfeuer der Kritik nach 1918 durchgesetzte Vorstellung, man sei 30 Jahre lang von einem ausgemachten Versager regiert worden, für Implikationen hatte. Die Verortung wesentlicher Probleme in der Person des Monarchen legte die Antwort nahe, daß mit einem kompetenten Führer die wirtschaftlichen, wissenschaftlichen und administrativen Leistungen ihre politische Entsprechung gefunden hätten bzw. finden würden.

In dieser Hinsicht ließe sich von einer folgenschweren ‚Privatisierung' des Versagens sprechen. Wenn Wilhelm II. das „fleischgewordene Unglück der jüngeren deutsche Geschichte" (Thomas Nipperdey) war, dann, so würde diese Deutung nahelegen, vor allem, weil er für ein Unglück gehalten wurde. Wie die Analyse der Skandale gezeigt hat, war diese Entwicklung keineswegs ein willkürlicher Prozeß, sondern eine logische Folge einer durch die Mechanismen der Massenmedien erhöhten Sichtbarkeit des Monarchen und einer nahezu gesetzmäßigen Zuspitzung auf dessen Charakter. Dieser Prozeß war gleichzeitig Grundlage für die Monarchieskandale und wurde durch diese befördert. Erst die Skandale fixierten aber eine mehr oder minder spezifische Schuld in Wilhelm II. Der Doppeleffekt der Skandale bewirkte eine signifikante Überbewertung und Überbetonung des Charakters Wilhelms II.[46] In extremis zeigt die Diskussion der Kaiserflucht diesen Effekt. Die Obsession mit dem fliehenden bzw. den Schlachtentod verweigernden Monarchen, überlagerte fast alle anderen Aspekte des Staatsformwechsels und verhinderte eine nüchterne Diskussion des Endes der Monarchie. Sie führte zu einer unangemessenen Fokussierung auf die Person Wilhelms II. und ihr ‚Versagen'. Beide Faktoren, die nichtvollzogene Generaldiskussion der Monarchie und die Betonung des Versagens Wilhelms II., kamen den bereits seit 1908 reüssierenden Führerkonzepten entgegen.

In der Forschung zum Hitler-Kult wird zunehmend darauf hingewiesen, daß dieser nicht voraussetzungslos entstehen und existierten konnte, sondern auch in der Kontinuität vorheriger Darstellung und Wahrnehmung politischer Macht zu sehen ist.[47] Diese Kontinuität ist vorrangig auf der Ebene charisma-

---

46 Dies deckt sich mit dem generellen Befund Thompsons: „A [...] counter-productive consequence of pervasive and deepening distrust is that it can incline individuals to place more emphasis on the character of leaders or potential leaders rather than on their competence as political agents." THOMPSON, Scandal, S. 255.

47 Hierzu: Richard EVANS, From Hitler to Bismarck, in: Ders., Rethinking, S. 56 ff. Dort auch die Forderung, stärker nach Wurzeln des Führerkultes im Wilhelminismus zu fahnden. Ebenso bei: Ian KERSHAW, Der Hitler-Mythos. Führerkult und Volksmeinung, Stuttgart [2]1999, S. 28 und Geoff ELEY (Hg.), Wilhelminismus, Nationalismus, Faschismus. Zur historischen Kontinuität in Deutschland (Theorie und Geschichte der bürgerlichen Gesellschaft, 3), Münster 1991, S. 215. Zum Forschungsstand: Peter FRITZSCHE, Rehearsals for Fascism. Populism and Political Mobilization in Weimar Germany, Oxford 1990. Vgl. zu Ähnlichkeiten zwischen Kaiser- und Führerkult auf der Ebene der ‚Kaiser- und Führereichen' etc.: Ian KERSHAW, Hitler. 1889-1936, Stuttgart 1998, S. 484, 611 f. Schon früh, allerdings lediglich mit Andeutungen: Joachim FEST, Hitler, München [8]1975, S. 610, 847, 1032-1040 und für

tischer Herrschaft erkannt worden. Bismarck und Hitler sind dann die Ausgangs- und Fluchtpunkte einer oft beschworenen Linie.[48] Der hier gewählte Ansatz legt es nahe, die wilhelminische Erfahrung zu akzentuieren. Dabei ist es weniger entscheidend, ob das wilhelminische Kaisertum als eine – gescheiterte – charismatische Herrschaft gewertet wird. Vielmehr kommt es darauf an, den unmittelbaren politischen Erfahrungsraum der Weimarer Zeitgenossen in Rechung zu stellen. Auch wenn diese sich oft scharf davon distanzierten, war ihre politische Erfahrung durch die wilhelminische Monarchie geprägt. Wie selbst die Extremsituationen der Monarchieskandale zeigen, war diese Erfahrung gleichzeitig eine positive und negative. Die große Mehrheit der Kommentatoren erkannte im Rahmen des Monarchiekonzepts ausreichende Fortschrittspotentiale. Der Form nach stellt die massenmedial vermittelte Formulierung politischer Programmatik durch einen politischen Führer jenseits der Parlamente eine auffällige Kontinuität dar.[49] Zu fragen wäre, welche Konsequenzen die Konstrukteure des Hitler-Kultes aus dem Scheitern des Führers Wilhelm II. zogen.[50]

Das Aufkommen von Führerideen generell und der nationalsozialistischen Variante im Besonderen ist selbstverständlich nicht allein und nicht vorrangig aus der Erfahrung des gescheiterten wilhelminischen Kaisertums zu erklären. Die hier vorgestellten Ergebnisse legen es aber nahe, eine Verbindung nicht nur in einem durch den Abgang des Monarchen geschaffenen Vakuum, das ein Führer ausfüllen konnte, zu suchen.[51] Vielmehr könnte es ein fruchtbares Erklärungsangebot darstellen, verstärkt Wechselbeziehungen zwischen Monarchie und Führerkonzepten zu betonen. Für die Diskussion und Interpretation des wilhelminischen Kaisertums konnten wichtige Ansätze herausgearbeitet werden. Überspitzt – und formuliert aus der hier gewählten mediengeschichtlichen Perspektive, die nur einen Teil eines wesentlich komplexeren Bildes einfangen kann - erscheint der Führer als medienkonforme Version des Monarchen. Der Führer steht insofern direkt mit der Erfahrung einer massenmedial transformierten Monarchie in Verbindung.

Substantielle, in den Medien verortete demokratische Ausdrucksmöglichkeiten trafen vor 1918 auf die Instanz der starken Monarchie, verkörpert in einem problematischen Monarchen. Vor diesem Hintergrund erfolgte die Transformation der Monarchie in einer städtischen, liberalen, modernen Ge-

---

ein Fallbeispiel: Gisela TEISTLER, Von der Kaiserverehrung zum Führerkult. Personenkult in Fibeln der Kaiserzeit und im Dritten Reich, in: Internationale Schulbuchforschung 19 (1997), S. 285-296.

48 Diese Kontinuität im Hinblick auf charismatische Herrschaft bei: BREUER, Ordnungen, S. 137.

49 Kershaw sieht die intensive Führer-Volk Interaktion als Ausfluß der Massenmedien. KERSHAW, Mythos, S. 22. Vgl. auch die Feststellung bei Reinhardt, Herrschaftslegitimation, daß „beide Rhetoren [Wilhelm II. und Hitler, M.K.] in ihrer Rolle als Exponenten über die starke Fähigkeit verfügten, Begriffe, die Bestandteil des gesellschaftlichen Diskurses geworden waren, in populistischer Form zu verbalisieren." REINHARDT, Herrschaftslegitimation, S. 18.

50 Dies gilt insbesondere durch den Versuch, eine „Aura von der ‚heroischen' Führung durch Distanz" zu schaffen. Vgl. KERSHAW, Hitler, S. 359 und WAITE, Pathologies, S. 157.

51 Vgl. SCHREINER, Messianismus, S. 107 ff.

sellschaft durch erstaunlich hartnäckige Versuche, um jeden Preis den Monarchen modernen Bedingungen anzupassen, anstatt auf parlamentarische Alternativen auszuweichen. Dabei konnte offenbar der gedankliche Käfig der Monarchie nicht verlassen werden, was insofern nicht gänzlich irrational war, als die Monarchie neuen kommunikativen Gegebenheiten entgegenkam. Die wilhelminischen und in Teilen auch noch die Weimarer Führerkonzepte können daher als Antwort auf moderne Herausforderungen, die in einem traditionellen Rahmen erfahren wurden, gesehen werden. Sie waren die Folge letztlich gescheiterter Versöhnungsversuche der Monarchie mit massenmedialen Bedingungen, überspitzt formuliert Versuche einer nachholenden Modernisierung. Unter dem Druck einer mobilisierten Öffentlichkeit fand eine Umdeutung der Monarchie statt, an deren Ende Konzepte standen, die mit der traditionellen Monarchie wenig gemein hatten. Die Führerkonzepte müßten dann als letzter großer Umdeutungsversuch, der jedoch eine Eigendynamik entfaltet die weit über Rahmen der traditionellen Monarchie hinausführte, gesehen werden. Die wilhelminische Monarchie hinterließ also nicht nur eine Lücke, in die Führerkonzepte stoßen konnten. Sie hatte vielmehr, als Objekt eines langen und tiefgreifenden Transformationsprozesses, bereits lange vor ihrem Ende die Gestalt der Führerkonzepte mitbestimmt, die sich in diese vorgestanzte Lücke einfügen ließen.

VIII. Quellen- und Literaturverzeichnis

A. Archive

Rijksarchiif Utrecht (RAU)

R 14 Archiv des Ex-Kaisers Wilhelm II., 1918-1941
Nicht katalogisiertes Material: Konvolut 6

Bundesarchiv Koblenz (BAK)

N 1212 (Nachlaß Ludwig Quidde)

Bundesarchiv Berlin-Lichterfelde (BAL)

R 8034 II (Reichslandbundpressearchiv)
R 8048 (Alldeutscher Verband)
N 2106 (Nachlaß Otto Hammann)
N 2121 (Nachlaß Hutten-Czapski)
N 2192 (Nachlaß Georg Michaelis)

Geheimes Staatsarchiv Preußischer Kulturbesitz (GStAPK)

Brandenburg-Preußisches Hausarchiv (BPH)
Rep. 53 (Wilhelm II.)
Rep. 54 (Kronprinz Wilhelm)
I. Hauptabteilung (HA)
Rep. 77 (Innenministerium)
Rep. 84a (Justizministerium)
Rep. 169 C (Haus der Abgeordneten)

Brandenburgisches Landeshauptarchiv, Potsdam (BLHA)

Pr. Br. Rep. 30 Berlin C Polizeipräsidium Berlin Tit. 94 (Politische Polizei)

Bundesarchiv - Militärarchiv Freiburg (BA-MA)

N 5 (Nachlaß Joachim v. Stülpnagel)
N 18 (Nachlaß Wilhelm Heye)

Politisches Archiv des Auswärtigen Amtes Berlin (PAAA)

Deutschland, 122
Deutschland, 126

Archiwum Państwowe w Opolu (Oppeln)

Landratsamt Oppeln
Bd. 2. Huldigung: 1888-1891
Bd. 6. Reisen SM 1889-1916

B. Periodika

1. Zeitungen und Korrespondenzen

Die Arbeit
Auf gut deutsch. Wochenschrift für Ordnung und Recht
Augsburger Abendblatt
Berlin am Morgen
Berliner Arbeiter Zeitung
Berliner Blatt
Berliner Börsen-Courier
Berliner Illustrierte Zeitung
Berliner Lokal-Anzeiger
Berliner Neueste Nachrichten
Berliner Tageblatt
Berliner Volkszeitung
Berliner Zeitung
Berliner Zeitung am Mittag
Börsen-Zeitung
Braunschweiger Landeszeitung
Braunschweiger Volksfreund
Bremer Bürgerzeitung
Breslauer Zeitung
Der Bundschuh
Chemnitzer
The Daily Telegraph
Deutsche Allgemeine Zeitung
Deutsch-evangelische Korrespondenz
Deutscher Kurier
Deutscher Schnelldienst
Deutsches Nachrichten Büro
Deutsches Reichsblatt
Deutsche Tageszeitung
Deutsche Zeitung
Dortmunder General-Anzeiger
Dresdner Nachrichten
Fränkischer Kurier
Frankfurter Zeitung
Freisinnige Zeitung
Generalanzeiger für Hamburg-Altona
Germania (Berlin)
Görlitzer Nachrichten
The Graphic
Hallesche Zeitung
Hamburger Courier

Hamburger Echo
Hamburger Nachrichten
Hamburgische Correspondenz
Hannoverscher Courier
Hartungsche Korrespondenz
Harzer Volks Zeitung
Harz-Zeitung
Karlsruher Zeitung
Kieler Neueste Nachrichten
Kirchhainer Landzeitung
Kölnische Volkszeitung
Kölnische Zeitung
Kreuzzeitung (Neue Preußische Zeitung)
Landes-Zeitung (Dresden)
Leipziger Neueste Nachrichten
Leipziger Tageblatt
Leipziger Volks-Zeitung
Magdeburgische Zeitung
Märkische Volks-Zeitung
Meissener Tageblatt
Der Mitteldeutsche. Magdeburgisches Tageblatt
Morgenpost (Berlin)
Moskauer Deutsche Zeitung
München-Augsburgische Zeitung
Münchner Allgemeine Zeitung
Münchner Post
Münchner Neueste Nachrichten
Nationalliberale Korrespondenz
National-Zeitung
Neckar-Zeitung
Neue Freie Presse
Neue Preußische Zeitung (zit. als ‚Kreuzzeitung')
Neue Tägliche Rundschau
Neues Wiener Tageblatt
Neue Woche
Neue Zürcher Zeitung
New York Times
New Yorker Staatszeitung
Norddeutsche Allgemeine Zeitung
Pall Mall Gazette
Pfälzischer Courier
Pfälzische Post
Pfälzische Volkszeitung
Pommersche Tagespost
Die Post
Der Reichsbote
Reichspost
Rheinisch-Westfälische Zeitung
Rote Fahne
Saale-Zeitung
Sächsiche Landeszeitung
Schlesische Tageszeitung
Schlesische Volks-Zeitung
Schlesische Zeitung
Schwäbischer Merkur
Staatsbürgerzeitung
Sudetendeutscher Beobachter
Süddeutsche Zeitung
Tägliche Rundschau
Der Tag
Trierische Landeszeitung
Versöhnung
Völkischer Beobachter
Das Volk
Die Volkskorrespondenz
Volkszeitung (Berlin)
Vorwärts
Vossische Zeitung
Die Wacht im Osten
Die Wahrheit
Welt am Montag
Weser-Zeitung
Die Zeit [Organ der DVP]
Die Zeit am Montag
Zeitung der 10. Armee

2. Zeitschriften

Adels- und Salonblatt
Akademische Blätter. Verbands-Organ der Vereine deutscher Studenten
Akademische Blätter. Zeitschrift des Kyffhäuser-Verbandes der Vereine Deutscher Studenten
Allgemeine Konservative Monatsschrift für das christliche Deutschland
American Law Review
Der Deutsche
Deutsche Revue
Deutsches Adelsblatt
Ethische Kultur
Die Gegenwart. Wochenschrift für Literatur, Kunst und öffentliches Leben (1872)
Die Gesellschaft. Monatsschrift für Litteratur, Kunst und Sozialpolitik
Die Grenzboten
Der Hammer
Die Hilfe
Historische Zeitschrift
Hochland
Jugend
Kladderadatsch
Der Kunstwart
Landbundnachrichten Templin
Logos
Lustige Blätter
März. Halbmonatsschrift für deutsche Kultur
Morgen
Die Nation
Das Neue Reich
Politische Wochenschrift für Volkstum und Staat
Preußische Jahrbücher
Revue des Deux Mondes
Simplicissimus
Süddeutsche Monatshefte
Das Reich
Der Reichswart
Die Tat. Sozial-religiöse Monatsschrift für deutsche Kultur
Zeitfragen. Wochenschrift für deutsches Leben. Sonntags-Beilage der Deutschen Tageszeitung
Die Woche
Yale Law Journal
Die Zukunft

C. Gedruckte Quellen

1. Quellensammlungen

AFFLERBACH, Holger (Hg.), Wilhelm II. als Oberster Kriegsherr im Ersten Weltkrieg. Quellen aus der militärischen Umgebung des Kaisers 1914-1918, München 2002.

BISMARCK, Otto Fürst von, Die gesammelten Werke, Bd. 1-15, Berlin 1924-35 (GW).

DEUERLEIN, Ernst (Hg.), Briefwechsel Hertling-Lerchenfeld, 1912-1917. Dienstliche Privatkorrespondenz zwischen dem bayrischen Ministerpräsidenten Georg Graf von Hertling und dem bayrischen Gesandten in Berlin Hugo Graf von und zu Lerchenfeld (Deutsche Geschichtsquellen des 19. und 20. Jahrhundert 50/1,2), Boppard 1973.

DOKUMENTE aus geheimen Archiven, Bd. 4: 1914-1918. Berichte des Berliner Polizeipräsidenten zur Stimmung und Lage der Bevölkerung in Berlin 1914-1918, bearbeitet von Ingo Materna und Hans-Joachim Schreckenbach, Weimar 1987.

DOMARUS, Max, Hitler. Reden und Proklamationen 1932-1945, 4 Bde., Wiesbaden 1973.

EBEL, Gerhard (Hg.), Botschafter Paul Graf von Hatzfeldt, Nachgelassene Papiere. Teil 1-2, Boppard a.Rh. 1976.

FENSKE, Hans, Unter Wilhelm II. 1890-1918 (Quellen zum politischen Denken der Deutschen im 19. und 20. Jahrhundert, 7), Darmstadt 1982.

FUCHS, Walther Peter (Hg.), Großherzog Friedrich I. von Baden und die Reichspolitik 1871-1907, 4 Bde., Stuttgart 1968-1980.

GOETZ, Walter (Hg.), Briefe Wilhelms II. an den Zaren, 1894-1914, Berlin/Leipzig 1920.

HALLER, Johannes (Hg.), Philipp zu Eulenburg-Hertefeld, Aus 50 Jahren. Erinnerungen, Tagebücher und Briefe, Berlin 1923.

HELLIGE, Hans Dieter/SCHULIN, Ernst (Hg.), Walther Rathenau-Gesamtausgabe, Bd. VI: Walther Rathenau - Maximilian Harden. Briefwechsel 1897-1920, München 1983. Teil 1-2, Boppard a.Rh. 1973.

HISTORISCHE Kommission bei der bayrischen Akademie der Wissenschaften (Hg.), Deutsche Reichstagsakten, Ältere Reihe, Göttingen ^{2}1956/57.

HUBER, Ernst-Rudolf (Hg.), Dokumente zur Deutschen Verfassungsgeschichte, 4 Bde., Stuttgart 31978-1992.

HÜRTNER, Johannes (Hg.), Paul von Hintze: ‚Marineoffizier, Diplomat, Staatssekretär'. Dokumente einer Karriere zwischen Militär und Politik 1903-1918 (Deutsche Geschichtsquellen des 19. und 20. Jahrhunderts, 60), Göttingen 1998.

JANSSEN, Karl-Heinz (Hg.), Die graue Exzellenz. Zwischen Staatsräson und Vasallentreue. Aus den Papieren des kaiserlichen Gesandten Karl Georg von Treutler, Frankfurt a.M./Berlin 1971.

JÜNGER, Ernst, Politische Publizistik 1919-1933, hrsg. von Sven Olaf Berggötz, Stuttgart 2001.

KERR, Alfred, Wo liegt Berlin? Briefe aus der Reichshauptstadt. 1895-1900, hrsg. von Günther Rühle, Berlin 1997.

LERCHENFELD-KÖFERING, Hugo Graf, Kaiser Wilhelm II. als Persönlichkeit und Herrscher, hrsg. von Dieter Albrecht (Regensburger Historische Forschungen, 11), Kallmünz 1985.

MICHAELIS, Herbert/SCHAEPTER, Ernst (Hg.), Ursachen und Folgen. Vom deutschen Zusammenbruch 1918 und 1945 bis zur staatlichen Neuordnung Deutschlands in der Gegenwart, Bd. II: Der militärische Zusammenbruch und das Ende des Kaiserreichs, Berlin 1958.

MILITÄR und Innenpolitik im Weltkrieg, bearb. v. Wilhelm Deist (Quellen zur Geschichte des Parlamentarismus und der politischen Parteien, Reihe 2: Militär und Politik, 1), Düsseldorf 1970.

MOMMSEN, Wolfgang J./SCHWENTKER, Wolfgang (Hg.), Max Weber zur Neuordnung Deutschlands. Schriften und Reden 1918-1920, Tübingen 1991.

MÜLLER, Alexander v. (Hg.), Fürst Chlodwig zu Hohenlohe-Schillingsfürst, Denkwürdigkeiten der Reichskanzlerzeit, Stuttgart/Berlin/Leipzig 1931.

PENZLER, Johannes (Hg.), Die Reden Kaiser Wilhelms II., Bde. 1-3, Leipzig 1913.

PENZLER, Johannes (Hg.), Die Ursachen des Zusammenbruches im Jahre 1918, unter Mitarbeit von Eugen Fischer und W. Bloch im Auftrag des 4. Untersuchungsausschusses, Berlin 1925.

PROTOKOLLE des Preußischen Staatsministeriums 1817-1934/38, hrsg. von der Berlin-Brandenburgischen Akademie der Wissenschaften unter Leitung von Jürgen Kocka und Wolfgang Neugebauer, Bd. 9: 23. Oktober 1900 bis 13. Juli 1909 bearbeitet von Reinhold Zilch, Hildesheim 2001.

REISS, Klaus Peter (Hg.), Von Bassermann zu Stresemann. Die Sitzungen des nationalliberalen Parteivorstandes, 1912-1917 (Quellen zur Geschichte des Parlamentarismus und der politischen Parteien, 1), Düsseldorf 1967,

RICH, Norman (Hg.), Die geheimen Papiere Friedrich von Holsteins. Deutsche Ausgabe von Werner Frauendienst, Bd. 3, Göttingen 1961.

ROGGE, Helmuth, Holstein und Harden. Politisch-publizistisches Zusammenspiel zweier Außenseiter des Wilhelminischen Reiches, München 1959.

RÖHL, John C.G. (Hg.), Philipp Eulenburgs politische Korrespondenz, 3 Bde. (Deutsche Geschichtsquellen des 19. und 20. Jahrhunderts, 52), Boppard a.Rh. 1976-1983.

SEE, Klaus von (Hg.), Das Ende König Ludwigs II. Von Philipp Fürst zu Eulenburg-Hertefeld, Frankfurt a.M./Leipzig 2001.

SÖSEMANN, Bernd (Hg.), Theodor Wolff. Der Journalist. Berichte und Leitartikel, Düsseldorf u.a. 1993,

Stenographische BERICHTE über die Verhandlungen des Preußischen Herrenhauses, Berlin 1890 ff.

Stenographische BERICHTE über die Verhandlungen des Preußischen Hauses der Abgeordneten, Berlin 1890 ff.

Stenographische BERICHTE über die Verhandlungen des Reichstages, Berlin 1890 ff.

WER ist's, hrsg. von H.A.L. Degener, Leipzig/Berlin 1905-1935.

WINZEN, Peter, Das Kaiserreich am Abgrund. Die Daily-Telegraph-Affäre und das Hale-Interview von 1908. Darstellung und Dokumentation (Historische Mitteilungen, 43), Stuttgart 2002.

WIPPERMANN, Karl, Deutscher Geschichtskalender, Bde. 11-59, Leipzig 1885 ff.

2. Erinnerungen, Autobiographien und Tagebücher

ARNIM, Dankwart Graf v., Als Brandenburg noch die Mark hieß, Berlin 1991.

BADEN, Max v., Erinnerungen und Dokumente, Berlin 1927.

BAUER, Max, Der Große Krieg in Feld und Heimat. Erinnerungen und Betrachtungen, Tübingen 1922.

BETHMANN-HOLLWEG, Theobald v., Betrachtungen zum Welkriege, Bd. I: Vor dem Krieg, Bd. II: Während des Krieges, Berlin 1919/1921.

BETKER, Frank/KRIELE, Almut, „Pro Fide et Patria!" Die Kriegstagebücher von Ludwig Berg 1914/1918. Katholischer Feldgeistlicher im Großen Hauptquartier Kaiser Wilhelms II., Köln/Weimar/Wien 1998.

BISMARCK, Otto Fürst v., Gedanken und Erinnerungen, Stuttgart 1921.

BRAUER, Arthur v., Im Dienste Bismarcks. Persönliche Erinnerungen. Hrsg. von Helmuth Rogge, Berlin 1936.

BÜLOW, Bernhard, Fürst von, Denkwürdigkeiten, hrsg. v. Franz von Stockhammern, 4 Bde., Berlin 1931.

CURTIUS, Ludwig, Deutsche und antike Welt. Lebenserinnungen, Stuttgart 1950.

DÖNHOFF, Marion Gräfin, Bilder, die langsam verblassen. Ostpreußische Erinnerungen, Berlin 1989.

DRYANDER, Ernst v., Aus meinem Leben, Bielefeld 1922.

ECKARDSTEIN, Baron Hermann v., Lebenserinnerungen und politische Denkwürdigkeiten, 3 Bde., Leipzig 1919-21.

EINEM, Karl v., Erinnerungen eines Soldaten 1853-1933, Leipzig 1933.

ERZBERGER, Matthias, Erlebnisse im Welkriege, Stuttgart/Berlin 1920.

FEDER, Ernst, „Heute sprach ich mit ...". Tagebücher eines Berliner Publizisten 1926-1932, Stuttgart 1971.

FINCKENSTEIN, Ottfried Graf v., Nur die Störche sind geblieben. Erinnerungen eines Ostpreußen, München 1994.

FOERSTER, Friedrich Wilhelm, Erlebte Weltgeschichte. 1869-1953. Nürnberg 1953.

GALLWITZ, Max v., Meine Führertätigkeit im Weltkrieg 1914/16. Berlin-Osten-Balkan, Berlin 1929.

GOETZ, Walter, Historiker in meiner Zeit. Gesammelte Aufsätze, Köln 1957.

GROENER, Wilhelm, Lebenserinnerungen. Jugend. Generalstab. Weltkrieg, hrsg. von Hiller von Gaertringen, Göttingen 1957.

GUTTMANN, Bernhard, Schattenriß einer Generation. 1888-1919, Stuttgart 1950.

HAFFNER, Sebastian, Geschichte eines Deutschen. Die Erinnerungen 1914-1933, Stuttgart/München 2000.

HAMMANN, Otto, Bilder aus der Kaiserzeit, Berlin 1922.

HAUPTMANN, Gerhart, Tagebücher 1914 bis 1918, hrsg. von Peter Sprengel, München 1997.

HINDENBURG, Paul v., Aus meinem Leben, Leipzig ^{11}1919.

HAMMANN, Otto, Um den Kaiser. Erinnerungen aus den Jahren 1906-1909, Berlin 1919.

HOHENLOHE, Alexander Prinz v., Aus meinem Leben, Frankfurt a.M. 1925.

HOHENLOHE-SCHILLINGSFÜRST, Fürst Chlodwig zu, Denkwürdigkeiten, hrsg. v. Friedrich Curtius, 2 Bde., Stuttgart 1907.

HOWARD, Christopher (Hg.), The Diary of Edward Goschen, London 1980.

HUTTEN-CZAPSKI, Bogdan Graf v., Sechzig Jahre Politik und Gesellschaft, 2 Bde., Berlin 1936.

ILSEMANN, Sigurd v., Der Kaiser in Holland. Aufzeichnungen des letzten Flügeladjutanten Kaiser Wilhelms II. aus Amerongen und Doorn 1918-1923, München 1967.

JAGEMANN, Eugen v., 75 Jahre des Erlebens und Erfahrens. 1849-1924, Heidelberg 1925.

KELLER, Mathilde Gräfin v., 40 Jahre im Dienst der Kaiserin. Ein Kulturbild aus den Jahren 1881-1921, Leipzig 1935.

KESSLER, Harry Graf, Aus den Tagebüchern. 1918-1937, Frankfurt a.M. 1961.

KOSPOTH, Graf C.A., Wie ich zu meinem Kaiser stand. Persönliche Erinnerungen an Kaiser Wilhelm II., Breslau 1924.

LERCHENFELD-KOEFERING, Hugo Graf v., Erinnerungen und Denkwürdigkeiten 1843-1925, hrsg. v. Hugo Graf Lerchenfeld-Köfering (Neffe), Berlin 1925.

LUDENDORFF, Erich, Meine Kriegserinnerungen. 1914-1918, Berlin 1919.

MANN, Thomas, Tagebücher 1918-1921, hrsg. v. Peter de Mendelsohn, Frankfurt a.M. 1979.

MAYER, Gustav, Erinnerungen. Vom Journalisten zum Historiker der deutschen Arbeiterbewegung, Hildesheim/Zürich/New York 1993.

MEINECKE, Friedrich, Ausgewählter Briefwechsel, hrsg. von Ludwig Dehio und Peter Classen, Stuttgart 1962.

MEINECKE, Friedrich, Erlebtes. 1862-1901, Leipzig 1941.

MEINECKE, Friedrich, Straßburg, Freiburg, Berlin 1901-1919: Erinnerungen, Stuttgart 1949.

MICHAELIS, Georg, Für Staat und Volk. Eine Lebensgeschichte, Berlin 1922.

MÜLLER, Georg Alexander v., Der Kaiser? Aufzeichnungen des Chefs des Marinekabinetts Admiral Georg Alexander von Müller über die Ära Wilhelms II., hrsg. von Walter Görlitz, Göttingen 1965.

MÜLLER, Georg Alexander v., Regierte der Kaiser? Kriegstagebücher, Aufzeichnungen und Briefe des Chefs des Marine-Kabinetts Admiral Georg Alexander von Müller 1914-1918, Göttingen 1959.

OLDENBURG-JANUSCHAU, Elard, Erinnerungen, Leipzig 1936.

PAYER, Friedrich, Von Bethmann-Hollweg bis Ebert, Frankfurt a.M. 1923.

REISCHACH, Hugo Frhr. v., Unter drei Kaisern, Berlin 1925.

ROSEN, Friedrich, Aus einem diplomatischen Wanderleben, 4 Bde., Berlin 1931-59.

SAUERBRUCH, Ferdinand, Das war mein Leben, Berlin 1951.

SCHEFFLER, Karl, Die fetten und die mageren Jahre. Ein Arbeits- und Lebensbericht, Leipzig/München 1946.

SCHEIDEMANN, Philipp, Erinnerungen eines Sozialdemokraten, 2 Bde., Dresden 1928.

SCHIFFER, Eugen, Ein Leben für den Liberalismus, Berlin 1951, S. 77.

SCHOEN, Wilhelm Baron v., Erlebtes. Beiträge zur politischen Geschichte der Neuesten Zeit, Stuttgart 1921.

SEECKT, Hans v., Aus meinem Leben 1866-1917, Leipzig 1938.

STEIN, August, Es War Alles Ganz Anders. Aus der Werkstätte eines politischen Journalisten, Frankfurt a.M. 1926.

STRESEMANN, Gustav, Vermächtnis, Bd. I: Vom Ruhrkrieg bis London, hrsg. von Henry Bernhard, Berlin 1932.

THAER, Albrecht, v., Generalstabsdienst an der Front und in der Obersten Heeresleitung. Aus Briefen und Tagebuchaufzeichnungen 1915-1919, Göttingen 1958.

TIRPITZ, Alfred, Erinnerungen, Leipzig 1919.

TOELSTRA, P.J., Gedenkschriften, Teil 4: Sturm, Amsterdam 1931.

VICTORIA LUISE, Im Glanz der Krone. Erinnerungen, 2 Bde., München 1967.

VIERHAUS, Rudolf (Hg.), Das Tagebuch der Baronin Spitzemberg. Aufzeichnungen aus der Hofgesellschaft des Hohenzollernreiches (Deutsche Geschichtsquellen des 19. und 20. Jahrhunderts, 43), Göttingen ³1960.

WALDERSEE, Alfred Graf v., Denkwürdigkeiten, hrsg. v. Heinrich O. Meisner, 3 Bde., Stuttgart 1922-1923.

WILHELM (Kronprinz), Erinnerungen des Kronprinzen Wilhelm. Aus den Tagebüchern und Gesprächen, hrsg. von Karl Rosner, Stuttgart/Berlin 1922.

WILHELM II., Ereignisse und Gestalten aus den Jahren 1878-1918, Leipzig/Berlin 1922.

WILHELM II., Aus meinem Leben. 1859-1888, Leipzig 1927.

WINTERFELDT, Joachim v., Jahreszeiten meines Lebens. Das Buch meiner Erinnerungen, Berlin 1942.

WOLFF, Theodor, Der Marsch durch zwei Jahrzehnte, Amsterdam 1936.

WOLFF, Theodor, Die wilhelminische Epoche. Fürst Bülow am Fenster und andere Begegnungen, hrsg. von Bernd Sösemann, Frankfurt a.M. 1989.

ZEDLITZ-TRÜTZSCHLER, Robert v., Zwölf Jahre am deutschen Kaiserhofe, Berlin/Leipzig ¹¹⁻¹³1924.

3. Literarische Werke

ALBERTI, Conrad, Die Alten und die Jungen, 2. Bde., Leipzig 1889.

ALBERTI, Conrad, Was erwartet die Deutsche Kunst von Kaiser Wilhelm II.? Zeitgemäße Anregungen, Leipzig 1888

BIERBAUM, Otto Julius, Prinz Kuckuck. Leben, Taten, Meinungen und Höllenfahrt eines Wollüstlings, München 1907.

CONRAD, Michael Georg, Majestät. Ein Königsroman. Der Übermensch in der Politik. Betrachtungen über die Reichszustände am Ausgang des Jahrhunderts, Berlin 1902.

CONRAD, Michael Georg, Bismarck der Künstler, Leipzig 1910.

CONRADI, Hermann, Wilhelm II. und die junge Generation. Eine zeitpsychologische Betrachtung (1889), in: Ders., Gesammelte Schriften III, hrsg. von Gustav Werner Peters, München 1911.

FREYTAG, Gustav, Die verlorene Handschrift, Leipzig 1887.

FULDA, Ludwig, Talisman. Dramatisches Märchen in vier Aufzügen (mit teilweiser Benutzung eines alten Fabelstoffes), Stuttgart ^{13}1895.

JOHST, Hanns, Der König, München 1920.

KRAUS, Karl, Die chinesische Mauer, Frankfurt a.M. 1987.

MANN, Heinrich, Der Untertan, Berlin/Weimar ^{2}1987.

MANN, Thomas, Königliche Hoheit, Berlin 1909.

MANN, Thomas, Gesammelte Werke IX: Reden und Aufsätze, Frankfurt a.M. 1960.

MEISSNER, Franz Hermann, Moderne Menschen: Ein Berliner Roman, Berlin 1909.

PLIEVIER, Theodor, Der Kaiser ging, die Generäle blieben, Berlin 1981.

ROSNER, Karl, Der König. Weg und Wende, Stuttgart/Berlin 1921.

SCHNEIDER, Reinhold, Verhüllter Tag, Frankfurt a.M. 1954.

SCHULENBURG, Werner v., Jesuiten des Königs, Stuttgart u.a. 1922.

THOMA, Ludwig, Die Reden Kaiser Wilhelms II. und andere zeitkritische Stücke, München 1963.

TUCHOLSKY, Kurt, Deutschland, Deutschland unter andren. Ausgewählte Werke, hrsg. von Fritz Raddatz, Berlin 1957.

ZOBELTITZ, Fedor v., Die Entthronten, Berlin 1923.

4. Pamphlete, Broschüren und sonstige Primärliteratur

ABRAHAM, Paul, Der Thronverzicht nach deutschem Staatsrecht, Berlin 1906.

ANKER, Kurt, Kronprinz Wilhelm, Berlin 1922.

ANONYM, (d.i. Heinrich Pudor), Wilhelm II. als Erzieher. Von einem Deutschen, Berlin 1895

ANONYM, Betrachtungen über Vergangenheit, Gegenwart und Zukunft des deutschen Reiches. Von einem Süddeutschen, Straßburg 1896.

ANONYM, Die 'eigene Flugbahn'. Wer will sie stören? Auch ein Beitrag zur Zeitgeschichte, Berlin 1889.

ANONYM, Die Ächtung Bismarcks durch den neuesten Kurs und das Echo des nationalen Gewissens, Berlin 1892.

ANONYM, Die Caligula-Affaire und die Staatsanwaltschaft. Von einem Eingeweihten, Berlin/Groningen 1894.

ANONYM, Die Tragödie von Spaa. Des Kaisers Entthronung durch den Prinzen Max von Baden am 9. November 1918. Nach authentischen Berichten des Generalfeldmarschalls von Hindenburg, Generaloberst von Plessen, Staatssekretär von Hintze, General Freiherr von Marschall und General Graf Eulenburg. Veröffentlicht in der Deutschen Zeitung vom 27. Juli 1919. Mit einem Anhang, Lorch (Württemberg) 1919.

ANONYM, Drei Jahre auf dem Throne. 1888-1891, Leipzig 1891.

ANONYM, Für oder wider Wilhelm II. den Friedenskaiser? 6 schwerwiegende Dokumente von Persönlichkeiten, die zu dem Kaiser in naher Berührung standen, hrsg. vom Bund Deutscher Männer und Frauen zum Schutze der persönlichen Freiheit und des Lebens Wilhelms II., Görlitz 1919.

ANONYM, Fürst Bismarck und Herr [Karl Heinrich] von Bötticher. Von einem Kaiserlichen, Berlin 1895.

ANONYM, Ist Caligula mit unserer Zeit vergleichbar? Eine Ergänzung und Beleuchtung zu Quidde's Caligula, Leipzig 1894.

ANONYM, J'accuse! Von einem Deutschen, Lausanne 1915.

ANONYM, Kaiser Wilhelms Flucht nach England im Jahre 1848, Zürich 1905.

ANONYM, Politische Beichte eines Deutschen Prinzen, Leipzig [4]1924.

ANONYM, Regis voluntas, (Politische Briefe, 3), Braunschweig 1894.

ANONYM, Semi-Imperator, 1888-1918, München 1919.

ANONYM, Unser Kaiser. Strahlen seiner Weltanschauung. Von einem Deutschen, Neurode/Leipzig 1908.

ANONYM, Vom Kaiser in Doorn. Persönliche Erlebnisse und Betrachtungen eines Deutschen, Leipzig 1922.

ANONYM, Was für einen Kurs haben wir? Eine politische Zeitbetrachtung. Von einem Borussen, Gotha 1891

ANONYM, Wie Bismarck entlassen wurde! Nach authentischen Quellen, Berlin 1892.

ANONYM, Wilhelm II. Kaiser von Deutschland und König von Preußen. Ein Fürstenbild gewidmet der deutschen Jugend und dem deutschen Volke, Habelschwerdt 1892.

ANONYM, Wilhelm II. Romantiker oder Sozialist?, Zürich 1892.

ANONYM, Unser Kaiser und sein Volk'. Deutsche Sorgen. Von einem Schwarzseher, Freiburg i.Br./Leipzig [4]1906.

ARISTIDES, Der Kaiser und die Nation (Volksschriften des deutsch-nationalen Volksbundes, 21), Berlin 1909.

AYME, Francois, Kaiser Wilhelm II. und seine Erziehung. Aus den Erinnerungen seines französischen Lehrers, Leipzig 1888.

BAGEHOT, Walter, The English Constitution, London 1867.

BELOW, Georg v., Deutschland und die Hohenzollern. Eine Kriegsgedenkrede, Leipzig 1915.

BENEDIKTUS, Was Sueton über Caligula erzählt. Ein Sittenbild aus der Römischen Kaiserzeit, Berlin 1894.

BENTINCK, Lady Nora, Der Kaiser im Exil, Berlin 1921.

BERGER, Arnold E., Wilhelm II. und das Reich, Darmstadt 1913.

BERNATZIG, Edmund, Republik und Monarchie, Berlin 1914.

BESELER, Dora v., Der Kaiser in Vergangenheit und Gegenwart. Gedanken zum 75. Geburtstag Kaiser Wilhelm's II., Leipzig 1934.

BESELER, Dora v., The Kaiser: Octogenarian, Reprinted from Quarterly Review 272, No. 539 (1939), London 1939.

BETTAUER, Fritz Ernst/LICHEY, Georg, Die Kamarilla. Ein Stück deutschen Schicksals in zehn Bildern, Berlin 1931.

BEUMELBURG, Werner, Wilhelm II. und Bülow (Stalling Bücherei Schriften an die Nation, 7), Oldenburg i.O. 1932.

BIER, E., Der neue Schuster oder der Tod Caliguli. Ein litterarisch-satyrisches Sittendrama in 5 Aufzügen und in Versen, Leipzig 1894.

BINDER, Heinrich, Die Schuld des Kaisers, München 1918.

BLEECK, Siegfried, Die Majestätsbeleidigung im geltenden deutschen Strafgesetz, Berlin 1909.

BORKENHAGEN, Hermann, Kaiser Wilhelms II. Schuld (Flugschriften der DNVP), Berlin 1920.

BORN, Wilhelm, Anarchisten, Schlafmützen, Grüne Jungen. – Reichsfortschrittspartei. In Veranlassung der Caligula-Flugschriften. Hagen i.W. 1894.

BORNHAK, Conrad, Deutsche Geschichte unter Kaiser Wilhelm II., Leipzig u. Erlangen 1921.

BRANDIS, Bechtholt, Fürst Bismarck und die Hamburger Nachrichten. Authentische Tagebuchblätter von einem Eingeweihten, Berlin 1894.

BREITSCHEID, Rudolf, Persönliches Regiment und Konstitutionelle Garantien (Demokratische Flugblätter, 1), Berlin 1909.

BROCKDORF, Alexander Graf v. (Hg.), Führergedanken. Aus Reden und Schriften von Justizrat Claß 1903-1913, Berlin 1930.

BÜLOW, Kurt Ernst Gottfried v., Vom Kaiser wie er wirklich ist. Betrachtungen nach meinem Besuch in Haus Doorn, Schweidnitz 1926.

BUND der Aufrechten (Hg.), Ist der Kaiser geflohen? Zeugnisse von Hindenburg u.a., die jeder Deutsche kennen muß, Berlin 1926.

BÜXENSTEIN, Georg W. (Hg.), Unser Kaiser. Zehn Jahre der Regierung Wilhelms II. 1888-1898, Berlin/Leipzig/Stuttgart 1898.

CASPAR, J.L., Das Treiben der Homosexuellen: Volle Aufklärung zum Verständnis der Andeutungen und ‚halben Worte' im Moltke-Harden Prozeß, Leipzig 1907.

CHAMIER, Daniel J., Ein Fabeltier unserer Zeit, Zürich 1938.

CLASS, Heinrich, Der Zusammenbruch der reichsdeutschen Politik und seine Folgen (Volkschriften des deutsch-nationalen Volksbundes, 14), Leipzig-Reudnitz 1908.

CLASS, Heinrich, Wider den Strom. Vom Werden und Wachsen der nationalen Opposition im Reich, Leipzig 1932.

CLASS, Heinrich/REVENTLOW, Ernst, Reinertrag der Reichspolitik seit 1890. Die Bilanz des neuen Kurses (Kultur und Leben, 15), Berlin 1909.

DANNEHL, Gustav, Cäsarenwahn oder Professorenwahn? Eine biographisch-historische Studie über Quiddes Caligula, Berlin 1894.

DELBRÜCK Hans, Rede zur Feier des Geburtstages d. Kaisers und Königs geh. i. d. Aula d. Königl. Friedrich-Wilhelm Univ. zu Berlin am 27. Januar 1912, Berlin 1912.

DOEHRING, Bruno, Kaiser Wilhelm der Zweite. Geschichtliche Dokumente aus dem letzten Jahrzehnt seiner Regierung in Stichproben aus dem ‚Berliner Tageblatt', der ‚Vossischen Zeitung', der ‚Frankfurter Zeitung', der ‚Berliner Volkszeitung', der ‚Berliner Morgenpost', dem ‚8-Uhr-Abendblatt', der ‚Germania', der ‚Kölnischen Volkszeitung' nebst e. Anh. ‚Das Urteil d. Auslandes über Kaiser Wilhelm II. als Friedensfürst', Zur Steuer der Wahrheit und Gerechtigkeit dem deutschen Volke dargeboten, Berlin 1926.

DRUMM, Adolf, Fürstenenteignung und Reichsverfassung bes. erörtert an Hand des Entwurfes eines Gesetzes über die vermögensrechtliche Auseinandersetzung zwischen den deutschen Ländern und den vormaligen regierenden Fürstenhäusern v. 28 VI 1926, Coburg 1926.

DUKMEYER, Friedrich, Der Arbeiterkaiser. Ein Trauerspiel in fünf Akten, Berlin 1892.

DURUY, Victor, Caligula und Claudius, Messalina und Agrippina in Wort und Bild, Leipzig 1894.

ECKARDT, Julius v., Aus den Tagen von Bismarcks Kampf gegen Caprivi. Erinnerungen, Leipzig 1920

ECKART, Rudolf/Schroeter, Reinhold (Hrsg.), Deutsches Kaiserbuch. Wilhelm I., Friedrich III., Wilhelm II., Berlin 1919.

EGELHAAF, Gottlob, Bismarcks Sturz. Stand des Problems, Stuttgart 1909.

EISENHART-ROTHE, Ernst v., Der 9. November 1918, in: Friedrich Everling/ Adolf Günther (Hg.), Der Kaiser. Wie er war - wie er ist, Berlin 1934, S. 58-64.

EISENHART-ROTHE, Ernst v., Der Kaiser am 9. November! Eine Klarstellung nach noch nicht veröffentlichtem Material, Berlin 1922.

EISENHART-ROTHE, Ernst v., Im Bann der Persönlichkeit, Berlin 1931.

ENGEL, Eduard, Kaiser und Kanzler im Sturmjahr 1908. Sensationelle Enthüllungen über die Entlassung des Reichskanzlers Fürsten Bülow. Zerstörung von Lügen und Ammenmärchen auf Grund der Urkunden des Auswärtigen Amts, Leipzig 1929.

EPPSTEIN, Georg v., Fürst Bismarcks Entlassung. Nach bisher unveröffentlichten Aufzeichnungen von Heinrich v. Boetticher und Franz v. Rottenburg, Berlin 1920.

ERDMANN, Gustav Adolf, Der deutsche Kaiser und sein Volk, Leipzig 1901.

ERDMANN, Karl Otto, Das monarchische Gefühl, Leipzig 1898.

ERNST, E. W., Noch einmal: Paul Graf von Hoensbroech, Wilhelms II. Abdankung (Deutschnationale Flugschrift, 37), Berlin 1920.

ERNST, Otto, (alias Schmidt, Otto Ernst), Zwölf Monarchen im Exil, Wien 1932.

EULENBERG, Herbert, Die Hohenzollern, Berlin 1928.

EVERLING, Friedrich, Republik oder Monarchie?, Berlin 1924.

EVERLING, Friedrich, Wiederentdeckte Monarchie, Berlin 1932.

FABER, Martin, Kaiser, Volk und Volksvertretung, Leipzig 1895.

FALKENEGG, A. Baron v., Die Weltpolitik Kaiser Wilhelms II. Zeitgemäße Betrachtungen, Berlin 1901.

FALKENEGG, A. Baron v., Was nun?, Berlin 1908.

FERNAU, Hermann, Durch zur Demokratie, Bern 1917.

FIEDLER, Walther, Das Bismarck-Geheimnis. Eine Auseinandersetzung mit der litterarischen Schutztruppe des ersten Reichskanzlers über Fürst Bismarck nach seiner Entlassung, Leipzig 1904.

FRANK, Reinhard von/RACHFAHL, Felix, Kann Kaiser Wilhelm II. ausgeliefert werden? Gutachten auf Veranlassung der Deutschen Burschenschaft und der Vereinigung Alter Burschenschafter des Deutschen Reiches erstattet, Berlin 1919.

FREKSA, Friedrich, Caesars Stunde. Ein weltlich Spiel, München 1921

FREKSA, Friedrich, Menschliche Rechtfertigung Wilhelms II. nach seinen Randbemerkungen in den Akten des Auswärtigen Amtes, München 1920.

FREUND, Fedor, Maximilian Harden der Vaterlandsretter, Berlin/Leipzig 1907.

FRIED, Alfred Hermann, Kaiser werde modern!, Berlin 1905.

FRIEDEGG, Ernst, Harlekin als Erzieher. Eine Studie über Maximilian Harden, Berlin 1906.

FRIEDLÄNDER, Adolf, Wilhelm II., Versuch einer psychologischen Analyse, Halle 1919.

FRIEDLÄNDER, Hugo, Interessante Kriminal-Prozesse von kulturhistorischer Bedeutung, Berlin 1911 (zit. nach der Ausgabe Digitale Bibliothek, 51).

FRIEDMANN, Friedrich, Wilhelm II. und die Revolution von Oben. Der Fall Kotze. Des Rätsels Lösung, Zürich 1896.

FRISCH, Hans v., Der Thronverzicht. Ein Beitrag zur Lehre vom Verzicht im öffentlichen Recht, Tübingen 1906.

FRYMANN, David, (alias Heinrich Claß), Wenn ich der Kaiser wär'. Politische Wahrheiten und Notwendigkeiten, Leipzig 1913.

FUCHS, Georg, Das Kaiser-Buch. Der Kaiser, die Kultur und die Kunst: Betrachtungen über die Zukunft des deutschen Volkes aus den Papieren eines Unverantwortlichen, München/Leipzig 1904.

GAGLIARDI, Ernst, Bismarcks Entlassung, 1. Bd., Tübingen 1927, 2. Bd. Ebd. 1941.

GERARD, M.C., Politisches Erwachen, Mannheim 1909.

GERMANICUS, Fürst Bülow und seine Zeit, Berlin 1909.

GEYER, Florian, Die Bismarck-Hetze, Berlin 1891.

GEYER, Franz, Die Majestätsbeleidigung. Unter Berücksichtigung des Gesetzes vom 17.2.1908 (Jur. Diss.), Heidelberg 1909.

GHIBELLINUS, Kaiser werde hart! Offener Brief an den mächtigsten Mann im Reiche, Weimar 1891.

GOLDBECK, Eduard, Briefe an den Deutschen Kronprinzen, Berlin 1908.

GOLDBECK, Eduard, Die Kamarilla, Berlin 1907.

GRADENWITZ, Otto, Akten über Bismarcks großdeutsche Rundfahrt vom Jahre 1892, Heidelberg 1921.

GRADENWITZ, Otto, Bismarcks letzter Kampf 1890-1898. Skizzen nach den Akten (Schriftenreihe der Preußischen Jahrbücher, 15), Berlin 1915.

GRAP, James, Caligula's Leben und Grausamkeiten. Ein Bild römischen Cäsarenwahnsinns. Nach geschichtlichen Quellen. Als Ergänzung zu Quidde's Caligula (Aus alter und neuer Zeit, 2), Leipzig 1894.

GREGOROVIUS, Ferdinand, Wanderjahre in Italien, Köln 1953 (zuerst 1855).

GROSSMANN, Fritz, Was sind wir unserm Kaiser schuldig? Ein Mahnwort in ernster Stunde, Hannover 1918.

HAAKE, Paul, Bismarcks Sturz (Schriften der historischen Gesellschaft zu Berlin, 2), Berlin 1922.

HAGEN, Maximilian v., Das Bismarckbild in der Literatur der Gegenwart, Berlin 1929.

HAGENAU, Peter, Ein Wort für Wilhelm II., Berlin 1919.

HAMEL, Richard, Das deutsche Bürgerthum unter Kaiser Wilhelm II. im Kampfe mit dem Junkerthum und seiner Gefolgschaft. Eine prinzipielle Prüfung der alten und der neuen Welt- und Staatsauffassung unter dem Gesichtspunkt einer Politik der stetigen Entwicklung, Halle 1890.

HAMMANN, Otto, Der mißverstandene Bismarck, Berlin 1921.

HAMMANN, Otto, Der Neue Kurs. Erinnerungen, Berlin 1918.

HAMMSTEIN, Kaiser Wilhelm II. Nord- und Südlandfahrten, Berlin 1890.

HARDEN, Maximilian, Kaiserpanorama. Literarische und politische Publizistik, Berlin 1929.

HARDEN, Maximilian, Köpfe, Berlin [5]1910.

HARDEN, Maximilian, Von Versailles nach Versailles, Berlin 1927.

HARNISCH, Johannes W., Harden, Eulenburg und Moltke, Berlin 1908.

HARTMANN, Otto, Republik oder Monarchie, München 1921.

HEGEMANN, Werner, Fridericus oder das Königsopfer, Berlin 1924.

HEINIG, Kurt, Fürstenabfindung?, Berlin 1926.

HEINIG, Kurt, Hohenzollern. Wilhelm II. und sein Haus. Der Kampf um den Kronbesitz, Berlin 1921.

HELLER, Hermann, Die politischen Ideenkreise der Gegenwart, Breslau 1926.

HENDRICHS, W. , Prinz Wilhelm von Preußen. Ein Fürstenbild, Berlin 1888.

HERZ, Ludwig, Die Abdankung, Leipzig 1924.

HINTZE, Otto, Die Hohenzollern und ihr Werk. Fünfhundert Jahre vaterländischer Geschichte, Berlin 1915.

HINZPETER, Georg Ernst, Kaiser Wilhelm II. Eine Skizze nach der Natur gezeichnet, Bielefeld 1888.

HIRSCHFELD, Magnus, Sexualpsychologie und Volkspsychologie. Eine epikritische Studie zum Harden-Prozeß, Leipzig 1908.

HITLER, Adolf, Mein Kampf, München [49]1933.

HOENSBROECH, Paul Graf v., Wilhelms II. Abdankung und Flucht. Ein Mahn- und Lehnwort, Berlin 1919.

HOENSBROECH, Paul Graf v., Zurück zur Monarchie, Berlin 1919.

HOFFMANN, Kurt, Kämpfer, Kanzler, Kaiser, Leipzig 1933.

HUBERT, I., Der Kaiser und König Wilhelm II. und seine Socialreform-Bestrebungen als Monarch und Summepiskopus, Freienwalde 1891.

IST der Kaiser geflohen?, Zeugnisse – von Hindenburg u.A. – Stimmen, die jeder Deutsche kennen muß! Flugschriftenreihe des 'Aufrechten', Berlin 1926, S. 2.

JAHNKE, Hermann, Kaiser Wilhelm II. Ein Bild seines Lebens und seiner Zeit, Berlin [2]1890.

JÜNGER, Ernst, Der Kampf als inneres Erlebnis, Berlin 1922.

KAHL, Wilhelm, Das neue Kaisertum, Festrede geh. am 18.1.1893 im liberalen Bürgerverein in Bonn, Bonn 1893.

KANN, Heinrich, Wilhelm II. Abschiedsbrief an das deutsche Volk: den Deutschen ein Spiegel, Berlin 1919.

KANNER, Heinrich, Kaiserliche Katastrophen-Politik. Ein Stück zeitgenössischer Geschichte von Heinrich Kanner, Leipzig 1922.

KANTOROWICZ, Ernst H., Kaiser Friedrich der Zweite (Hauptband). Stuttgart 1998 (erstmals 1927).

KAUTSKY, Karl, Delbrück und Wilhelm II. Ein Nachwort zu meinem Kriegsbuch, Berlin 1920.

KELLERMANN, Bernhard, Der 9. November, Berlin 1920.

KLEINSCHROD, Franz, Die Geisteskrankheit Wilhelms II., Wörrishofen 1919.

KNESE, Adolf, Die Majestätsbeleidigung des Reichsstrafgesetzbuches unter besonderer Berücksichtigung der Novelle vom 17. Februar 1908 (Jur. Diss.), Göttingen 1909.

KOHL, Armin, Die Wahrheit über die Entlassung des Fürsten Bismarck. Die Schuld am Weltkriege, Leipzig 1919.

KOHL, Horst, Bismarck-Jahrbuch IV, Leipzig und Berlin 1897.

KOSPOTH, Carl August Graf v., Wie ich zu meinem Kaiser stand, Breslau 1924.

KRAUSS, J.B., Das Königtum von Gottes Gnaden?, Wiesbaden 1910.

KRIEGER, Bogdan, Der Kaiser im Felde, Berlin 1917.

KRIEGER, Bogdan, Die Kaiserin. Blätter der Erinnerung, Berlin 1921.

KRIEGER, Bogdan, Die Wahrheit über die angebliche Abdankung und Flucht Wilhelms II. (Preußische Aufklärungsschrift, 1), Berlin 1919.

LAHN, Hans, Kommen die Hohenzollern wieder?, Hamburg 1921.

LAMPRECHT, Karl, Der Kaiser, Berlin 1913.

LANGBEHN, Julius, Rembrandt als Erzieher, Weimar 1920 (zuerst 1890).

LANGE, Friedrich, Deutsche Politik. Sonderdruck aus der Täglichen Rundschau Nr. 263 bis 267, Berlin 1894.

LANGE, Karl, Bismarcks Sturz in der öffentlichen Meinung in Deutschland und im Auslande, Berlin 1927.

LANGE, Karl, Der Kronprinz und sein wahres Gesicht, Leipzig 1921.

LE MANG, Erich, Die persönliche Schuld Wilhelms II., Ein zeitgemäßer Rückblick, Dresden 1919.

LEUSS, Hans, Wilhelm der Letzte. Eine Vorhersage aus 1914, Berlin (Verlag für Volksaufklärung) 1918.

LIMAN, Paul, Der Kaiser. Ein Charakterbild Wilhelms II., Berlin 1904.

LIMAN, Paul, Der Kronprinz. Gedanken über Deutschlands Zukunft. Minden i.W. 1914.

LIMAN, Paul, Hohenzollern, Berlin 1905.

LINDENBURG, Paul, Wir Denken Seiner. Zum 75. Geburtstag des Kaisers, Berlin 1924.

LOEWENFELD, Alfred Hoeffer v., Republik oder Monarchie?, Leipzig 1922.

LOHMEYER, Julius, Die gefallenen Brandenburger an Kaiser Wilhelm II. den 16. August 1888, Wildbad 1888.

LUBLINSKI, Samuel, Kaiser und Kanzler. Tragödie, Leipzig 1910.

LUDWIG, Emil, Wilhelm II., Berlin 1926.

LUTZ, Hermann, Wilhelm II. periodisch Geisteskrank! Ein Charakterbild des wahren Kaisers, Leipzig 1919.

M., H. v., Enthüllungen. Bismarck, Bülow und – Harden, Leipzig 1907.

MAHN, Paul, Kaiser und Kanzler. Der Beginn eines Verhängnisses, Berlin 1924.

MANN, Thomas, Von deutscher Republik. Gerhard Hauptmann zum Sechzigsten Geburtstag, in: Thomas Mann, Essays II: Für das neue Deutschland 1919-1925, hrsg. von Hermann Kurzke und Stephan Stachorski, Frankfurt a.M. 1993, S. 126-166.

MARCH, Ottokar Stauf v. d., Monarchie und Republik. Eine Abwägung, Zeitz 1925.

MARTIN, Rudolf, Fürst Bülow und Kaiser Wilhelm II., Leipzig-Gohlis 1909.

MASSENBACH, Heinrich Frhr. v., Die Hohenzollern einst und jetzt, Schleching 1994.

MEENTS, Ernst, Die Idee der Majestätsbeleidigung, Berlin 1895.

MEERFELD: J., Kaiser, Kanzler, Zentrum. Deutscher Verfassungsjammer und klerikaler Byzantinismus, Berlin 1911.

MEINECKE, Friedrich, Das Ende der Monarchie. Zum 9. November 1918, in: Ders., Politische Reden und Schriften, hrsg. v. Georg Kotowski, Darmstadt 1958, S. 420-424.

MEINECKE, Friedrich, Das Ende der monarchischen Welt, in: Ders, Politische Reden und Schriften, hrsg. v. Georg Kotowski, Darmstadt 1958, S. 344-350.

MEINECKE, Friedrich, Deutsche Jahrhundertfeier und Kaiserfeier, in: Ders., Preußen und Deutschland. München u. Berlin 1918, S. 21-40

MERTENS, Oscar, Ein Caligula unseres Jahrhunderts, Berlin 1896.

MEWES, Rudolf, Kaiser Wilhelm II. Seine Zeit und sein Recht. Alldeutschlands Aufstieg, Sturz und Wiedergeburt in Wort und Bild, Berlin 1920.

MEYHEN, E., Die Entwicklung un der Verfall des deutschen Heeres. Die Flucht Kaiser Wilhelms II. Was hat Hindenburg und Ludendorff veranlaßt, bis zum Schluß an einen Sieg zu glauben?, Bad Harzburg 1920,

MILTENBERG, Weigand v. (d.i. Herbert Blank), Adolf-Hitler, Wilhelm III., Berlin 1931.

MOLTKE, Detlef Graf, Der Kaiser und die Ereignisse am 9. November, Berlin 1921.

MOMMSEN, Theodor, Römische Kaisergeschichte, hrsg. von Alexander Demandt, München 1992

MÜCKE, Karl, Kaiser Wilhelm II. und sein Verhältnis zu Staat und Kirche. Ein ernster Mahnruf, Berlin 1892.

MÜHSAM, Erich, Die Jagd auf Harden, Berlin 1908.

MUISZECH, Graf Vandalin, Quiddes Caligula. Ein Stiefelmärchen aus altägyptischer Zeit, Frankfurt a.M. 1894.

MÜLLER, Ernst, Wilhelm II. Eine historische und psychiatrische Studie, Gotha 1927.

NAUMANN, Friedrich, Demokratie und Kaisertum. Ein Handbuch für die innere Politik, Berlin 1900.

NEYEN, Emil, Wilhelm II. Dein Werk: 450 Milliarden neuer Schulden und 21 fliehende Könige. Deren Schuld vor dem Londoner Weltgericht klargelegt; ein Tribun als Ankläger, Berlin 1919.

NIEMANN, Alfred, Der Kaiser in der Novemberrevolution 1918, Berlin 1928.

NIEMANN, Alfred, Die Entthronung Kaiser Wilhelms II. Eine Entgegnung auf: Ludwig Herz ‚Die Abdankung', Leipzig 1924.

NIEMANN, Alfred, Kaiser und Heer. Das Wesen der Kommandogewalt und ihre Ausübung durch Kaiser Wilhelm II., Berlin 1919.

NIEMANN, Alfred, Kaiser und Revolution. Die entscheidenden Ereignisse im Großen Hauptquartier, Berlin 1922.

NIEMANN, Alfred, Revolution von Oben Umsturz von Unten. Entwicklung und Verlauf der Staatsumwälzung in Deutschland 1914-1918, Berlin 1927.

NIEMANN, Alfred, Wanderungen mit Kaiser Wilhelm II., Leipzig 1924.

OLDENBURG, Arthur (Hg.), Das Urteil über Kaiser Wilhelm II., Berlin 1918.

ONCKEN, Hermann, Der Kaiser und die Nation. Rede bei dem Festakt der Universität Heidelberg zur Erinnerung an die Befreiungskriege und zur Feier des 25-jährigen Regierungsjubiläums Kaiser Wilhelms II., Heidelberg 1913.

OTTO, Berthold, Der Zukunftsstaat als sozialistische Monarchie, Berlin 1910.

OTTO, Berthold, Wilhelm II. und wir! Die Kaiserartikel des „Deutschen Volksgeistes" aus den Jahren 1919-1925, Berlin 1925.

P.P., Todesanzeige Se. Majestät Wilhelm II./Testament des Wilhelm v. Hohenzollern, o.O., o.J.

PAESLACK, Max, Verbannt. Wilhelm II. von Gottes Gnaden. Deutscher Kaiser. König von Preußen. Keine Verteidigung und doch eine Rechtfertigung. 3. Sonderausgabe der Schrift 'Der Kritikus von Berlin'. Berlin o.J. (wahrscheinlich 1919).

PAPE, Wilhelm, Unser Kronprinz im Felde, Berlin 1918.

PAQUET, Alfons, Der Kaisergedanke, Frankfurt a.M. 1915.

PFEIFFER, Ernst, Einiges von den Getreuen, in: Friedrich Everling/Adolf Günther (Hg.), Der Kaiser. Wie er war - wie er ist, Berlin 1934, S. 72-78.

PFEIL und Klein-Ellguth, Hans Graf v., Mein Kaiser! Der Fall Zedlitz-Trützschler und Wilhelms II. wahres Gesicht, Leipzig 1924.

PFISTER, Otto v., Ein monarchisches oder ein parlamentarisches Deutschland, Berlin 1914.

PREUSS, Hugo, Die Wandlungen des deutschen Kaisergedankens, Berlin 1917.

QUIDAM (d.i. Heinrich Basse), Kaiser Wilhelm Künstler oder Dilettant? Eine ernste Mahnung an die Zeitgenossen, Amsterdam 1895.

QUIDAM, Der alte Gott und das XX. Jahrhundert. Ein offenes Wort an Seine Majestät den deutschen Kaiser Wilhelm II., Bamberg 1903.

QUIDAM, Hermann Heinrich (d.i. Rothe, Hermann Heinrich), Contra Caligula. Eine Studie über deutschen Volkswahnsinn, Leipzig 1894.

QUIDDE, Ludwig, Caligula. Eine Studie über Cäsarenwahnsinn, Leipzig 1894.

RACHFAHL, Felix, Kaiser und Reich. 1888-1913. 25 Jahre preußisch-deutscher Geschichte. Festschrift zum 25-jährigen Regierungsjubiläum Wilhelms II., Berlin 1913.

RAHDE, E. tho., Bürgertum und Umsturz. Ein Mahnruf in letzter Stunde!, Heidelberg 1918.

RATHENAU, Walther, Der Kaiser. Eine Betrachtung, Berlin 1919.

REHTWISCH, Theodor, Unser Kaiser. Gedenkblatt zum 27. Jan. 1909, dem 50. Geburtstage Kaiser Wilhelms II., Leipzig 1909.

REIBNITZ, Kurt Frhr. v., Geschichte und Kritik von Doorn, Berlin 1929.

REICHSVERBAND gegen die Sozialdemokratie, Die Sozialdemokratische Partei eine demokratische Partei. Ein Weckruf an das monarchische Deutschland, Berlin 1910.

REINERS, Ludwig, In Europa gehen die Lichter aus, Berlin 1954.

RENÉ, Guido [d.i. Hagemann, Paul], Der Quidde'sche Caligula-Kladderadatsch oder sie werden nicht alle. Auch `ne Studie mit 24 Illustrationen, Stettin 1894.

REUSCHE, Friedrich, Chicago und Berlin. Alte und neue Bahnen im Ausstellungswesen (Deutsche Weltausstellungsbibliothek, 1), Berlin 1892.

REVENTLOW, Ernst Graf zu, Der Kaiser und die Monarchisten, Berlin 1913.

REVENTLOW, Ernst Graf zu, Glanz und Tragödie Wilhelms II., Stuttgart 1938.

REVENTLOW, Ernst Graf zu, Kaiser Wilhelm II. und die Byzantiner, München ^{2}1906.

REVENTLOW, Ernst Graf zu, Monarchie?, Leipzig 1926.

REVENTLOW, Ernst Graf zu, Von Potsdam nach Doorn, Berlin ^{2}1940.

REVENTLOW, Ernst Graf zu, Was würde Bismarck sagen? Zur deutschen Flotte, zu England-Deutschland?, Berlin 1909.

RITTERSHAUS, Emil, An Kaiser Wilhelm II., Barmen 1888.

RITTHALER, Anton, Kaiser Wilhelm II. Herrscher in einer Zeitenwende, Köln 1958.

ROBOLSKY, Hermann, Kaiser Wilhelm II. und seine Leute, Berlin 1891.

ROHRBACH, Paul, Monarchie, Republik und politische Parteien in Deutschland, Stuttgart 1920.

ROTH, Georg Barthel, Der deutsche Kaisergedanke. Ein ernstes Mahnwort an das deutsche Volk, Köln 1893.

RUECK, Fritz/KUCZYNSKI, Robert René, Reiche Fürsten, arme Leute. Der Volksentscheid für entschädigungslose Enteignung der Fürsten. Mit einer Einleitung von Robert Kuczynski. Hrsg. v. Ausschuß für Fürstenenteignung, Berlin 1926.

RUMP, Johann Diedrich, Paul Reichsgraf von Hoensbroech als 'Gefolgsmann der Hohenzollern'. Offener Brief. Antwort auf seine Schrift: 'Wilhelms II. Abdankung und Flucht'. Eine Abrechnung, Leipzig 1919.

SALZMANN, Ernst, Kaiser, Kanzler, Hindenburg, Allenstein 1916.

SCHADE, Rudolf, Wir brauchen den Kaiser, Berlin 1919.

SCHÄFER, Daniel, Was ich beim Kaiser in Haus Doorn sah und erlebte. Die Wahrheit über Doorn, Ein Reisebericht, Berlin 1925.

SCHELER, Max, Vorbilder und Führer, in: Ders., Zur Ethik und Erkenntnislehre (Schriften aus dem Nachlaß 1), Berlin 1933.

SCHIMMEL Johannes-Kurt, Die Unverletzlichkeit der deutschen Monarchen verglichen mit der Stellung des deutschen Reichspräsidenten unter Berücksichtigung des Wesens der beiden Staatsformen Monarchie und Republik, Greifswald 1921.

SCHMIDT-PAULI, Edgar, Der Kaiser. Das wahre Gesicht Wilhelms II., Berlin 1928.

SCHMITT, Carl, Gespräch über die Macht und den Zugang zum Machthaber, Pfullingen 1954.

SCHMITT, Felix, Caligula (Gekrönte Häupter, 8), Berlin 1894.

SCHNEIDEWIN, Max, Das politische System des Reichskanzlers Grafen von Caprivi, Danzig 1894

SCHNEIDEWIN, Max, Die innenpolitische Sturmflut. Niederschriften gegen den Strom aus den Novembertagen 1908, Berlin 1909.

SCHNEIDT, Karl, Briefe an den Kaiser, Berlin 1909.

SCHNELLER, Ludwig, Holt doch den Kaiser wieder!, Leipzig 1933.

SCHNELLER, Ludwig, Königs-Erinnerungen, Leipzig 1926.

SCHNELLER, Ludwig, Unser Kaiser. Erinnerungen an Kaiser Wilhelm II., Leipzig 1929.

SCHRECK, Ernst, Wilhelm II., Deutscher Kaiser. Ein lebensgeschichtliches Charakterbild, Trier [3]1895.

SCHÜCKING, Lothar Engelbert, Die Mißregierung der Konservativen unter Kaiser Wilhelm II., München 1909.

SCHULZE-PFAELZER, Gerhard, Von Spa nach Weimar. Die Geschichte der deutschen Zeitenwende, Leipzig/Zürich 1929.

SCHÜSSLER, Wilhelm, Bismarcks Sturz, Leipzig 1921.

SCHWARZER, Franz, Interessante Briefe und Dokumente zur Bülow-Eulenburg-Intrige. Eine Aufklärungs- und Abwehrschrift gegen die Skandale und ihre Hintermänner. Mit Mitteilungen aus den Meineids-Akten und 5 facsimile Beweisstücken von Franz Schwarzer, Berlin 1909.

SEELIGER, Franz, The Secret Shame of the Kaiser. His Dastardly Plots at Amerongen, ed. by William le Queux, London 1919.

SELLO, Erich, Zur Psychologie der Cause célèbre. Ein Vortrag, Berlin 1910.

SETHE, Paul, Deutsche Geschichte im letzten Jahrhundert. Frankfurt a.M. 1960.

SEXAU, Richard, Kaiser oder Kanzler. Der Kampf um das Schicksal des Bismarck-Reiches, Hamburg 1936.

SIMON, Édouard, Kaiser Wilhelm II. und das erste Jahr seiner Regierung, Berlin 1889.

SINCERUS, Kaiser Wilhelm II., Charlottenburg 1909.

SODENSTERN, Hans v., Kaiser-Jahrbuch 1930, Berlin 1905.

SOMMERFELDT, Gustav, Fin-de-siècle Geschichtsschreibung, Politik, Pamphletomanie. Authentische Enthüllungen über den Caligula-Unfug und die wirklichen Gründe desselben, zugleich ein Beitrag zur Zeitgeschichte, Berlin 1895.

SONNTAG, Josef, Schuld und Schicksal. Die Tragödie Wilhelms II., Leipzig 1926.

STAHL, Friedrich Julius, Das monarchische Prinzip, Heidelberg 1845.

STAMPFER, Friedrich, Der 9. November. Gedenkblätter seiner Wiederkehr, Berlin 1919.

STAPEL, Wilhelm, Die Fiktionen der Weimarer Verfassung, Hamburg u.a. 1927.

STEIN, Adolf, Die Verräter, in: Friedrich Everling/Adolf Günther (Hg.), Der Kaiser. Wie er war - wie er ist, Berlin 1934, S. 65-71.

STEIN, Adolf, Wilhelm II., Leipzig 1909.

STEINBACH, Die rechtliche Stellung des Deutschen Kaisers, verglichen mit der des Präsidenten der Vereinigten Staaten von Amerika, Leipzig 1903.

STEINHAMMER, Der Caligula-Unfug, Berlin: Fischer 1894.

STIER-SOMLO, Fritz, Republik oder Monarchie im neuen Deutschland (Deutscher Aufbau), Bonn 1919.

STÖCKER, Adolf, Reden und Aufsätze. Sozialdemokratie und Sozialmonarchie, in: Evangelisch-soziale Zeitfragen I, 5, Leipzig 1891.

STOLBERG-WERNIGERODE, Otto Graf zu, Wilhelm II., Lübeck 1932.

STRAUSS, Friedrich David, Der Romantiker auf dem Throne der Cäsaren oder Julian der Abtrünnige, Berlin ^{3}1896

STURM, K.F., Maximilian Harden. Beiträge zur Kenntnis und Würdigung eines deutschen Publizisten, Leipzig 1908.

TECHET, Carl, Völker, Vaterländer und Fürsten. Ein Beitrag zur Entwicklung Europas, München 1913.

TESDORPF, Paul, Die Krankheit Wilhelms II., München 1919.

TÖNNIES, Ferdinand, Kritik der öffentlichen Meinung, Berlin 1922.

TRENDELENBURG, Adolf, Kaiser Augustus und Kaiser Wilhelm II. Eine Denkmalbetrachtung, Berlin 1916.

TRESCKOW, Hans v., Von Fürsten und anderen Sterblichen: Erinnerungen eines Kriminalkommissars, Berlin 1922.

TUTEUR, Paul, Die Majestätsbeleidigung des deutschen Reichsstrafgesetzbuches (Phil. Diss.), Kaiserslautern 1905.

VALENTIN, Conrad, Der Kaiser hat gesprochen; wie haben wir Konservativen uns jetzt zu verhalten, Berlin 1889

VIERECK, George Sylvester, The Kaiser on Trial, New York 1937.

WAGENER, Bruno ('Von einem Deutschen'), Kaiser höre die Wahrheit! Noch einmal: Ein offener Brief an Se. Majestät Kaiser Wilhelm II. Vom Verfasser des konfiszierten ersten offenen Briefes. Alles für das Volk, mit dem Volke, durch das Volk!, Trotz alledem dem deutschen Volke ein Volkskaiser. Ein offener Brief an Se. Majestät Kaiser Wilhelm II. (1896), Leipzig ^{2}1897.

WASNER, Adolf, Wilhelm II. der Edle. Deutschlands Kaiser. Ein Vorbild für jeden Deutschen, Deisdorf 1917.

WASSERAB, Karl, Sociale Politik im deutschen Reich. Ihre bisherige Entwickelung und ihre Fortführung unter Kaiser Wilhelm II., Stuttgart 1889.

WEBER, Max, Gesammelte Politische Schriften, hrsg. v. Johannes Winckelmann, München [4]1986.

WECKER, Fritz, Unsere Landesväter. Wie sie gingen, wo sie blieben, Berlin 1928.

WEDDERKOPP, Frank, (alias Johannes W. Harnisch), Harden im Recht?, Berlin 1908.

WEDDERKOPP, Frank, Harden, Eulenburg und Moltke, Berlin 1908.

WENDEL, Friedrich, Wilhelm II. in der Karikatur, Dresden 1928.

WERNEKE, Heinrich, Monarchie, Krieg und Republik, oder die richtige Beleuchtung, Kehl 1930.

WESTARP, Kuno Graf v., Konservative Politik im letzten Jahrzehnt des Kaiserreiches, Bd. 2: Von 1914 bis 1918, Berlin 1935.

WIDMAN, Simon P., Geschichte des deutschen Volkes mit einem Porträt des Kaisers Wilhelm II., Paderborn 1894.

WIEGLER, Paul, Maximilian Harden, Berlin 1908.

WILM, H., Wilhelm II. als Krüppel und Psychopath, Berlin 1919.

WINTER, Albert, Der Landesverrat der deutschen Fürsten. Volksentscheid. Das nationale Gebot der Stunde. Hrsg. v. Ausschuß für Fürstenenteignung, Berlin 1926.

WIPPERMANN, Karl, Fürst Bismarck im Ruhestande, Berlin 1892.

WULFF, Erwin, Die persönliche Schuld Wilhelms II. Ein zeitgemäßer Rückblick, Berlin [2]1919.

ZARNOW, Gottfried, Der 9. November 1918. Die Tragödie eines großen Volkes, Hamburg 1933.

ZIEGLER, Theobald, Die geistigen und sozialen Strömungen Deutschlands, Berlin 1911.

ZIEGLER, Wilhelm, Volk ohne Führung. Das Ende des Zweiten Reiches, Hamburg 1938.

ZIEKURSCH, Johannes, Politische Geschichte des Neuen Deutschen Kaiserreichs, Bd. III, Berlin 1930.

ZIMMER, Hans, Kaiser Wilhelm II. als Deutscher. Eine Volkstumsstudie, Berlin 1915.

D. Sekundärliteratur

ABRET, Helga, Die Majestätsbeleidigungsaffäre des Simplicissimus-Verlegers Albert Langen, Frankfurt a.M. 1985.

ADAMY, Kurt/HÜBENER, Kristina (Hg.), Geschichte der brandenburgischen Landtage von den Anfängen 1823 bis in die Gegenwart, Potsdam 1998.

AFFLERBACH, Holger, Falkenhayn. Politisches Denken und Handeln im Kaiserreich, München 1994.

AFFLERBACH, Holger, Wilhelm II as supreme warlord in the First World War, in: Annika Mombauer/Wilhelm Deist (Hg.), The Kaiser. New Research on Wilhelm II's Role in Imperial Germany, Cambridge 2003, S. 195-216.

ALEXANDER, Matthias, Die Freikonservative Partei 1890-1918. Gemäßigter Konservativismus in der konstitutionellen Monarchie (Beiträge zur Geschichte des Parlamentarismus und der politischen Parteien, 123), Düsseldorf 2000.

ANDERSON, Margaret Lavinia, Practicing Democracy. Elections and Political Culture in Imperial Germany, Princeton 2000.

ANDLER, Sylvia, „...ein neues Reich unter mir erobern." Politische Verbindungen und Verbündete des Kaisers im Exil, in: Wilderotter/Pohl (Hg.), Exil, S. 143-149.

ARNTZEN, Helmut, ‚Nachwort'. Reden Kaiser Wilhelms II., hrsg. von Axel Matthes, München 1976.

ARSENSCHEK, Robert, Der Kampf um die Wahlfreiheit im Kaiserreich. Zur parlamentarischen Wahlprüfung und politischen Realität der Reichstagswahlen 1871-1914 (Beiträge zur Geschichte des Parlamentarismus und der politischen Parteien; Bd. 136), Düsseldorf 2003.

ASMUSS, Burkhard, Republik ohne Chance? Akzeptanz und Legitimation der Weimarer Republik in der deutschen Tagespresse zwischen 1918 und 1923 (Beiträge zur Kommunikationsgeschichte, 3), Berlin/New York 1994.

ASSER, Saskia/RUITENBERG, Liesbeth, Der Kaiser im Bild – Wilhelm II. und die Fotografie als PR-Instrument, in: Huis Marseille (Hg.), Der Kaiser im Bild. Wilhelm II. und die Fotografie als PR-Instrument. Der fotografische Nachlaß des letzten deutschen Kaisers, Zaltbommel 2002, S. 16-77

AUGUSTINE, Dolores L., Patricians and Parvenues. Wealth and High Society in Wilhelmine Germany, Oxford 1994.

BACH, M., Die charismatischen Führerdiktaturen. Drittes Reich und italienischer Faschismus im Vergleich ihrer Herrschaftsstrukturen, Baden-Baden 1990.

BAHNERS, Patrick, Der dämonische Mann. Wilhelm II. in Rudolf Borchardts poetisch-politischer Theologie, in: Samerski (Hg.), Religion, S. 13-58.

BALFOUR, Michael, Kaiser Wilhelm II. und seine Zeit, Frankfurt a.M./Berlin/Wien, 1979.

BANK, Jan, Der Weg des Kaisers ins Exil, in: Wilderotter/Pohl (Hg.), Exil, S. 105-112.

BARCLAY, David.E., The Court Camarilla and the Politics of Monarchical Restoration in Prussia. 1848-58, in: Larry Eugene Jones, James Retallack, (Hg.), Between Reform, Reaction and Resistance. Studies in the History of German Conservatism from 1789 to 1945, Oxford Providence 1993, S. 123-156.

BARTH, Boris, Dolchstoßlegenden und politische Desintegration. Das Trauma der deutschen Niederlage im Ersten Weltkrieg 1914-1933 (Schriften des Bundesarchivs, 61), Düsseldorf 2003.

BASSE, Dieter, Wolff's Telegraphisches Bureau 1849 bis 1933. Agenturpublizistik zwischen Politik und Wirtschaft, München u.a. 1991.

BAUMONT, Maurice, L'affaire Eulenburg. Edition revue et corrigée par l'auteur, Genf 1973.

BECKERT, Bert, Georg Michaelis. Ein preußischer Jurist im Japan der Meiji-Zeit. Briefe, Tagebuchnotizen, Dokumente 1885-1889, München 2001.

BECKMANN, Ewald, Der Dolchstoßprozeß in München vom 19. Oktober bis 20. November 1925, München 1925

BEHRENDT, Bernd, August Julius Langbehn, der ‚Rembrandtdeutsche', in: Uwe Puschner/Walter Schmitz/Justus H. Ulbricht, Handbuch zur ‚Völkischen Bewegung'. 1871-1918, München u.a. 1996, S. 94-113.

BENNER, Thomas Hartmut, Die Strahlen der Krone. Die religiöse Dimension des Kaisertums unter Wilhelm II. vor dem Hintergrund der Orientreise 1898, Marburg 2001.

BENOIST, Charles, Guillaume II en Hollande, in: Revue des Deux Mondes 19 (1924), S. 386-403.

BENSON, Robert L./FRIED, Johannes (Hg.), Ernst Kantorowicz (Frankfurter Historische Abhandlungen, 39), Stuttgart 1997.

BERNDT, Roswitha, Monarchisch-restaurative Organisationen im Kampf gegen die bürgerlich-parlamentarische Staatsform der Weimarer Republik, in: Jenaer Beiträge zur Parteiengeschichte 43 (1978), S. 15-27.

BIEBER, Horst, Paul Rohrbach – ein konservativer Publizist und Kritiker der Weimarer Republik (Dortmunder Beiträge zur Zeitungsforschung, 16), München/Berlin 1972.

BIRMELE, Jutta, The mass-circulation press and the crisis of legitimation in Wilhelmine Germany. 1908-1918 (Phil. Diss.), Claremont Graduate School 1991.

BLACKBOURN, David, Populists and Patricians. Essays in Modern German History, London 1987.

BLACKBOURN, David/ELEY, Geoff, The Peculiarities of German History, Oxford 1983.

BLASIUS, Dirk, Geschichte der politischen Kriminalität in Deutschland 1800-1980, Frankfurt a.M. 1983.

BLASIUS, Dirk, Lorenz von Steins Lehre vom Königtum der sozialen Reform und ihre verfassungspolitischen Grundlagen, in: Der Staat 10 (1971), S. 33 ff.

BLESSING, Werner K., Der monarchische Kult, politische Loyalität und die Arbeiterbewegung im deutschen Kaiserreich, in: Gerhard, A. Ritter (Hg.), Arbeiterkultur, Meisenheim/Königstein 1979, S. 185-208.

BLESSING, Werner K., Staat und Kirche in der Gesellschaft. Institutionelle Autorität und mentaler Wandel in Bayern während des 19. Jahrhunderts, Göttingen 1982.

BLUMENBERG, Hans, Arbeit am Mythos, Frankfurt a.M. 1996.

BÖCKENFÖRDE, Ernst-Wolfgang, Recht, Staat, Freiheit. Studien zur Rechtsphilosophie, Staatstheorie und Verfassungsgeschichte, Frankfurt a.M. 1992.

BOELCKE, Willi (Hg.), Krupp und die Hohenzollern. Aus der Korrespondenz der Familie Krupp 1850-1916, Berlin 1956.

BÖSCH, Frank, Das Private wird politisch: Die Sexualität des Politikers und die Massenmedien des ausgehenden 19. Jahrhunderts, in: Zeitschrift für Geschichtswissenschaft 52 (2004), S. 781-801.

BÖSCH, Frank, Zeitungsgespräche im Alltagsgespräch. Mediennutzung, Medienwirkung und Kommunikation im Kaiserreich, in: Publizistik 49 (2004), S. 319-336.

BOLDT, Hans, Deutscher Konstitutionalismus und Bismarckreich, in: Michael Stürmer (Hg.), Das kaiserliche Deutschland. Politik und Gesellschaft 1870-1918, Berlin 1970, S. 119-142.

BOLDT, Hans, Monarchie, in: Geschichtliche Grundbegriffe. Historisches Lexikon zur politisch-sozialen Sprache in Deutschland, hrsg. von Otto Brunner/Werner Conze/Reinhart Koselleck, Bd. 4 Stuttgart 1978, S. 133-214.

BOLDT, Hans, Von der konstitutionellen Monarchie zur parlamentarischen Demokratie, in: Wendemarken in der deutschen Verfassungsgeschichte, S. 151 ff.

BOOG, Horst, Graf Ernst zu Reventlow (1869-1943). Eine Studie zur Krise der deutschen Geschichte seit dem Ende des 19. Jahrhunderts (Phil. Diss.), Heidelberg 1965.

BORCHMEYER, Dieter, Repräsentation als ästhetische Existenz. Königliche Hoheit und Wilhelm Meister. Thomas Manns Kritik der formalen Existenz, in: Recherches Germanique 13 (1983), S. 105-136.

BORDIEU, Pierre, Delegation und politischer Fetischismus, in: Ästhetik und Kommunikation 16 (1986), S. 184-195.

BRACHER, Karl Dietrich/SAUER, Wolfgang/SCHULZ, Gerhard, Die nationalsozialistische Machtergreifung. Studien zur Errichtung des totalitären Gesellschaftssystems in Deutschland 1933/34, Köln/Opladen ²1962

BRAUN, Rudolf/GUGGERLI, David, Macht des Tanzes – Tanz der Mächtigen. Hoffeste und Herrschaftszeremoniell 1550-1914, Zürich 1993.

BREMNER, Eva Giloi, 'Ich kaufe mir den Kaiser': Royal Relics and the Culture of Display in 19th Century Prussia (Phil. Diss.), Princeton 2000.

BREUER, Stefan, Arthur Moeller van den Bruck: Politischer Publizist und Organisator des Neuen Nationalismus in Kaiserreich und Republik, in: Gangolf Hübinger/Thomas Hertefelder (Hg.), Kritik und Mandat. Intellektuelle in der deutschen Politik, München 2000, S. 138-151.

BREUER, Stefan, Ästhetischer Fundamentalismus. Stefan George und der deutsche Antimodernismus, Darmstadt 1996.

BREUER, Stefan, Bürokratie und Charisma. Zur Politischen Soziologie Max Webers, Darmstadt 1994.

BREUER, Stefan, Ordnungen der Ungleichheit. Die deutsche Rechte im Widerstreit ihrer Ideen 1871-1945, Darmstadt 2001.

BRICE, Catherine, Königin Margherita. 'Der einzige Mann im Haus Savoyen', in: Regina Schulte (Hg.), Der Körper der Königin. Geschlecht und Herrschaft in der höfischen Welt seit 1500, Frankfurt a.M. 2002, S. 197-215.

BRINGMANN, Tobias C., Reichstag und Zweikampf. Die Duellfrage als innenpolitischer Konflikt des Kaiserreichs. 1871-1918, Freiburg 1997.

BRUCH, Rüdiger vom, Kaiser und Bürger. Wilhelminismus als Ausdruck kulturellen Umbruchs um 1900, in: Adolf M. Birke/Lothar Kettenacker (Hg.), Bürgertum, Adel und Monarchie. Wandel der Lebensformen im Zeitalter des bürgerlichen Nationalismus, München 1989, S. 119-146.

BRUCH, Rüdiger vom, Wissenschaft, Politik und öffentliche Meinung. Gelehrtenpolitik im Wilhelminischen Deutschland (1890-1914), Husum 1980

BRUDE-FIRNAU, Gisela, 'Preußische Predigt: Die Reden Wilhelms II.', in: The Turn of the Century: German Literature and Art. 1890-1915, hrsg. v. Gerald Chapple und Hans H. Schulte, Bonn 1981, S. 149-170.

BRUDE-FIRNAU, Gisela, Die literarische Deutung Kaiser Wilhelms II. zwischen 1889 und 1989 (Beiträge zur Neueren Literaturgeschichte, 148), Heidelberg 1997.

BRUNNER, Otto, .Vom Gottesgnadentum zum monarchischen Prinzip, in: Ders., Neue Wege der Verfassungs- und Sozialgeschichte, Göttingen ²1968, S. 160-186.

BÜGNER, Torsten/WAGNER, Gerhard, Die Alten und die Jungen im Deutschen Reich. Literatursoziologische Anmerkungen zum Verhältnis der Generationen 1871-1918, in: Zeitschrift für Soziologie 20 (1991), S. 177-190.

BURMEISTER, Hans Wilhelm, Prince Philipp Eulenburg-Hertefeld 1847-1921. His Influence on Kaiser Wilhelm II and his Role in German Government 1888-1902, Wiesbaden 1981.

CARY, Noel D., The Making of the Reich President, 1925: German Conservatism and the Nomination of Paul von Hindenburg, in: Central European History 23 (1990), S. 179-204.

CATTARUZZA, Marina, Das Kaiserbild in der Arbeiterschaft am Beispiel der Werftarbeiter in Hamburg und Stettin, in: RÖHL, John C.G. (Hg.), Der Ort Kaiser Wilhelms II. in der deutschen Geschichte, München 1991, S. 131-144.

CECIL, Lamar, Albert Ballin, Princeton 1967.

CECIL, Lamar, Wilhelm II. 2 Bde., Chapel Hill 1996.

CHICKERING, Roger, Imperial Germany and the Great War. 1914-1918, Cambridge 1998.

CHICKERING, Roger, We Men who feel most German. A Cultural Study of the Pan-German Legue. 1886-1914, Boston/London 1984.

CLARK, Christopher, Wilhelm II, London 2000

COLE, Terence F., The Daily-Telegraph affair, in: Röhl/Sombart (Hg.), Interpretations, S. 249-268.

CONZE, Werner, Konstitutionelle Monarchie – Industrialisierung – Deutsche Führungsschichten um 1900, in: Werner Conze, Gesellschaft – Staat – Nation. Gesammelte Aufsätze. Hrsg. V. Ulrich Engelhardt, Reinhart Koselleck und Wolfgang Schieder (Industrielle Welt, 52), Stuttgart 1992.

COWLES, Virginia, Wilhelm II. Der letzte deutsche Kaiser, Frankfurt a.M. 1977.

CREUTZ, Martin, Die Pressepolitik der kaiserlichen Regierung während des Ersten Weltkrieges. Die Exekutive der Journalisten und der Teufelskreis der Berichterstattung, Frankfurt 1996

DANIEL, Ute, Die Politik der Propaganda. Zur Praxis gouvernementaler Selbstrepräsentation vom Kaiserreich bis zur Bundesrepublik, in: Dies./Wolfram Siemann (Hg.), Propaganda. Meinungskampf, Verführung und politische Sinnstiftung 1789-1989, Frankfurt a.M. 1994, S. 44-83.

DEIST, Wilhelm, Kaiser Wilhelm II. als Oberster Kriegsherr, in: RÖHL (Hg.), Ort, S. 25-42.

DEIST, Wilhelm, Zur Geschichte des preußischen Offizierskorps 1888-1918, in: Ders., Militär, Staat und Gesellschaft. Studien zur preußisch-deutschen Militärgeschichte, München 1991.

DOERRY, Martin, Übergangsmenschen. Die Mentalität der Wilhelminer und die Krise des Kaiserreichs, Weinheim/München 1986.

DOLLINGER, Heinz, Das Leitbild des Bürgerkönigtums in der europäischen Monarchie des 19. Jahrhunderts, in: Karl-Ferdinand Werner (Hg.), Hof, Kultur und Politik im 19. Jahrhundert, Bonn 1985, S. 325-348.

DOMANN, Peter, Sozialdemokratie und Kaisertum unter Wilhelm II. Die Auseinandersetzung der Partei mit dem monarchischen System, seinen gesellschafts- und verfassungspolitischen Voraussetzungen (Frankfurter Historische Abhandlungen, 3) Wiesbaden 1974.

DÖRNER, Andreas, Politainment. Politik in der medialen Erlebnisgesellschaft, Frankfurt a.M. 2001.

DÖRNER, Andreas, Politischer Mythos und symbolische Politik. Sinnstiftung durch symbolische Formen, Opladen 1995.

DÖRNER, Andreas/VOGT, Ludgera (Hg.), Wahl-Kämpfe. Betrachtungen über ein demokratisches Ritual, Frankfurt a.M. 2002.

DORPALEN, Andreas, Empress Auguste Victoria and the Fall of the German Monarchy, in: American Historical Review 58 (1952), S. 17-58.

DREWES, Anton, Die Daily-Telegraph-Affäre vom Herbst 1908 und ihre Wirkung (Phil. Diss.), Münster 1933.

DUKES, Jack R./REMAK, Joachim (Hg.), Another Germany: A Reconsideration of the Imperial Era, Boulder/London 1988.

DULINSKI, Ulrike, Sensationsjournalismus in Deutschland, Konstanz 2003.

EBBINGHAUS, Rolf/NECKEL, Sieghard (Hg.), Anatomie des politischen Skandals, Frankfurt a.M. 1989.

EDER, Franz X., Sexualized Subjects. Medical Discourse on Sexuality in German-Speaking Countries in the Late 18th and in the 19th Century, in: The Institute of the History of Medicine and Social Medicine. Semmelweis University of Medicine (Hg.), Civilization, Sexuality and Social Life in Historical Context. The Hidden Face of Urban Life, Budapest 1996, S. 17-28.

ELEY, Geoff, Reshaping the German Right: Radical Nationalism and Political Change after Bismarck, New Haven 1980.

ELEY, Geoff, The View from the Throne, in: Historical Journal 28 (1985), S. 469-485.

ELEY, Geoff, Wilhelminismus, Nationalismus, Faschismus. Zur historischen Kontinuität in Deutschland (Theorie und Geschichte der bürgerlichen Gesellschaft, 3), Münster 1991.

ELEY, Geoff/RETALLACK, James, Introduction, in: Dies. (Hg.), Wilhelminism and Its Legacies. German Modernities, Imperialism and the Meanings of Reform, New York/Oxford 2003, S. 1-15.

ELIAS, Norbert, Die höfische Gesellschaft. Untersuchungen zur Soziologie des Königtums und der höfischen Aristokratie, Frankfurt 1983.

ELIAS, Norbert, Über den Prozeß der Zivilisation. Soziogenetische und psychogenetische Untersuchungen. Band II: Wandlungen der Gesellschaft. Entwurf zu einer Theorie der Zivilisation, Frankfurt 1995.

ELLIOTT, J.H., BROCKLISS, L.W.B. (Hg.), The World of the Favourite, New Haven 1999.

ELLIOTT, J.H., Introduction, in: Ders./Brockliss (Hg.), Favourite, S. 1-11.

ELLWEIN, Thomas, Das Erbe der Monarchie in der deutschen Staatskrise. Zur Geschichte des Verfassungsstaates in Deutschland, München 1954.

ELSNER, Tobias v., Kaisertage: Die Hamburger und das wilhelminische Deutschland im Spiegel öffentlicher Festkultur, Frankfurt a.M. 1990.

ENGELBERG, Ernst, Bismarck, 2 Bde., Berlin 1998.

ENGELS, Jens Ivo, Königsbilder. Sprechen, Singen und Schreiben über den König in der ersten Hälfte des 18. Jahrhunderts (Pariser historische Studien, 52), Bonn 2000.

ENGELSING, Rolf, Massenpublikum und Journalistentum im 19. Jahrhundert in Nordwestdeutschland, Berlin 1966.

ERGER, Johannes, Der Kapp-Lüttwitz-Putsch. Ein Beitrag zur deutschen Innenpolitik 1919/1920 (Beiträge zur Geschichte des Parlamentarismus und der politischen Parteien, 35), Düsseldorf 1967.

ERNST, Wolfgang/VISMANN, Cornelia (Hg.), Geschichtskörper. Zur Aktualität von Ernst H. Kantorowicz, München 1998

ESCHENBURG, Theodor, Die improvisierte Demokratie. Ein Beitrag zur Geschichte der Weimarer Republik, in: Ders., Die improvisierte Demokratie. Gesammelte Aufsätze zur Weimarer Republik, München 1964.

EVANS, Richard J. (Hg.), Kneipengespräche im Kaiserreich. Stimmungsberichte der Hamburger Polizei 1892-1914, Hamburg 1989.

EVANS, Richard J., Rethinking German History, London 1987.

EYCK, Erich, Das persönliche Regiment Wilhelms II. Politische Geschichte des deutschen Kaiserreichs von 1890 bis 1914, Zürich 1948.

EYKMANN, Walter, Religionsunterricht: Stütze für König und Vaterland, Waffe gegen den Umsturz, in: Samerski (Hg.), Religion, S. 265-283.

FALTER, Jürgen W., The Two Hindenburg Elections of 1925 and 1932: A total Reversal of Voter Coalitions, in: Central European History 23 (1990), S. 224-241.

FAULENBACH, Bernd, Nach der Niederlage. Zeitgeschichtliche Fragen und apologetische Tendenzen in der Historiographie der Weimarer Zeit, in: Peter Schöttler (Hg.), Geschichtsschreibung als Legitimationswissenschaft. 1918-1945, Frankfurt a.M. 1999, S. 31-52.

FEHRENBACH, Elisabeth, Images of Kaiserdom: German attitudes to Kaiser Wilhelm II, in: RÖHL/SOMBART (Hg.), Interpretations, S. 269-285.

FEHRENBACH, Elisabeth, Wandlungen des deutschen Kaisergedankens (1871-1918), (Studien zur Geschichte des neunzehnten Jahrhunderts, 1), München/Wien 1969.

FELKEN, Detlef, Oswald Spengler. Konservativer Denker zwischen Kaiserreich und Diktatur, München 1988.

FEROS, Antonio, Images of Evil, Images of Kings: The Contrasting Faces of the Royal Favourite and the Prime Minister in Early Modern European Literature, c. 1580-1650, in: Elliott/Brockliss (Hg.), Favourite, S. 223-238.

FESSER, Gerd, Bernhard von Bülow und der Sturz Bismarcks, in: Jost Dülfer/Hans Hübner (Hg.), Otto von Bismarck. Person - Politik - Mythos, Berlin 1993, S. 191-202.

FESSER, Gerd, Reichskanzler Fürst von Bülow, Eine Biographie, Berlin 1991.

FESSER, Gerd, Vom Cäsarismus zum Parlamentarismus. Friedrich Naumanns Haltung gegenüber Kaiser Wilhelm II., in: Jahrbuch zur Liberalismus-Forschung, 11 (1999), S. 149-157.

FEST, Joachim, Hitler, München [8]1975.

FIEBIG-von Hase, Ragnhild, ‚The uses of friendship'. The ‚personal regime' of Wilhelm II and Theodore Roosevelt, 1901-1909, in: Annika Mombauer/Wilhelm Deist (Hg.), The Kaiser. New Research on Wilhelm II's Role in Imperial Germany, Cambridge 2003, S. 143-175.

FIEBIG-von Hase, Ragnhild, Die Rolle Kaiser Wilhelms II. in den deutsch-amerikanischen Beziehungen. 1890-1914, in: RÖHL, John C.G. (Hg.), Der Ort Kaiser Wilhelms II. in der deutschen Geschichte, München 1991, S. 223-258.

FISCHER, Heinz-Dietrich, Deutsche Presseverleger des 18. bis 20. Jahrhunderts, Pullach 1975.

FISCHER, Heinz-Dietrich, Deutsche Zeitschriften des 17. bis 20. Jahrhunderts, Pullach 1973.

FISCHER, Heinz-Dietrich, Deutsche Zeitungen des 17. bis 20. Jahrhunderts, Pullach 1972.

FISCHER, Heinz-Dietrich, Handbuch der politischen Presse im Überblick 1888-1918, 1957.

FISCHER, Jens Malte, ‚Deutschland ist Kain'. Rudolf Borchardt und der Nationalsozialismus, in: Ernst Osterkamp (Hg.), Rudolf Borchardt und seine Zeitgenossen, Berlin 1997, S. 386-398.

FISCHER-FRAUENDIENST, Irene, Bismarcks Pressepolitik, Münster 1963

FOLDY, Michael S., The Trials of Oscar Wilde. Deviance, Morality, and Late-Victorian Society, New Haven/London 1997.

FOUT, John, Sexual Politics in wilhelmine Germany: the male gender crisis, moral purity and homophobia, in: Journal of the History of Sexuality 2 (1992), Heft 3, S. 388-421.

FRAUENDIENST, Werner, Demokratisierung des deutschen Konstitutionalismus in der Zeit Wilhelms II., in: Zeitschrift für die gesamte Staatswissenschaft 113 (1957), S. 721-746.

FRICKE, Dieter, Die Affäre Leckert-Lützow-Tausch und die Regierungskrise von 1897 in Deutschland, in: Zeitschrift für Geschichtswissenschaft 7 (1960), S. 1579 ff.

FRITZSCHE, Peter, A Nation of Fliers: German Aviation and the Popular Imagination, Cambridge (Mass.) 1992.

FRITZSCHE, Peter, Breakdown or Breakthrough? Conservatives and the November Revolution, in: Larry Eugene Jones/James Retallack (Hg.), Between Reform, Reaction and Resistance. Studies in the History of German Conservatism from 1789 to 1945, Oxford, 1993, S. 299-328.

FRITZSCHE, Peter, Presidential Victory and Popular Festivity in Weimar Germany: Hindenburg's 1925 Election, in: Central European History 23 (1990), S. 205-224.

FRITZSCHE, Peter, Reading Berlin 1900, Cambridge Mass. 1996.

FRITZSCHE, Peter, Rehearsals for Fascism. Populism and Political Mobilization in Weimar Germany, Oxford 1990.

FÜHRER, Karl Christian, Neue Literatur zur Geschichte der modernen Massenmedien Film, Hörfunk und Fernsehen, in: Neue Politische Literatur 46 (2001), S. 216-243.

FUNCK, Marcus, In den Tod gehen. Bilder des Sterbens im 19. und 20. Jahrhundert, in: Ursula Breymayer/Bernd Ulrich/Karin Wieland (Hg.), Willensmenschen. Über deutsche Offiziere, Frankfurt a.M. 1999, S. 227-236.

FUNCK, Marcus, Schock und Chance. Der preußische Militäradel in der Weimarer Republik zwischen Stand und Profession, in: Heinz Reif (Hg.), Adel und Bürgertum in Deutschland II, Berlin 2001, S. 127-171.

FUNCK, Marcus/MALINOWSKI, Stephan, Geschichte von oben. Autobiographien als Quelle einer Sozial- und Kulturgeschichte des deutschen Adels in Kaiserreich und Weimarer Republik, in: Historische Anthropologie 7 (1999), S. 236-270.

FÜSSL, Wilhelm, Professor in der Politik: Friedrich Julius Stahl (1802-1861). Das monarchische Prinzip und seine Umsetzung in die parlamentarische Praxis, Göttingen 1988.

GALL, Lothar, Bismarck. Der weiße Revolutionär, Frankfurt a.M. 1980.

GARNETT, Robert S., Lion, Eagle, and Swastika. Bavarian Monarchism in Weimar Germany. 1918-1933, New York/London 1991.

GEBHARDT, Hartwig, Der Kaiser kommt, in: Annette Graczyk (Hg.), Das Volk: Abbild, Konstruktion, Phantasma, 1996, S. 63-82.

GEBHARDT, Hartwig, Organisierte Kommunikation als Herrschaftstechnik. Zur Entwicklungsgeschichte staatlicher Öffentlichkeitsarbeit, in: Publizistik 39 (1994), S. 175-189.

GEISTHÖVEL, Alexa, Den Monarchen im Blick. Wilhelm I. in der illustrierten Familienpresse, in: Habbo Knoch/Daniel Morat (Hg.), Kommunikation als Beobachtung. Medienanalysen und Gesellschaftsbilder, Paderborn 2003, S.59-80.

GENGLER, Ludwig Franz, Die deutschen Monarchisten 1919-1925, Kulmbach 1932.

GEYER, Michael, Insurrectionary Warfare: The German Debate about a Levée en Masse in October 1918, in: The Journal of Modern History 73 (2001), S. 459-527.

GLETTLER, Monika, Karl-Kraus zwischen Prussophilie und Prussophobie. Bismarck und Wilhelm II. in der ‚Fackel', in: Österreich in Geschichte und Literatur 23 (1979), S. 148-168.

GOETZ, Walter, Kaiser Wilhelm und die deutsche Geschichtsschreibung, in: Historische Zeitschrift 179 (1955), S. 21 ff.

GRANIER, Gerhard, Magnus von Levetzow. Seeoffizier, Monarchist und Wegbereiter Hitlers. Lebensweg und ausgewählte Dokumente, Boppard/Rhein 1982.

GREBING, Helga, Der „deutsche Sonderweg" in Europa 1806-1945. Eine Kritik, Stuttgart u.a. 1986.

GRIESSMER, Axel, Massenverbände und Massenparteien im wilhelminischen Reich. Zum Wandel der Wahlkultur 1903-1912 (Beiträge zur Geschichte des Parlamentarismus und der politischen Parteien, 124), Düsseldorf 2000.

GROEBNER, Valentin, Körpergeschichte politisch. Montaigne und die Ordnungen der Natur in den französischen Religionskriegen 1572-1592, in: Historische Zeitschrift 269 (1999), S. 281-304.

GROENER-GEYER, Dorothea, General Groener. Soldat und Staatsmann, Frankfurt a.M. 1954.

GROH, Dieter, Cäsarismus, Bonapartismus, Führer, Chef, Imperialismus, in: Geschichtliche Grundbegriffe. Historisches Lexikon zur politisch-sozialen Sprache in Deutschland, hrsg. von Otto Brunner/Werner Conze/Reinhart Koselleck, Bd. 1 Stuttgart 1972, S. 726-771.

GROSSER, Dieter, Vom monarchischen Konstitutionalismus zur parlamentarischen Demokratie, Den Haag 1970.

GROTH, Otto, Die unerkannte Kulturmacht. Grundlegung der Zeitungswissenschaft, 7 Bde., Berlin 1960-1972.

GRUSS, Helmuth, Aufbau und Verwendung der deutschen Sturmbataillone, Berlin 1939.

GUMBRECHT, Hans Ulrich/PFEIFFER, K. Ludwig (Hg.), Materialität der Kommunikation, Frankfurt a.M. [2]1995.

GUSY, Christoph, Demokratisches Denken in der Weimarer Republik – Entstehungsbedingungen und Vorfragen, in: Ders. (Hg.), Demokratisches Denken in der Weimarer Republik, Baden-Baden 2000, S. 11-36.

GUTH, Ekkehart P., Der Loyalitätskonflikt des deutschen Offizierskorps in der Revolution 1918-20 (Geschichte und ihre Hilfswissenschaften, 198), Frankfurt a.M. 1983.

GUTSCHE, Wilhelm II. Der letzte Kaiser des Deutschen Reiches. Eine Biographie, Berlin 1991.

GUTSCHE, Willibald, Ein Kaiser im Exil: Der letzte Deutsche Kaiser Wilhelm II. in Holland. Eine kritische Biographie, Marburg 1991.

GUTSCHE, Willibald, Monarchistische Restaurationsstrategie und Faschismus. Zur Rolle Wilhelms II. im Kampf der nationalistischen und revanchistischen Kräfte um die Beseitigung der Weimarer Republik, in: Röhl (Hg.), Ort, S. 287-296.

HAACKE, Wilmont, Die politische Zeitschrift. 1665-1965, Stuttgart 1968.

HABERMAS, Jürgen, Strukturwandel der Öffentlichkeit. Untersuchungen zu einer Kategorie der bürgerlichen Gesellschaft, Frankfurt a.M. [4]1995.

HAFFNER, Sebastian, Preußen ohne Legende, Hamburg 1981.

HAGENLÜCKE, Heinz, Deutsche Vaterlandspartei. Die nationale Rechte am Ende des Kaiserreichs, Düsseldorf 1997.

HALL, Alex, Scandal, Sensation and Social Democracy. The SPD Press and Wilhelmine Germany 1890-1914, Cambridge 1977.

HALL, Alex, The Kaiser, the Wilhelmine State and Lèse-Majesté, in: German Life and Letters 27 (1973/74), S. 101-115.

HAMANN, Brigitte, Hitlers Wien. Lehrjahre eines Diktators, München 2001.

HANISCH, Manfred, Für Fürst und Vaterland. Legitimitätsstiftung in Bayern zwischen Revolution 1848 und deutscher Einheit, München 1991.

HANISCH, Manfred, Nationalisierung der Dynastien oder Monarchisierung der Nation? Zum Verhältnis von Monarchie und Nation in Deutschland im 19. Jahrhundert, in: Adolf M. Birke/Lothar Kettenacker (Hg.), Bürgertum, Adel und Monarchie. Wandel der Lebensformen im Zeitalter des bürgerlichen Nationalismus, München u.a. 1989, S. 71-92.

HANK, Manfred, Kanzler ohne Amt, Fürst Bismarck nach seiner Entlassung. 1890-1898, München 1977.

HARTMANN, Hans-Georg, Die Innenpolitik des Fürsten Bülow 1906-1909 (Phil. Diss.), Kiel 1951.

HARTUNG, Fritz, Das persönliche Regiment Kaiser Wilhelms II. Sitzungsberichte d. Dt. Akademie d. Wiss. zu Berlin, Kl. F. Gesellschaftsw. 1952, Nr. 3.

HECHT, Karsten, Der Münchner Harden-Prozeß – ein politisches Verfahren vor dem Hintergrund der Ressentiments in Bayern gegenüber dem Wilhelminismus in Preußen und dem Reich, Magister-Arbeit, München 1991.

HECHT, Karsten, Die Harden-Prozesse – Strafverfahren, Öffentlichkeit und Politik im Kaiserreich (Jur. Diss.), München 1997.

HECHT, Otto Max, Bülows Memoiren und die Daily-Telegraph-Affäre, Köln 1934.

HEENEMANN, Horst, Die Auflagenhöhen der deutschen Zeitungen. Ihre Entwicklung und ihre Probleme (Phil. Diss.), Berlin 1929.

HEIDLER, Mario, West-Marokko deutsch! Oder: Wie werden Meinungen gemacht?, in: Sigrid Stöckel (Hg.), Die ‚rechte Nation' und ihr Verleger: Politik und Popularisierung im J.F. Lehmanns Verlag. 1890-1979, Köln 2002, S. 103-107.

HEINRICH-JOST, Ingrid, Der Kladderadatsch 1848-1933, Köln 1982.

HELLGE, Friedrich, Der Verleger Wilhelm Friedrich und das „Magazin für die Literatur des In- und Auslandes“. Ein Beitrag zur Literatur- und Verlagsgeschichte des frühen Naturalismus in Deutschland, in: Archiv für Geschichte des Buchwesens 16, S. 791-1216

HELLIGE, Hans Dieter, Rathenau und Harden in der Gesellschaft des Deutschen Kaiserreichs. Eine sozialgeschichtlich-biographische Studie zur Entstehung neokonservativer Positionen bei Unternehmern und Intellektuellen, in: HELLIGE, Hans Dieter/SCHULIN, Ernst (Hg.), Walther Rathenau-Gesamtausgabe, Bd. VI.: Walther Rathenau - Maximilian Harden. Briefwechsel 1897-1920, München 1983, S. 15-300.

HENNEBERG, Jörg Michael, Das Sanssouci Kaiser Wilhelms II. Der letzte Deutsche Kaiser, das Achilleion und Korfu (Wilhelminische Studien, 1), Oldenburg 2004.

HERGEMÖLLER, Bernd-Ulrich, Einführung in die Historiographie der Homosexualitäten, Tübingen 1999

HERRE, Franz, Wilhelm II. – Monarch zwischen den Zeiten, Köln 1993.

HERRE, Paul, Kronprinz Wilhelm. Seine Rolle in der deutschen Politik, München 1954.

HERRMANN, Karin, Der Zusammenbruch 1918 in der deutschen Tagespresse. Politische Ziele, Reaktionen und Ereignisse und die Versuchung der Meinungsführung [...], 23. September bis 11. November 1918 (Phil. Diss.), Münster 1958.

HERTEFELDER, Thomas, Kritik und Mandat. Zur Einführung, in: Ders./Gangolf Hübinger (Hg.), Kritik und Mandat. Intellektuelle in der deutschen Politik, München 2000,, S. 11-29

HETTLING, Manfred/HOFFMANN, Stefan-Ludwig, Der bürgerliche Wertehimmel. Zum Problem individueller Lebensführung im 19. Jahrhundert, in: Geschichte und Gesellschaft 23 (1997), S. 333-359.

HEWITSON, Mark, The Kaiserreich in Question: Constitutional Crisis in Germany before the First World War, in: Journal of Modern History 73 (2001), S. 725-780.

HILDEBRAND, Klaus, Das vergangene Reich. Deutsche Außenpolitik von Bismarck bis Hitler, Berlin 1999.

HILLER v. GAERTRINGEN, Friedrich Frhr. v., Monarchismus in der deutschen Republik, in: Michael Stürmer, Die Weimarer Republik. Belagerte Civitas, Königstein/Ts. 1980, S. 254-271.

HILLER VON GAERTRINGEN, Friedrich Frhr., Fürst Bülows Denkwürdigkeiten, (Tübinger Studien zur Geschichte und Politik, 5), Tübingen 1956.

HINTZE, Otto, Das persönliche Regiment Wilhelms II., in: Zeitschrift für Religions- und Geistesgeschichte 3 (1951), S. 134 ff.

HOBSBAWN, Eric, Mass-Producing Traditions: Europe 1870-1914, in: HOBSBAWN, Eric/RANGER (Hg.), Terence, The Invention of Tradition, Cambridge1996, S. 263-308.

HOFFMANN, Lutz, Das 'Volk'. Zur ideologischen Struktur eines unvermeidlichen Begriffs, Zeitschrift für Soziologie 20 (1991), S. 191-208.

HOFMANN, Arne, „Wir sind das alte Deutschland, Das Deutschland wie es war..." Der „Bund der Aufrechten" und der Monarchismus in der Weimarer Republik (Moderne Geschichte und Politik, 11), Frankfurt a.M. u.a. 1998.

HOFMANN, Hasso, Das Problem der cäsaristischen Legitimität im Bismarckreich, in: Karl Hammer/Karl, Hartmann/Peter Claus (Hg.), Le Bonapartisme/Der Bonapartismus. Historisches Phänomen und politischer Mythos (Beihefte der Francia, 6), München 1977, S. 91 f.

HOLL, Karl, Ludwig Quidde, Ein Lebensbild, in: Ders./Kloft/Fesser (Hg.), Caligula, S. 9-39

HOLL, Karl/KLOFT, Hans/FESSER, Gerd (Hg.), Caligula – Wilhelm II. und der Caesarenwahnsinn. Antikenrezeption und wilhelminische Politik am Beispiel des ‚Caligula' von Ludwig Quidde, Bremen 2001.

HUBATSCH, Walther, Hindenburg und der Staat. Aus den Papieren des Generalfeldmarschalls und Reichspräsidenten von 1878 bis 1934, Göttingen 1966.

HUBER, Ernst-Rudolf, Deutsche Verfassungsgeschichte seit 1789, Bd. IV: Struktur und Krisen des Kaiserreichs, Stuttgart 1969.

HUBER, Ernst-Rudolf, Deutsche Verfassungsgeschichte seit 1789, Bd. V.: Weltkrieg, Revolution und Reichserneuerung 1914-1919, Stuttgart 1978.

HÜBINGER, Gangolf, Die politischen Rollen europäischer Intellektueller im 20. Jahrhundert. in: Ders./Thomas Hertefelder (Hg.), Kritik und Mandat. Intellektuelle in der deutschen Politik, München 2000, S. 30-44.

HULDERMANN, Bernhard, Albert Ballin, London 1922.

HULL, Isabel V., ‚Kaiser Wilhelm II and the ‚Liebenberg Circle', in: Röhl/Sombart (Hg.), Interpretations, S. 193-220.

HULL, Isabel V., "Persönliches Regiment", in: Röhl (Hg.), Ort, S. 3-23.

HULL, Isabel V., Military culture, Wilhelm II, and the end of the monarchy in the First World War, in: Annika Mombauer/Wilhelm Deist (Hg.), The Kaiser. New Research on Wilhelm II's role in Imperial Germany, Cambridge 2003, S. 235-258.

HULL, Isabel V., Prussian Dynastic Ritual and the End of Monarchy, in: Dies./Carole Fink/MacGregor Knox (Hg.), German Nationalism amd the European Response. 1890-1945, Norman/London 1985, S. 13-42.

HULL, Isabel V., The Entourage of Kaiser Wilhelm II 1888-1918, Cambridge 1982.

HULL, Isabel, Der kaiserliche Hof als Herrschaftsinstrument, in: Wilderotter/Pohl (Hg.), Exil, S. 19-30.

HUNT, Lynn, The Family Romance of the French Revolution, Berkeley, Los Angeles 1992.

HÜPPAUF, Bernd, Schlachtenmythen und die Konstruktion des neuen Menschen, in: Gerhard Hirschfeld/Gerd Krumeich (Hg.), „Keiner fühlt sich hier mehr als Mensch..." Erlebnis und Wirkung des Ersten Weltkriegs (Schriften der Bibliothek für Zeitgeschichte, 1), Essen 1993,S. 43-85.

HÜRTER, Johannes, Wilhelm Groener. Reichswehrminister am Ende der Weimarer Republik (1928-1932) (Schriftenreihe des Militärgeschichtlichen Forschungsamtes, 39), München 1993, S. 219 f.

HÜTTNER, Martin, Bismarcks Sturz an den Iden des März 1890 in historischer Literatur, Frankfurt a.M. 1997.

JANSSEN, Karl Heinz, Der Untergang der Monarchie, in: Helmuth Rößler (Hg.), Weltwende 1917, Göttingen 1965.

JARCHOW, Margarete, Hofgeschenke. Wilhelm II. zwischen Diplomatie und Dynastie 1888-1914, Hamburg 1998.

JENSEN, Uffa, In die Falle der Partikularität. Bürgerliche Beobachter des öffentlichen Raums in den Flugschriften zur „Judenfrage", 1870-1890, in: Habbo Knoch/Daniel Morat (Hg.), Kommunikation als Beobachtung. Medienanalysen und Gesellschaftsbilder, Paderborn 2003, S. 81-98.

JOEST, Hans-Josef, Stollwerck. Das Abenteuer einer Weltmarke, Köln 1989

JOHANN, Ernst (Hg.), Reden des Kaisers. Ansprachen, Predigten und Trinksprüche Wilhelms II., München 1966.

JONAS, Klaus W., Der Kronprinz Wilhelm, Frankfurt a.M. 1962.

JONES, Larry Eugene, Hindenburg and the Conservative Dilemma in the 1932 Presidential Elections, in: German Studies Review 20 (1997), 235-260.

JONGE, J.A. de, Wilhelm II., Köln/Wien 1988.

JOST-KLEIST, Ingrid, Der Kladderadatsch 1848-1933, Köln 1982.

JUNG, Otmar, Direkte Demokratie in der Weimarer Republik. Die Fälle „Aufwertung", „Fürstenenteignung", „Panzerkreuzerverbot" und „Youngplan", Frankfurt a.M. 1989.

JUNG, Otmar, Volksgesetzgebung. Die ‚Weimarer Erfahrungen' aus dem Fall der Vermögensauseinandersetzungen zwischen Freistaaten und ehemaligen Fürsten, 2 Bde., Hamburg 1990.

JUNGBLUT, Peter, Famose Kerle. Eulenburg – Eine wilhelminische Affäre, Hamburg 2003,

KAEHLER, Siegfried A., Vier quellenkritische Untersuchungen zum Kriegsende 1918, in: Ders., Studien zur deutschen Geschichte des 19. und 20. Jahrhunderts, Aufsätze und Vorträge, Göttingen 1961.

KAISER, Jochen-Christoph/LOTH, Wilfried (Hg.), Soziale Reform im Kaiserreich. Protestantismus, Katholizismus und Sozialpolitik (Konfession und Gesellschaft, 11), Stuttgart 1997.

KANTOROWITZ, Ernst H., The King's Two Bodies. A Study in Medieval Political Theology, Princeton 1957.

KÄSLER, Dirk u.a., Der politische Skandal: zur symbolischen und dramaturgischen Qualität von Politik, Opladen 1991.

KAUFMANN, Walter H., Monarchism in the Weimar Republic, New York 1953.

KEPPLINGER, Hans Matthias, Die Kunst der Skandalierung und die Illusion der Wahrheit, München 2001.

KERBS, Dietmar, Kunsterziehung und Kulturreform, in: Maase/Kaschuba, Schund, S. 378-397

KERSHAW, Ian, Der Hitler-Mythos. Führerkult und Volksmeinung, Stuttgart [2]1999.

KERSHAW, Ian, Hitler. 1889-1936, Stuttgart 1998.

KIRCHNER, Joachim, Das deutsche Zeitschriftenwesen, Bd. II, Wiesbaden 1962.

KIRSCH, Martin, Monarch und Parlament im 19. Jahrhundert. Der monarchische Konstitutionalismus als europäischer Verfassungstyp - Frankreich im Vergleich (Veröffentlichungen des Max-Planck-Instituts für Geschichte, 150), Göttingen 1999.

KISTE, John van der, Kaiser Wilhelm II. Germany's last emperor, Sutton 2001.

KLOFT, Hans, Caligula – Ein Betriebsunfall im frühen Patriziat, in: Holl/Kloft/Fesser, Caligula, S. 89-116

KLUCK, Thomas, Protestantismus und Protest in der Weimarer Republik. Die Auseinandersetzung um die Fürstenenteignung und Aufwertung im Spiegel des deutschen Protestantismus (Europäische Hochschulschriften, Rh. 23, 583), Frankfurt a. M./Berlin 1996.

KLUETING, Harm, „Vernunftsrepublikanismus" und „Vertrauensdiktatur". Friedrich Meinecke in der Weimarer Republik, in: Historische Zeitschrift 242 (1986), S. 69-98.

KNOCH, Habbo/MORAT, Daniel (Hg.), Medienwandel und Gesellschaftsbilder 1880-1960. Zur historischen Kommunikologie der massenmedialen Sattelzeit, in: Dies. (Hg.), Kommunikation als Beobachtung. Medienbilder und Gesellschaftsbilder 1880-1960, München 2003, S. 9-33.

KÖHLER, Hans-Joachim, Die Flugschriften. Versuch der Präzisierung eines geläufigen Begriffs, in: H. Rabe (Hg.), Festgabe für Ernst Walter Zeeden zum 60. Geburtstag, Münster 1976, S. 36-61.

KOHLRAUSCH, Martin, Der unmännliche Kaiser. Wilhelm II. und die Zerbrechlichkeit des königlichen Individuums, in: Regina Schulte (Hg.), Der Körper der Königin, Frankfurt a.M. 2002, S. 254-275.

KOHLRAUSCH, Martin, Die Deutung der Flucht Wilhelms II. als Fallbeispiel der Rezeption des wilhelminischen Kaisertums, in: Wolfgang Neugebauer/Ralf Pröve (Hrsg.): Agrarische Verfassung und politische Struktur. Studien zur Gesellschaftsgeschichte Preußens 1700-1918, Berlin 1998, S. 325-347.

KOHLRAUSCH, Martin, Die Flucht des Kaisers – Doppeltes Scheitern adlig-bürgerlicher Monarchiekonzepte, in: Heinz Reif (Hg.), Adel und Bürgertum in Deutschland im 19. und 20. Jahrhundert, Berlin 2001, S. 65-101.

KOHLRAUSCH, Martin, Die höfische Gesellschaft und ihre Feinde. Monarchie und Massenöffentlichkeit in England und Deutschland um 1900, in: Neue Politische Literatur, 3 (2002), S. 450-466.

KOHLRAUSCH, Martin, The Deserting Warlord. Fashioning Wilhelm II's Flight in Germany after the First World War, MA-Dissertation, University of Sussex 1997 (unveröffentlicht).

KOHUT, Thomas A., Wilhelm II and the Germans. A Study in Leadership, New York/Oxford 1991.

KOLB, Eberhard, Revolutionsbilder 1918/19 im zeitgenössischen Bewußtsein und in der historischen Forschung (Kleine Schriften Stiftung Reichspräsident-Friedrich-Ebert-Gedenkstätte, 15), Heidelberg 1993.

KORTEMEYER, A., Die Entwicklung des Pflichtbewußtseins Kaiser Wilhelms II. Eine pädagogisch-psychologische Studie, Leipzig 1910.

KOSELLECK, Reinhart, ‚Erfahrungsraum' und ‚Erwartungshorizont' – zwei historische Kategorien, in: Ders., Vergangene Zukunft. Zur Semantik geschichtlicher Zeiten, Frankfurt a.M. 1989, S. 349-375.

KOSELLECK, Reinhart, Kritik und Krise. Eine Studie zur Pathogenese der bürgerlichen Welt, Frankfurt a.M. [8]1997.

KOSZYK, Kurt, Deutsche Presse im 19. Jahrhundert: Geschichte der deutschen Presse, 4 Bde., Berlin 1966.

KRAFT, Werner, Rudolf Borchardt. Welt aus Poesie und Geschichte, Hamburg 1961.

KRAUSE, Andreas, Scapa Flow. Die Selbstversenkung der wilhelminischen Flotte, Berlin 1999.

KREUZER, Marcus, Parliamentarization and the Question of German Exceptionalism: 1867-1918, in: Central European History 36 (2003), S. 327-357.

KREY, Ursula, Demokratie durch Opposition: Der Naumann-Kreis und die Intellektuellen, in: Hübinger/Hertefelder (Hg.), Kritik und Mandat. Intellektuelle in der deutschen Politik, München 2000, S. 71-92

KROCKOW, Christian Graf von, „Unser Kaiser". Glanz und Sturz der Monarchie, München 1996.

KROCKOW, Christian Graf von, Kaiser Wilhelm II. und seine Zeit. Biographie einer Epoche, Berlin 1999.

KRUMMACHER, Friedrich Arnold, Die Auflösung der Monarchie, Hannover 1960.

KUHN, William M., Democratic royalism: the transformation of the British monarchy. 1861-1914, London 1996.

KÜHNE, Thomas, Dreiklassenwahlrecht und Wahlkultur in Preußen 1867-1914. Landtagswahlen zwischen korporativer Tradition und politischem Massenmarkt, Düsseldorf 1994.

KUNDEL, Erich, Die Ideologie der Weltpolitik im politischen und sozialen Umfeld der Zeitschriften Grenzboten und Preußische Jahrbücher zwischen 1890 und 1900 (Phil. Diss.), Berlin 1990.

KÜREMBERG, Joachim v. (alias Joachim von Reichel), War alles falsch? Das Leben Kaiser Wilhelms II., Bonn [2]1952.

LAERMANN, Klaus, Die gräßliche Bescherung. Zur Anatomie des politischen Skandals, in: Kursbuch 77 (1984), S. 159-172.

LAMMEL, Gisold, Majestätsbeleidigung. Die Hohenzollern in der Karikatur, Berlin 1998.

LEIDER, Sibylle, „Widersprüche überall". Wilhelm II. in psychiatrischen Betrachtungen nach 1918, in: Pohl/Wilderotter (Hg.), Exil, S. 150-156

LERG, Winfried B., Pressegeschichte oder Kommunikationsgeschichte?, in: Presse und Geschichte. Beiträge zur historischen Kommunikationsforschung, München 1977, S. 9-25.

LERMAN, Katherine Anne, The Chancellor as Courtier. Bernhard von Bülow and the Governance of Germany. 1900-1909, Cambridge 1990.

LEUCHTMANN, Angela, Der Fall Philipp Eulenburg. Anfang und Ende einer Karriere im wilhelminischen Deutschland (Phil. Diss.), München 1998.

LINDENBERGER, Thomas, Straßenpolitik. Zur Sozialgeschichte der öffentlichen Ordnung in Berlin 1900 bis 1914, Bonn 1995.

LOIPERDINGER, Martin, Kaiser Wilhelm II.: Der erste deutsche Filmstar, in: Thomas Koebner (Hg.), Idole des deutschen Films, München 1997, S. 41 ff.

LOTH, Wilfried, Das Kaiserreich. Obrigkeitsstaat und politische Mobilisierung, München 1996.

LÜBBE, Hermann, Die Metropolen und das Ende der Provinz. Über Stadtmusealisierung, in: Hans-Michael Körner/Katharina Weigand (Hg.), Hauptstadt. Historische Perspektiven eines deutschen Themas, München 1995, 15-27.

LUHMANN, Niklas, Rechtssoziologie, Opladen [3]1987.

MAASE, Kaspar, Des Kanzlers Scorpions sind des Kaisers weiße Rößl, in: Merkur 55 (2001), S. 1138-1143.

MAASE, Kaspar, Grenzenloses Vergnügen. Der Aufstieg der Massenkultur 1850-1970, Frankfurt a.M. 1997.

MAASE, Kaspar/KASCHUBA, Wolfgang (Hg.), Schund und Schönheit. Populäre Kultur um 1900, Köln u.a 2001.

MACDONNEL, Patricia, „Essentially masculine". Masden Hartley, gay identity and the wilhelmine German military, in: Art Journal 65 (1997), Heft 2, S. 62-69.

MACDONOUGH, Giles, Prussia. The Perversion of an Idea, London 1994.

MACDONOUGH, Giles, The last Kaiser: William the impetuous, London 2001.

MACHTAN, Lothar, Bismarck-Kult und deutscher National-Mythos 1890-1940, in: Ders. (Hg.), Bismarck und der deutsche National-Mythos, Bremen 1994, S. 14-67.

MACHTAN, Lothar, Bismarcks Tod und Deutschlands Tränen. Reportage einer Tragödie, München 1998.

MAH, Harold, Phantasies of the Public Sphere. Rethinking the Habermas of Historians, in: The Journal of Modern History 72 (2000), S. 153-182.

MALINOWSKI, Stephan, Vom König zum Führer. Sozialer Niedergang und politische Radikalisierung im deutschen Adel zwischen Kaiserreich und NS-Staat (Elitenwandel in der Moderne, 4), Berlin 2003.

MARKS, Sally, „My Name Is Ozymandias": The Kaiser in Exile, in: Central European History 16 (1983), S. 122-170.

MARSCHALL, Birgit, Reisen und Regieren. Die Nordlandreisen Kaiser Wilhelms II., Hamburg 1991.

MATTHIAS-MORSEY, Die Regierung des Prinzen Max von Baden, Düsseldorf 1962.

MAY, Otto, Deutsch sein heißt treu sein. Ansichtskarten als Spiegel von Mentalität und Untertanenerziehung in der wilhelminischen Ära. 1888-1918 (Untersuchungen zur Kultur und Bildung, 1), Hildesheim 1998.

MAYER, Mathias, Die Kunst der Abdankung. Neun Kapitel über die Macht der Ohnmacht, Würzburg 2001.

MAZA, Sarah, Private Lives and Public Affairs. The Causes Célebres of Prerevolutionary France, Berkeley u.a. 1993

MEISEL, Joseph S., Public speech and the culture of public life in the age of Gladstone, New York 2001.

MERGEL, Thomas, Überlegungen zu einer Kulturgeschichte der Politik, in: Geschichte und Gesellschaft 28 (2002), S. 574-606

MEYER, Klaus, Theodor Schiemann als politischer Publizist, Frankfurt a.M./Hamburg 1956.

MEYER, Thomas, Mediokratie. Die Kolonisierung der Politik durch das Mediensystem, Frankfurt a.M. 2001.

MICHAELIS, Wilhelm, Der Reichskanzler Michaelis und die päpstliche Friedensaktion, in: Geschichte in Wissenschaft und Unterricht 6 (1956), S. 14-24.

MICHAELIS, Wilhelm, Zum Problem des Königstodes am Ende der Hohennzollernmonarchie, in: Geschichte in Wissenschaft und Unterricht 13 (1962), S. 695-704.

MIROW, Jürgen, Das alte Preußen im Geschichtsbild seit der Reichsgründung (Historische Forschungen, 18), Berlin 1981.

MÖCKL, Karl (Hg.), Hof und Hofgesellschaft in den deutschen Staaten im 19. und beginnenden 20. Jahrhundert, Boppard 1990.

MOMMSEN, Wolfgang J., Homosexualität, aristokratische Kultur und Weltpolitik. Die Herausforderung des wilhelminischen Establishments durch Maximilian Harden 1906-1908, in: Uwe Schulz (Hg.), Große Prozesse. Recht und Gerechtigkeit in der Geschichte, München 1996, S. 279-288.

MOMMSEN, Wolfgang J., Kaiser Wilhelm II and German Politics, in: Journal of Contemporary History 25 (1990), S. 289-316.

MOMMSEN, Wolfgang J., Max Weber und die deutsche Politik. 1890-1920, Tübingen ^{2}1974.

MOSSE, George L., Die Nationalisierung der Massen. Politische Symbolik und Massenbewegungen in Deutschland von den napoleonischen Kriegen bis zum Dritten Reich, Frankfurt a.M./ Berlin 1976.

MOSSE, George L., Nationalism and Sexuality: Respectability and Abnormal Sexuality in Modern Europe, New York 1985.

MÜLLER, Wolfgang, Hindenburg – der Mythos eines Feldherrn, München 1993.

MUSCHLER, Reinhold Konrad, Philipp zu Eulenburg. Sein Leben und seine Zeit, Leipzig 1930.

NAUJOKS, Eberhard, Bismarck und die Organisation der Regierungspresse, in: HZ 205 (1967), S. 46-80

NAUJOKS, Eberhard, Pressepolitik und Geschichtswissenschaft, in: Geschichte in Wissenschaft und Unterricht 22 (1971), S. 7-22.

NECKEL, Sighard, Das Stellhölzchen der Macht. Zur Soziologie des politischen Skandals, in: Leviathan 14 (1986), S. 581-605.

NEUHAUS, Helmut, Das Ende der Monarchien in Deutschland 1918, in: Historisches Jahrbuch 111 (1991), S. 102-136.

NICOLAI, Walter, Nachrichtendienst, Presse und Volksstimmung im Weltkrieg, Berlin 1920.

NIPPERDEY, Thomas, Deutsche Geschichte 1866-1918, Bd. II: Machtstaat vor der Demokratie, München 1993.

PAKLEPA, Ulrich, Majestätsbeleidigung, Michelstadt 1984.

PARR, Rolf, „Zwei Seelen wohnen, ach! In meiner Brust“. Strukturen und Funktionen der Mythisierung Bismarcks, München 1992.

PAULMANN, Johannes, Pomp und Politik: Monarchenbegegnungen in Europa zwischen Ancien Régime und Erstem Weltkrieg, Paderborn 2000.

PEZOLD, Dirk v., Cäsaromanie und Byzantinismus bei Wilhelm II. (Phil. Diss.), Köln 1971.

PLATTHAUS, Andreas, Die Novemberrevolution von 1908. Der Presse Volkszorn auf des Kaisers neue Kleider, in: Patrick Bahners/Gerd Roellecke (Hg.), Preußische Stile. Ein Staat als Kunststück, Stuttgart 2001, S. 135-162.

PLATTHAUS, Andreas, Tief im Westen, wo die Uniform verstaubt, in: Frankfurter Allgemeine Zeitung, 27. Dezember 2002, (Nr. 300).

PLEYER, Hildegard, Politische Werbung in der Weimarer Republik. Die Propaganda der maßgeblichen politischen Parteien und Gruppen zu den Volksbegehren und Volksentscheiden „Fürstenenteignung" 1926, „Freiheitsgesetz" 1929 und „Auflösung des Preußischen Landtages" 1931, (Phil. Diss.), Münster i.W. 1959.

POGGE von STRANDMANN, Hartmut, Der Kaiser und die Industriellen. Vom Primat der Rüstung, in: Röhl (Hg.), Ort, S. 111-130.

POHL, Klaus-D., Der Kaiser im Zeitalter seiner technischen Reproduzierbarkeit, in: Ders./Wilderotter (Hg.), Exil, S. 9-18.

POLLMANN, Klaus Erich, Wilhelm II. und der Protestantismus, in: Samerski (Hg.), Religion, S. 91-103.

PÖLS, Werner, Bismarckverehrung und Bismarcklegende als innenpolitische Probleme der wilhelminischen Zeit, in: Jahrbuch für Geschichte Mittel- u. Ostdeutschlands 20 (1971), S. 183-201.

PRESSEL, Wilhelm, Die Kriegspredigt 1914-1918 in der evangelischen Kirche Deutschlands (Arbeiten zur Pastoraltheologie, 6), Göttingen 1967.

PREUSSEN, Friedrich Wilhelm Prinz v., Das Haus Hohenzollern 1918-1945, München/Wien 1985.

PROCHASKA, Frank, Royal Bounty. The Making of a Welfare Monarchy, New Haven/London 1995.

PROSS, Harry, Literatur und Politik. Geschichte und Programme der politisch-literarischen Zeitschriften im deutschen Sprachgebiet seit 1870, Freiburg i.Br. 1963.

PROSS, Harry, Zeitungsreport. Deutsche Presse im 20. Jahrhundert, Weimar 2000.

PULZER, Peter, The Rise of Political Anti-Semitism in Germany and Austria, New York 1964.

PYTA, Wolfram, Paul von Hindenburg als charismatischer Führer der deutschen Nation, in: Frank Möller (Hg.): Charismatische Führer der deutschen Nation, München 2004, S. 109-147.

RADKAU, Joachim, Das Zeitalter der Nervosität. Deutschland zwischen Bismarck und Hitler, München/Wien 1998.

RALL, Hans, Wilhelm II. Eine Biographie, Graz 1995.

RAUSCHER, Walter, Hindenburg. Feldmarschall und Reichspräsident, Wien 1997.

REAL, Willy, Die Sozialpolitik des Neuen Kurses, in: Wilhelm Berges/Carl Hinrichs (Hg.), Zur Geschichte und Problematik der Demokratie. Festgabe für Hans Herzfeld, Berlin 1958, S. 441-457.

REBENTISCH, Jost, Die vielen Gesichter des Kaisers. Wilhelm II. in der deutschen und britischen Karikatur (Quellen und Forschungen zur brandenburgisch-preußischen Geschichte, 20) Berlin 2000.

REIN, Gustav Adolf, Bismarcks Royalismus, in: Geschichte in Wissenschaft und Unterricht 5 (1954), S. 331-349.

REINERMANN, Lothar, Der Kaiser in England. Wilhelm II. und die britische Öffentlichkeit (Veröffentlichungen des deutschen Historischen Instituts, 48), London 2000.

REINHARDT, Sonja, „Wie ihr's euch träumt, wird Deutschland nicht erwachen". Formen der Herrschaftslegitimation in ausgewählten Reden von Kaiser Wilhelm II. und Adolf Hitler (Phil. Diss.), Hannover 1994.

REQUATE, Jörg, Journalismus als Beruf. Entstehung und Entwicklung des Journalistenberufs im 19. Jahrhundert. Deutschland im internationalen Vergleich (Kritische Studien zur Geschichtswissenschaft, 109), Göttingen 1995.

REQUATE, Jörg, Öffentlichkeit und Medien als Gegenstände historischer Analyse, in: Geschichte und Gesellschaft 25 (1999), S. 5-33.

RETALLACK, James N., Conservatives contra Chancellor: Official Responses to the Spectre of Conservative Demagoguery from Bismarck to Bülow, in: Canadien Journal of History 20 (1985), S. 203-236.

RETALLACK, James N., Demagogentum, Populismus, Volkstümlichkeit. Überlegungen zur 'Popularitätshascherei' auf dem politischen Massenmarkt des Kaiserreichs, in: Zeitschrift für Geschichtswissenschaft 48 (2000), S. 309-325.

RETALLACK, James N., German Conservatism Revistited, in: Larry E. Jones/James N. Retallack (Hg.), Between Reform, Reaction, and Resistance. Studies in the History of German Conservatism 1789-1945, Providence/R.I. 1993, S. 1-30.

RETALLACK, James N., Notables of the Right. The Conservative Party and Political Mobilization in Germany. 1876-1918, Boston/London 1988.

REUSS, Martin, Bismarck's Dismissal and the Holstein Circle, in: European Studies Review 5 (1975, S. 31-44.

RIEGER, Isolde, Die wilhelminische Presse im Überblick, München 1957.

RITTER, Gerhard A. (Hg.), Regierung, Bürokratie und Parlament in Preußen und Deutschland von 1848 bis zur Gegenwart (Beiträge zur Geschichte des Parlamentarismus und der politischen Parteien, 64), Düsseldorf 1983,

ROBSON, Stuart T., 1918 and All That. Reassessing the Periodization of Recent German History, in: Larry E. Jones/James Retallack (Hg.), Elections, Masspolitics, and Social Change in Modern Germany. New Perspectives, Cambridge 1992, S. 331-345

ROGGE, Helmuth, Affären im Kaiserreich. Symptome der Staatskrise unter Wilhelm II., in: Die politische Meinung 8 (1963), S. 58-72.

ROGGE, Helmuth, Die Kladderadatschaffäre, in: Historische Zeitschrift 195 (1962), S. 90-130.

ROHKRÄMER, Thomas, Der Militarismus der ‚kleinen Leute'. Die Kriegervereine im Deutschen Kaiserreich 1871-1914 (Beiträge zur Militärgeschichte, 29), München 1990.

RÖHL, John C.G. (Hg.), Der Ort Kaiser Wilhelms II. in der deutschen Geschichte, München 1991.

RÖHL, John C.G., Der „Königsmechanismus" im Kaiserreich, in: Ders. (Hg.), Kaiser, Hof und Staat. Wilhelm II. und die deutsche Politik, München 1995, S. 116-141.

RÖHL, John C.G., Deutschland ohne Bismarck. Die Regierungskrise im 2. Kaiserreich 1890-1900, Tübingen 1969.

RÖHL, John C.G., Kaiser Wilhelm II. Eine Charakterskizze, in: Ders., Kaiser, Hof und Staat. Wilhelm II. und die deutsche Politik, München 1995, S. 17-34.

RÖHL, John C.G., Staatsstreichplan oder Staatsstreichbereitschaft? Bismarcks Politik in der Entlassungskrise, in: Historische Zeitschrift 203 (1966), S. 610-624.

RÖHL, John C.G., Wilhelm II. Der Aufbau der persönlichen Monarchie, München 2001.

RÖHL, John C.G., Wilhelm II. Die Jugend des Kaisers 1859-1888, München 1993.

RÖHL, John C.G., Wilhelm II. Eine Studie in Cäsarenwahnsinn, München 1989 (Schriften des Historischen Kollegs: Vorträge 19).

RÖHL, John, C.G., Hof und Hofgesellschaft unter Kaiser Wilhelm II., in: Ders. (Hg.), Kaiser, Hof und Staat. Wilhelm II. und die deutsche Politik, München 1995, S. 78-116.

RÖHL, John, C.G./SOMBART, Nicolaus (Hg.), Kaiser Wilhelm II. New Interpretations, Cambridge 1982.

RÖHL. John C.G., Philipp Graf zu Eulenburg – des Kaisers bester Freund, in: DERS. (Hg.), Kaiser, Hof und Staat, Wilhelm II. und die deutsche Politik, München 1995, S. 35-77.

ROTHFELS, Hans, Bismarcks Sturz als Forschungsproblem, in: Preußische Jahrbücher 191 (1923), S. 1-29.

ROTHFELS, Hans, Friedrich der Große in den Krisen des Siebenjährigen Krieges, in: Ders., Bismarck, der Osten und das Reich, Darmstadt 1960, S. 129-147.

SALZWEDEL, Johannes, ‚Einblick ins All, durch Liebe die es schuf'. Rudolf Borchardt, Preuße auf verlorenem Posten, in: Bahners/Roellecke (Hg.), Stile, S. 393-405

SAMERSKI, Stefan (Hg.), Wilhelm II. und die Religion. Facetten einer Persönlichkeit und ihres Umfelds (Forschungen zur brandenburgischen und preussischen Geschichte, Beiheft 5), Berlin 2001.

SAMERSKI, Stefan, Papst und Kaiser, in: Ders. (Hg.), Religion, S. 199-233.

SCHADE, Peter, Nachrichtenpolitik und Meinungssteuerung im Kaiserreich dargestellt an der deutschen Kriegsideologie und Propaganda für die Massen im Ersten Weltkrieg 1914-1918 (Phil. Diss.), Hannover 1998.

SCHAEFER, Jürgen W., Kanzlerbild und Kanzlermythos. Das Reichskanzleramt 1890-1900 und seine Beurteilung in der zeitgenössischen deutschen Presse, Paderborn 1973.

SCHECK, Raffael, Alfred von Tirpitz and the German Right-Wing Politics 1914-1930 (Studies in Central European Histories), New York 1998.

SCHELLACK, Fritz, Nationalfeiertage in Deutschland von 1871 bis 1945, Frankfurt a.M. 1990.

SCHELLACK, Fritz, Sedan- und Kaisergeburtstagsfeste, in: Dieter Düding/Peter Friedemann/Paul Münch (Hg.), Öffentliche Festkultur. Politische Feste in Deutschland von der Aufklärung bis zum Ersten Weltkrieg, Reinbek 1988, S. 278-297.

SCHILDT, Axel, Das Jahrhundert der Massenmedien. Ansichten zu einer künftigen Geschichte der Öffentlichkeit, in: Geschichte und Gesellschaft 27 (2001), S. 177-206

SCHIVELBUSCH, Wolfgang, Die Kultur der Niederlage, Darmstadt 2001.

SCHLEGELMILCH, Margarete, Die Stellung der Parteien und des Deutschen Reichstags zur sogenannten Daily-Telegraph-Affäre und ihre innerpolitischen Nachwirkungen (Phil. Diss.), Halle 1936.

SCHMITZ, Manfred, Theorie und Praxis des politischen Skandals, Frankfurt a.M. 1981

SCHMITZ, Walter /SCHNEIDER, Uwe, Völkische Semantik bei den Münchner ‚Kosmikern' und im George-Kreis, in: Uwe Puschner (Hg.), Handbuch zur völkischen Bewegung 1871-1918, München 1999, S. 711-746.

SCHMÖLDERS, Claudia, Hitlers Gesicht. Eine physiognomische Biographie, München 2000.

SCHOLDT, Günther, Autoren über Hitler. Deutschsprachige Schriftsteller 1919-1945 und ihr Bild vom ‚Führer', Bonn 1993.

SCHÖNBERGER, Christoph, Das Parlament im Anstaltsstaat. Zur Theorie parlamentarischer Repräsentation in der Staatsrechtslehre des Kaiserreichs (1871-1918) (Studien zur Europäischen Rechtsgeschichte, 102), Frankfurt a.M. 1997.

SCHÖNBERGER, Christoph, Die überholte Parlamentarisierung, in: Historische Zeitschrift 272 (2001), S. 623-666.

SCHOTT, Bastian, Wilhelm II., die Evangelische Kirche und die Polenpolitik, in: Samerski (Hg.), Religion, S. 133-170,

SCHOTTENLOHER, Karl, Flugblatt und Zeitung. Ein Wegweiser durch das gedruckte Tagesschrifttum, München 1985.

SCHRAMM, Percy Ernst, Notizen über einen Besuch in Doorn (1930), in: REPGEN, Konrad Repgen/Stephan Skalweit (Hg.), Spiegel der Geschichte. Festgabe für Max Braubach zum 10. April 1964, S. 942-50, München 1964.

SCHREINER, Klaus, „Wann kommt der Retter Deutschlands?" Formen und Funktionen des politischen Messianismus in der Weimarer Republik, in: Saeculum. Jahrbuch für Universalgeschichte 49 (1998), S. 107-160.

SCHREYER, Hermann, Monarchismus und monarchistische Restaurationsbestrebungen in der Weimarer Republik, in: Jahrbuch für Geschichte 29 (1984), S. 291-320.

SCHULTE, Regina, Der Aufstieg der konstitutionellen Monarchie und das Gedächtnis der Königin, in: historische Anthropologie 6 (1998), S. 76-104.

SCHULZ, Andreas, Der Aufstieg der „vierten Gewalt". Medien, Politik und Öffentlichkeit im Zeitalter der Massenkommunikation, in: Historische Zeitschrift 270 (2000), S. 65-97.

SCHULZE, Hagen, Weimar, Deutschland 1917-1933, Berlin 1982,

SCHÜREN, Ulrich, Der Volksentscheid zur Fürstenenteignung 1926. Die Vermögensauseinandersetzung mit den depossidierten Landesherren als Problem der deutschen Innenpolitik unter besonderer Berücksichtigung der Verhältnisse in Preußen (Beiträge zur Geschichte des Parlamentarismus und der politischen Parteien, 64), Düsseldorf 1978.

SCHÜSSLER, Wilhelm, Kaiser Wilhelm II. Schicksal und Schuld (Persönlichkeit und Geschichte, 26/27), Göttingen 1962.

SCHÜSSLER, Wilhelm: Die Daily-Telegraph-Affaire, Fürst Bülow. Kaiser Wilhelm und die Krise des zweiten Reiches 1908 (Göttinger Bausteine zur Geschichtswissenschaft, 9), Göttingen 1952.

SCHÜTZE, Christian, Die Kunst des Skandals. Über die Gesetzmäßigkeit übler und nützlicher Ärgernisse, München/Bern/Wien 1967.

SEEBER, Gustav, Bismarcks „Gedanken und Erinnerungen" von 1898 in der Politik. Bemerkungen zur Publizistik, in: DÜLFFER, Jost/HÜBNER, Hans (Hg.), Otto von Bismarck. Person - Politik - Mythos, Berlin 1993, S. 237-246.

SEEBER, Gustav/ Wolter, Heinz, Monarchen und Minister. Sozialdemokratische Publizistik gegen Monarchismus und Volksbetrug, Berlin (Ost) 1974.

SEELINGER, Matthias, Mit Gott für Fürst und Vaterland! Kriegervereine im Kaiserreich, Holzminden 1993.

SIMMEL, Georg, Soziologie. Untersuchungen über die Formen der Vergesellschaftung, Berlin ^{2}1968.

SIMON, Jenny, Und ewig lockt der Spin Doctor ... Zur Genealogie eines neuen Berufszweigs, in: vorgänge 41 (2002), S. 48-54.

SOMBART, Nicolaus, Wilhelm II. Sündenbock und Herr der Mitte, Berlin 1996.

SONTHEIMER, Kurt, Antidemokratisches Denken in der Weimarer Republik. Die politischen Ideen des deutschen Nationalismus zwischen 1918-1933, München [4]1994.

SÖSEMANN, Bernd (Hg.), Theodor Wolff. Die Wilhelminische Epoche. Fürst Bülow am Fenster und andere Begegnungen, Frankfurt a.M. 1989.

SÖSEMANN, Bernd, Der Verfall des Kaisergedankens im Ersten Weltkrieg, in: Röhl (Hg.), Ort, S. 145-172.

SÖSEMANN, Bernd, Die Hunnenrede Wilhelms II., in: Historische Zeitschrift 222 (1976), S. 342-358.

SÖSEMANN, Bernd, Theodor Wolff. Ein Leben mit der Zeitung, München 2000.

SPENKUCH, Hartwin, Das preußische Herrenhaus. Adel und Bürgertum in der Ersten Kammer des Landtages 1854-1918 (Beiträge zur Geschichte des Parlamentarismus und der politischen Parteien, 64), Düsseldorf 1998.

SPERBER, Jonathan, The Kaiser's Voters. Electors and elections in Imperial Germany, Cambridge 1997.

SPINNEN, Burkhard, Skandal! Der Zustand der politischen Kultur in Deutschland, Akzente 3 (2001), S. 221-230.

SPORMANN-LORENZ, Ursula, Wilhelm II. Doorn 1931 (Publikationen zu wissenschaftlichen Filmen. Sektion Geschichte, Publizistik, 4), Göttingen 1979.

SPÖTTEL, Michael, Leo Frobenius. Des letzten Kaisers Ethnologe, in: Samerski (Hg.), Religion, S. 285-314

SPRENGEL, Peter, Die frühe Moderne in Opposition zum Wilhelminismus. Kaiser-Satiren um 1900, in: Jahrbuch der Berliner Wissenschaftlichen Gesellschaft 1993 (1994), S. 139-158.

STEAKLEY, James D., Iconography of a Scandal. Political Cartoons and the Eulenburg Affair, in: Wayne R. Dynes/Stephen Donaldson (Hg.), History of Homosexuality in Europe and America, New York/London 1992, S. 323-385.

STEINMETZ, Willibald, Das Sagbare und das Machbare. Zum Wandel politischer Handlungsspielräume. England 1789-1867 (Sprache und Geschichte, 21), Stuttgart 1993

STETTNER, Rolf, Der Verein Deutscher Studenten zu Bonn in der Kaiserzeit (1882-1914), Eine chronologische Vorstudie, in: Zirlewagen (Hg.), Kaisertreue, S. 78-107

STÖBER, Gunda, Pressepolitik als Notwendigkeit. Zum Verhältnis von Staat und Öffentlichkeit im wilhelminischen Deutschland 1890-1914 (Historische Mitteilungen, Beiheift 38), Stuttgart 2000.

STÖBER, Rudolf, Bismarcks geheime Presseorganisation von 1882, in: Historische Zeitschrift 262 (1996), S. 423-453.

STÖBER, Rudolf, Der Prototyp der deutschen Massenpresse. Der ‚Berliner Lokal-Anzeiger' und sein Blattmacher Hugo von Kupfer, in: Publizistik 39 (1994), S. 315-331.

STÖBER, Rudolf, Deutsche Pressegeschichte. Einführung, Systematik, Glossar (Uni-Papers, 8), Konstanz 2000.

STOLLEIS, Michael, Geschichte des öffentlichen Rechts in Deutschland, Bd. 3: Staats- und Verwaltungsrechtswissenschaft in Republik und Diktatur. 1914-1945, München 1999.

STRIBRNY, Wolfgang, Bismarck und die deutsche Politik nach seiner Entlassung. 1890-1898, Paderborn 1977.

STÜRMER, Michael, Krise, Konflikt, Entscheidung. Die Suche nach dem neuen Cäsar als europäisches Verfassungsproblem, Karl Hammer/Peter Claus Hartmann (Hg.), Le Bonapartisme/Der Bonapartismus. Historisches Phänomen und politischer Mythos (Beihefte der Francia, 6), München 1977, S. 102-118.

STUTZENBERGER, Adolf, Die Abdankung Kaiser Wilhelms II. Die Entstehung und Entwicklung der Kaiserfrage und die Haltung der Presse (Historische Studien, 312), Berlin 1937.

SWEETMANN, Jack, Unforgotten Crowns: The German Monarchist Movements. 1918-1945 (Phil Diss.), Emory University 1973.

TÄNZLER, Dirk, Zur Geschmacksdiktatur in der Mediendemokratie. Ein Traktat über politische Ästhetik, in: Merkur 57 (2003), S. 1025-1033.

TAUBE, Utz-Friedbert, Ludwig Quidde. Ein Beitrag zur Geschichte des demokratischen Gedankens in Deutschland (Münchner Historische Studien Abt. Neuere Geschichte, 5), München 1963.

TAYLOR, Antony, ‚Down with the Crown': British anti-monarchism and debates about royalty since 1790, London 1999.

TEISTLER, Gisela, Von der Kaiserverehrung zum Führerkult. Personenkult in Fibeln der Kaiserzeit und im Dritten Reich, in: Internationale Schulbuchforschung 19 (1997), S. 285-296.

TENFELDE, Klaus, 1890-1914: Durchbruch der Moderne? Über Gesellschaft im späten Kaiserreich, in: Lothar Gall (Hg.), Otto von Bismarck und Wilhelm II. Repräsentanten eines Epochenwechselns? (Otto-von-Bismarck-Stiftung. Wissenschaftliche Reihe, 1), Paderborn 2000, S. 119-141.

TESCHNER, Helmut, Die Daily-Telegraph-Affäre vom November 1908 in der Beurteilung der öffentlichen Meinung (Phil. Diss.), Breslau 1931.

THEINER, Peter, Sozialer Liberalismus und deutsche Weltpolitik. F. Naumann im Wilhelminischen Deutschland, Baden-Baden 1983.

THIMME, Anneliese, Hans Delbrück als Kritiker der Wilhelminischen Epoche, Düsseldorf 1955.

THOMPSON, Alastair, Honours Uneven: Decorations, the State and Bourgeois Society in Imperial Germany, in: Past and Present 144 (1994), S. 171-204.

THOMPSON, John B., Political Scandal. Power and Visibility in the Media Age, Cambridge 2000.

TIETENBERG, Dirk, Bismarck-Mythos und Wilhelminismus, 1890-1914, Magisterarbeit, Düsseldorf 2000.

TITTEL, Lutz, Monumentaldenkmäler von 1871 bis 1918 in Deutschland. Ein Beitrag zum Thema Denkmal und Landschaft, in: Ekkehard Mai/Stephan Waetzold, Kunstverwaltung, Bau- und Denkmal-Politik im Kaiserreich, Berlin 1981, S. 215-276.

TÖPNER, Kurt, Gelehrte Politiker und politisierende Gelehrte. Die Revolution von 1918 im Urteil deutscher Hochschullehrer (Veröffentlichungen der Gesellschaft für Geistesgeschichte, 5), Zürich/Frankfurt 1970.

TRIPPE, Christian F., Konservative Verfassungspolitik 1918-1923. Die DNVP als Opposition in Reich und Ländern (Beiträge zur Geschichte des Parlamentarismus und der politischen Parteien, 105), Düsseldorf 1995.

TURK, Eleanor, Thwarting the Imperial Will: A Perspective on the Labor Regulation Bill and the Press of Wilhelmian Germany, in: Dukes/Remak (Hg.), Germany, S. 115-138

ULLRICH, Sebastian, Im Dienste der Republik von Weimar. Emil Ludwig als Historiker und Publizist, in: Zeitschrift für Geschichtswissenschaft 49 (2001), S. 119-140.

ULLRICH, Volker, Als der Thron ins Wanken kam. Das Ende des Hohenzollernreiches 1890-1918, Bremen 1992.

ULLRICH, Volker, Die nervöse Großmacht. Aufstieg und Untergang des deutschen Kaiserreichs. 1871-1918, Frankfurt a.M. 1997.

ULMANN, Hans-Peter, Das deutsche Kaiserreich. 1871-1918, Frankfurt a.M. 1995.

ULRICH, Bernd/ ZIEMANN, Benjamin (Hg.), Krieg im Frieden. Die umkämpfte Erinnerung an den Ersten Weltkrieg. Quellen und Dokumente, Frankfurt a.M. 1997.

UNOWSKY, Daniel, Creating Patriotism. Imperial Celebrations and the Cult of Franz Joseph, in: Österreichische Zeitschrift für Geschichtswissenschaft 9 (1998), S. 280-292.

VELTZKE, Veit, Der Mythos des Erlösers. Richard Wagners Traumwelten und die deutsche Gesellschaft 1871-1918, Stuttgart 2002.

VERHEY, Jeffrey, The Spirit of 1914. Militarism, Myth and Mobilization in Germany, Cambridge 2000.

VOEGELIN, Eric, Die Politischen Religionen, hrsg. von Peter J. Opitz, München ²1996.

VOGEL, Jakob, Nationen im Gleichschritt: der Kult der Nation in Waffen, Göttingen 1997.

VOGEL, Juliane, Elisabeth von Österreich. Momente aus dem Leben einer Kunstfigur, Frankfurt a.M. 1998.

VOGEL, Walter, Die Organisation der amtlichen Presse- und Propagandapolitik des deutschen Reiches von den Anfängen unter Bismarck bis zum Beginn des Jahres 1933, Berlin 1941.

WAITE, Robert G.L., Leadership Pathologies: The Kaiser and the Führer and the Decisions of War in 1914 and 1939, in: Betty Glad (Hg.), Psychological Dimensions of War, London 1990, S. 143-168.

WARNEKEN, Bernd Jürgen, ‚Die friedliche Gewalt des Volkswillens'. Muster und Deutungsmuster von Demonstrationen im deutschen Kaiserreich, in: Ders. (Hg.), Massenmedium Straße. Zur Kulturgeschichte der Demonstration, Frankfurt a.M./New York/Paris 1991, S. 97-119

WEBER, Marianne, Max Weber. Ein Lebensbild, Tübingen 1926.

WEHLER, Hans-Ulrich (Hg.), Ludwig Quidde, Caligula. Schriften über Militarismus und Pazifismus, Frankfurt a.M. 1977.

WEHLER, Hans-Ulrich, Deutsche Gesellschaftsgeschichte. Bd. III: Von der „Deutschen Doppelrevolution" bis zum Beginn des Ersten Weltkrieges. 1849-1914, München 1995.

WEISBROD, Bernd, Medien als symbolische Form der Massengesellschaft. Die medialen Bedingungen von Öffentlichkeit im 20. Jahrhundert, in: Historische Anthropologie 9 (2001), S. 270-283.

WELLER, Bernd Uwe, Maximilian Harden und die ‚Zukunft' (Deutsche Presseforschung, 13), Bremen 1970.

WERNECKE, Klaus, Der Wille zur Weltgeltung. Außenpolitik und Öffentlichkeit im Kaiserreich am Vorabend des Ersten Weltkrieges, Düsseldorf 1970.

WERNER, Karl Ferdinand, Fürst und Hof im 19. Jahrhundert: Abgesang oder Spätblüte, in: Ders. (Hg.), Hof, Kultur und Politik im 19. Jahrhundert, Bonn 1985, S. 1-53.

WESTARP, Kuno, Graf v., Das Ende der Monarchie am 9. Nov. 1918, Berlin 1952.

WHEELER-BENNETT, John W., Hindenburg. The Wooden Titan, London 1936.

WHITTLE, Tylor, The Last Kaiser. A Biography of William II, Emperor and King of Prussia, London 1977.

WIENFORT, Monika, Bürgerliche Kultur im monarchischen Staat: Kaisergeburtstagsfeste in Minden-Ravensberg. 1889-1913, in: Jochen Meynert (Hg.), Unter Pickelhaube und Zylinder. Das östliche Westfalen im Zeitalter des Wilhelminismus 1888-1914 (Studien zur Regionalgeschichte, 1), Bielefeld 1991, S. 421-439.

WIENFORT, Monika, Monarchie in der bürgerlichen Gesellschaft. Deutschland und England von 1640 bis 1848, Göttingen 1993.

WILDEROTTER, Hans, Haus Doorn. Die verkleinerte Kopie eines Hofstaats, in: Wilderotter/ Pohl (Hg.), Exil, S. 113-122.

WILDEROTTER, Hans/POHL, Klaus-Dieter (Hg.), Der letzte Kaiser. Wilhelm II. im Exil, Gütersloh/München 1991.

WILDEROTTER, Hans, Zur politischen Mythologie des Exils. Wilhelm II., Leo Frobenius und die 'Doorner Arbeits-Gemeinschaft', in: Wilderotter/Pohl (Hg.), Exil, S. 131-142.

WILLIAMS, Richard, The Contentious Crown. Public Discussion of the British Monarchy in the Reign of Queen Victoria, Aldershot 1997.

WILLMS, Johannes, Der 9. November. Fünf Essays zur deutschen Geschichte, München 1994.

WINKLER, Heinrich August, Der lange Weg nach Westen, Bd. I: Deutsche Geschichte 1806-1933, München 2000.

WINTERLING, Aloys, Caligula. Eine Biographie, München 2003.

WOLTER, Hans-Wolfgang, Generalanzeiger – das pragmatische Prinzip. Zur Entwicklungsgeschichte und Typologie des Pressewesens im späten 19. Jahrhundert mit einer Studie über die Zeitungsunternehmungen Wilhelm Gorardets (1838-1918), Bochum 1981.

WORTMAN, Richard, Scenarios of Power. Myth and Ceremony in Russian Monarchy, Princeton 1995.

WÜLFING, Wulf/BRUNS, Karin/PARR, Rolf, Historische Mythologie der Deutschen: 1789-1918, München 1991.

ZELINSKY, Hartmut, Das Reich, der Posteritätsblick und die Erzwingung des Feindes. Rudolf Borchardts Aufsatz 'Der Kaiser' aus dem Jahr 1908 und seine Wende zur Politik, in: Ernst Osterkamp (Hg.), Rudolf Borchardt und seine Zeitgenossen (Quellen und Forschungen zur Literatur- und Kulturgeschichte, 10), Berlin 1997, S. 281-333.

ZIPFEL, Friedrich, Kritik der Öffentlichkeit an der Person und an der Monarchie Wilhelms II. bis zum Ausbruch des Weltkrieges, (Phil. Diss.), Berlin 1952.

ZIRLEWAGEN, Marc, Kaisertreue, Führergedanke, Demokratie. Beiträge zur Geschichte der Vereine Deutscher Studenten (Kyffhäuser-Verband), Köln 2000, S. 78-107.

Anhang: Chronologie der Skandale

Datum	Ereignis
15. Juni 1888	Im Alter von 29 Jahren besteigt Wilhelm II. den Thron
18. März 90	Bismarck reicht sein Abschiedsgesuch ein
26. Januar 94	Öffentliche ‚Versöhnung' Bismarcks mit Wilhelm II.
16. März 94	Die Handelsverträge passieren den Reichstag, nicht zuletzt auf Druck des Kaisers
25. März 94	Quiddes *Caligula* erscheint
18. Mai 94	Groß aufgemachte Besprechung des *Caligula* in der *Kreuzzeitung*
21. Mai 94	Erklärung Quiddes über seine mit dem *Caligula* verfolgten Absichten
Sept. 94	Königsberger Rede Wilhelms II. Distanzierung vom Adel
26. Okt. 94	Rücktritt Caprivis und damit sichtbares Ende des Neuen Kurses
9. Nov. 1901	Artikel ‚Liebenberg' enthält ersten großen Angriff auf Eulenburg in der *Zukunft*
27. April 02	Eulenburg tritt als Botschafter in Wien zurück
11. Nov. 02	Eulenburg wird zur Disposition gestellt
Jan.-April 06	Konferenz von Algericas endet mit diplomatischer Niederlage Deutschlands
3. April 06	Verleihung des Ordens vom Schwarzen Adler an Eulenburg
5. April 06	Verabschiedung Holsteins, Ohnmachtsanfall Bülows im Reichstag
14. Nov. 06	Bülow erwähnt erstmals Kamarilla im Reichstag und bleibt unklar bezüglich einer Existenz derselben
17. Nov. 06	Artikel ‚Präludium' in der *Zukunft* denunziert Liebenberger Tafelrunde. Am 24. Nov. folgt, mit expliziten Drohungen, der Artikel ‚Dies Irae'
10. Dez. 06	‚Waffenstillstand' zwischen Harden und Eulenburg unter der Bedingung, daß letzterer Deutschland verläßt
13. Dez. 06	Reichstagsauflösung. Gerüchte, daß Bülow seinem Sturz durch die Kamarilla mit dieser Maßnahme habe

Datum	Ereignis
	zuvorkommen wollen
18. Jan 07	Eulenburg erscheint in Berlin zur Investitur des Ordens vom Schwarzen Adler
13./27. April 07	Erneute Angriffe auf die Liebenberger durch Harden in der *Zukunft*
2. Mai 07	Der Kronprinz unterrichtet den Kaiser über die Anschuldigungen in der *Zukunft.* Moltke bittet den Kaiser um Entlassung aus dem Amt des Stadtkommandanten. Der Kaiser entspricht am 24. Mai
3. Mai 07	Ersetzung Hohenaus. Wenig später Abschied Lynars
4. Mai 07	Wilhelm II. fordert von Eulenburg Stellungnahme zu den gegen ihn erhobenen Vorwürfen
29. Mai 07	Moltke stellt Strafantrag. Staatsanwaltschaft verneint öffentliches Interesse (31. Mai). Moltke reicht daraufhin Privatklage ein (6. Juni)
31. Mai 07	Wilhelm II. befiehlt Bülow, Eulenburg zum unverzüglichen Abschied zu veranlassen (bisher lediglich zur Disposition gestellt) und dazu, entweder ins Ausland zu gehen oder gerichtlich die gegen ihn erhobenen Anschuldigungen zu klären.
11. Juni 07	Eulenburgs Ersuchen um Abschied wird vom Kaiser entsprochen
28. Juli 07	Verfahren nach Eulenburgs Selbstanzeige wird ergebnislos eingestellt
21. Sept.- 29. Okt. 07	Verfahren gegen Moltke-Harden, ab 23. Okt. Verhandlung. 1.Moltke-Harden-Prozeß endet mit Freispruch Hardens (Privatklageverfahren vor Schöffengericht)
31. Okt. 07	Staatsanwaltschaft legt Berufung gegen das Urteil im ersten Prozeß Moltke-Harden ein und bejaht nunmehr öffentliches Interesse
6. Nov. 07	Verurteilung des Schriftstellers Adolf Brand wegen Beleidigung des Reichskanzlers, dem er homosexuelle Neigungen unterstellt hatte. Im Prozeß stellt Eulenburg die ihm vorgeworfenen Verfehlungen erneut in Abrede

Datum	Ereignis
22. Nov. 07	Eulenburg stellt Strafantrag gegen Harden und Bernstein aufgrund derer Äußerungen im 1. Prozeß Moltke-Harden. Verfahren wird am 30. März 08 eingestellt
28. Nov. 07	Die Vorgänge um Harden, Moltke und Eulenburg werden durch Spahn im Reichstag zur Sprache gebracht, Bülow nimmt den Kaiser in Schutz und bestreitet das Vorhandensein einer Kamarilla
16. Dez. 07 2. Jan. 08	2. Moltke-Harden-Prozeß endet mit Niederlage Hardens (vier Monate Gefängnis, öffentliche Anklage Hardens vor Strafkammer)
22.-23. Jan. 08	Verurteilung Lynars, Freispruch Hohenaus vor Kriegsgericht
25. März 08	Artikel Städeles in der *Neuen Freien Volkszeitung* ‚beleidigt' Harden
21. April 08	Beleidigungsprozeß Staedele-Harden. Auftritt der Zeugen Ernst und Riedel
8. Mai 08	Eulenburg wird in Untersuchungshaft genommen
23. Mai 08	Reichsgericht hebt Urteil aus 2. Prozeß Moltke-Harden in Revisionsverfahren auf: Hintergrund Harden-Staedele Prozeß. Strafkammer Berlin verurteilt anschließend Harden zu 600 Mark Geldstrafe. Harden legt Revision ein
5. Juni 1908	Berliner Staatsanwaltschaft leitet Strafverfahren wegen Meineids gegen Eulenburg ein
29. Juni- 17. Juli 08	Eröffnung des Strafverfahrens gegen Eulenburg, ab dem 13. Juli in der Charité aufgrund des schlechten Gesundheitszustands Eulenburgs. Gegen die enorme Kaution von 100.000 M, später erhöht auf 500.000 Mark wird der Haftbefehl vorläufig außer Vollzug gesetzt
28. Okt. 08	Veröffentlichung eines ‚Interviews' mit Wilhelm II. im Daily-Telegraph. Verbreitung noch am selben Tag durch das WTB in Deutschland
31. Okt. 08	Bülows öffentliche Erklärung zum Daily-Telegraph-Interview
10./11. Nov. 08	Reichstagsdebatten zum Daily-Telegraph-Interview
17. Nov. 08	Unterredung Wilhelm II./Bülow. ‚Unterwerfungserklärung' Wilhelms II.

Datum	Ereignis
28. Nov. 08	Im Artikel ,Waffenstillstand' beendet Harden seinen Pressefeldzug gegen den Kaiser, allgemeine Presseerregung löst sich auf
22. Dez. 08	Erzbergers Artikel ,Wohin steuern wir?' im *Tag* leitet ,roll-back' der Kaisertreuen ein. Diskussionen um ,Kamarilla der Kaisertreuen'
19.-22. März 09	Vergleich Moltke-Harden als „Unterlage für eine rasche und einfache Erledigung des schwebenden Verfahrens"
20. April 09	Verhandlungsbeginn im 3. Prozeß Moltke-Harden bei weiterhin hohem öffentlichem Interesse. Harden wird zu Geldstrafe (600 M), Übernahme der Prozeßkosten und Veröffentlichung des Urteils in verschiedenen Tageszeitungen verurteilt
21. April 09	Harden wiederruft daraufhin den Vergleich mit Moltke und legt Revision gegen das Urteil beim Reichsgericht ein
11. Juni 09	Durch Intervention Albert Ballins und der Reichskanzlei wird ein 4. Prozeß Moltke-Harden verhindert. Moltke kommt Harden mit einer Erklärung entgegen und Harden erhält 40.000 Mark von der Reichskanzlei als ,Entschädigung'
Juni 09	Bülow wird, letztlich als Folge der Daily-Telegraph-Affäre, entlassen
19. Juli 09	Harden druckt briefliche Erklärung Moltkes und teilt seinen Lesern mit, daß er in Anbetracht dieses Schrittes am 15. Juli seine Revision beim Reichsgericht zurückgezogen habe
7. Juli 09	Letztmalige Eröffnung der Verhandlung gegen Eulenburg. Eulenburg bricht bewußtlos zusammen. Verhandlungsfähigkeit Eulenburgs sollte von nun an halbjährig untersucht werden
2. Okt. 18	*Frankfurter Zeitung* fordert kaum verblümt Abdankung des Kaisers
23. Okt.18	3. Wilsonnote scheint Abdankung des Kaisers als Vorbedingung für Frieden zu fordern
29. Okt. 18	Wilhelm II. verläßt Potsdam Richtung Spa
1. Nov. 18	,Mission Drews' scheitert in Spa
3. Nov. 18	Kaiserlicher Erlaß ,Kaiserdienst ist Dienst am Volk'

Datum	Ereignis
5. Nov. 18	Angebliche Vorbereitungen für den Soldatentod des Kaisers
9. Nov. 18	Befragung der Frontoffiziere. Der Kaiser ‚wird' abgedankt
10. Nov. 18	Wilhelm II. überquert die holländische Grenze
11. Nov. 18	Erste Korrespondentenberichte über die Flucht Wilhelms II.
27. Juli 19	Gemeinsames Protokoll am 9. Nov. 18 in Spa anwesender Offiziere
9. Sept. 20	Letztmalige ärztliche Untersuchung Eulenburgs. Insgesamt war damit Eulenburgs Gesundheitszustand achtzehnmal, davon dreimal nach dem Ersten Weltkrieg überprüft worden
17. Sept. 21	Tod Eulenburgs
Dez. 21	Veröffentlichung eines Briefes, in dem Wilhelm II. Hindenburg Verantwortung für Flucht zuschreibt
1926	Neuauflage des *Caligula* mit einschlägigen Erinnerungen Quiddes
1925-26	Kampagne zur Fürstenenteignung bringt ‚Kaiserflucht' noch einmal in die politische Diskussion